CHINA
RIVER AND LAKE
YEARBOOK

中国河湖年鉴

2024

中华人民共和国水利部 主管

水利部河湖管理司
水利部河湖保护中心
组编

中国水利水电出版社
www.waterpub.com.cn
·北京·

《中国河湖年鉴》在中国出版协会年鉴工作委员会主办的2024年全国年鉴编纂出版质量检查推优活动中，获评“优秀年鉴”。

图书在版编目（CIP）数据

中国河湖年鉴. 2024 / 水利部河湖管理司, 水利部河湖保护中心组编. -- 北京 : 中国水利水电出版社, 2024. 12. -- ISBN 978-7-5226-2742-7

Ⅰ. K928.4-54

中国国家版本馆CIP数据核字第2024EJ6769号

审图号：GS京（2024）1690号

书　　名	**中国河湖年鉴 2024** ZHONGGUO HE－HU NIANJIAN 2024
作　　者	水利部河湖管理司 水利部河湖保护中心　组编
出版发行	中国水利水电出版社 （北京市海淀区玉渊潭南路1号D座　100038） 网址：www. waterpub. com. cn E－mail：sales@mwr. gov. cn 电话：（010）68545888（营销中心）
经　　售	北京科水图书销售有限公司 电话：（010）68545874、63202643 全国各地新华书店和相关出版物销售网点
排　　版	中国水利水电出版社微机排版中心
印　　刷	北京印匠彩色印刷有限公司
规　　格	184mm×260mm　16开本　35.25印张　1235千字　8插页
版　　次	2024年12月第1版　2024年12月第1次印刷
定　　价	**468.00**元

凡购买我社图书，如有缺页、倒页、脱页的，本社营销中心负责调换

《中国河湖年鉴》编纂委员会

主　编　陈东明　杨国华

副主编　李春明　刘　江　杨世君　叶炜民　童学卫　吴　健

《中国河湖年鉴》编委会办公室

《中国河湖年鉴》特约编辑

《中国河湖年鉴》编辑部

主　　任　王若明

责任编辑　王若明
文字编辑　耿　迪
装帧设计　芦　博　李　菲　龚　煜
文字排版　吴建军　郭会东　孙　静
责任校对　梁晓静　张伟娜　黄　梅
出版印制　崔志强　焦　岩

编辑说明

一、《中国河湖年鉴》（以下简称《年鉴》）是由水利部主管，水利部河湖管理司、水利部河湖保护中心组编的专业年鉴，是集中反应河湖管理与保护过程中大事要事的资料性工具书。

二、《年鉴2021》为首卷，随后逐年编纂。《年鉴2024》为第4卷，包括13个类目：自然概况、重要论述、综述、主要活动和署名文章、政策文件、联合开展的专项行动、数说河湖、典型案例、流域河湖管理保护、地方河湖管理保护、大事记、附录、索引。为了更直观地展示各地在河湖治理过程中的示范做法和显著成效，在《年鉴2024》的典型案例、流域河湖管理保护、地方河湖管理保护中增设了与内容相匹配的图片。

三、《年鉴》所载内容实行文责自负。文稿的技术内容、文字、数据、保密等问题均经撰稿人所在单位审定。

四、《年鉴》中的数字、计量单位、标点符号等按国家规定执行，技术术语、专业名词等力求符合行业规范要求。

五、《年鉴》中的中央国家机关和国务院机构名称、水利部机关各司（局）和直属单位可使用约定俗成的简称。

六、《年鉴》统计资料除有特别说明外，均未包括香港特别行政区、澳门特别行政区和台湾省的数据和内容。

EDITOR'S NOTES

1. The *China River and Lake Yearbook* (hereinafter referred to as the *Yearbook*) is a professional yearbook compiled by the Department of River and Lake Management and the River and Lake Protection Center under the supervision of the Ministry of Water Resources. It records important information and issues in the process of river and lake management and protection.

2. The 1st *Yearbook* was published in 2021. In 2024, the 4th *Yearbook*, the *Yearbook 2024* has 13 Columns, including Natural Conditions, Important Discourse, Overview, Main Events and Signed Article, Government Documents, Special Actions Carried out Jointly, Information about Rivers and Lakes in Digital Edition, Typical Cases, Management and Protection of Rivers and Lakes in River Basins, Management and Protection of Regional Rivers and Lakes, Major Events, Appendix, Index. In order to make the *Yearbook* more readable and impressive especially for the practical experiences and remarkable outcomes of various regions in the process of river and lake management, selected pictures were used a lot in the Typical Cases, Management and Protection of Rivers and Lakes in River Basins, Management and Protection of Regional Rivers and Lakes in the *Yearbook 2024*.

3. The authors of the *Yearbook* are responsible for related contents. The technical content, text, data, confidentiality and other issues of the manuscript shall be reviewed and approved by those organizations the authors work for.

4. In the *Yearbook*, the use of numbers, measurement units, punctuation marks, etc. follows national regulations; technical terms, professional terms, etc. shall strive to meet the requirements of industry norms.

5. In the *Yearbook*, the ministries (departments) of the state organs, the departments (bureaus) and institutions of the Ministry of Water Resources are referred to in abbreviations, as prescribed by conventions.

6. The statistics in the *Yearbook* does not cover the Hong Kong Special Administrative Region, the Macao Special Administrative Region and Taiwan Province unless indicated.

目录

一、自然概况

二、重要论述

三、综述

四、主要活动和署名文章

五、政策文件

六、联合开展的专项行动

七、数说河湖

八、典型案例

九、流域河湖管理保护

十、地方河湖管理保护

十一、大事记

十二、附录

十三、索引

Contents

1. Natural Conditions

2. Important Discourse

3. Overview

4. Main Events and Signed Article

5. Government Documents

6. Special Actions Carried out Jointly

7. Information about Rivers and Lakes in Digital Edition

8. Typical Cases

9. Management and Protection of Rivers and Lakes in River Basins

10. Management and Protection of Regional Rivers and Lakes

11. Major Events

12. Appendix

13. Index

一、自然概况

Natural Conditions

中国河流基本情况

【河流概况】 河流是陆地表面汇集、宣泄水流的通道，是溪、川、江、河等的总称。中国江河众多，流域面积在 $50km^2$ 及以上的河流有 45 203 条，总长度约为 150.85 万 km；流域面积在 $100km^2$ 及以上的河流有 22 909 条，总长度约为 111.46 万 km；流域面积在 $1\ 000km^2$ 及以上的河流有 2 221 条，总长度约为 38.66 万 km；流域面积 $10\ 000km^2$ 及以上的河流有 228 条，总长度约为 13.26 万 km。

（陈德清　王旭　张志远　查晨峰）

【按行政区统计】 （1）按行政区划分的流域面积 $50km^2$ 及以上河流数量和密度分布见表 1。

表 1　按行政区划分的流域面积 $50km^2$ 及以上河流数量和密度分布

序号	省级行政区	河流数量/条	河流密度/（条/万 km^2）
合计		46 796	48
1	北京	127	77
2	天津	192	163
3	河北	1 386	74
4	山西	902	58
5	内蒙古	4 087	36
6	辽宁	845	57
7	吉林	912	48
8	黑龙江	2 881	61
9	上海	133	163
10	江苏	1 495	143
11	浙江	865	82
12	安徽	901	65
13	福建	740	60
14	江西	967	58
15	山东	1 049	66
16	河南	1 030	63
17	湖北	1 232	66
18	湖南	1 301	62
19	广东	1 211	68
20	广西	1 350	57
21	海南	197	57
22	重庆	510	62
23	四川	2 816	58
24	贵州	1 059	60
25	云南	2 095	55
26	西藏	6 418	53
27	陕西	1 097	54
28	甘肃	1 590	38
29	青海	3 518	51
30	宁夏	406	79
31	新疆	3 484	21

注　31 个省（自治区、直辖市）流域面积 $50km^2$ 及以上河流的总数为 46 796 条，大于全国同标准流域面积河流总数（45 203 条），这是因为同一河流流经不同行政区域（省、自治区、直辖市）时重复统计的结果。河流密度为引用《第一次全国水利普查成果报告》的数据（下同）。

（2）按行政区划分的流域面积 $100km^2$ 及以上河流数量和密度分布见表 2。

表 2　按行政区划分的流域面积 $100km^2$ 及以上河流数量和密度分布

序号	省级行政区	河流数量/条	河流密度/（条/万 km^2）
合计		24 117	24
1	北京	71	43
2	天津	40	34
3	河北	550	29
4	山西	451	29
5	内蒙古	2 408	21
6	辽宁	459	31
7	吉林	497	26
8	黑龙江	1 303	28
9	上海	19	23
10	江苏	714	68
11	浙江	490	46
12	安徽	481	34
13	福建	389	31

续表

序号	省级行政区	河流数量/条	河流密度/(条/万 km²)
14	江西	490	29
15	山东	553	35
16	河南	560	34
17	湖北	623	34
18	湖南	660	31
19	广东	614	34
20	广西	678	29
21	海南	95	28
22	重庆	274	33
23	四川	1 396	29
24	贵州	547	31
25	云南	1 002	26
26	西藏	3 361	28
27	陕西	601	29
28	甘肃	841	20
29	青海	1 791	26
30	宁夏	165	32
31	新疆	1 994	12

（陈德清　王旭　张志远　查晨峰）

【按一级流域（区域）统计】（1）按一级流域（区域）划分的流域面积 50km² 及以上河流数量和密度分布见表 3。

表 3　按一级流域（区域）划分的流域面积 50km² 及以上河流数量和密度分布

序号	一级流域（区域）	河流数量/条	河流密度/(条/万 km²)
全　国		45 203	48
1	黑龙江	5 110	55
2	辽河	1 457	46
3	海河	2 214	70
4	黄河	4 157	51
5	淮河	2 483	75
6	长江	10 741	60
7	浙闽诸河	1 301	63
8	珠江	3 345	58
9	西南西北外流诸河	5 150	54
10	内流诸河	9 245	29

（2）按一级流域（区域）划分的流域面积 100km² 及以上河流数量和密度分布见表 4。

表 4　按一级流域（区域）划分的流域面积 100km² 及以上河流数量和密度分布

序号	一级流域（区域）	河流数量/条	河流密度/(条/万 km²)
全　国		22 909	24
1	黑龙江	2 428	26
2	辽河	791	25
3	海河	892	28
4	黄河	2 061	25
5	淮河	1 266	38
6	长江	5 276	29
7	浙闽诸河	694	34
8	珠江	1 685	29
9	西南西北外流诸河	2 467	25
10	内流诸河	5 349	17

（3）按一级流域（区域）划分的流域面积 1 000km² 及以上河流数量和密度分布见表 5。

表 5　按一级流域（区域）划分的流域面积 1 000km² 及以上河流数量和密度分布

序号	一级流域（区域）	河流数量/条	河流密度/(条/万 km²)
全　国		2 221	2.3
1	黑龙江	224	2.4
2	辽河	87	2.8
3	海河	59	1.9
4	黄河	199	2.4
5	淮河	86	2.6
6	长江	464	2.6

续表

序号	一级流域（区域）	河流数量/条	河流密度/(条/万 km^2)
7	浙闽诸河	53	2.6
8	珠江	169	2.9
9	西南西北外流诸河	267	2.8
10	内流诸河	613	1.9

（4）按一级流域（区域）划分的流域面积 10 000km^2 及以上河流数量和密度分布见表 6。

表 6　按一级流域（区域）划分的流域面积 10 000km^2 及以上河流数量和密度分布

序号	一级流域（区域）	河流数量/条	河流密度/(条/万 km^2)
全　国		228	0.24
1	黑龙江	36	0.39
2	辽河	13	0.41
3	海河	8	0.25
4	黄河	17	0.21
5	淮河	7	0.21
6	长江	45	0.25
7	浙闽诸河	7	0.34
8	珠江	12	0.21
9	西南西北外流诸河	30	0.31
10	内流诸河	53	0.16

（陈德清　王旭　张志远　查晨峰）

【十大河流】（1）2023 年中国十大河流基本情况见表 7。

表 7　2023 年中国十大河流基本情况

序号	河流名称	河流长度/km	流域面积/km^2	水面面积/km^2	流经省（自治区、直辖市）	多年平均年径流深/mm
1	长江	6 296	1 796 000	6 151	青海、西藏、四川、云南、重庆、湖北、湖南、江西、安徽、江苏、上海	551.1
2	黑龙江	1 905	888 711	1 773	黑龙江	142.6
3	黄河	5 687	813 122	3 690	青海、四川、甘肃、宁夏、内蒙古、陕西、山西、河南、山东	74.7
4	珠江（流域）	2 320	452 000	1 081	云南、贵州、广西、广东、湖南、江西	—
5	塔里木河	2 727	365 902	284	新疆	72.2
6	海河（流域）	73（干流）	320 600	234	天津、北京、河北、山西、山东、河南、内蒙古、辽宁	—
7	雅鲁藏布江	2 296	345 953	682	西藏	951.6
8	辽河	1 383	191 946	365	内蒙古、河北、吉林、辽宁	45.2
9	淮河	1 018	190 982	384	河南、湖北、安徽、江苏	236.9
10	澜沧江	2 194	164 778	546	青海、西藏、云南	445.6

注　2023 年水面面积（不含滩地）是根据丰水期卫星遥感影像获取。

（陈德清　王旭　张志远　查晨峰）

（2）2023 年中国十大河流水质见表 8。

表 8　2023 年中国十大河流水质

序号	所在水体	优良水质（Ⅰ～Ⅲ类）断面比例
1	长江	100.0%
2	黑龙江	30.0%
3	黄河	100.0%
4	珠江	98.4%
5	塔里木河	100.0%
6	海河	66.7%
7	雅鲁藏布江	100.0%

续表

序号	所在水体	优良水质（Ⅰ～Ⅲ类）断面比例
8	辽河	37.4%
9	淮河	100.0%
10	澜沧江	100.0%

（生态环境部）

中国湖泊基本情况

【湖泊概况】 湖泊是陆地上洼地积水形成的水体，是湖盆和湖水及其所含物质的自然综合体。中国湖泊众多，常年水面面积 1km² 及以上湖泊数量为 2 865 个，总面积约为 78 007.1km²。

（崔倩　杨燈）

【按行政区统计】 （1）各省（自治区、直辖市）常年水面面积 1km² 及以上湖泊数量见表 1。

表 1　各省（自治区、直辖市）常年水面面积 1km² 及以上湖泊数量

序号	省级行政区	湖泊数量/个
合　计		2 905
1	北京	1
2	天津	1
3	河北	23
4	山西	6
5	内蒙古	428
6	辽宁	2
7	吉林	152
8	黑龙江	253
9	上海	14
10	江苏	99
11	浙江	57
12	安徽	128
13	福建	1
14	江西	86
15	山东	8
16	河南	6
17	湖北	224
18	湖南	156
19	广东	7
20	广西	1
21	海南	0
22	重庆	0
23	四川	29
24	贵州	1
25	云南	29
26	西藏	808
27	陕西	5
28	甘肃	7
29	青海	242
30	宁夏	15
31	新疆	116

注　31 个省（自治区、直辖市）湖泊数量合计值为 2 905 个，全国常年水面面积 1km² 及以上湖泊总数 2 865 个，这是由于存在 40 个跨省（自治区、直辖市）界湖泊重复统计。

（2）各省（自治区、直辖市）常年水面面积 1km² 及以上湖泊水面面积见表 2。

表 2　各省（自治区、直辖市）常年水面面积 1km² 及以上湖泊水面面积

序号	省级行政区	湖泊数量/个	行政区内水面面积/km²
全　国		2 865	78 007.1
1	北京	1	1.3
2	天津	1	5.1
3	河北	23	364.8
4	山西	6	80.7
5	内蒙古	428	3 915.8
6	辽宁	2	44.7
7	吉林	152	1 055.2
8	黑龙江	253	3 036.9

续表

序号	省级行政区	湖泊数量/个	行政区内水面面积/km²
9	上海	14	68.1
10	江苏	99	5 887.3
11	浙江	57	99.2
12	安徽	128	3 505.0
13	福建	1	1.5
14	江西	86	3 802.3
15	山东	8	1 051.7
16	河南	6	17.2
17	湖北	224	2 569.2
18	湖南	156	3 370.7
19	广东	7	18.7
20	广西	1	1.1
21	海南	0	0.0
22	重庆	0	0.0
23	四川	29	114.5
24	贵州	1	22.9
25	云南	29	1 115.9
26	西藏	808	28 868.0
27	陕西	5	41.1
28	甘肃	7	100.6
29	青海	242	12 826.5
30	宁夏	15	101.3
31	新疆	116	5 919.8

（崔倩　杨燈）

【按一级流域（区域）统计】　(1) 一级流域（区域）常年水面面积 1km² 及以上湖泊数量和密度分布见表 3。

表 3　一级流域（区域）常年水面面积 1km² 及以上湖泊数量和密度分布

序号	流域（区域）	湖泊数量/个	湖泊密度/(个/万 km²)
全国		2 865	3.0
1	黑龙江	496	5.4
2	辽河	58	1.8
3	海河	9	0.3
4	黄河	144	1.8
5	淮河	68	2.1
6	长江	805	4.5
7	浙闽诸河	9	0.4
8	珠江	18	0.3
9	西南西北外流诸河	206	2.1
10	内流诸河	1 052	3.3

(2) 一级流域（区域）不同标准水面面积湖泊数量分布见表 4。

表 4　一级流域（区域）不同标准水面面积湖泊数量分布　　单位：个

序号	流域（区域）	水面面积 10km² 及以上湖泊数量	水面面积 100km² 及以上湖泊数量	水面面积 500km² 及以上湖泊数量	水面面积 1 000km² 及以上湖泊数量
全国		696	129	24	10
1	黑龙江	68	7	2	2
2	辽河	1	0	0	0
3	海河	3	1	0	0
4	黄河	23	3	2	0
5	淮河	27	8	3	2
6	长江	142	21	4	3
7	浙闽诸河	0	0	0	0
8	珠江	7	1	0	0
9	西南西北外流诸河	33	8	2	0
10	内流诸河	392	80	11	3

(3) 一级流域（区域）常年水面面积 1km² 及以上湖泊水面面积见表 5。

表 5　一级流域（区域）常年水面面积 1km² 及以上湖泊水面面积

序号	流域（区域）	湖泊数量/个	区域内水面面积/km²
全国		2 865	78 007.1
1	黑龙江	496	6 319.4
2	辽河	58	171.7
3	海河	9	277.7

续表

序号	流域（区域）	湖泊数量/个	区域内水面面积/km^2
4	黄河	144	2 082.3
5	淮河	68	4 913.7
6	长江	805	17 615.7
7	浙闽诸河	9	19.5
8	珠江	18	407.0
9	西南西北外流诸河	206	4 362.0
10	内流诸河	1 052	41 838.1

（崔倩　杨燈）

【十大湖泊】　（1）2023 年中国十大湖泊基本情况见表 6。

表 6　　2023 年中国十大湖泊基本情况

序号	湖泊名称	水利普查水面面积/km^2	2023 年水面面积/km^2	省级行政区域	平均水深/m
1	青海湖	4 233	4 549	青海	18.4
2	鄱阳湖	2 978	2 683	江西	8.94
3	洞庭湖	2 579	1 110	湖南	—
4	太湖	2 341	2 390	浙江、江苏	2.06
5	色林错	2 209	2 353	西藏	—
6	纳木错	2 018	2 029	西藏	54
7	呼伦湖	1 847	2 159	内蒙古	—
8	洪泽湖	1 525	1 515	江苏	3.5
9	南四湖	1 003	822	山东	1.44
10	博斯腾湖	986	1 111	新疆	—

注　2023 年水面面积是根据 1—12 月卫星遥感影像获取的最大水体面积。

（崔倩　杨燈）

（2）2023 年中国十大湖泊水质情况见表 7。

表 7　　2023 年中国十大湖泊水质

序号	所在水体	水质类别
1	青海湖	—
2	鄱阳湖	Ⅳ
3	洞庭湖	Ⅳ
4	太湖	Ⅳ
5	色林错	—
6	纳木错	—
7	呼伦湖	—
8	洪泽湖	Ⅳ
9	南四湖	Ⅲ
10	博斯腾湖	Ⅳ

注　湖库水质状况按该湖库所有断面各评价指标浓度算术平均值计算，其中青海湖、色林错、纳木错、呼伦湖受环境本底影响较大。

（生态环境部）

二、重要论述

Important Discourse

习近平在全国生态环境保护大会上强调 全面推进美丽中国建设 加快推进人与自然和谐共生的现代化

全国生态环境保护大会于 2023 年 7 月 17—18 日在北京召开。中共中央总书记、国家主席、中央军委主席习近平出席会议并发表重要讲话强调，今后 5 年是美丽中国建设的重要时期，要深入贯彻新时代中国特色社会主义生态文明思想，坚持以人民为中心，牢固树立和践行绿水青山就是金山银山的理念，把建设美丽中国摆在强国建设、民族复兴的突出位置，推动城乡人居环境明显改善、美丽中国建设取得显著成效，以高品质生态环境支撑高质量发展，加快推进人与自然和谐共生的现代化。

李强主持会议。赵乐际、王沪宁、蔡奇、李希出席会议。丁薛祥作总结讲话。

习近平在讲话中强调，党的十八大以来，我们把生态文明建设作为关系中华民族永续发展的根本大计，开展了一系列开创性工作，决心之大、力度之大、成效之大前所未有，生态文明建设从理论到实践都发生了历史性、转折性、全局性变化，美丽中国建设迈出重大步伐。我们从解决突出生态环境问题入手，注重点面结合、标本兼治，实现由重点整治到系统治理的重大转变；坚持转变观念、压实责任，不断增强全党全国推进生态文明建设的自觉性主动性，实现由被动应对到主动作为的重大转变；紧跟时代、放眼世界，承担大国责任、展现大国担当，实现由全球环境治理参与者到引领者的重大转变；不断深化对生态文明建设规律的认识，形成新时代中国特色社会主义生态文明思想，实现由实践探索到科学理论指导的重大转变。经过顽强努力，我国天更蓝、地更绿、水更清，万里河山更加多姿多彩。新时代生态文明建设的成就举世瞩目，成为新时代党和国家事业取得历史性成就、发生历史性变革的显著标志。

习近平强调，我国生态环境保护结构性、根源性、趋势性压力尚未根本缓解。我国经济社会发展已进入加快绿色化、低碳化的高质量发展阶段，生态文明建设仍处于压力叠加、负重前行的关键期。必须以更高站位、更宽视野、更大力度来谋划和推进新征程生态环境保护工作，谱写新时代生态文明建设新篇章。

习近平指出，总结新时代十年的实践经验，分析当前面临的新情况新问题，继续推进生态文明建设，必须以新时代中国特色社会主义生态文明思想为指导，正确处理几个重大关系。一是高质量发展和高水平保护的关系，要站在人与自然和谐共生的高度谋划发展，通过高水平环境保护，不断塑造发展的新动能、新优势，着力构建绿色低碳循环经济体系，有效降低发展的资源环境代价，持续增强发展的潜力和后劲。二是重点攻坚和协同治理的关系，要坚持系统观念，抓住主要矛盾和矛盾的主要方面，对突出生态环境问题采取有力措施，同时强化目标协同、多污染物控制协同、部门协同、区域协同、政策协同，不断增强各项工作的系统性、整体性、协同性。三是自然恢复和人工修复的关系，要坚持山水林田湖草沙一体化保护和系统治理，构建从山顶到海洋的保护治理大格局，综合运用自然恢复和人工修复两种手段，因地因时制宜、分区分类施策，努力找到生态保护修复的最佳解决方案。四是外部约束和内生动力的关系，要始终坚持用最严格制度最严密法治保护生态环境，保持常态化外部压力，同时要激发起全社会共同呵护生态环境的内生动力。五是“双碳”承诺和自主行动的关系，我们承诺的“双碳”目标是确定不移的，但达到这一目标的路径和方式、节奏和力度则应该而且必须由我们自己做主，决不受他人左右。

习近平强调，要持续深入打好污染防治攻坚战，坚持精准治污、科学治污、依法治污，保持力度、延伸深度、拓展广度，深入推进蓝天、碧水、净土三大保卫战，持续改善生态环境质量。要加快推动发展方式绿色低碳转型，坚持把绿色低碳发展作为解决生态环境问题的治本之策，加快形成绿色生产方式和生活方式，厚植高质量发展的绿色底色。要着力提升生态系统多样性、稳定性、持续性，加大生态系统保护力度，切实加强生态保护修复监管，拓宽绿水青山转化金山银山的路径，为子孙后代留下山清水秀的生态空间。要积极稳妥推进碳达峰碳中和，坚持全国统筹、节约优先、双轮驱动、内外畅通、防范风险的原则，落实好碳达峰碳中和“1+N”政策体系，构建清洁低碳安全高效的能源体系，加快构建新型电力系统，提升国家油气安全保障能力。要守牢美丽中国建设安全底线，贯彻总体国家安全观，积极有效应对各种风险挑战，切实维护生态安全、核与辐射安全等，保障我们赖以生存发展的自然环境和条件不受威胁和破坏。

习近平指出，要健全美丽中国建设保障体系。统筹各领域资源，汇聚各方面力量，打好法治、市场、科技、政策“组合拳”。要强化法治保障，统筹推进生态环境、资源能源等领域相关法律制修订，实施最严格的地上地下、陆海统筹、区域联动的生态环境治理制度，全面实行排污许可制，完善自然资源资产管理制度体系，健全国土空间用途管制制度。要完善绿色低碳发展经济政策，强化财政支持、税收政策支持、金融支持、价格政策支持。要推动有效市场和有为政府更好结合，将碳排放权、用能权、用水权、排污权等资源环境要素一体纳入要素市场化配置改革总盘子，支持出让、转让、抵押、入股等市场交易行为，加快构建环保信用监管体系，规范环境治理市场，促进环保产业和环境服务业健康发展。要加强科技支撑，推进绿色低碳科技自立自强，把应对气候变化、新污染物治理等作为国家基础研究和科技创新重点领域，狠抓关键核心技术攻关，实施生态环境科技创新重大行动，培养造就一支高水平生态环境科技人才队伍，深化人工智能等数字技术应用，构建美丽中国数字化治理体系，建设绿色智慧的数字生态文明。

习近平强调，建设美丽中国是全面建设社会主义现代化国家的重要目标，必须坚持和加强党的全面领导。党中央、国务院近期将对全面推进美丽中国建设作出系统部署。各地区各部门要不断增强责任感、使命感，不折不扣贯彻落实党中央决策部署。地方各级党委和政府要坚决扛起美丽中国建设的政治责任，抓紧研究制定地方党政领导干部生态环境保护责任制，建立覆盖全面、权责一致、奖惩分明、环环相扣的责任体系。相关部门要认真落实生态文明建设责任清单，强化分工负责，加强协调联动，形成齐抓共管的强大合力。各级人大及其常委会要加强生态文明保护法治建设和法律实施监督，各级政协要加大生态文明建设专题协商和民主监督力度。要继续发挥中央生态环境保护督察利剑作用。

李强在主持会议时指出，习近平总书记的重要讲话全面总结了我国生态文明建设取得的举世瞩目的巨大成就特别是历史性、转折性、全局性变化，深入分析了当前生态文明建设面临的形势，深刻阐述了新征程上推进生态文明建设需要处理好的重大关系，系统部署了全面推进美丽中国建设的战略任务和重大举措，为进一步加强生态环境保护、推进生态文明建设提供了方向指引和根本遵循。要认真学习领会、深入贯彻落实习近平总书记重要讲话精神，深刻领悟“两个确立”的决定性意义，坚决做到“两个维护”，把贯彻落实会议精神和深入开展主题教育结合起来，进一步激发做好生态环境保护工作的强大动力，扎实推进生态文明建设，加快建设美丽中国。

丁薛祥在总结讲话中指出，要深入学习贯彻党的二十大精神和习近平总书记重要讲话精神，以习近平新时代中国特色社会主义思想特别是习近平生态文明思想为指导，坚决扛起美丽中国建设的政治责任，加快推进人与自然和谐共生的现代化。要持之以恒打好污染防治攻坚战，推动生态环境质量持续改善；把绿色低碳发展作为治本之策，加快形成节约资源和保护环境的空间格局、产业结构、生产方式、生活方式；坚持人与自然和谐共生，加大生态保护和修复力度，完善生态保护修复监管制度；瞄准既定目标积极稳妥推进碳达峰碳中和，坚持先立后破，扎实推进能源绿色低碳转型；强化底线思维，常态化管控生态环境风险，筑牢美丽中国建设的生态安全根基；保持严的基调，深入开展生态环境保护督察和执法监管，严厉打击生态环境违法行为。各地区、各部门、各单位要加强组织领导，严格落实责任，强化支撑保障，确保党中央决策部署落到实处、见到实效。

生态环境部、自然资源部、国家发展改革委、财政部、内蒙古自治区、浙江省、湖北省、广西壮族自治区负责同志作交流发言。

中共中央政治局委员、中央书记处书记，全国人大常委会有关领导同志，国务委员，最高人民法院院长，最高人民检察院检察长，全国政协有关领导同志出席会议。

会议以电视电话会议形式召开，各省区市和计划单列市、新疆生产建设兵团党政主要负责同志和有关部门主要负责同志，中央和国家机关有关部门、有关人民团体、军队有关单位主要负责同志，中央管理的部分金融机构和企业负责同志等参加会议。

（来源：《人民日报》2023 年 07 月 19 日 01 版）

《求是》发表习近平总书记重要文章：推进生态文明建设需要处理好几个重大关系

随着新时代生态文明建设实践的深入推进，我们对生态文明建设的规律性认识不断深化。总结新时代 10 年的实践经验，分析当前面临的新情况新问题，继续推进生态文明建设，必须以新时代中国特色社会主义生态文明思想为指导，正确处理几个重大关系。

一是高质量发展和高水平保护的关系。处理好发展和保护的关系，是一个世界性难题，也是人类社会发展面临的永恒课题。党的二十大提出，推动经济社会发展绿色化、低碳化是实现高质量发展的关键环节。这表明，高质量发展和高水平保护是相辅相成、相得益彰的。高水平保护是高质量发展的重要支撑，生态优先、绿色低碳的高质量发展只有依靠高水平保护才能实现。在中国式现代化建设全过程中，我们都要把握好高质量发展和高水平保护的辩证统一关系。

要站在人与自然和谐共生的高度谋划发展，把资源环境承载力作为前提和基础，自觉把经济活动、人的行为限制在自然资源和生态环境能够承受的限度内，在绿色转型中推动发展实现质的有效提升和量的合理增长。要通过高水平保护，不断塑造发展的新动能、新优势，着力构建绿色低碳循环经济体系，加快形成科技含量高、资源消耗低、环境污染少的产业结构，大幅提高经济绿色化程度，有效降低发展的资源环境代价，持续增强发展的潜力和后劲。

二是重点攻坚和协同治理的关系。生态环境治理是一项系统工程，需要统筹考虑环境要素的复杂性、生态系统的完整性、自然地理单元的连续性、经济社会发展的可持续性。这就要求我们立足全局，坚持系统观念，谋定而后动。要坚持重点攻坚，抓住主要矛盾和矛盾的主要方面，对突出生态环境问题采取有力措施，以重点突破带动全局工作提升。同时，要强化目标协同、多污染物控制协同、部门协同、区域协同、政策协同，不断增强各项工作的系统性、整体性、协同性。要统筹兼顾，推动局部和全局相协调、治标和治本相贯通、当前和长远相结合。

当前，必须保持战略定力，锲而不舍、久久为功，持续深入打好污染防治攻坚战，不获全胜决不收兵。要突出重点区域、重点领域、关键环节，迎难而上、接续攻坚，以更高标准打几个漂亮的标志性战役。要做足统筹协调的大文章，统筹产业结构调整、污染治理、生态保护、应对气候变化，协同推进降碳、减污、扩绿、增长，全方位、全地域、全过程开展生态文明建设。

三是自然恢复和人工修复的关系。自然生态系统是一个有机生命躯体，有其自身发展演化的客观规律，具有自我调节、自我净化、自我恢复的能力。治愈人类对大自然的伤害，首先要充分尊重和顺应自然，给大自然休养生息足够的时间和空间，依靠自然的力量恢复生态系统平衡。这就是我们反复强调坚持以自然恢复为主方针的道理所在。同时，自然恢复的局限和极限，对人工修复提出了更高的要求，也留下了积极作为的广阔天地。我们要把自然恢复和人工修复有机统一起来，因地因时制宜、分区分类施策，努力找到生态保护修复的最佳解决方案。

要坚持山水林田湖草沙一体化保护和系统治理，构建从山顶到海洋的保护治理大格局，综合运用自然恢复和人工修复两种手段，持之以恒推进生态建设。对于严重透支的草原森林河流湖泊湿地农田等生态系统，要严格推行禁牧休牧、禁伐限伐、禁渔休渔、休耕轮作。对于水土流失、荒漠化、石漠化等生态退化突出问题，要坚持以自然恢复为主、辅以必要的人工修复，宜林则林、宜草则草、宜沙则沙、宜荒则荒。对于生态系统受损严重、依靠自身难以恢复的区域，则要主动采取科学的人工修复措施，加快生态系统恢复进程。城市特别是超大特大城市和城市群，要积极探索自然恢复和人工修复深度融合的新路子，让城市更加美丽宜居。

四是外部约束和内生动力的关系。良好生态环境是最公平的公共产品，是最普惠的民生福祉。要发挥这一公共产品的最大效用，让人民群众在美丽家园中共享自然之美、生命之美、生活之美，防止过度索取、肆意破坏，就要有明确的边界、严格的制度，做到取用有节、行止有度，这就离不开强有力的外部约束。生态环境没有替代品，用之不觉、失之难存，不仅关系经济发展质量，而且攸关每个人的生活品质。只有人人动手、人人尽责，激发起全社会共同呵护生态环境的内生动力，才能让中华大地蓝天永驻、青山常在、绿水长流。

必须始终坚持用最严格制度最严密法治保护生态环境，保持常态化外部压力。要进一步建立健全和严格执行生态环境法规制度，坚持运用好、巩固拓展好强力督察、严格执法、严肃问责等做法和经验。要进一步压紧压实各级党委和政府生态环境保护政治责任，深入推进中央生态环境保护督察，强化执法监管，切实做到明责知责、担责尽责。要建立健全以绿色发展为导向的科学考核评价体系，完善生态保护补偿制度和生态产品价值实现机制，真正让保护者、贡献者得到实惠。要进一步健全资源环境要素市场化配置体系，用好绿色财税金融政策，让经营主体在保护生态环境中获得合理回报。要弘扬生态文明理念，培育生态文化，让绿色低碳生活方式成风化俗。

五是“双碳”承诺和自主行动的关系。推进碳达峰碳中和是党中央经过深思熟虑作出的重大战略决策，是我们对国际社会的庄严承诺，也是推动经济结构转型升级、形成绿色低碳产业竞争优势，实现高质量发展的内在要求。这不是别人要我们做，而是我们自己必须要做。我们承诺的“双碳”目标是确定不移的，但达到这一目标的路径和方式、节奏和力度则应该而且必须由我们自己做主，决不受他人左右。

实现碳达峰碳中和，等不得也急不得，不可能毕其功于一役，必须坚持稳中求进、逐步实现，决不能搞“碳冲锋”“运动式减碳”。要立足国情，坚持先立后破，加快规划建设新型能源体系，确保能源安全。要优化调整产业结构，大力发展绿色低碳产业，使发展建立在高效利用资源、严格保护生态环境、有效控制温室气体排放的基础上。对于传统行业，不能简单当成“低端产业”一退了之、一关了之，而是要推动工艺、技术、装备升级，实现绿色低碳转型。要以更加积极的姿态参与全球气候治理，形成更加主动有利的新局面。

※这是习近平总书记 2023 年 7 月 17 日在全国生态环境保护大会上的讲话的一部分。

（来源：《求是》2023 年第 22 期）

《求是》发表习近平总书记重要文章：以美丽中国建设全面推进人与自然和谐共生的现代化

今后 5 年是美丽中国建设的重要时期，要深入贯彻新时代中国特色社会主义生态文明思想，坚持以人民为中心，牢固树立和践行绿水青山就是金山银山的理念，把建设美丽中国摆在强国建设、民族复兴的突出位置，推动城乡人居环境明显改善、美丽中国建设取得显著成效，以高品质生态环境支撑高质量发展。

第一，持续深入打好污染防治攻坚战。要坚持精准治污、科学治污、依法治污，保持力度、延伸深度、拓展广度，深入推进环境污染防治，持续改善生态环境质量。

蓝天保卫战是攻坚战的重中之重。要以京津冀及周边、长三角、汾渭平原等重点区域为主战场，优化调整产业结构、能源结构、交通运输结构，大力推进挥发性有机物、氮氧化物等多污染物协同减排，持续降低细颗粒物浓度。强化源头治理，因地制宜采取清洁能源、集中供热替代等措施，继续抓好散煤、燃煤锅炉、工业炉窑污染治理。高质量推进钢铁、水泥、焦化等行业超低排放改造，持续降低重点行业污染排放。大力推进“公转铁”“公转水”，尽可能提高铁路运输、水运比例以降低运输业的能耗和污染。要下大气力解决老百姓“家门口”的噪声、油烟、恶臭等问题，积极回应人民群众关切。要加强区域联防联控，采取综合措施，加快消除重污染天气，守护好美丽蓝天。

碧水保卫战要促进“人水和谐”。统筹水资源、水环境、水生态治理，深入推进长江、黄河等大江大河和重要湖泊保护治理。扎实推进水源地规范化建设和备用水源地建设，保障好城乡饮用水安全。加快补齐城镇污水收集和处理设施短板，因地制宜开展内源污染治理和生态修复，基本消除城乡黑臭水体并形成长效机制。建立水生态考核机制，加强水源涵养区和生态缓冲带保护修复，保障河湖生态流量，维护水生态系统健康。继续抓好长江十年禁渔措施落实，做好跟踪评估。坚持陆海统筹、河海联动，持续推进重点海域综合治理。以海湾为基本单元，“一湾一策”协同推进近岸海域污染防治、生态保护修复和岸滩环境整治，不断提升红树林等重要海洋生态系统质量和稳定性。继续抓好美丽河湖、美丽海湾建设。

净土保卫战重在强化污染风险管控。开展土壤污染源头防控行动，既要防止新增污染，又要逐步解决长期积累的土壤和地下水严重污染问题。要加强固体废物综合治理，加快“无废城市”建设，全链条治理塑料污染，持续推进新污染物协同治理和环境风险管控。深化全面禁止“洋垃圾”入境成果，严防各种形式的固体废物走私和变相进口。统筹推动乡村生态振兴、农村人居环境整治，有力防治农业面源污染，建设美丽乡村。

第二，加快推动发展方式绿色低碳转型。坚持把绿色低碳发展作为解决生态环境问题的治本之策，加快形成绿色生产方式和生活方式，厚植高质量发展的绿色底色。

要优化国土空间开发格局。守牢国土空间开发保护底线，统筹优化农业、生态、城镇等各类空间布局，健全主体功能区制度。坚守生态保护红线，强化执法监管和保护修复，确保功能不降低、性质不改变。坚决守住 18 亿亩[1]耕地红线。严格管控城镇开发边界，推动城镇空间内涵式集约化绿色发展。加强海洋和海岸带国土空间管控，建立低效用海退出机制，除国家重大项目外，不得再新增围填海。完善全域覆盖的生态环境分区管控体系，为发展“明底线”“划边框”。

要加快产业绿色转型升级。推进产业数字化智能化同绿色化的深度融合，加快建设以实体经济为支撑的现代化产业体系，大力发展战略性新兴产业、高技术产业、绿色环保产业、现代服务业。严把准入关口，坚决遏制高耗能、高排放、低水平项目盲

[1] 1 亩≈666.67m^2。

目上马。实施全面节约战略，推进节能、节水、节地、节材、节矿，加快构建废弃物循环利用体系，科学利用各类资源，提高资源产出率。

要打造绿色发展高地。各地区特别是京津冀、长江经济带、粤港澳大湾区、长三角地区、黄河流域等区域，要根据高质量发展要求和自身特色，加强区域绿色发展协作，在实施区域重大战略中进一步谋划好、规划好、落实好生态环保工作，建设美丽中国先行区。坚持人民城市人民建、人民城市为人民，以绿色低碳、环境优美、生态宜居、安全健康、智慧高效为导向，建设新时代美丽城市。

要推动形成绿色生活方式。大力倡导简约适度、绿色低碳、文明健康的生活理念和消费方式，让绿色出行、节水节电、“光盘行动”、垃圾分类等成为习惯，各级党政机关和国有企事业单位要走在前列。持续开展“美丽中国，我是行动者”系列活动，广泛动员园区、企业、社区、学校、家庭和个人积极行动起来，形成人人、事事、时时、处处崇尚生态文明的社会氛围。

第三，着力提升生态系统多样性、稳定性、持续性。要站在维护国家生态安全、中华民族永续发展和对人类文明负责的高度，加强生态保护和修复，为子孙后代留下山清水秀的生态空间。

要加大生态系统保护力度。加快建设以国家公园为主体、以自然保护区为基础、以各类自然公园为补充的自然保护地体系，把有代表性的自然生态系统和珍稀物种栖息地保护起来。推进实施重要生态系统保护和修复重大工程，科学开展大规模国土绿化行动，持续推进“三北”防护林体系建设和京津风沙源治理，集中力量在重点地区实施一批防沙治沙工程，特别是全力打好三大标志性战役。推进生态系统碳汇能力巩固提升行动。实施一批生物多样性保护重大工程，健全生物多样性保护网络，逐步建立国家植物园体系，努力建设美丽山川。

要切实加强生态保护修复监管。这些年来，破坏生态行为禁而未绝，凸显了生态保护修复离不开强有力的外部监管。要在生态保护修复上强化统一监管，强化生态保护修复监管制度建设，加强生态状况监测评估，开展生态保护修复成效评估，强化自然保护地、生态保护红线督察执法。坚决杜绝生态修复中的形式主义，决不允许打着生态建设的旗号干破坏生态的事情。

要拓宽绿水青山转化金山银山的路径。良好的生态环境蕴含着无穷的经济价值。推进生态产业化和产业生态化，培育大量生态产品走向市场，让生态优势源源不断转化为发展优势。推进重要江河湖库、重点生态功能区、生态保护红线、重要生态系统等保护补偿，完善生态保护修复投入机制，严格落实生态环境损害赔偿制度，让保护修复者获得合理回报，让破坏者付出相应代价。

第四，积极稳妥推进碳达峰碳中和。要坚持全国统筹、节约优先、双轮驱动、内外畅通、防范风险的原则，落实好碳达峰碳中和“1＋N”政策体系。

要有计划分步骤实施碳达峰行动。深入实施2030年前碳达峰行动方案，确保安全降碳。在碳排放强度控制基础上，逐步转向碳排放总量和强度“双控”。进一步发展碳市场，完善法律法规政策，稳步扩大行业覆盖范围，丰富交易品种和交易方式，降低碳减排成本，增强企业绿色低碳发展意识，并启动温室气体自愿减排交易市场，建成更加有效、更有活力、更具国际影响力的碳市场。推动减污降碳协同增效，开展多领域、多层次协同创新试点，提升多污染物与温室气体协同治理水平。

要构建清洁低碳安全高效的能源体系。抓好煤炭清洁高效利用，确保发挥兜底保障和对新能源发展的支撑调节作用。大力发展风电和太阳能发电，统筹水电开发和生态保护，积极安全有序发展核电，加快构建新型电力系统。重点控制化石能源消费，加强能源产供储销体系建设，提升国家油气安全保障能力。

第五，守牢美丽中国建设安全底线。要贯彻总体国家安全观，积极有效应对各种风险挑战，保障我们赖以生存发展的自然环境和条件不受威胁和破坏。

要切实维护生态安全。进一步完善国家生态安全工作协调机制，健全国家生态安全法治体系、战略体系、政策体系、应对管理体系，提升国家生态安全风险研判评估、监测预警、应急应对和处置能力。严密防控环境风险，强化危险废物、尾矿库、重金属等重点领域环境隐患排查和风险防控，完善分级负责、属地为主、部门协同的环境应急责任体系，及时妥善科学处置各类突发环境事件。加强生物安全管理，防治外来物种侵害。提升适应气候变化能力。

要确保核与辐射安全。坚持理性、协调、并进的核安全观，构建严密的核安全责任体系，严格监督管理，全面提高核安全监管能力，建成同我国核事业发展相适应的现代化核安全监管体系，推动核安全高质量发展。积极参与核安全国际合作。

第六，健全美丽中国建设保障体系。要统筹各领域资源，汇聚各方面力量，打好法治、市场、科技、政策“组合拳”，为美丽中国建设提供基础支撑和有力保障。

要强化法治保障。统筹推进生态环境、资源能源等领域相关法律制定修订，以良法保障善治。完善公益诉讼，加强生态环境领域司法保护。实施最严格的地上地下、陆海统筹、区域联动的生态环境治理制度，全面实行排污许可制。完善自然资源资产管理制度体系，健全国土空间用途管制制度。

要完善绿色低碳发展经济政策。强化财政支持，优化生态文明建设领域财政资源配置，确保投入规模同建设任务相匹配。强化税收政策支持，严格执行环境保护税法，完善征收体系，加快把挥发性有机物纳入征收范围。强化金融支持，大力发展绿色金融，推进生态环境导向的开发模式和投融资模式创新，探索区域性环保建设项目的金融支持模式，引导各类金融机构和社会资本投入。强化价格政策支持，综合考虑企业能耗、环保绩效水平，完善高耗能行业阶梯电价制度。

要推动有效市场和有为政府更好结合。把碳排放权、用能权、用水权、排污权等资源环境要素一体纳入要素市场化配置改革总盘子，支持出让、转让、抵押、入股等市场交易行为。加快构建环保信用监管体系。进一步规范环境治理市场，促进环保产业和环境服务业健康发展。

要加强科技支撑。推进绿色低碳科技自立自强，把应对气候变化、新污染物治理等作为国家基础研究和科技创新重点领域，狠抓关键核心技术攻关。实施生态环境科技创新重大行动，建设生态环境领域大科学装置，培养造就一支高水平生态环境科技人才队伍，支持科技成果转化和产业化推广。加快建立现代化生态环境监测体系，健全天空地海一体化监测网络。深化人工智能等数字技术应用，构建美丽中国数字化治理体系，建设绿色智慧的数字生态文明。

※这是习近平总书记2023年7月17日在全国生态环境保护大会上讲话的一部分。

（来源：《求是》2024年第1期）

习近平主持召开进一步推动长江经济带高质量发展座谈会强调 进一步推动长江经济带高质量发展 更好支撑和服务中国式现代化

中共中央总书记、国家主席、中央军委主席习近平12日下午在江西省南昌市主持召开进一步推动长江经济带高质量发展座谈会并发表重要讲话。他强调，要完整、准确、全面贯彻新发展理念，坚持共抓大保护、不搞大开发，坚持生态优先、绿色发展，以科技创新为引领，统筹推进生态环境保护和经济社会发展，加强政策协同和工作协同，谋长远之势、行长久之策、建久安之基，进一步推动长江经济带高质量发展，更好支撑和服务中国式现代化。

中共中央政治局常委、国务院总理李强，中共中央政治局常委、中央办公厅主任蔡奇，中共中央政治局常委、国务院副总理丁薛祥出席座谈会。

习近平在江西调研期间专门召开这次座谈会。座谈会上，国家发展改革委主任郑栅洁、重庆市委书记袁家军、江西省委书记尹弘、上海市委书记陈吉宁先后发言，就推动长江经济带高质量发展汇报工作情况、提出意见建议。参加座谈会的其他省份主要负责同志提交了书面发言。

听取大家发言后，习近平发表了重要讲话。他强调，长江经济带发展战略实施近8年来，沿江省市和中央有关部门认真贯彻落实党中央决策部署，坚持共抓大保护、不搞大开发，坚持生态优先、绿色发展，扎实推进长江生态环境保护修复，积极促进经济社会发展全面绿色转型，决心之大、力度之大前所未有，长江经济带发展发生了重大变化。思想认识发生重大转变，共抓大保护、不搞大开发成为共识；生态环境保护和修复取得重大成就，“一江碧水向东流”美景重现；发展方式发生重大变革，创新驱动发展全面起势；区域融合实现重大提升，区域协同联动不断加强；改革开放取得重大进展，全方位对内对外开放态势加速形成。总的看，长江经济带发展成就有目共睹，发展质量稳步提升，发展态势日趋向好。同时也要看到，长江流域生态环境保护和高质量发展正处于由量变到质变的关键时期，取得的成效还不稳固，客观上也还存在不少困难和问题，要继续努力加以解决。

习近平指出，从长远来看，推动长江经济带高质量发展，根本上依赖于长江流域高质量的生态环境。要毫不动摇坚持共抓大保护、不搞大开发，在高水平保护上下更大功夫。沿江各地生态红线已经划定，必须守住管住，加强生态环境分区管控，严格执行准入清单。各级党委和政府对划定的本地重要生态空间要心中有数，优先保护、严格保护。要继续加强生态环境综合治理，持续强化重点领域污染治理，统筹水资源、水环境、水生态，扎实推进大气和土壤污染防治，更加注重前端控污，从源头上降低污染物排放总量。坚定推进长江“十年禁渔”，巩固好已经取得的成果。协同推进降碳、减污、扩绿、增长，把产业绿色转型升级作为重中之重，加快培育壮大绿色低碳产业，积极发展绿色技术、绿色产品，提高经济绿色化程度，增强发展的潜力和后劲。支持生态优势地区做好生态利用文章，把生态财富转化为经济财富。完善横向生态保护补偿机制，激发全流域参与生态保护的积极性。

习近平强调，要坚持创新引领发展，把长江经济带的科研优势、人才优势转化为发展优势，积极开辟发展新领域新赛道，塑造发展新动能新优势。要加强科教资源的优化组合和科技创新协同配合，围绕产业基础高级化和产业链现代化，积极布局新领域新赛道的引领性技术攻关，吸引集聚高层次科技创新人才，提升科技前沿领域原始创新能力，加快突破一批关键核心技术。大力推动产业链供应链现代化，接续实施增强制造业核心竞争力行动，培育壮大先进制造业，加快发展战略性新兴产业和未来产业，促进数字经济和实体经济深度融合。加强产业链协同合作，推动优势产业延链、新兴产业建链。

习近平指出，要更好发挥长江经济带横贯东西、承接南北、通江达海的独特优势，更好联通国内国际两个市场、用好两种资源，提升国内大循环内生动力和可靠性，增强对国际循环的吸引力、推动力，为构建新发展格局提供战略支撑。在产业发展上，沿江省市既要各展优势，又要协同发展、错位发展、联动发展。要统筹抓好沿江产业布局和转移，优化重大生产力布局，引导资金、技术、劳动密集型产业从东部向中西部、从中心城市向腹地有序转移。积极推进高水平对外开放，积极拓展国际经济合作新领域、新渠道。更好发挥沿江省市自贸试验区作用，在制度创新方面先行先试，促进沿江省市自贸试验区联动发展，为建设更高水平开放型经济新体制积累新经验、探索新路径。

习近平强调，要坚持把强化区域协同融通作为着力点，沿江省市要坚持省际共商、生态共治、全域共建、发展共享，增强区域交通互联性、政策统一性、规则一致性、执行协同性，稳步推进生态共同体和利益共同体建设，促进区域协调发展。要从整体上谋划和建设区域交通基础设施，加快建设综合立体交通走廊，加强交通网络的相互联通和“公水铁”等运输方式的相互衔接，提升区域交通一体化水平。深化要素市场化改革，完善产权保护、市场准入、公平竞争、社会信用等基础制度，完善跨区域、跨部门、跨层级的数据信息共享和流程互联互通，深化政务服务合作，优化营商环境。深入发掘长江文化的时代价值，推出更多体现新时代长江文化的文艺精品。积极推进文化和旅游深度融合发展，建设一批具有自然山水特色和历史人文内涵的滨江城市、小城镇和美丽乡村，打造长江国际黄金旅游带。

习近平指出，长江经济带事关全国发展大局。要统筹好发展和安全，在维护国家粮食安全、能源安全、重要产业链供应链安全、水安全等方面发挥更大作用，以一域之稳为全局之安作出贡献。沿江省市无论是粮食主产区还是主销区、产销平衡区，都要扛牢粮食安全责任。强化耕地数量、质量、生态“三位一体”保护，逐步把永久基本农田建成高标准农田，加强农业种质资源保护利用，实施生物育种重大项目，提高种业企业自主创新能力。把粮食增产的重心放到大面积提高单产上，加强良田良种、良机良法的集成推广，发展多种形式适度规模经营和社会化服务。坚持全国“一盘棋”，继续深化上游地区同中下游地区的能源合作。加强煤炭等化石能源兜底保障能力，抓好煤炭清洁高效利用，注重水电等优势传统能源与风电、光伏、氢能等新能源的多能互补、深度融合，加快建设新型能源体系，推进源网荷储一体化。努力建设安澜长江，科学把握长江水情变化，坚持旱涝同防同治，统筹推进水系连通、水源涵养、水土保持，强化流域水工程统一联合调度，加强跨区域水资源丰枯调剂，提升流域防灾减灾能力。

习近平强调，要坚持中央统筹、省负总责、市县抓落实的工作机制，中央区域协调发展领导小组要加强统筹协调和督促检查，中央有关部门对符合长江经济带高质量发展导向的项目要给予支持，在重点领域推动一批重大改革。要压实沿江省市各级党委、政府主体责任，确保工作落实落地。要以主题教育为契机，教育引导广大干部树立和践行正确政绩观，提高推动高质量发展的本领。要引导各类企业、社会组织积极参与长江经济带发展，加大人力、物力、财力等方面的投入，发挥好人民群众的积极性、主动性、创造性。要定期开展对实施《长江经济带发展规划纲要》的检查评估和监督，督促各地及时发现问题并加以纠正。

李强在讲话中表示，要认真学习领会、深入贯彻落实习近平总书记重要讲话精神，保持共抓大保护的战略定力，持续用力、久久为功。强化综合治理、源头治理，完善生态保护补偿等制度，深入探索生态产品价值实现路径。以主体功能区战略引导经济合理布局，立足比较优势，找准功能定位，发挥好长三角龙头作用，带动中上游地区共同发展。纵深推进统一大市场建设，提升区域内“软”“硬”

联通水平，积极融入国际循环，增强两个市场两种资源联动效应。

丁薛祥在讲话中表示，要深入学习贯彻党的二十大精神和习近平总书记重要讲话精神，坚持共抓大保护、不搞大开发，突出生态优先、绿色发展，以高水平保护为高质量发展提供重要支撑；加强重大创新平台建设，推动创新链和产业链深度融合，以高水平科技创新培育高质量发展新动能；牢固树立“一盘棋”思想，合理确定功能定位和发展方向，统筹沿海沿江沿边和内陆开放，以高水平协同联动形成高质量发展整体合力。

李干杰、何立峰、吴政隆、穆虹、姜信治出席座谈会，中央和国家机关有关部门、有关地方、有关企业负责同志参加座谈会。

（来源：《人民日报》2023年10月13日01版）

三、综述

Overview

2023年河湖长制工作综述

2023年是全面贯彻党的二十大精神的开局之年。按照习近平总书记在浙江考察时强调“河长制必须一以贯之”的重要指示，水利部与各地方、各部门坚持以习近平新时代中国特色社会主义思想为指导，深入贯彻落实习近平总书记“节水优先、空间均衡、系统治理、两手发力”治水思路和关于治水的重要论述精神，持续强化河湖长制，加强河湖保护治理，推进安全河湖、生命河湖、幸福河湖建设。2023年，主要开展了三方面工作。

一、一以贯之强化河湖长制，持续提升河湖保护治理效能

一是不断健全河湖长制组织体系。七大流域省级河湖长联席会议机制持续探索完善。水利部河长办指导各地全面建立河湖长动态调整和责任递补机制。山西省出台地方标准——《河湖长制工作规范》；天津、吉林、河南、青海等省（直辖市）出台相关规定，规范河湖长动态调整和责任递补机制。

二是不断加强宣传教育培训。受中共中央组织委托，水利部举办强化河湖长制线上专题班，调训市级、县级河湖长1万名。水利部河长办遴选发布全面推行河湖长制典型案例，指导有关单位举办第二届河湖长制与河湖保护高峰论坛，组织开展第五届“守护幸福河湖”短视频征集活动。水利部河湖管理司举办河湖管理培训班、水利部河湖保护中心举办基层河湖保护治理培训班，对31个省（自治区、直辖市）和新疆生产建设兵团的468名河湖管理骨干开展培训。辽宁省委党校组织河湖长专题研修班，对100名县级河湖长进行脱产培训；内蒙古自治区开展“强化依法治水、携手共护母亲河”系列宣传活动。

三是有序推进幸福河湖建设。组织对2022年7条（个）幸福河湖建设项目开展复核评估，总结可复制可推广的经验做法。会同财政部遴选15条（个）河湖开展幸福河湖项目建设，印发幸福河湖建设成效评估指标体系，加强指导督促和跟踪评估。浙江省以总河长令推动全域建设幸福河湖；重庆市以总河长令部署幸福河湖建设“百千行动”。各地累计完成3 200多条（个）幸福河湖建设。

二、着力复苏河湖生态环境，持续改善河湖面貌

一是持续推进“四乱”问题整治。继续清存量、遏增量，以妨碍河道行洪突出问题为重点，清理整治“四乱”问题1.73万个，拆除违建2 000万m^2，清理垃圾2 200万余t。编制完成七大流域河湖岸线保护利用规划。紧盯重大问题整改，持续推进长江干流岸线利用项目排查整治“回头看”和长江经济带、黄河流域生态环境警示片涉及河湖突出问题整改工作，整改销号问题91个。

二是推进河道采砂管理规范化制度化。公告全国2 905个重点河段敏感水域“四个责任人”，公告长江干流沿江9省（自治区、直辖市）33地市151县（区）和南水北调中线干线工程交叉河道采砂管理“五个责任人”。召开水利部、公安部、交通运输部长江河道采砂管理三部合作机制领导小组会议。组织对南水北调中线干线工程交叉河道非法采砂开展排查整治。全面推行河道砂石采运管理单制度，强化采砂全过程监管，长江流域实现砂石采运管理单电子化。推动规范疏浚砂利用管理。制定河道采砂许可事项实施规范，对许可条件、程序、监管等作出具体规定。

三是深入推进水资源节约集约利用。实施用水总量和强度双控，全国重要跨省江河流域水量分配基本完成。取用水管理专项整治行动累计整治427万个取水口违规取用水问题。加快建设取用水监测计量体系，13万个取水在线计量点接入全国取用水管理平台，规模以上取水在线计量率达到75%。严格节水评价审查，叫停77个节水评价不达标项目，核减水量14.8亿m^3。促进节水产业发展，实施合同节水管理项目204项，遴选发布成熟适用节水技术205项，新建成节水型社会达标县（区）323个，遴选公布重点用水企业、园区水效领跑者74家。

四是持续强化江河湖泊生态保护治理。实施母亲河复苏行动，对88条（个）河（湖）开展“一河（湖）一策”保护修复。强化171条跨省重点河湖、546条省内重点河湖生态流量管理，2023年全国重点河湖生态流量达标率保持在97%以上。完成168条（个）典型河湖、343个已建水利水电工程生态流量核定。据监测数据，2023年全国3 641个国家地表水考核断面中，水质优良（Ⅰ～Ⅲ类）断面比例为89.4%，较2022年上升1.5个百分点。断水百年之久的京杭大运河再度实现全线水流贯通，断流干涸26年之久的永定河首次实现全年全线有水；山西省晋祠千年古泉30年来首次复流。福建省木兰溪、吉林省查干湖、安徽省巢湖等重点河湖水生态治理修复加快实施。以流域为单元推进134条主要支流和998条中小河流治理。新一轮地下水超采区划定基本完成，华北地区深层地下水人工回补试点启动实施。新增130座绿色小水电示范电站、17个国家水利风景区，公布新一批11条“最美家乡河”。

三、不断夯实河湖长制工作基础，持续提升河湖保护治理能力水平

一是不断完善河湖基础信息。持续推进河湖名录梳理复核工作，组织各地初步完成水普名录内河湖名录复核工作，同步推动水普名录外河湖名录复核。公布黄河干流及其流域面积 $50km^2$ 以上（含）的一、二级支流共计2 025条河流目录；研究提出长江干流及一、二级支流目录。组织开展全国山洪灾害防治区内河流及易发生山洪灾害的山区河道梳理排查，实行名录管理，各地梳理山区河道5.38万条。

二是持续健全河湖管理法规制度。黄河保护法、青藏高原生态保护法正式施行，对河湖管理保护和河湖长制作出具体规定。水法、防洪法修改列入十四届全国人大常委会立法规划，积极推进河道采砂管理条例立法，修订出台《长江河道采砂管理条例》。水行政执法与刑事司法衔接、水行政执法与检察公益诉讼协作机制落地见效，水利系统运用法治思维和法治方式的能力得到明显提升。山西省修订出台河道管理条例；云南省修订出台九大高原湖泊保护条例；湖南省株洲市与江西省萍乡市加强协同立法出台《萍水河——渌水流域协同保护条例》。

三是不断强化河湖信息化监管。基本完成63万个遥感图斑复核，首次实现全国水利普查河湖（无人区除外）地物遥感图斑全覆盖核查，推动3.9万个合法涉河建设项目上图。全面推广河道采砂许可电子证照，并于2023年6月底各省份启用电子证照。湖南省对违法侵占水域岸线和非法采砂问题实行卫星遥感季度监测全覆盖；广西壮族自治区持续推进柳江、龙江、明江等河流“天眼”监管系统建设。

四是全面启动河湖健康评价。全面部署启动河湖健康评价、河湖健康档案建立工作，要求“十四五”期间基本完成水普名录内河湖健康评价工作。各地按照水利部部署，细化工作方案，截至2023年底，累计完成7 280条河湖健康评价，建立河湖健康档案，滚动编制实施“一河（湖）一策”7万余个。其中福建、安徽、山东等省健康评价完成率均超80%。

2024年是新中国成立75周年，是习近平总书记发表保障国家水安全重要讲话10周年，是完成“十四五”规划任务的关键之年，要坚持以习近平新时代中国特色社会主义思想为指导，深入贯彻落实党中央关于强化河湖长制的决策部署，不折不扣落实好河湖长制各项任务，一以贯之强化河湖长制，持续复苏河湖生态环境，着力打造安全河湖、生命河湖、幸福河湖，为推动水利高质量发展作出河湖贡献。

（朱锐　王玉）

四、主要活动和署名文章

Main Events and Signed Article

成员单位的主要活动

【水利部】

1. 李国英调研永定河流域治理管理工作　2023年2月18—21日，水利部党组书记、部长李国英赴山西、河北、北京、天津等省（直辖市）调研永定河流域治理管理工作。他强调，要深入落实党的二十大精神，贯彻习近平生态文明思想，坚持习近平总书记“节水优先、空间均衡、系统治理、两手发力”治水思路，立足推动京津冀协同发展，立足加快构建国家水网，强化永定河流域统一治理管理，早日恢复永定河健康生命，实现“流动的河、绿色的河、清洁的河、安全的河”目标。

李国英沿永定河上游、中游、下游至尾闾先后深入山西省万家寨引黄总干线3级泵站、引黄北干线1号隧洞补水口及下游输水河道卡口综合整治工程、桑干河东榆林水库、册田水库，河北省洋河水库、桑干河洋河汇合口，北京市官厅水库、官厅山峡及珠窝水库、三家店枢纽、小红门再生水补水口、南水北调中线补水口，永定河固安段，天津市三角淀蓄滞洪区、屈家店枢纽等地，详细调研永定河治理管理情况，与有关省市负责同志共商永定河治理管理对策。

李国英指出，永定河是首都北京的母亲河，是推进京津冀协同发展战略实施的生态廊道，也是国家水网建设骨干水资源配置通道，其战略地位和功能作用极其重要。习近平总书记十分关心永定河治理，国家“十四五”规划纲要、京津冀协同发展规划纲要和国家水网顶层设计对永定河治理管理提出明确要求。近年来，经有关各方共同努力，永定河治理管理取得明显成效，但任务依然艰巨繁重。要着眼恢复和维护永定河健康生命、保障永定河长治久安，强化统一规划、统一治理、统一调度、统一管理，努力创造经得起实践、人民和历史检验的新成效。

李国英强调，要深入推进永定河复苏行动，在全面强化节水和地下水超采综合治理的前提下，加强流域水资源优化配置和统一调度，2023年力争实现永定河全年全线有水。重点抓好六方面工作。一要开展永定河初始水权分配，建立健全流域用水权管理制度。二要加快完善流域水资源监测体系，提升流域水资源监控和管理能力。三要依据河道水流贯通和水生态系统指示物种用水需求，研究确定永定河关键控制断面生态流量标准。四要完善永定河流域水资源利用管控目标约束机制和激励机制。五要统筹用好流域本地水、再生水、流域外引调水，加强供给侧和需求侧统筹管理，科学制定、动态调整水量调度方案。六要推动流域水资源配置和调度相关制度法治化，为维护永定河健康生命提供法治保障。

李国英强调，要加快推进永定河流域防洪工程体系建设，统筹上下游、左右岸、干支流，科学确定防洪标准，加强以水库、河道及堤防、蓄滞洪区为主要组成的流域防洪工程体系建设，强化预报、预警、预演、预案措施，加快完善雨水情监测预报“三道防线”，确保永定河流域防洪安全。要加快数字孪生永定河流域建设，提升永定河流域治理管理数字化、网络化、智能化能力和水平。要深化流域协同治理管理机制创新，充分发挥市场机制作用，更好发挥政府作用，构建流域统筹、区域协同、部门联动的治理管理新格局。　（来源：水利部网站）

2. 水利部召开河湖管理工作会议　2023年2月20日，水利部在京召开河湖管理工作会议，总结2022年河湖管理工作，分析新形势新任务新要求，部署2023年工作。水利部副部长朱程清出席会议并讲话。

朱程清指出，2022年各地坚决扛起河湖长制政治责任，真抓实干，河湖长制组织体系不断完善，水域岸线空间管控成效显著，河道采砂管理秩序平稳向好，幸福河湖建设探索推进，河湖管理工作成效显著。

朱程清强调，要坚持人民至上，坚持问题导向，坚持依法管理，坚持系统观念，站在人与自然和谐共生的高度，加强河湖管理保护。2023年，河湖管理工作要全面落实习近平总书记关于治水的重要论述精神，认真贯彻落实党的二十大精神，深入落实党中央、国务院关于强化河湖长制的决策部署，进一步强化落实河湖长制，压紧压实河湖管理保护责任，深化实化流域区域统筹协调，发挥好监督考核激励问责“指挥棒”作用，推动各地加强河湖治理保护；严格河湖水域岸线空间管控，组织开展河湖名录核准工作，深化河湖监管信息化建设，紧盯重大违法违规问题清理整治，纵深推进河湖“清四乱”常态化规范化；加强部门区域间协调联动，加大执法打击力度，规范合法采砂管理；全面启动河湖健康评价工作，创新开展幸福河湖建设的实践探索，将越来越多的河湖打造成造福人民的幸福河湖，为推动水利高质量发展作出新的贡献。

天津、河北、浙江、山东、重庆、甘肃等6省（直辖市）水利（水务）厅（局）和黄河水利委员会、太湖流域管理局作交流发言。水利部总工程师仲志余参加会议并作会议总结，中央纪委国家监委驻水利部纪检监察组、水利部有关司局和直属单位负责同志在主会场参加会议。各流域管理机构、京外有关直属单位、各省（自治区、直辖市）水利（水务）厅（局）和新疆生产建设兵团水利局负责同志在分会场参加会议。（来源：水利部网站）

3. 李国英主持召开水利部部务会议研究母亲河复苏行动有关工作　2023年2月22日，水利部党组书记、部长李国英主持召开水利部部务会议，研究母亲河复苏行动有关工作。

会议强调，要坚决贯彻落实党的二十大精神，认真落实习近平总书记“节水优先、空间均衡、系统治理、两手发力”治水思路和关于治水的重要论述精神，统筹水资源、水环境、水生态治理，从复苏母亲河做起，推动重要江河湖库生态保护治理，持续改善河湖生态环境，让河流恢复生命、流域重现生机。

会议要求，坚持系统观念，树立目标导向，以流域为单元，统筹上下游、左右岸、干支流、地上地下，一河一策，靶向施治，确立目标，落实责任，加强水资源节约集约利用、有效保护和优化配置，实施河湖生态空间管控和地下水超采综合治理，强化流域综合治理、系统治理、源头治理。要科学设定河湖复苏指标，完善监测体系，优化监测方式，加强动态监测，建立督导考核激励机制，确保母亲河复苏行动取得实实在在的成效。（来源：水利部网站）

4. 水利部等四部委部署开展10个重点区域地下水超采综合治理　水利部联合财政部、国家发展改革委、农业农村部印发了《“十四五”重点区域地下水超采综合治理方案》（以下简称《方案》），全面部署三江平原等10个重点区域地下水超采综合治理工作。

实施地下水超采治理，是党中央、国务院为保障国家水安全作出的重大决策部署，是保护地下水资源、改善生态环境、保障民生、实现高质量发展的迫切需要。《中华人民共和国国民经济和社会发展第十四个五年规划和2035年远景目标纲要》明确提出加快华北地区及其他重点区域地下水超采综合治理。2021年中央一号文件《中共中央　国务院关于全面推进乡村振兴加快农业农村现代化的意见》提出推进重点区域地下水保护与超采治理。《地下水管理条例》对地下水超采治理作出明确规定。

为深入贯彻落实习近平新时代中国特色社会主义思想，落实党中央、国务院关于地下水管理与保护的决策部署，服务水利高质量发展，在进一步推动华北地区地下水超采治理的同时，水利部会同有关部委组织编制了《方案》。聚焦地下水超采问题突出的10个重点区域，包括三江平原、松嫩平原、辽河平原及辽西北地区、西辽河流域、黄淮地区、鄂尔多斯台地、汾渭谷地、河西走廊、天山南北麓及吐哈盆地、北部湾，开展地下水超采综合治理。这10个区域共涉及13个省级行政区、72个地市，所涉超采区面积16.1万km^2，占全国超采区面积的56%，超采量占全国地下水超采量的近70%。

《方案》明确，到2025年，重点区域较现状水平年压减地下水超采量46亿m^3左右，压减比例超40%。其中，辽河平原、北部湾地下水实现采补平衡。其他重点区域大部分地区地下水水位下降速率明显减缓，地下水超采引发的生态与地质环境问题得到缓解。地下水利用监测计量体系基本完善，地下水监督考核及机制基本建立，智慧化管理水平得到提升。

《方案》提出，各片区要结合区域节水水平和水资源总体配置要求，因地制宜落实各项治理措施。加快灌区节水改造，提升节水灌溉面积比例，严控农业种植和灌溉面积发展，采取调整农业种植结构、耕地休养生息等措施，减少超采区农业用水量；提高工业用水重复利用率、降低城镇公共供水管网漏损率以及推广节水器具，严控城镇及产业发展规模、布局、结构，严控高耗水产业发展；加大非常规水源利用，优化调配当地地表水，在保障河湖健康生命的前提下，合理利用外调水，增强水源调蓄能力，增加地表水供给，实施水源置换措施，压减地下水超采量，降低流域和区域水资源开发强度，相机实施地下水回补。《方案》还提出要强化地下水管理措施，包括：建立深度节水控水机制，确定地下水管控指标，完善监测计量体系，加强地下水禁限采区管理，实施取水许可限批，推进地下水超采区划定，加强地下水数字孪生研究，提升智慧化管理水平。

《方案》要求，相关省（自治区）要根据方案组织编制细化实施方案，进一步细化目标任务和措施，加大执法力度，加强资金支持，强化考核和监督，推进科技创新和宣传引导。（来源：水利部网站）

5. 水利部召开宣传贯彻黄河保护法视频会议　黄河保护法将自2023年4月1日起施行。2023年2月24日，水利部召开宣传贯彻黄河保护法视频会议，水利部党组书记、部长李国英出席并讲话。全国人大常委会法工委副主任许安标作专题辅导报告。水利部副部长朱程清主持会议。

会议指出，黄河保护法把习近平总书记关于黄河流域生态保护和高质量发展重要讲话精神转化为国家意志和全社会的行为准则，为推动黄河流域生态保护和高质量发展重大国家战略实施提供法治保障，在水利发展史上具有重要里程碑意义。宣传贯彻好黄河保护法，是深入贯彻习近平总书记重要讲话精神的政治要求，是“共同抓好大保护、协同推进大治理”的具体行动。

会议强调，要深刻领会黄河保护法的立法意图、核心要义、实践要求，全面履行水利部门的法定职责，依法完善黄河保护治理水利规划体系，加强黄河流域水生态保护修复，促进黄河水资源节约集约利用，强化黄河水沙调控和防洪安全，不断提升流域治理管理能力和水平，用法治力量坚决守护好黄河这条中华民族的母亲河。

会议要求，要抓紧抓好黄河保护法宣传贯彻，统筹做好相关立法、执法、普法全链条各环节工作。持之以恒抓好学习普及，抓紧完善配套制度，全面提升执法效能，形成贯彻实施工作合力，在法治轨道上有力有效做好黄河流域生态保护和高质量发展各项水利工作，为黄河永远造福中华民族而努力奋斗。（来源：水利部网站）

6. 李国英主持召开水利部推动新阶段水利高质量发展领导小组会议　2023 年 3 月 2 日，水利部党组书记、部长李国英主持召开推动新阶段水利高质量发展领导小组会议，听取推动新阶段水利高质量发展工作进展情况汇报，审议 2023 年工作目标和任务，研究推动落实工作。

会议强调，要坚决贯彻落实习近平总书记“节水优先、空间均衡、系统治理、两手发力”治水思路和关于治水的重要论述精神，深入贯彻党的二十大精神，锚定为全面建成社会主义现代化强国、以中国式现代化全面推进中华民族伟大复兴提供水安全保障总体目标，加快提升水旱灾害防御能力、水资源优化配置能力、水资源集约节约利用能力、大江大河大湖生态保护治理能力，持之以恒、久久为功，着力推动新阶段水利高质量发展。

会议要求，要坚持目标导向和问题导向，紧盯完善流域防洪工程体系、实施国家水网重大工程、复苏河湖生态环境、推进数字孪生水利建设、建立健全节水制度政策、强化体制机制法治管理等实施路径中的短板弱项、痛点堵点，找准着力点和突破口，精准目标、精准措施，攻坚克难、奋力推进，力求取得实质性、实效性进展。要完善责任明确、协调配合、运转高效的工作机制，强化台账管理，实施动态管控，确保各项任务有力有序有效推进、保质保量如期完成。（来源：水利部网站）

7. 水利部召开深入贯彻落实习近平总书记“3·14”重要讲话精神会议　2023 年 3 月 14 日，水利部召开会议，推动水利系统全面学习、全面把握、全面落实习近平总书记 2014 年 3 月 14 日在中央财经领导小组第五次会议上关于水安全的重要讲话精神。水利部党组书记、部长李国英出席会议并讲话，部领导田学斌、王新哲、刘伟平、朱程清出席会议。

李国英指出，习近平总书记“3·14”重要讲话坚持把马克思主义基本原理同中国治水实践相结合、同中华优秀传统治水文化相结合，从实现中华民族永续发展的战略高度，提出“节水优先、空间均衡、系统治理、两手发力”治水思路，形成了科学严谨、逻辑严密、系统完备的治水理论体系，为新时代水利事业发展提供了强大思想武器和科学行动指南。要坚持不懈、全面深入学习习近平总书记“3·14”重要讲话精神，深刻把握其世界观和方法论，坚持好、运用好贯穿其中的立场观点方法，做到常学常新、常学常悟、常学常用，确保水利工作始终沿着习近平总书记指引的方向前进。

李国英强调，在强国建设、民族复兴的新征程上，要坚定不移、持之以恒用习近平总书记“3·14”重要讲话精神武装头脑、指导实践，扎实推动水利高质量发展，为全面建设社会主义现代化国家、全面推进中华民族伟大复兴提供有力的水安全保障。要始终把保障人民群众生命财产安全放在第一位，加快完善流域防洪工程体系，提升水旱灾害防御能力。坚持节水优先方针，强化水资源刚性约束，提升水资源集约节约利用能力。优化水利基础设施布局、结构、功能和系统集成，加快建设国家水网，提升水资源优化配置能力。全面实施母亲河复苏行动，推进华北等重点地区地下水超采综合治理，加大水土流失治理力度，提升大江大河大湖生态保护治理能力。构建具有“四预”功能的数字孪生水利体系，提升水利科技创新支撑和引领能力。全面强化河湖长制，强化流域统一规划、统一治理、统一调度、统一管理，健全两手发力工作框架体系，健全涉水法律法规制度体系，强化水行政执法与刑事司法衔接、水行政执法与检察公益诉讼协作等机制落地见效，提升水利治理能力和水平。

（来源：水利部网站）

8. 朱程清赴山东调研黄河保护法宣贯及河口保护治理工作　2023 年 3 月 19—21 日，水利部副部长朱程清赴山东黄河流域调研黄河保护法宣贯、河口保护治理工作，同时调研流域农田水利、水利科技工作。山东省副省长陈平、黄河水利委员会主任祖雷鸣出席调研有关活动。

朱程清一行参观了山东黄河保护治理展览，观看了山东黄河数字孪生建设成果演示，参观了山东水工程调度指挥中心，听取了黄河水利委员会山东黄河河务局和山东省水利厅工作汇报，了解流域水利法治、河湖管理、水利科技工作情况；考察了滨州市打渔张灌区引黄闸，了解灌区建设及春灌引水情况；深入东营市垦利区杨庙社区，了解黄河滩区管理及居民迁建情况；调研了利津河务局水政监察大队基地、黄河生态保护巡回法庭、垦利黄河法治文化基地，深入了解水政监察队伍建设、执法办案、普法宣传、执法司法协作情况；考察了马新河流路、十八户流路、刁口河流路、宁海顶点、黄河入海口，详细了解黄河入海河口流路演变、保护治理情况；调研了黄河利津水文站、利津河务局集贤管理段、农业高新技术产业示范区，详细了解黄河基层河务管理、水文监测、智慧水利等情况。

朱程清指出，近年来，山东黄河河务局和山东省水利厅在依法治河、科技治河上做了大量工作，取得了显著成效。要以习近平总书记关于黄河流域生态保护和高质量发展重要讲话精神为根本遵循，围绕水利高质量发展“六条实施路径”要求，坚决扛起重大责任使命，推动山东黄河流域生态保护和高质量发展；要以宣传贯彻实施黄河保护法为统领，全面履行法定职责，加大执法和普法力度，不断提升黄河保护治理法治化水平；要以复苏河湖生态环境为目标，用好河湖长制平台，加强河口治理、生态补水和保护修复，建设美丽幸福河湖；要以科技创新为引领，坚持需求牵引、应用至上，完善数字孪生流域顶层设计，加强数据共享和成果应用，推进智慧水利建设取得新成效。

水利部政策法规司、河湖管理司、河湖保护中心，黄河水利委员会及山东黄河河务局，有关地方政府负责同志等参加调研。（来源：水利部网站）

9. *水利部组织开展“贯彻实施黄河保护法 携手共护母亲河”主题活动* 2023年3月22日，在第三十一届“世界水日”、第三十六届“中国水周”到来之日，在《中华人民共和国黄河保护法》即将实施之际，水利部在山东省东营市组织开展“贯彻实施黄河保护法 携手共护母亲河”主题活动，深入学习贯彻习近平总书记关于黄河流域生态保护和高质量发展重要讲话精神，积极宣传和推动黄河保护法贯彻实施，在全社会营造遵法守法护法、依法保护黄河的浓厚氛围。水利部副部长朱程清、山东省副省长出席活动。

朱程清指出，要深入贯彻党的二十大精神，准确把握黄河保护治理的使命任务，坚决把习近平总书记重要讲话精神转化为落实国家“江河战略”的强大动力和具体行动；要充分认识黄河保护法的重大意义，切实履行好法律赋予的各项职责，依法加强黄河流域水生态保护修复，促进水资源节约集约利用，强化水沙调控和防洪安全，推进数字孪生流域建设，强化体制机制法治管理，不断提升流域治理管理能力和水平；要凝聚全社会力量，共同行动，形成工作合力，强化上下协同、区域联动、各方协作，鼓励公众参与，发挥志愿者作用，深化黄河保护法宣传教育，开展丰富多彩的黄河保护行动，为建设造福人民的幸福河携手同行、努力奋斗。

陈平指出，山东作为黄河流域唯一河海交汇区、下游生态保护和防洪减灾的主战场，要增强执行和实施法律的责任感使命感，在立法、执法、司法、守法各环节同向发力、形成合力，在全社会大力推动黄河保护法全面实施，努力实现黄河母亲河长治久安。

黄河保护法将于2023年4月1日起正式施行。主题活动现场启动了“利剑2023”黄河流域水行政执法专项行动和黄河保护法志愿宣传服务活动等。

水利部政策法规司、河湖管理司、宣传教育中心、河湖保护中心等司局单位，黄河水利委员会及山东黄河河务局，山东省法院、检察院、公安厅、司法厅、水利厅等部门，东营市政府以及水政执法人员、志愿者代表参加现场活动。

（来源：水利部网站）

10. *李国英主持召开水利部部务会议 部署加强山区河道管理工作等* 2023年4月14日，水利部党组书记、部长李国英主持召开水利部部务会议，研究商业性金融支持水利基础设施建设，部署加强山区河道管理工作。

会议指出，要贯彻落实党中央、国务院关于全面加强水利基础设施建设的决策部署，进一步拓宽水利基础设施建设长期资金筹措渠道，扩大金融支持水利信贷规模，更好适应水利基础设施建设融资需求。要细化实化融资项目，深化完备项目前期工作，强化与金融机构的逐级精准对接，充分发挥政策性、开发性、商业性金融支持政策效能。

会议强调，要始终把保障人民群众生命财产安全放在第一位，全面加强山区河道管理，明确管理对象，落实管理责任，严格依法依规审批涉河项目和活动。要将山区河道管理列入河长制考核体系，并将责任细化实化至山区河道河长、巡河员、护河员岗位，规范河道日常巡查管护，强化发现、报告、处理的闭环管理，坚决整治妨碍河道行洪突出

问题，畅通河道行洪空间，切实保障山区群众生命财产安全。（来源：水利部网站）

11. 2023年淮河防总工作会议暨淮河流域省级河湖长联席会议全体会议召开 2023年4月14日，2023年淮河防总工作会议暨淮河流域省级河湖长联席会议全体会议在安徽省蚌埠市召开。会议深入贯彻党的二十大精神，全面落实习近平总书记关于防汛抗旱救灾和河湖长制工作的重要讲话指示批示精神，积极践行"节水优先、空间均衡、系统治理、两手发力"治水思路和"两个坚持、三个转变"防灾减灾救灾理念，总结2022年淮河流域防汛抗旱和河湖长制工作，分析研判2023年汛情旱情形势和河湖长工作新形势新任务新要求，安排部署2023年重点工作任务。淮河防总总指挥、淮河流域省级河湖长联席会议轮值召集人、安徽省省长王清宪，水利部副部长刘伟平出席会议并讲话。水利部淮河水利委员会作工作报告。河南、安徽、江苏、山东、湖北等5省人民政府和淮河流域气象业务服务协调委员会有关负责同志作会议交流发言。

王清宪强调，2023年是全面贯彻落实党的二十大精神的开局之年，是全面建设社会主义现代化国家开局起步的重要一年，做好淮河流域防汛抗旱和河湖长制工作，确保流域防洪安全、粮食安全、经济安全、生态安全，意义重大。要从战略和全局的高度更好统筹发展与安全，抓紧抓细抓实水安全保障各项工作。要扎实开展防汛备汛各项工作，全力做好淮河流域洪水防御，突出抓好抗旱供水保障，着力提升应急处突保障能力，做好淮河流域防汛抗旱工作。要突出问题导向、增强河湖空间管控实效，突出"一河（湖）一策"、推进生态修复治理，突出协同联动、强化河湖联保共治，突出典型引路、提升幸福河湖建设整体水平，加快建设造福人民的幸福淮河。各省要进一步强化责任落实、统一指挥和团结协作，共同凝聚流域治理强大合力。

刘伟平指出，做好淮河流域水旱灾害防御和河湖长制工作，全力保障流域水安全责任重大、不容有失。在水旱灾害防御方面，要全面压紧压实防汛抗旱责任，持续提升"四预"能力，重点抓好水利工程安全度汛，切实做好山洪灾害预警防范，突出做好抗旱供水保障工作，坚决守住水旱灾害防御底线。在河湖长制方面，要推动河湖长制"有能有效"，推动水域岸线空间管控规范有序，推动体制机制法治健全完善，打造幸福河湖"淮河样板"，推动智慧河湖建设赋能增效，不断提升河湖保护治理体系和能力现代化水平。（来源：水利部网站）

12. 水利部召开水利风景区建设与管理工作会议 2023年4月19日，水利部召开水利风景区建设与管理工作会议，深入贯彻党的二十大精神和习近平总书记关于治水的重要论述精神，落实全国水利工作会议部署，总结2022年水利风景区建设与管理工作，结合新形势新要求，安排部署2023年重点任务。水利部党组成员、副部长田学斌出席会议并讲话。

会议指出，一年来，各级水利部门着力发挥水利设施功能、努力维护河湖健康生命，大力传承弘扬水文化，不断完善政策制度，推动建设了一批高质量水利风景区，为满足人民群众美好生活需要提供了更多的优质水生态产品。会议强调，各级水利部门要强化制度保障，抓好水利风景区政策制度修订和贯彻落实。加强监督管理，严格水利风景区认定与复核。加强保护利用，进一步提升水利风景区发展质量。推动两手发力，探索推进水利风景区生态产品价值实现。强化品牌建设，进一步塑造水利风景区良好形象。夯实工作基础，加强水利风景区能力建设。

浙江、湖北、四川等3省水利厅和江苏省南京市浦口区水务局、山东聊城位山灌区水利风景区、长江水利委员会丹江口大坝水利风景区等单位负责同志作交流发言。水利部水利风景区建设与管理领导小组组成人员、部直属有关单位负责同志在主会场参加会议。各流域管理机构，各省、自治区、直辖市水利（水务）厅（局）和新疆生产建设兵团水利局负责同志及主管部门负责同志在分会场参加会议。（来源：水利部网站）

13. 水利部召开幸福河湖建设工作座谈会 2023年4月25日，水利部在广州召开幸福河湖建设工作座谈会，交流幸福河湖建设工作经验，讨论幸福河湖建设成效评估指标体系，安排部署下一阶段幸福河湖建设。

会议指出，水利部会同各地各有关部门坚决贯彻习近平总书记建设造福人民的幸福河的伟大号令，全面部署，高位推动，试点先行，共同推进幸福河湖建设取得了积极成效，形成了一批治水效果明显、管护机制完善、推动区域发展有力的典型经验，树立了一批幸福河湖的"标杆"和示范样板。

会议强调，建设幸福河湖是响应习近平总书记伟大号召、贯彻落实党的二十大的具体行动，是全面强化河长制湖长制、创新河湖管理保护机制的有益探索，是满足人民群众对高质量发展、高品质生活需求的内在要求，是巩固河湖整治成果、系统治理河湖的重要举措，要站在战略和全局的高度，充分认识建设幸福河湖的重大意义。

会议要求，推进幸福河湖建设，要深刻理解幸福河湖的内涵要义，准确把握建设幸福河湖的目标任务，扎实推进幸福河湖建设项目，科学评估幸福河湖建设成效。围绕幸福河湖建设目标，各级河湖管理部门近期要抓紧全面启动河湖健康评价，加快建立河湖健康档案，大力清理整治妨碍河道行洪突出问题，纵深推进河湖“清四乱”常态化规范化，加大涉河湖重大违法问题清理整治力度，进一步规范和维护河道采砂管理秩序。

水利部河湖管理司负责人出席座谈会并讲话。中国水利水电科学研究院相关负责人介绍了幸福河湖建设成效评估指标体系，各流域管理机构、各省（自治区、直辖市）水利（水务）厅（局）和新疆生产建设兵团水利局河湖管理相关部门负责人进行了讨论交流。（来源：水利部网站）

14．水利部 公安部 交通运输部召开长江河道采砂管理合作机制领导小组会议 2023年5月4日，水利部、公安部、交通运输部召开长江河道采砂管理合作机制领导小组会议，深入学习贯彻党的二十大精神，全面落实习近平总书记关于长江大保护和采砂管理重要指示批示精神，总结2022年工作成效，分析新形势、新要求，部署2023年重点任务。三部合作机制领导小组组长、水利部副部长朱程清主持会议并讲话。

朱程清指出，2022年，水利部、公安部、交通运输部及其派出机构密切配合、通力合作，指导沿江各地落实责任制，加强采运销过程管控，严厉打击非法采砂，有效规范合法采砂，长江采砂管理秩序总体可控、稳定向好，三部合作机制工作成效显著。

朱程清强调，要深刻把握长江河道采砂管理工作的重要性、艰巨性、复杂性和长期性，坚持问题导向，树立系统观念，增强斗争精神，凝聚部门合力，扎实做好三部合作机制2023年各项工作。一要强化责任落实，压紧压实地方政府、相关部门责任，发挥各级河长特别是乡镇级、村级河长的作用，打通“最后一公里”。二要持续夯实制度基础，加快采砂管理相关立法进程，推动合作机制向基层延伸、向流域拓展，长江干支流、通江湖泊纸质采运管理单2023年率先实现电子化。三要以规划为依据依法许可，鼓励和支持集约化、规模化、规范化统一开采。对于疏浚砂利用，要加大力度，严把立项关、审批关，强化事中事后监管、真正管住。四要严格监管执法，加强流域统筹、区域协同、干支流联动，不定期开展暗访巡江、联合执法，完善行刑衔接机制，严厉打击各类涉砂犯罪活动。五要源头整治采砂船舶，依法查处非法改装、隐藏采砂设备等行为，加大“三无”“隐形”采砂船拆解力度，推动实现非法采砂船舶存量动态清零。六要加强信息化建设，完善技防体系，推进部门间、区域间信息共享，不断强化工作合力。

会议审议通过了三部合作机制2023年度工作要点。公安部、交通运输部有关负责同志代表合作机制组长单位讲话，驻水利部纪检监察组，三部合作机制领导小组成员单位参会，水利部长江水利委员会、公安部长江航运公安局、交通运输部长江航务管理局负责同志在武汉分会场参加会议。

（来源：水利部网站）

15．李国英调研澜沧江流域保护治理工作 2023年5月7—9日，水利部党组书记、部长李国英在云南省调研澜沧江流域保护治理工作。他强调，要深入贯彻落实习近平总书记“节水优先、空间均衡、系统治理、两手发力”治水思路和关于治水的重要论述精神，加强澜沧江流域保护治理，更好造福流域广大人民群众。

李国英沿澜沧江勘查河道并深入小湾水电站、糯扎渡水电站、景洪水电站等梯级水电站和干流允景洪水文站、支流补远江曼安水文站等地，详细了解澜沧江流域保护治理情况。

李国英指出，澜沧江是沿岸人民的母亲河，加强澜沧江保护治理事关流域防洪安全、供水安全、生态安全，事关流域可持续发展，事关流域人民福祉。要树立系统观念，立足澜沧江全流域，统筹上下游、左右岸、干支流，统筹防洪、抗旱、生态、航运、发电等多维需求，精打细算用好水资源，从严从细管好水资源，优化联合调度，深化系统调度，细化科学调度，实现经济效益、社会效益、生态效益相统一。要加快推进水文现代化建设，积极应用先进技术、方法、装备，大力提升水文监测能力和水平，健全数字化、网络化、智能化水文测报体系，使水文测报更精准、更高效、更安全。要加强数字孪生流域、数字孪生工程建设，切实增强预报、预警、预演、预案能力，守牢流域及水利工程安全底线。（来源：水利部网站）

16．李国英主持召开水利部部务会议 研究加快推进永定河流域治理管理工作等 2023年5月11日，水利部党组书记、部长李国英主持召开水利部部务会议，传达学习贯彻习近平总书记在河北雄安新区考察并主持召开高标准高质量推进雄安新区建设座谈会时的重要讲话精神，研究加快推进永定河流域治理管理工作。

会议强调，要深入学习贯彻习近平总书记重要讲话精神，完整、准确、全面贯彻落实党中央关于建设雄安新区的战略部署，深刻领悟党中央决策的重大现实意义和深远历史意义，牢牢把握党中央关于雄安新区的功能定位、使命任务和原则要求，认真对标对表党中央决策部署，稳扎稳打，善作善成，扎实推进水利重点任务落实落地，全面提升雄安新区水安全保障能力。要建立健全防洪体系，按照“拒、绕、排”的思路，妥善处理好城市排涝和流域防洪的关系，关口前移、防线外推，确保雄安新区防洪安全。要建立健全供水体系，按照“系统完备、安全可靠，集约高效、绿色智能，循环通畅、调控有序”目标，加快构建外调水、当地水多源互补的供水网络，确保雄安新区供水安全。要建立健全水生态体系，深入贯彻绿水青山就是金山银山的理念，以白洋淀和出入淀河流为重点，扎实做好河湖生态补水，加快复苏河湖生态环境，巩固提升地下水超采综合治理成效，维护河湖健康生命。要建立健全节水示范体系，完善节水制度政策，高起点、高水平推进雄安新区节约用水工作，大力实施农业节水增效、工业节水减排、城镇节水降损，全面推进节水型社会建设。

会议要求，要深入贯彻落实习近平总书记“节水优先、空间均衡、系统治理、两手发力”治水思路，立足推动京津冀协同发展，加快建立与中国式现代化相适应的永定河流域治理管理模式，强化流域统一规划、统一治理、统一调度、统一管理。要从流域系统性出发，统筹永定河上下游、左右岸、干支流、地上地下，加强前瞻性思考、全局性谋划、整体性推进，实施全流域治理、全要素治理、全过程治理，强化源头治理、系统治理、综合治理，统筹解决永定河流域水灾害、水资源、水生态、水环境问题。要加快实施永定河复苏行动，全面强化节水和地下水超采综合治理，推进数字孪生流域建设，维护永定河健康生命，实现永定河长治久安。

（来源：水利部网站）

17. 李国英调研吉、辽省级水网建设和鸭绿江流域保护治理工作　2023 年 5 月 30—31 日，水利部党组书记、部长李国英在吉林省、辽宁省调研省级水网建设和鸭绿江流域保护治理工作。他强调，要深入贯彻落实习近平总书记“节水优先、空间均衡、系统治理、两手发力”治水思路和党中央、国务院印发的《国家水网建设规划纲要》，高质量推进省级水网建设，高标准加强鸭绿江流域保护治理，不断提高水安全保障能力。

李国英先后来到吉林水网、辽宁水网骨干工程规划建设现场，并自源头至入海口全程勘察鸭绿江，详细了解吉、辽省级水网规划建设情况和鸭绿江流域保护治理情况。

李国英强调，要认真贯彻落实《国家水网建设规划纲要》明确的总体布局和建设任务，锚定“系统完备、安全可靠，集约高效、绿色智能，循环通畅、调控有序”的目标要求，科学规划设计、有力有序扎实推进省级水网建设。要从确保生命线工程安全的高度，抓实抓好水网工程建设和运行管理，在工程规划、勘察设计、建设施工、调度运行等全周期各阶段同步推进数字孪生水网建设，强化对物理水网全时空、全过程、全要素的数字化映射、智能化模拟、前瞻性预演，提升水网建设运行管理的数字化、网络化、智能化能力和水平，保障水网建设质量、安全运行、长久发挥效益。

李国英强调，要树牢流域观念，统筹上下游、左右岸、干支流，强化流域统一治理管理。要立足流域构建气象卫星和测雨雷达、雨量站、水文站组成的雨水情监测预报“三道防线”，切实增强预报、预警、预演、预案能力，牢牢守住流域及水利工程安全底线。要加强重点地区防洪工程体系建设，处理好城镇布局与防洪保安的关系，确保始终把保障人民群众生命财产安全放在第一位。要加强河源水生态保护修复，提升水源涵养和水土保持能力，强化生态流量管控，推进流域水生态系统治理、综合治理、源头治理，维护河流健康生命。

（来源：水利部网站）

18. 李国英主持召开水利部部务会议 研究中小河流治理管理办法　2023 年 6 月 8 日，水利部党组书记、部长李国英主持召开水利部部务会议，研究中小河流治理管理办法。

会议强调，要深入学习贯彻习近平总书记“节水优先、空间均衡、系统治理、两手发力”治水思路和关于治水的重要论述精神，加快实施中小河流治理管理。要把握流域整体性，以流域为单元，强化中小河流全流域治理，提升治理整体效能。要把握治理系统性，统筹上下游、左右岸、干支流，统筹除害和兴利、当前和长远，做到系统规划、系统治理。要把握管理有效性，全面建立中小河流基础信息数据库；充分运用现代信息技术手段，实现中小河流动态监测；逐河落实河长制；强化水行政执法与刑事司法衔接、水行政执法与检察公益诉讼协作机制，着力提升中小河流治理管理能力和水平。

（来源：水利部网站）

19. 第二次黄河流域省级河湖长联席会议召开　2023 年 7 月 12 日，第二次黄河流域省级河湖长联席会议以线上线下相结合方式召开，四川省成都市设主会场，黄河水利委员会及流域其他省（自治区）设分会场。会议深入学习贯彻习近平生态文明思想，全面贯彻落实黄河保护法，总结交流河湖长制和河湖管理保护经验做法，安排部署2023年重点工作，进一步共同抓好大保护，协同推进大治理，深入推动黄河流域生态保护和高质量发展。

本次会议由四川省人民政府承办，联席会议轮值召集人、四川省委副书记、省长主持会议并讲话。受水利部部长李国英指派，水利部河湖管理司司长、部河长办主任在主会场出席会议并讲话。青海省委常委、副省长、四川省副省长、甘肃省政府副秘书长、宁夏回族自治区党委常委、副主席、内蒙古自治区副主席、山西省副省长、陕西省副省长、河南省副省长、山东省副省长、作交流发言。

四川省委副书记、省长代表四川省委、省政府，向水利部、黄委的关心指导，流域兄弟省（自治区）的支持帮助表示衷心感谢。他指出，保护好黄河母亲河，功在当代，利在千秋。流域兄弟省（自治区）要共同携起手来，合力唱好新时代“黄河大合唱”，齐心协力谱写黄河流域生态保护和高质量发展新篇章。要以“一以贯之”的政治担当，深入贯彻实施黄河保护法，坚决保障黄河安澜。要以“一抓到底”的有效行动，筑牢夯实“最小工作单元”，着力提升改善基层河湖面貌。要以“一体推进”的斗争精神，铁心布置、铁面检查、铁腕执法，强力推动黄河流域生态保护和高质量发展。要以“一如既往”的联动协作，充分发挥联席会议机制作用，全流域、全方位推进大保护大治理。

水利部河湖管理司司长、部河长办主任指出，在党中央、国务院坚强领导下，黄委和流域省（自治区）党委政府以高度的政治自觉、强烈的使命担当、有力的工作举措，推进河湖长制在流域各地落地生根，河湖面貌持续向好。当前，中国式现代化建设赋予河湖管理保护工作新使命，人民对美好生活的新期待赋予河湖管理保护工作新要求，黄河保护法赋予河湖管理保护工作新任务。黄委和流域省（自治区）要坚持“治理黄河，重在保护，要在治理”，强化河湖长制责任落实，发挥好考核激励“指挥棒”作用，加强体制机制法治管理，加强水域岸线空间用途管控，扎实开展幸福河湖建设，持续推进河湖长制和河湖管理保护工作。

受联席会议副召集人、黄委主任委托，联席会议办公室主任、黄委副主任作联席会议工作报告，全面总结了2022年黄河流域河湖长制工作开展情况，提出了2023年需要做好的重点工作。与会代表观看了《奋力谱写幸福黄河四川篇章》专题片，会议审议通过了《黄河流域贯彻实施〈黄河保护法〉指导意见》《黄河流域村级河湖管护体系建设指导意见》，联席会议办公室主任、黄委副主任就审议事项起草情况作了说明。

黄委有关部门和单位，流域省（自治区）河长办成员单位和水利厅有关部门负责同志参加会议。

（来源：水利部网站）

20.“水美中国”第二届国家水利风景区高质量发展典型案例媒体推介活动在京举行　2023年7月27日，水利部水利风景区建设与管理领导小组办公室联合中国农影中心在京举行“水美中国”第二届国家水利风景区高质量发展典型案例媒体推介活动。水利部办公厅、水利部河湖管理司、水利部综合事业局和农业农村部办公厅、中国农影中心等有关负责同志出席活动。

推介活动围绕“水美中国，景惠民生”主题、线上线下同步开展，入选第二批国家水利风景区高质量发展典型案例重点推介名单的四川都江堰、黄委兰考黄河、长江委丹江口大坝、江西峡江水利枢纽、山东聊城位山灌区、江苏淮安三河闸、浙江建德新安江—富春江、陕西汉中石门、湖北襄阳三道河、福建永春桃溪等水利风景区所在流域管理机构、省水利厅、所在地人民政府和景区单位负责人参加推介活动。

此次公布的第二批国家水利风景区高质量发展典型案例涵盖了东、中、西部不同地区和河湖型、水库型、灌区型等不同景区类型特点，在维护持久水安全、修复健康水生态、构建宜居水环境、弘扬先进水文化、助力乡村振兴、助推绿色发展等方面成效明显，凸显了水利风景区高质量发展的要素特征。

下一步，水利部水利风景区建设与管理领导小组办公室将继续加大宣传推广力度，积极推介典型案例的经验与做法，努力使水利风景区成为幸福河湖、水美中国建设的突出亮点，着力让水利高质量发展最新成果更多更公平惠及人民群众，不断塑造“水美中国”的良好形象。

新华社、中央电视台农业农村频道、《人民日报》、《光明日报》、《经济日报》、《农民日报》、《北京日报》、《人民论坛》、《中国水利报》等媒体代表参加活动。中国三农发布矩阵、三农头条、央视频、农视网、新浪微博、百度客户端、今日头条、抖音、快手、新浪新闻、网易新闻、触电新闻、云上河南、大象新闻等平台对本场活动进行了网络直播。

（来源：水利部网站）

21．2023 年太湖流域片省级河湖长联席会议全体会议召开　2023 年 8 月 10 日，2023 年太湖流域片省级河湖长联席会议全体会议在杭州召开。会议深入贯彻习近平生态文明思想和习近平总书记关于治水的重要论述精神，全面落实党中央、国务院决策部署，分析研判太湖流域片河湖长制工作面临的新形势新要求，安排部署下阶段重点工作任务。联席会议轮值召集人、浙江省省长、水利部副部长朱程清出席会议并讲话。江苏省副省长、浙江省副省长、上海市副市长以及福建省、安徽省人民政府代表作交流发言。

朱程清指出，全面推行河湖长制，是以习近平同志为核心的党中央，立足解决中国复杂水问题、保障国家水安全，从生态文明建设和经济社会发展全局出发作出的重大决策。2023 年是学习贯彻党的二十大精神开局之年，要深入学习贯彻党的二十大精神，深入学习贯彻习近平总书记关于治水的重要论述，学习借鉴“千万工程”经验做法，按照党中央、国务院部署安排，压紧压实主体责任，充分发挥省级河湖长联席会议机制作用，推动河湖长制工作更好落地见效，维护河湖健康生命，实现人与自然和谐共生。

朱程清强调，要进一步压紧压实河湖长责任，严格落实河湖长制考核制度，推动各部门各司其职、协同配合。要深入落实河湖长制各项任务，加强区域谋划与系统治理，推进幸福河湖建设。要不断深化完善联席会议运作机制，不折不扣落实流域片重点工作，支撑经济社会高质量发展。要充分发挥太湖流域片示范引领作用，不断拓展“河湖长＋”模式，为全国提供更多经验和样板。

会后，朱程清带队赴湖州市调研了安吉县、长兴县、德清县幸福河湖建设和管理、农村供水站运行管理、环太湖大堤后续工程建设等情况，赴杭州市考察了北支江综合整治工程和亚运会水利保障工作、良渚古城外围水利系统及保护、数字化技术在水利行业应用等情况，详细了解了当地河湖长制、河湖管理、农村供水保障、水土保持等工作情况。水利部河湖管理司、太湖流域管理局有关负责同志，浙江省水利厅以及地方政府有关负责同志参加调研。

（来源：水利部网站）

22．水利部召开河湖安全保护专项执法行动进展调度视频会　2023 年 8 月 21 日，水利部召开河湖安全保护专项执法行动进展调度视频会。水利部副部长朱程清出席会议并讲话。会议通报了各地河湖安全保护专项执法行动、黄河流域水资源保护专项行动阶段性进展，交流经验做法，剖析存在的问题，督促各地加大工作力度，确保专项执法行动取得实效。

朱程清指出，河湖安全保护专项执法行动是水利部首次联合最高人民法院、最高人民检察院、公安部、司法部共同开展的执法行动，黄河流域水资源保护专项行动是水利部与最高人民检察院首次在黄河流域联合开展的专项行动，意义重大。河湖安全保护专项执法行动部署开展以来取得了积极进展。各地水利部门积极响应，召开动员部署会议，印发工作方案，加大部门间协调力度，全面排查问题线索，持续强化执法，加强执法监督和舆论宣传，推进专项执法行动走深走实。黄河水利委员会和黄河流域九省（自治区）扎实开展黄河流域水资源保护专项行动，及时动员部署，加强问题摸排，强化部门合作，狠抓问题整改。在取得阶段性成效的同时，2 项执法行动也存在总体进展不平衡、执法衔接不够顺畅、案件查处力度不够等问题。

朱程清强调，要进一步提高政治站位，充分认识抓好专项行动是深入贯彻落实习近平法治思想和习近平总书记关于治水的重要论述的重要举措、强化水利法治建设推动水利高质量发展的必然要求，是提升水行政执法效能的具体行动，要把专项行动作为当前重要任务，对照工作方案和分工方案再检视再落实，以专项行动为契机强化水行政执法职责履行和效能提升。要加强部门间协作，善用、会用、用好协作机制推动解决水行政执法的难点堵点问题。要加大案件办理力度，开展执法监督，紧盯重点区域、重点领域违法问题，加强执法协作，共同查办一批存在时间长、治理难度大的历史遗留难点问题和大案要案。要加强典型案例总结和舆论宣传，形成“查处一案、警示一片、规范一方”的综合效应。

水利部有关司局、直属有关单位负责同志，各流域管理机构、各省级水行政主管部门和有关内设机构负责同志参加会议。（来源：水利部网站）

23．2023 年长江流域省级河湖长联席会议召开　2023 年 8 月 22 日，2023 年长江流域省级河湖长联席会议在上海召开。会议深入学习贯彻党的二十大精神、习近平总书记在全国生态环境保护大会上的重要讲话精神和关于推动长江经济带发展系列重要讲话精神，认真落实党中央、国务院的决策部署，按照全面推行河湖长制工作部际联席会议要求，总结交流工作成效和经验，部署 2023 年长江流域河湖管理保护工作，携手共建幸福长江。联席会议轮值召集人、上海市委副书记、市长主持会议并讲话。

水利部副部长王道席出席并讲话。联席会议副召集人、长江水利委员会主任作长江流域河湖管理保护工作报告。联席会议成员、长江流域15省（自治区、直辖市）负责同志通过视频作交流发言。

王道席在讲话中指出，全面推行河湖长制，是以习近平同志为核心的党中央作出的重大决策部署，是维护河湖健康生命和水安全的重要制度保障。要以习近平新时代中国特色社会主义思想为指导，全面学习贯彻落实党的二十大精神，全面强化河湖长制，压紧压实各级河湖长责任，不断完善长江流域省级河湖长联席会议机制，推进省内跨界河湖、省际边界河湖联防联控联治，协调解决流域治理管理保护重点难点问题。

王道席强调，要站在人与自然和谐共生的高度，深刻领悟河湖管理保护的新形势。要站在坚持人民至上的立场，全面分析河湖管理保护的新要求。要站在共抓大保护的战略导向，准确把握河湖管理保护新任务。要推动河湖长制“有能有效”，系统施策，严格水域岸线空间管控，强化河道采砂管理，扎实推进幸福河湖建设，全力推进流域管理保护再上新台阶。（来源：水利部网站）

24. 水利部召开全国河湖水域岸线空间管控工作会　2023年9月8日，水利部河湖管理司在四川省成都市召开全国河湖水域岸线空间管控工作会，总结交流各地水域岸线空间管控工作经验，分析水域岸线空间管控新的形势任务，研究部署下一阶段工作。

会议指出，水利部会同各地各有关部门坚持以习近平新时代中国特色社会主义思想为指导，深入贯彻落实党的二十大精神和习近平总书记关于治水的重要论述精神，认真落实全国水利工作会议工作部署，依托河湖长制，开展了一系列河湖违法违规问题清理整治专项行动，清理整治了一大批河湖“四乱”问题，各地河湖问题存量大幅减少，新增问题明显遏制，河道行洪安全得到有力保障，全国江河湖泊面貌实现根本性改善。

会议强调，加强水域岸线空间管控，保护河湖水域岸线空间完整、行洪通畅，是保障河道行洪安全的重要基础。面对当前河湖管理的新形势新问题，要正视当前工作中存在的问题，严守河湖管理范围边界底线，对于破坏水域岸线的违法违规问题，特别是妨碍河道行洪问题，坚决依法依规予以清理整治。同时，要夯实河湖管理保护基础，全面梳理复核河湖基础数据，严格河湖水域岸线用途管制，扎实推进河湖水域岸线空间管控各项工作。

会议要求，各地、各单位要全面梳理年度任务完成情况，分析工作中存在的问题，研判工作难点，明确具体措施，着力推进河湖遥感图斑核查及问题清理整治、河湖名录梳理复核、山区河道管理、涉河湖重大问题整改等重点工作，确保2023年各项工作任务如期完成，取得实效。会议还就河湖长制和采砂管理工作提出了相关要求。

水利部信息中心、河湖中心、各流域管理机构，各省（自治区、直辖市）水利（水务）厅（局）和新疆生产建设兵团水利局河湖管理相关部门负责人参加会议。（来源：水利部网站）

25. 第18届世界水资源大会在北京开幕　李国英出席开幕式并作主旨报告　2023年9月11日，第18届世界水资源大会在北京开幕，以“水与万物——人与自然和谐共生”为主题，共商治水良策，共谋合作发展。水利部部长李国英出席大会开幕式并作主旨报告。

李国英指出，自古以来，中国的基本水情一直是夏汛冬枯、北缺南丰，水资源时空分布极不均衡，水旱灾害多发频发重发。除水害、兴水利，一直都是涉及国家长治久安的大事要事。习近平总书记开创性提出“节水优先、空间均衡、系统治理、两手发力”治水思路，科学回答了治水重大理论问题和实践问题，为统筹做好水灾害防治、水资源节约、水生态保护修复、水环境治理提供了根本遵循，指引中国治水取得了历史性成就、发生了历史性变革，解决了许多长期想解决而没有解决的治水难题，水资源利用方式实现深层次变革，水资源配置格局实现全局性优化，江河湖泊面貌实现根本性改善，水利治理能力实现系统性提升，在推进落实联合国2030年可持续发展议程涉水目标方面取得了重大进展。

李国英指出，在气候变化和人类活动影响加剧的双重作用下，全球普遍面临水灾害频发、水资源短缺、水生态损害、水环境污染等水安全问题，应对水安全风险与挑战对于加速实现全球可持续发展目标的保障作用更加凸显。为此，基于中国治水实践和经验，习近平总书记“节水优先、空间均衡、系统治理、两手发力”治水思路应成为国际社会治水主流理念。一是坚持节水优先。充分认识淡水资源的有限性和不可替代性，共同履行可持续利用淡水资源的义务和责任，积极推动和实现农业节水增效、工业节水减排、城镇节水降损，全面提升水资源节约集约利用能力和水平。二是坚持空间均衡。充分认识水资源、水生态、水环境承载能力是有限的，坚持以水定城、以水定地、以水定人、以水定产，加快推动发展方式和生活方式全面绿色转型；立足流域整体和水资源空间均衡配置，科学谋划建设跨流域、跨区域水资源优化配置体系，提高水资源条件与经济社会发展布局的适配性，努力实现人口经济与资源环境相均衡。三是坚持系统治理。充分认识流域性是江河湖泊最根本、最鲜明的特性，水与生态各要素紧密联系、相互影响，从生态整体性和流域系统性出发，推进山水林田湖草沙一体化保护和修复，尊重自然界河流生存的基本权利，把河流视作生命体，构建河流伦理，维护河流健康生命，实现人与河流和谐共生。四是坚持两手发力。充分认识水治理既是政府的主要职责，又需要利用好市场机制，充分发挥各国政府、国际组织、社会组织、经济组织等的各自优势，开辟合作共赢、共建共享的发展路径，凝聚应对水灾害、水资源、水生态、水环境问题的智慧和力量。

李国英指出，中国水利部将坚定不移践行习近平总书记“节水优先、空间均衡、系统治理、两手发力”治水思路，愿同国际社会一道，共同推动全球水治理改革与发展，共同推进人与自然和谐共生，共同谱写推动构建人类命运共同体的水治理新篇章。

开幕式上，国际水资源学会主席李原园、北京市副市长刘宇辉、联合国副秘书长李军华、联合国粮食及农业组织副总干事玛利亚·海伦娜·赛梅朵、丹麦环境大臣马格努斯·约翰内斯·霍伊尼克、印度尼西亚公共工程和公共住房部部长巴苏基·哈迪穆约诺、乌兹别克斯坦水利部部长沙夫卡特·哈姆拉耶夫、世界水理事会主席洛克·福勋等先后致辞，举行了周文德奖、水晶球奖和水滴奖颁奖仪式。开幕式后，与会嘉宾共同参观了中国治水成就展等大会展览。

世界水资源大会是国际水资源领域参加人员范围最广、影响范围最大、专业水平最高的学术会议之一，是世界水议程、水政策和水科学知识分享的重要国际交流平台。来自 60 多个国家和地区、30 多个国际组织的近 1 300 位代表参加本届大会。大会期间将安排 4 场高级别全体会议，以及多场专场会议、专题会议、边会，并将发布重要成果《北京宣言》。

（来源：水利部网站）

26. 水利部召开推进黄河流域生态保护和高质量发展工作领导小组会议　2023 年 9 月 18 日，水利部党组书记、部长李国英主持召开水利部推进黄河流域生态保护和高质量发展工作领导小组会议，深入学习贯彻习近平总书记关于黄河流域生态保护和高质量发展系列重要讲话精神，总结检视 2019 年 9 月 18 日习近平总书记亲自主持召开黄河流域生态保护和高质量发展座谈会并发表重要讲话以来工作进展，研究部署下一步重点任务。

会议指出，黄河流域生态保护和高质量发展，是习近平总书记站在中华民族和中华文明永续发展的高度亲自擘画、亲自部署、亲自推动的重大国家战略。水利系统深入贯彻落实习近平总书记重要讲话精神，扎实做好黄河保护治理工作，在推动黄河保护立法、完善流域防洪工程体系、提升水资源利用效率和效益、改善河湖生态环境、强化流域体制机制法治管理等方面取得重要阶段性进展。

会议强调，要持续深入学习贯彻习近平总书记重要讲话精神，牢牢把握推动黄河流域生态保护和高质量发展的重要原则、重大问题、目标任务，脚踏实地、埋头苦干、久久为功，为黄河永远造福中华民族而不懈奋斗。

会议要求，要认真履行黄河保护法赋予水利部门的法定职责，全面检视、全面落实，逐项明责、逐项推进，推动各项法定任务落地见效。要强化流域水沙调控和防洪安全，优化流域水沙调控体系和防洪减灾总体布局，健全以水库、河道及堤防、蓄滞洪区为主要组成的流域防洪工程体系，加快构建气象卫星和测雨雷达、雨量站、水文站组成的雨水情监测预报“三道防线”。要强化流域水资源节约集约利用，落实取用水总量和强度双控制度，实行强制性用水定额管理，打好深度节水控水攻坚战，健全用水监测计量体系，坚决遏制违规取用水行为。要强化流域水资源优化配置，落实《国家水网建设规划纲要》要求，推进南水北调后续工程高质量发展，加快区域和省市县水网规划建设。要强化流域生态保护治理，坚持山水林田湖草沙一体化保护和系统治理，加强黄河源区封育保护、中上游水土保持、河口三角洲湿地生态系统水量保障，维护黄河健康生命。要强化流域统一规划、统一治理、统一调度、统一管理，加强跨区域联动、跨部门联合执法，健全用好水行政执法与刑事司法衔接、水行政执法与检察公益诉讼协作机制，持续推进“原型黄河”“模型黄河”“数字孪生黄河”建设，全力保障黄河长治久安。

（来源：水利部网站）

27. 第二届河湖长制与河湖保护高峰论坛在苏州举办　2023 年 9 月 21 日，第二届河湖长制与河湖保护高峰论坛在江苏苏州成功举办，论坛以“强化河湖长制，建设幸福河湖”为主题，旨在总结全面推行河湖长制以来的好经验好做法，深入研讨强化河湖长制、加强河湖管理保护、建设幸福河湖的政策措施和技术手段，进一步推动河湖长制从“有名有责”到“有能有效”。论坛由水利部河长办指导，中国水利学会主办，江苏省水利厅、苏州市人民政府、河海大学、水利部有关单位等共同承办。水利部副部长朱程清、中国水利学会理事长出席论坛并致辞。

朱程清在致辞中指出，习近平总书记亲自谋划、亲自部署、亲自推动河湖长制改革。近年来，在党中央、国务院的坚强领导下，水利部会同各地各有关部门真抓实干、狠抓落实，着力推动河湖长制和河湖管理保护工作持续走深走实，河湖长制组织体系全面建立，河湖长制工作机制不断完善，河湖面貌持续向好，水生态环境不断改善，社会参与意识显著增强。她强调，今后一个时期，我们要进一步提高政治站位，深刻领悟“两个确立”的决定性意义，坚持以习近平新时代中国特色社会主义思想为指导，持续深入学习贯彻党的二十大精神，对表对标习近平总书记关于治水的重要论述和党中央、国务院关于河湖长制各项决策部署，健全完善制度机制，强化责任落实，全面推动河湖长制各项工作任务落实落地，着力建设安全河湖、健康河湖、美丽河湖、幸福河湖。

中国水利学会理事长在致辞中指出，2021 年，中国水利学会作为主办单位，创设了河湖长制与河湖保护高峰论坛并在湖南长沙成功举办了首届高峰论坛。论坛旨在交流与展示全面推行河湖长制以来取得的重大成就和宝贵经验，凝聚深入贯彻习近平生态文明思想、推动水利高质量发展的强大动力，推动河湖长制工作再上新台阶。中国水利学会作为党和政府联系广大水利科技工作者的桥梁纽带，将持续发挥好学术性服务平台作用，充分结合水利科技创新重点需要，积极服务河湖长制和河湖保护相关政策、技术、经验的交流和推广，助力水利高质量发展。

王浩、张建云、王超 3 位院士分别作特邀报告。高峰论坛设置了“河湖长制与河湖管理保护政策”“河湖治理管理保护技术”“幸福河湖建设实践”三个分论坛，邀请有关市级和县级总河长、相关科研院所和高校的专家学者、有关流域管理机构和企业代表等，作专题报告并交流研讨。

水利部河长办、部分机关司局和直属单位的有关负责同志，部分省、市、县河长办及市、县级河湖长代表，相关高校、科研院所和企业代表等参加论坛。

（来源：水利部网站）

28. 2023 年松花江、辽河流域省级河湖长联席会议召开　2023 年 9 月 25 日，2023 年松花江、辽河流域省级河湖长联席会议以“现场＋视频”形式召开。会议全面贯彻习近平生态文明思想和习近平总书记关于治水的重要论述精神，深入落实党中央、国务院关于强化河湖长制重大决策部署，总结交流工作成效和经验，安排部署松辽流域河湖管理保护工作。联席会议召集人、吉林省省长主持会议并讲话。水利部副部长朱程清出席会议并讲话。黑龙江省副省长、吉林省副省长、辽宁省副省长、内蒙古自治区副主席分别作交流发言。水利部松辽水利委员会主要负责同志作松辽流域河湖长制及河湖管理保护工作报告。

朱程清在讲话中指出，一年来，流域 4 省（自治区）和松辽水利委员会坚持以习近平新时代中国特色社会主义思想为指导，积极践行习近平总书记“节水优先、空间均衡、系统治理、两手发力”治水思路，统筹推进河湖长制落实，不断加强河湖水域岸线空间管控，纵深推进河湖库“清四乱”常态化规范化，扎实推动河湖生态环境复苏，流域河湖治理管护成效显著。

朱程清强调，要切实提高政治站位，坚决扛起河湖管理保护的政治责任，站在人与自然和谐共生的高度全面强化河湖长制，准确把握河湖长制工作要求。要强化考核激励问责，推动各级河湖长履职尽责；严格岸线空间管控，推动形成良好水事秩序；复苏河湖生态环境，促进人水和谐共生；坚持守正创新，扎实开展流域幸福河湖建设。

会议审议通过了《松辽流域“十四五”幸福河湖建设工作方案》。

水利部有关司局、流域 4 省（自治区）有关部门负责同志和松辽水利委员会有关负责同志参会。

（来源：水利部网站）

29. 2023 年珠江流域省级河湖长联席会议召开　2023 年 9 月 28 日，2023 年珠江流域省级河湖长联席会议在贵阳市召开。会议以习近平新时代中国特色社会主义思想为指导，深入学习贯彻党的二十大精神，全面落实习近平总书记关于治水的重要论述精神，积极践行党中央、国务院关于强化河湖长制的决策部署，总结珠江流域河湖长制及河湖管理保护工作成效，交流经验做法、分析形势任务、部署下阶段重点工作。

联席会议召集人、贵州省委副书记、省长出席会议并讲话。水利部副部长朱程清出席会议并讲话。云南、贵州、广西、广东、福建省（自治区）人民政府领导以及湖南省、江西省有关负责同志作交流发言。联席会议常务副召集人、水利部珠江水利委员会主要负责同志主持会议并作工作报告。

联席会议召集人、贵州省委副书记、省长强调，河湖长制是习近平总书记亲自谋划、亲自推动的重大改革举措，珠江流域是中国“两屏三带”生态安全战略格局的重要组成部分。要扛牢政治责任，深入学习贯彻习近平生态文明思想，共同落实好习近平总书记关于治水的重要论述精神，全面落实河湖长制，携手做好珠江流域河湖管理保护这篇大文章，以实际行动衷心拥护“两个确立”、忠诚践行“两个维护”。要狠抓工作落实，扎实推进水资源管理、水环境治理、水生态修复，加强水安全保障，共同推进流域河湖保护管理。要强化统筹联动，狠抓责任落实，加强工作协同，凝聚社会合力，共同构建协同治理工作格局。要深化共赢合作，携手共建绿色产业体系，加强绿色水运合作，推进高水平对外开放，共同开创流域高质量发展美好明天。

朱程清指出，珠江流域地理位置特殊，战略地位重要，一年来，珠江流域各地积极践行党中央、国务院关于全面强化河湖长制的决策部署，各省（自治区）党委、政府高度重视、高位推动，珠江水利委员会统筹协调、强化指导，各级河长办和河湖管理部门深入贯彻、狠抓落实，流域河湖长制和河湖管理保护各项工作扎实推进。河湖长制工作机制不断完善，河湖水域岸线空间管控取得新成效，河湖面貌改善实现新突破，幸福河湖建设开启新局面，为推动流域经济社会高质量发展和现代化建设提供了坚实的支撑和保障。

朱程清强调，在全面推进中华民族伟大复兴的新征程上，要坚持人民至上、坚持底线思维、坚持依法管理、坚持高质量发展，贯彻落实习近平总书记“河长制必须一以贯之”的重要指示，压实各级河湖长责任，深化流域统筹区域协同，严格河湖水域岸线空间管控，加快复苏河湖生态环境，积极探索幸福河湖建设，以高质量河湖管理保护助推珠江流域高质量发展。

水利部河湖管理司、河湖保护中心，流域7省（自治区）有关部门负责同志和珠江水利委员会有关负责同志参会。（来源：水利部网站）

30. 水利部党组学习贯彻进一步推动长江经济带高质量发展座谈会精神　2023年10月13日下午，水利部党组书记、部长李国英主持召开党组会议，传达学习习近平总书记在进一步推动长江经济带高质量发展座谈会上的重要讲话精神，研究贯彻落实工作。

会议指出，习近平总书记主持召开进一步推动长江经济带高质量发展座谈会，为进一步推动长江经济带高质量发展、更好支撑和服务中国式现代化谋长远之势、行长久之策、建久安之基，为进一步推动长江经济带高质量发展指明了前进方向、提供了根本遵循。要学深悟透习近平总书记关于进一步推动长江经济带高质量发展的重要讲话精神，立足长江流域生态环境保护和高质量发展正处于由量变到质变的关键时期，牢牢把握水利肩负的重要职责使命，完整、准确、全面贯彻新发展理念，坚持共抓大保护、不搞大开发，坚持生态优先、绿色发展，按照《长江经济带发展规划纲要》要求，保持战略定力、勇于担当作为，在高水平保护上下更大功夫，为进一步推动长江经济带高质量发展、更好支撑和服务中国式现代化提供坚实的水安全保障。

会议强调，要坚决贯彻落实习近平总书记重要讲话要求，努力建设安澜长江。统筹推进水系连通、水源涵养、水土保持，加强三峡水库、丹江口水库及其上游流域等重要水源地保护和重要江河湖泊生态保护修复，强化河湖生态流量保障，严格河湖水域岸线管理保护，推进河湖库“清四乱”常态化规范化，加大水土流失综合治理力度，深入实施国家节水行动，强化水资源刚性约束，全面推进长江流域农业节水增效、工业节水减排、城镇节水降损。要统筹好发展和安全，坚持人民至上、生命至上，树牢底线思维、极限思维，加快完善流域防洪工程体系，加快构建雨水情监测预报“三道防线”，强化预报、预警、预演、预案功能，科学把握长江水资源情势变化，坚持旱涝同防同治，强化长江流域水工程统一联合调度，加强跨区域水资源丰枯调剂，强化三峡等水利工程及库区安全运行管理，提升流域防灾减灾能力。要科学合理确定长江流域水资源配置工程布局，加快构建国家水网主骨架和大动脉，推进沿江省市水网建设，实施现代化灌区建设，加快数字孪生长江、数字孪生水网、数字孪生工程建设，不断提升长江流域治理管理数字化、网络化、智能化水平。要深入贯彻落实长江保护法，加快完善水利配套法规制度，依法严厉打击涉水违法行为。全面落实河湖长制。强化长江流域统一规划、统一治理、统一调度、统一管理，推进上下游、左右岸、干支流协同管理治理。要对标对表习近平总书记重要讲话精神和《长江经济带发展规划纲要》，紧盯水利重点任务，实施台账管理，强化督办评估，确保不折不扣落实到位。（来源：水利部网站）

31. 水利部开展河湖安全保护专项执法行动进展调度会商　2023年11月8日，水利部副部长朱程清组织召开河湖安全保护专项执法行动进展调度会商，通报了各地河湖安全保护专项执法行动、黄河流域水资源保护专项行动的最新进展，交流经验做法，剖析存在的问题，督促各地做好最后阶段各项工作，确保高质量完成任务目标。

朱程清指出，目前专项执法行动已进入收官阶段。专项执法行动开展以来，各级水利部门坚持将专项检查与日常巡查相结合，问题线索发现能力进一步增强；加强水行政执法督促指导，全力查处水事违法案件，违法行为打击力度进一步加大；加深与公检法司等部门的协作，水行政执法跨区域联动、跨部门联合、与刑事司法衔接、与检察公益诉讼协作“四项机制”全面落地，执法协作制度机制进一步夯实，专项执法行动成果进一步扩大，阶段性成效进一步显现。

朱程清强调，专项执法行动是新时代新征程加强水安全保障、推进水利高质量发展的重要举措，是健全机制、加强协作、锻炼队伍的一次重要执法实践，各级水利部门要以高度的使命感和责任感，推动专项执法行动圆满完成。要紧盯重点领域，持续加大线索排查和案件查处力度，扎实开展水行政执法工作监督，针对进展落后地区和重点区域开展专项督导；要强化长效机制建设，系统总结线索案件移送、案件查处、挂牌督办、执法监督、信息报送等方面的先进经验，提炼形成可复制可推广的制度机制；要同步推进水利普法宣传等工作，形成群众关心支持、多部门协力推进河湖安全保护的良好氛围。

水利部有关司局、直属单位负责同志，各流域管理机构、各省级水行政主管部门负责同志参加调度会商。（来源：水利部网站）

32. 朱程清出席首届辽河论坛　2023 年 11 月 9 日，以“创建辽河口国家公园 让辽河成为造福人民的幸福河”为主题的首届辽河论坛在辽宁盘锦召开。水利部副部长朱程清受邀出席并致辞。

朱程清指出，辽河流域各省（自治区）有关部门要深入学习贯彻习近平总书记关于治水的重要论述和习近平总书记在新时代推动东北全面振兴座谈会上的重要讲话精神，牢牢把握东北在维护国家“五大安全”中的重要使命，践行习近平总书记“节水优先、空间均衡、系统治理、两手发力”治水思路，搭建优势互补、资源共享、协调发展的合作机制，共同谱写新时代辽河流域治理保护和高质量发展新篇章，助力东北全面振兴。

朱程清强调，要围绕“系统完备、安全可靠，集约高效、绿色智能，循环通畅、调控有序”目标，加快建设东北水网，全面提升水资源优化配置能力。要积极推进以辽河为重点的江河流域综合治理、系统治理和源头治理，加快复苏母亲河生态环境。要强化河湖管理保护，压紧压实各级河湖长河湖管理保护责任，纵深推进河湖库“清四乱”常态化规范化，严格河湖水域岸线空间管控。要坚定不移走生态优先、绿色发展之路，坚持治山、治水、治城一体推进，全力打造造福人民的幸福河，更好推动流域高质量发展。

会后，朱程清赴盘锦市、营口市、大连市，实地调研辽宁省水网工程建设、河道治理保护、河口管理保护、灌区及农村供水工程运行管理情况。

水利部河湖管理司、农村水利水电司、松辽水利委员会和辽宁省水利厅及地方政府有关负责同志参加调研。（来源：水利部网站）

33. 2023 年海河流域省级河湖长联席会议召开　2023 年 11 月 14 日，2023 年海河流域省级河湖长联席会议在天津市召开。会议以习近平新时代中国特色社会主义思想为指导，深入贯彻党的二十大精神和习近平总书记关于治水的重要论述精神，落实党中央、国务院关于强化河湖长制工作部署，总结交流工作成效和经验，安排部署海河流域河湖长制重点工作。

联席会议召集人、天津市市长主持会议并讲话。水利部副部长朱程清出席会议并讲话。北京、天津、河北、山西、河南、山东、内蒙古等省（自治区、直辖市）人民政府有关领导及辽宁省有关负责同志通过视频作交流发言。联席会议常务副召集人、海河水利委员会主要负责同志作工作报告。

联席会议召集人、天津市市长强调，全面推行河湖长制，是以习近平同志为核心的党中央推进生态文明建设的重要决策部署和制度安排。要深入贯彻习近平生态文明思想和习近平总书记关于治水的重要论述精神，坚决扛牢河湖管理保护的政治责任，以落实海河流域省级河湖长联席会议机制为抓手，以高水平河湖管理保护为支撑，推动海河流域重点工作高质量发展。要立足实际狠抓重点任务落实，共同加快幸福河湖建设，携手推进河湖治理现代化，切实把制度优势转化为治理效能。

朱程清指出，2023 年汛期，海河流域发生流域性特大洪水，在党中央的正确决策部署下，各级各方面采取有力有效措施，把百年一遇的洪涝灾害损失降到了最低。流域各地党委、政府和海河水利委员会协调联动、真抓实干，流域河湖长制和河湖管理保护工作成效显著。

朱程清强调，要准确把握当前河湖长制工作面临的新形势新任务新要求，始终坚持以人民为中心的发展思想，大力推动流域系统治理管理，加快推进灾后恢复重建，加强水域岸线空间管控，强化水资源刚性约束，加强流域统筹区域协同，强化河湖长履职尽责，积极推动解决河湖管理保护突出问题，以高度的责任感和使命感抓好抓实各项工作，为推动海河流域高质量发展作出贡献。

水利部河湖管理司、海河流域 8 省（自治区、直辖市）水利（水务）厅（局）和海河水利委员会负责同志参加会议。（来源：水利部网站）

34.“感悟最美家乡河 以学促干建新功”汇报展示活动在京举办 2023 年 12 月 14 日，“感悟最美家乡河 以学促干建新功”汇报展示活动在京举办。水利部党组书记、部长李国英，部领导田学斌、王新哲、王道席、刘伟平、陈敏出席活动。

汇报展示由水利部直属机关党委（部文明办）、办公厅、河湖管理司主办，中国水利报社承办。举办汇报展示，旨在进一步巩固深化学习贯彻习近平新时代中国特色社会主义思想主题教育成果，持续深入贯彻落实好党中央、国务院关于全面推行河长制湖长制的决策部署，激励水利系统党员干部“以学促干”，坚定践行治水为民宗旨，努力建设造福人民的幸福河。来自 11 条第二届“最美家乡河”的基层水利职工和沿河群众代表作为河流讲述人，倾情讲述“最美家乡河”河流变迁和幸福生活的故事，从不同角度展示了河湖之治，河湖之变，河湖之美。

举办寻找“最美家乡河”活动，是深入贯彻落实习近平生态文明思想、习近平文化思想和习近平总书记关于治水的重要论述的探索实践，是全面落实河湖长制的重要抓手。活动以“观河流之美，悟治水之道”为宗旨，依据“乡情的河、生态的河、安全的河、发展的河、文化的河、幸福的河”六大寻美理念，在全国范围内寻找治理成效突出、特色鲜明的河流认定为“最美家乡河”，展示河湖长制实施以来河湖治理管护成效，营造全社会关爱河湖、保护河湖的浓厚氛围，增强公众的河湖保护意识和参与热情，为其他河流治理保护提供有益借鉴，共同建设造福人民的幸福河湖，推进美丽中国建设。

汇报展示以“现场＋视频直播”形式举办。国家广播电视总局、中华全国新闻工作者协会有关负责人，水利部总师，驻部纪检监察组、部机关各司局主要负责人，在京直属各单位党政主要负责人，第二届“最美家乡河”11 条入选河流所在的内蒙古、江苏、安徽、福建、湖北、湖南、广东、海南、重庆、贵州、陕西等省（自治区、直辖市）水利（水务）厅（局）代表在主会场观看。汇报展示还通过寻找“最美家乡河”微信公众号进行现场直播。

（来源：水利部网站）

35. 李国英主持召开水利部部务会议 审议《全国中小河流治理总体方案》 2023 年 12 月 25 日，水利部党组书记、部长李国英主持召开部务会议，审议《全国中小河流治理总体方案》。

会议强调，中国中小河流分布广泛、数量众多，与人民群众生产生活、经济社会可持续发展乃至生态系统良性维护联系密切，要将中小河流治理纳入推进水利高质量发展的重要目标和路径，扎实推进、力求实效。要深入学习贯彻习近平总书记“节水优先、空间均衡、系统治理、两手发力”治水思路，坚持问题导向，系统治理，规划先行，分级负责，科学管理。坚持以流域为单元，统筹上下游、左右岸、干支流，逐流域规划、逐流域治理、逐流域验收、逐流域建档立卡。加强全过程数字化、精细化管理，压实治理管理责任，建立健全规划实施中期评估机制，锚定目标、久久为功，全面提升中小河流治理管理能力。（来源：水利部网站）

【教育部】 2023 年 7 月 6 日，印发《教育部办公厅关于做好 2023 年中小学暑期安全工作的通知》（教基厅函〔2023〕12 号），指导各地以防溺水为重点，充分发挥平安建设协调机制、防溺水部门协同机制和河湖长制作用，明确任务分工，加强对重点公共场所的管理，为中小学生提供安全有序的活动空间。

2023 年 7 月 11—12 日，会同公安部、民政部、水利部、农业农村部、应急管理部、共青团中央、全国妇联和中国气象局等 8 部门和 32 个省级教育行政部门，以及山东省 16 地市教育行政部门有关负责同志（共计 100 余人参加），在山东省济宁市举办 2023 年中小学暑期安全工作交流研讨活动，深入分析中小学暑期防溺水工作形势，总结交流各地典型经验做法，并会同中国教育电视台现场拍摄“暑期安全第一课”防溺水教育专题片，指导各地切实做好暑期安全工作。（教育部基础教育司 孙长春）

【工业和信息化部】 2023 年针对河湖长制开展工作包括：一是配合公安部办公厅等七部门联合印发《长江河道非法采砂专项打击整治行动方案》，指导地方船舶工业行业主管部门抓好非法改装或新建采砂船，推动长江河道非法采砂整治工作。二是发布《国家鼓励的工业节水工艺、技术和装备目录（2023 年）》，围绕钢铁、石化化工、纺织印染、造纸、食品等重点行业遴选 171 项先进节水技术装备，开展技术推广交流活动，推动企业节水减污。

（工业和信息化部节能与综合利用司）

【公安部】 立足维护河湖公共安全，切实提升水域安全防控效能。制定出台加强公安机关内河水域治安防控工作的专门意见，指导各地公安机关通过布建智能前端感知设备、在重点水域设立水上查缉点等，检查船舶1.4万艘次，会同相关部门整治重点水域5 100余处，有效挤压违法犯罪空间。坚持“人民至上、生命至上”，紧紧围绕平安水域建设，主动会同水利部等八部门联动发力，部署指导各地充分发挥河湖长制平台作用，压实水域管理责任，全力加强水域巡查巡护、隐患排查整改、安全教育引导等各项溺水防范措施，落实重点水域部位一个警示牌、一个救生圈、一根救生绳、一根救生杆“四个一”建设，全力保护人民群众生命安全。2023年公安机关接报溺水事故警情、溺亡人数同比实现“双下降”，成功救援落水遇险群众5 800余人。

（公安部治安管理局）

【自然资源部】 发挥国土空间规划在湖泊水域空间管控上的战略引领和刚性约束作用。推进地方各级国土空间总体规划审批，指导落实《全国国土空间规划纲要（2021—2023年）》要求。一是强化资源环境底线约束，逐级落实用水总量、水域空间保有量等控制指标，并要求基于地域自然环境条件，严格保护低洼地等调蓄空间，确定海岸线、河湖自然岸线的保护措施。二是强化空间治理，针对生态功能退化、生物多样性减少、水土污染等问题领域，明确生态系统修复的目标、重点区域和重大工程，维护生态系统，改善生态功能，提高国土空间的品质与价值。

开展河湖治理为主的山水林田湖草沙一体化保护和修复工程。配合财政部推进实施“十四五”期间第一、二批辽河流域、南岭山区韩江中上游、九龙江流域、瓯江源头区域、巢湖流域、塔里木河重要源流区、秦岭东段洛河流域、洱海流域、长江荆江段及洪湖、桂林漓江流域、南水北调东线湖网地区、长江经济带重点生态区洞庭湖区域等12个河湖治理为主的山水林田湖草沙一体化保护和修复工程（以下简称“山水工程”），累计下达中央财政资金228亿元。把白洋淀上游流域、鸭绿江重要源流区、青藏高原生态屏障区东部湟水流域3个“山水工程”纳入“十四五”期间第三批中央财政资金支持范围，累计下达中央财政资金30亿元。通过山水工程实施，加强了流域岸线管理保护、水资源保护、改善了水生态、水环境，对提升流域生态系统多样性、稳定性和持续性发挥了积极作用。 （自然资源部）

【生态环境部】 推动河湖长制在城市黑臭水体治理中发挥实效。立足监督职责，联合住房和城乡建设部开展城市黑臭水体整治环境保护行动，推动各地深入打好城市黑臭水体治理攻坚战。联合住房和城乡建设部印发《关于城市黑臭水体治理责任人名单的通告》，进一步落实城市人民政府治理城市黑臭水体主体责任。截至2023年底，全国地级及以上城市黑臭水体基本消除，县级城市黑臭水体消除比例达到2030年目标任务。

组织开展入河排污口排查整治工作。持续推动入河排污口监督管理，印发排污口分类、溯源、整治、规范化建设等10项标准，制定发布入河排污口审批实施规范、办事指南及流域海域局审批范围划分方案。组织开展长江入河排污口整治工作。截至2023年底，长江入河排污口整治完成率约96%。组织开展黄河干流中下游及部分支流入河排污口排查。截至2023年底，黄河流域入河排污口整治完成率约68%。

（生态环境部）

【交通运输部】 持续做好非法采砂治理。一是严格落实砂石采运管理单制度，深化长江河道采砂管理合作机制，统筹运用VTS、CCTV等信息手段和立体巡航、联合检查等方式，强化巡查力度，查处非法偷采2起。二是全面加强涉砂船舶管控，严厉打击非法采砂船舶相关违法行为，实施涉砂船舶行政处罚331起。三是加强与水利、公安等部门联合执法，全年共参与联合执法行动891余次，出动执法人员2.5万余人次，检查涉砂船舶4 839艘次。四是加强涉砂船舶检验监督管理，清查“三无”船舶53艘，拆解3艘。

配合做好长江“十年禁渔”有关工作。一是参与涉渔联合执法，全年共参加联合巡航855次，协助清除非法布设的碍航渔网渔具102具，发现携带渔网渔具或非法捕捞船舶166艘，涉渔违法人员77人，涉渔问题线索39件。二是配合拆解涉渔“三无”船舶36艘。三是服务渔民转岗安置，组织培训48名退捕渔民取得相关船员证书。 （交通运输部）

【农业农村部】 2023年1月27日，农业农村部办公厅《关于印发黄河流域渔业资源管理委员会委员组成的通知》（农办渔〔2023〕5号），成立新一届黄渔委。

2023年2月2日，农业农村部召开长江十年禁渔工作视频推进会，部署“三年强基础”各项工作任务。部长唐仁健出席会议并讲话，副部长马有祥主持。

2023年2月28日，农业农村部新闻办公室举行新闻发布会，介绍“中国渔政亮剑2022”系列专项执法行动有关情况。

2023年3月22日，农业农村部长江流域渔政监督管理办公室在湖南益阳组织召开长江十年禁渔“三年强基础”现场推进会，阶段性总结长江十年禁渔实施以来的各项工作，对标对表“三年强基础”五大方面19项重点任务，系统梳理存在的问题与不足，确定11项重点工作清单。

2023年3月24日，农业农村部长江流域渔政监督管理办公室会同四川省农业农村厅组织的长江鲟野外自然繁殖试验监测到长江鲟自然产卵行为并孵化成苗，长江鲟保护工作取得重大突破，证明了人工长江鲟性成熟个体在野外具备自然繁殖能力，为下一步全面恢复长江鲟野外自然繁殖奠定了理论和技术基础。

2023年3月28日，农业农村部在湖北省荆州市启动2023年中华鲟保护日系列活动，开展为期一周的中华鲟增殖放流和科普宣教等活动，荆州主会场共放流 23 328尾大规格中华鲟，武汉、宜昌分会场同步组织开展增殖放流活动。

2023年5月21日，农业农村部渔业渔政管理局联合北京市农业农村局、丰台区人民政府在北京市园博园举办2023年“国际生物多样性日”水生生物增殖放流活动暨规范社会放生宣传活动。

2023年6月6日，农业农村部分别与浙江、山东、四川省在宁波、威海、宜宾市联合举办全国“放鱼日”活动。

2023年10月29日，农业农村部会同生态环境部发布《中国渔业生态环境状况公报（2022）》。

2023年10月30日，农业农村部渔业渔政管理局局长出席在白洋淀举办的2023年河北雄安新区增殖放流活动并讲话。活动共向淀区投放60万尾鱼苗和230万尾蟹苗。

2023年11月21日，农业农村部在上海市召开水生生物资源养护暨水生野生动物保护工作推进会，各省、自治区、直辖市及计划单列市农业农村（农牧）、渔业厅（局、委），新疆生产建设兵团农业农村局相关负责同志参加。

2023年11月24日，农业农村部办公厅会同水利部办公厅、国家发展改革委办公厅、自然资源部办公厅、生态环境部办公厅、国家能源局综合司、国家林草局办公室联合发布《关于印发黄河流域小水电清理整改监督检查实施方案的通知》（办水电〔2023〕281号）。

2023年11月30日，农业农村部、老挝自然资源与环境部在云南省西双版纳州共同举办2023年中国·老挝渔政联合执法暨增殖放流活动，农业农村部副部长马有祥、云南省政府党组副书记、老挝自然资源与环境部副部长占塔涅·布阿帕、老挝南塔省委副书记占萨温·替空通出席活动并致辞。本次活动共放流丝尾鳠、大鳞四须鲃、傣鲤、中国结鱼等鱼苗134万尾。2015年以来，双方已累计开展了13次渔政联合执法暨增殖放流行动，取得积极成效。

2023年，会同国家发展改革委实施重点流域农业面源污染综合治理项目，以长江经济带和黄河流域为重点，在65个县开展农业面源污染综合治理，立足县域农业面源污染特征，因地制宜遴选实施农田面源污染防治、畜禽粪污资源化利用、水产养殖尾水治理、农作物秸秆综合利用、农膜回收利用等工程，整县推进，综合治理，系统解决流域农业面源污染问题。（农业农村部）

【文化和旅游部】 2023年，文化和旅游部办公厅印发《关于做好全国A级旅游景区2023年度复核工作的通知》（办资源发〔2023〕38号），对年度复核工作做出部属，要求各地检查包括涉水类在内的A级旅游景区是否定期开展设施设备安全隐患排查，安全提示、警示标识和安全防护设施是否充足，是否取得消防、卫生等主管部门的安全许可，是否制定应急管理预案，细化应急处置具体措施，并开展安全培训和应急演练等。（文化和旅游部）

【国家卫生健康委员会】 一是开展《生活饮用水标准检验方法》发布实施及宣贯工作。《生活饮用水标准检验方法》（GB/T 5750.1～5750.13—2023）于2023年3月17日发布，并于2023年10月1日起实施。该标准是《生活饮用水卫生标准》（GB 5749—2022）的配套检验方法，共包括13个部分，描述了生活饮用水水质检验的基本原则和要求，提出了水样采集与保存、水质分析质量控制的详细指导，提供了生活饮用水感官性状和物理指标、无机非金属指标、金属和类金属指标、有机物综合指标、有机物指标、农药指标、消毒副产物指标、消毒剂指标、微生物指标和放射性指标的标准检验方法，是中国开展饮用水卫生安全保障工作的重要技术基础，为落实《生活饮用水卫生标准》（GB 5749—2022）要求和开展生活饮用水卫生监测工作提供了重要技术支撑。该标准发布后，国家疾控局卫生免疫司组织中国疾控中心举办了全国生活饮用水卫生标准及标准检验方法培训班等活动，面向全国各级疾控机构开展新标准的宣贯解读和技术培训，保障相关工作的顺利实施。（国家疾控局卫生免疫司）

二是开展生活饮用水卫生安全知识与节水理念宣传推广工作。2023年3月，中国疾控中心在全国范围内举办主题为“关注饮水标准 共享饮水健康”的世界水日环境健康系列宣传活动。其间，国家、省、市和县（区）四级疾控机构密切联动，通过线上宣传和线下宣传相结合的方式开展各类活动。线下活动方式包括举办社区与校园科普讲座、张贴宣传展板与横幅、举行生活饮用水卫生安全知识竞赛、发放宣传折页和宣教礼品等，线上活动主要通过微信公众号等新媒体发布科普文章和短视频，全方位向公众普及生活饮用水卫生安全知识，宣传节水理念，营造“节水、护水、爱水”的社会氛围。结合本次活动，在全国范围内开展公众问卷调查，收集分析公众对节水问题的看法、对节水方式的选择、对节水知识的掌握程度及获取途径等信息，为制定更加切实合理的节水措施提供数据基础。2023 年 9 月，举办面向全国中小学生的“环境健康杯”征文绘画比赛，结合节水和健康饮水主题，让孩子们在创作过程中了解水资源的珍贵，养成保护水资源和节约用水的良好意识，提升生活饮用水卫生安全意识和健康素养。（中国疾控中心环境所）

署名文章

《人民日报》发表李国英部长署名文章：强化依法治水　携手共护母亲河——写在黄河保护法施行和 2023 年“世界水日”“中国水周”之际

2023 年 3 月 22 日是第三十一届“世界水日”，第三十六届“中国水周”的宣传活动同步开启。联合国确定 2023 年“世界水日”的主题是“加速变革”。结合黄河保护法将自 2023 年 4 月 1 日起施行，中国纪念 2023 年“世界水日”“中国水周”的活动主题是“强化依法治水 携手共护母亲河”。

黄河是中华民族的母亲河。习近平总书记指出：“保护黄河是事关中华民族伟大复兴的千秋大计。黄河流域生态保护和高质量发展，同京津冀协同发展、长江经济带发展、粤港澳大湾区建设、长三角一体化发展一样，是重大国家战略。”党的十八大以来，习近平总书记从实现中华民族永续发展的战略高度，明确提出“节水优先、空间均衡、系统治理、两手发力”治水思路，亲自谋划、亲自部署、亲自推动黄河流域生态保护和高质量发展重大国家战略，指引黄河保护治理取得历史性成就、发生历史性变革。水利部门防御了新中国成立以来最大秋季大洪水，确保了人民群众生命财产安全；坚持不懈实施调水调沙，下游河道主河槽行洪能力不断提升；实施水资源消耗总量和强度双控，维护了黄河健康生命；全面加强水土流失综合防治，水土流失实现面积和强度“双下降”；持续向黄河三角洲生态补水，河口湿地生态系统稳定向好，生物多样性明显增加。

黄河保护法以水为核心、河为纽带、流域为基础，统筹上下游、干支流、左右岸，更加注重保护治理的系统性、整体性、协同性，以黄河流域存在的突出困难和问题为导向，明确了一系列针对性、保障性、约束性的制度措施，为推动黄河流域生态保护和高质量发展提供了坚实的法治保障，在中华民族黄河治理史上具有重要里程碑意义。我们要深刻领会黄河保护法的立法意图、核心要义、实践要求，将宣传贯彻黄河保护法与全面学习、全面把握、全面落实党的二十大精神结合起来，坚决履行好法定职责，在法治轨道上有力有效做好黄河流域生态保护和高质量发展各项水利工作。

一是抓紧抓好学习宣传和配套制度建设。抓住关键时间节点，创新方式方法，加大宣传和普法力度，让黄河保护法“家喻户晓”，推动尊法学法守法用法成为习惯和自觉。对照黄河保护法，全面梳理配套制度建设要求，坚持突出重点，加快制定取水许可、强制性用水定额、水沙统一调度等系列配套制度，推进黄河保护法明确的规划、标准、目录、名录、方案制定，推动法律制度规范衔接有序、协调统一。

二是完善黄河保护治理水利规划体系。黄河保护法坚持流域“一盘棋”，明确建立以国家发展规划为统领，以空间规划为基础，以专项规划、区域规划为支撑的黄河流域规划体系，要求依法编制黄河流域综合规划、水资源规划、防洪规划。要坚持问题导向，坚持系统观念，做好黄河流域相关规划实施情况评估和修订工作，抓紧推进各专项规划和方案编制，切实发挥好规划的指导、约束作用，为节约、保护、开发、利用水资源和防治水害等工作提供强有力支撑。

三是强化黄河水沙调控和防洪安全。黄河保护法聚焦洪水风险这个最大威胁，紧紧抓住水沙关系调节这个“牛鼻子”，对建设水沙调控和防洪减灾工程体系、完善水沙调控和防洪防凌调度机制、加强水文和气象监测预报预警等作出了全面规定。要加快建设以水库、河道及堤防、蓄滞洪区为主要组成的流域防洪工程体系。完善水沙调控体系和方案，实施干支流水库群联合统一调度。编制完善黄河防御洪水方案、洪水调度方案、防凌调度方案，强化流域统一调度。健全气象卫星和测雨雷达、雨量站、水文站组成的雨水情监测预报“三道防线”，构建预报、预警、预演、预案体系。制定完善黄河滩区名录，实施河道和滩区综合治理。加强河道、湖泊和骨干水库库区管理，确保防洪安全。

四是促进黄河水资源节约集约利用。黄河保护法针对黄河流域水资源短缺这个最大矛盾，对用水总量控制、强制性用水定额、水资源配置工程建设等作出了全面规定。要坚持以水定城、以水定地、以水定人、以水定产，强化水资源刚性约束，精打细算用好水资源，从严从细管好水资源。落实取用水总量和强度控制制度，适当优化黄河水量分配方案，健全省、市、县三级行政区用水总量和强度管控指标体系。严格水资源论证和取水许可管理，落实强制性用水定额管理制度，根据水资源承载能力实施水资源差别化管理。打好黄河流域深度节水控水攻坚战，强化农业节水增效、工业节水减排、城镇节水降损。深化水价改革，开展用水权市场化交易，加强合同节水管理、水效标识等机制创新，完善节水支持政策。科学论证、规划和建设跨流域调水和重大水源工程，加快实施国家水网重大工程，不断完善流域水资源配置格局。

五是加强黄河流域水生态保护修复。黄河保护法针对黄河流域生态环境脆弱等问题，对水源涵养、水土保持、河口整治、生态流量等作出了全面规定。要从黄河流域生态环境系统性和完整性出发，坚持山水林田湖草沙综合治理、系统治理、源头治理，分区分类推进生态环境保护修复。加强水源涵养区保护，加大黄河干支流源头保护力度。抓好重点区域水土流失防治，实施水土保持重点工程，严格生产建设活动水土流失监督管理。加强河口生态保护与修复，保障入海河道畅通和河口防洪防凌安全。强化生态流量和生态水位管控，开展地下水超采综合治理，修复流域水生态。

六是提升流域治理管理能力和水平。黄河保护法对建立统筹协调机制、加强协作、促进高质量发展等作出了全面规定。要增强流域意识，充分发挥流域管理机构作用，强化流域统一规划、统一治理、统一调度、统一管理，为黄河流域统筹协调机制相关工作提供支撑保障。加强黄河保护治理重大科技问题研究，加快建设数字孪生黄河，提升流域治理管理数字化、网络化、智能化水平。加大执法力度，深入推进水行政执法与刑事司法衔接、水行政执法与检察公益诉讼协作机制落地见效，加强跨区域联动、跨部门联合执法，依法严厉打击各类水事违法行为。

向着新目标，奋楫再出发。让我们更加紧密地团结在以习近平同志为核心的党中央周围，踔厉奋发、久久为功，扎扎实实推动黄河保护法落地见效，让母亲河永葆生机。

（来源：《人民日报》2023 年 03 月 22 日第 16 版）

五、政策文件

Government Documents

新修订或施行的法律法规、重要文件

中共中央　国务院印发《国家水网建设规划纲要》

中共中央、国务院印发了《国家水网建设规划纲要》，并发出通知，要求各地区各部门结合实际认真贯彻落实。

《国家水网建设规划纲要》主要内容如下。

目　　录

加快构建国家水网，建设现代化高质量水利基础设施网络，统筹解决水资源、水生态、水环境、水灾害问题，是以习近平同志为核心的党中央作出的重大战略部署。为做好国家水网顶层设计，编制了《国家水网建设规划纲要》。本规划纲要是当前和今后一个时期国家水网建设的重要指导性文件，规划期为2021年至2035年。

一、规划基础

（一）发展现状

国家水网是以自然河湖为基础、引调排水工程为通道、调蓄工程为结点、智慧调控为手段，集水资源优化配置、流域防洪减灾、水生态系统保护等功能于一体的综合体系。新中国成立以来，党领导人民开展了波澜壮阔的水利建设，建成了世界上规模最大、范围最广、受益人口最多的水利基础设施体系，成功战胜了数次特大洪水和严重干旱，为保障人民群众生命财产安全、促进经济社会平稳健康发展提供了重要支撑，为新时代构建国家水网奠定了重要基础。

纵横交织的自然河湖水系网络，为国家水网建设提供了天然条件。河湖水系是水流的载体，具有行蓄洪水、排水输沙、供水灌溉、内河航运、水力发电、维护生态等多种功能。我国流域面积50平方公里及以上河流 45 203 条，常年水面面积1平方公里及以上湖泊 2 865 个。河湖水系相互交织，形成复杂多样的河网格局和生态系统，成为国家水网的重要本底条件。

规模庞大的水利设施，为国家水网建设提供了重要基础。我国已基本建成防洪减灾、城乡供水、农田灌溉等水利工程体系，水利基础设施网络基本形成，三峡工程、南水北调工程等国之重器发挥巨大效益。我国已建成各类水库9.8万多座，总库容9 000多亿立方米，水资源调控能力约30%；5级及以上堤防约32万公里，保护了全国大部分人口和经济区；建成大中型灌区 7 330 多处，农田有效灌溉面积10.37亿亩。各类水利工程逐步由点向网、由分散向系统发展，成为国家水网的重要组成部分。

河湖水系连通和人工基础设施融合发展，为国家水网建设提供了有力支撑。我国自古以来就有连通河湖水系、构建江河水网的实践探索，都江堰、京杭大运河等宏伟工程仍在发挥重要作用，造福中华民族。随着南水北调东、中线一期等重大引调水工程相继建成，跨流域跨区域水网格局逐步形成。部分地区在水网建设和河湖水系连通方面的实践，为国家水网建设提供了有益经验。

由于我国水问题的复杂性和治水的艰巨性，与构建现代化高质量基础设施体系要求相比，水利工程体系还存在系统性不强、标准不够高、智能化水平有待提升等问题，国家水网总体格局尚未完全形成。防洪排涝减灾体系仍不完善，水资源统筹调配能力不高，水利工程互联互通和协同融合不够，现代化管理体制机制尚不健全，安全绿色智慧发展亟待加强，水利公共服务水平和质量效率有待提升，水利基础设施网络系统性、综合性、强韧性还需增强。

（二）形势要求

当前，我国踏上了全面建设社会主义现代化国家、向第二个百年奋斗目标进军的新征程，实现中华民族伟大复兴正处于关键时期，需要有坚实的水安全支撑和保障。我国经济已转向高质量发展阶段，推动经济体系优化升级，构建新发展格局，迫切需要加快补齐基础设施等领域短板，实施国家水网重大工程，充分发挥超大规模水利工程体系的优势和综合效益，在更高水平上保障国家水安全，支撑全面建设社会主义现代化国家。

加快构建国家水网，是解决水资源时空分布不均、更大范围实现空间均衡的必然要求。我国基本水情一直是夏汛冬枯、北缺南丰，水资源时空分布极不均衡。全国人均、亩均水资源占有量分别仅为世界平均水平的1/4和1/2。形成全国统一大市场和畅通国内大循环，促进南北方协调发展，迫切需要加强水资源跨流域跨区域科学配置，解决水资源空间失衡问题，增强水资源调控能力和供给能力，保障经济社会高质量发展。

加快构建国家水网，是解决生态环境累积欠账、实现绿色发展的必然要求。长期以来，一些地区经济社会用水超过水资源承载能力，导致水质污染、河道断流、湿地萎缩、地下水超采等生态问题。目前，全国仍有3%国控断面地表水水质为Ⅴ类、劣Ⅴ类，全国地下水超采区面积28万平方公里，年均超采量158亿立方米。河湖水域空间保护、生态流量水量保障、水质维护改善、生物多样性保护等面临严峻挑战，迫切需要系统谋划水资源优化配置网络，发挥水资源综合效益，既保障经济社会用水需求，又实现“还水于河”，复苏河湖生态环境。

加快构建国家水网，是有效应对水旱灾害风险、更高标准筑牢国家安全屏障的迫切要求。我国水旱灾害频发，大江大河中下游地区易受流域性洪水、强台风等冲击，中西部地区易受强降雨、山洪灾害等威胁，400毫米降水线西侧区域大多干旱缺水、生态脆弱。随着全球气候变化影响加剧，需要加快完善水利基础设施网络，提升洪涝干旱防御工程标准，维护水利设施安全，提高数字化、网络化、智能化管理水平，推动建设高质量、高标准、强韧性的安全水网，保障经济社会安全运行。

二、总体要求

（一）指导思想

以习近平新时代中国特色社会主义思想为指导，立足新发展阶段，完整、准确、全面贯彻新发展理念，构建新发展格局，推动高质量发展，全面贯彻落实“节水优先、空间均衡、系统治理、两手发力”治水思路，坚持以人民为中心的发展思想，坚持问题导向、目标导向，统筹发展和安全，系统谋划、整体协同，精准补短板、强弱项，优化水利基础设施布局、结构、功能、发展模式，以全面提升水安全保障能力为目标，以完善水资源优化配置体系、流域防洪减灾体系、水生态保护治理体系为重点，统筹存量和增量，加强互联互通，加快构建“系统完备、安全可靠，集约高效、绿色智能，循环通畅、调控有序”的国家水网，实现经济效益、社会效益、生态效益、安全效益相统一，为全面建设社会主义现代化国家提供有力的水安全保障。

（二）工作原则

——立足全局、保障民生。坚持全国一盘棋，立足长远、适度超前，统筹推动国家水网建设，支撑国土空间开发保护、生产力布局和国家重大战略实施，为畅通国内大循环提供支撑。坚持以人为本，着力保障防洪安全、供水安全、粮食安全、生态安全，满足人民对美好生活的向往，不断增强人民获得感、幸福感、安全感。

——节水优先、空间均衡。把节水作为实施国家水网工程的基本前提，以水定需、量水而行、因水制宜，充分发挥水资源刚性约束作用，按照“确有需要、生态安全、可以持续”的要求，科学合理规划水网工程布局，优化水资源空间配置，提高重要区域水资源承载能力，促进人口经济与资源环境相均衡。

——人水和谐、绿色生态。牢固树立生态文明理念，坚持山水林田湖草沙系统治理，尊重自然、顺应自然、保护自然，把生态优先、绿色发展理念贯穿国家水网建设和运行管理全过程，努力建设生态水利工程，持续改善水生态水环境，维护河湖生态系统完整性，实现人水和谐共生，促进可持续发展。

——系统谋划、风险管控。坚持系统观念，立足流域整体，兴利除害结合，系统解决水资源、水生态、水环境、水灾害问题。把联网、补网、强链作为国家水网建设的重点，推进各层级水网协同融合，着力提升国家水网整体效能和全生命周期综合效益。强化底线思维，增强水安全风险防控的主动性和有效性。

——改革创新、两手发力。坚持多轮驱动，发挥政府和市场、中央和地方、国有资本和社会资本等多方面作用。创新国家水网建管体制和投融资机制，更好发挥水价杠杆作用。发挥科技创新引领作用，大力推进水网数字化、调度智能化、监测预警自动化，加强实体水网与数字水网融合，提升水网工程科技和智能化水平。

（三）发展目标

到 2025 年，建设一批国家水网骨干工程，国家骨干网建设加快推进，省市县水网有序实施，着力补齐水资源配置、城乡供水、防洪排涝、水生态保护、水网智能化等短板和薄弱环节，水旱灾害防御能力、水资源节约集约利用能力、水资源优化配置能力、大江大河大湖生态保护治理能力进一步提高，水网工程智能化水平得到提升，国家水安全保障能力明显增强。

到 2035 年，基本形成国家水网总体格局，国家水网主骨架和大动脉逐步建成，省市县水网基本完善，构建与基本实现社会主义现代化相适应的国家水安全保障体系。水资源节约集约高效利用水平全面提高，城乡供水安全保障水平和抗旱应急能力明显提升；江河湖泊流域防洪减灾体系基本完善，防洪安全保障水平显著提高，洪涝风险防控和应对能力明显增强；水生态空间有效保护，水土流失有效治理，河湖生态水量有效保障，美丽健康水生态系统基本形成；国家水网工程良性运行管护机制健全，数字化、网络化、智能化调度运用基本实现。

（四）主要任务

构建国家水网之“纲”。围绕国家重大战略，以大江大河干流及重要江河湖泊为基础，以南水北调工程东、中、西三线为重点，科学推进一批重大引调排水工程规划建设，推进大江大河干流堤防达标建设、重点河段河势控制，针对重点河段适时开展提标建设，构建重要江河绿色生态廊道，加快构建国家水网主骨架和大动脉。

织密国家水网之“目”。结合国家、省区市水安全保障需求，加强国家重大水资源配置工程与区域重要水资源配置工程的互联互通，推进主要支流和中小河流综合治理、区域河湖水系连通和引调排水工程建设，形成城乡一体、互联互通的省市县水网体系，改善河湖生态环境质量，提升水资源配置保障能力和水旱灾害防御能力。

打牢国家水网之“结”。加快推进列入流域及区域规划、符合国家区域发展战略的控制性调蓄工程和重点水源工程建设，加快重要蓄滞洪区建设，充分挖掘现有工程的调蓄能力，综合考虑防洪、供水、灌溉、航运、发电、生态等功能，加强流域水工程联合调度，提升水资源调控能力，发挥工程综合功能和效益。

三、国家水网总体布局

立足流域整体和水资源空间均衡，结合江河湖泊水系特点和水利基础设施布局，统筹存量和增量，加强国家骨干网、省市县水网之间的衔接，推进互联互通、联调联供、协同防控，逐步形成国家水网“一张网”，共同发挥保障水安全的作用，促进水资源与人口经济布局相均衡，支撑经济社会高质量发展。

（一）加快构建国家水网主骨架

根据我国自然地理格局、江河流域水系分布、水利基础设施网络及河湖水系连通情况，国家水网主骨架由主网和区域网组成。未来根据国家长远发展战略需要，逐步扩大主网延伸覆盖范围，与区域网互联互通，形成一体化的国家水网。

（二）畅通国家水网大动脉

充分发挥长江、黄河等国家重要江河干流行洪、输水、生态等综合功能，加快完善南水北调工程总体布局，扎实推进后续工程高质量发展。充分发挥南水北调工程生命线作用，用足用好东、中线一期工程供水能力，提高工程供水效益。坚持科学布局，准确把握东线、中线、西线各自特点，加强顶层设计，优化战略安排，深化方案比选，开展重大问题研究，创新体制机制，统筹推进后续工程建设。

（三）建设骨干输排水通道

根据经济社会发展和生态环境保护需求，合理布局建设一批重大水资源配置工程和江河防洪治理骨干工程，形成南北、东西纵横交错的骨干输排水通道。统筹考虑重要区域水安全保障需求，优化水资源调配体系，推进水资源配置骨干工程建设。加快实施重要江河堤防达标提质升级和河道综合治理，相机新（扩）建重要分洪通道，完善流域防洪工程体系，提升江河行洪排洪能力。

四、完善水资源配置和供水保障体系

针对我国夏汛冬枯、北缺南丰的水资源分布特点，聚焦国家发展战略和现代化建设目标，坚持节水优先、量水而行、开源节流并重，采取“控需、增供”相结合的举措，在深度节水控水前提下，科学规划建设水资源配置工程和水源工程，依托纵横交织的天然水系和人工水道，完善水资源配置格局，实现水资源互济联调，推进科学配水、合理用水、优水优用、分质供水，全面增强水资源总体调配能力，提高缺水地区供水保障程度和抗风险能力。

（一）实施重大引调水工程建设

坚持先节水后调水、先治污后通水、先环保后用水，聚焦流域区域发展全局，兼顾生态、航运、发电等用水保障，推进南水北调后续工程高质量发展，实施一批重大引调水工程，加强互联互通，加快形成战略性输水通道，优化水资源宏观配置格局，增强流域间、区域间水资源调配能力和城乡供水保障能力，促进我国人口经济布局和国土空间利用格局优化调整。

（二）完善区域水资源配置体系

加强国家重大水资源配置工程与区域重要水资源配置工程的互联互通，开展水源工程间、不同水资源配置工程间水系连通，提升区域水资源调配保障能力。完善城市供水网络布局，加强饮用水水源地长效管护，改善供水水质，加快城市应急备用水源工程建设，形成多水源、高保障的供水格局。优化农村供水工程布局，强化水资源保护和水质保障，提升农村供水标准和保障水平。统筹用好当地水、外调水，强化地表水、地下水联调联供，加强再生水、淡化海水、集蓄雨水、矿井水、苦咸水等非常规水源利用，提高水资源循环和安全利用水平。在易旱地区，加强抗旱引调提水工程和水库连通工程建设，提高水源调配和抗旱供水保障能力，保障干旱期城乡用水需求。

以粮食生产功能区、重要农产品生产保护区、特色农产品优势区为重点，在东北松嫩平原、黄淮海平原、长江中下游地区等水土资源条件适宜地区，结合国家骨干网水源工程和输配水工程，新建一批节水型、生态型灌区，实施大中型灌区续建配套和现代化改造，完善灌排骨干工程体系，创新并推广高效节水新技术新机制，提高水土资源利用效率，夯实国家粮食安全基础。

（三）推进水源调蓄工程建设

充分挖掘现有水源调蓄工程供水潜力，加快推进已列入规划的骨干水源工程建设，提升水资源调蓄能力。加快欠发达地区、革命老区、民族地区和海岛地区、国家乡村振兴重点帮扶县中小型水源工程建设，增强城乡供水保障能力。

五、完善流域防洪减灾体系

坚持人民至上、生命至上，把保护人民生命财产安全摆在首位，遵循“两个坚持、三个转变”的防灾减灾救灾理念，全面提升防洪安全保障能力。针对水旱灾害防御新形势新要求，从流域整体着眼，以大江大河大湖等重要江河湖泊为重点，开展七大流域防洪规划修编，进一步优化流域防洪减灾体系布局，做好洪涝水出路安排，综合采取“扩排、增蓄、控险”相结合的举措，以流域为单元构建由水库、河道及堤防、分蓄滞洪区组成的现代化防洪工程体系，科学提升洪涝灾害防御工程标准，统筹防洪工程和非工程措施，进一步增强洪涝灾害防御能力，最大程度减少灾害损失，确保重要城市、重要经济区、重要基础设施防洪安全。

（一）提高河道泄洪能力

以河道堤防达标提标建设和河道整治为重点，加快长江、黄河、淮河、海河、珠江、松花江、辽河及洞庭湖、鄱阳湖、太湖等大江大河大湖治理，保持河道畅通和河势稳定，全面提高河道泄洪能力。对涉及国家重大战略、重要经济区、重要城市群、重要防洪城市的重点河段，按照流域防洪规划和规程规范等要求，复核防洪能力，修订防洪标准，适时开展提标建设。加快实施中小河流治理，优先实施沿河有县级及以上城市、重要城镇和人口较为集中的河段治理。对北方地区河流，重点加强河道系统整治，减轻河道淤积萎缩，恢复河道行洪能力。对南方地区河流，重点维护河势稳定和行蓄洪空间，协调干支流关系，统筹防洪与排涝，减轻干流防洪压力。新（扩）建一批骨干排洪通道，解决平原河网地区外排通道不足、洪水出路不畅等问题。加强河口治理，规范入海流路，保持河口稳定畅通。

（二）增强洪水调蓄能力

加快实施一批流域控制性水库工程建设，提高江河洪水调蓄能力，努力争取流域洪水防控的主动权。长江流域重点推进上游渠江、沱江，中游清江水系，下游水阳江、青弋江等支流控制性枢纽建设；黄河流域重点加快东庄等控制性工程建设，有序推进古贤等工程；淮河流域重点开展上游潢河、汝河等支流，沂沭河及山东半岛重要行洪河道洪水调控工程建设；珠江流域加快西江、柳江等防洪控制性枢纽建设；东南诸河推进钱塘江、赛江等控制性枢纽建设。加快实施病险水库除险加固，健全常态化管护机制。加强科学调度，提高洪水资源化利用水平，发挥调蓄工程综合效益。

（三）确保分蓄洪区分蓄洪功能

根据流域洪水出路安排和防洪保护要求，优化调整蓄滞洪区布局，加快推进长江、黄河、淮河、海河等流域重要蓄滞洪区建设，确保正常分蓄洪功能。加强蓄滞洪区土地利用、产业引导、人口规模管控。有条件的地方科学有序实行退田（圩）还湖。禁止非法侵占河湖水域，保护行蓄洪空间。以恢复蓄洪空间、行洪通道、生态空间为目标，因地制宜采取“双退”或“单退”方式，开展洲滩民垸分类整治，恢复行洪滞洪功能。优化黄河下游滩区治理方案，引导区内人口有序外迁。

（四）提升洪水风险防控能力

充分考虑气候变化引发的极端天气影响和防洪形势变化，科学提高防洪工程标准，增强全社会安全风险意识，有效应对超标洪水威胁。提升流域防洪智能化水平，强化预报、预警、预演、预案四项措施。加强水库群等水工程联合调度，发挥防洪工程体系整体优势，全面增强流域防洪安全保障能力。针对病险水库水闸、中小河流暴雨洪水、山洪灾害等突出风险点，及时有效消除风险隐患，提高应对洪涝灾害能力。

六、完善河湖生态系统保护治理体系

牢固树立生态文明理念，以提升生态系统质量和稳定性为核心，坚持系统治理、综合治理、源头治理，统筹流域上中下游，兼顾地表地下，因地制宜、综合施策，大力推进河湖生态保护修复，加强地下水超采综合治理，加强水源涵养与水土保持生态建设，加快复苏河湖生态环境，让河流恢复生命、流域重现生机，实现河湖功能永续利用。

（一）加强河湖生态保护治理

按照重塑和保持河流健康生命形态的要求，分区分类确定河湖生态流量目标，加强节水和水资源优化配置，退减挤占的河湖生态用水，开展重点河湖、湿地生态补水，保障河湖生态流量，维护生物多样性。强化河湖长制，深入推进河湖“清四乱”（清理乱占、乱采、乱堆、乱建）常态化规范化，持续整治侵占破坏河湖的问题。加强河湖监管巡查，巩固城市黑臭水体治理成效。开展入河（湖）排污口排查整治，加强河道河湖清淤整治清障、生态整治修复、水系连通，改善河湖水循环和水动力条件，恢复水清岸绿的水生态环境。加快划定河湖管理范围及岸线保护范围，加强岸线功能分区管控，实施河湖空间带修复，打造生态宜居、亲水便捷的沿江沿河沿湖绿色生态走廊。推进大江大河河口生态修复与综合治理。加强重大引调水工程水源区及输水干渠、集中式饮用水水源地保护。

（二）加快地下水超采综合治理

深入推进华北等重点区域地下水超采综合治理，在确定地下水取用水量和水位控制指标基础上，采取强化节水、禁采限采、水源置换等综合措施压减地下水超采量，严控地下水开发强度。加强地下水资源保护，按照禁止开采区和限制开采区要求，实行分区管护。多渠道增加水源补给，在有条件的地区，通过利用当地水、外调水和再生水，实施超采区地下水回补，逐步实现采补平衡。

（三）推进水源涵养与水土保持

加强青藏高原“中华水塔”保护，加大封育保护力度，因地制宜实施林草植被恢复等预防保护措施，提高林草植被综合覆盖度，提升生态系统自我修复能力和稳定性。以长江上中游、黄河上中游、东北黑土区、西南岩溶石漠化区、三峡和丹江口库区等为重点，因地制宜推进坡耕地、淤地坝、侵蚀沟、崩岗治理等工程，采取工程措施和生物措施相结合的方式，综合防治水土流失，提升治理效益。以流域为单元，以山青、水净、村美、民富为目标，统筹配置沟道治理、生物过滤带、水源涵养、封育保护、生态修复等措施，打造生态清洁小流域。

七、推动国家水网高质量发展

统筹规划国家骨干网和省市县水网建设，坚持高标准、高水平，推动水网安全发展、绿色发展、智慧发展、融合发展，健全管理体制机制，全面提升水安全保障能力和水平。

（一）推进安全发展

提升水安全保障标准。高标准建设国家水网工程，对已建工程进行升级改造，提高水网整体安全性。针对气候变化影响和防洪安全保障需求，复核流域区域防洪能力，分析洪涝灾害风险，优化防洪区划，对沿河城镇级别、人口规模等保护对象重要性提升或新增防洪任务的河段，合理提高防洪安全保障标准和防洪工程标准。以提高城乡供水保证率为核心，有效应对特大干旱、水污染等供水风险，提升城乡供水安全标准和保障水平。加快制定修订水网工程技术标准，健全与水安全保障目标要求相适应的技术标准体系。在推进工程建设时同步配套完善监测计量设施。

加强水安全风险防控。以水资源、防洪、水生态等风险防控为重点，健全国家水网工程安全防护制度，加强安全风险识别，建立风险查找、研判、预警、防范、处置、责任等全链条管控机制，确保水网工程运行安全。加强水网统一调度和水工程联合调度，发挥水网运行整体效能，增强系统安全韧性和抗风险能力。制定水网建设和运行管理安全风险应急预案，防范化解突发水安全事件，及时消除风险隐患。

（二）推动绿色发展

强化水资源承载能力刚性约束。国家水网建设要充分考虑流域区域水资源承载能力，坚持以水定城、以水定地、以水定人、以水定产，加强水资源节约集约安全利用，合理控制水资源开发利用强度，建设节水高效水网工程。对水资源超载区水网建设，要加强需求侧管理，大力推动各领域节水，优化产业布局和结构调整，合理规划建设引调水工程，增加水源补给，退减挤占的河道生态水量，压减地下水超采，缓解水资源供需矛盾。对水资源尚有开发潜力地区水网建设，要充分考虑河流水系、水资源条件、生态环境等因素，协调上下游、左右岸、干支流、调入区与调出区，统筹相关区域用水需求，合理确定可调出水量，为构建水网提供水源支撑。

建设生态水网工程。把生态文明理念贯穿国家水网规划、设计、建设、运行、管理全过程，优化水网工程布局和建设方案，严格执行规划和建设项目环境影响评价制度，落实国土空间规划管控要求，水网工程建设应尽量避让耕地和永久基本农田、生态保护红线，避免压覆重要矿床。河道治理、堤防加固、引调水、调蓄水源等水网工程建设，注重生态保护和节约集约用地，采取生态友好型建设方案、建筑材料、施工工艺，因地制宜对已建水网工程实施生态化改造，深入开展小水电清理整改及绿色转型升级，建设绿色水利基础设施网络。加强水网生态调度，保障河湖生态流量，维护河湖生态系统完整性和生物多样性。推动健全流域区域横向生态保护补偿机制。在工程建设中注重保护、传承、弘扬优秀水文化。

（三）加快智慧发展

加强水网数字化建设。深化国家水网工程和新型基础设施建设融合，推动水网工程数字化智能化建设。以自然地理、干支流水系、水利工程、经济社会信息为主要内容，建设数字孪生水网，加快构建映射物理水流过程及其响应过程的数字化场景，提升水网工程数字化水平，实现物理水网与数字水网间动态实时信息交互和深度融合。推进水网工程与相关行业数字化平台衔接，实现信息共享。

提升水网调度管理智能化水平。加快推进国家水网调度中心、大数据中心及流域分中心建设，构建国家水网调度指挥体系。通过智慧化模拟，支撑水网全要素预报、预警、预演、预案的模拟分析，提供智慧化决策支持，提高水网防洪、供水、生态等综合调度管理水平。

完善水网监测体系。充分利用已有监测站网，加快重要江河干流及主要支流、中小河流监测站网优化与建设，加强水文水资源、取排水、河湖空间、水生态环境、水土保持、水工程安全等监测，全面提升水网监测感知能力。推动新一代通信技术、高分遥感卫星、人工智能等新技术新手段应用，提高监测设备自动化、智能化水平，打造全覆盖、高精度、多维度、保安全的水网监测体系。

（四）统筹融合发展

加强国家骨干网和省级水网互联互通。统筹国家、区域水安全保障需求，加强国家骨干网和省级水网的衔接和互联互通，做好省级水网规划建设，发挥水网工程整体效益。北方缺水地区依托跨流域调水骨干工程，建设完善省级水网，提高水资源调配能力和供水保障程度，逐步降低水资源开发利用程度，加强洪水资源化利用。南方丰水地区通过水网工程，提高区域防洪排涝能力，统筹调配水资源，增强河湖水动力。

有序推进省市县水网协同融合。依托国家骨干网和省级水网，优化市县河湖水系布局，推进水利基础设施建设，打通防洪排涝和水资源调配“最后一公里”，提升城乡水利基本公共服务水平。因地制宜开展城市水系连通，留足城市河湖生态空间和防洪排涝空间，推进再生水利用，提高水资源利用效率。有条件的农村地区可以采取城镇供水管网延伸或者建设跨村、跨乡镇联片集中供水工程等方式，发展规模集中供水。完善灌排体系，开展水系连通及水美乡村建设，提高农村水安全保障能力。

加强水网与相关产业协同发展。推进国家水网与现代农业融合发展，在粮食主产区及水土资源条件适宜地区，新建一批现代化大型灌区，提升粮食生产保障能力；推进大中型灌区续建配套和改造，提高灌区输配水效率。推进水网与电力行业融合发展，加强国家水网与水电基地协同融合。推进水网与能源产业布局融合发展，在强化节水基础上，根据水资源承载条件，优化产业布局，合理规划水网建设，保障重要能源基地合理用水需求。推进水网与航运融合发展，加强水网与水运通道统筹，结合流域综合规划，科学论证和有序推进内河航运发展。巩固长江黄金水道、珠江、大运河黄河以南段等航运主通道，加强江汉运河、江淮运河等工程规划建设，推进平陆运河建设。

（五）完善体制机制

创新水网建设管理体制。积极探索投建运营一体化建设管理模式。对国家骨干网建设，由中央或省级组建项目法人，负责建设运营管理。对省市县水网建设，依托具有一定规模和专业优势的水管单位、供水公司、投融资平台等，组建水网建设运营实体。支持社会资本采取股权合作、特许经营、政府和社会资本合作等方式，参与符合条件的水网项目建设运营。

健全水网良性运行机制。完善国家水网调度运行机制，提高水网运行效率和效益。研究建立水网运行调度管理等制度体系，提高制度化管理水平。推进水权水市场改革，规范明晰用水权，完善用水权市场化交易制度。加快水网供水价格改革，创新完善公益性与经营性供水相结合的价格形成机制，建立健全有利于促进水资源节约和水利工程良性运行、与水利投融资体制机制改革相适应的水价形成机制。深化农业水价综合改革，健全节水激励机制。健全水网工程运行管护常态化机制，积极推进管养分离，促进管理专业化、标准化。深化工程管理体制改革，探索集中管理模式，促进工程良性运行。

八、保障措施

（一）加强党的领导

坚持和加强党的全面领导，增强“四个意识”、坚定“四个自信”、做到“两个维护”，充分发挥党总揽全局、协调各方的领导核心作用，确保国家水网建设正确政治方向。实行中央统筹、省负总责、市县抓落实的工作机制，全面调动各级干部建设国家水网的积极性、主动性、创造性，确保如期完成本规划纲要确定的目标任务。

（二）加强组织实施

加强国家水网总体设计和组织保障，完善国家水网建设规划体系，建立健全规划纲要实施协调推进机制，强化部门协同和上下联动，通盘考虑、分区施策，结合经济社会发展和项目前期工作进展等，科学有序推动各级水网工程统筹规划、协同建设。创新省级水网建设推进机制，开展省级水网先导区建设。深化水网工程前期论证，科学合理确定工程建设规模、布局和方案，力争实现水网综合效益最大化。有关部门和地方要将国家水网重大工程纳入国民经济和社会发展五年规划及相关专项规划滚动实施。“十四五”时期，重点实施一批规划依据充分、前期工作基础较好、地方建设积极性高的国家水网重大工程。

（三）加强政策保障

各有关部门要细化完善立项审批、资金投入、用地用海、生态环境等配套政策，积极支持国家水网工程规划建设。加强水网与国土空间规划衔接协调，将国家水网建设项目统筹纳入国土空间规划“一张图”。多渠道筹措建设资金，充分发挥政府投资撬动作用，中央投资对国家水网工程建设予以支持。按照市场化法治化原则，深化水利投融资体制机制改革，落实水价标准和收费制度，建立合理回报机制，扩大股权和债权融资规模。对有发电、供水等经营收益的水库和引调水工程，探索和规范推行项目法人招标、政府和社会资本合作等模式，积极引导社会资本依法合规参与工程建设运营。推动符合条件的项目开展基础设施领域不动产投资信托基金试点，盘活存量资产。

（四）加强科技支撑

积极开展国家水网建设重大问题研究和关键技术攻关，运用系统论、网络技术等理论方法，提高水网统筹规划、系统设计、建设施工、联合调度等基础研究和技术研发水平。加强国家水网科研能力建设，依托有实力的科研机构，建立国家水网科研基地。吸纳借鉴国内外先进技术，推广使用实用技术。加快水网建设相关领域科技人才培养和实践锻炼，培育领军人物和专业化科研技术创新团队，为国家水网建设提供人才支撑。

中共中央　国务院关于做好 2023 年全面推进乡村振兴重点工作的意见（2023 年 1 月 2 日）

党的二十大擘画了以中国式现代化全面推进中华民族伟大复兴的宏伟蓝图。全面建设社会主义现代化国家，最艰巨最繁重的任务仍然在农村。世界百年未有之大变局加速演进，我国发展进入战略机遇和风险挑战并存、不确定难预料因素增多的时期，守好“三农”基本盘至关重要、不容有失。党中央认为，必须坚持不懈把解决好“三农”问题作为全党工作重中之重，举全党全社会之力全面推进乡村振兴，加快农业农村现代化。强国必先强农，农强方能国强。要立足国情农情，体现中国特色，建设供给保障强、科技装备强、经营体系强、产业韧性强、竞争能力强的农业强国。

做好 2023 年和今后一个时期“三农”工作，要坚持以习近平新时代中国特色社会主义思想为指导，全面贯彻落实党的二十大精神，深入贯彻落实习近平总书记关于“三农”工作的重要论述，坚持和加强党对“三农”工作的全面领导，坚持农业农村优先发展，坚持城乡融合发展，强化科技创新和制度创新，坚决守牢确保粮食安全、防止规模性返贫等底线，扎实推进乡村发展、乡村建设、乡村治理等重点工作，加快建设农业强国，建设宜居宜业和美乡村，为全面建设社会主义现代化国家开好局起好步打下坚实基础。

一、抓紧抓好粮食和重要农产品稳产保供

（一）全力抓好粮食生产。确保全国粮食产量保持在 1.3 万亿斤以上，各省（自治区、直辖市）都要稳住面积、主攻单产、力争多增产。全方位夯实粮食安全根基，强化藏粮于地、藏粮于技的物质基础，健全农民种粮挣钱得利、地方抓粮担责尽义的机制保障。实施新一轮千亿斤粮食产能提升行动。开展吨粮田创建。推动南方省份发展多熟制粮食生产，鼓励有条件的地方发展再生稻。支持开展小麦“一喷三防”。实施玉米单产提升工程。继续提高小麦最低收购价，合理确定稻谷最低收购价，稳定稻谷补贴，完善农资保供稳价应对机制。健全主产区利益补偿机制，增加产粮大县奖励资金规模。逐步扩大稻谷小麦玉米完全成本保险和种植收入保险实施范围。实施好优质粮食工程。鼓励发展粮食订单生产，实现优质优价。严防“割青毁粮”。严格省级党委和政府耕地保护和粮食安全责任制考核。推动出台粮食安全保障法。

（二）加力扩种大豆油料。深入推进大豆和油料产能提升工程。扎实推进大豆玉米带状复合种植，支持东北、黄淮海地区开展粮豆轮作，稳步开发利用盐碱地种植大豆。完善玉米大豆生产者补贴，实施好大豆完全成本保险和种植收入保险试点。统筹油菜综合性扶持措施，推行稻油轮作，大力开发利用冬闲田种植油菜。支持木本油料发展，实施加快油茶产业发展三年行动，落实油茶扩种和低产低效林改造任务。深入实施饲用豆粕减量替代行动。

（三）发展现代设施农业。实施设施农业现代化提升行动。加快发展水稻集中育秧中心和蔬菜集约化育苗中心。加快粮食烘干、农产品产地冷藏、冷链物流设施建设。集中连片推进老旧蔬菜设施改造提升。推进畜禽规模化养殖场和水产养殖池塘改造升级。在保护生态和不增加用水总量前提下，探索科学利用戈壁、沙漠等发展设施农业。鼓励地方对设施农业建设给予信贷贴息。

（四）构建多元化食物供给体系。树立大食物观，加快构建粮经饲统筹、农林牧渔结合、植物动物微生物并举的多元化食物供给体系，分领域制定实施方案。建设优质节水高产稳产饲草料生产基地，加快苜蓿等草产业发展。大力发展青贮饲料，加快推进秸秆养畜。发展林下种养。深入推进草原畜牧业转型升级，合理利用草地资源，推进划区轮牧。科学划定限养区，发展大水面生态渔业。建设现代海洋牧场，发展深水网箱、养殖工船等深远海养殖。培育壮大食用菌和藻类产业。加大食品安全、农产品质量安全监管力度，健全追溯管理制度。

（五）统筹做好粮食和重要农产品调控。加强粮食应急保障能力建设。强化储备和购销领域监管。落实生猪稳产保供省负总责，强化以能繁母猪为主的生猪产能调控。严格“菜篮子”市长负责制考核。完善棉花目标价格政策。继续实施糖料蔗良种良法技术推广补助政策。完善天然橡胶扶持政策。加强化肥等农资生产、储运调控。发挥农产品国际贸易作用，深入实施农产品进口多元化战略。深入开展粮食节约行动，推进全链条节约减损，健全常态化、长效化工作机制。提倡健康饮食。

二、加强农业基础设施建设

（六）加强耕地保护和用途管控。严格耕地占补平衡管理，实行部门联合开展补充耕地验收评定和“市县审核、省级复核、社会监督”机制，确保补充的耕地数量相等、质量相当、产能不降。严格控制耕地转为其他农用地。探索建立耕地种植用途管控机制，明确利用优先序，加强动态监测，有序开展试点。加大撂荒耕地利用力度。做好第三次全国土壤普查工作。

（七）加强高标准农田建设。完成高标准农田新建和改造提升年度任务，重点补上土壤改良、农田灌排设施等短板，统筹推进高效节水灌溉，健全长效管护机制。制定逐步把永久基本农田全部建成高标准农田的实施方案。加强黑土地保护和坡耕地综合治理。严厉打击盗挖黑土、电捕蚯蚓等破坏土壤行为。强化干旱半干旱耕地、红黄壤耕地产能提升技术攻关，持续推动由主要治理盐碱地适应作物向更多选育耐盐碱植物适应盐碱地转变，做好盐碱地等耕地后备资源综合开发利用试点。

（八）加强水利基础设施建设。扎实推进重大水利工程建设，加快构建国家水网骨干网络。加快大中型灌区建设和现代化改造。实施一批中小型水库及引调水、抗旱备用水源等工程建设。加强田间地头渠系与灌区骨干工程连接等农田水利设施建设。支持重点区域开展地下水超采综合治理，推进黄河流域农业深度节水控水。在干旱半干旱地区发展高效节水旱作农业。强化蓄滞洪区建设管理、中小河流治理、山洪灾害防治，加快实施中小水库除险加固和小型水库安全监测。深入推进农业水价综合改革。

（九）强化农业防灾减灾能力建设。研究开展新一轮农业气候资源普查和农业气候区划工作。优化完善农业气象观测设施站网布局，分区域、分灾种发布农业气象灾害信息。加强旱涝灾害防御体系建设和农业生产防灾救灾保障。健全基层动植物疫病虫害监测预警网络。抓好非洲猪瘟等重大动物疫病常态化防控和重点人兽共患病源头防控。提升重点区域森林草原火灾综合防控水平。

三、强化农业科技和装备支撑

（十）推动农业关键核心技术攻关。坚持产业需求导向，构建梯次分明、分工协作、适度竞争的农业科技创新体系，加快前沿技术突破。支持农业领域国家实验室、全国重点实验室、制造业创新中心等平台建设，加强农业基础性长期性观测实验站（点）建设。完善农业科技领域基础研究稳定支持机制。

（十一）深入实施种业振兴行动。完成全国农业种质资源普查。构建开放协作、共享应用的种质资源精准鉴定评价机制。全面实施生物育种重大项目，扎实推进国家育种联合攻关和畜禽遗传改良计划，加快培育高产高油大豆、短生育期油菜、耐盐碱作物等新品种。加快玉米大豆生物育种产业化步伐，有序扩大试点范围，规范种植管理。

（十二）加快先进农机研发推广。加紧研发大型智能农机装备、丘陵山区适用小型机械和园艺机械。支持北斗智能监测终端及辅助驾驶系统集成应用。完善农机购置与应用补贴政策，探索与作业量挂钩的补贴办法，地方要履行法定支出责任。

（十三）推进农业绿色发展。加快农业投入品减量增效技术推广应用，推进水肥一体化，建立健全秸秆、农膜、农药包装废弃物、畜禽粪污等农业废弃物收集利用处理体系。推进农业绿色发展先行区和观测试验基地建设。健全耕地休耕轮作制度。加强农用地土壤镉等重金属污染源头防治。强化受污染耕地安全利用和风险管控。建立农业生态环境保护监测制度。出台生态保护补偿条例。严格执行休禁渔期制度，实施好长江十年禁渔，巩固退捕渔民安置保障成果。持续开展母亲河复苏行动，科学实施农村河湖综合整治。加强黄土高原淤地坝建设改造。加大草原保护修复力度。巩固退耕还林还草成果，落实相关补助政策。严厉打击非法引入外来物种行为，实施重大危害入侵物种防控攻坚行动，加强“异宠”交易与放生规范管理。

四、巩固拓展脱贫攻坚成果

（十四）坚决守住不发生规模性返贫底线。压紧压实各级巩固拓展脱贫攻坚成果责任，确保不松劲、不跑偏。强化防止返贫动态监测。对有劳动能力、有意愿的监测户，落实开发式帮扶措施。健全分层分类的社会救助体系，做好兜底保障。巩固提升“三保障”和饮水安全保障成果。

（十五）增强脱贫地区和脱贫群众内生发展动力。把增加脱贫群众收入作为根本要求，把促进脱贫县加快发展作为主攻方向，更加注重扶志扶智，聚焦产业就业，不断缩小收入差距、发展差距。中央财政衔接推进乡村振兴补助资金用于产业发展的比重力争提高到60%以上，重点支持补上技术、设施、营销等短板。鼓励脱贫地区有条件的农户发展庭院经济。深入开展多种形式的消费帮扶，持续推进消费帮扶示范城市和产地示范区创建，支持脱贫地区打造区域公用品牌。财政资金和帮扶资金支持的经营性帮扶项目要健全利益联结机制，带动农民增收。管好用好扶贫项目资产。深化东西部劳务协作，实施防止返贫就业攻坚行动，确保脱贫劳动力就业规模稳定在3 000万人以上。持续运营好就业帮扶车间和其他产业帮扶项目。充分发挥乡村公益性岗位就业保障作用。深入开展“雨露计划＋”就业促进行动。在国家乡村振兴重点帮扶县实施一批补短板促振兴重点项目，深入实施医疗、教育干部人才“组团式”帮扶，更好发挥驻村干部、科技特派员产业帮扶作用。深入开展巩固易地搬迁脱贫成果专项行动和搬迁群众就业帮扶专项行动。

（十六）稳定完善帮扶政策。落实巩固拓展脱贫攻坚成果同乡村振兴有效衔接政策。开展国家乡村振兴重点帮扶县发展成效监测评价。保持脱贫地区信贷投放力度不减，扎实做好脱贫人口小额信贷工作。按照市场化原则加大对帮扶项目的金融支持。深化东西部协作，组织东部地区经济较发达县（市、区）与脱贫县开展携手促振兴行动，带动脱贫县更多承接和发展劳动密集型产业。持续做好中央单位定点帮扶，调整完善结对关系。深入推进“万企兴万村”行动。研究过渡期后农村低收入人口和欠发达地区常态化帮扶机制。

五、推动乡村产业高质量发展

（十七）做大做强农产品加工流通业。实施农产品加工业提升行动，支持家庭农场、农民合作社和中小微企业等发展农产品产地初加工，引导大型农业企业发展农产品精深加工。引导农产品加工企业向产地下沉、向园区集中，在粮食和重要农产品主产区统筹布局建设农产品加工产业园。完善农产品流通骨干网络，改造提升产地、集散地、销地批发市场，布局建设一批城郊大仓基地。支持建设产地冷链集配中心。统筹疫情防控和农产品市场供应，确保农产品物流畅通。

（十八）加快发展现代乡村服务业。全面推进县域商业体系建设。加快完善县乡村电子商务和快递物流配送体系，建设县域集采集配中心，推动农村客货邮融合发展，大力发展共同配送、即时零售等新模式，推动冷链物流服务网络向乡村下沉。发展乡村餐饮购物、文化体育、旅游休闲、养老托幼、信息中介等生活服务。鼓励有条件的地区开展新能源汽车和绿色智能家电下乡。

（十九）培育乡村新产业新业态。继续支持创建农业产业强镇、现代农业产业园、优势特色产业集群。支持国家农村产业融合发展示范园建设。深入推进农业现代化示范区建设。实施文化产业赋能乡村振兴计划。实施乡村休闲旅游精品工程，推动乡村民宿提质升级。深入实施“数商兴农”和“互联网+”农产品出村进城工程，鼓励发展农产品电商直采、定制生产等模式，建设农副产品直播电商基地。提升净菜、中央厨房等产业标准化和规范化水平。培育发展预制菜产业。

（二十）培育壮大县域富民产业。完善县乡村产业空间布局，提升县城产业承载和配套服务功能，增强重点镇集聚功能。实施“一县一业”强县富民工程。引导劳动密集型产业向中西部地区、向县域梯度转移，支持大中城市在周边县域布局关联产业和配套企业。支持国家级高新区、经开区、农高区托管联办县域产业园区。

六、拓宽农民增收致富渠道

（二十一）促进农民就业增收。强化各项稳岗纾困政策落实，加大对中小微企业稳岗倾斜力度，稳定农民工就业。促进农民工职业技能提升。完善农民工工资支付监测预警机制。维护好超龄农民工就业权益。加快完善灵活就业人员权益保障制度。加强返乡入乡创业园、农村创业孵化实训基地等建设。在政府投资重点工程和农业农村基础设施建设项目中推广以工代赈，适当提高劳务报酬发放比例。

（二十二）促进农业经营增效。深入开展新型农业经营主体提升行动，支持家庭农场组建农民合作社、合作社根据发展需要办企业，带动小农户合作经营、共同增收。实施农业社会化服务促进行动，大力发展代耕代种、代管代收、全程托管等社会化服务，鼓励区域性综合服务平台建设，促进农业节本增效、提质增效、营销增效。引导土地经营权有序流转，发展农业适度规模经营。总结地方“小田并大田”等经验，探索在农民自愿前提下，结合农田建设、土地整治逐步解决细碎化问题。完善社会资本投资农业农村指引，加强资本下乡引入、使用、退出的全过程监管。健全社会资本通过流转取得土地经营权的资格审查、项目审核和风险防范制度，切实保障农民利益。坚持为农服务和政事分开、社企分开，持续深化供销合作社综合改革。

（二十三）赋予农民更加充分的财产权益。深化农村土地制度改革，扎实搞好确权，稳步推进赋权，有序实现活权，让农民更多分享改革红利。研究制定第二轮土地承包到期后再延长30年试点工作指导意见。稳慎推进农村宅基地制度改革试点，切实摸清底数，加快房地一体宅基地确权登记颁证，加强规范管理，妥善化解历史遗留问题，探索宅基地“三权分置”有效实现形式。深化农村集体经营性建设用地入市试点，探索建立兼顾国家、农村集体经济组织和农民利益的土地增值收益有效调节机制。保障进城落户农民合法土地权益，鼓励依法自愿有偿转让。巩固提升农村集体产权制度改革成果，构建产权关系明晰、治理架构科学、经营方式稳健、收益分配合理的运行机制，探索资源发包、物业出租、居间服务、资产参股等多样化途径发展新型农村集体经济。健全农村集体资产监管体系。保障妇女在农村集体经济组织中的合法权益。继续深化集体林权制度改革。深入推进农村综合改革试点示范。

七、扎实推进宜居宜业和美乡村建设

（二十四）加强村庄规划建设。坚持县域统筹，支持有条件有需求的村庄分区分类编制村庄规划，合理确定村庄布局和建设边界。将村庄规划纳入村级议事协商目录。规范优化乡村地区行政区划设置，严禁违背农民意愿撤并村庄、搞大社区。推进以乡镇为单元的全域土地综合整治。积极盘活存量集体建设用地，优先保障农民居住、乡村基础设施、公共服务空间和产业用地需求，出台乡村振兴用地政策指南。编制村容村貌提升导则，立足乡土特征、地域特点和民族特色提升村庄风貌，防止大拆大建、盲目建牌楼亭廊“堆盆景”。实施传统村落集中连片保护利用示范，建立完善传统村落调查认定、撤并前置审查、灾毁防范等制度。制定农村基本具备现代生活条件建设指引。

（二十五）扎实推进农村人居环境整治提升。加大村庄公共空间整治力度，持续开展村庄清洁行动。巩固农村户厕问题摸排整改成果，引导农民开展户内改厕。加强农村公厕建设维护。以人口集中村镇和水源保护区周边村庄为重点，分类梯次推进农村生活污水治理。推动农村生活垃圾源头分类减量，及时清运处置。推进厕所粪污、易腐烂垃圾、有机废弃物就近就地资源化利用。持续开展爱国卫生运动。

（二十六）持续加强乡村基础设施建设。加强农村公路养护和安全管理，推动与沿线配套设施、产业园区、旅游景区、乡村旅游重点村一体化建设。推进农村规模化供水工程建设和小型供水工程标准化改造，开展水质提升专项行动。推进农村电网巩固提升，发展农村可再生能源。支持农村危房改造和抗震改造，基本完成农房安全隐患排查整治，建立全过程监管制度。开展现代宜居农房建设示范。

深入实施数字乡村发展行动，推动数字化应用场景研发推广。加快农业农村大数据应用，推进智慧农业发展。落实村庄公共基础设施管护责任。加强农村应急管理基础能力建设，深入开展乡村交通、消防、经营性自建房等重点领域风险隐患治理攻坚。

（二十七）提升基本公共服务能力。推动基本公共服务资源下沉，着力加强薄弱环节。推进县域内义务教育优质均衡发展，提升农村学校办学水平。落实乡村教师生活补助政策。推进医疗卫生资源县域统筹，加强乡村两级医疗卫生、医疗保障服务能力建设。统筹解决乡村医生薪酬分配和待遇保障问题，推进乡村医生队伍专业化规范化。提高农村传染病防控和应急处置能力。做好农村新冠疫情防控工作，层层压实责任，加强农村老幼病残孕等重点人群医疗保障，最大程度维护好农村居民身体健康和正常生产生活秩序。优化低保审核确认流程，确保符合条件的困难群众“应保尽保”。深化农村社会工作服务。加快乡镇区域养老服务中心建设，推广日间照料、互助养老、探访关爱、老年食堂等养老服务。实施农村妇女素质提升计划，加强农村未成年人保护工作，健全农村残疾人社会保障制度和关爱服务体系，关心关爱精神障碍人员。

八、健全党组织领导的乡村治理体系

（二十八）强化农村基层党组织政治功能和组织功能。突出大抓基层的鲜明导向，强化县级党委抓乡促村责任，深入推进抓党建促乡村振兴。全面培训提高乡镇、村班子领导乡村振兴能力。派强用好驻村第一书记和工作队，强化派出单位联村帮扶。开展乡村振兴领域腐败和作风问题整治。持续开展市县巡察，推动基层纪检监察组织和村务监督委员会有效衔接，强化对村干部全方位管理和经常性监督。对农村党员分期分批开展集中培训。通过设岗定责等方式，发挥农村党员先锋模范作用。

（二十九）提升乡村治理效能。坚持以党建引领乡村治理，强化县、乡、村三级治理体系功能，压实县级责任，推动乡镇扩权赋能，夯实村级基础。全面落实县级领导班子成员包乡走村、乡镇领导班子成员包村联户、村干部经常入户走访制度。健全党组织领导的村民自治机制，全面落实“四议两公开”制度。加强乡村法治教育和法律服务，深入开展“民主法治示范村（社区）”创建。坚持和发展新时代“枫桥经验”，完善社会矛盾纠纷多元预防调处化解机制。完善网格化管理、精细化服务、信息化支撑的基层治理平台。推进农村扫黑除恶常态化。开展打击整治农村赌博违法犯罪专项行动。依法严厉打击侵害农村妇女儿童权利的违法犯罪行为。完善推广积分制、清单制、数字化、接诉即办等务实管用的治理方式。深化乡村治理体系建设试点，组织开展全国乡村治理示范村镇创建。

（三十）加强农村精神文明建设。深入开展社会主义核心价值观宣传教育，继续在乡村开展听党话、感党恩、跟党走宣传教育活动。深化农村群众性精神文明创建，拓展新时代文明实践中心、县级融媒体中心等建设，支持乡村自办群众性文化活动。注重家庭家教家风建设。深入实施农耕文化传承保护工程，加强重要农业文化遗产保护利用。办好中国农民丰收节。推动各地因地制宜制定移风易俗规范，强化村规民约约束作用，党员、干部带头示范，扎实开展高价彩礼、大操大办等重点领域突出问题专项治理。推进农村丧葬习俗改革。

九、强化政策保障和体制机制创新

（三十一）健全乡村振兴多元投入机制。坚持把农业农村作为一般公共预算优先保障领域，压实地方政府投入责任。稳步提高土地出让收益用于农业农村比例。将符合条件的乡村振兴项目纳入地方政府债券支持范围。支持以市场化方式设立乡村振兴基金。健全政府投资与金融、社会投入联动机制，鼓励将符合条件的项目打捆打包按规定由市场主体实施，撬动金融和社会资本按市场化原则更多投向农业农村。用好再贷款再贴现、差别化存款准备金、差异化金融监管和考核评估等政策，推动金融机构增加乡村振兴相关领域贷款投放，重点保障粮食安全信贷资金需求。引导信贷担保业务向农业农村领域倾斜，发挥全国农业信贷担保体系作用。加强农业信用信息共享。发挥多层次资本市场支农作用，优化“保险＋期货”。加快农村信用社改革化险，推动村镇银行结构性重组。鼓励发展渔业保险。

（三十二）加强乡村人才队伍建设。实施乡村振兴人才支持计划，组织引导教育、卫生、科技、文化、社会工作、精神文明建设等领域人才到基层一线服务，支持培养本土急需紧缺人才。实施高素质农民培育计划，开展农村创业带头人培育行动，提高培训实效。大力发展面向乡村振兴的职业教育，深化产教融合和校企合作。完善城市专业技术人才定期服务乡村激励机制，对长期服务乡村的在职务晋升、职称评定方面予以适当倾斜。引导城市专业技术人员入乡兼职兼薪和离岗创业。允许符合一定条件的返乡回乡下乡就业创业人员在原籍地或就业创业地落户。继续实施农村订单定向医学生免费培养项目、教师“优师计划”、“特岗计划”、“国培计划”，实施“大学生乡村医生”专项计划。实施乡村振兴巾帼行动、青年人才开发行动。

（三十三）推进县域城乡融合发展。健全城乡融合发展体制机制和政策体系，畅通城乡要素流动。统筹县域城乡规划建设，推动县城城镇化补短板强弱项，加强中心镇市政、服务设施建设。深入推进县域农民工市民化，建立健全基本公共服务同常住人口挂钩、由常住地供给机制。做好农民工金融服务工作。梯度配置县乡村公共资源，发展城乡学校共同体、紧密型医疗卫生共同体、养老服务联合体，推动县域供电、供气、电信、邮政等普遍服务类设施城乡统筹建设和管护，有条件的地区推动市政管网、乡村微管网等往户延伸。扎实开展乡村振兴示范创建。

办好农村的事，实现乡村振兴，关键在党。各级党委和政府要认真学习宣传贯彻党的二十大精神，学深悟透习近平总书记关于“三农”工作的重要论述，把“三农”工作摆在突出位置抓紧抓好，不断提高“三农”工作水平。加强工作作风建设，党员干部特别是领导干部要树牢群众观点，贯彻群众路线，多到基层、多接地气，大兴调查研究之风。发挥农民主体作用，调动农民参与乡村振兴的积极性、主动性、创造性。强化系统观念，统筹解决好“三农”工作中两难、多难问题，把握好工作时度效。深化纠治乡村振兴中的各类形式主义、官僚主义等问题，切实减轻基层迎评送检、填表报数、过度留痕等负担，推动基层把主要精力放在谋发展、抓治理和为农民群众办实事上。全面落实乡村振兴责任制，坚持五级书记抓，统筹开展乡村振兴战略实绩考核、巩固拓展脱贫攻坚成果同乡村振兴有效衔接考核评估，将抓党建促乡村振兴情况作为市县乡党委书记抓基层党建述职评议考核的重要内容。加强乡村振兴统计监测。制定加快建设农业强国规划，做好整体谋划和系统安排，同现有规划相衔接，分阶段扎实稳步推进。

让我们紧密团结在以习近平同志为核心的党中央周围，坚定信心、踔厉奋发、埋头苦干，全面推进乡村振兴，加快建设农业强国，为全面建设社会主义现代化国家、全面推进中华民族伟大复兴作出新的贡献。

中共中央　国务院关于全面推进美丽中国建设的意见（2023 年 12 月 27 日）

建设美丽中国是全面建设社会主义现代化国家的重要目标，是实现中华民族伟大复兴中国梦的重要内容。为全面推进美丽中国建设，加快推进人与自然和谐共生的现代化，现提出如下意见。

一、新时代新征程开启全面推进美丽中国建设新篇章

党的十八大以来，以习近平同志为核心的党中央把生态文明建设摆在全局工作的突出位置，全方位、全地域、全过程加强生态环境保护，实现了由重点整治到系统治理、由被动应对到主动作为、由全球环境治理参与者到引领者、由实践探索到科学理论指导的重大转变，美丽中国建设迈出重大步伐。

当前，我国经济社会发展已进入加快绿色化、低碳化的高质量发展阶段，生态文明建设仍处于压力叠加、负重前行的关键期，生态环境保护结构性、根源性、趋势性压力尚未根本缓解，经济社会发展绿色转型内生动力不足，生态环境质量稳中向好的基础还不牢固，部分区域生态系统退化趋势尚未根本扭转，美丽中国建设任务依然艰巨。新征程上，必须把美丽中国建设摆在强国建设、民族复兴的突出位置，保持加强生态文明建设的战略定力，坚定不移走生产发展、生活富裕、生态良好的文明发展道路，建设天蓝、地绿、水清的美好家园。

二、总体要求

全面推进美丽中国建设，要坚持以习近平新时代中国特色社会主义思想特别是习近平生态文明思想为指导，深入贯彻党的二十大精神，落实全国生态环境保护大会部署，牢固树立和践行绿水青山就是金山银山的理念，处理好高质量发展和高水平保护、重点攻坚和协同治理、自然恢复和人工修复、外部约束和内生动力、“双碳”承诺和自主行动的关系，统筹产业结构调整、污染治理、生态保护、应对气候变化，协同推进降碳、减污、扩绿、增长，维护国家生态安全，抓好生态文明制度建设，以高品质生态环境支撑高质量发展，加快形成以实现人与自然和谐共生现代化为导向的美丽中国建设新格局，筑牢中华民族伟大复兴的生态根基。

主要目标是：到 2027 年，绿色低碳发展深入推进，主要污染物排放总量持续减少，生态环境质量持续提升，国土空间开发保护格局得到优化，生态系统服务功能不断增强，城乡人居环境明显改善，国家生态安全有效保障，生态环境治理体系更加健全，形成一批实践样板，美丽中国建设成效显著。到 2035 年，广泛形成绿色生产生活方式，碳排放达峰后稳中有降，生态环境根本好转，国土空间开发保护新格局全面形成，生态系统多样性稳定性持续性显著提升，国家生态安全更加稳固，生态环境治理体系和治理能力现代化基本实现，美丽中国目标基本实现。展望 21 世纪中叶，生态文明全面提升，绿色发展方式和生活方式全面形成，重点领域实现深度脱碳，生态环境健康优美，生态环境治理体系和治理能力现代化全面实现，美丽中国全面建成。

锚定美丽中国建设目标，坚持精准治污、科学治污、依法治污，根据经济社会高质量发展的新需求、人民群众对生态环境改善的新期待，加大对突出生态环境问题集中解决力度，加快推动生态环境质量改善从量变到质变。“十四五”深入攻坚，实现生态环境持续改善；“十五五”巩固拓展，实现生态环境全面改善；“十六五”整体提升，实现生态环境根本好转。要坚持做到：

——全领域转型。大力推动经济社会发展绿色化、低碳化，加快能源、工业、交通运输、城乡建设、农业等领域绿色低碳转型，加强绿色科技创新，增强美丽中国建设的内生动力、创新活力。

——全方位提升。坚持要素统筹和城乡融合，一体开展“美丽系列”建设工作，重点推进美丽蓝天、美丽河湖、美丽海湾、美丽山川建设，打造美丽中国先行区、美丽城市、美丽乡村，绘就各美其美、美美与共的美丽中国新画卷。

——全地域建设。因地制宜、梯次推进美丽中国建设全域覆盖，展现大美西部壮美风貌、亮丽东北辽阔风光、美丽中部锦绣山河、和谐东部秀美风韵，塑造各具特色、多姿多彩的美丽中国建设板块。

——全社会行动。把建设美丽中国转化为全体人民行为自觉，鼓励园区、企业、社区、学校等基层单位开展绿色、清洁、零碳引领行动，形成人人参与、人人共享的良好社会氛围。

三、加快发展方式绿色转型

（一）优化国土空间开发保护格局。健全主体功能区制度，完善国土空间规划体系，统筹优化农业、生态、城镇等各类空间布局。坚守生态保护红线，强化执法监管和保护修复，使全国生态保护红线面积保持在315万平方公里以上。坚决守住18亿亩耕地红线，确保可以长期稳定利用的耕地不再减少。严格管控城镇开发边界，推动城镇空间内涵式集约化绿色发展。严格河湖水域岸线空间管控。加强海洋和海岸带国土空间管控，建立低效用海退出机制，除国家重大项目外，不再新增围填海。完善全域覆盖的生态环境分区管控体系，为发展“明底线”“划边框”。到2035年，大陆自然岸线保有率不低于35%，生态保护红线生态功能不降低、性质不改变。

（二）积极稳妥推进碳达峰碳中和。有计划分步骤实施碳达峰行动，力争2030年前实现碳达峰，为努力争取2060年前实现碳中和奠定基础。坚持先立后破，加快规划建设新型能源体系，确保能源安全。重点控制煤炭等化石能源消费，加强煤炭清洁高效利用，大力发展非化石能源，加快构建新型电力系统。开展多领域多层次减污降碳协同创新试点。推动能耗双控逐步转向碳排放总量和强度双控，加强碳排放双控基础能力和制度建设。逐年编制国家温室气体清单。实施甲烷排放控制行动方案，研究制定其他非二氧化碳温室气体排放控制行动方案。进一步发展全国碳市场，稳步扩大行业覆盖范围，丰富交易品种和方式，建设完善全国温室气体自愿减排交易市场。到2035年，非化石能源占能源消费总量比重进一步提高，建成更加有效、更有活力、更具国际影响力的碳市场。

（三）统筹推进重点领域绿色低碳发展。推进产业数字化、智能化同绿色化深度融合，加快建设以实体经济为支撑的现代化产业体系，大力发展战略性新兴产业、高技术产业、绿色环保产业、现代服务业。严把准入关口，坚决遏制高耗能、高排放、低水平项目盲目上马。大力推进传统产业工艺、技术、装备升级，实现绿色低碳转型，实施清洁生产水平提升工程。加快既有建筑和市政基础设施节能降碳改造，推动超低能耗、低碳建筑规模化发展。大力推进“公转铁”“公转水”，加快铁路专用线建设，提升大宗货物清洁化运输水平。推进铁路场站、民用机场、港口码头、物流园区等绿色化改造和铁路电气化改造，推动超低和近零排放车辆规模化应用、非道路移动机械清洁低碳应用。到2027年，新增汽车中新能源汽车占比力争达到45%，老旧内燃机车基本淘汰，港口集装箱铁水联运量保持较快增长；到2035年，铁路货运周转量占总周转量比例达到25%左右。

（四）推动各类资源节约集约利用。实施全面节约战略，推进节能、节水、节地、节材、节矿。持续深化重点领域节能，加强新型基础设施用能管理。深入实施国家节水行动，强化用水总量和强度双控，提升重点用水行业、产品用水效率，积极推动污水资源化利用，加强非常规水源配置利用。健全节约集约利用土地制度，推广节地技术和模式。建立绿色制造体系和服务体系。开展资源综合利用提质增效行动。加快构建废弃物循环利用体系，促进废旧风机叶片、光伏组件、动力电池、快递包装等废弃物循环利用。推进原材料节约和资源循环利用，大力发展再制造产业。全面推进绿色矿山建设。到2035年，能源和水资源利用效率达到国际先进水平。

四、持续深入推进污染防治攻坚

（五）持续深入打好蓝天保卫战。以京津冀及周边、长三角、汾渭平原等重点区域为主战场，以细颗粒物控制为主线，大力推进多污染物协同减排。

强化挥发性有机物综合治理，实施源头替代工程。高质量推进钢铁、水泥、焦化等重点行业及燃煤锅炉超低排放改造。因地制宜采取清洁能源、集中供热替代等措施，继续推进散煤、燃煤锅炉、工业炉窑污染治理。重点区域持续实施煤炭消费总量控制。研究制定下一阶段机动车排放标准，开展新阶段油品质量标准研究，强化部门联合监管执法。加强区域联防联控，深化重污染天气重点行业绩效分级。持续实施噪声污染防治行动。着力解决恶臭、餐饮油烟等污染问题。加强消耗臭氧层物质和氢氟碳化物环境管理。到2027年，全国细颗粒物平均浓度下降到28微克/立方米以下，各地级及以上城市力争达标；到2035年，全国细颗粒物浓度下降到25微克/立方米以下，实现空气常新、蓝天常在。

（六）持续深入打好碧水保卫战。统筹水资源、水环境、水生态治理，深入推进长江、黄河等大江大河和重要湖泊保护治理，优化调整水功能区划及管理制度。扎实推进水源地规范化建设和备用水源地建设。基本完成入河入海排污口排查整治，全面建成排污口监测监管体系。推行重点行业企业污水治理与排放水平绩效分级。加快补齐城镇污水收集和处理设施短板，建设城市污水管网全覆盖样板区，加强污泥无害化处理和资源化利用，建设污水处理绿色低碳标杆厂。因地制宜开展内源污染治理和生态修复，基本消除城乡黑臭水体并形成长效机制。建立水生态考核机制，加强水源涵养区和生态缓冲带保护修复，强化水资源统一调度，保障河湖生态流量。坚持陆海统筹、河海联动，持续推进重点海域综合治理。以海湾为基本单元，“一湾一策”协同推进近岸海域污染防治、生态保护修复和岸滩环境整治，不断提升红树林等重要海洋生态系统质量和稳定性。加强海水养殖环境整治。积极应对蓝藻水华、赤潮绿潮等生态灾害。推进江河湖库清漂和海洋垃圾治理。到2027年，全国地表水水质、近岸海域水质优良比例分别达到90%、83%左右，美丽河湖、美丽海湾建成率达到40%左右；到2035年，“人水和谐”美丽河湖、美丽海湾基本建成。

（七）持续深入打好净土保卫战。开展土壤污染源头防控行动，严防新增污染，逐步解决长期积累的土壤和地下水严重污染问题。强化优先保护类耕地保护，扎实推进受污染耕地安全利用和风险管控，分阶段推进农用地土壤重金属污染溯源和整治全覆盖。依法加强建设用地用途变更和污染地块风险管控的联动监管，推动大型污染场地风险管控和修复。全面开展土壤污染重点监管单位周边土壤和地下水环境监测，适时开展第二次全国土壤污染状况普查。开展全国地下水污染调查评价，强化地下水型饮用水水源地环境保护，严控地下水污染防治重点区环境风险。深入打好农业农村污染治理攻坚战。到2027年，受污染耕地安全利用率达到94%以上，建设用地安全利用得到有效保障；到2035年，地下水国控点位Ⅰ～Ⅳ类水比例达到80%以上，土壤环境风险得到全面管控。

（八）强化固体废物和新污染物治理。加快“无废城市”建设，持续推进新污染物治理行动，推动实现城乡“无废”、环境健康。加强固体废物综合治理，限制商品过度包装，全链条治理塑料污染。深化全面禁止“洋垃圾”入境工作，严防各种形式固体废物走私和变相进口。强化危险废物监管和利用处置能力，以长江经济带、黄河流域等为重点加强尾矿库污染治理。制定有毒有害化学物质环境风险管理法规。到2027年，“无废城市”建设比例达到60%，固体废物产生强度明显下降；到2035年，“无废城市”建设实现全覆盖，东部省份率先全域建成“无废城市”，新污染物环境风险得到有效管控。

五、提升生态系统多样性稳定性持续性

（九）筑牢自然生态屏障。稳固国家生态安全屏障，推进国家重点生态功能区、重要生态廊道保护建设。全面推进以国家公园为主体的自然保护地体系建设，完成全国自然保护地整合优化。实施全国自然生态资源监测评价预警工程。加强生态保护修复监管制度建设，强化统一监管。严格对所有者、开发者乃至监管者的监管，及时发现和查处各类生态破坏事件，坚决杜绝生态修复中的形式主义。加强生态状况监测评估，开展生态保护修复成效评估。持续推进“绿盾”自然保护地强化监督，建立生态保护红线生态破坏问题监督机制。到2035年，国家公园体系基本建成，生态系统格局更加稳定，展现美丽山川勃勃生机。

（十）实施山水林田湖草沙一体化保护和系统治理。加快实施重要生态系统保护和修复重大工程，推行草原森林河流湖泊湿地休养生息。继续实施山水林田湖草沙一体化保护和修复工程。科学开展大规模国土绿化行动，加大草原和湿地保护修复力度，加强荒漠化、石漠化和水土流失综合治理，全面实施森林可持续经营，加强森林草原防灭火。聚焦影响北京等重点地区的沙源地及传输路径，持续推进“三北”工程建设和京津风沙源治理，全力打好三大标志性战役。推进生态系统碳汇能力巩固提升行动。到2035年，全国森林覆盖率提高至26%，水土保持率提高至75%，生态系统基本实现良性循环。

（十一）加强生物多样性保护。强化生物多样性保护工作协调机制的统筹协调作用，落实“昆明—蒙特利尔全球生物多样性框架”，更新中国生物多样性保护战略与行动计划，实施生物多样性保护重大工程。健全全国生物多样性保护网络，全面保护野生动植物，逐步建立国家植物园体系。深入推进长江珍稀濒危物种拯救行动，继续抓好长江十年禁渔措施落实。全面实施海洋伏季休渔制度，建设现代海洋牧场。到2035年，全国自然保护地陆域面积占陆域国土面积比例不低于18%，典型生态系统、国家重点保护野生动植物及其栖息地得到全面保护。

六、守牢美丽中国建设安全底线

（十二）健全国家生态安全体系。贯彻总体国家安全观，完善国家生态安全工作协调机制，加强与经济安全、资源安全等领域协作，健全国家生态安全法治体系、战略体系、政策体系、应对管理体系，提升国家生态安全风险研判评估、监测预警、应急应对和处置能力，形成全域联动、立体高效的国家生态安全防护体系。

（十三）确保核与辐射安全。强化国家核安全工作协调机制统筹作用，构建严密的核安全责任体系，全面提高核安全监管能力，建设与我国核事业发展相适应的现代化核安全监管体系，推动核安全高质量发展。强化首堆新堆安全管理，定期开展运行设施安全评价并持续实施改进，加快老旧设施退役治理和历史遗留放射性废物处理处置，加强核技术利用安全管理和电磁辐射环境管理。加强我国管辖海域海洋辐射环境监测和研究，提升风险预警监测和应急响应能力。坚持自主创新安全发展，加强核安全领域关键性、基础性科技研发和智能化安全管理。

（十四）加强生物安全管理。加强生物技术及其产品的环境风险检测、识别、评价和监测。强化全链条防控和系统治理，健全生物安全监管预警防控体系。加强有害生物防治。开展外来入侵物种普查、监测预警、影响评估，加强进境动植物检疫和外来入侵物种防控。健全种质资源保护与利用体系，加强生物遗传资源保护和管理。

（十五）有效应对气候变化不利影响和风险。坚持减缓和适应并重，大力提升适应气候变化能力。加强气候变化观测网络建设，强化监测预测预警和影响风险评估。持续提升农业、健康和公共卫生等领域的气候韧性，加强基础设施与重大工程气候风险管理。深化气候适应型城市建设，推进海绵城市建设，强化区域适应气候变化行动。到2035年，气候适应型社会基本建成。

（十六）严密防控环境风险。坚持预防为主，加强环境风险常态化管理。完善国家环境应急体制机制，健全分级负责、属地为主、部门协同的环境应急责任体系，完善上下游、跨区域的应急联动机制。强化危险废物、尾矿库、重金属等重点领域以及管辖海域、边境地区等环境隐患排查和风险防控。实施一批环境应急基础能力建设工程，建立健全应急响应体系和应急物资储备体系，提升环境应急指挥信息化水平，及时妥善科学处置各类突发环境事件。健全环境健康监测、调查和风险评估制度。

七、打造美丽中国建设示范样板

（十七）建设美丽中国先行区。聚焦区域协调发展战略和区域重大战略，加强绿色发展协作，打造绿色发展高地。完善京津冀地区生态环境协同保护机制，加快建设生态环境修复改善示范区，推动雄安新区建设绿色发展城市典范。在深入实施长江经济带发展战略中坚持共抓大保护，建设人与自然和谐共生的绿色发展示范带。深化粤港澳大湾区生态环境领域规则衔接、机制对接，共建国际一流美丽湾区。深化长三角地区共保联治和一体化制度创新，高水平建设美丽长三角。坚持以水定城、以水定地、以水定人、以水定产，建设黄河流域生态保护和高质量发展先行区。深化国家生态文明试验区建设。各地区立足区域功能定位，发挥自身特色，谱写美丽中国建设省域篇章。

（十八）建设美丽城市。坚持人民城市人民建、人民城市为人民，推进以绿色低碳、环境优美、生态宜居、安全健康、智慧高效为导向的美丽城市建设。提升城市规划、建设、治理水平，实施城市更新行动，强化城际、城乡生态共保环境共治。加快转变超大特大城市发展方式，提高大中城市生态环境治理效能，推动中小城市和县城环境基础设施提级扩能，促进环境公共服务能力与人口、经济规模相适应。开展城市生态环境治理评估。

（十九）建设美丽乡村。因地制宜推广浙江“千万工程”经验，统筹推动乡村生态振兴和农村人居环境整治。加快农业投入品减量增效技术集成创新和推广应用，加强农业废弃物资源化利用和废旧农膜分类处置，聚焦农业面源污染突出区域强化系统治理。扎实推进农村厕所革命，有效治理农村生活污水、垃圾和黑臭水体。建立农村生态环境监测评价制度。科学推进乡村绿化美化，加强传统村落保护利用和乡村风貌引导。到2027年，美丽乡村整县建成比例达到40%；到2035年，美丽乡村基本建成。

（二十）开展创新示范。分类施策推进美丽城市建设，实施美丽乡村示范县建设行动，持续推广美丽河湖、美丽海湾优秀案例。推动将美丽中国建设融入基层治理创新。深入推进生态文明示范建设，推动“绿水青山就是金山银山”实践创新基地建设。鼓励自由贸易试验区绿色创新。支持美丽中国建设规划政策等实践创新。

八、开展美丽中国建设全民行动

（二十一）培育弘扬生态文化。健全以生态价值观念为准则的生态文化体系，培育生态文明主流价值观，加快形成全民生态自觉。挖掘中华优秀传统生态文化思想和资源，推出一批生态文学精品力作，促进生态文化繁荣发展。充分利用博物馆、展览馆、科教馆等，宣传美丽中国建设生动实践。

（二十二）践行绿色低碳生活方式。倡导简约适度、绿色低碳、文明健康的生活方式和消费模式。发展绿色旅游。持续推进“光盘行动”，坚决制止餐饮浪费。鼓励绿色出行，推进城市绿道网络建设，深入实施城市公共交通优先发展战略。深入开展爱国卫生运动。提升垃圾分类管理水平，推进地级及以上城市居民小区垃圾分类全覆盖。构建绿色低碳产品标准、认证、标识体系，探索建立“碳普惠”等公众参与机制。

（二十三）建立多元参与行动体系。持续开展“美丽中国，我是行动者”系列活动。充分发挥行业协会商会桥梁纽带作用和群团组织广泛动员作用，完善公众生态环境监督和举报反馈机制，推进生态环境志愿服务体系建设。深化环保设施开放，向公众提供生态文明宣传教育服务。

九、健全美丽中国建设保障体系

（二十四）改革完善体制机制。深化生态文明体制改革，一体推进制度集成、机制创新。强化美丽中国建设法治保障，推动生态环境、资源能源等领域相关法律制定修订，推进生态环境法典编纂，完善公益诉讼，加强生态环境领域司法保护，统筹推进生态环境损害赔偿。加强行政执法与司法协同合作，强化在信息通报、形势会商、证据调取、纠纷化解、生态修复等方面衔接配合。构建从山顶到海洋的保护治理大格局，实施最严格的生态环境治理制度。完善环评源头预防管理体系，全面实行排污许可制，加快构建环保信用监管体系。深化环境信息依法披露制度改革，探索开展环境、社会和公司治理评价。完善自然资源资产管理制度体系，健全国土空间用途管制制度。强化河湖长制、林长制。深入推进领导干部自然资源资产离任审计，对不顾生态环境盲目决策、造成严重后果的，依规依纪依法严格问责、终身追责。强化国家自然资源督察。充分发挥生态环境部门职能作用，强化对生态和环境的统筹协调和监督管理。深化省以下生态环境机构监测监察执法垂直管理制度改革。实施市县生态环境队伍专业培训工程。加快推进美丽中国建设重点领域标准规范制定修订，开展环境基准研究，适时修订环境空气质量等标准，鼓励出台地方性法规标准。

（二十五）强化激励政策。健全资源环境要素市场化配置体系，把碳排放权、用能权、用水权、排污权等纳入要素市场化配置改革总盘子。强化税收政策支持，严格执行环境保护税法，完善征收体系，加快把挥发性有机物纳入征收范围。加强清洁生产审核和评价认证结果应用。综合考虑企业能耗、环保绩效水平，完善高耗能行业阶梯电价制度。落实污水处理收费政策，构建覆盖污水处理和污泥处置成本并合理盈利的收费机制。完善以农业绿色发展为导向的经济激励政策，支持化肥农药减量增效和整县推进畜禽粪污收集处理利用。建立企业生态环保费用提取使用制度。健全生态产品价值实现机制，推进生态环境导向的开发模式和投融资模式创新。推进生态综合补偿，深化横向生态保护补偿机制建设。强化财政对美丽中国建设支持力度，优化生态文明建设领域财政资源配置，确保投入规模同建设任务相匹配。大力发展绿色金融，支持符合条件的企业发行绿色债券，引导各类金融机构和社会资本加大投入，探索区域性环保建设项目金融支持模式，稳步推进气候投融资创新，为美丽中国建设提供融资支持。

（二十六）加强科技支撑。推进绿色低碳科技自立自强，创新生态环境科技体制机制，构建市场导向的绿色技术创新体系。把减污降碳、多污染物协同减排、应对气候变化、生物多样性保护、新污染物治理、核安全等作为国家基础研究和科技创新的重点领域，加强关键核心技术攻关。加强企业主导的产学研深度融合，引导企业、高校、科研单位共建一批绿色低碳产业创新中心，加大高效绿色环保技术装备产品供给。实施生态环境科技创新重大行动，推进“科技创新2030—京津冀环境综合治理”重大项目，建设生态环境领域大科学装置和重点实验室、工程技术中心、科学观测研究站等创新平台。加强生态文明领域智库建设。支持高校和科研单位加强环境学科建设。实施高层次生态环境科技人才工程，培养造就一支高水平生态环境人才队伍。

（二十七）加快数字赋能。深化人工智能等数字技术应用，构建美丽中国数字化治理体系，建设绿色智慧的数字生态文明。实施生态环境信息化工程，加强数据资源集成共享和综合开发利用。加快建立现代化生态环境监测体系，健全天空地海一体化监测网络，加强生态质量监督监测，推进生态环境卫星载荷研发。加强温室气体、地下水、新污染物、噪声、海洋、辐射、农村环境等监测能力建设，实现降碳、减污、扩绿协同监测全覆盖。提升生态环境质量预测预报水平。实施国家环境守法行动，实行排污单位分类执法监管，大力推行非现场执法，加快形成智慧执法体系。

（二十八）实施重大工程。加快实施减污降碳协同工程，支持能源结构低碳化、移动源清洁化、重点行业绿色化、工业园区循环化转型等。加快实施环境品质提升工程，支持重点领域污染减排、重要河湖海湾综合治理、土壤污染源头防控、危险废物环境风险防控、新污染物治理等。加快实施生态保护修复工程，支持生物多样性保护、重点地区防沙治沙、水土流失综合防治等。加快实施现代化生态环境基础设施建设工程，支持城乡和园区环境设施、生态环境智慧感知和监测执法应急、核与辐射安全监管等。

（二十九）共谋全球生态文明建设。坚持人类命运共同体理念，共建清洁美丽世界。坚持共同但有区别的责任原则，推动构建公平合理、合作共赢的全球环境气候治理体系。深化应对气候变化、生物多样性保护、海洋污染治理、核安全等领域国际合作。持续推动共建“一带一路”绿色发展。

十、加强党的全面领导

（三十）加强组织领导。坚持和加强党对美丽中国建设的全面领导，完善中央统筹、省负总责、市县抓落实的工作机制。充分发挥中央生态环境保护督察工作领导小组统筹协调和指导督促作用，健全工作机制，加强组织实施。研究制定生态环境保护督察工作条例。深入推进中央生态环境保护督察，将美丽中国建设情况作为督察重点。持续拍摄制作生态环境警示片。制定地方党政领导干部生态环境保护责任制规定，建立覆盖全面、权责一致、奖惩分明、环环相扣的责任体系。各地区各部门要把美丽中国建设作为事关全局的重大任务来抓，落实“党政同责、一岗双责”，及时研究解决重大问题。各级人大及其常委会加强生态文明建设立法工作和法律实施监督。各级政协加大生态文明建设专题协商和民主监督力度。各地区各有关部门推进美丽中国建设年度工作情况，书面送生态环境部，由其汇总后向党中央、国务院报告。

（三十一）压实工作责任。生态环境部会同国家发展改革委等有关部门制定分领域行动方案，建立工作协调机制，加快形成美丽中国建设实施体系和推进落实机制，推动任务项目化、清单化、责任化，加强统筹协调、调度评估和监督管理。各级党委和政府要强化生态环境保护政治责任，分类施策、分区治理，精细化建设。省（自治区、直辖市）党委和政府应当结合地方实际及时制定配套文件。各有关部门要加强工作衔接，把握好节奏和力度，协调推进、相互带动，强化对美丽中国建设重大工程的财税、金融、价格等政策支持。

（三十二）强化宣传推广。持续深化习近平生态文明思想理论研究、学习宣传、制度创新、实践推广和国际传播，推进生态文明教育纳入干部教育、党员教育、国民教育体系。通过全国生态日、环境日等多种形式加强生态文明宣传。发布美丽中国建设白皮书。按照有关规定表彰在美丽中国建设中成绩显著、贡献突出的先进单位和个人。

（三十三）开展成效考核。开展美丽中国监测评价，实施美丽中国建设进程评估。研究建立美丽中国建设成效考核指标体系，制定美丽中国建设成效考核办法，适时将污染防治攻坚战成效考核过渡到美丽中国建设成效考核，考核工作由中央生态环境保护督察工作领导小组牵头组织，考核结果作为各级领导班子和有关领导干部综合考核评价、奖惩任免的重要参考。

中华人民共和国国务院令（第 764 号）

现公布《国务院关于修改和废止部分行政法规的决定》，自公布之日起施行。

总理　李　强

2023 年 7 月 20 日

国务院关于修改和废止部分行政法规的决定

为贯彻实施新修订的《中华人民共和国行政处罚法》，推进严格规范公正文明执法，优化法治化营商环境，并落实修改后的《中华人民共和国人口与计划生育法》等法律，国务院对涉及的行政法规进行了清理。经过清理，国务院决定：

一、对 14 部行政法规的部分条款予以修改。

二、废止《产品质量监督试行办法》（1985 年 3 月 7 日国务院批准 1985 年 3 月 15 日国家标准局发布根据 2011 年 1 月 8 日《国务院关于废止和修改部分行政法规的决定》修订）。

本决定自公布之日起施行。

附件：国务院决定修改的行政法规（节选）

附件

国务院决定修改的行政法规（节选）

九、将《长江河道采砂管理条例》第十六条修改为："除按照河道采砂许可证规定的期限在可采区作业外，采砂船舶应当集中停放在沿江县级人民政府指定的地点，并由采砂船舶所有者或者使用者负责管护。无正当理由，不得擅自离开指定的地点。"

删去第十七条。

增加一条，作为第十七条："禁止运输、收购、销售未取得河道采砂许可证的单位、个人开采的长江河道砂石。

"长江水利委员会应当会同沿江省、直辖市人民政府水行政主管部门及有关部门、长江航务管理局、长江海事机构等单位建立统一的长江河道采砂管理信息平台，推进实施长江河道砂石开采、运输、收购、销售全过程追溯。"

第十八条修改为："违反本条例规定，未办理河道采砂许可证，擅自在长江采砂的，由县级以上地方人民政府水行政主管部门或者长江水利委员会依据职权，责令停止违法行为，没收违法开采的砂石和违法所得以及采砂船舶和挖掘机械等作业设备、工具，并处违法开采的砂石货值金额 2 倍以上 20 倍以下的罚款；货值金额不足 10 万元的，并处 20 万元以上 200 万元以下的罚款；构成犯罪的，依法追究刑事责任。"

第十九条修改为："违反本条例规定，采砂单位、个人未按照河道采砂许可证规定的要求采砂的，由县级以上地方人民政府水行政主管部门或者长江水利委员会依据职权，责令停止违法行为，没收违法开采的砂石和违法所得，并处违法开采的砂石货值金额 1 倍以上 2 倍以下的罚款；情节严重或者在禁采区、禁采期采砂的，没收违法开采的砂石和违法所得以及采砂船舶和挖掘机械等作业设备、工具，吊销河道采砂许可证，并处违法开采的砂石货值金额 2 倍以上 20 倍以下的罚款，货值金额不足 10 万元的，并处 20 万元以上 200 万元以下的罚款；构成犯罪的，依法追究刑事责任。"

增加一条，作为第二十条："违反本条例规定，运输、收购、销售未取得河道采砂许可证的单位、个人开采的长江河道砂石的，由县级以上地方人民政府水行政主管部门、长江水利委员会、有关海事管理机构以及县级以上地方人民政府其他有关部门依据职权，责令停止违法行为，没收违法运输、收购、销售的砂石和违法所得，并处 2 万元以上 20 万元以下的罚款；情节严重的，并处 20 万元以上 200 万元以下的罚款；构成犯罪的，依法追究刑事责任。"

第二十条改为第二十一条，修改为："违反本条例规定，采砂船舶未在指定地点集中停放或者无正当理由擅自离开指定地点的，由县级以上地方人民政府水行政主管部门责令停靠在指定地点，处 3 万元以上 10 万元以下的罚款；拒不改正的，予以强行转移至指定地点。"

第二十一条改为第二十二条，修改为："伪造、变造、转让、出租、出借河道采砂许可证，由县级以上地方人民政府水行政主管部门或者长江水利委员会依据职权予以吊销或者收缴，没收违法所得，并处 5 万元以上 50 万元以下的罚款；构成犯罪的，依法追究刑事责任。"

删去第二十二条。

第二十四条中的"行政处分"修改为"处分"。

第二十六条修改为："有下列行为之一，对负有责任的主管人员和其他直接责任人员依法给予处分；构成犯罪的，依法追究刑事责任：

"（一）不执行已批准的长江采砂规划、擅自修改长江采砂规划或者违反长江采砂规划组织采砂的；

"（二）不按照规定审批发放河道采砂许可证或者其他批准文件的；

"（三）不履行本条例规定的监督检查职责，造成长江采砂秩序混乱或者造成重大责任事故的。"

长江河道采砂管理条例

（2001 年 10 月 25 日中华人民共和国国务院令第 320 号公布　根据 2023 年 7 月 20 日《国务院关于修改和废止部分行政法规的决定》修订）

第一条　为了加强长江河道采砂管理，维护长江河势稳定，保障防洪和通航安全，制定本条例。

第二条　在长江宜宾以下干流河道内从事开采砂石（以下简称长江采砂）及其管理活动的，应当遵守本条例。

第三条　国务院水行政主管部门及其所属的长江水利委员会应当加强对长江采砂的统一管理和监督检查，并做好有关组织、协调和指导工作。

长江采砂管理，实行地方人民政府行政首长负责制。沿江县级以上地方人民政府应当加强对本行政区域内长江采砂活动的管理，做好长江采砂的组织、协调和监督检查工作。

沿江县级以上地方人民政府水行政主管部门依照本条例的规定，具体负责本行政区域内长江采砂的管理和监督检查工作。

国务院交通行政主管部门所属的长江航务管理局负责长江航道管理工作，长江海事机构负责长江交通安全的监督管理工作。公安部门负责长江水上治安管理工作，依法打击长江采砂活动中的犯罪行为。

第四条 国家对长江采砂实行统一规划制度。

长江采砂规划由长江水利委员会会同四川省、湖北省、湖南省、江西省、安徽省、江苏省和重庆市、上海市人民政府水行政主管部门编制，经征求长江航务管理局和长江海事机构意见后，报国务院水行政主管部门批准。国务院水行政主管部门批准前，应当征求国务院交通行政主管部门的意见。

长江采砂规划一经批准，必须严格执行；确需修改时，应当依照前款规定批准。

长江采砂规划批准实施前，长江水利委员会可以会同沿江省、直辖市人民政府水行政主管部门、长江航务管理局和长江海事机构确定禁采区和禁采期，报国务院水行政主管部门批准。

第五条 长江采砂规划应当充分考虑长江防洪安全和通航安全的要求，符合长江流域综合规划和长江防洪、河道整治以及航道整治等专业规划。

第六条 长江采砂规划应当包括下列内容：

（一）禁采区和可采区；

（二）禁采期和可采期；

（三）年度采砂控制总量；

（四）可采区内采砂船只的控制数量。

第七条 沿江省、直辖市人民政府水行政主管部门根据长江采砂规划，可以拟订本行政区域内长江采砂规划实施方案，报本级人民政府批准后实施，并报长江水利委员会、长江航务管理局备案。

沿江省、直辖市人民政府应当将长江采砂规划确定的禁采区和禁采期予以公告。

沿江省、直辖市人民政府水行政主管部门可以根据本行政区域内长江的水情、工情、汛情、航道变迁和管理等需要，在长江采砂规划确定的禁采区、禁采期外增加禁采范围、延长禁采期限，报本级人民政府决定后公告。

第八条 长江水利委员会和沿江省、直辖市人民政府水行政主管部门应当加强对长江采砂规划实施情况的监督检查。

第九条 国家对长江采砂实行采砂许可制度。

河道采砂许可证由沿江省、直辖市人民政府水行政主管部门审批发放；属于省际边界重点河段的，经有关省、直辖市人民政府水行政主管部门签署意见后，由长江水利委员会审批发放；涉及航道的，审批发放前应当征求长江航务管理局和长江海事机构的意见。省际边界重点河段的范围由国务院水行政主管部门划定。

河道采砂许可证式样由国务院水行政主管部门规定，由沿江省、直辖市人民政府水行政主管部门和长江水利委员会印制。

第十条 从事长江采砂活动的单位和个人应当向沿江市、县人民政府水行政主管部门提出申请；符合下列条件的，由长江水利委员会或者沿江省、直辖市人民政府水行政主管部门依照本条例第九条的规定，审批发放河道采砂许可证：

（一）符合长江采砂规划确定的可采区和可采期的要求；

（二）符合年度采砂控制总量的要求；

（三）符合规定的作业方式；

（四）符合采砂船只数量的控制要求；

（五）采砂船舶、船员证书齐全；

（六）有符合要求的采砂设备和采砂技术人员；

（七）长江水利委员会或者沿江省、直辖市人民政府水行政主管部门规定的其他条件。

市、县人民政府水行政主管部门应当自收到申请之日起 10 日内签署意见后，报送沿江省、直辖市人民政府水行政主管部门审批；属于省际边界重点河段的，经有关省、直辖市人民政府水行政主管部门签署意见后，报送长江水利委员会审批。长江水利委员会或者沿江省、直辖市人民政府水行政主管部门应当自收到申请之日起 30 日内予以审批；不予批准的，应当在作出不予批准决定之日起 7 日内通知申请人，并说明理由。

第十一条 河道采砂许可证应当载明船主姓名（名称）、船名、船号和开采的性质、种类、地点、时限以及作业方式、弃料处理方式、许可证的有效期限等有关事项和内容。

第十二条 从事长江采砂活动的单位和个人应当按照河道采砂许可证的规定进行开采。有关县级以上地方人民政府水行政主管部门和长江水利委员会应当按照职责划分对其加强监督检查。

从事长江采砂活动的单位和个人需要改变河道采砂许可证规定的事项和内容的，应当重新办理河道采砂许可证。

禁止伪造、涂改或者买卖、出租、出借或者以其他方式转让河道采砂许可证。

第十三条 为保障航道畅通和航行安全，采砂作业应当服从通航要求，并设立明显标志。

第十四条 长江水利委员会和沿江省、直辖市人民政府水行政主管部门年审批采砂总量不得超过规划确定的年度采砂控制总量。

沿江省、直辖市人民政府水行政主管部门应当在每年1月31日前将上一年度的长江采砂审批发证情况和实施情况，报长江水利委员会备案。

第十五条 沿江县级以上地方人民政府水行政主管部门因整修长江堤防进行吹填固基或者整治长江河道采砂的，应当经本省、直辖市人民政府水行政主管部门审查，并报长江水利委员会批准；长江航务管理局因整治长江航道采砂的，应当事先征求长江水利委员会的意见。

因吹填造地从事采砂活动的单位和个人，应当依法申请河道采砂许可证。

第十六条 除按照河道采砂许可证规定的期限在可采区作业外，采砂船舶应当集中停放在沿江县级人民政府指定的地点，并由采砂船舶所有者或者使用者负责管护。无正当理由，不得擅自离开指定的地点。

第十七条 禁止运输、收购、销售未取得河道采砂许可证的单位、个人开采的长江河道砂石。

长江水利委员会应当会同沿江省、直辖市人民政府水行政主管部门及有关部门、长江航务管理局、长江海事机构等单位建立统一的长江河道采砂管理信息平台，推进实施长江河道砂石开采、运输、收购、销售全过程追溯。

第十八条 违反本条例规定，未办理河道采砂许可证，擅自在长江采砂的，由县级以上地方人民政府水行政主管部门或者长江水利委员会依据职权，责令停止违法行为，没收违法开采的砂石和违法所得以及采砂船舶和挖掘机械等作业设备、工具，并处违法开采的砂石货值金额2倍以上20倍以下的罚款；货值金额不足10万元的，并处20万元以上200万元以下的罚款；构成犯罪的，依法追究刑事责任。

第十九条 违反本条例规定，采砂单位、个人未按照河道采砂许可证规定的要求采砂的，由县级以上地方人民政府水行政主管部门或者长江水利委员会依据职权，责令停止违法行为，没收违法开采的砂石和违法所得，并处违法开采的砂石货值金额1倍以上2倍以下的罚款；情节严重或者在禁采区、禁采期采砂的，没收违法开采的砂石和违法所得以及采砂船舶和挖掘机械等作业设备、工具，吊销河道采砂许可证，并处违法开采的砂石货值金额2倍以上20倍以下的罚款，货值金额不足10万元的，并处20万元以上200万元以下的罚款；构成犯罪的，依法追究刑事责任。

第二十条 违反本条例规定，运输、收购、销售未取得河道采砂许可证的单位、个人开采的长江河道砂石的，由县级以上地方人民政府水行政主管部门、长江水利委员会、有关海事管理机构以及县级以上地方人民政府其他有关部门依据职权，责令停止违法行为，没收违法运输、收购、销售的砂石和违法所得，并处2万元以上20万元以下的罚款；情节严重的，并处20万元以上200万元以下的罚款；构成犯罪的，依法追究刑事责任。

第二十一条 违反本条例规定，采砂船舶未在指定地点集中停放或者无正当理由擅自离开指定地点的，由县级以上地方人民政府水行政主管部门责令停靠在指定地点，处3万元以上10万元以下的罚款；拒不改正的，予以强行转移至指定地点。

第二十二条 伪造、变造、转让、出租、出借河道采砂许可证，由县级以上地方人民政府水行政主管部门或者长江水利委员会依据职权予以吊销或者收缴，没收违法所得，并处5万元以上50万元以下的罚款；构成犯罪的，依法追究刑事责任。

第二十三条 在长江航道内非法采砂影响通航安全的，由长江航务管理局、长江海事机构依照《中华人民共和国内河交通安全管理条例》和《中华人民共和国航道管理条例》等规定给予处罚。

第二十四条 依照本条例规定应当给予行政处罚，而有关水行政主管部门不给予行政处罚的，由上级人民政府水行政主管部门责令其作出行政处罚决定或者直接给予行政处罚；对负有责任的主管人员和其他直接责任人员依法给予处分。

第二十五条 依照本条例实施罚款的行政处罚，应当依照有关法律、行政法规的规定，实行罚款决定与罚款收缴分离，所收取的罚款必须全部上缴国库。

第二十六条 有下列行为之一，对负有责任的主管人员和其他直接责任人员依法给予处分；构成犯罪的，依法追究刑事责任：

（一）不执行已批准的长江采砂规划、擅自修改长江采砂规划或者违反长江采砂规划组织采砂的；

（二）不按照规定审批发放河道采砂许可证或者其他批准文件的；

（三）不履行本条例规定的监督检查职责，造成长江采砂秩序混乱或者造成重大责任事故的。

第二十七条 本条例自2002年1月1日起施行。

部际联席会议成员单位联合发布文件

水利部 交通运输部关于推行河道砂石采运管理单制度的通知（水河湖〔2023〕5号）

水利部各流域管理机构，交通运输部长江航务管理局、珠江航务管理局，广东、广西、黑龙江海事局，各省、自治区、直辖市水利（水务）厅（局）、交通运输厅（局、委），新疆生产建设兵团水利局、交通运输局：

河道砂石采运管理单是证明河道砂石来源合法的有效凭证。近年来，水利部流域管理机构、交通运输部航务管理机构和一些地方在长江、黄河、淮河等河道实行砂石采运管理单制度，加强河道砂石开采、运输、堆存等过程监管，及时发现、追踪非法采砂线索，严厉打击非法采砂行为，积累了不少实践经验。为进一步加强河道采砂管理，提高涉砂活动监管效能，精准、高效打击非法采砂行为，维护河道采砂管理秩序，依据《中华人民共和国河道管理条例》《长江河道采砂管理条例》《中华人民共和国道路运输条例》《中华人民共和国内河交通安全管理条例》《国内水路运输管理条例》等法规文件，水利部、交通运输部决定在全国推行河道砂石采运管理单制度。现将有关事项通知如下：

一、适用范围

依法开采的河道管理范围内砂石，其运输、过驳、装卸、堆存等，实行河道砂石采运管理单制度。河道、航道整治疏浚产生的砂石不上岸利用的除外。

二、河道砂石采运管理单信息

河道砂石采运管理单信息主要包括：

（一）砂石来源。包括许可采区或疏浚作业区位置，采砂许可编号、河道疏浚审批文号或采砂可行性论证报告批复文号，采砂人（供砂人）名称及其联系电话。

（二）过驳、转运。包括水上过驳区或砂场名称及其联系电话、申请过驳的前序运砂船舶船名、船检登记号及其到达时间。

（三）运输。包括砂石运输船舶船名、船检登记号及营业运输证编号、砂石运输车辆品牌型号及车牌号码、承运人及车船驾驶员信息、实际载运量、起运及预计到达时间、卸货地点。

（四）河道砂石采运管理单编号、监督举报电话、查询电话。

（五）各省、自治区、直辖市根据管理需要增加的相关信息。

三、河道砂石采运管理单形式和使用管理

河道砂石采运管理单应当格式统一、内容统一，参考样式附后。河道砂石采运管理单分纸质管理单、电子管理单两种形式，各省、自治区、直辖市可结合实际决定采用任一种形式，鼓励采用电子管理单。采用纸质管理单的，应当设置必要的防伪标志，由省级水行政主管部门组织统一印制、严格保管、按需使用；采用电子管理单的，由省级水行政主管部门会同交通运输等有关主管部门建设河道砂石采运管理信息系统，统一平台、授权登录、分级审核。先行采用纸质管理单的省份，要结合实际逐步向电子管理单过渡，2024年底前全面实行电子管理单。

河道砂石采运管理单应当在河道砂石装载现场填写，内容清晰、真实、完整、准确。河道砂石需水上过驳或砂场转运的，可由水上过驳区、砂场经营主体依照有关规定出具河道砂石采运管理单。

（一）纸质管理单使用管理

1. 河道砂石需运离许可采区、疏浚作业区或其临时堆场的，由负责河道采砂现场监管的水行政主管部门组织在河道砂石装载现场填写、出具纸质管理单，实行一船（车）次一单。纸质管理单一般一式四联：第一联由河道采砂现场监管机构收执，作为控制采砂总量的依据；第二联由采砂人（供砂人）收执，作为核对采（供）砂量的依据；第三联交砂石承运人，作为运输河道砂石合法来源的凭证，运抵目的地后交砂石接收方收执；第四联交发放采砂许可、批复河道疏浚项目或批复采砂可行性论证报告的水行政主管部门备案。

2. 河道砂石运抵水上过驳区过驳、码头或装卸点装卸（包括上岸堆存或装船离岸）、砂场堆存前，承运人应向有关经营主体提交河道砂石采运管理单。

3. 河道砂石需水上过驳的，水上过驳区经营主体按照有关规定，向接受过驳砂石的承运人出具河道砂石采运管理单，并留存复印件。

4. 砂场因销售或其他原因需转运河道砂石的，砂场经营主体按照有关规定，向承运人出具河道砂石采运管理单，并留存复印件。

（二）电子管理单使用管理

1. 河道砂石需运离许可采区、疏浚作业区或其临时堆场的，由采砂人（供砂人）或承运人登录河道砂石采运管理信息系统（电脑端或手机App）填写、上传信息，经负责现场监管的水行政主管部门审核确认后生成唯一的二维码，实行一船（车）次一码。

2. 河道砂石运抵水上过驳区过驳、码头或装卸点装卸（包括上岸堆存或装船离岸）、砂场堆存前，承运人应向有关经营主体提交纸质管理单或出示二维码。

3. 河道砂石需水上过驳的，接受过驳砂石的承运人登录手机 App，填写、上传河道砂石过驳相关信息，水上过驳区经营主体按照有关规定确认后自动生成新的二维码。

4. 砂场因销售或其他原因需转运河道砂石的，承运人登录手机 App，填写、上传河道砂石转运相关信息，砂场经营主体按照有关规定确认后自动生成新的二维码。

码头、装卸点、水上过驳区、砂场经营主体应当履行河道砂石运输信息查验义务，承运人无法提供合法有效的河道砂石采运管理单的，有关经营主体应当暂停接收、装卸、过驳，通过有关主管部门及时报告水行政主管部门。

四、有关要求

一是加强组织领导。各地要充分认识推行河道砂石采运管理单制度对提高河道采砂监管效能、维护河道采砂管理秩序的重要意义，把河道砂石采运管理单制度作为强化河道采砂管理的重要抓手，纳入河湖长制推动落实。加强组织领导，强化协调联动，细化任务分工，实化工作措施，有力有序推行河道砂石采运管理单制度。

二是落实各方责任。负责河道采砂现场监管的水行政主管部门，应当公开河道砂石采运管理信息查询电话，明确专人负责审核河道砂石开采、运输相关信息，对出具的河道砂石采运管理单真实性、准确性负责。采砂人（供砂人）以及码头、装卸点、水上过驳区、砂场经营主体应当建立工作台账、完善工作日志，并接受有关主管部门的检查。采砂人（供砂人）应委托具有合法运输资质的承运人运输河道砂石。

三是加强部门协作。地方各级水行政主管部门会同交通运输主管部门，广东、广西、黑龙江海事局，长江海事局相关机构提请同级地方人民政府建立完善部门协作机制，明晰有关部门落实河道砂石采运管理单制度的职责任务，各司其职、密切配合，形成工作合力。水利部有关流域管理机构要加强与交通运输部派出机构和有关地方协调配合，其直管河道采砂管理同步实行采运管理单制度。砂石装卸港口所在地交通运输主管部门依法对港口内码头河道砂石装卸行为进行监管。

四是加强监督执法。省级水行政主管部门要公布统一的监督举报电话。水利部各流域管理机构，广东、广西、黑龙江海事局，长江海事局以及地方各级水行政主管部门、交通运输主管部门（含水上行政执法机构）等要根据职责分工常态化开展监督检查，及时发现、追踪非法采砂线索，打击非法涉砂行为，涉嫌犯罪的，移送公安机关。

水利部　交通运输部

2023 年 1 月 8 日

水利部　最高人民检察院关于开展黄河流域水资源保护专项行动的通知（水政法〔2023〕136 号）

黄委，山西、内蒙古、山东、河南、四川、陕西、甘肃、青海、宁夏等省（自治区）水利厅、人民检察院：

为深入贯彻习近平总书记关于黄河流域生态保护和高质量发展重要讲话精神，贯彻实施《中华人民共和国黄河保护法》，充分发挥水行政执法与检察公益诉讼协作机制作用，服务保障黄河流域生态保护和高质量发展重大国家战略，促进黄河流域水资源节约集约利用，根据最高人民检察院、水利部《关于建立健全水行政执法与检察公益诉讼协作机制的意见》（高检发办字〔2022〕69 号），水利部、最高人民检察院决定开展黄河流域水资源保护专项行动（以下简称专项行动）。现就有关要求通知如下。

一、总体要求

（一）指导思想

坚持以习近平新时代中国特色社会主义思想为指导，深入贯彻党的二十大精神，贯彻落实习近平生态文明思想和习近平法治思想，积极践行习近平总书记“节水优先、空间均衡、系统治理、两手发力”治水思路，全面实施《中华人民共和国黄河保护法》及其他相关法律法规，充分发挥水行政执法在水资源管理中的作用，充分发挥检察公益诉讼的监督、支持和法治保障作用，聚焦黄河流域水资源短缺这个最大矛盾，对黄河流域违法取水问题进行集中整治，强化水资源刚性约束，有效规范流域水资源节约、保护、开发、利用秩序，有力维护涉水领域国家利益和社会公共利益，促进水资源节约集约利用，支撑黄河流域生态保护和高质量发展。

（二）基本原则

坚持问题导向。结合取用水管理专项整治行动，重点针对黄河流域情节严重、影响恶劣、拒不整改的违法取水问题，强化监管执法司法协同协作，开展问题专项集中整治，提升流域水资源节约集约利用水平。

坚持依法依规。立足水资源业务管理、水行政执法、检察公益诉讼职能，全面推进水资源节约、保护、开发、利用行为的法治化、规范化，保障水资源管理保护有法必依、执法必严、违法必究。

坚持分类施策。针对排查发现的违法取水、破坏水生态等问题，注重区分情况，可以立即整改的立行立改；需要分阶段整改的应限时整改；情节严重、影响恶劣、拒不整改或者整改不力的，发挥检察公益诉讼职能作用，推动问题解决。

坚持协同推进。在水利部、最高人民检察院统一领导和部署下，黄河水利委员会、流域内地方各级水行政主管部门、检察机关以及其他有关单位按照职责分工，准确把握执法司法界限，相互配合、协同推进，形成工作合力，确保取得实效。

二、行动目标

结合取用水管理专项整治行动，重点针对黄河流域情节严重、影响恶劣、拒不整改的违法取水问题进行排查，加强取水许可审批管理与水行政执法的衔接，加强水行政执法与检察公益诉讼协作，开展问题专项集中整治，健全管理长效机制，着力提升黄河流域水资源管理能力水平，推动黄河流域取用水秩序持续好转。

三、行动范围

本次专项行动地域范围为黄河流域，具体包括《中华人民共和国黄河保护法》所指黄河干流、支流和湖泊的集水区域所涉及的青海省、四川省、甘肃省、宁夏回族自治区、内蒙古自治区、山西省、陕西省、河南省、山东省的相关县级行政区域。主要针对以下行为进行排查整治：

（一）未经批准擅自取水，或者超许可水量取水、擅自改变取水用途等未依照批准的取水许可规定条件取水的；

（二）未取得取水申请批准文件擅自建设取水工程或者设施的；

（三）拒不执行审批机关作出的取水量限制决定，或者未经批准擅自转让取水权的；

（四）未按规定安装取水计量设施的，取水计量设施不合格或者运行不正常的；

（五）地下工程建设对地下水补给、径流、排泄等造成重大不利影响的；报废的矿井、钻井、地下水取水工程，或者未建成、已完成勘探任务、依法应当停止取水的地下水取水工程，未按照规定封井或者回填的；

（六）取用水总量不符合江河水量分配指标、生态流量和生态水位管控指标要求的；黄河干流、重要支流水工程未将生态用水调度纳入日常运行调度规程的；

（七）有关部门或者单位不依法履行取用水监管、水资源超载治理、河湖生态流量保障等职责，造成水生态破坏等严重后果的；

（八）其他违反黄河保护法、水法、取水许可和水资源费征收管理条例等法律法规的行为。

四、工作阶段

专项行动期限为 2023 年 4 月—2023 年 12 月，分为部署动员、排查整改、重点检查、总结提升四个阶段。

（一）部署动员

水利部、最高人民检察院制定印发开展黄河流域水资源保护专项行动的通知，全面部署动员；黄河水利委员会以及流域内各省级水行政主管部门、检察机关根据专项行动部署要求，制定具体工作方案，向黄河水利委员会所属管理机构以及市、县两级水行政主管部门、检察机关进行传达部署。（2023 年 4 月底前完成）

（二）排查整改

黄河流域内各省级水行政主管部门要联合同级检察机关、黄河水利委员会所属管理机构组成专项行动工作组，组织市县两级水行政主管部门、黄河河务部门、检察机关，以县级行政区为单元，采取自查、互查等方式，结合取用水管理专项整治行动整改提升、黄河流域生态环境突出问题警示片反映的违规取水用水问题整改等工作，对黄河流域违法取水问题进行全面排查，加快推进整改，提出问题清单、措施清单和责任清单（即“三个清单”）。黄河水利委员会负责取水许可管理权限范围内的违法取水问题排查整改工作，形成黄河水利委员会本级的“三个清单”。问题排查过程中，对已经通过专项整治行动整改解决的问题，或者已列入专项整治行动整改台账、正在按要求整改的问题，不纳入问题清单；对未按要求进行整改或者排查新发现的问题，应纳入清单督促整改，明确整改措施、责任主体和完成时限；对问题严重、影响恶劣、拒不整改或者整改不力的，将问题线索及时移送检察机关。

黄河流域内各省级专项行动工作组负责本省级行政区域内专项行动的指导、协调和复核工作，对重大疑难问题及时会商研判，督促整改措施落实到位。在此基础上，将本省份的排查整改工作情况和“三个清单”经黄河水利委员会审核后，报送水利部、最高人民检察院。黄河水利委员会要及时将本级排查整改工作情况和“三个清单”报送水利部、最高人民检察院，同时切实加强对相关省份排查整改工作的督促指导，建立定期调度机制，动态掌握工作进展，加强整改成果把关，及时发现和研究解决工作中的问题。（2023 年 10 月底前完成）

（三）重点检查

水利部、最高人民检察院以及黄河水利委员会成立专项行动检查组，负责全流域水资源保护专项行动的指导、协调和检查工作，选择部分省份对专项行动开展情况进行重点检查，对“三个清单”整改情况进行核实和跟踪了解，采用“一省一单”方式督促问题彻底解决。（2023 年 11 月底前完成）

（四）总结提升

黄河水利委员会和各省份及时对专项行动进行总结，于 11 月底前将专项行动总结报告和问题整改情况报送水利部、最高人民检察院。水利部、最高人民检察院将全面总结专项行动实施成效，形成典型案例，宣传推广好的经验做法，发挥示范引领作用，进一步巩固专项行动成果。（2023 年 12 月底前完成）

五、保障措施

（一）强化协调协作。水利部、最高人民检察院加强领导和部署，推动建立黄河流域检察公益诉讼协作平台，强化对专项行动的组织协调和跟踪督促。黄河水利委员会及其所属管理机构、流域内各级水行政主管部门、检察机关根据各自职能定位和职责分工做好组织实施，落实责任，共同推进行动见效。

（二）督促整改落实。黄河流域内各级水行政主管部门、黄河水利委员会所属管理机构督促相关问题整改到位。流域内各级检察机关要综合运用磋商、检察建议、诉前圆桌会议、听证会等方式，推动地方人民政府和相关部门单位全面落实整改任务；对逾期不整改或者整改不到位的，依法提起行政公益诉讼；对违法主体破坏环境资源的，依法提起民事公益诉讼，追究其修复赔偿责任。

（三）加强宣传引导。水利部、最高人民检察院以及黄河水利委员会、流域内地方各级水行政主管部门和检察机关积极利用新闻媒体、工作简报、宣传专栏等形式，广泛宣传专项行动成果和典型案例。对人民群众广泛关注、有较大影响的案件，依法依规及时发布案件相关信息，公布办案进展情况，主动回应社会关切，努力营造良好社会氛围。

水利部　最高人民检察院

2023 年 4 月 20 日

水利部　公安部　交通运输部长江河道采砂管理合作机制领导小组办公室关于印发《长江河道采砂管理合作机制 2023 年度工作要点》的通知

领导小组成员单位，云南省、四川省、重庆市、湖北省、湖南省、江西省、安徽省、江苏省、上海市水利（水务）厅（局）、公安厅（局）、交通运输厅（局、委）：

《水利部、公安部、交通运输部长江河道采砂管理合作机制 2023 年度工作要点》经水利部、公安部、交通运输部长江河道采砂管理合作机制领导小组会议审议通过，现予以印发，请结合实际抓好落实。

水利部　公安部　交通运输部长江河道

采砂管理合作机制领导小组办公室

2023 年 5 月 5 日

水利部　公安部　交通运输部
长江河道采砂管理
合作机制 2023 年度工作要点

2023 年，水利部、公安部、交通运输部坚持以习近平新时代中国特色社会主义思想为指导，全面贯彻党的二十大精神，深入落实习近平总书记关于推动长江经济带发展系列重要讲话精神，深入贯彻实施长江保护法，继续深化部门合作，加强协调配合和联合共治，切实维护长江河道采砂管理秩序，助力长江经济带高质量发展。工作要点如下：

一、落实采砂管理责任制

（一）明确并公告责任人名单。督促沿江各地明确省、市、县三级河长责任人、政府责任人、水行政主管部门责任人、采砂现场监管责任人、采砂执法责任人名单，并通过官方网站、官方微信公众平台或主流报刊向社会公告。主汛期前，水利部网站公布长江干流河道采砂管理责任人名单。

（二）强化监督考核问责。水利部将长江河道采砂管理纳入落实国务院河湖长制督查激励措施，指导督促沿江各地将长江河道采砂管理纳入河湖长制考核体系。对涉砂问题较为突出的地区开展联合挂牌整治，督促采砂管理责任人及有关部门履职尽责，及时落实整改措施。

二、强化监督检查和执法打击

（三）严格“四联单”管理。按照水利部、交通运输部关于推行河道砂石采运管理单制度要求，长江干支流、通江湖泊要率先实现采运管理单电子化。在采砂管理单电子化建设期间，持续加强现行砂石采运“四联单”管理力度，指导督促沿江各地规范开具、使用、核销管理，确保“四联单”来源可溯、真实性可查，堵塞单据易造假、反复套用等漏洞。结合暗访、巡江检查、执法监管、案件查处等，重点检查伪造、虚开“四联单”等问题，对监管不力、管理混乱，违规开具、不按规定执行砂石采运管理单的，依法严肃追究相关人员责任，涉及公职人员违纪违法的，及时移交相关部门处理。

（四）加强执法打击。推进开展长江河道非法采砂违法犯罪打击整治专项行动。指导督促沿江各地常态化开展非法采运砂执法打击，适时组织开展联合督导检查，保持高压严打态势。水利、公安、交通运输等部门进一步加强协作联动，开展高频次联合巡查，加强对重点江段敏感水域的暗访检查，重要时段加密巡查检查频次。公安机关强化刑事打击力度，严厉打击各类涉砂犯罪活动，依法追究相关人员刑事责任。

（五）加强行刑衔接和信息共享。深入落实“两高”关于非法采砂入刑司法解释，健全完善行刑衔接机制，水利、交通运输等部门查处的涉砂违法行为涉嫌犯罪的，要及时移交公安机关依法查处。推动合作机制向基层延伸、向流域拓展，水利、公安、交通运输等部门指导沿江各地完善信息共享机制，畅通相关部门信息交流、情况通报、案件移送等合作渠道，推动实现部门间、区域间信息共建共管共享。

三、加强采砂船舶监督管理

（六）加强采运砂船舶源头管控。充分发挥长江流域省级河湖长联席会议机制作用，强化问题导向，对于采运砂船舶问题突出的地区，要开展涉砂船舶联合整治行动，全面摸排各类修造船企业，依法查处非法建造、改装和伪装采砂设备等行为。对查获的非法改造船舶，要追根溯源清查非法改造窝点，坚决予以取缔；对查获的“三无”船舶，要按照相关规定予以拆解，杜绝该类作案工具回流。指导督促沿江各地加强对码头、过驳浮吊等的监管，督促涉砂码头、过驳浮吊以及砂石市场经营主体落实主体责任，推动有条件的地区有序退出水上过驳浮吊。

（七）加强集中停靠管理。指导督促沿江各地落实采砂船舶集中停靠管理制度，强化监控措施，严查采砂船舶非法移动行为。对集中停靠点采砂船舶监管不严，致使采砂船舶非法移动的，依法追究有关责任人的责任。

四、合理利用河道砂石

（八）规范长江采砂管理。指导督促沿江各地以规划为依据依法许可采砂，鼓励和支持规模化统一开采，强化事中事后监管。指导督促沿江各地加强疏浚砂综合利用管理，规范疏浚砂利用行为，长江委、长航局适时开展监督检查，严防以疏浚之名非法采砂。

水利部　自然资源部关于印发《地下水保护利用管理办法》的通知（水资管〔2023〕214 号）

各省、自治区、直辖市水利（水务）厅（局）、自然资源主管部门，新疆生产建设兵团水利局、自然资源局，各流域管理机构：

为贯彻落实《地下水管理条例》，加强地下水保护开发利用管理，保障地下水可持续利用，水利部自然资源部研究制定了《地下水保护利用管理办法》，现印发你们，请遵照执行。

水利部　自然资源部

2023 年 6 月 28 日

地下水保护利用管理办法

第一章　总　　则

第一条　为加强地下水保护和开发利用管理，保障地下水资源可持续利用，推进生态文明建设，根据《中华人民共和国水法》《地下水管理条例》《取水许可和水资源费征收管理条例》等有关法律法规，制定本办法。

第二条　开发利用地下水的单位和个人，以及从事地下水节约保护、开发利用管理、地下水资源调查评价等活动的水行政、自然资源主管部门和水利部所属流域管理机构（以下简称流域管理机构）及其工作人员，应当遵守本办法。

第三条　水利部负责全国地下水统一监督管理工作。自然资源部按照职责分工做好地下水调查、监测等相关工作。

流域管理机构依照法律法规和水利部授权，负责管辖范围内地下水有关监督管理工作。

按照省、自治区、直辖市人民政府规定的分级管理权限，县级以上地方人民政府水行政主管部门负责本行政区域内地下水统一监督管理工作，县级以上地方人民政府自然资源主管部门按照职责分工做好本行政区域内地下水调查、监测等相关工作。

第二章　调查评价与规划

第四条　县级以上人民政府水行政、自然资源等主管部门应当按照职责分工，依法开展地下水资源调查评价工作。地下水资源调查评价可开展年度调查评价和周期调查评价。周期调查评价中，地下水超采治理地区可每五年开展一次，其他地区可每十年开展一次。

第五条　县级以上人民政府水行政主管部门应

按照本级人民政府和上一级人民政府水行政主管部门部署，会同同级自然资源部门编制地下水保护利用规划，依法履行征求意见、论证评估等程序并报告本级人民政府或其授权的部门后向社会公布，并报上一级人民政府水行政主管部门备案。

省级人民政府水行政主管部门编制的地下水保护利用规划，应征求所涉流域管理机构的意见。

地下水保护利用规划需要修订的，按原程序批复实施。

第六条 地下水保护利用规划应当服从水资源综合规划、流域综合规划和上一级地下水保护利用规划。地下水保护利用规划应包括地下水资源及其开发利用现状、区域水文地质条件、存在问题、地下水保护利用目标、主要任务和措施等，对辖区地下水合理利用、有效保护及治理修复等作出系统部署。

地下水保护利用规划一经批准，必须严格执行，确需修改的，按照规划编制程序报原批准机关批准。

第七条 区域经济和社会发展规划、国土空间规划、重大建设项目的布局等开发利用地下水，应当与地下水资源条件、地下水保护要求相适应。区域工业、农业、畜牧业、林草业、市政、能源、交通运输、旅游、自然资源开发等专项规划涉及开发利用地下水的内容，应当与地下水保护利用规划相衔接。

区域工业、农业、畜牧业、林草业、市政、能源、交通运输、旅游、自然资源开发等专项规划和开发区、新区规划等，涉及地下水开发利用的，应当进行规划水资源论证，对地下水需水规模及其合理性、水资源配置方案的可行性和可靠性、对地下水环境和重要生态系统的影响等进行分析评估，提出论证意见和规划优化调整的建议。

第八条 水利部会同自然资源部等部门制定地下水储备有关制度、标准、规程规范。

县级以上地方人民政府水行政主管部门会同本级人民政府自然资源等主管部门，明确地下水储备布局，划定储备范围，明确储备含水层位、储备量及水质状况，制定动用地下水储备预案。

特殊干旱年份以及重大突发事件时动用地下水储备应由县级以上地方人民政府水行政主管部门报本级人民政府批准后实施，并报上一级水行政主管部门及流域管理机构备案。

第三章　节约保护与开发利用

第九条 设区的市级、县级行政区域内地下水取水总量不得超过省、自治区、直辖市水行政主管部门会同本级自然资源等有关部门制定，经省、自治区、直辖市人民政府批准后下达实施的地下水取水总量控制指标。

超采区地下水水位控制指标的制定应统筹考虑不同来水情况，以及地下水水位变化可能引起的地下水污染、生态和地质环境影响。

水利部负责组织制定地下水取水总量控制指标和地下水水位控制指标确定技术标准。流域管理机构对流域内属于同一水文地质单元的相邻省、自治区、直辖市的地下水取用水总量控制指标和地下水水位控制指标协商确定情况予以指导和监督。县级以上人民政府水行政主管部门，应根据管理工作需要，编制地下水取水总量控制、水位控制管理方案。

第十条 县级以上人民政府下达的地下水取水总量控制指标和地下水水位控制指标，应作为地下水目标责任制、考核评价、地下水取水许可管理和地下水超采综合治理的重要依据。

县级以上人民政府水行政主管部门会同同级自然资源主管部门对指标实施情况进行监测。流域管理机构对流域管理范围内有关省、自治区、直辖市的指标实施情况进行监督管理。

第十一条 不符合地下水取水总量控制、地下水水位控制要求的地区应当暂停审批新增取用地下水，开展本行政区域内地下水取水工程布局分析评估及优化调整，制定区域地下水取水总量压减方案，逐步削减地下水取水量，限期整改。

第十二条 取用地下水的取水许可证有效期届满需要延续的，取水许可审批机关应当对原审批的许可取水量、实际取水量、节水水平、当地水资源供需状况等情况进行评估。有《地下水管理条例》第二十五条规定的六种情形之一的，不予延续。

《地下水管理条例》实施前已取得取水许可证，但不符合《地下水管理条例》第二十五条规定的，有管辖权的水行政主管部门应责令限期整改，逾期整改不到位的，不予延续。

第十三条 以监测、勘探为目的的地下水取水工程，不需要申请取水许可，建设单位应当于施工前报县级以上地方人民政府水行政主管部门备案。

备案应当包括以下材料：

（一）取水单位或者个人的法定身份证明文件；

（二）取水工程建设方案；

（三）水文地质条件；

（四）取水地点、取水的目的；

（五）取水的起始时间、取水量；

（六）退水地点、退水方式、退水量；

（七）防止对地下水产生不利影响的措施；

（八）水利部规定的其他事项。

第十四条 建设需要取水的地热能开发利用项目，应开展水资源论证，向具有管理权限的水行政主管部门申领取水许可。

第十五条 县级以上地方人民政府水行政主管部门负责本行政区域内地下水备用水源取用水管理，制定应急预案，明确应急备用水源取水情形、取水量、取水用途、取水地点、取水层位、保护和管理措施等。

应急备用水源取水工程应当依法办理取水许可手续，按要求安装计量设施，定期维护，应急备用水源应当建立完整详细的维护、运行、用水记录台账。

应急备用地下水水源结束使用后，应当立即停止取水，经当地水行政主管部门检查后按要求封存或热备。

不得擅自将应急备用水源转为常态化取水。确有必要将应急备用水源转为常态化取水的，应按照有关规定重新申请取水许可。

第十六条 县级以上地方人民政府水行政主管部门应定期组织开展本行政区域内地下水取水工程核查，根据其使用情况按在用、封填、应急备用（封存）、应急备用（热备）等进行分类登记，并按要求纳入相关信息系统，对不符合管理要求的取水工程应责令整改或关停。

第十七条 县级以上地方人民政府水行政主管部门应当加强地下水超采区内自备井管理，建立自备井台账，提出应予关停清单，制定限期关停计划，并定期开展核查。

第十八条 地下水取水工程报废、未建成或者完成勘探、试验任务的，工程所有权人或管理单位应当在停止取水、施工或者勘探、试验任务结束之日起 15 个工作日内按照有关标准规范实施地下水取水工程封存或封填，并到当地水行政主管部门登记。

对年久失修、地下水质量较差的取水工程，应当永久封填，并按要求及时注销取水许可证；对条件尚好、水质水量有保证的取水工程经有管辖权的水行政主管部门同意后可封存备用。县级以上水行政主管部门应建立地下水封存备用取水工程启用制度，确保在特殊情况下按照规定程序启用。

第十九条 采矿疏干排水管理应纳入区域地下水保护利用规划。

除为保障矿井等地下工程施工安全和生产安全必须进行临时应急取（排）水外，开采矿产资源或者建设地下工程需要疏干的地下水量，达到规模的，应当依法申请取水许可，取（排）水纳入区域地下水取水总量控制指标。疏干排水量规模由省、自治区、直辖市人民政府制定、公布。

开采矿产资源或者建设地下工程的单位和个人，应当优先利用疏干水作为生产用水，对能利用而不利用的，有管辖权的水行政主管部门，应当对其提出限期整改；对充分利用后仍有剩余且确需外排的疏干水，应经处理满足相关管理要求后排放，需设置入河排污口的，应依法办理入河排污口设置审批手续。

为保障矿井等地下工程施工安全和生产安全必须进行临时应急取（排）水，应按要求向有管辖权限的县级以上地方人民政府水行政主管部门备案。备案材料包括：

（一）取水单位或者个人的法定身份证明文件；

（二）取水地点、取水的目的、取水方式、取水的起始时间、取水量等；

（三）取水水质、退水地点、退水方式、退水量。

第四章　超采治理

第二十条 水利部会同自然资源部组织各省、自治区、直辖市水行政、自然资源主管部门，划定全国地下水超采区，对各省、自治区、直辖市地下水超采划定成果进行审核。通过审核的，由水利部会同自然资源部公布。

地下水超采治理地区每五年开展一次地下水超采区划定，其他地区每十年开展一次。水利部组织开展地下水超采区动态评估，跟踪地下水超采变化情况。

地下水超采区划定后，省、自治区、直辖市人民政府水行政主管部门可根据地下水超采治理情况，会同本级自然资源主管部门，组织编制地下水超采区调整报告，向水利部提出地下水超采区复核申请。水利部会同自然资源部对省、自治区、直辖市地下水超采情况予以复核确认后，可对超采区进行调整，并依法向社会公布。

第二十一条 地下水禁止开采区内，不得新建、改建、扩建地下水取水工程，县级以上地方人民政府水行政主管部门应当限期关闭地下水禁止开采区内已建地下水取水工程。

地下水限制开采区，应逐步削减地下水取水量。省、自治区、直辖市水行政主管部门根据区域地下水保护及超采治理要求，制定地下水取水量削减方案。为保障民生需求和支撑高质量发展或者对用水有特殊要求确需取用地下水的新建项目，许可水量或用水指标应通过核减其他取水户地下水取水量或通过用水权交易获得。

需要取水的地热能开发利用项目的禁止和限制取水范围由省、自治区、直辖市水行政主管部门按照《地下水管理条例》第五十一条组织划定。

第二十二条 省、自治区、直辖市地下水超采综合治理方案应符合国家地下水保护利用规划和地下水管理保护的要求。

县级以上地方水行政主管部门应当会同本级有关部门，依据省、自治区、直辖市地下水超采综合治理方案，编制本行政区域地下水超采综合治理方案，报本级人民政府批准后实施，并报上级水行政主管部门备案。

第二十三条 区域地下水超采综合治理方案编制应坚持问题导向，提出行政区域地下水超采治理目标、治理措施、保障措施等，明确责任主体和完成时限。区域内与地下水开采密切相关的重要泉域保护和海咸水入侵防治等任务，应一并纳入治理方案。

县级人民政府水行政主管部门依据地下水超采综合治理方案编制年度工作计划，并报本级人民政府批准实施。

第二十四条 县级以上地方人民政府应加强地下水超采区的节水管理，健全完善节水制度和节水激励机制，落实节水工作责任，地下水超采区内严格限制使用地下水发展高耗水工业和服务业，适度压减高耗水农作物，鼓励通过节水改造、水源置换、休耕雨养、种植结构调整等措施压减农业取用地下水。

鼓励和支持地下水超采区内取用地下水的单位和个人开展节水技术研究开发，推进节水科技成果转化应用，推广节水新技术，优先使用先进的节水工艺、设备和产品，提高用水效率，大力推动再生水、海水及淡化海水、集蓄雨水、微咸水、矿坑水等非常规水源利用。

第二十五条 存在超采问题的省、自治区、直辖市人民政府水行政主管部门应会同同级自然资源等部门及时总结辖区内地下水超采综合治理成效，将治理成效上报水利部。

第二十六条 县级以上地方人民政府水行政、自然资源等主管部门应积极采取措施，在有条件的地区，科学论证地下水回补可行性，依据有关规定标准，合理开展地下水回补、人工回灌，加强地下水水源涵养。

第五章 监测计量

第二十七条 地下水取水工程应当按照法律、法规的规定和国家、行业技术标准安装满足精度、数据传输上报要求的取水计量设施；已建农业灌溉地下水取水工程暂不具备安装计量设施条件的，可按相关标准规定采用以电折水等方式进行计量。

矿产资源开采、地下工程建设疏干排水应当安装计量设施，准确掌握排水量、回用量，并按要求布设地下水位监测设施。

建设需要取水的地热能开发利用项目，勘探开发单位应当安装取水和回灌在线计量设施，并将计量数据实时传输到有管辖权限的水行政主管部门。

第二十八条 水利部、自然资源部等有关部门，根据地下水控制指标管理、地下水超采治理、地下水储备监督等要求，完善国家地下水监测站网，开展地下水动态监测。

省、自治区、直辖市人民政府水行政、自然资源等主管部门根据需要完善地下水监测工作体系，对地下水超采区、生态脆弱区、集中式地下水饮用水水源地、重点泉域、海（咸）水入侵区、地下水储备区、水位变化易导致水质异常的区域等实施重点监测，按上级主管部门要求及时提供地下水水位、水量、水质等监测信息。

第二十九条 取水单位和个人应当按有关计量法律法规和标准规定，建立计量设施档案，做好计量器具的检定校准，并向有管辖权的水行政主管部门报备。

第三十条 取水单位和个人应当对取用水数据真实性、准确性、完整性和及时性负责，不得篡改、伪造地下水取用水计量监测及统计数据。

第六章 监督与考核

第三十一条 水利部会同自然资源部建立地下水超采区水位变化通报机制，以国家地下水监测工程监测数据为基础，地方地下水监测工程监测数据为补充，在综合分析超采区地下水位变幅的情况下，按季度对超采区有关地市地下水水位变化情况进行通报。

水利部根据水位降幅和排名情况，对相关地市人民政府分别采取点名、会商、约谈等方式，督促指导地下水超采治理工作。

省、自治区、直辖市人民政府水行政主管部门会同自然资源主管部门可建立辖区内地下水水位变化通报机制。

第三十二条 县级以上地方人民政府水行政主管部门应当加强对行政区域内地下水开发利用的监

督检查和水政执法，会同有关部门建立联合查处机制，发现违规取水，责令立即停止违法行为，并依法依规进行查处。

被检查单位或者个人应当如实报告情况，并提供必要数据资料。

第三十三条 流域管理机构应当依据相关法律法规及水利部授权，加强对流域范围内地方人民政府水行政主管部门地下水节约保护、开发利用、超采治理，以及管理工作情况的监督检查，按发现问题严重程度和出现频次及时向有关水行政主管部门印发问题整改清单，督促整改落实。

省、自治区、直辖市人民政府水行政主管部门应加强对辖区内市、县级人民政府水行政主管部门地下水管理与保护工作情况的监督检查，建立问题整改清单，监督整改落实。

第三十四条 根据年度监督检查发现问题的数量、性质、严重程度，上级地方人民政府水行政主管部门应按照有关规定对有关责任单位和责任人实施责任追究，或者提出责任追究建议，必要时可向有关地方人民政府通报，并提出责任追究建议。

第三十五条 县级以上地方人民政府水行政主管部门应当及时公开本行政区域地下水取水总量控制和水位控制指标等相关信息，为公民、法人和其他组织参与监督地下水管理保护提供便利。

第三十六条 水利部会同有关部门把地下水管理与保护工作及目标完成情况纳入最严格水资源管理制度考核，按年度组织实施对各省、自治区、直辖市的考核评价，考核结果按照有关程序报请审定后向社会公告。

第七章 罚 则

第三十七条 水行政、自然资源等主管部门及其工作人员，违反本办法规定的，按照《中华人民共和国水法》《地下水管理条例》《取水许可和水资源费征收管理条例》有关规定予以处理。

第三十八条 取水单位或者个人违反本办法规定的，按照《中华人民共和国水法》《地下水管理条例》《取水许可和水资源费征收管理条例》有关规定予以处罚。

第八章 附 则

第三十九条 地方各级水行政主管部门可参照本办法，会同本级人民政府自然资源等主管部门结合工作实际制定相关制度。

第四十条 本办法自印发之日起施行。

水利部办公厅　最高人民法院办公厅　最高人民检察院办公厅　公安部办公厅　司法部办公厅关于印发《河湖安全保护专项执法行动工作方案》的通知（办政法〔2023〕159号）

各省、自治区、直辖市水利（水务）厅（局）、高级人民法院、人民检察院、公安厅（局）、司法厅（局），新疆生产建设兵团水利局、人民检察院、公安局、司法局，新疆维吾尔自治区高级人民法院生产建设兵团分院，各流域管理机构，长江航运公安局：

为深入贯彻党的二十大精神和习近平总书记关于保障国家水安全的重要论述精神，推动水法、防洪法、水土保持法、长江保护法、黄河保护法等法律法规落地见效，加大关系群众切身利益的河湖领域执法力度，依法打击侵占河湖、妨碍行洪安全、破坏水工程、非法采砂、非法取水、人为造成水土流失等领域的违法犯罪行为，水利部、最高人民法院、最高人民检察院、公安部、司法部共同制定了《河湖安全保护专项执法行动工作方案》，现将工作方案印发给你们，请认真贯彻执行。

水利部办公厅　最高人民法院办公厅
最高人民检察院办公厅
公安部办公厅　司法部办公厅
2023年6月2日

河湖安全保护专项执法行动工作方案

为深入贯彻党的二十大精神和习近平总书记关于保障国家水安全的重要论述精神，推动水法、防洪法、水土保持法、长江保护法、黄河保护法等法律法规落地见效，落实中办、国办《关于推进基层整合审批服务执法力量的实施意见》以及水利部、公安部《关于加强河湖安全保护工作的意见》，最高人民检察院、水利部《关于建立健全水行政执法与检察公益诉讼协作机制的意见》的有关要求，全面加大关系群众切身利益的河湖领域执法力度，切实保障国家水安全，水利部、最高人民法院、最高人民检察院、公安部、司法部决定联合开展全国范围的河湖安全保护专项执法行动。

一、行动目标

聚焦河湖安全保护的重点领域和关键环节，加强水利部门与审判机关、检察机关、公安机关、司法行政机关的协作配合，依法打击侵占河湖、妨碍行洪安全、破坏水工程、非法采砂、非法取水、人为造成水土流失等领域的违法犯罪行为，立案查处一批典型违法案件，全面强化水行政执法与刑事司法衔接、与检察公益诉讼协作，指导基层综合行政执法机构加大河湖水域执法力度，切实维护河湖管理秩序，共同保障国家水安全。

二、组织领导与责任分工

河湖安全保护专项执法行动由水利部、最高人民法院、最高人民检察院、公安部和司法部统一部署，水利部政策法规司、最高人民法院环境资源审判庭、最高人民检察院第八检察厅、公安部治安管理局、司法部行政执法协调监督局组织协调并开展督导检查。

各地专项执法行动由水利部门牵头，同级审判机关、检察机关、公安机关、司法行政机关参加。各部门具体分工如下：

水利部门：流域管理机构、各级水利部门会同各有关部门制定本地区专项执法行动方案，组织协调各部门开展工作。具体负责全面排查各重点任务领域的问题线索，依法查处水事违法案件；下沉或划转水行政处罚权的地区，要积极向行使水行政处罚权的综合行政执法机构移交问题线索，并根据需要提供水利专业技术支持。根据水利部统一部署，各流域管理机构负责组织实施直管河段和直管水库的专项执法行动；按照水利部要求开展专项执法行动的监督检查。查处水事违法案件中，对涉嫌犯罪的，要及时移送公安机关；对涉及执法后不足以弥补国家利益或者社会公共利益损失的，要及时移送检察机关；对拒不履行行政决定的，依法申请人民法院强制执行。牵头组织各有关部门开展专项执法行动总结工作。

审判机关：加强与水利部门协调沟通，对重大疑难复杂水事违法行为的法律适用问题给予指导。依法审理重点领域涉水违法案件，适时发布水事典型案例或指导性案例。对于河道设障、侵占毁坏水工程等严重影响防洪安全的违法行为，水利部门作出行政决定并申请人民法院强制执行的，依法及时受理，提高审查与执行效率，维护河湖公共秩序，保障人民生命财产安全。

检察机关：围绕本地区水事秩序，加强与水利部门的会商研判。对水利部门和有关综合执法机构移送的问题线索，可与水利部门联合挂牌督办，对拒不整改或长期整改不到位的依法提起公益诉讼。对公安机关移送的涉嫌刑事犯罪案件进行审查起诉。

公安机关：加强汛期社会面治安巡逻防控。依法受理水利部门和有关综合执法机构移送的涉嫌犯罪的水事案件。依法打击危害河湖安全的犯罪行为，严肃查处暴力抗法和阻碍执法人员依法执行职务等行为。

司法行政机关：指导行使水行政处罚权的行政执法机构，围绕重点任务领域，加大行政执法力度，严格查处水事违法案件。司法行政机关按照统一部署，与水利部门联合开展行政执法监督，推进严格规范公正文明执法。

三、重点任务

根据《中华人民共和国水法》《中华人民共和国防洪法》《中华人民共和国水土保持法》《中华人民共和国长江保护法》《中华人民共和国黄河保护法》《中华人民共和国地下水管理条例》《中华人民共和国治安管理处罚法》《中华人民共和国刑法》等法律法规，重点打击以下重点领域的违法犯罪行为。

（一）防洪安全领域。主要包括：依法查处非法侵占河湖水域和水库库容、非法占用河湖岸线等行为；影响河势稳定，危害大坝及其附属设施、河岸堤防等水利工程安全，侵占河道、违法修建跨河、穿河、穿堤、临河建筑物构筑物、弃置或堆放阻碍行洪物体和种植阻碍行洪的林木及高秆作物等妨碍河道行洪安全的行为；拒不服从防汛抗旱调度的行为。

（二）水资源水生态水环境保护领域。主要包括：依法查处非法取水、河湖“四乱”（乱占、乱采、乱堆、乱建）、人为造成水土流失危害、拒不服从水资源调度、不落实最小生态流量泄放和因地下工程建设对地下水造成重大不利影响等行为；查办非法围垦河湖、破坏水文监测环境和设施、破坏饮用水水源等涉嫌犯罪的案件。

（三）河道采砂管理领域。主要包括：依法查处未经批准擅自采砂，在禁采区、禁采期采砂，以及超范围、超深度、超期限、超许可量等未按许可要求的非法采砂行为；严厉打击以疏浚为名的采砂行为，依法惩处其中的黑恶势力犯罪。

（四）重点水利工程安全保卫领域。主要包括：毁坏大坝或者其观测、通信、动力、照明、交通、消防等管理设施，擅自操作大坝的泄洪闸门、输水闸门以及其他设施，破坏大坝正常运行等水利工程安全生产领域违法行为。

四、实施步骤

专项执法行动为期半年，具体时间为2023年6月至11月。主要分为动员部署、违法线索排查、案件查处、监督检查、总结提升五个方面。

（一）动员部署

1. 召开动员部署视频会。水利部、最高人民法院、最高人民检察院、公安部、司法部于2023年6

月联合召开视频会议，对专项行动做出动员部署。各省级水利部门牵头组织，邀请同级审判机关、检察机关、公安机关、司法行政机关参加，确保本次专项执法行动任务要求传达到位。

（二）违法线索排查

2. 全面开展自查。流域管理机构、各级水利部门要组织河湖、水旱灾害防御、水资源、水土保持、工程运行、水文、安全生产、监督等部门，借助卫片解译等信息化手段，全面排查在执法巡查和业务监管过程中发现的问题线索。检察机关、公安机关、司法行政机关工作中发现的水事违法行为线索，要及时通报同级水利部门。

3. 建立举报平台。水利部在12314监督举报服务平台开设专项执法行动举报专栏；流域管理机构和各级水利部门要通过多种方式对外公布本单位的举报电话及受理时间，同时，公布水利部监督举报电话（12314）及监督举报服务平台网址（http：//supe. mwr. gov. cn/）。

4. 建立问题线索台账。流域管理机构、各级水利部门要建立问题线索台账（见附件1），并开展核查。对确属违法的要按照应立尽立的原则，依法立案查处；对应由相关综合执法机构处罚的，要及时移交。

（三）案件查处

5. 依法查处案件。水利部门、综合执法机构要建立执法案件台账（见附件2）。对列入执法案件台账中的案件，实行销号制度。对需要依法申请人民法院强制执行的，要及时通报同级审判机关。对执法后不足以弥补国家利益或者社会公共利益损失的问题线索，要及时移送同级检察机关。对涉嫌犯罪的案件，要及时移送同级公安机关。

6. 加大主汛期前查处力度。要加大对严重影响行洪违法案件的查处力度，通过责令整改、限期拆除、行政强制执行等多种措施，推动今年主汛期前将阻水严重的违法问题整治到位，为2023年安全度汛提供支撑保障。

7. 落实扫黑除恶常态化。将常态化扫黑除恶工作贯穿于重大违法案件查处过程，建立健全问题线索发现移交机制，发现涉黑涉恶及其“保护伞”问题线索的，要及时按规定向有关部门报送。

8. 实施台账动态管理。执法案件台账上每个案件，要明确查处主体和督办主体，依法严格查处。在案件立案、重大进展节点、结案后的10日内，应在水行政执法统计直报系统（http：//mwrdb. mwr. cn）填报或者更新案件登记表。各有关综合执法机构要将有关情况通报同级水利部门，由水利部门负责填报。

（四）监督检查

9. 实施挂牌督办。流域管理机构、省级水利部门对重大违法案件要挂牌督办，建立挂牌督办案件台账（见附件3），并可根据实际，联合同级检察机关、公安机关、司法行政机关共同督办。对于性质严重、影响恶劣的重大案件，水利部将商相关机构，联合挂牌督办、共同查处。

10. 执法监督检查。水利部会同司法部对各省水行政执法工作开展执法监督检查，并对执法案件台账中10%的案件进行现场抽查复核，对省级水行政主管部门挂牌督办案件全口径复核和督促指导。综合分析水行政执法存在的突出问题，形成问题清单，督促各地整改到位。各流域管理机构要及时掌握负责省份的工作进展情况（分工见附件4），参与负责省份执法监督检查，对于重大案件、重大进展及时报水利部政策法规司。

（五）总结提升

11. 开展工作总结。流域管理机构、省级水利部门要组织协调各相关部门，全面总结专项执法行动经验，特别是多部门协作的有益做法，不断改进执法工作。要深挖各地的有益做法，总结执法协作的典型案例，形成示范效应。流域管理机构、省级水利部门于2023年12月20日前将开展专项执法行动总结和1至3个典型案例报送水利部政策法规司。

12. 建立长效机制。在系统总结各地实践经验和有效做法基础上，针对防洪安全、水资源水生态水环境保护、河道采砂管理、重点水利工程安全保卫等方面发现的问题，制定或完善政策措施，不断健全水利行业监管与水行政执法衔接机制，不断强化水行政执法与刑事司法衔接机制，形成行业监管、行政执法、刑事司法工作合力，共同维护好河湖安全。

五、工作要求

（一）强化组织领导。省级水利部门、审判机关、检察机关、公安机关、司法行政机关要加强对本单位、本地区专项执法行动的工作指导和监督，强化执法案件台账建立、违法案件查处整改落实情况的督促检查。水利部将通过《水行政执法动态信息》通报各地专项执法行动进展情况。

（二）加强协作配合。水利部门要发挥好牵头作用，通过建立联络员制度、联席会议制度等方式主动对接各相关部门，积极协调线索案件移送、案件查处、挂牌督办、执法监督、信息报送等各项工作。各级审判机关、检察机关、公安机关、司法行政机关要加大协作力度，扎实做好职责分工中的各项工作任务，确保形成工作合力。水利部将会同相关单位，适时开展联合督导调研，指导各地深化执法协作，协调解决遇到的问题，推动相关工作开展。

（三）创新工作方法。各地要结合实际，进一步探索和创新开展专项执法行动的方式方法，着力加强行政监管与行政执法、行政执法与刑事司法、行政执法与检察公益诉讼等领域相衔接的有益探索，推动建立部门之间沟通协调、联合执法、信息共享等方面具有长效性、稳定性和约束力的工作机制，共同维护河湖水事秩序。

（四）加强信息报送。自2023年6月起，各级水利部门要在每月月底前，向同级审判机关、检察机关、公安机关、司法行政机关了解相关工作进展，并于下月5日前完成水行政执法统计直报系统的信息填报工作。流域管理机构应当及时掌握负责省份的专项执法行动数据，督促负责省份及时报送信息。

（五）强化普法宣传。各地各单位要利用各类媒体平台，加大宣传力度，向社会宣传水利部门与各部门协作的重要意义、典型案例和取得的成果。水利部将会同各相关机构，共同总结协作经验，联合召开新闻发布会，发布典型案例，宣传河湖安全保护取得的成效。

国家发展改革委等部门关于进一步加强水资源节约集约利用的意见 发改环资〔2023〕1193号

各省、自治区、直辖市、新疆生产建设兵团发展改革委、水利（水务）厅（局）、住房和城乡建设厅（委、管委、局）、工业和信息化主管部门、农业农村（农牧）厅（局、委）、自然资源主管部门、生态环境厅（局）：

为全面贯彻党的二十大精神，实施全面节约战略，加快形成节水型生产生活方式，建设节水型社会，推进生态文明建设，促进高质量发展，我们会同教育部、科技部、财政部、国家卫生健康委、市场监管总局、国管局、国家能源局、国家林草局，提出以下意见。

一、总体要求

（一）指导思想。以习近平新时代中国特色社会主义思想为指导，全面贯彻党的二十大精神，深入贯彻习近平总书记关于治水的重要论述精神，落实“节水优先、空间均衡、系统治理、两手发力”治水思路，完整、准确、全面贯彻新发展理念，加快构建新发展格局，深入实施国家节水行动，坚持“四水四定”，健全节水制度政策，推进水资源总量管理、科学配置、全面节约、循环利用，大力推动农业、工业、城镇等重点领域节水，加强非常规水源利用，发展节水产业，建设节水型社会，促进经济社会发展全面绿色转型，加快建设美丽中国。

（二）主要目标。到2025年，全国年用水总量控制在6 400亿立方米以内，万元国内生产总值用水量较2020年下降16%左右，农田灌溉水有效利用系数达到0.58以上，万元工业增加值用水量较2020年降低16%。到2030年，节水制度体系、市场调节机制和技术支撑能力不断增强，用水效率和效益进一步提高。

二、落实最严格水资源管理制度

（三）严格用水总量和强度双控。加强省、市、县三级行政区域用水总量和强度控制指标管理。加快开展跨行政区江河流域水量分配，明确各区域取自不同河湖及调水工程的地表水可用水量。加快明确以县级行政区为单元的地下水取水总量和水位控制指标。各地根据本地区可用水量，合理配置本地区生活、农业、工业和河道外生态环境用水。坚持先节水后调水，把节水作为受水区的根本出路。

（四）强化取水管理。推行规划水资源论证，严格建设项目水资源论证。各级取水许可审批机关要按照各地区的可用水量和建设项目水资源论证情况，依法审批取水许可。依法规范取水行为，重点整治未经批准擅自取水、未依照批准的取水许可规定条件取水等违法问题。在水资源超载地区，依据有关规定暂停新增取水许可。规范自备井管理，依法关闭公共供水管网覆盖范围内或者通过替代水源已经解决供水需求的区域内的自备井。

（五）严格节水管理。健全用水定额体系，做好用水定额动态评估和更新，切实发挥用水定额在规划编制、水资源论证、节水评价、节水改造等方面的约束调节作用。在黄河流域、严重缺水地区逐步推行高耗水工业服务业强制性用水定额管理。落实《计划用水管理办法》，推动年用水量1万立方米及以上的工业服务业单位计划用水管理全覆盖。开展节水评价，从源头把好规划和建设项目节水关。推动县域节水型社会达标建设提质升级，到2025年，南水北调东中线工程受水区和北方60%以上、南方40%以上县（区）级行政区达到节水型社会标准。

三、加强农业农村节水

（六）坚持以水定地。统筹考虑水资源条件和粮食安全，优化调整农业生产结构，推进适水种植。西北等干旱地区压减高耗水作物种植，扩大低耗水高耐旱作物种植，因地制宜推行轮作休耕。地下水超采地区禁止新增开采难以更新的地下水用于农业灌溉，已经开采的要加快发展节水农业、旱作农业，减少地下水超采，逐步实现全面禁采。

（七）发展节水农业。持续推进高标准农田建设和节水型灌区建设，加快灌区续建配套和现代化改造，缺水地区推广喷灌、微灌、低压管灌等高效节水灌溉及水肥一体化等节水技术，加强用水精细化、智能化管理。发展旱作农业，推广深松蓄水、覆膜保墒、集雨补灌等旱作节水技术。加快牧区水利建设，发展节水高效灌溉饲草基地。缺水地区推广设施养殖、循环水养殖等水产养殖模式，推广尾水循环利用。推广节水型机械干清粪等技术和工艺。

（八）提高农村节水能力。加强农村生活供用水设施建设改造，配备安装计量设备，推广计量收费。扎实推进农村厕所革命，推广使用节水型改厕器具。因地制宜建设分散式生活污水收集处理回用设施，推广“生物+生态”污水处理技术，处理达标后就近灌溉回用和生活杂用。

四、强化工业节水

（九）坚持以水定产。强化水资源水环境承载力约束，根据可用水量，合理规划工业发展布局和规模，优化调整产业结构。水资源超载地区、严重缺水地区，依法依规有序压减高耗水产业规模，严格限制新上高耗水项目取水许可。缺水地区取水许可向先进制造业、战略性新兴产业等低耗水高产出产业倾斜。

（十）强化企业和园区集约用水。推进企业和园区用水系统集成优化，鼓励串联用水、分质用水，实现一水多用和梯级利用，打造节水型企业和园区，实施重点用水企业和园区水效领跑者引领行动。推动企业和园区完善节水管理制度，建立智慧用水管理平台。开展工业废水循环利用试点示范，引导重点行业、重点地区加强工业废水处理后回用。到2025年，规模以上工业用水重复利用率力争达到94%左右。

（十一）实施节水改造。开展工业企业水平衡测试、用水绩效评价和水效对标行动，引导企业实施节水改造。制定重点用水行业水效标杆水平和基准水平，并定期更新。发布国家鼓励的工业节水工艺、技术和装备目录，编制典型应用案例。缺水地区、地下水超采地区新建、改建、扩建项目，应当制定节水方案，配套建设节水设施，并与主体工程同时设计、同时施工、同时投入使用。

五、厉行城镇节水

（十二）坚持以水定城定人。以区域水资源承载能力为基础，科学设定城市功能定位，合理规划人口发展规模、城市空间结构，强化城镇开发边界管控，优化产业和基础设施布局，推动人口均衡发展、城市集约发展与水资源开发利用相协调。防止城市建设片面追求规模和“摊大饼”式无序蔓延。深入开展国家节水型城市创建。

（十三）遏制用水浪费。从严控制高耗水服务业用水，严格用水定额管理。洗车、高尔夫球场、人工滑雪场等特种行业全面推广低耗水、循环用水等节水技术工艺，优先利用再生水、集蓄雨水等非常规水源，限制使用地下水。开展公共供水管网漏损治理，完善检漏制度，实施管网改造、分区计量、压力调控、智能化建设等工程，持续推进重点城市（县城）公共供水管网漏损治理。到2025年，城市公共供水管网漏损率控制在9%以内。

（十四）公共机构率先垂范。制定《公共机构节约用水管理办法》，强化用水计划和定额管理。具备条件的公共机构定期开展水平衡测试，实施节水技术改造，新建、改建、扩建公共机构建筑全面推行使用节水器具。提高公共机构用水计量信息化水平，推广智能水表，逐步实现数据自动采集、统计信息直报、管网检漏智能化。在机关、学校、医院等重点领域实施水效领跑者引领行动，深入推进节水型高校建设。倡导减少瓶装饮用水浪费。

六、推进生态景观节水

（十五）坚持以水定绿。坚持山水林田湖草沙一体化保护和系统治理，考虑水资源承载能力，宜林则林、宜草则草、宜荒则荒，统筹推进水源涵养、国土绿化、防沙治沙、湿地修复、水土保持。干旱半干旱地区以雨养、节水为导向，以恢复灌草植被为主，推广乔灌草结合的绿化模式，合理配置林草植被类型和密度，统筹安排公益林灌溉用水。合理配置三北工程国家重大战略林草生态用水。城镇绿化要根据当地自然条件和水资源禀赋科学选择植物，缺水地区宜选用耐旱型植物。合理配置绿化用水，优先使用符合标准的再生水、雨水、矿井水，推广节水灌溉。

（十六）严控景观用水。严禁违背自然规律挖湖造景，限制盲目扩大景观和娱乐场地的水域面积。黄河流域严控新建亲水公园。缺水地区住宅小区、单位内部的景观用水禁止使用地下水、限制使用自来水。在不引起地下水污染、地下水超采、生态和地质环境问题前提下，合理利用城市可更新的浅层地下水用于生态用水。

七、推广非常规水源利用

（十七）加强污水资源化利用。推行非常规水源纳入水资源统一配置。鼓励具备条件的地方充分利用非常规水源，缺水城市应积极拓展再生水利用领域和规模。坚持以需定供、分质用水、就近利用，推进再生水用于工业生产、市政杂用、国土绿化、生态补水等。开展典型地区再生水利用配置试点。实施区域再生水循环利用工程。缺水地区新建城区提前规划布局再生水管网，老城区结合城市更新改造及河道生态补水需要，因地制宜建设集中或分布式污水收集再生设施。西北地区推广再生水“冬储夏用”，依托自然河湖水系科学规划建设中水库。到2025年，全国地级及以上缺水城市再生水利用率达到25%以上，黄河流域中下游力争达到30%，京津冀地区达到35%以上。

（十八）推动海水、矿井水、雨水等非常规水源利用。沿海缺水地区、海岛要将海水淡化水作为生活补充水源、市政新增供水及重要应急备用水源，工业园区、高耗水产业充分配置海水淡化水。统筹规划建设海水淡化工程，探索推动海水淡化水进入市政供水管网。鼓励海水作为火力发电、钢铁等行业的直接冷却水。推进煤炭绿色开采、保水开采，做好地下水保护，减少矿井疏干水量。矿区生产优先利用矿井水，将满足标准的矿井水用于周边工业生产、国土绿化、生活杂用、生态补水，统筹建设处理回用设施和管网。缺水地区探索实施煤炭生产矿井水配额制。西北干旱地区，采取适用的淡化技术，分区分类利用微咸水。结合土壤盐渍化防治，鼓励微咸水采用直接利用、咸淡混用和咸淡轮用等方式用于国土绿化和农业灌溉。缺水地区鼓励配套建设雨水收集利用设施。将海绵城市建设理念融入相关规划，提升雨水集蓄利用能力。农村地区结合地形集蓄雨水，用于农业灌溉、牲畜用水等。

八、发展节水产业

（十九）加强技术研发应用。围绕水资源高效循环利用、智慧节水灌溉、水肥高效利用、海水淡化利用、矿井水利用等领域，持续实施重点科技专项，开展关键技术和重大装备研发。推进产学研用深度融合的节水技术创新体系建设，支持举办节水创新发展大会及高新技术成果展，推进技术产业化。推进智慧节水，强化数字孪生、大数据、人工智能等新一代信息技术在节水业务中的应用研究。

（二十）推广节水产品。提高节水产品供给能力，推广使用节水型坐便器、淋浴器、水嘴、净水机等用水产品，加快淘汰不符合水效标准要求的产品。实施水效标识，将节水产品认证纳入统一绿色产品认证标识体系，推行绿色产品政府采购。依法打击水效虚标，规范市场行为。鼓励绿色建筑选用更高水效的产品。鼓励有条件的地方实施推广补贴政策。

（二十一）发展节水服务产业。积极开展用水权交易，将节水改造和合同节水管理取得的节水量纳入用水权交易，推动非常规水源市场化交易。完善用水权交易激励和投融资机制，落实交易收益分配制度，保护节水参与方合理收益权利。在公共机构、高耗水行业、供水管网漏损控制等领域推广合同节水管理。鼓励第三方节水服务企业参与节水咨询、检测认证、水平衡测试、用水绩效评价、技术改造、运行管理，提供社会化、专业化、规范化节水服务，通过节水效益分享等方式回收投资和获得合理利润。

九、保障措施

（二十二）健全标准计量体系。完善节水标准体系，加快制修订产品水效、行业用水定额、非常规水源利用等标准。加快推进非农业取水口和大中型灌区取水口计量全覆盖，地表水年许可水量50万立方米以上、地下水年许可水量5万立方米以上的非农业取水口以及5万亩以上大中型灌区渠首取水口要实现在线计量。大中型灌区应在产权分界点安装计量设施，在实施灌溉的高标准农田和高效节水灌溉项目区因地制宜配套实用易行的计量设施，进一步细化计量单元。取水单位、用水户应当使用经检定合格的水计量设施。

（二十三）完善经济政策。全面深化水价改革，深入推进农业水价综合改革，健全城镇供水价格形成和动态调整机制，推行居民阶梯水价、非居民用水及特种用水超定额累进加价。稳步推进水资源税改革，对试点地区取用地表水或者地下水的单位和个人征收水资源税，并停止征收水资源费。落实节水税收优惠政策。中央财政资金、中央预算内投资支持符合条件的节水项目。落实农业用水精准补贴、节水奖励和维修养护资金。拓宽投融资渠道，引导和规范社会资本参与节水项目建设运营。鼓励地方、企业通过“以奖代补”方式实现节水绩效。

（二十四）加强组织协调。充分发挥节约用水工作部际协调机制作用。各部门各司其职，加强沟通协调，做好行业和地区指导，抓好意见落实。将节水纳入经济社会发展综合评价体系和政绩考核。强化最严格水资源管理制度考核。鼓励有条件的地区将节水列为省级督查激励事项。加强国情水情教育，将节水纳入国民素质教育和中小学教育活动，加强节水科普，开展节水宣传，做好节水培训。

国家发展改革委
水利部
住房和城乡建设部
工业和信息化部
农业农村部
自然资源部
生态环境部
2023年9月1日

住房和城乡建设部 生态环境部 关于城市黑臭水体治理责任人名单的通告

各省、自治区住房城乡建设厅、生态环境厅，北京、天津、上海市水务局、生态环境局，重庆市住房城乡建设委、生态环境局，海南省水务厅，新疆生产建设兵团住房城乡建设局、生态环境局：

为落实城市人民政府治理城市黑臭水体的主体责任，确保扎实完成城市黑臭水体治理任务，现将城市黑臭水体治理责任人名单予以通告。

各城市黑臭水体治理责任人要依据《中共中央 国务院关于全面加强生态环境保护坚决打好污染防治攻坚战的意见》《中共中央 国务院关于深入打好污染防治攻坚战的意见》《住房和城乡建设部 生态环境部 国家发展改革委 水利部关于印发深入打好城市黑臭水体治理攻坚战实施方案的通知》，切实履行城市黑臭水体治理职责。对在城市黑臭水体治理工作中责任不落实、未完成工作任务的，按照相关规定严格问责。各省级住房城乡建设部门与生态环境部门要会同有关部门加强指导，督促各地做好城市黑臭水体治理工作。

附件：城市黑臭水体治理责任人名单（略）

住房和城乡建设部 生态环境部

2023 年 8 月 22 日

部际联席会议成员单位发布文件

水利部关于印发《母亲河复苏行动河湖名单（2022—2025 年）》的通知（水资管〔2023〕107 号）

部机关各司局，部直属各单位，各省、自治区、直辖市水利（水务）厅（局），新疆生产建设兵团水利局：

《母亲河复苏行动河湖名单（2022—2025 年）》已经部务会议审议通过，现印发给你们。有关事项通知如下：

一、高度重视母亲河复苏行动工作

开展母亲河复苏行动，是生态文明建设的必然要求，是服务水利高质量发展的重要任务，是建设幸福河湖的具体行动。要坚决贯彻落实党的二十大精神，认真落实习近平总书记“节水优先、空间均衡、系统治理、两手发力”治水思路和关于治水的重要论述精神，统筹水资源、水环境、水生态治理，持续改善河湖生态环境，让河流恢复生命、流域重现生机。

流域管理机构和各省级水行政主管部门要切实提高政治站位，充分认识母亲河复苏行动的重要性和紧迫性，强化责任落实，加大投入力度，提升保障能力，加强区域协作和部门协同联动，确保各项工作有序开展。

二、加快母亲河复苏行动“一河（湖）一策”方案编制工作

流域管理机构和各级水行政主管部门要按照《水利部水资源管理司关于印发母亲河复苏行动“一河（湖）一策”方案提纲的通知》（资管保函〔2022〕73 号）以及具体分工，加快“一河（湖）一策”方案编制工作。“一河（湖）一策”方案要坚持以流域为单元，坚持问题导向、目标导向和效果导向，强化综合治理、系统治理、源头治理，从生态系统整体性和流域系统性出发，统筹上下游、左右岸、干支流、地上地下，科学设定河湖复苏目标指标，细化主要任务、重点措施、进度安排，明确实施主体、组织分工、管理措施和保障措施。

流域管理机构会同相关省级水行政主管部门编制的跨省河湖“一河（湖）一策”方案，报水利部审核后，由流域管理机构会同有关省份联合印发实施。流域管理机构协调指导省级水行政主管部门编制的跨省河湖“一河（湖）一策”方案，经流域管理机构审核后，由省级水行政主管部门印发实施。省内河湖“一河（湖）一策”方案，由地方各级水行政主管部门编制并实施。

三、抓好母亲河复苏行动的评估、督导和考核工作

充分利用现代化技术手段，完善监测体系，优化监测方式，加强动态监测，做好河流生态流量、湖泊生态水位、河道外取用水、关键断面过流状况、地下水位变化、河湖水质、水生态变化等情况的动态监测与评估，动态掌握母亲河治理修复情况。流域管理机构和各省级水行政主管部门要加强对流域内、区域内母亲河复苏行动的组织实施进行协调、指导和监督，及时发现并解决问题，每年 6 月和 12 月向水利部报送工作进展情况。工作落实情况纳入实行最严格水资源管理制度考核和国务院河湖长制督查激励等有关考核激励机制。加大母亲河复苏行动宣传力度，开展母亲河复苏行动典型案例评选和推广宣传。鼓励与引导社会公众共同参与母亲河复苏行动。

水利部

2023 年 3 月 17 日

附件：母亲河复苏行动河湖名单（2022—2025 年）

母亲河复苏行动河湖名单（2022—2025年）

序号	河湖名称	所在水资源一级区	涉省级行政区	“一河（湖）一策”方案编制责任主体
1	永定河	海河区	北京、河北、天津	水利部会同有关省级水行政主管部门
2	潮白河	海河区	北京、河北、天津	水利部会同有关省级水行政主管部门
3	温榆河—北运河	海河区	北京、河北、天津	水利部会同有关省级水行政主管部门
4	卫运河	海河区	河北	水利部会同有关省级水行政主管部门
5	南运河	海河区	河北、天津	水利部会同有关省级水行政主管部门
6	小运河	海河区	山东	水利部会同有关省级水行政主管部门
7	大清河	海河区	河北	水利部会同有关省级水行政主管部门
8	北拒马河—白沟河	海河区	河北	水利部会同有关省级水行政主管部门
9	北易水—南拒马河	海河区	河北	水利部会同有关省级水行政主管部门
10	唐河	海河区	河北	水利部会同有关省级水行政主管部门
11	瀑河	海河区	河北	水利部会同有关省级水行政主管部门
12	沙河—潴龙河	海河区	河北	水利部会同有关省级水行政主管部门
13	赵王新河	海河区	河北	水利部会同有关省级水行政主管部门
14	独流减河	海河区	天津	水利部会同有关省级水行政主管部门
15	滹沱河	海河区	河北	水利部会同有关省级水行政主管部门
16	子牙河	海河区	河北、天津	水利部会同有关省级水行政主管部门
17	海河干流	海河区	天津	水利部会同有关省级水行政主管部门
18	白洋淀*	海河区	河北	水利部会同有关省级水行政主管部门
19	桑干河	海河区	山西、河北	海河水利委员会会同河北省水利厅、山西省水利厅
20	洋河	海河区	内蒙古、山西、河北	海河水利委员会会同河北省水利厅、山西省水利厅、内蒙古自治区水利厅
21	漳河	海河区	河北、河南	海河水利委员会会同河北省水利厅、河南省水利厅
22	清漳河	海河区	河北、山西	海河水利委员会会同河北省水利厅、山西省水利厅
23	浊漳河	海河区	河北、河南、山西	海河水利委员会会同河北省水利厅、河南省水利厅、山西省水利厅
24	滦河	海河区	内蒙古、河北	海河水利委员会会同内蒙古自治区水利厅、河北省水利厅
25	泃河	海河区	北京	北京市水务局
26	黑河沟	海河区	北京	北京市水务局
27	七里海*	海河区	天津	天津市水务局
28	团泊洼*	海河区	天津	天津市水务局
29	大黄堡洼*	海河区	天津	天津市水务局
30	滏阳河	海河区	河北	河北省水利厅
31	洨河	海河区	河北	河北省水利厅
32	泜河	海河区	河北	河北省水利厅
33	七里河—顺水河	海河区	河北	河北省水利厅
34	洺河	海河区	河北	河北省水利厅

续表

序号	河湖名称	所在水资源一级区	涉省级行政区	“一河（湖）一策”方案编制责任主体
35	府河	海河区	河北	河北省水利厅
36	南大港*	海河区	河北	河北省水利厅
37	衡水湖*	海河区	河北	河北省水利厅
38	淇河	海河区	河南	河南省水利厅
39	唐河	长江区	河南	河南省南阳市水利局
40	大港	长江区	湖北	湖北省大冶市水利和湖泊局
41	京山河	长江区	湖北	湖北省京山市水利和湖泊局
42	淦河	长江区	湖北	湖北省咸安区水利和湖泊局
43	长湖*	长江区	湖北	湖北省荆州市水利和湖泊局
44	新峰河	长江区	重庆	重庆市荣昌区水利局
45	九龙河	长江区	重庆	重庆市永川区水利局
46	芝溪	长江区	四川	四川省遂宁市水利局
47	荷叶溪	长江区	四川	四川省蓬溪县水利局
48	白家河	长江区	四川	四川省安居区水利局
49	磨底河	长江区	四川	四川省郫都区水务局
50	越溪河	长江区	四川	四川省叙州区水利局
51	资水河	长江区	四川	四川省金堂县水务局
52	骑龙河	长江区	四川	四川省仪陇县水务局
53	龙台河	长江区	四川	四川省安岳县水务局
54	汾河	黄河区	山西	山西省水利厅
55	沁河	黄河区	河南、山西	黄河水利委员会会同山西省水利厅、河南省水利厅
56	大汶河	黄河区	山东	山东省水利厅
57	祖厉河	黄河区	甘肃	甘肃省水利厅
58	庄浪河	黄河区	甘肃	甘肃省水利厅
59	宛川河	黄河区	甘肃	甘肃省水利厅
60	石川河	黄河区	陕西	陕西省水利厅
61	南川河	黄河区	青海	青海省西宁市水务局
62	恰卜恰河	黄河区	青海	青海省共和县水利局
63	清水河	黄河区	宁夏	宁夏回族自治区水利厅
64	沙湖*	黄河区	宁夏	宁夏石嘴山市水务局
65	丁堡河—江海河	淮河区、长江区	江苏	江苏省水利厅
66	泗河	淮河区	山东	山东省水利厅
67	大沽河	淮河区	山东	山东省水利厅
68	小清河	淮河区	山东	山东省水利厅
69	贾鲁河	淮河区	河南	河南省水利厅
70	浉河	淮河区	河南	河南省信阳市水利局
71	潢河	淮河区	河南	河南省信阳市水利局
72	史河	淮河区	河南	河南省信阳市水利局

续表

序号	河湖名称	所在水资源一级区	涉省级行政区	“一河（湖）一策”方案编制责任主体
73	灌河	淮河区	河南	河南省信阳市水利局
74	洮儿河干流	松花江区	内蒙古、吉林	松辽水利委员会会同内蒙古自治区水利厅、吉林省水利厅
75	努敏河	松花江区	黑龙江	黑龙江省绥化市水务局
76	小八虎力河	松花江区	黑龙江	黑龙江省佳木斯市水务局
77	七虎林河	松花江区	黑龙江	黑龙江省鸡西市水务局
78	西辽河干流	辽河区	内蒙古、吉林	松辽水利委员会协调指导内蒙古自治区水利厅、吉林省水利厅
79	寇河	辽河区	辽宁	辽宁省水利厅会同铁岭市水利局、西丰县水利局
80	岱海*	西北诸河区	内蒙古	内蒙古自治区水利厅
81	黑河	西北诸河区	青海、甘肃、内蒙古	黄河水利委员会会同青海省水利厅、甘肃省水利厅、内蒙古自治区水利厅
82	石羊河	西北诸河区	甘肃	甘肃省水利厅
83	格尔木河	西北诸河区	青海	青海省格尔木市水利局
84	乌伦古河	西北诸河区	新疆	新疆阿勒泰地区额尔齐斯河（乌伦古河）流域管理处
85	博尔塔拉河	西北诸河区	新疆	新疆博州水利局
86	迪那河	西北诸河区	新疆	新疆巴州水利局
87	年楚河	西南诸河区	西藏	西藏自治区水利厅、日喀则市水利局
88	雅砻河	西南诸河区	西藏	西藏自治区水利厅、山南市水利局

注 河湖名称中*标记的为湖泊。

水利部关于印发《中小河流治理建设管理办法》的通知（水建设〔2023〕215号）

各流域管理机构，各省、自治区、直辖市水利（水务）厅（局），各计划单列市水利（水务）局，新疆生产建设兵团水利局，各有关单位：

《中小河流治理建设管理办法》已经部务会议审议通过，现印发给你们，请认真遵照执行。

水利部

2023年7月1日

中小河流治理建设管理办法

第一章 总 则

第一条 为推进以流域为单元的中小河流系统治理，规范建设管理，充分发挥工程效益，制定本办法。

第二条 本办法适用于以提升防洪减灾能力为主要内容的流域面积200～3 000平方公里的中小河流治理项目。

第三条 中小河流治理应遵循以下原则：

坚持人民至上，生命至上。统筹发展和安全，把保护人民生命财产安全放在系统治理的首要位置，切实提升中小河流行洪和防洪能力。

坚持系统治理，整体规划。以流域为单元，统筹上下游、左右岸、干支流，与流域综合规划、防洪规划和区域规划相协调，逐流域规划、逐流域治理，治理一条，见效一条。

坚持因地制宜，生态安全。尊重河流自然属性，科学确定治理标准和治理方案，处理好河流治理与生态保护的关系，实现人水和谐。

坚持数字赋能，智慧管理。逐流域、逐河流、逐项目建档立卡，实现中小河流治理全过程信息化管理，提升治理管理数字化、网络化、智能化水平。

第四条 水利部指导全国中小河流治理工作。水利部所属流域管理机构（以下统称流域管理机构）对流域内中小河流治理工作进行指导监督。各省、自治区、直辖市（以下统称各省）人民政府对辖区内中小河流治理工作负总责。各级河长按照职责，加强中小河流治理管理保护。

第五条 依托全国水利一张图，统一建设中小河流治理信息综合管理系统，实现河流及项目信息入库上图，根据需要同步建设中小河流监测预警设施，提升中小河流治理信息化管理水平，为数字孪生水利建设提供支撑。

第二章 前期工作

第六条 水利部组织编制全国中小河流治理总体方案（以下简称总体方案），确定中小河流治理总体目标、任务和布局。省级水行政主管部门要以流域为单元，组织编制逐河流治理方案，跨省河流治理方案由流域管理机构负责组织相关省份编制。逐河流治理方案经逐级审核汇总形成省级、流域分区、全国三个层面中小河流治理总体方案。

第七条 根据总体方案，水利部组织编制全国中小河流治理实施方案（以下简称实施方案），原则上以5年为编制周期，确定全国中小河流治理的阶段目标和任务。依据实施方案，省级水行政主管部门组织编制本省中小河流治理实施方案，经流域管理机构审核后报水利部备案入库。

第八条 实施方案内的项目依据河流治理方案和有关技术规程规范，可直接编制项目初步设计报告。项目初步设计报告由县级以上水行政主管部门（或项目法人）按规定选择具备相应资质的勘察设计单位编制，确保中小河流治理勘察设计工作质量。

第九条 中小河流治理项目初步设计报告审批权限及程序按照各省有关规定执行。省级水行政主管部门应加强对本省中小河流治理项目初步设计工作的技术指导及监督检查。各流域管理机构应对流域内的中小河流治理项目初步设计报告及批复进行抽查，跨省中小河流治理项目初步设计报告审批前，应报送流域管理机构进行复核。

第三章 年度任务管理

第十条 各省、计划单列市及新疆生产建设兵团水行政主管部门每年应提前组织编制下一年度中小河流治理任务建议，商同级财政部门，提出拟实施治理河流和项目清单，并按照轻重缓急排序，8月上旬报水利部，并抄送流域管理机构。纳入年度治理任务建议的河流和项目，应具备以下条件：

（一）河流及其项目已纳入全国中小河流治理实施方案；

（二）河流原则上具备3年内完成整河流治理的条件；

（三）项目在占地、移民、环保等方面无重大制约因素；

（四）项目完成初步设计报告批复；

（五）项目建设资金能够足额落实，并当年开工、当年完成年度治理任务。

近年重大洪涝灾害频发，保护对象重要的河流优先纳入年度治理任务。

第十一条 水利部综合考虑各省、计划单列市及新疆生产建设兵团年度治理任务建议和流域管理机构复核意见，经各省、计划单列市及新疆生产建设兵团水行政主管部门确认，提出分省年度治理河流及项目任务清单安排建议。

第十二条 各省、计划单列市及新疆生产建设兵团水行政主管部门应商同级财政部门将中央财政补助资金及时分解落实到年度治理河流及项目，并按规定报水利部备案入库，抄送有关流域管理机构，完成河流及项目信息上图。已入库上图的河流和项目原则上不得调整，确需调整的报送流域管理机构复核，由省、计划单列市及新疆生产建设兵团水行政主管部门商同级财政部门同意后，联合行文报水利部、财政部备案。

第十三条 各地要保障财政投入，足额落实地方建设资金；鼓励各地发挥中央资金补助、贴息等引导撬动作用，创新项目投融资机制，多渠道筹集中小河流治理资金。

第四章 建设管理

第十四条 中小河流治理项目建设要严格执行国家有关规定，实行项目法人责任制、招标投标制、建设监理制和合同管理制。

第十五条 项目法人应由县级以上人民政府或其授权的部门组建，对工程建设的质量、安全、进度和资金使用负首要责任，按照有关规定择优选择具备相应资质的设计、施工、监理等单位。

第十六条 项目初步设计报告一经批复，应严格执行。确需调整的，应严格履行设计变更审批程序。重大设计变更、一般设计变更的划分按照水利工程设计变更管理的相关规定执行。

第十七条 项目法人、勘察、设计、施工、监理、质量检测等参建单位及其参建人员应严格执行国家质量安全的相关法律法规和标准规范，健全质量和安全管理体系，加强中小河流治理项目质量和安全管理，对工程质量和安全承担相应责任。中小河流治理项目依法依规实行工程质量终身责任制。

第十八条 项目法人是项目安全度汛工作的首要责任单位，对跨汛期施工项目，应组织参建单位制定施工期安全度汛方案和超标准洪水应急预案，完善应急处置和安全防范措施，落实抢险队伍和抢险物资，穿（破）堤工程及临时工程的防洪标准应符合相关规范要求，确保在建项目度汛安全。

第十九条 地方水行政主管部门及项目法人要明确信息报送责任部门和责任人，及时更新中小河流治理信息综合管理系统相关信息，逐级严格审核，确保信息准确、完整。

各省、计划单列市及新疆生产建设兵团水行政主管部门每年1月底前，向水利部报送上一年度中小河流治理项目实施情况总结报告，并抄送流域管理机构。

第五章 验收销号管理

第二十条 对具备验收条件的中小河流治理项目应及时组织验收。竣工验收由项目法人提出申请，在项目全部完成并经过一个汛期运行后的6个月内完成。具体验收程序按照水利工程项目验收管理相关规定执行，竣工验收成果1个月内报省、计划单列市及新疆生产建设兵团水行政主管部门备案，涉及跨省河流的应同时报流域管理机构备案。项目竣工验收后，应在1个月内通过中小河流治理信息综合管理系统报备项目验收资料文件，并更新项目信息。

第二十一条 逐河流治理方案所涉及项目全部竣工验收后，由省级水行政主管部门复核，并在中小河流治理信息综合管理系统中进行任务销号。跨省河流方案所涉及项目全部竣工验收后，相关省份分别报送流域管理机构复核，由流域管理机构在中小河流治理信息综合管理系统中进行任务销号。

第六章 监督检查

第二十二条 水利部组织流域管理机构分省对中小河流治理工作进行监督指导。省级水行政主管部门对检查发现的问题建立台账，明确责任单位和责任人，提出整改意见和完成时限，并督促完成整改。

第二十三条 各省、计划单列市及新疆生产建设兵团水行政主管部门应加强对管辖范围内中小河流治理及项目的监督检查，包括项目前期工作、年度任务、建设管理、质量安全、安全度汛、信息报送、项目验收、治理任务销号等。对检查发现的问题，应督促项目法人及相关单位及时整改，对整改不力的，可根据情节轻重，依法依规对相关单位和责任人实施责任追究，并按照有关规定纳入水利建设市场主体不良行为记录信息，加强信用监管。

第二十四条 水利部将中小河流治理逐河流治理实施、年度治理河流及项目备案、年度治理任务及投资完成情况作为水利发展资金绩效评价的重要内容，与下一年度任务安排挂钩。

第七章 附　则

第二十五条 地方投资建设的中小河流治理项目参照本办法执行。各省、计划单列市及新疆生产建设兵团水行政主管部门可根据本办法，结合当地实际，制定具体建设管理办法或实施细则。

第二十六条 本办法由水利部负责解释。

第二十七条 本办法自印发之日起施行。

水利部关于公布2023年国家水利风景区认定与复核结果的通知（水综合〔2023〕343号）

部机关各司局，部直属各单位，各省、自治区、直辖市水利（水务）厅（局），新疆生产建设兵团水利局：

根据《水利风景区管理办法》，经水利部水利风景区建设与管理领导小组审议，并在水利部网站公示，认定河北沧州捷地御碑苑等17家水利风景区入选第二十一批国家水利风景区名单，内蒙古呼和浩特敕勒川（哈素海）等4家水利风景区列入2023年国家水利风景区复核撤销名单，同意陕西西安奥体灞河等2家水利风景区名称变更申请，具体名单见附件，现予以公布。

各级水利部门要深入贯彻习近平生态文明思想和习近平总书记关于治水的重要论述精神，积极践行“绿水青山就是金山银山”的理念，坚持以人民为中心的发展思想，坚持人与自然和谐共生，持续围绕推动水利高质量发展主题，科学保护和综合利用水利设施、水域及其岸线，加强水利风景区监督管理，着力维护河湖健康生命、守护水利工程安全，大力传承弘扬水文化，推出更多优质水生态产品和服务，让水利高质量发展最新成果更多更好地惠及人民，不断满足人民对美好生活的需要。

水利部
2023年12月8日

水利部关于公布黄河干支流目录的公告

（中华人民共和国水利部公告 2023 年第 11 号）

为贯彻实施《中华人民共和国黄河保护法》第二十六条等有关规定，水利部会同黄河流域省级人民政府确定了黄河干支流目录。目录包括黄河干流及其流域面积 50 平方公里以上（含）的一级支流、二级支流。现予以公布。

水利部

2023 年 7 月 20 日

附件：黄河干支流目录（一级支流）

附件

黄河干支流目录（一级支流）

序号	河流名称	干支流级别	流　经　区（县）	上级河流名称
1	黄河	干流	青海省玉树藏族自治州曲麻莱县，果洛藏族自治州玛多县、玛沁县、达日县、甘德县、久治县；甘肃省甘南藏族自治州玛曲县；四川省阿坝藏族羌族自治州阿坝县、若尔盖县；青海省黄南藏族自治州河南蒙古族自治县，海南藏族自治州同德县、兴海县、贵南县、共和县、贵德县，黄南藏族自治州尖扎县，海东市化隆回族自治县、循化撒拉族自治县、民和回族土族自治县；甘肃省临夏回族自治州积石山保安族东乡族撒拉族自治县、永靖县、临夏县、东乡族自治县，兰州市西固区、安宁区、七里河区、城关区、榆中县、皋兰县，白银市白银区、靖远县、平川区、景泰县；宁夏回族自治区中卫市沙坡头区、中宁县，吴忠市青铜峡市、利通区，银川市灵武市、永宁县、兴庆区、贺兰县，石嘴山市平罗县、惠农区；内蒙古自治区乌海市海南区，阿拉善盟阿拉善左旗，乌海市乌达区、海勃湾区，鄂尔多斯市鄂托克旗，巴彦淖尔市磴口县，鄂尔多斯市杭锦旗，巴彦淖尔市杭锦后旗、临河区、五原县、乌拉特前旗，鄂尔多斯市达拉特旗，包头市九原区、东河区、土默特右旗，鄂尔多斯市准格尔旗，呼和浩特市托克托县、清水河县；山西省忻州市偏关县、河曲县；陕西省榆林市府谷县；山西省忻州市保德县，吕梁市兴县；陕西省榆林市神木市；山西省吕梁市临县；陕西省榆林市佳县、吴堡县；山西省吕梁市柳林县；陕西省榆林市绥德县、清涧县；山西省吕梁市石楼县；陕西省延安市延川县；山西省临汾市永和县；陕西省延安市延长县；山西省临汾市大宁县、吉县；陕西省延安市宜川县；山西省临汾市乡宁县；陕西省渭南市韩城市；山西省运城市河津市、万荣县；陕西省渭南市合阳县；山西省运城市临猗县、永济市；陕西省渭南市大荔县；山西省运城市芮城县；陕西省渭南市潼关县；河南省三门峡市灵宝市；山西省运城市平陆县；河南省三门峡市陕州区、湖滨区、渑池县；山西省运城市夏县、垣曲县；河南省洛阳市新安县，济源市，洛阳市孟津区，焦作市孟州市，郑州市巩义市，焦作市温县，郑州市荥阳市，焦作市武陟县，郑州市惠济区，新乡市原阳县，郑州市金水区、中牟县，新乡市封丘县，开封市龙亭区、顺河回族区、祥符区、兰考县；山东省菏泽市东明县；河南省新乡市长垣市，濮阳市濮阳县；山东省菏泽市牡丹区、鄄城县；河南省濮阳市范县；山东省菏泽市郓城县；河南省濮阳市台前县；山东省济宁市梁山县，泰安市东平县，聊城市阳谷县、东阿县，济南市平阴县、长清区，德州市齐河县，济南市槐荫区、天桥区、历城区、济阳区、章丘区，滨州市邹平市、惠民县，淄博市高青县，滨州市滨城区、博兴县，东营市利津县、东营区、垦利区、河口区	

续表

序号	河流名称	干支流级别	流 经 区 （县）	上级河流名称
2	海红曲	一级支流	青海省玉树藏族自治州曲麻莱县	黄河
3	玛曲	一级支流	青海省玉树藏族自治州曲麻莱县	黄河
4	作毛鸭绒曲	一级支流	青海省玉树藏族自治州曲麻莱县	黄河
5	加核曲	一级支流	青海省玉树藏族自治州曲麻莱县	黄河
6	加核尕玛曲	一级支流	青海省玉树藏族自治州曲麻莱县	黄河
7	恩卡加龙	一级支流	青海省玉树藏族自治州曲麻莱县	黄河
8	年扎窝玛曲	一级支流	青海省玉树藏族自治州曲麻莱县	黄河
9	仁查果曲	一级支流	青海省玉树藏族自治州曲麻莱县	黄河
10	玛曲闫河	一级支流	青海省玉树藏族自治州曲麻莱县	黄河
11	玛卡日埃曲	一级支流	青海省玉树藏族自治州曲麻莱县	黄河
12	玛卡垒曲	一级支流	青海省玉树藏族自治州曲麻莱县	黄河
13	河泥洼	一级支流	青海省玉树藏族自治州曲麻莱县	黄河
14	龙拉加日苟曲	一级支流	青海省玉树藏族自治州曲麻莱县	黄河
15	龙那加日苟曲	一级支流	青海省玉树藏族自治州曲麻莱县	黄河
16	康浅曲	一级支流	青海省果洛藏族自治州玛多县，玉树藏族自治州曲麻莱县	黄河
17	康前	一级支流	青海省果洛藏族自治州玛多县	黄河
18	扎家同哪曲	一级支流	青海省玉树藏族自治州曲麻莱县	黄河
19	扎曲	一级支流	青海省玉树藏族自治州曲麻莱县	黄河
20	卡日曲	一级支流	青海省玉树藏族自治州称多县、曲麻莱县	黄河
21	赠木达加洋玛	一级支流	青海省果洛藏族自治州玛多县	黄河
22	然玛知知湾尔玛	一级支流	青海省果洛藏族自治州玛多县	黄河
23	嘉特场膀曲	一级支流	青海省果洛藏族自治州玛多县	黄河
24	达洼曲	一级支流	青海省果洛藏族自治州玛多县	黄河
25	肘曲	一级支流	青海省果洛藏族自治州玛多县	黄河
26	嘎玛勒曲	一级支流	青海省果洛藏族自治州玛多县	黄河
27	狼玛加合日曲	一级支流	青海省果洛藏族自治州玛多县	黄河
28	赠木达曲	一级支流	青海省果洛藏族自治州玛多县	黄河
29	柯尔咱程曲	一级支流	青海省果洛藏族自治州玛多县	黄河
30	哈曼儿呀娘曲	一级支流	青海省果洛藏族自治州玛多县	黄河
31	哈玛里呀格亮曲	一级支流	青海省果洛藏族自治州玛多县	黄河
32	哈木贡玛	一级支流	青海省果洛藏族自治州玛多县	黄河
33	万波爱玛	一级支流	青海省果洛藏族自治州玛多县	黄河
34	峨尔维加蒙龙	一级支流	青海省果洛藏族自治州玛多县	黄河

续表

序号	河流名称	干支流级别	流 经 区 （县）	上级河流名称
35	龙日阿	一级支流	青海省果洛藏族自治州玛多县	黄河
36	阿涌贡玛措曲	一级支流	青海省果洛藏族自治州玛多县	黄河
37	阿涌吾儿马措曲	一级支流	青海省果洛藏族自治州玛多县	黄河
38	阿涌该马措曲	一级支流	青海省果洛藏族自治州玛多县	黄河
39	多咽曲	一级支流	青海省果洛藏族自治州玛多县	黄河
40	勒那曲	一级支流	青海省果洛藏族自治州玛多县	黄河
41	纳加郎曲	一级支流	青海省果洛藏族自治州玛多县	黄河
42	多钦安科郎河	一级支流	青海省果洛藏族自治州玛多县	黄河
43	野马滩曲	一级支流	青海省果洛藏族自治州玛多县	黄河
44	义龙曲	一级支流	青海省果洛藏族自治州玛多县	黄河
45	哈日龙洼	一级支流	青海省果洛藏族自治州玛多县	黄河
46	七斜刚哥曲	一级支流	青海省果洛藏族自治州玛多县	黄河
47	南洛贡玛	一级支流	青海省果洛藏族自治州玛多县	黄河
48	扎玛纳曲	一级支流	青海省果洛藏族自治州玛多县	黄河
49	希龙曲	一级支流	青海省果洛藏族自治州玛多县	黄河
50	塘尕尔玛曲	一级支流	青海省果洛藏族自治州玛多县	黄河
51	查查玛哲曲	一级支流	青海省果洛藏族自治州玛多县	黄河
52	格曲	一级支流	青海省果洛藏族自治州玛多县、玛沁县	黄河
53	岔昌曲	一级支流	青海省果洛藏族自治州玛沁县、玛多县	黄河
54	狼玛加豁曲	一级支流	青海省果洛藏族自治州玛沁县	黄河
55	希玛瓦勒玛曲	一级支流	青海省果洛藏族自治州玛沁县	黄河
56	希玛岸玛曲	一级支流	青海省果洛藏族自治州玛沁县	黄河
57	日格曲	一级支流	青海省果洛藏族自治州玛多县	黄河
58	雪格曲	一级支流	青海省果洛藏族自治州玛多县	黄河
59	龙岩贡玛	一级支流	青海省果洛藏族自治州达日县	黄河
60	龙岩嘎玛	一级支流	青海省果洛藏族自治州达日县	黄河
61	德尔当曲	一级支流	青海省果洛藏族自治州玛沁县	黄河
62	康让玛曲	一级支流	青海省果洛藏族自治州玛多县	黄河
63	东曲	一级支流	青海省果洛藏族自治州玛多县	黄河
64	优尔曲	一级支流	青海省果洛藏族自治州玛多县、玛沁县	黄河
65	白马曲	一级支流	青海省果洛藏族自治州玛多县	黄河
66	夏曲	一级支流	青海省果洛藏族自治州达日县	黄河
67	厄亚嘎玛	一级支流	青海省果洛藏族自治州玛沁县	黄河

续表

序号	河流名称	干支流级别	流经区（县）	上级河流名称
68	扣娘曲	一级支流	青海省果洛藏族自治州达日县	黄河
69	合里曲	一级支流	青海省果洛藏族自治州达日县	黄河
70	羊壤曲	一级支流	青海省果洛藏族自治州玛沁县	黄河
71	厄亚贡玛	一级支流	青海省果洛藏族自治州玛沁县	黄河
72	厄亚洼尔玛	一级支流	青海省果洛藏族自治州玛沁县	黄河
73	方娘曲	一级支流	青海省果洛藏族自治州达日县	黄河
74	昂苍曲	一级支流	青海省果洛藏族自治州达日县	黄河
75	查雀贡玛	一级支流	青海省果洛藏族自治州玛沁县	黄河
76	扎赫尔玛	一级支流	青海省果洛藏族自治州玛沁县	黄河
77	散那合河	一级支流	青海省果洛藏族自治州达日县	黄河
78	垮里柯根玛	一级支流	青海省果洛藏族自治州达日县	黄河
79	目日休麻曲	一级支流	青海省果洛藏族自治州甘德县	黄河
80	安北东吾曲	一级支流	青海省果洛藏族自治州甘德县	黄河
81	安姆曲	一级支流	青海省果洛藏族自治州甘德县	黄河
82	切拉尕玛曲	一级支流	青海省果洛藏族自治州达日县	黄河
83	目日哇麻曲	一级支流	青海省果洛藏族自治州甘德县	黄河
84	查尔根曲	一级支流	青海省果洛藏族自治州达日县	黄河
85	侧尺曲	一级支流	青海省果洛藏族自治州达日县	黄河
86	吉迈河	一级支流	青海省果洛藏族自治州达日县	黄河
87	当曲	一级支流	青海省果洛藏族自治州玛沁县、甘德县	黄河
88	带日哇玛	一级支流	青海省果洛藏族自治州达日县	黄河
89	龙相曲	一级支流	青海省果洛藏族自治州甘德县	黄河
90	富雀姆曲	一级支流	青海省果洛藏族自治州久治县	黄河
91	达贡玛曲	一级支流	青海省果洛藏族自治州甘德县	黄河
92	田充曲	一级支流	青海省果洛藏族自治州达日县	黄河
93	折安曲	一级支流	青海省果洛藏族自治州久治县	黄河
94	格隆	一级支流	青海省果洛藏族自治州久治县	黄河
95	郭庆曲	一级支流	青海省果洛藏族自治州久治县	黄河
96	郭穷曲	一级支流	青海省果洛藏族自治州久治县	黄河
97	果襄曲	一级支流	青海省果洛藏族自治州久治县	黄河
98	阿赛尔	一级支流	甘肃省甘南藏族自治州玛曲县	黄河
99	交格宗	一级支流	甘肃省甘南藏族自治州玛曲县	黄河
100	扎西隆哇	一级支流	甘肃省甘南藏族自治州玛曲县	黄河

续表

序号	河流名称	干支流级别	流经区（县）	上级河流名称
101	当莫	一级支流	甘肃省甘南藏族自治州玛曲县	黄河
102	张莫	一级支流	甘肃省甘南藏族自治州玛曲县	黄河
103	塔玛	一级支流	甘肃省甘南藏族自治州玛曲县	黄河
104	塘曲	一级支流	甘肃省甘南藏族自治州玛曲县	黄河
105	沃体库乎	一级支流	甘肃省甘南藏族自治州玛曲县	黄河
106	尔则曲	一级支流	甘肃省甘南藏族自治州玛曲县	黄河
107	吉木都曲	一级支流	甘肃省甘南藏族自治州玛曲县	黄河
108	章安河	一级支流	青海省果洛藏族自治州久治县	黄河
109	尼格曲	一级支流	青海省果洛藏族自治州久治县	黄河
110	尕绕	一级支流	甘肃省甘南藏族自治州玛曲县	黄河
111	哈曲	一级支流	青海省果洛藏族自治州久治县	黄河
112	沙曲	一级支流	四川省阿坝藏族羌族自治州阿坝县；青海省果洛藏族自治州久治县	黄河
113	赛尔曲	一级支流	甘肃省甘南藏族自治州玛曲县	黄河
114	夏容曲	一级支流	青海省果洛藏族自治州久治县；四川省阿坝藏族羌族自治州阿坝县	黄河
115	达日曲	一级支流	四川省阿坝藏族羌族自治州阿坝县、若尔盖县；甘肃省甘南藏族自治州玛曲县	黄河
116	塘曲	一级支流	甘肃省甘南藏族自治州玛曲县	黄河
117	沃木曲	一级支流	四川省阿坝藏族羌族自治州阿坝县、若尔盖县	黄河
118	冬布曲	一级支流	甘肃省甘南藏族自治州玛曲县	黄河
119	纳艾曲	一级支流	甘肃省甘南藏族自治州玛曲县	黄河
120	姜本嘎尔美曲	一级支流	四川省阿坝藏族羌族自治州若尔盖县	黄河
121	恰日曲纳	一级支流	甘肃省甘南藏族自治州玛曲县	黄河
122	车洛曲	一级支流	甘肃省甘南藏族自治州玛曲县	黄河
123	娘伊曲	一级支流	甘肃省甘南藏族自治州玛曲县	黄河
124	玛尔莫曲	一级支流	四川省阿坝藏族羌族自治州若尔盖县	黄河
125	青尼涅尔玛	一级支流	四川省阿坝藏族羌族自治州若尔盖县	黄河
126	朗曲	一级支流	甘肃省甘南藏族自治州玛曲县	黄河
127	那合地曲	一级支流	甘肃省甘南藏族自治州玛曲县	黄河
128	柯曲	一级支流	青海省果洛藏族自治州达日县	黄河
129	达日河	一级支流	青海省果洛藏族自治州达日县	黄河
130	西柯河	一级支流	青海省果洛藏族自治州玛沁县、甘德县	黄河
131	东柯河	一级支流	青海省果洛藏族自治州甘德县	黄河

续表

序号	河流名称	干支流级别	流经区（县）	上级河流名称
132	贾曲	一级支流	四川省阿坝藏族羌族自治州阿坝县；甘肃省甘南藏族自治州玛曲县	黄河
133	白河	一级支流	四川省阿坝藏族羌族自治州红原县、阿坝县、若尔盖县	黄河
134	瓦日胡曲	一级支流	甘肃省甘南藏族自治州玛曲县	黄河
135	阿米欧拉曲	一级支流	甘肃省甘南藏族自治州玛曲县	黄河
136	莫日	一级支流	甘肃省甘南藏族自治州玛曲县	黄河
137	赫纳合特	一级支流	甘肃省甘南藏族自治州玛曲县	黄河
138	客钦曲	一级支流	甘肃省甘南藏族自治州玛曲县	黄河
139	哇赛尔勒合合	一级支流	甘肃省甘南藏族自治州玛曲县	黄河
140	毛曲	一级支流	青海省黄南藏族自治州河南蒙古族自治县	黄河
141	次汉索曲	一级支流	青海省黄南藏族自治州河南蒙古族自治县	黄河
142	唐地曲	一级支流	甘肃省甘南藏族自治州玛曲县	黄河
143	窝勒都	一级支流	甘肃省甘南藏族自治州玛曲县	黄河
144	达尔琼	一级支流	甘肃省甘南藏族自治州玛曲县	黄河
145	哈日坚	一级支流	青海省黄南藏族自治州河南蒙古族自治县	黄河
146	万音曲	一级支流	青海省黄南藏族自治州河南蒙古族自治县	黄河
147	阿蒙	一级支流	甘肃省甘南藏族自治州玛曲县	黄河
148	饿尔瓦斯曲	一级支流	青海省黄南藏族自治州河南蒙古族自治县；甘肃省甘南藏族自治州玛曲县	黄河
149	曲合尔	一级支流	甘肃省甘南藏族自治州玛曲县	黄河
150	当庆	一级支流	甘肃省甘南藏族自治州玛曲县	黄河
151	永曲	一级支流	青海省黄南藏族自治州河南蒙古族自治县	黄河
152	协曲	一级支流	青海省果洛藏族自治州甘德县；甘肃省甘南藏族自治州玛曲县	黄河
153	额玛曲	一级支流	青海省黄南藏族自治州河南蒙古族自治县	黄河
154	沃普通曲	一级支流	青海省黄南藏族自治州河南蒙古族自治县	黄河
155	塔玛	一级支流	青海省果洛藏族自治州玛沁县	黄河
156	果什布沟	一级支流	青海省海南藏族自治州同德县	黄河
157	得欠曲	一级支流	青海省果洛藏族自治州玛沁县	黄河
158	续欠曲	一级支流	青海省果洛藏族自治州玛沁县	黄河
159	祁龙曲	一级支流	青海省海南藏族自治州同德县	黄河
160	加穷曲	一级支流	青海省果洛藏族自治州玛沁县	黄河
161	加舍曲	一级支流	青海省果洛藏族自治州玛沁县	黄河
162	沃合特曲	一级支流	青海省黄南藏族自治州河南蒙古族自治县	黄河
163	得科河	一级支流	青海省果洛藏族自治州玛沁县	黄河
164	多尔根河	一级支流	青海省海南藏族自治州同德县	黄河

续表

序号	河流名称	干支流级别	流经区（县）	上级河流名称
165	赛欠曲	一级支流	青海省海南藏族自治州同德县	黄河
166	嘎可合曲	一级支流	青海省果洛藏族自治州玛沁县	黄河
167	西哈龙曲	一级支流	青海省果洛藏族自治州玛沁县	黄河
168	德后索曲	一级支流	青海省海南藏族自治州同德县	黄河
169	泽曲	一级支流	青海省黄南藏族自治州泽库县、河南蒙古族自治县	黄河
170	拖恩浓曲	一级支流	青海省海南藏族自治州兴海县	黄河
171	贡曲	一级支流	青海省海南藏族自治州兴海县	黄河
172	茨哈沟	一级支流	青海省海南藏族自治州同德县	黄河
173	中铁沟	一级支流	青海省海南藏族自治州兴海县	黄河
174	江群曲	一级支流	青海省海南藏族自治州同德县	黄河
175	江前曲	一级支流	青海省海南藏族自治州同德县	黄河
176	多宗龙曲	一级支流	青海省海南藏族自治州兴海县	黄河
177	巴曲	一级支流	青海省黄南藏族自治州泽库县，海南藏族自治州同德县	黄河
178	牧羊曲	一级支流	青海省海南藏族自治州同德县	黄河
179	加拉龙洼	一级支流	青海省海南藏族自治州兴海县	黄河
180	龙曲沟	一级支流	青海省海南藏族自治州兴海县	黄河
181	居布林曲	一级支流	青海省海南藏族自治州同德县、贵南县	黄河
182	操什达	一级支流	青海省海南藏族自治州兴海县、共和县	黄河
183	大河坝河	一级支流	青海省海南藏族自治州兴海县	黄河
184	茫拉河	一级支流	青海省黄南藏族自治州泽库县，海南藏族自治州贵南县	黄河
185	菊花台沟	一级支流	青海省海南藏族自治州共和县	黄河
186	曲迁	一级支流	青海省海南藏族自治州共和县	黄河
187	多龙沟	一级支流	青海省海南藏族自治州共和县、贵德县	黄河
188	浪麻沟	一级支流	青海省海南藏族自治州共和县、贵德县	黄河
189	加什达沟	一级支流	青海省海南藏族自治州贵南县	黄河
190	沿岗沟	一级支流	青海省海南藏族自治州贵南县	黄河
191	扎西香卡河	一级支流	青海省海南藏族自治州贵德县	黄河
192	曲布藏沟	一级支流	青海省海南藏族自治州贵德县	黄河
193	浪勒沟	一级支流	青海省海南藏族自治州贵德县	黄河
194	松巴沟	一级支流	青海省海南藏族自治州贵德县	黄河
195	德龙尖巴沟	一级支流	青海省黄南藏族自治州尖扎县	黄河
196	尕布河滩沟	一级支流	青海省黄南藏族自治州尖扎县	黄河
197	格曲河滩沟	一级支流	青海省黄南藏族自治州尖扎县	黄河
198	支扎沟	一级支流	青海省西宁市湟中区，海东市化隆回族自治县	黄河
199	雄先河	一级支流	青海省海东市化隆回族自治县	黄河

续表

序号	河流名称	干支流级别	流经区（县）	上级河流名称
200	曲加沟	一级支流	青海省海东市化隆回族自治县	黄河
201	安中沟	一级支流	青海省黄南藏族自治州尖扎县	黄河
202	黑城沟	一级支流	青海省海东市化隆回族自治县	黄河
203	昂思多沟	一级支流	青海省海东市化隆回族自治县	黄河
204	科学沟	一级支流	青海省海东市化隆回族自治县	黄河
205	羊江河	一级支流	青海省黄南藏族自治州尖扎县	黄河
206	戈失河	一级支流	青海省黄南藏族自治州尖扎县	黄河
207	叶后浪河	一级支流	青海省海南藏族自治州贵德县	黄河
208	烂泉沟	一级支流	青海省海南藏族自治州贵南县、贵德县	黄河
209	农春河	一级支流	青海省西宁市湟源县，海南藏族自治州贵德县	黄河
210	西河	一级支流	青海省黄南藏族自治州泽库县，海南藏族自治州贵南县、贵德县	黄河
211	德拉河	一级支流	青海省海南藏族自治州贵德县	黄河
212	尕让沟	一级支流	青海省海南藏族自治州贵德县	黄河
213	加让河	一级支流	青海省黄南藏族自治州尖扎县	黄河
214	德恒隆沟	一级支流	青海省海东市化隆回族自治县	黄河
215	乙麻亥沟	一级支流	青海省海东市循化撒拉族自治县	黄河
216	西沟河	一级支流	青海省海东市循化撒拉族自治县	黄河
217	黑营沟	一级支流	青海省海东市化隆回族自治县、民和回族土族自治县	黄河
218	刘集河	一级支流	甘肃省临夏回族自治州积石山保安族东乡族撒拉族自治县	黄河
219	甘河	一级支流	青海省海东市民和回族土族自治县	黄河
220	张家沟	一级支流	甘肃省临夏回族自治州积石山保安族东乡族撒拉族自治县	黄河
221	吹麻滩河	一级支流	青海省海东市循化撒拉族自治县；甘肃省临夏回族自治州积石山保安族东乡族撒拉族自治县	黄河
222	巴燕沟	一级支流	青海省海东市化隆回族自治县	黄河
223	红沟	一级支流	青海省海东市化隆回族自治县、循化撒拉族自治县	黄河
224	街子河	一级支流	青海省海东市循化撒拉族自治县	黄河
225	清水河	一级支流	青海省海东市循化撒拉族自治县	黄河
226	科沿沟	一级支流	青海省海东市化隆回族自治县、循化撒拉族自治县	黄河
227	前河沟	一级支流	青海省海东市民和回族土族自治县	黄河
228	银川河	一级支流	甘肃省临夏回族自治州临夏县、积石山保安族东乡族撒拉族自治县、东乡族自治县	黄河
229	恰卜恰河	一级支流	青海省海南藏族自治州共和县	黄河
230	沙沟	一级支流	青海省海南藏族自治州贵南县	黄河
231	隆务河	一级支流	青海省黄南藏族自治州泽库县、同仁市、尖扎县，海东市循化撒拉族自治县	黄河

续表

序号	河流名称	干支流级别	流 经 区（县）	上级河流名称
232	奔驰沟	一级支流	甘肃省临夏回族自治州东乡族自治县、永靖县	黄河
233	多曲	一级支流	青海省玉树藏族自治州称多县，果洛藏族自治州玛多县	黄河
234	热曲	一级支流	四川省甘孜藏族自治州石渠县；青海省果洛藏族自治州玛多县	黄河
235	黑河	一级支流	四川省阿坝藏族羌族自治州红原县、若尔盖县；甘肃省甘南藏族自治州碌曲县、玛曲县	黄河
236	切木曲	一级支流	青海省果洛藏族自治州玛沁县，海南藏族自治州兴海县	黄河
237	曲什安河	一级支流	青海省果洛藏族自治州玛沁县，海南藏族自治州兴海县	黄河
238	大夏河	一级支流	青海省黄南藏族自治州同仁市；甘肃省甘南藏族自治州夏河县，临夏回族自治州临夏县、临夏市、东乡族自治县	黄河
239	洮河	一级支流	青海省黄南藏族自治州河南蒙古族自治县；甘肃省甘南藏族自治州碌曲县、合作市、卓尼县、临潭县，定西市岷县，临夏回族自治州康乐县，定西市渭源县、临洮县，临夏回族自治州广河县、东乡族自治县、永靖县	黄河
240	磨石沟河	一级支流	甘肃省临夏回族自治州永靖县	黄河
241	砂子沟	一级支流	青海省海东市民和回族土族自治县；甘肃省临夏回族自治州永靖县	黄河
242	康沟	一级支流	青海省海东市民和回族土族自治县；甘肃省临夏回族自治州永靖县	黄河
243	盐锅峡大沟	一级支流	甘肃省临夏回族自治州永靖县	黄河
244	湟水	一级支流	青海省海北藏族自治州海晏县，西宁市湟源县、湟中区、城西区、城北区、城中区、城东区，海东市互助土族自治县、平安区、乐都区、民和回族土族自治县；甘肃省兰州市红古区、西固区，甘肃省临夏回族自治州永靖县	黄河
245	宣家沟	一级支流	甘肃省临夏回族自治州永靖县，兰州市西固区	黄河
246	大沙沟	一级支流	甘肃省兰州市皋兰县、安宁区	黄河
247	深沟	一级支流	甘肃省兰州市皋兰县、安宁区	黄河
248	西果园沟	一级支流	甘肃省兰州市七里河区，定西市临洮县	黄河
249	水磨沟	一级支流	甘肃省兰州市榆中县、七里河区、城关区	黄河
250	大砂沟	一级支流	甘肃省兰州市皋兰县、城关区	黄河
251	白道沟	一级支流	甘肃省兰州市皋兰县、城关区	黄河
252	关潭沟	一级支流	甘肃省兰州市榆中县	黄河
253	三岔沟	一级支流	甘肃省兰州市皋兰县	黄河
254	麋鹿沟	一级支流	甘肃省兰州市榆中县、皋兰县	黄河
255	红岘沟	一级支流	甘肃省兰州市榆中县	黄河
256	深井沟	一级支流	甘肃省兰州市榆中县	黄河
257	麦地沟	一级支流	甘肃省白银市白银区	黄河

续表

序号	河流名称	干支流级别	流　经　区（县）	上级河流名称
258	大浪沟	一级支流	甘肃省兰州市榆中县	黄河
259	井儿沟	一级支流	甘肃省兰州市榆中县，白银市靖远县、白银区	黄河
260	张家大沟	一级支流	甘肃省白银市靖远县	黄河
261	业沟	一级支流	甘肃省白银市靖远县	黄河
262	黑庄沟	一级支流	甘肃省白银市靖远县	黄河
263	石板沟	一级支流	甘肃省白银市靖远县	黄河
264	咸水河	一级支流	甘肃省兰州市永登县，武威市天祝藏族自治县，兰州市西固区	黄河
265	碱沟	一级支流	甘肃省兰州市永登县、皋兰县、安宁区	黄河
266	宛川河	一级支流	甘肃省兰州市榆中县	黄河
267	磨峡沟	一级支流	甘肃省兰州市皋兰县	黄河
268	强湾沟	一级支流	甘肃省兰州市皋兰县，白银市白银区	黄河
269	沙河	一级支流	甘肃省白银市白银区	黄河
270	苦水沟	一级支流	甘肃省兰州市榆中县，白银市靖远县	黄河
271	烟洞沟	一级支流	甘肃省白银市靖远县	黄河
272	月河	一级支流	甘肃省白银市靖远县、平川区	黄河
273	牙沟	一级支流	甘肃省白银市平川区	黄河
274	水泉沙河	一级支流	甘肃省白银市平川区	黄河
275	张水沟	一级支流	甘肃省白银市靖远县、平川区	黄河
276	大化子沟	一级支流	甘肃省白银市靖远县、平川区	黄河
277	小口沟	一级支流	甘肃省白银市靖远县	黄河
278	杨稍沙沟	一级支流	甘肃省白银市平川区、靖远县	黄河
279	上沙河	一级支流	甘肃省白银市靖远县、平川区	黄河
280	冰道沟	一级支流	甘肃省白银市靖远县	黄河
281	尾泉沟	一级支流	甘肃省白银市景泰县，兰州市皋兰县	黄河
282	胡麻水沟	一级支流	甘肃省白银市景泰县	黄河
283	硝水沟	一级支流	甘肃省白银市靖远县	黄河
284	杏树沟	一级支流	甘肃省白银市景泰县	黄河
285	兴水沟	一级支流	甘肃省白银市景泰县	黄河
286	农场沟	一级支流	甘肃省白银市景泰县；内蒙古自治区阿拉善盟阿拉善左旗	黄河
287	农场支沟	一级支流	甘肃省白银市景泰县	黄河
288	红柳沟	一级支流	甘肃省白银市景泰县	黄河
289	刘家寺沟	一级支流	甘肃省白银市靖远县、景泰县	黄河
290	茶树沟	一级支流	宁夏回族自治区中卫市沙坡头区	黄河
291	拉牌沟	一级支流	甘肃省白银市景泰县	黄河

续表

序号	河流名称	干支流级别	流经区（县）	上级河流名称
292	红嘴子沟	一级支流	内蒙古自治区阿拉善盟阿拉善左旗	黄河
293	大沙河	一级支流	甘肃省白银市景泰县	黄河
294	冬青沟	一级支流	甘肃省白银市景泰县	黄河
295	马尾沟	一级支流	甘肃省白银市靖远县	黄河
296	旱沟	一级支流	甘肃省白银市靖远县	黄河
297	苦水沟	一级支流	内蒙古自治区阿拉善盟阿拉善左旗；宁夏回族自治区中卫市沙坡头区；甘肃省白银市景泰县	黄河
298	翠柳沟	一级支流	甘肃省白银市景泰县	黄河
299	冰沟	一级支流	宁夏回族自治区中卫市沙坡头区	黄河
300	长流水沟	一级支流	宁夏回族自治区中卫市沙坡头区	黄河
301	崾岘子沟	一级支流	宁夏回族自治区中卫市沙坡头区	黄河
302	三个窑沟	一级支流	宁夏回族自治区中卫市沙坡头区	黄河
303	曹家山沟	一级支流	宁夏回族自治区中卫市沙坡头区	黄河
304	通湖沟	一级支流	内蒙古自治区阿拉善盟阿拉善左旗	黄河
305	大佛寺沟	一级支流	宁夏回族自治区中卫市中宁县	黄河
306	罗家沟	一级支流	宁夏回族自治区中卫市中宁县	黄河
307	庄浪河	一级支流	甘肃省武威市天祝藏族自治县，兰州市永登县、西固区	黄河
308	祖厉河	一级支流	甘肃省定西市通渭县，白银市会宁县、靖远县	黄河
309	黄崖沟	一级支流	甘肃省白银市景泰县	黄河
310	高崖沟	一级支流	甘肃省白银市靖远县；宁夏回族自治区中卫市沙坡头区	黄河
311	口子门沟	一级支流	宁夏回族自治区中卫市中宁县，吴忠市青铜峡市	黄河
312	干河子沟	一级支流	宁夏回族自治区吴忠市利通区、红寺堡区、青铜峡市，中卫市中宁县	黄河
313	大岱沟	一级支流	内蒙古自治区阿拉善盟阿拉善左旗；宁夏回族自治区吴忠市青铜峡市，中卫市中宁县	黄河
314	水泉沟	一级支流	内蒙古自治区阿拉善盟阿拉善左旗；宁夏回族自治区吴忠市青铜峡市	黄河
315	英发沟	一级支流	内蒙古自治区阿拉善盟阿拉善左旗；宁夏回族自治区吴忠市青铜峡市	黄河
316	红柳沟	一级支流	宁夏回族自治区吴忠市同心县、红寺堡区，中卫市中宁县	黄河
317	兵沟	一级支流	内蒙古自治区鄂尔多斯市鄂托克前旗；宁夏回族自治区银川市兴庆区	黄河
318	三眼井沟	一级支流	内蒙古自治区鄂尔多斯市鄂托克前旗；宁夏回族自治区石嘴山市平罗县，银川市兴庆区	黄河
319	大河子沟	一级支流	宁夏回族自治区银川市灵武市	黄河
320	水洞沟	一级支流	宁夏回族自治区吴忠市盐池县；内蒙古自治区鄂尔多斯市鄂托克前旗；宁夏回族自治区银川市灵武市、兴庆区	黄河

续表

序号	河流名称	干支流级别	流经区（县）	上级河流名称
321	正谊关沟	一级支流	宁夏回族自治区石嘴山市惠农区	黄河
322	柳条沟	一级支流	宁夏回族自治区石嘴山市大武口区；内蒙古自治区阿拉善盟阿拉善左旗；宁夏回族自治区石嘴山市惠农区	黄河
323	乌尔图沟	一级支流	内蒙古自治区阿拉善盟阿拉善左旗，乌海市乌达区	黄河
324	苏白沟	一级支流	内蒙古自治区鄂尔多斯市鄂托克旗，乌海市海勃湾区	黄河
325	毛尔沟	一级支流	内蒙古自治区鄂尔多斯市鄂托克旗，乌海市海勃湾区	黄河
326	阿拉坦图沟	一级支流	内蒙古自治区鄂尔多斯市鄂托克旗，乌海市海勃湾区	黄河
327	浩尧尔乌苏沟	一级支流	内蒙古自治区鄂尔多斯市鄂托克旗，乌海市海勃湾区	黄河
328	霍洛图沟	一级支流	内蒙古自治区鄂尔多斯市鄂托克旗	黄河
329	迈赉沟	一级支流	内蒙古自治区鄂尔多斯市鄂托克旗	黄河
330	乌兰布拉格	一级支流	内蒙古自治区鄂尔多斯市鄂托克旗	黄河
331	奇盖沟	一级支流	内蒙古自治区鄂尔多斯市鄂托克旗	黄河
332	达拉盖沟	一级支流	内蒙古自治区鄂尔多斯市鄂托克旗、杭锦旗	黄河
333	巴音恩格尔沟	一级支流	内蒙古自治区鄂尔多斯市杭锦旗	黄河
334	柳树沟	一级支流	内蒙古自治区鄂尔多斯市鄂托克旗，乌海市海南区	黄河
335	乌珠林高勒	一级支流	内蒙古自治区鄂尔多斯市鄂托克旗，乌海市海南区	黄河
336	黑龙贵沟	一级支流	内蒙古自治区鄂尔多斯市鄂托克旗，乌海市海南区	黄河
337	苏海图沟	一级支流	内蒙古自治区阿拉善盟阿拉善左旗，乌海市乌达区	黄河
338	卡布其沟	一级支流	内蒙古自治区鄂尔多斯市鄂托克旗，乌海市海勃湾区	黄河
339	千里沟	一级支流	内蒙古自治区鄂尔多斯市鄂托克旗，乌海市海勃湾区	黄河
340	朝凯沟	一级支流	内蒙古自治区鄂尔多斯市杭锦旗	黄河
341	苦水河	一级支流	宁夏回族自治区吴忠市同心县；甘肃省庆阳市环县；宁夏回族自治区吴忠市盐池县、红寺堡区、利通区，银川市灵武市	黄河
342	都思兔河	一级支流	内蒙古自治区鄂尔多斯市鄂托克旗，乌海市海南区；宁夏回族自治区石嘴山市平罗县	黄河
343	小南河	一级支流	内蒙古自治区鄂尔多斯市杭锦旗	黄河
344	卜尔色太沟	一级支流	内蒙古自治区鄂尔多斯市东胜区、杭锦旗、达拉特旗	黄河
345	三湖河	一级支流	内蒙古自治区巴彦淖尔市乌拉特前旗，包头市九原区	黄河
346	哈德门沟	一级支流	内蒙古自治区巴彦淖尔市乌拉特前旗，包头市九原区、昆都仑区	黄河
347	四道沙河	一级支流	内蒙古自治区包头市九原区、青山区	黄河
348	二道沙河	一级支流	内蒙古自治区包头市九原区、东河区、石拐区、青山区	黄河
349	留宝窑子沟	一级支流	内蒙古自治区包头市石拐区、九原区、东河区	黄河
350	山和源沟	一级支流	内蒙古自治区鄂尔多斯市达拉特旗，包头市东河区	黄河
351	壕庆河	一级支流	内蒙古自治区鄂尔多斯市达拉特旗	黄河
352	色旺沟	一级支流	内蒙古自治区鄂尔多斯市准格尔旗	黄河

续表

序号	河流名称	干支流级别	流经区（县）	上级河流名称
353	召圪梁沟	一级支流	内蒙古自治区鄂尔多斯市准格尔旗	黄河
354	母花河	一级支流	内蒙古自治区鄂尔多斯市达拉特旗	黄河
355	东柳沟	一级支流	内蒙古自治区鄂尔多斯市达拉特旗	黄河
356	呼斯太河	一级支流	内蒙古自治区鄂尔多斯市准格尔旗、达拉特旗	黄河
357	毛不浪沟	一级支流	内蒙古自治区鄂尔多斯市杭锦旗、达拉特旗	黄河
358	黑赖沟	一级支流	内蒙古自治区鄂尔多斯市东胜区、达拉特旗	黄河
359	西柳沟	一级支流	内蒙古自治区鄂尔多斯市东胜区、达拉特旗	黄河
360	昆都仑河	一级支流	内蒙古自治区包头市固阳县，巴彦淖尔市乌拉特前旗，包头市青山区、昆都仑区、九原区	黄河
361	罕台川	一级支流	内蒙古自治区鄂尔多斯市东胜区、达拉特旗	黄河
362	五当沟	一级支流	内蒙古自治区包头市固阳县、石拐区、东河区、土默特右旗	黄河
363	哈什拉川	一级支流	内蒙古自治区鄂尔多斯市东胜区、达拉特旗	黄河
364	贾浪沟	一级支流	内蒙古自治区呼和浩特市清水河县	黄河
365	不连沟	一级支流	内蒙古自治区鄂尔多斯市准格尔旗	黄河
366	乌兰井沟	一级支流	内蒙古自治区呼和浩特市清水河县	黄河
367	黑圪涝湾沟	一级支流	内蒙古自治区鄂尔多斯市准格尔旗	黄河
368	大沟	一级支流	内蒙古自治区鄂尔多斯市准格尔旗	黄河
369	孔兑沟	一级支流	内蒙古自治区鄂尔多斯市准格尔旗	黄河
370	龙王沟	一级支流	内蒙古自治区鄂尔多斯市准格尔旗	黄河
371	黑岱沟	一级支流	内蒙古自治区鄂尔多斯市准格尔旗	黄河
372	罐子沟	一级支流	内蒙古自治区鄂尔多斯市准格尔旗	黄河
373	大石沟河	一级支流	山西省忻州市河曲县	黄河
374	马栅沟	一级支流	内蒙古自治区鄂尔多斯市准格尔旗	黄河
375	洞沟河	一级支流	山西省忻州市河曲县	黄河
376	杨家川	一级支流	山西省朔州市平鲁区；内蒙古自治区呼和浩特市清水河县；山西省忻州市偏关县	黄河
377	偏关河	一级支流	山西省忻州市神池县，朔州市朔城区、平鲁区，忻州市偏关县	黄河
378	腰庄河	一级支流	山西省忻州市保德县	黄河
379	碛楞川	一级支流	陕西省榆林市府谷县	黄河
380	井河	一级支流	陕西省榆林市神木市	黄河
381	寺沟河	一级支流	山西省忻州市岢岚县、保德县	黄河
382	石马川	一级支流	陕西省榆林市府谷县	黄河
383	化树塔河	一级支流	山西省忻州市保德县	黄河
384	胡桥寺沟	一级支流	陕西省榆林市神木市、府谷县	黄河
385	小河沟	一级支流	山西省忻州市岢岚县、保德县	黄河

续表

序号	河流名称	干支流级别	流 经 区（县）	上级河流名称
386	安家山河	一级支流	山西省忻州市保德县	黄河
387	白云乡川	一级支流	陕西省榆林市神木市、府谷县	黄河
388	迷虎沟	一级支流	山西省吕梁市兴县	黄河
389	孟家坪沟	一级支流	山西省吕梁市兴县	黄河
390	赵家坪沟	一级支流	山西省吕梁市兴县	黄河
391	罗峪口沟	一级支流	山西省吕梁市兴县	黄河
392	清水川	一级支流	内蒙古自治区鄂尔多斯市准格尔旗；陕西省榆林市府谷县	黄河
393	县川河	一级支流	山西省忻州市神池县、偏关县、五寨县、河曲县	黄河
394	孤山川	一级支流	内蒙古自治区鄂尔多斯市准格尔旗；陕西省榆林市府谷县	黄河
395	朱家川河	一级支流	山西省朔州市朔城区，忻州市神池县、五寨县、河曲县、保德县	黄河
396	岚漪河	一级支流	山西省吕梁市岚县，忻州市岢岚县，吕梁市兴县，忻州市保德县	黄河
397	蔚汾河	一级支流	山西省吕梁市岚县、兴县	黄河
398	杨家畔沟	一级支流	山西省吕梁市兴县	黄河
399	西豆峪沟	一级支流	陕西省榆林市神木市	黄河
400	杨崖沟	一级支流	陕西省榆林市神木市	黄河
401	芦山沟	一级支流	山西省吕梁市兴县	黄河
402	大峪口河	一级支流	山西省吕梁市兴县	黄河
403	车会沟	一级支流	陕西省榆林市佳县	黄河
404	八堡河	一级支流	山西省吕梁市临县	黄河
405	陆家沟	一级支流	山西省吕梁市临县	黄河
406	开阳沟	一级支流	山西省吕梁市临县	黄河
407	店镇河	一级支流	陕西省榆林市佳县	黄河
408	岔上河	一级支流	陕西省榆林市绥德县、吴堡县	黄河
409	乌龙河	一级支流	陕西省榆林市佳县、米脂县	黄河
410	兔坂河	一级支流	山西省吕梁市临县	黄河
411	曲峪河	一级支流	山西省吕梁市临县	黄河
412	坑镇河	一级支流	陕西省榆林市绥德县、佳县	黄河
413	清凉寺河	一级支流	山西省吕梁市临县	黄河
414	螅镇河	一级支流	陕西省榆林市绥德县、吴堡县、佳县	黄河
415	月镜河	一级支流	山西省吕梁市临县	黄河
416	贺龙沟	一级支流	山西省吕梁市离石区、柳林县	黄河
417	张家塔沟	一级支流	山西省吕梁市柳林县	黄河
418	清河沟	一级支流	陕西省榆林市绥德县、吴堡县	黄河

续表

序号	河流名称	干支流级别	流经区（县）	上级河流名称
419	枣林坪	一级支流	陕西省榆林市绥德县	黄河
420	佳芦河	一级支流	陕西省榆林市榆阳区、佳县	黄河
421	湫水河	一级支流	山西省吕梁市兴县、临县	黄河
422	小蒜河	一级支流	山西省吕梁市石楼县	黄河
423	田家岔河	一级支流	山西省吕梁市石楼县	黄河
424	留誉河	一级支流	山西省吕梁市中阳县、柳林县	黄河
425	屈产河	一级支流	山西省吕梁市石楼县、柳林县	黄河
426	美岱沟	一级支流	内蒙古自治区包头市固阳县，呼和浩特市武川县，包头市土默特右旗，呼和浩特市土默特左旗、托克托县	黄河
427	大黑河	一级支流	内蒙古自治区乌兰察布市卓资县，呼和浩特市赛罕区、玉泉区、土默特左旗、托克托县	黄河
428	红河	一级支流	山西省朔州市平鲁区、右玉县；内蒙古自治区乌兰察布市凉城县，呼和浩特市和林格尔县、清水河县	黄河
429	皇甫川	一级支流	内蒙古自治区鄂尔多斯市达拉特旗、准格尔旗；陕西省榆林市府谷县	黄河
430	窟野河	一级支流	内蒙古自治区鄂尔多斯市伊金霍洛旗、康巴什区；陕西省榆林市神木市	黄河
431	秃尾河	一级支流	陕西省榆林市神木市、榆阳区、佳县	黄河
432	三川河	一级支流	山西省吕梁市方山县、离石区、柳林县	黄河
433	清水河	一级支流	宁夏回族自治区固原市原州区，中卫市海原县，吴忠市同心县、红寺堡区，中卫市中宁县、沙坡头区	黄河
434	乌加河	一级支流	内蒙古自治区巴彦淖尔市磴口县、乌拉特后旗、杭锦后旗、临河区、乌拉特中旗、五原县、乌拉特前旗	黄河
435	无定河	一级支流	陕西省榆林市定边县、清涧县，延安市吴起县，榆林市靖边县；内蒙古自治区鄂尔多斯市鄂托克前旗、乌审旗；陕西省榆林市横山区、榆阳区、米脂县、绥德县	黄河
436	双庙河	一级支流	陕西省榆林市清涧县	黄河
437	义牒河	一级支流	山西省吕梁市石楼县	黄河
438	和合河	一级支流	山西省吕梁市石楼县	黄河
439	冯家河	一级支流	山西省吕梁市石楼县，临汾市永和县	黄河
440	眼岔寺河	一级支流	陕西省榆林市清涧县，延安市延川县	黄河
441	张家河	一级支流	陕西省延安市延川县	黄河
442	马家河	一级支流	山西省临汾市永和县	黄河
443	毛坬山沟	一级支流	陕西省延安市延川县	黄河
444	芝河	一级支流	山西省吕梁市石楼县，临汾市永和县	黄河
445	安河	一级支流	陕西省延安市延长县	黄河

续表

序号	河流名称	干支流级别	流经区（县）	上级河流名称
446	峪里沟	一级支流	山西省临汾市大宁县、永和县	黄河
447	岔口河	一级支流	山西省临汾市大宁县、吉县	黄河
448	雷多河	一级支流	陕西省延安市宜川县、延长县	黄河
449	王家源	一级支流	山西省临汾市吉县	黄河
450	文城河	一级支流	山西省临汾市吉县	黄河
451	高树梁沟	一级支流	陕西省延安市宜川县	黄河
452	鹿儿川	一级支流	陕西省延安市宜川县	黄河
453	顺义河	一级支流	山西省临汾市乡宁县	黄河
454	白矾河	一级支流	陕西省渭南市韩城市	黄河
455	泌水	一级支流	陕西省渭南市韩城市	黄河
456	清水河	一级支流	山西省临汾市吉县	黄河
457	白水川	一级支流	陕西省延安市宜川县	黄河
458	鄂河	一级支流	山西省临汾市乡宁县、吉县	黄河
459	猴儿川河	一级支流	陕西省延安市黄龙县、宜川县，渭南市韩城市	黄河
460	凿开河	一级支流	陕西省渭南市韩城市	黄河
461	遮马峪河	一级支流	山西省临汾市乡宁县，运城市河津市	黄河
462	盘河	一级支流	陕西省渭南市韩城市	黄河
463	清涧河	一级支流	陕西省延安市安塞区、子长市，榆林市清涧县，延安市延川县	黄河
464	昕水河	一级支流	山西省临汾市蒲县、隰县、大宁县	黄河
465	延河	一级支流	陕西省榆林市靖边县，延安市安塞区、宝塔区、延长县	黄河
466	云岩河	一级支流	陕西省延安市宝塔区、宜川县	黄河
467	仕望河	一级支流	陕西省延安市黄龙县、宜川县	黄河
468	太枣河	一级支流	陕西省渭南市合阳县、韩城市	黄河
469	徐水河	一级支流	陕西省渭南市合阳县	黄河
470	金水河	一级支流	陕西省延安市黄龙县，渭南市合阳县、大荔县	黄河
471	汾河	一级支流	山西省忻州市神池县、宁武县、静乐县，太原市娄烦县、古交市、阳曲县、尖草坪区、杏花岭区、万柏林区、迎泽区、晋源区、小店区、清徐县，晋中市祁县、平遥县，吕梁市文水县、孝义市，晋中市介休市、灵石县，临汾市霍州市、洪洞县、尧都区、襄汾县、曲沃县、侯马市，运城市新绛县、稷山县、河津市、万荣县	黄河
472	洰水	一级支流	陕西省延安市黄龙县，渭南市韩城市	黄河
473	涑水河	一级支流	山西省运城市绛县、闻喜县、夏县、盐湖区、临猗县、永济市	黄河

续表

序号	河流名称	干支流级别	流经区（县）	上级河流名称
474	田峪涧	一级支流	山西省运城市芮城县	黄河
475	十二里河	一级支流	河南省三门峡市灵宝市	黄河
476	黑龙涧	一级支流	山西省运城市芮城县	黄河
477	渭河	一级支流	甘肃省定西市渭源县、陇西县，天水市武山县、甘谷县、麦积区；陕西省宝鸡市陈仓区、渭滨区、金台区、岐山县、眉县、扶风县，杨凌示范区杨陵区，咸阳市武功县，西安市周至县，咸阳市兴平市，西安市鄠邑区，咸阳市秦都区、渭城区，西安市未央区、灞桥区、高陵区、临潼区，渭南市临渭区、华州区、华阴市、大荔县、潼关县	黄河
478	潼河	一级支流	陕西省渭南市潼关县	黄河
479	双桥河	一级支流	陕西省渭南市潼关县；河南省三门峡市灵宝市	黄河
480	枣乡河	一级支流	河南省三门峡市灵宝市	黄河
481	葡萄涧	一级支流	山西省运城市芮城县	黄河
482	阳平河	一级支流	河南省三门峡市灵宝市	黄河
483	恭水涧	一级支流	山西省运城市芮城县	黄河
484	沙河	一级支流	河南省三门峡市灵宝市	黄河
485	洪阳涧	一级支流	山西省运城市芮城县、平陆县	黄河
486	好阳河	一级支流	河南省三门峡市陕州区、灵宝市	黄河
487	淄阳河	一级支流	河南省三门峡市陕州区、灵宝市	黄河
488	金水河	一级支流	河南省三门峡市陕州区	黄河
489	苍龙涧河	一级支流	河南省三门峡市陕州区	黄河
490	五龙庙涧	一级支流	山西省运城市平陆县	黄河
491	盘南涧	一级支流	山西省运城市平陆县	黄河
492	柳林河	一级支流	山西省运城市夏县、平陆县	黄河
493	下河	一级支流	河南省三门峡市渑池县	黄河
494	八政河	一级支流	山西省运城市平陆县	黄河
495	兴龙涧河	一级支流	河南省三门峡市陕州区	黄河
496	太宽河	一级支流	山西省运城市夏县、平陆县	黄河
497	泗交河	一级支流	山西省运城市夏县、平陆县	黄河
498	清水河	一级支流	山西省运城市夏县、垣曲县	黄河
499	板涧河	一级支流	山西省运城市夏县、闻喜县、垣曲县	黄河
500	涧口河	一级支流	河南省三门峡市渑池县	黄河
501	太涧河	一级支流	河南省洛阳市新安县，三门峡市渑池县	黄河
502	石板河	一级支流	河南省济源市	黄河
503	青河	一级支流	河南省洛阳市新安县	黄河

续表

序号	河流名称	干支流级别	流 经 区 （县）	上级河流名称
504	大沟河	一级支流	河南省济源市	黄河
505	白道河	一级支流	河南省济源市，洛阳市孟津区	黄河
506	老运粮河	一级支流	河南省济源市，焦作市孟州市，洛阳市孟津区	黄河
507	大峪河	一级支流	山西省晋城市阳城县；河南省济源市	黄河
508	砚瓦河	一级支流	河南省济源市	黄河
509	汶水河	一级支流	河南省济源市，焦作市孟州市	黄河
510	宏农涧	一级支流	河南省三门峡市灵宝市	黄河
511	青龙涧河	一级支流	河南省三门峡市陕州区、湖滨区	黄河
512	亳清河	一级支流	山西省运城市闻喜县、垣曲县	黄河
513	允西河	一级支流	山西省临汾市翼城县，运城市垣曲县	黄河
514	西阳河	一级支流	山西省晋城市阳城县，运城市垣曲县	黄河
515	逢石河	一级支流	山西省晋城市阳城县；河南省济源市	黄河
516	畛河	一级支流	河南省三门峡市渑池县，洛阳市新安县	黄河
517	洛河	一级支流	陕西省渭南市华州区；河南省洛阳市瀍河回族区、偃师区，郑州市巩义市；陕西省商洛市洛南县；河南省三门峡市卢氏县，洛阳市洛宁县、宜阳县、涧西区、洛龙区、西工区、老城区	黄河
518	汜河	一级支流	河南省郑州市新密市、荥阳市、巩义市、上街区	黄河
519	蟒河	一级支流	山西省晋城市阳城县；河南省济源市，焦作市沁阳市、孟州市、温县、武陟县	黄河
520	枯河	一级支流	河南省郑州市荥阳市、惠济区	黄河
521	文岩渠	一级支流	河南省新乡市原阳县、延津县、封丘县、长垣市、濮阳市濮阳县	黄河
522	沁河	一级支流	山西省长治市沁源县；河南省焦作市武陟县；山西省临汾市安泽县，晋城市沁水县、阳城县、泽州县；河南省济源市，焦作市沁阳市、博爱县、温县	黄河
523	二四区涝河	一级支流	河南省焦作市武陟县	黄河
524	老蟒河	一级支流	河南省焦作市孟州市、温县、武陟县	黄河
525	金堤河	一级支流	河南省濮阳市华龙区、濮阳县、范县、台前县；山东省聊城市莘县、阳谷县；河南省安阳市滑县，鹤壁市浚县	黄河
526	大汶河	一级支流	山东省济南市莱芜区、钢城区，泰安市泰山区、岱岳区、肥城市、宁阳县，济宁市汶上县，泰安市东平县	黄河
527	浪溪河	一级支流	山东省济南市平阴县	黄河
528	龙柳河	一级支流	山东省济南市平阴县	黄河
529	玉带河	一级支流	山东省济南市平阴县	黄河
530	锦水河	一级支流	山东省济南市平阴县	黄河
531	安栾河	一级支流	山东省济南市平阴县	黄河

续表

序号	河流名称	干支流级别	流 经 区 （县）	上级河流名称
532	幸福河	一级支流	山东省济南市长清区	黄河
533	清水沟	一级支流	山东省济南市长清区	黄河
534	南大沙河	一级支流	山东省济南市长清区	黄河
535	北大沙河	一级支流	山东省济南市长清区	黄河
536	玉符河	一级支流	山东省济南市历城区、市中区、长清区、槐荫区	黄河

（水利部河湖管理司）

水利部办公厅关于加强春节、全国“两会”期间河道采砂管理工作的通知（办河湖函〔2023〕37 号）

各流域管理机构，各省、自治区、直辖市水利（水务）厅（局），新疆生产建设兵团水利局：

2023 年春节将至，全国“两会”将于 2023 年 3 月召开。为切实做好春节等重要节假日、全国“两会”等重大活动期间河道采砂管理工作，维护河道采砂管理秩序，确保河势稳定和防洪、供水、生态安全，营造安定祥和的社会氛围，现就有关事项通知如下。

一、压紧压实管理责任。河道采砂事关河势稳定和防洪安全，事关生态文明建设和经济社会发展大局。各级水行政主管部门要深入贯彻党的二十大精神，提高政治站位，坚持底线思维、问题导向，统筹发展和安全，高度重视河道采砂管理，重要节假日、重大活动期间要采取有力措施，严防非法采砂反弹。充分发挥河湖长制作用，强化流域统筹，加强区域间联防联控，落实各方责任，形成河道采砂监管合力。采砂管理河长、主管部门、现场监管和行政执法责任人要主动作为、认真履职，组织暗访巡查，加强值班值守，及时应对和处置涉砂突发事件。

二、强化采砂现场监管。落实《河道采砂规划编制与实施监督管理技术规范》要求，加强采砂事中事后监管。积极运用高清视频监控、GPS 定位、电子围栏等技术手段，确保现场监管全覆盖、无盲区。落实河道砂石采运管理单制度，严格进出场计重、登记，规范管理单出具、使用、管理，有条件的地方要率先实行电子管理单。强化采砂船舶集中停靠管理，明确监管责任、措施，严格采砂船舶移动管理。落实安全生产措施，防止发生人身伤亡、水污染、海损等事故，如发生重大非法采砂案件、涉砂安全事故，要按有关规定及时报告水利部。

三、严厉打击非法采砂。各地要严格落实日常巡查制度，坚持暗访与明查相结合，强化夜间暗访巡查，重要节假日、重大活动期间要加密巡查频次，及时发现、查处非法采砂问题。紧盯“隐形式”“小散乱”偷采活动，发现一起、打击一起，保持非法采砂高压严打态势。认真落实《水利部、公安部印发〈关于加强河湖安全保护工作的意见〉的通知》（水政法〔2022〕362 号），做好水行政执法与刑事司法的衔接，涉嫌犯罪的及时移送公安机关，配合有关部门严厉打击“沙霸”及其背后保护伞。

四、发挥舆论监督作用。认真核查 12314 举报问题线索，结合实际公布涉砂举报电话、邮箱，在官方网站、微信公众号设置举报专栏等，畅通举报渠道，及时响应、核查涉砂问题，积极回应群众关切，督促抓好问题整改。充分发挥新闻媒体、社会舆论监督作用，大力宣传重要节假日和重大活动期间专项打击典型做法、成效，形成强大舆论声势，营造良好社会氛围。

水利部办公厅

2023 年 1 月 16 日

水利部办公厅关于印发《2023 年河湖管理工作要点》的通知（办河湖〔2023〕33 号）

部直属有关单位，各省、自治区、直辖市水利（水务）厅（局）、河长制办公室，各计划单列市水利（水务）局、河长制办公室，新疆生产建设兵团水利局：

为贯彻落实水利部党组关于推动新阶段水利高质量发展的安排部署和 2023 年全国水利工作会议精神，扎实做好河湖长制及河湖管理工作，水利部制定了《2023 年河湖管理工作要点》。现印发给你们，请结合实际做好相关工作。

水利部办公厅

2023 年 2 月 14 日

2023年河湖管理工作要点

2023年河湖管理工作的总体思路是：坚持以习近平新时代中国特色社会主义思想为指导，深入学习贯彻党的二十大精神，坚持“节水优先、空间均衡、系统治理、两手发力”治水思路，全面落实习近平总书记关于治水的重要论述精神，全面贯彻落实党中央、国务院关于强化河湖长制的决策部署，按照2023年全国水利工作会议工作部署，统筹水资源、水环境、水生态，强化体制机制法治管理，严格河湖水域岸线空间管控和河道采砂管理，纵深推进河湖“清四乱”常态化规范化，推动各级河湖长和相关部门履职尽责，着力建设维护安全河湖、健康河湖、美丽河湖、幸福河湖。

一、强化河湖长制

1. 强化履职尽责。突出最高层级河湖长统领分级分段（片）河湖长职责，压实各级河湖长及相关部门责任，把保障河道行洪安全、水库除险加固和运行管护等纳入河湖长制管理体系。完善河湖长动态调整机制和河湖长责任递补机制，确保“换届年”责任不脱节、任务不断档。强化河长办组织、协调、分办、督办职责，推动各部门各司其职、协同配合。指导各地继续完善河湖巡查管护体系，加强乡村河湖管护。

2. 强化统筹协调。充分发挥全面推行河湖长制工作部际联席会议作用，强化对全国河湖长制工作的组织领导和统筹协调。各流域管理机构要发挥好省级河湖长联席会议办公室作用。指导各省份建立完善跨省界及省内跨界河湖管理保护协作机制，落实好流域“四统一”要求，深化目标统一、任务协同、措施衔接、行动同步的联防联控联治机制，推动解决流域保护治理管理重大问题。

3. 强化河湖长制监督检查。按程序报经批准后，水利部继续组织开展“清四乱”、河湖管理、河湖长履职尽责、水域岸线利用（含采砂）等情况的监督检查。指导各地完善河湖长制监督检查体系，开展常态化监督检查，跟踪督促问题整改。

4. 强化考核激励问责。落实国务院督查激励措施，继续对河湖长制真抓实干成效明显地方给予激励。要求各地严格落实河湖长制考核制度，县级及以上河湖长要组织对相关部门和下一级河湖长目标任务完成情况进行考核，对河湖长要考核到个人，强化结果运用，发挥考核“指挥棒”作用。

5. 推进河湖健康评价。总结河湖健康评价试点工作成果，推动完善河湖健康评价技术标准。2023年全面启动河湖健康评价工作，逐步建立全国河湖健康档案库。

6. 有序推进幸福河湖建设。督促指导相关省份完成2022年中央水利发展资金支持的幸福河湖建设项目任务，中央水利发展资金继续支持实施幸福河湖建设项目。建立健全幸福河湖建设成效评估指标体系，指导各地以实施河湖系统治理、健全河湖长效管护机制、助推流域经济社会发展为主要内容，积极建设人民满意的幸福河湖。指导推动国家水利风景区高质量发展。

7. 加强宣传培训。承办中央组织部强化河湖长制专题班，培训市、县级河湖长。发布幸福河湖建设典型案例。举办河湖管理培训班。开展“逐梦幸福河湖”主题实践活动，征集“守护幸福河湖”优秀短视频作品，开展寻找“最美家乡河”活动。

二、强化水域岸线空间管控

8. 梳理全国河湖名录，完善河湖管理范围划界成果。全面完成第一次全国水利普查名录以内河湖管理范围划界成果上图，加快推进水利普查外有管理任务的河湖管理范围划界及上图，组织对划界成果及其上图工作进行抽查复核，对于不符合要求的，及时督促整改。

9. 强化岸线规划约束。推动各地加快河湖岸线保护与利用规划编制审批，基本完成省级负责编制的河湖岸线保护与利用规划批准印发，推进市、县级河湖岸线保护与规划编制审批取得明显进展。

10. 严格水域岸线空间管控。加强指导和政策宣贯，贯彻落实《水利部关于加强河湖水域岸线空间管控的指导意见》，依法规范河道管理范围内建设项目工程建设方案及有关活动审批，加强事中事后监管，防止未批先建、越权审批、批建不符。

11. 纵深推进“清四乱”常态化规范化。将专项整治行动与日常监管相结合，以清理整治妨碍河道行洪突出问题为重点，指导督促地方进一步压实河湖长责任，持续清理整治河湖“四乱”问题，坚决遏增量、清存量，将清理整治工作向中小河流、乡村河湖延伸。

12. 加大重大问题整改力度。指导督促各地对长江经济带和黄河流域生态警示片反映的问题、中央巡视指出的问题、中央环保督察发现的问题以及社会关注的重大违法违规涉河问题进行整改。

三、强化河道采砂管理

13. 压紧压实采砂管理责任。公告重点河段敏感水域采砂管理河长、主管部门、现场监管和行政执法4个责任人，同步公布长江河道采砂管理责任人，督促各地严格落实采砂管理责任。

14. 规范管理合法采砂。建成并应用河道采砂许可电子证照系统，全面推行河道采砂许可电子证照。会同交通运输等部门全面落实河道砂石采运管理单制度，强化河道砂石开采、运输、堆存等全过程监管。具有采砂任务的河道基本实现采砂规划全覆盖。鼓励和支持规模化统一开采，以规划为依据依法许可采砂，加强事中事后监管，规范河道疏浚砂利用，统筹好河道治理保护和砂石资源利用。

15. 严厉打击非法采砂。指导地方和流域管理机构加强日常巡查监管和执法打击，运用信息化手段推进智慧监管，提高非法采砂发现能力，严肃查处非法采砂行为，配合有关部门严厉打击“沙霸”及其背后“保护伞”，始终保持非法采砂高压严打态势，巩固河道非法采砂专项整治成果。

16. 加强大江大河采砂管理。深化水利部、公安部、交通运输部三部长江河道采砂管理合作机制，开展联合检查，推动合作向基层延伸，严防非法采砂反弹。进一步规范流域管理机构直管河道采砂管理。指导流域管理机构结合实际开展非法采砂专项整治，推动完善长效机制，切实维护河道采砂管理秩序。

17. 推动采砂管理立法。加快推进《长江河道采砂管理条例》修订，启动修订《长江河道采砂管理条例实施办法》，积极推进河道采砂管理条例立法进程。

四、深化智慧河湖建设

18. 推进河湖本底数据信息化。结合数字孪生河湖建设，推进河湖划界成果、岸线功能分区、涉河建设项目、采砂规划分区等信息数据上图，实现河湖本底数据基本上图。

19. 加强遥感等技术成果应用。完成 2022 年解译的遥感疑似问题图斑核查，对确认的违法违规问题进行清理整治。形成合法的地物图斑本底数据库，实现河湖遥感数据周期化解译对比，强化遥感图斑“闭环”动态管理，提升监管效能。

20. 优化全国河湖长制管理信息系统。进一步完善全国河湖长制管理信息系统功能模块，实现河湖长、河湖健康档案、河湖长制考核、河湖管理监督检查等成果在线填报和展示运用，实现一级填报，多级应用。

五、全面加强党的建设

21. 强化政治引领。深入学习贯彻习近平新时代中国特色社会主义思想、党的二十大精神、习近平总书记关于治水的重要论述精神，努力提高政治判断力、政治领悟力、政治执行力，心怀“国之大者”，提高河湖管理工作的使命感、责任感、紧迫感。严格执行党内政治生活、重大事项请示报告等制度，进一步增强“四个意识”、坚定“四个自信”、做到“两个维护”。

22. 不断改进作风。坚持以人民为中心的发展思想，认真落实中央八项规定及其实施细则精神，强化宗旨意识，坚持问题导向，深入开展调查研究，认真回应社会关切。全面落实党风廉政建设责任制，坚持“一岗双责”，持续实现党建和业务工作深度融合。加强基层河湖管理队伍建设，加强部门、单位之间的协同配合，不断提高河湖管理能力和水平，推动新阶段水利高质量发展。

水利部办公厅关于加强流域面积 3 000 平方公里以上中小河流系统治理的意见（办规计函〔2023〕202 号）

各流域管理机构，各省、自治区、直辖市水利（水务）厅（局），各计划单列市水利（水务）局，新疆生产建设兵团水利局：

我国流域面积 3 000 平方公里以上中小河流（以下简称主要支流）众多，经过多年治理，主要支流重要河段的防洪能力得到显著提升，在抗御洪涝灾害中发挥了重要作用，但仍然存在治理不系统、防洪体系不完善等问题。为积极践行习近平总书记“节水优先、空间均衡、系统治理、两手发力”治水思路，深入贯彻习近平总书记关于治水的重要论述精神，加强主要支流系统治理，加快提升流域整体防洪能力，推动新阶段水利高质量发展，提出以下意见。

一、树立系统观念，准确把握治理要求

降水以流域为单元产流、汇流和演进，流域性是江河湖泊最根本、最鲜明的特性。当前，在主要支流治理中，有的河流还存在只治上游不治下游、只治城区不治郊区、只治局部不顾整体，碎片化治理、治标不治本、上下游不相顾等情况，导致行洪不畅，河流整体防洪能力得不到有效提升。要坚持系统论的思想方法，从主要支流流域整体着眼，遵循和把握洪水发生和演进规律，更加注重上下游治理的协同性，统筹安排治理任务，坚决避免上下游相互掣肘、左右岸以邻为壑，打破一地一段一岸治理局限，强化整条河流治理，提高河流整体泄洪能力。

加强主要支流治理，要坚持以人民为中心的发展思想，完整、准确、全面贯彻新发展理念，统筹发展和安全，以流域为单元，立足流域内水库、河道及堤防、分蓄洪区为主要组成的流域防洪工程体系，结合控制性水库、分蓄洪区建设运用，统筹考虑主要支流各河段的治理标准、目标任务、建设布局和实施安排，实现目标一致、布局一体、步调有序，逐河流安排治理、逐河流建档立卡，治理一条，见效一条，充分发挥流域防洪工程体系综合效益。

二、深入分析评估，科学制定治理方案

在第一次全国水利普查成果和近年来相关工作基础上，进一步复核主要支流名录，全面掌握每一条河流的流域面积、河流长度、保护对象等基本情况。认真开展分析评估，梳理总结前期开展治理取得的成效，客观分析防洪形势及存在的问题，提出后续治理需求。各流域管理机构和各省级水行政主管部门对本流域、本地区的主要支流，应逐河流建立基础信息数据库。

以河流水系为单元，统筹上下游、左右岸、干支流，逐河流编制治理方案，突出河流治理的系统性、整体性、协同性。依据流域综合规划、防洪规划等规划，分析洪水蓄泄关系新变化，按照相关规程规范要求，合理确定治理范围，科学论证防洪保护区防洪标准，明确工程规模、标准等目标任务。充分考虑河流自然属性和洪水特点，因地制宜、分类施策，科学确定治理模式和治理措施，在满足防洪要求的前提下，综合考虑供水、灌溉、水生态、水环境等治理需求，统筹工程措施和非工程措施，加强河道管理，强化预报、预警、预演、预案“四预”措施，推进数字孪生工程建设，提高数字化、网络化、智能化管理水平。

三、推进项目有序实施，切实强化组织推动

根据主要支流防洪治理的特点、保护对象的重要程度以及地方经济发展水平，按照轻重缓急，科学安排实施时序。对列入《“十四五”水安全保障规划》的主要支流治理项目，各地要加快推进项目前期工作和审查审批，多渠道落实建设资金，争取尽早开工建设，同时加强全过程建设管理，保障工程质量、安全和建设进度，促进工程尽早建成发挥效益，确保按期完成目标任务。对于前期工作完善且满足系统治理要求的项目，优先安排中央补助投资。

各流域管理机构和各省级水行政主管部门要加强主要支流系统治理的组织领导和工作推动，建立健全责任体系，细化工作目标任务，全力推进主要支流系统治理工作，争取尽早达到国家规定的防洪标准。对涉及跨省（自治区、直辖市）的主要支流治理项目，各流域管理机构要履职尽责，强化流域统一规划、统一治理、统一调度、统一管理，加强协调、指导和监督，确保符合流域整体利益，防止治理不当而产生系统性不利影响。

水利部办公厅

2023 年 3 月 15 日

水利部办公厅关于开展 2023 年幸福河湖建设的通知（办河湖〔2023〕128 号）

为深入贯彻落实习近平生态文明思想，践行习近平总书记发出的建设造福人民的幸福河的伟大号令，持续改善河湖面貌，进一步增强人民群众获得感、幸福感、安全感，水利部决定开展 2023 年幸福河湖建设。现就有关事项通知如下。

一、实施范围

经省级推荐，水利部组织专家评审、部务会审议，选择吉林省延吉河（烟集河）、江苏省长漾、浙江省浒溪、安徽省龙子湖、福建省池湖溪、江西省长埈河、河南省崔家沟—西洺河、湖北省莺河、湖南省湄江、广东省莲阳河、重庆市桃花溪、四川省芙蓉溪、云南省茈碧湖、西藏自治区中曲、陕西省金陵河等 15 条（个）河流（湖泊）开展 2023 年幸福河湖建设。

二、总体目标及主要建设内容

（一）总体目标

以习近平新时代中国特色社会主义思想为指导，牢固树立绿水青山就是金山银山的理念，用一年左右时间，建设安澜、健康、智慧、文化、法治、发展的幸福河湖，持续提升人民群众的获得感、幸福感、安全感。

（二）主要建设内容

包括但不限于：岸坡整治和生态护坡护岸；河湖管护必需的智慧监管设施；在严格保护河湖水域岸线空间、生态环境安全前提下，建设必要的便民利民亲水设施；开展水文化保护传承与挖掘创新；构建河湖管护长效机制；优化河湖资源配置，挖掘河湖生态价值。

三、实施程序

一是编制实施方案。省级水行政主管部门组织有关地方在此前申报的《2023 年幸福河湖建设项目任务书》的基础上，按照《幸福河湖建设项目实施方案编制指南》（附后）编制《幸福河湖建设项目实施方案》，5 月 15 日前报送水利部审核，按照有关意见修改完善后印发组织实施。

二是跟踪项目实施。水利部将组织跟踪督导幸福河湖建设工作，省级水行政主管部门在建设任务完成后要及时组织验收，并将验收报告报送水利部。

三是开展评估总结。水利部组织对项目实施效果进行评估，总结形成可复制可推广的经验、做法，进一步支撑幸福河湖建设。

四、保障措施

（一）加强组织领导。省级水行政主管部门要高度重视，结合当地实际，精心组织安排。有关河湖的河长湖长要切实履行组织领导职责，协调解决建设过程中的重大问题，进行督促检查，确保组织到位、责任到位、保障到位。有关地方水行政主管部门要抓好工作的组织协调，把握工作进度，保证工作质量，确保按期保质完成《幸福河湖建设项目实施方案》确定的目标任务。

（二）加大支持力度。水利部商财政部从中央水利发展资金中安排部分资金支持幸福河湖建设。省级水行政主管部门要进一步压实责任，按照《幸福河湖建设项目实施方案》确定的资金筹措方案，主动协调本省（自治区、直辖市）财政等有关部门，积极争取加大地方资金支持力度，地方支持资金不得少于《2023年幸福河湖建设项目任务书》提出的地方配套资金量；引导和推动社会资金投入，协调解决建设过程中的重大问题。

（三）规范资金使用。省级水行政主管部门要确保幸福河湖建设项目内容规范、资金安全，要严格执行提交的对幸福河湖建设项目实施内容及资金使用的承诺，中央水利发展资金支出的项目建设内容要严格执行《水利发展资金管理办法》明确的支出范围，不得用于征地移民、城市景观、财政补助单位人员经费和运转经费、交通工具和办公设备购置等经常性支出以及楼堂馆所建设支出等，不得与中小河流治理、水系连通及水美乡村建设、生态清洁小流域等其他使用中央水利发展资金的实施内容重复。

（四）强化宣传引导。水利部将对通过评估的幸福河湖在全国范围内予以公布，通过召开会议、媒体宣传、学习交流、印发文件简报等形式进行成果经验的总结和推广。各地要坚持正确舆论导向，及时总结并宣传幸福河湖建设工作举措和成果，强化示范带动，凝聚社会共识，营造全社会关心、支持、参与幸福河湖建设的良好氛围。

附件：幸福河湖建设项目实施方案编制指南

水利部办公厅

2023年4月20日

附件

幸福河湖建设项目实施方案编制指南

为推动河湖长制“有名有责”“有能有效”，建设造福人民的幸福河湖，根据水利部关于开展幸福河湖建设的部署安排，提出以下实施方案编制提纲供参考，地方在编制实施方案时应包含提纲规定的全部内容，并可结合当地实际纳入其他与幸福河湖关系密切的建设内容。

一、总体思路

（一）指导思想

以习近平新时代中国特色社会主义思想为指导，深入贯彻落实习近平生态文明思想和习近平总书记关于建设造福人民的幸福河的重要指示精神，坚持“绿水青山就是金山银山”理念，遵循河流整体性和流域系统性，坚持综合治理、系统治理、源头治理，因地制宜、分类施策开展幸福河湖建设，大力提升江河湖泊水安全、水资源、水生态、水环境、水文化水平，助推流域经济发展、居民生产生活水平提高，同步提升河湖保护治理水平和人民生活水平、幸福指数，不断增强人民群众的获得感、幸福感、安全感。

（二）基本原则

提出幸福河湖建设应坚持的基本原则，如坚持以人为本、保障安全；坚持生态优先、绿色发展；坚持系统治理、综合施策；坚持因地制宜、突出特色；坚持人水和谐、助力发展等，指导幸福河湖建设工作高效开展。

（三）形势要求

从国家大政方针、河湖管护需要、幸福河湖建设意义、本地实际等方面叙述。

二、现状与评估

（一）基本情况

在系统收集河湖相关基础资料和开展必要调研的基础上，简述河湖基本情况。

1. 河湖水系。介绍河湖基本情况，上下游、左右岸、重要支流情况，水功能区划情况等。

2. 自然地理。介绍河湖所在区域地形地貌、地质构造、土壤植被等。

3. 水文气象。介绍河湖所在地区的气候气象、水文水资源等。

4. 水利工程。介绍河湖所涉及的堤防、水库、闸坝、灌区、取水口等水利工程。

5. 文化旅游。介绍涉及的河湖文化内容、旅游资源及开发情况等。

6. 社会经济。介绍河湖所属地区社会经济基本情况。

（二）现状评估

从水安全、水资源、水环境、水生态、水文化、河湖管护、流域区域发展等方面，结合河湖健康评价、“一河（湖）一策”实施开展情况，分析评价河湖现状情况、比较优势、示范性及管理保护成效。

（三）存在问题

根据现状调查评价成果，对表对标生态文明建设和幸福河湖建设要求，从水安全、水资源、水环境、水生态、水文化、河湖管护、流域区域发展等方面，分析河湖当前存在的主要问题及成因，提出对应问题清单。

三、建设目标

统筹考虑具体河湖所在区域经济社会发展需要、建设需求与投资规模，与流域综合规划、水资源综合规划、防洪规划、河湖整治规划、岸线保护利用规划、采砂规划等水利规划以及当地经济社会发展规划、国土空间规划、城市总体规划等规划相衔接，从河湖系统治理、河湖管护能力提升、助力流域区域发展等方面，提出纳入建设范围的河湖的建设目标，明确幸福河湖建设水平要求。

四、建设任务

针对已确定的幸福河湖建设目标，结合本地实际情况，按照以下3个方面（包含但不限于）分别提出重点建设任务。

一是河湖系统治理。主要是岸坡整治和生态护坡护岸、水资源集约节约利用、水文化保护传承与挖掘创新，兼顾水生态环境治理、水源涵养与水土保持等。

二是提升管护能力。主要是管理与保护范围划定及界桩埋设、智慧监管设施建设、河湖健康评价、河湖管护长效机制构建等。

三是助力流域区域发展。主要是在严格保护河湖水域岸线空间、生态环境安全前提下，建设必要的便民利民亲水设施；优化河湖资源配置，挖掘河湖生态价值，打造以河湖水系为依托的绿色产业链、生态农业带、优质服务业体系，推动生态产品价值实现，带动区域人民群众就近致富、反哺河湖管护资金需求，形成良性发展机制。

五、资金投入

（一）投资估算

根据国家和有关部门相关费用标准、定额和材料预算基价估算各项措施投资，明确项目投资和各分项措施投资。投资估算价格水平统一到前一年度第四季度价格水平。如涉及征地移民费用，不纳入实施方案投资，由地方另行筹资实施。

（二）资金筹措方案

明确项目资金筹措方案，资金来源可包括地方自筹（县级自筹资金、市级补助资金、省级补助资金）、中央补助资金，引入金融及社会资金等。实施方案中应明确中央财政水利发展资金支持的项目建设内容。河湖生态价值挖掘、工业农业服务业发展等不属于中央财政水利发展资金支出范围的治理措施，应通过地方多渠道筹集资金安排解决。关于多渠道筹措建设资金、创新融资模式、整合相关渠道资金情况应重点介绍。

六、组织实施

（一）项目管理

说明项目实施的组织结构、人员组成及项目推进机制，应从组织实施方式、实施形象进度、工程质量、工程验收等方面，明确工程建设有关要求。围绕不同河段特点、管护任务，从项目顺利实施、长效运行的角度，提出工程建设管理要求、建后管护机制、管护经费来源等建管制度及措施。管护机制创新情况应重点介绍。

（二）进度安排

统筹考虑投资规模和资金来源，对照河湖现状问题与目标任务，按照建设项目的重要性、紧迫性，结合项目前期工作情况，科学提出幸福河湖建设进度计划表。中央补助资金对应的建设任务，2023年底前形象进度应达到100%。

七、预期效果评估

说明项目实施的预期效果，对河湖管理保护、幸福河湖建设的促进作用进行预评估。从水安全、水资源、水环境、水生态、水文化等方面，描述河湖系统治理预计提升水平；从组织体系、长效管护、数字化建设等方面，描述河湖管理能力预计提升水平；从挖掘河湖生态价值，改善区域居民环境、带动就近致富等方面，描述幸福河湖助力流域区域发展预计提升水平。总体评价项目的预期生态效益、经济效益和社会效益（不局限于上述内容）。具备条件的，可尽量量化相关预期效果。

八、保障措施

河湖所在市、县应从加强组织领导、积极筹措资金、强化监督考核、发挥示范引领作用、加大宣传力度等方面，提出保障幸福河湖建设工作顺利实施的有关措施。

九、附图附表

（一）附图。附位置图、水系图、水利工程图、水功能区划图、布局图、幸福河湖效果图等。

（二）附表。附幸福河湖建设相关表格。

水利部办公厅关于加强山区河道管理的通知（办河湖〔2023〕140号）

各有关省（自治区、直辖市）水利（水务）厅（局）、新疆生产建设兵团水利局：

我国山区河道数量众多，分布广泛，因强降雨引发的山洪灾害时有发生。一些山区河道周边人类活动频繁，挤占河道、私挖乱采、私搭乱建等违法违规行为影响河道行洪能力，对山洪灾害产生放大效应。2022年3月，水利部印发《关于加强山洪灾害防御工作的指导意见》，对山洪灾害监测预警等防御工作提出了明确要求。为进一步贯彻落实《中华人民共和国水法》《中华人民共和国防洪法》《中华人民共和国河道管理条例》等法律法规规定，加强山区河道管理，畅通河道行洪空间，现就有关事项通知如下。

一、实行名录管理。以全国山洪灾害调查评价成果为基础，省级水行政主管部门组织山洪灾害防治县详细梳理山洪灾害防治区内流域面积小于200平方公里的河流，逐条河流核查河流名称、所属行政区、所属水系、河流长度、流域面积等情况，建立河道名录。其他易发生山洪灾害的山区河道，有关地方可结合实际组织梳理排查。

二、落实管理责任。对名录内河道，明确乡级和村级河长责任人、防汛抗洪人民政府行政首长责任人、主管部门责任人、巡查管护责任人等“四个责任人”，分别承担河湖管理保护领导责任、防汛责任、部门责任和巡查管护责任。水利部将山区河道管理情况纳入国务院河长制湖长制督查激励，各地要把山区河道管理情况纳入河长制考核。

三、公布河道名录。2023年7月1日前，县级水行政主管部门建立山区河道名录，明晰“四个责任人”名单，在县乡村域范围内向社会公布。每年结合山洪灾害发生情况、山洪灾害补充调查评价结果等，动态调整山区河道名录和“四个责任人”名单，并向社会公布。

四、划定管控边界。省级水行政主管部门组织推进名录内河道管理范围划定工作，由县级以上地方人民政府进行公告。组织开展划界成果复核，加强上下游、左右岸、干支流划界成果衔接，对于降低划定标准，人为缩窄河道管理范围，故意避让村镇、农田、基础设施以及建筑物、构筑物等问题，依法依规整改并公告调整后的河道管理范围划定成果。

五、加强审批监管。省级水行政主管部门根据河道管理权限，组织明确河道管理范围内建设项目和活动审批主体，遵循确有必要、无法避让、确保安全的原则，按照分级审批权限和分类管理要求，严格依法依规审批，不得超权限审查，不得随意扩大项目类别，严禁未批先建、越权审批、批建不符，严禁以任何名义非法占用和束窄河道。

六、整治碍洪问题。省级水行政主管部门组织开展妨碍河道行洪突出问题排查整治，对河道管理范围内违法违规的建筑物，阻碍行洪的片林和高秆作物、围堤套堤、桥梁道路、设施大棚，油气、电力、通信、供排水等穿堤管道缆线，以及塘坝、堰坝等，全面深入排查，逐项明确整改措施、完成时限和责任人，建立问题清单、任务清单、责任清单，逐项整治销号。对于阻水严重的问题，要立行立改，确保河道行洪通畅。

七、加强巡查管护。各地根据实际情况，配齐配强巡查管护队伍，将责任落实到人。有河道管理单位或水利工程管理单位的河段，充分发挥管理单位作用，明确巡查管护责任人，建立巡查管护制度，强化巡查管护；其他河段，因地制宜采取政府购买第三方公共服务，设立专管员、巡河员、护河员、保洁员等巡查管护责任人，解决河道管理保护“最后一公里”问题。

八、规范管护行为。巡查管护责任人要开展经常性巡查，及时发现问题，重点巡查居住人口密集、生产经营活动频繁的河段，加大汛期巡查频次，对发现的问题及时处理，不能解决的及时报告河长责任人，由河长责任人组织同级有关部门（单位）或提请上级有关部门（单位）清理整治，确保问题清理整治到位。

九、推进智慧管理。各地要利用“全国水利一张图”及河湖遥感本底数据库，将山区河道管理范围划定成果、涉河建设项目审批信息上图入库。充分利用大数据、卫星遥感、无人机、视频监控等技术手段，加强对名录内河道的动态监管，提高问题发现、推送、处理的时效性。

请各有关省级水行政主管部门于2023年7月1日前，通过全国河湖长制管理信息系统组织报送山区河道名录。

水利部办公厅

2023年4月28日

水利部办公厅关于做好长江河道采砂管理条例贯彻实施工作的通知（办河湖函〔2023〕883号）

长江水利委员会，四川、重庆、湖北、湖南、江西、安徽、江苏、上海等省（直辖市）水利（水务）厅（局）：

近日，国务院公布第764号令《国务院关于修改和废止部分行政法规的决定》，对《长江河道采砂管理条例》（以下简称条例）部分条款作出修改。为做好条例学习宣传和贯彻实施工作，现就有关事项通知如下。

一、充分认识条例修改实施的重要意义

河道采砂管理是维护河湖安澜健康的基础性工作。条例自2002年施行以来，对加强长江河道采砂管理、维护长江河势稳定、保障防洪安全和生态安全提供了有力法治保障。2021 年 3 月长江保护法施行，2023 年 7 月，国务院对条例部分条款作出修改决定，保留了采砂统一规划、采砂许可、年度采砂总量控制等制度，完善了采砂船舶集中停放制度，细化了涉砂禁止性或限制性行为，明确了采砂全过程管理要求，强化了非法采砂行为法律责任。条例的修改实施，是深入贯彻落实长江保护法的重要体现，对强化长江河道采砂体制机制法治管理、保障长江防洪和生态安全、推动长江经济带高质量发展意义重大。长江水利委员会和沿江各级水行政主管部门要充分认识条例修改实施的现实意义和长远影响，全面领会条例的立法精神，准确把握条例作出的制度规定，依法依规严格履行管理职责，切实做好长江河道采砂管理各项工作。

二、做好条例宣传贯彻工作

本次对条例部分条文修改，既有新的制度性安排，也有管理规定的细化、具体化，充分贯彻了新发展理念和习近平总书记“节水优先、空间均衡、系统治理、两手发力”治水思路，充分遵循了长江保护法，充分结合了长江河道采砂管理实际，是新阶段做好长江河道采砂管理工作的根本遵循。长江水利委员会和沿江各级水行政主管部门要把宣传贯彻条例作为当前加强长江河道采砂管理的首要任务，纳入“八五”普法一体推进，与学习贯彻习近平总书记关于治水的重要论述结合起来，与贯彻落实中央治水工作方针衔接起来，与落实长江保护法贯通起来，组织本单位、本地区采砂管理干部职工开展条例集中培训、研讨交流，联系实际深学深悟，完整准确全面理解条文内涵和适用场景。要落实“谁执法、谁普法”普法责任制，依托报刊、网络、微信公众号等各类媒体，以专题报道、发表解读文章、印发工作简报等多种方式开展普法宣传，推动社会公众学法懂法、自觉守法，调动全社会积极支持并参与河道采砂管理，凝聚形成全社会共治共管的浓厚氛围。要结合本地区本单位实际，认真细化条例相关规定，分解落实部门职责任务，把条例的新制度、新要求贯彻落实到河道采砂管理工作中。

三、做好条例实施工作

法律法规的生命在于实施，法律法规的权威在于实施。长江水利委员会和沿江各级水行政主管部门要结合落实长江保护法，做好条例实施各项工作。

一要完善配套制度。长江水利委员会要加强调查研究，做好长江河道采砂管理条例实施办法修改相关工作。沿江各级水行政主管部门要依据长江保护法和条例，尽快制定或修改地方河道采砂管理法规制度文件和技术标准，建立完善长江河道采砂管理制度标准体系，为维护长江河道采砂管理秩序提供制度保证。

二要全面履职尽责。长江水利委员会和沿江各级水行政主管部门要充分发挥河湖长制作用，压实长江河道采砂管理责任，加强河道采砂规划和许可管理，严格落实采砂船舶集中停放制度，建立统一的长江河道采砂管理信息平台，全面实行河道砂石采运管理单制度，强化长江河道砂石开采、运输、收购、销售全过程管控。

三要强化监管执法。长江水利委员会和沿江各级水行政主管部门要持续深化水利部、公安部、交通运输部长江河道采砂管理合作机制，推动建立健全流域统筹、区域协同、部门联动机制，加强信息共享与协作配合，常态化开展巡查执法，重点江段、敏感水域加密巡查频次，强化水行政执法与刑事司法衔接、与检察公益诉讼协作，会同有关部门严厉打击非法开采、运输、收购、销售河道砂石行为，切实维护长江河道采砂管理秩序。

水利部办公厅

2023 年 9 月 18 日

水利部办公厅关于印发《中小河流治理技术指南（试行）》的通知（办建设〔2023〕220 号）

部机关有关司局，部直属有关单位，各省、自治区、直辖市水利（水务）厅（局），各计划单列市水利（水务）局，新疆生产建设兵团水利局：

为推进以流域为单元的中小河流系统治理，加强中小河流治理技术管理，水利部编制了《中小河流治理技术指南（试行）》，现印发给你们，请结合实际，认真遵照执行。

水利部办公厅

2023 年 8 月 28 日

中小河流治理技术指南（试行）

我国流域面积 200～3 000 平方公里中小河流（以下简称中小河流）众多，防洪治理任务艰巨而繁重。为推进以流域为单元的中小河流系统治理，提高中小河流治理成效，增强中小河流应对洪涝灾害和防控风险能力，现就进一步做好中小河流治理工作提出如下技术要求。

一、总体思路

（一）指导思想

以习近平新时代中国特色社会主义思想为指导，

全面贯彻党的二十大精神，深入践行习近平总书记“节水优先、空间均衡、系统治理、两手发力”治水思路和防灾减灾救灾理念，坚持以人民为中心的发展思想，坚持系统观念，强化底线思维和风险意识，以流域为单元推进中小河流系统治理，逐流域规划、逐流域治理、逐流域验收、逐流域建档立卡，实现治理一条，见效一条，为建设造福人民的幸福河提供有力支撑。

（二）总体要求

1. 坚持人民至上。统筹发展和安全，把保障人民生命财产安全作为中小河流治理的首要目标，提升河流行洪和防洪能力，着力解决人民群众最关心最直接最现实的洪涝灾害防治问题。

2. 坚持系统治理。注重流域的整体性、系统性，协调好中小河流治理与流域防洪规划的关系，逐流域规划，逐流域治理，强化整条河流治理，高质量推进中小河流系统治理。

3. 坚持规划引领。在确定的中小河流治理名录基础上，以河流为单元，逐河流编制治理方案，汇总形成省级、流域分区、全国三个层面中小河流治理总体方案。根据总体方案，编制全国中小河流治理5年实施方案，按照轻重缓急，科学合理安排河流及项目实施。

4. 坚持因地制宜。尊重客观规律，针对不同地域、不同地形及城镇和乡村的河流特点，科学论证治理方案，尽量维持河道行蓄洪水、涵养水源、维护生态系统等自然功能，避免河道过度渠化或景观化，鼓励有条件的地区开展水岸同治的多行业多目标综合治理，切实提高治理成效。

5. 坚持数字赋能。按照“需求牵引、应用至上、数字赋能、提升能力”的要求，在全国水利一张图基础上，建立全国中小河流治理信息综合管理系统，逐流域、逐河流、逐项目建档立卡，实现中小河流治理全过程信息化管理，提升治理管理数字化、网络化、智能化水平。

二、科学编制中小河流治理方案

编制中小河流治理方案重点要做好治理现状调查评估分析、总体目标制定、治理范围划定、治理标准论证、工程布局、治理任务和措施论证、环境移民等要素考虑、信息化建设、工程投资估算等方面工作。

（一）加强治理现状调查评估分析

收集中小河流气象水文、地形地质、经济社会、典型大洪水和洪涝灾害、水利工程现状、防洪调度管理、有关规划及既往设计暴雨和设计洪涝水成果等基础资料。深入调查分析中小河流治理现状，客观评估治理成效，分析当前流域防洪保安存在的突出问题和短板。结合流域下垫面演变、水情工情变化、气候变化影响以及经济社会发展需求、生态环境保护要求等因素，研判中小河流治理面临的新形势新需求新任务。

（二）科学制定总体目标

把握好中小河流治理的整体性、系统性和协调性，统筹上下游、左右岸、干支流，切实提升河流防洪能力，着力保障河流两岸保护区防护对象的防洪安全。在满足河道行洪和保障防洪安全的基础上，以防洪、排涝任务为主，兼顾综合治理需求，科学制定总体目标，鼓励有条件的地区开展水岸同治的多行业多目标治理。

（三）合理划定治理范围

针对洪水特点、经济社会发展状况以及洪水对经济社会可能造成的影响，统筹考虑地形地势、支流汇入、已建工程影响、区域经济社会发展，科学合理划定治理范围和防洪保护区，严禁把洪泛区划为防洪保护区，避免防洪保护区范围过大造成治理标准偏高。对历史上灾情严重、洪涝灾害易发、安全隐患突出的河流，或者流经区域有防洪任务突出的城镇、人口密集的乡村、集中连片农田、重要基础设施的河流予以优先安排。

（四）合理确定治理标准

按照《防洪标准》（GB 50201）、《治涝标准》（SL 723）有关规定，合理确定各防洪分区的防洪标准和涝区的治理标准。对于流域防洪保护对象重要、洪水风险高的城镇，综合考虑需求与可能，深入论证防洪标准提升的必要性和可行性。对依靠上游规划水库或蓄滞洪区承担防洪任务的河道，应根据流域防洪工程体系和总体布局，在考虑上游水库、蓄滞洪区作用后，合理确定堤防与防护工程的建设标准。

（五）科学确定防洪工程体系布局

从流域整体出发，统筹安排洪水出路，科学分析水库、堤防、分洪道、蓄滞洪工程等措施，合理拟定流域防洪工程体系和总体布局。结合上位相关规划，充分利用现有资料、成果，开展必要的测绘工作，推求上下游、干支流水位，并与已批复设计成果衔接协调。

（六）明确主要治理任务和措施

根据不同分区河流类型、功能定位和治理目标，结合现有防洪工程建设情况，因地制宜分类提出治理的任务、方案和措施。防洪工程措施主要包括堤防加固和建设、护岸护坡、控导工程、清淤疏浚、闸涵穿堤建筑物等。山丘区河流一般以防护工程为主，尽量减少新建堤防。平原河网区在考虑蓄排措施基础上，统筹河道疏浚、拓卡、堤防建设等，协同推进洪涝治理。严禁围河造地和缩窄河道，避免过度治理，水文化、水景观等综合治理措施不得影响河道行洪和防洪安全。

（七）关注环境保护和征地移民要素

结合国土空间规划、“三区三线”等管控要求，分析中小河流治理方案的环境合理性。尽可能减少工程建设征地移民，尽量避让耕地特别是永久基本农田，确实无法避免时，应提出有效解决措施。

（八）明确信息化建设任务要求

针对中小河流现状并结合地区实际，配套必要的监测设施设备，逐步实现中小河流水雨情、工情感知及视频监测覆盖，提升对物理流域状态监测和智能感知能力，不断充实数字孪生水网数据底板。

（九）合理估算工程投资

依据水利及相关行业计价依据估算治理项目投资。综合治理项目宜分别计列防洪类、非防洪类等工程投资。

三、加强中小河流治理工程初步设计

开展中小河流治理工程初步设计报告编制时，应在准确把握新发展阶段中小河流治理重点的基础上，根据流域综合规划、防洪规划、中小河流治理方案的有关安排，结合水利部、财政部印发的《中小河流治理工程初步设计指导意见》（水规计〔2011〕277号）、《关于进一步提高中小河流治理勘察设计工作质量的意见》（水规计〔2013〕495号），重点关注以下几方面的工作。

（一）工程任务与规模

1. 设计洪水。参照《水利水电工程设计洪水计算规范》（SL 44），结合中小河流具体资料情况，选择合适的设计洪水计算方法。当参证站有较长实测洪水资料时，可采用频率分析计算方法，直接推求设计洪水；当实测洪水资料短缺时，可采用设计暴雨推求设计洪水的计算方法。结合类似地区或相邻河流的设计洪水成果，以及治理河段的历史洪水调查分析资料，对采用的设计洪水成果进行合理性分析。

2. 治理标准。以流域为单元，结合中小河流防洪保护区现状，根据经济社会发展新需求，统筹区域与流域、上下游与左右岸的关系，复核防洪保护区的防洪标准和堤防的建设标准。确需提高标准的，应充分论证提高的必要性和合理性；对于有条件的地区，确有需要，可通过河工模型试验和数值模拟计算等方法，研究论证防洪标准提高的合理性。

3. 现状及设计水面线。以中小河流治理方案初步确定的重要节点（例如干支流汇合处、重要水文站点、重要水库节点、跨县级及以上行政区断面等）的设计水位或流量为基础，广泛调查、收集或补测洪水资料和近年河道断面，分析选择合理的糙率，以干支流汇合口、水文站及水库、拦河闸站、交通桥、省市县界断面等为重点，结合河道整治方案，考虑计算河段内已建和规划建筑物对设计水位的影响，复核治理河段的现状及设计水面线成果。

4. 堤线布局。应尽量维持河道自然形态，不得缩窄河道，原则上避免裁弯取直，并根据规划行洪能力和管控要求，合理确定治理河宽和堤距。对于现有堤防满足行洪要求的河段，原则上沿老堤线加固；对于现有堤防不满足行洪要求的河段，经多方案比选论证，采取疏浚河道、拓卡、退堤、堤防加培、跨河构筑物改建等措施满足行洪要求；对确需新建堤防的河段，以不侵占河道行洪通道为原则，统筹好与规划治导线、河湖岸线与堤线的关系，合理布置新建堤线。

5. 治理方案比选论证。按照“多规合一”要求，统筹行业间治理需求，做好中小河流防洪治理方案比选论证。在新建（改建）堤防（护岸）、现有堤防（护岸）加固、河道疏浚、支流河口建闸与筑堤等河道单项防洪治理方案技术经济比选的基础上，进行防洪整体治理方案的比选论证，并统筹好与非防洪类治理要求的关系。

（二）工程布置及建筑物设计

1. 堤防及穿堤建筑物级别和洪水标准。堤防级别划分应根据保护对象防洪标准，按《水利水电工程等级划分及洪水标准》（SL 252）和《堤防工程设计规范》（GB 50286）等有关规定执行；确需提高或降低堤防级别时，应充分论证其必要性和合理性。穿越堤防的永久性水工建筑物的级别，不应低于相应堤防的级别；堤防上的闸、涵、泵站及其他建筑物的洪水标准，不应低于堤防的防洪标准，并适当留有安全裕度。

2. 设计方案比选论证。河道整治方案比选应以防洪保安全为首要目标，可适度营造滩、洲、潭等多样化的生态空间，并满足《河道整治设计规范》（GB 50707—2011）相关要求。针对河流工程现状和主要问题，在满足防洪保安全的前提下，综合考虑河流特点、地形地质条件、填筑材料、施工条件、环境影响、征地移民等因素，加强河段治理方案技术经济比选，合理确定堤防、护岸、河道疏浚等工程布置方案。

3. 堤防（护岸）及河道断面设计。堤身断面宜综合考虑工程级别、填筑材料、生态景观、堤顶交通等因素综合确定，具备堤顶交通条件应尽量满足防汛抢险要求。堤身填筑材料宜就地取材，通过工程措施满足堤身填筑要求，少占或不占耕地。有条件的河段，可结合亲水景观要求，采用复式河道断面。堤防（护岸）护坡型式应综合考虑工程安全、血防（有要求时）、生态和当地工程经验等因素，经技术经济比较确定；迎流顶冲或流速较大河段临水侧护坡宜采用抗冲性强的工程护岸措施，背水侧宜考虑生态护坡型式；流速缓、冲刷性不强，且有防护需求的河段，临水侧宜考虑生态护坡型式；有白蚁、獾等危害动物隐患的河段，应将危害动物防治措施纳入工程设计和建设内容。

4. 山丘区河流治理工程设计。对于山丘区河流，一般河床质较粗，具有跌水、深槽等形态特征的，工程设计要结合村镇和集中连片耕地分布，以防护工程为主，不宜新建堤防，必要时研究设置避洪导洪设施。工程方案设计时，应注意河流自然形态及生境多样性的维护，结合山村环境改善，采用节水、节地、节材、节能等生态友好型工程措施。

5. 平原河网地区河流治理工程设计。平原河网地区应在保障防洪功能为主的基础上，兼顾水系畅通，确保河道行洪通道顺畅，加强河道的疏浚拓卡和堤防工程建设。城镇段在保障防洪功能的基础上，有条件的地方可整合各类建设资金，协调河流水系与城镇亲水景观的关系，但应避免过度景观化；农村段以保护乡村和农田为主，在保障防洪安全的基础上，可借鉴农村水系综合治理的经验，尽量维持河道自然形态和自然岸坡，结合拦蓄水工程，提高洪水资源化利用水平，增加农业灌溉用水，改善水生态环境和乡容村貌。

6. 河道治理工程生态化设计。在保障防洪安全的前提下，倡导统筹考虑与湿地涵养、景观休闲、交通、当地文化传承等多功能的结合，从堤线堤型选择、堤身断面和河段断面设计、防护材料、当地文化传承、生态与景观设计等方面，结合亲水便民设施建设需求，合理选取适宜的工程技术措施，构建河流多样化的滨水空间。

7. 建筑物稳定分析计算。应按照相关设计规范要求，重视堤防、护岸、河道边坡、穿堤建筑物等的稳定分析计算，合理设定计算工况及边界条件，开展边坡、渗流、抗浮、抗倾、基底应力等稳定计算工作，采取必要的工程措施，满足安全要求。要重视堤防与穿堤建筑物的连接和接触面的设计，避免渗流破坏。

（三）环境保护和征地移民

1. 环境保护设计。工程环境保护措施设计应严格落实项目环评批复要求，执行《水利水电工程初步设计报告编制规程》（SL/T 619—2021）、《水利水电工程环境保护设计规范》（SL 492）的有关规定。

2. 兼顾河湖生态环境复苏任务。对河湖生态环境复苏需求较为迫切的中小河流，可结合河湖生态环境复苏的工程、植物措施及景观构建进行统筹设计。

3. 建设征地。统筹考虑治理各单项工程之间、拟建工程与已（在）建工程之间的关系，统一上下游、左右岸、干支流处理原则，合理确定建设征地范围。

（四）信息化设计

1. 信息采集和传输。充分利用既有信息化设施设备，合理确定数字底板的信息采集范围、精度、频次，强化感知体系，加强重点河段的水情、雨情以及视频等信息监测采集能力、通信传输能力。

2. 为数字孪生水利建设提供支持。在各级水利一张图基础上完善中小河流数据底板，省级数字孪生水网建设要结合中小河流治理等专项工作，建设中小河流数字孪生的各项功能，支撑流域防洪“四预”功能实现，为数字孪生水利建设提供支撑。

（五）设计概算

1. 计价依据。设计概算宜依据地方水利工程设计概算编制规定及配套定额编制。没有地方计价依据的，依据水利部水利工程设计概算编制规定及配套定额、按河道工程标准编制。

2. 工程投资。严格依据工程设计，计列工程项目投资以及调度运行管理等必要的管理设施设备投资。

3. 分类计列项目投资。对于综合治理项目，根据治理内容宜分别计列防洪类、非防洪类等工程投资。

水利部办公厅关于公布第三批国家水利风景区高质量发展典型案例重点推介名单的通知（办综函〔2023〕1186号）

各流域管理机构，各省、自治区、直辖市水利（水务）厅（局），新疆生产建设兵团水利局：

为深入贯彻落实习近平生态文明思想和习近平关于治水的重要论述精神，按照水利部《关于推动水利风景区高质量发展的指导意见》（水综合〔2022〕316号），2023年，水利部水利风景区建设与管理领导小组办公室组织开展了第三批国家水利风景区高质量发展典型案例征集遴选工作。经景区申报、省级水行政主管部门（流域管理机构）推荐、专家初审、征求意见、公众投票、实地核实、专家复审、领导小组会议审议确认和网络公示等程序，“黄委济南百里黄河水利风景区”等10个案例入选第三批国家水利风景区高质量发展典型案例重点推介名单，现予发布。

各级水利部门要继续加大宣传推广力度，积极推介典型案例的经验与做法，努力使水利风景区成为幸福河湖、水美中国建设的突出亮点。各水利风景区单位要对标水利高质量发展要求，切实加强水利风景区建设与管理，着力为人民群众提供更多优质水生态产品与服务。

水利部办公厅

2023年12月5日

第三批国家水利风景区高质量发展典型案例重点推介名单

1. 济南百里黄河水利风景区

济南百里黄河水利风景区位于济南市北部城区，依托济南黄河标准化堤防工程而建，属于自然河湖型水利风景区，2003年被水利部认定为国家水利风景区。该水利风景区河段历史悠久，自秦汉以来，河道内先后为济水、大清河、黄河所流经，是独特的“三河古道”，拥有百年铁路老桥、百年泺口水文站和千年泺口古渡，历史文化和水利遗产资源独特，以此探索实施“水利＋多业态”发展模式，促成水工程和水文化有机融合，塑造了“济南百里黄河”水文化品牌。现拥有中国水利工程优质（大禹）奖、中国建设工程鲁班奖、水利部水工程和水文化有机融合典型案例、水利部红色基因水利风景区名录、国家水情教育基地和“中国黄河50景”等荣誉。

推荐单位：黄河水利委员会

2. 黄河小浪底水利枢纽水利风景区

黄河小浪底水利枢纽水利风景区位于河南省洛阳、济源两地交界，依托小浪底水利枢纽工程而建，属于水库型水利风景区，2003年被水利部认定为国家水利风景区。该水利风景区由水工建筑物群、退役工程设备、纪念雕塑、微缩黄河等元素组成，集水利功能、生态涵养、文化传承、研学教育于一体，打造“水利＋乡村振兴＋科普研学”发展模式，高举爱国主义旗帜，大力传承和弘扬黄河文化，在维护河湖健康生命、传承弘扬水文化、助力乡村振兴等方面成效明显，塑造了“黄河小浪底”水文化品牌。现拥有中国水利工程优质（大禹）奖、开发建设项目水土保持示范工程、水利安全生产标准化一级达标单位、水利部水工程和水文化有机融合典型案例、国家水情教育基地、国家环境保护百佳工程、全国绿化模范单位、全国青年文明号、全国节水教育基地、全国中小学研学教育基地、国家AAAA级旅游景区等荣誉。

推荐单位：水利部小浪底水利枢纽管理中心

3. 南京玄武湖水利风景区

南京玄武湖水利风景区位于江苏省南京市玄武区，依托玄武湖、武庙闸等建设，属于城市河湖型水利风景区，2016年被水利部认定为国家水利风景区。该水利风景区注重生态环境提升、历史文化挖掘与展示、水利＋旅游多元发展，成功探索并实施生态补偿机制，通过持续的水生态环境整治与修复、丰富的涉水活动、深度的自媒体宣传，景区知名度、水文化传播度、科普宣传效应凸现，取得了较好的生态效益和社会效益，广受市民青睐和赞誉，塑造了“南京玄武湖”水文化品牌。年接待游客量最高突破两千万人次，被誉为“金陵明珠”“城市客厅百姓乐园”。现拥有中国十大休闲湖泊、全国旅游系统先进集体、江苏最美水地标、江苏“旅游百佳”单位、南京市首批生态文明教育基地和国家AAAA级旅游景区等荣誉。

推荐单位：江苏省水利厅

4. 衢州马金溪水利风景区

衢州马金溪水利风景区位于衢州市开化县，依托马金溪流域综合治理工程而建，属于自然河湖型水利风景区，2018年被水利部认定为国家水利风景区。该水利风景区是习近平总书记擘画浙江“千万工程”中“美丽经济”的缩影，牢记总书记“人人有事做、家家有收入”的殷殷嘱托，依托马金溪综合治理工程，通过多规合一的全国试点，在水利工程建设中充分融入古渡文化、水岸文化、钱江源文化、红色文化等水文化、水景观元素，打造黄金水岸，构成马金溪生态廊道、文化走廊和经济长廊，实现治水成景、治水美村、治水富民，举办了根雕文化节、龙顶开茶节、钱江源国家马拉松赛等活动，乡村旅游等产业蓬勃发展，助力共同富裕，塑造了“衢州马金溪”水文化品牌。现拥有国家AAAA级旅游景区等荣誉。

推荐单位：浙江省水利厅

5. 泰安天颐湖水利风景区

泰安天颐湖水利风景区位于泰安市岱岳区满庄镇境内，依托胜利水库而建，属于水库型水利风景区，2010年被水利部认定为国家水利风景区。该水利风景区以“艰苦奋斗、团结互助、不怕困难、勇于担当”的胜利渠精神为魂，聚焦绿色发展，积极打造生态游、研学游，传承和发扬优秀文化，以“水利＋乡村振兴＋生态修复”为脉，持续保护水生态，全力提升水环境。在建设之初，优先安排当地百姓积极参与建设，以贫困户为先，建成后，为周边5个乡镇创造景点服务500余个就业岗位，共建共享水利高质量发展成果，用生动的水利实践推动“两山”转化，塑造了“泰安天颐湖”水文化品牌。现拥有国家AAAA级旅游景区、全国青少年户外体育活动营地、山东省精品旅游十佳研学目的地等荣誉。

推荐单位：山东省水利厅

6. 长沙湘江水利风景区

长沙湘江水利风景区位于长沙市中心城区，依托湘江两岸防洪工程而建，属于城市河湖型水利风景区，2004年被水利部认定为国家水利风景区。该水利风景区以防洪为主要功能，集休闲、观光、娱乐、科普于一体，将山、水、洲、城的自然和人文风光与宏大的防洪工程有机融合，景区生态环境优良、文化氛围浓厚，内有著名的橘子洲、杜甫江阁、贾谊故居等历史人文景观和“98”抗洪纪念碑、水位尺、水位标示等水文化科普设施，通过实施湘江沿岸照明提升工程，发展景区夜经济，促进水利建设与城市发展和谐交融，成为市民精神文明生活重要场所，塑造了“橘子洲”水文化品牌。现拥有国家AAAAA级旅游景区等荣誉称号。

推荐单位：湖南省水利厅

7. 增城增江画廊水利风景区

增城增江画廊水利风景区位于广州市增城区增江东、西两岸，依托正果拦河坝初溪水利枢纽工程而建，属于城市河湖型水利风景区，2011年被水利部认定为国家水利风景区。该水利风景区整合了两岸自荔湖初溪水利工程至正果湖心岛河岸线经过改造和美化的自然景观，形成了一组天然与人工景观相辉映的增江水利景观带，通过高质量建设碧道引领防洪排涝治理能力的现代化，兼顾生态、安全、文化、景观、经济等功能，打造“水清岸绿、鱼翔浅底、水草丰美、白鹭成群”的生态廊道，塑造了“增江画廊”水文化品牌。增江碧道（雁塔大桥－初溪拦河坝）6.5公里获WLA世界景观建筑奖、中国水利工程优质（大禹）奖等荣誉称号。

推荐单位：广东省水利厅

8. 桂林灵渠水利风景区

桂林灵渠水利风景区位于桂林市兴安县内，依托灵渠水利工程而建，属于灌区型水利风景区，2017年被水利部认定为国家水利风景区。该水利风景区依托的灵渠是世界上最古老的人工运河之一，沟通了湘江和漓江，连接长江与珠江两大水系，成为连接中原与岭南地区的水上交通枢纽，以其精致的布局、巧妙的设计、古朴的风格、独有的气质和秀丽的山水而闻名于世，塑造了“桂林灵渠”水文化品牌。现拥有全国水情教育基地、国家重点文物保护单位、中国世界文化遗产预备名单、世界灌溉工程遗产、国家AAAA级旅游景区等荣誉称号。

推荐单位：广西壮族自治区水利厅

9. 绵阳仙海水利风景区

绵阳仙海水利风景区位于绵阳市中心城区以东约15公里，依托武引一期沉抗水库而建，属于水库型水利风景区，2002年被水利部认定为国家水利风景区。该水利风景区实行“区镇合一”体制，以体制机制一体化创新推动景区水环境保护、水生态修复、水资源利用与经济社会发展有机结合，强化仙海湖水质保护，禁止湖内肥水养鱼，水质常年保持Ⅱ类，在全湖建立了水质自动化监测系统和水质综合预警信息化管理平台，并将水文化与蜀道文化、沉香文化等文化融合，推进水文化与体育、旅游相融互促，形成了以绿色消费促进产业升级、服务业拉动经济增长的新格局，塑造了“绵阳仙海”水文化品牌。现拥有国家水上国民休闲运动中心、全国环境优美乡镇、国家AAAA级旅游景区等荣誉称号。

推荐单位：四川省水利厅

10. 西安护城河水利风景区

西安护城河水利风景区位于西安市明城墙外侧，依托西安市护城河及环城公园综合改造工程而建，属于城市河湖型水利风景区，2018年被水利部认定为国家水利风景区。该水利风景区以“守护历史责任，践行文化使命”为宗旨，按照“守护水遗产、保护水环境、创新水管理”的总体思路，保护性展示隋唐时期水工程遗址，对西安护城河实施多次疏浚、开通水源、综合改造等工程，打造了集生态景观、休闲娱乐与蓄洪滞洪功能于一体的水文化传承载体，实现了从“臭水沟”到碧波荡漾的华丽转变，为生态西安、美丽西安擦亮了水名片，塑造了“西安护城河”水文化品牌。通过整体提升游览环境、夜间景观和智慧服务，形成了“水利＋文旅”“水利＋科技”等多业态发展模式，成为水历史与水工程交融、水生态与水文化辉映的典范。现拥有陕西水利风景区建设与管理先进单位、西安市“最美河湖”、西安市全域治水示范工程一等奖和国家AAAAA级旅游景区等荣誉称号。

推荐单位：陕西省水利厅

水利部河长办关于印发《幸福河湖建设成效评估工作方案（试行）》的通知

各省、自治区、直辖市河长制办公室：

为深入贯彻落实习近平生态文明思想和习近平总书记关于建设造福人民的幸福河的重要指示精神，指导督促幸福河湖建设切实取得实效，我部组织制定了《幸福河湖建设成效评估工作方案（试行）》，现印发给你们。请结合各地实际，做好建设成效评估相关工作，总结形成可复制可推广的经验做法，进一步支撑幸福河湖建设。

联系人及联系方式：

水利部河湖管理司　付健

电话：010－63204542　010－63202685（传真）

邮箱：slbhzb@mwr.gov.cn

水利部河长办

2023 年 7 月 14 日

附件：幸福河湖建设成效评估工作方案

幸福河湖建设成效评估工作方案（试行）

为深入贯彻落实习近平总书记建设造福人民的幸福河的重要指示精神，科学评价幸福河湖建设成效，根据水利部关于幸福河湖建设的有关要求，制定本方案。

一、评估对象

评估对象为中央水利发展资金安排的幸福河湖建设项目。地方幸福河湖建设项目评估工作可参照执行。

二、评估原则

评估工作遵循科学公正、注重实效、突出特色、量化可行的原则。

三、工作组织

水利部组织成立评估组开展幸福河湖建设成效评估工作。评估组成员应为单数，至少 5 人。

四、评估前提条件

1. 完成幸福河湖建设实施方案全部建设内容，且使用中央水利发展资金的建设任务通过验收。

2. 实施方案明确的地方配套资金到位 90％及以上。

3. 河湖健康评价结果为二类河湖（健康）及以上等级。

4. 项目建设以来，没有中央领导批示、国家有关部委通报的河湖问题，没有中央媒体曝光或群众反映强烈的河湖突出问题，水利部组织开展的河湖长制落实情况监督检查未发现重大问题，未发生有人员死亡的洪涝灾害，未发生较大（Ⅲ级）及以上水污染事件，不存在Ⅴ类、劣Ⅴ类水质断面。

5. 河湖长制责任体系全面建立，河湖管护制度、机构、人员、经费全面落实，河湖违法违规问题处理机制健全有效。

五、评估指标体系

采用幸福河湖建设成效评估指标体系（试行）（见附件 1）开展评估。

六、评估流程

评估分为自评估、复核评估、公布评估结果三个环节。

（一）自评估

项目验收完成 2 个月内，省级河长办应组织完成自评估，形成自评估报告（提纲见附件 2），向水利部河长办申请复核评估。申请材料包括复核评估申请、自评估报告等。

（二）复核评估

水利部河长办收到复核评估申请后，组织评估组通过现场查勘、查阅资料、座谈交流、满意度调查等方式，对评估指标赋分及总得分开展复核，形成复核评估报告（提纲见附件 3）。

（三）公布评估结果

水利部河长办按要求报批后，在全国范围内公布幸福河湖建设成效评估结果。

七、评估结果及运用

评估得分在 85 分及以上的，通过水利部幸福河湖建设成效评估；85 分以下的，为不通过。

通过评估的，以简报等形式总结推广典型做法经验；未通过评估的，在国务院河湖长制督查激励中对河湖所在省份予以扣分。

附件：1. 幸福河湖建设成效评估指标体系（试行）

2. 幸福河湖建设成效自评估报告提纲

3. 幸福河湖建设成效复核评估报告提纲

附件 1

幸福河湖建设成效评估指标体系（试行）

幸福河湖建设成效评估指标包括通用指标和差异化指标两种类型。通用指标必选，差异化指标由评估单位根据河湖实际情况从表格中选用。本表确定了各指标赋分缺省值，对于有差异化指标的准则层，如某项差异化指标未选用，则该项指标的缺省赋分值以其他指标的分值为基础加权分配到其他指标。

准则层（分值）	指标层（分值）	指标类型	指标解释	计算方法	计分方式	说明
1. 安澜（15分）	1. 防洪达标率（10分）	通用	主要评价河湖防洪达标情况	达到防洪标准的河段（湖岸）长度/河流（湖岸）总长度×100%	防洪达标率达到100%的，得10分；小于等于75%的不得分；其余按线性内插比例得分。病险水库、水闸等水利工程未按要求除险加固的，此项不得分	无规划防洪标准的河段，参照《防洪标准》（GB 50201）确定防洪标准
	2. 排涝达标率（5分）	差异化	主要评价河流排涝达标情况	达到排涝标准的涝区面积/流域涝区总面积×100%	排涝达标率达到100%的，得5分；小于等于75%的不得分；其余按线性内插比例得分	有排涝任务的河流必选。无规划排涝标准的，参照《治涝标准》（SL 723）确定排涝标准
2. 生态（20分）	3. 岸线自然状况（8分）	通用	主要评价岸线自然状况，包括河（湖）岸稳定性和岸带植被覆盖度两个方面	河（湖）岸稳定性赋分×0.4＋岸带植被覆盖度赋分×0.6	赋分值乘以0.08	计算方法见附件1－1
	4. 生态流量满足程度（8分）	通用	主要评价生态流量（可用流量、水量、水位、水深、水面面积等指标表示）的满足程度	类型1：已批复生态流量保障目标的河湖，指标赋分为生态流量达标天数（旬数、月数）比例与100的乘积。 类型2：未批复生态流量保障目标的河湖，按照《河湖生态环境需水计算规范》（SL/T 712）计算生态流量目标值，指标赋分为生态流量达标天数比例与100的乘积	赋分值乘以0.08。评估河流存在脱水河段，此项不得分	类型1，依据批复文件计算；类型2，也可按最小日均流量占比赋分，计算方法见附件1－1
	5. 水土保持率（4分）	通用	主要评价河湖所在流域水土保持综合状况	水土保持率＝水土保持状况良好面积（非水土流失面积）/国土面积×100%	水土保持率达到或高于所在省级行政区域平均水平的，得2分；完成上级下达的水土保持任务的，得2分	

续表

准则层（分值）	指标层（分值）	指标类型	指标解释	计算方法	计分方式	说明
3. 宜居（15分）	6. 水质状况（10分）	通用	主要评价河湖水质状况	达标基础分＋水质优良程度加分	水质达标的，得5分；Ⅰ类水质得5分，Ⅱ类水质得3分，Ⅲ类水质得1分。地表水集中式饮用水水源地不达标的，本项不得分	按水质断面统计，河流按照河长统计，湖泊按照湖泊水面面积统计，方法见附件1－1。地表水集中式饮用水水源地采用《全国重要饮用水水源地安全保障达标建设目标要求（试行）》（水资源〔2011〕329号）进行评估
	7. 城乡居民亲水指数（5分）	通用	主要评价是否具有居民亲水戏水设施，亲水设施的数量是否能够满足居民需求，亲水设施的状况及其质量	达标基础分＋亲水设施数量质量加分	河湖水域岸线具有能够便于居民亲水等相关设施的，得2分；亲水设施数量较多的，得1分；亲水设施具有较好的亲水性、整洁性、安全性的，得2分	方法见附件1－1
4. 智慧（10分）	8. 河湖智慧管理情况（5分）	通用	主要评价河湖管理信息化平台建设、河湖智能化管理等情况	统计河湖智能化管理功能（“四预”、巡河管理、智能识别、问题预警、智慧调度等）；统计平台相关数据类别（河湖长体系、河湖划界、涉河建设项目等），信息类别（卫星遥感、视频监控等）及其项数	具有智能化管理功能2项及以上的，得2分；数据和信息类别，有1项得1分，满分3分	
	9. 河湖监测感知设施覆盖情况（5分）	通用	主要评价河湖监测感知设施完善程度	统计在线监测设施类别（水位、流量、水质、视频影像），及设施设置是否符合技术标准	4类设施均符合技术标准的，得5分，有1类不符合标准的，扣2分，扣完为止	在线监测设施应当符合《水文自动测报系统技术规范》（GB/T 41368）、《水环境监测规范》（SL 219）等要求

续表

准则层（分值）	指标层（分值）	指标类型	指标解释	计算方法	计分方式	说明
5. 文化（10分）	10. 河湖遗产本体保护状况（2分）	差异化	主要评价水利及涉水遗产本体保护的重视程度。用平均每 $100km^2$ 流域面积拥有的世界级遗产（灌溉工程遗产、全球重要农业文化遗产、文化遗产、非物质文化遗产等），国家级遗产（水利遗产、国家文保单位、全国重要农业遗产等）、省市县文保单位与水利遗产的数量表示	遗产数量＝（县级＋市级×2＋省级×3＋国家级×4＋世界级×5）/（流域面积/100）	遗产数量≥5，得2分；≤2，不得分；其他按照线性插值赋分。遗产资格被取消，或者遗产被人为损毁，本项不得分	流域面积按 km^2 计
	11. 河湖文化载体建设情况（8分）	通用	主要评价河湖文化传承、融合、宣教建设情况。①文化传承情况，用平均每 $100km^2$ 流域面积拥有的各级水利风景区、水情教育基地、水土保持科技示范园、节水示范基地等的数量表示。②文化融合情况，包括在河湖周边或者管理机构、标识系统中蕴含的水文化元素，如历史沿革、治水人物、治水理念、诗词歌赋、成语典故、传说故事、民间歌谣、管理制度等。③文化宣传科普教育，包括出版水文化相关刊物、专著、科普读物；制作水文化主题宣传视频；举办传统水文化主题活动；生产水文化创意产品；举办河湖主题相关会议；在主流媒体对河湖水文化进行宣传报道等	①文化传承情况，数量折算公式：（县级＋市级×2＋省级×3＋国家级×4）/（流域面积/100）。②文化融合程度，计算水文化元素数量。③文化宣教力度，计算出版物、视频、活动、产品、报道等成果的数量	①文化传承情况，数量≥10项，得4分；≤2项，不得分；其他按照线性插值赋分。②文化融合程度，水文化元素数量≥5项，得2分；≤1项，不得分；其他按照线性插值赋分。③文化宣教力度，成果≥5项，得2分；≤1项，不得分；其他按照线性插值赋分	流域面积按 km^2 计

续表

准则层（分值）	指标层（分值）	指标类型	指标解释	计算方法	计分方式	说明
6. 发展（15分）	12. 用水总量和强度双控情况（5分）	通用	主要评价用水总量和强度双控目标落实情况	①用水总量控制方面，统计河湖所属县级行政区域用水总量、水量分配方案、取用水总量控制指标。②用水强度控制方面，计算河湖所在流域万元国内生产总值用水量，并与同类地区先进值对比	①用水总量控制方面，河湖所属县级行政区域年度用水总量符合用水总量控制指标要求、年度地表水用水量符合水量分配方案明确的区域水量分配份额要求的，得2分；完成上级政府下达的非常规水源利用目标的，得1分。②用水强度控制方面，达到同类地区市级行政单元先进值的，得2分；达到同类地区省级行政单元先进值的，得1分；未达到上述先进值，但所在县级行政区域入选水利部节水型社会建设达标县（区）名单的，得1分	先进值采取水利部公布的最新值（见附件1－1）。流域万元国内生产总值用水量按流经乡镇（街道）的GDP与用水量计算。没有乡镇（街道）数据的，采用河湖所在县级行政区数据
	13. 主要污染物总量减排情况（5分）	通用	主要评价按时完成上级政府下达的主要污染物总量减排任务情况	计算河湖所在县级行政区域万元GDP污染物排放量等指标	达到考核要求的，得5分，否则不得分	请生态环境部门提供
	14. 居民人均可支配收入（5分）	通用	主要评价居民人均可支配收入的相对水平及增长情况		河湖流经的乡镇（街道）居民人均可支配收入高于河湖流经区域共同的上一级行政区域平均水平的，得3分；居民人均可支配收入增速高于所在省级行政区平均水平的，得2分	
7. 公众满意（15分）	15. 公众满意度（15分）	通用	主要评价公众对幸福河湖的满意程度	通过问卷调查采用百分制赋分	赋分值乘以0.15	公众满意度调查对象应具有代表性，包括有关单位、专家和公众，调查份数不少于100份。样表见附件1－2

附件 1-1

指标计算方法（部分）

一、岸线自然状况

（一）河（湖）岸稳定性

根据河（湖）岸已经发生或潜在发生的侵蚀现状进行评估，按照公式（1）计算。

$$BKSS = \frac{SAS + SCS + SHS + SMS + STS}{5} \quad (1)$$

式中：$BKSS$——岸坡稳定性指标赋分；

SAS——岸坡倾角分值；

SCS——岸坡植被覆盖度分值；

SHS——岸坡高度分值；

SMS——基质类别分值；

STS——坡脚冲刷强度分值。

河（湖）岸稳定性评估要素赋分标准见表1。

表 1　河（湖）岸稳定性评估要素赋分标准表

河（湖）岸特征	稳　定	基本稳定	次不稳定	不稳定
总体特征描述	近期内河（湖）岸不会发生变形破坏，无水土流失现象	河（湖）岸结构有松动发育迹象，有水土流失迹象，但近期不会发生变形和破坏	河（湖）岸松动裂痕发育趋势明显，一定条件下可导致河（湖）岸变形和破坏，中度水土流失	河（湖）岸水土流失严重，随时可能发生大的变形和破坏，或已经发生破坏
分　值	100	75	25	0
特征分级参考指标				
岸坡倾角/(°)	≤15	≤30	≤45	≤60
岸坡植被覆盖度/%	≥75	≥50	≥25	≥0
岸坡高度/m	≤1	≤2	≤3	≤5
基质（类别）	基岩	岩土	黏土	非黏土
河岸冲刷状况	无冲刷迹象	轻度冲刷	中度冲刷	重度冲刷

（二）河（湖）岸带植被覆盖度

评估河（湖）岸带自然和人工植被垂直投影面积占河（湖）岸带面积比例。重点评估河（湖）岸带陆向范围乔木、灌木和草本植物的覆盖状况。河（湖）岸带植被覆盖度评估可采用参考点比对赋分法或直接评判赋分法。

1. 参考点比对赋分法

（1）根据所在生态分区参考点调查数据，确定评估河（湖）岸带乔木、灌木及草本植物覆盖度参考值。参考点的选定应符合《河湖健康评估技术导则》（SL 793）附录A的规定。

（2）乔木、灌木及草本植物覆盖度变异状况按照公式（2）～公式（4）计算。

$$TVCI = \frac{TVCR - TVC}{TVCR} \times 100\% \quad (2)$$

$$SVCI = \frac{SVCR - SVC}{SVCR} \times 100\% \quad (3)$$

$$HVCI = \frac{HVCR - HVC}{HVCR} \times 100\% \quad (4)$$

式中：$TVCI$——乔木层植被覆盖度变化百分比（%）；

$TVCR$——所在生态分区参考点乔木层植被覆盖度（%）；

TVC——乔木层植被覆盖度（%）；

$SVCI$——灌木层植被覆盖度变化百分比（%）；

$SVCR$——所在生态分区参考点灌木层植被覆盖度（%）；

SVC——灌木层植被覆盖度（%）；

$HVCI$——草本层植被覆盖度变化百分比（%）；

$HVCR$——所在生态分区参考点草本层植被覆盖度（%）；

HVC——草本层植被覆盖度（%）。

（3）根据表2对乔木、灌木及草本植被覆盖度进行赋分。对乔木、灌木及草本植被覆盖度变化状况计算各自赋分值，按照公式（5）计算河（湖）岸带植被覆盖度指标赋分值。

$$RVSS = \frac{TCS + SCS + HCS}{3} \quad (5)$$

式中：*RVSS*——植被覆盖度赋分；

TCS——乔木层植被覆盖度赋分；

SCS——灌木层植被覆盖度赋分；

HCS——草本层植被覆盖度赋分。

表 2　河（湖）岸带植被覆盖度赋分标准表（参考点比对赋分法）

乔木层植被覆盖度变化百分比 *TVCI* /%	灌木层植被覆盖度变化百分比 *SVCI* /%	草本层植被覆盖度变化百分比 *HVCI* /%	赋分	说　明
≤5	≤5	≤5	100	接近参考点状况
10	10	10	75	与参考点状况有较小差异
25	25	25	50	与参考点状况有中度差异
50	50	50	25	与参考点状况有较大差异
≤75	≤75	≤75	0	与参考点状况有显著差异

2. 直接评判赋分法

根据调查所得到的河（湖）岸带自然和人工植被总覆盖度进行赋分，赋分标准见表 3。

表 3　河（湖）岸带自然和人工植被总覆盖度赋分标准表（直接评判赋分法）

河（湖）岸带植被覆盖度/%	说明	赋分
>75	极重度覆盖	75～100
40～75	重度覆盖	50～75
10～40	中度覆盖	25～50
0～10	植被稀疏	0～25
0	无植被	0

二、生态流量满足程度

采用最小日均流量占比赋分时，分别计算丰水期和枯水期最小日均流量占相应时段多年平均流量的百分比，赋分标准见表 4，取二者的最低赋分值为河流生态流量满足程度赋分。丰水期通常为 4—9 月，枯水期通常为 10 月至次年 3 月，不同流域可按照实际情况调整。

表 4　生态流量满足程度赋分标准表

丰水期	最小日均流量占比/%	≥50	40	30	10	<10
	赋分	100	80	40	20	0
枯水期	最小日均流量占比/%	≥30	20	10	5	<5
	赋分	100	80	40	20	0

三、水质状况

按河（湖）水质类别赋分，赋分标准见表 5。水质类别应根据《地表水资源质量评价技术规程》（SL 395—2007）进行评估，河流按照河流长度统计，湖泊按照湖泊水面面积统计。也可按水质断面的数量比例统计。

表 5　水质优劣程度赋分标准表

水质类别	Ⅰ类水质	Ⅱ类水质	Ⅲ类水质
计分	5	3	1

四、城乡居民亲水指数

城乡居民亲水指数赋分标准表 6。

表 6　城乡居民亲水指数赋分标准表

亲水设施得分	2 分	1 分	2 分
总体特征描述	是否修建了亲水设施	亲水设施数量是否足够	亲水设施质量如何
相关特征参考说明			
有没有（2 分）： 是否修建了相关的亲水设施，该类型亲水设施要求至少能够较为安全、便捷地观赏河湖风景。			
够不够（1 分）： 在保障安全的情况下，平均每公里河长上亲水设施数量，≥2 处得 1 分，<2 处得 0.5 分			
好不好（2 分）： 亲水设施的亲水性质量较好，得 1 分。亲水设施不仅使居民可以安全观赏河湖风景，还可较为便捷到河边嬉戏。 亲水设施的管护较好，得 0.5 分。亲水设施具有卫生、设施整洁、设施安全等日常维护，居民亲水设施整体环境优良。 亲水设施安全性较好，得 0.5 分。亲水设施具有明显的安全指示引导牌等，下河戏水处配备安全引导员和救生圈等应急装备，保证居民亲水过程的安全性			

五、万元国内生产总值用水量先进值

万元国内生产总值用水量先进值见表 7。

表 7　万元国内生产总值用水量先进值　单位：m^3

分区	现状万元国内生产总值用水量（当年价）				
	平均水平	先进值及其所在省级行政区		先进值及其所在城市（地区）	
东北区	110	55	辽宁	33	大连市、长春市、大兴安岭地区、辽源市、本溪市
华北区	36	14	北京	14	青岛市、烟台市、威海市、北京市、天津市
东南区	53	35	上海 浙江	15	深圳市、舟山市、厦门市、珠海市、宁波市
华中区	97	79	湖北	38	武汉市、长沙市、宜昌市、合肥市、淮北市
西南区	85	40	重庆	38	贵阳市、重庆市、成都市、昆明市、自贡市
西北区	166	42	陕西	29	延安市、铜川市、榆林市、西安市、包头市

注　1. 表中数值引自《水利部办公厅关于印发〈规划和建设项目节水评价技术要求〉的通知》（办节约〔2019〕206号）。
2. 表中数值为 2017 年当年价，评估时应当折算到评估当年价格水平。
3. 水利部公布新的先进值后选用新值。

附件 1-2

幸福河湖公众满意度调查样表

【导语】您好，我们是幸福河湖社会满意度调查访问员。将每一条（个）河湖建设成人民满意的幸福河湖是我们共同的心愿和努力的方向，请您参与完成以下内容的问卷调查，谢谢您的支持与配合！

主要活动区域（家庭住址或工作地点）是否靠近河湖：是○　否○

经常去往/路过河湖吗：从来不去○　偶尔去○　经常○　每天都去○

了解幸福河湖吗：完全不了解○　有点了解○　比较了解○　十分了解○

---

1. 河湖阻水物明显减少，河道未被违建、光伏、网箱养殖等占用，河流变得通畅，周边变得更加有序（　　）

A. 完全符合　B. 比较符合　C. 不能确定
D. 较不符合　E. 完全不符合

2. 河湖水质变好，水面漂浮物减少、水体更加清澈，无难闻气味（　　）

A. 完全符合　B. 比较符合　C. 不能确定
D. 较不符合　E. 完全不符合

3. 河湖水量丰沛，清水灵动，能满足生产、生活、生态要求（　　）

A. 完全符合　B. 比较符合　C. 不能确定
D. 较不符合　E　完全不符合

4. 河湖及周边景观绿化变得更加优美、更适合进行娱乐休闲，有便民亲水设施（如滨水漫行道、亲水平台），有安全告示、标识标牌等（　　）

A. 完全符合　B. 比较符合　C. 不能确定
D. 较不符合　E. 完全不符合

5. 河湖周边整体生态环境更好了，出现了更多的或更丰富的鱼类、鸟类与水生植物（　　）

A. 完全符合　B. 比较符合　C. 不能确定
D. 较不符合　E. 完全不符合

6. 爱河护水及相关水文化的文明宣传活动有所增加（　　）

A. 完全符合　B. 比较符合　C. 不能确定
D. 较不符合　E. 完全不符合

7. 河湖周边人流量增加，人气更旺，更加热闹（　　）

A. 完全符合　B. 比较符合　C. 不能确定
D. 较不符合　E. 完全不符合

8. 见过或听过河长、巡河员、志愿者等开展巡河护河工作（　　）

A. 完全符合　B. 比较符合　C. 不能确定
D. 较不符合　E. 完全不符合

9. 河湖近年来的变化让您感到更加幸福（　　）

A. 完全符合　B. 比较符合　C. 不能确定
D. 较不符合　E. 完全不符合

10. 乐意推荐家人、朋友空闲去往河湖周围散步、放松和休息（　　）

A. 完全符合　B. 比较符合　C. 不能确定

D. 较不符合　E. 完全不符合

性别：男○　女○

年龄（岁）：18 以下○　18～35○　36～49○　50～64○　65～79○　80 以上○

职业：政府部门○　事业单位○　企业○　个体户○　务农○　学生○　其他○

文化程度：初中及以下○　中专或高中○　大学及以上○

本人或亲友是否从事与河湖相关的工作：本人从事○　亲友从事○　无○

附件 2

幸福河湖建设成效自评估报告提纲

前言，简述自评估依据、组织机构、评估过程等。

一、幸福河湖建设概况

对照幸福河湖建设实施方案，说明各项任务完成情况。

二、评估范围和内容

根据《幸福河湖建设成效评估工作方案（试行）》，明确评估范围、评估内容。

三、自评得分情况

（一）评估前提条件分析

对照《幸福河湖建设成效评估工作方案（试行）》提出的评估前提条件，逐项分析是否满足条件。

（二）建设成效评估指标自评

对照《幸福河湖建设成效评估指标体系（试行）》，逐项计算指标得分，并说明数据来源。汇总各指标得分，形成评估幸福河湖建设成效自评估总得分。

四、主要示范创新经验

总结评估河湖的典型特点，总结评估本项目建设特色突出、可复制、可推广的好做法、好经验。

五、存在问题及建议

根据幸福河湖建设的总体要求，总结评估河湖重点任务落实、组织领导、资金投入等方面存在的问题，分析其原因。

六、自评估结论

参照《幸福河湖建设成效评估工作方案（试行）》明确的评估通过标准，形成是否通过自评的结论，提出改进意见。

附件 3

幸福河湖建设成效复核评估报告提纲

前言，简述复核评估依据、组织机构、评估过程等。

一、评估得分复核情况

（一）前提条件复核

对照《幸福河湖建设成效评估工作方案（试行）》提出的评估前提条件，逐项复核是否满足条件。

（二）建设成效评估指标复核

对照《幸福河湖建设成效评估指标体系（试行）》，逐项计算指标得分，并说明数据来源。汇总各指标得分，形成评估幸福河湖建设成效复核评估总得分。

二、典型做法经验

立足复核评估河湖的典型特点，总结提炼特色突出、可复制、可推广的好做法、好经验。

三、评估结论

根据《幸福河湖建设成效评估工作方案（试行）》明确的评估通过标准，形成是否通过复核评估的结论。

水利部河湖管理司关于进一步明确河湖健康评价有关事项的通知

各省、自治区、直辖市河长制办公室：

《水利部办公厅关于开展河湖健康评价建立河湖健康档案工作的通知》（办河湖〔2022〕324 号）明确，2023 年全面启动、2025 年底前完成第一次全国水利普查名录内河湖（无人区、交通特别不便地区的河湖，以及监测设施不完善、监测数据无法获取的河湖除外）健康评价工作，建立河湖健康档案。为指导各地进一步优选评价指标、优化评价方法、规范建立档案，现将有关事项通知如下。

一、总体要求

各地应分类开展河湖健康评价工作，选用的指标必须涵盖河湖健康档案指标。对于流域面积较小、监测数据较难获取的河湖，以及季节性河流、冬季封冻河湖等，各地可根据本通知推荐方法，结合本地实际，简化评价指标、监测方法、评价方法等。常年无水河湖、咸水湖只对“盆”和“社会服务功能”相应指标进行计算，不对其健康等级进行综合评定。

河湖健康档案指标的评价方法与赋分标准详见附件 1，监测和调查方法见附件 2。本通知涉及的河湖健康评价指标、评价方法、赋分标准等与其他标准存在不一致的，以本通知为准。

二、河湖分类

本通知根据河流流域面积和湖泊常年水面面积对河湖进行分类，分类方法只用于各地开展河湖健康评价、建立河湖健康档案工作。其中，本通知所称 A 类河湖是指流域面积 3 000 平方公里及以上的河流，常年水面面积 20 平方公里及以上的湖泊；B 类河湖是指流域面积 200 平方公里及以上、3 000 平方公里以下的河流，常年水面面积 5 平方公里及以上、20 平方公里以下的湖泊；C 类河湖是指流域面积 200 平方公里以下的河流，常年水面面积 5 平方公里以下的湖泊。

三、A 类河湖健康档案指标及评价方法

A 类河流健康档案指标为岸线自然状况、生态流量满足程度、水质优劣程度、鱼类保有指数/鱼类多样性指数、防洪达标率、公众满意度等 6 项。

A 类湖泊健康档案指标为岸线自然状况、最低生态水位满足程度、水质优劣程度、湖泊营养状态、鱼类保有指数/鱼类多样性指数、浮游植物密度、公众满意度等 7 项。

A 类河湖原则上应在选用河湖健康档案指标的基础上，依据水利部河长办印发的《河湖健康评价指南（试行）》（第 43 号），选择较为全面的评价指标，构建完整的指标体系，开展河湖健康评价工作，编制河湖健康评价报告。根据实际需要，亦可选用其他相关推荐性标准。

四、B 类河湖健康档案指标及评价方法

B 类河湖原则上选用河湖健康档案指标（与 A 类河湖相同），依据推荐权重表（见附件 3）开展健康评价工作，编制河湖健康评价报告。根据实际需要，可增加其他指标，但应维持准则层权重不变。

五、C 类河湖健康档案指标及评价方法

C 类河湖健康档案指标为岸线自然状况、水质优劣程度、公众满意度等 3 项。

C 类河湖原则上选用河湖健康档案指标开展健康评价工作，编制河湖健康评价表（见附件 4）。根据实际需要，可增加其他指标，编制河湖健康评价报告。

联系人：水利部河湖管理司　付健

电话：010－63204542

附件：1. 河湖健康档案指标评价方法与赋分标准

2. 河湖健康档案指标监测和调查方法

3. B 类河湖健康评价指标体系推荐权重表

4. C 类河湖健康评价表

水利部河湖司

2023 年 7 月 5 日

附件 1

河湖健康档案指标评价方法与赋分标准

一、岸线自然状况

岸线自然状况包括河（湖）岸稳定性和岸带植被覆盖率两个方面。岸线自然状况指标分值按式（1）计算。

$$BH = BS_r \times BS_w + PC_r \times PC_w \tag{1}$$

式中：BH——岸线自然状况赋分；

BS_r——河（湖）岸稳定性赋分；

BS_w——河（湖）岸稳定性权重，取 0.4；

PC_r——岸带植被覆盖率赋分；

PC_w——岸带植被覆盖率权重，取 0.6。

（一）河（湖）岸稳定性

河（湖）岸稳定性按总体特征赋分。赋分标准见表 1。

表 1　河（湖）岸稳定性指标赋分标准表

河（湖）岸特征	稳定	基本稳定	次不稳定	不稳定
总体特征	近期内河（湖）岸不会发生变形破坏，无水土流失现象	河（湖）岸结构有松动发育迹象，有水土流失迹象，但近期不会发生变形和破坏	河（湖）岸松动裂痕发育趋势明显，一定条件下可导致河（湖）岸变形和破坏，中度水土流失	河（湖）岸水土流失严重，随时可能发生大的变形和破坏，或已经发生破坏
赋分	100	75	25	0

（二）岸带植被覆盖率

岸带植被覆盖率评估河（湖）岸带自然和人工植被垂直投影面积占河（湖）岸带面积比例。重点评估陆向范围乔木、灌木和草本植物的覆盖状况。植被覆盖率评估有参考点比对赋分法、直接评判赋分法、自然岸线法等 3 种方法，C 类河湖岸带植被覆盖率推荐采用自然岸线法计算，其余河湖可依据实际情况选择 1 种方法使用。

1. 参考点比对赋分法。根据所在生态分区参考点调查数据，确定评估河（湖）岸带乔木、灌木及草本植物覆盖率。参考点的选定应符合《指南》附件 1 的规定。

a. 计算乔木、灌木及草本植物覆盖率变异状况。计算公式为式（2）～式（4）。

$$TVCI=\frac{TVCR-TVC}{TVCR}\times 100\% \qquad (2)$$

$$SVCI=\frac{SVCR-SVC}{SVCR}\times 100\% \qquad (3)$$

$$HVCI=\frac{HVCR-HVC}{HVCR}\times 100\% \qquad (4)$$

式中：$TVCI$——乔木层植被覆盖率变化百分比（%）；

$TVCR$——所在生态分区参考点的乔木层植被覆盖率（%）；

TVC——乔木层植被覆盖率（%）；

$SVCI$——灌木层植被覆盖率变化百分比（%）；

$SVCR$——所在生态分区参考点的灌木层植被覆盖率（%）；

SVC——灌木层植被覆盖率（%）；

$HVCI$——草本层植被覆盖率变化百分比（%）；

$HVCR$——所在生态分区参考点草本层植被覆盖率（%）；

HVC——草本层植被覆盖率（%）。

b. 分别对乔木、灌木及草本植被覆盖率进行赋分。赋分标准见表 2，赋分时采用线性插值法。

c. 计算岸带植被覆盖率赋分。计算公式为式（5）。

$$PC_r=\frac{TCS+SCS+HCS}{3} \qquad (5)$$

式中：PC_r——河（湖）岸带植被覆盖率赋分；

TCS——乔木层植被覆盖率赋分；

SCS——灌木层植被覆盖率赋分；

HCS——草本层植被覆盖率赋分。

2. 直接评判赋分法。根据调查所得到的河（湖）岸带植被总覆盖率进行赋分，赋分标准见表 3。

表 2　河（湖）岸带植被总覆盖率赋分标准表（参考点比对赋分法）

乔木层植被覆盖率变化百分比，TVCI/%	灌木层植被覆盖率变化百分比，SVCI/%	草本层植被覆盖率变化百分比，HVCI/%	赋分	说　明
≤5	≤5	≤5	100	接近参考点状况
10	10	10	75	与参考点状况有较小差异
25	25	25	50	与参考点状况有中度差异
50	50	50	25	与参考点状况有较大差异
≥75	≥75	≥75	0	与参考点状况有显著差异

表 3　河（湖）岸带植被总覆盖率赋分标准表（直接评判赋分法）

河（湖）岸带植被覆盖率/%	说明	赋分
＞75	极重度覆盖	75～100
40～75	重度覆盖	50～75
10～40	中度覆盖	25～50
0～10	植被稀疏	0～25
0	无植被	0

3. 自然岸线法。采用河（湖）自然岸线率赋分。

a. 计算河（湖）自然岸线率。河（湖）自然岸线率指未硬化河（湖）岸线的长度占岸线总长度的比值，硬化岸线是指自然河（湖）岸的土质河床由混凝土板或者块石铺砌，成为人工硬质河（湖）岸。满足岸线生态功能的生态护岸长度不计入硬化岸线长度。河（湖）自然岸线率按公式（6）计算。

$$BH=(L_n-L_h)/L_n\times 100\% \qquad (6)$$

式中：BH——河（湖）自然岸线率（%）；

L_n——岸线总长度（km）；

L_h——硬化岸线长度，有防洪、调水、血防等规定要求的硬化段不计入（km）。

b. 岸带植被覆盖率赋分。根据河（湖）自然岸线率对岸带植被覆盖率赋分，赋分标准见表 4。

表 4　河（湖）岸带植被覆盖率赋分标准表（自然岸线法）

自然岸线率/%	(95，100]	(90，95]	(80，90]	(70，80]	(60，70]	[0，60]
赋分	100	80	60	40	20	0

二、生态流量/最低生态水位满足程度

生态流量/最低生态水位应选择水行政主管部门已公布的数值，或者有关规划、文件等确定的数值，主要评价生态流量/最低生态水位（可用流量、水量、水位、水深、水面面积等指标表示）的满足程度。未批复生态流量/最低生态水位保障目标的河湖，按照《河湖生态环境需水计算规范》（SL/T 712）计算目标值。

河流一般采用生态流量满足程度指标，平原河网地区，如河流受水利工程引排调度影响较大，且水流具有双向性、波动性，生态流量难以确定的，可采用最低生态水位满足程度指标。湖泊一般采用最低生态水位满足程度指标。因水工程施工或检修、河湖冰封期等不可抗力因素导致生态流量/水位保障目标无法实现的时段，可不纳入计算。

（一）生态流量满足程度

常年有流量的河流，以及明确生态流量的季节性河流，一般根据最小日均流量占生态流量的比值进行赋分；未明确生态流量的季节性河流，可根据径流长度/水面面积保有率进行赋分。季节性河流为连续多年平均流量为零的天数大于 20 天/年的河流，连续多年指近 30 年，对于有新开发枢纽改变原水文情势的，建议采用近 10 年。生态流量保障目标为基本生态水量的，按照生态水量满足程度进行赋分。

1. 最小日均流量占生态流量的比值赋分法

a. 分别计算丰水期、枯水期最小日均流量占生态流量值的百分比。如无相关数值的，以相应评价时段多年平均流量作为生态流量值，具体要求参考《河湖生态环境需水计算规范》（SL/T 712）。

b. 分别对丰水期、枯水期生态流量满足程度赋分。赋分标准见表 5，赋分时采用线性插值法。

c. 生态流量满足程度赋分。取丰水期、枯水期生态流量满足程度的低赋分值为河流生态流量满足程度赋分。

表 5　丰水期、枯水期生态流量满足程度赋分标准表

枯水期最小日均流量占比/%	≥30	20	10	5	<5
赋分	100	80	40	20	0
丰水期最小日均流量占比/%	≥50	40	30	10	<10
赋分	100	80	40	20	0

2. 径流长度/水面面积保有率赋分法

a. 计算径流长度/水面面积保有率。径流长度保有率指河流评价年枯水期径流长度占参考年枯水期最大径流长度的百分比，评价年枯水期径流长度指河流有水河段长度的评价年枯水期内最大值，参考年宜选择 1988 年《中华人民共和国河道管理条例》颁布之后与评价年水文频率相近年份。径流长度可采用洪水调查数据、遥感解译或相关部门公布数据进行评价，洪水调查方法参照《水文调查规范》（SL 196）。采用遥感解译时，也可计算河流水面面积保有率，即河流评价年枯水期水面面积最大值占参考年枯水期水面面积最大值的百分比。

b. 径流长度/水面面积保有率赋分。赋分标准见表 6，赋分时采用线性插值法。

表 6　径流长度/水面面积保有率赋分标准

径流长度/水面面积保有率/%	≥90	80	70	60	≤50
赋分	100	75	50	25	0

3. 生态水量满足程度赋分法

生态水量满足程度按照评价年月均流量达标比例与 100 的乘积赋分，也可选分水期（汛期、非汛期、冰冻期）平均流量、年均流量达标比例进行评价。

（二）最低生态水位满足程度

最低生态水位满足程度指年内日均水位高于最低生态水位的满足程度，赋分标准见表 7。最低生态水位应选择水行政主管部门已公布的数值，或者有关规划、文件等确定的数值；如无相关数值的，可采用天然水位资料法、湖泊形态法、生物空间最小需求法等确定。

表 7　最低生态水位满足程度赋分标准表

湖泊最低生态水位满足程度	赋　分
年内日均水位均高于最低生态水位	100
日均水位低于最低生态水位，但 3d 滑动平均水位不低于最低生态水位	75
3d 滑动平均水位低于最低生态水位，但 7d 滑动平均水位不低于最低生态水位	50
7d 滑动平均水位低于最低生态水位	30
60d 滑动平均水位低于最低生态水位	0

三、水质优劣程度

水质优劣程度指标至少选用 pH、溶解氧、高锰酸盐指数、氨氮、总磷等 5 项水质指标进行评价，采样布点、监测频率及监测数据的处理应遵循《地表水环境质量标准》（GB 3838）、《水环境监测规范》（SL 219）相关规定。季节性河流无水期、河湖冰封期可不纳入监测评价。因地质特征、土壤条件、生物群落特征等自然原因导致水体某些水质指标本底值偏高的，可以将其与周边其他河湖相应水质指标进行比较分析，排除人为污染原因，可不对该水质指标进行评价，但应作出说明。

a. 计算各水质指标年平均值。每个指标同一断面多次监测数据取平均值作为该指标断面平均值；有多个断面监测时，以各监测断面所代表河段长度（湖区水面面积）作为权重，计算各个断面监测结果的加权平均值，作为该指标的年平均值。

b. 评价河段（湖区）水体水质类别。根据《地表水环境质量标准》（GB 3838）和每个水质指标年平均值，采用单因子评价方法，分别评价各水质指标对应的水质类别。取所有水质指标对应的最差水质类别作为该河湖水体的水质类别。

c. 对水质优劣程度赋分。赋分标准如表 8 所示。

表 8　水质优劣程度赋分标准

水质类别	Ⅰ	Ⅱ	Ⅲ	Ⅳ	Ⅴ	劣Ⅴ
赋分	100	90	75	60	40	0

四、湖泊营养状态

湖泊营养状态指数按照《地表水资源质量评价技术规程》（SL 395）开展评价。根据湖泊营养状态指数值确定湖泊营养状态赋分。全湖泊营养状态指数，先计算监测点位该指标的年均值，多个监测点位的，按照监测点位代表的湖区面积加权平均，作为评价湖泊的年均值。赋分标准见表 9，赋分时采用线性插值法。湖泊冰封期可不纳入监测评价。

表 9　湖泊营养状态赋分标准表

湖泊营养状态指数	≤20	42	50	65	≥70
赋分	100	80	60	10	0

五、鱼类保有指数/鱼类多样性指数

一般情况下，对鱼类保有指数进行评价赋分；无法获取历史鱼类种类资料的条件下，可对鱼类多样性指数进行评价赋分；对于鱼类保有指数、鱼类多样性指数数据获取、计算存在较大困难的河湖，可采用大型底栖无脊椎动物生物多样性指数指标替代。季节性河流无水期、河湖冰封期可不纳入评价范围。

（一）鱼类保有指数

评价现状鱼类种数与历史参考点鱼类种数的差异状况，按照公式（7）计算，赋分标准见表 10，赋分时采用线性插值法。鱼类种数不包括外来鱼种。鱼类调查取样监测可按《生物多样性观测技术导则　内陆水域鱼类》（HJ 710.7—2014）等鱼类调查技术标准确定。历史参考点鱼类种类数一般通过历史资料获取，若无历史资料，可采用专家咨询方法确定。

$$FOEI=\frac{FO}{FE}\times 100\% \tag{7}$$

式中：$FOEI$——鱼类保有指数（%）；

FO——评价河湖调查获得的鱼类种类数量（剔除外来物种）（种）；

FE——1980 年以前评价河湖的鱼类种类数量（种）。

表 10　　鱼类保有指数赋分标准表

鱼类保有指数（%）	100	75	50	25	0
赋分	100	60	30	10	0

（二）鱼类多样性指数

鱼类多样性指数按照公式（8）计算，赋分标准见表 11，赋分时采用线性插值法。

$$H' = -\sum P_i \log_2 P_i \tag{8}$$

式中：H'——Shannon－Wiener 多样性指数；

P_i——采样面积内第 i 个鱼种的个体数量占采样面积内所有鱼的数量的比值（剔除外来物种）。

表 11　　鱼类多样性指数赋分标准表

H'取值	赋分
$H'>3$	100
$2<H'\leqslant 3$	60～100
$1\leqslant H'\leqslant 2$	20～60
$H'<1$	0～20

（三）大型底栖无脊椎动物生物多样性指数

大型底栖无脊椎动物生物多样性指数计算方法与赋分标准与鱼类多样性指数相同，参照公式（8）计算，赋分标准参照表 11。

六、浮游植物密度

浮游植物密度指标评价根据实际情况，选用参考点倍数法或直接评判赋分法，采集方法依据《内陆水域浮游植物监测技术规程》（SL 733）执行。湖泊冰封期可不纳入评价范围。

（一）参考点倍数法

a. 计算浮游植物密度倍数。采用年浮游植物密度除以历史基点值计算。以同一生态分区或湖泊地理分区中湖泊类型相近、未受人类活动影响或影响轻微的湖泊，以湖泊水质及形态重大变化前的历史参考时段的监测数据为历史基点值，宜采用 20 世纪 80 年代或以前监测数据。

b. 对浮游植物密度赋分。赋分标准见表 12，赋分时采用线性插值法。

表 12　　湖泊浮游植物密度赋分标准表（参考点倍数法）

浮游植物密度倍数	≤1	10	50	100	≥150
赋分	100	60	40	20	0

（二）直接评判赋分法

无历史参考点时，浮游植物密度赋分标准见表 13，赋分时采用线性插值法。

表 13　　湖泊浮游植物密度赋分标准表（直接评判赋分法）

浮游植物密度/(万个/L)	≤40	200	500	1 000	≥5 000
赋分	100	60	40	30	0

七、防洪达标率

评价河流堤防及沿河口门建筑物防洪达标情况。无防洪要求的河流可合理缺项，权重转至“公众满意度”。

a. 计算河流防洪达标率。河流防洪达标率为达到防洪标准的堤防长度占规划堤防总长度的比例，计算如公式（9）所示，其中，有堤防交叉建筑物的，须考虑堤防交叉建筑物防洪标准达标比例。

$$FDRI = \left(\frac{RDA}{RD} + \frac{SL}{SSL}\right) \times \frac{1}{2} \times 100 \tag{9}$$

式中：$FDRI$——河流防洪达标率（%）；

RDA——河流达到防洪标准的堤防长度（m）；

RD——河流规划堤防总长度（m）；

SL——河流堤防交叉建筑物达标个数；

SSL——河流规划堤防交叉建筑物总个数。

b. 对防洪达标率赋分。赋分标准见表 14，赋分时采用线性插值法。

表 14　　防洪达标率赋分标准表

防洪达标率/%	≥95	90	85	70	≤50
赋分	100	75	50	25	0

八、公众满意度

评价公众对河湖水安全、岸线、水环境、水生态等的满意程度，采用公众调查方法评价，其赋分取评价流域（区域）内参与调查的公众赋分的平均值，公众满意度问卷样表见表 15。

A、B 类河湖，调查人数不少于 100 人，调查对象应包括河湖长制相关部门工作人员、当地居民和游客、河湖相关研究人员（渔业、鸟类专业等）；C 类河湖，调查人数不宜少于 30 人（可依据流域人口密度适度调整）。

表 15　　河湖健康评价公众调查样表

姓名	________（选填）	性别	男□　女□	年龄	14～29 岁□　30～59 岁□　60 岁及以上□
类型	居民□　游客□　河湖相关从业人员□			联系电话	__________________（选填）

水安全状况					
洪水漫溢现象		岸线状况			
		破损情况		乱占、乱采、乱堆、乱建情况	
经常	□	严重	□	严重	□
偶尔	□	一般	□	一般	□
不存在/不了解	□	无	□	不存在/不了解	□

水量状况	
丰沛	□
适中	□
较少	□

水环境状况			水生态状况		
水体感观	透明度高	□	鱼类	经常见到	□
	一般	□		偶尔见到	□
	浑浊/颜色异常	□		几乎未见	□
污水偷排乱排	经常	□	水草	太多	□
	偶尔	□		正常	□
	不存在/不了解	□		太少	□
垃圾、漂浮物	多	□	水鸟	经常见到	□
	一般	□		偶尔见到	□
	无	□		几乎未见	□

水景观与水文化状况					
景观绿化情况	优美	□	娱乐休闲活动	适合	□
	一般	□		一般	□
	较差	□		不适合	□

对河湖满意度程度调查		
总体满意度打分	不满意的原因	意见和建议
很满意（90～100）		
满意（75～89）		
基本满意（60～74）		
不满意（0～59）		

附件 2

河湖健康档案指标监测和调查方法

<table>
<tr><th rowspan="2">编号</th><th rowspan="2">指标层</th><th rowspan="2">调查范围/断面</th><th colspan="2">监测频次</th><th rowspan="2">数据主要来源</th><th rowspan="2">相关规范</th><th rowspan="2">备注</th></tr>
<tr><th>A、B 类河湖</th><th>C 类河湖</th></tr>
<tr><td>1</td><td>岸线自然状况</td><td>河湖岸带</td><td colspan="2">1 次/年</td><td>现场调查、遥感解译</td><td>《河湖健康评价指南（试行）》（第 43 号，以下简称《指南》）、《河流生态调查技术规范》（T/CSES 57）、《河湖健康评估技术导则》（SL/T 793）</td><td></td></tr>
<tr><td>2</td><td>生态流量/最低生态水位满足程度</td><td>河湖水域监测点位</td><td>1 次/天</td><td>/</td><td>生态环境、水文等有关部门</td><td>《指南》、《河湖生态流量监测预警技术指南（试行）》（办水文〔2021〕138 号）</td><td></td></tr>
<tr><td>3</td><td>水质优劣程度</td><td>河湖水域监测点位</td><td>1 次/月</td><td>至少 2 次/年</td><td>生态环境、水文等有关部门，水质在线监测、取样送检或查询水质公报</td><td>《地表水环境质量标准》（GB 3838）、《水环境监测规范》（SL 219）</td><td>对于 C 类河湖，原则上可按每年丰、平、枯水期各采样 1 次，或按汛期、非汛期各采样 1 次。季节性河流无水期不开展监测，有水期至少开展 2 次监测</td></tr>
<tr><td>4</td><td>湖泊营养状态</td><td>湖泊水域监测点位</td><td>1 次/月</td><td>/</td><td>生态环境等有关部门，水质在线监测、取样送检或查询水质公报</td><td>《指南》、《地表水环境质量标准》（GB 3838）</td><td></td></tr>
<tr><td>5</td><td>鱼类保有指数/鱼类多样性指数</td><td>河湖水域</td><td>1 次/3 年</td><td>/</td><td>专业机构现场调查或咨询各地水产研究所、农业农村等有关部门</td><td>《指南》</td><td></td></tr>
<tr><td>6</td><td>浮游植物密度</td><td>湖泊水域监测点位</td><td>2 次/年</td><td>/</td><td>现场采样、专业机构监测</td><td>《指南》、《内陆浮游生物多样性调查与评估技术规定》（公告〔2017〕84 号）</td><td>至少保证汛期、非汛期 2 次调查，条件允许的情况下每季度开展 1 次调查</td></tr>
<tr><td>7</td><td>防洪达标率</td><td>河流堤防</td><td>1 次/年</td><td>/</td><td>防洪规划、专题调查</td><td>《指南》</td><td></td></tr>
<tr><td>8</td><td>公众满意度</td><td>河湖周边社会公众</td><td colspan="2">1 次/年</td><td>线上、线下问卷调查</td><td>《指南》</td><td></td></tr>
</table>

附件 3

B类河湖健康评价指标体系推荐权重表

准则层	准则层权重	河流		湖泊	
		评价指标	指标权重	评价指标	指标权重
“盆”	0.2	岸线自然状况	0.2	岸线自然状况	0.2
“水”	0.3	生态流量满足程度	0.15	最低生态水位满足程度	0.1
		水质优劣程度	0.15	水质优劣程度	0.1
				湖泊营养状态	0.1
生物	0.2	鱼类保有指数/鱼类多样性指数	0.2	鱼类保有指数/鱼类多样性指数	0.1
				浮游植物密度	0.1
社会服务功能	0.3	防洪达标率	0.15	公众满意度	0.3
		公众满意度	0.15		

附件 4

C类河湖健康评价表

基本情况	河湖名称		
	所属地区		
	河流流域面积（平方公里）/湖泊常年水面面积（平方公里）		
	综合赋分		
	健康状态		
得分情况	岸线自然状况（0.4）	河段1河（湖）岸稳定性特征	
		河段2河（湖）岸稳定性特征	
		河段3河（湖）岸稳定性特征	
		……	
		河（湖）岸稳定性综合赋分	
		河段1岸带植被覆盖率/%	
		河段2岸带植被覆盖率/%	
		河段3岸带植被覆盖率/%	
		……	
		岸带植被覆盖率综合赋分	
		指标得分	
	水质优劣程度（0.4）	最差水质指标	
		最差水质指标值	
		指标得分	
	公众满意度（0.2）	问卷发放数量	
		公众赋分平均值（指标得分）	

存在问题与治理对策：

教育部办公厅关于做好2023年中小学暑期安全工作的通知（教基厅函〔2023〕12号）

各省、自治区、直辖市教育厅（教委），新疆生产建设兵团教育局：

暑假即将来临，为使广大中小学生度过一个平安快乐的假期，现就做好2023年中小学暑期安全工作通知如下：

一、严格落实安全工作责任。各地教育行政部门和学校要认真学习习近平总书记关于安全工作的系列重要指示批示精神，深刻汲取近期部分地区安全事故教训，牢固树立安全发展理念，坚持人民至上、生命至上，以“时时放心不下”的责任感，盯紧苗头、隐患，全面排查风险，明确任务举措，细化责任分工，及时做好整改，切实抓实抓细暑期安全工作，尽最大努力防范和遏制各类安全事件发生，确保广大中小学生暑假期间生命安全、身心健康。

二、认真做好暑期安全教育。各地教育行政部门和学校要结合本地实际，聚焦溺水、火灾、交通事故、食品中毒、自然灾害、网络沉迷、诈骗、欺凌和性侵害等暑期易发多发安全事件，在放假离校前集中开展一次面向全体学生的安全专项教育和警示活动，确保落实到每一个人、联系到每一个家庭。暑假期间，要充分利用各类新闻媒体特别是网络新媒体，广泛开展安全教育，及时发布安全提示，提醒学生暑期外出时注意自身安全，特别是不私自下水游泳、不驾驶机动车辆、不轻信网络信息，不参与网络迷信和网络赌博活动，严防各类安全事件发生。要加强留守、流动儿童教育关爱全过程管理，完善结对帮扶制度，及时了解留守、流动儿童暑期生活情况和思想动态，确保留守、流动儿童暑期安全。

三、全面排查学校安全隐患。各地教育行政部门要指导学校，充分利用暑期开展一次校园安全隐患大排查大整治，紧盯学校消防安全、燃气安全、实验室危化品安全、校舍建筑和施工安全等重点领域，逐一检查学生宿舍、食堂、图书馆、实验室、煤气燃气设施、供电设施、储藏室、危险品仓库等关键部位，深入排查整改各类安全隐患和薄弱环节，确保秋季学期顺利开学。配合公安交管部门，加强学校周边道路交通安全整治，优化校内交通组织和秩序管理。配合市场监管、公安、文化和旅游等部门，对校园周边“小饭桌”、商业摊点、娱乐场所、网吧和“剧本杀”“密室逃脱”等经营场所进行规范整治，及时查处影响中小学生身心健康的各类用品，切实净化周边环境。

四、着重做好暑期托管安全。有条件开展暑期托管服务的学校要全面做好安全隐患排查和相关管理工作，坚持公益普惠和教师志愿参与、家长学生自愿参加原则，面向有需要的学生提供体育锻炼、艺术活动、阅读指导、综合实践、兴趣拓展、作业辅导等暑期托管服务。要会同街道（社区）和共青团、妇联、工会等部门，充分利用博物馆、文化馆、纪念馆、科技馆、体育场（馆）、青少年活动中心和妇女儿童活动中心等社会资源和公共设施，精心组织各类托管服务，切实解决学生暑期“看护难”问题。

五、积极加强多方协同联动。各地教育行政部门要在地方党委和政府的领导下，充分发挥平安建设协调机制、防溺水部门协同机制和河湖长制作用，周密部署暑期安全工作，明确任务分工，加强对重点公共场所的管理，为中小学生提供安全有序的活动空间。要会同街道（社区）和共青团、妇联、工会等部门，在暑期面向中小学生组织丰富多样的社会实践活动，拓展兴趣爱好，提升综合素质，促进学生全面发展、健康成长。要指导学校通过家访、短信、微信、致家长一封信等方式，提醒家长切实履行好监护责任，合理安排孩子暑期生活，及时了解思想情绪和行踪动向，严防出现监管空白。要理性看待、慎重选择夏令营、研学、游学和校外培训，防止侵害学生合法权益、危害身心健康事件发生。

教育部办公厅

2023年7月6日

关于印发《农村黑臭水体治理工作指南》的通知（环办土壤〔2023〕23号）

各省、自治区、直辖市生态环境厅（局）、水利（水务）厅（局）、农业农村（农牧）厅（局、委），新疆生产建设兵团生态环境局、水利局、农业农村局：

为学习运用“千万工程”经验，深入打好农业农村污染治理攻坚战，指导各地组织开展农村黑臭水体治理工作，解决农村突出水环境问题，推动工作取得实效，我们组织修订了《农村黑臭水体治理工作指南》。现印发给你们，请认真贯彻执行。

生态环境部办公厅

水利部办公厅

农业农村部办公厅

2023年12月26日

农村黑臭水体治理工作指南

第一章 总 则

1.1 编制目的

为学习运用“千万工程”经验，深入打好农业农村污染治理攻坚战，指导各地组织开展农村黑臭水体治理工作，解决农村突出水环境问题，推动工作取得实效，编制本指南。

1.2 适用范围

本指南适用于农村黑臭水体的定义识别、排查与清单编制、成因分析、系统治理、长效管护、成效验收等工作。

1.3 编制依据

1.3.1 法律法规

(1)《中华人民共和国环境保护法》。

(2)《中华人民共和国水污染防治法》。

(3)《中华人民共和国乡村振兴促进法》。

(4)《中华人民共和国畜牧法》。

1.3.2 相关文件

(1)《中共中央 国务院关于深入打好污染防治攻坚战的意见》。

(2)《农村人居环境整治提升五年行动方案(2021—2025年)》。

(3)《乡村建设行动实施方案》。

(4)《关于有力有序有效推广浙江“千万工程”经验的指导意见》(中财办发〔2023〕6号)。

(5)《关于印发“十四五”土壤、地下水和农村生态环境保护规划的通知》(环土壤〔2021〕120号)。

(6)《农业农村污染治理攻坚战行动方案(2021—2025年)》(环土壤〔2022〕8号)。

(7)《关于推进农村黑臭水体治理工作的指导意见》(环办土壤〔2019〕48号)。

(8)《关于印发〈农村厕所粪污无害化处理与资源化利用指南〉和〈农村厕所粪污处理及资源化利用典型模式〉的通知》(农办社〔2020〕7号)。

1.3.3 标准指南

(1)《农田灌溉水质标准》(GB 5084—2021)。

(2)《土壤环境质量 农用地土壤污染风险管控标准(试行)》(GB 15618—2018)。

(3) 畜禽污染防治相关标准，包括《畜禽养殖业污染物排放标准》(GB 18596—2001)、《畜禽粪便还田技术规范》(GB/T 25246—2010)、《畜禽粪便无害化处理技术规范》(GB/T 36195—2018)、《排污许可证申请与核发技术规范 畜禽养殖行业》(HJ 1029—2019)、《畜禽粪便土地承载力测算方法》(NY/T 3877—2021)、《畜禽养殖场(户)粪污处理设施建设技术指南》(农办牧(2022)19号)等。

(4) 农村厕所粪污无害化处理相关标准，包括《农村三格式户厕建设技术规范》(GB/T 38836)、《农村三格式户厕运行维护规范》(GB/T 38837)等。

(5) 农村生活污水治理相关标准规范，包括《农村生活污水处理工程技术标准》(GB/T 51347—2019)、《农村生活污水处理设施水污染物排放控制规范编制工作指南(试行)》(环办土壤函〔2019〕403号)等。

(6)《农村生活垃圾收运和处理技术标准》(GB/T 51435—2021)。

(7) 有关监测标准，包括《水质 采样技术指导》(HJ 494—2009)、《地表水环境质量监测技术规范》(HJ 91.2—2022)、《便携式溶解氧测定仪技术要求及检测方法》(HJ 925—2017)、《检验检测机构资质认定能力评价 检验检测机构通用要求》(RB/T 214—2017)、《环境监测质量管理技术导则》(HJ 630—2011)。

(8)《国土空间调查、规划、用途管制用地用海分类指南》(自然资发〔2023〕234号)。

1.4 基本原则

因地制宜，分类施策。充分结合农村类型、自然环境及经济发展水平、水体汇流情况等因素，综合分析黑臭水体的特征与成因，因水体类型(河流、湖库、坑塘、沟渠等)施策，精准治污。

经济适用，利用优先。系统考虑水体用途和当地实际，合理选择低成本、易维护、高效率的治理模式。优先采取资源化利用、生态化等措施进行治理，降低治污成本。

典型引路，注重实效。选择典型区域开展试点示范，总结凝练经验做法，以点带面推进治理。畅通渠道，重点治理群众反映强烈的农村黑臭水体，引导村民共商共治共管共享，增强农民群众的参与感、获得感、幸福感。

1.5 法律规定和工作流程

依据《中华人民共和国水污染防治法》，地方各级人民政府对本行政区域的水环境质量负责，应当及时采取措施防治水污染；县级以上地方人民政府应当根据流域生态环境功能需要，组织开展江河、湖泊、湿地保护与修复，因地制宜建设人工湿地、水源涵养林、沿河沿湖植被缓冲带和隔离带等生态环境治理与保护工程，整治黑臭水体，提高流域环境资源承载能力。

农村黑臭水体治理工作包括：组织对本行政区域开展农村黑臭水体的识别排查，确定并公开黑臭水体清单；开展农村黑臭水体水质和污染源调查，识别主要污染成因；科学制定治理方案，以控源截污为根本，因地制宜标本兼治；建立水体长效管护机制，强化社会监督，实现长制久清；开展成效验收，核实报送治理结果。

在当地政府的领导下，设区的市级生态环境主管部门推动完善工作机制，明确部门职责，组织开展农村黑臭水体排查治理工作，并建立健全促进水质改善的长效运维管护机制。

第二章　农村黑臭水体定义和识别

2.1　农村黑臭水体定义

农村黑臭水体是指城市建成区或城镇开发边界以外的行政村（社区）范围内颜色明显异常或散发浓烈（难闻）气味的水体。

2.2　农村黑臭水体的识别

重点识别房前屋后河塘沟渠和群众反映强烈的黑臭水体。

2.2.1　确定识别对象

空间范围：自然村或村民小组等村民集聚区或聚集点适当向外延伸，原则上南方地区为向外延伸500米左右，北方地区为向外延伸1000米左右。群众反映强烈的黑臭水体，可不限于上述范围。

水体类型：空间范围内的水体（水面），或流经空间范围的水体（水面），包括河流、湖泊、水库、坑塘、沟渠等。

水体面积：原则上为200平方米及以上。群众反映强烈的黑臭水体，可不限于上述要求，即可以小于200平方米。地方可结合本地农村生态环境质量改善的需要，将面积小于200平方米的水体，纳入黑臭水体识别范围。

2.2.2　判定黑臭水体

按照以下步骤，对照下述要求判断纳入识别对象的水体（水面）是否为黑臭水体。前一步骤不能判定为黑臭水体的，则进行下一步骤。前一步骤可判定为黑臭水体的，则不进行下一步骤。

（1）感官判断。依据水体颜色异常（如发黑、发白等，以下简称“黑”）或气味异常（如浓烈、难闻等，以下简称“臭”）的感官特征进行判断。如果某水体存在“黑”“臭”任意一种情况的，即视为黑臭水体。

（2）公众评议。对于感官判断有争议的农村水体，征求村民委员会、水体周边居住村民意见，并对村庄随机人群开展问卷调查（附件1），原则上每个水体的有效调查问卷数量不少于20份。村民委员会认为“黑”或“臭”，或者水体周边居住的大多数村民认为“黑”或“臭”，或者问卷调查认为有“黑”或“臭”问题的人数占被调查人数60%以上，则应判定该水体为“黑臭水体”。

（3）水质监测。当开展公众评议有困难时，通过水质监测判定是否黑臭。水质监测指标包括透明度、溶解氧、氨氮3项指标，指标阈值见表1.3项指标中任意1项达到阈值要求即判定为黑臭水体。

水质监测分析要求见附件2。

表1　　监测指标阈值

监测指标（单位）	指标阈值
透明度/cm	＜25*
溶解氧/(mg/L)	＜2
氨氮/(mg/L)	＞15

* 水深不足25cm时，透明度阈值按水深的40%取值。

（4）不判定为农村黑臭水体的特殊情形。

①无污染源、仅透明度单项指标超标的水体。对因自然因素（如暴雨等）或非排污行为（水体周边农田耕作翻土等农事活动、工程施工等）导致水体只有透明度指标超过阈值，不判定为黑臭水体。

②农村污水治理中作为污水收集、输运和处理系统的水体。如收集农村生活污水并输运至污水处理设施的加盖的村庄边沟等非管道收集系统形成的水体；或者未加盖的边沟，但排水通畅，感官不黑不臭；本身作为污水处理系统一部分且运行正常的水体，如人工湿地、氧化塘等，此类水体不判定为黑臭水体。

③其他情况。水面生长浮萍、水葫芦等，但不发黑发臭的水体；主要输送农业灌溉用水的灌渠（群众反映强烈的除外）；位于城乡结合部已列入城市黑臭水体清单的水体。

第三章　农村黑臭水体排查与清单编制

3.1　开展排查

通过资料和线索收集、现场勘验等多种方式，确定识别对象；判定是否属于农村黑臭水体，并核实地理位置（有关水体坐标等）、水体面积等信息。

可通过卫星遥感、无人机、地图类App等技术手段，提高排查效率。鼓励村民监督并提供排查线索。

3.2　编制农村黑臭水体清单

农村黑臭水体清单应当包括以下内容（详见附

件 3)：

（1）基本信息。包括黑臭水体所在行政区域、编号、名称、水体类型、水体面积、黑臭段地理位置等。

原则上，封闭或半封闭水体（如湖泊、水库或坑塘等）可作为一个单独的黑臭水体。河流、沟渠等线状水体，连续的黑臭部分为一个单独的黑臭水体；地方可以根据管理需要区分为若干黑臭水体（如以行政村为边界）。

（2）判定依据。包括感官判断、公众评议、水质监测等。判定依据为水质监测时应填写“排查时水质监测指标”。

（3）监管级别。原则上，水域面积为 2 000 平方米及以上的黑臭水体（较大面积黑臭水体）纳入国家监管清单管理。水域面积不足 2 000 平方米的黑臭水体，由省级生态环境部门建立全口径监管清单（省监管清单）。各地对省监管清单，可根据实际情况进一步分解细化。

省监管清单中水体面积较大、治理难度复杂的黑臭水体，可视情调整进入国家监管清单。

3.3 确定监管清单及动态调整

设区的市级生态环境主管部门对农村黑臭水体清单核实后报送省级生态环境部门，由省级生态环境部门审核后确定纳入省监管清单。省级生态环境部门根据清单分级规定，对符合条件的水体，报生态环境部审核后纳入国家监管清单。

黑臭水体排查后，应实施动态监管，通过卫星遥感监测、群众举报以及现场抽查等方式，及时将新发现的黑臭水体按规定上报纳入省监管清单。对符合黑臭水体监管级别相关规定的，省级生态环境部门申请调整纳入国家监管清单。

对核实发现不属于农村黑臭水体的，可申请撤出监管清单。

为强化遥感监测技术应用，规范农村黑臭水体点位经纬度格式要求，统一报送 CGCS2000 坐标系下的经纬度坐标。经纬度信息可通过定位系统现场获取，按十进制（小数度）形式填写，经纬度坐标小数点后保留 5 位。各省级生态环境部门应组织本行政区于本指南发布 3 个月内完成对已纳入国家监管清单水体经纬度的更新核实，于本指南发布 6 个月内完成对已纳入省监管清单水体经纬度的更新核实。

3.4 公示水体清单

设区的市级生态环境主管部门将本行政区内农村黑臭水体清单，通过政府网站或者本部门网站等方式向社会公示。公示要求见“6.4 社会监督制度”。

第四章 农村黑臭水体成因分析

针对排查出的农村黑臭水体，进一步开展水质、污染源等调查，分析水体黑臭成因，为黑臭水体治理方案编制以及精准科学治理提供依据。

4.1 水体状况数据收集

主要包括水体边界范围、水面大小、水位和水深，岸线长度、宽度、结构（人工硬化、自然岸线），与周边水系连通情况，水体功能、水体周边土地利用、村庄规划及防洪排涝工程等。

调查黑臭水体发生时段和持续时间。根据治理工作需要，可监测水质现状，包括透明度、溶解氧、氨氮等主要水质指标；必要时，可选择性调查总氮、总磷、化学需氧量、粪大肠菌群等指标。

4.2 污染源调查

调查黑臭水体有无外源污染物排入，如农村生活污水、工业废水、养殖污水、农田排水、垃圾及其他污染源（如非正规或简易垃圾填埋场渗滤液污染等）；有无内源污染，如是否存在水体翻泥、冒泡，底泥颜色或气味异常等现象。

4.2.1 外源污染调查

调查外源污染，并定性或半定量分析污染源对水体的影响。有条件的可以定量分析。有关污染物产排量核算，可参考《排放源统计调查产排污核算方法和系数手册》。

（1）农村生活污水污染。调查污水产生排放现状，包括水体周边村庄户数、常住人口数、村庄属性（如乡政府驻地、中心村或其他），改厕户数、改厕类型、粪污处理去向，供水情况、人均用水量，人均生活污水产生量、污水排放方式、污水排放量和排放水质。调查污水收集处理现状，包括现有污水处理设施设计和实际处理规模、污水收集管网（渠）建设情况、污水收集范围、设施出水水质及运行情况，未建设污水收集管网与设施的区域，调查排水去向和污水资源化利用情况，生活污水产生量较大且排放较为集中的，可根据需要分析化学需氧量、氨氮、总氮、总磷等主要污染物排放量。

（2）农村垃圾污染。调查水体沿岸生活垃圾或农业废弃物（如秸秆等）堆放点的位置和数量及来源。调查涉及村庄的生活垃圾产生量、现有生活垃圾收集处理情况。

（3）畜禽养殖污染。调查水体周边养殖场（户）位置、数量、养殖种类、养殖规模、清粪方式，粪污贮存、处理和资源化利用情况等。

（4）水产养殖污染。调查水体周边水产养殖场（户）位置、养殖种类、养殖量、投饵量、换水水量与频次、养殖尾水处理与排放去向等。

（5）种植源污染。调查水体周边主要作物类型及种植面积，秸秆、废弃地膜等农业废弃物回收利用情况，农田排水水量、进入水体的途径等。分析种植业污染物对水体影响，要关注水体黑臭时段与农业面源污染特点（如降雨驱动）、农田排水时段有无关联性等。

（6）工业企业（小作坊等）废水和城镇污水污染。调查水体周边工业企业（小作坊等）数量、位置、行业类型、污水排水量和排水去向、主要水污染物类型及排放量、污染治理设施运行情况，分析工业企业排污对黑臭水体影响。汇水区范围内有城镇、第三产业（如餐饮、宾馆酒店、民宿等）污水排放的，应根据实际情况开展相关污染源调查。

4.2.2　内源污染调查

调查水体底泥分布情况和污染程度，记录底泥颜色、面积、厚度等。结合外源调查结果和水体周边排污历史等，分析底泥污染成因。

对存在工业污染，且清淤底泥拟还田利用的，要针对性开展底泥的特征污染物，特别是重金属监测。

4.3　识别主要污染成因

以黑臭水体水质调查和污染源调查结果为基础，识别黑臭水体主要污染来源，分析是否存在生态流量小、水体流动性差、水体自净能力不足，污水收集处理不到位、垃圾清理不及时、粪污处理消纳能力不足、工业污染或农业面源污染突出、潜在底泥污染物释放等问题，为治理技术的选择和工程量测算提供依据。

第五章　农村黑臭水体治理措施

5.1　总体要求

（1）整县系统治理黑臭水体。以县级行政区为单位整县开展农村黑臭水体治理。在当地政府的领导下，设区的市级生态环境主管部门推动完善工作机制，明确部门职责，坚持以污染源头管控为根本，按照“控源截污、内源治理、水系连通、生态修复”的基本技术路线，选择治理措施，明确治理目标。因地制宜开展系统治理并预估所需工程措施、工程量和实施周期。

（2）优先选择资源化利用措施。根据水体用途或其用地分类（参见《国土空间调查、规划、用途管制用地用海分类指南》）和污染成因，结合村庄发展规划、区域经济水平和村民需求等确定治理思路，优先采用资源化、生态化治理措施。如农村生活污水治理优先考虑就近就地资源化利用。鼓励黑臭水体治理与村庄景观建设相结合。

（3）严控将水体”一填了之”。农村黑臭水体治理不得“一填了之”。实施并完成控源截污措施后，确因无水源而导致水体消亡的，应进一步核实原水体是否具有防洪、排涝、灌溉等功能。若无相关功能，在符合相关条件，且水利、自然资源等相关部门依法依规同意变更土地利用类型的情况下，征得农村集体经济组织同意，方可覆土填埋，或者转变为农田、用于道路建设等，河道湖泊内水体不得违法填埋、占用；如未纳入水利、自然资源等相关部门管理范围的，根据土地权属，征得农村集体经济组织同意后，方可进行覆土或其他相关建设。

5.2　控源截污措施

5.2.1　农村生活污水治理

以污水减量化、分类就地处理、循环利用为导向，综合考虑农村区位条件、地理气候、地形地貌、经济发展水平、村庄常住人口数量及分布、污水实际产生量、集中收集难易程度、排水去向、区域水环境质量改善需求和农民生产生活习惯等，采取管理、工程等措施，因地制宜选择治理模式。

优先采取资源化利用的治理模式。常住人口较少、居住分散，以及具备环境消纳能力（包括水环境容量、土地消纳能力）的村庄，特别是位于非环境敏感区，或者干旱缺水的村庄，可充分借助农村地理自然条件等，在按照《农村厕所粪污无害化处理与资源化利用指南》等相关规范标准对厕所粪污无害化处理的基础上，与农村庭院经济和农业绿色发展相结合，就近就地实现农村生活污水资源化利用。

对距离城镇较近且具备条件的村庄，可采取纳入城镇污水管网/厂的治理模式。将生活污水直接纳入城镇污水管网进行处理，或建设集中收集贮存系统并将生活污水转运至城镇污水处理厂进行处理。

人口集中或相对集中的村庄，因地制宜采取相对集中式或者集中式处理模式。农村生活污水处理技术或技术组合的选择，要统筹考虑污水水质水量及其变化特点，以及区域水环境改善需求，确保处理设施可靠稳定运行，运行维护成本与当地经济可承受能力相适应，运行维护技术要求与当地管理能力水平相适应。其中，不临近重要水体且污染物浓度较低的生活污水，可结合环境景观建设，采用人工湿地、土壤渗滤等生态处理技术（自然处理技术），并加强隔油、沉淀等预处理，定期对生态处理系统进行养护；污水水质水量波动较大的村庄，宜采取抗冲击负荷能力较强的处理工艺（如生物膜法），并加强水质水量调节；靠近重要水体的村庄，宜采取污染物去除率更高的处理工艺（如活性污泥法，但进水COD平均浓度较低，特别是低于80毫克/升的，不宜采用）。

对于利用村庄边沟作为排水系统的，在平原等地势标高满足排水坡度要求、重力流排水顺畅、周边居民可接受的前提下，可采取边沟封闭式改造措施，但要避免水流不畅、流速变小、底泥淤积形成黑臭水体。

5.2.2 垃圾清理

建立健全农村生活垃圾收集处理体系，加强水面及沿岸垃圾清理。

农村黑臭水体岸边堆存垃圾应清理到位。要因地制宜采取措施防止反弹（如对水体周边采取适当绿化措施等）。

水体沉底垃圾、生物残体和漂浮物应根据实际情况选用机械设备或人工方式进行清理。对水生植物、岸带植物和落叶等季节性污染物，应在干枯腐烂前及时清理。

5.2.3 畜禽养殖污染防治

依法防治畜禽养殖污染。

畜禽规模养殖场未依法开展畜禽粪污资源化利用的，应依法申领排污许可证，严格持证排污、按证排污，严禁向外部环境直接排放畜禽粪污。无污水排放口的规模化畜禽养殖场实行登记管理。

畜禽散养密集区应依法建立符合实际的粪污收集、处理和利用设施，分户应收尽收，杜绝粪污直排，鼓励集中处理利用。引导养殖散户完善粪污收集、贮存设施。

支持畜禽粪污资源化利用，鼓励种养结合，畜禽粪肥还田利用应符合相关标准规范要求，防止过量还田。

5.2.4 水产养殖污染防控

依法排查整治违法网箱围网养殖，鼓励改造升级网箱粪污残饵收集等环保设备，实施池塘标准化改造，完善循环水和进排水处理设施。

水产养殖尾水应进行妥善处理，并满足相关标准要求。特别是养殖尾水集中排放期，应依法加大环境监管力度，防止集中排放影响水体环境质量。

5.2.5 种植源污染治理

健全秸秆收储运体系，完善废旧地膜回收体系，提升秸秆、地膜综合利用及尾菜资源化利用水平。

5.2.6 工业企业（小作坊）污染和城镇污水治理

加强污染治理城乡统筹。禁止违法将污染环境、破坏生态的产业、企业向农村转移。引导企业适当集中入园区，完善工业园区污水集中处理设施。督促工业企业依法申领排污许可证或纳入排污登记，并严格持证排污、按证排污。

做好农村黑臭水体周边入河排污口监督管理，加大农村工业企业（小作坊）等污染排放监管和治理力度，防止废水直排。

因城镇污水排放造成农村黑臭水体的，应统筹做好城镇污水的收集治理。

5.3 内源治理措施

对垃圾坑、废弃粪污塘、废弃鱼塘等淤积严重或存在翻泥、冒泡现象的黑臭水体，或已采取控源截污措施消除外源污染后仍存在黑臭的水体，调查底泥污染状况，明确清淤范围和深度，采用机械或人工方式开展清淤。

清淤底泥应妥善进行无害化处理处置，严禁底泥随意堆放倾倒。未受工业污染或未接纳畜禽、水产养殖污水的底泥鼓励有条件进行资源化利用。禁止向农用地排放可能造成土壤污染的清淤底泥。对底泥存在工业企业污染和畜禽、水产养殖污染的，应进行分类清运处置。

对于淤积不严重的，或因客观原因难以实施底泥清淤的水体，在控制外源污染的基础上，兼顾生态安全，可对底泥采用原位修复技术（如微生物菌剂，不鼓励使用化学试剂）。

5.4 水系连通措施

对存在水系割裂、水体流动性差、季节性断流、干涸等问题的农村黑臭断头河道、沟渠或封闭坑塘，在外源污染得到有效控制的前提下，可采取水系连通措施。优先采用明渠连通水系，新开挖的河道应符合水利规划，满足河道行洪、排涝等要求；对无条件利用明渠连通水系的，可采用埋设涵管、新建小型引排水设备方式进行水系连通，增强水体流动性。

严控以恢复水动力为由的调水冲污行为，严控缺水地区通过水系连通引水，营造大水面大景观。

5.5 生态修复措施

在外源污染控制和内源污染消除的基础上，根据情况可采取生态修复等辅助措施改善水体水质。

5.5.1 生态护岸

针对水域空间遭受挤占、岸线自然形态破坏的水体，采取退耕还林还河还湖还湿等措施，在满足水体防洪排涝要求的前提下，恢复水体的自然岸带形态。

针对水土流失以及污染严重的水体，采用生态护坡、生态缓冲带等，恢复水岸生态空间，提高污染拦截和自然净化功能。在保证河岸具有一定抗冲刷能力的前提下，尽量保留原有岸坡或采用生态型护坡。对崩岸、塌岸、淘刷严重河段的水体堤岸，可适当采取硬质护岸措施。

5.5.2　生态净化

通过水生态系统的恢复与构建，持续去除水体污染物，提升水体自净能力。

根据水深和透明度条件，合理选择对水质有明显改善作用的本土水生植物。对季节性断流、干涸水体，潮汐河口等盐度较高的水体，慎用浮水、沉水植物进行生态修复。在水生植物群落恢复的基础上，合理搭配本土水生动物，提高水生态系统的稳定性。对于河道坡降较大的河流型水体，可采用自然跌水等适宜的增氧方式，提升溶解氧水平；对于缓流的河流型水体、封闭水体，在不影响行洪的前提下，可以采用机械曝气等适宜的增氧方式，提升水体溶解氧水平。

第六章　农村黑臭水体治理长效管护

6.1　水体巡查和保洁制度

鼓励河长制湖长制体系向村级延伸，鼓励建立农村环境网格员制度。有专人负责，定期巡查和保洁水体。

发现生活污水、工业废水直排，倾倒垃圾，净化水质的植物缺失或衰败，水体颜色或气味明显异常等情况，及时向生态环境或其他部门报告，分类整改。

定期打捞水面漂浮物（垃圾、枯枝败叶等），清理影响水生态的植物、沿岸生活垃圾、塑料废物及其他废弃物等。

6.2　污染治理设施管护制度

做好农村黑臭水体源头治理设施管护，特别是做好厕所粪污、畜禽粪污、生活污水垃圾处理等设施管护；加强水体净化、生态修复等设施的常态化管护。

6.3　村民参与制度

强化村委会管护责任。鼓励将农村黑臭水体治理与管护要求纳入村规民约，引导群众积极参与治理设施的维护或者监督，让老百姓珍惜身边环境。

鼓励将农村黑臭水体排查及治理情况、长效管护机制（包括管护责任单位、责任人及联系方式等），以行政村为单位通过公告栏等便于群众知晓的方式向村民公示，方便群众了解相关情况。鼓励通过扫一扫“二维码”等手段，畅通群众问题举报和信息反馈渠道。

6.4　社会监督制度

每季度，设区的市级生态环境主管部门根据工作进展情况，将本行政区域内新增纳入国家、省监管清单的水体，完成治理的农村黑臭水体通过政府网站或本部门网站等方式向社会公示，接受公众监督。公示期限至少为15个自然日。公示模板可参考附件4。

如在该季度期间，经动态监管未发现新增农村黑臭水体且无新增完成治理农村黑臭水体的，可不公示。

第七章　农村黑臭水体治理成效验收

7.1　验收内容和标准

（1）水体不黑不臭。治理后水体无异常颜色或异常气味，无污水等直排水体，水体沿岸无大量垃圾乱堆乱放，水面无大量垃圾漂浮等。对控源截污后出现水体消亡情况的，原水体处无垃圾大量堆放。

感官判断有难度、确有必要的，开展水质监测，包括透明度、溶解氧和氨氮三项指标。治理后水体监测指标需优于本指南第二章表1中指标阈值要求。

（2）完成水体治理措施。采取工程措施的黑臭水体，提供治理工程竣工验收相关资料，工程措施前后对比照片或影像资料等；采取管理措施的水体，提供管理措施前后对比照片或影像资料等其他证明材料。对完成控源截污措施后无水源导致消亡的农村黑臭水体，应提供相关说明以及水体消亡前后对比照片或影像资料等证明材料。

（3）建有长效管护机制。根据实际需要，建立了农村水体长效管护机制，如建立水体巡查和保洁制度，污染治理设施管护制度、村民参与制度，社会监督制度等。

（4）群众满意。村民委员会及水体周边居住的大多数群众对治理成效认可。

（5）公示无异议。公示期间未收到异议反映，或者收到异议反映，但经核实后认为水体符合前4条标准。

达到以上5条要求，认定为完成治理任务。对出现返黑返臭的，未完成治理措施的，未建立长效管护机制的，以及群众不满意的，要及时进行整改。

7.2　验收流程

（1）地方自评。设区的市级生态环境主管部门每季度对农村黑臭水体治理情况进行自查自评，根据需要建立工作台账和材料档案。每季度最后一个月底，通过生态环境部农业农村生态环境监管信息系统，报送或者更新数据。

（2）核实上报。省级生态环境部门每季度指导并核实本行政区内农村黑臭水体治理完成情况。其中纳入国家监管清单的农村黑臭水体应组织进行逐个核实，并报生态环境部销号。

对销号后出现返黑返臭、难以立行立改，特别是控源截污措施不到位的水体，生态环境部取消销号。省级生态环境部门应组织制定整改方案，完成整改后重新验收、组织核实，并上报销号。

每年1月底前省级生态环境部门将省监管清单及治理进展的动态更新情况报送生态环境部。

附件：1. 农村黑臭水体识别村民调查问卷

2. 农村黑臭水体水质监测要求

3. 农村黑臭水体清单

4. 农村黑臭水体排查和治理情况的公示（参考模板）

附件1

农村黑臭水体识别村民调查问卷

农村黑臭水体位置或名称	调查时间	年　月　日　时
性别	年龄	
1. 您居住的地方距离该水体多远？	□100m以内；□100～500m；□500～1 000m；□1 000m以外	
2. 您认为该水体有臭味问题吗？	□没有；□偶尔有；□有	
3. 您觉得现在的水体颜色正常吗？	□正常；□偶有不正常；□不正常	
4. 现在水面或岸边还有垃圾吗？	□有；□偶尔；□几乎没有	
5. 您家里的污水能流到这条水体吗？	□能；□不能；□不清楚	
6. 水体发黑、发臭大概发生在什么季节？	□春季；□夏季；□秋季；□冬季	
7. 您觉得需要治理这条水体吗？	□需要；□不需要	

附件2

农村黑臭水体水质监测要求

一、采样点位设置

河流和沟渠型黑臭水体，水体长度≤2 000m，在下游设置1～2个采样点位；水体长度>2 000m，可适当在上、中、下游增加设置采样点位。

坑塘型黑臭水体，水域面积≤500m^{2}时，在水体黑臭严重的位置设置1个采样点位；水域面积>500m^{2}时，可适当在水体周边增加采样点位。

采样垂线数和各垂线上的采样点设置应按照《地表水环境质量监测技术规范》（HJ 91.2—2022）执行。采样点位置应避免在排污口附近。应在水体黑臭严重的位置设置采样点。

二、监测指标

必测指标包括透明度、溶解氧、氨氮，指标阈值见本指南“第二章　农村黑臭水体定义和识别”部分。选测项目为总氮、总磷、化学需氧量、粪大肠菌群等，选测项目及指标值应根据治理后水体功能和用途确定。

三、监测方法

监测工作承担单位须按相关规范、标准开展监测，对水质监测全过程进行质量保证与控制。从事监测的组织机构、监测人员、现场监测仪器、实验室分析仪器与设备等按RB/T 214—2017、HJ 630—2011、HJ 494—2009和《检验检测机构资质认定生态环境监测机构评审补充要求》（市场监管总局　国市监检测〔2018〕245号）等相关内容执行。

监测分析方法参见《水和废水监测分析方法（第四版）》用电化学探头法，便携式溶解氧测定仪技术要求、性能指标等满足《便携式溶解氧测定仪技术要求及检测方法》（HJ 925—2017）；氨氮推荐纳氏试剂分光光度法、水杨酸-次氯酸盐分光光度法。透明度和溶解氧指标须采用现场原位测定。

四、特殊事项

对季节性、断流水体，酌情调整监测时间。原则上，选择水体水量正常的时期采样。尽量避免雨天采样，根据雨情，下雨3～5天后采样。

五、结果评价

对于只设置单个监测点位的水体，对照农村黑臭水体识别标准，采用单因子评价法进行评价。对于同一水体有多个监测点位的，先采用单因子评价法对每个点位进行评价，若60%及以上的监测点位达标，则整个水体评价为达标。

附件 3

农村黑臭水体清单

填报时间：　　年　月　日

序号	省（自治区、直辖市）	市	县（市、区）	乡镇或街道	行政村（社区）	水体编号	水体名称	水体类型	涉及的自然村	水体面积/m^2	长/m	宽/m	深/m	黑臭段地理位置信息						判定依据	排查时水质监测指标均值（判定依据为水质监测的填写）			监管级别
														起点名称	起点经度	起点纬度	终点名称	终点经度	终点纬度		透明度/cm	溶解氧/(mg/L)	氨氮/(mg/L)	
								□河流 □湖泊 □水库 □坑塘 □沟渠 □其他												□感官 □公众评议 □水质监测				□国家 □省

注：1. 水体编号是农村黑臭水体的唯一识别代码。编号采用“省市县行政代码＋四位流水号 0000”的形式。

2. 水体名称命名目的是便于找到此水体，例如×××村××便利店东侧 100m。

3. 水体类型勾选河流、坑塘、沟渠等。其中：河流水面指天然形成或人工开挖河流常水位岸线之间的水面，不包括被堤坝拦截后形成的水库区段水面；坑塘水面指人工开挖或天然形成的蓄水量＜10 万 m^3 的坑塘常水位岸线所围成的水面；沟渠指人工修建，南方宽度≥1.0m、北方宽度≥2.0m 用于引、排、灌的渠道。

4. 涉及的自然村：黑臭水体所在的一个或多个自然村名称。

5. 水域面积、长度和宽度，主要是指常水位下的水体黑臭段面积、长度和宽度，非整个水体的水域面积、长度和宽度。

6. 地理位置信息包括黑臭段起点、终点名称及经纬度，非整个水体经纬度。属于河流型或沟渠型的水体，填写起、终点名称及起、终点经纬度，名称可命名为××水体起点、××水体终点，或填写标志性位置的经纬度；属于坑塘型的水体，仅填写起点名称及起点经纬度，即填写水体中心点经纬度，或填写污染物汇入点经纬度，或填写标志性位置的经纬度（填写标志性位置如：水体最近的农户、民房、村口、路口等明显参照物）。为了防止同一个点位经纬度坐标不一致的问题，规范点位经纬度空间参考坐标系，统一报送 CGCS2000 坐标系下的经纬度坐标。经纬度信息可通过定位系统现场获取，按十进制（小数度）形式填写，经纬度坐标小数点后保留 5 位。

7. 判定依据，勾选感官、公众评议、水质监测。

8. 排查时水质监测指标均值：根据农村黑臭水体排查工作需要，有必要的填写水质监测指标均值。

9. 监管级别：勾选国家或者省监管。

附件 4

农村黑臭水体排查和治理情况的公示（参考模板）

按照农村黑臭水体治理工作有关要求，我市共发现农村黑臭水体××个，其中纳入国家监管清单农村黑臭水体××个，纳入省监管清单××个。

截至 20××年××月，我市组织对本行政区域内农村黑臭水体进行治理，累计完成国家监管清单水体××个，完成省监管清单水体××个。现将有关情况予以公示，接受公众监督。

公示期限：15 个自然日

监督举报电话：××××××××

农村黑臭水体治理情况

序号	县（市、区）	乡镇或街道	行政村（社区）	水体名称	水体类型	涉及的自然村	水域面积/m^2	黑臭段地理位置信息						监管级别	黑臭成因	完成治理时间	治理后水体是否常年有水
								起点名称	起点经度	起点纬度	终点名称	终点经度	终点纬度				
														□国家 □省		年/月/日	□常年有水 □季节有水 □常年基本无水 □已填埋

注：1. 表格信息填写规范参考附件 3。

2. 黑臭成因包括：a. 农村生活污水污染；b. 畜禽养殖污染［注明规模，畜禽名称参考《国家畜禽遗传资源目录》，如：鸡（50）猪（10）］；c. 水产养殖污染；d. 种植业污染；e. 企业排污；f. 生活垃圾和生产废弃物污染；g. 底泥淤积；h. 农厕粪污污染；i. 其他污染问题等。填写一种或几种农村黑臭水体形成原因，造成污染最主要的原因置于首位。

×××生态环境主管部门

20××年××月××日

农业农村部关于印发《"中国渔政亮剑2023"系列专项执法行动方案》的通知（农渔发〔2023〕8号）

为确保"中国渔政亮剑2023"系列专项执法行动（以下简称"亮剑2023"）顺利有效实施，特制定本方案。

一、指导思想

全面贯彻落实党的二十大以及中央农村工作会议、全国两会精神，深入贯彻习近平法治思想和习近平生态文明思想，锚定渔业高质量发展和现代化建设目标，以破解危害渔业发展的顽瘴痼疾为导向，牢牢守住生物安全、质量安全、生态安全、生产安全、涉外安全等渔业安全底线红线，进一步强化执法监管，提升执法质效，完善执法机制，以最严厉执法、最严格监管，切实维护好渔业生产秩序和渔民群众合法权益。

二、组织领导

"亮剑2023"由农业农村部统一领导，农业农村部渔业渔政管理局（以下简称"部渔业渔政局"）会同农业农村部长江流域渔政监督管理办公室（以下简称"部长江办"）负责统筹协调，农业农村部渔政保障中心（以下简称"部渔政保障中心"）负责督促落实，各省级渔业渔政主管部门或渔政执法机构（包括承担渔业行政执法职责的农业综合行政执法机构和相对独立设置的渔政执法机构，下同）负责具体组织实施。

"亮剑2023"成立指挥部，指挥长由部渔业渔政局局长刘新中担任，副指挥长由部长江办主任马毅、部渔业渔政局副局长江开勇、部渔政保障中心主任刘忠松和各省级渔业渔政主管部门分管负责同志担任，指挥部成员包括部渔业渔政局、部长江办、部渔政保障中心和各省级渔业渔政主管部门相关处室负责同志。指挥部办公室设在部渔业渔政局渔政处。

三、行动任务

"亮剑2023"分为十个具体专项执法行动。

（一）长江流域重点水域常年禁捕专项行动

1．行动目标。贯彻《中华人民共和国长江保护法》，落实《国务院办公厅关于切实做好长江流域禁捕有关工作的通知》《依法惩治长江流域非法捕捞等违法犯罪的意见》有关要求，充分发挥长江禁捕退捕工作专班和打击长江流域非法捕捞专项整治行动工作专班协调监督作用，强化对非法捕捞全链条执法监管，推动长江流域重点水域"四清四无"常态化，持续巩固禁捕工作成效。

2．行动时段。全年。

3．行动重点。一是规范垂钓管理。严厉打击一人多杆、单线多钩、"泥鳅党"、锚鱼、钓获物交易等违法违规行为，严禁使用对水生生物资源破坏较大的钓具钓法。二是摸排违法线索。按照全覆盖、无死角的要求，加强长江流域重点水域暗查暗访、走访摸排，深挖细查乡镇自用船、大马力快艇、"三无"船舶等各类违法捕捞活动线索，利用通报约谈、挂牌整治等手段，压实属地监管责任。三是严打非法捕捞。聚焦重要时段、重要水域、重点对象、重点物种，强化日常巡查、蹲点驻守，有针对性地开展执法，严厉打击电毒炸、"绝户网"等各类非法捕捞行为。落实水域、船籍港两个属地责任，加大长江口禁捕管理区常态化巡航检查力度，严肃查处沿海作业渔船违规跨区捕捞行为。四是强化经营监管。配合市场监管等部门强化对电商平台、水产市场、餐饮场所和渔具市场等经营环节的执法监管，推动长江野生江鲜禁售禁食，违禁渔具禁制禁售。五是加强能力建设。开展渔政队伍素质提升年活动，加快实施"亮江工程"，发挥网格化管理、协助巡护、社会监督作用，充分利用无人机、电子围栏、AI识别等信息化手段，进一步提升渔政执法效能。

承担单位：长江流域重点水域各级渔业渔政主管部门及渔政执法机构。

（二）海洋伏季休渔专项行动

1．行动目标。贯彻落实《中华人民共和国渔业法》和《农业农村部关于调整海洋伏季休渔制度的通告》（农业农村部通告〔2023〕1号）等相关规定，继续坚持最严厉执法、最严格监管，聚焦关键区域、重点对象，严查重处违法违规行为，确保新调整伏季休渔制度落实到位、秩序良好稳定、海洋捕捞渔船（含捕捞辅助船，下同）应休尽休、海洋渔业资源得到休养生息。

2．行动时段。按照农业农村部关于海洋伏季休渔制度有关规定确定的时间节点执行。

3．行动重点。一是加强海上巡查。保持海上执法高压严打态势，突出对渤海、黄海北部、东海、长江口外和"机动渔船底拖网禁渔区线""省际交界线"等重点海域的巡航监管，盯紧异地休渔渔船、大型冷冻船、"拖改刺、拖改围、拖（围、刺）改钓"渔船、法院扣押渔船、生态环境（渔业资源）监测调查船、养殖船（含采捕自繁自养贝类船只）等重点对象，严厉打击涉渔船舶违规出海、跨区跨线作业等违法违规行为。二是落实船籍港休渔。严格落实"船回港、人上岸、网入库"管控要求，以县（市、区）为单位建立应休渔渔船名册，落实依港管船、定人联船、船位报告、定期点验、信息周报等管理制度，发现未按规定回船籍港休渔的，限期返回船籍港；擅自出海作业的，要及时召回并依法严处。三是严管专项捕捞。落实专项捕捞渔船标识、网具核查、指定港口卸货、渔获量统计、限额捕捞、科学观察、伴航执法等监管措施。发现违反专项捕捞规定的，从严处罚，情节严重的，依法取消专项捕捞资格。

承担单位：沿海各级渔业渔政主管部门及渔政执法机构。

（三）黄河等内陆重点水域禁渔专项行动

1. 行动目标。贯彻新出台《中华人民共和国黄河保护法》，落实《农业农村部关于调整黄河禁渔期制度的通告》《农业部关于发布珠江、闽江及海南省内陆水域禁渔期制度的通告》《农业农村部关于实行海河、辽河、松花江和钱塘江等 4 个流域禁渔期制度的通告》等制度要求，采取更大力度、更实举措，严厉打击禁渔期违法捕捞活动，推动渔业资源持续好转。

2. 行动时段。按照农业农村部关于黄河等内陆重点水域禁渔期制度有关规定确定的时间节点执行。

3. 行动重点。一是落实渔船管控。以县（市、区）为单位建立禁渔渔船台账，因地制宜实施集中停靠、定人联船、定期点验等措施，掌握渔船动态，强化渔船管理。二是强化全链条执法。组织水上、陆上重点区域巡回检查、联合执法，对电毒炸等非法捕捞活动易发、高发水域和交界水域实行分片包干、高频巡查，必要时实施蹲守驻守检查。配合市场监管等部门强化餐饮环节管理，严厉打击在禁渔期以“野生鱼”等为噱头销售水产品，扰乱禁渔秩序行为。三是加强休闲垂钓监管。严厉打击一人多杆、一杆多钩等以营利为目的的生产性垂钓作业行为。以休闲为目的的垂钓行为不列入执法查处范围，地方另有规定的除外。

承担单位：黄河、海河、辽河、松花江、钱塘江、淮河、珠江、闽江和海南内陆水域等禁渔水域各级渔业渔政主管部门及渔政执法机构。

（四）严厉打击破坏水生野生动物资源行为专项行动

1. 行动目标。贯彻落实新修订的《中华人民共和国野生动物保护法》，深入自然保护地和关键繁育利用场所，严厉打击非法猎捕、经营利用、展示展演等破坏水生野生动物资源的行为，提高水生野生动物保护水平。

2. 行动时段。5 月 1 日至 10 月 31 日。

3. 行动重点。一是严查保护地内违法活动。全面深入自然保护地，强化对海龟、斑海豹、长江江豚等重点物种主要栖息地巡查监管，严厉打击非法猎捕和违规利用行为。对因物种习性、气候情况等原因需要提前或延后进行的实地检查，可纳入本专项行动。二是严打非法经营利用行为。会同公安、市场监管等部门，强化对市场、餐饮场所等重点区域的清理整治，以加利福尼亚湾石首鱼、中国鲎、海马、鳄鱼、鲟鱼等物种作为执法重点，依法查处未经批准或超期限、超范围经营利用水生野生动物及其制品行为。三是严管繁育展演活动。加强对海洋馆、水族馆等繁育展演场所监管，清查登记鲸豚、鲸鲨、海龟、斑海豹等重点物种在养情况，并录入全国重点保护水生野生动物信息管理系统。对执法中发现在养数量和许可证记录无法对应的，责令限期整改；在养数量超过许可证记录又无法说明合法来源的，依法严肃查处。

承担单位：地方各级渔业渔政主管部门及渔政执法机构。

（五）清理取缔涉渔“三无”船舶和“绝户网”专项行动

1. 行动目标。落实党中央部署要求和《国务院对清理、取缔“三无”船舶通告的批复》等规定，在海上涉外渔业维权工作协调机制下，完善地方党委政府牵头、多部门齐抓共管的工作机制，持续实施涉渔“三无”船舶和“绝户网”清理取缔行动，推动涉渔“三无”船舶和“绝户网”数量持续减少。

2. 行动时段。全年。

3. 行动重点。一是查扣“三无”船舶。联合相关部门加大水上执法力度，发现“三无”船舶（含套牌船舶）、无法提供合法有效证书的船舶等从事涉渔活动，一律押回渔港处置；利用休禁渔期等时间段集中组织封港清船，发现疑似涉渔“三无”船舶，责令禁止离港或指定地点停靠，并组织调查，对查实的涉渔“三无”船舶，一律依法依规予以取缔。二是整治违规网具。严厉打击使用禁用渔具、网目尺寸不合格渔具等严重破坏渔业资源的“绝户网”作业行为，特别是使用多层囊网、加装衬网渔具的违规行为。联合公安、工信、市场监管等部门，依法查处生产、经营“绝户网”等禁止使用渔具的行为。三是强化警示震慑。积极组织涉渔“三无”船舶和“绝户网”等违规网具公开集中拆解、销毁活动，加强执法宣传，以案释法、以案普法，充分发挥震慑作用。

承担单位：地方各级渔业渔政主管部门及渔政执法机构。

（六）重拳打击电鱼专项行动

1. 行动目标。严厉打击电鱼行为，确保大范围、群体性电鱼现象杜绝，散发性电鱼行为持续减少。

2. 行动时段。全年。

3. 行动重点。一是严打电鱼行为。加强常态化巡查，特别是加大对举报频繁、存在时间长、群众反映强烈的电鱼行为高发、频发水域的执法巡查频度，必要时开展驻守监管。依法从重处罚使用电拖网等违法作业活动，涉案电鱼器具和船舶一律没收，涉嫌犯罪的，坚决移送司法机关处理。二是清查违法制售活动。会同公安、市场监管、网信等部门，深挖排查电鱼违法线索，严厉打击违法制造电鱼相关器具行为，依法取缔制造电鱼器具的黑窝点、黑作坊，严肃查处从事电鱼器具销售的商店和电商平台，消除违法土壤。

承担单位：地方各级渔业渔政主管部门及渔政执法机构。

（七）涉渔船舶审批修造检验监管专项行动

1. 行动目标。落实农业农村部等七部门《关于加强涉渔船舶审批修造检验监管工作的意见》，依托涉渔船舶审批修造检验监管协调机制，严厉打击违法违规审批修造检验行为，全面加强涉渔船舶综合监管工作。

2. 行动时段。全年。

3. 行动重点。一是落实报废渔船拆解。落实《海洋捕捞渔船拆解操作规程》及有关规定，确保报废渔船应拆尽拆，严厉打击使用报废渔船违规从事渔业活动行为。二是强化渔船身份标识执法。会同公安、船舶检验等部门，严厉查处伪造、变造船舶户牌，涂改船舶发动机号码等违法行为，以及未经检验擅自下水、作业等违法行为。三是溯源倒查渔船修造。配合工信、市场监管等部门加强渔船修造活动监管执法，全面摸排辖区内渔船修造厂点，检查修造生产经营活动，重点查处违法修造、无照经营等违法活动，清理取缔“沙滩船厂”。协同公安、海关、海警等部门将修造情况纳入涉渔船舶案件调查范围，涉嫌违法违规修造的，会同有关部门溯源倒查船舶修造厂点，对修造厂点违法违规活动依法处罚。

承担单位：地方各级渔业渔政主管部门及渔政执法机构牵头，依托涉渔船舶审批修造检验监管协调机制，联合相关部门落实。

（八）规范使用水产养殖用投入品专项行动

1. 行动目标。按照《农业农村部关于加强水产养殖用投入品监管的通知》安排部署，继续开展水产养殖用兽药、饲料和饲料添加剂等相关违法行为专项整治，提升养殖水产品质量安全水平。

2. 行动时段。全年。

3. 行动重点。定期巡查水产养殖场所，检查养殖记录，严肃查处使用假劣水产养殖用兽药、禁用药品与其他化合物、停用兽药、人用药、原料药等养殖水产品的违法行为。对使用冠以“非药品、动保产品、水质改良剂、底质改良剂、微生态制剂”等名义的假劣兽药的，按照《兽药管理条例》第六十二条的规定处罚。发现违规生产、经营假劣兽药，或违反《饲料和饲料添加剂管理条例》《农药管理条例》规定使用饲料、饲料添加剂和农药等违法活动线索，及时移交相关部门依法调查处理。

承担单位：地方各级渔业渔政主管部门及渔政执法机构。

（九）涉外渔业专项行动

1. 行动目标。加强与周边国家渔政执法合作，深化与公安、海警等部门协调配合，完善信息共享机制，严厉打击外方侵渔和越界捕捞等行为，保护渔民合法权益，稳定周边和公海海域渔业生产秩序，树立我负责任渔业国家形象。

2. 行动时段。全年。

3. 行动重点。一是公海和周边海域。深化与公安、海警等部门的执法合作，强化源头治理和港口管理，严厉打击涉渔“三无”船舶、套牌渔船非法出境（越界）至朝鲜、韩国、日本等国管辖海域捕捞和海上侵渔活动。加强联合执法，严格规范从业人员管理，强化捕捞生产物资补给等环节管控，依法取缔涉外渔业黑中介，斩断非法利益链，督办一批大案要案。二是中俄边境水域。在黑龙江、乌苏里江、松阿察河、兴凯湖等水域，抓好重点区域布控和水面巡查，会同相关部门严防渔民越界捕捞，严厉打击各类涉渔违法行为。实施好中俄春季和秋季渔政联合执法检查。三是中朝边境水域。在辽宁省水丰水库，吉林省云峰水库、渭源水库、鸭绿江（吉林白山、通化段）、图们江（干流及红旗河、珲春河等主要支流），联合公安、海事等部门开展非法捕捞治理，严厉打击无证生产、越界捕捞和侵渔等违法违规行为。四是中老和中越边境水域。加强中老渔政联合巡航执法，保护和修复澜沧江水生生物资源。在中越边境条件具备的区段加大执法力度，推动开展同步执法行动。

承担单位：沿边沿海各级渔业渔政主管部门及渔政执法机构。

（十）渔业安全生产源头治理专项行动

1. 行动目标。落实《国务院安全生产委员会关于加强水上运输和渔业船舶安全风险防控工作的意见》有关要求，以防范化解渔业重大安全风险为主线，坚持安全第一、预防为主，坚持精准治理、依法治理和源头治理，扎实开展渔业安全生产专项执法，实现更高水平的安全，服务好渔业高质量发展。

2. 行动时段。全年。

3. 行动重点。一是扎实做好商渔共治。深入推进“商渔共治2023”专项行动，继续抓牢抓实联合宣教和联合执法工作，加大力度清理整治网位仪AIS，对擅自编制、使用海上移动通信业务识别码的，按照有关法律法规责令整改。创新宣教活动形式，密集开展防碰撞专题培训和典型事故警示警醒。严厉打击夜间值守瞭望不到位、不按规定开启和使用安全通导设备等违法违规行为。二是严打船员违规上岗作业。贯彻《中华人民共和国渔业船员管理办法》《海洋渔业船员违法违规记分办法》等规章制度，落实海洋渔业船舶职务船员最低配员标准，继续整治职务船员配备不齐、船员人证不符、不持证上岗、临水作业不穿救生衣、航行作业锚泊期间值班脱岗、在船作业期间饮酒酗酒等违法违规行为。三是从严整治渔船不适航出海作业。严肃查处渔船脱检脱管和船舶不适航等方面存在的违法违规行为，重点打击渔业船舶相关证书失效后出海航行作业；救生消防设施设备、号灯号型等不满足航行作业要求；擅自关闭、破坏、屏蔽、拆卸北斗或AIS等安全通信导航和船位监测终端设备，或篡改、隐瞒、销毁其相关数据信息等行为。

承担单位：地方各级渔业渔政主管部门及渔政执法机构，其中“商渔共治2023”专项行动由沿海各级渔业渔政主管部门及渔政执法机构承担。

除上述十个专项执法行动外，各地应按照《关于加快推进水产养殖业绿色发展的若干意见》等部署要求，统筹抓好水产养殖、水产种质资源、涉渔工程、外来物种防治等方面执法工作。我部将视情况针对重点地区和重大案件开展监督检查和暗访抽查。

四、工作要求

（一）加强组织实施。各省级渔业渔政主管部门要按照本方案的部署要求，明确工作重点，细化落实措施，制定本地区“亮剑2023”工作实施方案，部署做好各项执法行动。加强统筹协调，强化责任落实，确定指挥部副指挥长、成员和联络员人选，于3月25日前报部渔业渔政局，报送格式见附件1。

（二）深化执法协作。加强与外事、公安、工信、交通运输、水利、市场监管、网信、海警等部门沟通协调，建立信息互通、情报共享、执法合作等机制，推动实施部门联合执法、联合办案，全链条打击捕捞、运输、销售违法违规行为。统筹执法力量，在重点区域、重点时段开展联合执法、联动执法，形成水、港、陆执法闭环。执法过程中，发现属于其他部门管辖的案件线索，要依法移送相关部门处理，发现涉嫌犯罪的案件线索及时移交司法机关。加强地区间执法协作，针对海洋伏季休渔、黄河等内陆重点水域禁渔等专项行动，适时组织省际联合交叉执法行动，邀请媒体记者全程参与，对执法过程监督宣传。

（三）创新管理手段。针对执法过程中发现的新情况、新问题，不断创新方式方法，提升渔政执法效能。完善“有举必查、查实必究”的举报机制，公开举报电话，用好中国渔政执法举报受理平台、信息船、信息员等线索收集渠道，充分发挥社会力量监督作用，构建专群结合监管机制。利用好全国渔船动态监控管理系统（网址：https：//www.vm-scenter.com），逐船标注专项捕捞和钓具渔船信息，开展动态船位实时监测，及时筛查研判违规渔船进出港和航行作业动态，充分利用信息化手段打击非法捕捞行为。发挥科研单位、高等院校等第三方机构作用，采取调查问卷、人员访谈等多种方式，收集制度落实、执法成效等方面社情民意，提升渔政执法和服务水平。

（四）助力扫黑除恶。落实《中华人民共和国反有组织犯罪法》，按照扫黑除恶常态化部署安排，继续深挖渔业领域内组织涉渔“三无”船舶非法捕捞、非法越境（界）、电毒炸鱼和海洋捕捞中划界圈海、渔港码头“扒皮”等涉黑涉恶线索，及时移送公安机关。要积极配合公安、法院、检察院等部门做好案件查办，坚决打击组织化、团伙化、链条化违法犯罪活动。

（五）强化执法保障。落实《财政部、农业农村部关于实施渔业发展支持政策推动渔业高质量发展的通知》《农业农村部关于加强渔政执法能力建设的指导意见》等文件部署要求，积极向同级党委政府汇报，加强与财政部门沟通协调，争取执法装备建设、执法人员福利待遇等方面的支持，并将相关经费纳入同级财政预算。加强全国渔船动态监控管理系统使用培训，提高系统应用能力，做好日常支撑保障。完善执法激励机制，对工作突出的集体和个人，要以适当方式给予表扬奖励，进一步激励基层渔政执法人员勇于担当、敢于斗争、积极作为。

（六）加强宣传引导。将执法宣传摆到更加突出位置，与执法行动同步推进、同步落实，营造“有法必依、执法必严、违法必究”的执法氛围。加强以案释法，推动重大涉渔违法或犯罪案件在重点渔区公开宣判，起到“查办一起、震慑一片”的效果。充分发挥电视、电台、报纸等主流媒体宣传作用，用好微博、微信公众号等新媒体，主动宣传发布各地渔政执法重大案件，及时回应执法行动中的热点敏感信息。落实普法责任制，加大渔业法、野生动物保护法等法律的宣传。

请省（自治区、直辖市）渔业渔政主管部门将“亮剑 2023”上半年执法行动工作总结（7 月 10 日前）、黄河等内陆重点水域禁渔专项行动工作总结（8 月 10 日前）、海洋伏季休渔专项行动工作总结（9 月 22 日前）、全年执法行动工作总结（11 月 20 日前）报送至部渔业渔政局（电子版请同时发送邮箱），涉及长江流域渔政执法任务的，同时抄报部长江办。执法数据样表见附件 2、3、4。

专项执法行动期间，遇重大情况请及时报我部。

附件：1. “中国渔政亮剑 2023”指挥部副指挥长、成员及联络员名单

2. “中国渔政亮剑 2023”力量投入调度汇总表

3. “中国渔政亮剑 2023”检查事项调度汇总表

4. “中国渔政亮剑 2023”查办案件调度汇总表

附件 1

“中国渔政亮剑 2023”指挥部副指挥长、成员及联络员名单

填报单位（盖章）：____________________

人员	姓名	单位	职务	手机	办公电话	传真	电子邮箱
副指挥长							
成员							
联络员							

注 1. 此表由省级渔业渔政主管部门填报；

2. 指挥部副指挥长为厅局级负责同志，成员为渔政主管处室或省级渔政执法机构主要负责同志；

3. 人员如有更换，请及时报送相关信息；

4. 此表请于 3 月 25 日前报送至 yuzhengchu@agri. gov. cn。

附件 2

“中国渔政亮剑 2023”力量投入调度汇总表

填报人：______________ 联系方式（手机）：______________

调　度　项　目			执法数据
执法宣传	* 印发宣传材料（份）		
	* 组织开展集中公开拆解销毁活动（场次）		
	其中	清理取缔涉渔“三无”船舶（场次）	
		违规渔具渔法清理整治（场次）	
	* 媒体宣传（次）		
	其中	中央媒体宣传（次数）	
		省部级媒体宣传（次数）	
		新媒体宣传（次数）	
执法力量	* 出动执法人员（人次）		
	其中	海洋伏季休渔专项行动（以下根据实际情况自行填写）	
	* 出动执法车辆（辆次）		

续表

调度项目			执法数据
		海洋伏季休渔专项行动（以下根据实际情况自行填写）	
	其中		
执法力量	*出动执法船艇（艘次）		
		海洋伏季休渔专项行动（以下根据实际情况自行填写）	
	其中		

注　各地可根据工作实际，增加调度项目。专项行动未涉及的地方，不填写该栏目。

附件3

"中国渔政亮剑2023"检查事项调度汇总表

填报人：____________　联系方式（手机）：____________

调度项目			执法数据
岸上执法	*检查渔港码头及渔船自然停靠点（个次）		
		海洋伏季休渔专项行动（以下根据实际情况自行填写）	
	其中		
	*检查船舶网具修造厂点（个次）		
		海洋伏季休渔专项行动（以下根据实际情况自行填写）	
	其中		
	*检查市场（个次）		
		海洋伏季休渔专项行动（以下根据实际情况自行填写）	
	其中		
	*检查自然保护地内水生野生动物栖息地（个次）		
	*检查水生野生动物繁育展演场所（个次）		
	*规范使用水产养殖用投入品专项行动检查养殖场点（个次）		
水上执法	*检查渔船（艘次）		
		海洋伏季休渔专项行动（以下根据实际情况自行填写）	
	其中		
	*水上巡查里程（海里）		

续表

调 度 项 目			执法数据
水上执法		海洋伏季休渔专项行动（以下根据实际情况自行填写）	
	其中		
	＊陆上巡查里程（公里）		
		海洋伏季休渔专项行动（以下根据实际情况自行填写）	
	其中		
清理整治	清理取缔涉渔“三无”船舶（艘）		
	清理取缔的涉渔“三无”船舶中	船长 12m 以上的（艘）	
		钢质的（艘）	
	清理整治违规网具数量（张顶）		
	清理整治跨区作业渔船数量（艘次）		
	清理整治水产养殖非法投入品数量（公斤）		

注 各地可根据工作实际，增加调度项目。专项行动未涉及的地方，不填写该栏目。

附件 4

“中国渔政亮剑 2023”查办案件调度汇总表

填报人：________________ 联系方式（手机）：________________

调 度 项 目			执法数据
查办违规案件	查办违法违规案件（件）		
		海洋伏季休渔专项行动（以下根据实际情况自行填写）	
	其中		
	查获涉案人员（人）		
		海洋伏季休渔专项行动（以下根据实际情况自行填写）	
	其中		
	移送司法处理案件（件）		
		海洋伏季休渔专项行动（以下根据实际情况自行填写）	
	其中		

续表

调 度 项 目			执法数据
查办违规案件	移送司法处理人员（人）		
	其中	海洋伏季休渔专项行动（以下根据实际情况自行填写）	
	查处跨区作业船舶（艘）		
	涉案渔获物重量（公斤）		
	涉案渔获物价值（万元）		
	收缴电鱼器具（台、套）		
	查处水产养殖非法投入品重量（公斤）		
	查处非法水生野生动物及其制品（只或公斤）		
	行政处罚金额（万元）		

注 各地可根据工作实际，增加调度项目。专项行动未涉及的地方，不填写该栏目。

农业农村部　公安部　市场监管总局关于加强长江十年禁渔常态化执法监管的意见

（农长渔发〔2023〕1号）

长江流域各省（直辖市）农业农村厅（委）、公安厅（局）、市场监管局：

根据《国务院办公厅关于切实做好长江流域禁捕有关工作的通知》（国办发明电〔2020〕21号）要求和有关工作安排，2020年7月1日至2023年6月30日，农业农村部、公安部、市场监管总局组织实施了为期3年的打击长江流域非法捕捞、打击市场销售长江流域非法捕捞渔获物两个专项行动，取得了明显成效，但是仍存在非法捕捞方式不断翻新、违规垂钓行为屡禁不止、涉渔风险隐患难以根除等问题，随着鱼类资源逐步恢复向好，禁渔执法监管任务将更加艰巨。为深入贯彻习近平总书记系列重要指示批示精神，全面落实党的二十大关于“实施好长江十年禁渔”的重要决策，现就健全长江十年禁渔执法长效机制，在集中专项打击整治行动基础上持续加强常态化执法监管，提出如下意见。

一、准确把握长江禁渔执法监管的总体要求

长江十年禁渔是党中央国务院为全局计、为子孙谋的重要决策，是共抓长江大保护的历史性、标志性、示范性工程。各级农业农村（渔政）、公安、市场监管部门要始终保持“时时放心不下”的责任感，按照“中央统筹、部门协同、省负总责、市县抓落实”的工作机制，进一步强化沟通联系协调配合，坚持集中专项行动与常态化执法联动监管相结合，持续打击涉及长江流域水生生物保护区的生产性捕捞行为和涉及“一江一口两湖七河”等重点水域天然渔业资源的生产性捕捞行为，严肃查处市场销售长江流域禁捕水域非法渔获物、以“长江野生鱼”为噱头虚假宣传等行为，坚决斩断非法“捕购销”地下产业链、利益链，确保长江十年禁渔工作要求不松、标准不降、力度不减。

二、优化工作协同推进机制

（一）强化组织领导。各地要在长江禁捕退捕工作领导小组及其相关工作机制的统一领导和协调调度下，持续加强对长江禁渔执法工作的组织领导和保障支持。各省（直辖市）公安机关、农业农村（渔政）部门牵头成立的联合指挥部，要继续统筹推进各项执法任务，实行常态化执法联动监管。

（二）重点职责任务。各省（直辖市）联合指挥部要整合相关部门水上执法力量，持续加强执法监管，常态化开展涉渔“三无”船舶、遗留残存网具清理整治行动，严厉打击“电毒炸”“绝户网”等非法捕捞行为，重点打击组织化、团伙化、链条化及涉黑、涉恶等重大涉渔犯罪案件。要持续加强水产品加工经营、网络市场及广告监管，依法依职责查处制造销售禁用渔具、发布销售禁用渔具信息以及收购、加工、销售长江流域非法渔获物，以“长江野生鱼”为噱头作虚假或引人误解的商业宣传、发布涉及野生水生动物的虚假违法广告等行为。

（三）定期交流会商。各省（直辖市）联合指挥部要定期通报禁渔执法监管情况，分析研判涉渔违法犯罪形势，交流打击和防范工作经验，研究分析遇到的新情况新问题。各级农业农村（渔政）、公安、市场监管部门要定期梳理分析管辖区域禁渔执法情况，通报涉渔问题线索，研判执法动向态势，协同推进打击查处工作。

三、健全执法协作联动机制

（四）加强执法联动。各省（直辖市）联合指挥部要根据禁渔执法监管形势和任务情况，以重点禁捕河湖流域及其周边区域为整体，建立执法协作机制，加强执法联动。各级农业农村（渔政）、公安、市场监管部门要在各自职责范围内部署开展专项整治、综合治理等专项执法行动，有关地区在重大任务期间可以由各省（直辖市）联合指挥部实行统一指挥、统一调度、统一行动。

（五）密切协同配合。对在交界水域或地区发生影响较大、情节严重的涉渔违法犯罪案件，或在执法活动中由于跨界等情况需要协同配合的，各级农业农村（渔政）、公安、市场监管部门应当依职责及时给予人员、船艇、装备、信息等执法力量支撑，为案件办理提供必要支持。

（六）规范渔具销售。各级农业农村（渔政）部门要会同有关部门持续加强禁用渔具制造、销售源头管理，督促指导网络销售平台、渔具销售商店等线上线下市场主体按规定宣传长江十年禁渔政策，规范填写进（销）货台账，并向购买者出示“禁止在长江流域禁捕水域使用禁用渔具”的书面提醒。对查获的非法捕捞案件，要深挖细查供货来源、销售渠道和其他涉案线索，依法取缔违规制造销售禁用渔具的黑窝点、黑作坊。

（七）强化垂钓管理。各省（直辖市）农业农村（渔政）部门要推动县级以上地方人民政府制定天然水域垂钓管理办法，科学划定禁止垂钓区域或允许垂钓区域，明确允许垂钓的时间、钓具钓法、钓获物种类、数量和规格等，并纳入渔政日常执法管理范围，严厉打击“泥鳅党”（指以泥鳅等鱼虾类活体为饵料窝料）、可视锚鱼、海竿阵等生产性垂钓行为。有条件的地方可积极探索实名登记、持证垂钓、注册垂钓等备案管理制度，引导公众有序参与以休闲娱乐为目的的垂钓活动。

四、完善行刑双向衔接机制

（八）严格适用范围。各地对拟追究刑事责任的非法捕捞案件，要按照《检察机关办理长江流域非法捕捞案件有关法律政策问题的解答》（高检办发〔2021〕1号）有关规定，准确把握“长江流域重点水域”禁捕范围，严格限定为农业农村部明确的长江流域水生生物保护区、“一江一口两湖七河”和省级农业农村部门划定的与长江干流、重要支流、大型通江湖泊连通的其他禁捕天然水域，避免擅自将市县确立的禁捕水域纳入“长江流域重点水域”案件适用范围。

（九）规范情节认定。各省（直辖市）联合指挥部要根据《依法惩治长江流域非法捕捞等违法犯罪的意见》（公通字〔2020〕17号）和《关于办理破坏野生动物资源刑事案件适用法律若干问题的解释》（法释〔2022〕12号），充分考虑各种法定、酌定情节和非法捕捞的事实、性质，行为人的动机、目的、社会影响以及对生态环境、渔业资源的危害程度等因素，推动制定本地区非法捕捞违法行为情节认定标准和行政处罚裁量基准。

（十）强化大案会商。各省（直辖市）联合指挥部要加强督促协调，指导市县级农业农村（渔政）、公安、市场监管部门及时对重大、复杂、疑难及性质难以认定、舆情反映较强烈的案件进行办案咨询和案情会商，细化移交情形，落实执法责任，并根据需要及时相互配合提供案件线索、证据材料和涉案人员、车船信息等。

（十一）畅通移送渠道。各级农业农村（渔政）、市场监管部门发现或查获符合刑事立案标准、依法应予追究刑事责任的，应及时将案件移送公安机关查处；公安机关发现或查获尚未构成犯罪但依法应当追究行政责任的，应及时移交农业农村（渔政）或市场监管部门查处。对于符合条件的移送移交案件，相关农业农村（渔政）、公安、市场监管部门应当及时受理，不符合条件的应当书面告知理由。

五、强化执法监督检查机制

（十二）落实奖惩制度。各级农业农村（渔政）、公安、市场监管部门要建立暗查暗访、常查常访制度，按规定对成绩突出、效果显著的单位和个人给予表扬、奖励；对禁令虽下、偷捕不止、落实不力的单位和地区进行通报约谈、挂牌整治，压实属地管理责任。

（十三）推动共享共用。各级农业农村（渔政）、公安部门要依托河（湖）长制，用好渔政协助巡护和基层组织力量，落细网格化管理体系。要持续加强禁渔执法能力建设，推动各级渔政举报电话与110联勤联动，鼓励共享共用车船艇、趸船码头、雷达视频监控、无人机等执法装备设施，提高禁渔执法效能水平。

六、创新普法宣传引导机制

（十四）加强信息发布。各省级农业农村（渔政）、公安、市场监管部门每年至少要召开1次新闻发布会或新闻通气会，介绍长江禁渔执法监管情况。各省（直辖市）联合指挥部要视情发布长江禁渔执法监管相关典型案例，注重以案释法，强化警示教育，鼓励群众监督，接受媒体监督。

（十五）强化舆论宣传。各级农业农村（渔政）、公安、市场监管部门要坚持打击惩治与宣传防范并重，落实“谁执法谁普法”普法责任制要求，积极发动干部群众、行业协会、公益组织、新闻媒体等，创新宣传方式，丰富宣传内容，扩大宣传覆盖面，鼓励社会公众举报重大违法行为，让违法后果家喻户晓，使禁渔政策深入人心，努力从源头上减少相关违法犯罪行为发生。

农业农村部　公安部　市场监管总局

2023年10月17日

六、联合开展的专项行动

Special Actions Carried out Jointly

【水利部联合开展的专项行动】

1. 水利部、最高人民检察院启动黄河流域水资源保护专项行动　为贯彻实施《中华人民共和国黄河保护法》，充分发挥水行政执法与检察公益诉讼协作机制作用，服务保障黄河流域生态保护和高质量发展重大国家战略，促进黄河流域水资源节约集约利用，2023年4月12日，水利部、最高人民检察院联合启动黄河流域水资源保护专项行动。

专项行动要求坚持以习近平新时代中国特色社会主义思想为指导，深入贯彻党的二十大精神，贯彻落实习近平生态文明思想和习近平法治思想，积极践行“节水优先、空间均衡、系统治理、两手发力”治水思路，全面实施黄河保护法及其他相关法律法规，充分发挥水行政执法在水资源管理中的作用，充分发挥检察公益诉讼的监督、支持和法治保障作用，聚焦黄河流域水资源短缺这个最大矛盾，对黄河流域违法取水问题进行集中整治，强化水资源刚性约束，有效规范流域水资源节约、保护、开发、利用秩序，促进水资源节约集约利用，支撑黄河流域生态保护和高质量发展。

专项行动要求坚持问题导向，重点针对黄河流域违法取水问题开展协作；坚持依法依规，保障水资源管理保护有法必依、执法必严、违法必究；坚持分类施策，区分不同情况推动问题解决；坚持协同推进，注重发挥黄河流域管理机构和地方各级水利部门、检察机关的协同作用。

专项行动以加强取水许可审批管理与水行政执法的衔接，加强水行政执法与检察公益诉讼协作，开展问题专项整治，健全管理长效机制，着力提升黄河流域水资源管理能力水平，推动黄河流域取用水秩序持续好转为目标。行动主要针对水资源管理保护方面的突出违法行为展开，包括未经批准擅自取水、未依照批准的条件取水、擅自建设取水工程或者设施、未按规定安装取水计量设施、违反生态用水管理要求、不依法履行监管职责等。

专项行动期限为2023年4—12月，分为部署动员、排查整改、重点检查、总结提升四个阶段，范围是黄河流域涉及的青海省、四川省、甘肃省、宁夏回族自治区、内蒙古自治区、山西省、陕西省、河南省、山东省的相关县级行政区域。

为确保专项行动取得实效，水利部、最高人民检察院将强化协调协作，推动建立黄河流域检察公益诉讼协作平台，加强对专项行动的组织协调和跟踪督促，立足水资源业务管理、水行政执法、检察公益诉讼职能，推动违法取水相关问题整改到位。　（来源：水利部网站）

2. 水利部联合最高人民法院、最高人民检察院、公安部、司法部启动河湖安全保护专项执法行动　2023年6月9日，水利部联合最高人民法院、最高人民检察院、公安部、司法部召开视频会议，部署启动河湖安全保护专项执法行动。水利部党组书记、部长李国英出席会议并讲话。最高人民法院副院长杨临萍、最高人民检察院副检察长张雪樵、公安部治安管理局局长仇保利、司法部副部长左力出席会议并讲话。水利部副部长朱程清主持会议。

李国英指出，五部门联合开展专项执法行动，加大河湖安全保护执法力度，是深入贯彻习近平总书记关于治水的重要论述和党的二十大精神的重要举措，是维护人民群众切身利益、强化水利体制机制法治管理的重要举措。要不断增强运用法治力量保护河湖安全的责任感和使命感，以更全面、更深入、更有效的协作，凝聚起维护河湖健康生命的强大合力。

李国英强调，要锚定水事秩序明显好转、河湖安全持续改善、协作机制更加顺畅的目标，准确把握专项执法行动的原则要求。要坚持人民至上，聚焦防洪安全、水资源水生态水环境保护、河道采砂管理、水利基础设施安全等重点领域，推动解决关系人民群众切身利益的涉水突出问题，特别要加大对严重影响行洪的违法案件查处力度，确保在主汛期前将阻水严重的违法问题全面整治到位。要坚持依法行政，全面推进严格规范公正文明执法，一体推进河湖执法和监督检查，对性质严重、影响恶劣的重大案件实行挂牌督办、重点盯办、共同查处，不断提升水行政执法质量和规范化水平。要坚持问题导向，全面排查问题线索，摸清安全风险底数，建立问题线索台账、执法案件台账，健全责任分解、督导落实、处置销号机制。要坚持协同推进，加强部门协同、流域协同、上下协同，形成上下贯通、联动推进河湖安全保护的工作格局。

李国英强调，此次专项执法行动领域广、时间紧、任务重，各级水利部门要勇于担当、积极作为，抓紧抓好各项任务落实。要发挥好水利部门的牵头作用，主动对接各相关部门，加强执法协同，推进河湖安全保护协作长效机制落实落地。要探索和创新水行政监管与综合执法协同、水行政执法与刑事司法衔接、水行政执法与检察公益诉讼协作的路径方法，运用先进技术手段开展水行政执法工作，不断提高河湖安全监管和水行政执法数字化、网络化、智能化能力和水平。要广泛宣传水行政执法协作典型案例，以案说法、以案释法，营造全社会自觉遵法守法用法、支持河湖安全保护的良好氛围。

杨临萍指出，最高人民法院历来高度重视水资源保护和江河湖库治理工作，指导各级人民法院落实最严格制度、最严密法治，在法治轨道上扎实服务推进长江、黄河等大江大河生态环境保护工作。要加强法治保障、明确目标导向，丰富裁判规则、强化案例指导，深化改革创新、完善体制机制，坚持能动司法、拓展司法功能，深化协同合作、形成共治合力，推动河湖生态环境保护工作再上新台阶。

张雪樵指出，各级检察机关要心怀“国之大者”，把保障河湖安全作为重要政治任务和法定职责抓紧抓实抓好。要突出问题导向，加大对流域治理重点难点问题的办案力度。要综合运用刑事、民事、行政、公益诉讼“四大检察”职能，探索河湖安全保护路径。要坚持创新思维，会同流域管理机构深化流域内多部门沟通协作，加快跨行政区划水行政和检察信息协作平台建设。

仇保利指出，各地公安机关要加大打击震慑力度，深入推进长江河道非法采砂专项整治行动，并积极配合开展黄河非法采砂打击整治工作。要加大巡逻防控力度，加强汛期社会面治安巡逻防控，强化重点时段巡防和重点水域联防。要加大联动协作力度，与各部门密切配合，将打击犯罪、治安防控与源头治理深度融合。要加大宣传发动力度，做好河湖安全保护普法和宣传工作。

左力指出，司法行政机关要加强工作指导，积极协调有关行政执法部门认真履行执法职责，严格查处侵占河湖、妨碍行洪安全等重点领域违法案件。要加强监督检查，推进严格规范公正文明执法，促进行政执法质效提高。要加强协同配合，积极配合牵头部门的工作，强化与其他部门的工作协作，为实现专项执法行动工作目标提供有力支撑。

此次专项执法行动是五部门首次联合开展的执法行动，自 2023 年 6 月开始，至 2023 年底基本结束。五部门将持续开展违法线索排查、案件查处、监督检查，强化线索移送、挂牌督办、执法监督、宣传引导等各项工作，精诚合作、协同执法，共同维护好河湖安全。

驻水利部纪检监察组负责同志，水利部、最高人民法院、最高人民检察院、公安部、司法部有关司局负责同志，各流域管理机构及各省级水行政主管部门、审判机关、检察机关、公安机关、司法行政机关负责同志分别在主会场和分会场参加会议。

（来源：水利部网站）

【公安部联合开展的专项行动】 一是立足维护河湖堤防安全，重拳打击非法采砂犯罪。认真贯彻落实中央领导同志批示精神，部署长江流域 15 省市和长航公安机关，自 2023 年 3 月 1 日至 2023 年底，开展长江水域突出违法犯罪打击整治“平安长江”专项行动，并牵头会同你部和最高人民法院、最高人民检察院、工业和信息化部、交通运输部、市场监管总局，联合开展为期半年的长江河道非法采砂专项打击整治行动，组织警力深入重点水域、场所，广泛开展走访摸排，挖掘违法犯罪线索，落实“一案七查”措施，全环节、全要素、全链条彻查涉砂犯罪及其衍生犯罪，共侦破各类案件 232 起、抓获犯罪嫌疑人 1 100 余名，查实涉案江砂 591 万 t，涉案价值超 2.5 亿元。

二是立足维护河湖生态安全，坚定推进长江“十年禁渔”。深入贯彻落实进一步推动长江经济带高质量发展座谈会精神，始终保持高压态势，深化打击长江流域非法捕捞犯罪专项行动，坚定推进长江“十年禁渔”，2023 年共侦破长江非法捕捞类刑事案件 5 600 余起，查扣涉案船只 585 艘，查缴非法捕捞器具 1.1 万余套，查获渔获物 14.1 万 kg，长江规模性非法捕捞犯罪得到有效遏制。在“五一”劳动节、“十一”国庆节期间，公安部先后两轮次派出 31 个暗访组，深入沿江 10 省（直辖市）的 1 500 余个沿江重点区域场所进行实地暗访，对发现的可疑问题线索，逐一通报属地公安机关和相关部门落实核查措施。

（来源：公安部）

【司法部联合开展的专项行动】 2023 年 12 月，会同水利部开展河湖安全保护专项执法监督行动，重点检查水行政执法部门专项执法行动案件办理、专项执法机制建设以及重点任务落实等情况，推动水行政执法部门严格规范公正文明执法，提升水行政执法质量和效能。

（来源：司法部）

【生态环境部联合开展的专项行动】 2023 年，依托统筹强化监督，我部立足监督职责，联合住房城乡建设部，开展 2 次城市黑臭水体整治环境保护专项行动，对全国 16 个省（自治区）开展城市黑臭水体整治成效抽查，推动深入打好城市黑臭水体治理攻坚战。

（来源：生态环境部）

【农业农村部联合开展的专项行动】

1. 农业农村部联合有关部门开展“中国渔政亮剑”专项执法行动 2023年3月16日，农业农村部制定并印发《“中国渔政亮剑2023”系列专项执法行动方案》，联合公安部等有关部门开启长江十年禁渔、黄河禁渔、水生野生动物管理、安全生产等十项重点执法行动。据不完全统计，2023年各级渔业渔政主管部门和渔政执法机构累计出动执法人员332万人次、执法车辆68.7万台次、执法船艇27万艘次（同比分别上升18.3%、7.7%和3.8%）；水上巡查里程465.8万海里，岸上巡查里程1 376.7万公里，执法力度进一步增强；清理取缔涉渔“三无”船舶1.8万艘、“绝户网”83.7万张（顶）、收缴电鱼器具5 021台（套），举办集中销毁活动6 084场，严重破坏渔业资源的捕捞活动得到有效遏制；查处违法违规案件5.3万起，涉渔违法人员6.1万人（同比分别上升2%和9%），移交司法机关追究刑事责任案件2 761起，涉案人员4 166人（同比分别下降45%和41%），重大涉渔违法犯罪活动明显减少。

2. 农业农村部联合公安部开展长江刀鲚非法捕捞销售专项执法行动 2023年3月17日，农业农村部长江流域渔政监督管理办公室联合公安部治安管理局以打击长江流域非法捕捞专项整治行动工作专班名义开展长江刀鲚非法捕捞销售专项执法行动，加强对刀鲚非法捕捞、销售、加工等行为的全链条打击力度。 （来源：农业农村部）

七、数说河湖

Information about Rivers and Lakes in Digital Edition

【水资源量】

2023 年全国及各省级行政区水资源量

省级行政区	降水量 /mm	地表水资源量 /亿 m^3	地下水资源量 /亿 m^3	地下水与地表水资源不重复量 /亿 m^3	水资源总量 /亿 m^3	用水总量 /亿 m^3
全国	642.8	24 633.5	7 807.1	1 149.0	25 782.5	5 906.5
北京	727.0	21.9	28.5	19.6	41.5	40.7
天津	607.5	12.2	7.0	5.7	17.8	32.7
河北	584.2	121.9	182.8	119.5	241.4	186.5
山西	558.8	102.1	103.3	41.8	143.9	69.7
内蒙古	260.8	357.0	215.1	134.9	491.9	202.9
辽宁	665.1	271.0	109.4	34.6	305.5	126.1
吉林	730.7	421.7	164.0	77.1	498.8	105.4
黑龙江	621.6	847.0	346.1	168.0	1 015.0	288.9
上海	1 280.5	34.8	9.8	6.7	41.5	104.8
江苏	1 132.8	369.7	122.7	52.3	422.1	571.4
浙江	1 419.9	715.5	187.7	14.7	730.1	169.6
安徽	1 160.8	614.3	187.1	78.5	692.8	273.7
福建	1 636.8	977.6	259.5	1.8	979.4	168.1
江西	1 641.5	1 389.3	341.4	20.3	1 409.5	240.6
山东	688.6	157.6	159.7	92.2	249.8	223.4
河南	1 035.5	348.9	230.3	123.5	472.3	208.8
湖北	1 278.7	1 071.3	307.0	22.9	1 094.2	336.4
湖南	1 267.3	1 183.2	312.8	6.9	1 190.1	308.9
广东	1 895.5	1 946.3	483.0	9.7	1 959.0	400.4
广西	1 433.7	1 517.7	409.5	2.5	1 520.2	258.5
海南	1 836.7	319.1	88.7	7.0	326.1	45.6
重庆	1 376.1	698.4	117.7	0.0	698.4	70.8
四川	897.9	2 165.4	540.0	1.4	2 166.8	252.5
贵州	1 000.7	647.1	240.1	0.0	647.1	93.2
云南	1 050.3	1 502.3	533.1	0.0	1 502.3	162.3
西藏	582.1	4 427.3	1 001.7	0.0	4 427.3	32.2
陕西	786.0	508.7	167.2	37.6	546.3	93.6
甘肃	262.4	213.7	107.9	9.0	222.6	115.8

续表

省级行政区	降水量/mm	地表水资源量/亿 m^3	地下水资源量/亿 m^3	地下水与地表水资源不重复量/亿 m^3	水资源总量/亿 m^3	用水总量/亿 m^3
青海	370.5	837.9	361.7	17.4	855.4	24.9
宁夏	252.9	6.5	14.6	1.6	8.1	64.8
新疆	148.1	826.2	467.7	42.2	868.3	633.3

【地级及以上城市饮用水水源达标比例】

2023 年地级及以上城市饮用水水源达标比例

年　　份	达标比例/%
2023	96.5

【地表水优良水质（Ⅰ～Ⅲ类）断面比例】

2023 年全国及各省份地表水优良水质（Ⅰ～Ⅲ类）断面比例

序号	区域	地表水优良水质（Ⅰ～Ⅲ类）断面比例/%
1	全国	89.4
2	北京	78.4
3	天津	60.0
4	河北	87.6
5	山西	93.6
6	内蒙古	79.1
7	辽宁	85.3
8	吉林	86.2
9	黑龙江	84.4
10	上海	97.5
11	江苏	92.9
12	浙江	97.5
13	安徽	90.7
14	福建	99.0
15	江西	97.0
16	山东	83.7
17	河南	83.0
18	湖北	93.2

续表

序号	区域	地表水优良水质（Ⅰ～Ⅲ类）断面比例/%
19	湖南	98.6
20	广东	92.6
21	广西	99.1
22	海南	91.8
23	重庆	100.0
24	四川	100.0
25	贵州	99.2
26	云南	94.1
27	西藏	100.0
28	陕西	97.3
29	甘肃	95.9
30	青海	100.0
31	宁夏	80.0
32	新疆	95.9
33	新疆兵团	82.6

（生态环境部）

【国家水利风景区认定数量】

第二十一批新增国家水利风景区基本情况一览表

序号	流域管理机构/省级行政区	景区名称	依托河湖或水利工程	类型	认定时间/年
1	河北	沧州捷地御碑苑水利风景区	南运河捷地水利枢纽工程	城市河湖型	2023
2	吉林	延边龙井海兰江水利风景区	海兰河城区防洪堤防工程	城市河湖型	2023
3	黑龙江	虎林乌苏里江水利风景区	乌苏里江防洪工程	城市河湖型	2023
4	江苏	皂河枢纽水利风景区	皂河水利枢纽	自然河湖型	2023
5	浙江	温州平阳鳌江水利风景区	鳌江流域内水利工程	自然河湖型	2023
6	浙江	金华婺城白沙溪水利风景区	白沙溪三十六堰	自然河湖型	2023
7	福建	长汀羊牯汀江水利风景区	羊牯汀江流域、汀洲水电站	自然河湖型	2023
8	江西	鄱阳湖水文生态科技园水利风景区	鄱阳湖水文生态科技园	自然河湖型	2023
9	江西	潦河灌区水利风景区	潦河灌区	灌区型	2023
10	山东	济宁兖州泗河水利风景区	泗河	城市河湖型	2023
11	山东	沂南双泉河水利风景区	常山庄小流域综合治理与双泉河水系	水土保持型	2023

续表

序号	流域管理机构/省级行政区	景区名称	依托河湖或水利工程	类型	认定时间/年
12	河南	安阳汤河水利风景区	汤河水库、汤河河道治理与生态修复工程	城市河湖型	2023
13	广西	永福三江六岸水利风景区	西河、东河、洛清江两岸堤防、龙溪电站等水利工程	城市河湖型	2023
14	四川	德阳邻姑泉水利风景区	都江堰灌区人民渠 29 支渠	灌区型	2023
15	贵州	黔东南天柱清水江百里画廊水利风景区	清水江、白市电站、托口电站等水利工程	水库型	2023
16	云南	弥勒甸溪河水利风景区	甸溪河水环境综合整治工程	城市河湖型	2023
17	陕西	佳县白云山水利风景区	黄河一级支流佳芦河佳县县城流域段	城市河湖型	2023

（水利部水利风景区建设与管理领导小组办公室）

八、典型案例

Typical Cases

北京市

亮马河——一条让梦想照进现实的幸福河

北京市朝阳区委、区政府深入贯彻落实习近平生态文明思想，牢固树立“绿水青山就是金山银山”理念，践行北京城市总体规划，牢牢把握首都城市战略定位，将“疏解整治促提升”专项行动与水生态文明和城乡环境建设同步实施。坚持以人民为中心，以亮马河治理为代表，按照“专业、节俭、为民”原则，坚持“政企共建”，以“东方向新、‘和’文化”为文化精神内涵，打造以水为魂、以绿为底、以光为韵的城市精致景观河道。

一是还河于民，建设滨水开放空间。建立政府主导、公众参与的“共商机制”。高效组织市民、20余家企业和外国友人等各类利益相关主体，召开70余次开放式方案会，形成各方满意方案；实施“两增两补”，提升公共空间品质和完善公共配套设施。增加16.67hm^{2}城市水面旅游休闲新资源，增加64.1hm^{2}高品质城市公共新空间；补齐公共服务短板，沿线建设4个卫生间和1个自动化垃圾站。补齐城市滨水慢行系统，打造10km滨水绿道，横向打通新源路、新东路桥区，纵向连通新东路、三里屯路、麦子店街、安家楼路，使得23个居民小区可直达亮马河。

二是以水会友，优化社区公共服务。充分结合公共利益，重塑社会公共服务空间，构建具有艺术审美、设计新颖、丰富多变的社区场景。“水岸”变“会客厅”，“停车场”变“百姓秀场”，“河体”变“市民乐场”（三环路以上宽阔水面植入赛艇运动，也是游泳爱好者的游乐场；三环路以下实现旅游通船，朝阳公园以下成为垂钓爱好者乐园）。以光为韵，科技治河，“船闸”变“沉浸式影厅”，“桥梁”变“网红打卡点”，水岸建筑灯光璀璨，一桥一景，水色交融，朝阳魅力尽显其中。

三是水城共融，注入区域发展活力。在推动建成亮马河国际风情水岸过程中，始终致力于通过一条河的景观提升，激活一个商圈，带动一片街区成为区域发展新的增长极，充分释放生态红利，激发市场活力，优化营商环境。开发水面资源，植入旅游通船产业，2021年8月，三环路至蓝色港湾共2km实现旅游通船，市民可轻舟夜赏亮马河。良好的生态环境促使两岸企业积极转型发展，首农集团的“花卉市场”变身“绿色食材品鉴”，亮马置业的“牛肉面馆”变身“咖啡馆”，蓝色港湾和好运街成为国际化滨水餐饮街。打造沉浸式、体验式“夜间经济”文旅消费新名片，围绕休闲娱乐、购物消费、美食餐饮，发展“四首”（首店、首牌、首秀、首发）经济，促使商圈结构和品牌类型调整升级。

亮马河夜景（张正晔　拍摄）

亮马河上的游船（朝阳区河长制办公室　供图）

在打造幸福河的过程中，朝阳区破解管理制度难题，高位统筹、政企合作，通过城市更新把亮马河的价值挖掘出来，把最好的空间还给市民，打造了百姓身边的“绿水青山”，亮出了发展“新名片”，成为让人民梦想照进现实的幸福河。

（北京市朝阳区河长制办公室）

天津市

一以贯之强化河湖长制　建设造福人民幸福河湖
——天津市北辰区打造幸福河湖样板圆梦湖

天津市北辰区坚持以习近平新时代中国特色社会主义思想为指导，积极践行新时期治水思路，坚决贯彻落实天津市2023年第1号总河湖长令——《关于全面建设新时代幸福河湖的动员令》要求，以“河长制”促“河长治”，在打造“河安湖晏、岸绿景美、鱼翔莺语、人水和谐”的幸福河湖上善作善成，以西堤头镇圆梦湖为示范样板，为全面铺开幸福河湖建设打下基础。

一、落实河湖长制，破解河湖管护难题

圆梦湖位于北辰区西堤头镇赵庄子村南，南临永定新河，西北接北京排水河，占地面积2 000余亩。全面推行河湖长制前，这里鱼塘遍布，坑塘黑臭。自全面推行河湖长制以来，赵庄子村破除旧制，整合资源，提升治理，涵养水源，加大投入，使曾经“湖水浑黄不忍睹，积污恶臭让人忧”的小鱼塘一跃成为如今“白鹭群飞生态美，碧波荡漾画意浓”的圆梦湖。

二、全面履职尽责，提升改造河湖环境

精谋划抓重点，造亮点保发展。引进社会资本参与，打造以圆梦湖为主体，与配套综合服务、休闲垂钓、渔文化展示、渔家乐体验、养生度假、生态养殖六大功能区相辅相成的曙光水镇。截至2023年底，累计对圆梦湖实施绿化1 000余亩，补植树木800余棵，栽植荷花、睡莲等水生植物，恢复湖内生态。

强化河湖整治，抓好源头治理。区、镇、村三级持续投入，在全村实施污水管网铺设，建设污水处理站，解决外源污染问题。定期组织实施清淤，2023年清理湖泊底泥和浮游生物533万m^3，及时收割水域芦苇500余亩，做好内源污染管控。

河湖长尽职责，重长效抓落实。2023年，村级河湖长对圆梦湖巡河152次，镇级河湖长巡河36次，借助北辰区河湖长制信息平台查看河湖情况，督促协调解决河湖问题。落实河湖长效管护措施，每天安排由10余人组成的小组进行巡检，做到河湖问题及时发现，及时处置。

三、创建幸福河湖，振兴乡村硕果累累

“鱼翔浅底鸥飞忙，鹄戏清波柳线长，水碧岸绿花烂漫，游船徜徉莲伴旁。”圆梦湖景色宜人，吸引村民游客驻足流连，2023年累计接待游客10万余人次。组织100名福利院儿童来此春游，为孩子们提供亲水平台和亲近萌宠的机会；9月，举办“中国农民丰收节”；10月，“村BA”天津市“滨海银行杯”和美乡村篮球大赛市级总决赛在此落下帷幕，运动魅力和乡村振兴成果交相辉映，为水文化建设添色增彩。生态美，乡村兴，百姓富，赵庄子村围绕圆梦湖做文章，实现村集体和村民增收。区、镇、村也在不断探索新时代河湖保护治理的新模式、新范本，持续推进建设人民满意的幸福河湖。

［天津市北辰区河（湖）长制办公室］

碧波荡漾圆梦湖［北辰区河（湖）长制办公室　供图］

河北省

恢复生态　造福人民

——将滹沱河打造成人民满意的幸福河

一、滹沱河基本情况

滹沱河发源于山西省忻州市繁峙县，在山西省阳泉市盂县进入河北省，在河北省境内总长296.2km，其中石家庄段长205km。滹沱河被喻为石家庄的母亲河，承载千年历史、孕育千载文化、滋润千万百姓。

二、滹沱河主要治理举措

石家庄市深入贯彻落实习近平生态文明思想，始终把滹沱河生态修复工程当作“绿水青山就是金山银山”的具体实践，大力实施滹沱河全域综合治理。

（一）加强组织领导，凝聚“干”的合力

石家庄市成立了由市委、市政府主要领导挂帅的滹沱河生态修复工程指挥部和临时党委，建立了由水利、规划、园林等多部门构成的协调联动机制，定期研究调度，齐抓共管，同向发力。

（二）运用市场机制，破解“钱”的难题

探索出多平台、多渠道、多途径的复合模式，为工程建设筹措资金，综合运用市、县财政筹措及PPP模式、国债、砂石资源变现等多元化组合，累计完成投资230亿元，破解资金短缺瓶颈。

（三）统筹生态发展，打造“富”的引擎

沿滹沱河两岸布局建设了总部经济、文化创意、科创园区，以及会展中心、奥体中心、图书馆等，打造环境美、功能全、产业优的发展隆起带。

（四）加强执法监管，构建“管”的保障

颁布实施《石家庄市滹沱河保护条例》，成立石家庄市滹沱河生态区管理委员会，构建了职责明确、管理科学、保障有力、运行高效的长效管护机制。

三、滹沱河治理成效

（一）“安全”“生态”双赢

滹沱河主河槽全线达到10年一遇防洪标准，形成水面面积 2 680.54hm^2，新建、提升绿地 10 398.82hm^2，建设了105个公共卫生间、32个一级驿站、28个二级驿站、36个综合服务点和9 280个停车位，形成了109km的滹沱河生态长廊。

（二）“水脉”“文脉”贯通

累计实施生态补水40亿m^3，滹沱河常年贯通入海，滋润燕赵沃土，成为城市流淌的“水脉”。将沿线中山文化、古城文化、火车文化、台西文化、码头文化、诗词文化等特色文化融入滹沱二十景，形成了滹沱河区域的“文脉”。

（三）“幸福”“发展”并进

2023年，滹沱河被评为省级五星级幸福河湖、省级典型示范幸福河湖，滹沱河生态绿廊获得河北省人居环境范例奖。实施拥河发展战略，以滹沱河为轴，拉开城市框架，提升城市品位，拓展发展空间。

（张永胜　陈国辉）

滹沱河机场路段（杨晓辉　拍摄）

滹沱河藁城区段（魏云霞　拍摄）

滹沱河正定县段（康晓亮　拍摄）

山西省

建设幸福河湖　永葆“一泓清水入汾河”

——祁县推进昌源河幸福河湖建设

近年来，祁县立足生态资源优势，以昌源河流域生态保护治理为引领，积极推进幸福河湖建设，实现河流系统治理、管护能力提升、流域经济绿色发展，将昌源河建设成为“河畅水清、岸绿景美、文昌人和”的示范河流，为维护河流健康、实现河流功能永续利用提供坚实保障，打造生态文明建设的“山西样板”，建设让人民群众满意的“幸福河”。

一是聚焦水生态，加快实施流域生态修复治理工程。复苏河湖生态，维护河湖健康，积极争取法国开发署 3 000 万欧元贷款，实施昌源河湿地修复项目，引进湿地修复先进理念，统筹山水林田湖草沙综合治理，把系统观念贯彻落实到保护治理全过程和各环节，同步实施全域生态修复综合治理工程。举办了全国“湿地应对气候变化 科技引领生态未来”高峰论坛，推广干旱、半干旱地区水资源科学合理利用的方式，努力打造“两岸锦绣，全线成景”的生态格局。

二是聚焦专业化，强化河长制落实。完善制度体系，提升昌源河管护能力，县、乡、村三级河长45名，常态化开展巡河工作，健全完善河湖管护长效机制。引入物业化管护工作模式，选聘流动巡河员兼河道保洁员，建立稳定的日常巡护队伍，实现常态化、规范化管护。积极探索“志愿服务队伍+学生志愿者”的“河小青”工作模式，常态化开展巡河护河志愿服务，以青春力量助力河湖长制工作。

三是聚焦数字化，加快数字流域建设。推进智慧河长建设，合理布局远程监控设备，覆盖昌源河重点河段，设置水环境监测站点，实时监测水环境指标。借助第三方技术服务，充分运用无人机，定期进行河道全段航拍管护，更真实、更全面查看河流实际状况，消除河长治理的盲区，打破传统管护的壁垒，助力河长科学决策。实现河流“天上看、云端管、地上查、智慧治”，逐步形成与幸福河湖相适应的现代化河湖管理体系。

四是聚焦水文化，构建祁县特色宣传展示体系。深入整理提炼昌源河历史文化、晋商文化、红色文化，挖掘昌源河文化遗产保护传承，延续历史文脉。对接法国开发署进行科研合作，开展昌源河水系变迁和治理脉络系统调查，昌源河水情博物馆投入运行。开展流域水利遗产普查，大力推进水情教育基地建设。依托昌源河万里茶道遗迹，提升沿河晋商文化特色场馆载体建设，打造省级水政执法宣传基地、河长制主题公园建设，构建独具特色的水文化展示体系，讲好新时代河湖治理的祁县故事。

昌源河九沟风景区段（马彪　拍摄）

五是聚焦水经济，打造乡村振兴示范廊带。大力推进昌源河生态廊带建设，以高质量党建为统领，统筹乡村建设治理，重点打造苗家堡等10个乡村振兴精品村，全力打造沿河生态宜居和美乡村。持续巩固拓展道路、村庄、产业、园林、水利、文化等

昌源河湿地公园段（马彪　拍摄）

六位一体的乡村振兴示范廊带建设，全力把昌源河打造成为水清流畅的生态河流、畅通便捷的生态绿道、赏心悦目的彩色林带、休闲健身的体验带、诗情画意的文化带、乡村振兴的示范带、开放创新的产业带。 （赵宏）

昌源河湿地公园（马彪　拍摄）

内蒙古自治区

一泓清水润沃野

——鄂尔多斯市乌审旗建设美丽幸福河湖

全面推行河湖长制以来，内蒙古自治区鄂尔多斯市深入贯彻落实党的二十大精神和习近平总书记"节水优先、空间均衡、系统治理、两手发力"治水思路，牢固树立新发展理念，坚持"山水林田湖草沙"系统治理，坚决落实"四水四定"原则和"量水而行"相关要求，持续推进河湖环境整治，以"河畅、水清、岸绿、景美"为目标，争创河湖长制示范点，开创幸福河湖建设工作新局面。

鄂尔多斯市无定河上游风光
（鄂尔多斯市河长制办公室　供图）

一、河湖概况

无定河流经内蒙古自治区鄂尔多斯市乌审旗境内，属于黄河一级支流，流经乌审旗 91km，流域面积 2 011km^2。无定河水系发达，支流众多，其中包括纳林河、海流图河、白河、干沟子河、小河、母户河、臭河沟与东沟子等，对当地社会经济发展、生态环境以及历史文化等方面都具有极其重要的意义。

二、河道治理举措

2018 年，内蒙古黄河流域无定河治理工程（蘑菇苔段）正式实施，工程建设内容为治理河段长度 4.9km；新建护岸工程 6 段，总长度 7.64km；新建过水路面 1 处；新增排水涵管 4 处，总投资 3 333.88 万元。

2018 年，内蒙古黄河流域无定河治理工程（张冯畔水库下游段）正式实施，工程建设内容为新建护岸 13.40km；新建防汛道路 3.0km；新建排水涵 17 处，总投资 8 282.68 万元。

鄂尔多斯市无定河
（鄂尔多斯市河长制办公室　供图）

2020 年，巴图湾水库除险加固工程正式实施，巴图湾水库属大（2）型水库，工程等别为Ⅱ等，主要建筑物为二级，水库设计洪水标准为 100 年一遇洪水，校核洪水标准为 2 000 年一遇洪水，总投资 15 418.75 万元。

三、主要做法及成效

在全面推行河湖长制之初，鄂尔多斯市政府就着重构建以党政领导负责制为核心的责任体系，明确市、旗、镇、村四级河长职责。无定河作为市级河流之一，在过程中不断强化工作措施，形成了一级抓一级、层层抓落实的工作格局。针对无定河以往存在的畜禽养殖污染、农业面源污染、农村生活污水、侵占河湖水域、河湖非法养殖等各类问题，积极开展河湖清洁、污染源普查等“清河护湖”行动，积极联合农业农村、畜牧、林业和草原、水利部门开展巴图湾水库网箱养鱼清理、水毁工程修建、河道清淤等涉河清理整治专项行动。同步扎实推进节能降耗、主要污染物减排、水资源管理“三条红线”等约束性指标体系建设，一些损害河湖健康的问题逐步得到解决，河流面貌焕然一新，流域人民幸福感、获得感不断提升。（孙海军）

辽宁省

建设幸福河湖　唱响流水欢歌

——辽宁省本溪满族自治县小汤河综合治理为县域经济协调发展点燃新引擎

党的十八大以来，辽宁省本溪市本溪满族自治县深入贯彻落实习近平生态文明思想，积极践行“绿水青山就是金山银山”理念，以小汤河流域综合治理为契合点，以全面推行河湖长制为抓手，针对流域治理规划不深、统筹协同不强、基础配套不够、生态产品特色不足等问题，精准施策，全面提档升级，打造县域幸福河湖建设典型示范样板，形成了河水长清、岸绿连片、美景成串的宜业宜居、充满生机的美丽幸福河湖景象。

一、小汤河综合治理建设背景

小汤河是本溪满族自治县境内太子河左岸较大的一级支流，全长 58km，流域面积 480km²。小汤河流域山区地貌特征明显，多年平均降水量 950mm，中游建有关门山水库，总库容 7 661 万 m³，坝址控制流域面积 176.7km²。小汤河流域是本溪满族自治县“枫叶之都”的中心和本溪市太子河“百里生态水长廊”项目总体规划布局中的重要组成部分。

本溪满族自治县在持续推进小汤河流域综合治理过程中遇到诸多问题：开发全域旅游产业与河湖生态环境保护的矛盾，治山治水公益性投入与项目实体追求经济效益的矛盾，项目开发与公益性基础设施一体投入、一体推进的矛盾。

二、绘制发展蓝图，统筹优势资源，助力区域发展

本溪满族自治县秉持着将水资源优势转化为区

关门山水库（高歌　拍摄）

域发展名片的规划思路，坚持机制创新、区域协同、绿色发展、市场开放、成果共享发展理念，统筹“山水林田湖草沙”一体化保护和系统治理，一张蓝图绘到底。“十二五”时期，在小汤河流域着力推动重点项目开发建设和重点河段防洪治理，县城段河道防洪标准达到 50 年一遇，建成关门山森林公园国家 AAAAA 级风景名胜区和关门山水库、绿石谷、花溪沐等 3 处国家 AAAA 级风景名胜区。“十三五”时期，对小汤河治理的重心从单一工程建设向生态综合治理转变，改造建设污水处理厂 2 处，升级改造小草线生态风景路，实施农村“厕所革命”、测土配方施肥及禁养区规模畜禽养殖场关闭或搬迁等举措。“十四五”以来，本溪满族自治县对小汤河防洪提升、生态复苏、智慧化管理体系建设进行了整体

小汤河工程朴堡段建设前后对比图

（陆一鸣　拍摄）

规划，着力打造幸福河湖典型示范工程。

2022 年，启动实施小汤河防洪治理工程，计划投资 1.93 亿元，治理河长 48.33km，防洪提标和生态修复岸线 25.55km，建设数字孪生河流信息化数据管理系统。2024 年完成工程建设任务后，小汤河综合流域生态安全和防洪安全将得到质的提升。

三、实施幸福河湖建设，提升人民群众的获得感幸福感安全感

本溪满族自治县深入贯彻落实新发展理念，坚持保护为先、科学开发、系统治理，由县委、县政府主要领导亲自挂帅，成立项目推进专班，明确责任单位目标任务，协同推进小汤河流域综合治理，着力打造生态示范带、旅游观光带、富民产业带、水景宜居带、文化传承带，全力推动县域经济绿色转型，人民群众获得感幸福感安全感不断提升。

一是坚持政府主导和市场驱动两手发力，积极争取国家在水利、生态等基础设施建设方面的政策资金支持，并通过政府公共服务配套投入撬动社会投资，引入域外企业参与沿河规模开发，累计投资近 50 亿元，带动区域经济年均销售总额约 10 亿元，从业人员近万人，促进县域经济稳定增长。

二是坚持生态优先、绿色发展、流域统筹、协同治理的原则，整合发展和改革、水利、生态环境、农业农村、文化旅游等各方资源，统一规划建设花溪沐旅游度假区、汤沟温泉小镇、县城河景住宅小区、沿河商业街区等沿河、涉水项目，一体推进小汤河流域综合治理。小汤河沿线已创办投资亿元以上的绿色产业项目 8 家、小型服务产业项目 20 余家，有效推动绿色经济先行区建设发展。

三是坚持以人民为中心，把为人民群众提供更多的优美河湖生态产品作为出发点和落脚点，以打造小汤河旅游精品风景线为统领，深度挖掘和利用滨河历史文化、生态优势、治理成果，努力打造集生态、健康、旅游、文化、运动、休闲为一体的沿河风光，形成了从县城河口到源头河水长清、岸绿连片、美景成串的宜业宜居、充满生机的美丽景象。据不完全统计，小汤河流域各类景点、康养、竞技场所等年均接待游客达到 100 万余人次。

四是坚持发挥河长制制度优势，建立健全长效工作机制，对沿河村屯环境卫生、个体经营摊点、规模化产业等进行有效监管。建立县、乡、村、组四级监督机制，把村民组长纳入河长管理体系，把河湖环境保护纳入村规民约；建立河道环境卫生长效保洁机制，将河道保洁纳入村镇环卫一体化管理，所需经费由财政预算予以保证；建立工程项目施工管理责任机制，加强施工过程管控，减少工程建设对环境的破坏；建立河湖环境保护“认养”机制，与天龙洞、泓景源温泉、峯泽福、花溪沐、野奇山庄等 5 家企业签订河道管护协议，明确责任义务；建立水行政执法与刑事司法衔接机制，实行“河长＋河道警长、生态检察官、民间河长”模式，营造开门治水管水新格局，有力保证河湖生态健康。

（高萌　刘玥）

吉林省

吉林大安

——落实河湖保洁长效机制　做实治水“神经末梢”

地处松嫩平原腹地，素有“嫩江明珠”之美誉的吉林省大安市，深入践行习近平生态文明思想，坚定贯彻河湖长制决策部署，聚焦境内河湖常态清理、突击清理、跨界清理等难题，长思策、思长策，在拓宽保洁资金渠道、建立保洁长效机制、落实专业保洁队伍上不懈努力，做实治水“神经末梢”，助力境内“一江两河”（嫩江、洮儿河、霍林河）水质持续保持在Ⅲ类，查干湖水质稳定提升至Ⅳ类。

一、以政府投入为引领，保洁范围实现全覆盖

河湖长制实施伊始，大安市印发了《大安市全面推行河长制实施方案》（大办发〔2017〕19 号），明确将河长制保洁经费等纳入地方财政预算。大安市河长办根据每年河湖保洁工作需要，及时向地方财政部门申请专项经费用于河道保洁，并按月将工资汇入保洁员个人账户，平均年聘用专职河道保洁员 100 余名。同时结合巩固拓展脱贫攻坚成果和全面推进乡村振兴，进一步加大沟、渠、塘等农村小微水体保洁力度，通过公益性岗位，在每个沿河湖村安排兼职河道保洁员 2～3 名，分段就近进行河道巡查清漂工作，按月支付劳务工资，让众多贫困户在家门口收获了“生态红利”，实现河道保洁与困难家庭增收双赢。大安市兼职河道保洁员总数量达到 200 人，年度河道保洁资金达到 100 万元。做到村村落实河道保洁员，域内河湖保洁工作全覆盖。

二、以机制完善为抓手，执行薪劳相称新标准

在实施河道保洁员制度的前几年，大安市作为国家级贫困县，为了增加贫困人口的经济收入，早日实现贫困县脱贫摘帽，聘用的河道保洁员基本以贫困户为主，保洁员工资实行统一标准，导致部分保洁员工作不积极，河道保洁达不到效果，也产生了劳动付出与工资收入不成比例的问题。为提高河道保洁效果，大安市按照科学设岗、总量控制、严格管理、薪劳相称的原则，修改完善河道常态化保洁制度，进一步明确保洁人员身份不仅仅限于脱贫户、不同区域工作任务量保洁工资标准不同的制度，修改完善后的制度有效提高了保洁员工作积极性和提升河道保洁效果。如在嫩江城市堤防段，由于人员车辆较多，河道内时有群众游玩，保洁员工作量较大，月工资则为 1 500 元/月；在嫩江堤防其他段保洁员月工资为 600～1 000 元/月；在距离城区村屯偏远河湖段，保洁员工资为 200 元/月。

大安市河道保洁员清理嫩江大安市
东门外大堤上烟花筒等垃圾
（大安市河长制办公室　供图）

三、以专业服务为依托，河湖长效保洁规范化

针对部分临近河湖村屯段存在前清后倒、容易产生大量生产生活垃圾，仅仅依靠河道保洁员个人，难以及时清理的实际情况，大安市在部分河道单独聘用车辆齐全、人员力量能够满足需要的 2 家专业保洁公司，开展河道保洁工作，基本做到发现即清理。同时针对汛期河道垃圾等漂浮物较多等特点，聘用专人实施漂浮物打捞，减少污染源，提高河道行洪能力。为了强化河道保洁管理工作，大安市河长制办公室和属地乡镇政府不定期检查河道卫生环境，发现保洁人员工作未及时开展的每次扣除工资 100～200 元；发现保洁公司未开展工作的每次扣除保洁费 500 元，连续 3 次保洁不到位的直接解除合同。大安市共解除保洁合同 3 份，扣除保洁工资 6 次。通过多种保洁形式的落实，维持了良好的河道环境。

大安市河长办组织保洁员清理嫩江
大安市四棵树乡段国堤上的杂草
（大安市河长制办公室　供图）

保洁公司清理嫩江河道大安市万山村
后宝石屯段河道内生产生活垃圾
（大安市河长制办公室　供图）

（刘金宇）

黑龙江省

以“河湖长制”为抓手
推动幸福河湖建设

黑龙江省双鸭山市宝清县委、县政府深入贯彻习近平生态文明思想，以落实“河湖长制”为抓手，积极谋划推动幸福河湖建设，用心、用情、用力守护好一江碧水、一方安澜。2023年，宝石河被打造成为黑龙江省首个“五星级”幸福河湖。

一、坚持“管”在日常，扛牢“治水”政治责任

近年来，宝清县深刻认识到“生态环境就是民生，绿水青山就是幸福”，坚持把解决河湖突出问题摆在最优先位置，层层压紧压实责任，全面构建了“两级党政、三级河湖长”组织体系，设立县、乡(镇)、村河湖长188人，累计巡河 6 263次，实现了“条条河道有人巡，段段河道有人护”的目标。先后开展“清四乱”“亮剑护河”“河湖岸线整治”等专项行动209次，清除“四乱”问题282处，清理非法围堤26.1km，处理河道违法案件36起，罚款28.6万元，有效解决非法采砂、非法占地等破坏水生态“顽疾”。

二、坚持“建”字当先，丰富“兴水”人文内涵

宝清县积极践行“因势利导、变废为宝、因地制宜、化腐朽为神奇”的科学发展理念，全力推动河湖系统治理。天府景区、鸟语湖公园、彩云岭文化旅游民俗景区等依河而建，河道两岸的垃圾场、采石场、养殖场也变成了美食广场、休闲广场、游乐场、停车场。2021年以来，宝清县累计投资2.7亿元，实施生态整治和水系连通项目，治理宝石河河道8.2km，新建生态护岸5.6km，修复河滨带植被27.2万m^2、生态塘6.5万m^2，秀美怡人的河湖风光为城镇居民提供了休闲、娱乐、健身的好去处。

三、坚持“治”上发力，创新“护水”工作举措

按照“保护绿水青山，创建文明城市”的理念，宝清县严把农业面源污染关，系统推进科学治污。确定了“生态治理＋扶贫增收”总体思路，建立了“政府购买服务、企业市场化运作、带动贫困户参与、相关部门协调监督”的工作机制，在全国首创“农药包装废弃物回收处置”模式，累计回收处置各类包装 3 700万个。同时大力实施畜禽粪污资源化利用整县推进项目，实现“收、转、运”一体化处理，解决了散养户畜禽粪污随意排放的污染问题。

宝清县宝石河

（双鸭山市河长制办公室　供图）

四、坚持培育特色，提升“亲水”示范效益

宝清县始终坚持“生态优先、绿色发展”理念，按照“取之有度、用之有节、排之有法、护之有功”原则，将“藏在深闺”、得天独厚的优势水资源，打造成“水经济生态走廊”。宝清县先后在宝石河沿岸打造了彩云岭文化旅游民俗景区、圣洁摇篮山景区和北大荒（知青）文化街区，将独具魅力的满族文化、坚韧不拔的抗联文化、勇于开拓的垦荒文化、丰富多彩的民俗文化交互融合，形成了独具地域特色的沿河文化品牌，河畅、水清、岸绿、景美、业兴、民富的美丽愿景正在逐步变为现实。

（李恒）

上海市

梅家浜（五龙湖）

——流淌在城市中的静谧与温柔

一、基本情况

梅家浜（五龙湖）（简称“五龙湖”）位于上海市松江区中山街道梅家浜圩区境内，是松江新城国际生态商务区范围内重要的镇管河道。河道自通波塘起至洞泾港，总长 1 952m，宽 16～158m，河湖面积 128 348m^2，河道常水位 2.45m，最高控制水位 2.60m。环五龙湖产融生态圈周边汇聚着松江区金融集聚区、五龙广场、凯悦酒店、区职工文化活动中心等产业区域及功能性建筑，已成为松江新城商务新地标。区域交通便利，区位优势明显，生态景观独特。

二、特色做法

一是初期理念先进，规划形成系统。按照区域水系规划及景观设计的需求，河道整治方案设计将原始河道新、老梅家浜及海家浜规整合并后，在中部开挖形成了河口宽 16～158m 的湖泊，并运用海绵城市手法，把整个湖面作为一个大型的蓄水池。五龙湖生态景观建设项目建设以“水清、岸绿、景美、游畅”为目标，护岸形式从生态角度出发，结构选型以自然草坡入水形式为主，充分保证水生植物和陆域植物的生物链完整，以达到“水、岸、陆”三位一体。

二是分期实施，配套建设完善。五龙湖生态景观建设项目整体分为四期建设项目进行推进。于 2011 年起，陆续启动河道整治与配套景观绿化提升工程，至 2019 年初，四期建设项目全面完工，五龙湖休闲公园由此成形。在广富林路南侧形成一条东西向贯穿松江新城国际生态商务区的生态景观轴线，总用地面积 27.8 万 m^2，累计投入资金约 1.5 亿元，为周边办公及居住人群提供了优质的休憩景观空间。

三是品质提升突出，溢出效应凸显。环五龙湖区域启动新一轮品质提升行动，对一期绿地内舞龙桥桥梁与灯光、部分绿化及设施实施升级改造，修缮园内部分木栈道、景观座椅等硬件设施，进一步丰富植物层次，增设趣味投影灯、特色水帘灯等部分定制灯具，激发城市活力，打造独特城市夜景记忆符号，进一步提升了区域城市景观品牌影响力。

三、整治成效

五龙湖原始基地多为鱼塘、稻田，在长达 10 余年的建设中，河道区域在侧重河湖结构安全的基础上，实现了保护和修复河湖生态的良性循环，从一条不起眼的小河浜，华丽蜕变为网红打卡地。五龙湖于 2019 年在上海市星级河道创评工作中获得“二星级河道”称号，2020 年提升为“三星级河道”；2021 年在上海市第三届“最美河道”系列评选中获得“最美河道”称号；2022 年，在上海国际城市与建筑博览会系列论坛上海市勘察设计高峰论坛——城市更新之海绵城市建设上获评“2021 年度上海市海绵城市建设示范性样板工程”。如今，漫步在松江新城国际生态商务区，满眼是生机，处处见绿景。每逢周末时光，五龙湖的景观绿地内游人如织，大型鱼群雕塑及设计独特的舞龙桥等特色景观已成为城市的新晋地标。

（戴佳杰）

上海市松江区中山街道梅家浜（五龙湖）全景
（蒋建新　拍摄）

上海市松江区中山街道梅家浜（五龙湖）一角
（沈银龙　拍摄）

江苏省

幸福河湖淌出幸福生活
——太仓市东林村幸福河湖群

“要保障农业生产，也要保护生态环境”——这是乡村振兴的题中之义，也是处理高质量发展与高水平保护关系的必答题。近年来，江苏省太仓市着力推进幸福河湖群建设，在全省首发《太仓市幸福河湖群评价办法（指标体系）》，打造出幸福河湖群建设样板——东林村。东林村探索幸福河湖群“三步走”，从改善水生态，到挖掘水文化，打造水景观，再到发展水旅游，已初见成效。

一、种出“水下森林”，净化河流水质

初春时节，东林村荷花池河水清澈见底，细长的苦草在水下随波摇曳。不少游客感叹于这片“水下森林”的奇妙景观，殊不知种植过程可谓一波三折。汲取两次失败教训后，通过调节河道流速和水位等，第三次种植终于成功了。通过苦草等沉水植物吸附水体中的营养元素，优化组合生态沟渠、生态滤地等工程措施，仅数月后，村民明显感受到河水变清了。

东林村依托同济大学等高校和科研院所，开展名人水街生态环境改良服务项目，以科技创新赋能乡村治理，改良河道 2.85km，投放水下水草约 500 万株，打造 7.39 万 m^2 “水下森林”，让农田喝上“纯净水”，东林创立的“金仓湖”品牌系列大米，以 116 元/kg 的零售价销往全国。

东林村“水下森林”
（太仓市河长制办公室　供图）

二、把文化搬进来，打造让人流连忘返的水景观

太仓是典型的鱼米之乡，深厚的历史文化底蕴成为东林村幸福河湖群建设不容忽视的主题。行走在东林村的名人水街，随处可见的是范仲淹等治水名人雕塑及其主要事迹介绍，东林村邀请太仓市文学艺术界联合会系统梳理，挖掘展示水文化。东林村通过活用历史名人典故，展示传统江南农耕文化，打造集生产、生活、生态于一体的沉浸式情景文化水街。

东林村河流与田野交相辉映，一条条木栈道将田园风光、生态果园、乡村驿站串联。名人水街项目还搭建有 2km 的生态木桩，铺设 1.5km 木栈道和 800m 花架长廊等，让游客感受“清江一曲抱村流，长夏江村事事幽”的乡村风光。

东林村幸福河湖群
（太仓市河长制办公室　供图）

三、探索更多“河湖＋”模式，绘就“幸福共富”图景

依托幸福河湖群建设成果，东林村探索出了“一片田、一根草、一只羊、一袋肥”的“四个一”生态循环东林模式，实现了农村增绿、农业增效、农民增收的多重效益。

风吹麦浪，白鹭翻飞，绿皮小火车穿田而过，串联起云山米都、四季驿站、穗月广场等生态景观和打卡点位。让生态好资源变成产业好优势，东林村融合现代农业、城市园林与传统农业的特点，集农业观光、农事体验、科普研学等于一体，建成了太仓首个农民公园“味稻公园”，形成了一二三产业融合发展的良好态势，实现“农场成公园，农田变景点”的蝶变。东林村村民人均可支配年收入从2004年的6 444元提升至2020年的40 500元，村民的日子越来越好。（江苏省河长制办公室）

| 浙江省 |

以改革之力 解答时代之问
——浙江衢州深化河湖长制建立“三走进一报告”制度

近年来，浙江省衢州市大力整治河湖水环境，持续推动绿色高质量发展。截至2023年底，域内国控、省控断面水质已连续7年优于Ⅱ类，群众治水幸福感测评连续6年位列全省第一，连续9年获浙江省治水最高奖励“大禹鼎”，其中连续3年获“大禹金鼎”。在浙江、安徽、福建、江西4省边际，一幅水城相融、蓝绿交织、幸福宜居的美丽锦绣图景已跃然而出。

2023年，衢州市深入贯彻落实习近平总书记在浙江考察时重要讲话精神及省总河长会议部署，率先探索建立了河湖长“三走进一报告”制度。通过制度建设，市、县级河湖长“走进重大幸福河湖建设项目、走进重点涉河涉水问题现场、走进重要亲水惠民示范窗口”开展履职活动，其下级河湖长统筹、协调、处置河湖管理保护重大问题或事项时，通过书面形式报告市、县级河湖长，推动河湖建设重点，破解治水难点，打造示范窗口亮点，推进河湖长履职工作清单化、目标任务具体化。

一、走进重大项目建设现场，护航幸福河湖项目建设

11名市级河湖长分别挂联水利重大项目，组织协调和统筹推动幸福河湖建设，推进水网安澜重点工程建设。市级总河长挂帅，强力破解重大项目推进中的难题。将龙游县佛乡水库前期难题列入市政府“破难题”议题，创新处置方式，采取抬升地平方案，保留下耕地365亩，实现水库建设与耕地保护双赢。市级河长协调推进乌溪江混合抽水蓄能电站、柯城抽水蓄能电站等项目水资源论证、水土保持专题报告，统筹协调好甬金衢上高速、杭金衢高铁等重大项目建设，优化项目占用水域和水资源论证方案，保障河湖水环境，加快重点工程建设。市、县级河湖长主动挂图作战，倒排工作计划，抢抓增发国债重大机遇，组织协同集中攻坚，强化支持保障，2023年第一批增发国债项目入选14个，总投资119.5亿元，推动水利投资创历史新高。

二、走进涉河涉水问题现场，直击河湖痛点难点问题解决

扛起河湖管理“第一责任人”担当，紧盯河湖管理的问题点，坚持系统治理、标本兼治。抓住衢江部分河汊水葫芦泛滥问题，牢牢扛起钱塘江源头河湖保护的政治担当与责任使命，强化治水护河组织体系，实施上下游、左右岸联防联动，合力破解河湖治理难题。市委书记、市长双总河长作出指示批示，分管领导挂帅组织专项行动，河长制办公室

金溪岸边桃花开（余志明 拍摄）

信安湖（许军　拍摄）

制定工作方案、下发工作制度等，推动全流域水葫芦彻底整治。对20条主要河道进行全面打捞清理，仅2023年12月便打捞水葫芦 8 010t，确保“一江清水送下游”。

三、走进重要亲水惠民窗口，促进河湖治理惠民富民

一方面，不断满足人民群众对河湖生态宜居、择水而憩美好幸福生活环境的向往。倾力打造15min亲水圈、水上户外运动圈，建设“安全亲水”天然游泳场30个，形成了衢州“野能游”，群众“叫好又叫座”的品牌。另一方面，大力发展高效农业、滨水文旅及涉水高附加值产业。一条条清水鱼享誉省内外，一盒盒鱼子酱畅销全球，一批批国内饮料头部企业如娃哈哈、明旺乳业、东鹏特饮等均落户衢州，本地宋柚汁已成为网红饮料。得益于河湖治理、水生态保护，衢州的美丽水经济、幸福水产业已趋迸发之势。有效推动了水生态文明高地、水空间宜居幸福高地、水经济产业共富高地的建设。

衢州市横路毛村“野能游”公开水域游泳场所
（衢州市体育局　供图）

一以贯之地深化河湖长制，以“三走进一报告”的创新实践，借助改革的强大动力，积极探索并强化河湖治理的体制机制，有力地回应了新时代对于河湖长制“有名、有实、有能、有效”的迫切要求！

（李梅凤　陶红平）

安徽省

安徽省铜陵市创新推行河湖邮路巡查工作机制

安徽省铜陵市积极创新“水利邮政—河湖邮路巡查”合作模式，明确全市邮政投递员兼职河湖巡查员，以邮递线路串联沿途江河湖库，构建起责任明确、协调有序、监管严格、管护有力的河湖邮路巡查工作机制，探索出河湖管护“共建共治共管共享”的新途径。

一、构建“全领域”责任体系，实现履职“立体化”

一是双向发力，加强领导。建立河湖邮路巡查工作机制，成立市河湖邮路巡查工作领导小组，市河长办、邮政公司负责同志任双组长，两部门密切配合，共享信息，凝聚合力，确保巡查工作落地见效。

二是统筹协调，具体推进。联合设立市河湖邮路巡查工作办公室，负责推进落实具体工作，定期通报调度，根据日常投递段道明确巡查范围，精准研究解决河湖问题，跟进督办重要事项。

三是分段负责，明确责任。铜陵市水网密布，境内长江干支流210km，主要河流湖泊41条（个）、水库 162 座。充分发挥邮递网络和队伍遍布城乡的优势，确定 224 名邮政投递员做到巡河巡湖，有职有责。

二、构建“全天候”巡查体系，实现整改“清单化”

一是建立巡查报告机制。邮路巡查员坚持“风雨无阻、假日不休”，发现问题及时报告，重点巡查河湖面貌与保洁、水域状态、水域岸线管理、采砂、取排水、设施管护及其他行为等 7 大类 19 项内容。

二是建立问题清单机制。根据巡查出的问题，实行清单化管理，明确问题类型、责任河长、整改措施、完成时限，加强组织协调，及时分办督办。

三是建立整改销号机制，实现闭环式管理。机制建立一年多以来，累计巡查河道 5 120 条（次），反馈问题线索 430 个，形成有效问题 104 个，其中河湖面貌与保洁 82 个、河湖水域状态 15 个、围网养殖 7 个，已全部完成整改。

三、构建“全方位”保障体系，实现管护“规范化”

一是强化业务培训。市河长办定期开展河湖巡查业务集中培训，重点讲授主要职责、巡查范围、工作流程等内容，着力增强巡查员对河湖问题的认识、辨别、发现能力。编印《河湖邮路巡查业务手册》，实现人手一册，随身携带，方便查阅。

铜官区昔日臭水沟，今日美翠湖（周久生　拍摄）

铜官区幸福湖天井湖（周久生　拍摄）

二是强化激励引导。结合发现问题的数量、类型等要素，定期对表现突出的巡查员给予物质奖励，强化正向引领，激励担当作为，引导巡查员队伍成为巡河护河的重要力量。

三是强化管理督导。市邮政公司提高政治站位，强化国企担当，发动全市广大邮政员工积极响应，将河湖巡查工作纳入公司日常管理，建立巡查人员管控信息，每天对投递人员巡查工作进行督导，定期总结通报情况，确保工作成效。

（安徽省河长制办公室）

义安区夏日黄浒河（周久生　拍摄）

福建省

挺立全国第一方阵！

——大美福建打造幸福河湖新标杆

福建省连续 6 年获国家正向激励，连续 5 次在全国河湖长培训班授课；漳州九十九湾、三明池湖溪先后入选全国幸福河湖建设试点；泉州市、三明市入选全国河湖长制典型案例；南平市九曲溪、三明市金溪河、宁德市霍童溪、泉州市桃溪等 10 个福建首批幸福河湖发布……从“五江一溪”的重要流域到无名的小渠小沟，从天然人工湖泊到荒野的小池小塘，源源碧水润泽八闽，福建河湖治理工作也再次收获沉甸甸的成绩单。

一、创新探索，敢为人先

多年来，为“管好河、护好水”，福建省积极践行“节水优先、空间均衡、系统治理、两手发力”治水思路，在河湖治理领域不断实践探索，河湖长制各项工作始终走在全国前列，为河湖管理提供了福建智慧，奋力打造全国幸福河湖的新标杆。

建立全国第一方阵，福建省的河湖长制工作凭的是创新探索，敢为人先。作为全国最早在全省全面推行河长制的省份，福建通过创新组织架构，逐步建立起省、市、县、乡、村“五级穿透”、河流及湖库、沟渠、池塘“全覆盖”的河湖长体系，实现了河河有人看、湖湖有人管。在此基础上，福建不断创新，让河湖长制做实、走深、显能，逐步形成了“党政同责、五级联动”“行刑衔接、依法治河”“科学评价、社会监督”等一系列独具特色的河湖管护模式，“河湖长制＋司法协作”等 3 项改革举措列入国家生态文明试验区推广清单，为全国河湖管理提供了福建智慧。

2023 年，福建省再次发起改革提能、创新治水的“冲锋号”，全国首个《幸福河湖评价导则》(DB35/T 2113－2023) 省级地方标准获批发布，用好河湖长制年度考核“指挥棒”，开启全省河湖监管“天地网”，河湖长制工作再创十项“全国第一”。

二、部门协同，社会助力

12 个部门联合组成省河长办，实体化运作、常态化协调；率先设立法院、检察院全覆盖入驻省、市、县河长办，实现部门联动、行刑衔接；率先成立幸福河湖促进会并实现“九市一区”全覆盖；率先与团省委、省妇联、省工商联、省教育厅等部门持续开展“河小禹”“巾帼护河”“企业河长”“河长制进校园”等专项行动；全省组建 20 余类别的民间河长、2 300 多支志愿服务队伍，掀起全民爱河护水热潮。结合美丽乡村建设等重点工作，统筹推进幸福河湖建设与乡村振兴、文化旅游协同发展，实现美丽河湖与美丽乡村同频共振，河湖颜值与河湖经济齐飞共舞。

三、“数智”赋能，立体监管

率先运用省、市、县、乡四级河湖长制信息管理系统，融合卫星遥感、北斗通信、5G 技术、人工智能、边缘计算、大数据分析等一系列数字河湖新技术、新成果；持续迭代升级河湖管理系统，建设河湖“天地网”，每年组织 12 批次卫星遥感图斑核查、4 次水环境遥感分析；构建“天上看、地上查、网上管”和红黄牌预警工作机制，有效提升河湖监管信息化、精准化水平；网络河长、电子河长、数字孪生流域、第三方暗访、物业化管护等一系列举措落地见效，以数字化全面提升河湖管护现代化。

河湖的治理和美化不仅改善了水生态环境，也让福建成为宜居、宜业、宜游的热土。纵观八闽大地，遍是水清、河畅、岸绿、景美的生态福地，处处是因水而兴、宜居乐业的幸福生活图景。全省流域面积大于 $200km^2$ 的 179 条河流流域，经全域评价，幸福指数大于 70.0 分的三星级河流有 170 条，占比 95%；幸福指数大于 85.0 分的五星级河流有 31 条，占比 17.3%。“接续治理映初心，福水长绕润八闽”，一份人水和谐共生的幸福河湖福建方案呼之欲出。

（福建省河长制办公室）

福建省开展厦门市集美区暑期“河小禹”专项行动

（福建省河长制办公室　供图）

漳州市九十九湾连通水系获批全国首批幸福河湖（福建省河长制办公室　供图）

江西省

吉安市青原区庐陵湾生态旅游项目

近年来，江西省吉安市青原区以河湖长制为抓手，围绕“水安全、水岸线、水环境、水生态、水文化、水经济”六大目标，高标准推进幸福河湖建设，为助力吉安市文化生态旅游业发展起到强有力的支撑作用。青原区庐陵湾生态旅游项目位于青原区青东公路与赣江之间的狭长区域，项目于2023年正式启动，总投资1.2亿元，一期工程建设约3.2km，距离城区约15min车程，现已初步形成景区框架，并导入业态30余个。项目主要有以下几个特点。

一是构思独具匠心。一方面，以建强吉安市文化生态旅游业为目标导向，以提升人民群众对幸福河湖建设的获得感、幸福感为宗旨，大力拓展“引客入吉”渠道，全力打造高质量大景区，着力将庐陵湾景区打造成新的国家AAA级景区。另一方面，从近郊游、亲水游、短途游需求侧改革出发，围绕全域旅游的思路打造亲水旅游项目，并以庐陵文化为底蕴取名“庐陵湾”，为市区及周边群众提供了一个日常休闲娱乐消费的好去处。

庐陵湾河湖公园（邹彬　拍摄）

二是资源整合巧妙。坚持以系统观念统筹推进项目建设。一方面，加快探索推进“两山”转化。通过全面整合区域内闲置厂房、粮库、渔庄、休闲农庄、滩涂、林地、沙滩等资源，变废为宝、整合利用，实现了“生产、生活、生态”三业融合。另一方面，努力打造“千万工程”示范案例。探索实践景村融合、产村融合、“三治融合”、城乡融合、共同富裕的“四融一共”模式，在河东街道滩头村以及富滩镇张家渡村实现场景落地。

庐陵湾河湖公园果蔬无土栽培房（邹彬　拍摄）

三是运作模式创新。采取“项目资金＋专项资金＋民间资本＋平台资本”的投入模式，争取了上级赣江护岸改造工程项目资金2 878万元，按照旅游标准打造了最美岸线、最美沙滩等项目；整合了美丽乡村精品点、高标准农田改造、乡村振兴衔接资金、文旅景区建设项目等资金6 300万元；吸引民间资本3 100万元，打造各种业态，实现了政府小投入、景区大蝶变。同时注重运营前置，浙江君辰文旅公司和青原区两山资产运营有限公司从项目开始就对设计、建设、运营等环节全程参与、一体考虑、一体实施，保证了景区高品质、有效益。

庐陵湾河湖公园沙滩景色（邹彬　拍摄）

四是可持续性好。庐陵湾景区布局了欢乐渔趣、静心康养、传统村落、田园采摘、卡丁赛车、跑马场、亲水沙滩等数个板块30余个业态，场景丰富、可玩性强。

下一步，青原区将继续打造张家渡村、芳洲湾景区，将岸线开发建设一直延伸下去，把赣江青原区沿线打造成为吉安版的“三亚”和“青岛”。

（江西省吉安市河长办公室）

山东省

推进河滩地利用转型
打造幸福河湖、效益河湖

近年来，山东省德州市积极开展“清四乱”，释放河滩地空间，在河滩地利用有限制性的前提下，挖掘滩地产业转型发展潜力，探索了“滩地利用服务经济、经济支撑滩地保护”的新路径，实现了社会效益、生态效益、经济效益的多赢局面。

一、加强政府统筹

德州市委、市政府将推动河道滩地种植结构转型写入《德州市全面强化优化河湖长制工作实施方案》。结合“一河一策”逐村、逐河段、逐地块统一规划，改革试点。水利部门清淤河道，整理涝地为良田；水利、交通运输部门合作建设堤顶路及跨河桥梁，实现“路通”；电力部门配套灌溉供电线路，实现“电通”；农业农村部门推广适合盐碱地、沙土地的作物新品种，实现“技术通”。

二、探索最优路径

一是“国企开发”模式。政府流转规划，国企开发管理，最大限度转化滩地价值。庆云县将马颊河纳入城区景观规划，由国企统一种植香草、金丝皇菊等观赏性经济作物，提升城区生态景观。乐陵市城市资产经营建设投资有限公司打造“香邑水岸”花海项目 2 000 亩，服务滨河房地产和文旅产业发展。二是“社会资本开发”模式。“政府搭台、企业唱戏”，实行回收、规划、招商、管理统一。平原县引入 34 家社会资本，集中开发滩地 8 000 亩，大力发展高附加值的中药材、矮秆高粱等订单农业。三是“合作社+特色种植”模式。村党支部领办合作社，农民“凭地入股、按亩分红”，集中发展地方名优新品种，形成了徐园子大葱、黄邱小米、锅培口地瓜等一批地方特色品牌。

取得 3 个效益：一是安全效益。保障河道行洪安全和河湖水质安全。“谁开发、谁管护”，从根子上解决“四乱”问题，提升河道防洪能力。农药使用量降低 40%、平均减少肥料 50%，农业面源污染减少，水库供水河道水质有保障，确保城乡居民饮水安全。二是生态效益。统一规划、景观改造提升把河道建成了美丽幸福河。三是经济效益。群众土地流转每年可获租金 800～1 200 元/亩，合作社每年分红 600～2 000 元，每亩地可减少约 1 个劳动力，增加务工收入。乐陵美丽河湖建设有效带动房地产发展，房产升值约 2 000 元/m^2。

乐陵市马颊河（德州市河长制办公室　供图）

三、强化要素保障

各方共同呵护河滩地利用转型工作。一是加强政策引导。平原县对承包企业免除前 2 年土地承包费，宁津县对合作社购买设备给予最高 30%的补贴，庆云县、平原县对农户停种玉米、高粱等高秆作物减免水费。二是强化用地保障。调出基本农田 19.8 万亩，保障水利建设用地需求，提供河滩地产业发展更多选择。三是夯实资金基础。2022 年以来，累计投资 56 亿元，清淤河道 321km，整理滩地 3 000 亩。发行专项债 3.5 亿元，将城区 28km 堤顶路及河滩地打造成国际马拉松赛道、绿色观光大道。平原县吸引企业投资 1.1 亿元建设，解决资金难题。

未来，德州市将结合“三通六带”现代水网建设，将五大干流打造为滨水经济发展带，努力把河流建设成为美丽河湖、幸福河湖、效益河湖。

（德州市河长制办公室）

乐陵市马颊河花海廊道
（德州市河长制办公室　供图）

庆云县滩地种植葵花
（德州市河长制办公室　供图）

河南省

清除行洪障碍保安全 调优种植结构促增收

——河南省大力推进卫河流域“清四乱”

近年来，河南省深入践行“绿水青山就是金山银山”发展理念，紧紧围绕卫河行洪安全、生态安全、水质安全的底线目标，坚持治、堵、疏相结合，科学合理利用河滩地等土地资源，以低矮作物替代阻水片林和高秆作物，切实保障了河道行洪畅通和人民群众生命财产安全，有力促进了农业增效、农民增收。

一、案例背景

卫河是海河的重要支流，在河南境内河长287km，流域面积 12 791km²，主要支流有淇河、恒河（安阳河）、汤河等。“21·7”极端暴雨后，河南省全面复盘推演洪水防御工作，总结经验教训，剖析短板问题，其中一项主要问题就是海河流域卫河河道行洪能力不足，部分群众在河坡、河槽开垦种植严重，造成河道淤积，抬高河床高程，妨碍河道行洪。为确保行洪畅通安全，河南省河长办督促安阳、鹤壁、濮阳等省辖市一手抓工程治理、一手抓河道清障，短时间内清理阻水树木、桃林等 180 万余株。为巩固成效、防止反弹、解决群众农业种植产业发展问题，有序调整卫河滩地农作物种植结构 6.3 万余亩，将玉米等高秆作物调整为花生、大豆、辣椒等低矮作物，年亩净收益提高 3 000 元左右，探索出了一条既保障行洪安全又保障粮食安全和群众利益的路子。

二、主要做法

一是全面排查清河障。深入推进河湖“清四乱”常态化规范化制度化，坚持问题导向，省、市河长办有针对性地制定了《卫河清障专项行动实施方案》，进一步压实责任、加大力度，利用无人机与徒步排查相结合的方式，暗查暗访，全面排查卫河“四乱”问题，发现问题及时交办并建立工作台账，明确责任人和整改时限。2023 年以来，整治卫河“四乱”问题139 处，清理建筑和生活垃圾 260 余 t，拆除违建4.88 万 m²，清除违规种植大棚 3 万余 m²。

卫河鹤壁市浚县王庄镇南苏村滩地国储林苗圃整改前后对比图（浚县河长制办公室　供图）

二是宣传引导凝共识。一方面，宣传法律讲危害。组织卫河沿线县（市）积极推动“世界水日”“中国水周”进乡镇、进农村、进农户，通过悬挂标语、张贴海报、发放文创物品等方式，大力宣传水法律法规以及河南省第 4 号总河长令，以案释法开展警示教育，面对面讲解已查处“四乱”典型案例，切实增强社会公众和沿河群众知法守法意识。另一方面，宣传政策求支持。通过微信群、大喇叭、小广播、挂条幅等方式，宣讲在滩地内种植林木和高秆作物的碍洪危害，耐心细致做好群众政策引导和河道普法工作，积极向沿河群众宣传调整种植政策。特别是针对在卫河滩地种植高秆作物的农户，实行乡镇村居干部“人包户”“人包人”“面对面”进行思想引导，承诺绝不是一清了之，打消群众后顾之忧，争取群众理解支持，引导群众积极参与和配合河道治理工作。

三是政策支持调结构。省、市河长办组织水利、农业农村等部门加强督导指导，卫河沿线滑县、内黄县、汤阴县、浚县、清丰县、南乐县等先后出台关于调整卫河滩地农业种植结构相关通知。在前期投入上，设立专项补贴资金，政府筹资免费向农户发放优质小麦、花生、大豆、辣椒等农作物种子，稳定生产者补贴政策。组织农业企业、农村合作社和新型组织，积极开展“订单生产、订单收购”，解决群众农产品销售后顾之忧；在技术指导上，农业农村部门组织农户开展技术培训，根据不同河段、土壤种类等科学选择推广适合的种类并搞好跟踪服务，解决技术难题。同时有序引导农户使用有机肥、农家肥，减少化肥农药对河湖的污染。据统计，卫河沿线共替代种植花生 2.6 万亩，亩产约 450kg，年亩收入 3 000 元左右；大豆 2.1 万亩，亩产约 250kg，年亩收入 1 000 元左右；辣椒 1.3 万亩，亩产约 500kg，年亩收入 7 000 元左右。农作物产量和经济收入的增加，切实增强了农民的种植积极性，大幅提高了良种覆盖率。

调整卫河滩地农业种植结构（刘军　拍摄）

三、经验启示

一是河湖长制组织体系是根本基础。全面推行河湖长制以来，河南省全面建立了以党政领导负责制为核心的河湖保护治理组织体系。各级河长层层传导河湖管护责任，从“有名”“有实”到“有为”“有效”，推动河湖面貌发生历史性改变。卫河沿线党委、政府落实河湖管护责任，高位推动行洪障碍清理和种植结构调优，发动群众积极参与，凝聚起辖区内河湖保护治理管理的强大合力。

二是“河长+”工作机制是突出优势。持续健全完善“河长+”工作机制，在卫河治理保护中发挥了重要作用。省、市级河长以上率下深入开展卫河巡河调研，统筹卫河河长制工作的组织、协调、督导、检查，协调上下游、左右岸、干支流清理整治，“河长+检察长”“河长+警长”联动机制充分发挥了打击涉水违法犯罪的“尖刀”作用，从制度上强化了执法力度，为清障拆违、水域管理等河湖管理工作提供了坚强执法保障。

三是坚持人民至上理念是力量之源。推行河长制就是坚持以人民为中心的发展思想，从满足最广大人民群众的根本利益出发，着力解决人民群众最关心最直接最现实的涉河湖问题，努力满足人民群众对绿水青山的热切期盼。在清理卫河阻水片林和高秆作物工作中，坚持人民生命至上、人民利益至上理念，坚决不搞一刀切，既保障河道行洪安全，也充分考虑群众利益，得到了群众理解支持，完成了清障任务，实现了农民增收。

四是因地制宜科学决策是关键前提。统筹当前利益与长远利益，坚持立足实际、因地制宜、科学决策，按照循序渐进、分类指导、分步实施的原则，逐步解决历史遗留的河湖管理范围种植结构问题。如卫河内黄县段豆公镇桃林阻水问题，专题组织了河道影响分析，比较了有桃林和无桃林情况下的河道行洪能力，制定了《卫河滩地桃林整治方案》，分五年逐步清除桃林存量，并制定防汛应急方案，在保证防汛安全的前提下，最大限度保护果农利益。

（董飞）

| 湖北省 |

荆州市：牢记嘱托　感恩奋进
全力打造幸福安澜新荆江

2018 年 4 月 25 日，习近平总书记考察湖北，视察荆江指出。荆州很美，看起来很漂亮。近些年来，荆州市感恩奋进，以河湖长制为抓手，认真念好“筑、查、禁、清、造、创、赋、嵌”八字诀，累计投入 400 多亿元，实施流域综合治理和生态修复，用生态“含绿量”提升发展“含金量”，以“荆州作为”贡献“长江之治”，奋力实现“险在荆江”到“美在荆江”“富在荆江”“强在荆江”的华丽蝶变。

一是强力“筑”，护佑千里荆江安澜。长江防汛历来是荆州“天大的事”。从 2011 年开始，荆州市积极争取三峡后续工作中央专项资金 28.47 亿元，持续实施长江荆州段河道整治工程，累计治理岸线 235km，有效提升了荆江堤防安全等级，护佑了千里荆江安澜，为荆州经济社会发展提供了坚实可靠的安全保障。

二是细致“查”，狠抓排污口、排水口整治。对全市 1 824 个入河排污口溯源，对 1 714 个排污口制定“一口一策”整治方案。通过 7 年多持续发力，全市整治排污口 1 442 个，整治完成率达 83.87%，石首市楚源集团长江入河排污口整治入选生态环境部2021年排污口典型案例。

三是全面“禁”，坚持十年禁渔决心不动摇。从2018年开始，荆州市在长江及其主要支流率先实施全面禁捕。2020年，完成对7 749名退捕渔民建档立卡和转产安置。禁捕水域全部落实“岸线长”“江段长”网格化管理模式并开展联合执法检查，严厉打击非法捕捞。

四是彻底“清”，规范利用长江岸线资源。2018年以来，荆州市共拆除非法码头340处，清退岸线52km，关、改、搬、转沿江化工企业72家，清理违章建筑物、构筑物362栋、面积21.4万m^2，长江岸线实现了由“乱”到“治”的彻底转变。

五是接续“造”，扎实推进岸线生态复绿。通过落实“市、县、乡、村四级书记抓造林”工作机制，7年内在长江两岸共造林101.05万亩，基本形成了一条连续完整、功能完备、结构稳定的森林生态廊道。

六是率先“创”，探索建立长江岸线管理员制度。2018年，荆州市在全省率先探索建立长江岸线管理员制度，全市共设立长江岸线管理员572人，对长江岸线全程划分管理责任段面，实行制度设计、队伍组建、职责划定、指挥调度、考核结账等“五统一”机制，确保每一寸岸线有人管、有人查。

七是科技“赋”，提升长江智能化管理水平。荆州市花巨资打造长江禁捕“天网工程”，开发岸线巡查管理信息系统手机App，搭建“数字荆江”智慧平台，通过科技赋能河湖长制，走出了一条“人防+技防”的长江智能化管理新模式。

八是精心“嵌”，全力打造长江“最美岸线”。近些年来，荆州市、县两级精心打造了中心城区临江仙公园和洋码头文创园、沙市区柳林洲长江岸线生态园、松滋市涴市镇古乐乡江滩公园、公安县太平口腊林洲生态园等，这些“最美岸线”就像一颗颗耀眼的珍珠镶嵌在483km荆江两岸，让荆江更加光彩夺目，梦幻迷人。

七年砥砺前行，不负殷殷嘱托；七年非凡成就，彰显思想伟力！接下来，荆州市将继续把习近平总书记在进一步推动长江经济带高质量发展座谈会上的重要讲话精神作为指引荆州经济社会发展的灯塔，突出制度创新、机制创新、科技创新，继续充分发挥基层治理与社会共治作用，继续提升长江法治化监管水平，努力把长江荆州段建设成为造福荆州人民的幸福安澜新荆江。

（荆州市河湖长制办公室）

我家住在长江边（孙人龙　拍摄）

长江荆州段河道整治工程

（荆州市长江河道管理局　供图）

洲滩意杨（张凡敏　拍摄）

湖南省

邵阳市：强化“五个监督”全力推进河湖长制走深走实

邵阳市坚决扛牢“守护好一江碧水”的政治责任，强化履职监督、政治监督、法律监督、舆论监督、社会监督，压实河湖长责任，营造齐抓共管浓厚氛围，全力推动河湖长制走深走实。

一是强化履职监督，压实河湖长制“责任链”。将河湖长制工作纳入领导班子考核、领导干部离任审计和代表委员监督评议的重要依据。2023 年，持续完善市、县、乡三级河湖长制代表委员专项监督体系，确保每条（段）河安排 1 名人大代表和 1 名政协委员作为监督员，设立监督员 3 553 人，构建党政领导牵头负责，人大、政协全面监督，责任部门协调联动的河湖生态保护模式，三级监督员“脚踏式”巡河 33 384 人次，督改问题 5 571 个。

二是强化政治监督，念好执纪问责“紧箍咒”。坚持把河湖长制作为巡视巡察依据，强化政治监督，重点工作、重要问题、重大项目由纪委监委挂牌监督、跟踪问效，推动河湖长制重点工作落实，全面提升河湖管护执行力、落实力。全市河湖治理管护 116 个重难点、堵点问题全部纳入省纪委“洞庭清波”常态化监管并按期整改销号。

三是强化法律监督，筑牢惩防并举“防护墙”。坚持依法治水，制定出台资江、邵水保护条例，全面落实“河（库）长＋检察长十警长”协作机制，市检察院、市河长办深度协作，强化公益诉讼，推动行政执法与检察监督有效衔接。健全“联合执法、分类处理”机制，整合水利、农业农村、生态环境等方面力量开展联合执法 132 次，办理案件 154 件，打击处理 187 人次，开展联合巡河 69 次，移交办结问题 68 件，有力推动河湖治理规范化、制度化、法治化。

四是强化舆论监督，安装媒体检视“探照灯”。河湖长制工作主动接受媒体监督，让公众评议，打出“电视问政”与“三色预警”组合拳，先后组织 75 名河长走到屏幕前，拿出计划书，晒出成绩单，以问政传导压力，以问题倒逼履职，以预警启动问责，全面接受公众检视。2023 年，共发出黄色预警 2 个，通报一批履职不力的县（市、区）和乡镇，对 4 名负责人进行通报批评，推动河湖治理监督全覆盖、问题“零容忍”。

资水新邵县资江码头（秦帅彬　拍摄）

五是强化社会监督，构建全民共治“新格局”。积极推动“政府治”向“全民护”转变，建立健全“河小青”管理运行制度，出台《河湖长制社会监督举报奖励办法》，吸纳一大批社会志愿者和专业人员加入治水护河队伍，常态化开展河湖“清四乱”、非法采砂等监督工作。2023 年，各类志愿者开展河库巡护监督约 2.2 万人次，接到社会各界举报 750 余

天子湖（邵阳市邵阳县水利局　供图）

件，及时发现处置问题 5 500 余件，开创了人人有责、人人尽责的社会共治新局面。

巫水河（邵阳市绥宁县水利局　供图）

通过“五大监督”协同发力，各级河湖长严格履职尽责，河湖治理效能大幅提高，全市河湖面貌不断改善，水质持续提升，人民群众的幸福感、获得感、安全感不断增强。（潘文秀）

广东省

广东省抢抓冬春时节　掀起水塘河道清淤热潮

利用冬春时节开展水塘河道清淤，是广东省贯彻落实习近平总书记关于治水的重要论述精神、传承中华民族冬修水利优良传统的重要举措。2023 年 10 月以来，广东省委、省政府部署开展水塘河道清淤工作。广东省水利厅主动担好牵头组织责任，发挥省河长办统筹协调作用，在省直有关部门通力合作，各地党委、政府积极作为，社团组织、企业、党员群众广泛参与下，截至 2023 年底，全省累计完成清淤 1 240 万 m^3，有效提升了河道行洪能力，进一步改善了水生态环境和农业生产条件，极大提高了基层参与治水的热情。

一、加强统筹协调，迅速掀起水塘河道清淤工作热潮

广东省建立“政府引导、部门协作、社会支持”的工作模式，强化地市统筹、县级负责、镇村落实、群众参与，科学组织、整体推进冬春时节水塘河道清淤工作。一是高位推动。省政府及时召开电视电话会议部署动员，出台《关于利用冬春时节开展水塘河道清淤工作的通知》，明确“清淤 6 条”具体措施。二是用好平台。广东省水利厅充分发挥河湖长制优势，积极协调省发展改革、生态环境、农业农村等有关部门研究水塘河道清淤政策措施，为各地科学清淤提供指引。三是强化组织发动。充分发挥各地基层党组织战斗堡垒和广大党员先锋模范作用，积极发挥工青妇等社团组织、民兵组织的生力军作用，将清淤管护纳入村规民约和村务公开内容，推动广大人民群众成为清淤工作的最大参与者和直接受益者。

二、发挥专业优势，重点推进珠江三角洲网河区清淤疏浚

广东省水利厅发挥主管河道清淤的专业部门优势，组织开展珠江三角洲网河区河道冲淤现状调查及清淤疏浚分析论证，会同省交通运输厅、中交第四航务工程局有限公司等单位专题研究航道清淤疏浚工作，科学确定珠三角 9 市网河区河道清淤任务。

三、坚持实事求是，边摸边清推动清淤工作科学有序开展

一是区分不同清淤目的。分类实施农村水塘、小微水体、渔村港池、农田灌排沟渠以及城乡内河涌、河道的清淤工作。二是区分不同清淤要求。优先开展农村水塘、小微水体、渔村港池、农田灌排沟渠清淤，解决群众身边的淤积问题。三是区分不同地区实际。将省“百县千镇万村高质量发展工程”首批典型县镇村、珠三角网河区以及雷州半岛地区列为重点地区。

江门恩平市发动驻村第一书记组织开展“农田灌渠大家清”群众清淤活动（刘晓欣　拍摄）

四、强化督导宣传，推动清淤工作持续走深走实

一是建立台账机制。每半个月对各地清淤工作进展进行定期调度。二是及时开展督导。成立由省水利厅领导带队的 6 个调研指导组，会同有关部门分片开展现场督导。三是积极宣传引导。多渠道广泛宣传清淤，发动《人民日报》、新华网、《中国水

中山市启动全市冬修水利及水塘河道清淤攻坚行动（林冰莹　拍摄）

利报》等媒体加强清淤工作报道，在水利厅官网开设水塘河道清淤工作专栏，滚动宣传典型经验，营造全社会参与的良好氛围。（林冰莹）

广西壮族自治区

系统治理释放生态红利　以水兴旅助力产业发展

2021年4月26日，习近平总书记在桂林考察时指出，桂林山水甲天下，天生丽质，绿水青山，是大自然赐予中华民族的一块宝地，一定要呵护好。广西壮族自治区桂林市阳朔县遇龙河是漓江的一级支流，是国家级旅游度假区，保护好遇龙河就是保护好漓江。从白沙镇富里桥顺流而下至阳朔镇览胜桥，15余km的水域，河畅、水清、岸绿、景美、人和，成为阳朔幸福河湖的典范。

一、坚持系统治理，完善基础设施

阳朔县坚持生态系统治理，持续在遇龙河干流开展水系连通、生态护岸、清淤清障、湖塘整治、生态修复。利用水系连通及水美乡村建设的契机，以叠石、网笼、松木桩、自然护坡等做好护岸，最大限度地维护干流原有河道、洲滩、湿地，提高河道容纳洪水能力，避免了洪水的侵蚀。通过清淤、渠系生态改造、整治湖塘沟渠，恢复了水体自然净化能力，满足了农村湖塘湿地生态用水需求。将沿河18座滚水坝、26台水轮泵全部修复，将死水转变为活水，将河塘连通成水系，保证了旅游、灌溉用水。整治后的遇龙河，河道通畅，岸坡稳固，设施完备，抵御了多次洪水的侵蚀，节约了大量的维修资金，确保了江河安澜。

二、讲好治水故事，做优河湖生态

遇龙河历史悠久，文化底蕴深厚，广西最著名的三座古桥——遇龙桥、仙桂桥、富里桥均在此河之上，这里还有被誉为“将军府第”“进士楼阁”的桂林市阳朔县旧县村，使人顿生怀古忆旧之情的唐代归义县遗址、潘庄遗址、徐悲鸿画室、明清时期留下的古宅民居等。阳朔县立足于弘扬先进水文化，讲好治水故事，充分挖掘与河湖治理相关的历史事件与典故、民俗风情、现代治水成效、治水精神等，将其融入遇龙河景区资源中，对沿线的古桥、古井、水车、水坝、水轮泵等水利设施、涉水建筑进行保护和修复，做到修旧如旧，焕发生机，与水环境协调融合，使遇龙河成为有故事、有文化、有传承的幸福河湖。

三、助力产业发展，打造幸福河湖

遇龙河在治理过程中，兼顾安全、实用、美观、生态，将整条河打造成集防洪治涝、生态治理、粮食安全、产业发展于一体的“水农文体旅”融合发展的典范，大大提升了河流的档次，吸引了众多游客到遇龙河观光旅游。2023年，遇龙河国家级旅游度假区竹筏漂游共接待游客417.38万人次，比2019年增长136.08%。遇龙河附近村民通过景区获得就业工资及集体收入红利，沿河村民每年可获得分红1 000万元以上，通过撑竹筏劳务收入2 000万元以上，2023年分红超过1 500万元。遇龙河沿岸民宿产业竞争力进一步提升，吸引了外来投资，民宿每间房均价达2 000元以上，价格比改造前提升500元以上。

遇龙河田园风光
（桂林市阳朔县河长制办公室　供图）

遇龙河万景码头
（桂林市阳朔县河长制办公室　供图）

遇龙河民俗节庆

（桂林市阳朔县河长制办公室　供图）

遇龙河实现了防洪保安全、优质水资源、健康水生态、宜居水环境齐头并进，实现河湖有人清、村庄有人管、绿水青山有人护，绿色水生态可持续发展，是阳朔幸福河湖的经典治理案例。

（广西壮族自治区桂林市阳朔县河长制办公室）

海南省

积极践行“两山理论”
高质量推进流域综合治理与开发利用

近年来，海南省三亚市深入贯彻习近平生态文明思想，高质量推进大茅水流域综合治理与开发利用，实现了从“黑臭河湖”到“幸福河湖”“效益河湖”的华丽蜕变，并被评为海南省治水典型案例、生态产品价值实现典型案例。

一、以河道水污染治理为切入点，高质量打造幸福河湖

治理前，大茅水流域污水直排、乱堆垃圾、农业面源污染问题突出，水环境恶化、生态系统退化。2015 年，三亚市按照“制度引领＋控源截污＋多源共治＋生态修复＋水质提升＋智慧管控”路径，对大茅水流域实施综合治理。

一是创新推出“河湖长制＋六水共治”治理模式。建立党政双组长领导小组、八大流域组、八大专班“1＋8＋8”工作机制，由市委副书记担任大茅水流域市级河湖长并兼任流域组组长，各干、支流河湖长、有关部门主要领导统编入组。出台河道生态保护管理条例，编制供水、再生水、雨水和污水等专项规划，将流域周边涉水设施统一交由国企管理，实现“厂网河湖库海”“投建管养”一体化治理。

二是实施分段式综合治理。针对上、中游农业面源污染问题，实施药肥“双减”和高标准农田建设；针对下游巨量垃圾堆放污染河道问题，实施河道清淤疏浚、筛分处理 50 万余 t 垃圾；针对河道沿线污水直排、生态恶化问题，实施污水管网提质增效、入河排污口整治、污水处理厂建设、农村生活污水治理、养殖池塘清退、滨水景观提升等一体化保护和修复。经过一系列治理后，大茅水流域从根本上消除黑臭水体，水质达到Ⅳ类及以上。

大茅水远洋村段（卢俊毅　拍摄）

二、以流域水资源开发为着眼点，提升河湖含产量和产业含水量

在治理河道污染的基础上，编制大茅水流域综合治理与开发利用规划，通过土地格局优化，布局一条山海绿道体系、五段文旅特色项目、七大关联产业项目，多元创新投融资模式，通过争取中央等上级资金和债券等政策资金，结合特许经营、委托运营等方式，推进国有资本、社会资本强强联手，丰富优化资金盘，保障项目全生命周期正常运行。将流域治理、开发与空间规划、产业发展、城市开发、乡村振兴有机衔接，将流域治理与土地收储相结合，全面盘活“水资源银行”，推进流域治理与开发整体溢价增值，河段上游形成大茅远洋生态村，被评为海南省唯一的国家级田园综合体建设试点，形成“农业＋”多产业融合运作的新型农业样板，带动发展 19 家农民专业合作社、119 个家庭农场，大茅村村民年人均收入从 2017 年的 8 620 元增长至 2023 年的 32 500 元，村集体收入从 2017 年的 51 万

大茅水（卢俊毅　拍摄）

元增长至2023年的185万元。大茅水流域生态、社会、经济价值得到全面提升。（杨向权）

重庆市

三河汇碧焕新颜　临江碧水载幸福
——重庆市永川区“三步发力”推动临江河幸福河湖建设

临江河系长江左岸一级支流，与支流跳蹬河、玉屏河在永川区交汇形成“三河汇碧”，形如篆文“永”字，永川因此而得名，临江河也被称为永川人民的母亲河。但其水量、水质曾因无法承载城镇的高速发展，水环境一度恶化，“三河汇碧”一度成为“脏、乱、差”的代表。自全面推行河湖长制以来，永川区委书记担任河长，区水利局全面推动临江河幸福河湖建设。通过前期“精准施策”治污、中期“系统治理”提质、长期“创新管护”巩固，“三步发力”，推动临江河由“脏”到“净”、由“净”到“清”、由“清”到“美”的蝶变跃升，绘就了“河畅、水清、岸绿、景美、人和”的幸福河湖新画卷，“三河汇碧”再现“几泓碧水穿城过”的昔日景象。

一、精准施策，昔日“黑臭水体”成今日“碧波清流”

永川区聘请专业技术团队，聚焦“地上地下、水上岸上”，对临江河流域进行全面体检，查清各类污染源；围绕“转型发展、通报整改、行政处罚、依法关停”的思路，先后开展养殖业、工业企业、食品小作坊、餐饮企业、农贸市场、城镇排水、化粪池清掏、“千沟万塘”等8个专项整治行动，累计整治流域各类污染源超4万余处，新建城乡污水管网380余km，维修和改造城区原有管网72km，新建、提标改造污水处理厂（站）70余座；参与国家级重点研发专项“流域水环境质量改善与综合治理”流域面源污染防控技术与应用示范项目，与9家环保、农业科研院所和高校开展研究，研发丘陵山区流域面源污染“测、溯、算、治、管”全链条防控技术，提升临江河流域面源污染治理能力。通过查清源头、精准施策，曾经黑臭难耐的临江河水质实现稳步提升，城区黑臭水体已彻底消除，重要断面河流水质由劣Ⅴ类提升到Ⅲ类，水生环境逐渐恢复。

二、系统治理，昔日发展“瓶颈”成今日发展“动力”

一是夯实水安全基础。全流域建成103km堤防护岸、44座中小型水库雨水情监测、15处河道水位及流量监测、1套无人巡河系统设备、核心城区水旱灾害预报模型、水旱灾害风险评估评价以及核心区洪水风险图分析模型等信息管理平台，防洪达标率提升20%；实施松溉长江提水工程及龙门溪、小安溪、九龙河至临江河水系连通工程，年调水量可达4 000万余m^3，建成3套工情信息采集和调水流量监测站点、25处水质监测站，开发城区水质水量耦合调度模型，优化全区水资源调度和水质水量调配体系，切实保障75万永川人饮用水、38.7万亩土地农用水、328家企业用水，为区域高质量发展提供坚实的水利保障。

临江河生态鱼鳞堰（永川区水利局　供图）

二是描绘水生态画卷。建成临江河数字孪生小流域，实现河库水系连通工程、松溉长江提水工程科学调度，通过多源互补、互济互通，生态补水量可达2 180万m^3/年，通过引水保障生态和景观用水；将传统堰坝改造成多功能景观堰坝，利用微动力使堰前水体回流，通过活水增强水动力和自净能力；结合岸线特点，将生态缓冲带、立体湿地、潜（表）流湿地、生态浮岛、点源污水处理技术有机组合，建成生态湿地78万m^2，通过生态净水，削减入河污染负荷、增强水体自净能力。在河流健康评价中，临江河水生动植物达到丰富等级，已成为生态健康、岸绿景美的河流。

三是增添幸福底色。与城市田园相融合，为最大限度发挥土地价值，探索出了“田园＋生态缓冲带”河岸带修复模式，建成芭江竹语、临江广场、梳妆台广场等示范河段，实现土地保护和水生态修复共生、山水田园诗意共享、群众共育，开创了可持续发展新格局；与文化传承相融合，打造以竹溪夜雨、三河汇碧、仙龙飞渡、治水故事为主题的滨水文化驿站，依托临江河水文化展示馆、国家级水利风景区和水情教育基地，不断丰富治水内涵，出版《临江河幸福河》书籍、临江河幸福河文化宣传图册，大力弘扬优秀水文化；与产业发展相融合，通过建设植草沟、渗透渠、缓冲带，对农业面源污染进行拦截消纳净化处理，为产业发展拓展生态空间，助力产业绿色发展；依托临江河流域日益优质的河库资源，发展永川秀芽、永川香珍、永川柑橘等特色产业，开发黄瓜山、十里荷香等乡村旅游，带动流域内凤凰湖产业促进中心和大数据产业园产业结构升级。2023 年，临江河流域凤凰湖产业促进中心和大数据产业园产值达 1 391.89 亿元，居民人均可支配收入达 4.98 万元。

临江河芭江竹语段（永川区水利局　供图）

三、创新管护，昔日城市“痛点”成今日城市“名片”

一是精细化巡查管护体系。创新“河长制＋网格化管理”机制，通过“智慧河长”系统，数字化、流程化“巡查-上报-核实-交办-整改-反馈-考核”管理机制，打通河库管护“最后一公里”。

二是一体化联合管理体系。推行“周督查、月评比、季通报、年考核”，压实行业及属地监管责任；健全流域横向生态保护补偿机制，推动上、下游镇街成本共担、效益共享、合作共治；签订跨界河流合作协议书，促进上、下游联动，左、右岸合力共治。

三是立体化监督管理体系。发挥河库警长和检察长力量，健全案件移送及联席会议等机制，实现水行政执法与刑事执法、检察公益诉讼有效衔接；推进社会监督员、“一河段一委员”常态化社会监督，引导公众广泛参与，不断强化河库社会监管力量，为建设幸福河湖凝心聚力。（刘佳佳）

临江河畔三河汇碧新貌（永川区水利局　供图）

四川省

成都市双流区创新河湖管护“一河一校”机制

厚植生态理念　共建幸福河湖

成都市双流区创新“河长制＋教育”模式，探索“一河一校”工作机制，全区 12 所中小学主动管护一条河流，通过开展水情教育、课题研究等，为中小学生扣好水情教育第一粒扣子，厚植生态文明理念，引导关爱河湖、珍惜河湖、保护河湖社会自觉，逐步构建起“政府引领学校、学生带动家长、家庭推动社会”治水管水新格局。

一、坚持统筹谋划

强化“1＋4＋N”机制建设。“1”即一个总体谋划，区总河长办制定“一河一校”工作方案，明确工作思路、工作目标、工作任务；“4”即由双流区河长制办公室牵头整合水务、教育、环保和镇（街道）4 部门优势资源，并明确相应职责，联合指导学校在重要时间、重要场合、重要地点开展具体工作；“N”即 N 所学校，将双流立格实验学校、四川大学西航港实验小学、双流区公兴初级中学等 12 所中小学校纳入“一河一校”机制成员单位，且每年逐步扩大“一河一校”成员单位覆盖面。

二、坚持教学相长

开展课题研学，采取课外实践、课题研究、巡回研学等形式，丰富教育内容和教学手段。累计举

双流"一河一校"巡回研学课（孙琳　拍摄）

办巡回研学课5次，以公开课的方式指导9个镇（街道）常态化开展河长制进学校宣讲工作；整合学校资源组建2个流域课题组，开展"关注水资源，保护母亲河——双流区白河生态系统调查研究"等课题研究26个。依托公兴（中电子）再生水厂，建成双流区首个水情教育基地，利用集环保科普教育、行业实训交流等于一体的多功能复合型再生水厂，打造新时代水情教育新中心，建设教育基地，截至2023年底，累计吸引超2 000人次前来参观学习。充分利用双流优质教研资源，研发河长制特色课程，开发河长制标准素质课程和建设生态实验室，形成覆盖全龄的"1＋3＋N"河长制素质教育体系，构建小初高一体化课程发展模式；依托地埋式污水处理厂，新建2个"一河一校"水情教育基地，打造1个"党建＋河长制"科普展览馆，使之成为科普研学实践教育基地；联动高校、科研机构等领域专家，组建"一河一校智库"，为河长制工作开展提供智力支撑。

三、坚持家校联动

构建"政府＋学校＋家庭"联动机制，区河长办联合区教育局、区文明办、区水务局、团区委等单位开展"好家庭"评选，倡导在节假日以家庭为单位开展水环境保护行动，并作为"好家庭"评选的重要指标；通过家长课堂、家长会等方式，引导家长和学生主动参与水环境保护行动，加快构建"政府引领学校、学生带动家长、家庭推动社会"治水管水新格局。搭建联动平台，开设双流区"一河一校"微信公众号，引入点赞、评论等功能，打造"政府、学校、家庭"河长制工作线上联动阵地；截至2023年底，已有1 100余家庭（用户）关注双流区"一河一校"微信公众号，进一步拓展了河湖长制朋友圈同心圆。创新打造"小小河长"项目，每年聘请20～50名学生为"小小河长"，截至2023年，已连续开展五届，覆盖学生1 000余名。"小小河长"参与课题研究的论文多次在成都市青少年科技创新大赛、四川省青少年科技创新大赛、全国青少年科技创新大赛进行展示。通过探索和实践，"一河一校"已成为环保生态教育融入学校教育的典型案例。水利部、教育部及国内外专家、兄弟单位多次到双流区调研学习，对推动社会公众参与河湖保护治理起到了积极的引领和带动作用。

（成都市双流区河长制办公室）

贵州省

水生态治理绘就都匀剑江新画卷

一、基本情况

剑江河是贵州省黔南布依族苗族自治州都匀市母亲河，是清水江都匀市城区河段的俗称，杨柳街河是剑江的主要支流，境内河流全长12km，流域面积40.8km^2，河口距离都匀市区约6km。杨柳街河曾因流域内无序开采煤炭和赤铁矿，矿场废弃后大量含硫铁的矿坑涌水溢入，导致河水呈现黄色，水体使用功能丧失，水生生态严重退化，河段水生生物几乎绝迹，严重影响附近居民的生产和生活。

二、治理举措

都匀市为解决这一历史问题，先后投入资金5亿多元，以前端、中端、末端“三端”治理模式持续推进杨柳街河流域治理。

一是前端以堵为主，疏堵结合开展矿井废水净化。对大量废弃煤矿进行封填，对矿区裸露边坡和封堵边坡进行拦挡和削坡，并采取植物生态修复措施，从源头上减少总铁和硫等污染物质流出量；完善矿区集中排水系统，建设7 000t/d矿井废水处理设施及3.1km配套管网对煤矿废水进行全面收集与净化处理；通过生态修复与废水净化相结合，源头pH值为2.8～3.2、总铁浓度300～400mg/L的矿井废水经处理后，水体pH值提升至6.9～7.3、总铁浓度小于1mg/L，实现达标排放。

二是中端治理为重，吸附与沉降并用推进水清岸绿。开展河道生态治理，完成河道治理3km，对多年来沉降有大量污染物的河道进行河道清淤，去除大量污染物质沉积物，增加河道缓流区长度，并在河道缓流区域种植挺水植物，修复滨岸带，绿化美化河道两岸，降低岸边水体流速，延长铁元素氧化时间，为总铁吸附和沉降创造条件。

三是末端修坝拦截，修建融合缔造美丽幸福河湖。实施都匀市场柳街河流域综合治理龙井坝工程、都匀市三江堰生态修复工程，拦截沉淀上游已经氧化的Fe^{3+}悬浮物，减小对下游剑江河的污染影响，结合三江堰水生态公园建设，打造水资源生态保护区794亩，新增水域面积630亩，新增蓄水量141万m^3，新增湿地面积0.04km^2，有效恢复河网整体生态功能，建成全省唯一的水生态保护宣教基地。

杨柳街河治理前后对比图

（都匀市河长制办公室　供图）

三、重要经验

坚持系统治理，建立多元共治体系。煤矿废水治理是一项系统性的、长期性的工程，在明确目标的基础上，还需要进一步建立相应制度保障，充分发挥河湖长制优势，健全党委领导、政府主导、企业主体、社会组织和公众共同参与的治理体系，确保水生态环境持续向好。

坚持源头治理，勇于探索创新。始终坚持源头治理思路，积极大胆探索处理新工艺，在对矿山污水进行封堵的同时，引入实验设备，将集中矿井废水进行收集处理，边实验边治理，探索创新将传统的中和剂碳酸钙改变为易溶于水的碳酸镁，进而减少污泥量，产生的污泥除杂质外，含铁量能达30%左右，且污泥可二次利用于铁红粉、烧制水泥等，更有利于实现底泥无害化处理，避免底泥二次污染。

风景秀丽的三江堰水生态公园

（都匀市河长制办公室　供图）

三江堰治理成效

（都匀市河长制办公室　供图）

四、取得成效

都匀市以生态文明先行示范区建设为总抓手，牢固树立“绿水青山就是金山银山”理念，全面推行河湖长制，大力实施生态建设工程，清水江流域内杨柳街“小黄河”治理成效明显，水质由治理前的劣Ⅴ类稳定达到当前的Ⅲ类水质；全省唯一的水生态保护宣教基地在都匀市清水江三江堰水生态公园全面建成；黔南民族师范学院成功申报国家典型节水型高校（全省5所高校之一）；2个国控断面和

2 个省控断面水质达标率均持续稳定保持在 100%，水质分别达到Ⅱ类、Ⅲ类及以上。

随着水质持续向好，水生态系统逐渐修复，鱼群和水生植物种类和数量也多了起来，鱼多引鸟归，白鹭也就“慕名而来”了，越来越多的白鹭前来栖息觅食，呈现出一幅幅人与自然和谐共生的美丽画卷。享有“环保鸟”美誉的白鹭们“落户”都匀剑江河，剑江河畔白鹭纷飞，正是剑江河段水质优良的印证！ （罗年福　郑豪　黄吉晨）

云南省

云南省普洱市以“河长制”推动“河长治”
——思茅河脱劣攻坚战取得实质性成果

作为云南省普洱市思茅区人民的“母亲河”，澜沧江流域思茅河一度污染十分严重，成为中央和云南省重点关注的问题。按照中央全面推行河长制决策部署，云南省普洱市深入践行习近平生态文明思想，以河湖长制为抓手，持续打好碧水保卫战，以思茅河莲花乡国控断面水质稳定脱劣为底线，标本兼治、多措并举、精准发力，2022 年思茅河莲花乡国控断面水质首次实现年度脱劣目标，2023 年水质上升为Ⅳ类，为劣Ⅴ类水体综合治理提供了普洱实践样本。

一、坚持“河长高位推动”，建立“三个一”组织保障体系

一个体系指挥。组建以普洱市委常委、思茅区委书记和市政府分管副市长任双组长的思茅河莲花乡断面脱劣攻坚行动工作领导小组，并将普洱市城建投资开发有限公司、普洱市水务有限责任公司划归思茅区，建立以思茅区为责任主体，市级部门联合协作的治理指挥体系，实现治理权和指挥权的高度统一。

一支队伍实干。在普洱市水务有限责任公司设立领导小组办公室，明确一名处级干部常驻指挥，现场协调调度，抽调有关职能部门人员组建工作专班，保障一线作战力量。

一张蓝图作战。研究制定《云南省普洱市莲花乡断面脱劣攻坚行动方案》，立下军令状，编制“作战一张图”，倒排工期、挂图作战、插旗推进。

二、坚持“河长以上率下”，践行“三个法”找准问题精准施策

用活一线工作法。各级河长率先垂范，带头深入每一条街道、走进每一个小区、跟踪每一条排水管，对思茅河全覆盖开展“排查、监测、溯源”工作，绘制河湖现状“一张网”。率先在全省建立巡河问题清单制，向思茅河及其支流的河长及有关部门派送问题清单。通过“河（湖）长＋水文监测”协作机制，优化加密 9 个监测点监测思茅河及 8 条支流河道水质，圈定入河污染物贡献高的位置和外水混入管网严重的区域，对思茅河水环境进行“管家式”立体、全面、精细“把脉”。

用准项目工作法。截污水，紧盯氨氮、总磷 2 个致劣源，全面截污控源，累计整治入河排口 539 个，建设污水管道 58.23km、污水井 1 079 座，清理疏通地下管道 9.53km，清掏污水井 231 座，整改市政管网错混接点 664 处；扎实推进城区 428 个老旧小区及 31 个城郊接合部村庄雨污分流工程复核改造；完成 45 家机关企业、事业单位、商超、社区内部雨污分流改造。控面源，累计清理禁养区生猪 16 961 头、牛 462 头、禽 182 592 羽，清理鱼塘 2 517.12 亩；完成普洱市中心城区 6 个餐厨垃圾处理站的建设并常态化开展分散式餐厨垃圾收集处理，日处理量达 11.48t，累计处理 2 122.51t。提标准，实施完成第一、第二污水处理厂水质水量双提升工程，将污水处理量从 5 万 t/d 提升至 6 万 t/d，出水水质从一级 A 标提升至地表水Ⅳ类标准。

用好典型引路法。推行重点污染单元先治先试，探索经验模式。集中力量优先对氨氮贡献率最高的老杨箐河开展农业面源污染治理、山箐水分流、污水管网新建、截污干管改造、雨污错混接整改等工作，老杨箐河水质逐步向好并趋于稳定。对洗马河采取新建市政污水管网、疏通暗河和管网等措施后，水质得到进一步改善。同时全面加强水文化建设，在思茅河建成以河湖长制为主题的河道水文化园 2 个，以法治宣传为主题的法治河道 1 处，在支流上建成“党建＋”主题河湖文化园 1 个。

三、坚持河长督促推进，用好“三个督”压紧压实各方责任

高位推动督办。落实“河（湖）长＋督察”机制，市纪委书记签发提醒函 23 份，市级河长签发交办单 102 份，河长办督办问题整改 55 项。区、乡镇（街道）两级河长每月不少于 3 次开展思茅河及 8 条支流巡查，建立 41 人的巡河网格员机制，及时发现问题，及时分办督办，及时整改销号，督促各级河长依法落实责任。

强化执法督查。深化“河（湖）长＋检察长”协作机制，推动行政机关依法履职，协同共治。深化“河（湖）长＋执法”协作机制，从生态环境、住房

思茅河（普洱市思茅河河道工程建设管理处　供图）

和城乡建设、市场监督管理、水务、综合执法等部门抽调骨干力量组建思茅河水环境综合治理排查执法组和整改执法组，严厉打击乱排、偷排等违法行为，共查处 11 家涉水违法企业，罚款 321 万元。

立法建章督治。2023 年 1 月 1 日正式颁布实施《普洱市思茅城区河道管理条例》，将河湖长制进一步纳入法治化轨道。将思茅河作为全市试点，尝试建立“巡河网格员”机制并总结提升为“母亲河清河日”制度，将城区河道划分为 117 个责任段，把河道巡查保洁责任落实到沿岸有关单位、村组、住户，将每月最后一个周五确定为思茅河“母亲河清河日”，由各级河长牵头组织干部群众开展“保护母亲河　全民在行动”常态化集中清河行动，变“河长清河行动”为“全民清河行动”。

（于健　李宗祥　李谨好）

西藏自治区

打牢河湖长制“营盘”　当好中华水塔“哨兵”

2023 年，西藏自治区昌都市坚持以习近平新时代中国特色社会主义思想为指导，贯彻落实习近平生态文明思想，聚力“四个创建”“四个走在前列”，以推进河湖管护高质量发展为目标，深入开展山水林田湖草沙冰一体化保护和系统治理，全市主要江河湖泊水质全部达到或优于《地表水环境质量标准》（GB 3838—2002）Ⅲ类及以上标准，水质达标率为 100%，为守护“中华水塔”、建设国家生态文明高地提供了坚强保障。

以责任为本，构建党政齐抓共管机制。一是高位谋划推动。市委、市政府主要领导以河长令形式签发实施《2023 年河湖长制工作要点》，先后 7 次部署水生态修复、水环境综合治理等重点工作，并开展巡河 11 次，示范带动全市各级河湖长履职尽责。二是压实工作责任。动态调整各级河湖长，进一步配齐配强市、县、乡、村四级河湖长 2 039 名；通过《致全市各位河湖长的一封信》《提请函》等方式提醒各级河湖长履职尽责，2023 年累计巡河湖 1.96 万人次，时长 4.94 万 h，长度 6.92 万 km。三是提升履职能力。认真贯彻执行《关于在干部选拔任用中落实河长制湖长制相关要求的实施办法（试行）》，先后 9 次对拟提拔和晋升职级的 353 名领导干部征求落实河湖长制工作意见，并完成对 252 名县级河湖长考核；组织 300 余名河湖管护工作者参加星火培训，持续提升河湖管护能力和水平。

以固本为基，夯实河湖长制工作基础。一是严控水域岸线。依法审批涉河建设项目 86 件，动态调整 55 个河湖管理范围及 34 个河湖岸线保护利用规划；积极开展长江（金沙江）自然岸线率调查工作，自然岸线率达 99.78%。二是严格河道采砂管理。积极推进《昌都市河道采砂管理办法》立法工作，全面启动河道采砂电子证照系统，落实采砂管理“四个责任人”120 余名，办理河道采砂许可证 46 件，控制开采砂石 137.91 万 m^3。三是摸清管理底数。滚动修编实施“一河（湖）一策”；完成 621 条河流、13 座湖泊名录复核工作；确认山区河道 355 条，落实“四个责任人”1 633 人；完成 16 个河湖健康评价，评价结果均为健康状态。

以民生为先，建设人民满意的幸福河湖。一是不断强化水资源管理。11 县（区）县域水资源评估工作全部完成；全年共收缴水资源费 488 万余元，整改违法违规取水等问题 195 处。创建然乌湖等 5 个自治区级幸福河湖。二是持续优化水生态环境。将河湖“清四乱”工作向中小河流延伸，完成 308 处水利部推送图斑疑似问题复核工作，整改“四乱”问题 143 处；13 个县级及以上饮用水水源地水质均能稳定保持Ⅲ类及以上水平。三是加快推进水污染防治。建成污水处理厂（站）35 座，“一江两河”沿线污水散、直排整治一期工程投入运行，334 个村庄生活污水乱排得到有效管控。四是稳步开展水生态修复。投入资金 2.9 亿元开展水生态修复项目，治理水土流失面积 30 余 km^2，修复治理草原 7 万亩，完成营造林 40.71 万亩；开展渔业增殖放流鱼苗 282.3 万尾。五是大力改善人居环境。充实河湖巡查员、保洁员 2.76 万人；建设宜居宜业和美乡村 40 个，户厕改造 1.5 万座，农村人居环境得到有力改善。

然乌湖（吕志祥　拍摄）

莽措湖（陈亦冲　拍摄）

三色湖（陈亦冲　拍摄）

以联治为主，开创河湖共管共治新局面。一是强化区域联防。与那曲、玉树、甘孜、迪庆、林芝五市（州）开展跨界河湖联防联控联治，开展联合巡河活动 3 次。二是严格落实“河湖长＋检察长＋警长”协作机制。开展“中华水塔保护”专项公益诉讼活动，检察机关受理案件线索 71 件，立案 65 件，发出检察建议 62 件；公安部门投入警力 840 人次，开展河湖保护宣传 80 余场次，及时制止破坏河湖行为 130 次。三是营造浓厚氛围。发送河湖保护短信 15 万余条；开展水资源保护、水环境治理等宣传活动 36 场次，发放宣传单（册）3 万余份，接受涉水政策咨询 1 万余人次，全民参与河湖保护氛围日益浓厚。　（次旦卓嘎　柳林　徐小松　张煜）

陕西省

绿水绘盛景　古都展新颜
——西安市全链条建设人民满意的幸福河湖

陕西省西安市从幸福河湖建设的规划部署、保护治理、保障机制、考核评估、激励支持等方面不断探索，打造全链条创建模式，推动幸福河湖建设取得实效。西安护城河入选第三批国家水利风景区高质量发展典型案例重点推介名单，灞河等 3 条河湖成功创建“陕西省幸福河湖”，18 个河湖创建为“西安市幸福河湖”。

西安市曲江新区曲江池（崔超　拍摄）

一是坚持规划引领。西安市水务局联合市发展和改革委员会出台《西安市“十四五”水务发展规划》，把着力解决人民群众最关心、最直接、最现实的水问题和打造人民群众满意的“幸福河湖”作为首要原则写入规划。在此框架下，先后印发《西安市现代水网建设规划》《西安市水务一体化整合优化实施方案》，全面优化供排水管理体制、实现城市供排水、生活污水处理全链条管理，保障河湖水环境质量持续改善。

二是注重高位推动。发布西安市总河湖长令

西安市灞河国际港务区段
（西安市河湖长制办公室　供图）

西安市设置幸福河湖宣传栏
（西安市河湖长制办公室　供图）

〔2023〕第1号《强化河湖长制 扛牢政治责任 全力建设人民满意的幸福河湖》，把幸福河湖创建纳入全市“三个年”考核，以市委、市政府名义印发西安市幸福河湖表彰决定，在全市河湖长制林长制工作会议上公布了18个“西安市幸福河湖”名单。

三是加快保护治理。先后对渭河、灞河等14条河流实施综合治理，新建加固堤防470余km，完成了水毁堤防修复65处，持续推进秦岭北麓水系保护治理，完成沣河、甘河、耿峪河等12个秦岭北麓环山路段建设项目，组织完成22条河流、4座人工湖健康评价，清理河湖问题2 400余个，打击非法采砂410余起，处理340余人。

四是强化保障推进。坚持“1令1报1要点”，即每年由市总河湖长签发市总河湖长令，印发河湖长制工作要点，每季度向市级河湖长报告工作。

五是创新推动机制。建立“河湖长＋检察长＋法院院长＋警长”河湖生态保护齐抓共管新机制。建立了16条市级河流跨界河流联防联控机制。全面开展村级河湖长体系建设，打通河湖管理保护“最后一公里”。

六是严格考核评估。按照自下而上的程序，各区县（开发区）自评推荐，市河湖长办联合市人力资源和社会保障局进行复核。复核以查阅佐证资料和现场检查为主，并听取群众意见建议。

七是强化激励支持。拿出奖励资金435万元，给予每条省级幸福河湖25万元、市级20万元的激励支持。

八是加大宣传力度。在每个幸福河湖的河（段）湖显著位置设立河湖长制宣传栏，在主流媒体宣传报道河湖长制工作230篇次，积极参加水利部组织的“守护幸福河湖”短视频大赛，共有3部作品获奖；在全省“守护幸福河湖”短视频大赛中，共有19部作品获奖，并获“最佳组织奖”。

“全链条”幸福河湖创建模式和保障创建活动在西安市蓬勃开展，全市水资源保障更加有力、水生态修复全面提速、水环境质量明显改善、水安全全体系有效加强，“堤固、岸绿、水清、洪畅、景美、管理长效”的水系保护治理新格局初步形成，生态效益、经济效益、社会效益实现共赢，人民群众获得感、幸福感和安全感明显增强。

（陕西省河长制办公室）

甘肃省

梨园河临泽段美丽幸福河湖建设

甘肃省张掖市临泽县地处河西走廊中部，南依祁连山脉，北邻巴丹吉林沙漠，发源于祁连山的梨园河穿城而过，是临泽经济发展的重要命脉和强大支柱。2023年，梨园河临泽段被确定为甘肃省第二批省级美丽幸福河湖，建设河段总长51.6km。临泽县按照“三期四段”总体规划，实施流沙河流域生态恢复综合治理、全国首批水系连通及农村水系综合整治试点县等水生态治理项目，贯通全县生态水网，打造了“戈壁水乡、秀美临泽”的水美之城。

一、统筹谋划，做水生态文章

临泽县按照“三期四段”总体规划和“举生态旗、做水文章、培育水系特色产业带”的发展思路，坚持顺应自然，保护为先。注重河道功能属性，因地制宜，上、中、下游治理分别突出泄洪蓄水、人居环境改善、修复湿地生态。通过整治废弃沙坑、实施水系连通，增加了河湖水域面积，形成优美自然的河岸线、错落有致的绿化带、质朴亲民的景观带，打造了河西内陆河水生态修复与治理方面的样板典范。

二、综合治理，搭建以水兴业发展平台

临泽县秉承“绿水青山就是金山银山”的发展理念，围绕“生态产业化、产业生态化”经济发展定位，利用梨园河的生态、景观、文化、经济功能，实施流域综合治理工程，打造上接丹霞景区、中穿临泽城区、下连黑河湿地的生态绿色廊道，助推全域旅游发展。依托河湖水生态环境的改善，建成沿河绿色生态产业园区，促进区域产业转型升级。建设国家级玉米种子产业园、培育 1.67 万 km^2 优质玉米制种基地、0.2 万 km^2 现代丝路寒旱农业产业园，带动形成以凹凸棒石、通用航空、绿色食品加工为主的生态工业集群，实现生态保护与经济发展双赢。建设丹霞生态康养谷及城乡融合发展试验带等 4 条乡村振兴示范带，带动全县乡村振兴战略整体推进，为西北干旱区、生态脆弱区以有限水资源支撑经济社会高质量发展探索了新路径。

三、彰显特色，推进水文化建设

借助美丽幸福河湖建设，临泽县凝练治水实践经验，结合“七彩丹霞”自然景观、“西游遗迹”民间传说、“昭武古城”历史典故、“西路军梨园口战役遗址”红色文化等资源开展水文化系统研究，注重挖掘治水文化元素，展现“双泉湖”国家水利风景区文化价值，打造梨园河生态文化长廊，建成甘肃西部首座水文化展览馆，拓宽水文化宣传教育渠道，为深入推动水文化建设与新时代精神文明建设融合发展，传承甘肃治水精神、治水智慧，提升甘肃水文化软实力作出典型示范。

临泽县立足以水为脉、人水和谐的生态格局，以水生态功能提升、水生态空间优化、水环境治理改善为重点，开展幸福河湖建设，区域生态与人居环境得到优化，生态资源与旅游产业进一步融合，生态与绿色一体化发展迅速，水治理能力现代化逐步提高，谱写了新时代甘肃省治水、兴水的新篇章。 （王广文）

梨园河临泽城区段（张掖市水务局　供图）

梨园河流沙秋色（张掖市水务局　供图）

梨园河一水一路（张掖市水务局　供图）

青海省

河湖保护群防群治　生态海东共建共享

——海东市以山水林田湖草系统治理推进黄河流域生态保护和高质量发展

近年来，青海省海东市坚决贯彻落实习近平生态文明思想，践行“绿水青山就是金山银山”理念，以更大力度、更实举措持续推进黄河流域水资源保护、水环境治理、水污染防治、水生态修复，水域岸线空间管控日益规范，河湖管护责任机制更加完善，海东市的天更蓝、山更绿、水更清，生态底色愈发亮丽。

一、“加法”护水，安澜河湖秀水清

海东市地处青藏高原与黄土高原过渡地带，是青海省东大门，中华民族的母亲河——黄河与青海人民的母亲河——湟水穿境而过，生态地位极其重要。

一是推深做实河湖长制。2017 年以来，海东市深入贯彻落实党中央、国务院关于全面推行河湖长制重大决策部署，将其作为构建人与自然和谐发展、打造河湖生态新格局的重要举措，构建以党政主要负责人为双总河湖长，四大班子相关成员为责任河湖长的市、县（区）、乡（镇）、村四级河湖长体系，共落实四级河湖长 1 678 名、河湖保洁巡查员 1 193 名，构建起责任明确、协调有序、监管严格、保护有力的河湖长制工作机制。2018 年以来，集中整治河道非法采砂、水库垃圾围坝、入河湖排污口、河湖固体废弃物、未批先建等河湖问题 499 项，投入资金 3 800 万元，重点整治了平安区康硒中桥、乐都区地下管廊、循化县波浪滩生态旅游观光园等“四乱”问题。全面完成 99 条流域面积 50km^2 以上的主要支流和 75 处水利工程管理范围划定工作，划定岸线总长 2 131km，划分 364 个岸线功能区，建立了矢量坐标数据库，构建了综合、完整、立体的河湖水域岸线生态空间体系。印发《海东市水行政执法与检察公益诉讼协作机制实施意见》，建立定期会商、线索移送、案情通报等协作机制，强化水行政执法与刑事司法衔接，与检察公益诉讼协作，合力推进水灾害防治、水资源节约、水生态保护修复与水环境治理，有效加强了涉水领域国家利益和社会公共利益保护。

二是扎实开展全域生态振兴工程。全市上下自觉站在筑牢国家生态安全屏障、实现海东永续发展的高度，全力实施以达坂山、青沙山、积石山“三山”林草植被保护，黄河、湟水河、大通河“三水”两岸生态修复，湟水河流域小峡、大峡、老鸦峡“三峡”绿化为核心的“333”全域生态振兴工程，持续加强生态文明建设的战略定力。每年举全市之力开展春秋两季全民义务植树活动，2017 年以来，累计参加活动达 738.91 万人次，栽植各类苗木 4 741.9 万株，全市森林覆盖率从“十二五”末的 32%提高到 2023 年的 36%，为美丽中国建设厚植了海东生态底色。

三是筑牢水旱灾害防御安全屏障。大力推进中小河流治理，“十三五”以来，共实施黄河、湟水、中小河流及山洪沟道治理工程 46 项，新建防洪堤 305.5km，完成投资 9.35 亿元，黄河及湟水重点河段防洪标准提高到 30 年一遇，水旱灾害防控体系不断完善。实施流域综合治理、水利风景区建设、水土保持工程等生态建设类项目 51 项，完成投资 6.62 亿元，治理水土流失面积 662.18km^2，水源涵养能力稳步提升。

二、“减法”治污，生态河湖景色美

一是持续打好“碧水保卫战”。以黄河干流，湟水流域、大通河流域为重点，完成 507 个湟水、1 个大通河排污口整治，开展 135 个黄河排污口溯源、64 个有水排口监测工作。“三河”出境断面水质均达省定目标。制发《海东市城镇生活污水处理厂运行考核办法》《海东市污染源自动监控管理措施》《海东市联合开展打击生态环境领域违法犯罪行为联动联查工作机制》等制度方案，坚持落实污水处理厂运行及在线监测情况日报制度，强化污水处理厂设施运行管理，保证设施正常、稳定、规范运行，确保水质达标排放。采取“四不两直”方式，加强对

乐都区三河湿地公园全景（孙长斌　拍摄）

湟水流域涉水化工企业、城镇污水处理厂、水电站、畜禽养殖等重点涉水企业督查检查，2023 年共对涉水企业环境违法行为立案 21 件次，罚款 167.5 万元，移送公安 2 件，推动水环境质量持续稳定向好。

二是扎实推进“净土保卫战”。加强农业农村污染治理，实施乡村振兴环境保护提质增效行动，累计投入资金 8.1 亿元，完成 1 587 个行政村环境综合整治项目，加快推进农村生活垃圾转运、农村生活污水处理、农村饮用水源保护、畜禽养殖业污染防治、村容村貌整治等工程。建立“户保洁、村收集、乡镇转运、县（乡镇）处理”生活垃圾收运处置体系，农村环境面貌得到较大改善，取得了良好的环境效益和社会效益。加强养殖场环境准入管理，全市已备案规模养殖场 243 家，大型规模以上养殖场粪污处理装备率达 100%。实行堆肥还田模式和种养配套自我消纳相结合，从根本上处理畜禽粪污问题，全市畜禽粪污综合利用率达 84.6%，实现了畜牧业与生态环境协调发展，有效推动了河里的问题岸上治。

从“伴河而生”到“因河而兴”，海东市牢固树立践行习近平总书记关于黄河流域生态保护和高质量发展重大战略部署的具体举措，共同抓好大保护、协同推进大治理、促进高质量发展，持续做好黄河、湟水河流域生态修复和综合治理，确保一江清水向东流。到 2025 年，海东市将着力稳固黄河上游海东段生态安全屏障、确保流域长久安澜、推进水资源节约集约高效利用，推动绿色高质量发展，为黄河流域生态保护和高质量发展贡献海东力量。

（青海省河长制办公室）

| 宁夏回族自治区 |

吴忠市利通区基层河湖管护成效显著

对基层河湖管护模式的探索，是破解农村河道管护模式单一、管护力量薄弱、群众参与意识不强等难题的良方，是形成社会力量参与河湖治理和管理保护的治水新模式的充分体现。近年来，宁夏回族自治区吴忠市利通区持续建立健全基层河湖管护体系，推动河湖长制工作从“河长制”向“河长治”转变，河湖长管护从“管住”向“管好”转变。

一是建立健全基层河湖管护体系。利通区乡级河湖长配置 71 人（由各乡镇主要领导兼任），村级河湖长配置 91 人（由村委会主要领导兼任），乡村级河湖长队伍稳定。2018—2019 年，河湖巡河保洁员队伍共配备 197 人，每人每月 500 元。2021 年 7 月，利通区对河湖巡河保洁员与灌区管水员进行了整合，调整后共配备巡河湖保洁员 142 人。2022 年 2 月，将网格员、巡河员、护林员等群体全部由村民小组长、网格员兼任，村民小组长、网格员工资从每月 100 元调整为 1 840 元。2022 年 3 月，村民小组长、网格员兼任巡河保洁员共 115 人。

清水沟整治前后对比图（马少君　拍摄）

二是技术手段与日常巡河有机结合。2020 年，利通区农业农村局、综合执法局、水务局联合中国铁塔股份有限公司吴忠市分公司实施了利通区“高空瞭望”监测项目，对河湖“四乱”等工作进行监控。共建设“高空瞭望”设备 35 组、超高清摄像头 70 个。每组设备可对半径 3km 区域进行 24h 实时监控，实现了主要区域全覆盖。2021—2022 年，利通区投入 30 万元聘请第三方无人机公司对全区 44 条河湖多次进行了无人机排查，发现疑似“四乱”问题共 313 个，全部完成核实整改。

三是不断完善河湖保洁长效机制。利通区境内 370km 河道、2.23km² 湖泊全部落实保洁，每年投入保洁资金 150 万元左右。2018 年，制定印发了

《利通区河长办关于印发〈利通区河湖沟道巡河保洁员管理办法（试行）〉的通知》（吴利河长办发〔2018〕21号），对辖区内的河湖保洁工作进行统一管理，对保洁工作进行日常巡查与考核，奖勤罚懒，建立了河湖长效管理机制，确保了保洁质量，提高了保洁员的工作积极性。乡级河长办采用日常巡查和定期检查相结合的形式，定期进行监督检查，促进提升河湖保洁成效。

利通区基层河湖管护体系的建立健全是对基层河湖管护模式的探索，破解了农村河道管护模式单一、管护力量薄弱、群众参与意识不强等难题，充分体现社会力量参与河湖治理和管理保护的治水新模式，推动了利通区河湖长制工作迈向新台阶。

（马彬）

清水沟城区段综合治理成效（马少君　拍摄）

新疆维吾尔自治区

守河护绿多举措——实现巩乃斯河流域“一处美”到“全域美”

巩乃斯河是伊犁河三大支流之一，发源于阿吾拉勒山和依连哈比尔尕山交接处的乌代肯达坂，自东向西横穿巩乃斯河谷，河道全长293km，流域面积7 633km^2，流经巴音郭楞蒙古自治州和静县、伊犁哈萨克自治州新源县、尼勒克县以及新疆生产建设兵团四师七十一团、七十二团和七十九团。蜿蜒曲折的巩乃斯河自东向西流经新源县全境，滋润着1 800km^{2}的那拉提草原，哺育了新源县30万余各族群众。近年来，新源县深入贯彻落实习近平生态文明思想，牢固树立和践行“绿水青山就是金山银山”的理念，认真落实“节水优先、空间均衡、系统治理、两手发力”治水思路，守河护绿，努力建设人民满意的幸福河。

守河护绿，落实机制促发展。新源县持续完善河湖长制工作机制，每年制定印发河湖长制工作要点，明确年度重点工作，不断压实工作责任，严格绩效考核评价，推动河湖管理保护取得成效。依托河长制平台，建设水系连通项目，实施渠道扩容、河道清障、清淤疏浚、防污控污等措施，恢复河流排涝、灌溉、生态等基本功能，实现“河畅、水清、岸绿、景美”目标。县级总河长积极发挥“领头雁”作用，主动抓、抓重点，带头定期巡河、发现问题、立行立改，常态化规范化开展河湖“四乱”问题整治，落实生态流量泄放管理责任，确保河道常年有水，有效维护河湖生态环境，以水生态促进全县绿色发展。

守河护绿，治理监管提效能。新源县持续加强河湖水域岸线管控工作，深入开展妨碍河道行洪突出问题排查，积极完成遥感疑似问题图斑核查整改销号。规范河道采砂管理，清理整治采砂历史遗留问题，确保河道行洪安全。强化日常监管执法，建立健全水利、生态环境、自然资源、农业农村、林业和草原、住房和城乡建设等部门联合执法机制，做好河道上下游、左右岸、干支流联防联控联治，变“分段治”为“全域治”。加大联合执法力度，2023年联合公安、检察院、法院、司法局开展五部门联合执法行动，立案查处2起，对涉水问题始终保持严打高压态势，维护了和谐的水事关系。

守河护绿，生态保护见成效。不断加大水生态保护修复，密切与生态环境、林业和草原、自然资源等部门之间的协调，进一步明确水生态保护目标和生态水量目标，加强下泄生态水量监管，推动落实重点河流主要控制断面的下泄生态水量要求。持续推进示范幸福河湖建设，以“安澜、生态、宜居、智慧、文化、发展”为目标，实施河湖健康评价，为河湖进行全面健康“体检”。实施河道人居环境整治工程、中小河流治理工程、综合治理工程等，提升巩乃斯河新源县段防洪标准，为人民群众的安居乐业提供可靠的水安全保障，更好地发挥巩乃斯河良好生态带来的经济效益、社会效益和环境效益。

守河护绿，舆论宣传氛围浓。结合每年的“世界水日”“中国水周”宣传周活动，走上街头，密切联系群众，发放水法、防洪法、水土保持、山洪灾害防御、河湖长制、节约用水等相关宣传册5万余份及宣传单6万余份。解答节约用水方法和其他涉水问题千余次，鼓励引导群众参与到河湖管理保护中。充分利用电视、网络、报纸等媒体介质，深入宣传河湖长巡河巡湖、河湖保护治理成效、巡（护）

河员作用发挥、先进人物事迹等，持续营造全社会关爱河湖、保护河湖的良好氛围。

“青山行不尽，绿水去何长。”新源县一以贯之强化河湖长制，持续推进河湖长制六大任务攻坚，巩乃斯河流域岸线管理规范，河湖治理成效日新月异，全县水质明显提升，河畅、水清、岸绿、业旺的景象逐步凸显。下一步，新源县将持续开展巡河、护河、治河，从“水安全”到“水生态”，让新源的水量丰起来、水质好起来、风光美起来，让“醉美新源”的宜居品质更上一层楼，为推动乡村振兴注入源源不竭的水美画卷，一以贯之强化河湖长制。

（唐铭）

巩乃斯河蜿蜒滋养河谷绿地（唐铭　拍摄）

守河护绿 流域生态展新颜（唐铭　拍摄）

巩乃斯河生态治理成效（唐铭　拍摄）

新疆生产建设兵团

生态治理稳推进　玛河旧貌换新颜

新疆生产建设兵团第八师石河子市市委、市政府始终牢固树立“绿水青山就是金山银山”的理念，深入践行习近平生态文明思想，充分发挥资源优势和区位优势，以河长制工作和美丽幸福河湖建设为抓手，围绕“改善水质、修复生态、人水和谐”目标，加强兵地合作、促进融合发展，共同强化空间管控和资源管理，全面开展玛纳斯河西岸石河子市城区段综合治理，着力打造“河畅、水清、岸绿、景美、人和”的健康美丽幸福河湖。

一、河湖概况

玛纳斯河流经新疆维吾尔自治区昌吉回族自治州玛纳斯县、塔城地区沙湾市、新疆生产建设兵团第八师石河子市、克拉玛依市，是第八师范围内最大的一条河流，干流全长504.3km，流域总面积为1.98万km^2。第八师石河子市管辖河段河长约141.2km，玛纳斯河石河子市城区段20.88km，夹河子水库地表水监测断面多年数据显示，均为Ⅱ类水质。

二、治理过程

2017—2023年，师市积极争取政策、努力筹措资金，总投资4.06亿元，开展对玛纳斯河石河子市城区段全线的综合治理，先后启动建设实施玛纳斯河主城区段河道及岸线整治工程、玛河公园建设、防洪治理工程、生态防护林建设、河道生态修复及整治、水土保持专项、配套公路建设、辽疆公园建设等十几项工程（项目）。

2017年，师市投资7 000万余元，用于玛河公园建设、取缔并治理玛河河道采砂场等多项成果，共填埋生活垃圾330余t、建筑垃圾800余t，水土保持覆土压盖70万余m^2，植树造林64万m^2，累计调动河道采砂坑治理机械100余机次，整治河道8.9km，清理砂石废料53.27万m^3。2020年，师市启动实施了沿玛纳斯河的玛河路（滨河南路—将军山路）建设项目，建设完成后市区至辽疆公园、肯斯瓦特旅游景点等地往返时间极大缩短。2023年，师市全面完成对玛纳斯河石河子市城区段的综合整治，围绕玛纳斯河开展了“1949 · 去野吧”“玛纳斯河冰雪嘉年华”等文娱活动，玛纳斯河第八师段成为外地游客和石玛两岸人民的休闲旅游打卡地。

三、主要成果

一是建设5座玛河橡胶坝，主汛期所有坝体塌坝运行，非主汛期则充坝蓄水成湖，蓄水总库容约90万m^3，水域面积达85万m^2，已成为石河子网红打卡地；二是建设西岸生态防护林，覆土27.85万m^3、场地绿化24.37万m^2，播种草坪46.8万m^2，栽种乔木1万棵，种植灌木4.5万m^2、沟渠开挖回填6.87万m^3、绘制墙体景观绘画0.15万m^2，铺设透水混凝土0.28万m^2、巡堤路20.3km；三是建设水土保持综合治理工程，综合治理水土流失面积15km^2，新建水土保持林23万m^2、引水渠道1 250m、滴灌管网覆盖面积约37万m^2、沉砂池泵房及配套水泵过滤器设备各1套；四是师市策划启动了玛纳斯河沿岸辽疆公园的建设，总投资2.7亿元，项目先后完成了3.2km灌溉渠道建设、覆土栽种林、草和花卉67万m^2，有效改善了玛河沿岸的水土流失现象，为周边居民提供了旅游、嬉戏、纳凉和健身步行的绝佳场所，受到周边群众的好评。

辽疆公园（王吉伟　拍摄）

四、取得成效

玛纳斯河是石河子市、玛纳斯县两岸的母亲河，兵地之间共有共享的生态廊道，通过项目建设使玛纳斯河石河子市城区段水生态环境显著改善、河道面貌焕然一新，从硬件设施方面保障了玛纳斯河石河子市城区段的生态综合治理基础，从而绘就了水清、岸绿、河畅、景美的生态画卷，方便周边群众，提高社会效益、经济效益和生态效益，让群众获得感、幸福感、安全感得到明显提升。

（新疆生产建设兵团第八师石河子市河长制办公室）

玛纳斯河2023年度防洪治理工程现场（万晨　拍摄）

九、流域河湖管理保护

Management and Protection of Rivers and Lakes in River Basins

长江流域

【流域概况】

1. 自然地理　长江是亚洲第一长河和世界第三长河，发源于青藏高原的唐古拉山主峰各拉丹冬雪山西南侧；干流全长约 6 300km，自西向东流经青海、四川、西藏、云南、重庆、湖北、湖南、江西、安徽、江苏、上海共 11 个省（自治区、直辖市），于崇明岛以东注入东海；支流延展至甘肃、陕西、河南、贵州、浙江、广西、广东、福建 8 个省（自治区）。

长江流域位于北纬 24°30′～35°45′、东经 90°33′～122°25′，西以芒康山、宁静山与澜沧江水系为界，北以巴颜喀拉山、秦岭、大别山与黄河、淮河水系相接，南以南岭、武夷山、天目山与珠江和闽浙诸水系相邻。流域面积约 180 万 km^2，占全国陆地面积的 18.75%。流域形状呈东西长、南北短，中部宽、两端窄态势。东西直线距离逾 3 000km，南北宽度除江源和长江三角洲地区外，一般均在 1 000km 左右。

宜昌以上为长江干流上游，长度为 4 504km，流域面积约 100 万 km^2；宜昌至湖口为中游，长度为 955km，流域面积约 68 万 km^2；湖口以下至长江入海口为下游，长度为 938km，流域面积约 12 万 km^2。

（梅军亚　袁德忠　郈建平　张亭　吴琼）

2. 河湖概况　长江流域共有集水面积 50km^2 以上河流 10 741 条（含山地河流 9 440 条、平原水网河流 1 301 条），总长度为 35.8 万 km。其中：集水面积 100km^2 以上河流 5 276 条，总长度为 25.85 万 km；集水面积 1 000km^2 以上河流 483 条，总长度为 8.86 万 km；集水面积 1 万 km^2 以上河流 49 条，总长度为 3.09 万 km。集水面积超 8 万 km^2 的一级支流有雅砻江、岷江、嘉陵江、乌江、湘江、沅江、汉江、赣江共 8 条。长江流域近 95%的河流集水面积为 50～1 000km^2，88.1%的河流长度小于 50km。河流条数较多的省级行政区有四川省、湖南省、湖北省。长江流域共有跨省界河流 458 条。

长江流域湖泊众多，常年水面面积 1km^2 及以上的湖泊共计 805 个（含淡水湖 748 个、咸水湖 55 个、盐湖 2 个），水面总面积为 1.76 万 km^2。其中常年水面面积为 1～10km^2 的湖泊 663 个，占流域湖泊总数的 82%；常年水面面积 10km^2 及以上湖泊 142 个，水面总面积为 1.56 万 km^2（含常年水面面积 100km^2 及以上湖泊 21 个，水面总面积为 1.199 万 km^2）。水面面积排名前五的湖泊分别为鄱阳湖（3 672km^2）、洞庭湖（2 625km^2）、太湖（2 341km^2）、巢湖（774km^2）、洪湖（402km^2）。湖泊主要分布在长江干流水系、洞庭湖水系、鄱阳湖水系、太湖水系。湖泊数量较多的省级行政区有湖北省、湖南省、青海省。长江流域共有跨省界湖泊 25 个。

（梅军亚　袁德忠　郈建平　张亭　吴琼）

3. 水文水资源　长江是中国水量最丰富的河流，水资源总量为 9 871.2 亿 m^3，约占全国河流径流总量的 36.3%。

第三次全国水资源调查评价结果显示，1956—2016 年长江流域多年平均年降水量为 1 080.7mm，折合降水总量为 19 275.5 亿 m^3，占全国降水量的 31.1%，属于降水较丰沛的地区。其中山丘区面积占 90.6%，多年平均年降水量为 1 066.8mm，占长江流域的 89.5%；平原区面积占 9.4%，多年平均年降水量为 1 214.7mm，占长江流域的 10.5%。

长江流域 1956—2016 年系列多年平均年地表水资源量为 9 775.7 亿 m^3，占全国地表水资源量的 35.9%。其中山丘区多年平均年地表水资源量为 8 931.6 亿 m^3，占长江流域的 91.4%；平原区多年平均年地表水资源量为 844.1 亿 m^3，占长江流域的 8.6%。

长江流域 2001—2016 年系列多年平均年地下水资源量为 2 449.7 亿 m^3。其中山丘区多年平均年地下水资源量为 2 213.5 亿 m^3，平原区多年平均年地下水资源量为 250.2 亿 m^3，平原区与山丘区之间的重复计算量为 14.0 亿 m^3。

丹江口大坝（张伟革　拍摄）

长江流域 1956—2016 年系列多年平均年水资源总量为 9 871.2 亿 m^3，占全国水资源总量的 34.9%。其中地表水资源量为 9 775.7 亿 m^3，占水资源总量的 99%；地下水资源量为 2 449.7 亿 m^3，占水资源总量的 24.8%；地下水资源量与地表水资源量的不重复计算水量为 95.5 亿 m^3，占水资源总量的 1%。长江上游地区多年平均年水资源总量为 4 423.1 亿 m^3，占长江流域的 44.8%；长江中游地区多年平均年水资源总量为 4 768.8 亿 m^3，占长江流域的 48.3%；长江下游地区多年平均年水资源总量为 679.3 亿 m^3，占长江流域的 6.9%。

（梅军亚　袁德忠　邴建平　张亭　吴琼）

【河湖长制工作】

1. 河湖长制运行情况　2023 年，水利部长江水利委员会组织召开长江流域河湖长制协作机制专题会，指导陕西、甘肃、四川 3 省建立嘉陵江上游地区（白龙江）跨省河流联防联治工作机制，联合发布汉中宣言；公告各级各江段河长及采砂管理五级责任人名单，将采砂管理成效纳入河湖长制考核体系。组织开展重庆市临江河、江西省宜水、江苏省焦港河 3 个幸福河湖建设项目调研，指导上述项目通过水利部幸福河湖建设成效评估；复核湖北省莺河、四川省芙蓉溪等 6 个在建幸福河湖建设项目实施方案，开展项目实施情况监督检查，指导地方加快推进项目实施；组织对江西、湖南等 7 个省推荐的 14 个幸福河湖储备项目进行现场核查。　（罗慧中　李刚）

2. 联席会议机制　2023 年，长江委会同上海市政府组织召开 2023 年长江流域省级河湖长联席会，安排部署长江流域河湖管理重点工作，印发《2023 年长江流域河湖保护治理管理工作要点》；组织长江中下游 6 个省（直辖市）召开省级河湖长联席会专题会，研究长江口咸潮入侵联防保供工作，建立长江口咸潮入侵预测预报协作机制。指导青海、四川、西藏 3 省（自治区）的 7 个市（州）召开河湖长制联席会议，进一步加强跨省河湖联防联控联治。

（罗慧中　李刚）

【水资源保护】

1. 水资源刚性约束　2023 年，长江委组织编制并按程序审批金沙江流域、洞庭湖水系、岷沱江流域水量调度方案；实施金沙江、嘉陵江、汉江等 9 条跨省河流年度水量调度管理，精准调配管控区域用水总量和控制断面下泄流量；强化监督管理，实施流域内 288 个控制断面最小下泄流量监测监督管理，对不达标断面开展预警处置、会商研判和跟踪督办。2023 年日均流量达标的断面约占全部断面的 90%，有效保障河湖合理流量和水位。

（马拥军　黄克威　夏欢　曹琳　邱凉　杨帆）

2. 节水行动　2023 年，长江委推进县域节水型社会达标建设，完成江西、湖北等 6 个省（自治区、直辖市）的 85 个县（区）县域节水型社会达标建设复核，复核通过的 69 个县（区）全部被列入水利部公布第六批达标县（区）名录；印发《关于进一步加强省级用水定额管理的通知》（办节保函〔2023〕405 号），规范开展用水定额评估管理，完成《江西省地方标准：农业用水定额》《重庆市第一产业用水定额》等省级用水定额发布前评估审核；印发《关于进一步加强计划用水管理工作的通知》（办节保函〔2023〕109 号），指导相关省份严格实行计划用水管理，全力推动长江经济带 11 个省（直辖市）年用水量 10 000m^3 及以上工业、服务业用水单位计划用水管理全覆盖；完成江西、湖北等 7 个省（自治区、直辖市）的 35 个县（区）节约用水现场监督检查，持续加强重点监控用水单位节水监管，开展节水管理情况调查，调查范围扩大至省级重点监控用水单位；严格执行节水评价制度，2023 年共完成节水评价审查 22 项；组织开展流域非常规水源纳入水资源统一配置调研，完成广东、重庆等 4 个省（自治区、直辖市）再生水利用配置试点中期评估工作；创新开展节水宣传，与湖北省水利厅、湖北省十堰市政府等在湖北省丹江口市联合开展“节水进企业”宣传活动，在第二届全国节水产业创新发展成果展上展示流域节水示范成果。

（马拥军　黄克威　夏欢　曹琳　邱凉　杨帆）

3. 生态流量监管

（1）生态流量监管体系建设。2023 年，长江委建立“日监管、周处置、月通报、年考核”工作体系，对生态流量控制断面进行实时动态监管，发送预警短信，即时通知相关监管责任人和保障责任人，协调相关省份和工程运行管理单位开展预警处置和跟踪督办，及时会商处置水利水电工程检修或事故等特殊情况下生态流量不达标情况；创新推出“处置单”管理举措，要求相关省级水行政主管部门及时核实并处置出现的生态流量不满足保障目标情况；建立月度评估通报制度，印发工作简报，逐月分析生态流量保障情况并向长江流域 19 个省级水行政主管部门通报不达标断面情况，责令其查明原因并采取有效措施；复核全国最严格水资源管理制度考核中生态流量达标情况，并提出赋分建议。

（2）生态流量核定与保障先行先试工作。2023 年，长江委选取金沙江干流、雅砻江、大渡河、嘉陵江、汉江、龙感湖等“五河一湖”作为已建水利水电工程生态流量核定与保障先行先试工作范围，将 29 个水利水电工程纳入先行先试工程名录，并将四川省负责的大渡河 7 个工程纳入大渡河先行先试报告中。通过制定工作方案、成立工作专班、多渠道收集资料、组织实地查勘调研、定期开展进度督导、多次组织交流讨论、统一技术要求等方式，科学核定有关工程生态流量目标，制定针对性保障措施，按时保质完成 6 份先行先试报告及先行先试工作总结报告。

(3) 跨省河流联合调研。2023 年，长江委会同云南、四川、湖北、湖南等省水利厅及有关单位，针对硕曲河、酉水、溇水等 3 个生态流量保障存在问题的跨省重点河流开展调研，组织协调有关各方围绕加强生态流量保障监管、厘清保障责任、落实保障措施进行讨论协商并达成共识，持续完善保障目标体系。

(马拥军　黄克威　夏欢　曹琳　邱凉　杨帆)

4. 取水管理

(1) 取水许可审批。2023 年，长江委组织完成四川省引大济岷工程规划水资源论证；批准 1 例涉及水权交易的建设项目取水申请，批准 2 例年度结余水量水权转让。2023 年，组织审查建设项目水资源论证报告书 37 份，批复取水许可申请 30 份，经组织评估批复延续取水申请 55 份，组织对 19 个建设项目的取水工程（设施）进行现场验收，颁发 27 个建设项目取水许可证和 1 个建设项目施工用水取水许可证，合计颁发取水许可证 28 套，换发取水许可证 55 套，变更取水许可证 103 套，注销取水许可证 24 套。截至 2023 年底，保有有效取水许可证 398 套，许可水量 31 166.89 亿 m^3；其中河道外用水 733.44 亿 m^3，河道内用水 30 433.45 亿 m^3。

(2) 水资源监测体系完善。2023 年，长江委不断提升数据汇集能力，持续推进省级水资源监控平台取水监测数据直接接入长江委平台工作，实现与 12 个省级水资源监控平台数据直连互通；开展流域已建重点大中型灌区、重要引调水工程、规模以上取水项目名录梳理，督促流域相关省（自治区、直辖市）加快推进；对长江流域水资源监控平台接收的流域取水监测数据进行统计、分析，按月分省下达问题清单，同时加强对数据异常、疑似超许可等问题的督导。截至 2023 年底，已建成的 807 个重点大中型灌区渠首、33 个重要引调水工程在线监测率达 100%，逾 1.1 万个规模以上取水项目在线接入率超 95%，监测年取水量超 1 500 亿 m^3。

(3) 最严格水资源管理制度考核。2023 年，长江委完成长江流域片 20 个省（自治区、直辖市）年度用水总量核算成果复核，建立区域取用水台账。开展年度跨省江河流域水量分配目标完成情况及年度水资源调度相关情况考核评价，完成江西等 6 省（直辖市）457 个重点监管取水口管控情况考核评分；西藏、四川等 7 省（自治区、直辖市）49 个水行政主管部门、280 个取水项目开展水资源管理监督检查。

(4) 取水许可监督管理。2023 年，长江委向水利部报送长江委委管取用水户 2022 年度取用水总结；批复 136 个重要引调水工程及长江委委管蓄水类取水工程 2023 年度取水计划，建立年度取水计划台账；按季度滚动更新长江委管用水统计名录库，组织调查对象按季度填报，逐一审核上报；结合用水统计、年度用水总结、取用水在线监测数据，及时发现并移送 21 条疑似超许可问题线索。

(马拥军　黄克威　夏欢　曹琳　邱凉　杨帆)

5. 水量分配　2023 年，长江干流宜宾至宜昌河段、长江干流宜昌至河口河段以及滁河流域等 3 个水量分配方案获批，长江流域 23 条重要跨省江河流域水量分配全面完成，确定了流域 1 874.76 亿 m^3 的地表水分配水量和 225 个控制断面下泄流量（水量、水位）指标，流域重要跨省江河的初始水权正式确立。

(马拥军　黄克威　夏欢　曹琳　邱凉　杨帆)

【水域岸线管理保护】

1. 河湖管理范围划定　2023 年，长江委组织完成长江流域片全国第一次水利普查名录内河湖名录抽查复核工作，累计抽查河湖（河段、湖片）5 300 余个，编制报告并上报水利部；完善河湖划界成果，组织开展长江流域片跨省河湖划界成果复核，累计复核西藏、四川等 17 省（自治区、直辖市）跨省河湖划界成果的 393 处疑似问题处理情况，指导督促地方加快推进问题整改。

(罗慧中　李刚　戴敏　汪洋　郑耀兵)

2. 岸线保护利用规划编制　2023 年，长江委组织编制完成《丹江口水库岸线保护与利用规划》，并通过水利部水利水电规划设计总院审查；复核地方报送的汉江、丹江、嘉陵江 3 条重要河流岸线保护与利用规划成果；指导督促长江流域片 19 省（自治区、直辖市）加快规划编制及审批，收集长江流域片近 100 条（个）河湖岸线规划成果及岸线功能分区成果，并录入“长江水利一张图”。

(罗慧中　李刚　戴敏　汪洋　郑耀兵)

3. 采砂规划　2023 年，长江委组织召开长江干流及主要支流湖泊采砂规划编制、审批及实施管理工作交流会；复核汉江上游、汉江中下游、江西省“五河一湖”采砂规划；加强许可和实施管理，完成采砂许可1项、保留区转化批复3项，批复陆水水库清淤及淤积砂综合利用试点项目实施方案，对19个规划可采区和吹填采砂项目、12个航道疏浚砂利用项目进行现场检查。指导各地规范许可实施，长江干流实施采区46个，采砂总量2 258万t；河道疏浚砂利用项目41个，利用砂石2 574万t。指导和推动出台《湖北省河道疏浚砂综合利用管理办法》、湖北和江西2省地方标准《河道疏浚砂综合利用实施方案编制导则》(DB42/T 2020—2023)，批复陆水水库清淤及淤积砂综合利用试点项目实施方案。

（罗慧中　李刚　戴敏　汪洋　郑耀兵）

4.“四乱”整治　2023年，长江委制定遥感图斑抽查复核工作方案，依托全国河湖长制管理信息系统，完成湖北、湖南等6省的河湖遥感图斑抽查复核工作，累计抽查复核遥感图斑9 000余个；结合责任片区河湖长制落实情况监督检查，对违法违规问题清理整治完成情况进行现场抽查复核，指导督促相关省份加大清理整治力度；对长江经济带生态环境警示片涉河湖、涉砂问题整改情况进行现场督导。（罗慧中　李刚　戴敏　汪洋　郑耀兵）

5.采砂管理　2023年，长江委部署春节、两会等重点时段采砂管理工作并督促落实。对涉砂举报、媒体反映涉砂问题进行核查，约谈部分地方非法采砂相关责任人并提请问责；开展巡江检查4次、暗访29次，暗访江段1.5万km，就发现问题向有关地方通报并督促整改。组织开展长江干流河道禁采期采砂船舶集中停靠管理检查2次，现场检查采砂船集中停靠点23个。指导各地加强执法打击，长江开展执法专项行动3 144次，查获非法采砂船17艘，政府组织统一拆除采砂船45艘，行政处罚拆除和没收采砂船9艘、采砂机具11台（套），办结涉砂行政处罚案件55件，移送司法机关非法采砂案件13件。强化信息化管理，开发涉砂案件信息填报系统，开展系统填报培训，累计培训1 000余人次，全流域涉砂行政处罚和刑事处罚案件信息实现实时共享；推动各地开展河道砂石采运管理单信息平台建设。

严打省际边界重点河段非法采砂，加大执法巡查力度，保障有关河段采砂管理秩序持续平稳。利用“执法艇+执法车+无人机”立体化巡查、共享视频监控全天候监管、河道砂石采运管理单在线验证等多元手段进行采砂执法巡查，执法效能不断提升。2023年，累计开展日常巡查1 442次，累计派出执法人员8 090人次，巡查河道长度2.45万km，巡查水域面积4.08万km^2，办结涉砂案件1件。

（罗慧中　李刚　戴敏　汪洋　郑耀兵）

6.涉河建设项目审批及监管　2023年，长江委按照有关法律法规、岸线保护与利用规划、负面清单等管控要求，遵循“确有必要、无法避让、确保安全”的原则，做好涉河建设项目工程建设方案审批。2023年，共组织完成涉河建设项目许可218项；对川气东送二线天然气管道工程宜宾长江穿越位置、芜湖市长江穿越位置、攀枝花—凉山天然气管道金沙江穿越位置选址等提出意见；组织统计三峡库区涉河建设项目占用防洪库容情况，编制《三峡水库库容安全保障工作方案》并由水利部印发；开展西南诸河、“两湖三库”（洞庭湖、鄱阳湖和三峡、丹江口、陆水水库）等涉河建设项目管理情况调研10余次。

开展在建涉河建设项目事中事后监管20余次，对187个河道管理范围内建设项目、13个水工程建设规划同意书审核项目、45个国家基本水文测站上下游建设影响水文监测的工程项目、8个编制洪水影响评价报告非防洪建设项目开展现场检查，对其中6个项目发出责令改正水事违法行为通知书；对2022年度检查发现的31个问题项目的整改落实情况进行督办，对2022年度7个疑似超许可取水单位开展现场核查。（罗慧中　李刚　戴敏　汪洋　郑耀兵）

【水污染防治】

1.协作机制　2023年，长江委落实与生态环境部长江流域生态环境监督管理局共同签订《长江流域跨省河流突发水污染事件联防联控协作机制》；会同农业农村部长江流域渔政监督管理办公室等单位发布《长江流域水生生物资源及生境状况公报(2023年)》；与中国南水北调集团有限公司、生态环境部门建立丹江口库区及其上游流域水质安全保障会商机制、信息共享机制；协同丹江口库区6县（区）政府持续完善“县—乡—村”网格化政企协同管理体制机制，共同做好丹江口库区及其上游流域水质安全保障工作。

（陈力　邓志民）

2.监督检查　2023年，长江委组织赴江苏、安徽、江西、四川、云南5省现场抽查56个重要饮用水水源地安全保障建设，将发现的21个问题印发至相关省级水行政主管部门，督促逐条整改销号，促进地方水源地安全保障能力建设。（陈力　邓志民）

【水环境治理】　2023年，长江委梳理长江流域内饮用水水源地名录管理现状、安全保障建设现状和存在问题，总结典型水源地管理与保护经验。完成《长江流域重要饮用水水源地安全保障调研报告》以及丹江口水库、陆水水库等重要饮用水水源地安全保障达标建设年度评估。对流域内204个重要饮用水水源地达标评估复核，提出水源地安全保障存在的问题和进一步加强安全保障措施与对策。组织对28个重要饮用水水源地开展109项全指标监督性水质监测工作，并将评价结果反馈至相关省级水行政主管部门，督促对抽检中分析不达标指标的核实和治理。完成三峡库区42个县级以上集中式饮用水水源地安全评估及建设，提出水源地安全保障工程与非工程措施体系。将丹江口水质安全保障作为首要任务，针对丹江口水库总磷、总氮难点，积极谋划举措并促进落实，妥善处置支流锑浓度超标、库湾水华等突发事件，有效保障丹江口库区水质安全。按照水利部部署，起草《进一步加强丹江口库区及其上游流域水质安全保障工作方案》，起草69项水利任务分工方案，编制印发长江委工作方案。

（陈力　邓志民）

【水生态修复】

1. 生物多样性保护　2023年，长江委组织对金沙江下游、赤水河等6个区域的20个断面开展水生态常规监测，编制完成《2022年长江流域水生态监测报告》。联合中国长江三峡集团有限公司等单位开展中华鲟自然繁殖监测，在湖北武汉和江苏南京、常熟等地放流全长60cm以上的“子2.5”代中华鲟幼鱼2 634尾。开展长江中下游河湖连通及生物通道恢复情况调研，配合水利部科学技术委员会开展长江中下游水系连通调研，指导安徽省系统总结凝练河湖水系连通和生物通道恢复经验做法，并在长江流域予以重点推广。推进三峡珍稀濒危水生动物种质资源活体库和三峡工程影响水域重要水生生物遗传资源保存库的建设与运行，成功开展长江鲟、圆口铜鱼等8种珍稀特有鱼类的人工繁育，驯养保育种类20余种。

（万彩兵　罗慧中）

2. 水土流失治理　2023年，长江流域各部门完成水土流失治理面积196.59万hm^2。其中修建梯田17.55万hm^2，营造水土保持林23.27万hm^2，栽植经果林14.16万hm^2，种草12.89万hm^2，封禁治理83.20万hm^2，采取其他措施治理45.52万hm^2，完成小型水利水保工程8 013处。

截至2023年底，长江流域水土流失面积32.18万km^2，其中水力侵蚀面积30.68万km^2、风力侵蚀面积1.50万km^2。与2022年全国水土流失动态监测数据相比，长江流域水土流失面积减少0.56万km^2，减幅1.72%。从侵蚀强度等级来看，中度等级和强烈等级减幅较大，分别减少14.28%和10.86%，其中强烈及以上水土流失面积减少0.24万km^2，减幅6.47%。长江流域水土保持率为82.03%，水土保持率较2022年提高0.31个百分点，植被面积共123.71万km^2。长江流域水土流失面积减少，土壤侵蚀强度降低，生态环境持续向好，绿色发展成效显著，水土流失严重的状况明显好转。

（万彩兵　罗慧中）

3. 河湖健康评价　长江委明确协调确定统一评价方案的河湖名录，印发《长江流域跨省河湖健康评价方案（2023—2025年）》。组织对安徽、湖北、四川等省14个跨省河湖健康评价报告进行审核，并反馈审核意见。

（万彩兵　罗慧中）

湖南省张家界市慈利县苗市镇洞湾村经果林建设成效（左双苗　拍摄）

【执法监管】

1. 河湖日常监管　2023年，长江委贯彻落实《水利部办公厅 最高人民法院办公厅 最高人民检察院办公厅 公安部办公厅 司法部办公厅关于印发〈河湖安全保护专项执法行动工作方案〉的通知》（办政法〔2023〕159号）要求，印发《长江水利委员会河湖安全保护专项执法行动方案》，在日常巡查中发现并上报水事违法线索238条，向有管辖权的省级水行政主管部门移交线索66条，立案查处水事违法案件5起；按照水利部、司法部统一部署，在负责执法监督的7省（自治区、直辖市）中抽查湖北、四川2省开展现场执法监督，召开座谈会5次，现场复核违法行为发生地18处，抽查执法案件卷宗22份。2023年，共办理府河输变电项目、汉江郧阳段河道内违规建房、丹江口市均县镇丹江口库区内取土垫地项目等信访事项举报核查7项；持续开展三峡、丹江口、陆水、皂市水库等日常巡查，与地方水行政主管部门协同开展长江干流和三峡、丹江口、陆水、皂市水库及洞庭湖、鄱阳湖地区等综合执法现场监督检查70余次，开展疑似水事违法项目卫星影像解译，排查项目 225 个。

（戴敏　汪洋　郑耀兵　罗慧中）

2. 联合执法　2023 年，长江委组织召开水利部、公安部、交通运输部及其派出机构联席会议，配合长江航运公安局开展长江干线水域非法采砂专项打击整治行动；联合湖北省、江西省、安徽省开展长江 3 省交界水域巡江执法行动，联合长江航运公安局开展长江黄石—芜湖段非法采砂违法犯罪专项整治联合执法行动；严格落实长江省际边界重点河段采砂管理联合执法长效机制，共开展跨区域联合执法 69 次。联合长江航运公安、海事、渔政及基层水利等部门开展省际边界河段采砂管理和渔政执法 91 次，出动执法人员 1 790 人次、执法艇 211 艘次。“长江水政 17”及其 1 名执法队员分获农业农村部渔政特编执法船队工作“突出集体”“突出个人”表彰；长江委与长江航运公安、地方公安开展联合执法 47 次。

（戴敏　汪洋　郑耀兵　罗慧中）

长江保护法两周年联合执法普法

（朱江　拍摄）

3. 刑事司法衔接和检察公益诉讼机制　2023 年，坚持用好九江区域水行政执法与检察公益诉讼协作机制，召开 2023 年长江流域九江区域水行政执法与检察公益诉讼联席会、赣皖省际边界重点河段水行政执法与检察公益诉讼协作机制推进座谈会；与水利部珠江水利委员会、广西壮族自治区人民检察院、广西壮族自治区水利厅印发《关于水行政执法与检察公益诉讼协作机制的实施细则》；与交通运输部长江航务管理局印发全面深化合作工作机制和 2023 年度合作工作要点；与珠江委、贵州省水利厅、贵州省公安厅联合印发《关于加强河湖安全保护工作的实施意见》。

（戴敏　汪洋　郑耀兵　罗慧中）

【水文化建设】

1. 科普宣传　2023 年，长江委召开年度宣传和水文化工作会议、举办年度新闻宣传与水文化业务培训班，落实水利部宣传和水文化工作部署，有序推进新阶段治江新闻宣传和水文化建设工作。长江出版社全年出版新书 600 余种，其中治江主题图书 200 余种；《三峡水文志》《汉江集团公司志》《丹江口人精神》等图书编撰工作积极推进；《长江河湖大典》《长江巨变 70 年丛书》获第五届湖北出版政府奖图书奖，《长江文化史》《长江三峡水利枢纽建筑物设计及施工技术》获第八届中华优秀出版物奖，《长江这 10 年》入选 2023 年主题出版重点出版物选题。

长江委组织开展“世界水日”长江文明馆“云看展”直播活动；策划制作的《一滴水的北上之旅——南水北调中线调水 500 亿》获 2023“讲好中国故事”创意传播国际大赛湖北分站赛二等奖，《小水滴游长江》获 2023 中国正能量网络精品征集展播活动“网络正能量图片”荣誉，《梅雨是个啥?》获第一届“防汛抗旱你我他”科普创作大赛一等奖，《今天你节水了吗?》获华东地区暨全国部分省市微视频（微电影）作品大赛好作品奖；《人民长江报》、长江水利网、“长江水利”微信公众号、《长江年鉴》开设水文化专版，打造“文化长江”专栏；推进廉洁文化建设，策划专题报道、主题海报、“水韵清风”系列动漫短视频等；重点扶持《水脉长歌》《攀登乌东德》等一批高质量文学作品，反映长江流域文明重大主题的长篇报告文学《和平长江》在北京市举行新书首发式和研讨会。

制定并推进汉江水文化建设实施方案，完善水文化、水利科普等场馆设施，出版《丹心寄北流》《丹江口红色治水精神》《汉江流域水文化遗产》等图书，打造水文化建设示范样本；丹江口水利枢纽工程入选第四届水工程与水文化有机融合典型案例；重点推进汉口、宜昌、沙市、城陵矶等国家重要水文站文化提升工作，有序实施中游测区安乡、大湖口等 4 处国家基本水文测站提档升级；将丹江口水库库区水文化资源纳入“丹江口库区全息影像一张图”中，开展南水北调中线水源地水文化版块试点建设工作，采取信息化手段，围绕历史文化、水质文化、生态文化，展现汉江水文化的独特魅力和时代价值；推出《北流长歌》《南水北调中线水源赋》等原创作品，被新华网、央视网等国家级新闻媒体及栏目报道传播。

（韩诗　李黎　廉欣培）

2. 志愿行动　2023 年，长江委在三峡试验坝——陆水试验枢纽管理局举行“关爱山川河流·润泽千村万户”志愿服务长江委分会场活动；组织开展的“讲好水利故事”水利作家志愿服务项目获第六届中国青年志愿服务项目大赛金奖及第十四届中国青年志愿者优秀项目奖，“做节水先锋·护碧水长清”志愿服务项目、“保护母亲河·水文在行动”志愿服务项目获第六届中国青年志愿服务项目大赛铜奖。由中国水利文学艺术协会文学分会江河志愿服务队组织开展的“扎根水利一线·讲好水利故事”志愿服务项目被评为2022—2023年文学志愿服务示范性重点扶持优秀项目。

（韩诗　李黎　廉欣培）

3. 社会合作　2023年，长江委积极参与长江国家文化公园及长江国家博物馆建设工作；联合武汉市社会科学院、武汉大学主办第三届长江文化学术研讨会并承办分论坛；派员参加首届陕西汉江水文化研讨会并作主旨发言，组织参加中国国家画院举办的“守护好一江碧水”美术作品展开幕式；完成湖北省文化和旅游厅委托的重点课题“湖北长江水利文化与航运文化研究”。由长江设计集团有限公司规划设计、牵头承建的南水北调博物馆项目主体建筑实现封顶。（韩诗　李黎　廉欣培）

4. 国际交流　2023年，长江委举办第18届世界水资源大会长江委专场会议、第二届全国节水产业创新发展成果展等水事活动。长江设计集团有限公司联合《长江日报》面向全球发布服务共建“一带一路”十周年形象片《“智”水惠泽新丝路》。

（韩诗　李黎　廉欣培）

【数字孪生水利建设】

1. 管理信息系统　2023年，“长江水利一张图”先后为水行政执法、汉江取水口现场调研、长江流域取水户检查、岸线清理回头看、生态环境突出问题监督检查、大型生产建设项目现场检查和生产建设活动监管等专项行动提供支撑保障，累计采集现场信息3 000余项。充分运用数字孪生、人工智能等前沿技术，实现涉河建设项目上图、研判、评分、行文等功能，全年为100余个许可审批事项提供平台支撑，有力提升河湖管理智能化水平。

进一步升级完善长江河道砂石采运管理单信息平台，强化平台推广应用，长江干流实现砂石电子采运管理单应用全覆盖。2023年，平台服务采砂区63个、疏浚砂综合利用项目51个，开出采运单14 705张、疏浚砂利用单12 327张。

（罗伟伟　王巧　张志鑫　孙李城）

2. 数字孪生　2023年，长江流域数字孪生先行先试取得成效，长江委遵循按照“需求牵引、应用至上、数字赋能、提升能力”的要求，负责完成数字孪生汉江流域、丹江口、江垭皂市先行先试建设任务，技术牵头完成数字孪生三峡先行先试建设任务，并在业务工作中初步发挥成效，其中数字孪生三峡、数字孪生丹江口入选水利部2023年数字孪生水利建设十大样板名单。

首个数字孪生流域建设重大项目——长江流域全覆盖水监控系统建设项目可行性研究报告获得国家发展和改革委员会批复，初步设计报告通过水利部审查，项目如期开工。

（罗伟伟　王巧　张志鑫　孙李城）

黄河流域

【流域概况】

1. 自然地理　黄河是中华民族的母亲河，也是中国的第二大河，孕育了光辉灿烂的华夏文明。黄河流域位于东经95°53′～119°05′、北纬32°10′～41°50′，西起巴彦喀拉山，东临渤海，北抵阴山，南达秦岭，横跨青藏高原、内蒙古高原、黄土高原和华北平原等4个地貌单元，地势西部高，东部低，由西向东逐级下降。黄河流域大部分位于干旱和半干旱地区，生态环境脆弱，水土流失严重，是中国生态脆弱区分布面积最大、脆弱生态类型最多的流域之一。黄河流域是中国重要的经济地带，黄淮海平原、汾渭平原、河套灌区是农产品主产区，粮食和肉类产量占全国1/3左右。黄河流域又被称为“能源流域”，煤炭、石油、天然气和有色金属资源丰富，煤炭储量占全国一半以上，是中国重要的能源、化工、原材料和基础工业基地。

（魏青周　汤亚平）

2. 河湖概况　黄河发源于青藏高原巴颜喀拉山北麓的约古宗列盆地，流经青海、四川、甘肃、宁夏、内蒙古、山西、陕西、河南、山东9省（自治区），在山东省东营市垦利区注入渤海。黄河干流河道全长5 464km，落差4 480m，流域面积79.5万km^2（包括内流区4.2km^2），流域人口1.1亿，耕地面积0.163亿hm^2。（魏青周　汤亚平）

3. 水文水资源　根据1956—2000年系列水资源调查评价，黄河流域水资源总量为647.0亿m^3，多年平均河川天然径流量为534.8亿m^3，相应径流深71.1mm。按地理位置及河流特征划分将黄河为上、中、下游，从黄河河源到内蒙古自治区呼和浩特市托克托县的河口镇为上游，干流河道长 3 472km，流域面积 42.8 万 km^2；从河口镇到河南省郑州市桃花峪为中游，干流河道长 1 206km，流域面积 34.4 万 km^2；桃花峪以下至入海口为下游，河长 786km，流域面积 2.3 万 km^2。黄河是世界上输沙量最大、含沙量最高的河流。1919—1960 年，人类活动影响较小，基本可代表天然情况，三门峡站实测多年平均输沙量约 16 亿 t，其中粗泥沙（$d>0.05$mm）约占总沙量的 21%，其淤积量约为下游河道总淤积量的 50%。

（魏青周　汤亚平）

【河湖长制工作】

1. 河湖长制运行情况　2023 年，黄河流域 9 省（自治区）均召开省级河湖长制工作会议和厅际联席会议，发布省级总河长令 10 个，省级河长巡河 112 次，其中总河长巡河 58 次，高位推动解决河湖保护治理管理重大问题，河长制办公室组织、协调、分办、督办职能进一步强化，部门协调更加顺畅。印发实施《黄河流域村级河湖管护体系建设指导意见》（黄省联办〔2023〕2 号），建立黄河流域村级河湖管护长效机制，村级河湖管护水平有效提升，农村河湖面貌得到进一步改善。黄河流域 9 省（自治区）充分发挥考核“指挥棒”作用，开展河湖长制表彰奖励，对河湖长制真抓实干、成效明显地方给予激励，各地河湖管护的积极性进一步增强。

（魏青周　姜昊）

2. 联席会议机制　2023 年 7 月 12 日，第二次黄河流域省级河湖长联席会议以线上线下相结合的方式召开，四川省成都市设主会场，黄委、流域其他省（自治区）设分会场。会议旨在深入学习贯彻习近平生态文明思想，全面贯彻落实黄河保护法，总结交流河湖长制和河湖管理保护经验做法，安排部署 2023 年重点工作，进一步共同抓好大保护，协同推进大治理，深入推动黄河流域生态保护和高质量发展。联席会议轮值召集人、四川省委副书记、省长主持会议并讲话。受水利部部长李国英指派，水利部河湖管理司司长、水利部河长办主任陈大勇在主会场出席会议并讲话。受联席会议副召集人、黄委主任祖雷鸣委托，联席会议办公室主任、黄委副主任周海燕作联席会议工作报告，全面总结了 2022 年黄河流域河湖长制工作开展情况，提出了 2023 年需要做好的重点工作。会议审议通过了《黄河流域贯彻实施黄河保护法指导意见》《黄河流域村级河湖管护体系建设指导意见》，周海燕就审议事项起草情况作了说明，黄河流域 9 省（自治区）作交流发言。黄委有关部门和单位，流域省（自治区）河长办成员单位和水利厅有关部门负责同志参加会议。

（魏青周　姜昊）

【水资源保护】

1. 水资源刚性约束　2023 年，组织制定黄河干流全面落实水资源最大刚性约束试点实施方案、黄河流域各类公园建设中强化“四水四定”约束实施方案，持续推动水资源刚性约束落地见效。加强水资源配置工程水资源刚性约束论证和审查，对水资源超载地区、不符合区域水资源刚性约束指标以及未充分使用非常规水的项目不予批准取水许可。严格用水总量和强度双控，逐年开展黄河水资源管理台账核算，动态掌握各省（自治区）黄河地表水取水许可审批和分水指标使用情况。持续推动非常规水纳入统一配置，76%的新增取水项目通过水权转让和非常规水解决用水需求。实行水资源差别化管理，对黄河流域 7 省（自治区）13 个地表水超载市和 62 个地下水超载县暂停新增取水许可审批，水资源刚性约束成效初显。

（王伟禄　闫路遥）

2. 节水行动　2023 年，黄委贯彻黄河保护法，组织开展黄河流域高耗水工业和服务业强制性用水定额研究，《黄河流域典型高耗水行业用水情况调查及强制性用水定额制定》研究成果通过水利部节约用水促进中心验收。推动实施黄河流域深度节水控水行动，制定《黄委全面加强水资源节约高效利用工作的实施方案》，印发《2023 年黄河流域深度节水控水攻坚战工作要点》（节保〔2023〕3 号）并全面完成相关工作。落实节水评价制度，2023 年审查通过 74 个项目，全部达到用水定额相应要求。强化用水定额管理，结合省级用水定额修订周期，开展新疆用水定额评估，评估报告报送水利部水资源管理中心。开发推出黄河流域用水定额微信小程序，为定额查询提供便利。指导流域（片）省（自治区）全力推进县域节水型社会达标建设，对西北 6 省（自治区）共 94 个县域节水型社会达标建设进行复核。推动流域 68%的县域建成节水型社会，流域 9 省（自治区）均超额完成国家节水行动建设目标。

开展节约用水监督检查，组织对青海、甘肃、宁夏、陕西、河南、新疆 6 省（自治区）和新疆生产建设兵团节约用水情况进行监督检查，累计完成 13 个市级水行政主管部门、35 个县级水行政主管部门、140 家用水单位节约用水情况监督检查任务。组织完成上海、江苏、浙江 10 个典型地区再生水利用配置试点中期评估工作，成果报送全国节约用水办公室。

加强计划用水管理，印发《黄委关于进一步加强计划用水管理工作的意见》（黄节保〔2023〕9号），开展2023年黄河流域计划用水管理情况评估，巩固提升10 000m^3及以上的工业和服务业用水单位计划用水管理全覆盖成果。推进高校节水行动，推动流域66%的高校建成节水型高校。推动节水科技研发创新，组织参加第二届全国节水产业创新发展大会并获优秀组织奖，2项技术获优秀技术奖。“大中型灌区数字孪生场景构建技术”“黄河灌区输水渠道高效运行控制关键技术”入选《国家成熟适用节水技术推广目录（2023年）》。

开展节水宣传，组织黄河流域开展百余项“节水中国 你我同行”联合行动，组织黄河流域1万余名干部职工参加第三届全国节约用水知识大赛并获评优秀组织单位奖。联合河南广播电视台播放节水公益广告；联合共青团河南省委、阿里巴巴公益基金开展的“节水护水 青春力量”网络答题活动，近10万人参与。在《中国水利报》等媒体发表节水信息300余篇。组织开展节约用水管理培训班。

（王伟禄　闫路遥）

3. 生态流量监管　2023年，采用“日监管、月通报、年评估”的方式，加强对黄河干流、渭河、洮河、大通河、北洛河、无定河、伊洛河、湟水、窟野河、泾河等10条已确定生态流量保障目标的重点河流生态流量进行监管。2023年，黄河流域10条重点河流20个主要控制断面生态流量均达标。

（王伟禄　闫路遥）

4. 取水管理　2023年，着力推进黄河保护法配套制度建设，搭建黄河水资源管理的“四梁八柱”，制定印发《黄委关于研究取水口所在地省级人民政府水行政主管部门意见的工作程序》（黄水调函〔2023〕96号）。组织制定黄河流域跨省重要支流取水许可管理办法，已经水利部批复。全面实施黄河干流取水许可管理，组织对黄河干流地表水取水口情况进行梳理排查，初步建立黄河干流取水口管控台账。按照应管尽管、稳慎有序、便民高效的原则，有序推进黄委与地方取用水项目相互移交工作。全面完成取用水管理专项整治行动整改提升及回头看工作，196个违规取用水项目全部完成整改，取用水管理秩序持续向好。（王伟禄　闫路遥）

5. 水量分配　窟野河流域水量分配取得重要突破，于2023年1月12日获得批复。分配方案明确，2030水平年，窟野河流域河道外地表水多年平均分配耗水量0.61亿m^3，其中内蒙古自治区0.25亿m^3，陕西省0.36亿m^3。窟野河流域不同来水条件下河道外地表水耗水量分配份额，由黄委商内蒙古自治区、陕西省水行政主管部门，视当年来水情况按同比例丰增枯减的原则，在流域年度水资源调度计划中确定。至此，9条重要跨省支流中已有7条支流水量分配方案获水利部批复。（王伟禄　闫路遥）

【水域岸线管理保护】

1. 河湖管理范围划定　2023年，按照水利部部署安排，黄委认真组织开展直管河道管理范围及水利工程划界工作，编制印发《2023年度直管河道和水利工程划界实施方案》（黄河湖〔2023〕89号），开展黄委年度划界项目预算工作，于2023年底前顺利完成河南、山西2省4个县级水管单位辖区划界任务。2023年度划界工作范围主要为三门峡库区河段，具体任务为三门峡市黄河河务局所辖湖滨区、陕州区、灵宝市3个水管单位的河道和水利工程划界全部工作，以及芮城三门峡库区服务中心的部分地籍测绘工作。

（姜昊　张超　侯牧村　张亚培）

2. “四乱”整治　纵深推进河湖“清四乱”常态化规范化，2023年，黄河流域河湖“四乱”问题清理整治持续发力，黄委通过发函、电话督办、监督检查等多种形式，督促流域省（自治区）加大清理整治力度，遏增量、清存量，2023年共完成整治黄委台账内河湖“四乱”问题937个，流域河湖面貌持续向好，水生态水环境有效改善。持续督促流域省（自治区）河长办、水利厅加快剩余妨碍河道行洪突出问题清理整治，黄河流域妨碍河道行洪突出问题1 947个全部完成清理整治。2023年，生态环境警示片水利问题整改42个问题，已基本完成整改34个，问题整改取得阶段性成果。按照水利部安排部署，开展河湖遥感图斑核查工作，通过采取线上复核的方式，分别对新疆、青海、甘肃、宁夏、内蒙古、陕西、河南7省（自治区）和新疆生产建设兵团的86 728个河湖遥感图斑进行抽查复核，并向被核查地区水行政主管部门进行了反馈，同时汇总核查情况，按时提交核查报告报送水利部。

（姜昊　张超　侯牧村　张亚培）

3. 采砂管理　严格采砂实施方案编制和许可管理。以规划为依据，认真做好年度采砂实施方案组织编制工作，严格方案审查、采砂许可。2023年，共批复19个县（区、市）年度采砂实施方案，发放采砂许可证57个，许可采量共计1 335.16万t。严格按照《2023年水利部本级和流域管理机构事中事后监管计划》的监管任务要求，对许可采区开展事中事后现场监管检查26次。每日运用黄委直管河段采砂智能监管平台对半数以上采砂区进行线上监管。

全面落实采砂管理 4 个责任人。按照水利部要求，2023 年黄委逐段落实直管河段重点河段、敏感水域采砂管理河长责任人、行政主管部门责任人、现场监管责任人、水行政执法责任人共计 1 509 名。河长责任人统一由县长担任，行政主管部门责任人由黄委所属管理单位相关负责人担任，现场监管责任人由乡镇长担任，水行政执法责任人由黄委所属水政监察队伍负责人担任，并向社会进行公示。要求采砂管理责任人知责尽责担责，落实河湖长动态调整机制和责任递补机制，采砂管理 4 个责任人发生变化时，由相应职务新任人员自行接替，进一步压紧压实采砂管理责任。

严厉打击非法采砂。持续巩固全国非法采砂专项整治行动和黄河流域河道采砂专项整治成果，严厉打击非法采砂，加大日常监管力度，确保非法采砂问题及时发现、及时查处，切实维护河道采砂秩序。2023 年，累计出动 2 万余人次，巡查河道 37 万余 km，共依法查处（制止）非法采砂行为 160 起，办理行政处罚案件 65 件，行政处罚 67 人。

不断完善黄委直管河段采砂智能监管系统。从管理需求着手，不断提高黄委直管河段采砂智能监管系统信息化、智能化水平，实现“范围精准管控、采量精确计量、视频实时监控、人工智能预警、闸机远程控制、三维可视管理、无人值守巡飞、信息全程追溯”八大智慧监管功能。2023 年，组织研发了砂场三维管理功能和无人值守巡飞功能。三维可视管理功能，即无人机定期扫描，生成砂场 3D 实景模型，直观呈现砂场道路、堆砂区、出入口以及岔路口等关键要素，与监控点实时画面联动，大幅提高了监管效率。无人值守巡飞功能，即在砂场安装全自动无人机机库，实现无人机自动起降、充电、收纳、数据上传等功能，通过系统可下达自动巡查和即刻巡查指令。无人机巡查半径为 10km，配备高清摄像机和热成像摄像机，可实现远距离昼夜巡飞和集群化管理，有效扫除了非许可采区监管盲区。

（姜昊　张超　侯牧村　张亚培）

4. 涉河建设项目审批及监管　严格涉河建设项目和水事活动审批许可。2023 年 7 月，河道管理范围内建设项目工程建设方案审批工作由黄委政策法规局移交给黄委河湖管理局。依照相关法律法规和《水利部关于加强河湖水域岸线空间管控的指导意见》（水河湖〔2022〕216 号），黄委河湖管理局履行黄委权限河道管理范围内建设项目和特定水事活动审批许可职责，严格管控各类水域岸线利用行为。2023 年，共受理涉河建设项目 94 项，发放许可文件 54 份；受理特定水事活动 5 项，已许可 4 项。

持续强化事中事后监管。2023 年，黄委持续强化事中事后监督管理，建立健全监管长效机制，丰富监管手段。通过加强河湖日常巡查，开展在建涉河建设项目汛前监督检查，借助卫星遥感、图斑检查、无人机等技术手段，构建起严密的监管体系。黄委对山东、河南、山西、陕西 4 省的重点建设项目开展监督检查，组织相关委属单位对 130 项在建涉河建设项目和水事活动进行监督管理，确保了防洪安全和工程安全。

推动涉河政务服务提质增效。进一步规范行政许可行为，提升政务服务质量和效能，积极举办“我陪群众走流程”系列政务服务体验活动，组织黄委管理人员和许可具体工作人员、长江委相关人员亲身体验政务服务运行管理的基本情况，以群众、企业视角探索发现涉河政务的堵点难点问题线索，研究建立政务服务效能提升的常态化工作机制。通过举办行政许可座谈会等方式，及时贯彻落实国务院、水利部有关涉河许可方面的最新制度规定，组织工作人员学习许可办理工作重点环节注意事项和规范的操作流程。2023 年，涉河建设项目审批按时办结率为 100%，申请人满意度为 100%。通过强化行政许可程序把控，加强各业务部门沟通与各环节衔接，实现了涉河建设项目许可事项高效规范有序办理，推动了涉河政务服务提质增效。

（姜昊　张超　侯牧村　张亚培）

5. 配合完成《黄河干支流目录》　2023 年，按照贯彻落实黄河保护法任务分工，黄委积极配合水利部编制《黄河干支流目录》，组织骨干成立专班，收集整理相关资料，逐条复核各省（自治区）反馈意见，参加水利部技术审查会两次。4 月，按照审查会专家意见和水利部河湖管理司安排，黄委通过遥感图斑和现场核查等方式，对沿黄 9 省（自治区）关于黄河干流及其一级、二级支流目录的意见进行了进一步复核并将复核结果上报水利部。7 月 20 日，水利部正式公布《黄河干支流目录》。此次公布的《黄河干支流目录》包括黄河干流及流域面积在 $50km^2$ 以上（含）的一级、二级支流共 2 025 条，其中一级支流 536 条，二级支流 1 489 条。

（姜昊　张超　侯牧村　张亚培）

【水污染防治】　2023 年 10 月，黄委派员参加由生态环境部组织的 2023 年统筹强化监督第二阶段工作，前往广西壮族自治区河池市、百色市进行入河入海排污口排查整治情况现场监督检查，围绕干流及重要支流（水体）、重点湖泊排污口的排查质量、已完成整治排污口的整治成效和日常监督管理工作发现的问题等内容，采取资料审核、现场检查相结合的方式，开展督导帮扶。2023 年 9 月，应对沁河突发水污染事件，立即启动应急小组，连夜开展水环境预测，提交应急处置对策建议及下游主要地表水源地排查报告，组织应急会商会，应对突发水污染事件。（徐晓琳）

【水环境治理】 2023 年，为落实黄河保护法有关规定，按照水利部统一部署，编制完成《黄河流域重要饮用水水源地名录》上报水利部水资源管理司。11 月 28 日，水利部正式印发《水利部关于印发黄河流域重要饮用水水源地名录的通知》（水资管〔2023〕337 号）。完成对青海、陕西、河南、山东、新疆和新疆生产建设兵团水源地安全保障达标建设现场抽查评估工作，编制《黄河流域（片）2023 年度全国重要饮用水水源地达标建设抽查评估报告》并上报水利部水资源管理司。（赵丽萍）

【水生态修复】

1. 生态补偿机制建立　精准实施重点地区生态补水，2023 年累计向乌梁素海补水 4.87 亿 m^3，实施引黄入冀调水 7.26 亿 m^3，向河口三角洲湿地补水 2.09 亿 m^3。（王伟禄　田金梅　魏青周　姜昊）

2. 水土流失治理　截至 2022 年底，黄河流域水土流失面积为 25.55 万 km^2，其中水力侵蚀面积 18.54 万 km^2，风力侵蚀面积 7.01 万 km^2。累计初步治理水土流失面积 26.88 万 km^2，其中修建梯田 646.15 万 hm^2，营造水土保持林 1 335.51 万 hm^2，种草 244.87 万 hm^2，封禁治理 461.52 万 hm^2。建成淤地坝 5.72 万座，其中大型淤地坝 6 423 座，中型淤地坝 1.10 万座，小型淤地坝 3.98 万座，水土保持率为 67.85%，植被面积共 54.49 万 km^2。

与 2021 年全国水土流失动态监测数据相比，2022 年黄河流域水土流失面积减少 0.38 万 km^2，减幅 1.47%。从侵蚀强度等级来看，强烈及以上水土流失面积减少 0.21 万 km^2，其中剧烈等级减幅较大，减幅 19.23%。黄河流域水土流失累计治理面积增加 0.92 万 km^2，增幅 3.54%；水土保持率提高 0.48 个百分点。黄河流域水土流失面积减少，土壤侵蚀强度降低，生态环境持续向好，绿色发展成效显著，水土流失严重的状况得到了明显好转。

2023 年，黄委完成部批生产建设项目水土保持跟踪检查及验收核查 80 项，连续 13 年实现部批项目监督检查全覆盖。强化违法违规项目查处，有力惩治了水土保持违法违规行为。将存在严重违法违规问题且不按要求整改的某煤矿项目建设单位列入水土保持“重点关注名单”，在全国水利建设市场监管平台向社会公开 1 年，实行信用惩戒，并启用水行政执法与检察公益诉讼协作机制，协调准格尔旗人民检察院对该项目水土保持问题进行立案调查，该案是黄河流域水行政执法与检察公益诉讼协作机制水土保持第一个案例；开展河湖安全保护专项执法行动水土保持违法违规整治，将 7 个严重违法违规项目移交地方依法查处，将整改不到位的 1 个项目违法违规问题线索移交山西省人民检察院；对 1 个输气项目“未批先建”问题进行约谈，指导新疆维吾尔自治区水利厅对 1 个储备库项目“未批先建”问题进行挂牌督办。（王伟禄　田金梅　魏青周　姜昊）

3. 河湖健康评价　按照水利部安排部署和流域 9 省（自治区）工作安排，2023 年，黄委协调完成设立省级河湖长的跨省份河流、各省份之间的省界河湖为湟水、大通河、洮河等 3 条河流，涉及青海、甘肃 2 省。黄委根据《河湖健康评价指南（试行）》（第 43 号）等相关技术文件，组织专家对湟水、大通河、洮河等 3 条河流的河湖健康评价技术文件进行审查，经与青海、甘肃 2 省充分协调沟通后，确定统一评价方案，有序开展河湖健康评价工作。湟水、大通河和洮河等 3 条河流健康评价工作完成后，青海、甘肃 2 省分别对任务河段编制了《河湖健康评价报告》，黄委及时组织有关专家进行了审核并反馈了审核意见。经黄委审核后，湟水、大通河、洮河等 3 条河流的《河湖健康评价报告》上传至“河湖健康管理系统”，为科学动态掌握河湖健康状况，扎实做好河湖管理保护工作提供有力支持。

（王伟禄　田金梅　魏青周　姜昊）

【执法监管】 2023 年，黄委进一步加强河湖日常巡查与监管，开展河湖管理、水资源保护和河湖安全保护三大专项执法行动，确认问题 497 个，立案 195 件，结案 160 件，罚款 330 余万元，催缴水资源费 7 000 万余元。积极推动流域水行政执法与地方涉河部门、司法机关联合执法衔接机制在黄河流域落地，建立了信息共享、线索移送、联合执法、重大案件会商、协作办案等一系列制度。共出台水行政执法“四项机制”相关文件 179 件，其中刑事司法衔接机制文件 30 件、检察公益诉讼衔接机制文件 24 件、跨区域联动机制文件 15 件、跨部门联合机制文件 110 件。与其他区域联合执法 381 次，与其他区域联席会商 180 次，区域联合执法立案 26 件，与其他部门联合执法 2 133 次，与其他部门联席会商 1 033 次，部门联合执法立案 33 件。在沿河累计设立 26 处黄河生态环境司法修复基地和 37 个巡回法庭。以黄河流域省级河湖长联席会议办公室文件出台《黄河流域贯彻实施黄河保护法指导意见》（黄省联办〔2023〕2 号），联合流域 9 省（自治区）检察院共同签署《黄河流域水行政执法与检察公益诉讼协作机制实施细则》（黄政法〔2023〕163 号），完成 7 家水行政联合执法协作平台试点单位建设。

2023 年，通过流域管理机构与地方涉河部门、司法机关的协调联动，协作配合更加密切，沟通协调更加顺畅，执法监管效能进一步提升，有效查处了一批重大水事违法行为，有力保障了黄河行洪安全，维护了河湖健康生命。（赵妍）

【水文化建设】

1. 科普宣传　2023 年，黄委利用全国科技活动周、全国科普活动日等重大时间节点，充分发挥黄委科技创新成果、科普教育基地等优势资源，增强科普创作能力、加强科普基础设施建设、壮大科普人才队伍、提升科普活动效益。在全国科普日活动期间，黄委选派的刘君瑜、芦一平 2 位选手在第四届全国水利科普讲解大赛总决赛中喜获佳绩，分别获得二等奖、三等奖，展现了新时代治黄人的良好精神风貌。11 月 28 日，黄委举办“黄河治理文化的思考和初步认识”学术交流报告会，中国水利学会水利史与水利遗产专委会副主任委员、水利部财务司一级巡视员作学术交流报告。

发挥黄河博物馆宣教功能和窗口作用，全年累计接待游客超 9 万人次，完成讲解接待 1 100 多批次，开展黄河保护法宣贯、黄河流域非遗作品展等专题展览。组织地方中小学校参加全球水博物馆联盟第四届“我们渴望的水”国际青年大奖赛，选送的作品《黄河水车》《生命之源——水》被展出。（只茂伟）

2. 志愿行动　2023 年 4 月 1 日，在黄河保护法施行首日，由水利部精神文明建设指导委员会办公室、水利部政策法规司、共青团中央社会联络部、水利部黄河水利委员会共同指导，黄委有关单位、共青团河南省委、中国保护黄河基金会等单位联合主办的“法护黄河青春行”系列活动启动仪式在河南省郑州市举行。水利部、共青团中央、共青团河南省委相关负责人，黄河流域省（自治区）的青年志愿者代表共 200 余人参加启动仪式。

该系列活动由“百名博士进百校”黄河保护法宣讲活动、“黄河小小讲解员”“青春护河 法入社区”志愿服务活动、“黄河文化青年创客大赛”“青少年水文开放日”等主题实践活动组成。旨在充分发挥团员青年生力军、突击队作用，组织动员黄河流域省（自治区）团青组织和广大团员青年、少年儿童携手同心、同向发力，学习宣传黄河保护法，在全社会营造尊法学法守法用法、依法保护黄河的浓厚氛围，为在法治轨道上推动黄河流域水利高质量发展、深入推动黄河流域生态保护和高质量发展重大国家战略实施凝聚强大青春动能，以实际行动把习近平总书记关于黄河保护治理重要讲话指示批示精神落到实处，为黄河成为造福人民的幸福河贡献青春力量。（只茂伟）

“法护黄河青春行”活动在黄河博物馆启动

（黄河水利委员会　供图）

3. 强化组织领导和统筹谋划　2023 年，成立推进黄委黄河水文化建设领导小组，编制《黄委保护传承弘扬黄河水文化三年行动计划（2023—2025 年）》。（只茂伟）

4. 推进黄河流域重要水利遗产调查　2023 年，搜集梳理黄河下游堤防、古渡口、黄河故道堤防以及水利古碑刻题刻、黄河水利典籍等重要水利遗产线索 700 余处。编制《黄河流域重要水利遗产调查方案》和配套文件，初步搭建黄河流域重要水利遗产信息管理系统。启动山东、河南 2 省重要水利遗产实地调查，完成 590 余处点位现场调查和信息录入。征集流域省（自治区）有关黄河的地方志、年鉴、河道图和历史影像线索 690 条。开展河南省境内黄河故道地区重要水利遗产调查，调查整理古建筑、古渡口、古碑刻题刻、决口遗迹、古堤防等水利遗产信息 133 处。（只茂伟）

5. 开展黄河水文化研究　2023 年，配合水利部做好《中国黄河文化大典》相关内容审核。按照全国政协安排，编撰出版《黄河画传》，获国家社科基金优秀项目。组织编撰《一部治黄史就是一部治国史》《黄河故事·光影篇》等治河文化研究图书。由黄河水利科学研究院编制的河南省地方标准《涉河

工程水文化价值评估规范》（DB41/T 2532—2023）获批发布。（只茂伟）

6. 推进治黄工程与黄河文化融合　2023年，共建成黄河文化展示场点200余处。编制黄河工程与文化融合建设指引和实施意见。山东黄河河务局持续打造“河润山东”文化品牌，山东黄河治理文化体验廊道项目获山东省文化创新奖，山东济南黄河标准化堤防工程（泺口）成功获评第五批国家水情教育基地，开展“走黄河 读齐鲁”山东黄河文化主题研学。河南黄河河务局打造“黄河文化千里研学之旅”，“大河安澜”精品线路在2023年世界研学旅游大会上得到推介。黄河水利委员会三门峡库区水文水资源局组织开展“黄河水文公众开放日”活动，三门峡水文站入选全国首批百年水文站。（只茂伟）

山东济南黄河标准化堤防工程（泺口）
（黄河水利委员会　供图）

7. 深入挖掘黄河文化中蕴含的廉洁基因　2023年，着力构建“3＋3＋N”黄河廉洁文化体系，深入开展《黄河文化蕴含的廉洁基因及其时代价值》等3项廉洁文化课题研究，开展延安精神、焦裕禄精神、红旗渠精神等3项红色血脉传承弘扬课题研究，其中《黄河文化中的廉洁基因及其时代价值》获水利部“学习党的二十大精神”暨2023年度党建课题研究成果一等奖。收集整理黄河流域史志、治黄名人廉吏、警示名言书法篆刻等资料，形成《大河廉鉴——黄河廉洁文化寻迹》文创宣传品，在黄河博物馆举办“黄河清风”大型展览。组织开展黄河廉洁文化教育基地认定，培树黄河廉洁文化教育品牌。（只茂伟）

8. 黄河水文化产品　2023年，联合新华社制作视频《习近平的黄河情怀》。支持黄河题材文艺创作，配合做好中央广播电视总台《远方的家》、山东电视台《黄河归故》等黄河题材纪录片摄制，支持河南卫视《黄河长歌》电视剧拍摄，讲好人民治理黄河故事。组织黄河文化图书编撰，出版《九曲黄河万古流》，推进《大河技艺》《河南黄河史》编撰。协助山东电视台举办《黄河文化大会》（第二季），推出《黄河 黄土 黄种人》文化专刊，持续擦亮黄河水文化品牌。（只茂伟）

【数字孪生水利建设】

1. 管理信息系统　2023年，黄委围绕支撑防汛、水资源等核心业务，持续调整优化“2＋N”智能业务应用系统建设。开展防汛会商预演系统建设，将黄河防汛会商预演系统预演功能扩展至黄河上游，实现流域全覆盖；建成防凌会商预演模块，实现无人机凌情监测数据共享应用，有力支撑了调水调沙、防汛防凌会商与调度工作。开展水资源管理与节约保护应用系统建设，新建抗旱会商专题应用，为流域枯水期水量调度提供技术支持。推进“N”项业务应用，开发完成黄河流域河湖管理水行政执法专项行动信息平台、移动端App，支撑专项行动全面排查、案件查处、监督检查、抽查复核全过程工作。

进一步夯实黄河一张图基础，印发《黄河一张图数据共享与使用管理办法（试行）》（黄网信〔2023〕243号），编制完成《黄河一张图服务接口技术导则》，进一步完善了智慧黄河建设的信息化技术与管理支撑体系；完善黄河流域水利工作“一本账”，按照《黄河流域水利工作“一本账”管理办法（试行）》（黄网信〔2022〕330）规定，编制完成黄委2023年度“一本账”数据更新工作方案，完善台账系统功能，新增“一本账”台账系统访问、维护统计功能。（郑轩　黄华）

2. 数字孪生　2023年，黄委认真贯彻水利部工作部署，按照“需求牵引、应用至上、数字赋能、提升能力”的总体要求，把数字孪生黄河建设作为推动黄河保护治理现代化的重要引擎，集全委之力、融全河之智，推进各项工作取得实效，并成功入选《数字孪生水利建设十大样板（2023年）》。

三花间数字孪生场景系统（徐鹏飞　拍摄）

统一标准，共建共享，全流域“一盘棋”统筹建设。出台数字化场景构建等3项技术标准，统筹全流域完善数字孪生黄河建设标准、重点任务和实施计划；“三条黄河”联动升级。加快建设“天空地一体化”监测感知网，新改建80处水文（位）站，升级改造17处水土保持站点、8处野外观测站，完善黄河下游无人机、视频监控、会商全覆盖系统，结合卫星观测，实现多维度协同巡查；急用先建，边建边用，坚持应用至上，成效显著。建设黄河水旱灾害防御“四预”应用平台、黄河水资源管理与节约保护系统、河湖管理保护系统，提升流域河湖管护能力。将卫星通信、遥感、AI、机器人等新技术与生产实际结合，自主研发系列技术产品，围绕黄河水沙调控、河防工程安全等治理重点和难点，研发“云河地球”“智河视界”数字仿真引擎等技术产品，广泛应用于治黄一线。

（郑轩　黄华）

3. 遥感监测　2023年，开展黄河流域河湖管理水行政执法专项行动，遥感解译黄河干流及13条一级支流河湖岸线管理范围内水事违法行为疑似问题图斑552个，建立问题台账700余个。开展流域各省（自治区）人造水景观遥感排查，提交疑似问题图斑1 442个。完成河湖遥感监测平台“四乱”图斑展示、台账动态管理、“四乱”信息采集上报、统计分析等功能的开发与完善工作。制作水体、建筑物等典型疑似问题对象图斑样本，构建基于深度学习的智能识别模型并进行模型率定，持续提升典型疑似问题图斑识别精度与变化预警监测能力。

（郑轩　黄华）

淮河流域

【流域概况】

1. 自然地理　淮河流域及山东半岛地处我国东中部，位于东经111°55′～122°45′、北纬30°55′～38°20′，总面积为33万km^2，其中淮河流域面积27万km^2。淮河流域西起桐柏山、伏牛山，东临黄海，南以大别山、江淮丘陵、通扬运河及如泰运河与长江流域接壤，北以黄河南堤和沂蒙山脉与黄河流域毗邻，流域内以废黄河为界，分淮河和沂沭泗河两大水系，流域面积分别为19万km^2和8万km^2，京杭运河、分淮入沂水道和徐洪河贯通其间，沟通两大水系；山东半岛面积6万km^2，地处黄河以南、泰沂山以北、济南玉符河以东地区，河流均独流入海。

淮河流域西部、西南部及东北部为山丘、丘陵区，其余为广阔平原和为数众多的湖泊、洼地。流域内山丘区面积约占总面积的1/3，平原（含湖泊）面积约占2/3。流域西部的伏牛山、桐柏山区，高程为200～2 153m；南部大别山区高程为300～1 774m；东北部沂蒙山区高程为200～1 155m。丘陵区主要分布在山区的延伸部分，高程西部一般为100～200m，南部为50～100m，东北部为100m左右。淮河干流以北为广大冲、洪积平原，地面自西北向东南倾斜，高程一般为15～50m；淮河下游苏北平原高程为2～10m；南四湖湖西为黄泛平原，高程为30～50m。

山东半岛地势自西向东呈马鞍形。西部南高北低，为泰沂山北麓山丘区和平原；中部为胶莱河谷地带；东部为低山丘陵区及沿海平原。

（周正涛　杜雅坤）

2. 河湖概况　淮河流域河流湖泊资源丰富，其中50km^2及以上的河流1 266条，100km^2及以上的河流1 266条，1 000km^2及以上的河流86条，10 000km^2及以上的河流7条；1km^2及以上的湖泊68个，10km^2及以上的湖泊27个，100km^2及以上的湖泊8个，1 000km^2及以上的湖泊2个。

淮河发源于河南省桐柏山，东流经湖北、河南、安徽、江苏4省全长约1 000km，总落差200m。淮河干流洪河口以上为上游，洪河口至洪泽湖出口中渡为中游，中渡以下至三江营为下游。淮河上游河道比降大，中下游比降小，干流两侧多为湖泊、洼地，支流众多，主要支流有洪河、沙颍河、史河、淠河、涡河、怀洪新河等，整个水系呈扇形羽状不对称分布。淮河下游主要有入江水道、入海水道、苏北灌溉总渠、分淮入沂水道和废黄河等出路。

沂沭泗河水系位于流域东北部，由沂河、沭河、泗运河组成，均发源于沂蒙山区，主要流经山东、江苏2省，经新沭河、新沂河东流入海。

山东半岛地区河流众多，多为山溪性河流，均直接入海，流域面积1 000km^2以上的有潍河、小清河、大沽河、弥河、白浪河等12条。

（周正涛　杜雅坤）

3. 水文水资源　淮河流域地处中国南北气候过渡带，淮河以北属暖温带半湿润季风气候区，以南属亚热带湿润季风气候区。流域内自北向南形成了暖温带向亚热带过渡的气候类型，冷暖气团活动频繁，降水量变化大。淮河流域多年平均降水量约为878mm，其中淮河水系911mm，沂沭泗河水系785mm。降水量地区分布状况大致是由南向北递减，

淮河干流蚌埠段生态修复（金良巧　拍摄）

山区多于平原，沿海大于内陆。南部大别山区降水量最大超过 1 600mm，北部沿黄河平原区最小不足 500mm。降水量年内分配极不均匀，汛期（6—9月）占全年的 50%～75%；年际变化较大，多数站年降水量最大值为最小值的 2～4 倍。流域多年平均径流深 225mm，其中淮河水系 238mm，沂沭泗河水系 143mm。南部大别山区径流深最大，为 600～1 000mm，北部沿黄河平原区不足 50mm。

山东半岛多年平均降水量为 664mm，降水量的 70%～75%集中在汛期（6—9 月）。降水量年际变化较大，多数站年降水量最大值为最小年值的 3～6 倍。多年平均径流深 135mm，东部、南部径流深大，北部、西部小。

淮河流域年平均水资源量为 799 亿 m^3，其中地表水资源量为 595 亿 m^3（仅为全国人均水资源量的 20%左右），浅层地下水资源量为 342 亿 m^3。山东半岛年平均水资源量 117 亿 m^3，其中地表水资源量 82.1 亿 m^3，浅层地下水资源量 58.9 亿 m^3。

（周正涛　杜雅坤）

【河湖长制工作】

1. 河湖长制运行情况　淮委组织召开 2023 年推进河湖长制工作领导小组会议，印发 2023 年淮委河湖长制工作计划，部署河湖长制、河湖管理保护工作，确定年度河湖长制工作重点，推进淮河流域河湖长制工作落实。

（张文杰　张梦婷　蒋晓昱　刘呈玲　高子瑾　徐杰）

2. 联席会议机制

（1）淮河流域省级河湖长联席会议机制。2023 年 4 月 14 日，召开 2023 年淮河流域省级河湖长联席会议全体会议。审议通过了《2023 年淮河流域省级河湖长联席会议全体会议纪要》，明确 2023 年全面启动河湖健康评价，建成 15 个淮河流域幸福河湖、100 个省级幸福河湖，议定了纵深推进河湖“清四乱”、全面开展河湖健康评价、持续强化水域岸线空间管控等事项。

临沂市幸福河湖——祊河（淮委直管河湖）（王文童　拍摄）

（2）“淮委+5 省河长办”沟通协商机制。2023 年 11 月 14 日，召开 2023 年淮河流域河湖长制工作沟通协商会议。会议总结了 2023 年淮河流域河湖长制及河湖管理保护工作成效，通报了淮河流域省级河湖长联席会议议定事项落实情况，对下一步重点工作进行安排部署。会后印发了会议纪要，统筹推进幸福河湖建设、河湖健康评价、“清四乱”、持续强化水域岸线空间管控等 5 项工作。

（3）沂沭泗河市级河长办联席会议机制。淮委沂沭泗水利管理局组织召开 2023 年度联席会议和枣庄、济宁以及宿迁、连云港 2 次专题会议，流域区域协商议定妥善推动河湖问题清理整治、幸福河湖建设、重点事项推进等方法路径。

（张文杰　张梦婷　蒋晓昱　刘呈玲　高子瑾　徐杰）

3. 淮河流域幸福河湖建设

（1）建立健全评估指标体系。2023 年 9 月，淮委制定印发首个流域幸福河湖建设成效评估指标体系，贯彻水利部关于幸福河湖建设的有关要求，融合了近年来淮河流域幸福河湖建设工作实践与经验，构建“水安全、水资源、水环境、水生态、水文化与水景观、水经济与水产业、水管理、公众满意”8 个方面 22 项通用指标和 31 项特色指标，科学评估流域幸福河湖建设成效。

（2）全面铺开流域幸福河湖建设。跟踪指导安徽省龙子湖、河南省崔家沟—西洺河 2023 年水利部幸福河湖建设项目取得重大进展；与流域 5 省团结协作，将生态文明理念、绿色发展要求、系统治理思路同乡村振兴、经济发展协调起来，同满足人民美好生活需要结合起来，高质量建成江苏省盐城市蟒蛇河、河南省漯河市澧河、安徽省宿州市新汴河、山东省临沂市祊河、湖北省随县游河等 27 个流域幸福河湖。

（3）凝练推广典型建设经验。2023 年，向淮河流域 5 省印发 2022 年度淮河流域幸福河湖建设典型经验，并通过微信公众号宣传推广流域幸福河湖建设经验做法，强化引领带动，发挥示范效应；人民网、中国水利等主流媒体对淮河流域幸福河湖建设成效进行报道；淮委主任杨锋应邀在《水利发展研究》发表《强化流域治理管理 打造幸福河湖》署名文章。（李媛媛　曹冉　柳照辉　孙云茜）

4. 淮河流域河湖名录复核　2023 年，淮委以涉及流域事权的 197 条淮河流域重要及跨省河湖作为名录复核工作重点，组建工作专班，明确任务分工。发函协调督促流域各省推进河湖名录复核，完成 169 条流域重要及跨省河湖的复核及抽查，形成阶段性成果。（李媛媛　曹冉　柳照辉　孙云茜）

【水资源保护】

1. 水资源刚性约束

（1）健全流域用水总量管控指标体系。2023 年，督促指导流域 5 省将“十四五”用水总量控制目标分解到市、县（区）两级行政区；发文组织 5 省梳理跨流域行政区名录，并将“十四五”用水总量控制目标进一步拆分到淮河流域。依据淮河水量分配方案，将淮河水量分配指标进一步细化分解至淮河干流和 69 条主要一级支流及市级行政区，明确不同来水条件下流域内主要河流地表水资源开发利用上限。

（2）深入推进用水统计调查制度。2023 年，按季度组织完成直管用水户季度用水数据填报及审核。组织完成 5 省近 9 000 个规模以上取用水户复核以及 5 省 2023 年供用水量等成果复核，合理确定流域年度用水总量。2023 年淮河流域用水统计直报水量占年度用水总量比例已达 75%。

（3）充分发挥最严格水资源管理制度考核指挥棒作用。2023 年，完成流域相关省 2022 年度跨省江河水量分配、重点监管取水口取水管控、水资源调度目标完成情况考核评价；2022 年度实行最严格水资源管理制度考核结果，流域 5 省考核等级均为良好以上，其中江苏、山东、安徽、湖北 4 省为优秀。2023 年 8—10 月，完成安徽、江苏、山东 3 省 2023 年度水资源管理监督检查，形成监督检查报告及问题“一省一单”。

（张文杰　张梦婷　蒋晓昱　刘呈玲　高子瑾　徐杰）

2. 节水行动

（1）节水监督管理。2023 年，对安徽、江苏 5 个市级、10 个县级水行政主管部门和 40 家用水单位进行节约用水监督检查。完成 26 个项目节水评价审查登记。

（2）用水定额管理。2023 年，完成河南、安徽、山东高耗水工业行业用水定额评估工作，深入分析定额覆盖性、合理性、实用性和先进性，提出完善用水定额体系意见建议。

（3）节水型社会建设。2023 年，完成河南、安徽、山东 46 个县（区）节水型社会达标建设复核工作。淮河流域及山东半岛建成节水型社会达标县（区）250 个，建成比例达 85%。

（张文杰　张梦婷　蒋晓昱　刘呈玲　高子瑾　徐杰）

3. 生态流量监管

（1）重点河湖生态流量监管不断强化。2023 年，淮委密切监管流域 17 条（个）跨省重点河湖 34 个主要控制断面生态流量保障情况，依托淮委水情系统生态流量监管平台，全年累计发布预警 25 次，其中针对涡河付桥闸下泄水量不足问题，与河南省水行政主管部门开展现场会商，有力保障了断面生态流量目标。开展流域 4 省“2022 年最严格水资源管理制度考核”有关重点河湖生态流量目标保障情况的考核评价，指导监管河湖生态流量保障工作。开展特殊干旱情况下生态流量达标评价方法调研，初步形成特殊干旱情况下生态流量达标评价工作建议。

（2）全面完成已建水利水电工程生态流量核定与保障先行先试工作。根据水利部工作部署，2023年，组织河南、安徽、江苏、山东省确定淮河区已建水利水电工程先行先试河湖名单、工程名录，淮河区共10条河流、25项工程纳入水利部首批已建水利水电工程生态流量核定与保障先行先试工作。2023年3月，召开淮河区已建水利水电工程生态流量核定与保障先行先试工作推进会，印发先行先试工作方案和技术要点。先后赴跨省重点河流沂河、史灌河现场调研，完成沂河、史灌河成果报告编制并报送水利部审查，严格把握工作进度和质量，指导流域各省完成8条先行先试河流报告编制。

（张文杰　张梦婷　蒋晓昱　刘呈玲　高子瑾　徐杰）

4. 取水管理

（1）严格取水许可审批，全面规范流域取用水管理秩序。2023年，累计办理取水许可申请35个，核发取水许可证45个。持续加强事中事后监管。2023年9月，对徐州粤海水务公司、邳州水务有限责任公司、莒县清源水务中心等3家取水户予以行政处罚；12月，对利辛电厂等2家取水单位违法取水行为立案调查；全面完成淮河流域取用水管理专项整治行动，累计整改销号各类取水问题150余个。

（2）推进重大引调水工程取水许可审批。2023年7月，制定《淮水北调等水资源配置工程取用水管理整改工作方案》；8月，开展淮水北调、茨淮新河专题调研，统筹推进引江济淮、淮水北调、怀洪新河灌区等重大水资源配置工程水资源论证；10月，批复南水北调东线一期工程洪泽湖抬高蓄水位影响处理工程五河泵站取水许可。

（张文杰　张梦婷　蒋晓昱　刘呈玲　高子瑾　徐杰）

5. 水量分配

（1）南四湖流域水量分配取得突破性进展。2023年，组织召开20余次方案技术讨论和协调推进会，最终与流域4省水利厅达成一致。2023年12月，南四湖流域水量分配方案经水利部水利水电规划设计总院审查，自然资源部等8部委和流域4省政府均原则同意方案成果。

（2）科学谋划主要跨省河湖水资源统一调度。2023年，统筹考虑淮河流域已批复水量分配方案的12条跨省河湖，编制完成淮河水资源统一调度方案，并根据水利部南水北调规划设计管理局研讨意见，对方案进行修改完善。首次编制完成淮河水系2024年度水资源调度计划，经水利部印发实施；编制完成沂沭河2023—2024年度水资源调度计划，经淮委印发实施；编制完成淮委水资源调度管理实施细则，并通过主任专题办公会审议。2023年10月，淮委组织进行多轮协调，促成江苏、山东2省就“2023年度利用南四湖上级湖水量支持山东省抗旱”达成一致意见，累计调引上级湖水资源 9 951万 m^3，有效缓解了山东省区域性旱情。多次组织水资源调度会商，协调河南、安徽省累计下泄水量 2 270万 m^3，加强调度监管，有效解决新汴河团结闸上用水纠纷，保障城乡居民供水安全。

（3）持续强化流域重大引调水工程水量调度监管。2023年，圆满完成东线一期工程2022—2023年度水量调度工作，跨省调水11.75亿 m^3，连续2年为京杭大运河全线贯通补水提供水源保障。系统梳理总结南水北调东线一期工程10年来水量调度经验，科学编制2023—2024年度水量调度计划，首次将安徽省纳入编制范围，并提出江苏、安徽省年度增供水量，于2023年9月获得水利部批复；2023年10月，建立水量调度会商机制、水资源调度管理和防汛抗旱调度管理协调工作机制，牵头召开3次月度会商会。编制完成引江济淮工程水资源调度方案及首个年度水资源调度计划，并获得水利部批复。

（张文杰　张梦婷　蒋晓昱　刘呈玲　高子瑾　徐杰）

【水域岸线管理保护】

1. 河湖管理范围划定　2023年，结合日常工作对河湖管理范围划界成果进行复核，指导推动淮河淮滨段管理范围划界不规范等问题整改，进一步完善划界成果。（曹冉　杨丹　周炜翔）

2. 岸线保护利用规划体系完善　2023年，指导流域省级河湖岸线规划编制，对山东省潍河、大沽河岸线规划调整研提意见。

（曹冉　杨丹　周炜翔）

3. 采砂规划实施　2023年，强化《淮河流域重要河段河道采砂管理规划（2021—2025年）》刚性约束指导作用。通过招标的方式完成沂河高大村—宋园村等4个砂场河道采砂许可工作，发放全国首批河道采砂许可电子证照，督促落实“人防+技防”监管措施并完成河道生态修复工作；组织完成沙颍河、涡河、洪汝河、史河4个河南、安徽省际边界禁采河段巡查检查，督促河南、安徽2省持续保持

京杭大运河淮安段（陈柏林　拍摄）

非法采砂高压严打态势，严厉打击非法采砂行为。

（曹冉　杨丹　周炜翔）

4．“四乱”整治

（1）长江经济带生态环境警示片涉及淮河流域水利问题整改。2023 年，多次赴现场开展核查，指导有关地方制定工作方案、完善问题台账，督促抓好整改落实，截至 2023 年底，2 个问题已完成整改，江苏省宿迁市泗洪县天岗湖光伏问题已制定整改方案并有序推进实施。2023 年 11 月，采用现场调研、交流座谈和查阅资料等方式，对 2021 年和 2022 年长江经济带生态环境警示片涉及淮河流域内 4 个水利突出问题整改情况开展“回头看”调研。

（2）妨碍河道行洪突出问题排查整治。2023 年，会同流域各省河长办、水利厅强力推进碍洪问题整治，召开江苏省碍洪问题推进整改视频会，与河南、江苏有关单位座谈指导问题整改，开展碍洪问题整改情况现场抽查复核，推动 91 个碍洪问题清理整治并销号。

（3）大运河进驻式暗访检查发现“四乱”问题整改。2023 年，持续跟踪督促 7 个大运河进驻式暗访检查“四乱”问题整改，3 个已完成整改，剩余 4 个问题正在推进整治。

（4）开展直管河湖问题分类清理整治。2023 年，按照历史、存量、增量节点，推动临沂、济宁、枣庄、日照、宿迁、连云港等 6 市河长办编制完成直管河湖 619 个存量“四乱”问题分类整治方案，并通过流域区域联合审查，有序推进问题清理整治。

（曹冉　杨丹　周炜翔）

5．采砂管理

（1）南水北调中线干线交叉河道非法采砂排查整治。2023 年，组织完成澧河、沙河、北汝河、颍河等南水北调中线干线交叉河道非法采砂排查整治抽查，督促地方做好历史遗留砂坑整治整改，强化日常巡查监管，严厉打击非法采砂行为，切实维护南水北调工程安全、供水安全、水质安全。

（2）泥沙综合利用。2023 年，审查批复 3 个直管河湖涉水工程砂石综合利用可行性论证报告及实施方案，共计综合利用砂石 79.28 万 t；组织河南省信阳市、安徽省六安市水行政主管部门联合审查

《史河安徽段防洪治理工程（叶集段）泥沙综合利用可行性论证报告》，并经信阳市固始县、六安市叶集区人民政府联合批复。（曹冉 杨丹 周炜翔）

6. 涉河建设项目审批及监管

（1）涉河建设项目工程建设方案许可。强化岸线规划约束，严格按照岸线功能分区管控要求，淮委遵循“确有必要、无法避让、确保安全”的原则，依法依规开展涉河建设项目工程建设方案许可，2023 年共完成涉河建设项目建设方案许可决定书 64 项，其中淮委本级受理办结 55 项，淮委沂沭泗水利管理局受理办结 9 项。

（2）涉河建设项目事中事后监管。强化涉河建设项目全过程监管，2023 年对 200 余项涉河建设项目开展事中事后监管，及时通报 48 项存在问题的项目，实行每周督办制，督促建设单位及时清除违规设置的施工器材、围堰等临时建（构）筑物，消除碍洪隐患，确保度汛安全。

（曹冉 杨丹 周炜翔）

【水环境治理】 2023 年，按照“水量保障、水质合格、监控完备、制度健全”的目标，持续开展年度重要饮用水水源地安全保障达标建设评估工作，组织对南四湖小沿河水源地、宿州市供水服务有限公司水源地等 15 个流域重要饮用水水源地安全保障达标建设情况进行现场评估，评价等级均为优，为最严格水资源管理制度考核提供了支撑。对淮河区饮用水水源地信息台账修订更新，为进一步加强流域饮用水水源地保护工作夯实基础。（高子瑾）

【水生态修复】

1. 河湖生态复苏 2023 年，印发淮委复苏河湖生态环境 2022 年工作总结及 2023 年工作计划，5 类 22 项任务均圆满完成。积极协调指导流域各省加快母亲河复苏行动进展，赴史灌河等河流开展现场调研，指导督促各省完成淮河区 9 条母亲河复苏行动“一河一策”方案编制并实施。按照南四湖、高邮湖“一湖一策”修编实施协议，持续督促指导流域重要跨省湖泊“一湖一策”实施。

（李媛媛 孙云茜 刘呈玲 潘文君 毕旸）

2. 退圩还湖 2023 年，推动江苏洪泽湖、安徽焦岗湖等流域重要湖泊退圩还湖，清退圈圩面积 21km²（洪泽湖、宝应湖 17km²，焦岗湖 4km²），流域河湖生态环境复苏得到新提升。

（李媛媛 孙云茜 刘呈玲 潘文君 毕旸）

3. 水土流失治理

（1）2023 年，完成安徽、江苏、山东省 7 县

南四湖二级坝推进保护治理（刘显保 拍摄）

（区）8 个国家水土保持重点工程监督检查，向各省水利厅及相关县级政府、水行政主管部门反馈发现的问题，提出整改要求和建议；及时总结阶段性工作成果报送水利部并印发“一省一单”督查意见。

（2）2023 年，多次现场调研指导安徽省六安市霍山县、广德市 2023 年小流域综合治理提质增效试点工作；按照水利部统筹确定的分工，做好安徽、江苏、山东 2023 年国家水土保持重点工程计划执行调度工作。

（李媛媛 孙云茜 刘呈玲 潘文君 毕旸）

4. 水土保持预防监督

（1）2023 年，制定并印发《淮委生产建设项目水土保持监督管理办法》，完善水利部审批生产建设项目水土保持方案淮委内部审核工作规则（试行），并按照工作规则要求，完成 9 个部批项目水土保持方案内部审核。

（2）2023 年，印发《水利部淮河水利委员会关于做好 2023 年淮河流域及山东半岛区域水利部批准水土保持方案生产建设项目水土保持跟踪检查工作的通知》（淮委水保函〔2023〕44 号），完成 6 个在建项目现场跟踪检查，28 个在建项目发函检查，5 个项目自主验收核查，实现流域内在建部批项目水土保持监督检查全覆盖。

（3）2023 年，完成淮河入海水道二期工程等 7 个项目水土保持方案质量抽查工作；通过现场典型抽查、查阅资料等方式，完成安徽、江苏、山东 3 省 9 个生产建设项目和 12 个市、县级水行政主管部门省级生产建设项目监管履职情况监督检查，发现问题 12 个，指导并督促有关单位依法依规严格问题整改，已基本完成整改。

（4）2023 年，更新完善水利部批准水土保持方案生产建设项目监管台账，收集整理 34 个在建项目

季报，及时反馈问题并修正编报；依托国家“互联网+监管”系统，准确填报监管人员和计划执行情况等信息，加强监管信息互通共享；定期将水利部批准水土保持方案生产建设项目监督检查意见录入全国水土保持信息管理系统。

（李媛媛　孙云茜　刘呈玲　潘文君　毕旸）

5. 水土保持监测管理

（1）2023年，组织完成2023年度淮河流域国家级水土流失重点防治区监测范围内49个县共7.86万km^2的水土流失动态监测工作，完成《中国水土保持公报（2022年）》淮河流域基础资料的整理与上报；统筹监测成果，及时定量掌握国家级重点防治区、淮河流域及其上中下游、大别山水土保持生态功能区、南水北调东线水源区等水土流失状况、水土保持率和防治成效；完成对安徽、上海、河南、海南4省（直辖市）遥感解译和专题信息提取抽查，并顺利通过水利部水土保持监测中心对淮河流域国家级重点防治区的抽查。

（2）2023年，配合水利部水土保持监测中心开展国家水土保持监测站点优化布局工程初步设计实地调研，为淮河流域水土保持监测站点优化布局工作提供了基础资料；完成淮河流域8个监测站点2022年度数据进行整（汇）编并提交审核。

（李媛媛　孙云茜　刘呈玲　潘文君　毕旸）

6. 水土保持管理能力和水平提升

（1）2023年，编制完成淮河流域（片）水土保持规划（初稿），根据水利部水利水电规划设计总院咨询意见进行了修改完善，并征求流域各省意见。依据《全国水土保持规划（2015—2030年）》，将水土保持率目标及淮河流域“十四五”水土流失治理任务分解到流域各省。

（2）2023年，推动建立淮河流域省级水土流失联防联控联治机制，制定工作方案，编制印发《淮河流域省级水土流失联防联控联治协作机制（试行）》。

（3）2023年，编制并公开2023年淮河流域及山东半岛区域部批生产建设项目水土保持方案落实情况监督检查公报，接受社会监督。

（李媛媛　孙云茜　刘呈玲　潘文君　毕旸）

7. 河湖健康评价

（1）指导推进淮河流域重要河湖及跨省河湖健康评价。2023年，统筹梳理出194个淮河流域重要河湖及跨省河湖名录（330个河段湖片），制定工作方案和台账，明确年度评价任务，定期调度工作进展。截至2023年底，淮河干流安徽段、江苏段、南四湖山东片、河南包河、湖北竹竿河等170个河段湖片完成健康评价并建立健康档案，整体完成率达51%，为全面掌握河湖健康状态、系统推进河湖管理保护工作提供了重要依据。

（2）组织开展南四湖健康状况复核评估。2023年，结合山东省《南四湖湖泊健康评价》和江苏省有关数据，完成南四湖健康状况复核，针对性提出南四湖阶段性保护及修复措施建议，为江苏、山东2省修订实施南四湖“一湖一策”提供借鉴参考。

（李媛媛　孙云茜　刘呈玲　潘文君　毕旸）

8. 地下水管理　2023年，淮委完成新一轮地下水超采区划定流域成果复核，编制流域地下水超采区划定成果报告并通过水利部技术审查；首次组织开展黄淮地区地下水水位预警、水位年度动态评估和超采治理成效评估；完成地方地下水监测站数据接入流域平台工作，实现数据共享；依托淮河蚌浮段水资源监控系统平台建设，开发了地下水预警模块，提升地下水管理信息化水平。

（李媛媛　孙云茜　刘呈玲　潘文君　毕旸）

【执法监管】

1. 水行政执法协作机制　2023年3月，淮委与河南、湖北、安徽、江苏、山东5省人民检察院共同签署《关于加强淮河流域水行政执法与检察公益诉讼协作的实施意见》，标志着淮河流域水行政执法与检察公益诉讼协作机制初步建立；8月25日，淮委沂沭泗水利管理局联合徐州市人民检察院会同流域2省6市人民检察院，组织召开沂沭泗流域水行政执法与检察公益诉讼协作联席会议，审议通过《沂沭泗流域水行政执法与检察公益诉讼协作联席会议工作机制》和《共同保护沂沭泗流域水生态环境倡议书》；9月，淮委组织召开2023年淮河流域水政工作会议，与河南、湖北、安徽、江苏、山东5省水行政主管部门共同签署并印发《水利部淮河水利委员会 河南省水利厅 湖北省水利厅 安徽省水利厅 江苏省水利厅 山东省水利厅关于印发〈淮河流域联合执法框架协议〉的通知》（淮委政法〔2023〕235号），建立了流域上下游、左右岸、干支流、行政区域间联合执法制度。

（海潇）

2. 河湖日常监管　2023年，淮委累计巡查河道约9.6万km，水域面积1万余km^2，出动执法人员8 600余人次。

（海潇）

3. 专项执法　2023年，开展河湖安全保护专项执法，针对重点难点问题，与属地检察机关开展座谈交流，共同推动历史存量问题解决；共梳理各类问题线索115条，立案18起；共清理清除大棚、简易棚、临时搭建、广告牌、线杆、阻水障碍物等90

余处，约 1.2 万 m²；拆除整治鱼塘、厂房、洗砂场地、管理站房、违法建筑物 10 余处，集中清理沭河河面网箱面积 12 万 m²。（海潇）

4. 提升执法能力　2023 年，梳理淮委执法事项清单共 77 项（其中行政处罚事项 67 项、行政强制事项 10 项），印发《水利部淮河水利委员会关于印发淮委（本级）水行政执法（行政处罚和行政强制）事项清单的通知》（淮委政法〔2023〕123 号），夯实了执法工作基础。强化执法能力建设，完成水政三期项目 12 架无人机和 46 套执法巡查单兵设备的采购。持续开展案卷评查工作，抽取近一年来的行政处罚（强制）案卷 20 份，从主体认定、证据搜集、文书制作、法律适用、自由裁量、办理时限、案卷归档等方面逐项审查，评选出 6 份优秀卷宗并予以通报表扬。（海潇）

5. 省际边界水事纠纷调处　2023 年，印发《水利部淮河水利委员会关于开展淮河流域省际水事纠纷集中排查化解工作的通知》（淮委政法函〔2023〕172 号），牵头组织流域 5 省开展省际水事矛盾纠纷排查化解活动；多次实地现场查看时湾水库非法圈圩及建设情况，并组织召开时湾水库水事纠纷调处会议，双方首次就时湾水库库区内违法水事行为认定标准等内容达成了一致意见，并印发了会议纪要。（海潇）

【水文化建设】

1. 科普宣传　2023 年，淮委围绕“世界水日”“中国水周”等时间节点开展治淮陈列馆科普开放周等科普宣传活动；参加第四届全国水利科普讲解大赛。（杜雅坤）

2. 志愿行动　2023 年，淮委认真落实习近平总书记对深入开展学雷锋活动作出的重要指示精神，制定推动淮委志愿服务高质量发展具体措施，充分发挥青年志愿者服务站作用，结合水利乡村振兴任务，深化“三关爱”服务，组织青年志愿者在爱心助学、城乡互联等方面不断谋求新突破。发挥专业技术优势，持续开展“关爱山川河流”志愿服务活动，淮委“淮水润心”志愿服务项目获安徽省蚌埠市青年志愿服务项目大赛优秀奖。（杜雅坤）

新时代淮河保护治理成就展（杜雅坤　拍摄）

3. 治淮精神　2023 年，完成治淮精神总结凝练工作，形成“人民至上、系统治理、求实创新、团结奉献、艰苦奋斗”的治淮精神，并开展治淮精神阐释工作。（杜雅坤）

4. 治淮陈列馆升级改造　2023 年，完成治淮陈列馆升级改造工作，新增展陈面积 265m²，基本形成一楼整体空间顺时针观展布局。2023 年，治淮陈列馆全年共接待社会各界参观团体 153 批、2 200 余人次。（杜雅坤）

5. 立体化宣传　一是配合完成《人民日报》、新华社、中央电视台、《中国水利报》、《中国水利》期刊等重要专题、栏目宣传工作。二是加强“淮河水利网”门户网站宣传，2023 年累计发布、转载新闻稿件 1 800 余篇。三是强化官方微信公众号宣传，全年共制作发布微信公众号 265 期，累计制作发布党建、水旱灾害防御、水资源管理保护、幸福河湖建设等系列专题 10 余个，依托“故事里的淮河”文化专栏，策划制作发布《人民治水 淮河印迹》系列微视频 15 期，取得较好宣传成效。四是开展《治淮汇刊（年鉴）》编辑出版工作，该卷为总第四十八卷，卷首设彩页 20 页，录入图片 41 幅，主要记录 2023 年淮河保护治理工作，根据当年治淮重点任务设置机动性条目，2023 年卷增设“水利‘放管服’改革”“数字孪生淮河”“河湖生态保护与修复”“河湖生态复苏”等条目，呼应流域推进水利高质量发展重点、亮点，全书共 78.5 万字。五是完成 12 期《治淮》期刊编辑出版发行工作，全年编辑稿件 630 余篇，刊发稿件 471 篇，共 190 万余字。六是拍摄制作《法治护航 共建幸福淮河》等微视频、微动漫 40 余部；策划制作《心之所向 逐梦前行——2022 年淮河保护治理工作回顾》等 3 次专题展览，其中《水与万物：人与自然和谐共生——新时代淮河保护治理成就展》在第 18 届世界水资源大会展出。（杜雅坤）

【数字孪生水利建设】

1. 管理信息系统　2023 年，按照“2＋N”建设要求，部署推进河湖管理、水利综合监管等 N 项业务建设。建成淮委智慧河湖信息系统 1.0，初步实现河湖管理及河湖长制工作数字化、标准化、可视化。搭建淮委水利监督工作平台，有效支撑农村饮水安全、小型水库等监督任务。

（胡友兵　赵梦洁　郏建）

2. 数字孪生　2023 年，重点孵化数字孪生淮河蚌埠—浮山段工程、沂河沭河上游堤防加固工程监控及管理信息服务系统完善工程、数字孪生王临段工程等 3 个数字孪生流域项目，其中数字孪生蚌埠—浮山段项目主体建设任务基本完成，沂河沭河上游堤防加固工程监控及管理信息服务系统完善工程已开工。（胡友兵　赵梦洁　郏建）

3. 数据底板建设　共享水利部 L1 级 30m 格网的 DEM❶ 数据，以及 2023 年 2m 分辨率 DOM❷ 数据，融合淮河流域片 1m 分辨率的 DOM 数据、10m 分辨率的土地利用数据，收集整理了水利普查、山洪灾害、洪水风险图成果数据，构建了高标准高精度 L1 级数据底板。通过淮河干流山店水库—王家坝河段先行先试项目、数字孪生淮河蚌埠—浮山段工程、数字孪生南四湖二级坝工程、沂河沭河上游堤防加固工程监控及管理信息服务系统完善工程等数字孪生水利建设，构建了覆盖淮河干流出山店—王家坝段、蚌埠—洪泽湖段、南四湖湖区及沂河沭河上中游区域高精度 L2 级数据底板。完成了淮河上游出山店、王家坝闸、蚌埠闸、何巷闸、花园口闸、南四湖二级坝枢纽、刘家道口节、彭家道口、新沭河泄洪闸、人民胜利堰等水利工程倾斜摄影或 BIM 数据采集和三维模型构建工作，L3 数据底板持续推进。

（胡友兵　赵梦洁　郏建）

4. 防洪“四预”应用　2023 年，防洪“四预”应用全面提升，以产品化的方式，创新提出了一种考虑地形条件和气候差异的历史典型暴雨时空动态移植方法，在数字孪生流域的二三维地图上实现了任意暴雨场景向任意区域的动态时空移植和洪水预演。预报方面，完成正阳关以上区域、蚌埠—洪泽湖区间等区域的分布式水文模型、一二维水动力模型构建及率定工作。预警方面，整合卫星云图、天气雷达、雨水情等多源信息，实现水库、河道、行蓄洪区等分类预警，发布水情预警 4 次。预演方面，基于超额水量分配和大型水库群轮库补偿迭代技术，实现正阳关以上流域多工程多目标“逆向”预演功能。预案方面，全面梳理淮河区 64 座大型水库、24 处行（蓄）洪区等各类水工程调度方案，构建包含 3 类工程共计 1 050 条数据的防洪调度业务规则库。

（胡友兵　赵梦洁　郏建）

5. 技术标准　2023 年，根据数字孪生淮河建设需求实践，印发了《关于建立健全数字孪生淮河基础数据更新机制的指导意见》（网信办〔2023〕5 号）、《数字孪生淮河成果共享融合指导意见》（淮委信息函〔2023〕301 号）等规范指南，并不断优化完善，为后续数字孪生淮河项目建设提供技术规范支撑。（胡友兵　赵梦洁　郏建）

海河流域

【流域概况】

1. 自然地理　海河流域位于北纬 35°～43°、东经 112°～120°，西与黄河流域接界，北与内蒙古高原内陆河流域接界，南接黄河，东临渤海。行政区划包括北京市、天津市全部，河北省绝大部分，山西省东部，山东省、河南省北部，辽宁省及内蒙古自治区的部分，流域总面积 32.06 万 km^2。流域地势西北高、东南低，高原和山地占 59%，平原占 41%。海岸线北起山海关，南止黄河口，长 920km。海河流域地处温带半湿润、半干旱大陆性季风气候区，年平均气温由南往北、由平原向山地降低，温度变化为 0～14.5℃。（薛程　王丽叶　杨敏）

2. 河湖概况　海河流域主要由海河、滦河、徒骇马颊河三大水系组成，其中海河水系由蓟运河、潮白河、北运河、永定河、大清河、子牙河、漳卫河、黑龙港及运东地区等河系和海河干流组成；滦河水系之滦河发源于内蒙古高原，流域面积 4.59 万 km^2，冀东沿海诸河指滦河下游两侧单独入海的 32 条河流，流域面积 0.97 万 km^2；徒骇马颊河水系由徒骇河、马颊河、德惠新河及滨海诸小河等平原河道组成，流域面积 2.99 万 km^2。为排泄洪水，先后开辟永定新河、潮白新河、独流减河、子牙新河、漳卫新河等人工入海河道。

海河流域流域面积 50km^2 及以上河流（包括平原河流和混合河流）为 2 214 条；流域面积 100km^2 及以上河流为 575 条；流域面积 1 000km^2 及以上河流为 59 条；流域面积 5 000km^2 及以上河流为 14

---

❶ DEM，指数字高程模型。

❷ DOM，指数字正射影像。

条；流域面积 10 000km² 及以上河流为 8 条。海河流域常年水面面积 1km² 及以上湖泊 9 个，水面总面积为 278km²；常年水面面积 10km² 及以上湖泊 3 个，水面总面积为 260km²；常年水面面积 100km² 及以上湖泊 1 个，水面总面积为 107km²；特殊湖泊 19 个。

（薛程　王丽叶　杨敏）

3. 水文水资源　海河流域降水时空分布不均，汛期（6—9 月）降水量占全年 80%左右，流域多年平均降水量 527.1mm，多年平均水资源总量 327 亿 m³，是中国各大流域中降水量较少的地区。2023 年海河流域面平均降水量 608.5mm，比 2022 年多 10%，比多年平均多 15%，属平水年。2023 年流域地表水资源量 245.15 亿 m³，地下水资源量 315.76 亿 m³，地下水资源与地表水资源不重复量 191.98 亿 m³，水资源总量 437.13 亿 m³。

2023 年汛期，海河流域共发生 8 次强降水过程，其中 7 月 28 日至 8 月 1 日，受台风“杜苏芮”残余环流北上、地形抬升和副热带高压的共同影响，海河流域出现一轮历史罕见极端暴雨过程，暴雨中心于 7 月 28 日进入海河流域南部河南省鹤壁市，7 月 29 日北上进入河北省邯郸市，随后沿太行山山前向北偏西移动，7 月 30—31 日经河北省邢台市、石家庄市、保定市进入北京市，而后继续东移，最后于 8 月 1 日经河北省承德市移出海河流域。海河流域累计面平均降水量 155.3mm，单站累积降水量最大为永定河系清水河清水站（北京门头沟）1 014.5mm。

2023 年，受强降水影响，海河流域有 22 条河流发生超警戒洪水，7 条河流发生超保证洪水，8 条河流发生有实测资料以来最大洪水，大清河、永定河发生特大洪水，子牙河发生大洪水，海河流域发生 1963 年以来最大的流域性特大洪水，命名为海河“23·7”流域性特大洪水。2023 年 7 月 29 日 15 时，海委水文局发布海河流域洪水蓝色预警，并分别于 7 月 30 日 8 时、18 时和 8 月 1 日 16 时升级发布海河流域洪水黄色预警、橙色预警、红色预警。7 月 30 日 23 时至 7 月 31 日 11 时（12h 内），子牙河、永定河、大清河相继发生 2023 年第 1 次编号洪水，其中“子牙河 2023 年 1 号洪水”是我国大江大河 2023 年首次发生的编号洪水。

（薛程　王丽叶　杨敏）

【河湖长制工作】

1. 河湖长制运行情况

（1）持续强化河湖长制。2023 年，流域各地各级党委政府高度重视河湖长制工作，通过签发总河长令、召开总河长会议等形式部署安排重点任务，纷纷制定出台河湖长制及河湖管理保护相关地方性法规、制度和标准。部分省份在河湖长向群众汇报、河湖管理纳入村规民约、创建河湖长制学院、打造亲水空间等方面进行探索实践，不断提升各级河湖长履职能力和社会公众满意程度。漳卫南运河管理局清理整治漳卫新河河口无堤段妨碍河道行洪突出问题的工作做法被水利部选为典型案例编入《全面推行河湖长制典型案例汇编（2023）》在全国宣传和推广。

（2）中央直管河库与地方河湖长办联防联控机制建立健全。2023 年，漳卫南运河管理局充分发挥沿河 10 市河湖长制协调机制作用，推进碍洪问题整治，清理“四乱”问题 160 个，清理阻水林木 179 万 m²，拆除违建 78 万 m²。持续推进滩地高秆作物禁种，河南省安阳市滑县、鹤壁市浚县禁种率达 90%以上，河北省邯郸市魏县、山东省临清市等地新增改种低秆作物 58km²。引滦工程管理局落实潘家口水库库区及周边区域联防联治联建工作机制，联合河北省唐山市曹妃甸区、迁西县政府拆除影响潘家口水库运行管理和水事秩序多年的“水下长城”“走马哨”违建房屋 117 间、羊舍 23 间，总面积 2 368.15m²。海河下游管理局强化河口治理管理，完成河湖遥感解译图斑复核 713 个，高效完成天津市河湖长制落实情况监督检查工作任务，当年问题全部完成整改。漳河上游管理局联合河北省邯郸、山西省长治、河南省安阳 3 市 5 县，建立《漳河上游落实河湖长制工作协作机制》，开展联合巡河，联合执法，进一步完善中央直管河库管护长效机制。

（黄垣森　张青森　付立文　葛晓菲）

2. 联席会议机制

（1）海河流域省级河湖长联席会议召开。2023 年 11 月 14 日，2023 年海河流域省级河湖长联席会议在天津市召开。会议以习近平新时代中国特色社会主义思想为指导，深入贯彻党的二十大精神和习近平总书记关于治水的重要论述精神，落实党中央、国务院关于强化河湖长制工作部署，总结交流工作成效和经验，安排部署海河流域河湖长制重点工作。联席会议召集人、天津市市长主持会议并讲话，水利部副部长朱程清出席会议并讲话。北京、天津、河北、山西、河南、山东、内蒙古等省（自治区、直辖市）政府有关领导及辽宁省有关负责同志通过视频作交流发言。联席会议常务副召集人、海河水利委员会主要负责同志作工作报告。会议印发《2023 年海河流域省级河湖长联席会议纪要》《推进解决重点河湖问题清单》，充分发挥省级总河湖长牵头抓总、以上率下作用，进一步压紧压实各级河湖长及相关部门责任，推动流域统筹与区域协调，在更高层级协调解决跨区域、跨部门河湖管理保护难题。

（2）海河流域河长制湖长制联席会议制度落实。为深入落实“流域机构＋省级河长办”协作机制，进一步加快推进妨碍河道行洪突出问题排查整治，压实基层河长责任，海委多次联合流域各省（自治区、直辖市）河长办组织开展联合巡河，持续推动各级河湖长和有关部门履职尽责。2023 年 2 月 13—18 日，海委会同河北省河长办成立工作组，采取遥感巡查、无人机航拍、现场复核及与相关单位座谈的方式，对漳卫南运河妨碍河道行洪突出问题清理整治情况开展“回头看”，切实保障漳卫南运河防洪安全和生态补水安全。5 月 9—11 日，由海委牵头，会同北京市河长办成立工作组，对北京市碍洪突出问题清单、河湖“四乱”问题台账整改落实情况进行抽查，实地查看北京市境内温榆河、潮白河、北运河、凉水河、小清河、永定河等河道，掌握前期工作开展情况及后续工作安排，并从强化各级河长履职、完善细化整改措施、加大问题整治力度、做好日常监管巡查等方面提出工作意见。5 月 26—27 日，海委会同山西省河长办成立工作组，沿河查看滹沱河忻州段、浊漳河长治段，抽查复核遥感图斑点位，详细了解问题整改情况及后续工作安排，并与相关市、县两级河长办负责人进行座谈交流，就完善整改工作方案、加快整改进度、细化度汛措施等交换意见。6 月 15—16 日、7 月 26—28 日，海委先后两次会同河南省河长办成立工作组，现场抽查了卫河内黄县段、汤阴县段、浚县段、清丰县段、南乐县段和共渠浚县段问题点位，对滩地片林、桥梁、违建房屋等妨碍河道行洪突出问题整改落实情况进行了复核，进一步压实属地河长责任，指导相关部门单位履职尽责，切实保障河道行洪通畅。

（3）永定河流域市（区）级河湖长联席会议工作机制建立。为全面贯彻习近平生态文明思想，积极践行“节水优先、空间均衡、系统治理、两手发力”治水思路，深入落实党中央、国务院关于强化河湖长制的重大决策部署，加强永定河流域各地区河湖长制工作统筹协调，巩固投资主体一体化带动流域治理一体化机制，强化流域管理与区域管理有机结合，2023 年，在海河流域省级河湖长联席会议机制基础上，进一步打造永定河治理样本，经与北京市丰台区、石景山区、门头沟区、房山区、大兴区、延庆区，天津市北辰区、武清区，河北省保定市、张家口市、廊坊市，山西省大同市、朔州市等 13 市（区）及永定河流域投资有限公司协商一致，于 11 月 27 日，海委制定印发《永定河流域市（区）级河湖长联席会议机制》，搭建“流域管理机构＋地方＋公司协作”平台，连续 4 年开展“关爱河流 保护永定河”活动，推动河湖治理保护由政府主导向“政府-企业-社会”转变。

（黄垣森　张青森　付立文　葛晓菲）

【水资源保护】

1. 水资源刚性约束　2023 年，海委通过严格行政审批、监督检查、复核统计、承载评价等方式，持续强化流域水资源刚性约束。2023 年度累计受理取水许可申请 24 项，不予许可 3 项，核发取水许可证 10 套，核减不合理用水需求。对 58 个取水监管对象开展取用水监管，对山东省德州市宁津县 8 个项目无证取水等问题开展联合检查并依法予以处理，组织完成 80 套取水许可证电子证照数据问题治理。完成 20 个县级水行政主管部门和 160 个取用水户的最严格水资源管理监督检查，累计上报“一省一单”问题 17 个。完成永定河干流、漳河、引滦工程水量分配方案执行情况复核。抽查 17 个县级水行政主管部门 171 个用水统计调查对象的用水数据，发现问题 6 项。2023 年，持续开展流域水资源承载能力动态评价，制定《地下水超载地区划定标准（征求意见稿）》以及建议名录，与流域相关省级水行政主管部门初步沟通，并选取部分县（区）开展座谈，为进一步开展超载地区暂停新增取水许可工作奠定了基础。（韩鹏　陈利者　王守辉　于忱）

2. 节水行动

（1）指导永定河流域投资有限公司有序推进农业节水项目建设。2023 年，完成 22 个农业高效节水项目前期工作，涿鹿桑干河灌区高效节水等 9 项工程全部开工，完成山西省 4 个农业合同节水项目和河北省 2 个灌区综合改造项目运营管护工作，实现年节水量 692 万 m^3。以洋河二灌区为试点，推进灌区夯实农业水价综合改革四项机制，编制水权交易方案，探索建立交易试点。通过土地规模化流转、专业化种植和现代化管理，实施大同节水增粮项目，实现节水能力变节水量。

（2）县域节水型社会达标建设复核。2023 年，按照《水利部办公厅关于开展 2023 年度县域节水型社会达标建设复核工作的通知》（办节约〔2023〕83 号）要求，海委采取资料复核与现场复核相结合的方式，完成对河北省 19 个、山西省 18 个共计 37 个县（区）的县域节水型社会达标建设复核，形成省级复核报告报送水利部。强化流域交叉复核工作机制，参与松辽委和太湖局复核工作。截至 2023 年底，北京、天津、河北、山西 4 省（直辖市）县域达标率分别为 100%、100%、69.5%、62.4%，均已提前完成《“十四五”节水型社会建设规划》提出的“2025 年北方 60%以上县（市、区）达标”的建设目标。

（3）用水定额管理。2023 年，对地方用水定额进行发布前把关，完成对北京市和河北省 6 项制修订用水定额的征求意见反馈。完成国家、水利部、海河流域相关省（自治区、直辖市）用水定额汇编工作，更新海委用水定额管理工具书。完成山西省用水定额评估，形成评估报告报送水利部。完善用水定额线上查询功能，为用水定额应用管理提供了信息化平台，切实强化了用水定额在计划用水、节水评价等环节的应用。

（4）节水监督管理。2023 年，按照《水利部办公厅关于开展 2023 年水资源管理、节约用水和河湖长制落实情况监督检查工作的通知》（办监督函〔2023〕579 号）要求，海委成立检查组对北京、天津、河北、山西 4 省（直辖市）开展了节约用水监督检查。完成了北京、天津、河北、山西 4 个市级、20 个县级水行政主管部门节水管理情况和 80 个工业、服务业用水单位节约用水情况检查，形成 2023 年节约用水监督检查报告和“一省一单”报送全国节约用水办公室。完成北京、天津、河北、山西 4 省（直辖市）年用水量 1 万 m^3 及以上工业和服务业用水单位计划用水管理覆盖情况复核，巩固全覆盖成果。完成陕西省、山西省、内蒙古自治区的 10 个再生水利用配置试点城市的中期现场评估工作。

（5）节水评价。2023 年，海委先后对 8 个水利工程项目、5 个非水利建设项目共计 13 个项目开展了水资源论证报告中节水评价部分审查，其中叫停 3 个项目，及时更新节水评价登记台账，按时向全国节约用水办公室备案。选取漳河流域作为试点，针对农业用水粗放问题，启动引漳大型灌区节水评价与取水指标分析工作。

（韩鹏　陈利者　王守辉　于忱）

3. 生态流量监管

（1）重点河湖生态流量保障监管。海委持续强化流域 39 个河湖 50 个断面的生态流量保障达标评估和动态监管，于 2023 年初实现了考核断面水文监测实时数据及月度整编数据的共享，基于海委水情业务系统开发了生态流量监测预警专题模块，完善生态流量监测预警体系，组织编制海河流域生态流量监管信息月报并发送相关省份水行政主管部门。2023 年，流域除因施工暂停考核的断面，仅 1 个以生态基流为目标的断面个别月份出现未达标情况，其余断面全部达标，生态流量保障情况整体良好。

（2）已建水利水电工程生态流量核定与保障先行先试。2023 年，开展永定河、滦河已建水利水电工程生态流量核定与保障先行先试工作并纳入海委督办事项，会同相关各级水行政主管部门、工程管理单位和技术支撑单位赴 18 个先行先试工程现场调研查勘，编制完成永定河、滦河先行先试报告初步成果，经主任专题办公会内审讨论，专家咨询、集中研讨、征求意见并修改完善，形成永定河、滦河先行先试报告送审稿报送水利部，并通过了水利部水利水电规划设计总院组织的技术审查。

（3）永定河生态水量调度水量监测监督分析。2023 年，为持续复苏永定河生态环境，确保实现全年全线有水目标，海委组织开展永定河全线重要控制断面和主要支流水量监测、监督和分析工作。组织北京、天津、河北、山西 4 省（直辖市）8 家水文单位对补水沿线 28 处水量重要监测断面同步开展协同监测，以补水水源出口、省界断面为重点，在永定河全线选取 14 处水量监测断面开展流量监督性监测 22 轮次，取得监测成果 506 站次；系统梳理 2023 年上（下）半年水量监督性监测及水文巡测情况，编制《2023 年上（下）半年永定河水量调度监督性监测及水文巡测总结报告》；定期开展永定河官厅水库以上主要支流自动监测成果分析，完成 2023 年上（下）半年永定河水量调度输水情况分析评价工作，为海委确认 2023 年上（下）半年永定河水量调度输水量及输水率提供了重要数据支撑；开展永定河平原段最小补水流量分析评价工作，为水资源精细科学化调度提供了技术支撑；年度补水工作结束后，编制《永定河生态水量调度年度效果评估》；2023 年度共审核流量及水量数据 16 060 条，收集整理地下水埋深数据 211 335 条，编制每日补水动态 365 期，补水旬报 28 期，实现全年全线有水目标，全线流动时间 228 天，超额完成年度调度目标，为永定河综合治理与生态修复提供重要技术支撑。

（韩鹏　陈利者　王守辉　于忱）

4. 取水管理　2023 年，海委严格建设项目水资源论证和取水许可审批管理。组织开展重大项目前期现场查勘，并提请主任专题办公会审议，联合相关部门深入分析，综合研判，层层把关，从严审批。2023 年共计批复取水许可申请 21 项，批复水量 6.74 亿 m^3，核减水量 0.09 亿 m^3，批复延续取水申请 4 项，批复水量 18.66 亿 m^3。核发取水许可证 10

套，涉及水量 2.81 亿 m^3。根据水利部的工作部署，依托全国用水统计调查直报管理系统，持续开展海河流域用水统计调查工作。组织直管用水户填报取用水信息并完成数据审核，完成海河流域 2023 年各季度用水统计数据抽查审核及 2022 年度海河流域水资源三级区用水总量数据复核核算，有效提高流域用水统计数据质量，顺利完成《2022 年海河流域水资源公报》编制，为水资源管理工作提供技术支撑。

（韩鹏　陈利者　王守辉　于忱）

5. 水量分配　2023 年，海委积极探索创新水量分配思路方法，从明确流域各地可用水量入手，采取从总量到分量再到具体河流、逐步递进的工作方式，整体推动解决跨省江河水量分配问题。2023 年开展多轮次沟通协调，于 7 月，与流域内各省（自治区、直辖市）就其境内所有跨省河流水系地表水可用水量成果达成一致意见，向水利部正式报送相关成果。10 月，水利部正式印发《海河流域跨省江河水量分配方案》，明确了海河流域 8 省（自治区、直辖市）可用水量。海河流域跨省江河水量分配工作取得突破性进展，流域初始水权得以明晰。

（韩鹏　陈利者　王守辉　于忱）

【水域岸线管理保护】

1. 妨碍河道行洪突出问题清理整治　2023 年，海委按照《水利部办公厅关于开展妨碍河道行洪突出问题排查整治工作的通知》（办河湖〔2021〕352 号）和《水利部河长办关于进一步做好妨碍河道行洪突出问题排查整治工作的通知》（第 95 号）相关要求，持续落实专项行动工作部署。2 月以来，水利部先后印发《水利部办公厅关于印发〈水库溢洪道等水利设施汛前检查工作方案〉的通知》（办监督函〔2023〕105 号）和《水利部河长办关于加快清理整治妨碍河道行洪突出问题的工作提醒函》（第 113 号），对加快河道管理范围内妨碍河道行洪突出问题清理整治提出明确要求。海委认真落实相关文件要求，聚焦流域防汛工作大局，落实“流域管理机构＋省级河长办”协作机制，将保障河道行洪安全纳入河湖长制目标任务，采取暗访复核、遥感巡查、联合巡河等方式，以漳卫南运河、大清河、永定河等骨干行洪河道为重点开展碍洪突出问题整改“回头看”，形成 312 个问题交办清单。5 月 5 日，向北京市、河北省、山西省、河南省、山东省河长办发函，将问题移交并督促其对整改进度滞后的问题进一步加大整改力度，要求进一步加大对大清河、子牙河、漳卫河等河系的排查整治力度，举一反三，立行立改，坚决防止因河道阻水堵塞、行洪不畅发生重大险情。2023 年，组织 5 次省级河长办开展联合巡河，现场督导、复核销号问题 270 个。

（黄垣森　李晓宇　张青森）

2. 河湖遥感图斑复核

（1）直管河湖图斑复核。为深入推进河湖“清四乱”常态化规范化，进一步提升河湖智慧监管水平，2023 年 3 月 14 日，水利部办公厅印发《水利部办公厅关于开展河湖遥感图斑核查有关工作的通知》（办河湖〔2023〕71 号），将 2022 年以来解译的河湖遥感图斑推送各地进行核查，要求流域管理机构组织核查直管河湖图斑，会同地方清理整治违法违规问题。3 月 24 日，水利部河湖管理司会同水利部信息中心组织开展河湖遥感图斑核查视频培训会议，会议明确了海委承担 23 个直管河湖图斑核查任务及相关抽查复核工作要求。海委高度重视图斑复核工作，组织漳卫南运河管理局、河北省、山东省河长办对 23 个疑似问题图斑进行核查，确定 22 个不是问题，1 个为乱占问题。11 月 3 日，山东省德州市河长办反馈问题整改情况。11 月 6 日，海委组织漳卫南运河管理局进行现场复核，乱占问题已完成清理。

（2）海河流域河湖遥感图斑核查。根据水利部相关工作安排，海委需组织对海河流域各省（自治区、直辖市）提交的核查佐证材料及问题整改情况进行抽查复核。2023 年 3 月 24 日，海委组织遥感解译专班人员参加技术培训，认真学习河湖遥感疑似问题图斑核查技术标准。结合各省份河湖遥感图斑复核工作开展情况，于 9 月 27 日，海委细化完善遥感图斑复核抽查工作方案，抽调 39 名业务骨干成立工作专班并全面启动线上抽查工作。截至 11 月 16 日，海委共抽查遥感图斑 4 316 个，占各省份复核图斑总数的 7.99%，核查通过 4 031 个（占比 93.4%），驳回 285 个（占比 6.6%）。

（黄垣森　李晓宇　张青森）

3. 河湖名录梳理复核　为进一步摸清河湖管理底数，形成完整的河湖名录，2023 年 3 月 3 日，水利部印发《水利部办公厅关于开展河湖名录梳理复核工作的通知》（办河湖〔2023〕66 号），组织在全国范围内开展河湖名录梳理复核工作，流域管理机构应在 10 月 15 日前对地方已自查完成的水普名录内河湖名录成果进行重点核查。海委于 5 月上旬组织 69 名业务骨干参加河湖名录梳理复核和山区河道管理工作视频培训，跟踪督导相关省份加快推进河湖名录梳理进度。根据各地信息报送进展，海委于 9 月下旬至 10 月上旬组织对地方上报成果进行抽查，对河湖数量、长度、河流流域面积（湖泊水面面积）、干支流关系、流经行政区域、空间分布、是否纳入山区河道管理、河湖省级系统代码等重要数据进行重点核查。截至 10 月 11 日，海河流域相关省（自治区、直辖市）在河湖长制信息系统内共上报水普名录内河湖名录 703 个（702 个河流、1 个湖泊），海委组织抽查河湖 71 个（占报送成果的 10.10%），其中通过 54 个（占比 76.06%）、驳回 17 个（占比 23.94%）。（黄垣森　李晓宇　张青森）

4. 采砂管理

（1）直管河道重点河段和敏感水域采砂管理 4 个责任人。2023 年 4 月，按照《关于落实河道采砂管理责任制有关工作的函》（河湖砂函〔2023〕2 号）要求，海委组织有关单位结合 2022 年水利部《关于全国河道采砂管理重点河段、敏感水域相关责任人名单的公告》，对直管河道重点河段、敏感水域进行了复核并明确 13 个直管河段和敏感水域采砂管理 4 个责任人，以《海委关于报送直管河道重点河段和敏感水域采砂管理责任人的函》（海便函〔2023〕131 号）报送水利部河湖管理司。

（2）直管河库工程砂综合利用。为深入贯彻 2023 年全国河湖管理工作会议精神，推进海河流域工程砂综合利用规范化管理，进一步加强海委采砂管理工作能力，2023 年 2 月 22—24 日，海委组建调研组前往黄委就采砂管理工作进行了调研，全面听取了黄委采砂管理体制机制建立、采砂全过程监管信息化系统建设等情况的介绍，并实地考察了焦作市采砂厂现场管理情况。9 月 28 日，海委印发《海委办公室关于加强直管河库工程砂综合利用管理的通知》（办河湖〔2023〕2 号），明确工程砂综合利用程序，进一步规范直管河库工程砂综合利用。

（3）南水北调中线干线交叉河道非法采砂排查整治。按照《水利部办公厅关于开展南水北调中线干线交叉河道非法采砂排查整治的通知》（办河湖函〔2023〕665 号）要求，海委扎实开展河道采砂管理工作，坚决打击河道非法采砂。2023 年 8 月 5 日，海委印发《海委办公室转发水利部办公厅关于开展南水北调中线干线交叉河道非法采砂排查整治的通知》（办河湖函〔2023〕4 号），要求漳卫南运河管理局切实提高重视程度，按照通知要求对南水北调中线与海委直管河道交叉河道（简称“交叉河道”）进行排查。非法采砂排查行动期间，海委先后派出 6 组次对交叉河道进行巡查检查，实地察看了漳河多个河段，未发现非法采砂行为。在采砂管理中，充分利用视频监控系统，精准捕捉非法采砂行为，提高工作效率。海委充分依托河长制湖长制平台，强化区域联防联控，落实打击非法采砂属地责任，联合属地河长办、公安、南水北调工程管理单位等对漳河排查区域内开展联合打击非法采砂排查整治行动。9 月 14 日，水利部海委漳卫南运河临漳河务局联合河南省安阳市公安局殷都分局、河北省邯郸市磁县公安治砂治矿大队开展河道采砂管理联合巡查。中秋、国庆“双节”期间，水利部海委漳卫南运河临漳河务局联合河南省安阳市殷都区河长办、河北省邯郸市磁县河长办、临漳县河长办、中国南水北调集团中线有限公司河南分公司安阳管理处及河北分公司磁县管理处，于 9 月 30 日、10 月 4 日，对交叉河道上游 1km、下游 3km 开展河道采砂管理联合巡查。非法采砂排查整治行动开展以来，海委直管河道交叉河道范围内水事秩序持续稳定，未发现明显沙坑及非法采砂活动。

（黄垣森　李晓宇　张青森）

5. 涉河建设项目审批及监管

（1）依法依规开展河道管理范围内涉河建设项目审批。强化规划引领约束，严格河湖水域岸线分区分类管控，依法依规高效开展涉河建设项目行政许可，2023 年海委共办理涉河建设项目审批 33 项，准予许可 24 项，不予许可 1 项。

（2）涉河建设项目事中事后监管。2023 年，为进一步规范涉河建设项目监管行为，修订完成《涉河建设项目事中事后监管指南》并举办海委河湖监管培训班，逐项明确现场查勘、开工备案、建设实施、竣工验收等各环节的监管要点，在直管河段全面推行涉河建设项目事中事后全过程监管，实现涉河项目管理从抓手续、抓重点环节向抓全面监督管理转变。2023 年，海委对北京市东六环路（京哈高速—潞苑北大街）改造工程、厂通路潮白河大桥、北运河廊坊段旅游通航工程交通基础设施项目等 25 个河道管理范围内建设项目的进行事中事后监督检查，保障河道行洪安全和重要基础设施安全。

（黄垣森　李晓宇　张青森）

【水污染防治】

1. 突发水污染事件应对　2023 年 4 月，海委会同生态环境部海河流域北海海域生态环境监督管理局联合组织召开海河流域突发水污染事件联防联控工作座谈会，研讨交流跨省河流突发水污染事件联防联控、入河排污口监督管理等工作。2023 年 2 月，妥善解决河北省衡水市景县叶园闸前污水影响南水北调东线北延供水安全事件；4 月，及时处置潘家口水库宽城县桲罗台镇游客中心码头交通船漏油事件。为保障漳卫南运河管理局直管河道、岳城水库水质安全，漳卫南运河管理局先后印发《漳卫南局关于做好2023年春节期间突发水污染事件防范和南水北调东线一期工程北延应急供水工程冰期输水值班工作的通知》（漳资源〔2023〕4号）、《漳卫南局关于做好2023年中秋国庆期间突发水污染事件防范和应对工作的通知》（漳资源〔2023〕56号），有序安排重要节假日期间水资源巡查及保护工作，多举措做好突发水污染事件防范和应对。

（王守辉　葛晓菲）

2. 入河排污口整治　2023年，漳卫南运河管理局发挥跨省流域突发水污染事件联防联控机制作用，强化饮用水水源地保护和突发水污染事件应对处置，与山东省德州市生态环境局、河北省衡水市生态环境局联合调查并成功处置减河焦庄涵闸排污和南运河叶园闸污染事件，跟踪处理岔河安庄泵站、七里庄闸下游排水口排污问题线索，协调、配合沿河3省10市生态环境主管部门开展入河排污口核查、整治工作，为河湖生态保护和输水水质安全提供保障。

（王守辉　葛晓菲）

【水环境治理】

1. 饮用水水源保护　2023年，按照水利部工作部署，海委对北京、天津、河北、山西4省（直辖市）4个饮用水水源地管理情况进行监督检查，支撑最严格水资源管理制度考核。完成北京、河北、山东、河南4省（直辖市）14个地表水型饮用水水源地安全保障达标建设情况现场调研，同步更新完善流域饮用水水源地基础信息，初步建立“一源一档”，同时通过无人机航拍、遥感影像分析等信息化技术提高评估效率和效果。持续跟踪岳城水库、潘大水库水质，2023年，岳城水库、潘大水库水质均保持在Ⅲ类及以上标准，其中大黑汀水库坝上断面水质自2023年4月起连续9个月保持Ⅱ类。

（韩朝光　王守辉）

2. 水质监测

（1）地表水水质监测。2023年，海委组织开展82处地表水国家重点水质站的水质监测工作，其中河流站71处、水库站11处。编制并印发监测方案，对潘家口水库、大黑汀水库、岳城水库的库心和坝上等6处水库站每月监测1次，其余河流、水库站每季度监测2次；河流站监测指标为《地表水环境质量标准》（GB 3838—2002）24项基本项目，水库站在24项基本项目基础上，增加5项水源地补充监测项目；2023年5—10月，潘家口水库、大黑汀水库、岳城水库等9处水库站在29项监测项目基础上，每月再进行1次水体富营养化指标监测。

（2）地下水水质监测。2023年，海委组织开展565处地下水监测站的地下水水质监测工作，其中地下水水源地取水口站25处、生产井站186处、国家地下水监测工程站354处。编制并印发监测方案，对地下水水源地取水口站全年监测10次，生产井站和国家地下水监测工程站全年监测1次；监测指标为《地下水质量标准》（GB/T 14848—2017）39项常规指标。

（3）重要水域生态监测。2023年，海委对大清河白洋淀淀区、出淀和入淀代表性河流开展了水生态监测评价工作，利用水文站23处、水质站34处、水生态站34处，对白洋淀水系的水量、水质、水生物、生境等进行监测，并首次利用遥感技术对有水体覆盖的河流长度、湖库面积动态变化情况进行监测分析。

（4）流域水质资料整理汇编。2023年，海委组织流域各省（自治区、直辖市）对2022年度海河流域片重要水质站监测资料进行整编，整编完成后，对整编资料进行汇编并刊印。（韩朝光　王守辉）

【水生态修复】

1. 实施永定河生态补水　2023年，海委围绕全年全线有水目标，强化流域水资源统一调度管理。通过“四水统筹”“五库联调”持续向永定河实施生态补水，永定河实现全年全线有水，全线流动232天，超额完成全年计划流动天数（100～120d）的目标，各类工程累计向永定河生态补水103706万m^3。其中官厅水库以上各类工程累计向永定河生态补水59855万m^3，官厅水库及以下各类工程累计向永定河平原段生态补水43851万m^3，官厅水库以上桑干河、洋河河道及永定河山峡段均维持了河道生态基流，实现了“流动的河”。

（王清元　夏青　黄垣森　赵伟东　王雪梅）

官厅水库向永定河生态补水（刘景海　拍摄）

2. 推进流域生态水网建设　2023年，按照国家水网建设总体部署，立足永定河流域整体和水资源空间均衡，通过万家寨引黄北干线、南水北调中线与永定河连通，以及支流间连通互济，加快构建区域水网。指导永定河流域投资有限公司开工建设山西省朔州市七里河引黄北干1号洞至箱涵入口段河道综合治理与生态修复工程、朔州市口泉河河道综合整治与生态修复工程、廊坊市永定河水系连通工程、天津市北辰区泛区与永定河水系连通工程等，拓展补水通道，提升水资源保障能力。

（王清元　夏青　黄垣森　赵伟东　王雪梅）

3. 开展永定河初始水权分配　2023年，完成永定河流域地表水可用水量测定，并经北京、天津、河北、山西、内蒙古5省（自治区、直辖市）水行政主管部门确认同意。以此为基础，确定永定河水量分配方案，经上述5省（自治区、直辖市）人民政府同意并由水利部印发实施。协调永定河流域投资有限公司完善流域横向生态补偿机制，推动开展生态产品价值实现机制研究。

（王清元　夏青　黄垣森　赵伟东　王雪梅）

门头沟斋堂水库（高万富　拍摄）

4. 水土流失治理

（1）水土保持基础工作。2023年，海委印发《海委贯彻落实〈关于加强新时代水土保持工作的意见〉实施方案》，明确新时代海委全面加强水土保持工作的重点任务、落实举措和责任分工；组织编制《海河流域水土保持规划（2021—2035年）》，构建水土流失防治新格局；印发《海河流域水土流失联防联控联治协作机制》，初步建立"海委+省级水行政主管部门"的水土保持工作架构；召开京津冀协同发展水土流失联防联控联治座谈会，围绕保障京津冀生态安全目标，研讨水土保持统一监测、统一监管、统一治理的工作思路和落实举措，推动京津冀水土保持工作不断迈上新台阶。开展《水土保持法》施行十二周年宣传活动，开展"水土保持宣传进校园""建设项目中的水土保持光影摄影征集"等活动，发布《2023年海河流域部批生产建设项目水土保持公报》。印发了《海委2023年水土保持工作要点》。以密云水库上游为重点，开展L2级数据底板试点建设，实施水土保持治理管理成果标准化处理及入库，构建海河流域水土保持"一张图"。

（2）生产建设项目水土保持监督管理。2023年，从严从细从实开展部批生产建设项目全过程全链条监管，以问题为导向，针对性制定年度督查方案，按照"提前介入、主动作为、全程管控、跟踪落实"的思路，对5个待开工项目开展水土保持工作"告知+承诺"，跟踪检查49个项目水土保持方案实施情况，聚焦重点区域、重点行业，对11个在建项目开展现场检查，对5个项目水土保持设施验收情况开展核查，对1个存在严重问题的项目视同为设施验收不合格。针对检查所发现问题，以清单制明确发现问题和整改要求并督促整改，开展责任追究，共对3个存在严重问题的单位开展约谈，推动监管取得实效。联合北京市、河北省水行政主管部门开展密云水库上游潮白河流域人为水土流失协同监管，集中对264个项目开展督查，合力推动90余个问题得到整改，有力保障密云水库水源安全。联合中国铁路北京局集团有限公司开展流域内铁路项目跨行业协同监管，对重大铁路建设项目开展联合检查，切实提升铁路建设项目水土保持工作水平。完成北京、天津、河北、山西4省（直辖市）省级水行政主管部门生产建设项目水土保持监管履职督查工作，随机抽查28个项目水土保持方案评审及批复情况，现场检查16个在建项目水土保持方案实施及地方水行政主管部门监督检查情况，对49个遥感监管发现水土保持违法违规图斑的认定及整改销号情况进行现场核查，发现各类问题13项并印发"一省一单"。

（3）水土保持生态建设管理。2023年，依托全国水土保持管理信息系统，对北京市、河北省、山西省水土保持重点工程246个项目进行项目实施关键时期周调度，共开展30次调度并将调度结果上报水利部水土保持司。组织开展北京市、河北省、山西省水土保持重点工程督查工作，对抽查3省8个项目县的24个项目进行现场检查，并利用无人机对项目区情况进行了解，通过现场检查、查阅资料、座谈交流等方式，全面了解国家水土保持重点工程建设管理总体情况，并对2022年度督查发现问题的整改落实情况进行了复核。对北京市、河北省、山西省6县小流域综合治理提质增效项目申报材料、实施方案、建设管理情况进行指导督促，从项目建设目标、任务、内容、管理等方面提出要求和建议，推进生态清洁小流域建设管理；征集流域内小流域综合治理典型案例，印发《海河流域小流域综合治理典型案例汇编》并在流域内推广。

（4）水土保持监测。2023年，通过召开部署会、举办培训等方式，强化流域水土流失动态监测工作组织管理，严格水土流失动态监测工作质量和进度，全面完成水土流失动态监测年度工作，全面掌握流域水土流失面积、强度、分布及年度动态变化情况。开展2023年度永定河、白洋淀生态脆弱河流湖泊保护修复后水土流失及生态改善情况分析评价，深入分析区域内水土流失和生态环境变化状况。开展山东、宁夏、甘肃、新疆4省（自治区）2023年度省级水土流失动态监测遥感解译、专题信息提取抽查和成果复核工作，把好监测质量关。

（王清元　夏青　黄垣森　赵伟东　王雪梅）

5. 水利绿化工作　2023年，编写《海委关于报送2023年水利绿化工作总结的函》（海便函〔2023〕446号）并上报水利部绿化委员会。2023年，庭院新增绿化面积0.3hm^2，河渠湖库周边新增绿化面积0.1hm^2，海委共投入绿化经费2 991.15万元。2023年，海委共组织参加义务植树活动36次，共参与906人次，完成义务植树14 509棵，获得尽责证书230份。（王清元　夏青　黄垣森　赵伟东　王雪梅）

6. 河湖健康评价　2023年1月，印发《海委关于请提供开展河湖健康评价建立河湖健康档案工作有关材料的函》（海便函〔2023〕14号），对海河流域内201条跨省河流、4个跨省湖泊进行梳理统计，协调确定2024年完成19条设立省级河湖长的规模以上跨省河流健康评价名录，2025年完成53条设立省级河湖长的规模以下跨省河流健康评价。3月，组织召开2023年海委河湖管理工作会，印发海委2023年河湖管理工作要点，安排部署河湖健康评价工作并制定海河流域跨省河湖健康评价实施方案。8月，组织河北省、山东省河长办召开跨省河湖健康评价工作座谈会，就河北省、山东省跨界河流现状、评价工作进展、方案制定、指标及监测方法的选择进行沟通交流，推动建立数据共享机制，合力推进河北省、山东省省际边界河湖健康评价工作。11月，召开海河流域2023年省级河湖长联席会，要求加强流域区域统筹协调，持续推动河湖健康评价工作落实。12月，海委印发《海委关于开展跨省河湖健康评价试点工作的函》（海河湖函〔2023〕21号），指导河北省开展海河流域跨省河湖健康评价试点工作。在现有工作的基础上，选取部分具有代表性的跨省河流，围绕完善区域协调机制、制定评价方案、共享数据成果等方面，探索形成可复制、能推广的工作机制和经验做法。

（王清元　夏青　黄垣森　赵伟东　王雪梅）

7. 华北地区地下水超采综合治理　2023年，海委开展新一轮海河流域超采区划定，完成海河流域地下水超采区划定成果报告，配合水利部完成2023年华北地区地下水超采综合治理评估，编制完成2023年华北地区地下水动态评价成果报告。

（王清元　夏青　黄垣森　赵伟东　王雪梅）

8. 华北地区河湖生态环境复苏行动　2023年，海委配合水利部编制完成《2023年华北地区河湖生态环境复苏实施方案》，并逐月校核汇总各河湖生态补水量报送水利部，40个补水河湖于2023年共实施生态补水98.40亿m^3，完成计划补水量27.68亿m^{3}的355%。配合水利部编制完成《京杭大运河2023年全线贯通补水水文监测与专项评估方案》（办水文〔2023〕79号）、《华北地区河湖生态环境复苏行动（2023年夏季）水文监测评估方案》（办水文〔2023〕165号），完成现场调研、督查及信息报送等工作。2023年4—5月，统筹多水源向京杭大运河黄河以北707km河段实施生态补水，累计补水13.19亿m^3。2023年，34个河湖夏季集中补水9.22亿m^3，完成计划补水量5.17亿m^{3}的178%；永定河补水9.26亿m^3，完成计划补水量7.35亿m^{3}的126%；白洋淀补水（入淀）19.23亿m^3，完成计划补水量3.00亿m^{3}的641%。

（王清元　夏青　黄垣森　赵伟东　王雪梅）

9. 京杭大运河2023年全线贯通　2023年，配合水利部编制完成《京杭大运河2023年全线贯通补水行动方案》，针对多水源联合调度、农灌用水等开展现场调研。2023年4月4日，京杭大运河再次实现全线水流贯通，补水时长、贯通时长、补水量、置换灌溉面积等较2022年均有提升。海委岳城水库2023年累计向京杭大运河补水4.93亿m^3。

（王清元　夏青　黄垣森　赵伟东　王雪梅）

10. 母亲河复苏行动　2023年，编制印发桑干河、洋河、滦河、漳河（含清漳河、浊漳河）等6条跨省母亲河复苏行动方案（2023—2025年），多措并举复苏母亲河。完成2023年母亲河复苏成效评估，滦河、洋河、桑干河、漳河（含清漳河、浊漳河）均实现全线水流贯通。

（王清元　夏青　黄垣森　赵伟东　王雪梅）

【执法监管】

1. 河湖日常监管　2023年，海委各级水政监察队伍严格落实水行政执法巡查责任制，灵活运用信息化技术手段，提高日常执法监管的精准度和执法效率，2023年累计巡查河道长度7.98万km，巡查湖泊水库面积1.86万km^2，出动巡查人员8340人次，出动巡查车辆2135车次，现场制止违法行为1315次，有力维护了流域良好水事秩序。在海河"23·7"流域性特大洪水期间，各级水政队伍闻"汛"而动，坚持防汛与执法职责共担、巡堤与查处措施并举，以蓄滞洪区违法建设、工程建设影响水文监测、省际河道纠纷隐患等为重点，加密汛期巡查频次，开展线索摸查、案件督导和纠纷排查，努力保障直管河道与水库防汛安全，为流域安全度汛保驾护航。（富可荣）

2. 联合执法　2023年，海委认真贯彻水利部党组强化水利体制机制法治管理要求，推进和落实水行政执法"四项机制"，先后召开漳卫南流域、漳河上游流域水行政执法工作座谈会，以用好"水行政执法与检察公益诉讼协作机制"为主题，研讨推动妨碍河湖安全水事违法问题的解决；组织天津、河北2省（直辖市）水利部门和检察机关，开展大清河流域"水行政执法＋检察公益诉讼"联合巡查活动，重点察看了省界河道违规侵占河道案件的整改情况，督促相关职能部门依法履职。协助北京、天津、河北、山西4省（直辖市）有关市级人民检察院签订《关于大清河流域生态环境和资源保护检察协作机制的意见》。漳卫南运河管理局与大运河沿岸邯郸、邢台等7市检察机关签署了《京杭大运河生态环境和资源保护公益诉讼协作机制》；海河下游管理局与大沽口海事局、南疆海事局等单位开展2023年度联合执法巡航活动；引滦（工程管理）局联合河北省唐山市迁西县农业农村、生态环境等部门开展水上联合执法活动，对潘大水库开展了拉网式全覆盖执法巡查；漳河上游管理局与公安机关合力打击河道非法采砂问题，借助地方公安机关职能优势联合执法，成功抓获犯罪团伙1个。通过办案实战，各级水政监察队伍不断加强与地方部门的协同治理，不断凝聚行政执法与刑事司法工作合力，切实维护了流域河湖管理秩序。（富可荣）

3. 专项执法行动　2023年6—12月，按照水利部统一部署，海委组织开展了河湖安全保护专项执法行动。各级水政监察队伍主动对接属地公检法司等有关部门、单位，推进和落实水行政执法"四项机制"，根据各自职责和管辖范围对直管河段、水库组织开展巡查执法、线索排查和立案查处工作：一是行刑衔接方面，联合公安检察机关，整治非法采砂，成功抓获非法采砂犯罪团伙1个，移送公安机关立案侦查；对检察院移送的线索立案查处，对17名违法人员给予行政处罚；二是检察协作方面，与检察院组成工作专班，对整改不顺利的"老大难"案件进行专项督导，清除碍洪违建300余m^2、阻水大棚26.67万m^2、违规作物3万m^2；组织天津、河北水利（水务）部门和检察机关成立巡查组，在汛后联合查勘了大清河文安洼和东淀蓄滞洪区，共同督促违规侵占河湖问题整改；三是部门联合、区域联动方面，健全水利行业监管与水行政执法衔接机制，与水资源、河湖、水旱灾害防御、水文等部门联合开展违法案件的立案查处和监督检查工作，将在行业监管中发现的26条问题线索纳入专项行动台账；与地方防汛部门密切配合，行动期间现场制止、劝离在水工程管理范围内游泳、垂钓等违法行为近500次。专项执法行动期间，海委各级水政监察队伍充分借助卫星遥感、无人机、视频监控等"空天地一体化"水行政执法监督网络，共排查问题线索95个，立案39起，案件数创海委历年新高，漳卫南运河管理局"德城区小森农场"违法建设案入选水利部水行政执法典型案例，水行政执法取得显著成效，保障了流域河湖安全。（富可荣）

【水文化建设】

1. 推进水文化载体建设　2023年，启动海河水利史馆建设，组建建设工作专班，多轮次召开专家咨询会，搜集整理相关文献史料、实物史料，形成海河水利史馆建设内容脚本（征求意见稿）。深入挖掘引滦枢纽工程及引滦工程管理局历史，于2023年7月建成引滦局局史馆，通过大量翔实的历史照片、资料和多媒体史料，全面展示引滦枢纽工程发挥的巨大作用，记录引滦工程管理局的改革发展历程。推动流域水利工程与水文化深度融合，采取"工程＋文化"的形式，积极推进水文化、水利科普、水法治宣传教育场所等设施建设，岳城水库等4个普法基地被确定为"海委法治宣传教育基地"。以水利工程资源为优势，持续培育发展漳卫南运河水利风景区、潘家口水利风景区2个国家级水利风景区，大力传承弘扬水文化，加大资金投入，提升流域水利风景区综合效益，树立品牌形象，多措并举推动流域水利风景区高质量发展。（薛程　王丽叶　于忱）

2. 水利志书编纂出版工作　2023年，积极开展《海河志》续修前期工作，针对续志工作组织机构和编纂大纲制修进行实地调研，为志书续编有序推进提供必要保障。大力推动以漳卫河、永定河为代表的流域重点河流志书编纂，以漳卫河、永定河等为重点，在深入开展河系水文化遗产调查的基础上，完成《漳卫南运河水文化遗产集萃》编纂工作，全书共20万字，已进入出版流程。参与云南教育出版

引滦局局史馆在天津建成并正式开馆（海委　供图）

社湖泊传记丛书编写工作，出版《白洋淀》等丛书。全方位盘点海河“23·7”流域性特大洪水防御过程，编写出版《海河“23·7”流域性特大洪水防御纪实》《海河“23·7”流域性特大洪水调查分析》，立体式记述2023年海河流域防洪历史，系统总结洪水防御经验，凝聚治水兴水强大合力。

（薛程　王丽叶　于忱）

3. 科普宣传　2023年，立足毛泽东主席题词“一定要根治海河”60周年，积极谋划专题宣传，形成了以召开推动海河流域水利高质量发展座谈会为核心，同步开展“幸福海河”讲坛、刊发《中国水利报》宣传专版、推出海河治水成就网站微信展板专题宣传、编纂《根治海河60周年专辑》、出版《海河水利》流域治水成就专刊、举办干部职工书画摄影展的“1＋6”项专题宣传活动，全面宣传展示海河流域治水事业和海委改革发展进展成效。积极开展水利科普工作，通过网站、微信平台、展板、展屏等多种渠道，围绕蓄滞洪区、洪水防御知识、水资源节约保护等社会关注问题开展科普，同时结合“世界水日”“中国水周”、全国科普日等重要时间节点，组织开展普法进校园、进社区、水利科技活动周等丰富多彩的科普活动，切实营造良好水文化宣传氛围。推进海委门户网站流域水文化专题改版，经过重新策划设计，协调技术单位搭建网页并填充内容，集中展示推广流域水文化建设成果。

（薛程　王丽叶　于忱）

4. 流域河流溯源　2023年，积极组织开展流域河流溯源论证。以永定河为先导，组织沿河各省（自治区、直辖市）及永定河流域投资有限公司开展永定河溯源工作，结合永定河河源历史沿革及现有成果，在实地考证的基础上，通过资料分析及相关水文计算，编制形成《关于永定河溯源工作情况的报告》。开展漳河确源研究，围绕海河源头的确定工作，成立工作专班，扎实推进资料搜集分析和现场查勘，组织专家学者开展专题研究，明确溯源标准，在此基础上形成关于漳河确源的调研报告。

（薛程　王丽叶　于忱）

5. 重点河系水文化带　2023年，以漳卫河为先导，深入挖掘重点河系水文化，形成《漳卫河文化带建设专题报告》，重点考虑漳卫南运河系现状特征及文化要素分布，规划建设以“五河四区，双心引领，主线串联，多点支撑”为总体空间结构，以岳城水库及以下漳河、淇门以下卫河、刘庄桥以下共产主义渠、卫运河、漳卫新河、南运河（四女寺至第三点）为建设范围的漳卫河文化带，加快推进沿岸水文化遗产的系统保护，深入挖掘水文化蕴含的时代价值，全面展示漳卫河系水文化内涵，为推动流域水利高质量发展提供强大精神动力。

（薛程　王丽叶　于忱）

6. 节水宣传教育　2023年，以“节水中国　你我同行”联合行动主题宣传活动为重点，开展“世界水日”“中国水周”网络答题活动，发布“世界水日”“中国水周”节约用水倡议书，举办“进企业、进校园、进机关、进社区、进农村”等节水宣传活动，并获评水利部优秀组织单位，“保护大运河 节水接力行”主题宣传获评优秀活动。联合天津市举办第二届高校节水创意设计大赛和海河畔节水普法宣传活动，开展“节水海河 夕阳同行”签字倡议活动；组织海委系统约 1 700 人参加第三届全国节约用水知识大赛。发布的节水信息被全国节约用水办公室网站等平台采编 113 篇次，位列流域机构第三。

（薛程　王丽叶　于忱）

【数字孪生水利建设】

1. 数字孪生

（1）数字孪生永定河先行先试建设工作顺利完成。2023 年 11 月，由海委牵头建设的数字孪生永定河初步建成并投入试运行，标志着数字孪生永定河建设取得了重要阶段性进展。数字孪生永定河已建成覆盖永定河全流域的“天空地”水文、水资源、水利工程、水土保持等监测感知网，基本建成永定河流域数字孪生体和流域数据底板、模型平台、知识平台和防洪与水资源知识体系，初步建成支撑永定河流域生态水量调度、官厅水库下游防洪调度“四预”，兼顾工程管理、河湖管理、节水管理等 N 项业务的应用平台，建设成果已应用于海河“23·7”流域性特大洪水中永定河流域洪水的预报、演进、调度、复盘，以及永定河全年全线有水目标生态水量调度保障的多水源联合调度、水头演进、效果评估等仿真预演中。

（2）进一步强化网信工作统一领导。2023 年 6 月，为进一步加强海委网络安全与信息化工作组织领导和统筹协调，海委根据工作需要和人员变动情况，对海委网络安全与信息化领导小组组成人员及职责作出相应调整，主要职责调整为贯彻落实中央及水利部关于网络安全和信息化工作的总体部署、组织领导海委网络安全和信息化工作等，组长为海委党组书记（主任），副组长为海委党组成员（一级巡视员、机关纪委书记和副主任），成员包括总工程师、总规划师、委机关各部门、水文局、通信中心、信息中心主要负责人；并下设网信办，网信办主任由分管信息化工作的委领导兼任，网信办副主任由办公室、规计处、水文局、信息中心主要负责人兼任。

（3）海河计算中心。为全面提升数字孪生海河基础环境运行保障能力，海委于 2023 年 8 月启动数据中心机房建设项目，着力打造海河计算中心，努力推进数字孪生信息化基础设施整合和集约管理。项目已于 2023 年 12 月完工并通过合同验收。建成后的海河计算中心整体符合电子信息系统机房设计规范 B 级标准，采用技术领先的模块化机柜，物理安全水平和综合运营能力得到极大提升。建设海河计算中心是海委落实水利高质量发展“六条实施路径”、加快推动数字孪生海河建设的重要举措。

（4）数字孪生永定河共建共享工作机制。2023 年，海委积极推动数字孪生永定河建设共建共享工作，组织召开数字孪生海河建设共建共享推进会，全力推动数字孪生共建共享工作，明确要健全机制，加强流域统一领导和沟通协调，确保建设任务顺利推进；持续完善数据底板，加强与流域各省（自治区、直辖市）的沟通协调和数据共享，为数字孪生流域数据底板、水利模型的建设提供数据支撑；聚焦重点，扎实推进流域防洪“四预”业务建设。切实提升数字孪生建设水平，为实现流域治理管理数字化、网络化、智能化提供有力支撑。

（5）印发《贯彻落实水利部数字孪生水利建设现场会精神工作方案》。2023 年 9 月，为深入贯彻落实水利部数字孪生水利建设现场会精神，海委根据《水利部办公厅关于印发数字孪生水利建设现场会重点工作任务分工方案的通知》（办信息〔2023〕201 号）要求，强化组织领导，细化责任分工，制定了《贯彻落实水利部数字孪生水利建设现场会精神工作方案》。以围绕全面支撑流域治理管理“四个统一”为首要工作目标，要求加快完善雨水情监测预报“三道防线”等监测感知系统，构建统一、实用的数据底板模型平台和知识平台，统一安全体系、算力资源和软硬件架构，分级分类推进业务应用建设，协同推进数字孪生海河建设各项任务。

（6）数字孪生海河地理空间数据生产技术规程。海委于 2023 年 11 月印发了《数字孪生海河数据底板数字正射影像（DOM）生产技术规程（试行）》《数字孪生海河数据底板数字表面模型（DSM）/数字高程模型（DEM）生产技术规程（试行）》和《数字孪生海河数据底板倾斜摄影影像生产技术规程（试行）》，以实现数字孪生海河地理空间数据建设“统筹推进、协同建设、整合资源、集约共享”，统一数据标准，指导海河流域不同河系、不同单位实施各类地理空间数据建设，保障同类数据可集成、易管理，实现跨部门、跨层级、跨区域交换共享、联通使用。

（7）数字孪生海河防潮闸。2023 年，海河防潮闸除险加固工程以水利部颁布的导则规范为引领和遵循，以“一平台、一中枢、N 应用”为架构，整合空间（地形、BIM、DOM、倾斜摄影）、监测（95

处）、闸控（秒级）、视频（38 固定＋10 移动）、水文（31 处）、气象、业务等各类前端数据，形成数据底板、知识库和模型库框架，构建水利、安全和运行等业务模型、搭建孪生应用场景，开发监测预警、“四预”分析、防汛指挥、在线运维等跨平台应用。对工程全要素和运行全过程进行数字映射、智能模拟、前瞻预演，与工程同步仿真运行、虚实交互、迭代优化，实现对工程的实时监控、预警监测和优化调度，进一步强化运行管理信息化武装和网络安全防护能力，有力提升工程数字化和智能化水平，全面构建了数字孪生海河防潮闸这一典型工程。

（8）屈家店枢纽数字孪生建设管理。2023 年，屈家店枢纽数字孪生建设以实现 2023 年 2 月水利部部长李国英在屈家店枢纽调研时的指示为目标，以“大水分洪、小水进城、‘四预’当先、精准调控”为建设标准，以孪生工程导则为依据，搭建综合决策信息支持、安全分析预警、工程巡查管护及防洪兴利调度四部分。其中综合决策信息支持模块集成了工情、水雨情、安全、综合办公等专题信息，支撑用户了解枢纽业务全景，辅助相关业务决策；安全分析预警依托安全监测设施及监控预报模型实现安全综合监视、测点数值预报、监控预警、安全性态仿真预演及安全评价功能；工程巡查管护主要实现对工程检查、维修养护及设备管理相关的业务支持；防洪兴利调度结合数字化场景支撑工程调度同步模拟，利用“四预”模型计算提供闸门调度优化组合方案，辅助提升调度指令执行精度。

（9）数字孪生岳城水库先行先试工作。2023 年，数字孪生岳城水库先行先试工作已初步建成，主要建设完成大坝安全监测典型断面和库区雨水情遥测站网，构建数字孪生平台，开发防洪“四预”、水资源管理调配、安全管理等业务应用，优化了相关业务工作方式和流程，提升了工程管理水平。

（王娇怡　张洋　乔倢）

2. 网络安全

（1）加强网络安全日常监控。充分发挥海委网络安全统一防护体系建设成效，2023 年度共发现并拦截攻击近 450 万次，向基层单位发布安全风险预警 36 次，开展海委 2023 年汛期网络安全日常检查，定期进行安全扫描，根据检测情况，监督并协助整改，确保安全漏洞闭环管理。完成 4 个系统上线前安全检测及 6 个重要系统的渗透测试工作。顺利完成重要时期网络安全保障，在两会、亚运会等时段开展网络安全重保，全力保障重保期间不发生重大网络安全事件。

（2）顺利完成国家、行业、天津市网络安全攻防演练防守任务。2023 年，落实网络安全联防联控机制，强化全局监控和主动防御的防守机制，积极开展分析研判及追踪溯源，开展情报共享，及时上报高质量技战法，对基层单位进行技术支持，同时选派技术骨干参与国家和行业攻防演练的攻击队，有效锻炼了技术队伍，攻防演练成绩优秀，获水利部部领导和水利部网络安全与信息化领导小组办公室多次表扬。

（3）组织完成海委 2023 年网络安全实战演练。组织完成海委 2023 年网络安全实战演练工作，组织实施了实网攻防及渗透测试，并组织完成复盘及问题整改，有效锻炼了海委系统的网络安全技术队伍，提升了海委系统的网络安全防护水平。

（4）开展网络安全等级保护和关基系统安全防护工作。2023 年，梳理海委重要信息系统定级备案，开展备案信息更新及调整，组织完成年度网络安全等级保护测评。强化水利关键信息基础设施安全防护，进行海委关键信息基础设施的网络安全防护技术研究，对关基系统开展安全风险评估。

（5）开展密码应用相关工作。积极推进海委密管平台升级完善。2023 年，参与水利部《密码强国建设实施方案》的编制工作。对商用密码应用情况进行技术调研，就商用密码应用安全性评估、商用密码应用、应用系统密码建设咨询等相关密码工作进行研究讨论，编制《海委密码应用建设建议方案》。

（6）强化网络安全宣传与教育。2023 年，加强对海委职工的网络安全宣传教育，在国家网络安全周期间，通过视频展播和张贴海报的方式开展网络安全宣传教育，赴委属基层单位进行网络安全授课，增强基层单位的网络安全意识。

（王娇怡　张洋　乔倢）

珠江流域

【流域概况】

1. 自然地理　珠江流域位于东经 102°14′～115°53′、北纬 21°31′～26°49′，流域内多为山地和丘陵，占流域总面积的 94.5%；平原面积小而分散，仅占流域总面积的 5.5%。地势为西北高，东南低，由西北向东南倾斜，其中最西部的云贵高原区地势最高。流域西北部为平均海拔 1 000～2 000m 的云贵高原，在云贵高原上分布有盆地和湖泊群。高原边缘地区急流瀑布很多，其中以北盘江打帮河上源白水河上的黄果树瀑布最为著名。在云贵高原以东，是一片海拔为500m左右的低山丘陵，称两广丘陵。在低山丘陵之间也有不少海拔达到或超过1 000m的山岭，同时分布有许多盆地和谷地。在广西以及云贵高原东部广泛分布着石灰岩，到处可以看到奇异的石林、深邃的洞穴和地下暗河，以云南的石林和桂林的山水最为典型。珠江下游的冲积平原是著名的珠江三角洲，也是长江以南沿海地区最大的平原，约占流域内平原面积的80%。两广沿海地区大部分为丘陵，地势北高南低，沿海分布有一系列中、低山地，成为沿海诸河与珠江水系的分水界。沿海诸河河口处分布有大小不一的冲积平原或三角洲，其中以韩江三角洲面积较大。沿海台地主要分布在雷州半岛以及粤东的海陆丰、惠来西部一带。海南岛是中国第二大岛，面积3.39万km^2，与雷州半岛相望，地势为中央高四周低，台地、平原占全岛总面积的65%，山地、丘陵占全岛总面积的35%，北部玄武岩分布广泛，并保留有完整的火山口。

（黄小兵　刘寒青）

2. 河湖概况　珠江是中国七大江河之一，由西江、北江、东江和珠江三角洲诸河组成，西江、北江、东江汇入珠江三角洲后，经虎门、蕉门、洪奇门、横门、磨刀门、鸡啼门、虎跳门和崖门八大口门注入南海，形成“三江汇流、八口出海”的水系特点，流域面积45.37万km^2，其在中国境内流域面积44.21万km^2。西江为珠江流域的主流，发源于云南省曲靖市乌蒙山余脉马雄山东麓，自西向东流经云南、贵州、广西、广东4省（自治区），分别由南盘江、红水河、黔江、浔江和西江等河段组成，至广东省佛山市三水区的思贤滘与北江汇合后流入珠江三角洲网河区，全长2 075km，流域面积35.31万km^2，主要支流有北盘江、柳江、郁江、桂江及贺江等，在广东省珠海市的磨刀门注入南海，干流全长2 214km。北江发源于江西省赣州市信丰县油山镇小茅山，上源称浈江，由墨江、锦江、武江、滃江、连江等汇合而成，主流在思贤滘与西江相通后汇入珠江三角洲，其中思贤滘以上河长468km，流域面积4.67万km^2。东江发源于江西省赣州市寻乌县大竹岭，上源称寻乌水，由安远水、篛江、新丰江等汇合而成，主流在广东省东莞市石龙镇汇入三角洲网河，石龙镇以上河长520km，流域面积2.70万km^2。珠江三角洲是复合三角洲，由思贤滘以下的西江三角洲、北江三角洲和石龙镇以下的东江三角洲、流溪河、潭江、增江、深圳河等中小流域以及香港九龙区、澳门等地区的水系组成，流域面积2.68万km^2。韩江由梅江、汀江汇合而成，流域面积3.01万km^2。粤桂沿海诸河由众多源短坡陡且独流入海的中小河流组成，流域面积7.14万km^2。海南省陆地面积3.41万km^2，有众多大小河流，从中部山区或丘陵区向四周分流入海，构成放射状的海岛水系。国际河流有红河等，红河在中国境内流域面积7.64万km^2。珠江流域片流域面积大于1 000km^2的河流有190余条，分属珠江流域、韩江流域、粤东和粤西沿海诸河、桂南沿海诸河、海南岛及南海各岛诸河和红河水系，其中分属珠江流域最多；流域面积100km^2以上的河流有1 700余条；流域面积50km^2以上的河流有3 300余条。珠江流域片常年水面面积大于1km^2的湖泊有21个，其中较大的高原湖泊均位于云南省境内，主要有抚仙湖、阳宗海、星云湖、杞麓湖、异龙湖、大屯海和长桥海等7个；常年水面面积小于1km^2的湖泊有153个。

（黄小兵　刘寒青）

3. 水文水资源　2023年，珠江流域片年平均降水量1 482.0mm，折合降水总量8 564.5亿m^3，比多年平均降水总量少4.8%，比2022年降水总量少14.3%。珠江流域片地表水资源量4 156.0亿m^3，地下水资源量1 111.0亿m^3，地下水与地表水资源不重复量19.2亿m^3，合计水资源总量4 175.2亿m^3，比多年平均水资源总量少12.0%，比2022年水资源总量少23.0%。

（黄小兵　刘寒青）

【河湖长制工作】

1. 河湖长制运行情况　2023年，珠江委组织召开“珠江委+流域片省级河长办”协作机制年度例会和珠江流域省级河湖长联席会议（简称“联席会议”），充分发挥联席会议作用，联合流域各省（自治区）河长办全力推动河湖安全保护专项执法行动，坚决清理整治河湖遥感图斑复核确认问题，全面加强河湖管护“最后一公里”建设，大力推动幸福河湖高质量建设。依托联席会议机制，开展珠江流域省际河流联合巡河行动，发文督办巡河发现问题整改。按照水利部工作部署，开展河湖长制落实情况监督检查并指导督促问题整改。

（姜沛　韩亚鑫　袁丹　张中元）

2. 联席会议机制

（1）组织召开“珠江委+流域片省级河长办”协作机制年度例会。2023年6月8日，珠江委组织流域片云南、贵州、广西、广东、湖南、江西、福建、海南8省（自治区）河长办召开“珠江委+流域片省级河长办”协作机制年度例会，总结珠江流域2022年河湖长制及河湖管理保护工作成效，部署

2023年度重点工作，议定2023年珠江流域省级河湖长联席会议有关事项。

（2）召开2023年珠江流域省级河湖长联席会议。2023年9月28日，珠江委联合云南、贵州、广西、广东、湖南、江西、福建7省（自治区）政府在贵州省贵阳市现场召开2023年珠江流域省级河湖长联席会议，高层级推动河湖长制流域统筹与区域协作。印发2023年珠江流域省级河湖长联席会议纪要，明确会议议定事项，联合7省（自治区）河长办共同推进议定事项有关工作。

（3）依托机制开展珠江流域省际河流联合巡河行动。依托联席会议机制，2023年3月，联席会议办公室联合云南、贵州、广西等3省（自治区）河长办开展百色库区滇桂交界段、西江干流红水河黔桂交界段联合巡河行动，发文督办巡河发现的网箱养殖、浮船垂钓等问题整改。

（姜沛　韩亚鑫　袁丹　张中元）

3. 幸福河湖建设　指导广东莲阳河、云南茈碧湖开展2023年幸福河湖建设。广州市南岗河成为全国首个通过水利部幸福河湖建设成效评估的幸福河湖项目。推动流域各地开展省级幸福河湖建设。2023年11月，珠江委组织对云南、广西、广东、海南4省（自治区）推荐的8个幸福河湖储备项目进行现场核查，严把复核关，为水利部评选2024年幸福河湖项目提供支撑。

（姜沛　韩亚鑫　袁丹　张中元）

南岗河（莫立强　拍摄）

4. 河湖名录复核　2023年，采用“线上＋线下”相结合的方式，高质量开展第一次全国水利普查成果内流域河湖名录（简称“水普名录”）复核工作，完成水普名录内流域137条跨省河流全覆盖复核，对水普内流域370条其他河流进行了抽查复核。（姜沛　韩亚鑫　袁丹　张中元）

【水资源保护】

1. 水资源刚性约束　2023年，珠江委指导流域8省（自治区）全部完成地下水管控指标确定，经省级政府批准并印发实施，推进各省（自治区）地下水管控指标分解到县（区）并纳入“十四五”用水总量控制目标，加快完善流域地下水刚性约束指标体系。推进流域片8省（自治区）2030年和“十四五”用水总量指标全部分解到市县，12条跨省河流、75条跨市河流、166条跨县河流水量分配指标全部分配，珠江委负责的27个重点河湖、省（自治区）负责的81个重点河湖生态流量目标制定完成，流域片108个重点河湖生态流量保障目标全部印发，流域片8省（自治区）地下水管控指标经省级政府批准印发实施，并分解到市县，珠江流域区域用水总量管控、江河水量分配、重点河湖生态流量保障、地下水管理等水资源刚性约束指标体系全面建立，为落实“四水四定”奠定了坚实基础。

（赵颖　薛瑛　陈春燕　谭韬　王智慧　谢宇宁　汝向文　伍丽丽）

2. 节水行动

（1）水资源节约高效利用。2023年，珠江委制定印发《珠江委落实〈水利部关于全面加强水资源节约高效利用工作的意见〉若干措施》，以已印发的落实《国家节水行动方案》《“十四五”节水型社会建设规划》等方案为基础，聚焦水资源节约高效利用新要求，提出了坚持“四水四定”等八条水资源节约高效利用措施，推动流域全面加强水资源节约高效利用。

（2）县域节水型社会达标建设复核。2023年，珠江委组织开展流域4省（自治区）71个县（区）县域节水型社会达标建设复核、96家用水单位现场核查，形成问题“一省一单”及年度复核报告并上报水利部。按水利部要求完成19个县（区）资料跨流域机构交叉复核，推动流域57个县（区）建成第六批县域节水型社会达标建设，推动流域52%县（区）达到节水型社会标准，提前超额完成2025年目标的40%。

（3）用水定额管理。2023年，珠江委组织对流域5省（自治区）全部工业、生活服务业用水定额及海南省农业用水定额共7507个定额进行评估，完成广西省级用水定额发布前技术审核，指导流域省级用水定额科学动态修订。

（4）计划用水管理。2023年，印发《珠江委关于进一步推进计划用水管理覆盖工作的通知》，推动流域5省（自治区）4.7万余家规模以上工业服务业用水户实施计划用水管理，建立流域计划用水管理台账。

(5) 节水评价。2023年，珠江委组织对15个规划和建设项目开展节水评价审查，重点推进环北部湾广西水资源配置工程等流域区域涉水重大工程节水评价工作，累计核减水量1 540万m^3。

(6) 非常规水源利用管理。按照水利部、国家发展改革委、住房城乡建设部、工业和信息化部、自然资源部、生态环境部6部门工作部署，组织完成云南、贵州、四川3省10个再生水利用配置试点城市中期现场评估和问题反馈，联合住房城乡建设部城市建设司开展部分试点城市现场评估，指导地方及时调整工作偏差，扎实推进试点建设，推动广州市黄埔区、深圳市、昆明市在中期评估获优秀等次。

(7) 节约用水监督检查。2023年，珠江委组织开展最严格水资源管理制度考核节约用水监督检查，完成流域云南、广西、广东、海南4省（自治区）7个市级、20个县级水行政主管部门、80家重点用水单位现场检查和问题反馈，形成问题“一省一单”及检查报告上报水利部，高标准、严要求推动地方落实节水管理责任。

(8) 重点监控用水单位监管。2023年，构建流域国家级重点监控用水单位“一张图”，流域199家重点用水户用水信息全部纳入监控平台，做好粤港澳大湾区国家级重点监控用水单位监控预警，督促指导地方对12家超计划用水单位予以及时处理。

(9) 节水宣传教育。2023年，制定印发《珠江委落实〈关于加强节水宣传教育的指导意见〉任务分工方案》，面向珠江委水利行业节水机关和节水型单位，提出5方面19项具体措施和任务分工，整合珠江委节水宣传资源，进一步提升节水宣传水平。制作珠江流域节水主题歌曲《节水珠江》及音乐短片、流域节水吉祥物形象——“珠珠”，上线节水吉祥物微信表情包，在第二届全国节水产业创新发展大会等平台播放。印发《珠江水利委员会2023年“节水中国 你我同行”联合行动方案》，组织参与全国节约用水知识大赛，珠江委开展“进公园”等节水宣传活动28次，各级平台发布、转载节水宣传报道108篇，其中3篇入选《全国节约用水信息专报》。

(10) 基础科研。2023年，珠江委组织开展非常规水源调查及潜力分析，以广西壮族自治区北海市为研究区域，提出试点配置方案以及推动流域非常规水源利用的对策建议，形成《粤港澳大湾区及其他重点区域非常规水源调查及配置试点研究报告》并上报水利部。“珠江流域灌溉用水总量控制和定额管理关键技术研究与应用”获全国农业节水和农村供水领域的唯一奖项——农业节水科技奖三等奖，“基于数字孪生的灌区信息化技术”入选《国家成熟适用节水技术推广目录》，“数字孪生灌区预报—预警—预演—预案平台及一体化水量测控技术”入选

北盘江光照水电站（贵州黔源电力股份有限公司 供图）

2023年度水利先进实用技术重点推广指导目录。

（赵颖　薛瑛　陈春燕　谭韬　王智慧　谢宇宁　汝向文　伍丽丽）

3. 生态流量保障

（1）生态流量监测预警。2023年，依托已建生态流量“短信日报＋周报＋监管平台＋月报”监测预警体系，动态监控重点河湖控制断面生态流量35个，报送生态流量监测日报、周报、月报429期，及时核查断面异常问题771项，试点编制监测预警月报8期。

（2）重要控制断面监测预警能力建设。2023年，珠江委组织调研西江生态流量监测管理工作，完成云南、贵州、广西、广东、江西5省（自治区）所属10个水文站断面校测，发现低水测流误差等问题20余项，针对低水位小流量测验精度等问题研提对策建议。对珠江流域重点水域进行水生态监测2期，组织5省（自治区）开展珠江源、东江源和珠江三角洲等重点水域水生态监测。

（3）已建水电工程生态流量核定与保障先行先试。2023年，组织完成西江干流、北盘江、郁江（不含左江）3条跨省河流已建水电工程生态流量核定与保障先行先试，核定15个已建水电工程生态流量目标，分析复核最小下泄流量控制指标，明确保障责任主体，提出保障措施，摸清已建工程生态流量保障存在的主要矛盾与突出问题，总结先行先试工作经验。

（4）生态流量管理。2023年，将生态流量保障目标纳入水资源调度方案和年度调度计划，实施生态统一调度，已实施调度的西江、北江、东江等12条跨省河流生态流量目标保障率均达到90%以上。针对北盘江部分时段生态流量目标难以保障问题，2022年12月至2023年4月逐月下达调度指令，多次对万家口子、毛家河、董箐等水电站检修期间生态流量保障开展优化调度，有力保障实现主要控制断面生态流量目标。针对抚仙湖水位持续低于最小生态水位目标问题，2023年11月，珠江委会同水利部水资源管理司开展现场调研，提出抚仙湖生态流量保障意见；针对柳江涌尾和贵江、右江瓦村、鉴江化州、九洲江文官断面部分时段生态流量不达标问题，以及环保提出的恭城河生态流量保障问题，开展专题调研，研提对策措施。

（赵颖　薛瑛　陈春燕　谭韬　王智慧　谢宇宁　汝向文　伍丽丽）

4. 取水管理

（1）严格用水总量管控。2023年，以流域和区域为单元，建立取用水总量管控台账，严格流域取用水动态管控，切实将河湖水资源和地下水开发强度控制在规定限度内；组织开展流域片375个县域水资源承载能力评价工作，对取用水总量接近、达到或超过控制指标地区进行预警，督促相关省（自治区）严格落实取用水限批禁批政策，推动建立用水总量管控动态预警机制。

（2）取水许可审批和监督管理。2023年，严格水资源论证审查和取水许可审批，2023年珠江委完成水资源论证报告书审查17项，取水许可审查审批53项，其中不予许可4项，完成项目核验发证16套，延续审批25项，核减取水量1 880万m^3。全面完成取用水专项整治行动和整改提升工作，加大无证取水、无计量取水、超许可取水等违法违规行为查处力度，对35个珠江委审批取水项目开展现场检查，全面排查流域片1 265个疑似超许可取水问题并指导督促整改。推进取水口监测计量体系建设，全面排查流域内3 354个规模以上取水口在线监测计量情况，督促227个监测计量问题完成整改，珠江流域片已实现非农取水口和大中型灌区渠首监测计量全覆盖。

（3）优化区域水资源配置格局。聚焦服务粤港澳大湾区、北部湾城市群等国家区域重大战略实施，2023年6月、7月组织开展环北广西水资源配置工程、深汕合作区引水工程规划水资源论证，从规划源头促进产业结构布局规模与水资源承载能力相协调，促进方案优化调整，强化国家战略实施的水资源保障。完成英武水库等3项水资源配置工程刚性约束审查，重点审查与区域用水总量控制指标、河流水量分配方案、生态流量保障目标等水资源刚性约束指标符合情况，支撑水资源配置工程科学决策。

（4）建立健全水资源管理长效机制。2023年，针对近年水资源管理监督检查中发现的普遍性问题，研究制订取水户取用水行为责任告知书，明确取水户在取水许可办理、变更、执行以及用水计划管理、监测计量、用水统计等方面10条责任清单，全面规范取用水行为。对水资源管理涉及的140项法律法规文件及有关成果进行了全面梳理、分类、汇总，历时一年多，完成珠江水资源管理工作手册及常用制度汇编，包括法律法规、综合管理、水量分配、生态流量、水资源调度、取用水监督管理以及刚性约束指标体系等10个方面，促进依法依规做好水资源管理工作。

（赵颖　薛瑛　陈春燕　谭韬　王智慧　谢宇宁　汝向文　伍丽丽）

5. 水量分配　截至2023年底，珠江流域片12条跨省、75条跨市、166条跨县河流水量分配全部完成，水量分配指标体系全面建立，各级行政区在主要河流上的取用水水量份额基本明确。组织完成珠江流域片2023年西江、北江、东江、韩江、北盘江、柳江、黄泥河、黄华河、六硐河、谷拉河等10条跨省河流27个断面水量分配方案落实情况考核评分并上报水利部。

（赵颖　薛瑛　陈春燕　谭韬　王智慧　谢宇宁　汝向文　伍丽丽）

6. 跨省河流水资源调度

（1）跨省河流水资源调度方案体系全面建成。2023年，印发郁江、九洲江、罗江流域水资源调度方案。截至2023年9月，已批复水量分配方案的12条跨省河流水资源调度方案全部制定印发，水利部公布的两批水资源调度河流名录中涉及珠江委12条河流调度方案已全部完成，珠江片跨省河流水资源调度体系全面建成。

（2）跨省河流水资源统一调度全面展开。2023年4月，制订下达东江、北江、韩江2023—2024年度水资源调度计划；2023年9月，下达西江（含黄泥河、北盘江、柳江、六硐河、谷拉河、黄华河、郁江）、九洲江、鉴江（含罗江）年度水资源调度计划，并监督实施，全面落实水量分配方案和生态流量保障目标要求，其中西江流域水资源年度调度计划由水利部批准下达。组织完成柳江等10条跨省河流年度调度工作总结，全面评估调度执行情况。2023年10月20日，在珠江流域（片）水资源管理与调度工作座谈会上首次向各省（自治区）通报调度实施情况及断面达标情况。

（3）抓好重点河流水资源动态调度。2023年10月17日，珠江委组织2022—2023年韩江流域枯水期水量调度会商，启动第4次韩江枯水期水量调度，有力保障韩江流域供水安全；协调开展北盘江枯水期调度，逐月下达动态调度指令，满足大渡口及董箐断面流量目标要求；突出抓好郁江水资源统一调度，为解决好平陆运河和环北部湾广西水资源配置工程用水需求和推进郁江水资源调度，两次组织召开调度协调会，印发《郁江流域水资源调度方案》，2023年3月启动郁江统一调度，实施百色、西津等6库联合调度，全力保障流域内外经济社会发展用水需求。

（4）加强调水工程管理。2023年，以东深供水工程为试点，组织完成调水工程标准化管理水利部评价工作并顺利通过水利部评价；2023年10月9日，被认定为第一批水利部标准化管理调水工程。

（5）建立健全水资源调度长效机制。2023年，珠江委逐河流梳理明确省级水行政主管部门水资源调度管理机构和责任人、控制性水工程及重要取用水户的水资源调度实施责任人，建立跨省河流水资源调度组织责任体系，2023年10月印发至各省（自治区）和有关工程管理单位，确保水资源调度顺利实施；逐河流梳理断面水文监测信息和控制性水工程信息，制定水资源调度数据共享方案，健全水资源调度信息共享机制，初步实现省界断面及主要调度工程调度信息共享；结合珠江流域水资源调度工作实际，研究制定《珠江流域（片）水资源调度管理实施细则》，明确调度管理权限和责任，推进建立协调协商、调度预警、信息共享及调度通报四项机制，于2023年12月作为流域规范性文件印发各省（自治区）和有关工程管理单位，全方位规范调度行为。

（赵颖　薛瑛　陈春燕　谭韬　王智慧　谢宇宁　汝向文　伍丽丽）

7. 最严格水资源管理制度考核　2023年，围绕用水总量控制目标完成情况和取用水管理重点任务措施落实情况，珠江委开展了水量分配、生态流量、水资源调度、重点取水口管控、用水总量核算、水资源管理监督检查、用水统计质量抽查等一系列考核支撑工作。组织完成15个跨省河流水量分配断面、80个重点河湖生态流量保障断面、258个重点监管取水口取用水管控等目标完成情况考核评价，研究提出水量分配和生态流量考核名录建议；完成流域片8省（自治区）2022年度用水总量统计成果核算，提出复核意见建议，为用水总量管控提供依据；完成云南、广西、广东、海南4省（自治区）7个地市、20个县（区）、160个取水项目水资源管理监督检查，以及4省（自治区）用水统计调查数据质量抽查工作，形成“一省一单”检查报告并报送水利部。

（赵颖　薛瑛　陈春燕　谭韬　王智慧　谢宇宁　汝向文　伍丽丽）

8. 科技成果　2023年，珠江委在水资源保护领域获省部级科技奖1项，“珠江流域灌溉用水总量控制和定额管理关键技术研究与应用”获农业节水科技奖三等奖，“复杂河网及河口水沙动力高效精准模拟关键技术”“河口咸潮高精度预报技术”“基于水质约束的中小河流水资源可利用量计算方法”等3项成果被列入水利部先进实用水利科技成果推广清单。珠江水利委员会水文水资源局申报的“水质智能监测技术推广基地”成功入选水利部科技推广中心先进技术推广基地。

（赵颖　薛瑛　陈春燕　谭韬　王智慧　谢宇宁　汝向文　伍丽丽）

【水域岸线管理保护】

1. 河湖管理范围划定　2023 年，组织对流域片 8 省（自治区）水普名录内河湖管理范围划界成果进行动态复核，对 2022 年检查发现的 1059 个问题进行“回头看”，对于不符合要求的划界成果，指导督促地方及时整改。

（陈龙　叶荣辉　阮启明　窦建磊）

2. 岸线保护利用规划编制　2023 年，严格落实珠江流域重点河段岸线保护与利用规划，指导流域各省（自治区）开展重要河湖岸线保护与利用规划编制和实施，云南、贵州、广西、广东等 4 省（自治区）已完成省级负责编制的河湖岸线保护与利用规划编制批复工作。

（陈龙　叶荣辉　阮启明　窦建磊）

3. 采砂规划　2023 年，严格落实珠江流域重要河段河道采砂管理规划要求，加强河道采砂规划实施情况监督检查，对采砂管理规划实施情况进行总结，提前谋划采砂管理规划修编工作。

（陈龙　叶荣辉　阮启明　窦建磊）

4. “四乱”整治

（1）河湖遥感图斑抽查复核。2023 年，高质量完成云南、广西、广东、海南等 4 省（自治区）遥感图斑抽查复核 16 万个，抽查复核图斑 3.2 万个，抽查比例超 20%，核实问题 5 700 多个，指导督促有关地方开展图斑复核确认问题整改，为全面清理整治河湖“四乱”问题奠定坚实基础。

（2）指导督促已发现河湖问题整改。2023 年，持续指导督促 2022 年河湖长制落实情况督查发现的 57 个河湖“四乱”问题、流域各地 2023 年汛前检查发现的 114 个碍洪突出问题整改，发文督办久拖不改、整改不力问题，现场复核已整改问题，确保问题全面完成整改。

（3）持续推进妨碍河道行洪突出问题排查整治。2023 年，持续指导督促流域片各省（自治区）1 338 个妨碍河道行洪突出问题清理整治，组织对云南、广西、广东 3 省（自治区）12 市已销号问题进行抽查复核，确保问题真改实改，为流域洪水防御提供有力保障。

（4）强力督导河湖重大问题整改。2023 年，采用发文督办、现场督导、警示约谈等方式，强力督导有关地方推进广东河湖“清四乱”专项行动 14 宗延期整改问题、百色库区 120 万 m^2 网箱养殖等重大问题整改，确保顺利完成年度整改任务。

（陈龙　叶荣辉　阮启明　窦建磊）

5. 采砂管理　2023 年，强化航道工程疏浚砂管理，跟踪督促贵港—梧州航道一期工程、来宾—桂平航道工程弃置炸礁疏浚砂石有关问题落实整改。规范指导地方开展柳江航道、平而河航道等工程疏浚砂综合利用。规范水库清淤疏浚管理，指导地方有序推进红河干流南沙水库、马堵山水库等水库清淤工作，规范水库清淤疏浚工程管理和淤积砂综合利用，严禁以清淤疏浚之名行非法采砂之实。

（陈龙　叶荣辉　阮启明　窦建磊）

6. 涉河建设项目审批及监管

（1）规范水行政许可审查流程。2023 年，更新发布河道管理范围内建设项目工程建设方案审查、蓄滞洪区非防洪建设项目洪水影响评价审查服务指南、工作细则。

（2）严格涉河建设项目审批管理。2023 年，在项目规划、前期立项等环节提前介入，指导推进涉河建设项目前期工作。严把受理关、审查关、许可关，依法依规审批涉河建设项目。2023 年，共出具涉河建设项目和蓄滞洪区非防洪建设项目水行政许可 57 宗。

（3）加强涉河建设项目事中、事后监管。2023 年，全面核查已批复涉河建设项目遥感图斑，针对西江、东江、柳江以及红河干流等流域重要行洪河道，组织完成 25 宗不同类型涉河建设项目现场测量复核，对事中、事后监管发现问题的涉河建设项目，以发函督办的方式，要求建设单位限期整改。

（4）加强涉河建设项目信息化管理。2023 年，在水利部河湖遥感平台、珠江水利“一张图”上，完成岸线保护与利用规划数据、已批复涉河建设项目信息等上图入库，持续强化涉河建设项目信息化管理。（陈龙　叶荣辉　阮启明　窦建磊）

【水污染防治】

1. 生态环境突出问题整改　2023 年，珠江委深入推进杞麓湖水体污染问题整改工作，制定印发年度督导工作方案，细化形成 26 项任务清单，统筹推进工作落实。整合珠江委有关力量，组织调研座谈与技术帮扶 6 次，开展水质遥感分析、人工监测与无人机航拍共 8 期次，报送工作进展与调研报告 14 份，共派出 53 人次参与督导工作，推动地方水利任务整改完成并长期坚持。（薛瑛　罗昊　蒋璐）

2. 突发水污染事件应对　珠江委持续做好突发水污染事件应对。2023 年 3 月 20 日，完成广西壮族自治区梧州市藤县北流河应急监测；2023 年 6 月 3—11 日，多次完成西江沿线高明以下河段水质异常应急监测；通过实地走访调查相关水域水源保护情况，采用无人机、无人船等先进手段，采集相关调查水域水质样品，联合中国科学院生态环境研究中心进行未知污染物筛查分析检测，了解相关水域水质变化状况，确保河流供水安全，确保了粤港澳大湾区 8 个全国重要饮用水水源地、31 个水厂取水口、约 4 000 万人的饮水安全，为水源地突发污染处理处置提供有力数据支撑。　（薛瑛　罗昊　蒋璐）

【水环境治理】

1. 饮用水水源地规范化建设

（1）饮用水水源地监测情况摸底。2023 年，在全面摸查布设在重要饮用水水源地的水质监测站（包括人工监测断面、自动监测站）基本信息、水质以及水生态监测情况的基础上，珠江委全面梳理了 2020 年以来开展的重要饮用水水源地监测基本情况，形成流域重要饮用水水源地水质水生态监测情况摸底调查成果并报送水利部。

（2）饮用水水源地数字化监管。2023 年，依托国家水资源监控管理系统等数据，创新建立粤港澳大湾区重要水源地数字化监管档案和监管系统。实现大湾区全国重要水源地全覆盖监控，其中包括 17 个水源地水质在线监控，19 个水源地水厂取水量在线监控，实现大湾区重要水源地监管“一张图”、档案全覆盖、监控有数据、分析有手段，数字赋能提升水源地监管能力水平，全力确保对港澳供水和流域城乡居民饮水安全。

（3）饮用水水源地安全评估。2023 年，珠江委组织对珠江流域（片）35 个全国重要饮用水水源地开展了安全保障达标建设评估，全覆盖完成流域第二轮全国重要饮用水水源地安全评估，2023 年重点核查水源地饮用水水源管护、供水安全保障和应急防控措施等。珠江委派出 22 个工作组 64 人次赴云南、广西、广东、海南 4 省（自治区）22 个水源地开展现场核查工作，核查 13 个水源地资料，发现问题 51 项，整改销号 37 项。经综合评估，抽查的各水源地安全保障达标建设情况总体较好，评估结果为“优”“良”等级水源地占比 100%，各水源地供水保证率均达到 95%以上，流域供水安全保障能力显著提升。

（4）饮用水水源地监测。2023 年，珠江委选取受旱情影响、对港澳供水、历年监测存在问题的 13 个重要饮用水水源地，按照“遥感宏观判别-无人机巡航排查-人工定点监测”技术体系，于 2023 年 3 月（枯水期）和 7—9 月（丰水期）开展两期饮用水水源地监测，共完成遥感影像解译 86 景、无人机筛查 67 航次、人工采样监测 34 点位次、水质指标 17 项。排查发现疑似风险源 67 处，经无人机巡航筛查复核确认风险源 34 处，主要为农业种植、入河（库）支流、无关建设项目等，全力确保流域供水和城乡居民生活用水安全。

（薛瑛　郑宁　饶伟民　罗昊　张舒　刘寒青　张宛宛　王理）

2. 地下水超采治理

（1）地下水超采区划定。2023 年，珠江委组织开展流域相关 8 省（自治区）新一轮地下水超采区划定成果复核，率先全面完成各省（自治区）成果复核，并汇总编制地下水超采区划定成果，经征求自然资源部门意见后修改完善，第一批通过水利部水利水电规划设计总院技术审查。珠江流域初步划定地下水超采区 399km^2、临界区 1 804km^2，为地下水分区管控、科学开展地下水保护治理奠定基础。

（2）地下水动态评价与预警。2023 年，依托国家地下水监测系统，珠江委首次组织开展北部湾地区地下水超采动态评价，评价面积 1.1 万 km^2；实施北部湾地区地下水水位预警，编制预警月报 3 期；协同省（自治区）完成流域内 178 个国家地下水监测工程站点人工水质监测，编制地下水水质状况年度评价报告，系统分析地下水水质变化特征。编制珠江流域重点区域地下水水位动态季报 4 期，对广西壮族自治区北海市、南宁市。广东省湛江市和海南省儋州市等重点地市地下水水位变化进行动态评估，有力支撑地下水超采综合治理科学施策。

（3）地下水超采治理。2023 年，调研指导北部湾地区地方政府落实地下水超采综合治理措施，制定落实“十四五”超采综合治理实施方案，建立地下水取水工程台账。北部湾地区提前完成“十四五”浅层地下水超采量压减目标；与 2018 年相比，2023 年底浅层地下水漏斗面积减少约 73.2%，深层承压水漏斗基本消除，北部湾地区地下水基本实现采补平衡，有力保障了区域供水安全、生态安全。

（薛瑛　郑宁　饶伟民　罗昊　张舒　刘寒青　张宛宛　王理）

3. 重点水域水生态监测与评价　2023 年，珠江委组织云南、广西、广东、江西等省（自治区）水文部门，在珠江流域内选取东江、西江、谷拉河、珠江三角洲、杞麓湖、抚仙湖、青狮潭水库、大王滩水库、苏烟水库以及广东省内 153 座水库，布设 225 个监测点位，开展珠江流域重点水域水生态监测与评价工作，监测指标 16 个，获取数据 446 组。

（薛瑛　郑宁　饶伟民　罗昊　张舒　刘寒青　张宛宛　王理）

【水生态修复】

1. 生物多样性保护

（1）推动红水河珍稀鱼类保育中心（简称“保育中心”）发挥效益。2023 年，协同组织召开红水河珍稀鱼类保育中心成立大会暨第一次理事会会议。保育中心成功繁育 9 种珍稀、特有及经济鱼类，长鳍光唇鱼人工繁育技术实现国内首次突破，催产孵化珍稀特有鱼苗 5.5 万余尾，救护过坝水生生物 15t，构建红水河珍稀鱼类生物标本资源库。

（2）珠江委持续开展西江流域鱼类调查及鱼类早期资源监测工作。2023 年，为科学指导流域或区域重要规划、重大工程水生态修复与保护、流域及重大工程生态调度提供基础数据。2023 年 5—7 月，在西江干流来宾—封开段布设 9 个鱼类早期资源监测断面，连续 4 年开展西江干流鱼类繁殖期早期资源监测工作，采集西江干流鱼类早期资源监测数据 800 条以上，为科学制定大藤峡水利枢纽工程鱼类繁殖期生态调度方案和科学评估生态调度效果提供数据支撑。

（3）生物多样性保护及水文化建设工作。2023 年，珠江委首次组织开展珠江源水文科学考察活动。珠江水利委员会水文水资源局联合云南省水文水资源局、贵州省水文水资源局、广东省水文局、华南师范大学、河海大学及中国地质科学院岩溶地质研究所等多家单位和科研机构共同开展了珠江源水文综合科学考察工作，系统考察珠江源范围内的地形地貌、河道河势、水位流量、土壤植被、水生态环境等情况，夯实流域水文数据底板，为后续分析研究工作提供宝贵基础数据。

（赵颖　吴慧英　刘丽诗　赵晓晨）

2. 水土流失治理

（1）水土保持重点工程监督检查。2023 年 9—10 月，珠江委对云南、广西、广东、海南等 4 省（自治区）2023 年度国家水土保持重点工程建设情况进行了监督检查，抽取 11 个国家水土保持重点工程，查看工程实施现场，查阅项目前期工作、工程建设管理、计划与资金管理、工程质量等档案资料，检查发现问题 17 个并督促地方进行整改，持续提升国家水土保持重点工程建设管理水平。

（2）水土保持预防监督管理。2023 年，发布 2022 年珠江流域部批生产建设项目水土保持方案实施情况公告。制定并印发《2023 年珠江流域片部批生产建设项目水土保持监督检查工作方案》，将珠江流域片部批生产建设项目全面纳入动态跟踪，采用现场检查、遥感监管、书面检查、“互联网＋”等多种方式，实现部批生产建设项目监管全覆盖。2023 年，共对 11 个生产建设项目开展现场监督检查，对 3 个项目组织开展验收核查，督促 16 个项目开展自主验收工作，对 24 个项目开展书面监督检查和跟踪管理，全面掌握项目建设进展情况。完成省级水土保持监管履职情况监督检查，对云南、广西、广东、海南等 4 省（自治区）2023 年度生产建设项目水土保持监督管理情况进行督查，共抽查省、市、县级监管项目 59 项，发现问题 13 个并督促有关地方进行整改，逐级压实监管责任，确保水土保持监管工作落实到位，着力提升流域水土保持监督管理水平。

2023 年云南省曲靖市马龙区小河小流域坡改梯建设情况（肖尹　拍摄）

（3）水土保持监测。2023 年，完成 2023 年度珠江流域 5 个国家级重点防治区水土流失动态监测和年度变化情况分析，涉及流域云南、贵州、广西、广东、福建、江西和海南等 7 省（自治区）92 县（市、区），监测面积约 25 万 km^2，水土流失动态监测分析评价内容与深度得到进一步拓展，水土流失监测能力和监测水平稳步提升。完成广东、四川、重庆和江西等 4 省（直辖市）的水土流失动态监测成果抽查和复核，累计抽查 33 县（市、区）近 7 000 个图斑、7.17 万 km^2，复核监测面积 18 县（市、区）4.40 万 km^2。（赵颖　吴慧英　刘丽诗　赵晓晨）

3. 河湖健康评价　2023 年，组织召开珠江流域片河湖健康评价协调工作视频会，明确评价河流名录，确定河湖健康评价工作方案。协调相关省（自治区）制定并印发珠江流域片设立省级河长的跨省、省界河流健康评价方案，指导推进流域片河湖健康评价工作。（赵颖　吴慧英　刘丽诗　赵晓晨）

4. 复苏河湖生态环境　2023 年，制定印发《珠江委落实〈水利部生态环境保护责任 2023 年重点工作安排〉工作方案》，结合流域重点工作，逐项细化工作任务，明确责任分工和进度安排，梳理形成 26 项重点任务清单，按时保质推进各项工作，总结年度工作情况报水利部。试点开展粤港澳大湾区河湖水生态保护与修复、重点河湖生态治理成效试点评估，开展流域57个重点断面水生态监测，监测浮游动植物、底栖动物、鱼类等指标，编制完成珠江流域重点水域水生态监测报告，保障河湖生态环境健康。（赵颖　吴慧英　刘丽诗　赵晓晨）

【执法监管】

1. 河湖日常监管

（1）执法机制建设。2023年5月，珠江委制定印发《珠江流域（片）水行政执法协同机制》，推动流域上下游、左右岸、干支流、行政区域间执法协同。2023年，联合云南、贵州、广西、广东、海南等省（自治区）检察院、水利（水务）厅、公安厅等相关部门出台行刑衔接机制文件4件、行检协作机制文件2件，加强水行政执法与刑事司法衔接，深化水行政执法与检察公益诉讼协作。

（2）专项执法行动。高质量完成河湖安全保护专项执法行动等各项任务，2023年珠江委组织排查问题线索21条并逐个进行现场复核，跟踪督促水利部转办问题线索核查处理25条，立案查处案件4件。组织开展专项执法行动监督，实地监督县（市、区）4个，抽取案件11个和疑似点7个进行现场复核，对3个省级水利部门挂牌督办案件进行全口径复核和督促指导，妥善处理群众投诉举报问题2个。

（3）日常河湖巡查。珠江委积极组织开展日常河湖巡查，2023年珠江委共出动执法人员475人次、车辆172车次、船只17航次，共巡查河道长度3.34万km、水域面积1.11万km^2、监管对象993个，现场制止违法行为1次。（朱晓波　曹珮）

2. 联合执法　2023年，珠江委充分发挥水行政执法四项机制作用，与相关省（自治区）、部门开展联合执法巡河行动5次。联合广东省水利、公安、司法等部门开展九洲江鹤地水库联合执法行动；联合贵州省检察院、贵州省水利厅开展万峰湖库区有关水事问题联合执法行动，对6个疑似侵占河湖问题开展现场核查，督促推动4个重点问题整改处理，依法清理在库区内设置的各类非法捕捞渔具，有效维护相关水域河湖管理秩序。联合湖南省、广东省检察院和水利部门开展湘粤边界巡河活动，组织流域各省（自治区）水行政主管部门联合开展柳江巡河活动，派员参加珠江渔政特编执法船队联合巡航活动。（朱晓波　曹珮）

2023年珠江流域（片）水政工作会执法部门联合巡河活动（黎嘉　拍摄）

【水文化建设】

1. 科普宣传　2023年，珠江委围绕“全国科技活动周”“全国科普活动日”工作部署，组织特色科普活动40次，在行业上下、流域内外掀起了珠江水利科普热潮。珠江水利委员会珠江水利科学研究院自主研发的“一体化内涝监测设备”“圆形港池聚焦波造波机”入选科技部组织的2023年全国科技活动周暨北京科技周同步举办的主题展览。精心组织“优秀科普展演暨科普进校园活动”，13名科普讲解大赛优秀获奖选手同台竞技，围绕水利高质量发展六条实施路径以及珠江治水管水成就展开科普讲解。举办珠江委第4届科普讲解大赛，珠江水利委员会西江局《“鲜为人知”的河流清洁小能手》、珠江水利委员会水文水资源局《红水河珍稀鱼类的守护神——红水河珍稀鱼类保育中心》等21部优秀作品得到广泛认可。选派优秀科普讲解选手参加省部级科普讲解大赛，其中有7部作品获奖；选派3名优秀选手参加广东省科普讲解大赛，其中二等奖2人、三等奖1人；选派4名优秀选手参加第四届全国水利科普讲解大赛，其中珠江水利委员会珠江水利科学研究院袁菲《远水也能解近“渴”》获一等奖并代表水利部参加全国科普讲解大赛获得优秀奖，二等奖2人，三等奖1人。2023年，共举办12场珠江水利科普“五进”活动，其中珠江水利委员会珠江水利科学研究院西江科考团队分别前往广州南方学院番禺附属小学、大石中心小学和长征小学等学校开展以“感知西江生物，守护河湖健康”为主题的科普进校园活动，向400余名学生科普了西江的“神奇宝贝”及如何守护河湖生态环境。援藏、援疆水利科普工作成效显著，珠江委积极与西藏自治区林芝市水利局对接工作需求，在林芝市水利系统开展了“水利大讲堂”、专题技术推广活动，在米林市中心小学开展了“科普进校园”等系列科普活动，共100余人参加；珠江水利委员会水文水资源局在新疆喀什噶尔河流域管理局组织开展“水资源刚性约束制度文件学习与解读”专题讲座，30多名技术人员参加了讲座活动。由珠江水利委员会珠江水利

大藤峡水利枢纽（李昆峰　拍摄）

科学研究院制作的“数字孪生流域”、广西大藤峡水利枢纽开发有限责任公司制作的“大藤峡‘三大招’主力削减珠江流域特大洪水”分获首届“防汛抗旱你我他”科普创作大赛三等奖和优秀奖。珠江委第3次获中国科学技术协会2023年全国科普活动日优秀组织单位，第2次获广东省科普讲解大赛优秀组织奖；珠江委国际合作与科技处获2023年全国科技活动周荣誉证书，张广燕获个人荣誉证书。

（王萍　王智慧　吴怡蓉　黄丽婷　李沐桐）

2. 志愿行动　2023年，开展水情科普进校园活动、节水护水进社区活动，走进广州市华阳小学、朝天小学、五一小学开展“我们的珠江”节水科普课程，在珠江委家属大院社区开展节水护水宣传。深入广州市花都区红山村等地开展节水宣传，解读节水政策，宣传水文化知识。联合《信息时报》策划开展节水主题采访活动，截至2023年12月底，珠江水利公众开放区已接待广州市中小学生、华北水利水电大学、黄河水利委员会水资源节约与保护局、湖南省水文水资源勘测中心等学校、各类涉水行业团体及个人来访参观25批、500人次左右。

（王萍　王智慧　吴怡蓉　黄丽婷　李沐桐）

3. 水事专题　2023年，紧盯“七下八上”防汛关键期与珠江枯水期水量调度，及时滚动发布水情预测预报、应急响应启动等权威信息，发布《与‘苏拉’赛跑”“须臾不松 尽锐出击——珠江委全力做好‘双台风’防御应对工作》等报道，及时回应社会关切。围绕大藤峡水利枢纽主体工程完工、环北部湾广西水资源配置工程开工等重要节点，提前组织新闻稿件和专家解读，大藤峡水利枢纽工程首次在同一天被《新闻联播》和《焦点访谈》栏目报道。全力配合做好央视大型纪录片《治水记》摄制工作，展现大藤峡水利枢纽工程、灵山岛尖生态海堤、西江科考“中华白海豚”等强化流域治理管理的亮点成效。开展最美公务员徐爽同志先进事迹专题宣传，配合央视制作发布仪式专题视频“闪亮的名字：最美公务员徐爽”，在《中国组织人事报》《中国水利报》“学习强国”等媒体平台发布《“最美公务员”徐爽：追风逐雨守安澜》《珠江安澜“守护者”——记“最美公务员”徐爽》等专题报道。

（王萍　王智慧　吴怡蓉　黄丽婷　李沐桐）

【数字孪生水利建设】

1. 管理信息系统　2023年，基于珠江水利“一张图”，新建或拓展完善7项专题业务地图应用，有效支撑水旱灾害防御、水资源管理、河湖管理、水资源节约保护、水政监察执法、水利工程运行管理等业务的与图协同，有效支撑业务应用。水政执法方面，珠江委执法巡查监控平台在2023年珠江流域河湖安全保护专项执法行动中取得良好的应用成效，为构建“早发现、早制止、严查处”的执法工作机制提供技术支撑。水资源节约保护方面，大湾区重点监控用水单位监控预警应用系统实现40家用水单位（含工业、服务业、灌区）在线监控全覆盖，为精准监控重点用水单位提供完整、可靠、权威的数据支撑，有力支撑国家级重点监控用水单位“线上监控、线下核查”工作。水资源调配方面，珠江委锚定数字孪生水利建设要求，全力推进水资源管理与调配系统建设，2023年完成水资源统一管理和统一调度两个子系统总体框架搭建，基本完成取用水管理、生态流量、水量分配等六大功能模块开发，录入流域（片）5.6万个取水口台账信息，集成调用6.3万个电子证照信息，接入主要控制断面和调度工程在线监测数据，初步构建流域水资源管理基础数据库和水资源调度“四预”功能模块。河湖管理方面，构建河湖管理专题应用，整合263宗涉河建设项目信息、珠江—西江经济带岸线规划、规划治导线、采砂规划以及江河湖泊和水利工程数据，助力实现多层级、精细化的河湖动态管理。百色水利枢纽库区管理方面，构建百色库区管理专题应用，通过不同时段库区遥感影像的解译分析，及时识别发现库区管理范围内围网养殖、种植作物、乱堆乱建、崩岸滑坡等疑似问题，在百色水利枢纽库区分区域覆盖式执法巡查和业务监管中发挥重要作用。

（何虹　王智慧　王丽）

2. 数字孪生　2023年，顺利完成先行先试全部任务，通过水利部网信办的验收评估，建设成果有效支撑流域水旱灾害防御。珠江委利用数字孪生珠江先行先试建设的水旱灾害防御“四预”平台，密切监控流域雨情、水情、险情、工情、台风等信息，滚动预测、预报、预警和动态预演，优化调度方案，有效应对2023年“泰利”“杜苏芮”等台风暴雨洪水和2022年冬至2023年春枯水期河口咸潮，实现防汛“四不”目标，压制河口咸潮上溯，确保流域防洪安全和供水安全。（何虹　王智慧　王丽）

3. 网络安全　2023年，组织召开4次珠江委网络安全专题工作会议，开展13次珠江委网络安全大检查，在水利部组织的网络安全攻防演练和国家级网络安全攻防演习中防守表现突出，保障珠江委重要信息系统未被攻破，得到水利部领导在会上的表扬和水利部网信办的通报表扬。珠江水利网站在2023年4次政府网站普查均获满分成绩。IPv6技术创新和融合应用试点项目（洪涝防御智慧感知物联网IPv6融合应用）顺利通过中期评估，获得水利部信息中心的积极评价。

（何虹　王智慧　王丽）

4. 科技成果　2023年，“大藤峡水利枢纽工程建设智慧监管系统开发与应用”获中国大坝工程学会科技进步奖二等奖，“珠江流域洪水预报与实时模拟关键技术及应用”获2022年中国产学研合作创新与促进奖产学研合作创新成果奖二等奖。“数字孪生灌区预报—预警—预演—预案平台及一体化水量测控技术”“饮用水水源地智慧监管方法及装置”“一二维水动力模型云平台”等3项成果被列入《水利先进实用技术重点推广指导目录》。“采砂动态监管系统”“基于数字孪生的灌区信息化技术”“无人机自动巡检智慧监控系统”“水旱灾害防御‘四预’平台”等4项成果被列入水利部《2023年度成熟适用水利科技成果推广清单》。中水珠江规划勘测设计有限公司申报的“数字孪生流域数据底板建设技术推广基地”成功入选水利部科技推广中心先进技术推广基地。（何虹　王智慧　王丽）

松花江、辽河流域

【流域概况】

1. 自然地理　松辽流域地处中国东北部，行政区划包括黑龙江省、吉林省、辽宁省和内蒙古自治区东部三市一盟以及河北省承德市的一部分，流域总面积123.5万km^2。流域地貌特征为西、北、东三面环山，南临黄海、渤海，中南部为广阔的辽河平原和松嫩平原，东北部为著名的三江平原，山地与平原之间为丘陵过渡地带，以河流为界，与俄罗斯、朝鲜、蒙古国接壤。（侯琳）

2. 河湖概况　松辽流域分为松花江、辽河两大水系，主要有松花江、额尔古纳河、黑龙江、乌苏里江、绥芬河、图们江、辽河、鸭绿江以及独流入海河流等。松花江有南北两源，北源嫩江发源于大兴安岭伊勒呼里山，河长1 370km；南源松花江吉林段发源于长白山天池，河长958km，两江于三岔河口汇合后称松花江干流，河长939km，流域面积55.5万km^2，流经内蒙古、黑龙江、吉林、辽宁4省（自治区）。辽河发源于河北省境内七老图山脉的光头山，全长1 345km，流域面积22.1万km^2，流经河北、内蒙古、吉林、辽宁4省（自治区）。松辽流域国境界河总长5 200km，中国侧流域面积39.8万km^2，包括额尔古纳河、黑龙江、乌苏里江、绥芬河、图们江、鸭绿江等15条国际河流和贝尔湖、兴凯湖、长白山天池3个国际界湖。独流入海河流60余条，流域面积6.1万km^2。第一次全国水利普查流域面积1 000km^2以上河流311条，1km^2以上湖泊554个。（侯琳）

3. 水文水资源　松辽流域处于北纬高空盛行西风带，有明显的大陆性季风气候特点，为温带大陆性气候，春季干燥多风，夏秋温湿多雨，冬季严寒漫长，降水年际变化很大，且连续丰枯交替发生。流域多年平均水资源总量 1 953 亿 m^3，占全国水资源总量的 7%，其中地表水资源量 1 642 亿 m^3，地下水资源量 669 亿 m^3，地表水与地下水不重复量为 311 亿 m^3。地表水可利用量为 730 亿 m^3，平原区地下水可开采量 314 亿 m^3。松辽流域人均、亩均水资源量分别为 1 774m^3、345m^3，为全国平均值的 88%、23%。流域水资源时空分布不均，在时间分布上，降水主要集中在 6—9 月，多年平均降水量 300～1 200mm，2/3 水资源量为汛期径流量；在空间分布上，松花江流域相对丰富，辽河流域短缺，周边国境界河水资源量较内陆河流丰富。　（侯琳）

松花湖（邹基跃　拍摄）

【河湖长制工作】

1. 河湖长制运行情况　2023 年 8 月 17 日，召开水利部松辽水利委员会推进河长制湖长制工作领导小组会议，听取 2022 年度流域省级河湖长联席会议议定事项进展汇报，研究 2023 年度联席会议建议方案及审议议题，部署松辽委河湖长制年度工作。

（蔡永坤）

2. 联席会议机制

（1）2023 年松花江、辽河流域省级河湖长联席会议。2023 年 9 月 25 日，2023 年松花江、辽河流域省级河湖长联席会议以“现场＋视频”形式召开，主会场设在吉林省长春市，在松辽委和黑龙江省、辽宁省、内蒙古自治区设分会场，邀请水利部领导在主会场出席会议。联席会议轮值召集人、吉林省委副书记、省长、省总河湖长主持会议并讲话，水利部副部长朱程清出席会议并讲话，黑龙江省副省长、吉林省副省长、辽宁省副省长、内蒙古自治区副主席分别作交流发言，松辽委主任齐玉亮作松辽流域河湖长制及河湖管理保护工作报告。会议审议通过了《松辽流域“十四五”幸福河湖建设工作方案》。

（2）松辽委与流域省级河长办协作机制。2023 年 4 月，联合辽宁省河长办组织开展辽河干流联合巡查，并将发现问题及时反馈地方，推动全面排查整治涉河建设项目和特定活动。5 月、11 月，先后两次会同内蒙古自治区河长办、内蒙古自治区人民检察院对西辽河通辽市城区段开展联合巡查，针对阻水桥梁和拦河坝问题进行联合会商，督促通辽市制定 2 座严重阻水桥梁整改方案，完成 5 座阻水桥梁防洪影响论证并通过内蒙古自治区水利厅技术审查，拆除 5 座拦河坝、制定其余 5 座拦河坝整改方案，制定印发《西辽河通辽市城区段防洪工程措施预案》，切实保障河道行洪安全和生态流量下泄。8 月 28 日，组织召开松辽委与流域省级河长办协作机制会议，通报流域河湖岸线利用建设项目清理整治专项行动进展，深入交流工作经验做法，共同研究拟提请省级河湖长联席会议审议议题，协同推进流域河湖长制及河湖管理保护工作。　（蔡永坤）

3. 幸福河湖建设　2023 年 5—6 月，开展流域 4 省（自治区）幸福河湖建设情况调研，推动流域 4 省（自治区）结合实际制定幸福河湖建设评估办法或指标体系，分别提出“十四五”期间幸福河湖创建计划。6 月，组织对吉林省延吉河幸福河湖建设实施方案进行复核，推动吉林省完成流域第一个中央财政水利发展资金支持幸福河湖建设项目申报并印发实施。11 月，对黑龙江省、吉林省、辽宁省省级推荐的 6 个幸福河湖建设储备项目开展现场核查，并将核查报告上报水利部。　（蔡永坤）

4. 河湖长制宣传　2023 年，更新维护松辽委官方网站“松辽流域全面推行河长制湖长制”专题网页，总结提炼松辽流域各省（自治区）及全国各地河湖长制工作的相关政策和经验做法，发布宣传报道 180 余篇，按要求向水利部报送 2 个全面推行河湖长制工作典型案例。　（刘彬）

【水资源保护】

1. 初始水权分配　2023 年，流域 18 条主要跨省江河流域水量分配方案全部获批。初步搭建松辽流域水权交易平台，畅通交易渠道，开设松辽流域水权交易大厅，指导流域有关省（自治区）完成 12 单水权交易，推动重点流域区域水资源优化配置和集约节约利用。　（田琪）

2. 水资源刚性约束　严格水资源论证和取水许

可，2023 年审批取水许可 14 项，新发、换发取水许可证 18 套。开展取用水管理专项整治行动，流域共核查登记取水口 116 万个，基本掌握已知取水口数量和监测计量现状。完成 2023 年度流域用水数据填报和复核，开展用水统计调查数据质量抽查，进一步提高用水统计调查能力和数据质量。依托遥感手段全面开展 2023 年黑龙江省、吉林省和辽宁省农业灌溉用水量核算工作，提升农业用水监管技术水平。按照水利部统一安排，完成 2023 年黑龙江、吉林、辽宁 3 省 6 地市 15 县（区）的 120 个取水户水资源管理现场监督检查，为开展最严格水资源管理制度考核提供依据。（田琪）

3. 生态流量管理　2023 年，完成音河、洮儿河等 7 座已建水利水电工程生态流量核定与保障先行先试工作。印发实施《松辽流域重要河流生态流量监督管理办法（试行）》，持续关注流域重要河流生态流量泄放情况，累计发出红色预警 52 次、蓝色预警 7 次，组织流域省（自治区）召开生态流量保障会商 4 次，减少生态流量停放 70 余天，推动实现流域重要江河生态流量日常监管全覆盖。（郭映）

4. 西辽河生态环境复苏　2023 年，充分发挥西辽河“量水而行”领导小组作用，成立西辽河全线过流工作专班，组织编制年度水资源调度计划和汛期水资源调度预案，开展西辽河年度常规调度和春季、秋冬季脉冲式调度。派出 10 余批次工作组进行现场指导监管，确保调度指令执行有效、落实有力。通过科学调度，西辽河生态复苏取得积极成效，2023 年 4 月，西辽河干流水头 25 年来首次行进至通辽市规划城区界，干流实现 135.15km 过流；11 月，实现西拉木伦河河道秋冬季结冰 293.5km，为 2024 年春季调度创造有利条件。（田琪）

5. 节水行动

（1）重要节水政策落实。2023 年，实施《松辽委落实〈国家节水行动方案〉委内任务分工方案》《松辽委落实〈“十四五”节水型社会建设规划〉委内任务分工方案》，统计分析流域内省、市、县三级行政区“十四五”用水总量和强度双控指标，完成流域节水工作情况调研和调查分析。

（2）节水型社会建设。2023 年，完成黑龙江、吉林、辽宁 3 省 35 个县域节水型社会达标建设资料复核和 9 个县域现场复核，对 71 家用水单位进行抽查，其中 24 个县域达到县域节水型社会评价标准。对松辽委机关和 6 家委属（管）单位节水机关（单位）巩固提升工作进行现场督导。

（3）节约用水监督管理。2023 年，组织开展黑龙江、吉林、辽宁 3 省节约用水监督检查，累计派

内蒙古自治区赤峰市德日苏宝冷水库
（田琪　拍摄）

内蒙古自治区呼伦贝尔市莫旗尼尔基水利枢纽下游内蒙古灌区（田琪　拍摄）

出工作组 6 组次 29 人次，检查 6 个地市级水行政主管部门、15 个县级水行政主管部门、60 家重点用水单位。开展内蒙古西辽河流域主要农作物用水定额执行情况评估工作，编制评估报告报送水利部。推动流域相关省份年用水量 1 万 m^3 及以上工业、服务业单位计划用水全覆盖，指导地方推进计划用水规范化管理。严格实施节水评价制度，完成 16 个建设项目的节水评价审查和 2 个取水许可工程节水验收，累计核减水量 1 309 万 m^3。

（4）非常规水利用指导推动。2023 年，组织对辽宁、吉林、河北、北京和天津等 5 省（直辖市）8 个试点进行典型地区再生水利用配置试点中期评估，指导各地不断扩大再生水等非常规水利用领域和规模。

（5）节水宣传。2023 年，联合吉林省水利厅、吉林省摄影家协会共同举办“守护生命之源 · 节水延续未来”节水护水主题摄影作品征集展示活动，被全国节约用水办公室评为 2023 年“节水中国 你我同行”联合行动优秀活动。开展节水宣传进校园、

进社区活动。制作农业节水科普宣传片并广泛宣传，在各类媒体发布节水宣传信息70余篇。（郭映）

【水域岸线管理保护】

1. 河湖管理范围划定　2023年，采取月调度机制，及时跟踪掌握流域4省（自治区）河湖岸线利用建设项目和特定活动清理整治专项行动全面排查整治情况，召开5次会议在流域层面调度工作进展，印发3次工作动态，督促各地加快推进排查整治。对流域大江大河干流及松辽委审查权限内河流的重点河段的611个岸线利用项目进行现场核查，并及时反馈发现的排查不全面不彻底问题，要求采取有效措施保障排查整治工作不留空白、不留死角。督促流域自查岸线利用项目6.35万个，基本查清河湖岸线利用底数，其中违法违规问题4.29万个，推动各地完成问题整改4.18万个。（潘望）

2. “四乱”整治　2023年，开展绕阳河、辽河、浑河、太子河妨碍河道行洪突出问题排查整治跟踪督导和黑龙江、吉林、辽宁3省水域岸线“四乱”问题监督检查，对妨碍河道行洪突出问题汛前检查工作进行抽查检查，推进河湖“清四乱”常态化规范化。现场核实并督导整改西拉木伦河拦河围堤问题，督促拆除6处拦河坝，为西辽河生态过流创造有利条件。（潘望）

3. 采砂管理　2023年，开展松花江、辽河重要河段河道采砂管理规划（2021—2025年）实施情况总结和现场调研，实地查看流域4县（区、旗）的8处采砂现场，查阅相关资料，分别与各级相关水行政主管部门座谈交流，督促严格落实规划要求，并将规划实施情况总结上报水利部。积极谋划下一轮采砂管理规划编制工作，结合本轮采砂管理规划实施情况，研究上报前期投资建议计划。（潘望）

4. 涉河建设项目审批及监管　2023年，修订完成河道管理范围内建设项目工程建设方案审批事项办事指南和工作细则，严格涉河建设项目许可审批，2023年共准予许可19项，不予许可1项，并按规定进行政务公开。赴流域4省（自治区）开展涉河建设项目管理情况调研，与地方水行政主管部门、项目管理单位等进行深入交流，现场踏勘涉河建设项目现场，对存在的问题提出有针对性的措施建议。选取51个桥梁、管线等容易对防洪工程产生安全隐患的跨河、穿河、穿堤项目开展事中事后监管，对发现的问题及时下达整改通知，督促按照已许可的建设方案实施，并将有关问题纳入河湖安全保护专项执法行动。（潘望）

5. 河湖名录梳理复核　2023年，组织流域各省（自治区）河长办、水利厅开展146条跨省界河流和1个跨省界湖泊名录梳理复核，全面调查河湖基础数据，重点核定河湖数量、长度、河流流域面积（湖泊水面面积）、干支流关系、流经行政区域及空间分布等重要数据。对地方自查成果选取不少于水普名录河湖总数的10%进行抽查检查，重点核查地方自查反映水普名录内896条（个）河湖基础数据较水普名录成果发生变化情况，推动地方全面核准河湖基础数据。组织对河湖名录数据变化大的53条（个）河湖进行现场核查，并根据现场核查结果在全国河湖长制管理信息系统中进行审核。（白冰）

6. 河湖遥感图斑抽查复核　2023年，严格按照水利部关于图斑核查的7类判定标准，以不少于图斑总数6%的比例，通过全国河湖长制管理信息系统，对黑龙江省、吉林省等共1 082个河湖遥感图斑进行抽查复核，发现问题及时反馈给有关省（自治区）进行核实整改，推动形成合法图斑本底数据库。（白冰）

【水污染防治】

1. 入河排污口整治　2023年，完成3个入河排污口设置审批。将入河排污口设置审批空间范围和边界成表落图，研究提出流域入河排污口禁止、限制设置管控要求，编印入河排污口监管政策法规依据手册。组织赴黑龙江、吉林、辽宁3省6市开展入河排污口排查整治和监管工作调研，推动重点任务落实。按季度审核黑龙江、吉林、辽宁3省入河排污口排查整治和监管信息填报数据。组织对63个入河排污口开展抽查抽测。（朴锦泉）

2. 协作机制　2023年，继续深化与生态环境部松辽流域生态环境监督管理局合作，联合开展2023年汛期跨省水污染联防联控会商，不断加强跨省河流重大突发水污染事件联防联控。做好汛期应急值守，调度跟踪2起突发环境事件，发布6期预警信息和提醒。更新环境敏感点位和风险源信息台账，完善流域环境风险分布图。赴吉林松原、白城和内蒙古兴安盟调研帮扶，推动签署《兴安盟-白城市-松原市协同共治向海水库联防联控合作框架协议》。（郭映　朴锦泉）

3. 监督检查　2023年，参加全国水生态环境形势分析会议，按月研判流域水生态环境形势，对流域8个重要国控断面开展溯源独立调查和现场复核，发现突出生态环境问题46个。根据流域化冰期、汛期水质不稳定等特点，以流域水质指数排名靠后城市为对象，以水质不达标河流为重点，对流域内8

个地市开展水质巡查，现场勘查点位近400个，采集水样86个，发现违法排污问题线索及突出生态环境问题39个，并将发现问题及时反馈地方，持续跟踪督促整改。

（朴锦泉）

黑臭水体调查（张蕾　拍摄）

4. 水污染日常监管执法　2023年，完成11地市5县（区）62条黑臭水体治理成效现场调查。对35个工业园区水污染防治情况开展调研督导，审核重点医疗单位污水处理问题整改情况。对申报全国美丽河湖案例的松花江（佳木斯段）进行现场核查。以河流为单元，建立流域51条河流生态流量监管“三清单”。汇总形成111个生态保护红线疑似生态破坏问题清单并定位落图。根据相关省关于国控断面、水源地水质数据异常不参与考核评价的申请，按要求组织开展现场核查。组织复核流域739个重要江河湖泊水功能区年度水质达标情况。参与审核辽宁省渤海重点入海河流“一河一策”总氮治理与管控方案。

（朴锦泉）

【水环境治理】

1. 饮用水水源规范化建设　2023年，开展松辽流域全国重要饮用水水源地安全保障达标建设2023年度抽查评估，累计派出工作组8组次24人次，共抽查4省（自治区）11个地级行政区和3个县级行政区共16个全国重要饮用水水源地，约占松辽流域48个全国重要饮用水水源地总数的33%。完成黑龙江、吉林、辽宁3省共3处全国重要饮用水水源地管理情况监督检查，向地方政府现场反馈发现问题，编制完成监督检查报告并上报水利部。对7地市8个饮用水水源地规范化建设情况开展监督帮扶。

（郭映　朴锦泉）

2. 呼伦湖生态环境保护督导　2023年，按月调度呼伦湖治理进展。在水华易发期前，以“四不两直”方式开展呼伦湖流域水生态环境春季巡查，将发现的六大类22个突出问题及时反馈地方并跟踪督促整改。在夏季水华易发期，开展呼伦湖流域生态保护治理情况调研，第一时间赴现场开展呼伦湖水华防控督导，有力压实各方面生态环境保护责任。

（朴锦泉）

3. 东辽河流域综合整治成效巩固提升　2023年，赴吉林省3地市5县（区）开展东辽河流域情况“回头看”，深入调研工作进展及存在问题，实地查看10个治理项目运行情况和部分问题整改情况。结合日常监管工作加强指导帮扶，及时反馈问题并督促整改。2023年，东辽河流域14个国考断面中Ⅰ～Ⅲ类水质占比92.9%，较2022年和“十三五”末年分别上升7.2%、35.8%，6个在用县级以上地表水水源地全部达标，地级城市黑臭水体全面消除，流域水生态逐步修复，生态补水得到有效保障。

（朴锦泉）

【水生态修复】

1. 地下水超采治理　2023年，通过监督检查和调研等方式指导督促各省（自治区）落实《“十四五”重点区域地下水超采综合治理方案》和超采区压采任务，印发执行《松辽委推进流域重点区域地下水超采综合治理工作方案》，完成新一轮地下水超采区划定成果复核上报。开展松辽流域平原区地下水水位动态编制工作，基于2 332眼地下水监测井数据，编制完成3期水位动态，对水位同比下降超过0.5m的地下水监测井提出关注，探索建立动态预警机制。开展跨省水文地质单元确定、西辽河流域平原区地下水水位预测与预警研究，围绕《地下水管理条例》等内容开展业务培训。

（郭映）

2. 母亲河复苏行动　2023年，根据水利部确定的2022—2025年母亲河复苏行动名单，会同或指导、协调相关省（自治区）开展西辽河干流、洮儿河等母亲河复苏行动“一河一策”方案编制工作，印发《洮儿河干流母亲河复苏行动“一河一策”方案》，指导协调内蒙古自治区和吉林省分别印发《内蒙古自治区水利厅关于开展西辽河干流复苏行动的函》（内水资〔2023〕228号）、《吉林省水利厅关于印发实施西辽河干流（吉林省）母亲河复苏行动“一河一策”方案的通知》（吉水资函〔2023〕58号）。

（郭映）

3. 重点流域水生态环境保护规划落实督导　2023年，与各省（自治区）建立联系机制，实行清单动态管理，系统梳理重点流域规划目标任务措施落实情况，落实定期调度机制，及时更新清单台账。

开展重点流域水生态环境保护规划调研督导，对流域4省（自治区）13个地市规划实施情况开展现场督导，实地查看任务措施落实情况和项目进展，推动规划落地落实。加强指导帮扶，通过现场交办、座谈交流等方式，及时反馈发现的5方面45个问题，形成闭环管理工作模式，督促问题解决。

（朴锦泉）

4. 水环境监测科研工作　2023年，做好地表水环境监测与评价，开展监管执法水质监督性监测。组织完成2023年国家地下水环境质量考核201个点位监测。完成松花江、辽河流域86个点位水生态采样鉴定。按要求做好第五批、第六批18个国考断面环境本底判定现场勘查。围绕重点湖泊水生态环境现状调查评估、污染成因分析、面源污染识别、美丽河湖创建、入河排污口技术评估及复核等方面加强科学研究。（朴锦泉）

5. 水土流失治理　2023年，印发《松辽委贯彻落实〈关于加强新时代水土保持工作的意见〉工作方案》，确定6方面48条工作举措，建立调度机制。组织编制《松辽流域（片）水土保持规划》，印发组织协调机制方案，开展黑土区系统治理模式专题研究，编制完成规划初稿并通过水利部水利水电规划设计总院专家咨询和委内审查。修印《东北黑土区侵蚀沟综合治理技术指南（2023版）》。牵头组织《黑土区水土流失综合防治技术规范》修订，组织召开工作大纲审查会，编制完成《黑土区水土流失综合防治技术规范（送审稿）》。举办2023年松辽流域国家水土保持重点工程建设管理培训班。开展黑龙江、吉林、辽宁3省国家水土保持重点工程调度及督查，督促调度信息填报和投资计划执行，细化督查工作手册，清单式督查重点工程实施，共督查8个项目县20个项目，发现问题244个，推动地方立行立改问题184个，印发“一省一单”整改意见。印发《松辽流域水土流失联防联控联治协作机制》。完成东北黑土区侵蚀沟综合治理调研和黑龙江省海伦市光荣村小流域综合治理提质增效调研。

（钱佳洋）

6. 水土流失监督监测　2023年，全链条全覆盖监管32个部批生产建设项目，其中现场检查6个，利用无人机技术核查10个，书面检查26个。推进中俄东线天然气管道工程（大庆—哈尔滨）支线等6个项目完成自主验收报备，现场验收核查辽宁红沿河核电厂二期工程（5号、6号机组）等3个项目。按要求完成黑龙江、吉林、辽宁3省生产建设项目水土保持监管履职督查，共抽查12个地方审批生产建设项目和18个遥感监管认定查处项目，发现问题14个，印发“一省一单”整改意见。举办松辽流域生产建设项目水土保持监督管理培训班。印发《松辽流域生产建设项目业主单位依法依规应开展的水土保持工作事项》。发布《2022年松辽流域部管生产建设项目水土保持方案实施情况公报》。组织完成松辽流域国家级重点防治区162个县（市、区）共89万km^2水土流失动态监测，深度分析东北黑土区、松花江和辽河上中下游、5个生态功能区、6条主要支流水土流失动态监测成果，汇总完成松辽流域水土流失动态监测数据成果。完成西辽河流域保护修复工程实施后水土流失及生态改善情况监测评价。抽查2023年度天津市、黑龙江省、辽宁省省级监测区域水土流失动态监测遥感解译和专题信息提取成果，复核动态监测成果。完成松辽流域坡耕地集中分布区、侵蚀沟集中分布区划定，将东北黑土区侵蚀沟调查数据纳入流域水土保持“一张图”。推动流域内国家级水土保持监测站点优化布局，协调组织流域24个纳入优化布局的监测站点完成初设报告编制。

（钱佳洋）

7. 河湖健康评价　2023年，召开流域跨省界河湖健康评价协调会议，组织提出松辽流域10条设立省级河湖长的跨省界河湖名录及健康评价工作安排。协调流域4省（自治区）研究提出省界河流健康评价指标，制定并印发《松辽流域设立省级河湖长省界河湖健康评价工作方案》，指导地方开展省界河湖健康评价工作，推动省界河湖系统治理。

（潘望）

【执法监管】

1. 联合执法　2023年，制定印发《水利部松辽水利委员会水行政执法（行政处罚和行政强制）事项清单（2023年版）》等5项流域性行政规范性文件。分别与流域4省（自治区）水行政主管部门及检察机关共同建立水行政执法与检察公益诉讼协作机制，实现松辽流域全覆盖。松辽委水政监察总队与松辽委察尔森水库管理局、内蒙古自治区兴安盟科尔沁右翼前旗人民检察院、内蒙古自治区兴安盟科尔沁右翼前旗公安局在内蒙古自治区兴安盟科尔沁右翼前旗共同签署《关于加强河湖安全保护工作的意见》，在松辽委察尔森水库首次建立水利、检察、公安多个部门的执法协作制度。

（张鹤）

2. 优化队伍　2023年，按照新批复的松辽委“三定”规定，结合流域管理实际，优化水政监察队伍配置，新成立2支委内支队，撤销3支驻外支队，重组2支驻外支队，实现水政监察人员统一管理，统筹安排执法，形成执法合力。赴黄委和长江委开展水库库区执法工作专项调研，学习相关单位在建立协调联动、齐抓共管的执法机制方面的经验做法。配合水利部政策法规司完成《水行政执法文书基本格式标准（初稿）》的起草和调研工作。（张鹤）

3. 专项执法行动　2023年，组织开展河湖安全保护专项执法行动，共处理64条违法线索，河湖管理、水库库区管理、蓄滞洪区管理等重点领域的违法案件立案7起，督办涉及省界河流的重大案件1起，对流域内2个省份专项行动开展情况进行监督检查，有力打击流域内水事违法行为，树立水行政执法权威。2023年巡查河道长度共计51 100.5km，巡查水域面积1 775km^2，巡查监管对象223个，出动执法人员681人次，车辆184台次，船只6航次，现场制止违法行为24次，做到早发现、早制止、早查处，为维护流域良好水事秩序提供有效的执法保障。（张鹤）

4. 法治宣传　2023年，结合“世界水日”、“中国水周”、全民国家安全教育日、国家宪法日等，组织开展系列宣传纪念活动，面向松辽委和社会公众进行广泛宣传，切实增强松辽流域水法治意识和水法治观念。制定印发《松辽委“谁执法谁普法”责任清单》，将法治宣传教育作为强化流域水法治建设的重要手段。组织开展松辽委“八五”普法规划中期自评工作，完成自评工作报告并上报水利部。制作多部普法动漫、视频作品，参加水利部组织开展第二届“人·水·法”全国水利法治短视频作品征集展播活动，其中《依法行政促发展　科学管水护安澜》入选优秀作品，《人水法趣味科普》入选入围作品。（张鹤）

【水文化建设】

1. 科普宣传　2023年，以流域自然人文资源为蓝本，依托松辽委察尔森水库和察尔森青少年节水科技创新中心，精心推出趣味科普宣讲、互动有奖问答、动手示范指导等研学方式和路径，激发青少年了解水知识、探索水科学、传承水文化的热情。（刘艳艳）

2. 志愿行动　2023年，充分利用松辽委官方网站、微信公众号、视频号等政务新媒体和《东北水利水电》《松辽论坛》期刊等传统平台，推出河湖生态复苏、幸福河湖建设等宣传专题，多措并举打造多元化宣传阵地。以“世界水日”“中国水周”等节点为契机，组织志愿者进社区、进街道、进乡村、进校园开展水利科普宣传。策划制作《农业节水　松辽之鉴》科普视频。加强与高校的沟通合作，通过布设宣传海报展区、举行节水践诺签名仪式等开展志愿服务活动，进一步引导社会公众参与宣传水文化。（刘艳艳）

3. 水利精神文明建设　2023年，组织开展水文化课题研究，积极参加“奋斗‘十四五’建功新时代”主题实践活动，并获优秀成果奖。组织“关爱山川河流—润泽千村万户”志愿实践活动，传递青春正能量。开展“守护生命之源　节水延续未来”节水护水主题摄影征集、评选、展示活动，提高全面节水意识，凝聚弘扬水文化合力。（刘艳艳）

【数字孪生水利建设】

1. 管理信息系统　2023年，新建松辽“水利一张图”河湖管理专题，建设河流、水库、水闸等21类水利基础数据，重点新增河湖管理范围划定成果、妨碍河道行洪突出问题排查整治、河湖长制落实情况监督检查、水域岸线检查等业务数据，持续开展松辽流域涉河建设项目数据汇集与更新，累计新增数据量20 306条。建设完成松辽水利卫星遥感综合服务平台与松辽流域遥感数据管理平台，为提升流域河湖管理信息化、网络化、智慧化水平提供技术支撑和保障。（金子艺）

松辽“水利一张图”河湖管理专题
（松辽委　供图）

2. 数字孪生　2023年，完成嫩江流域多层级地理空间数据建设，进一步开展资源整合，构建数字化场景，为数字孪生流域建设提供“算据”支撑。建设嫩江宽浅型河道洪水演进等流域特色水利模型，为防洪调度模拟仿真提供智能化、科学化“算法”支撑。构建服务于嫩江预报调度的知识库，为数字孪生嫩江提供智能内核。扩展网络通信能力，加强流域数据存储、安全和计算能力部署，为业务应用提供“算力”支撑。完成防汛“四预”应用和全景数字嫩江平台搭建，围绕防洪演练开展三维可视化场景构建，提升洪水演进模拟仿真水平，为流域洪水防御调度决策提供支撑。（金子艺）

| 太湖流域 |

【流域概况】

1. 自然地理　太湖流域及东南诸河（简称“太湖流域片”）地处中国东南部，总面积 28.2 万 km^2，行政区划涉及江苏省、浙江省、上海市、福建省、安徽省、台湾省等。太湖流域位于长江三角洲南翼，北抵长江，东临东海，南滨钱塘江，西以天目山、茅山等山区为界，行政区划分属江苏省、浙江省、上海市、安徽省，流域面积 3.69 万 km^2。（李昊洋）

2. 河湖概况　流域内河流纵横交错，水网如织，湖泊星罗棋布，是典型的平原水网地区。水面面积 5 551km^2，约占 15%，其中太湖水面积 2 338km^2。河道总长约 12 万 km，河道密度 3.3km/km^2，水面面积 1km^2 以上的湖泊有 127 个。东南诸河位于中国东南沿海地区，包括浙江省大部分地区（不含鄱阳湖水系和太湖流域）、福建省的绝大部分地区（不含韩江流域）、安徽省黄山市、宣城市的部分地区和台湾省，面积 24.5 万 km^2（以下内容不包含台湾省）。区域内地形地貌以山地、丘陵为主。河流众多，一般源短流急，独流入海，流域面积 1 000km^2 以上的有钱塘江、闽江、椒江、瓯江、甬江、晋江、九龙江等河流。（李昊洋）

3. 水文水资源　2023 年，流域片年降水量 1 501mm，比多年平均偏少 6.8%。其中太湖流域年降水量 1 283mm，比多年平均多 6.3%。2023 年流域片地表水资源量 1 769.0 亿 m^3，比多年平均少 19.0%，其中太湖流域 204.2 亿 m^3，比多年平均多 16.8%；流域片地下水资源量 451.4 亿 m^3，其中太湖流域 45.0 亿 m^3；流域片水资源总量 1 795.8 亿 m^3，比多年平均少 18.6%，其中太湖流域 219.8 亿 m^3，比多年平均偏多 16.9%。（李昊洋）

4. 社会经济　2023 年，太湖流域片总人口 16 033 万人，占全国总人口的 11.4%；地区生产总值（GDP）为 237 324 亿元，占全国 GDP 的 18.8%；人均 GDP 为 14.8 万元。其中太湖流域总人口 6 859 万人，占全国总人口的 4.9%；GDP 为 123 950 亿元，占全国 GDP 的 9.8%；人均 GDP 为 18.1 万元，是全国人均 GDP 的 2.0 倍。（李昊洋）

【河湖长制工作】

1. 联席会议机制　2023 年 8 月 10 日，太湖流域片省级河湖长联席会议全体会议召开，联席会议总结 2022 年工作成效，分析研判新形势、新任务、新要求，安排部署加快建设幸福河湖、强化跨界河湖联保共治、纵深推进河湖“清四乱”常态化规范化、河湖名录梳理复核、河湖健康评价等 5 项年度重点工作。水利部太湖流域管理局切实发挥联席会议办公室作用，跟踪督促重点任务落实，及时向各召集人通报工作进展，推动联席会议部署的年度重点任务完成。（王逸行）

2. 太湖淀山湖湖长协作机制　发挥太湖淀山湖湖长协作机制对省级河湖长联席会议的支撑作用，2023 年 3 月，太湖局组织江苏省、浙江省、上海市河长办制定印发《太湖淀山湖湖长协作机制 2023 年工作方案》（沪河长办〔2023〕11 号），明确 4 方面 15 项跨界河湖共保联治、长三角示范区深化河湖长制等工作任务，多次组织召开现场或视频会议研究推进任务落实。有益探索长三角一体化制度创新，联合“两省一市”河长办、长三角生态绿色一体化发展示范区执行委员会印发《示范区联合河湖长制工作规范》（苏河长办〔2023〕4 号），全面规范联合河湖长履职。（王逸行）

3. 太湖局与苏浙沪闽皖省级河长办协作机制　2023 年 10 月，太湖局在江苏省无锡市组织召开 2023 年太湖流域片河湖长制工作交流会暨太湖局与苏浙沪闽皖省级河长办协作机制联席会议，组织不同地区、不同层级的河湖长及河长办人员总结交流经验做法，推广借鉴工作方法，有力助推太湖流域片各地更好地深化河湖长制。（王逸行）

4. 深入推进太湖流域片幸福河湖建设　2023 年，太湖局将幸福河湖建设作为联席会议核心工作推进，协调 5 省（直辖市）河长办明确太滆南运河、西苕溪、元荡、池湖溪、华源河等幸福河湖建设任务，幸福河湖建设任务全面完成。上海市青浦区、吴江区成功将元荡创建为首个长三角生态绿色一体化发展示范区跨界幸福河湖，一体化示范效益显著。持续跟踪督导水利部幸福河湖建设试点项目，深入

元荡跨界幸福河湖
（江苏省苏州市吴江区河长制办公室　供图）

参与2023年项目储备、审查、复核、实施等全过程，推动在建项目有序实施。指导流域片灵山港、九十九湾2个2022年幸福河湖项目高分通过水利部组织的建设成效评估。 （王逸行）

5. 加强宣传引导 2023年，太湖局组织编制《太湖流域片幸福河湖建设典型案例集》，收录典型案例23个，图文并茂地详细展示了各地幸福河湖建设的经验、成效和亮点，作为联席会议全体会议参阅材料分送水利部河长办和5省（直辖市）。协办第二届河湖长制与河湖保护高峰论坛并作专题交流，赴福建省三明市为水利部河湖中心举办的基层河湖保护治理培训班授课，赴安徽省黄山市为基层河湖长授课。 （王逸行）

【水资源保护】

1. 水资源刚性约束 2023年初，太湖局向江苏、浙江、上海3省（直辖市）下达太湖、太浦河、望虞河“一湖两河”2023年度取水计划，依托水资源管理系统实现环太湖口门进出水量以及重点河湖取水量动态监控，定期开展年度计划执行情况复核评估和监督检查，强化河湖取用水总量控制。完成太湖流域片江苏、浙江、上海、福建、安徽5省（直辖市）2022年度跨省江河流域水量分配技术评价、考核赋分并报送水利部。在推动完善流域用水总量、生态流量目标、地下水“双控”指标等刚性约束指标体系基础上，组织流域片各省（直辖市）水资源管理部门开展“四水四定”与水资源刚性约束制度研讨，谋划流域水资源刚性约束实施路径、主要举措。 （孙志 赵晓晴 张珂珂）

2. 节水行动

（1）节水型社会建设。2023年，太湖局深入11个县（区）现场指导节水型社会达标建设复核工作，太湖流域片建成第六批35个节水型社会达标县，建成率达到68%。赴太湖流域8个地市、11个县（区）、34家节水载体开展节水型社会建设调研，推动《推进太湖流域节水型社会高标准建设的指导意见》（太湖节保〔2022〕25号）落实见效。连续2年举办太湖流域片节水型社会建设培训，有针对性地遴选节水载体建设、再生水利用等典型用水单位交流经验做法，加强省市间、行业间互鉴共进。

（2）用水定额管理。2023年，太湖局紧紧围绕长三角一体化发展国家战略，联合“两省一市”印发《长三角生态绿色一体化发展示范区一致性用水定额标准体系研究制定工作方案》（太湖节保〔2023〕226号），努力发挥长三角生态绿色一体化发展示范区用水定额在推动用水方式转变、提升社会用水效率方面的作用。结合省级用水定额发布修订周期完成浙江省用水定额和上海市工业用水定额、福建省行业用水定额等1 800余项产品用水定额发布前评估审核，不断健全太湖流域片用水定额标准体系。

（3）节约用水监管。2023年，太湖局印发《关于鼓励取水单位设立水务经理的通知》（太湖资管〔2023〕249号），引导直管取水单位树立节水优先意识，6个延续取水项目主动申请减少延续取水量共1 093万m^3。强化督导融合，完成浙江、上海、福建15县（区）60个用水单位的节水监督检查，江苏、浙江、上海3省（直辖市）9万多个用水单位计划用水管理覆盖情况复核和安徽、山东、河南省9个再生水利用配置试点中期评估现场评估，有效提升节约用水管理成效。

（4）节水宣传教育。2023年，太湖局联合水利系统内外各方力量，以上海为中心辐射带动江苏省苏州市、无锡市，浙江省嘉兴市，福建省宁德市，安徽省黄山市等地不断扩大宣传阵地，2023年累计开展宣传活动30余项，累计受众人群近1万人，获评“节水中国 你我同行”联合行动优秀组织单位。 （孙志 赵晓晴 张珂珂）

3. 生态流量监管 2023年，太湖局会同江苏、浙江、上海、福建、安徽5省（直辖市）水行政主管部门联合出台《进一步做好太湖流域及东南诸河河湖生态流量保障工作的指导意见》（太湖资管〔2023〕254号），推进生态流量保障规范化、制度化，助力幸福河湖建设。科学确定太湖流域片先行先试河湖及工程名录，指导、协调地方提出新安江、建溪等跨省河湖以及省内11个典型河湖共30个已建工程先行先试成果报告。利用水资源管理系统生态流量（水位）保障模块，常态化做好预报、预警、会商、调度等工作，2023年跨省江河生态流量达标率100%。协调上海市水务局共享元荡大观园水文站水位以及黄浦江松浦大桥氯离子在线监测数据，打造感潮河流生态流量监测示范点。

（孙志 赵晓晴 张珂珂）

4. 取水管理 2023年，太湖局在建设项目水资源论证、取水许可审查审批、延续取水评估等环节中严把总量关、定额关。多措并举推动水资源节约集约利用，指导直管取水单位强化中水利用、节水技改等，秦山核电等3家核电企业成功创建浙江省节水型企业。在浙江镜岭水库、福建闽江口城市群水资源配置工程等项目水资源刚性约束审查中提前介入把关，统筹兼顾水资源合理利用与地方经济社会高质量发展。制定太湖局取水许可审批评判标准细化清单，实施取用水清单式管理模式。研究提出规范延续取水评估管理工作指南，修订发布取水许可办事指南和工作细则。

（孙志　赵晓晴　张珂珂）

5. 水量分配　2023 年，太湖局完成流域片江苏、浙江、上海、福建、安徽 5 省（直辖市）2022 年度近 20 条重点河湖生态流量（水位）保障目标达标情况技术评估、考核赋分并报送水利部。完成 2023 年度上海、浙江、福建 3 省（直辖市）共 4 个地级市水利局、15 个县（区）水利局、120 个取水口水资源管理监督检查，形成问题"一省一单"和监督检查报告。全面梳理考核对促进太湖流域片落实最严格水资源管理制度的主要成效与经验、存在问题，就考核内容和分值设置、考核方式、工作机制等方面提出工作意见建议，指导协调地方提出 2023 年度太湖流域及东南诸河跨省江河流域水量分配考核事项和生态流量考核断面建议名录，函告水利部水资源管理司。

（孙志　赵晓晴　张珂珂）

6. 水资源调度　2023 年，太湖局印发《太湖流域 2023 年度水资源调度计划》（太湖防御〔2023〕78 号）《新安江流域 2023 年度水资源调度计划》（太湖资管〔2022〕223 号），建立流域水资源调度定期会商机制，按季度动态评估计划执行情况并优化调整，及时提醒管控超计划取水、下泄水量偏小等情况并督办。完成《太湖流域水资源调度方案》编制、协调工作，启动交溪、建溪流域水资源调度方案编制工作。新安江流域水资源调度协商协作机制有效运行，"一个调度方案、一个协作机制、一个信息平台、一个四预模型""四个一"水资源调度管理体系基本形成。（孙志　赵晓晴　张珂珂）

7. 水资源管理创新　2023 年，太湖局发挥流域水资源管理创新互学互促交流平台作用，围绕用水权改革开展专题交流和培训，全过程指导建德—淳安区域用水权交易，完成协议签订和全国平台交易。指导浙江省湖州市安吉县集体山塘水库用水权改革、丽水市"取水贷"改革，积极探索打通水资源价值转化新路径。研究建立流域水资源综合评价体系，首次从 4 个维度 12 项指标对流域片 5 省（直辖市）水资源开发利用进行"综合画像"并向社会发布。形成"基于人水和谐和流域视角的河湖生态流量管理机制构想"研究成果，并在第 18 届世界水资源大会作专题汇报。（孙志　赵晓晴　张珂珂）

【水域岸线管理保护】

1. 河湖名录梳理复核　2023 年，太湖局组织完成第一次全国水利普查名录内 69 条跨省界河流、18 个跨省界湖泊梳理复核工作。按照不少于 10%的比例组织对 5 省（直辖市）317 条河流、37 个湖泊自查成果进行抽查复核，发现 169 个问题并督促问题整改。（李昊洋　王啸天）

2. 岸线保护利用规划编制　2023 年，太湖局全力配合水利部开展《太湖流域重要河湖岸线保护与利用规划》成果征求意见、解释说明、修改完善以及报批等工作。经沟通协调，江苏省、浙江省、上海市对规划成果达成一致意见，自然资源部、生态环境部等部委意见得到妥善处理。

（李昊洋　王啸天）

3. "四乱"整治　2023 年，太湖局组织对福建省晋江市、武夷山市，浙江省湖州市南浔区，上海市嘉定区，江苏省丹阳市、溧阳市，浙江省台州市仙居县，安徽省黄山市休宁县 8 个县级行政区开展水域岸线违法违规问题监督检查，共发现 39 个问题并下发相关地方督促整改。太湖局 3 次赴现场检查长江经济带生态环境警示片涉及的 2 个水利问题整改情况，持续跟踪整改进度，完成现场复核，2 个问题均已整改完成。对 2021 年、2022 年 3 个涉水利问题开展"回头看"。（李昊洋　王啸天）

4. 涉河建设项目审批及监管　2023 年，太湖局完成东太湖隧道一期工程、沪杭高速公路嘉善联络线跨红旗塘特大桥、嘉善大道跨红旗塘特大桥等 13 个涉河建设项目行政许可审批，积极指导无锡至宜兴城际轨道交通工程跨梅梁湖竺山湖项目等 20 余个涉河项目优化建设方案，推动项目尽早落地。加强事中事后监管，汛前组织对 12 个重点项目开展专项检查，印发整改通知，督促整改；汛期再次组织对沪苏湖铁路等 4 个在建重点项目涉堤防隐患和薄弱环节开展现场检查，全力保障流域重要河湖防汛安全。（李昊洋　王啸天）

【水污染防治】

1. 入河排污口整治　2023 年，根据水利部要求，太湖局针对《入河排污口监督管理办法（征求意见稿）》提出建议。（陆志华　张珂珂）

2. 太湖流域水环境综合治理信息共享机制　2023 年，太湖局推动各方及时完整共享水环境综合治理信息，丰富完善信息共享平台功能。聚焦长三角生态绿色一体化发展示范区太浦河、淀山湖、元荡、汾湖"一河三湖"，梳理汇集水量水质和排污信息，完成"一河三湖"水量水质专题页面开发上线。强化生态环境共保联治，召开 2023 年太湖流域水环境综合治理信息共享工作座谈会，总结水环境综合治理信息共享工作成效，谋划下阶段信息共享工作重点。截至2023年底，平台实现了流域主要控制线工程调度及水量水质监测信息、重要河湖水文报汛、主要环湖入湖河道流量、主要省界河湖断面水质、入太湖河道水质、太湖及水源地水质、水生态等10余类近600个监测站点共 1 300万余条数据共享。

（陆志华　张珂珂）

3. 太浦河水资源保护省际协作机制　2023年，太湖局牢牢守住供水安全底线，做好太浦河水源地供水安全保障，持续发挥太浦河水资源保护省际协作机制作用，强化水利（水务）和生态环境等部门跨行业协同，太浦河上下游省、市跨区域联动，组织开展水量水质监测，推进跨区域跨行业信息共享，及时发布预报预警信息20次，协调加密水质监测分析，科学精细调度水工程，有效处置水质异常事件，多措并举防范多次潜在水质风险，有力保障太浦河水源地供水安全。

（陆志华　张珂珂）

水葫芦打捞现场（陈芳斐　拍摄）

4. 深入开展太湖流域省际边界地区水葫芦联合防控　2023年，太湖局进一步扩大流域省际边界地区水葫芦联合防控范围，将流域上游部分市、县纳入防控工作机制，共同开展水葫芦打捞工作。在第六届中国国际进口博览会举办前夕及举办期间，组织流域上下游省、市开展为期20天的“清剿水葫芦，美化水环境”联合整治专项行动，集中力量打好防控攻坚战。专项行动期间，各地累计出动打捞船舶约 3 160船次，车辆约 820台次，人员约12 470人次，累计打捞水葫芦近4万t，为第六届中国国际进口博览会圆满举办营造了优美的水生态环境。

（陆志华　张珂珂）

【水环境治理】

1. 饮用水水源规范化建设

(1) 加强重要饮用水水源水质和藻类动态监测预警。太湖局定期组织开展太湖湖体、主要入太湖河道、省界断面、太湖重要水源地水质监测分析，及时掌握并研判太湖等重要水体水质水生态状况，2023年累计编发太湖水质信息47期、太湖流域及东南诸河重要水体水资源监测报告12期。密切关注太湖蓝藻水华状况，定期开展太湖湖体和水源地蓝藻调查，做好太湖蓝藻卫星图像逐日解译、视频监视、中长期及短期预测预报，2023年累计编发太湖蓝藻与水生植物卫星遥感监测报告159期。开展2023年太湖蓝藻水华发生形势预测，完成太湖蓝藻水华预测简报3期、太湖藻华暴发风险预判6期，及时研判太湖蓝藻水华发生形势，指导地方做好蓝藻防控。

(2) 强化饮用水水源保护。2023年，太湖局组织开展太湖流域片全国重要饮用水水源地安全保障达标建设现场抽查及水质监督性监测，编制完成《2022年度太湖流域与东南诸河区全国重要饮用水水源地安全保障达标建设评估报告》并报送水利部。调研指导江苏省苏州市、无锡市和浙江省杭州市、湖州市等城市饮用水水源地布局完善及供水安全保障，编制完成《太湖流域主要城市饮用水水源地布局及供水现状调查研究报告》，提出水源地布局完善及供水安全保障建议。组织召开2023年太湖太浦河重要饮用水水源地供水安全保障座谈会，研究推进水源地管理保护、供水应急能力建设、水量水质监测预警、蓝藻水华科学防控、多目标统筹协调调度等重点工作，督促各地做好蓝藻防范应对，确保重要水源地供水安全。太湖连续16年实现“两个确保”（确保饮用水安全，确保不发生大面积水质黑臭）目标，太浦河下游水源地连续6年未发生锑浓度异常。

（陆志华　陈芳斐　孙辉）

2. 太湖流域重大水利工程建设　2023年，太湖局积极协调流域省（直辖市）加快推进太湖流域重大水利工程建设，环湖大堤（浙江段）后续工程大堤加固主体已完工，环湖大堤已按照流域规划确定的100年一遇防洪标准达标闭环。吴淞江（江苏段）整治工程已全线开工，吴淞江苏州河西闸工程、新川沙河泵闸枢纽主体工程建设完成。持续推进太浦河后续、望虞河拓浚等工程前期工作。

（陆志华　陈芳斐　孙辉）

【水生态修复】

1. 退圩还湖　2023年，太湖局指导江苏省苏州市完成吴中区退圩还湖规划编制并出具审查意见，规划经江苏省人民政府批复。太湖局指导无锡市完成梅梁湖退圩还湖实施方案编制，实施方案经江苏省水利厅批复。太湖局持续监督指导无锡市梅梁湖、贡湖退渔（田）还湖专项规划、宜兴市竺山圩退圩还湖规划有序实施。

（周锋　陆志华　陈芳斐　孙辉）

2. 生物多样性保护　2023年，太湖局组织开展太湖高等水生植被遥感监测和调查，编制完成《2023年度太湖蓝藻水华与水生植物遥感调查分析报告》，及时汇总年内太湖水生植物生长演变情况。

（周锋　陆志华　陈芳斐　孙辉）

3. 水土流失治理　2023年，太湖局组织编制《太湖流域（片）水土保持规划》。2023年3月，组织开展《水土保持法》修订施行十二周年系列宣传活动。3—12月，推动上海市浦东新区张江镇以生态清洁小流域建设为载体开展绿色城市水土保持全域治理示范建设，并以此带动浦东新区绿色城市水土保持高质量发展先行示范创建工作。4月，制定印发《太湖流域管理局贯彻落实〈关于加强新时代水土保持工作的意见〉工作方案》（太湖办发〔2023〕12号）；组织召开推进流域内生态清洁小流域建设专题座谈会。4—12月，4次赴福建省龙岩市长汀县调研督导全国水土保持高质量发展先行区建设，并于12月7日现场指导全国首单水土保持项目碳汇交易签约。9月，印发《太湖流域平原区生态清洁小流域建设技术指南（试行）》（太湖水保〔2023〕168号）。11月，完成浙江、福建国家水土保持重点治理工程现场督查。12月，印发《太湖流域片跨区域水土流失联防联控联治工作机制（试行）》（太湖水保〔2023〕251号）；发布《太湖流域片水土保持公报（2022年）》。完成流域片国家级水土流失重点防治区水土流失动态监测、大江大河及主要支流流域和长三角生态绿色一体化示范区水土流失监测成果评价。指导推动流域片26个县（市、区）的相关项目成功创建国家水土保持示范县和示范工程。

（周锋　陆志华　陈芳斐　孙辉）

4. 河湖健康评价　2023年，太湖局联合江苏省、浙江省、上海市水利（水务）厅（局）、河长办以及中国科学院南京地理与湖泊研究所编制发布《2022年太湖健康状况报告》。该报告显示，2022年太湖健康状况评价得分59.3分，处于亚健康水平，入湖河流水质达标率、浮游植物密度、浮游动物物种保有指数和鱼类物种保有指数等是影响太湖健康的关键因子。聚焦长三角生态绿色一体化发展示范区重点跨界河湖，联合江苏省、浙江省、上海市河长办研究制定太浦河、淀山湖（含元荡）健康评价工作方案。（周锋　陆志华　陈芳斐　孙辉）

5. 人为水土流失监管　2023年2月，太湖局连续8年公告太湖流域片在建部管生产建设项目年度水土保持方案跟踪检查和整改落实情况。3—12月，统筹开展“互联网＋监管”、现场检查等，实现太湖流域片在建部管项目监管全覆盖。6—12月，结合河湖安全保护专项执法行动，督促苕溪清水入湖、新孟河延伸拓浚工程变更报批和验收工作，协调推进沪苏湖铁路等项目补缴水土保持补偿费。8—12月，以漳州核电厂一期工程为试点，积极推行基于企业自主监控的视频远程监管取得成效。11月，完成上海、浙江、福建水土保持监管履职情况督查。12月，制订印发太湖流域片国家级开发区水保区域评估报告编制要点、技术审查要点。2023年出具7个新建部管项目水土保持方案审查意见。

（周锋　陆志华　陈芳斐　孙辉）

6. 小水电安全管理　2023年5月，太湖局组织完成福建省50座小水电安全生产管理情况监督检查。11月，组织对2021年长江经济带生态环境警示片《浙江柔极溪小流域水电站生态流量下泄不足》中的问题开展“回头看”。

（周锋　陆志华　陈芳斐　孙辉）

【执法监管】

1. 河湖日常监管　2023年，太湖局认真落实太湖局行政执法工作规定，以太湖、太浦河、望虞河及其他省际边界河湖为重点，强化日常执法监管，立足涉水违法问题早发现、早制止、早处理，着力提升执法监管协同性、效能性，切实维护良好水事秩序。2023年6月，会同江苏省水政总队开展现场检查，推动江苏省宜兴市周铁镇太湖滩地整治工程违法建设行为完成整改。9月，联合江苏省水利厅开展现场专项执法检查，推动太湖、望虞河重点违法问题整改。2023年，组织巡查河道总长度约5 400km，水域面积约1.64万km^2，直接立案查处违法行为4起，通报地方依法处理涉水违法线索13起。（张哲）

2. 联合执法　2023年，深化太湖流域片执法协同机制，加强制度建设，组织开展流域层面统一规范水行政处罚裁量制度研究。2023年4月，组织召开太湖流域片水行政执法协同座谈会，研究深化行政执法体制改革背景下加强水行政执法、审批监管执法有效衔接举措，推动水行政执法“四项机制”落地，共谋加强流域片水行政执法工作的思路措施。11月，太湖局赴上海市人民检察院第三分院（铁检分院）开展水行政执法与检察公益诉讼协作工作交流，强化对水利领域国家利益和社会公共利益保护，深化水行政执法与检察公益诉讼、公安等的协作机制。12 月，太湖局会同江苏省水利厅赴江苏省人民检察院开展水行政执法与检察公益诉讼协作工作交流，协商案件线索移送等工作。2023 年，与流域地方水行政主管部门、检察机关等开展联合执法、联席会商、座谈交流等活动 21 次，移交检察机关线索 2 件。（张哲）

3. 流域片执法监督　2023 年，太湖局认真落实水利部、最高人民法院、最高人民检察院、公安部、司法部河湖安全保护专项执法行动动员部署会及三次调度会议精神，组织开展太湖流域河湖安全保护专项执法行动。2023 年 6 月，建立执法部门牵头、各业务部门协同的工作机制，将违法线索排查作为核心任务予以部署，强化组织领导、内部协作和责任落实。7—10 月，组织排查梳理流域片范围内 500 余个相关问题，累计报送水利部违法线索 17 条，其中直接立案查处 4 件，通报地方处理 13 件，均已全部结案或完成整改，及时主动跟踪处理水利部交办的 8 条 12314 举报线索并依法处理完成。11—12 月，根据《河湖安全保护专项执法行动监督实施方案》（办政法〔2023〕266 号）要求，会同浙江省司法厅成立监督组，直奔基层执法现场，书面复核 16 份执法案卷，现场检查 2 处案件整改落实情况，随机抽取 7 处河道点位检查“应立未立”情况，梳理发现问题，总结典型经验，完成专项执法行动总结工作报告报送水利部。（张哲）

4. 能力建设　2023 年，太湖局认真落实水利部《水行政执法效能提升行动方案（2022—2025 年）》（水政法〔2022〕256 号），强化执法队伍建设，严格落实执法人员持证上岗制度，加强上岗和在岗等培训，推动提升执法队伍法律和业务素养。2023 年 3 月，组织举办水行政执法业务培训班，以提升法治思维和执法办案能力为重点，设置理论教学、案例讲授及模拟办案等课程，太湖局系统 44 名执法人员参加。12 月，组织开展新申领水政监察证件人员资格培训，培训人员全部一次性通过水利部组织的资格考试。2023 年组织开展以案说法、以案释法、旁听庭审、法治讲座等法治培训活动 9 次，全体水政监察员年度学法学时达标。（张哲）

【水文化建设】

1. 太湖水文化馆　2023 年，太湖局积极推进太湖水文化馆建设，与江苏省苏州市共同启动太湖水文化馆、太湖博物馆“两馆一体化”建设，协调推进机构完善、展陈内容方案编制等工作。全面启动《太湖续志（2011—2025 年）》编纂工作，编制完成太湖续志编纂工作方案和编写大纲，协同流域“两省一市”及各地市组建编纂委员会、编委会办公室、编纂组及专家组，全面启动资料收集有关工作。持续深化水文化交流协作，发挥太湖水文化建设协作平台作用，充分交流各地水文化建设工作亮点，全力推进流域水文化工作迈上新台阶。（徐璐）

2. 科普宣传　2023 年，太湖局志愿服务活动立足行业优势，通过广泛宣传，引导全社会提升节水、爱水、惜水、护水的意识。联合地方开展“关爱山川河流，润泽千村万户”志愿服务活动，在浙江省杭州市淳安县枫树岭水厂举办“开放日”活动，向公众展示了自来水生产工艺流程，科普安全饮用水的相关知识，向当地村民群众发放节水宣传册普及节水知识和涉水法律法规。组织开展“科技治水，幸福太湖”科普活动，充分开发利用流域水利科研平台的科普教育功能，积聚优质科普资源，在上海、南京、无锡等地以科研平台开放、专家讲科普、互动展示、资料发放、书籍赠送等形式，面向大专院校、中小学、机关、社区、企业、农村等，全方位传播太湖流域水治理领域代表性成果和水科学知识，用科学知识、科学思想和科学方法服务支持水利高质量发展。（徐璐）

节水进校园（赵晓晴　拍摄）

3. 志愿行动　2023 年，在“世界水日”“中国水周”期间，志愿服务队在北外滩、东岸滨江设置节水宣传点，向上海市华坪小学、虹口区曲阳第五幼儿分园师生科普节约用水知识，在上海市委党校培训班宣讲节水政策制度，传播节水理念。联合浙江省嘉兴市水利局开展“节水进社区”活动，向社区居民分享家庭节水小妙招。苏州学雷锋志愿服务队在吴江区同里古镇向市民游客发放水法律法规宣传册和节水护水纪念品，无锡志愿服务队在南禅寺广场开展太湖水生态保护与节约用水志愿服务活动。（徐璐）

【数字孪生水利建设】

1. 河湖遥感图斑核查 2023 年，太湖局指导督促相关地方做好河湖遥感解译发现的疑似问题图斑复核工作，组织抽查图斑 3 390 个，对发现的 73 个问题指导督促地方整改。（王啸天 胡雪娇）

2. 数字孪生 2023 年，太湖局持续做好多目标统筹"四预"一体化、水资源管理与调配、河湖管理、水政执法巡查监控、流域规划、水土保持、水库安全运行、水文管理等系统功能完善和维护保障，大力推进数字孪生太湖建设。改建、新建太湖中小河流水文测站 15 处，新建省界水文站 2 处，汇集接入太湖流域片 7 400 座小水库基础信息，4 900 座小水库实时信息，新建 104 处视频监控点，接入江苏、浙江、福建省小水库视频 3 000 路。提升水量水质模型算法精度，购置国产服务器等，搭建国产虚拟化平台，全面完成数字孪生太浦河和太浦闸先试建设任务并投入使用，在流域多目标统筹调度、工程安全运行管理等实践中发挥重要作用，数字孪生太浦河喜获数字孪生水利建设"十大样板"。全力筑牢网络安全防线，进一步筑牢网络安全基础，在近年来公安部网络攻防演练中成绩优异，位居水利系统前列。（王啸天 胡雪娇）

十、地方河湖管理保护

Management and Protection of Regional Rivers and Lakes

北京市

【河湖概况】

1. 河湖数量　北京市位于海河流域，流域面积 $10km^2$ 及以上的河流共计 425 条，河流总长度 6 413.72km。北京市河流分布在蓟运河水系 42 条、潮白河水系 138 条、北运河水系 110 条、永定河水系 75 条、大清河水系 60 条。其中蓟运河北京境内流域面积 1 $282km^2$，主河道长 54.15km；潮白河北京境内流域面积为 5 $552km^2$，主河道长 259.50km；北运河北京境内流域包含温榆河、北运河两个流域，其中温榆河流域面积 2 $518km^2$、河长 97.50km，北运河流域面积 1 $729km^2$、主河道长 40.49km；永定河北京境内流域面积为 3 $152km^2$，主河道长 172.16km；大清河北京境内流域面积 2 $177km^2$，主河道长 43.98km。

北京市共普查湖泊 41 个，分别位于东城、西城、朝阳、丰台、海淀、房山和大兴 7 个区，湖泊水面面积共计 $6.88km^2$，全部为淡水湖，最大湖泊是位于海淀区的昆明湖，水面面积为 $1.31km^2$。

（杨蓉）

2. 水量　2023 年，北京市平均降水量为 727mm，比 2022 年降水量（482mm）多 51%，比多年平均降水量（569mm）多 28%。北京市地表水资源量为 21.90 亿 m^3，地下水资源量为 19.61 亿 m^3，水资源总量为 41.51 亿 m^3，比多年平均（27.35 亿 m^3）多 52%。北京市入境水量为 17.72 亿 m^3，比多年平均（17.10 亿 m^3）多 3.6%；出境水量为 47.80 亿 m^3，比多年平均（21.89 亿 m^3）多 52%。南水北调中线工程全年入境水量 9.80 亿 m^3。北京市 17 座大、中型水库年末蓄水总量为 37.33 亿 m^3。北京市平原区年末地下水平均埋深为 14.74m，与 2022 年同期相比，地下水水位平均回升 0.90m，地下水储量增加 4.6 亿 m^3。与 2015 年同期相比，地下水水位回升 11.01m，地下水储量增加 56.4 亿 m^3。（戴岚）

3. 水质　2023 年，北京市共监测河段 104 个，河长 2 545.6km，其中有水河段 99 个，长 2 457km。评价结果显示，符合Ⅱ类标准的河段 51 个，河长 1 502km，占有水河长的 61.1%；Ⅲ类河段 32 个，河长 631.1km，占 25.7%；Ⅳ类河段 14 个，河长 295.4km，占 12.0%；Ⅴ类河段 1 个，河长 20km，占 0.8%；劣Ⅴ类河段 1 个，河长 8.5km，占 0.3%。2023 年，共监测城市湖泊 22 个，湖泊总面积 $719.6hm^2$，其中有水湖泊 22 个，面积 $719.6hm^2$；Ⅱ类标准湖泊 13 个，面积 $431.6hm^2$，占有水湖泊面积的 60.0%；Ⅲ类标准湖泊 7 个，面积 $269hm^2$，占 37.4%；Ⅳ类标准湖泊 2 个，面积 $19hm^2$，占 2.6%；无Ⅴ类和劣Ⅴ类湖泊。2023 年共监测大、中型水库 18 座，蓄水量为 37.67 亿 m^3，符合Ⅱ类的水库 14 座，蓄水量 32.14 亿 m^3，占总蓄水量的 85.2%；符合Ⅲ类的水库 2 座，蓄水量 5.53 亿 m^3，占总蓄水量的 14.7%；无Ⅳ类、Ⅴ类和劣Ⅴ类水库。

（杨蓉）

4. 新开工水利工程　2023 年，北京市新开工水利工程共计 42 项，其中市属工程 7 项、区属工程 35 项，总投资 108.6 亿元。纳入北京市重点工程 4 项，为温榆河生态治理工程、温潮减河工程、永定河平原南段综合治理与生态修复工程（一期）、西南二环水系滨水空间开放提升工程。水库除险加固工程 4 项，分别为昌平区桃峪口、密云区遥桥峪、白龙潭、怀柔区大水峪水库除险加固工程。

（李京冕）

5. 水库　截至 2023 年底，北京市现有水库 80 座，其中大型水库 4 座、中型水库 17 座、小型水库 59 座。按照管理权属划分，市属 8 座水库包括官厅水库、密云水库、怀柔水库 3 座大型水库，十三陵水库等 4 座中型水库及 1 座小型水库；区属水库 72 座，包括海子水库 1 座大型水库，崇青水库等 13 座中型水库，苏峪口水库等 58 座小型水库。水库工程分布在 10 个区，其中密云区 23 座、怀柔区 16 座、昌平区 9 座、延庆区 5 座、房山区 10 座、平谷区 9 座、顺义区 1 座、门头沟区 6 座、石景山区 1 座。

（康凯）

【重要文件】　2023 年 4 月，北京市委书记、市长共同签发 2023 年第 1 号市总河长令，依据《关于进一步强化河（湖）长制工作的实施意见》，结合北京市治水管水工作实际，按照“转观念、抓统筹、补短板、强监管、惠民生”的工作思路和“安全、洁净、生态、优美、为民”的高质量发展目标，制定《2023 年治水管水责任制重点任务清单》，明确各区、市河长办相关成员单位和市属相关企业治水管水责任制重点任务清单 417 项。

2023 年 10 月，北京市委书记、市长共同签发 2023 年第 2 号市总河长令，为贯彻落实习近平总书记对防汛救灾工作重要指示精神，按照“一年基本恢复，三年全面提升，长远高质量发展”的总体思路，依据首都防汛抗洪救灾央地联合工作机制会议精神，制定《北京市“23·7”流域性特大洪水灾后恢复重建涉水重点任务清单》，包括灾后恢复重建涉水重点任务清单 20 项。

2023 年 12 月，北京市委书记、市长共同签发 2023 年第 3 号市总河长令，发布执行《北京市河湖长制工作督察规定（试行）》。《北京市河湖长制工作督察规定（试行）》用于市委、市政府组织开展的北京市河湖长制工作督察，明确了督察形式、督察内容、督察职责分工、督察程序和督察纪律及责任，建立督察机制，推进督察成果应用。

（汤博　刘国军）

【地方政策法规】　2023 年，推动《北京市永定河保护条例》纳入北京市十六届人大常委会立法规划第一类项目，修订《北京市实施〈中华人民共和国防洪法〉办法》《北京市河湖保护管理条例》被确定为第二类项目。（寇瑞开）

【河湖长制体制机制建立运行情况】　2023 年，落实强化河长制实施意见，健全完善河（湖）长动态调整递补机制，公布市级河长名单。制定印发《北京市河长制办公室工作规则》《北京市河（湖）长制请示报告工作制度》《市河长制办公室成员单位组成、成员单位工作职责及领导、成员、联络员名单》，规范市河长制办公室履职行为。2023 年，北京市各级河长 5 322 名，开展巡河 407 465 人次（市级河长巡河 56 人次、区级河长巡河 1 446 人次、街乡级河长巡河 45 011 人次、村级河长巡河 360 952 人次），发现并协调解决各类河湖环境问题 2 386 件。市级河长作出批示 146 件次。（汤博）

【河湖健康评价开展情况】　2023 年，北京市水生态健康评价，对包括白河、天河等 29 个山区河段，南护城河、通惠河等 69 个平原河段，昆明湖、什刹海等 34 个湖泊，怀柔水库、密云水库等 21 座水库的 153 个水体开展评价。评价结果表明：北京市水生态健康综合指数 85.41，各水体健康综合指数为 71.89～97.65，处于健康等级的水体 127 个，占 83.0%；处于亚健康等级的水体 26 个，占 17.0%。（杨蓉）

【“一河（湖）一策”编制和实施情况】　2023 年，落实北京市委生态文明建设委员会《关于印发〈北京市加强水生态空间管控工作的意见〉的通知》，与北京市规划和自然资源委员会印发《北京市北运河（含温榆河）水生态空间管控规划》。该规划范围自温榆河沙河闸至北运河牛牧屯市界，划定了水生态空间功能区，分析了水生态空间用地情况，提出了不同功能区的管控要求，为河流水生态空间管控提供支撑。

（赵義月）

【水资源保护】

1. 水资源刚性约束　完成 2023 年度实行最严格水资源管理制度考核工作，2023 年度北京市水资源开发利用控制、用水效率控制、水功能区限制纳污

密云区清水河（密云区河长制办公室　供图）

“三条红线”各项指标均达到水利部向北京市下达的考核控制目标要求。2023 年北京市用水总量为 40.7 亿 m^3，万元 GDP 用水量比 2020 年下降 8.75%，万元工业增加值用水量比 2020 年下降 16.53%，农田灌溉水有效利用系数为 0.752，重要江河湖泊水功能区水质达标率为 88.9%。（王振宇）

2. 节水行动　贯彻落实《北京市节水条例》，大力实施北京市节水行动，持续推进节水型社会建设。2023 年北京市生产生活用水总量为 25.27 亿 m^3，万元 GDP 用水量为 9.3m^3，万元工业增加值用水量为 5.63m^3，主要节水指标持续保持全国领先。建立首都节水联席会议制度，组织召开节水联席会议，全面推动节水各项任务落实。农业领域，新建改造高效节水灌溉工程 4.16 万亩，建成农业高效节水技术示范基地 25 个，开展农业节水奖励试点，持续巩固农业水价综合改革成果。工业领域，实施重点工业企业用水定额对标达标行动，对高精尖企业节水改造项目予以补贴奖励，大力推进工业节水改造，规模以上工业用水重复利用率保持 95% 以上。城镇生活领域，开展重点服务行业节水行动，大力推广节水器具，发挥行业特点，主动开展节水宣传，新建、改造供水管网，降低城市公共供水管网漏损率。园林绿化领域，强化节水灌溉，杜绝“绿地水汪汪”，完成平房公园、京城梨园等 29 处公园绿地再生水接入，新增 300 万 m^2 园林绿化再生水替代。（贾晓丽）

3. 生态流量监管　2023 年，北京市纳入重要河湖生态流量考核的 6 个水体 8 个断面生态流量均达到考核标准。其中永定河三家店以下生态补水 54 663 万 m^3（其中三家店拦河闸 52 243 万 m^3、小红门再生水 1 684 万 m^3、南水北调工程调水 736 万 m^3），超过考核目标值 2 300 万 m^3；潮白河苏庄站下泄生态水量 5 240 万 m^3，超过近期目标值 2 400 万 m^3。

（王振宇）

4. 全国重要饮用水水源地安全达标保障建设　2023 年，开展 8 个全国重要饮用水水源地安全保障达标建设自评估工作，总体情况运行良好。

（张可欣）

5. 取水口专项整治　2023 年，北京市提前完成水利部取用水管理专项整治整改提升工作任务，依法退出 614 个不符合要求的取水项目，5 234 个取水项目经整改后重新获得取水许可电子证照。结合北京市地下水管理专项排查整治工作，深度落实取用水管理“回头看”，持续加强对无证取水、未按规定取水等问题进行整治，巩固专项整治成果，规范取水行为。在智慧水务 1.0 的框架下的取用水监管方面，“水务一张图”平台将 10 个地下水超采区、3 个限采区、5 个水资源分区、58 441 眼机井、55 569 个取水口纳入管理，并随着业务发展不断迭代完善。

（郭彬彬）

6. 水量分配　2023 年，在水利部统一部署下，配合海委完成海河流域跨省江河水量分配工作，确定北京市永定河、北运河、潮白河、蓟运河、大清河等五大水系可分配水量共 5 亿 m^3。（王振宇）

【水域岸线管理保护】

1. 采砂管理　2023 年，在持续贯彻落实《北京市水务局关于开展河道非法采砂专项整治行动的通知》（便函〔2021〕1570 号）、《关于加强河道采砂管理工作的通知》（京水务河文发〔2021〕2 号）要求的基础上，积极拓宽案件线索途径，在市水务综合执法总队设立问题线索举报电话；在永定河、潮白河、北运河、密云水库等沿河关键点位完善技防措施，设置隔离墩、车辆限行杆、摄像头，实施全时监控；充分运用大数据、卫星遥感、“雪亮工程”等科技手段，提升信息化、智能化监管水平，及时发现、严厉打击河道非法采砂行为。（寇瑞丹）

2. “四乱”整治　2023 年，清理涉河违法乱建 5.2 万 m^2，开展河湖垃圾清理整治专项行动，清理河湖垃圾 11 万余 m^3。组织开展河湖环境暗访检查，发现并推动协调解决问题 1 900 余个。（汤博）

【水污染防治】

1. 排污口整治　2023 年，印发《北京市加强入河排污口监督管理工作方案》，巩固排查整治成效，健全长效监督管理，推动构建“受纳水体-排污口-排污通道-排污单位”的全过程监督管理体系。

（陈晶）

2. 城镇生活污染　2023 年 1 月，北京市政府印发《北京市全面打赢城乡水环境治理歼灭战三年行动方案（2023—2025 年）》，以持续提升首都水环境质量和水生态健康水平为目标，以城市溢流污染控制、面源污染防治和再生水扩大利用为重点，强化源头治理、系统治理，补强城市污水治理弱项，强化运营监管和政策支持，到 2025 年实现城乡污水收集处理设施基本全覆盖，北京市污水处理率达到 98%，城镇地区污水收集处理能力得到进一步加强，溢流污染治理取得明显成效，首都水环境问题得到根本根治，水生态健康水平稳步提升。

2023 年，完成污水收集管线建设 426km，改造雨污合流管线 20km。完成五里坨污水处理厂升级改造、海淀区稻香湖再生水厂二期、亦庄金桥再生水厂、金桥高品质再生水厂和北京经济技术开发区2万m^3/d临时污水处理设施等5座再生水厂主体工程建设。开工建设昌平污水处理厂一期升级改造工程、大兴区永兴河第二再生水厂、大兴区西红门第二再生水厂（一期）、密云区高岭污水处理厂、五里坨4万m^3/d扩建工程、垡头污水处理厂升级改造工程等6座再生水厂。北京市污水处理能力达785万m^3/d，污水处理率达97.3%。

2023年，北京市共完成2.8万km雨水管涵、沟渠和76万余处雨水口（雨箅子）的全面排查。累计清掏1.7万km雨水管涵、沟渠和63万余处雨水口（雨箅子）。新排查出雨污错接混接53处，完成治理50处，列入整改台账予以督办3处。

（张祎　华正坤）

朝阳区水美家园

（朝阳区河长制办公室　供图）

【水环境治理】

1. 饮用水水源规范化建设　2023年，完善北京市饮用水水源地名录体系，在已建立北京市163处重要饮用水水源地名录基础上，指导各区建立饮用水水源地名录，将区、乡镇、村等各级水源纳入各区饮用水水源地名录进行管理。北京市已建立33处区级、133处乡镇级、2 779处村级饮用水水源地。

（张可欣）

2. 劣Ⅴ类水体治理　2023年，采取截污治污、清淤疏浚、水系循环等综合措施，加强对河道水环境治理。加强河道巡查养护和水质监测，对水质下降的水体及时通报整改，相关区按照"一河一策"原则制定整改方案，巩固水环境治理成效。

（张祎）

3. 农村水环境整治　2023年，持续推进农村地区生活污水治理，坚持因地制宜、集散结合，优先选用符合农村地区实际、运行费用低、管护简便的污水治理模式。全年共完成150个村生活污水治理任务，北京市累计近2 600个村庄生活污水得到妥善处置，农村污水处理率达到85%。　（张祎）

【水生态修复】

1. 水土流失治理　2023年，北京市水土流失面积为1 788.69km^2，占北京市总面积的10.90%，土壤侵蚀类型为水力侵蚀。其中轻度侵蚀面积1 772.93km^2、中度侵蚀面积13.15km^2、强烈侵蚀面积2.54km^2、极强烈侵蚀面积0.07km^2，分别占北京市水土流失总面积的99.12%、0.74%、0.14%、0.01%，无剧烈侵蚀面积。与2022年北京市水土流失动态监测结果相比，北京市水土流失面积减少了108.21km^2，减幅达5.70%，北京市水土保持率持续提高。　（宋剑秋）

2. 生态清洁型小流域建设　2023年，北京市作为水利部确定的首批小流域综合治理提质增效重点推进省级行政区之一，平谷区和房山区通过遴选成为2个重点推进县。组织门头沟区实施2023年度国家水土保持重点建设工程。京津风沙源二期工程2020年度项目通过市级部门联合验收。配合北京市园林绿化局推动北方防沙带生态保护与修复工程项目。（宿敏）

【执法监管】　2023年3月，北京市水务局印发《关于加强包容审慎柔性执法工作的通知》（便函〔2023〕545号），进一步巩固包容审慎柔性执法成果，为优化首都营商环境提供有力执法保障；9月，调整《北京市常用水行政处罚裁量基准表》《水事违法行为有奖举报事项目录》，不断提升水务综合执法能力和质效。

2023年，深入推进行政执法"三项制度"，印发《北京市水行政执法效能提升行动实施方案》，加强综合执法、专项执法、协作执法。北京市水务系统开展执法检查130 946次，查处各类水事违法案件9 136起，罚款2 837.53万元，公安机关办理涉水案件2起，采取强制措施11人。

组织北京市7部门开展河湖安全保护专项执法行动，印发《北京市河湖安全保护专项执法行动工作方案》，建立《北京市河湖安全保护联席会议制度》。联合城市管理、生态环境、渔政、公安等部门开展执法690余次，全系统巡查河道31.8万km，查处违法案件2 569件，罚款1 182.3万元。

（寇瑞开）

【水文化建设】　2023年，深挖红色资源，组织开展十三陵水库、怀柔水库建库65周年系列纪念宣传活动；重点对水务爱国主义教育基地进行整体改造提升；南水北调团城湖明渠广场以全新面貌对社会开放，并获评第五批国家水情教育基地、北京市科普基地；十三陵水库新展室于2023年底基本完成布展。持续拓展水文化影响力，宣传推广京津冀龙舟邀请赛、首届北京桨板公开赛等多场“水+文化”“水+体育”活动。2023年，官厅水库、十三陵水库、密云水库分别入选水利部“人民治水·百年功绩”治水工程；南水北调亦庄调节池工程，被评为水利部第四届水工程与水文化有机融合案例；京杭大运河京冀段全线62km实现旅游通航，成功入选“全国文化中心建设2022年度十件大事”。（巢坚）

【数字孪生水利建设】

1.“水利一张图” 2023年，持续推进智慧水务基础底座“一张图”平台建设及应用支撑。实现现有水库、湖泊、水普河道等空间数据服务的发布与共享，为河湖长巡查提供支撑。统筹遥感数据资源及遥感影像加工处理工作，实现对河湖滨带岸线类型监测、有水河长、有水水面监测以及水生态空间管控范围内疑似“四乱”问题监测等任务的落实。

（聂敏莉）

2. 数字孪生 2023年，基于智慧水务1.0基础底座建设成果，为水务数字孪生建设提供数据存储汇聚、感知数据接收解析、遥感与视频的智能识别等在内的共性能力。以防洪需求为牵引，梳理已有数据资源，完成搭建包括地理空间数据、基础数据、监测数据、业务数据和外部共享数据在内的数据底板，为水务数字孪生建设提供基础。开展典型流域与山洪沟道精细化数字孪生场景搭建。对接“北京模型”体系，实现洪水预报模型结果自动解析渲染。统筹推动数字流域山洪洪水预报调度能力提升项目等5个数字孪生类项目的申报立项，重点围绕数据与能力开展统筹工作。

（李晓磊）

天津市

【河湖概况】

1. 河湖数量 2023年，天津市境内有19条一级河道、185条（段）二级河道、7 000余条（段）沟渠、1个天然湖泊、81个建成区开放景观湖、21个水库、4个湿地、1.9万余个坑塘及景观水体。

（天津市水务局 天津市生态环境局）

2. 水量 2023年，天津市地表水资源量12.162 6亿m^3，地下水资源量6.984 2亿m^3，地下水与地表水不重复量5.675 2亿m^3，水资源总量17.838 8亿m^3，上游河道入境水量64.181 0亿m^3，全市平均年降水量607.5mm，属于平水年份。

（天津市水务局 天津市生态环境局）

3. 河湖水质 2023年，天津市深入贯彻落实全国生态环境保护大会精神，不断加强水生态环境保护工作。在海河流域发生特大洪水的情况下，持续巩固地表水环境质量，全市国家地表水考核断面优良水体占比60%，同比上升1.7个百分点；无劣Ⅴ类水质断面，12条入海河流稳定消劣。

（天津市水务局 天津市生态环境局）

4. 水务工程 2023年，全市完成水务建设投资66.48亿元，全力推进重点水务工程建设，改造老旧供水管网135.9km，改建修复排水管道9.7km，杨柳青水厂改扩建工程通水运行，永定河综合治理与生态修复武清段主体完工，4项民心工程全面完成；引滦原水预处理厂具备开工条件，宝坻引江供水工程具备通水条件，宁河区120个村的村内管网改造加快实施，供水工程体系不断完善；滨海新区黄港一库围堤除险加固工程建成生效，基本完成密云路、咸阳路、西沽等3处积水片改造，防洪排涝工程体系不断完善；滨海新区、东丽区、津南区完成5项天津绿色生态屏障水系连通工程。

（天津市水务局 天津市生态环境局）

【重大活动】 2023年7月19日，天津市委书记、市级总河湖长主持召开市级总河湖长会议，深入学习贯彻习近平生态文明思想，听取全市工作情况汇报，研究部署下一步工作。市委副书记、市长、市级总河湖长出席会议并讲话。

［天津市河（湖）长制办公室］

【重要文件】 2023年6月28日，天津市市级总河湖长签发2023年第1号总河湖长令《关于全面建设新时代幸福河湖的动员令》。

2023年7月27日，天津市河（湖）长制办公室编制印发《市河（湖）长制办公室关于印发〈天津市幸福河湖建设实施方案〉的通知》（津河长办〔2023〕28号）。

2023年10月27日，天津市河（湖）长制办公室印发《市河（湖）长制办公室关于印发〈天津市幸福河湖建设指南〉及〈幸福河湖建设规划编制大纲〉的通知》（津河长办〔2023〕38号）。

［天津市河（湖）长制办公室］

【地方政策法规】 2023年1月3日，天津市生态环境局、市水务局印发《市生态环境局 市水务局关于修订〈天津市各区地表水环境质量月排名办法〉的通知》（津环水〔2023〕1号）。

2023年3月8日，天津市人民政府办公厅发布《关于印发〈天津市地表水环境区域补偿办法〉的通知》（津政办发〔2023〕5号）。

2023年10月16日，天津市生态环境局、市发展和改革委员会、市财政局、市水务局、市规划和自然资源局发布《关于印发〈海河流域天津市水生态环境保护规划〉的通知》（津环水〔2023〕73号）。

（天津市生态环境局）

【河湖长制体制机制建立运行情况】

1. 监督检查 2023年，组织召开市级社会监督员表彰暨培训会，补充招聘市级社会监督员，市级社会监督员队伍人数达197人；受理并解决河湖问题173件，回访满意率100%，收到市民赠送锦旗1面；持续开展河湖管护情况民意调查，全市平均分为90.37分，同比稳步提升。建立社会监督情况季报机制，向各区通报群众最关切的水环境问题。

［天津市河（湖）长制办公室］

2. 考核激励 2023年，组织天津市河（湖）长制办公室各成员单位完成2022年市级河湖长制年度考核，考核结果上报天津市河（湖）长制领导小组批准后向全市通报。组织开展河湖长制月度考核工作，考核结果向全市通报。印发河湖长制月度考核通报9期，推动整改河湖管护问题526处。严格落实责任追究制度，组织约谈区级总河湖长1人次、区级河湖长3人次。［天津市河（湖）长制办公室］

3. 幸福河湖建设 天津市各区按照2023年天津市第1号总河湖长令《关于全面建设新时代幸福河湖的动员令》相关要求，采取“一年规划、两年试点、三年见效、五年成势”的建设思路，研究制定天津市幸福河湖建设规划，明确幸福河湖建设目标任务、工作计划、实施内容、责任分工及保障措施，率先以河北区海河、东丽区东丽湖、西青区南运河、北辰区圆梦湖、宝坻区潮白新河等河湖分类开展试点样板建设，为全市幸福河湖建设打下良好基础。

［天津市河（湖）长制办公室］

4. “向群众汇报”机制运行情况 2023年，天津市3 000余名区级及以下河湖长通过市级主流媒体、区级融媒体、座谈会等多种形式“向群众汇报”履职情况总计3 000余次，累计线上访问量达16万余人次、线下汇报参与群众共计5万余人，通过河湖长“向群众汇报”机制收集群众反馈的4 491个问题及意见建议全部办结。

［天津市河（湖）长制办公室］

5. 河湖环境专项整治行动 2023年，组织开展春季清河湖专项行动，天津市共查处非法排污行为12处，治理生活污染源107处、农业污染源7处、工业污染源1处；取缔非正规垃圾堆放点760处，治理非法侵占水域滩地83处、违法违规涉河湖建设39项，打捞清理水面堤岸垃圾0.88万t，收缴非法捕鱼网具1 509个；行政处罚“乱泼乱倒”行为95起，累计罚款金额1.5万元。组织开展汛期河湖水环境专项整治行动，全市累计清理打捞水面及堤岸垃圾约1.44万t，治理非法侵占水域滩地种植养殖私搭乱建问题229处，清理“三无”船只56条，收缴各类非法捕鱼网具1 057个，治理乱泼乱倒问题302处，有效维护好汛期河道秩序，解决了一批群众关切的河湖水环境问题。

［天津市河（湖）长制办公室］

6. 示范引领 2023年，天津市共培树乡镇（街道）级榜样河长74名、村级榜样河长149名，示范河湖113条（段、座）、农村示范河湖550条（个）。圆满完成“榜样河长 示范河湖”创建三年行动，全市累计培树乡镇（街道）级榜样河长225名、村级榜样河长424名，创建示范河湖323条（段、座）、农村示范河湖1 330条（个）。

［天津市河（湖）长制办公室］

7. 能力建设 2023年，天津市水务局与天津理工大学、天津农学院联合成立天津河湖长学院，加强河湖治理保护政策研究和技术成果推广。依托天津市河湖长制网上培训系统，对区级及以下总河湖长、河湖长和河（湖）长办工作人员6 300余人开展培训，选派人员赴河东区、北辰区等地开展河湖长制管理线下培训，有效提升全市各级河湖长及工作人员履职能力。［天津市河（湖）长制办公室］

8. 宣传普及 2023年，在《天津日报》、天津电视台等主流媒体上刊发河湖长制报道30余篇，利用“津沽河长”微信公众号推送信息1 041篇；制作《水美天津》宣传片，全面展示天津实行河湖长制以来全市河湖、水库、湿地等风貌。面向社会征集评选出天津市河湖长制标识Logo。在部分人流量大的地铁站投放宣传海报、灯箱及车内看板，全面提升河湖长制的社会关注度和影响力。

［天津市河（湖）长制办公室］

【河湖健康评价开展情况】 2023年，梳理天津市河流和湖泊基本情况，与海委、河北省河长办、天津市16个区对接，将天津市105条河流和1个湖泊纳入评价范围，编制完成《天津市开展河湖健康评价建立河湖健康档案工作方案》（津河长办〔2023〕19号），并上报水利部，组织各区完成区级工作方案，组织开展南运河健康评价工作。（天津市水务局）

【“一河（湖）一策”编制和实施情况】 2023年，组织各修编单位编制天津市管河湖“一河（湖）一策”方案35册，区管河湖“一河（湖）一策”方案264册，其中跨区河湖方案44册，并全部印发实施。

［天津市河（湖）长制办公室］

【水资源保护】

1. 水资源刚性约束 2023年，深入落实“四水四定”，组织开展水资源配置效益提升专题研究，为天津市水安全保障及配置效益提升提供技术支撑与决策支持。制定印发《2023年度全市供水计划》，统筹各类水源，明确各区可用水量。完成2022年度最严格水资源管理制度市级考核，考核结果经市政府审定后向各区公布，并采取“一区一单”形式列出存在问题，督促各区整改；组织开展2023年度水资源和节约用水管理监督检查，检查结果纳入最严格水资源管理制度考核。编制2023—2025年地下水超采综合治理实施计划。2023年共关停机井525眼，转换深层地下水666万m^3，深层地下水水位同比上升1.3m。积极探索用水权改革，指导南港工业区与天津市安达供水有限公司通过交易获得1 200万m^3外调水原水用水权，双方通过全国水权交易平台完成交易全流程业务，成为天津市首例线上水权交易案例。（天津市水务局）

2. 节水行动 2023年，修订印发《天津市工业用水定额》《天津市建筑和生活服务用水定额》和《天津市农业用水定额》。严格计划用水管理，国家级、市级、区级重点监控用水单位达到1 288户。严格执行超计划用水加价制度。顺利通过节水型城市第四次复查，新创建节水型企业（单位）180个，其中企业62个（包含节水型标杆企业4个）、单位87个、公共机构19个、高校12个，节水型居民小区133个。宝坻区、武清区2个中型灌区续建配套与节水改造工程建成生效，改善灌溉面积9.8万亩。非常规水利用力度持续加大，天津南港工业区海水淡化及综合利用一体化项目试运行，淡化海水利用量3 100万m^3。全市万元GDP用水量降至20.6m^3左右，万元工业增加值用水量降至8.3m^3左右，农田灌溉水有效利用系数提高到0.723，再生水利用率提高到46%。（天津市水务局）

3. 生态流量监管 2023年，严格落实七里海等7个国考重点河湖生态水位（水量）保障方案，统筹各类水源，优化补水调度，加强巡查监测，完善水位日报告制度，适时启动预警响应机制，及时解决突出问题。天津市纳入水利部考核的7个重点河湖生态水位（水量）全部达标，保障率达100%。按照水利部部署，对海河干流二道闸、永定新河防潮闸2座已建水利水电工程生态流量目标进行核定并推动落实保障，分别形成先行先试报告并上报水利部、海委。（天津市水务局）

4. 全国重要饮用水水源地安全达标保障评估 完成2023年全国重要饮用水水源地于桥—尔王庄水源地安全达标保障自评估，并将评估报告报送水利部。（天津市水务局）

5. 水量分配 2023年，根据《海河流域跨省江河水量分配方案》，调整天津市境内北运河、潮白新河、蓟运河、大清河分配各区水量，并对引滦、引江外调水水量进行分配。（天津市水务局）

【水域岸线管理保护】 2023年，强化河湖监督管理，持续开展第一次全国水利普查名录以外河湖管理范围划界工作，补齐未划界河湖的管理保护短板，应划界140条河流全部完成技术性工作，并进行公告。

（天津市水务局）

【水污染防治】

1. 排污口整治 2023年，深入开展入河排污口排查整治，深化监督管理。组织各区完成全市133条河流和23座重点湖库入河排污口的排查溯源，建立底数清单，针对存在问题的入河排污口，明确“一口一策”整治措施，截至2023年底，顺利完成30%整治任务。对21条（段）河道、约400km区级入河排污口排查结果进行复核，将发现的问题移交属地核实整改。出台天津市入河排污口分级审批权限文件，突出审核范围和审核类型全覆盖，严格入河排污口设置审批监管，全面实现城镇污水处理厂、企业、园区入河排污口审批合规。每月对蓟运河、永定新河等8条重要河流沿线170余条汇入支流开展监测、排名、通报，压实属地治理责任。天津市排污口监督管理工作在全国入河排污口工作会议上得到生态环境部肯定，工作经验和成效被作为优秀案例在会上予以展示。

（天津市水务局　天津市生态环境局
天津市农业农村委员会　天津市交通运输委员会
天津市港航管理局）

2. 工矿企业污染防治 充分利用在线监测等手段，持续做好工业园区、直排企业及污水处理厂监管，2023年全市污水处理厂达标率在99%以上。

对排水水质异常的企业组织开展现场人工监测，全面排查解决问题。

（天津市水务局　天津市生态环境局
天津市农业农村委员会　天津市交通运输委员会
天津市港航管理局）

3. 城镇生活污染防治　扎实做好2023年度防汛抗旱工作，组织开展极端强降雨天气应急桌面推演，进一步提高各部门应对极端强降雨的快速反应能力和协同处置能力；组织开展环境风险隐患排查及调度，行洪期间，全市未发生因环境风险物质泄漏等导致的次生突发环境污染事件，饮用水安全得到有效保障。

（天津市水务局　天津市生态环境局
天津市农业农村委员会　天津市交通运输委员会
天津市港航管理局）

4. 畜禽养殖污染防治　按照2021年6月印发的《天津市畜禽粪污治理和资源化利用三年行动方案的通知》（津农委〔2021〕11号）要求，2023年，天津市继续采取“自建提升一批、集中处理一批、日产日清一批、有序退出一批”的方式，分类推动规模以下畜禽养殖场（户）粪污治理。截至2023年底，2 152家规模以下畜禽养殖场（户）得到治理，完成年度粪污治理任务，全市畜禽粪污综合利用率达到90%以上。

（天津市水务局　天津市生态环境局
天津市农业农村委员会　天津市交通运输委员会
天津市港航管理局）

5. 水产养殖污染防治　按照制定的2023年渔业污染防治攻坚战实施计划的具体部署，完成滨海新区8 100亩内陆池塘标准化改造与尾水治理项目建设、宝坻区 3 400亩内陆池塘标准化改造与尾水治理项目建设。完善海水工厂化养殖企业尾水处理设施并规范运行，34家海水工厂化企业稳定运行。印发《天津市2023年水产绿色健康养殖技术推广“五大行动”实施方案》，培育骨干基地8个，引进水产新品种5个，推广技术8个，打造5个千亩连片稻蟹综合种养示范区，示范面积达 5 000亩。2023年，组织各类放流活动80余次，放流品种23个，共放流各类苗种约15亿单位。

（天津市水务局　天津市生态环境局
天津市农业农村委员会　天津市交通运输委员会
天津市港航管理局）

6. 农业面源污染防治　天津市生态环境局、市水务局、市财政局联合开展2023年度农村生活污水处理设施依效付费评价工作，确保处理设施正常运行，出水达标排放。

（天津市水务局　天津市生态环境局
天津市农业农村委员会　天津市交通运输委员会
天津市港航管理局）

7. 船舶港口污染防治　2023年，督促天津市内河各有船企业及时完善更新防止船舶污染工作制度，提高对防止船舶污染工作的重视程度，压实企业船舶防污染的主体责任。安排船舶防污染专项检查2次，重点检查船舶防止生活污水污染储存设施设备运行情况、污染物接收回执签收情况等。按照《天津市内河船舶加油报告制度》，要求对全市内河船舶的加油过程进行监督管理。2023年，对天津津旅海河游船有限公司共进行加油监管49次，派出海事监管人员98人次，天津市内河水域未发生燃油泄漏事故。为有效防止船舶污染水域环境，天津市港航管理局制定了《天津市内河船舶污染物接收转运监管制度》，督促有船企业与海河沿岸环卫部门签订船舶污水、船舶垃圾接收协议，全面加强天津市内河通航水域内船舶污染物接收、转运活动的监督管理；补充购置防治船舶污染各类应急物资，联合天津冀航水上工程有限公司、天津津旅海河游船有限公司、天津市航道工程处等主要社会搜救力量，针对船舶油污泄漏等情况进行防治船舶污染演习，完善天津市内河防治船舶污染体系。

（天津市水务局　天津市生态环境局
天津市农业农村委员会　天津市交通运输委员会
天津市港航管理局）

【水环境治理】

1. 饮用水水源规范化建设　2023年，持续推进饮用水水源地规范化建设，做好于桥水库等重点湖库水华防控，坚决防止水华暴发，影响群众饮水安全。完成10个城市、146个农村集中式饮用水水源地调查评估，全市地级及以上集中式饮用水水源地水质达标率为100%。

（天津市生态环境局　天津市水务局）

2. 黑臭水体治理　2023年，印发《市河（湖）长制办公室关于持续巩固提升城市建成区黑臭水体治理成效的通知》（津河长办〔2023〕16号），推动各区持续加强水体日常养管，防止返黑返臭。组织开展2023年城市黑臭水体整治环境保护行动，通过资料查阅、现场抽查、水质监测等方式查找风险点，督促各区加强2022年城市黑臭水体整治环境保护行动发现问题整改，降低新增黑臭水体风险。全市26条建成区黑臭水体全部保持达到国家“长制久清”标准，且未新增黑臭水体。

（天津市生态环境局　天津市水务局）

3. 农村水环境整治　2023年，组织各涉农区持续开展农村黑臭水体动态排查治理，建立完善农村黑臭水体国家、市、区三级清单管理制度。完成45

条农村黑臭水体治理主体工程和68条已完工水体验收评估工作，开展农村黑臭水体治理“回头看”，巩固农村黑臭水体整治成效。

（天津市生态环境局　天津市水务局）

【水生态修复】

1. 退田还湖还湿　科学配置多种水源，充分利用再生水、适时利用雨洪水、优化调度外调水，2023年累计向全市河湖湿地补水10.81亿 m^3。

（天津市水务局）

2. 生态补偿机制建立　2023年，推动落实《引滦入津上下游横向生态补偿协议》（第三期），强化引滦入津流域水生态环境质量保护。（天津市水务局）

3. 水土流失治理　2023年，通过实施蓟州区燕山山地生态综合治理工程（水保部分）和天津蓟州州河国家湿地公园建设工程，采取沟道清障、谷坊建设、溢流堰建设、水岸保护恢复等措施，治理水土流失面积5.30km^2，切实改善和提高区域生态环境质量和稳定性，进一步筑牢北方生态安全屏障。

（天津市水务局）

4. 生态清洁型小流域建设　2023年，天津市水务局、市规划和自然资源局、市农业农村委员会印发《天津市加快推进生态清洁小流域建设工作方案》（津水防御〔2023〕40号），统筹实施水土流失综合治理、流域水系整治、生活污水和农村生活垃圾治理，在东丽区、西青区、津南区、北辰区等10个涉农区建成水源保护型、和谐宜居型、绿色产业型、生态旅游型等不同类型的生态清洁型小流域27条。

（天津市水务局）

【执法监管】　2023年，天津市各级水务执法部门累计出动执法人员49 571人次、执法车辆19 504车次，巡查河道总长度39.49万km，巡查水域面积3.08万km^2，巡查监管对象7 695个。通过执法巡查，现场制止违法行为944次，立案查处水事违法行为1 347件，结案1 224件，累计罚款414.67万元。2023年共开展专项执法行动6项，累计开展执法巡查19 855次，立案1 107起，罚款97.91万元。2023年6—12月，天津市水务局联合市高级人民法院、市人民检察院、市公安局、市司法局在全市范围内开展河湖安全保护专项执法行动，共计出动执法人员11 869人次、车辆5 264车次，开展执法巡查4 409次、执法宣传1 150次，立案查处水事违法行为188件，罚款4.78万元。（天津市水务局）

【水文化建设】

1. 滨海新区生态城南堤步道公园　滨海新区生态城南堤步道公园位于生态城南部边界，是进入生态城的“第一眼印象”区域，这里河海相接，城市与河口相融，是生态城的亮丽名片，也是人民群众共享的幸福空间。已经开放的南堤步道公园“滨旅段”长1.3km，总面积约35万m^2，其中绿化面积26万m^2、水域面积约9万m^2。公园水体位于永定新河入海口海挡西侧，属于城市公园景观水体，是生态城旅游区南部水系的重要组成部分和防洪屏障，也是维系生态城南部区域河海陆地生态系统的纽带。南堤步道公园现有烧烤区、游乐区、帐篷营地、伴游机器人、共享单车等项目，2023年共计接待游客近20万人。［天津市河（湖）长制办公室］

2. 南运河文化公园　天津市2023年20项民心工程之一的南运河文化公园于2023年5月1日正式向市民开放。南运河文化公园位于天津市南开区密云

滨海新区生态城南堤步道公园
［滨海新区河（湖）长制办公室　供图］

路，北邻全国重点文物保护单位——大运河南运河部分，占地面积 16 910m²，在设计初期广泛征集了周边居民的需求，建设有健身场地、停车场地等，并结合天津市大运河文化保护传承利用要求，延续南运河提升改造区域的风格，以中式古典风格为主，栽植季相丰富的各类乔灌木 1 500 余株。同时，注重运河文化传承，以浮雕的方式建造大运河文化景墙，图文并茂地讲述运河文化的兴起和发展过程。公园实现了南运河南岸东西贯通、景观连续、环境宜人、兼具功能性的建设目标，构建"多植物、多层次、多色彩"的滨河绿色廊道，打造大运河南开段特色景观空间，推动大运河文化传承利用，满足周边居民对休闲健身、儿童娱乐场地等不同程度的需求。

[天津市河（湖）长制办公室]

天津市南开区南运河文化公园

[南开区河（湖）长制办公室　供图]

3. 西沽公园　西沽公园位于红桥区东北部，占地面积约 35 万 m²，其前身是清代"西沽武器库"的一部分，1958 年 4 月，经天津市政府批准，辟为公园，是天津市四大公园之一。西沽公园南眺子牙河，北连桃花堤，东傍北运河，西达天津西站，绿地面积 20.95 万 m²，公园湖水体面积 12 万 m²。2023 年 3 月 17—26 日，西沽公园举办了第 32 届运河桃花文化商贸旅游节，充分发挥"依水而生、因桃而美"的自然禀赋，深入挖掘大运河历史文化资源。运河桃花文化商贸旅游节开幕前夕，对西沽公园内道路、绿化设施进行了整修，处处焕发新的生机；运河桃花文化商贸旅游节期间，举办美食节、对口支援地区农特产品展卖和非遗文创市集，穿插舞龙舞狮、相声、歌舞文艺表演、桃花摄影展、网红打卡互动等内容，进一步增添文化气息，烘托节日氛围。同时，以"强化依法治水，携手共护母亲河"为主题举办了 2023 年"世界水日""中国水周"宣传活动，营造了全社会珍惜水、节约水、保护水、关心水的良好氛围。

[天津市河（湖）长制办公室]

天津市红桥区西沽公园金秋美景

[红桥区河（湖）长制办公室　供图]

【数字孪生水利建设】

1. 河长 App　天津市河长制管理信息系统用户涉及全市各级河湖长和河（湖）长制办公室等 6 000 余名用户，基本实现河湖长巡河巡湖轨迹化管理全覆盖，该系统设置手机 App 天津市河长制信息管理平台，2023 年全市各级河湖长累计巡河约 99.19 万人次。（天津市水务局）

2. 数字孪生　完成数字孪生南水北调（中线工程宝坻引江供水工程）和天津滨海新区海堤提标改造工程 2 个项目先行先试建设，同时发挥行业指导作用和供水企业运营优势，拓展推动供水企业开展数字孪生水厂建设。按照提升精准预警能力、提升防汛智慧化水平的要求，积极筹划数据采集感知、数字孪生底板、防汛调度业务应用等建设项目，其中 4 个项目纳入 2023 年增发国债第一批项目清单，分别是天津市雨水情监测预报"三道防线"建设工程、天津市水文监测站网补充完善工程、天津市重点防洪工程数字孪生建设工程、天津市防洪调度应急指挥平台建设项目，为流域防洪、城市防洪、水资源生态环境管理等提供基础数据保障。（天津市水务局）

河北省

【河湖概况】

1. 河湖数量　河北省境内河流地跨三个流域，即辽河、海河和内流区诸河流域，三个流域细分为 11 个水系，即辽河水系、辽东湾西部沿渤海诸河水系、滦河及冀东沿海诸河水系、北三河水系、永定

秦皇岛市山海关区石河（刘鹏　拍摄）

河水系、大清河水系、子牙河水系、黑龙港及运东地区诸河水系、漳卫河水系、徒骇马颊河水系、内蒙古高原东部内流区。根据第一次全国水利普查结果显示，河北省 50km² 以上河流 1 386 条，河流总长度 40 916.4km，其中按流域划分为海河流域 1 315 条、辽河流域 38 条、内流区诸河 33 条；按水系划分为辽河水系 31 条、辽东湾西部沿渤海诸河水系 7 条、滦河及冀东沿海诸河水系 291 条、北三河水系 154 条、永定河水系 131 条、大清河水系 271 条、子牙河水系 186 条、黑龙港及运东地区诸河水系 244 条、漳卫河水系 32 条、徒骇马颊河水系 6 条、内蒙古高原东部内流区 33 条；按跨界类型划分为跨省河流 290 条、跨市河流 122 条、跨县河流 500 条、县域内河流 474 条；按流域面积划分为流域面积 1 000km² 以上河流 95 条，200～1 000km² 河流 212 条，50～200km² 河流 1 079 条；按河流类型划分：山地河流 649 条，平原河流 709 条，混合河流 28 条。根据第一次全国水利普查，河北省列入普查名录的湖泊共计 30 个，其中常年水面面积 10km² 以上湖泊 5 个，1km² 以上湖泊 23 个，特殊湖泊 7 个。按流域划分，海河流域 6 个，内流区诸河流域 24 个；按水系划分，滦河及冀东沿海诸河水系 3 个，大清河水系 1 个，黑龙港及运东诸河水系 2 个，其余湖泊均位于内蒙古高原东部内流区水系。

（赵洋　苏向义　宋金玲）

2. 水质　2023 年，河北省实际监测 205 个地表水国、省控断面（河流 174 个断面，湖库淀 31 个点位）中，达到或优于Ⅲ类水质断面比例为 85.4%，比 2022 年上升 1.3 个百分点；Ⅳ类水质断面比例为 14.6%，比 2022 年下降 1.3 个百分点；无Ⅴ类和劣Ⅴ类水质断面，与 2022 年相比均持平。河北省国省控河流断面中，水质达到或优于Ⅲ类断面比例为 83.9%，比 2022 年上升 1.8 个百分点；Ⅳ类断面比例为 16.1%，比 2022 年下降 1.8 个百分点；无Ⅴ类和劣Ⅴ类水质断面，与 2022 年相比均持平。岗南水库等 14 座水库达到Ⅱ类水质，水质优；官厅水库、洋河水库、陡河水库、邱庄水库、白洋淀和衡水湖达到Ⅲ类水质，水质良好；南大港湿地达到Ⅳ类水质，轻度污染，主要污染指标为总磷、化学需氧量和高锰酸盐指数。对湖库淀水质进行富营养化评价，洋河水库、衡水湖和南大港湿地为轻度富营养，其他 17 座水库和白洋淀为中营养。（赵洋　苏向义　宋金玲）

3. 新开工水利工程　2023 年，河北省新开工河湖相关水利工程项目 187 个。其中重大骨干防洪减灾工程项目 2 个；流域面积 3 000km² 以上中小河流治理工程项目（主要支流）7 个；流域面积 200～3 000km² 中小河流治理工程 35 个；流域面积 200km² 以下中小河流治理工程 10 个；农村水系综合整治工程项目（含水系连通及水美乡村建设）25 个；河流综合治理与生态修复工程 108 个。

（赵洋　苏向义　宋金玲）

邯郸市滏阳河（刘颖　拍摄）

【重大活动】　2023 年 5 月 15 日，河北省委书记、省人大常委会主任、省级总河湖长主持召开 2023 年度省级总河湖长会议。深入学习贯彻习近平生态文明思想，贯彻落实习近平总书记考察河北重要讲话和重要指示精神，听取全省河湖长制有关工作情况和农村黑臭水体排查整治工作情况汇报，审议《河北省 2023 年度落实河湖长制重点工作推进方案》，部署下一阶段重点任务。（张永胜）

【重要文件】

1. 省级总河湖长令　2023 年 5 月，河北省省级总河湖长签发河北省 2023 年第 1 号总河湖长令，印发《关于印发〈河北省 2023 年度落实河湖长制重点工作推进方案〉的通知》。

2. 省级文件　2023 年 1 月 4 日，河北省河湖长制办公室印发《关于做好河湖健康评价建立河湖健康档案工作的通知》(冀河办〔2023〕2号)。

2023年2月3日，河北省河湖长制办公室印发《河北省2023年度河湖长制工作要点》(冀河办〔2023〕8号)。

2023年2月4日，河北省人民政府办公厅印发《关于印发〈美丽河北建设行动方案(2023—2027年)〉的通知》(冀政办字〔2023〕17号)。

2023年2月20日，河北省水利厅印发《关于做好第十一批省级水利风景区申报工作的通知》(冀水河湖〔2023〕7号)。

2023年3月6日，河北省水利厅、河北省河湖长制办公室印发《关于加强河湖"清四乱"规范管理的通知》(冀水河湖〔2023〕8号)。

2023年3月9日，河北省河湖长制办公室印发《关于开展全省河湖环境整治百日攻坚专项行动的通知》(冀河办〔2023〕10号)。

2023年3月26日，河北省水污染防治工作领导小组办公室印发《关于印发〈河北省2023年水生态环境保护工作要点〉的通知》(冀水领办〔2023〕11号)。

2023年3月30日，河北省人民政府办公厅印发《关于印发〈河北省现代水网建设行动方案(2023—2027年)〉的通知》。(冀政办字〔2023〕44号)。

2023年4月6日，河北省水利厅印发《关于开展河湖名录梳理复核工作的通知》(冀水河湖〔2023〕12号)。

2023年4月17日，河北省河湖长制办公室印发《河北省幸福河湖评价办法(试行)》(冀河办〔2023〕11号)。

2023年4月25日，中共河北省委办公厅、河北省人民政府办公厅印发《关于推进水土保持高质量发展的若干措施》(冀办传〔2023〕5号)；河北省河湖长制办公室、河北省人力资源和社会保障厅、河北省水利厅印发《关于表彰河北省全面推行河湖长制先进集体和先进个人的决定》(冀河办〔2023〕12号)。

2023年5月25日，河北省河湖长制办公室、河北省人民检察院印发《关于印发〈"守护燕赵河湖，助力高质量发展"专项监督检查行动方案〉的通知》(冀河办〔2023〕16号)。

2023年5月31日，河北省河湖长制办公室印发《关于进一步加强农村河湖问题排查整治的通知》(冀河办函〔2023〕20号)。

2023年6月14日，河北省水利厅印发《关于开展打击河道非法采砂联合督导检查的通知》(冀水河湖〔2023〕20号)。

2023年6月21日，河北省水利厅、河北省高级人民法院、河北省人民检察院、河北省公安厅、河北省司法厅印发《关于印发〈河北省河湖安全保护专项执法行动监督检查实施方案〉的通知》(冀水政〔2023〕24号)。

2023年7月4日，河北省河湖长制办公室印发《滹沱河、子牙新河河长制工作落实方案》(冀河办〔2023〕18号)。

2023年7月6日，河北省水污染防治工作领导小组办公室印发《河北省水生态环境保护规划》(冀水领办〔2023〕32号)。

2023年8月2日，河北省水利厅印发《关于切实做好河道堤防、蓄滞洪区等巡查防守的工作的紧急通知》(冀水传〔2023〕19号)。

2023年8月16日，河北省河湖长制办公室、河北省水利厅印发《滹沱河流域节水行动方案(2023—2025)》(冀河办〔2023〕19号)。

2023年8月17日，河北省住房和城乡建设厅印发《河北省城市市政污水污泥处理设施运行监督管理办法》(冀建发改〔2023〕3号)。

2023年8月31日，河北省水利厅印发《关于推行河道砂石采运管理单制度的通知》(冀水河湖〔2023〕24号)。

2023年9月28日，河北省水利厅印发《关于做好"23·7"洪水灾后重建项目涉河审批服务的通知》(冀水河湖〔2023〕26号)。

2023年12月6日，河北省水利厅印发《关于做好行洪河道内住房、厂房等建筑物排查整治工作的函》(冀水河湖〔2023〕30号)。

(张永胜　相征　李明)

【地方政策法规】

1. 法规　2023年11月17日，经河北省政府第19次常务会议审议通过河北省人民政府令〔2023〕第10号《河北省引黄工程运行管理规定》，自2024年1月1日起施行。　(张杰　彭帅　李卫军)

2. 规范(标准)　2023年10月25日，河北省市场监督管理局发布《河流(湖泊)健康评价技术规范》(DB 13/T 5817—2023)。

2023年11月15日，河北省市场监督管理局发布《永定河流域水污染物排放标准》(DB 13/ 5880—2023)；发布《潮白河流域水污染物排放标准》(DB 13/ 5881—2023)；发布《滦河及冀东沿海流域水污染物排放标准》(DB 13/ 5882—2023)。

(张杰　彭帅　李卫军)

【河湖长制体制机制建立运行情况】

1. 监督检查　2023年，河北省河湖长制办公室联合省河湖长制相关责任部门组织开展督查暗访，对各市和雄安新区年度重点工作落实情况进行联合督查，印发《关于2023年度全省河湖长制工作督查暨三季度落实河湖长制重点工作进展情况的通报》（冀河办〔2023〕22号）。联合河北省人民检察院开展"守护燕赵河湖"专项监督检查行动，确认办理案件338件。开展常态化县（市、区）全覆盖暗访检查，发现交办问题1 714个，已全部整改完成。组织各地完成水利部推送的3万余个遥感图斑复核工作，确认问题737个，全部纳入台账整改。（张永胜）

2. 考核激励　2023年，将落实河湖长制纳入省管领导班子和领导干综合考核体系，完成2022年度河湖长制考核工作，中共河北省委办公厅、河北省人民政府办公厅通报考核结果。印发2023年度河湖长制工作考核实施细则，制订省管领导班子和领导干部综合考核体系中落实河湖长制指标评分细则。

（张永胜）

3. 幸福河湖建设　2023年，河北省河湖长制办公室印发《河北省幸福河湖评价办法（试行）》（冀河办〔2023〕11号），确定2023年度幸福河湖建设计划，组织各地编制幸福河湖建设实施方案。指导各地开展幸福河湖建设及自评价工作，经专家现场复核、集中评审，白洋淀、衡水湖、滹沱河等64条（个）河湖被评为首批河北省幸福河湖，其中以市域为单元打造的13条（个）河湖被评为典型示范河湖。

（张永胜）

华北明珠白洋淀

（雄安新区河湖长制办公室　供图）

【河湖健康评价开展情况】　2023年，河北省累计完成评价河湖89条（个），全省流域面积1 000km^{2}以上河流的健康评价工作全部完成，从评价结果看，非常健康9条、健康47条、亚健康17条、不健康0条、暂不评级16条。（彭帅）

【"一河（湖）一策"编制和实施情况】　2023年，按照水利部部署要求，河北省河湖长制办公室聚焦"十四五"河湖管护新形势、新任务，组织省、市、县三级滚动编制"一河（湖）一策"，共1 955册"一河（湖）一策"方案全部编制完成。其中省级完成设立省级河（湖）长14条（个）河（湖）"一河（湖）一策"方案编制工作，经省级河（湖）长批准同意后印发；指导各地按照全省"一河（湖）一策"方案编制部署要求，分级开展方案编制工作，编制完成1 941册"一河（湖）一策"方案。（赵朋飞）

【水资源保护】

1. 水资源刚性约束　一是严格总量控制。2023年，河北省取用水总量控制在186.52亿m^3，地下水开采量控制在74.98亿m^3。二是严格取水许可审批。2023年河北省审批取水许可5 965件，从严叫停311个不符合审批要求的项目，对6 851个项目注销取水许可，注销水量10.86亿m^3，对514个延续项目核减水量0.44亿m^3。三是不断夯实监管基础。在77个县增设1 121处农灌机井"以电折水"监测站点，在全国率先实现"以电折水"业务化应用，在18个县因地制宜选用"水量计量""以电控水""水电联计"等不同建设模式，对7.42万眼农灌机井安装在线计量设施。

（王锐智　张茜茜　耿东现　张娜　宗含）

2. 节水行动　2023年4月，组织召开省级节约用水工作协调机制会议，全面总结2022年全社会节约用水工作开展情况，制定印发《河北省2023年全社会节约用水工作要点》（冀节协办〔2023〕5号），提出总量强度双控、农业节水增效、工业节水减排、城镇节水降损、非常规水利用、体制机制创新、节水宣传教育等7方面27项重点工作任务。6月30日，印发《全社会以及农业、工业、城市、宣传"1+4"节水行动方案（2023—2025年）》，明确目标任务、工作重点和具体举措。8月16日，印发《滹沱河流域节水行动方案（2023—2025年）》（冀河办〔2023〕19号）。截至2023年底，河北省累计116个县（市、区）被水利部命名为节水型社会建设达标县（区）。2023年，全省万元国内生产总值用水量、万元工业增加值用水量同比分别下降2.8%、4.2%，圆满完成国家和省确定的任务目标。

（王锐智　张茜茜　耿东现　张娜　宗含）

3. 生态流量监管　2023年，按照水利部《已建水利水电工程生态流量核定与保障先行先试河湖名单和工程名录》要求，编制完成滹沱河、潴龙河已建水利水电工程生态流量核定与保障先行先试报告，逐工程合理核定生态流量目标，明确生态流量调度管理措施，强化监测预警和监督管理，探索已建水利水电工程生态流量核定与保障工作模式、技术方法、协调机制和监管政策等。加强滹沱河、滏阳河等16个生态水量控制断面监管，及时调整下泄水量，2023年河北省重点河湖生态水量达标率达100%。（王锐智　张茜茜　耿东现　张娜　宗含）

4. 全国重要饮用水水源地安全达标保障评估　2023年1月，组织河北省全国重要饮用水水源地管理单位按照水源地安全保障达标建设要求的水量保证、水质合格、监控完备、制度健全等方面开展自评估工作，向水利部报送2022年度重要饮用水水源地达标建设评估报告。3—9月，依据《全国重要饮用水水源地安全保障评估指南（试行）》和《河北省国家饮用水水源地安全保障评估细则（试行）》，对河北省全国重要饮用水水源地安全保障达标建设工作开展现场检查评估，各水源地评价结果均为良好及以上。（王锐智　张茜茜　耿东现　张娜　宗含）

5. 水量分配　2023年6月，河北省水利厅指导各市完成15个跨县河流水量分配方案。10月23日，水利部印发《海河流域跨省江河水量分配方案》（水资管〔2023〕293号），明确河北省海河流域多年平均地表水可用水量56.31亿m^3，至此，河北省跨行政区域河流水量分配工作全面完成。

（王锐智　张茜茜　耿东现　张娜　宗含）

【水域岸线管理保护】

1. 河湖管理范围划界　2023年，按照水利部印发《关于加快推进河湖管理范围划定工作的通知》（水河湖〔2018〕314号）要求，河北省认真部署，迅速行动，制定并印发了《河北省河湖管理范围划界指南》，明确了河流、湖泊的管理范围划定准则，依法划定河湖管理范围，明确河湖管理边界线。

（赵洋　贺亮）

2. 岸线保护与利用规划编制　2023年，河北省水利厅印发《关于做好河湖岸线保护与利用规划编制工作的通知》（冀水河湖〔2019〕50号），明确河北省水利厅负责编制滦河大黑汀水库至入海口、潴龙河、滹沱河岗南水库—献县枢纽、南运河第三店—冀津界、滏阳新河、滏阳河艾辛庄枢纽—献县枢纽、子牙河献县枢纽—冀津界、子牙新河献县枢纽—阎辛庄、南拒马河北河店—新盖房枢纽、白沟河、滏东排河、南排河等12条河道岸线保护与利用规划的编制工作，同时要求各地抓紧研究确定市、县负责编制岸线保护与利用规划的河湖名录，并明确完成时间。（赵洋　贺亮）

3. 采砂整治　2023年，河北省开展全省河道非法采砂整治行动，河北省水利厅会同省公安厅、省自然资源厅等部门开展联合督查，2023年共查处非法采砂行为164起，处罚176人，罚没166万元，追责问责27人，非法采砂打击整治力度不断强化。积极推进有砂河道治理，2023年累计利用河砂1 950万m^3，治理河道545.6km。石家庄市、邢台市发挥河砂资源优势，对滹沱河、冶河、大沙河进行治理。加快推进石家庄灵寿燕川水库和张家口怀来洋河水库淤积砂利用试点工作，在清淤治理恢复库容期间，通过淤积砂资源化利用，为水库生态治理项目提供资金保障。（赵洋　贺亮）

4. “四乱”整治　2023年3月6日，河北省水利厅、省河湖长制办公室印发《关于加强河湖“清四乱”规范管理的通知》（冀水河湖〔2023〕8号），指导市、县运用无人机、遥感监测、视频监控等多种手段，对域内“四乱”进行集中拉网式排查，建立问题台账，加快问题整改。截至2023年底，全省共排查整改“四乱”问题1 016个，清理树障43亩、垃圾8.5万m^3、违法建筑22.7万m^2。

（赵洋　贺亮）

【水污染防治】

1. 排污口整治　2023年，河北省加强入河排污口监管，持续推进全省入河排污口规范化建设，严格入河排污口管控，定期开展入河排污口监测，督促排污单位达标排放，组织开展排污口排查溯源和分类整治，推进建立长效监管机制。

（李明　高建君　杨新伟　秦晓伟）

2. 工矿企业污染　2023年，河北省加强工业污染治理，积极推进环境管理由末端治理向生产过程管控方式转变。强化工业园区污染治理，持续推进工业园区污水集中治理设施建设完善，污水集中收集处理能力不断提升。

（李明　高建君　杨新伟　秦晓伟）

3. 城镇生活污染　2023年，完善城镇污水收集处理设施，指导污水处理厂运行负荷高的市、县谋划新建、扩建污水处理项目，因地制宜、统筹推进建制镇生活污水处理设施建设，提高城镇污水处理能力，补齐设施能力短板。强化城镇污水处理设施运行管理，委托第三方机构对43个城市污水处理厂和221个建制镇污水处理厂（站）建设运行情况进行考核评估，推进城镇污水处理厂（站）规范达标运行。（李明　高建君　杨新伟　秦晓伟）

4. 畜禽养殖污染　河北省大力推进畜禽粪污资源化利用工作，截至2023年底，全省畜禽规模养殖场粪污处理设施装备配套率继续保持100%，畜禽粪污综合利用率达到83%，完成年度任务目标。狠抓白洋淀流域、滹沱河流域及秦皇岛近岸海域等重点区域，提高畜禽粪污处理设施和资源化利用水平，开展养殖污染集中排查移交整治行动，共整改问题养殖场户1 878个，完成1 018家畜禽规模养殖场提档升级任务。（李明　高建君　杨新伟　秦晓伟）

5. 农业面源污染　一是农膜回收利用。实施地膜科学使用回收，因地制宜推广应用加厚高强度地膜和全生物降解地膜。联合河北省工业和信息化厅、市场监督管理局、生态环境厅等部门加强地膜污染全过程监管，制定年度工作方案；编印地膜科学使用回收宣传挂图；2023年，全省农膜回收率稳定保持在90%以上。二是化肥减量增效。以农业农村部化肥减量增效项目为抓手，积极推广测土配方施肥技术，通过建立施肥新技术、新产品、新机具“三新”示范区，示范带动农户科学施用配方肥、缓控释肥、生物有机肥等新型肥料，积极应用种肥同播、机械深施、水肥一体化等施肥技术，全省建立“三新”示范区224万亩，测土配方施肥技术推广面积达1.1亿亩次。三是农药减量增效。河北省农业农村厅制定全省农药减量增效工作方案，坚持“预防为主、综合防治”的植保方针，以绿色发展为引领、围绕农药减量增效任务目标，坚持减药与保产并重、产量与质量统筹、生产与生态协调、节本与增效兼顾，整合植物检疫、监测预警、绿色防控、统防统治等业务工作，结合技术指导和宣传培训，以建设全程绿色防控示范区为抓手，促进技术创新、服务创新和机制创新，加快植保新药剂、新机械和集成技术推广应用，稳步提高主要农作物统防统治覆盖率及绿色防控覆盖率，努力推进农药减量增效工作开展。据统计，2023年全省主要农作物专业化统防统治覆盖率达60.92%，主要农作物绿色防控覆盖率达58.31%。　（李明　高建君　杨新伟　秦晓伟）

【水环境治理】

1. 饮用水水源规范化建设　2023年，河北省31个地级城市集中式饮用水水源水质均达到Ⅲ类标准要求，完成饮用水水源保护区划定和标识标牌设置，地表水型饮用水水源一级保护区设立了隔离防护设施。　（李明　杜芮瑶　高建君）

2. 黑臭水体治理　2023年，深化城市黑臭水体排查整治，在全省范围内组织开展市、县建成区黑臭水体排查，指导各地以城中村、城乡接合部等区域为重点开展精细排查。开展2023年城市黑臭水体环境保护整治专项行动，持续巩固黑臭水体治理成效。强化问题排查治理，通过卫星遥感监测和现场核查相结合的方式，开展城市黑臭水体排查治理、暗访抽查等专项行动，发现水体黑臭隐患及时交办有关市、县完成处置。2023年，任丘市和霸州市新增5条城市黑臭水体并于当年完成治理。

（李明　杜芮瑶　高建君）

3. 流域水环境保护　2023年，河北省聚焦水污染深度治理、水体自净能力提升等，实施“一河一策”管控。在秦皇岛市试点开展强降雨过程陆源污染全过程监管，提升精细化管控水平。严格落实跨省流域上、下游突发水污染事件联防联控框架协议，开展多轮联动执法，有效提升风险防范应对能力。

（李明　杜芮瑶　高建君）

【水生态修复】

1. 退田还湖还湿　河北省林业和草原局指导雄安新区开展藻苲淀退耕还淀生态湿地恢复工程二期项目，工程于2023年6月完工。通过围堤围埝、河道疏浚、新建圆管涵桥等水系疏通措施，新建生态岛屿、生态滩涂、浅水沼泽等生态湿地恢复措施，共退耕还淀8.49km^2，逐步恢复淀区湿地生态环境系统完整性。

（张红梅　苌丹凤　秦晓伟　贾牧霖
李海潮　杜芮瑶　田素平）

2. 生物多样性保护　2023年，河北省林业和草原局组织开展白洋淀“鸟类天堂”打造工作，对白洋淀9个鸟类栖息地管理、2个鸟岛建设情况进行实地调研指导，与省生态环境厅印发《关于加强白洋淀、衡水湖鸟类及其栖息地保护管理的通知》（冀林草字〔2023〕72号），指导白洋淀、衡水湖开展青头潜鸭、大鸨等国家重点保护鸟类及其栖息地保护、修复、监测、救护等工作，进一步恢复提升鸟类栖息地环境。

为修复水域生态环境，维护水生生物多样性，2023年河北省在内陆的白洋淀、衡水湖和潘家口、大黑汀、岗南、黄壁庄、王快、西大洋、官厅、岳城等水库开展水生生物增殖放流，放流鲢鱼、鳙鱼、草鱼、青虾、中华鳖、池沼公鱼受精卵等各类水生生物苗种约30亿单位。6月6日，在曹妃甸中心渔港举办2023年全国“放鱼日”河北同步增殖放流活动，邀请社会各界共同参与，进一步提高了公众对水生生物资源的保护意识。

2023年，白洋淀淀区共监测到浮游植物306种，浮游动物125种，大型水生植物37种，大型底栖动物 78 种，鱼类 34 种，外来物种 1 种，外来入侵物种 2 种；白洋淀主要河流监测到着生藻类 216 种，大型底栖动物 158 种，大型水生植物 42 种，鱼类 30 种，外来入侵物种 4 种；白洋淀周边主要水库监测到大型水生植物 23 种，鱼类 21 种。全面加强白洋淀等鸟类栖息地保护监管，划定 9 个鸟类栖息地，布设安装 37 个摄像头，加强巡查巡护，协调有关部门开展增殖放流，截至 2024 年 3 月，白洋淀野生鸟类增加到 279 种，较雄安新区设立前增加 73 种，鱼类达到 48 种，鱼类生物多样性达到高级别水平。衡水湖鸟类已达到 334 种，康巴诺尔湖湿地是全球最大的遗鸥栖息地与繁殖地，每年全球约 60%的遗鸥来此繁衍生息。

（张红梅　苌丹凤　秦晓伟　贾牧霖　李海潮　杜芮瑶　田素平）

3. 生态补偿机制建立　2023 年，河北省立足京津冀水源涵养功能区定位，着力提升水源涵养和水质保障能力，积极推动流域联防联控和生态补偿机制，实现京津水源上游潮河、白河、滦河、永定河流域生态补偿全覆盖。2023 年 1 月 11 日，河北省人民政府与天津市人民政府签订《关于引滦入津上下游横向生态保护补偿协议》，此协议是河北省与天津市签署的第三期生态保护补偿协议（协议期为 2022—2025 年）。8 月 30 日，河北省人民政府与北京市人民政府签订《官厅水库上游永定河流域水源保护横向生态补偿协议》。

（张红梅　苌丹凤　秦晓伟　贾牧霖　李海潮　杜芮瑶　田素平）

4. 水土流失治理　2023 年 4 月 25 日，中共河北省委办公厅、河北省人民政府办公厅印发《关于推进水土保持高质量发展的若干措施》（冀办传〔2023〕5 号），不断增加各级财政投入，推进重点区域水土流失综合治理。紧密围绕京津冀协同发展、雄安新区建设等重大国家战略，以小流域为单元，在太行山、燕山、坝上等重要生态功能区开展山水林田湖草沙一体化综合治理，统筹相关部门生态建设项目，鼓励引导社会资本参与水土流失治理，新增水土流失治理面积 2 228.19km^2，全省水土保持率达到 79.29%。

（张红梅　苌丹凤　秦晓伟　贾牧霖　李海潮　杜芮瑶　田素平）

5. 生态清洁型小流域建设　2023 年，河北省围绕密云水库上游潮白河流域、白洋淀上游等重要水源地、城镇周边有序推进生态清洁型小流域建设，重点推进小流域综合治理提质增效，建设生态清洁型小流域 30 条。邯郸市涉县连泉、承德市双滦区大贵口生态清洁小流域获评国家水土保持示范工程，丰宁满族自治县获评国家水土保持示范县。

（张红梅　苌丹凤　秦晓伟　贾牧霖　李海潮　杜芮瑶　田素平）

【执法监管】　按照水利部、最高人民法院、最高人民检察院、公安部、司法部联合开展河湖安全保护专项执法行动的部署要求，2023 年 6—12 月，河北省水利部门会同各级法院、检察院、公安、司法行政等部门组织开展了河湖安全保护专项执法行动。此次行动聚焦河湖安全保护的重点领域和关键环节，强化水利部门与审判机关、检察机关、公安机关、司法行政机关的协作配合，依法打击侵占河湖、妨碍行洪安全、破坏水利工程、非法采砂、非法取水、人为造成水土流失等违法犯罪行为 92 件，河湖秩序得到了有效维护，水安全保障能力得到了增强。

为做好河湖监管工作，河北省生态环境厅组织各地生态环境部门开展白洋淀流域重点涉水环境点位环境执法专项行动、县级及以上城市地表水型集中式饮用水水源地排查整治、白洋淀及周边涉水环境问题排查整治等工作。按照市、县自查，省级督导复核的方式，加大排查整治力度，对发现的环境违法违规问题，依法依规查处到位，督促限期整改到位，消除河湖污染隐患。

2023 年，河北省人民检察院扎实推进专项监督，为助力经济强省、美丽河北建设贡献更多检察力量。一是以办案为中心，着力提升公益保护效果。持续加大办案力度，深挖线索，提升效果，督促治理修复被污染的水源地 542 处，清理被污染和非法占用的河道 1 362km、被污染的水域面积 3 984 亩。二是以专项带动全局，持续加大公益保护力度。3 月，在全省检察机关部署开展“燕赵山海 · 公益检察”护航美丽河北建设专项监督，锚定白洋淀、衡水湖、大运河等重点区域，重点围绕破坏大气环境、水环境、土壤环境和生态资源 4 个领域，深化搜集案件线索、办理重大案件、修复受损环境、解决治理难题、健全长效机制、总结办案指引、发布典型案例。三是强化协作配合，形成多方参与公益保护的工作合力。河北省检察院与省生态环境厅、自然资源厅、河湖长制办公室、水利厅分别建立执法信息共享机制。会同省水利厅、高级人民法院、公安厅、司法厅联合开展河湖重点问题执法联合行动和联合督查。

为切实做好饮用水水源地生态环境保护，进一步加强沟通协作，充分发挥“河湖长＋检察长”机制作用，推动相关河湖监管领域重难点问题整改落实。2023 年 2 月 28 日，河北省人民检察院组织召开黄壁庄水库水源地生态环境和资源保护行政公益诉讼磋商会暨“河湖长＋检察长”联席会议，重点围绕黄壁庄水库周边生态环境保护、检察机关推动问题整改取得成效和贯彻落实“河湖长＋检察长”工作机制等内容进行研究部署，厘清黄壁庄水库监管责任，促进相关职能部门有效衔接配合，推动“河湖长＋检察长”各项工作机制落地落实。

（滕志遥　王立豪　田文广）

【水文化建设】　河北省水利风景区建设管理工作坚持以习近平生态文明思想为指导，立足新发展阶段，贯彻新发展理念，构建新发展格局，积极践行“节水优先、空间均衡、系统治理、两手发力”治水思路和“两山”理念，以满足人民日益增长的美好生活需要为根本目标，聚焦打造人民满意的幸福河湖，把强化规划引领、夯实建设基础、规范日常监管、加大宣传力度作为工作重点，结合区域实际推动水利风景区高质量发展，2023 年成功创建沧州捷地御碑苑国家水利风景区和衡水阜城湖、保定瀑河、黄花沟、沧州王希鲁、承德辽河源、莲花山谷 6 家省级水利风景区。截至 2023 年底，河北省水利风景区 52 个（国家级 25 个、省级 27 个），其中城市河湖型 27 个、水库型 15 个、水土保持型 5 个、自然河湖型 3 个、湿地型 2 个。

（相征）

【数字孪生水利建设】

1．“水利一张图”　2023 年，河北省水利厅围绕水旱灾害防御、水资源调配、河湖管理、水利工程管理、水利政务管理五大业务需求，汇集河流、湖泊、水库、水闸等 35 类关键水利要素，提供 120 个地图服务及 800 多个功能点，为河北省智慧水利构建和数字孪生流域建设提供关键的数据基础。

（孙王虎　张成哲　张永胜）

2．河长 App　持续深入加强河长制信息平台应用，截至 2023 年底，河长制信息平台注册用户人数已达到 5.3 万余人，累计访问量 4 601 万余次，全省 4.6 万余名河湖长全部依托移动端——河掌云开展巡河调研，年巡河次数 498 万余次，依托河长制信息管理平台处置解决河湖问题 3 万余个。

（孙王虎　张成哲　张永胜）

3．数字孪生　按照水利部推进数字孪生水利建设先行先试工作的要求，2023 年，河北省推进实施数字孪生石津灌区先行先试项目建设，完成数字孪生黄壁庄水库、数字孪生王村分洪闸 2 个水利部数字孪生流域建设先行先试项目验收总结工作。“水库视频感知融合系统”“一种基于风险源可视化技术的安全生产标准化系统建设”入选水利部数字孪生水利建设典型案例。省水利厅组织指导各地市开展数字孪生流域（工程）建设工作，包括数字孪生南拒马河防洪治理工程（容城段）建设方案的批复、数字孪生滏阳河政府采购以及张家口市清水河数字孪生建设方案技术审查等工作。

（孙王虎　张成哲　张永胜）

4．河湖智能视频监控系统　2023 年，河北省河湖智能视频监控系统共推送线索 4 961 条，处置 4 920 条。其中非法采砂线索 738 条，处置 736 条；垃圾堆线索 2 954 条，处置 2 933 条；水面漂浮物线索 1 109 条，处置 1 099 条；违章建筑线索 160 条，处置数 152 条。为维护河北省河湖防洪、供水和生态安全发挥了积极作用。

（孙王虎　张成哲　张永胜）

5．河湖遥感监测　利用卫星遥感技术开展河湖常态化监管，持续加强对河北省设省级河湖长河湖、生态补水河道、白洋淀上游河道等 52 条重要河湖和 160 条具有砂石资源河道进行动态监测。2023 年，解析监测影像总面积 110 万 km^2，单条河流影像数据 1 020 份，覆盖河流影像总面积 9 万 km^2，新发现疑似“四乱”图斑 5 654 个，实地复核行程 2 万 km，抽查复核问题 1 024 个，组织地市对疑似“四乱”图斑进行了全面核查，推动解决河湖典型突出问题 490 个。（孙王虎　张成哲　张永胜）

山西省

【河湖概况】

1．河湖数量　山西省河流分布在黄河、海河两大流域内，其中属于黄河的流域面积 97 138km^2，占全省面积的 62.2%，由汾河水系、入黄支流水系、涑水河水系、沁河水系组成；属于海河的流域面积 59 133km^2，占全省面积的 37.8%，由永定河水系、滹沱河水系、漳卫河水系、大清河水系组成。流域面积 50km^2 及以上的河流总数 902 条，其中省内河流 804 条，跨省河流 98 条；流域面积 100km^2 及以上的河流总数 451 条，其中省内河流 382 条，跨省河流 69 条。汾河流域面积 39 721km^2，干流全长 716km；桑干河在省界以上干流总长 338km，省内流域面积 15 076km^2；御河干流全长 77km，省内流域面积 2 612km^2；滹沱河山西段干流长度 324km，省内流域面积 14 038km^2；漳河在山西境内河道长度 226km，山西省境内流域面积 15 884km^2；沁河流域面积 13 532km^2，山西省内流域面积 12 304km^2，山西省境内长 363km；涑水河全长

200.55km，流域面积 5 774.4km²；潇河总长147km，流域总面积 4 064km²；文峪河主河道长160km，流域面积 4 050km²；三川河河道长174.9km，流域面积 4 161.4km²；湫水河河道总长122km，流域面积 1 989km²；唐河山西境内 93km，山西境内流域面积 2 190km²；沙河山西省境内全长65km，流域面积 1 216km²。

山西省水域面积大于 1km² 湖泊有 6 个（不含城市公园内的湖），分别为晋阳湖、圣天湖、伍姓湖、西塬湖、鸭子池、盐湖。晋阳湖南北长 2 990m，东西宽 1 700～2 000m，湖水面积 5.65km²，蓄水量约 1 500 万 m³，湖底高程为 773.0～775.9m，最大水深 4m，最浅处 1.5m，平均水深 2.2m，水位高程常年约 778m。圣天湖地势整体呈西北高东南底，海拔 316～520m，景区规划面积 7.71km²，其中水域面积 4km²。伍姓湖总库容为 1 900 万 m³，设计防洪标准按 20 年一遇洪水设计，蓄水工程的等别为Ⅳ等，主要建筑物级别为 4 级，次要建筑物级别为 5 级。盐湖水面面积 97km²（不包括北门滩），流域面积 785.07km²，总库容 10 300 万 m³（不包括盐池）。西塬湖水库坝址以上流域面积 306.37km²（其中农田面积 178.56km²，水库水面面积 14km²，中条山北麓冲沟面积 101.54km²，运城市主城区面积 12.27km²），库区东西长约 5km，南北宽约 4.2km，最大水面面积 17.5km²。鸭子池流域面积 24.9km²，埝顶高程 332.86m，最大库容 1 600 万 m³。盐湖自东北向西南延伸，长约 30km，宽 3～5km，湖面海拔 324.5m，最深处约 6m，总面积 132km²。

（杜建明　杨小萌）

2. 水量　2023 年，山西省降水量为 558.8mm，与 2022 年相比下降 5.7%，与多年平均相比增多 9.4%。2023 年全省水资源总量 143.9 亿 m³，其中地表水资源量为 102.1 亿 m³，地下水资源量为 103.3 亿 m³，地表水和地下水不重复量为 41.8 亿 m³，与 2022 年度全省水资源总量 153.5 亿 m³ 相比减少 6.3%。（杨俊杰）

3. 水质　2023 年，山西省地表水国考断面优良水体比例达 93.6%，首次进入“90＋”且超过全国平均水平，超额完成国家下达的年度目标。海河流域优良水体比例首次达 100%，黄河流域优良水体比例达 90%，汾河流域优良水体比例达 80.9%，同比提升 19 个百分点，为山西省历史最好成绩。

（杨俊杰）

4. 新开工水利工程　“一泓清水入黄河”工程既是政治工程、生态工程，也是重大民生工程、发展工程。山西省确定在 3 年内实施水资源配置、防洪能力提升、河流生态廊道建设、泉域保护与地下水超采治理、大中型灌区续建配套与节水改造、水土保持综合治理六大类 40 项工程，总投资 292.3 亿元。截至 2023 年底，开工 36 项，开工率达 90%；完成投资 119.83 亿元，投资完成率达 41%。

汾河清徐段（傅晓阳　拍摄）

壶流河下河湾水库（傅晓阳　拍摄）

2023 年，山西现代水网 46 项骨干工程中，万家寨引黄工程、张峰水库调水工程等 28 项工程建成并投入运行，中部引黄工程、山西省小浪底引黄工程等 11 项工程正在建设。黄河古贤水利枢纽工程等 7 项水网骨干工程已批复或被列入建设规划。2023 年，榆社双峰水库除险加固工程完成竣工验收，长治壶关西堡水库等 4 座水库基本完工，平定大石门等 2 座水库主体完工。（杨俊杰）

【重大活动】

1. 全省河湖长制林长制工作会议　2023 年 3 月 29 日，全省河湖长制林长制工作会议在太原市召开，省委书记、省总河长、省总林长出席并讲话，省委副书记、省长、省总河长、省总林长主持会议，省领导出席会议，副省长通报有关情况。

（山西省河长制办公室）

2. 全省防汛抗旱指挥部第一次专题会议暨黄河山西段河长会议　2023 年 4 月 28 日，全省防汛抗旱指挥部第一次专题会议暨黄河山西段河长会议在太原市召开，副省长、省防汛抗旱指挥部指挥长出席会议并讲话。（山西省河长制办公室）

3. 全面推行河湖长制工作厅际联席会议暨黄河山西段第二次河长会议　2023 年 7 月 12 日，全面推行河湖长制工作厅际联席会议暨黄河山西段第二次河长会议在太原市召开，副省长、黄河山西段河长出席会议并讲话。（山西省河长制办公室）

4. 第二届“关爱河湖，保护母亲河”全省联动巡河护河系列活动　2023 年 8 月 11 日，第二届“关爱河湖，保护母亲河”全省联动巡河护河系列活动在山西省水利厅正式启动。省河长办副主任、省水利厅厅长出席仪式并讲话，省妇联副主席出席仪式，共青团山西省委副书记致辞，省水利厅副厅长介绍活动开展情况，省农林水工会主席、省妇联宣传部部长、共青团山西省委社会联络部副部长等出席启动仪式。（山西省河长制办公室）

5. 全省国土绿化暨黄河“几字弯”攻坚战部署推进会　2023 年 9 月 11 日，召开全省国土绿化暨黄河“几字弯”攻坚战部署推进会，副省长、省绿化委员会主任主持会议并讲话。

（山西省河长制办公室）

6. 全省河湖长制工作表彰会　2023 年 10 月 20 日，全省河湖长制工作表彰会在忻州市河曲县召开。副省长对此次会议作出批示，省河长办会同省人力资源和社会保障厅对评选出的 90 个先进集体、120 名优秀河（湖）长和 110 名先进工作者进行表彰，充分调动了河湖管护人员的积极性。

（山西省河长制办公室）

7. 全面推进河湖长制工作第二次厅际联席会议　2023 年 11 月 14 日，召开 2023 年全面推进河湖长制工作第二次厅际联席会议，贯彻落实海河流域联席会议精神并对全省近期河湖长制工作做出安排部署。副省长、省副总河长、省河长办主任出席会议并讲话。（山西省河长制办公室）

8. 黄河中下游公安机关打击生态环境犯罪协作会议　2023 年 12 月 6 日，黄河中下游公安机关打击生态环境犯罪协作会议在河南省郑州市举行，公安部副部长孙茂利、公安部七局局长出席会议，河南、陕西、山西、山东 4 省公安厅主要负责同志参加会议并作发言，山西省副省长、省公安厅厅长出席会议并作交流发言，4 省公安厅共同签署《黄河中下游公安机关打击生态环境犯罪合作协议》，进一步促进黄河上下游统筹、左右岸协同、干支流联动，形成打击黄河流域生态环境犯罪的强大合力。

（山西省河长制办公室）

【重要文件】　2023 年 1 月 30 日，山西省农业农村厅办公室印发《关于印发〈2023 年农药肥料监管工作方案〉的通知》（晋农办种植发〔2023〕9 号）。

2023 年 3 月 3 日，山西省工业和信息化厅印发《山西省制造业绿色低碳发展 2023 年行动计划》（晋工信节能字〔2023〕25 号）。

2023 年 3 月 7 日，山西省公安厅印发《全省公安机关昆仑 2023 专项行动工作方案》（晋公传发〔2023〕38 号）。

2023 年 3 月 13 日，山西省耕地质量监测保护中心印发《山西省 2023 年春季主要粮食作物科学施肥指导意见》（晋农耕发〔2023〕5 号）。

2023 年 3 月 16 日，山西省水利厅印发《关于印发〈山西省水利厅贯彻实施黄河保护法分工方案〉的通知》（晋水政法〔2023〕77 号）。

2023 年 3 月 26 日，山西省人民政府印发《关于山西省防洪能力提升工程实施方案的批复》（晋政函〔2023〕20 号）。

2023 年 4 月 24 日，省级总林长签发 2023 年第 1 号省级总林长令——《关于严格保护森林草原资源安全的令》。

2023 年 5 月 4 日，山西省政府办公厅印发《山西建设黄河流域生态保护和高质量发展重要实验区实施方案》（晋政办发〔2023〕24 号）；山西省民政厅印发《关于印发〈2023 年山西省社会组织登记管理工作要点任务分工〉的通知》（晋民函〔2023〕57 号）。

2023 年 5 月 9 日，山西省水利厅印发《关于印发〈我省黄河流域 2023 年河湖管理专项执法行动实施方案〉的通知》（晋水政法〔2023〕133 号）。

2023 年 5 月 12 日，山西省河长办印发《关于印发〈2023 年山西省河湖长制工作要点〉的通知》（晋河办〔2023〕13 号）。

2023 年 5 月 17 日，山西省委书记、省长共同签发山西省总河长令（第 2 号）——《关于持续深化河湖长制 全面推进幸福河湖建设的决定》。

2023 年 5 月 29 日，山西省工业和信息化厅、省发展和改革委员会、省住房和城乡建设厅、省水利厅印发《山西省关于深入推进黄河流域工业绿色发展实施方案》（晋工信节能字〔2023〕79 号）。

2023 年 6 月 9 日，山西省河长制办公室印发《山西省基层河湖长巡查工作指南》（晋河办〔2023〕15 号）。

2023 年 6 月 10 日，山西省公安厅印发《全省公安机关开展打击环境资源领域违法犯罪专项会战工作方案》（晋公通字〔2023〕40 号）。

2023 年 6 月 11 日，山西省政府办公厅印发《山西省关于加强新时代水土保持工作的实施方案》（晋政办发〔2023〕36号）。

2023年6月12日，山西省水利厅、省乡村振兴局印发《关于印发学习运用浙江千万工程经验 全面推进农村供水保障提档升级行动方案的通知》（晋水农水〔2023〕165号）。

2023年6月16日，山西省河长办印发《关于进一步加强黄河流域河道巡查管护的通知》（晋河办〔2023〕16号）。

2023年6月20日，山西省水利厅、省人民检察院、山西黄河河务局、黄河上中游管理局印发《关于印发〈山西省黄河流域水资源保护专项行动实施方案〉的通知》（晋水政法〔2023〕159号）。

2023年6月25日，山西省公安厅、山西黄河河务局印发《山西黄河河道生态环境保护执法联勤联动工作机制》（黄晋水政〔2023〕9号）。

2023年6月25日，山西省水利厅、省住房和城乡建设厅、省教育厅印发《关于加强高校计划用水管理工作的通知》（晋水节水〔2023〕179号）。

2023年6月27日，山西省水利厅、省高级人民法院、省人民检察院、省公安厅、省司法厅印发《关于印发〈贯彻落实河湖安全保护专项执法行动 奋力实现“一泓清水入黄河”工作方案〉的通知》（晋水政法〔2023〕181号）。

2023年6月29日，山西省河长办、省林长办印发《山西省深化河湖长制林长制协同联动工作实施方案》（晋河办〔2023〕18号）。

2023年8月2日，山西省水利厅印发《关于建立省水土保持工作厅际联席会议制度的通知》（晋水保〔2023〕206号）。

2023年8月21日，山西省河长制办公室、省人力资源和社会保障厅、省水利厅印发《关于表彰全面推行河长制湖长制工作先进集体和先进个人的决定》（晋人社厅发〔2023〕56号）。

2023年9月6日，山西省水利厅、省自然资源厅、省农业农村厅、省乡村振兴局、省林业和草原局印发《关于整县推进生态清洁小流域建设的通知》（晋水保〔2023〕220号）；山西省农业农村厅印发《2023年山西省地膜科学使用回收试点工作实施方案》（晋农发〔2023〕64号）。

2023年9月7日，山西省耕地质量监测保护中心印发《山西省2023年冬小麦科学施肥指导意见》（晋农耕发〔2023〕15号）。

2023年9月8日，山西省水利厅等11个单位印发《关于加强节水宣传教育的指导意见》（晋水节水〔2023〕234号）。

2023年9月27日，山西省交通运输厅制定下发《关于加快落实交通运输领域河湖长制工作任务的通知》（晋交水运函〔2023〕452号）。

2023年10月19日，山西省发展和改革委员会、省生态环境厅、省财政厅、省水利厅制定印发《桑干河流域上下游横向生态补偿实施方案（试行）》（晋环发〔2023〕23号）。

2023年11月14日，山西省委、省政府出台《做好治水兴水大文章 助推全省高质量发展实施意见》（晋办发〔2023〕21号）。

2023年11月20日，山西省交通运输厅制定下发《关于做好太榆退水渠及北张退水渠等干支渠“清四乱”工作的通知》（晋交水运函〔2023〕531号）。

2023年12月5日，山西省水利厅、省行政审批服务管理局印发《关于实行生产建设项目水土保持清单制管理的通知》（晋水保〔2023〕284号）。

2023年12月7日，山西省水利厅出台《损坏、占用淤地坝处置办法》（晋水规〔2023〕4号）。

2023年12月12日，山西省政府办公厅印发《关于进一步强化造林绿化工作有效提升森林面积和质量的意见》（晋政办发〔2023〕74号）。

2023年12月16日，山西省委、省政府印发《做好治水兴水大文章 助推全省高质量发展专项行动方案（2023—2027年）》（晋政办发〔2023〕73号）。

2023年12月25日，山西省自然资源厅印发《关于印发〈山西省省级自然资源登记单元划定规则（试行）〉等操作指南的通知》（晋自然资函〔2023〕1094号）。

2023年12月27日，山西省水利厅等9个单位印发《关于印发〈推行合同节水管理实施方案〉的通知》（晋水节水〔2023〕308号）。

2023年12月28日，山西省政府办公厅印发《关于强化河湖长制建设幸福河湖的意见》（晋政办发〔2023〕84号）。

2023年12月29日，山西省水利厅、省财政厅印发《关于开展水土保持工程建设以奖代补的实施意见》（晋水保〔2023〕312号）。（郭强）

【地方政策法规】 2023年4月1日，山西省第十四届人民代表大会常务委员会第二次会议通过《山西省湿地保护条例》，自2023年6月1日起施行。

2023年5月10日，山西省人民政府批复《山西省现代水网建设规划（2021—2035年）》（晋政函〔2023〕46号）。

2023年7月29日，山西省第十四届人民代表大会常务委员会第四次会议修订《山西省河道管理条例》，自2023年12月1日起施行。

2023年10月8日，山西省颁布省级地方标准《河湖长制工作规范》(DB14/T 2821—2023)、《幸福河湖建设导则》(DB14/T 2822—2023)。

2023年12月4日，山西省颁布地方标准《畜禽养殖场（户）粪污处理技术规程》(DB14/T 2884—2023)。 （张秀福）

【河湖长制体制机制建立运行情况】

1. 考核激励 2023年，河湖长制工作考核对象为全省11个地级市、省直各成员单位和市级河湖长。对3个综合考核评定为优秀的市、4个河湖长制工作真抓实干单项工作较好的市和30个河湖长制工作真抓实干成效明显的县（市、区）予以通报，并分别给予100万元、80万元、10万元正向激励支持。考核结果将作为确定领导班子和领导干部考核等次的重要依据和有关部门制定规划、配置资源、督查检查的重要参考。对优秀、良好等次的市、省直单位在评先评优、政策项目等方面给予倾斜；对一般、较差等次的市、省直单位责令限期整改，补齐短板弱项。 （郭强）

2. 河湖长制培训 2023年9月24—27日，由山西省委组织部、省河长制办公室、省水利厅联合组织的全省2023年市县河（湖）长管护能力提升培训班在长治市举办。省河长办副主任、省水利厅厅长出席开班仪式并讲话，水利部河湖管理司副司长、长治市副市长、省水利厅副厅长出席会议，山西水利职业技术学院院长主持会议。全省市县河（湖）长、市河长办有关负责人以及成员单位代表共160余人参加了培训。 （郭强）

3. 河湖长制工作重点跟进机制 发挥河湖长制工作重点跟进机制作用，坚持依法依规、实事求是、分类处置原则，督促各市加快问题整改，通过清单化管理，及时掌握问题进展、跟进举措、办理结果，截至2023年底，推动620处历史遗留老大难问题整改清零，整改率达98.3%。 （郭强）

4. 幸福河湖建设 2023年，邀请水利部专家、水利部河湖管理司负责人就幸福河湖建设进行2次专题讲座，分别为全省水利系统和市县级河湖长普及幸福河湖建设基本知识，讲授幸福河湖建设经验；签发第2号总河长令——《关于持续深化河湖长制全面推进幸福河湖建设的决定》，从防洪保安全等六个方面提出推进幸福河湖建设的具体要求；出台省级地方标准《幸福河湖建设导则》，印发《山西省人民政府办公厅关于强化河湖长制建设幸福河湖的意见》（晋政办发〔2023〕84号），为幸福河湖建设提供有力技术支撑；建立省级幸福河湖项目库，全面盘点具备幸福河湖建设条件的河流和湖泊，11个市76条幸福河湖项目建设申报资料入库。 （郭强）

5. 河湖长制工作重点跟进机制专班 2023年，成立河湖长制工作重点跟进机制专班，对河湖管护突出问题整治工作进行安排部署、督促提醒。通过清单化管理推动620处历史遗留问题整改清零，整

清漳河后湾水库（傅晓阳 拍摄）

改率达98.3%。“河湖长+”工作机制健全完善，加强行政执法与刑事司法有效衔接，推动解决288处河湖问题。（郭强）

【河湖健康评价开展情况】 截至2023年底，山西省完成160条河流、6个湖泊的健康评价工作，并按照要求上报水利部河湖健康档案评价系统；签订剩余77条河湖评价合同，完成了年度计划。（杜建明）

【水资源保护】

1. 水资源刚性约束 2023年，明确全省“十四五”用水总量控制指标，实行水资源消耗总量和强度控制行动，将水资源消耗总量和强度控制行动目标和深度节水控水工作纳入全省河湖长制节水考核评价体系，作为省、市、县三级政府部门的目标责任考核指标之一，强化节水约束性指标管理。将山西省85亿m^3（含6亿m^3非常规水利用量）用水总量控制目标细化配置至各市。7月，水利部办公厅印发《关于明确山西省临汾市汾河地表水超载县级行政区的通知》（办资管函〔2023〕641号），将临汾市地表水超载限批范围缩小至襄汾县、曲沃县和翼城县3个县，为解决临汾市其他县取水历史遗留问题和发展用水提供了政策保障。据统计，2023年用水总量初步统计为69.72亿m^3，万元地区生产总值用水量、万元工业增加值用水量比2020年分别累计下降20%、21%。（李琨）

松溪河（傅晓阳 拍摄）

2. 节水行动 2023年6月25日，山西省水利厅、省住房和城乡建设厅、省教育厅印发《关于加强高校计划用水管理工作的通知》（晋水节水〔2023〕179号）；7月5—7日，省教育厅和省水利厅共同组织全省节水型学校建设培训，各市教育局和各高等学校相关工作负责同志参加了培训；12月14日，省水利厅、省直属机关事务管理局、省住房和城乡建设厅印发《关于做好2023年度省直公共机构节水型单位建设工作的通知》（晋管发〔2023〕86号）；12月29日，省水利厅、省教育厅发布《关于公布山西省第四批节水型高校的通知》（晋水节水〔2023〕309号），印发《关于组织参加全省公共机构能源费用托管（合同节水）推进会暨节能工作培训交流的通知》。截至2023年底，山西省新增节水型高校21所，累计建成53所；新增节水型校区56个，创建比例达58.2%。2023年度，全省开展中小学线上教育平台关于爱护河湖、爱水节水相关教育情况，共计81 538个班级参与专题课程，3 331 908名学生完成专题学习任务。2023年，以强化高校节水管理为年度节水监督工作重点，联合教育厅对全省40余所已命名的节水型高校进行“回头看”专项监督检查。重点检查各高校用水管理台账、计划用水下达和用水定额执行、节水管理制度和用水器具及计量设施、非常规水源利用等用水管理情况，对发现的问题要求学校立行立改，为更好地发挥节水型高校示范带动作用起到积极的作用。（范源）

3. 生态流量监管 强化取用水管理，保障河道生态流量，组织开展汾河、沁河、桑干河等34条重要河流40个断面生态流量监测。2023年7月，印发《山西省水利厅关于做好汾河干流取用水监管有关工作的通知》。（陈生义）

4. 全国重要饮用水水源地安全达标保障评估 对山西省13个重要饮用水水源地开展2023年度水源地安全保障达标建设自评估工作，并将自评估报告上报水利部水资源管理中心。（陈生义）

5. 水质检测 2023年，全省94个地表水国考断面全部达到Ⅳ类及以上水质，优良水体比例达92.6%（优良水质断面87个），同比提升7.7个百分点（增加8个断面），首次进入“90+”，超额完成国家下达的“达到或好于Ⅲ类水体比例71.3%，劣Ⅴ类水体比例2.1%”的目标。海河流域优良水体比例首次达到100%，同比提升8.6个百分点（增加3个断面），黄河流域优良水体比例达88.1%，同比提升7.1个百分点（增加5个断面），汾河流域优良水体比例71.4%，同比提升14.3个百分点（增加3个断面），取得历史以来最好成绩。（陈生义）

6. 取水口专项整治 2023年，全面贯彻“四水四定”原则，开展水资源监督检查36次，下发整改通知书7份，事中事后监管水平不断提升；组织开展临汾市永和县阁西垣、吉县东城、乡宁县谭坪沿黄提水灌溉工程取水许可核验并申领取水许可证，召开运城市风陵渡开发区晋龙盛供水工程取用水分析审查会，督办万家寨、小浪底引黄增加生态补水用途水资源论证，进一步规范取用水行为。在取用水项目的取水许可申请和延续、水资源论证和涉水规划等方面严格节水评价，不符合节水要求的一律不予通过，报告的节水评价内容编制水平明显提升，节水评价登记台账进一步规范。2023 年共参与各类省级规划和建设项目节水评价审查 152 项，取水许可延续 94 项；市、县两级共参与各类节水评价审查 376 项。（李建宇）

7. 节水型企业试点示范　2023 年，山西省水利厅、省工业和信息化厅、商务厅等开展工业领域节水载体评选，共同命名 63 家省级节水型企业（其中 5 个省级节水标杆）、1 家省级节水型工业园区；联合教育厅开展节水型高校评选，共同命名 53 家省级节水型高校，占全省高校总数的 77%；联合机关事务管理局开展节水型单位评选，共同命名 308 家省级节水型单位，省属节水型机关建成率达 100%、节水型事业单位建成率达 70%；积极参与国家行业全国水效领跑者或节水典型评选，全省已有 2 家企业、6 家单位、2 所高校成为全国节水示范典型。（范源）

8. 节水型医疗机构建设　山西省卫生健康委员会委直医疗机构，全面开展节水型医疗机构建设，修订部分节水管理制度和操作规范。截至 2023 年底，委直医疗机构已全部建成节约型机关。省卫生健康委员会、山西医科大学第一医院、山西省肿瘤医院、山西省心血管医院、山西省中医院五家单位获国家级节能示范单位称号。山西省人民医院、山西医科大学第一医院、山西医科大学第二医院、山西省肿瘤医院、山西省心血管医院等 8 家医疗机构获省级节水型单位称号。（李小浩）

9. 高效节水灌溉项目建设　山西省农业农村厅下达了山西省 2023 年高标准农田建设任务共计 185 万亩（其中新建 100 万亩、改造提升 85 万亩），同步发展高效攻节水灌溉 40 万亩。2023 年高标准农田建设任务共分解落实至 81 个县。按照资金来源渠道，中央预算内资金安排高标准农田建设任务 14.56 万亩，同步发展高效节水灌溉 4.64 万亩；财政资金安排高标准农田建设任务 170.44 万亩，同步发展高效节水灌溉 35.36 万亩。（李小浩）

10. 工业节水技术推广　2023 年，鼓励工业企业推广应用先进节水技术，推进鑫宇煤炭气化公司焦化用水创新技术体系研发、天脊煤化工新建外排水除盐工程、东义煤电铝脱硫废液环保改造等项目建设。指导建龙实业、强伟纸业、兰花药业等企业加强污水处理、废水利用、中水回用等。遴选 31 户企业入选工业和信息化部绿色工厂公示名单，评选 14 户省级节水型企业，19 家企业作为节水型企业试点示范点，其中华昱能源化工入选国家水效领跑者，树立先进示范典型。确定长治、临汾为省级节水型城市，复核太原国家级节水型城市。（李小浩）

11. 水资源税改革　2023 年，再次启动水资源税改革试点办法修订工作。对全省 2020—2022 年城镇公共供水水资源税相关数据进行调研、补充、更新、测算，经过 2 轮书面征求意见，召开 4 次部门协调会，与有关部门反复沟通研究，根据反馈意见修改和完善修订内容，委托省财政厅预算评审中心重新进行风险评估，报送省司法厅进行合法性审核。省财政厅、省税务局、省水利厅联合向省政府呈报了《关于修订印发〈山西省水资源税改革试点实施办法〉的请示》（晋财税〔2023〕14 号），提请省政府研究审议。（山西省河长制办公室）

【水域岸线管理保护】

1. 河湖管理范围划定　2023 年，除由流域管理机构负责复核的跨省河流外，山西省共完成 806 条河流、6 个湖泊的名录复核，建立 617 条山区河道名录，明确 6 763 名责任人并通过网络平台、线下公示等方式向社会公布。完成 68 条全国第一次水利名录外（流域面积 $50km^2$ 以下）河流的管理范围划定工作。（李建宇）

2. 岸线保护与利用规划编制　2023 年，山西省流域面积 1 $000km^2$ 以上河流、水面面积 $1km^2$ 以上湖泊岸线保护与利用规划全部制订完成，根据分级管理权限由各级人民政府或人民政府授权本级水行政主管部门批复实施。其中省级编制完成 52 条河流、6 个湖泊的岸线保护与利用规划，建立河道堤防安全包保责任体系，河湖水域岸线管控基础进一步夯实。修改汾河等 11 条主要河流岸线保护与利用规划，报请省政府授权山西省水利厅完成批复。（李建宇）

3. 采砂管理　2023 年，山西省重点河段采砂管理“四个责任人”名单落实并进行公告。根据《水利部 交通运输部关于推行河道砂石电子采运管理单制度的通知》（水河湖〔2023〕5 号），山西省组织大同、晋中、长治 3 市 9 县进行现场培训，全面推行河道砂石电子采运管理单制度。吕梁市率先印发《河道内砂石资源综合利用方案编制大纲》，探索推进疏浚沙规范化治理。2023 年 8 月，联合省公安厅对大北干流非法采砂多发频发河段开展突击检查，全年累计巡查 548 人次，巡查河道 4 万余 km，开展重点区域夜查 6 次，立案查处非法采砂案件 8 起。（尚泽宇）

4. “四乱”整治　2023 年，山西省完成“清四乱”、妨碍河道行洪备案延期问题整改 33 处，完成水利部 2022 年督查反馈问题整改 10 处。山西省完成水利部推送的 15 737 个河湖遥感图斑全面核查，对406处问题进行清理整治，截至2023年底，完成整治399处，完成率达98.3%。江河湖泊清漂工作持续开展，清理河流、湖泊、水库范围内塑料、植物等各类垃圾漂浮物5.49万t。（张德彪）

5. 妨碍河道行洪突出问题排查整治　2023年，黄河水利委员会河湖管理局向山西省反馈黄河干流山西段妨碍河道行洪突出问题144处，全部完成整治。2022年底备案延期的11处妨碍河道行洪问题全部于2023年5月底（汛前）完成整治。（李建宇）

6. 汾河流域防洪能力提升　2023年，山西省财政厅投入20亿元政府一般债券资金实施防洪能力提升工程建设，提高汾河流域防灾减灾能力。2023年新开工全省防洪能力提升工程项目91项，推进续建项目75项，山西省政府批复《山西省防洪能力提升工程实施方案》，成立山西省防洪能力提升工程领导小组，全省中小河流治理总体方案编制完成。山西省防汛抗旱指挥部、省水利厅坚持“流域调度一盘棋”，调度95座水库参与防洪以提升汾河流域防洪能力，其中40座大中型水库全部投入防洪运用，共调蓄洪水4.3亿m^3，拦蓄洪水1.52亿m^3。进一步落实全省611座水库、重点河道堤防、全省重点防洪城市和防洪县城的防汛行政责任人，形成了紧密有力的防汛抗旱责任体系。全省共修订市级防汛抗旱应急预案10个，县级防汛抗旱应急预案83个。（尚泽宇）

7. 河流确权登记　2023年12月15日，滹沱河（山西段）完成自然资源公告登记簿，成为山西省首例拥有“户口本”的水流自然资源，标志着山西省自然资源统一确权登记实现了“从0到1”的突破。涑水河、唐河、沙河、文峪河4条省级河流确权登记项目已基本完成资料收集与处理、编制工作底图、预划登记单元、自然资源地籍调查等阶段性工作任务。（张德彪）

【水污染防治】

1. 排污口整治　2023年，山西省生态环境厅制定印发《关于明确我省入河排污口设置省级审批权限的通知》（晋环函〔2023〕656号），系统推进入河排污口设置审核工作，已排查疑似入河排污口10 820个，溯源7 862个。将入河排污口纳入年度监测方案，按月开展水质监测，将超标的入河排污口通报各市政府，并督促相关地市抓好整改，确保达标排放。（杨俊杰）

2. 工矿企业污染防治　2023年，山西省加快推进省级及以上工业园区建设污水集中处理设施，推动建成4座工业园区集中污水处理设施。建设矿井水和生活污水处理站，及时进行升级改造，设置事故污水收集池（预沉淀调节池），在发生事故工况时进行矿井水和生活污水收集，及时修复水处理设备，保证事故工况下矿井水和污废水也能经过水处理站处理后全部综合利用不外排。鼓励保水采煤，最大限度保护地下水的水量不受影响。组织开展全省经济技术开发区污水治理专项整治行动，建立完善长效监管机制，推动40个水污染问题完成整治。（杨俊杰）

3. 城镇生活污染防治　2023年，结合“一泓清水入黄河”工程，全面推进山西省城镇及建制镇生活污水处理设施建设。全省累计建成城镇污水处理厂151座，处理能力19.6亿m^3，2023年新增城镇生活污水处理能力18.5万m^3/d。全省147个建制镇生活污水处理设施新建、续建、提标改造任务中的47个项目已完工，100个项目开工在建（含完工），7个项目在办理前期手续。（范源）

4. 畜禽养殖污染防治　截至2023年12月20日，山西省共完成319个规模养殖场粪污处理设施建设，超额完成12个。2023年初，将307个规模养殖场粪污处理设施建设任务分解到市县，并实行季调度、季通报制度；运城市临猗县、吕梁市文水县畜禽粪污资源化利用项目和畜牧转型升级项目中的223个项目列入省委、省政府“一泓清水入黄河”重点工程，开展周调度月通报，接受厅纪检组监督；临猗县畜禽粪污资源化利用整县推进项目共74个单体项目已全部完工。洪洞县为2023年启动的畜禽粪污资源化利用整县推进项目，目前已开工建设。曲沃县、永济市、文水县、襄垣县4个县申报的畜禽粪污资源化利用整县推进项目，已通过逐级申报、评审列入厅2024年项目储备库。文水县肉牛产业强县畜禽粪污综合利用项目已全部完工，正在准备验收。畜牧转型升级项目中223个项目已全部完工。在泽州县举办全省畜禽粪污资源化利用技术培训班，现场观摩畜禽粪污资源化利用典型模式。制定《规模养殖场（户）粪污处理技术规程》《设施蔬菜畜禽粪污沼渣沼液施用技术规程》列为农村领域主推标准在全省大力推广。“长子县散养户粪污统一收集处理模式”和“襄垣县地上便携式太阳能沼气池畜禽粪污处理利用技术”入选全国典型案例。（范源）

5. 船舶港口污染防治　2023年，全省水运企业共设置码头垃圾收集设施固定95处、船舶垃圾桶240个、垃圾移动接收设施171个，配备污染物接收车辆12辆、船舶5艘，所有在用码头均做到污染物接收与转运设施有效衔接，全年共处置固体垃圾83.62t、生活污水15.5t、含油污水2.67t。严格执行《老旧运输船舶管理规定》，依法强制报废超过使用年限的老旧船舶12艘，按照《船舶水污染物排放控制标准》，17艘船舶实施设施设备改造，新投入使用的20艘营运船舶全部执行新标准，鼓励更新清洁能源船舶，截至2023年底，全省电动船舶保有量达到61艘，库湖区等封闭水域已全部实现船舶污染物全接收。（李小浩）

6. 农药、化肥减量增效　2023年，山西省围绕农药减量增效这一中心任务，以“一喷三防”“示范带动”“统防统治”为重点，大力推广农药减量增效和绿色防控技术，着力提升病虫害专业化防治服务能力，全面提高科学安全用药技术水平，全力推动化学农药减量化目标实现。统计数据显示，2022年全省农药使用量为2.29万t，较2021年减少3.08%。2023年，山西省坚持质量兴农、绿色兴农，强化政策扶持、科技支撑和服务推动，夯实测土配方施肥技术，集成推广肥料新品种新技术新机具，逐步构建现代科学施肥技术体系，优化施肥方式，调整施肥结构，控制化肥施用总量，稳步提升化肥利用率，连续保持化肥使用量负增长。（李琨）

7. 污水处理　2023年，在煤矿生产过程中要加强对污水处理和排污环节管理，制订科学、严格的规章制度，尽量保证污水处理设施的正常运行，避免发生污水事故排放，防范直接排放对水环境造成污染影响。严格落实相关部门提出的矿井水处理和利用方案，对矿井水处理措施、处理效果及回用率、处理工艺流程、处理设施及布局进行设计。（李琨）

8. 水污染资金保障　2023年，省财政厅结合水污染防治工作重难点，全力做好资金保障，投入资金5.93亿元支持重点工程项目，改善黄河流域水质，打好碧水保卫战。（山西省河长制办公室）

【水环境治理】

1. 饮用水水源规范化建设　2023年，持续开展饮用水水源地水质监测，严格饮用水水源保护区环境监管。加大乡镇级及农村饮用水水源保护区“化、立、治”工作，报请省政府审定批复25个集中式饮用水水源保护区划分情况。按照《2023年山西省饮用水水质监测工作方案》（晋疾控检一〔2023〕2号），山西省农村饮用水监测点覆盖了全省100%的乡镇，设3 883个监测点，枯、丰水期共监测农村饮用水样7 766份，完成率98.2%；城市饮用水水质监测设1 136个监测点，监测水样2 272份，完成率100%。（张秀福）

2. 黑臭水体治理　2023年，通过实施截污纳管、河道清淤等措施，推动完成6条县级城市黑臭水体治理。采取省级核查和地方自查相结合的方式，开展城市黑臭水体整治环境保护行动，对完成治理的黑臭水体按季度开展水质监测，全面核查县级城市、地级城市黑臭水体整治成效。充分发挥人民群众监督作用，通过网络平台公开征集县城建成区黑臭水体线索。根据住房城乡建设部的反馈以及山西省排查结果，全省地级城市2023年新增及返黑返臭水体4个，分别为太原市清水河、河西南部退水渠振华园艺段、运城市常晓渠、北郊干河，山西省水利厅针对返黑返臭水体下发了督办通知，并多次前往现场实地督导，4条水体均已开展整治。（张秀福）

3. 农村水环境整治　2023年，山西省生态环境厅印发《关于印发〈山西省农村黑臭水体治理三年行动计划（2023—2025年）〉的通知》（晋环发〔2023〕26号），将农村生活污水年度治理任务分解落实到各市、县（市、区），压实地方政府责任。联合相关部门印发《农村生活污水收集处理设施运行维护管理办法》，完善运维管护机制，明确职责分工，推动农村生活污水收集处理设施运维管理规范化、常态化。开展农村饮水安全问题大起底、大排查、大整改、大提升专项行动，农村饮水常态化监测、动态清零工作机制建立，水质提升专项行动全面启动，持续巩固农村饮水安全基础。山西全省净化设施配备率达57%，消毒设施配备率达32%，实现水质检测全覆盖。2023年。全省新增完成679个行政村生活污水治理，农村生活污水治理率达22.6%，超过国家下达山西省2023年度目标任务（19%）3.6个百分点，农村生活污水治理水平进一步提升。（范源）

4. 废旧农膜回收　2023年，积极开展地膜科学使用回收试点和地膜残留监测工作。在全省推广0.015mm及以上的加厚高强度地膜190万亩、全生物降解地膜20万亩，涉及8市36县，并将资金、任务分解下达各项目县。印发《山西省2023年农田地膜残留监测方案》，指导山西农业大学开展20个国控点农田地膜残留监测，组织3市27县开展198个省控点农田地膜残留监测。组建省级生态保护专队，赴大同市、朔州市应县、怀仁市、长治市壶关县、晋中市和顺县等地实地调研指导地膜污染防治工作，并形成地膜使用回收及利用情况调研报告。加强宣传培训，先后举办2次省级地膜科学使用回收培训班，累计培训人员230余人次。编制印发《耕地保护法律法规政策指导手册》，利用微信公众号对地膜污染防治相关法规政策、标准及典型案例等进行了专题宣传。（范源）

【水生态修复】

1. 退田还湖还湿　2023年，出台《山西省湿地保护条例》，填补了山西省湿地保护法律的空白，对保障湿地资源、生态安全、水资源安全以及推动黄河流域生态保护和高质量发展具有重要意义。更新、发布重要湿地名录。更新3处省级重要信息，组织申报垣曲县黄河小浪底库区、洪洞县汾河、山阴县桑干河3处国家重要湿地，组织推荐大同市桑干河国际重要湿地1处。其中临汾市洪洞县汾河湿地被列入国家重要湿地名录。谋划启动《山西省湿地保护专项规划》编制。建立省级湿地保护协助机制情况。起草《山西省湿地保护协作和信息通报机制》，并获省人民政府批准；印发《山西省自然保护地（湿地）项目进一步规范管理的通知（试行）》，加强了对自然保护地、湿地保护项目的监督管理，提高了项目建设的规范性、安全性和有效性。（张瑞）

2. 生态补偿机制建立　2023年，山西省高度重视生态保护补偿工作，探索开展省内试点，持续推进跨省流域横向生态补偿机制建立。明确省内流域上下游横向生态保护补偿机制实施的时间表和路线图，对省直有关部门和各市的工作职责、组织实施以及完善绩效考核等工作提出具体要求。制定《汾河流域上下游横向生态补偿机制实施细则》，规定生态补偿的具体实施规程，创新性实施水质与水量联动考核，配套制订了生态流量保障工作机制及断面水质、水量目标，真正实现了省内流域横向生态补偿工作的突破。为建立黄河流域横向生态补偿机制，山西省主动与河南、陕西、内蒙古3省（自治区）进行沟通交流，及时反馈意见建议。经过反复沟通交流，与右岸陕西省、下游河南省已完成三轮意见交换，初步达成一致意见，将继续积极推动补偿协议落地。

山西省立足桑干河流域水生态环境保护的特点开展试点工作，制定《桑干河流域上下游横向生态补偿实施方案（试行）》，规定桑干河流域生态补偿机制。会同省直相关部门探索开展省内流域上下游横向生态保护补偿试点，2023年向汾河生态补水8 165万m^3，依照标准拨付生态补偿资金1.61亿元，着力贯彻落实生态受益地区和保护地区间横向补偿机制。省财政厅探索开展省内试点，持续推进跨省流域横向生态补偿机制建立。黄河流域跨省横向生态保护补偿机制积极推进，与右岸陕西省、上游内蒙古自治区就横向生态保护补偿协议达成一致意见，其中内蒙古自治区已报请自治区政府同意。基本建立起汾河流域上下游相邻2市水生态双向补偿机制，汾河流域水生态环境得到大幅改善，国考断面优良水体比例同比提升14.3个百分点，继续保持Ⅳ类及以上水质，优良水体比例达61.9%。

（陈生义）

3. 水土流失治理　2023年，山西省围绕年度治理水土流失面积不少于550万亩的目标任务，实施51条小流域综合治理（其中生态清洁小流域20条）、34座淤地坝加固、17万亩坡耕地、77座新建淤地坝等重点工程，全年治理水土流失面积589万亩。

（杨小萌）

4. 生态清洁型小流域建设　2023年，山西省建成生态清洁型小流域8条。选择大同市阳高县、阳泉市盂县、长治市黎城县、晋城市沁水县、朔州市右玉县、晋中市寿阳县、运城市夏县、稷山县，忻州市宁武县、临汾市乡宁县开展整县推进生态清洁小流域建设试点，探索生态清洁小流域建设新经验。

5. 实施生产建设项目监管　2023年，对260个项目水土保持方案编制质量进行评价，开展476个在建大中型生产建设项目全覆盖监督检查，对13个自主验收报备项目进行核查。完成3 229个扰动图斑复核处置工作，联合山西省交通运输厅对18条高速公路生产建设项目开展现场检查；加强水土流失重点治理，实施小流域综合治理、坡耕地水土流失综合治理、黄土高原塬面保护、淤地坝除险加固等一系列水土保持重点工程。引导全社会力量参与水土保持生态建设，2023年治理水土流失面积3 927.52km^2，水土保持率提高到64.58%，较上年提升0.87个百分点。经测算，通过实施水土保持措施，减少土壤流失量941.75万t，增产粮食6万余t，增加经济效益2.38亿元。（张瑞）

6. 推进试点示范工程建设　2023年5月，印发《山西省人民政府〈关于山西省现代水网建设规划（2021—2035年）〉的批复》（晋政函〔2023〕46号），成为今后一个时期山西省水网建设管理的指导性文件和重要依据。该规划旨在建立“三纵九横、八河连通”的现代水网体系，以联网、补网、强链为重点，优化水利基础设施布局、结构、功能和系统集成；着力提升山西省水资源优化配置能力、集约节约利用能力、水旱灾害防御能力、河湖生态保护治理能力、水网智慧化水平和体制机制法治管理水平，为加快推动山西高质量发展、奋力实现转型目标任务提供坚实的水安全保障。

2023年9月，水利部印发《关于做好第二批省级水网先导区、第一批市级和县级水网先导区建设工作的通知》（水规计〔2023〕267号），确定山西省大同市入选全国第一批市级水网先导区。大同市作为国家首批市级水网建设先导区，部署实施了“水网+”行动，强化水网+供水、防洪、生态三重保障，打造“三横四纵、五库连通”现代水网格局。进一步提升了大同市水资源管理水平，为大同市深入推进“融入京津冀、打造桥头堡”重大战略提供坚实的水支撑、水保障。（范源）

7. 永定河综合治理与生态修复　2023年，通过万家寨引黄北干线向桑干河生态补水1.9亿m^3，集中输送本地水约2.2亿m^3，从册田水库下泄生态水3.43亿m^3，超额完成水利部下达的2023年任务；新增引黄经墙框堡水库—御河向永定河生态补水通道，有效提升输水能力和效率，御河补水河段长流常清。截至2023年底，永定河流域投资有限公司大同、朔州分公司累计推动实施37个项目，批复总投资52.93亿元，全面支持永定河综合治理与生态修复。（范源）

8. “七河”流域生态修复治理　2023年，省财政继续安排资金10亿元，支持以汾河为重点的“七河”流域生态修复。其中汾河生态补水水费共计2.27亿元，确保汾河生态流量保障机制运转顺畅，安排资金0.18亿元支持桑干河生态补水，逐步恢复河流生态。积极争取中央资金支持，安排资金2.53亿元用于中小河流治理项目，安排资金2亿元用于太原市晋源区姚村镇灌溉水源置换工程、运城市永济市尊村引黄灌溉区姚温东片区（二期）水源置换工程等6市8县开展地下水超采综合治理及水源置换工程。安排资金0.89亿元用于怀仁市、长治市沁源县水美乡村项目建设。（范源）

9. “五湖”生态保护与修复　2023年，省财政安排“五湖”生态保护与修复专项资金1.5亿元，用于支持相关市县开展“五湖”水利基础设施建设。汾河干流11项工程在主汛期前完成防洪建设内容，汾河百公里中游示范区6县域内工程基本完工。永定河综合治理与生态修复工程、“五湖”项目持续推进。实施八百里浊漳河生态治理项目，河流生态环境得到极大改善。（陈生义）

10. 生态补水　2023年，引黄北干线生态补水1.9亿m^3，集中输送本地水约2.2亿m^3，从册田水库下泄生态水3.43亿m^3，新增引黄经墙框堡水库—御河向永定河生态补水通道，促进实现永定河全年全线有水目标。2022—2023年度完成汾河省级集中补水1.15亿m^3。（张瑞）

11. 河湖沿岸林地绿化　2023年度，林地绿化生产计划由400万亩增加到452万亩，人工造林规模连续三年位居全国第一。完成营造林任务456万亩，其中黄河流域11市86县完成327万亩，在汾河流域6市45县完成51.9万亩，超额完成年度任务。（张瑞）

【执法监管】

1. 河湖日常监管　2023年3月，印发《关于印发2023年度水资源管理监督检查的通知》（晋水资源函〔2023〕102号），通过行业间上下联动、部门间联合发力、充分利用大数据等多种形式，组织对取用水管理、地下水管理、岩溶大泉保护等三个重点方面进行监督检查。省、市、县全面开展取用水管理专项整治行动，完成3.22万个取水项目、11.45万个取水口取用水问题的核查与整改工作，严厉打击违法违规取用水行为，取用水监管能力持续提升，进一步规范全省取用水秩序。开展涉河建设项目“双随机、一公开”监管，对省管河流批复的涉河建设项目进行抽查，全省11市共抽取65个项目，派出技术专家组成3个专项检查组进行现场检查，严查批建不符等行为。（李建宇）

2. 联合执法　2023年5月31日，山西省公安厅会同省生态环境厅、省人民检察院联合部署开展严厉打击危险废物环境违法犯罪和重点排污单位自动监测数据弄虚作假违法犯罪“利剑斩污”专项行动，进一步落实省委、省政府深入打好污染防治攻坚战的决策部署，深化工作成效，坚决斩断危险废物环境违法犯罪产业链，严惩自动监测数据弄虚作假行为，有效遏制此类案件高发态势。6月25日，山西省公安厅、山西黄河河务局印发《山西黄河河道生态环境保护执法联勤联动工作机制》，进一步加强防范、打击危害黄河河道生态环境安全违法犯罪力度，着力构建流域与区域相结合、行政与刑事司法相结合的新管理体制，不断提升山西黄河河道生态环境安全水平，有力推动黄河流域生态保护和高质量发展。8月8—10日，山西省公安厅会同山西黄河河务局派员赴吕梁市临县，对大北干流段非法采砂突出问题进行联合督导。协调指导各地公安机关治水护水工作中涉及的治安案件和刑事案件的查处、侦办。共侦破涉河湖刑事案件58起，行政案件41起，其中长治潞城“5·11”污染环境案、运城王正民等人污染环境案被山西省公安厅、省生态环境厅、省人民检察院列为联合挂牌督办案件，临汾尧都“2·16”污染环境案、长治沁源“9·1”污染环境案等4起案件被列为省厅挂牌督办案件。（张瑞）

3. 污水处理监督检查　常态化实施地表水环境质量“日预警、周研判、月通报”制度，进入汛期开展24h水质监管，视情形组织召开视频通报会，及时通报超标断面及污染程度，提出管控要求，运用无人机、无人船、视频监控等设备精准排查问题

推动整改。（李小浩）

4．2023年黄河禁渔专项执法行动　2023年4月1日，山西省公安厅会同省农业农村厅联合开展2023年黄河禁渔专项执法行动，以破解危害渔业发展的顽瘴痼疾为导向，严厉打击违反黄河禁渔规定捕捞等各类涉渔违法犯罪活动，确保黄河禁渔期制度执行到位、秩序稳定、黄河水生生物资源得到有效养护。“中国渔政亮剑2023”山西黄河禁渔专项执法行动启动仪式在运城市垣曲县召开。（张瑞）

5．水土保持监管　2023年，在全省全面实行生产建设项目水土保持清单制管理，推动构建水利牵头、行业监督，企业主责、司法共管、社会参与的水土保持监管新格局。分组对全省476个生产建设项目进行监督检查，对13个已验收报备项目进行验收核查，对11个市级水行政主管部门开展履职督查。（张瑞）

【水文化建设】

1．水利风景区　2023年，山西省文旅厅严格按照《旅游景区质量等级的划分与评定》标准，将河长制相关工作要求纳入景区复核检查体系，在全省范围内抽取126家A级旅游景区组织开展全省A级旅游景区复核检查工作和服务质量评价工作，总抽检率40.38%，10家AAAAA级旅游景区全覆盖，AAAA级景区检查30家，其中涉水旅游景区18家。督促指导各市复核检查AAA级及以下旅游景区72家。省级组织的A级旅游景区复核工作共提出问题358条，提出整改措施204条，已向景区下达整改通知，持续推进整改。（山西省河长制办公室）

2．水情教育和水文化　2023年，山西省水利厅与省内高校合作完成山西省黄河流域水文化遗产调查、山西水库移民史大事记和口述实录，整理完成《水利专家刘锡田》《太行山上的焦裕禄——孙文龙书记》等治水故事，完成市县“母亲河”资料整理，落实“传承弘扬山西水文化，讲好山西水故事”的工作部署；与中国水利水电出版传媒集团、水利部宣教中心、黄委会宣传中心、珠江委宣传中心开展山西水文化建设合作，初步确定了山西省黄河文化大典的部分编纂和出版任务。

《山西水利》《山西水土保持科技》《山西水利科技》三本期刊全年刊发论文382篇，其中基金项目13篇，复合影响因子较往年大幅增长；刊发水利工作信息136条，刊载水利政策文件16件；开设“水文化”专栏，连续刊载山西治水人物事迹，完成“见证时代、积淀历史”任务。三本期刊被山西省委宣传部、山西省科技期刊委员会评为“2023年度山西省科技期刊先进期刊社”。

（山西省河长制办公室）

3．水利宣传工作　2023年，山西省水利发展中心利用山西水利网、“山西水利”微信公众号、《中国水利报》山西记者站、山西电视台驻水利厅记者站等平台编发报道推送各类水事新闻稿件，累计在山西水利网站发布水事信息2 000余条、视频16个，开设“学习贯彻落实二十大”等5个专题栏目；在《山西水利》微信公众号发布信息800余条；累计在《人民日报》、人民网刊发29篇，新华网30条，央视网3条，水利部官网32条，《中国水利报》132篇，中国水利网30条，《山西日报》113篇，山西卫视10条，《山西经济日报》16篇，《山西农民报》13篇，其他媒体161条；在《山西水利》等刊物刊发新闻图片100余幅；开设“学习贯彻习近平新时代中国特色社会主义思想主题教育”专题专栏，在山西水利网站专题发布主题教育信息70余条；完成2023年度山西水利新闻汇编、“一泓清水入黄河”新闻汇编、中央媒体刊发稿件汇编，完成2021—2023年山西记者站及各地市在《中国水利报》刊发的新闻汇编；在山西卫视播发防汛抗旱、水土保持等新闻深度报道。

围绕2023年山西省水利工作会议、2023年“世界水日”“中国水周”、山西省河湖长制、水旱灾害防御、水库淤地坝防汛、全省水文职业技能大赛等重大节点活动，组织参加省委宣传部、山西省政府新闻办举行的系列新闻发布会，与中央及省级主流媒体合作联动，开展专题新闻发布和采访，集中采访报道水利重点工作和水利阶段性成效。融媒体业务。山西省水利厅出版传媒中心通过“山西水利视窗”栏目发布山西省水利工作21条，与山西电视台、《山西日报》、《中国水利》期刊等开展合作，对“一泓清水入黄河”、霍泉灌区入选世界灌溉遗产、农村供水提档升级、芮城大禹渡灌区建设、晋祠泉复流、古贤水利枢纽前期工作、沿黄地区水土保持工作、全省水文技能大赛等开展跟进拍摄和宣传报道；为全省水土保持工作现场会、农村供水巩固提升和提档升级、春浇冬灌、水利工程质量考核、水旱灾害防御等工作提供服务。

（山西省河长制办公室）

【数字孪生水利建设】

1．“水利一张图”　2023年，完成山西省水文总站水雨情数据的共享及统一接入山西水利数据能力中心数据库的工作。对软件系统各项功能模块进行测试，确保系统稳定，功能正常。梳理完成山西水利数据能力中心系统政务数据资产清单，加强数据管控，促进数据共享应用。完成山西水利数据能力中心系统建设，打通各水利业务板块，实现水利业务数据有效整合。系统以“水利一张图”为数字底板，结合“天空地”实时监测数据，将河流水系、水利工程、各类监测站点和水利管理活动等逐一映射上图，实现全省水利运行状况的实时监测，结合专题分析支撑防汛指挥、水资源监管等核心业务，打造“实用、好用”的山西省水利综合业务平台。通过水利数据资源整合，构建了山西水利数据资源池，发布地图服务空间数据和水利业务数据，提高数据的共享交换服务能力。（冯毅）

2. 数字孪生流域建设　2023 年 1 月，山西省水利厅印发《关于全省在建水利工程开展 BIM 和数字孪生技术应用试点工作的通知》（晋水建设〔2023〕24 号），在全省 11 市和万家寨水务控股集团有限公司的 22 个项目中开展 BIM 和数字孪生试点工作。截至 2023 年底，共有 7 个项目上线运行，11 个项目基本完成，实现了山西省水利工程建设信息化管理“零突破”。山西省智慧水利建设（一期）项目立项；“山西水利数智能力支撑平台建设”项目被列入山西省政务信息化建设项目 2024 年实施计划，数字孪生大禹渡灌区先行先试阶段建设任务已完成。

组织开展“建设智慧水利、数字孪生流域，提升全省水安全保障能力”专项调研，完成数字孪生大禹渡灌区先行先试阶段建设任务并通过水利部验收。灌区围绕“安全生产一条龙、工程管理一张图、数字资产一本账、党建知识一盏灯、生态绿化一面旗、灌区面貌一视频”的“六个一”建设目标，以“实用、管用”为突破口，不断优化灌区输配水、多级泵站联调联控模型，灌区灌溉管理和安全运行“四预”能力大幅提升，数字孪生助力灌区提质增效能力初步显现。数字孪生汾河前期工作顺利推进，于 2023 年 11 月经省政府会议同意，成功立项。数字孪生万家寨引黄工程、数字孪生尊村及昌源河灌区、数字孪生龙华口调水工程、数字孪生晋祠泉域管理等项目前期工作进展顺利。（景磊）

3. 信息数据成果上图　2023 年，推进河湖本底数据信息化，结合数字孪生河湖建设，将河湖划界成果、岸线功能分区、涉河建设项目、采砂规划分区等信息数据上图。加强遥感等技术成果应用。将确认的河湖“四乱”问题纳入台账管理，按要求清理整改，对新增问题从严处置。（张秀福）

4. 水利科学技术研究推广　“超复杂地质条件下大型引调水工程地下水工结构关键技术研究与应用”“半干旱区精准高效灌溉关键技术及装备研究与应用”获 2023 年山西省科学技术奖二等奖。2023 年，山西省签订水利科学技术研究与推广项目任务书 67 项、政府购买服务合同 47 项。山西省组织有关单位于 2023 年 4 月参加第十八届国际水利先进技术（产品）推介会；5 月，组织参加全国科技活动周山西区活动，向群众普及节约用水、保护水资源相关知识；9 月，参加中国（山东）水利科技与生态建设博览会。（山西省河长制办公室）

内蒙古自治区

【河湖概况】

1. 河湖数量

（1）河流情况。内蒙古自治区地域辽阔、河流众多。流域面积 50km² 以上河流 4 087 条，总长度 14.47 万 km；流域面积 100km² 及以上河流 2 408 条，总长度 11.35 万 km；流域面积 1 000km² 及以上河流 296 条，总长度 4.26 万 km；流域面积 10 000km² 以上河流 40 条，总长度 1.47 万 km。河流分外流和内流两大水系，大兴安岭、阴山和贺兰山是内外流水系的主要分水岭。外流水系主要由黄河、辽河、嫩江、海河、滦河和额尔古纳河等 6 个水系组成，流域面积 61.37 万 km²，占全自治区总面积的 52.5%，主要汇入鄂霍次克海和渤海。内流水系主要河流有乌拉盖河、昌都河、锡林郭勒河、塔布河、艾不盖河、额济纳河等，流域面积 11.66 万 km²，占全自治区总面积的 9.9%。无流区分布于深居内陆的荒漠地区，面积 43.94 万 km²，占全自治区面积的 37.5%。河流数量东部多于西部，山地丘陵多于高原。

（2）湖泊情况。内蒙古自治区湖泊星罗棋布，全自治区共有 428 个湖泊。由于气候干旱，降水量少，蒸发强烈，所造就的湖泊大型的少，中小型的多，淡水湖少，咸水湖或盐湖居多。根据湖泊所处地理位置和湖泊成因不同，除呼伦湖、乌梁素海是外流湖，其余湖泊绝大多数为内陆湖泊，呈区域性分布，主要靠大气降水直接补给或有少量河川径流和地下泉水补给。全自治区水面面积 1 000km² 以上湖泊 1 个，100～1 000km² 湖泊 2 个，10～100km² 湖泊 22 个，1～10km² 湖泊 261 个，1km² 以下湖泊 142 个。（李美艳　陈晨）

2. 水量

（1）降水量。内蒙古自治区降水量时空分布极不均匀，年内降水量主要集中在汛期 6—9 月，年降水量空间分布趋势是由东向西逐渐递减。2023 年全自治区平均降水量 271.8mm，折合降水总量 3 120.77 亿 m^3，较 2022 年减少 20.92%，较多年平均值减少 1.01%，属平水年。

（2）水资源总量。2023 年，内蒙古自治区水资源总量 509.22 亿 m^3，其中地表水资源量 365.91 亿 m^3，折合年径流深 68.7mm，较 2022 年增加 53.61%，较多年平均值减少 1.1%，地下水资源量 223.13 亿 m^3，较 2022 年少 2.2%，较多年平均值增加 2.4%，地下水与地表水间重复计算量 143.32 亿 m^3，全自治区水资源总量较多年平均值减少 1.3%。截至 2023 年底，全自治区大、中型水库蓄水总量 27.05 亿 m^3。

（3）供用水量。2023 年，内蒙古自治区各水源工程总供水量 191.47 亿 m^3，其中地表水源供水量 95.82 亿 m^3，地下水源供水量 88.70 亿 m^3，其他水源供水量 6.94 亿 m^3。全自治区总用水量 191.47 亿 m^3，其中生态环境用水量 23.50 亿 m^3。（李美艳　陈晨）

3. 水质　“十四五”以来，内蒙古自治区地表水环境质量监测网共设置 136 个国控重点监测断面（点位）。2023 年，全自治区 121 个地表水监测断面中，Ⅰ～Ⅲ类水质断面 95 个、占比 78.5%，同比上升 1.6 个百分点；劣Ⅴ类水质断面 2 个、占比 1.7%，同比下降 0.8 个百分点。按河流、湖库和流域单独评价，其水质状况如下。

（1）河流。“十四五”以来，内蒙古自治区共设置 129 个国控重点河流水质监测断面，涉及黄河、辽河、松花江、海河和西北诸河等 5 个流域。2023 年实际监测 118 个断面中，Ⅰ～Ⅲ类水质断面占 78.0%，同比上升 14.7 个百分点；劣Ⅴ类水质断面占 2.5%，同比下降 7.7 个百分点。主要污染指标为化学需氧量、高锰酸盐指数和氟化物。其中黄河流域 35 个断面中，Ⅰ～Ⅲ类水质断面占 80.0%，同比上升 2.9 个百分点；无劣Ⅴ类水质断面，同比下降 2.9 个百分点；辽河流域 32 个断面中，Ⅰ～Ⅲ类水质断面占 71.9%，同比下降 6.2 个百分点；无劣Ⅴ类水质断面，同比持平；松花江流域 46 个断面中，Ⅰ～Ⅲ类水质断面占 82.6%，同比上升 6.5 个百分点；劣Ⅴ类水质断面占 4.3%，同比持平；海河流域 5 个断面水质均为优良，同比持平；西北诸河 3 个断面中，Ⅰ～Ⅲ类水质断面占 33.3%，无劣Ⅴ类水质断面，同比持平。

（2）湖库。“十四五”以来，内蒙古自治区共设置 7 个国控重点湖库水质监测点位，涉及乌梁素海、岱海、达里诺尔湖、贝尔湖、察尔森水库和尼尔基水库等 6 个湖库。2023 年实际监测 3 个湖库，其中乌梁素海水质为Ⅳ类，湖库营养状态为中营养，污染指标为五日生化需氧量（BOD_5）、高锰酸盐指数和化学需氧量；察尔森水库水质为Ⅲ类，湖库营养状态为中营养；尼尔基水库水质为Ⅳ类，湖库营养状态为轻度富营养，污染指标为总磷。（李美艳　陈晨）

4. 新开工水利工程　2023 年，引绰济辽工程已完成文得根水利枢纽及输水工程管线段建设任务，输水工程隧洞段全线贯通，文得根水利枢纽已下闸蓄水发挥初期效益，累计完成投资 198.66 亿元，投资完成率 79%。东台子水库主体工程基本建成，2023 年底顺利通过下闸蓄水阶段验收，工程发挥初期蓄水效益，累计完成投资 20.22 亿元，投资完成率 94%。引绰济辽二期工程总投资 57.94 亿元，工程于 2023 年 6 月开工，9 条支线全部开工建设，累计完成投资 11.03 亿元。

2023 年，正在实施的鄂尔多斯市乌审旗巴图湾水库、兴安盟科右中旗翰嘎利水库、包头市昆都仑水库 3 座大中型病险水库除险加固项目全部主体完工。中小河流治理工程涉及 10 个盟（市）共 21 项，治理总河长 296km，完成投资 5.54 亿元。实施主要支流治理项目 7 项，完成投资 2.59 亿元。

（李美艳　陈晨）

【重大活动】　2023 年 2 月 16 日，内蒙古自治区党委书记、自治区第一总河湖长主持召开 2023 年度内蒙古自治区总河湖长会议，会议听取 2022 年全自治区河湖长制工作落实情况汇报，审议通过《内蒙古自治区 2023 年河长制湖长制工作要点》，安排部署有关工作。

2023 年 3 月 20—25 日，内蒙古自治区党委书记、自治区第一总河湖长沿黄河内蒙古段从流入口乌海市海南区都思兔河出发，到流出口准格尔旗龙口镇，深入沿岸 5 个盟（市），不开座谈会，不听取工作汇报，实地察生态、看节水、访农户，调研黄河流域生态保护和高质量发展情况。

2023 年 4 月 4—5 日，内蒙古自治区党委常委、自治区常务副主席、额尔古纳河自治区级河长、呼伦湖自治区级湖长到额尔古纳河流域、呼伦湖开展巡河巡湖，实地查看额尔古纳河流域保护治理和呼伦湖生态综合治理情况。其间，在满洲里市召开了额尔古纳河、呼伦湖河湖长会议，听取呼伦湖、额尔古纳河综合治理和全自治区河湖长制工作开展情况，部署下一步重点工作。

2023 年 4 月 25 日，内蒙古自治区副主席、西辽河自治区级河长深入通辽市科尔沁区西辽河干流河段开展巡河工作，听取西辽河“量水而行”保护治理情况汇报，研究解决存在的问题，部署推动相关工作任务。

2023年4月26日，内蒙古自治区副主席、岱海自治区级湖长深入乌兰察布市凉城县开展岱海巡湖调研，实地查看岱海湖区生态恢复治理、弓坝河水质监测站运行和岱海生态应急补水工程建设等情况，研究解决存在的困难和问题，安排部署下一步重点工作。

2023年5月4日，内蒙古自治区副主席、自治区副总河湖长、乌梁素海自治区级湖长深入巴彦淖尔市开展巡湖调研，实地巡查乌梁素海综合治理和生态保护情况。

2023年5月30日，内蒙古自治区副主席、嫩江内蒙古段自治区级河长深入兴安盟开展巡河调研，实地巡查文得根水利枢纽工程建设、绰尔河扎赉特旗段河道管护等情况。

2023年7月12日，内蒙古自治区副主席参加第二次黄河流域省级河湖长联席会议。

2023年8月20—23日，内蒙古自治区党委副书记、自治区主席、自治区总河湖长赴呼伦贝尔市实地巡查额尔古纳河流域。

2023年9月25日，内蒙古自治区副主席、自治区副总河湖长参加2023年松花江、辽河流域省级河湖长联席会议。

2023年10月31日，内蒙古自治区副主席、黑河自治区级河长、居延海湖长深入阿拉善盟额济纳旗黑河及居延海开展巡河巡湖工作，听取黑河及居延海保护治理情况汇报，解决存在的问题，研究推进重点工作任务。

2023年11月14日，内蒙古自治区副主席、自治区副总河湖长参加2023年海河流域省级河湖长联席会议。

（张晓宇　李美艳）

【重要文件】 2023年1月18日，内蒙古自治区河长制办公室印发《关于印发〈内蒙古自治区开展河湖健康评价建立河湖健康档案工作方案〉的通知》（内河长办〔2023〕3号）。

2023年2月10日，内蒙古自治区河长制办公室印发《内蒙古自治区开展河湖健康评价建立河湖健康档案工作方案》（内河长办〔2023〕7号）。

2023年3月2日，内蒙古自治区河长制办公室印发《关于印发〈2023年度总河湖长会议纪要〉的通知》（内河长办〔2023〕10号）。

2023年3月7日，内蒙古自治区总河湖长令第1号发布《关于印发〈内蒙古自治区2023年河长制湖长制工作要点〉的通知》。

2023年3月14日，内蒙古自治区河长制办公室印发《关于印发〈2023年河湖管理保护春季行动方案〉的通知》（内河长办〔2023〕11号）。

2023年3月18日，内蒙古自治区河长制办公室印发《关于做好新一轮“一河一策”“一湖一策”实施方案编制工作的通知》（内河长办〔2023〕12号）。

2023年3月22日，内蒙古自治区河长制办公室印发《关于开展河湖遥感图斑核查有关工作的通知》（内河长办〔2023〕13号）；内蒙古自治区河长制办公室印发《关于做好西辽河流域春季水资源调度工作的通知》（内河长办〔2023〕14号）。

2023年3月25日，内蒙古自治区河长制办公室印发《关于做好西辽河干流滩区分区管控工作的通知》（内河长办〔2023〕15号）。

2023年4月10日，内蒙古自治区水利厅印发《关于开展河道非法采砂专项整治行动的通知》（内河湖〔2023〕14号）。

2023年4月19日，内蒙古自治区河长制办公室印发《关于妨碍河道行洪突出问题整改情况的报告》（内河长办〔2023〕20号）。

2023年5月5日，内蒙古自治区河长制办公室印发《关于开展跨盟市界河涉河建筑物遥感图斑核查有关工作的通知》（内河长办〔2023〕23号）。

2023年5月11日，内蒙古自治区河长制办公室、内蒙古自治区水利厅印发《关于进一步开展全自治区河湖名录梳理复核工作的通知》（内河长办〔2023〕24号）。

2023年5月26日，内蒙古自治区河长制办公室印发《关于召开河长制责任单位考核赋分工作会议的通知》（内河长办〔2023〕19号）。

2023年6月13日，内蒙古自治区水利厅印发《关于报送水质监测质量与安全管理工作报告的函》（内河湖〔2023〕29号）。

2023年7月15日，内蒙古自治区河湖长令第1号发布《关于印发〈内蒙古自治区黄河流域村级河湖管理体系建设实施方案〉的通知》。

2023年7月31日，内蒙古自治区水利厅印发《关于核对河湖管理范围划界及河流中心线数据的通知》（内河湖〔2023〕36号）。

2023年8月3日，内蒙古自治区水利厅印发《关于加强河道采砂执法监管的通知》（内河湖〔2023〕39号）。

2023年8月12日，内蒙古自治区河长制办公室印发《关于印发〈内蒙古自治区2023年河长制湖长制工作考核细则〉的通知》（内河长办〔2023〕37号）。

2023年8月30日，内蒙古自治区河长制办公室印发《关于印发〈内蒙古自治区河长制办公室贯彻落实第二次黄河流域省级河湖长联席会议精神工作方案〉的通知》(内河长办〔2023〕40号)。

2023年9月7日，内蒙古自治区河长制办公室印发《关于进一步做好“一河(湖)一策”实施方案修编工作的通知》(内河长办〔2023〕43号)。

2023年9月25日，内蒙古自治区河长制办公室印发《关于开展全面推行河长制湖长制先进集体、先进个人评选表彰工作的通知》(内河长办〔2023〕45号)。

2023年11月10日，内蒙古自治区河湖长令第2号发布《关于印发〈内蒙古自治区松辽流域幸福河湖建设行动方案(试行)〉的通知》。

2023年11月20日，内蒙古自治区河长制办公室印发《关于报送2023年河湖长制工作总结和2024年重点工作任务的通知》(内河长办〔2023〕52号)。

(李美艳)

【地方政策法规】 2023年7月12日，内蒙古自治区水利厅印发《关于印发〈内蒙古自治区水利安全生产监督管理办法(试行)〉的通知》(内水运管〔2023〕72号)。

2023年10月13日，内蒙古自治区人民政府办公厅印发《关于加强河湖管理范围内建设项目管理的规定》(内政办发〔2023〕63号)，于2023年11月1日起施行。

2023年12月25日，内蒙古自治区水利厅印发《关于印发〈内蒙古自治区水行政处罚裁量权适用规则(试行)〉和〈内蒙古自治区水行政处罚裁量权基准(试行)〉的通知》(内水政〔2023〕53号)，自2024年2月1日起施行。

(少布)

【河湖长制体制机制建立运行情况】 2023年，内蒙古自治区党委、政府严格落实党政同责，把落实河湖长制作为推进美丽内蒙古建设的重要抓手，持续推动河湖治理保护工作走深走实。2023年2月16日，内蒙古自治区党委书记、自治区第一总河湖长主持召开2023年度内蒙古自治区总河湖长会议，研究部署有关工作，并与自治区主席、总河湖长共同签发《内蒙古自治区2023年河长制湖长制工作要点》(内蒙古自治区总河湖长令第1号)，安排部署年度重点任务。以自治区河湖长令第1号、第2号形式分别印发《内蒙古自治区黄河流域村级河湖管护体系建设实施方案》《内蒙古自治区松辽流域幸福河湖建设行动方案(试行)》。内蒙古自治区级河湖长带头履行巡、管、护、治第一责任人职责，先后深入黄河、乌梁素海、岱海等河湖管护一线调研指导，从“头”至“尾”考察黄河内蒙古段大保护大治理情况，主持召开推动黄河流域生态保护和高质量发展领导小组会议，推动解决突出问题；自治区党委副书记、自治区主席、总河湖长先后深入黄河、额尔古纳河等重点河湖，研究推动流域综合治理工作。2023年内蒙古自治区五级河湖长共巡河巡湖29.8万人次，推动解决涉河湖问题1 701个。将河湖长制工作落实情况纳入年度绩效考核和“五大任务”专项考核内容，组织开展全面推行河湖长制先进集体和个人评比表彰活动，表彰先进集体24个、先进工作者30名、优秀河湖长40名。

(张晓宇)

【河湖健康评价开展情况】 按照《水利部办公厅关于开展河湖健康评价建立河湖健康档案工作的通知》(办河湖〔2022〕324号)，2023年1月，内蒙古自治区河长制办公室印发《内蒙古自治区开展河湖健康评价建立河湖健康档案工作方案》(内河长办〔2023〕3号)，全面启动河湖健康评价工作，明确由各级河长制办公室负责组织实施及评价范围、评价指标、评价单元等内容。经各级河长办逐一核实辖区内河湖情况，扣除无人区、交通特别不便地区的河湖，以及监测设施不完善、监测数据无法获取的河湖后，梳理形成拟开展河湖健康评价工作的河湖名录并确定相关工作时间安排。

2023年，内蒙古自治区河长制办公室组织完成自治区级领导担任河长的5条河流(嫩江内蒙古段、西辽河、黄河内蒙古段、黑河内蒙古段、额尔古纳河)的健康评价工作。其中，西辽河为不健康状态，黑河为亚健康状态，黄河、嫩江和额尔古纳河均为健康状态。2023年，内蒙古自治区盟(市)、旗(县)总计完成429条(个)河湖的健康评价工作。其中26条(个)河湖为非常健康状态，173条(个)河湖为健康状态，51条(个)河湖为亚健康状态，9条(个)河湖为不健康状态，2条(个)河湖为劣态，168条(个)河湖为常年无水或咸水湖，只对相应指标进行计算，不做健康等级评定。

(姚莉　李美艳)

【“一河(湖)一策”编制和实施情况】 2023年，内蒙古自治区河长制办公室组织编制黄河内蒙古段、嫩江内蒙古段、黑河内蒙古段、额尔古纳河、西辽河、呼伦湖、岱海、乌梁素海和居延海等9条(个)河湖管理保护“一河(湖)一策”实施方案(2024—2026年)[简称“一河(湖)一策”]，并经内蒙古自治区级河长湖长审定同意后，印发至相关盟(市)和自治区河长制责任单位执行，用于指导开展河湖管理保护工作。在“一河（湖）一策”编制过程中，内蒙古自治区因河（湖）施策、因地制宜为河湖量身制定目标任务和管护措施，一是在充分总结上一轮“一河（湖）一策”（2021—2023年）完成情况和治理经验的基础上，细化分解河湖长制各项任务，实地踏勘掌握河湖最新情况，全面梳理河湖存在的突出问题；二是坚持远近结合、统筹协调，为保证“一河（湖）一策”中的管护目标任务与国家、自治区和地方相关规划互相协调，有效衔接，内蒙古自治区河长制办公室充分征求并积极采纳相关盟（市）、自治区河长制责任单位和审查专家的意见，制定具有针对性和可操作性的河湖保护措施，确保“一河（湖）一策”落地生效；三是统筹考虑上下游、左右岸和入湖河流与湖泊关系，坚持区分主次、分步实施，将近三年目标任务作为重点，对年度河湖管护目标进行细化分解，明确各项任务措施的牵头单位、责任单位、完成时间及保障措施，按职责分工抓好落实，确保管护目标如期实现。

2023年3月，内蒙古自治区河长制办公室印发《内蒙古自治区河长制办公室关于做好新一轮“一河（湖）一策”实施方案编制工作的通知》（内河长办〔2023〕12号），指导各盟（市）做好新一轮盟（市）级、旗县（市、区）级、苏木乡镇级“一河（湖）一策”河湖管理保护实施方案的编制工作。2023年内蒙古自治区各盟（市）、旗县（市、区）、苏木乡镇总计完成7 725条（个）“一河（湖）一策”编制工作，着力解决河湖管理保护的突出问题，做到目标任务可量化、可监测、可评估、可考核。

（姚莉　李美艳）

【水资源保护】

1. 水资源刚性约束　2023年，内蒙古自治区成立全社会资源全面节约集约工作领导小组水资源节约利用专项组，自治区人民政府办公厅印发《内蒙古自治区推进水资源节约集约利用总体方案》《内蒙古自治区水资源节约集约利用“一盟（市）一策”（2023—2025年）》《内蒙古自治区解决“大水漫灌”问题促进农业节水增效工作方案（2023—2025年）》，确立了水资源节约集约工作总体要求和各盟（市）、各年度具体工作任务，内蒙古自治区人民政府分别与各盟（市）政府签订责任状，全面推进分区管控。

（张阿萌）

2. 节水行动　2023年，内蒙古自治区新增12个节水型社会建设达标旗县（区），全自治区建成率达到71%。2023年，内蒙古自治区非常规水源配置利用量达到7.89亿m^3。督促指导呼和浩特市、包头市、鄂尔多斯市、乌海市4个再生水利用配置试点城市加快推进工程建设，完成试点建设中期评估工作，乌海市、包头市、鄂尔多斯市被评为国家典型地区再生水配置利用优秀试点城市。大力推进节水型载体建设，累计建成自治区级节水型企业57家、节水标杆企业16家、节水型园区3家，新增节水型高校10所，自治区本级9家机关、59家事业单位建成节水型单位。开展“节水内蒙古，我们在行动”大型主题宣传活动，积极营造节约用水的社会氛围。内蒙古自治区水利厅获水利部2023年“节水中国 你我同行”联合行动优秀组织单位。全自治区万元GDP和万元工业增加值用水量分别较2020年下降9.6%和12.8%。

（张阿萌）

3. 生态流量监管　2023年，按季度印发重点河湖断面下泄水量和生态流量监测情况通报，对存在生态流量不达标且存在风险的河湖断面进行预警和督导，并加强水量泄放工作。积极实施重点河湖补水，乌梁素海实现补水4.87亿m^3，岱海实现补水2 850万m^3，河湖面积维持在合理区间。开展母亲河复苏行动，完成西辽河干流、岱海、滦河、黑河方案编制工作，印发西辽河干流、岱海“一河（湖）一策”方案。启动已建水利水电工程生态流量复核先行先试工作，完成9个已建水利水电工程生态流量复核报告，印发保障实施方案。

（张阿萌）

4. 取用水监管　2023年，内蒙古自治区取用水管理专项整治行动完成整改4.7万个，整改完成率达100%。黄河保护法实施后，开展黄河流域水资源保护专项行动。组织开展覆盖全自治区12个盟（市）的水资源与节约用水管理监督检查，将检查及整改情况作为对盟（市）落实最严格水资源管理考核的重要内容。

（张阿萌）

【水域岸线管理保护】

1. 河湖管理范围划定　截至2023年底，内蒙古自治区全面完成水普名录内的3 077条河流、367个湖泊和水普名录外957条河流、181个湖泊管理范围划定工作，实现了“应划尽划”。（张晓宇　李美艳）

2. 岸线保护与利用规划编制　2023年，有序推进全自治区1 685条河流、350个湖泊岸线保护与利用规划编制工作。持续强化滩区种植管理，划定滩区禁限种高秆作物耕地面积191.33km^2（28.7万亩），基本实现年度禁限种目标。（张晓宇　李美艳）

3. 采砂管理　2023年，内蒙古自治区全面落实河道砂石采运管理单制度，严厉打击非法采砂，累计派出1.67万人次，巡查河道9.02万km，查处非法采砂行为30起。

（张晓宇　李美艳）

4.“四乱”整治　2023年，内蒙古自治区制定出台《关于加强河湖管理范围内建设项目管理的规定》（内政办发〔2023〕63号），开展河湖管护“春季行动”“秋季行动”，常态化推进河湖“清四乱”工作，清理非法占用河道岸线735.3km、建筑和生活垃圾19.2万t，拆除违法建筑3.5万m^2，排查整改“四乱”问题3 088个。全力推进黄河河道有关问题整治工作，完成770户1 853人的年度迁建任务，累计搬迁1 687户4 213人，提前2年完成“十四五”滩区居民迁建任务。（张晓宇　李美艳）

【水污染防治】

1.排污口整治　2023年，加强入河排污口监管，内蒙古自治区生态环境厅、内蒙古自治区水利厅印发《关于贯彻落实〈内蒙古自治区人民政府办公厅关于印发自治区加强入河排污口排查整治和监督管理工作方案的通知〉的通知》（内环办〔2023〕8号）、《内蒙古自治区生态环境厅关于推进入河排污口排查整治工作的通知》（内环办〔2023〕106号），通过技术培训、现场核查、一对一指导帮扶等方式推动各盟（市）入河排污口排查整治工作，全自治区97个重点河湖全部完成排查，形成入河排污口监管台账并动态更新，组织盟（市）“一口一策”制定并实施整治方案。印发《江河、湖泊新建、改建或者扩大排污口审批工作指南》，严格设置审核和监管，不断提高监管工作效能。（李美艳　张晓宇）

2.城镇生活污染　2023年，结合内蒙古自治区工业园区调整情况，印发《关于开展内蒙古自治区工业园区水污染整治工作的通知》，指导督促各盟（市）开展园区污水处理设施建设运行情况排查，强化化工园区环境风险防范，督促各盟（市）“一园一策”制定整治方案并实施整改。将园区污水处理厂出水达标情况纳入水环境形势分析会商，发现超标问题及时通报督办。

2023年，内蒙古自治区已建成再生水管网3 131km，108座城镇污水处理厂中95座已实现污水再生利用。出台《推动黄河流域城镇污水处理厂再生水利用实施方案》，组织各地谋划再生水管网建设方案，计划到2025年实现再生水应用尽用。包头市、鄂尔多斯市成为国家区域再生水循环利用试点城市，呼和浩特市、包头市、鄂尔多斯市、乌海市成为国家典型地区再生水利用配置试点城市。截至2023年底，内蒙古自治区平均再生水利用率达45%，缺水城市再生水利用率达37%，已完成2023年工作目标。

建制镇生活污水治理稳步推进。2023年10月，出台《内蒙古自治区建制镇生活污水处理设施建设管理规程》（DB15/T 3174—2023），指导各地建制镇生活污水治理工作，加快补齐建制镇生活污水处理设施建设短板。下达内蒙古自治区本级补助资金3 000万元，支持各地建制镇生活污水处理设施建设。截至2023年底，内蒙古自治区具备生活污水处理设施的建制镇占44.77%。（李美艳　张晓宇）

3.城镇生活、工矿企业污染　持续推进城镇污水处理设施建设。按照《内蒙古自治区城镇供排水管网老化更新改造方案》，推动内蒙古自治区污水处理老旧管网更新改造。截至2023年底，内蒙古自治区共有城镇污水处理厂108座，实际日处理能力331.18万t。截至2023年10月底，内蒙古自治区污水处理率97.99%，污水处理达标率97.92%，旗县（区）、城市污水处理率分别达到85%、95%以上。

（李美艳　张晓宇）

4.畜禽养殖污染　2023年，内蒙古自治区争取中央预算内资金4 000万元，以规模以下养殖场户和区域粪污处理中心为重点，完善畜禽粪污处理设施装备，推广粪污密闭处理、气体收集利用或处理等技术，促进畜禽粪肥科学还田利用。2023年，内蒙古自治区畜禽粪污综合利用率达81.5%。

（李美艳　张晓宇）

5.农业面源污染　2023年，内蒙古自治区黄河流域完成测土配方施肥技术推广25 672.81km^2、配方肥施用面积11 928km^2、“三新”技术推广568.27km^2，增施大豆根瘤菌剂339.87km^2，重点流域主要测土配方施肥技术覆盖率达90%。在农药减量方面，内蒙古自治区黄河流域发布病虫情报856期，实施病虫害绿色防控13 393.33km^2、统防统治12 793.33km^2（1 919万亩），主要农作物病虫害绿色防控和统防统治覆盖率达43%以上，启动新建农作物病虫疫情田间监测点13个、重大病虫疫情区域应急防控设施及物资储备库1个、天敌扩繁基地1个。制定出台《内蒙古自治区农用薄膜污染防治条例》，于2023年11月1日起施行。印发《关于加强废旧地膜回收十条措施的通告》、《关于开展“农膜污染防控春季百日宣传活动”的函》、《关于开展秋季地膜回收专项行动的通知》（内农牧科发〔2023〕544号），通过组织召开技术培训班、废旧地膜回收现场会等推动地膜回收。据2023年统计，2022年内蒙古自治区农膜回收率80.3%，高出全国平均水平0.3个百分点。加强农业面源污染治理监督指导，开展自治区设计灌溉规模66.67km^2（10万亩）以上的农田灌溉水和退水水质监测。探索建立河套灌区农业面源污染监测体系，在呼和浩特市、巴彦淖尔市开展农业面源污染监测试点。继续推进巴彦淖尔市五原县农业面源污染治理与监督指导试点建设。

（李美艳　张晓宇）

【水环境治理】

1. 饮用水水源规范化建设　加强饮用水水源保护，高位推动饮用水水源保护区划分管理，建立饮用水水源保护区划定联审共保工作机制，内蒙古自治区自然资源、生态环境、水利、住房和城乡建设、卫生健康等部门联动，从国土规划、水资源保护、饮用水水源保护、饮用水卫生监管等方面进行严格把关。2023年，内蒙古自治区完成17个饮用水水源保护区划分优化调整方案审核、上报，开展内蒙古自治区地市级、旗县级饮用水水源环境状况评估调查，督促指导盟（市）加强饮用水水源安全风险隐患排查，强化汛期饮用水水源环境监管。据2023年监测数据，列入考核的56个县级及以上饮用水水源地水质优良率，均达到年度考核目标。（李美艳　张晓宇）

2. 黑臭水体治理　2023年，内蒙古自治区生态环境厅印发《内蒙古自治区2023年黑臭水体整治环境保护行动方案》，部署开展黑臭水体整治环境保护行动，切实强化监督管理。明确20个县级及以上城市黑臭水体治理责任人，防范城市出现新增黑臭水体。组织开展已完成治理黑臭水体水质监测工作，2023年内蒙古自治区13处已完成治理的城市黑臭水体无返黑返臭现象，县级及以上城市未发现新增黑臭水体。督促已完成黑臭水体治理的呼和浩特市、包头市、赤峰市按时开展水质检测，并填报住房城乡建设部黑臭水体信息平台。截至2023年底，内蒙古自治区无返黑返臭和新增黑臭水体。

（李美艳　张晓宇）

3. 农村水环境整治　2023年，内蒙古自治区生态环境厅制定印发《内蒙古自治区农村牧区生活污水治理技术指南》《内蒙古自治区农村牧区生活污水治理典型案例集》，从水量、水质、收集方式、治理模式、治理技术、组合工艺技术等方面对全自治区农村牧区生活污水的技术模式选择、规划设计、工程建设、运维管理作出指导和规范，支撑94个涉农旗县开展县域农村牧区生活污水治理规划调整优化。加快推进农村牧区生活污水治理，内蒙古自治区完成504个行政村治理任务，完成年度任务的126%。内蒙古自治区住房和城乡建设厅发布《农村牧区生活垃圾治理管理规程》（修订版）（DB15/T 3175—2023），进一步规范自治区农村牧区生活垃圾设施建设管理，指导各地以重点流域、环境敏感区为重点，推动农村牧区生活垃圾收运处置体系进一步完善。截至2023年底，内蒙古自治区农村牧区生活垃圾收运处置体系行政村覆盖率达71.44%。

（李美艳　张晓宇）

【水生态修复】

1. 退田还湖还湿　2023年，“一湖两海”全面完成年度综合治理任务，共完成投资11.05亿元，乌梁素海和岱海分别实现生态补水4.87亿m^3和2 651万m^3，乌梁素海水面面积稳定达到$293km^2$，岱海湖水面面积达到$45.1km^2$，呼伦湖湖面面积为$2\ 237.1km^2$，稳定保持在合理区间。内蒙古自治区圆满完成察汗淖尔湿地流域5个治理项目的年度建设任务，完成投资1.18亿元，实施退化防护林修复工程$13.33km^2$（2万亩）。对西辽河实施常态化调度，2023年共向西辽河干流下泄水量1亿m^3，近25年来春汛期西辽河干流水头首次到达通辽市中心城区断面。东居延海实现连续19年不干涸。

（李美艳　姜文达）

2. 生态补偿机制建立　2023年，内蒙古自治区建立以水源涵养、水质改善、用水效率等指标体系的沿黄盟（市）黄河流域横向生态补偿机制。9月，内蒙古自治区与宁夏回族自治区建立宁夏—内蒙古段黄河流域横向生态保护补偿机制，协同推动流域共治。建立完善“一湖两海”及察汗淖尔等重点湖泊生态环境治理保护指导项目及重点任务定期调度督导机制，按月开展“一湖两海”等重点湖泊水质监测。内蒙古自治区生态环境厅牵头指导的9个综合治理项目中6个已建成，其他3个按时序进度稳步推进。积极配合生态环境部开展呼伦湖水生态监测，已完成水生生物及水质采样监测工作，正在开展数据分析及遥感解译等工作。协调对接生态环境部优化完善并印发实施《“十四五”岱海水生态环境质量考核方案》，调整优化岱海8条主要入湖河流监测点位，建立盟（市）、相关厅局数据审核报送联动机制。强化重点湖库水华监测预警，印发《关于切实做好2023年重点湖库水华防控工作的函》（内环函〔2023〕165号），督促指导“一湖两海”、哈素海、达里诺尔湖、东居延海等重点湖泊所在盟（市）政府制定水华防控应急预案，定期督导调度“一湖两海”水华预警监测及防控情况，实施呼伦湖水华防控“日报告”制度，水华防控工作有力有序。推进西辽河流域地下水超采治理与生态修复、建立“量水而行”长效机制、出台10项硬措施，围绕西辽河流域用水总量和用水效率、重点断面下泄水量、平原区地下水埋深3个方面，分地区、分年度细化提出管控目标。察汗淖尔流域协同共治走向深入，与河北省实现地下水监测数据共享，地下水位快速下降趋势得到有效遏制。

实施水环境分析会商和预警督办工作机制，2023 年内蒙古自治区组织召开自治区水生态环境形势分析会商会 10 次，及时发现存在问题，“一市一单”向各盟（市）提醒预警，“点穴式”精准督促解决重点问题，实施闭环管理。定期向内蒙古自治区河长湖长制办公室报告国考断面水质达标情况，并抄送盟（市）第一河湖长，推动解决难点、堵点问题。深入实施《内蒙古自治区重点流域国考断面水质补偿办法（试行）》（内环发〔2022〕56 号），2023 年，内蒙古自治区累计收缴补偿金 1.34 亿元。黄河内蒙古段 9 个国考断面水质稳定保持Ⅱ类。

（李美艳　姜文达）

3. 水土流失治理　2023 年，内蒙古自治区按照《内蒙古自治区水土保持规划（2016—2030 年）》（内政办发〔2017〕8 号）确定水土保持工作任务和目标，依托自治区水土保持部门联席会议制度，明确各部门治理任务规模，并将任务分解落实到各盟（市）。自治区水利部门以水土保持目标责任考核为抓手，以国家水土保持重点工程为引领，结合重要生态系统保护和修复重大工程，全面完成水土流失综合防治工作。在政府主导、部门联动、社会参与的工作机制下，调动各方力量，内蒙古自治区完成水土流失综合治理面积 7 756km^2（1 163 万亩）。

（李美艳　姜文达）

4. 生态清洁型小流域建设　2023 年，内蒙古自治区水利厅大力推动国家水土保持重点工程有序实施，不断加强与财政、发展和改革部门沟通协调，及时分解小流域综合治理工程、东北黑土区侵蚀沟治理工程、淤地坝除险加固工程和坡耕地治理工程、淤地坝及拦沙坝建设工程等 6 类工程 175 个项目建设任务。其中治理小流域 54 条，侵蚀沟治理 779 条，新建淤地坝 29 座、除险加固 5 座，新建拦沙坝 62 座，治理工程面积 1 133km^2。首次通过以奖代补方式实施小流域综合治理工程 5 项，投资 5 000 万元，治理水土流失面积 100km^2。兴安盟扎赉特旗、突泉县、鄂尔多斯市杭锦旗 3 个旗（县）成功创建国家水土保持示范县，自治区水土保持示范创建工作取得新突破。（李美艳　姜文达）

【执法监管】　组织开展河湖安全保护、黄河流域河湖管理、水资源保护专项执法行动，2023 年内蒙古自治区河湖执法巡查 10.5 万 km，巡查水域面积 1.7 万 km^2，出动执法人员 2.9 万人次、执法车辆 1.4 万车次，现场制止违法行为 262 起，立案查处水事违法案件 328 件，有力打击了各类涉河湖违法行为。

（张晓宇）

【水文化建设】

1. 内蒙古哈素海国家湿地公园　内蒙古哈素海国家湿地公园批准成立于 1996 年 12 月，原名为哈素海湿地自然保护区，位于大青山南麓冲积平原、黄河冲积平原和大黑河冲积平原的交汇处，呼和浩特市土默特左旗的西南部，东距呼和浩特市 60km，西与包头市土默特右旗相邻，北至京包高速铁路，南以民生渠为界，东与土默特左旗善岱镇接壤，总面积 18 316hm^2，主要保护对象为湖泊、湿地、珍稀濒危野生动植物、水源涵养地，是呼和浩特平原保存完整的内陆型淡水湿地生态系统，在蓄水防洪抗旱、调节气候、防止水土流失和保障呼和浩特地区生态安全等方面发挥着重要作用。

哈素海，蒙语称哈拉乌素海，意为“黑水河”，俗称“后泊儿”，属大黑河水系外流淡水湖泊。湖面呈茄子状，为不规则的多边形，总面积为 30 余 km^2，水质肥沃，有“塞外西湖”之称。

2008 年，哈素海湿地自然保护区被列入“内蒙古自治区级自然保护区名录”，同年被水利部批准为国家水利风景区；2011 年，被列入“国家级自然保护区名录”；2012 年 12 月 31 日，批准建设内蒙古哈素海国家湿地公园（试点）；2014 年，被评为国家 AAAA 级旅游景区，曾入选《中国国家地理杂志》“发现内蒙古 100 个最美观景拍摄地”；2019 年 12 月 25 日，内蒙古哈素海国家湿地公园（试点）通过国家林业和草原局试点验收，正式成为“国家湿地公园”；2022 年，被中国旅行社协会批准为全国研学旅行基地。

2023 年 3 月，土默特左旗人民政府启动哈素海自然保护地整合优化工作。内蒙古哈素海湿地自然保护区优化前总面积 18 316hm^2，哈素海国家湿地公园优化前总面积为 606.67hm^2，整体重叠于哈素海自然保护区；整合后面积调整为 5 088.88hm^2，整合归并为内蒙古哈素海国家级湿地公园。2023 年 12 月 26 日，经内蒙古自治区人民政府同意被列入第四批内蒙古自治区重要湿地名录。

内蒙古哈素海国家湿地公园包括湖泊湿地、河流湿地、沼泽湿地、人工湿地四大湿地类型和淡水湖泊湿地、永久性河流、草本沼泽、灌丛沼泽、森林沼泽、内陆盐沼、水产养殖湿地、运河输水河湿地 8 个湿地型，总面积 606.67hm^2，其中湿地面积 332.65hm^2，湿地类型以湖泊湿地为主。哈素海国家湿地公园内有植物227 种，隶属 40 科 149 属，均为

内蒙古哈素海国家湿地公园（呼和浩特市河长制办公室 供图）

被子植物，内蒙古自治区级珍稀濒危保护植物 2 种，即豆科的甘草和野大豆；陆生、水生脊椎动物 193 种，国家重点保护鸟类 20 种，其中国家Ⅰ级重点保护鸟类 1 种、为黑鹳，国家Ⅱ级重点保护鸟类 19 种。春天的哈素海是迁徙候鸟的驿站，野鸭、灰鹤、天鹅、黑鹳等 110 余种鸟类在此停留，有的则在这里安家落户，繁衍生息。哈素海盛产草鱼、鲢鱼、鲤鱼及河虾、河蟹等十几个品种。哈素海国家湿地公园景区建设有草原文化产业区、草原湿地公园、草原休闲博览园以及休闲农业产业区、休闲渔业产业区、休闲牧业产业区等 6 个功能区。

（李美艳　李钧剑　张晓宇）

2. 巴彦淖尔市临河区黄河湾步行街（简称“黄河湾步行街”）　黄河湾步行街始建于 2012 年，于 2019 年完工，位于巴彦淖尔市临河区，地处北纬 40° 黄金纬度、黄河“几字弯”最北端的河套平原腹地，傍金川河水系而建，是巴彦淖尔市唯一的仿古建筑步行街，也是内蒙古西部唯一的古典旅游休闲街区及文化商贸汇集区。

黄河湾步行街街区总占地面积 6.7 万 m^2，总建筑面积 8.2 万 m^2，商铺面积约 7 万 m^2，主街区长 500m，总长 1 800m，配备 1.2 万 m^2 地下停车场及 5 000m^2 休闲广场，是集文化、教育、旅游、观光、休闲、娱乐、餐饮、民宿、购物为一体，充分体现黄河文化、河套文化的综合性文商旅项目。

黄河湾步行街是巴彦淖尔市、临河区两级政府重点打造项目。该街区两大特色为非遗体验中心和夜市，布局有文化街、美食街、休闲街，配有文化旅游、非遗文创、奇石古玩、书法字画、艺教培训、幼教童玩、餐饮民宿、休闲娱乐、健康养生、特产小吃、生活配套等项目。为扩大街区影响力，黄河湾步行街结合水生态、水文化建设，以“文商旅融合发展”为定位，联动周边旅游资源，运用以文塑旅、以旅彰文、文旅兴商的运营思路，倾力打造“市民常来，游客必到”的“国家级 AAAA 级旅游景区”“全国示范步行街”。

黄河湾步行街于 2023 年 3 月 1 日获评第二批国家级旅游休闲街区；2023 年 12 月 21 日，入选第二批内蒙古自治区级夜间文化和旅游消费集聚区名单。该街区还先后获“全国非遗与旅游融合发展优选项目·非遗旅游街区”“自治区级步行街改造提升试点”“自治区众创空间”“巴彦淖尔市非遗研修研习培训基地”“临河区中小学非物质文化遗产劳动实践教育基地”等荣誉称号，已形成巴彦淖尔市非遗文化聚集地、夜经济消费集聚区，受到社会各界的一致赞扬和好评。（李美艳　李钧剑　张晓宇）

3. 鄂尔多斯市河湖长制主题示范园　依托康巴什阿布亥沟综合治理工程，2023年10月，鄂尔多斯市康巴什区建成内蒙古自治区首个河湖长制主题示范园，该示范项目以河湖长制为题，融入河湖保护、水资源保护、水土保持等内容，以宣传牌、标牌、电子屏、景观小品等形式进行集中宣传展示，人们在散步休闲的时候能够了解鄂尔多斯市“治水、兴水”情况，进一步提高全社会对河湖保护工作的责任意识和参与意识，也提供了舒适优美的休闲亲水乐园和河湖长学习宣传新阵地。

（李美艳　李钧剑　张晓宇）

鄂尔多斯市河湖长制示范园
（鄂尔多斯市河长制办公室　供图）

【数字孪生水利建设】　2023年，内蒙古自治区山洪灾害监测预警平台提前完成“四预”功能升级改造，开发20个分布式水文模型集群，构建了“降雨—产流—汇流—演进”全链条山洪预报预警体系。建立内蒙古自治区土壤含水率专题图层，实现山洪气象风险预警多阶段、递进式动态预警。北斗规模化应用初步开展，已完成40处山洪灾害站点北斗改造。内蒙古自治区水利厅通过电子围栏向社会公众靶向发送预警短信2 400万余条，全年未发生因山洪灾害直接造成人员伤亡事件。

水利业务数字化应用支撑体系不断完善，内蒙古自治区已初步构建“流域＋区域＋水文地质”单元的河湖网格化全覆盖管控体系，正加快构筑以实时感知、数值模拟、数据同化为核心的水资源管理体系。搭建水库运行管理监督平台，现已接入383座小型水库雨水情测报设施和223座安全监测设施，实现全流程全要素台账、水利行业数据同源、分级落实责任，实现水库“一数一源”。数字孪生昆都仑河与扎敦水利枢纽先行先试项目顺利通过验收；数字孪生水网内容已纳入内蒙古自治区水网规划；有序开展数字孪生西辽河流域前期工作。（潘劭博）

辽宁省

【河湖概况】

1. 河湖数量　辽宁省内河流分属辽河、松花江和海河三大流域，流域面积$10km^2$以上的河流3 565条，其中$10\sim50km^2$溪河2 720条，$50\sim1\ 000km^2$小型河流797条，$1\ 000\sim5\ 000km^2$中型河流32条，$5\ 000km^2$以上大型河流16条；常年水面面积$1km^2$以上湖泊4个。（黄晓辉　许驰）

2. 水量　辽宁省多年平均水资源总量332.34亿m^3，其中地表水资源294.95亿m^3，地下水资源109.53亿m^3，重复计算量72.15亿m^3。

（黄晓辉　许驰）

3. 水质　全省150个地表水国考断面水质优良比例为85.3%，国家重要水功能区水质达标率为83.8%，全省86个县级以上在用集中式饮用水水源水质全部达标。（黄晓辉　许驰）

4. 新开工水利工程　2023年，辽宁省新开工建设水利工程44个，流域面积$3\ 000km^2$以上中小型河流治理工程5个，流域面积$200\sim3\ 000km^2$中小型河流治理工程39个。（黄晓辉　许驰）

5. 水库、水闸及堤防　辽宁省共有水库743座，总库容374.1亿m^3，其中大型水库37座，总库容344.0亿m^3；中型水库76座，总库容21.1亿m^3；小型水库630座，总库容9.0亿m^3。全省共有规模以上（过闸流量$\geq5m^3/s$）水闸工程1 079座，其中大型35座、中型138座、小型763座、橡胶坝和船闸143座。全省流域面积$50km^2$以上河流共有堤防9 536.2km，其中一级堤防501.2km、二级堤防1 577.2km、三级堤防434.0km、四级堤防2 311.9km、五级堤防4 711.9km。

（黄晓辉　许驰）

【重大活动】　2023年8月6日，辽宁省委书记、省总河长巡河调研并召开现场工作会议。

2023年8月12日，辽宁省省长、省总河长主持召开防御强降雨工作会议，要求落实五级河长、行政领导五级包保责任制。

2023年9月25日，辽宁省副省长、省副总河长、省河长办主任参加松花江、辽河流域省级河湖长联席会议并代表辽宁省发言；辽宁省副省长、省副总河长、省河长办主任组织召开河长制办公室会议，审议并通过《辽宁省幸福河湖建设三年行动方案》。

2023年10月25日，由辽宁省河长制办公室、沈阳农业大学联合共建的辽宁河湖长学院在沈阳农业大学揭牌成立，并启动首期辽宁河湖长学院培训工作。

2023年11月9日，辽宁省在盘锦市举办首届以“创建辽河口国家公园　让辽河成为造福人民的幸福河”为主题的辽河论坛，助推辽河流域治理保护和高质量发展。水利部领导出席并致辞。

2023年11月14日，辽宁省副省长、省副总河长、省河长办主任参加海河流域省级河湖长联席会议并代表辽宁省发言。

2023年12月28日，辽宁省省长、省总河长主持召开省政府第31次常务会议，审议《辽宁省全面推行河湖长制工作落实情况的报告》；辽宁省委书记、省总河长主持召开第119次省委常委会会议，审议《辽宁省全面推行河湖长制工作落实情况的报告》。（张野　李威）

【重要文件】

1. 总河长令　2023年4月4日，辽宁省委书记、省长签发《关于全力保障河道行洪安全　持续强化河湖长制的决定》（辽宁省总河长令第5号）。（高萌）

2. 任务书　2023年5月23日，辽宁省委书记、省长作为省总河长与各市总河长签订《河长制湖长制工作任务书》。（高萌）

3. 省委、省政府重要文件　2023年4月18日，辽宁省人民政府办公厅印发《关于开展2023年河湖长制工作专项督察的通知》（辽政办督〔2023〕5号）。（高萌）

4. 区域协作重要文件　2023年12月8日，辽宁、吉林2省省政府主要领导在省际合作交流座谈会上，共同签署《吉林省水利厅　辽宁省水利厅推进水利高质量发展合作框架协议》。明确将河长制工作纳入框架协议。（高萌）

5. 省河长办及成员单位重要文件　2023年1月13日，辽宁省河长制办公室印发《辽宁省河长制办公室关于做好我省河湖健康评价计划编制工作的通知》（辽河长办〔2023〕2号）。

2023年2月12日，辽宁省河长制办公室印发《关于开展2023年河湖垃圾清理专项行动的通知》（辽河长办〔2023〕3号）；辽宁省河长制办公室印发《关于继续深入推进河湖“清四乱”常态化规范化的通知》（辽河长办〔2023〕4号）。

2023年2月14日，辽宁省河长制办公室印发《辽宁省河湖健康评价及河湖健康档案建立工作方案》的通知（辽河长办〔2023〕5号）。

2023年2月22日，辽宁省河长制办公室印发《关于印发〈辽宁省2022年度河湖长制督查激励实施方案〉的通知》（辽河长办〔2023〕6号）。

2023年3月11日，辽宁省河长制办公室印发《关于印发〈2023年河长制监督检查工作方案〉的通知》（辽河长办〔2023〕7号）。

2023年3月15日，辽宁省河长制办公室印发《关于调整省河长制办公室（辽河流域综合治理工作领导小组办公室）组成人员及联络员的通知》（辽河长办〔2023〕8号）。

2023年3月21日，辽宁省河长制办公室印发《关于调整绕阳河等妨碍河道行洪突出问题专项清理整治工作领导小组组成人员名单的通知》（辽河长办〔2023〕9号）。

2023年3月25日，辽宁省河长制办公室印发《关于开展河湖遥感图斑核查整治有关工作的通知》（辽河长办〔2023〕10号）。

2023年4月3日，辽宁省河长制办公室印发《关于印发〈2023年河湖长制工作要点〉的通知》（辽河长办〔2023〕11号）。

2023年4月11日，辽宁省生态环境厅印发《辽宁省2023年入河排污口监督管理工作方案》（辽环发〔2023〕13号）。

2023年5月30日，辽宁省河长制办公室印发《关于进一步推进河湖垃圾清理整治工作的通知》（辽河长办〔2023〕12号）。

2023年6月27日，辽宁省河长制办公室印发《关于深入开展河湖“四乱”和非法采砂问题排查整治工作的通知》（辽河长办〔2023〕13号）。

2023年6月28日，辽宁省河长制办公室印发《关于做好2023年第一轮省级河湖长制监督检查发现问题整改工作的通知》（辽河长办〔2023〕14号）。

2023年7月18日，辽宁省住房和城乡建设厅印发《关于开展2023年度辽宁省城市供水水质抽样检测工作的通知》（辽住建公用〔2023〕14号）。

2023年8月15日，辽宁省农业农村厅印发《关于建立畜禽粪污收集储存运输利用体系的通知》（辽农办畜发〔2023〕501号）。

2023年9月8日，辽宁省河长制办公室印发《关于印发〈重点河流生态保护和高质量发展规划〉

的通知》(辽河长办〔2023〕16号)。

2023年9月30日，辽宁省河长制办公室印发《关于切实加强中秋 国庆节期间河湖水域岸线管理工作的紧急通知》(辽河长办〔2023〕19号)。

2023年10月3日，辽宁省河长制办公室印发《关于进一步加强饮用水水源地管理保护工作的通知》(辽河长办〔2023〕20号)。

2023年11月22日，辽宁省河长制办公室印发《关于做好2023年第二轮省级河湖长制监督检查发现问题整改工作的通知》(辽河长办〔2023〕21号)。

2023年11月24日，辽宁省河长制办公室印发《关于成立辽河干流等滩区生态封育评估工作指导小组的通知》(辽河长办〔2023〕22号)。 (高萌)

6. 联防联控重要文件　2023年3月13日，辽宁省防汛抗旱指挥部、辽宁省河长制办公室印发《关于印发〈浑河太子河西沙河河道清障总体方案〉的通知》(辽汛发〔2023〕1号)。

2023年6月28日，辽宁省防汛抗旱指挥部、辽宁省河长制办公室印发《关于深入推进河道清障工作的通知》(辽汛发〔2023〕9号)。

2023年7月13日，辽宁省水利厅、辽宁省高级人民法院、辽宁省人民检察院、辽宁省公安厅、辽宁省司法厅印发《关于印发〈辽宁省河湖安全保护专项执法行动方案〉的通知》(辽水合〔2023〕14号)。

(高萌)

【地方政策法规】

1. 法规　2023年11月14日，辽宁省第十四届人民代表大会常务委员会第六次会议通过《关于修改〈辽宁省实施《中华人民共和国水法》办法〉等六部地方性法规的决定》，第八次修正《辽宁省实施〈中华人民共和国水法〉办法》。

2. 政策文件　2023年3月16日，辽宁省农业农村厅印发《关于印发〈到2025年化肥减量化行动方案〉和〈到2025年农药减量化行动方案〉的通知》(辽农农〔2023〕48号)。

2023年3月24日，辽宁省农业农村厅印发《关于印发〈2023年全省主要大田作物科学施肥指导意见〉的通知》(辽农办农发〔2023〕162号)。

2023年3月30日，辽宁海事局印发《关于规范实施船舶防污染相关作业远程监管的通知》(辽海危防函〔2023〕132号)。

2023年8月22日，辽宁省农田基本建设“大禹杯”竞赛领导小组、辽宁省河长制办公室印发《关于印发〈辽宁省2023年“大禹杯”竞赛考评方案〉的通知》(辽水合考评〔2023〕2号)。

2023年8月25日，辽宁省河长制办公室印发《关于印发〈辽宁省2023年度河湖长制考评实施细则〉的通知》(辽河长办〔2023〕15号)。

2023年9月27日，辽宁省住房和城乡建设厅印发《关于印发〈辽宁省城镇污水处理厂运行监督管理办法〉的通知》(辽住建〔2023〕59号)。

2023年11月17日，水利部松辽水利委员会、辽宁省人民检察院、辽宁省水利厅印发《关于印发〈关于建立水行政执法与检察公益诉讼协作机制的实施意见〉的通知》(松辽政法〔2023〕284号)。

2023年12月15日，辽宁省河长制办公室印发《关于印发〈辽宁省幸福河湖建设三年行动方案〉的通知》(辽河长办〔2023〕23号)。

2023年12月，辽宁海事局印发《关于发布〈辽宁海事局防治船舶供受油作业污染水域环境管理办法〉的通告》(通告〔2023〕8号)。

2023年12月29日，辽宁省生态环境厅印发《辽宁省入河排污口设置分级审批权限划分方案（试行)》(辽环发〔2023〕46号)。 (李慧　郭颖)

【河湖长制体制机制建立运行情况】

1. 河湖长动态管理机制　2023年，动态调整省级河长5人次。全省五级河湖长1.9万人共开展巡河67万余人次，解决重点难点问题。 (陈颖　李蔚海)

2. 考核激励　2023年，辽宁省河长制办公室印发《关于印发〈辽宁省2023年度河湖长制考评实施细则〉的通知》(辽河长办〔2023〕15号)，健全政府、部门、河长和河长办“四位一体”考评体系。

加强监督检查，建立健全“专”“常”结合的督查体系，将河湖长制监督检查纳入2023年度省政府专项督查工作，随机抽查856名河湖长履职情况、155条（段）河流“清四乱”及水污染防治等工作成效。开展2轮常态化河长制监督检查，对检查中发现的问题以“一市一单”形式督导整改。

根据辽宁省人民政府办公厅《关于印发〈辽宁省“大禹杯（河湖湾长制）”竞赛考评办法〉的通知》(辽政办发〔2021〕18号)，落实年度内河湖长制激励资金1 500万元，用于激励各市河湖长制工作突出地区。 (陈颖　李蔚海)

3. 幸福河湖建设　2023年，辽宁省河长制办公室编制并印发《关于印发〈辽宁省幸福河湖建设三年行动方案〉的通知》(辽河长办〔2023〕23号)，指导各地加快推进幸福河湖建设工作。

结合辽宁省实际及北方河流特点，研究制定了《辽宁省幸福河湖评价标准》《辽宁省幸福河湖指标及赋分细则》，筛选20项评价指标及赋分细则，对

喀喇沁左翼蒙古族自治县龙源湖水利风景区（喀喇沁左翼蒙古族自治县河长制办公室　供图）

河流湖泊分类开展评价。

本溪市本溪满族自治县小汤河“建设幸福河湖 唱响流水欢歌”案例入选 2023 年水利部全面推行河湖长制典型案例汇编，朝阳市喀左龙源湖水利风景区入选国家水利风景区高质量发展典型案例。

（陈颖　李蔚海）

【河湖健康评价开展情况】　深入贯彻落实《水利部办公厅关于开展河湖健康评价建立河湖健康档案工作的通知》（办河湖〔2022〕324 号）及《水利部河湖司关于进一步明确河湖健康评价有关事项的通知》（河湖〔2023〕1 号）要求，组织对辽宁省内流域面积 $50km^2$ 以上河流及水面面积 $1km^2$ 以上湖泊开展健康评价、建立河湖健康档案工作。编制并印发《辽宁省河湖健康评价及河湖健康档案建立工作方案》（辽河长办〔2023〕5 号），明确 775 条河流和 2 个湖泊名录及健康评价工作计划。2023 年，完成 108 条河流健康评价及健康档案建立工作，其中 B 类河流 42 条，C 类河流 66 条，健康情况为健康 70 条，亚健康 38 条，主要评价依据采用水利部河长办印发的《河湖健康评价指南（试行）》（第 43 号）及《辽宁省河湖（库）健康评价导则》（DB21/T 2724—2017）。

（刘玥）

【“一河（湖）一策”编制和实施情况】　2023 年，按照水利部办公厅《关于印发〈“一河（湖）一策”方案编制指南（试行）〉的通知》（办建管函〔2017〕1071 号）及《辽宁省“一河一策”治理及管理保护方案编制通则》等要求，开展 2021—2023 年全省“一河一策”总结评估工作。组织开展流域面积 $50km^2$ 以上河流健康评价工作，并广泛收集资料，做好下一轮“一河一策”方案编制的准备工作。

（刘玥）

【水资源保护】

1. 水资源刚性约束　2023 年，编制完成《辽宁省地下水管控指标确定报告》，确定地下水取水总量、地下水水位 2 项控制指标和地下水取用水计量率、地下水监测井密度、灌溉用机井密度 3 项管理指标。辽宁省水利厅印发《关于印发〈辽宁省地下水管控指标〉的通知》（辽水资〔2023〕356 号），建立地下水取水总量和水位控制指标体系。

（高萌　王天一）

2. 生态流量监管　2023 年，完成清河、小凌河（含女儿河）、碧流河 3 条典型河流和清河水库、锦凌水库、乌金塘水库、碧流河水库 4 座水库生态流量核定与保障先行先试，编制完成先行先试工作报告。落实重点河流生态流量保障实施方案，将重点河流生态流量保障目标纳入流域水资源年度调度计划，2023 年纳入国家考核的 10 条重点河流 16 个控制断面生态流量全部达标。（高萌　王天一）

3. 取水监测计量体系建设　2023 年，建设规模以上非农取水在线监测计量设施 422 台（套），推动铁岭、锦州完成农业灌溉机井“以电折水”样本井在线监测计量设施 387 台（套），建成辽宁省取用水管理平台，取水计量率和在线监测率进一步提升。

（高萌　王天一）

4. 地下水超采区划定　2023 年，编制完成《辽宁省地下水超采区划定报告》并通过松辽委复核和水利部审查，共划定地下水超采区 2 个，地下水开发利用临界区 9 个，相关成果已纳入全国新一轮地下水超采区划定报告。（高萌　王天一）

5. 水功能区监督管理　持续开展“一代多”国控断面对应水功能区延续监测。2023 年，辽宁省 216 个国家重要江河湖泊水功能区中 181 个水质达标，达标率为 83.8%。（高萌　王天一）

6. 全国重要饮用水水源地安全达标保障评估　2023 年，修订并向水利部报送《辽宁省全国重要饮用水水源地名录》。编制完成《辽宁省 2023 年度全国重要饮用水水源地安全保障达标建设评估报告》并报送水利部备案。按月对全省 30 处重要水源地和省管重要输（供）水工程开展水质监督监测和排查性监测，开展重要水源地藻类水华监测预警，扎实推进饮用水水源保护。（高萌　王天一）

7. 探索用水权改革　2023 年，将探索用水权交易机制纳入《辽宁全面振兴新突破三年行动方案（2023—2025 年）》，并作为省政府绩效考核任务加以推进，依托国家水权交易系统，搭建辽宁省水权交易平台，省水利厅、省发展和改革委员会、省财政厅印发《关于印发〈辽宁省推进用水权改革实施方案〉的通知》（辽水合〔2023〕32 号），全年推动完成 9 单水权交易，交易水量 78.9 万 m^3，水权交易实现零突破。（高萌　王天一）

【水域岸线管理保护】

1. 河湖管理范围划定　2023 年，复核 3 565 条流域面积 $10km^2$ 以上河流划界成果，完成 80 条河流岸线保护与利用规划编制，清理整治河湖岸线利用建设项目和特定活动 10 087 项。（吴林风　刘玥）

2. 采砂管理　2023 年，落实 144 处重点河段、敏感水域采砂管理“四个责任人”，全省 33 处许可砂场全部应用电子证照，许可采量 195.90 万 m^3。水利、交通运输、海事等部门联合建立河道砂石采运管理单制度，印制采运管理单 7 040 本，发放 6 710 本。综合利用现场检查督导、采砂监理巡查、第三方测量复核和无人机航飞监管等方式，开展河道采砂巡查监管，下发 23 个河道采砂管理通知单并督促整改。（吴林风　刘玥）

3. “四乱”整治　2023 年，持续推进妨碍河道行洪突出问题专项清理整治，92 个问题已全部完成整改。推进辽河、绕阳河等河道清障工作，截至主汛期前，清理整治设障问题 1 346 个。加大河湖垃圾管控和清理整治力度，并向中小河流和农村延伸，截至 2023 年底，共清理河湖垃圾 254.9 万 m^3，其中可回收垃圾 29.19 万 m^3，不可回收垃圾 224.71 万 m^3。开展河道内“小开荒”等河湖“四乱”排查整治工作，截至 2023 年底，全省共排查河湖“小开荒”等“四乱”问题 431 个，已全部完成整改。

（吴林风　刘玥）

【水污染防治】

1. 水源保护排查整治　2023 年，印发《辽宁省生态环境厅关于开展县级以上地表水型集中式饮用水水源地排查整治工作的通知》（辽环综函〔2023〕149 号），组织开展地表型水源保护区排查整治工作，发现问题 115 个，其中生活面源类问题 39 个、工业企业类问题及农业面源问题各 12 个、餐饮旅游类问题 11 个、交通穿越类问题 4 个、其他类问题 37 个。

（高萌　陈益春）

2. 排污口整治　2023 年，印发《辽宁省 2023 年入河排污口监督管理工作方案》（辽环发〔2023〕13 号）。组织开展全省入河排污口排查整治“回头看”专项行动，现场核查排污口 850 个，对核查发现的 315 个问题督办各市整改。实施排污口“一口一档、一口一策”管理，按照“查、测、溯、治”工作步骤，分阶段推进入河排污口整治和规范化建设，在完成辽河干支流重点排污口整治规范化试点工作的基础上，启动浑太流域重点排污口整治规范化建设。（高萌　陈益春）

3. 工矿企业污染　2023 年，印发《辽宁省生态环境厅关于组织开展全省工业园区污水处理设施排查整治专项行动的通知》（辽环综函〔2023〕232 号），对国家级、省级、市级、县级四级各类工业园区开展排查核实，实行动态管理，摸清底数，压实属地政府责任，确保工业园区污水收集管网全覆盖，

污水集中处理设施稳定达标运行。（高萌　陈益春）

4. 城镇生活污染　2023 年，开展城镇污水处理提质增效、化肥农药减量增效、畜禽粪污综合利用工作，推进排污口整治规范化试点、水产绿色健康养殖等“五大行动”。建设改造城市排水管网 2 006km，市、县污水及污泥无害化处置率均达到 95%以上。（高萌　陈益春）

5. 畜禽养殖污染　2023 年，实施畜禽养殖污染集中强化监督检查，对 3 319 家规模养殖场开展现场执法检查，市级层面全面建立畜禽养殖违法行为联合惩戒机制。依托 12316 金农讲堂举办全省粪污资源化利用典型技术推广培训，印发 125 个粪污资源化利用相关技术标准目录。强化河流总氮治理管控，指导各地加强粪污资源化利用。加强畜禽粪污收集储存运输利用体系建设，组织各市构建“种养主体小循环、粪污处理机构大循环”的种养结合生态循环体系，82 个县（区）制定粪污收储运体系建设实施方案。2023 年，畜禽粪污综合利用率稳定在 83.5%以上。（高萌　陈益春）

6. 水产养殖污染　2023 年，深入推进水产绿色健康养殖“五大行动”，开展生态养殖技术培训班，重点推广稻渔综合种养、工厂化循环水养殖、多营养层级立体养殖、大水面生态增养殖等水产养殖技术模式。开展水产绿色健康养殖技术推广骨干基地认定和培育工作，建立骨干基地 26 个，发挥以点带面辐射带动作用。大力开展水产养殖用药减量行动和绿色生态防病技术，建立健全水产养殖生产记录和用药记录，严格执行休药期制度，强化疾病监测预警，产地水产品质量安全监督抽查合格率保持在 98%以上。（高萌　陈益春）

7. 农业面源污染　2023 年，持续开展化肥、农药减量增效工作，印发《辽宁省农业农村厅关于印发〈到 2025 年化肥减量化行动方案〉和〈到 2025 年农药减量化行动方案〉的通知》（辽农农〔2023〕48 号）、《辽宁省农业农村厅办公室关于印发〈2023 年全省主要大田作物科学施肥指导意见〉的通知》（辽农办农发〔2023〕162 号），集成推广施肥新技术、新产品、新机具，提高科学施肥技术水平。开展“科学安全用药公益大讲堂”培训，组织农药减量增效技术与产品推介活动，推广化学农药替代技术和高效低毒低残留农药，应用高效植保机械。开展农药使用调查监测，强化统防统治和绿色防控融合，提升科学安全用药水平。2023 年，全省测土配方施肥技术推广面积稳定在 6 000 万亩以上，落实大豆接种根瘤菌面积 30 万余亩，化肥农药使用量连续 7 年实现负增长，主要农作物化肥农药利用率达到 40%以上。（高萌　陈益春）

8. 船舶港口污染　2023 年，开展内河船舶防污染检查 412 艘次，完善船舶污染防治监管制度建设，加强作业船舶源头管理，规范船舶供受油作业活动，提升辖区船舶作业安全和污染防治能力。推行船舶防污染远程监管，及时掌握作业安全措施落实情况，督促船舶纠正问题隐患，解决内河船舶防污染相关作业距离远、地点分散等对现场监管的影响，提升内河船舶监管效能。（高萌　陈益春）

【水环境治理】

1. 饮用水水源规范化建设　2023 年，86 个县级以上在用集中式饮用水水源水质全部达标，国家拟考核的 56 个县级以上城市水源水质达标率达到 100%。完成市、县及乡镇级饮用水水源保护区风险源排查。建立健全风险源管理清单，并实施动态管理。制定大伙房饮用水水源保护区突发环境事件应急预案。加强农村饮用水水源保护，完成 97 个新增的乡镇级集中式饮用水水源划定工作。

开展对市级、县级集中式饮用水水源地环境状况评估。2023 年，市级、县级集中式饮用水水源环境状况在水源水量水质、保护区建设、保护区整治、监控能力建设、风险防控与应急能力建设、管理措施等方面综合评估结果均为优秀。（刘玥）

2. 黑臭水体治理　2023 年，对全省 72 条城市黑臭水体组织开展第二、第三季度交叉监测，开展超标水体及存在返黑返臭隐患水体督办整改。辽宁省生态环境厅、省住房和城乡建设厅印发《关于开展 2023 年辽宁省城市黑臭水体整治环境保护专项行动的通知》（辽环综函〔2023〕231 号），建立长治久清长效机制。通过卫星遥感技术，识别和排查城市黑臭水体，对 550 余处水体中识别出的 164 处疑似黑臭水体开展现场核查。

系统整治现有的 116 条农村黑臭水体，截至 2023 年底，治理完成 100 条；完成新增 23 条农村黑臭水体治理任务。组织各市全面排查季节性农村黑臭水体，共排查出 91 条季节性污染水体，全部纳入省级监管清单，除 4 条因面积较大计划于 2024 年完成整治外，其余 87 条全部完成治理。（刘玥）

3. 农村环境整治　2023 年，持续推进农村环境净化整治专项行动，新增垃圾转运设施 705 个、农村生活污水处理设施 158 个。2023 年，全省农村生活污水治理率达 33.9%，已建农村生活污水处理设施运行率达 87%。（刘玥）

4. 美丽宜居村创建　2023 年，按照“一村一策”原则，推动完成 471 个村环境整治。（刘玥）

【水生态修复】

1. 巩固生态封育成果　2023 年，印发《辽宁省水利厅关于做好 2023 年河流滩区生态封育工作的通知》（辽水河湖函〔2023〕31 号），巩固辽河等重点河流滩区生态封育成果，推进辽河口国家公园设立，全面贯通辽河干流生态廊道。（高萌）

东辽河生态封育（徐大光　拍摄）

2. 统筹山水林田湖草沙综合治理　2023 年，治理东北黑土区侵蚀沟 206 条，营造林 258.92 万亩。制定辽宁省湿地保护规划，实施 2 个水美乡村试点县建设，完成 108 条河流健康评价、3 条河流及 4 座已建水利水电工程生态流量核定与保障先行先试，生态系统质量和稳定性得到有效提升。（高萌）

3. 生态补偿机制建立　2023 年，实施辽宁双台河口国际重要湿地生态效益补偿。对辽宁双台河口国际重要湿地中 57.65 万亩湿地实施两轮湿地生态补水，累计补水量 7 542 万 m^3，使湿地退化和岛屿化趋势得到一定程度的缓解。（高萌）

4. 生态清洁型小流域建立　2023 年，下达小流域综合治理任务面积 694.5km^2，完成治理面积 682.9km^2，8 条生态清洁小流域完成竣工验收并通过认定。（高萌）

【执法监管】

1. 区域协调联动　2023 年，辽宁省生态环境厅与吉林省生态环境厅联合签订《水污染联防联控合作框架协议实施细则》，构建吉南、辽北、蒙东跨区域、跨流域联防联控体系。2023 年，流域信息互动转办 131 条，合力解决跨流域区域生态环境问题 25 个。印发《水利部松辽水利委员会　辽宁省人民检察院　辽宁省水利厅关于印发〈关于建立水行政执法与检察公益诉讼协作机制的实施意见〉的通知》（松辽政法〔2023〕284 号），建立定期会商、专项行动、线索移送、调查取证、特案特办、案情通报等机制，加强对水利行业重点领域的管理和保护工作。（李威）

2. “四长联动”　2023 年，强化河湖长与河湖警长、检察长、法院院长“四长联动”机制，印发《辽宁省水利厅　辽宁省高级人民法院　辽宁省人民检察院　辽宁省公安厅　辽宁省司法厅关于印发〈辽宁省河湖安全保护专项执法行动方案〉的通知》（辽水合〔2023〕14 号），成立工作专班，召开全省河湖安全保护专项执法行动工作会议，切实加强对专项执法行动的组织领导。（李威）

3. 河湖日常监管　2023 年，水利、生态环境部门办理涉水案件 1 115 件；公安机关立案办理涉水刑事案件 665 件、破获案件 638 件；检察机关立案办理涉水公益诉讼案件 192 件。农业农村部门开展辽河流域清网联合执法行动，清网里程 120 余 km，共清除地笼网、迷魂阵网等 900 余片，违禁网具 1 000 余 m；生态环境部门开展市政污水直排排查，发现相关问题 244 个；海事部门开展内河船舶防污染联合执法检查 18 次，发现问题 45 项，及时消除隐患，保障辖区内河船舶污染防治形势持续稳定，保护水域环境清洁。（李威）

【水文化建设】

1. 水利风景区　2023 年，辽宁省有国家水利风景区和省级水利风景区各 12 家，其中本溪市关门山风景区被水利部评为标杆景区，喀左龙源湖水利风景区被评为高质量典型案例。2023 年，认定营口大辽河沿岸、本溪大冰沟 2 个省级水利风景区，推动以朝阳大凌河、喀左龙源湖、燕山湖为支撑的大、小凌河水利风光带和以关门山、大石湖老边沟、本溪大冰沟为代表的本溪水利风景区集群建设。印发《辽宁省水利厅关于进一步强化水利风景区内安全管理工作的通知》（辽水河湖函〔2023〕30 号），明确监管职责。（郭颖）

2. 宣传引导　2023 年，挖掘河湖治理保护工作好的经验做法，树立一批县、乡、村基层河湖长和巡河（护）员、民间河湖长、河湖管理保护志愿者典型，推荐的“建设幸福河湖　唱响流水欢歌——辽宁省本溪县小汤河综合治理为县域经济协调发展点燃新引擎”典型案例入选全面推动河湖长制典型案例，为中小河流治理保护与开发利用提供借鉴。

组织报送的大连市《守护幸福河湖——一个民间河长的故事》获得第五届“守护幸福河湖”主题赛优秀奖，朝阳市《退耕还河天鹅舞》《一湾之水，两岸青山》分别获得“水美中国”专题赛的一等奖、三等奖，喀喇沁左翼蒙古族自治县《守护大凌

河的“同事夫妻”》获得“跟着河长去巡河”专题赛优秀奖。（郭颖）

《一湾之水，两岸青山》——大凌河第一湾
（朝阳市喀喇沁左翼蒙古族自治县河长制办公室　供图）

【数字孪生水利建设】　2023年，落实《水利部关于开展数字孪生流域建设先行先试工作的通知》（水信息〔2022〕79号）和《水利部办公厅关于印发〈数字孪生流域建设先行先试台账〉的通知》（办信息〔2022〕79号）要求，制定“十四五”时期推进智慧水利建设实施方案，并将数字孪生流域建设纳入省智慧水利建设领导小组职责，健全统筹协调工作机制。

组织实施数字孪生辽河（干流石佛寺水库—辽中水文站段）建设先行先试任务，全长190km，完成试点河段L2级及石佛寺水库等水库工程L3级数据底板、模型和知识平台、信息化基础设施能力提升、防汛业务“四预”应用建设、网络安全防护能力提升等5项建设任务。

构建辽宁水利云基础，基本实现重点防洪区域“四预”业务功能；完成省级网络安全防护能力升级改造，构建省级网络等保三级防御体系。完善河湖长制管理信息系统，利用卫星遥感等手段加强农村生活垃圾、河湖“四乱”以及河流滩区监督管理，提升河湖监管信息化水平全面提升。

（孙晓莹　刘玥）

吉林省

【河湖概况】

1. 河湖数量　吉林省地处松辽平原腹地，是东北三省唯一横跨松花江、辽河流域的省份，更是河源省份。全省河流众多，分属松花江、辽河、鸭绿江、图们江、绥芬河五大水系，其中松花江、辽河属于全国七大江河，鸭绿江和图们江为中朝界河。长白山是松花江、鸭绿江、图们江的发源地。吉林省河流总长度约3.2万km，河流和湖泊水面面积为26.55万hm^2。其中水面面积在1km^2以上的自然湖（泡）152个，流域面积20km^2以上的河流1 633条，流域面积50km^2以上的河流912条，流域面积100km^2以上的河流495条，流域面积200km^2以上的河流250条。（刘金宇）

2. 水量　长白山国家级自然保护区年降水量为800～1 000mm，为全省的高值区；西部平原区降水量为500～700mm，为全省低值区。2023年，全省平均降水量为730.7mm（折合水量为1 369.24亿m^3），比2022年平均降水量的820.7mm少11%，比多年均值多21.1%，属偏丰水年。全省水资源总量为498.82亿m^3，其中地表水资源量421.71亿m^3；地下水资源量163.97亿m^3，重复计算量为86.86亿m^3。全省共有19座大型水库、108座中型水库，2023年底总蓄水量为181.54亿m^3，较2023年初减少7.1%。2023年，全省总供水量为105.36亿m^3，以地表水供水为主，占总供水量的67.4%。2023年全省总用水总量为105.36亿m^3，农田灌溉用水量最多，占总用水量的73.5%，生活用水量次之，占12.4%。（刘金宇）

3. 水质　2023年1—12月，全省重点流域111个国家考核断面中（有监测数据的断面109个），水质达标率为96.3%，同比上升0.9个百分点；优良水体比例为85.6%，同比上升3.9个百分点，优于国家考核目标9.5个百分点；劣Ⅴ类水体保持清零，低于国家考核目标4.6个百分点。（刘金宇）

4. 新开工水利工程　2023年，谋划实施防洪、供水、水生态修复治理、信息化等4大类937项水利工程，完成投资156.97亿元，同比增长8%。编制完成《吉林省水网建设规划》，以“两纵五横”水网主框架为核心，谋划了4方面27类、总投资4 700亿元的水网工程。吉林水网骨干工程可研和初设分别获得国家发展改革委和水利部审批。水利部部长李国英、吉林省委书记、省长出席开工动员会，成为《国家水网建设规划纲要》公布后首个开工的国家水网重大骨干工程。西部河湖连通工程全面建成，查干湖水生态修复与治理试点工程全面开工建设。（刘金宇）

【重大活动】

1. 省总河长会议　2023年6月6日，吉林省2023年省级总河长会议以视频形式召开，会议听取2022年河湖长制工作汇报和2023年工作安排，松原市、白城市、延边朝鲜族自治州总河长和省住房和城乡建设厅、省生态环境厅代表对2022年度河长制工作进行述职；审议通过《吉林省2023年“河湖长＋河湖警长＋检察长＋法院院长”协作机制工作要点》《吉林省河湖长制工作考核办法》《吉林省河湖长制工作述职制度》和吉林省河湖长制相关配套制度。省委副书记、省长、省总河长主持会议并讲话。省委书记、省总河长出席会议并讲话。

（刘金宇）

2. 松辽流域三省一区省级河湖长联席会议　2023年9月25日，松辽流域三省一区省级河湖长联席会议以视频形式召开，会议深入学习贯彻习近平生态文明思想，落实习近平总书记在全国生态环境保护大会和新时代推动东北全面振兴座谈会上的重要讲话精神，共商松辽流域幸福河湖建设大计，共谋河湖长制走深走实之策，共聚河湖流域治理保护合力。联席会议召集人、吉林省委副书记、省长、省总河长主持会议并讲话。水利部副部长朱程清参加会议并讲话。（刘金宇）

3. “还河于河”工作部署视频会议　2023年11月9日，吉林省召开“还河于河”工作部署视频会议，会议安排部署当前和今后一个时期“还河于河”重点任务，着力解决涉河突出问题，保持河道畅通和河势稳定，恢复和提高行洪泄洪能力，吉林省副省长、副总河长主持会议并讲话。

4. 查干湖生态保护专题会议　2023年11月21日，吉林省委副书记、省长、省总河长主持召开查干湖生态保护专题会议，会议听取省生态环境厅、省水利厅、松原市、白城市有关情况汇报及专家意见建议，全面分析查干湖生态环境基本情况、保护治理进展情况，破解重点难点瓶颈问题，研究具体治理方案，部署下一步工作。（刘金宇）

【重要文件】

1. 省委、省政府重要文件　2023年9月22日，印发《吉林省人民政府办公厅关于印发吉林省农村供水高质量发展实施方案（2023—2026年）的通知》（吉政办发〔2023〕24号）。

2023年9月28日，中共吉林省委办公厅、吉林省人民政府办公厅印发《关于印发〈吉林省河湖长制工作考核办法〉的通知》（吉办发〔2023〕25号）。

2023年11月13日，吉林省人民政府办公厅印发《关于印发〈吉林省“还河于河”工作实施方案（2023—2025年）〉的通知》（吉政办函〔2023〕114号）。

2023年11月28日，吉林省人民政府办公厅印发《关于印发〈吉林省生态保护红线监管办法（试行）〉的通知》（吉政办规〔2023〕2号）。（刘金宇）

2. 省河长办重要文件　2023年3月7日，吉林省河长制办公室、省生态环境厅、省水利厅印发《2023年春季“清河行动”实施方案的通知》（吉河办联〔2023〕4号）。

2023年6月8日，吉林省河长制办公室印发《关于印发〈吉林省河长制办公室工作规则〉的通知》（吉河办〔2023〕18号）。

2023年6月13日，吉林省河长制办公室印发《关于印发〈吉林省省级河长制成员单位工作职责〉的通知》（吉河办〔2023〕19号）。

2023年7月6日，吉林省河长制办公室、省公安厅、省人民检察院、省高级人民法院印发《吉林省2023年“河湖长＋河湖警长＋检察长＋法院院长”协作机制工作要点》（吉河办联〔2023〕25号）。

2023年8月3日，吉林省河长制办公室印发《关于建立幸福河湖项目库的通知》（吉河办函〔2023〕20号）。

2023年8月15日，吉林省河长制办公室、省公安厅、省人民检察院、省高级人民法院印发《关于印发〈吉林省“四长协作”机制联席会议工作规则〉〈吉林省“四长协作”联动工作制度〉的通知》（吉河办联〔2023〕29号）。

2023年9月14日，吉林省河长制办公室、省人力资源和社会保障厅印发《关于开展河湖长制工作表扬的通知》（吉河办联〔2023〕30号）。

2023年11月20日，吉林省河长制办公室印发《关于印发〈吉林省“十四五”幸福河湖建设工作方案〉的通知》（吉河办〔2023〕32号）。（刘金宇）

3. 河长制成员单位重要文件　2023年6月30日，吉林省水利厅、省交通运输厅印发《关于推行河道砂石电子采运管理单制度的通知》（吉水河湖联〔2023〕138号）。

2023年7月3日，吉林省水利厅、省高级人民法院、省人民检察院、省公安厅、省司法厅印发《关于印发吉林省河湖安全保护专项执法行动方案的通知》（吉水政法联〔2023〕133号）。

2023年9月1日，吉林省生态环境厅印发《关于进一步贯彻落实〈关于加强排污许可执法监管的指导意见〉的通知》（吉环执法字〔2023〕9号）。

2023年10月20日，吉林省生态环境厅印发《关于印发2023年全省生态环境执法“秋冬会战”专项行动实施方案的通知》（吉环执法字〔2023〕12号）。

（刘金宇）

【地方政策法规】 2023年8月28日，《吉林省松花江流域水环境保护条例（征求意见稿）》。

2023年9月27日，吉林省第十四届人民代表大会常务委员会第六次会议通过《吉林省农村供水条例》。

2023年12月1日，吉林省十四届人大常委会第七次会议批准《长春市辽河流域协同保护条例》《四平市辽河流域协同保护条例》《辽源市辽河流域协同保护条例》。（刘金宇）

【河湖长制体制机制建立运行情况】

1. 监督检查　2023年，吉林省河长办联合省委督查室、省政府督查室，以“四不两直”形式开展明查暗访，督促检查各地河湖长制工作落实情况，对重点难点问题进行挂牌督办。全省参照省级模式开展联合督查343次。（刘金宇）

2. 考核激励　2023年，以省委办公厅、省政府办公厅文件印发考核办法，完成年度河湖长制考核任务，对2020—2022年度河长制湖长制工作表现突出的50家单位和150名个人，以省政府名义进行通报表扬。（刘金宇）

3. 幸福河湖建设　2023年，有序推进国家级幸福河湖试点项目建设，延吉河（烟集河）成为全国第二批幸福河湖及东北“三省一区”唯一的国家级幸福河湖试点，项目总投资3.22亿元，获得中央补助资金6 603万元。实践探索省级幸福河湖项目建设，印发吉林省“十四五”幸福河湖建设工作方案，创建省级幸福河湖45个，建成幸福河湖871.17km。（刘金宇）

4. 河湖长组织体系　2023年，吉林省建立省、市、县、乡、村五级河长体系，省级总河长由省委书记和省长共同担任，副总河长由省委、省政府分管领导担任，松花江等“十河一湖”设省级河长湖长。中共吉林省委组织部、中共吉林省委宣传部等23个部门为省级河长制成员单位，吉林省河长制办公室设在吉林省水利厅，主任由分管水利的副省长担任，常务副主任由吉林省水利厅厅长担任，副主任分别由吉林省政府有关副秘书长和吉林省水利厅、吉林省生态环境厅、吉林省住房和城乡建设厅的分管副厅长担任，承担河长制组织实施具体工作，落实河长确定的事项。各地参照省里模式组建了相应河长制组织体系。截至2023年底，共设立各级河湖长1.25万名，所有河湖长均在各级主要媒体公告。全年各省级河湖长及地方党委政府担当尽责，围绕“巡、盯、管、督”重要环节狠抓落实，2位省级总河长、11位省级河湖长巡查调研49次，示范带动1.2万余名市、县乡村级河湖长巡查河湖42万人次，发现并整改河湖问题5 649个。（刘金宇）

5. 省级河湖　2023年，吉林省确定了由省级领导担任河湖长的河流10条、湖泊1座，分别为松花江、嫩江、图们江、鸭绿江、浑江、东辽河、伊通河、饮马河、辉发河、拉林河、查干湖。（刘金宇）

6. 河湖警长制　吉林省公安厅在全省公安机关组织实施河湖警长制，截至2023年底，共设立河湖警长4 300人。2023年，省公安厅以“昆仑2023”专项行动为主线，综合运用传统侦查手段和现代化侦查方式，对破坏河湖生态环境安全违法犯罪行为坚持重拳出击、露头就打，持续推进破案攻坚。累计侦破非法采砂案件29起，抓获违法犯罪嫌疑人91人；侦破非法捕捞水产品案件396起，抓获犯罪嫌疑人619人，切实彰显了法治权威，形成了严打重治的有力威慑。各级河湖警长持续加大巡逻防控力度，通过安装视频监控探头开展电子巡逻、使用无人机开展远程巡逻、驾驶冲锋舟开展常态巡逻，构建起陆巡水巡结合、空巡地巡对接、人防技防并用的立体化、动态化巡防体系，切实提高了对违法犯罪活动的发现和处置能力。（刘金宇）

7. 河长制办公室　吉林省组建了省、市、县三级河长制办公室，设在同级人民政府水行政主管部门，主要承担河湖长制的组织、协调、分办、督办等工作，主任全部由同级政府副职领导担任，水利、生态环境、农业农村、住建、林草、交通运输、公安、财政、司法等相关部门为成员单位，有的地方将司法、检察、监察部门列为成员单位，在更大层面上形成合力。截至2023年底，全省86个县级以上河长制办公室，实际到位人员432人，其中在编人员122人、借调人员310人。（刘金宇）

8. 河湖长制制度体系　2023年，压实河湖长和相关部门责任，强化河湖长落实动态调整、责任递补、监管巡查，修订河湖长制会议、督办督察等制度，以省委办公厅、省政府办公厅文件印发考核办法，建立河湖长述职、河道砂石电子采运管理单、省级“十河一湖”联席会议制度，省内市、县与黑龙江、辽宁、内蒙古相邻市、县建立跨界河湖联防联控机制12个。全面落实“河湖长＋河湖警长＋检察长＋法院院长”协作机制，建立协同运转保障机制，各地通过联合宣传、培训、专题研讨，协作办理采砂领域案件，促进行政执法、刑事司法、检察监督、裁判执行有机衔接。全年开展联合巡河112次，整改发现问题311件。（刘金宇）

【河湖健康评价开展情况】 2023 年，吉林省已完成 30 条河流及 7 个湖泊的健康评价工作。在 2023 年开展健康评价工作的 42 条河流及 15 个湖泊已到汇总组卷阶段。 （刘金宇）

【“一河（湖）一策”编制和实施情况】 截至 2023 年底，吉林省共滚动编制“一河（湖）一策” 2 128 个，其中省级 11 个、市级 191 个、县级 1 926 个。 （刘金宇）

【水资源保护】

1. 水资源刚性约束 吉林省 2023 年用水总量控制目标 137.3 亿 m^3，非常规水资源最低利用量指标 2.20 亿 m^3；实际用水总量 105.36 亿 m^3，非常规水资源利用量 3.26 亿 m^3，完成年度控制目标。跨市（州）江河流域水量分配、重要河湖生态流量保障及重点监管取水口取水管控等目标全部完成。吉林省 2023 年用水效率控制目标分别为：万元地区生产总值用水量较 2020 年降幅不低于 6.80%，万元工业增加值用水量降幅不低于 7.80%，农田灌溉水有效利用系数不低于 0.605。吉林省年度万元地区生产总值用水量 73.24m^3，降幅为 16.25%；万元工业增加值用水量 23.35m^3，降幅为 17.99%；农田灌溉水有效利用系数达到 0.608，全部达到年度控制目标要求。吉林省 2023 年重要江河湖泊水功能区水质达标率目标为 63.4%，2023 年列入评价的水功能区 145 个，水质达标 112 个，水质达标率为 77.24%，超过年度控制目标近 14 个百分点。

2. 节约用水 2023 年，吉林省强化计划用水管理，实现全省年用水量 1 万 m^3 以上的 1 869 家工业、服务业计划用水全覆盖。突出加强节水载体建设，全年建成节水高校 3 家，省级节水型企业 48 家，节水工业园区 1 家。鼓励节水产业发展，完成“节水贷”融资服务平台建设，已有 4 家企业提出贷款申请。召开高校合同节水现场会和创新型合同节水管理项目推介会，吉林大学、吉林农业大学等 10 所高校合同节水项目启动实施。 （刘金宇）

3. 取用水监管 2023 年，吉林省完成 14 条跨省及跨市（州）江河水量分配工作，将 113.8 亿 m^3 地表水量指标分配到县级行政区。深入推进水资源调度，完成跨省及省内共 11 条河流 2023 年度水资源调度工作，调度计划完成率达到 100%。推进省级取用水管理信息系统整合共享，实现取水许可、用水统计、取水在线计量等主要业务同平台整合应用。全面完成取用水管理专项整治行动和取水许可电子证照数据治理工作。 （刘金宇）

4. 生态流量监管 2023 年，完成西辽河、洮儿河母亲河复苏行动“一河一策”编制并组织实施。落实重点河湖生态水量“日监督、月通报、年考核”管理制度，省内重点河湖生态水量保障率超过 90%。完成辉发河、卡岔河、洮儿河等 3 个流域已建水利水电工程生态流量核定与保障先行先试工作。

5. 农村供水保障 2023 年，印发实施《吉林省农村供水高质量发展实施方案（2023—2026 年）》和《吉林省农村供水条例》，为稳步推进全省农村供水高质量发展提供依据和法治保障。全年新增 24h 供水工程 2 335 处，累计达到 7 640 处，超额完成年度民生实事任务目标。 （刘金宇）

【水域岸线管理保护】

1. 河湖管理范围划定 2023 年，为确保河湖划界成果科学精准，扎实推动“还河于河”工作，吉林省水利科学研究院在 2021 版河湖划界成果基础上，对全省 50km^2 以上、水面面积 1km^2 以上 912 条河流和 152 个湖泊河湖管理范围成果开展了复核。 （刘金宇）

2. 采砂管理 2023 年，重拳打击非法采砂，通过检查发现舒兰市松花江 3 个采区、长春市九台区松花江 1 个采区存在超量开采行为，经相关测量统计后，启动了“四长协作”联动机制，移交至吉林省公安厅。 （刘金宇）

3. “四乱”整治 2023 年，纵深推进河湖“清四乱”常态化规范化，完成水利部推送并认定的 5 489 个“四乱”问题清理整治，稳妥解决历史遗留的 19 个“四乱”存量问题。有序推动河湖岸线利用项目排查整治，将排查整治范围扩大到流域面积 20km^2 以上河流，共排查问题 20 094 个，纳入整治清单 16 167 个，整改完成率 100%，比水利部规定的期限提前半年。 （刘金宇）

【水污染防治】

1. 排污口整治 2023 年，吉林省深入落实《国务院办公厅关于加强入河入海排污口监督管理工作的实施意见》，制定《吉林省加强入河排污口监督管理工作方案》，全面启动新一轮次入河排污口排查整治工作。经统计，全省共有排口 5 836 个，其中雨洪排口 4 084 个，农田退水口 1 037 个，入河排污口 715 个。入河排污口中工矿企业排污口 182 个，工业园区雨洪排污口 171 个，城镇污水处理厂排污口 287 个，其他排污口 75 个。吉林省入河排污口不间断式复核复查工作受到生态环境部表扬。
（刘金宇）

2．农业面源污染　2023年，吉林省农业农村厅印发《吉林省到2025年化学农药减量化行动方案》《2023年全省化学农药减量控害技术指导意见》《2023年吉林省农田杂草科学防控技术方案》等5个指导性文件，提出全省农药减量行动阶段性目标、技术保障措施及主要农作物重大病虫害防控技术要点，指导全省科学推进农药减量控害。2023年，在长春市九台区等13个县（市、区）开展"三新"配套技术示范工作，即玉米、水稻种植中的"测土配方施肥＋缓控释或微生物肥料＋旋耕起垄＋机械施肥""测土配方施肥＋缓控释或微生物肥料＋旋耕起垄＋种肥同播""叶面喷施技术＋功能性肥料＋无人机技术"，共推广面积380万亩。大力开展水稻病虫害生物防治、航化作业等绿色防控和统防统治技术，示范推广生物防治水稻二化螟、性信息素防治水稻二化螟等绿色防控技术面积达144.4万亩次，开展水稻病虫害飞防作业试验试点示范面积81.25万亩，开展减药控害精准施药项目382万亩，农区鼠害绿色防控项目57万亩。
（刘金宇）

3．船舶港口污染防治　2023年，吉林省持续开展航道养护计划制订与技术核查、航道巡查、航道养护测绘、航标养护、航道养护疏浚、信息化系统维护及航道信息发布等航道养护工作。航道专项养护项目，在开工前组织制订环保、水保措施，加强对参建人员环保宣传教育；合理组织污水排放，利用排水管道将陆上施工污水排入规划的渗水坑、沉淀池；强化对施工区水质的保护，严禁向江内排放污物、倾倒油水、废弃物质和生活垃圾。航道养护疏浚项目，组织制订切实可行的疏浚方案，确定合理疏浚范围，减少开挖面积和对地表水的影响，避开水生生物生长及繁衍季节开展作业。严格落实船舶检验有关规定，对未按要求配备防污染设备的船舶不予签发船舶安全与环保证书，加强老旧船舶管理，鼓励引导使用新能源和清洁能源船舶，截至2023年底，全省新能源船舶已达47艘，其中2023年度新增18艘。
（刘金宇）

【水环境治理】

1．黑臭水体治理　2023年，吉林省组织各地开展了新一轮农村黑臭水体排查工作，共排查疑似黑臭水体点位103处，其中7处确定为黑臭水体，已纳入整治清单；8处为水体周边有垃圾，水体非黑臭，现已完成整治工作。全省已确定农村黑臭水体60条，已完成治理42条，治理中6条，未开展治理12条。
（刘金宇）

2．农村水环境整治　2023年，吉林省生态环境厅印发《关于做好2023年农村环境整治有关工作的通知》，对农村污水治理工作进行安排部署，计划开展345个行政村环境整治和291个行政村生活污水治理工作，完成165个行政村环境整治和156个行政村生活污水治理工作。
（刘金宇）

【水生态修复】

1．吉林万里绿水长廊建设　2023年，为深入贯彻习近平生态文明思想和习近平总书记视察吉林重要讲话重要指示精神，按照省委、省政府部署要求，省河长办以河湖长制为载体，组成工作专班，聚焦重点难点，紧盯目标任务，通过采取考核激励、现场指导、调度督导、试点示范等措施，扎实推进绿水长廊建设。截至11月中旬，全年累计完成投资58.90亿元，新建和改善提升绿水长廊1 037.45km（其中城市型184.88km、乡村型727.47km、原真型125.10km），提前完成2023年度建设绿水长廊1 000km目标任务。
（刘金宇）

2．水利风景区创建　2023年，认定长春汽车经济技术开发区西新水库等6个景区为省级水利风景区。推进龙井市海兰江水利风景区被评为国家水利风景区，查干湖国家水利风景区列入高质量发展典型案例。
（刘金宇）

3．水生态保护修复　2023年，印发绿美河湖消除"光板河"工作方案，完成河道绿化美化108km。有序开展洮儿河、西辽河复苏行动，向东辽河、伊通河、饮马河生态补水2.91亿m^3，全省10个重点监测断面日均生态流量保证率达到99%。完成治理水土流失面积330km^2、治理侵蚀沟653条。全省水生态环境不断改善，为加快生态强省建设提供有力支撑。

4．水生生物资源养护　2023年6月6日，全国"放鱼日"期间，以"养护水生生物资源，促进人与自然和谐共生"为主题，在靖宇县白山水库设立了主会场，放流鲢鱼等苗种67万尾，全省多地同步进行了放流活动。全年共组织各类增殖放流活动42次，放流细鳞鲑、花羔红点鲑、鲢鱼、大马哈鱼等各类苗种1 703万尾，范围覆盖了松花江、鸭绿江、图们江、东辽河等主要水系以及松花湖、云峰水库等重要湖库。同时，吉林省农业农村厅印发《吉林省2023年禁渔通告》，在全省范围内张贴禁渔通告7 000份，对松花江、辽河等流域实施全流域禁渔，并发布《白山水库禁渔通告》，在白山水库实施为期三年的禁渔活动，促进库区渔业资源恢复。

（刘金宇）

【执法监管】

1. 河湖日常监管　2023 年，吉林省将河长制湖长制专项督查纳入省级“督检考”范围，中共吉林省委督查室、吉林省人民政府督查室及省生态环境厅、住房和城乡建设厅、省公安厅、省水利厅、省农业农村厅、省林业和草原局等部门均开展有关专项督查。（刘金宇）

2. 联合执法　2023 年，吉林省组织开展“中国渔政亮剑 2023”吉林省系列专项执法行动，全年共出动执法人员 16 540 人次、执法车辆 4 648 辆次、执法船艇 2 260 艘次，清理取缔涉渔“三无”船舶 59 艘、违规网具 5 247 张（顶），查办违法违规案件 279 件，移送司法处理 44 件。省生态环境厅联合省水利厅、省河长办重点围绕 46 个严格管控的国控、省控断面所在河湖，全面清理整治省内河湖管理范围内塑料垃圾、畜禽粪污、农作物秸秆等突出问题，开展 2023 年春季清河行动。此次春季“清河行动”累计出动人员 68 720 人次，车辆、机械 23 169 台次，设立警示牌 268 块、条幅 216 条，清理各类垃圾、杂草、漂浮物等 67 690.64m^3，清理畜禽粪污 6 238.53m^3。省生态环境厅开展饮用水水源地专项执法检查，共排查出水源地违法违规问题 6 个，其中 5 个问题已经完成整改，1 个问题正在积极整改中。（刘金宇）

【水文化建设】

1. 河湖长制教育实践基地　2023 年，吉林省大力推进并建立了 64 个河湖长制教育实践基地，搭建起河湖管理从业者、志愿者工作经验交流平台，进一步提升了河湖长制公众参与度，扩大了河湖长制的“朋友圈”，构筑了河湖长制宣传教育辅导新阵地。截至 2023 年底，累计组织特色教育实践活动 200 余次，培训学员 1.3 万余人。（刘金宇）

2. 志愿服务活动　2023 年，共青团长春市委以“美丽中国·青春行动”为统揽，面向共青团员、青年志愿者等群体，开展了一系列“河小青”巡河护湖主题志愿服务行动。全市各“河小青”志愿服务队累计组织开展巡河护湖行动 641 场次，参与 1 575 人次，巡河长度达 222.32km。（刘金宇）

【数字孪生水利建设】

1. 河长 App　2023 年，指导各地广泛聘任民间河长参与全面推进河湖长制工作。为增加民间河湖长的责任感、荣誉感，将已聘任的民间河湖长巡河情况纳入吉林省河湖长制专业信息系统，推动 900 名民间河湖长使用巡河 App 进行河湖巡查 4 650 次。另外，全省各级河长湖长利用巡河 App 巡湖累计达 42 万人次。（刘金宇）

2. 河长制湖长制专业信息系统　吉林省河长制湖长制专业信息系统按省、市、县三级河长办和河长制成员单位应用分级制订，围绕实现河湖长指挥作战、河长制成员单位及河长办信息报送及共享等功能，设计了信息管理、事件处理、监测管理、考核评估等 9 大模块。2023 年，积极组织开展本辖区内河湖名录、河湖长名录以及其他基础信息核对工作。（刘金宇）

3. 河湖特征值　2023 年，按照水利部办公厅印发《关于开展河湖名录梳理复核工作的通知》要求，委托长光卫星技术有限公司开展《吉林省河湖特征值修订》项目，利用卫星遥感云计算、现场实地踏勘复核等手段，对全省流域面积 20km^2 以上河流和水面面积 1km^2 以上湖泊的河湖特征值进行大规模分析测算，为吉林省开展数字孪生河湖建设提供了数据支撑。（刘金宇）

黑龙江省

【河湖概况】

1. 河湖数量　黑龙江省有松花江、黑龙江、乌苏里江、绥芬河四大水系。其中流域面积 50km^2 及以上河流 2 881 条，总长度 9.21 万 km；流域面积 100km^2 及以上河流 1 303 条；流域面积 1 000km^2 及以上河流 119 条；流域面积 10 000km^2 及以上河流 21 条。湖泊包括兴凯湖、大龙虎泡、镜泊湖、连环湖和五大连池等常年水面面积 1km^2 及以上湖泊 253 个，水面总面积 3 037km^2。其中常年水面面积 10km^2 及以上湖泊 42 个，常年水面面积 100km^2 及以上湖泊 3 个，常年水面面积 1 000km^2 及以上湖泊 1 个。（李恒）

2. 水量　黑龙江省水资源存在时空分布不均、年内年际变化较大的规律，呈现“四少四多”的特点，即春季少，夏秋季多；腹地少，过境多；平原区少，山丘区多；发达地区少，欠发达地区多。2023 年全省年平均降水量 621.6mm，折合水量为 2 816.41 亿 m^3，比 2022 年平均值多 7.4%，位居 1956 年以来的第 10 位，属偏丰水年份。2023 年全省地表水资源量 846.98 亿 m^3，比多年平均多

中国最北端——“龙江第一湾”
（漠河市融媒体中心　供图）

26.9%；地下水资源量 346.15 亿 m^3，比多年平均多 14%；水资源总量 1 014.98 亿 m^3，比多年平均多 25.6%。地表水资源与地下水资源不重复计算量为 168 亿 m^3。2023 年全省总用水量 288.92 亿 m^3，其中耕地灌溉用水量 252.21 亿 m^3，林牧渔畜用水量 7.16 亿 m^3，工业用水量 11.56 亿 m^3，生活用水量 14.74 亿 m^3，生态与环境补水用水量 3.25 亿 m^3。
（李恒）

3. 水质　2023 年，黑龙江省地表水国考断面优良水体比例为 84.4%，超额完成年度目标 16.3 个百分点，增幅排名全国第 4 位；劣Ⅴ类水体比例为 0.8%，超额完成年度目标 2.2 个百分点。松花江干流 10 个国考断面全部为Ⅲ类，水质保持优等级。
（李恒）

4. 新开工水利工程　2023 年，全省新开工水库 2 座，总库容 1.83 亿 m^3，其中大（2）型 1 座、小（1）型 1 座。
（李恒）

【重大活动】

1. 省总河湖长会议　2023 年 6 月 13 日，黑龙江省召开 2023 年度省总河湖长会议，省委书记、省总河湖长主持会议并讲话，省委副书记、省长、省总河湖长作工作部署。会议审议了《黑龙江省幸福河湖建设行动方案（2023—2025 年）》等文件，听取全省河湖长制总体工作情况和省河湖长制办公室部分成员单位及哈尔滨市、佳木斯市工作情况汇报，铁力市、齐齐哈尔市拜泉县作交流发言。　（李恒）

2. 省生态文明建设领导小组暨生态环境保护委员会全体会议　2023 年 7 月 4 日，黑龙江省召开生态文明建设领导小组暨生态环境保护委员会全体会议，省委书记、省生态文明建设领导小组组长、省生态环境保护委员会主任主持会议并讲话，省委副书记、省生态文明建设领导小组组长、省生态环境保护委员会主任讲话。会议审议了《省生态文明建设领导小组暨生态环境保护委员会 2023 年工作要点》，听取了有关单位生态文明建设和生态环境保护履职情况汇报，对相关工作进行了点评。
（李恒）

【重要文件】

1. 省委、省政府重要文件　2023 年 3 月 1 日，黑龙江省人民政府印发《黑龙江省省级湿地自然公园暂行管理办法》（黑政规〔2023〕1 号）。

2023 年 11 月 17 日，黑龙江省人民政府办公厅印发《黑龙江省释放旅游消费潜力推动旅游业高质量发展 50 条措施》（黑政办规〔2023〕6 号）。
（李恒）

2. 省总河湖长令　2023 年 6 月 20 日，黑龙江省委书记、省总河湖长许勤，省委副书记、省长、省总河湖长梁惠玲共同签发黑龙江省总河湖长令第 7 号《关于印发〈黑龙江省幸福河湖建设行动方案（2023—2025 年）〉的通知》。　（李恒）

3. 河湖长制成员单位重要文件　2023 年 1 月 31 日，黑龙江省河湖长制办公室印发《关于印发〈黑龙江省全面推进河湖健康评价工作实施方案〉的通知》（黑河办字〔2023〕1 号）。

2023 年 2 月 27 日，黑龙江省生态环境厅、省水利厅、省河湖长制办公室印发《关于印发〈黑龙江省入河排污口监督管理工作方案〉的通知》（黑环发〔2023〕10 号）。

2023 年 2 月 28 日，黑龙江省河湖长制办公室、省水利厅印发《关于印发〈2023 年黑龙江省河湖管理工作要点〉的通知》（黑河办字〔2023〕2 号）。

2023 年 3 月 16 日，黑龙江省河湖长制办公室、省水利厅印发《关于全面落实河道采砂管理责任制的通知》（黑河办字〔2023〕3 号）。

2023 年 3 月 25 日，黑龙江省河湖长制办公室印发《关于印发〈2023 年黑龙江省河湖长制重点工作任务〉的通知》（黑河办字〔2023〕4 号）；黑龙江省河湖长制办公室、省水利厅印发《关于印发〈关于开展全省河湖水库管理范围内盗采泥炭黑土排查治理行动方案的〉通知》（黑河办字〔2023〕4 号）。

2023 年 3 月 31 日，黑龙江省河湖长制办公室、省水利厅印发《关于印发〈关于纵深推进全省河湖“清四乱”常态化规范化实施方案〉的通知》（黑河办字〔2023〕6 号）。

2023 年 4 月 8 日，黑龙江省河湖长制办公室印发《关于 2022 年市（地）落实河湖长制工作和市（地）级河长湖长考核结果的通报》（黑河办字〔2023〕7 号）；黑龙江省河湖长制办公室印发《关于 2022 年省直责任单位落实河湖长制工作考核结果的通报》(黑河办字〔2023〕8号)。

2023年4月26日，黑龙江省河湖长制办公室、省水利厅印发《关于印发〈全省河湖名录梳理复核工作实施方案〉的通知》(黑河办字〔2023〕9号)。

2023年5月26日，黑龙江省河湖长制办公室、省水利厅印发《关于印发〈全省国有和集体水库水面租赁问题整改工作专项行动方案〉的通知》(黑河办字〔2023〕10号)。

2023年5月29日，黑龙江省生态环境厅、省发展改革委、省财政厅、省水利厅、省林业和草原局印发《关于印发〈黑龙江省重点流域水生态环境保护规划〉的通知》(黑环发〔2023〕24号)。

2023年6月8日，黑龙江省河湖长制办公室印发《关于调整省级河长的通知》(黑河办字〔2023〕11号)。

2023年6月16日，黑龙江省河湖长制办公室印发《关于印发〈黑龙江省河湖长履职细则（试行）〉的通知》(黑河办字〔2023〕12号)；黑龙江省河湖长制办公室印发《关于印发〈黑龙江省河湖长制办公室督办问题整改验收销号办法（试行）〉的通知》(黑河办字〔2023〕13号)。

2023年6月26日，黑龙江省河湖长制办公室、省水利厅印发《关于加快推进河湖岸线利用建设项目和特定活动排查问题整治的通知》(黑河办字〔2023〕14号)；黑龙江省水利厅、省高级人民法院、省人民检察院、省公安厅、省司法厅印发《关于印发〈黑龙江省河湖安全保护专项执法行动工作方案〉的通知》(黑水发〔2023〕100号)。

2023年6月29日，黑龙江省河湖长制办公室印发《关于印发〈黑龙江省幸福河湖评估办法（试行）〉等文件的通知》(黑河办字〔2023〕15号)。

2023年7月17日，黑龙江省河湖长制办公室印发《关于加快推进2023年全省幸福河湖试点建设的通知》(黑河办字〔2023〕16号)。

2023年8月7日，黑龙江省河湖长制办公室印发《关于调整省级河长、省河湖长制办公室主任的通知》(黑河办字〔2023〕17号)。

2023年8月25日，黑龙江省河湖长制办公室印发《关于开展2023年度全省河湖长制专项督查工作的通知》(黑河办字〔2023〕18号)。

2023年8月29日，黑龙江省河湖长制办公室、省高级人民法院、省人民检察院、省公安厅、省司法厅、省生态环境厅、省住房和城乡建设厅、省水利厅、省农业农村厅、省林业和草原局印发《关于印发〈河湖生态环境公益保护典型案例〉的通知》(黑河办字〔2023〕19号)。

2023年9月16日，黑龙江省河湖长制办公室印发《关于印发〈2023年市（地）及省直责任单位落实河湖长制工作考核方案〉的通知》(黑河办字〔2023〕20号)。

2023年9月22日，黑龙江省河湖长制办公室印发《关于印发〈2023年市（地）级河长湖长考核方案〉的通知》(黑河办字〔2023〕21号)。

2023年9月25日，黑龙江省河湖长制办公室、省生态环境厅、省住房和城乡建设厅、省水利厅、省农业农村厅印发《关于开展“我为群众办实事、解难事”实践活动的通知》(黑河办字〔2023〕23号)。

2023年9月26日，黑龙江省河湖长制办公室印发《关于调整部分省级河长的通知》(黑河办字〔2023〕22号)。

2023年9月28日，黑龙江省河湖长制办公室印发《关于印发〈2023年度全省河湖长制专项督查“一市（地）一单”问题清单〉的通知》(黑河办字〔2023〕24号)；黑龙江省河湖长制办公室印发《关于印发〈“省级河湖长＋省直部门”对口联动机制〉的通知》(黑河办字〔2023〕25号)；黑龙江省河湖长制办公室、省财政厅、省水利厅印发《关于建立幸福河湖建设奖补结合投入机制的通知》(黑河办字〔2023〕26号)。

2023年10月11日，黑龙江省河湖长制办公室、省水利厅印发《关于进一步开展全省河道管理范围内围堤高秆农作物清理整治工作的通知》(黑河办字〔2023〕27号)

2023年10月19日，黑龙江省河湖长制办公室、省水利厅印发《关于常态化打击全省河湖水库管理范围内盗采涉水泥炭黑土行为的通知》(黑河办字〔2023〕28号)。

2023年11月13日，黑龙江省河湖长制办公室印发《关于全面推进黑龙江省幸福河湖建设的通知》(黑河办字〔2023〕29号)。（李恒）

【地方政策法规】

1. 法规　2023年11月2日，黑龙江省第十四届人民代表大会常务委员会第八次会议通过《黑龙江省水污染防治条例》，内容包括总则、水污染防治的监督管理、水污染防治措施、饮用水水源保护、水污染事故处置、法律责任、附则共七个章节六十二条。

2023年12月24日，黑龙江省第十四届人民代表大会常务委员会第二十九次会议通过《黑龙江省黑土地保护利用条例》，内容包括总则，保护规划，保护与修复，建设与利用，生态保护与修复，调查、

监测与评价，监督管理，法律责任，附则共九个章节七十三条。（李恒）

2. 政策性文件 2023年5月16日，中共黑龙江省委办公厅、黑龙江省人民政府办公厅印发《关于印发〈黑龙江省加强新时代水土保持工作实施方案〉的通知》（黑办发〔2023〕10号）。（李恒）

【河湖长制体制机制建立运行情况】

1. 监督检查 黑龙江省连续6年组织开展省河湖长制专项督查，14个中省直单位成立13个联合督查组，对各市（地）党委、政府落实河湖长制情况开展专项督查，并以“一市（地）一单”督办问题整改。（李恒）

2. 考核激励 2023年，黑龙江省对2022年度各市（地）落实河湖长制工作情况开展考核，考核结果作为市（地）党政领导班子和相关党政领导干部综合评价的重要参考，并对排前2名的佳木斯市、齐齐哈尔市分别给予450万元奖励，对排第3名至第5名的牡丹江市爱民区、鹤岗市萝北县、哈尔滨市依兰县分别给予200万元奖励。（李恒）

3. 幸福河湖建设 黑龙江省委书记、省长共同签发第7号省总河湖长令《黑龙江省幸福河湖建设行动方案（2023—2025年）》。配套出台《黑龙江省幸福河湖建设实施方案编制指南（试行）》《黑龙江省幸福河湖评估办法（试行）》《黑龙江省幸福河湖评估技术指南（试行）》等3项技术指导文件，规范指导幸福河湖实施方案编制和建设成效评估工作。以打造“春有河湖滋润、夏有河湖安澜、秋有河湖净美、冬有河湖冰雪”幸福河湖为目标，成功建成松花江佳木斯城区段、呼兰河铁力市段等41个独具龙江地域特色的幸福河湖试点。（李恒）

4. 制度体系 2023年，黑龙江省共出台了4项制度，分别是《黑龙江省河湖长履职细则（试行）》（黑河办字〔2023〕12号）、《黑龙江省河湖长制办公室督办问题整改验收销号办法（试行）》（黑河办字〔2023〕13号）、《“省级河湖长+省直部门”对口联动机制》（黑河办字〔2023〕25号）、《幸福河湖建设奖补结合投入机制》（黑河办字〔2023〕26号）。

（李恒）

【河湖健康评价开展情况】 2023年，黑龙江省完成省、市、县三级327条河流、121个湖泊健康评价工作，同步建立了健康档案，及时向社会公布评价结果。制定了《黑龙江省全面推进河湖健康评价工作实施方案》，优化调整健康评价指标、办法。开展业务培训，组织评价结果“回头看”，抽查复核评价结果，全面提高河湖健康评价工作质量。（李恒）

【“一河（湖）一策”编制和实施情况】 2023年，黑龙江省印发《关于开展“一河（湖）一策”方案（2024—2026年）滚动编制工作的通知》（黑河办函〔2023〕4号），全面总结省级河湖“一河（湖）一策”方案（2021—2023年）实施情况，启动河湖“一河（湖）一策”方案（2024—2026年）滚动编制，同步更新完善“一河（湖）一档”。（李恒）

【水资源保护】

1. 水资源刚性约束 2023年，国务院考核黑龙江省人民政府2022年度实行最严格水资源管理制度，考核结果为优秀等次。2023年，黑龙江省用水总量288.92亿m^3，达到国家考核目标要求。

（李恒）

2. 节水行动 2023年，黑龙江省水利厅组织省直有关单位召开《国家节水行动方案》实施情况协调会议，并完成《黑龙江省〈国家节水行动方案〉实施情况（2019—2022年）总结报告》。省水利厅、省发展改革委印发《2023年黑龙江省节水行动工作要点》，召开省节约用水联席会议联络员会议。印发《黑龙江省2023年度县域节水型社会达标建设实施方案》，累计80个县（区）达到建设标准。组织开展全省节水网络倡议活动，开展“节水中国 你我同行——节水龙江 一起行动”活动219个；印发《黑龙江省节水宣传活动典型案例汇编》；黑龙江省水利厅获得2023年“节水中国 你我同行”优秀组织单位、第三届全国节水知识大赛优秀组织单位。

（李恒）

3. 生态流量监管 2023年，黑龙江省将生态流量保障目标纳入讷谟尔河等10条跨地市重点河流水资源调度计划。以松辽委和黑龙江省级批复生态流量保障目标的控制断面为试点，开展生态流量监测预警工作。（李恒）

4. 全国重要饮用水水源地安全达标保障评估 2023年，黑龙江省生态环境厅组织完成2022年度全省地市级、县区级、乡镇级及以下集中式饮用水水源保护区基础信息调查评估，形成数据库3个，编制完成评估报告3个，为黑龙江省水源地管理工作提供了重要依据，为保障龙江百姓饮水安全保驾护航。全省纳入国家考核的县级及以上城市集中式饮用水水源水质达标率达到100%。（李恒）

5. 母亲河复苏 黑龙江省水利厅组织开展全省断流河流、萎缩干涸湖泊情况排查工作，编制印发了努敏河、小八虎河和七虎林河3条母亲河复苏行

动“一河一策”方案，通过采取加强水量统一管理、优化工程调度泄流等措施，河流生态环境得到了较大改善。（李恒）

【水域岸线管理保护】

1. 河湖管理范围划界　2023年，黑龙江省开展河湖管理范围划定成果复核和全国“水利一张图”更新上图工作，进一步明确河道管理范围，推动河湖管理范围划定成果不断完善。截至2023年底，完成第一次全国水利普查名录内2 881条流域面积$50km^2$以上河流和253个常年水面面积$1km^2$以上湖泊的管理范围划定成果复核和在全国“水利一张图”更新上图工作。（李恒）

2. 岸线利用与保护规划编制　2023年，黑龙江省严格落实规划岸线分区管理要求，部署开展河湖水域岸线利用与保护规划编制工作。截至2023年底，全省共完成1 819个有规划需求河流和湖泊的水域岸线利用与保护规划编制、批复工作，其中省级16个、市级136个、县级1 667个。划定了岸线保护区、保留区、限制开发区和开发利用区。（李恒）

3. 采砂管理　2023年，黑龙江省明确有采砂任务的河流及重点河段、敏感水域清单，逐级逐段严格落实河长、行政主管部门、现场监管部门、行政执法部门四个责任人管理职责，持续加强河道采砂监管，保持对非法采砂高压严打态势，切实维护河道采砂秩序。黑龙江省水利厅、省公安厅、省自然资源厅、省交通运输厅、省市场监督管理局、黑龙江海事局对全省开展河道采砂联合监督检查，对督查中发现的问题督导各地开展整改。（李恒）

4. “四乱”整治　2023年，黑龙江省按照松花江辽河流域省级河湖长联席会议要求，印发《2023年黑龙江省河湖岸线利用建设项目和特定活动清理整治专项行动清理整治标准的指导意见》（黑河办字〔2023〕115号），建立整改问题台账共计14 532个，截至2023年底，已全部整治完成。（李恒）

【水污染防治】

1. 排污口整治　2023年，黑龙江省生态环境厅印发《关于入河排污口设置审批权限划分的通知》（黑环发〔2023〕8号），明确省、市入河排污口设置分级审批权限范围，指导各市（地）结合实际制订本辖区内入河排污口分级审批权限划分管理性文件，进一步优化审批权限，严格审批新建、改建或者扩大排污口。根据2023年度黑龙江省总河湖长会议要求，以全省31条重点河流湖泊为抓手，延伸开展入河排污口整治工作，牵头制定印发《全省入河排污口延伸整治工作方案》（黑环发〔2023〕31号），统筹全省入河排污口延伸整治工作，同时采取“四不两直”方式，对重点排污口开展暗访，利用无人机飞巡、水质抽样检测等手段，暗访排污口2 509个，共发现问题排污口1 407个，并通报相关市（地）政府（行署）。截至2023年底，全省共排查出入河排污口12 395个，已全部完成溯源并完成整治11 847个，完成率达95.58%，有效解决了排污口底数不清、来源不明、管理不实等突出问题。（李恒）

污水处理厂

（哈尔滨碧鸿环保科技有限公司　供图）

2. 工矿企业污染防治　2023年，黑龙江省生态环境厅严格生态环境准入，在涉水的污染类建设项目环评文件审批过程中，全面落实相关环境准入政策要求。定期调度、检查全省省级及以上工业园区污水处理设施运行情况，现场抽检12家省级及以上工业园区污水处理设施运行情况。动态实现全省97个省级及以上工业园区（不含保税区、自贸区5个园区）污水集中处理全覆盖。（李恒）

3. 城镇生活污染防治　2023年，按照黑龙江省住房和城乡建设厅、省生态环境厅、省发展改革委印发的《黑龙江省城镇污水管网补短板三年攻坚行动实施方案（2022—2024年）》（黑建基〔2022〕7号）要求，2023年，黑龙江省新建改造污水管网1 545km，超额完成年度1 500km计划任务。全省县级以上城市污水处理厂均已执行一级A污水处理排放标准。（李恒）

4. 畜禽养殖污染防治　2023年，黑龙江省农业农村厅争取中央财政资金，支持佳木斯市桦川县实施畜禽粪污资源化利用整县推进项目。强化指导服务，举办畜禽粪污资源化利用技术培训班、观摩现场会，推广成本低、易复制的典型技术模式。与黑龙江省生态环境厅等单位联合开展监督检查，建立清单台账，定期督办整改。对松花江流域、嫩江流域、安肇新河和何家沟流域畜禽粪污问题排查，针对发现问题，立行立改，并建立完善长效监管机制。

全省畜禽粪污综合利用率达到 84.2%。（李恒）

液体粪肥还田作业（申海峰 拍摄）

5. 水产养殖污染防治 2023 年，黑龙江省农业农村厅结合全省渔业发展重点和实际情况，指导相关水产养殖生产经营单位和水产养殖重点县（市、区）加快绿色生态养殖技术推广。2023 年，五常市龙凤山水库管理处渔业养殖场、哈尔滨市巴彦县龙溪农民养殖专业合作社、黑龙江省兴凯湖水产养殖有限公司、绥化市庆安县商东水产养殖场等 4 家企业获批国家级水产健康养殖和生态养殖示范区。

（李恒）

6. 农业面源污染防治 2023 年，黑龙江省农业农村厅全面推动农药包装废弃物回收治理，开展多种模式回收，实行数字化回收管理，推进大包装农药使用、药瓶清洗等源头减量措施，全省农药包装废弃物回收率达 91.2%。强化病虫疫情监测预警体系建设，新增病虫疫情监测点 2 000 个，全省监测点总数达到 6 000 个，配备各类监测设备 1.9 万台（套），末端监测预警能力进一步增强。2023 年发布省级病虫预报 21 期，开展黑龙江植保技术网络大讲堂 52 期，科学指导病虫防治，减少盲目用药。完成以绿色防控措施为主的重大病虫疫情统防统治 1 177 万亩次，开展减量增效、绿色防控技术试验示范 70 项。配备风幕式打药机累计 80 台，组织各地举办精准规范减损施药示范现场观摩会 260 场。（李恒）

7. 船舶港口污染防治 黑龙江省交通运输厅将“加强污染防治”纳入 2023 年度全省港口航道工作要点。联合黑龙江海事局、省生态环境厅、省住房和城乡建设厅及 13 个市（地）政府，成立省船舶污染物接收转运处置专项行动工作专班，制定《全省船舶污染物接收转运处置专项行动实施方案》，推动提升全省船舶污染物接收转运处置能力。在港区外增设接收点位，优化布设污染物接收设施，在原有 63 处接收点位的基础上，优化新建重点区域接收点位 44 处，增加设施设备 123 套，全省单次接收容量从 715t 提升至 1 475t，接收能力提升 106%，最远排污距离缩短了 64%。签约 72 家转运企业，签订 208 份协议，为全部生活污水、含油污水接收点提供转运服务。全面履行海事巡航巡河执法职能，加强船舶防治污染管理，制定《黑龙江海事局年度巡航巡河工作计划》，持续加大对重点水域和重点船舶的巡查力度，严厉打击船舶非法排污等违法行为。截至 2023 年底，组织开展巡航巡河检查 1 228 次，出动执法人员 2 889 人次，巡航时间 2 652h，巡航里程 22 084 海里；开展防污染登轮检查 1 449 艘次；开展防污染文书监管 436 次，查处纠正各类缺陷 584 项，实施防污染行政处罚 22 起，收缴罚金 6.37 万元。（李恒）

【水环境治理】

1. 饮用水水源规范化建设 2023 年，黑龙江省生态环境厅审批新建、调整和撤销集中式饮用水水源保护区 59 个。推进集中式饮用水水源保护区“划、立、治”规范整治和保护区评估，完善水源保护区“一源一档”建设。赴佳木斯、鹤岗、双鸭山、七台河、鸡西等 5 个地市督导检查县、乡镇级饮用水水源地规范化内容；纳入国家考核的 45 个县级市及以上城市集中式饮用水水源水质均达到或优于Ⅲ类水平。（李恒）

2. 黑臭水体治理 2023 年，黑龙江省住房和城乡建设厅、省生态环境厅、省发展改革委、省水利厅印发《黑龙江省深入打好城市黑臭水体治理攻坚战实施方案》。44 个城市黑臭水体在 2023 年第二、第三季度水质检测全部达标、公众满意度均达 90% 以上。14 个县级城市黑臭水体均已启动治理，截至 2023 年底，已累计完成治理黑臭水体 9 个，按期完成国家消除比例达到 60%的目标要求。（李恒）

3. 农村水环境整治 2023 年，黑龙江省生态环境厅立足实际，持续推进农村生活污水治理，按照《黑龙江省农村生活污水治理规划（2022—2025 年）》（黑环发〔2022〕51 号）要求，对全省“十四五”农村生活污水治理任务作出总体安排部署。科学编制《农村生活污水资源化利用指南》《农村生活污水资源化利用技术规程》，指导各市（地）按照“因地制宜、分类施策，经济实用、梯次推进，典型引路、建管并重”的原则，以污水减量化、分类就地处理、循环利用为导向，优先采取资源化利用的治理模式，对农村生活污水应管尽管、应治尽治。截至 2023 年底，黑龙江省农村生活污水治理率达 33.4%。

（李恒）

【水生态修复】

1. 生物多样性保护 2023 年，黑龙江省生态环境厅大力推进生物多样性保护工作，会同省发展改革委、省自然资源厅、省农业农村厅、省林业和草原局印发《黑龙江省生物多样性保护战略与行动计划（2023—2030年）》（黑环发〔2023〕79号），明确新时期生物多样性保护目标、任务和责任分工。严格自然生态保护监管，积极推进生态文明示范创建，伊春市、大兴安岭地区获评生态文明建设示范区，虎林市和漠河市获评“绿水青山就是金山银山”实践创新基地。全省建成10个生态文明建设示范区，4个“绿水青山就是金山银山”实践创新基地。（李恒）

2. 生态补偿机制建立　2023年，黑龙江省生态环境厅持续推进水环境生态补偿考核制度，结合全省水环境管理实际需要，会同省财政厅启动水环境生态补偿办法修订工作，完善拓宽考核内容，在水环境质量同比变化生态补偿的基础上，增加了对水环境质量现状开展横向补偿，并将水环境质量目标导向融入补偿机制，落实奖惩措施，以“后三补前三”方式实施资金奖惩，发挥生态补偿机制的激励约束和目标导向作用，推进全省水环境质量不断改善。（李恒）

3. 水土流失治理　2023年，中共黑龙江省委办公厅、省人民政府办公厅印发《黑龙江省加强新时代水土保持工作的实施方案》（黑办发〔2023〕10号），对以黑土地侵蚀沟治理为重点的水土保持工作作出系统安排部署。2023年度通过中央水利发展资金、省级财政和转贷地方政府一般债券基金等渠道共落实治理资金30.73亿元，实施侵蚀沟治理任务0.9万条，实现年度投资和治理数量新突破。（李恒）

【执法监管】

1. 河湖日常监管　2023年，黑龙江省持续开展河湖动态监测、河湖长制各类省级专题图编制、全省在线河湖数据监测等工作。基于高分辨率卫星遥感影像，结合遥感技术及地理信息技术，针对全省重点河湖，开展河湖岸线变化、违法建筑物、非法采砂、乱堆乱放等日常监测，遥感解译河道管理范围内地物19万余个，建立河湖动态监测数据集，编制完成17个重点河湖变化监测报告和87幅河湖动态监测专题图；以服务形式提供全省在线基础地理信息数据与遥感影像数据、全省河湖动态监测数据，为河湖长制常态化监管提供保障服务。（李恒）

2. 联合执法　2023年，黑龙江省河湖长制办公室会同省公安厅、省检察院、省法院等部门，充分利用“河湖长＋警长＋检察长＋法院院长”工作机制，开展联合执法行动，严厉打击破坏河湖违法犯罪。2023年，开展河湖联合执法检查1.4万次，查处违法案件677件、违法人员445人。（李恒）

【水文化建设】

1. 水利风景区　2023年，黑龙江省将国家、省级水利风景区建设工作纳入河湖长制管理体系，通过河湖长制考核推动市（地）政府（行署）落实责任，健全体制机制，着力建设水库型、自然河湖型、水土保持型等水利风景区，由各级党委、政府负责，各相关部门按职责分工协同推进建设多元化景区。2023年，铁力市呼兰河水利风景区入选国家水利风景区高质量发展典型案例，虎林市乌苏里江水利风景区完成国家水利风景区创建工作。截至2023年底，全省建成国家水利风景区32个、省级水利风景区26个。（李恒）

2. 河长制主题公园　截至2023年底，黑龙江省共建成河长制主题公园26个，公园立足当地河湖自然禀赋，围绕河湖长制元素，全方位展示河湖长制重大战略意义和重点工作内容，广泛宣传新时代水利精神、水文化内涵及河湖长制工作成效。（李恒）

【数字孪生水利建设】

1. “水利一张图”　2023年，黑龙江省通过水利数据资源池基础框架建设和“水利一张图”应用支撑平台整合建设，全面梳理整合全省水利行业各类数据，建立数据血缘关系、制定水利数据质量评价指标，形成全省统一的水利数据底板，并构建统一身份认证体系，开发水利大数据综合展示服务、“2＋N”业务综合服务专题和水利基础数据展示专题。截至2023年底，平台已汇集业务数据13类2.14万条、空间数据27类24.22万条以及空间模型数据，共享了全国“水利一张图”数据底板，整合治理了多源基础地理、水利基础空间等数据资源，为开展数字孪生建设奠定了坚实基础。（李恒）

2. 河长App　2018年12月15日，黑龙江省河湖长巡河App上线运行，为2万余名河湖长提供巡河工具。巡河App主要包括河湖名录、河长巡河、事件处理、巡河统计、指令下达和公众反馈6项功能。支持离线巡河，解决没有网络信号区域巡河问题。支持线上交办事件，根据事件性质分配和成员单位职能设置了事件处置权限，灵活交办事件，实现无纸化办公，缩短事件处理流程和处理时间。利用黑龙江省河湖长制管理信息系统可以对河长巡河情况进行统计，并借助事件处理功能监控河长巡河履职情况和事件处理情况。（李恒）

3. 数字孪生　2023年，黑龙江省实施数字孪生关门嘴子水库先行先试建设项目。该工程以水库工程为单元、时空数据为底座、数学模型为核心、水利知识为驱动，对水库工程各类信息和运行管理活动全过程进行数字映射、智能模拟、前瞻预演，与水库工程同步仿真运行、虚实交互、迭代优化，实现对水库工程实时监控、发现问题、优化调度，助力水利工程全生命周期管理。围绕信息感知、资源共享、决策支持等体系构建，按照提高水库“预报、预警、预演、预案”能力的要求，推动实现工程数字化、监控自动化、调度智能化。加强了主汛期前水库水位控制及水文气象预报，提高预报精度水平，统筹协调供水、灌溉、防洪和发电，充分发挥水库调节作用，为水库建设和运管提供决策支撑。截至 2023 年底，该项目建设已完成。（李恒）

上海市

【河湖概况】

1. 河湖数量　2023 年，上海市共有河道（湖泊）46 441 条（个），其中河道 46 390 条，湖泊 51 个，全市河湖面积共 655.19km^2，河湖水面率达 10.33%。（蒋国强　徐芳）

2. 水量　2023 年，上海市平均降水量 1 280.6mm，折合降水总量 81.20 亿 m^3。全市年地表径流量 34.80 亿 m^3，地下水资源量为 9.76 亿 m^3，本地水资源总量 41.50 亿 m^3。过境水资源量方面，黄浦江松浦大桥站年平均净泄流量为 620m^3/s，年净泄水量为 195.4 亿 m^3；长江徐六泾站年平均流量为 22 086m^3/s，年净泄水量为 6 965.0 亿 m^3。（毛兴华）

3. 水质　2023 年，上海市地表水环境质量较 2022 年进一步改善，主要水体优Ⅲ类断面占 97.8%，较 2022 年上升 2.2 个百分点；Ⅳ类断面占 2.2%，较 2022 年下降 2.2 个百分点；无Ⅴ类和劣Ⅴ类断面。主要水体氨氮平均浓度为 0.38mg/L，较 2022 年下降 9.5%；总磷平均浓度为 0.131mg/L，较 2022 年下降 5.1%；高锰酸盐指数平均值为 3.6mg/L，较 2022 年下降 5.3%。（何冰洁）

4. 新开工水利工程　2023 年，上海市新开工水利工程项目 11 个，其中新开工河道整治工程 8 个、堤防工程 2 个、固沙保滩稳定河势工程 1 个。（季林超　刘颖婧）

上海市崇明区奚家港（前哨闸河—北横引河）河道整治工程现场（陈杰　拍摄）

【重大活动】　2023 年 1 月，根据有关规定要求，市委、市政府向党中央、国务院报告了上海市 2022 年度河长制湖长制贯彻落实情况。

2023 年 3 月 28 日，市河长办召开 2023 年上海市第一次主任（扩大）会议。副市长、市副总河长、市河长办主任出席会议并讲话，市政府副秘书长、市河长办第一副主任主持会议。

2023 年 3 月 31 日，上海市河湖长制林长制工作会议顺利召开。市委书记、市总河长、市总林长出席会议并讲话，市委副书记、市长、市总河长、市总林长主持会议。副市长、市副总河长、市河长办主任通报 2022 年河湖长制林长制工作并部署 2023 年重点工作。

2023 年 5 月 7 日，水利部副部长刘伟平带队来沪检查水旱灾害防御准备工作，实地察看了新川沙泵闸工程、淀山湖一期等项目现场。副市长、副秘书长，市水务局、青浦区、城投集团负责同志陪同检查。

2023 年 6 月 19 日，市委书记、市委副书记、市长实地调研竹园污水处理厂四期工程，并以“四不两直”方式分路检查长江经济带生态环境保护和绿色低碳转型工作。中央第五指导组组长、副组长、市领导参加相关调研。

2023 年 8 月 10 日，2023 年太湖流域片省级河湖长联席会议全体会议以视频形式召开。联席会议轮值召集人、浙江省省长，水利部副部长朱程清出席会议并讲话。江苏省、浙江省、上海市、福建省及安徽省有关负责同志作交流发言。

2023 年 8 月 22 日，2023 年长江流域省级河湖长联席会议全体会议在沪召开。联席会议轮值召集人、上海市委副书记、市长主持会议并讲话。应急管理部副部长、水利部副部长王道席出席并讲话。联席会议副召集人、长江委主任作长江流域河湖管理保护工作报告。联席会议全体会议结束后，上海市副市长主持召开了长江口咸潮入侵联防保供专题会议，联席会议副召集人、长江委主任马建华参加会议并讲话。

2023 年 11 月 30 日，水利部部长李国英来沪调研水利工作，先后深入吴淞江新川沙治理工程、宝山区陈行水库、长兴岛青草沙水库等地，详细了解上海水网“纲、目、结”有关重点工程规划建设和调度运行情况。（沈嘉懿）

【重要文件】 2023 年 2 月 2 日，上海市水务局印发《关于印发〈上海市河湖长效管理养护工作考核评分细则〉的通知》（沪水务〔2023〕73 号）。

2023 年 2 月 3 日，上海市河长制办公室印发《关于成立市领导担任河长的九个河湖“一河（湖）一策”编制工作领导小组的通知》（沪河长办〔2023〕5 号）。

2023 年 2 月 6 日，上海市水务局印发《关于印发〈上海市河湖健康评价技术指南（试行）〉的通知》（沪水务〔2023〕81 号）。

2023 年 3 月 20 日，上海市水务局、上海市生态环境局、上海市发展和改革委员会印发《关于印发〈上海市持续打好“消黑除劣”成效保卫战实施方案〉的通知》（沪水务〔2023〕155 号）。

2023 年 3 月 23 日，上海市河长制办公室印发《关于做好河（湖）长公示牌增贴“上海水务有奖举报小程序”二维码工作的通知》（沪河长办〔2023〕10 号）。

2023 年 3 月 27 日，上海市河长制办公室、水利部太湖流域管理局、江苏省河长制工作办公室、省美丽浙江建设领导小组河长制办公室印发《关于印发〈太湖淀山湖湖长协作机制 2023 年工作方案〉的通知》（沪河长办〔2023〕11 号）。

2023 年 4 月 23 日，上海市河长制办公室印发《关于开展河湖健康评价工作的通知》（沪河长办〔2023〕15 号）。

2023 年 5 月 15 日，上海市水务局印发《关于印发〈上海市圩区治理导则（试行）〉的通知》（沪水务〔2023〕336 号）。

2023 年 7 月 3 日，上海市水务局印发《关于进一步加强泵站排水与河道养护保洁联动工作的通知》（沪水务〔2023〕438 号）。

2023 年 8 月 11 日，上海市河长制办公室印发《关于加强上海市河湖面积管理工作的通知》（沪河长办〔2023〕20 号）。

2023 年 9 月 26 日，上海市水务局印发《关于印发〈上海市生态清洁小流域建设指南〉的通知》（沪水务〔2023〕755 号）。

2023 年 10 月 7 日，上海市河长制办公室、上海市生态环境局、上海市交通委员会、上海市农业农村委员会、上海市水务局、上海市绿化和市容管理局印发《关于进一步做好保障农业灌溉水水质工作的通知》（沪河长办〔2023〕25 号）。

2023 年 10 月 23 日，上海市水务局印发《关于印发〈2023 上海市河道（湖泊）报告〉的通知》（沪水务〔2023〕841 号）。

2023 年 12 月 1 日，发布上海市 2023 年第 1 号总河长令，实施《上海市雨污混接普查和整治工作方案》，全面推进雨污混接普查和整治工作。

2023 年 12 月 8 日，上海市河长制办公室印发《关于印发〈上海市雨污混接普查和整治技术导引〉的通知》（沪河长办〔2023〕29 号）。

2023 年 12 月 13 日，上海市河长制办公室、上海市精神文明建设委员会办公室印发《关于印发〈关于建立和完善上海市护河文明实践志愿服务工作体系的指导意见〉的通知》（沪河长办〔2023〕32 号）。

（俞泽霆）

【地方政策法规】

1. 法规　根据上海市人民代表大会常务委员会关于修改《上海市养老服务条例》等 12 件地方性法规和废止《上海市保护和发展邮电通信规定》等 6 件地方性法规的决定，上海市第十六届人民代表大会常务委员会第九次会议于 2023 年 12 月 28 日通过，自 2023 年 12 月 28 日起施行，涉及《上海市水资源管理若干规定》修改。（李晓倩）

2. 规范　2023 年 2 月 6 日，上海市水务局发布《上海市河湖健康评价技术指南（试行）》（DB 31SW/Z 030—2023）。

2023 年 5 月 15 日，上海市水务局发布《上海市生产建设项目水土保持全过程管理工作指南》（DB 31SW/Z 033—2023）。（卑志钢）

【河湖长制体制机制建立运行情况】

1. 监督检查　2023 年，上海市河长制办公室制定落实《关于加强本市河湖安全保护工作的实施意见》（沪河长办〔2023〕8 号），健全水行政执法与刑事司法衔接工作机制，有效防范和依法打击涉水违法犯罪。上海市第三中级人民法院联合市公安局、市生态环境局、市水务局、市绿化市容局、上海海警局、上海海关缉私局、上海市人民检察院第三分院会商后签署《关于建立环境资源民行刑案件衔接机制的工作备忘录》，实现水环境、水生态、水安全协同治理。2023年上海市立案办理有关诉讼案件334件，实现“河长+检察长”全覆盖，同时推广“河长+检察长+警长”工作机制，青浦区签订“三长”联动深化合作战略框架协议，挂牌首个“三长联动工作站”。上海市水务局印发实施《2023年水务监督工作要点》（沪水务〔2023〕165号）、《2023年河湖长制督查督办工作方案》（沪水务〔2023〕299号）和《水务监督规定实施意见》（沪水务〔2023〕347号），深化完善河湖长制落实，强化水务监督效能，压茬推进各项监督检查工作，推动河湖长制工作主要目标和重点任务完成。（沈嘉懿）

2. *考核激励* 2023年，上海市水务局、市河长制办公室联合编制形成《2023年度“河湖长制及水质综合评价”和“水资源节约利用达标率”工作考核细则》（沪水务〔2023〕716号），组织完成2023年度河湖长制考核工作，充分发挥考核“指挥棒”“风向标”作用。同时，上海市河长制办公室启动《上海市河长湖长考核评价办法（试行）》编制工作，助力河湖水生态环境和人居环境持续改善。

（沈嘉懿）

3. *幸福河湖建设* 2023年，上海市河长制办公室印发实施《河湖水质“红黄蓝”三色管理预警工作体系（试行）》（沪河长办〔2023〕6号），聚焦解决河湖水质反复等问题，建立河湖水质“红黄蓝”三色预警工作体系，健全河湖水质“监测-预警-评价-考核”机制。联合水利部太湖流域管理局、江苏省河长制工作办公室、省美丽浙江建设领导小组河长制办公室编制落实《太湖淀山湖湖长协作机制2023年工作方案》（沪河长办〔2023〕11号），充分发挥太湖淀山湖湖长协作机制统筹协调平台作用，持续推动跨界河湖共保联治，助力长三角一体化高质量发展。启动编制《上海市幸福河湖建设评估办法（试行）》，全域推进生态清洁小流域建设，推进骨干水网建设和滨水空间贯通，完成220km河道综合整治，打通28个骨干河道断点，完成共50km五个新城绿环水脉建设，将浦东新区五灶港、青浦区北横港、闵行区兰香湖、嘉定区嘉定城河以及松江区五龙湖等5条河湖打造成为幸福河湖。

（沈嘉懿）

【河湖健康评价开展情况】 2023年，组织开展红旗塘—大蒸塘—园泄泾、胥浦塘—掘石港—大泖港2条河道的河湖健康评估工作，采用历史资料收集与现场调查相结合的方法，综合反映河湖生态健康状况，编制形成《红旗塘—大蒸塘—园泄泾、胥浦塘—掘石港—大泖港健康评估报告》。结果表明：两条河道评估结果均为“健康”，属于二类河湖，说明两条河道在形态结构完整性、水生态完整性、抗扰动弹性、生物多样性和社会服务功能可持续性等方面处于健康状态，但是“生物多样”准则层状况一般，有待改善。（卢智灵　黄梁）

【“一河（湖）一策”编制和实施情况】 2023年，组织开展以市领导任一级河长、各区主要领导任二级河长的9条（个）市管河道（湖泊）的“一河（湖）一策”编制工作。2023年12月，完成《市领导担任河湖长的九个河湖“一河（湖）一策”》汇编送审稿1本、单行本送审稿9本的编制工作，并通过专家组验收。按照“一河（湖）一策”方案，全年完成河道整治220.21km，其中骨干河道70.03km，中小河道150.18km。

（贾明　闫莉　季林超）

【水资源保护】

1. *水资源刚性约束* 2023年，上海积极落实“节水优先、空间均衡、系统治理、两手发力”治水思路，把落实水资源刚性约束制度作为重要抓手，强化节水即治污、节水即减碳的理念。根据流域水量分配方案，完成各区年度水量分配方案，下达各区年度用水总量和强度双控目标，将“水资源节约利用率达标率”指标纳入2023年度各区政府党政领导班子绩效考核体系。印发《上海市落实节水行动实施方案2022年工作总结和2023年工作要点》《2023年度上海市节约用水和水资源管理工作要点》，全面实施节水行动，持续强化取用水监管，从严从细管好水资源。（顾珏蓉）

2. *节水行动* 2023年4月，召开2023年度上海市节约用水工作联席会议，会议审议并通报《上海市落实节水行动实施方案2022年工作总结和2023年工作要点》，部署全市年度重要节水工作任务，市级相关部门按照职责分工抓好各项措施落实，协调解决节水工作中的重大问题。全面完成2023年度重点工作，基本实现《“十四五”节水型社会建设规划》各项目标阶段性任务。2023年，上海市用水总量73.27亿m^3；万元国内生产总值用水量16m^3，较2020年下降15.8%；万元工业增加值用水量32m^3，较2020年下降5.9%；农田灌溉水有效利用系数0.740，均达到年度考核目标。（刘潇潇）

3. 生态流量监管　2023年，全面落实跨省河湖生态流量保障，以监测预警为核心，开展黄浦江松浦大桥断面流量、淀山湖—元荡生态水位的实时监测、数据报送和信息共享，按要求增设松浦大桥断面氯离子浓度在线监测。加强感潮河网地区生态水位管控，强化数据监测评估，完善预警体系。2023年，跨省及本市重点河湖生态流量（水位）均满足保障要求。（王森）

4. 全国重要饮用水水源地安全达标保障评估　2023年，对列入全国重要饮用水水源地名录的青草沙、陈行、黄浦江上游（金泽）、崇明东风西沙水源地，从水量保证、水质合格、监控完备、制度建设等方面开展安全保障达标建设年度评估，结果均达标。（顾珏蓉）

5. 水量分配　2023年，根据《水利部　国家发展改革委关于印发“十四五”用水总量和强度双控目标的通知》（水节约〔2022〕113号），市水务局、市发展改革委印发《各区“十四五”用水总量和强度双控目标的通知》（沪水务〔2022〕702号），明确至2025年各区用水总量、万元地区生产总值用水量、万元工业增加值用水量和农业灌溉水有效利用系数等管控指标。根据《地下水管理条例》规定，经市政府批准，市水务局印发《上海市地下水管控指标的通知》（沪水务〔2023〕53号），明确至2025年、2030年各区地下水取水总量和第四含水层组地下水最低水位等控制指标。（黄大宏）

【水域岸线管理保护】

1. 岸线保护与利用规划编制　2023年，完成《上海市重要河湖岸线保护与利用规划》编制工作，规划范围包括长江口（上海部分）、黄浦江、吴淞江（上海段）—苏州河等9条对保障城市防洪除涝、供水、生态安全等具有重要作用并设立市级河湖长的河道和湖泊。8月，上海市政府同意《上海市重要河湖岸线保护与利用规划》，并授权上海市水务局印发。（高超）

2. 采砂整治　2023年，持续深化贯彻落实《中华人民共和国长江保护法》等相关法律法规，综合运用人防和技防手段，保持对长江河道上海段采砂活动的高频监管和高压严打。同时进一步加强跨区域、跨部门协同合作，持续细化完善现有协作机制，与公、检、法等相关部门签订五方《党建联建协议书》及《进一步加强协作的工作备忘录》，不断延伸扩大采砂执法协作的深度和广度，深入推进采砂执法行刑衔接和公益诉讼工作，2023年3月，联合查处1起违法盗采江砂案件，对涉砂违法犯罪行为露头就打，坚决遏制违法反弹。

2023年，上海市共开展执法检查112次，出动265人次，查处采砂违法案件1起，罚没涉案违法采砂船1艘，拍卖款40.3万元。（赵韵凯）

3. “四乱”整治　2023年，上海市持续开展“清四乱”常态化规范化工作，全市共摸排出“四乱”问题16个，截至2023年底，已全部完成整改。（蒋国强　徐芳）

【水污染防治】

1. 排污口整治　2023年，上海市持续推进入河入海排污口排查整治工作。结合主题教育专项整治，上海市生态环境局制定印发《上海市关于建立动态整治销号制度强化长江入河排污口长效管理的实施意见》，截至11月底，高质量完成1 467个长江入河排污口整治销号，比国家要求提前2年完成。上海市政府办公厅印发《上海市加强入河入海排污口监督管理工作方案》，上海市生态环境局印发《上海市关于加强入河入海排污口分类整治、动态销号和长效管理工作的实施意见》，充分结合现有工作基础，突出工作重点，统筹节点目标，统一整治标准。截至2023年底，上海市累计完成约2.3万km河湖、海湾岸线的入河入海排污口排查，占全市河湖岸线总长75%以上，累计发现各类排污口约70万个；其中流域干流及重要支流、重点湖泊、重点海湾排污口完成排查溯源及30%的整治任务。（孔维鑫）

2. 工业企业污染防治　2023年，上海市持续加强涉水工业企业的监督监管工作。持续开展工业园区水污染整治专项行动，组织开展效果核查评估，推进工业园区水污染问题排查整治，指导相关区落实问题整改。加强涉一类污染物排放企业执法监管，分别于5月、10月组织开展涉一类污染物排放企业专项交叉执法检查活动，并将发现的问题交办属地执法机构跟踪查办，督促企业整改到位。（周懿）

3. 城镇生活污染防治　2023年，上海市已建城镇污水处理厂43座，总处理能力1 022.5万m^3/d。其中中心城区城镇污水处理厂8座，处理能力724.0万m^3/d；郊区城镇污水处理厂35座，处理能力298.5万m^3/d，出水水质全部执行《城镇污水处理厂污染物排放标准》（GB 18918—2002）一级A及以上排放标准。全市城镇污水处理厂处理污水量25.51亿m^3，折合日均处理量839.04万m^3，同比增加2.13%。

上海市已建城镇污水厂污泥处理设施13座，总设计规模1 716.0t干基/d。推进形成以独立焚烧为主、掺烧为辅的污泥处理处置格局，全市产生污泥

150.7 万 t，日均污泥量 4 958.0t（折合 1 217.2t 干基），焚烧占比 100%（其中独立焚烧占 66.6%、电厂掺烧占 23.5%、垃圾掺烧占 9.9%）。（潘超雷）

4. 畜禽养殖污染防治　2023 年，上海市持续推动畜禽粪污资源化利用工作。一是加强政策扶持。综合利用都市现代农业发展专项、农业机械购置补贴、农业绿色生产补贴管理细则等政策，推进畜牧标准化生态养殖基地建设、对购买畜禽粪污处理利用装备实行敞开补贴，鼓励有机肥使用。通过各项政策的落实落地，上海市畜禽粪污综合利用能力得到进一步加强，规模化畜禽养殖场粪污处理设施装备配套率达 100%。二是加强技术推广。组织举办上海市规模化畜禽场养殖废弃物资源化利用技术培训班，为进一步做好资源化利用工作提供技术指导。实施养殖环节兽用抗菌药减量化行动。开展绿色种养循环农业试点，推动粪肥就近就地还田利用。三是形成工作合力。农业农村部门会同生态环境局联合开展环保隐患排查和抽查，开展畜禽粪污资源化利用计划和台账指导检查，进一步提高全市畜禽粪污资源化利用的规范化、标准化水平。（顾建华）

5. 水产养殖污染防治　2023 年，上海市加强水产养殖绿色生产方式推广，全市共有 920 家水产养殖场按照《上海市水产养殖绿色生产操作规程（试行）》开展绿色生产方式养殖，覆盖面积约 12.6 万亩，域内覆盖率达 83.3%；共有 24 家管理先进、环境优美、产品安全的养殖场开展水产健康养殖场建设。全年以 12 个骨干基地为核心，辐射带动 9 个涉农区开展实施水产绿色健康养殖技术推广“五大行动”，技术服务达 1.1 万余人次。

2023 年，上海市持续推进水产养殖尾水治理设施建设和改造，全年批复尾水治理面积约 2.1 万亩，正全覆盖式推进规划保留的规模化水产养殖场尾水治理建设。（林久兴）

6. 农业面源污染防控　2023 年，持续推进化肥农药减量。一是继续实施粮田轮作休耕。上海市绿肥深耕面积达到 113 万亩；在果园上继续推广生草栽培技术，提高果园耕地质量。二是持续推进精准施肥。加强农户科学施肥指导，继续做好有机肥替代化肥、测土配方肥、缓释肥等化肥减量技术的落实，减少化肥使用；据农情初步统计，全市推广应用商品有机肥 30 万 t，农作物配方肥 211 万亩次，缓释肥近 68 万亩次，完成年度推广缓释肥 50 万亩次的任务；在全市开展化肥减量增效示范，试点示范施肥“三新”技术 6.45 万亩，测土配方施肥技术覆盖率保持在 90%以上。三是持续推进农药减量控害。制定印发了 2023 年市主要农作物病虫害绿色防控技术方案等，组织农技人员深入一线开展精准指导服务，做好科学安全用药宣传指导和培训，提升绿色防控覆盖率和质量，全市建立水稻绿色防控示范面积 35 万亩；加强病虫害统防统治，持续推广高效机械化植保，开展专业化防治组织和从业人员技术培训，提高专业化服务水平，全市专业化统防统治覆盖率保持在 70%以上，病虫害总体危害损失率控制在 5%以内；建设完成全国农作物病虫疫情监测分中心（上海市）项目，初步形成全市三级自动化田间病虫害监测体系，实现田间自动监测和统计上报，提高病虫害预警准确率。四是持续推进绿色防控。2023 年全市共实施蔬菜绿色防控技术集成示范应用面积 10.4 万亩，蔬菜水肥一体化应用面积 2.7 万亩。

加强农药包装废弃物回收处置。依托全市农药包装废弃物回收体系，收集、处置农药包装废弃物。据农情统计，全市农业部门共设立农药包装废弃物回收点 383 个，回收量 669t，田间地头基本不见遗留的农药包装废弃物，2023 年农药包装废弃物回收量率保持在 99%以上。（孙延东　李为福）

7. 船舶港口污染防治　《上海市船舶污染防治条例》（简称《条例》）于 2023 年 3 月 1 日起正式实施。《条例》共九章六十二条，分总则、一般规定、船舶水污染防治、船舶大气污染防治、船舶有关作业活动污染防治、船舶污染事故应急处置、长江三角洲区域合作、法律责任和附则。《条例》进一步强化船舶水污染物防治力度，重点突出对上海“一江一河”的保护力度，明确禁止船舶向黄浦江、苏州河排放生活污水、含油污水。《条例》的出台为上海市加强船舶污染防治提供了法律依据和制度保障，打造符合上海实际、体现上海特点的船舶污染防治长效机制，为上海国际航运中心建设、长三角一体化高质量发展提供助力。

船舶污染防治能力不断提升。在黄浦江和其他内河通航水域航行、停泊、作业的内河船舶产生的生活垃圾、生活污水和含油污水，由市、区人民政府通过政府购买服务方式进行免费接收、转运和处置。2023 年，上海市已开行 17 条“公交化”运行的船舶污染物流动接收线路，设置 11 个公共固定接收点，为往来内河船舶提供免费水污染物接收服务。动态更新黄浦江及上海市其他内河通航水域船舶污染物免费接收线路，及时向社会发布接收服务指南，引导内河船舶主动交投船舶污染物。2023 年，共计免费接收船舶垃圾 104 761 艘次，996m^3；生活污水 103 536 艘次，16 135m^3；油污水 12 911 艘次，1 047m^3。

加快港口岸电设施设备标准化建设。2023 年，实现低压智能岸电桩全覆盖，5类专业化泊位岸电设施覆盖率达90%以上，上海港集装箱码头岸电设施泊位覆盖率达到100%。针对大部分600总t以下的内河船舶无法使用标准化接插件问题，上海市港航事业发展中心会同中国船级社质量认证上海分社等相关单位编制完成《上海港低压岸电船岸对接标准化建设技术规范》，并组织上海港口协会以团体标准（T/SHGX 001—2023）正式发布。指导码头增加变压转接装置，便利非标船舶使用岸电。完成浦江游览码头岸基充电桩建设，为上海市首艘黄浦江纯电动游览船“上海久事”号提供充电保障。上海市交通委员会、上海海事局印发《关于印发〈上海港提高靠港船舶岸电使用率实施方案（2023年）〉的通知》，启动交通、海事联合执法专项行动，推动具备条件的船舶和码头使用岸电成为行业自律。在宝山区开展电子交接单制度试点工作，后续将视情况在全港推进电子交接单制度。2023年，全市岸电设施使用岸电5.6万艘次、接电58.9万h、用电2 476万kW·h，全年岸电用电量较2022年（1 023万kW·h）增长142%。其中2023年上港集团集装箱码头使用岸电 2 930艘次、接电3.2万h、用电1 471万kW·h，全年岸电用电量较2022年（310万kW·h）增长374%。（全翱宇）

【水环境治理】

1. 饮用水水源规范化建设　2023年，上海市四大集中式饮用水水源地每月水质均稳定达到Ⅲ类及以上，水质达标率为100%。每季度对卫星遥感发现的水源地疑似环境违法问题开展核查，并对核查确认的问题点位加强后续监管。更新修订水源地风险源名录，组织开展水源地巡查与执法、水源地环境问题排查整治，持续推进水源地标志牌建设和巡查维护。启动《上海市饮用水水源保护缓冲区管理办法》修订工作。完成2022年度水源地生态补偿工作考核，形成补偿资金分配建议方案。在崇明长兴岛郊野公园举办2023年上海市饮用水水源保护宣传活动暨崇明区无废城市建设徒步健康行活动。深化落实长三角生态绿色一体化发展示范区跨界饮用水水源地共同决策、联合保护和一体管控机制，牵头建立示范区饮用水水源地生态环境保护共同决策联席会议制度，并轮值召开首次联席会议。（苏平如）

2. 河道综合整治　2023年，上海市实施河道整治220.21km，其中骨干河道70.03km，中小河道150.18km。（季林超）

3. 农村水环境整治　2023年，为进一步完善农污治理体制机制建设，出台了《上海市农村生活污水治理设施标志设置导则》《上海市农村生活污水治理设施编码导则》《农村生活污水处理设施在线监测系统技术导则（试行）》等文件，同步开展了农村生活污水处理设施运行维护定额的编制工作。积极推进农村生活污水治理，全市完成4万户农村生活污水治理新建和续建任务，完成465座老旧设施改造工作，截至2023年底，行政村治理率达97%，农村生活污水治理覆盖面进一步扩大，为改善农村人居环境提供了有力保障。（李瑜　秦伟华）

上海市金山区吕巷镇和平村治理后
（沈黎钦　拍摄）

【水生态修复】

1. 生物多样性保护　2023年，上海市全面启动生物多样性保护重点任务。上海市生态环境局组织制定《上海市生物多样性保护战略与行动计划（2023—2035年）》。上海市生态文明建设领导小组办公室印发《〈关于进一步加强生物多样性保护的实施意见〉职责分工表》。编制《上海市生物多样性调查评估工作方案》，推进全市生物多样性本底调查和评估，组织上海市生物多样性调查与评估技术研讨会。

完善生物多样性保护工作机制。上海市生态环境局启动全市生物多样性体验中心试点建设。上海植物园等8家单位成立迁地保护联盟，协同推进重要物种、生物资源的迁地保育和保存繁育。起草《长三角生物多样性专家委员会章程》，加强长三角生物多样性保护协作。加强生物多样性保护宣传。上海市生态环境局举办2023年上海市国际生物多样性日主场活动。组织开展全市生物多样性优秀案例征集活动。在“上海国际自然保护周”“上海保护野生动物宣传月”期间，组织开展“从上海到青海：同引一江水，共抓大保护”生境课堂专场活动，提高全社会对生物多样性保护关注度。

强化生态保护红线和自然保护地生态环境监督。2023年1月，上海市生态环境局会同市绿化市容局、市农业农村委员会、市水务局、上海海警局联合开展本市“绿盾”自然保护地强化监督工作，组织对全市4处自然保护区开展现场监督检查，加强自然保护地生态环境监管。6月，上海市政府发布《上海市生态保护红线》，落实严守生态保护红线的管理要求和责任体系。上海市生态环境局开展首次生态保护红线年度保护成效评估。配合市绿化市容局将《上海市自然保护地整合优化方案》报国家林业和草原局、自然资源部、生态环境部审核。

2023年是长江“十年禁渔”的第三年，上海市共投入各类增殖放流资金1 200万余元，在重要渔业水域放流各类水生生物1.2亿余尾（只）。加强珍稀濒危物种救护保护，2023年全市共收容救护各类水生野生动物及其制品30余只（尾），蓄养历年抢救及人工繁育的中华鲟个体近500尾。4月23日，监测巡航过程中于长江口南北支分叉东风西沙水域监测到一尾2龄以上中华鲟；4月28日，于崇明区陈家镇护鲟路南端左侧1号丁坝的东滩滩涂水域发现搁浅的长江江豚幼豚1头，并将其转移到青草沙长江江豚栖息地放生，同时安排技术人员进行长期跟踪观测。

2023年，上海市农业农村委员会统筹安排财政资金，在长江口、杭州湾近海等水域共设置120余个监测站位，持续开展各类渔业资源调查项目。调查结果显示，随着长江大保护和长江全面禁捕工作的顺利推进，长江口洄游通道恢复畅通，长江流域各种洄游性物种在内的所有渔业资源均获得休养生息的机会，并在长江口形成了稳定的江豚种群。 （龚珑　钟旖珺　林久兴）

2. 生态补偿机制建立　2023年，上海市水源保护区已关闭全部173家规模化畜禽养殖场，整个黄浦江上游全部划为禁养区，水质安全得到充分保障；水源地生态保护补偿资金比2022年增长6.7%，逐步实现水源保护区内国家地表水环境109项水质监测指标监测能力全覆盖，水源地监测能力建设得到有力提升；加快所有以内河及地下水为水源的小水厂关闭速度，经过10余年努力，累计关闭全市所有中小水厂175座，内河取水口125个，公共供水深井197口，全市集约化供水率达到100%，城乡供水一体化工作全面完成。 （刘瀚斌）

3. 水土保持工作　2023年，推进市政府重大行政决策《上海市关于加强新时代水土保持工作的实施方案》编制工作。5月，印发《上海市生产建设项目水土保持全过程管理工作指南》；9月，印发《上海市2022年度水土保持目标责任考核工作方案》；11月，完成“上海市贯彻落实《关于加强新时代水土保持工作的意见》配套政策研究”1个政策课题和

上海市黄浦江徐汇滨江水利风景区（西岸美术馆　供图）

“上海市生产建设项目水土保持设施验收成果编制指南”1个标准化课题研究；12月，根据水利部和上海市水土保持信息管理系统统计数据及各区上报的自评报告和支撑材料，采取定量与定性分析相结合的方法，集中进行量化打分，完成2023年度上海市水土保持目标责任考核。

2023年3月15日，印发《上海市2023年度水土保持监督检查工作计划》和《关于开展2023年生产建设项目水土保持监督检查工作的通知》，全年派出502人次，对202个在建项目开展现场检查（其中市级项目175个，区级现场抽查项目27个），对49个已验收报备项目开展核查（其中市级项目22个，区级项目抽查27个）；6月，印发《上海市水务局关于落实上海市生产建设项目水土保持信用监管“两单”制度的通知》（沪水务〔2023〕145号）；按照水利部和上海市关于2023年度遥感监管工作计划，分别于7月7日、9月13日、10月23日下发3批疑似违法违规项目图斑855个，督促各区水务局、临港新片区管委会落实违法违规项目查处整改工作。

（赵杰）

4. 生态清洁型小流域建设　2023年，持续推进生态清洁小流域建设，完成20个生态清洁小流域示范点选树。推进五个新城17个生态清洁小流域项目建设，完成70km年度河湖整治任务。启动治理面积占“十四五”规划治理面积比例达80%，完成治理面积达50%，创造平原河网地区生态清洁小流域治理新典范，打造高品质全域生态清洁小流域建设样板。8月18日，浦东新区以“社会主义现代化建设引领下的生态清洁小流域建设”为主题举办2023年水务科技论坛，上海市水务局局长出席论坛并发言。9月26日，上海市水务局印发《上海市生态清洁小流域建设指南》，科学指导和规范上海市生态清洁小流域的建设。10月18日，中国水土保持学会小流域综合治理专业委员会举办《生态清洁小流域建设技术规范》实施座谈会，上海市水务局受邀参加并发言。11月6日，通过建设管理考评及效果评估，认定2022年各区完成的15个生态清洁小流域治理单元为生态清洁小流域市级示范点。12月1日，《中国水利报》专版刊登《上海：打造高品质全域生态清洁小流域建设样板》，展现上海市生态清洁小流域的建设成效。12月6—8日，第四届中国水土保持学术大会在福建省福州市召开，上海市水务局受邀参加并发表主旨演讲，《上海市生态清洁小流域建设规划》获第四届中国水土保持学会优秀设计奖一等奖。12月29日，上海市浦东新区张江镇、上海市青浦区被水利部认定为“国家水土保持示范县”，上海市崇明区瀛东村生态清洁小流域、上海市闵行区獬豸村落生态清洁小流域、上海市奉贤区庄行镇郊野公园生态清洁小流域、上海市宝山区罗泾镇长江口生态清洁小流域被水利部认定为“国家水土保持示范工程”。

（徐明杰）

【执法监管】

1. 河湖日常监管　进一步完善市区联手、部门联治、专业联合、条块联动的执法协同机制，主动对接市级公检法司以及环保、交通运输、城管等执法部门，不断加大执法力度，扎实开展全市河湖安全保护专项执法行动。

2023年，上海市水务局执法总队开展河湖执法检查1 097次，共计出动3 055人次，立案133件，罚款598.8万元。

（刘杰）

2. 联合执法　2023年，切实落实跨区域联动、跨部门联合、与刑事司法衔接、与检察公益诉讼协作等水行政执法四项机制，上海市水务局联合市高级人民法院、市人民检察院、市公安局、市司法局、长江航运公安局上海分局开展全市河湖安全保护专项执法行动，推动各区水务部门与公检法司协作及专项执法行动开展，与各区展开联合执法、联合办案，持续推动市区联动协作；与市检察院联合印发《关于建立健全本市水行政执法与检察公益诉讼协作机制的实施细则》，联合市公安局、市检察院第三分院、市第三中级人民法院等单位签订《关于建立环境资源民行刑案件衔接机制的工作备忘录》。市水务局执法总队与行政服务中心、水利事务中心、排水事务中心、堤防建设运行中心、供水调度中心签订党建联建暨管执联动协作协议，强化党建引领，聚焦管执联动，建立健全管执联勤联动机制，加强各行业联合检查及线索移送核查反馈；联合市交通委执法总队、市环境执法总队、市城管执法局执法总队制定实施《上海港港口污染防治执法检查专项行动工作方案》（2023年），进一步提升上海港港口污染防治跨部门综合治理能力水平，打好“蓝天保卫战”和水污染防治攻坚战。

（刘杰）

【水文化建设】　2023年2月，总结2022年度上海市5个国家水利风景区工作开展情况，完成水利风景区综合服务平台系统填报工作。在“世界水日”“中国水周”期间正式发布《上海水文化名录》图册，将首批覆盖全市16个区共计71个水文化资源推荐给广大市民。9月27日，根据《国家水利风景区复核工作方案》，完成松江生态水利风景区复核工作。根据《水利风景区管理办法》，全年有序推进闵行区紫竹高新园区申报上海市水利风景区。充分挖掘红色文化和水文化历史遗存，以“一江一河”为引领，打造滨水空间，实现 35.2km 高品质滨水空间贯通开放，推进各区市民身边的滨水空间建设，建成 5 条造福人民的幸福河湖，着力打造“文化景观河”。（卑志钢 赵杰）

【数字孪生水利建设】

1. 上海市河长制工作平台 2023 年 11 月 2 日，上海市水务局完成了上海市河长制工作平台升级改造建设，以河湖管理、河湖水质、村级断面管理、河湖保护、重点挂图作战等方面为主要抓手，加强落实好河长制业务推进工作，联动网格化管理，进一步提高河湖水质治理工作。结合河湖水质“红黄蓝”三色管理预警工作体系，开发预警功能，完善河湖水质问题第一时间发现、及时处置销项的闭环工作机制。开展村级河道水质监测，将原来的河湖水质管理延伸至村级河道，形成市、区、镇、村级河湖四级管理，并且对 4 557 个代表断面以及 38 532 个普查断面进行数据综合分析。

在 2023 年平台运行期间，全市河长使用河长 App 巡河达 26.8 万次，河长巡河发现河湖问题 15 997 件，处置率达 98.8%。镇管及以上河湖水质数据上报 46 452 条，每月“红黄蓝”预警共 347 次。（沈建刚）

2. 数字孪生 2023 年，上海市水务局启动数字孪生黄浦江项目并初步完成项目开发，以水利部数字孪生建设要求、上海市城市数字化转型以及数字孪生城市内涵为引领，聚焦防汛业务场景，以数字化场景、智慧化模拟、精准化决策为路径，充分整合利用现有数据资源，补充采集重点区域高精度数据。功能建设包括黄浦江水域多维多时空数据底板，集成水利专业模型，新建智能模型，新建自然背景、流场动态、水利工程等可视化模型，在上海市大数据中心“一张图”大系统上实现物理流域与数字流域之间的动态实时信息交互和深度融合；针对防汛综合调度典型业务应用，结合业务管理流程，构建核心业务“四预”（预报、预警、预演、预案）功能，升级扩展三维展示、数据融合、分析计算、动态场景等功能，实现智能模拟、前瞻预演、精准决策，全面提升黄浦江干流和重要支流治理管理的现代化水平。

该项目作为上海市“一张图”的典型示范项目，也作为上海市级层面唯一一个数字孪生项目，基于上海市水务局现有一网统管中的防汛指挥系统和水务海洋公共服务平台等基础，利用数字孪生技术赋能防汛业务、升级可视化表达、支撑调度决策，有效开拓了上海防汛防台工作的新思路和提供了其他数字孪生项目建设的借鉴作用。（沈建刚）

江苏省

【河湖概况】

1. 河湖数量 江苏省地处长江、淮河两大流域下游，分属长江、太湖、淮河、沂沭泗等四大水系，是全国唯一拥有大江大河大湖大海的省份。境内地势低平，河湖众多，水系复杂，河湖水域面积占比 16.9%，位于全国前列。江苏省共有乡级以上河道 2 万余条，其中列入省骨干河道名录的 723 条，长约 2.07 万 km，包括流域性河道 33 条，区域性骨干河道 123 条，跨县及县域重要河道 567 条；列入省湖泊保护名录的 154 个，其中省管湖泊 28 个。

（刘仲刚 游洋 曹晨昀 董正兴）

元荡（江苏河长制办公室 供图）

2. 水量 2023 年，江苏省地表水资源量 369.7 亿 m^3，其中淮河流域 185.3 亿 m^3，长江流域 77.2 亿 m^3，太湖流域 107.2 亿 m^3。全省用水总量控制在 571.36 亿 m^3，万元 GDP 用水量和万元工业增加值用水量下降率分别为 19.3%、13.3%，国家考核重点水功能区水质达标率为 90.8%，最严格水资源管理“三条红线”全面超额完成国控目标。

（刘仲刚 游洋 曹晨昀 董正兴）

3. 水质 江苏省国考断面优Ⅲ类比例 92.9%，同比上升 1.9 个百分点，高于国家目标 7.7 个百分点。长江江苏段干流水质连续 6 年保持Ⅱ类，主要入江支流断面水质优Ⅲ类比例 100%。太湖湖体平均水质为Ⅳ类；15 条主要入湖河流中 4 条水质达Ⅱ类，11 条水质为Ⅲ类。（刘仲刚 游洋 曹晨昀 董正兴）

4. 新开工水利工程　截至2023年底，江苏省新开工苏北灌溉总渠运东闸除险加固、阜宁腰闸拆建、黄沙港闸拆建、老桃花港整治等43项水利重点工程建设项目。　（刘仲刚　游洋　曹晨昀　董正兴）

【重大活动】　2023年2月4日，江苏省总河长、省委书记召开长江经济带生态环境突出问题整改会议，推动长江经济带江苏段生态优先绿色低碳高质量发展，省总河长、省长主持会议。

2023年4月26日，江苏省总河长、省长召开全省防汛抗旱工作电视电话会议，安排部署防汛抗旱重点任务。

2023年5月29日，江苏省总河长、省委书记主持召开省总河长会议，专题部署河湖长制工作。

2023年6月2日，江苏省总河长、省委书记专题召开大运河文化保护传承利用和长江文化保护座谈会，推进大运河文化带、长江文化公园建设。

2023年9月1日，江苏省副总河长、副省长召开全省河湖长制工作视频会议，部署安排下一阶段重点任务。　（任伟刚）

【重要文件】　2023年4月20日，江苏省总河长、省委书记信长星签发《省河长制工作办公室关于公布省总河长副总河长和省级河湖长的通知》（苏河长办〔2023〕5号），调整省总河长、副总河长和省级河湖长。

2023年5月15日，江苏省总河长、省委书记信长星与省长签发《生河长制工作办公室关于印发〈2023年江苏省河湖长制工作要点〉的通知》（苏河长办〔2023〕7号），部署2023年度全省河湖长制工作。

（任伟刚）

【地方政策法规】

1. 法规　2023年3月30日，江苏省第十四届人民代表大会常务委员会第二次会议通过《江苏省人民代表大会常务委员会关于修改〈江苏省水库管理条例〉的决定》，自2023年5月1日起施行。

2. 政策性文件　2023年1月，江苏省人民政府印发《省政府关于进一步加强地下水保护管理工作的通知》（苏政规〔2023〕3号），自2023年3月1日起施行。

2023年4月，江苏省水利厅、省发展改革委印发《关于加强水资源开发利用信用监管的通知》（苏水规〔2023〕1号）。

2023年7月，江苏省水利厅印发《关于印发〈江苏省水事违法行为不予行政处罚清单适用规则（试行）〉的通知》（苏水规〔2023〕2号）。

2023年8月，江苏省水利厅印发《关于印发〈江苏省水利风景区建设与管理办法〉的通知》（苏水规〔2023〕3号）。　（万汉峰）

【河湖长制体制机制建立运行情况】　2023年，强化示范引领，江苏省委、省政府主要负责同志深入河湖一线调研防洪减灾、治理保护、生态修复等重点工作，15位省级河湖长带头巡河、治河、护河，带动全省近5万名河湖长巡河128万余人次，有效解决了一批河湖治理管护突出问题。强化清单管理，制订省级河湖长36个责任河湖的问题清单、项目清单、责任清单，交办79项问题、120项治理任务；强化对清单的全过程跟踪督导，做到年初定任务、年中抓跟踪、年底有考核。强化协同共治，完善省河长办与自然资源、生态环境、住房和城乡建设、交通运输、农业农村等相关部门的常态协作机制，推动长三角生态绿色一体化发展示范区、南京都市圈、徐州南四湖等片区水生态环境提档升级，努力打造跨界河湖治理示范。强化督查激励，省委将河长制工作列入年度督查考核项目，省河长办印发涉水问题治理交办单66份，跟踪督办河湖专项整治、黑臭水体治理、太湖一二级支浜消劣等专项工作，落实幸福河湖建设省级奖补5 000万元，激励各地创造性推动河湖长制工作。强化幸福河湖建设，学习运用“千万工程”经验，一体推进宜居宜业和美乡村建设，新建550条农村生态河道、78个生态清洁小流域、20个美丽移民乡村；全省建成2 515条幸福河湖，南通焦港、苏州长漾列为国家级幸福河湖示范。　（任伟刚）

【河湖健康评价开展情况】　2023年，依据《江苏省生态河湖状况评价规范》，省级持续开展流域性骨干河道和省管湖泊生态状况评估，组织各市同步开展重点河湖生态状况评估。连续14年组织开展重点河湖生态状况评估，全省重点河湖生态优良率提升至89.1%。　（游洋）

【“一河（湖）一策”编制和实施情况】　2023年，组织开展“一河（湖）一策”修编工作，补充编制省重点河湖“一河（湖）一策”6个，并联合浙江省河长办开展太湖“一湖一策”联合编制。　（任伟刚）

【水资源保护】

1. 水资源刚性约束　2023年，全方位贯彻“四水四定”原则，完善水资源刚性约束有关制度，实施用水总量动态管理，优化最严格水资源管理考核方式，推动用水方式更加节约集约。深化用水权改革，积极培育用水权市场，稳妥推进水权交易，推动生产生活方式绿色转型。落实配置工程水资源刚性约束论证和审查要求，印发《关于做好水资源配置工程可行性研究阶段水资源刚性约束论证和审查的通知》（苏水办资〔2023〕14 号），进一步规范论证和审查工作。（游洋　吴以柱）

2. 节水行动　2023 年，江苏省水利厅、省发展改革委印发《江苏省节水行动实施方案 2023 年部门工作任务》，部署省级各部门节水工作任务。转发落实水利部《关于全面加强水资源节约高效利用工作的意见》，落实"十四五"节水型社会建设规划目标任务。组织开展《江苏省节约用水条例》立法后评估工作。扎实开展节水宣传教育，在"节水中国　你我同行"联合行动暨全国第三届节约用水知识大赛中获评"优秀组织单位"，《生命之源》《节约用水从我做起》获评最佳创意视频奖。积极推进县委书记谈节水活动，在《中国水利报》《新华日报》全国节水办官微上刊登江苏县域节水典型经验介绍。在《人民日报》、新华网、央广网等中央主流媒体及其网站和"两微一端"深入宣传报道江苏特色工作 10 次。2023 年，建成 8 家省级节水型工业园区、237 个省级节水型企业、16 个节水型社会达标县（区）。（游洋　吴以柱）

3. 生态流量监管　2023 年，编制实施《母亲河（丁堡河—江海河）复苏行动"一河一策"方案》，超额完成年度目标任务。编制完成淮沭河、苏南运河 2 个已建水利水电工程生态流量核定与保障先行先试报告并上报水利部。出台《生态水位（流量）监测与评估技术指南》，建成监测预警系统，建立实时监测、定期评估、监督考核机制。针对特殊干旱等影响，加强雨水情监测、取用水管控和水资源调配，重点河湖生态流量（水位）均得到有效保障。（游洋　吴以柱）

4. 全国重要饮用水水源地安全达标保障评估　2023 年，全省 96 个县级以上城市水源地率先实现达标建设、双源供水、长效管护 3 项全覆盖，形成相互调配、互为补充的安全供水格局。规范水源地核准核销，动态更新集中式饮用水水源地名录库。开展长江低水（潮）位形势下水资源配置利用研究，制定极端不利形势下的水资源配置利用与供水安全保障措施，通过优化调度、应急供水等措施科学应对、防范咸潮入侵、湖库蓄水减少等情况。（游洋　吴以柱）

5. 取水口专项整治　2023 年，持续推进取水工程（设施）管理规范化，颁布实施全国首个《取用水管理技术规范》，制定印发水资源论证报告编制要点和审查审批技术要点，组织完成 4 000 余个非农取水口规范化管理改造，全省规模以上非农取水口规范化改造率已超过 95%。高质量完成国家取水监测计量体系建设，全省 238 个重点灌区实现渠首在线计量，93 个一般中型灌区和 26 个典型小型灌区实现渠首计量监测，全省非农取水在线率超 96%。全域推进水资源管理规范化，率先印发县域水资源管理规范化建设实施意见和评估标准，组织 20 余个县（市、区）完成水资源管理规范化建设。率先在省级层面印发实施水资源开发利用信用监管文件，制定《取用水领域信用评价管理办法》，组织苏州市吴江区、盐城市亭湖区、宿迁市宿豫区开展试点探索。（游洋　吴以柱）

6. 水量分配　2023 年，全面建立省、市、县三级行政区域用水总量控制机制，积极配合水利部相关流域机构开展长江干流、滁河、南四湖等跨省江河流域水量分配，完成 11 个跨省、27 个跨市、93 个跨县水量分配方案，提前超额完成国家下达的河湖分水任务，实现"应分尽分"。认真落实已批复的河湖水量分配方案，实施重点河湖水量调度，建立年初定方案、年中有评估、年终做总结的工作机制，动态调度、调控 25 个跨市河湖水量，确保河湖分水方案落到实处。（游洋　吴以柱）

【水域岸线管理保护】

1. 河湖管理范围划定　2023 年，按照水利部和江苏省政府部署要求，开展了 2 轮河湖和水利工程管理范围划定工作。截至 2023 年底，国普河道、在册水库、大中型灌区划界已全覆盖，全面划定 2 727 条河道、154 个湖泊、935 个水库、313 个大中型灌区管理范围，划定管理范围线长度超 10 万 km，推动县、乡级河道划界，进一步加密河湖与水利工程划界矢量"一张图"。（刘仲刚　李广林）

2. 岸线保护与利用规划编制　2023 年，以规划为引领，统筹生产、生活、生态空间，编制完成 1 510 个河湖、49 个大中型水库、881 个小型水库的治理保护规划。严格落实分区管理，贯彻《水利部关于加强河湖水域岸线空间管控的指导意见》，确保水域岸线保护区、保留区从严管控，控制利用区、开发利用区高效利用。（刘仲刚　李广林）

3. 采砂管理　2023 年，在《新华日报》公告明确各级河长及长江河道采砂管理责任人，部署开展 2023 年度"巡查监管双推进"行动，水利、公安、交通运输、海事等部门共同巡查、共同执法，共出动执法人员约 4.5 万人次，查获非法采砂船 5 艘，整治通江河道内船舶建造企业 36 家，拆解采砂船 12 艘，非法采砂船舶存量动态清零，全年综合利用长江河道疏浚砂 1 034 万 t。（刘仲刚　李广林）

4.“四乱”整治　2023 年，在江苏省开展河湖治理保护专项整治行动，省级排查 311 个、市、县排查 1 812 个河湖问题，以清零的决心打好攻坚战、持久战。首次联合公检法司共同开展专项执法行动，全省新立案查处水事违法案件 1 374 起，结案 1 308 件，结案率达到 95.2%，其中 68 份案卷被司法行政机关评为优秀案卷。开展水土保持专项执法，排查形成 261 个违法问题清单，立案查处 114 件。2023 年出动执法巡查人员 20 万人次，累计巡查河湖水域 23 万 km^2，排查重点骨干河湖 1 100 余条（个），办案数量、质量和执法效能明显提升。

（刘仲刚　李广林）

【水污染防治】

1. 排污口整治　2023 年，先后启动长江、太湖、淮河流域入河排污口排查整治，完成 54 个流域干流及重要支流（水体）、重点湖泊排查，累计排查发现各类排污口 4.33 万个，需要整治的有 3.00 万个，其中依法取缔、清理合并、规范整治分别为 0.14 万个、0.23 万个、2.63 万个，已有 2.75 万个完成整治。

（曹晨昀　王楠溢　王华成　朱巧红　邱效祝）

2. 工矿企业污染防治　2023 年，依法推进重点行业遗留地块土壤污染状况调查，强化建设用地再开发利用联动监管，严格建设用地再开发利用准入管理。强化用途转变为住宅、公共管理与公共服务用地土壤污染状况调查及风险评估，规范土壤污染治理与修复，定期更新第九批、第十批、第十一批《江苏省建设用地土壤污染风险管控和修复名录》。

（曹晨昀　王楠溢　王华成　朱巧红　邱效祝）

3. 城镇生活污染防治　2023 年，江苏省新增污水处理设施规模 84 万 m^3/d，新增城镇污水收集主干管网 1 322km。全省城市（县城）均建有城镇污水处理厂，实现建制镇污水处理设施全覆盖，城市（县城）污水处理率达 97.4%（初步统计）。深入推进城镇污水处理提质增效精准攻坚“333”行动，全省累计建成污水处理提质增效达标区 3 936km^2，占全省城市建成区总面积 70%左右。联合省有关部门组织开展 2022 年度城镇污水处理提质增效“333”行动考核并印发情况通报。截至 2023 年底，全省建成城镇污水处理厂 886 座，城镇污水处理能力达 2 237 万 m^3/d，其中城市污水处理厂 226 座，处理能力 1 835 万 m^3/d；镇级污水处理厂 660 座，处理能力 402 万 m^3/d，累计建成城镇污水收集主干管网约 7.95 万 km。

（曹晨昀　王楠溢　王华成　朱巧红　邱效祝）

4. 畜禽养殖污染防治　2023 年，印发《关于做好 2023 年畜禽粪污资源化利用工作的通知》（苏农办牧〔2023〕2 号），组织各地建立规模养殖场整治提升清单，推动养殖场户配套完善粪污收集处理设施设备，指导督促规模养殖场做好粪污资源化利用台账。运用“智慧畜牧”系统推进巡查指导信息化，做好巡查记录，加强技术指导。积极争取中央预算内资金支持淮安市盱眙县、高邮市开展畜禽粪污资源化利用整县推进项目，持续提升畜禽粪污资源化利用水平，全省畜禽粪污综合利用率达 95%以上。

（曹晨昀　王楠溢　王华成　朱巧红　邱效祝）

5. 水产养殖污染防治　2023 年，江苏省农业农村厅、省生态环境厅印发《江苏省池塘养殖尾水达标排放两年行动计划》，督促指导各地强化养殖尾水治理。制定《加快池塘标准化改造全域推进现代渔业建设方案》，探索整县推进现代渔业建设。宣贯实施《池塘养殖尾水排放标准》（DB32/ 4043—2021），开展技术培训，发放宣传资料，提升养殖主体达标排放意识。2023 年，成功创建国家级水产健康养殖和生态养殖示范区 6 个，完成池塘标准化改造 60 万亩。

（曹晨昀　王楠溢　王华成　朱巧红　邱效祝）

6. 农业面源污染防治　2023 年，推进化肥农药减量增效，在徐州市铜山区等 16 个县（区）开展绿色种养循环农业试点，在 45 个县（区）建立部级化肥减量增效“三新”集成示范片，全省累计建立 150 个化肥减量增效示范区，累计推进 125 个农作物病虫绿色防控示范基地建设。2023 年，全省化肥施用量较 2020 年削减 2%以上，农药使用量削减 1.5%以上。

（曹晨昀　王楠溢　王华成　朱巧红　邱效祝）

7. 船舶港口污染防治　2023 年，印发实施《全省船舶和港口领域生态环境突出问题专项整治工作方案》《船舶和港口领域生态环境突出问题专项整治行动计划》。2023 年，江苏省辖区累计接收船舶垃圾 6 101.7t、船舶生活污水 37.3 万 m^3、船舶含油污水 5.1 万 m^3、残油废油 5.9 万 m^3，与 2022 年同期相比，接收量增加约 30%，各类船舶污染物的合规转运处置比例已稳定保持在 95%以上。沿江 5 座水上洗舱站共洗舱作业 646 艘次，接收洗舱水约 29 621m^3。

（曹晨昀　王楠溢　王华成　朱巧红　邱效祝）

【水环境治理】

1. 饮用水水源规范化建设　2023 年，强力推进水源地达标建设，指导地方政府编制落实达标建设方案，全省 96 个城市水源地全面完成达标建设任务，75 个供水单元实现双源供水全覆盖。持续推进全省水源地规范化建设，制定并颁布全国首部水源地管理与保护地方标准，完成 25 个城市水源地规范化建设，由江苏省倡导的水源地规范化建设被纳入美丽中国建设推进事项。

（游洋　王华成　张健）

2. 黑臭水体治理　2023 年，制定《江苏省全面消除城市黑臭水体三年攻坚行动方案（2023—2025 年）》，组织开展全省城市黑臭水体环境保护专项行动，推进动态排查，巩固整治成效，推动城市水体滨水空间建设。2023 年，全省排查新增和返黑返臭水体 13 条，均完成整治工作；对已完成整治的 609 条水体按季度开展水质监督检测，93%的水体稳定达标；推动城市水体滨水空间建设，2023 年度完成 19 条城市滨水空间示范水体建设。

（游洋　王华成　张健）

3. 农村水环境整治　2023 年，学习运用“千万工程”经验，加快推进农村生态河道建设，努力打造互联互通、生态良好的农村现代水网。江苏省委、省政府将农村生态河道建成率纳入 2023 年度市、县乡村振兴实绩考核指标，设置省级奖补资金 5.22 亿元。把农村骨干河道、农村生态河道、幸福河湖建设与人居环境整治、乡村全面振兴结合起来，连片打造宜居宜业水美乡村。2023 年度新建农村生态河道超 6 000km，累计建成农村生态河道 3.52 万 km，覆盖率达 45.5%。　（游洋　王华成　张健）

【水生态修复】

1. 退田还湖还湿　2023 年，把修复湖泊生态环境放在压倒性位置，为有效破解湖泊历史圈圩难题，提升流域区域调蓄能力，增加湖泊水生态环境容量，首创退圩还湖综合治理，持续恢复湖泊自由水面，同步推动近岸带生态修复。“十四五”以来，通过退圩还湖综合治理，累计清退历史圈圩 121km^2，实现了水利效益、经济社会效益和生态环境效益的多赢。

（刘仲刚　朱巧红　曹晨昀　赵友朋）

2. 生物多样性保护　2023 年，落实《水产种质资源保护区管理暂行办法》，加强保护区规范管理，加大保护区巡护力度，提升保护区管护水平。组织各地开展全国“放鱼日”同步增殖放流活动，在长江等重点水域放流苗种。组织开展水生生物资源与渔业水域环境监测，发布《2022 年江苏省水生生物资源与渔业水域环境状况公报》，长江、重点湖泊水生生物资源恢复势头较好。完成农业外来入侵物种普查，因地制宜采用农业防治、生物防治、化学防治、物理防治等措施防控外来入侵物种。

（刘仲刚　朱巧红　曹晨昀　赵友朋）

3. 生态补偿机制建立　2023 年，签订新一轮苏皖长江流域横向生态保护补偿机制合作协议，督促受偿方切实发挥补偿资金使用绩效，推动跨界水体水质持续改善。

（刘仲刚　朱巧红　曹晨昀　赵友朋）

4. 水土流失治理　2023 年，贯彻落实中共中央办公厅、国务院办公厅《关于加强新时代水土保持工作的意见》，制定出台江苏省《关于加强新时代水土保持工作的实施意见》，系统推进水土保持工作。坚持政府主导，水利牵头，各有关部门协调联动，按照山水林田湖草系统治理要求，以国家水土保持重点工程为抓手，组织编制《江苏省国家水土保持重点工程实施方案（2023—2025 年）》，积极推动水土流失综合治理。2023 年，全省共实施 26 个国家水土保持重点工程项目，完成水土流失综合治理面积 97.74km^2，水土流失治理目标完成率为 109%。全省水土流失面积下降至 2 128.55km^2，水土保持率提升至 97.92%，实现水土流失强度面积“双下降”。

（刘仲刚　朱巧红　曹晨昀　赵友朋）

5. 生态清洁型小流域建设　2023 年，严格落实水利部等 4 部门《关于加快推进生态清洁小流域建设的指导意见》，推动小流域综合治理提质增效。在《省委办公厅　省政府办公厅印发关于加强新时代水土保持工作的实施意见》（苏办发〔2023〕13 号）中将生态清洁小流域建设作为水土保持工作的一项重要任务，明确到 2025 年全省累计建成生态清洁小流域 400 条、到 2035 年生态清洁小流域覆盖率达 50% 的目标。2023 年，江苏省以水土流失治理项目为抓手，整合水利和相关部门项目，通过分类指导、典型带动，建成了一批防治体系完善、人居环境优美、运行管护规范、防治效益突出、示范效应明显的生态清洁小流域，2023 年度新建成生态清洁小流域 78 个，建成数量为历年之最。

（刘仲刚　朱巧红　曹晨昀　赵友朋）

【执法监管】

1. 河湖日常监管　2023 年，全面完成中央环保督察和长江经济带生态环境警示片披露问题年度整改任务。以长江、大运河、洪泽湖、太湖“两河两湖”为重点，部署开展省级河湖保护专项整治行动，实行清单化管理、逐一定性定案，督促地方完成整改。常态化开展流域性河湖水域岸线遥感监测，建立地理信息动态数据库，动态采集水域岸线变化数据，提高处置效率和监管水平。分级分区开展河湖保护状况监测评价，省级印发《江苏省重点河湖水域保护状况（2022 年）》，省、市、县三级完成 158 条河湖保护状况评价，客观评估河湖健康状况。

（刘仲刚　李广林）

2. 联合执法　2023 年，推动“水行政执法四项机制”建立，出台跨区域联动机制、跨部门联合机制、与刑事司法衔接机制、与检察公益诉讼协作机制文件共 43 件。开展联合执法 570 次，联席会商 63 次，向公安部门移送涉刑案件线索 12 条、案件 6 起。江苏省水利厅、省人民检察院联合督办扬州生态新城违法建设案，推进问题项目彻底整改。

（刘仲刚　李广林）

【水文化建设】

1. 水利风景区　2023 年，出台《江苏省水利风景区建设与管理办法》，将水利风景区等水文化载体建设纳入《江苏省水利发展资金管理办法》。研究制定《江苏省水利风景区突发事件综合应急预案编制指南（试行）》，组织完成全省水利风景区安全风险隐患排查整治。组织参与水利部“水美中国·精彩瞬间”水利风景区摄影大赛，共计 17 幅作品获奖，江苏省水利厅景区办获优秀组织奖。皂河枢纽入选第二十一批国家水利风景区，无锡市宜兴市龙珠水库等 9 家景区通过省级水利风景区认定，全省累计建成省级以上水利风景区 195 家，其中国家级 67 家。

（孔莉莉　任伟刚　楼锋）

江苏省水利风景区——天目湖
（王新儒　拍摄）

2. 运河文化公园　2023 年，制定大运河文化带和大运河长江国家文化公园建设年度涉水任务分解落实方案，推动大运河治理与水文化建设任务落实。深入开展水利文化建设研究，加快编制大运河江苏段水文化建设行动计划（2024—2025 年）。加强水利遗产管理保护，印发《江苏省省级水利遗产评价标准（试行）》，开展第二批省级水利遗产申报，公布 11 处省级水利遗产名录。

（孔莉莉　任伟刚　楼锋）

大运河地标——江都水利枢纽
（江苏省河长制办公室　供图）

大运河地标——苏州宝带桥
（江苏省河长制办公室　供图）

3. 河长制主题公园　2023 年，依托原有的景观绿化、公共设施、休闲步道，进行河长制主题文化植入，设置宣传标牌、河长驿站等，增加河长制元素，打造以休闲、娱乐、赏景、科普等多功能为一体的河长制主题公园，实现了把河长制从“纸上”搬到“现实”的转变，让广大群众“看得见、摸得着”，在家门口就可以立体化感受深厚的水文化底蕴及治水历史，成为河长制宣传工作的新阵地。2023 年共建成河长制主题公园 115 个，累计建成 548 个。

（孔莉莉　任伟刚　楼锋）

4. 河湖文化博物馆　2023 年，扬州中国大运河博物馆获评第五批国家水情教育基地，江都水利枢纽工程、泰州引江河工程以优秀等次（分列第一名和第三名）通过第三批国家水情教育基地复核，公布第二批省级水情教育基地 8 个。

（孔莉莉　任伟刚　楼锋）

中国大运河博物馆

（江苏省河长制办公室　供图）

【数字孪生水利建设】

1. “水利一张图”　2023 年，积极推动卫星遥感、大数据等新一代信息技术在河湖和堤防工程日常管理的运用，搭建一套集数据采集、分析整理、统计归类、追踪管理于一体的河湖资源管理信息化平台，实现省、市、县三级用户共享，包括岸线开发利用、涉河项目管理、河湖监管主要功能。

（刘仲刚　陆明）

2. 数字孪生　2023 年，数字孪生秦淮河、数字孪生江苏太湖地区典型水网工程、数字孪生沂沭泗水系、数字孪生水网（南通城区）等 4 个水利部试点项目在中期评估中获得优秀，全部通过水利部验收。数字孪生水网（南通城区）、数字孪生城区防洪指挥平台与智能排水系统获得 2023 年智慧江苏重点工程认定。数字孪生平台入选江苏信创应用优秀解决案例和工业和信息化部全国优秀信创案例。数字孪生水网整合集成与多业务场景“四预”应用入选水利部数字孪生建设典型案例。　（刘仲刚　陆明）

浙江省

【河湖概况】

1. 河湖数量　浙江省地处中国东南沿海，省内河流纵横、河网湖泊星罗棋布，自北向南有苕溪、运河、钱塘江、甬江、椒江、瓯江、飞云江和鳌江八大水系及浙江沿海诸河水系。钱塘江、甬江、椒江、瓯江、飞云江、鳌江独流入海，苕溪流入太湖。拥有杭嘉湖平原、萧绍平原、宁波平原、台州沿海平原、温州沿海平原等五大平原河网。全省河道总长度 14.1 万 km，其中流域面积 50km² 以上河流为 856 条，长度 2.2 万 km；流域面积 1 万 km² 以上的河流有钱塘江、瓯江、新安江。全省水面面积 0.5km² 以上的湖泊 86 座。　（汪馥宇）

2. 水量　2023 年，浙江省平均年降水量 1 419.9mm（折合降水总量 1 488.03 亿 m³），较 2022 年降水量少 9.4%，较多年平均降水量少 12.5%，降水量时空分布不均匀。2023 年，全省水资源总量 730.14 亿 m³，较 2022 年水资源总量少 21.8%，较多年平均水资源总量少 25.2%，产水系数 0.49，产水模数 69.7 万 m³/km²，水资源总量时空分布与降水量基本一致。2023 年度人均水资源量 1 105.92m³。　（金新芽）

3. 水质　2023 年，全省 296 个省控断面水质达到或优于地表水环境质量Ⅲ类标准的断面占 97.0%（其中Ⅰ类占 11.1%、Ⅱ类占 49.7%、Ⅲ类占 36.2%），Ⅳ类占 2.3%，Ⅴ类占 0.7%，无劣Ⅴ类断面，与 2022 年相比，Ⅰ～Ⅲ类水质断面比例减少 0.6 个百分点。八大水系所有断面都达到或优于Ⅲ类。平原河网水质为Ⅱ～Ⅴ类，其中Ⅱ～Ⅲ类水质断面占 91.4%，Ⅳ类占 5.7%，Ⅴ类占 2.9%，与 2022 年相比，Ⅱ～Ⅲ类水质断面比例持平。

（蔡甫款）

4. 新开工水利工程　2023 年，全省重大水利工程项目投资计划 300 亿元，截至 2023 年底完成投资 434.5 亿元，同比增长 27.8%。新开工建设扩大杭嘉湖南排后续西部通道工程（西线）、仙居县北岙水库工等重大工程 47 项。　（葛于晋）

【重大活动】　2023 年 2 月 3 日，省美丽浙江建设领导小组河长制办公室、浙江省水利厅组织开展全省河湖长制工作成绩突出集体和个人评选活动。

2023 年 3 月 8—10 日，省美丽浙江建设领导小组河长制办公室在湖州市安吉县举办全省河长制工作培训班。

2023 年 6 月 26 日，浙江省人大常委会副主任、京杭运河省级河长赴嘉兴市巡查调研京杭运河嘉兴段，并于 6 月 29 日在杭州八堡船闸召开京杭运河省级河长座谈会。

2023 年 7 月 6 日，浙江省委书记、省长主持召开省级总河长会议，全面部署全域推进幸福河湖建设工作。

2023 年 8 月 8 日，全省生态环境保护大会暨美丽浙江建设推进会在杭州召开。浙江省委书记出席会议并讲话。

2023 年 8 月 10 日，太湖流域片省级河湖长联席会议全体会议在杭州召开。浙江省省长、联席会议轮值召集人，水利部副部长朱程清出席会议并讲话。

2023 年 8 月 10—11 日，浙江省“深化河湖长制全域建设幸福河湖”推进会在湖州市长兴县召开。会议传达贯彻省级总河长会议精神，就全面深化河湖长制、全域建设幸福河湖进行再部署、再动员。水利部副部长朱程清出席会议并讲话，浙江省副省长致辞。

2023 年 8 月 25 日，浙江省“五水共治”工作暨城镇污水管网提升改造现场推进会在金华市召开。浙江省副省长参加会议，会议研究部署了“五水共治”特别是城镇污水管网改造提升工作。

2023 年 9 月 20—21 日，苕溪流域省级河长、浙江省人大常委会副主任，赴杭州市、湖州市调研苕溪流域水环境治理工作，实地检查苕溪流域有关水质断面治理情况，听取有关部门和河长关于苕溪流域水环境治理工作情况的汇报，研究部署苕溪流域水环境治理及推动完成全年治水目标任务的相关举措。

2023 年 10 月 27 日，召开京杭运河“河长制”省级河长巡河座谈会，浙江省人大常委会副主任、省级河长参加会议。

2023 年 11 月 14 日，浙江省治水办、省生态环境厅、杭州市人民政府举办钱塘江流域水环境共治共保联盟启动仪式活动。浙江省副省长出席活动，并在仪式上宣布钱塘江流域水环境共治共保联盟成立。杭州市、黄山市、绍兴市、金华市、衢州市政府共同签订了钱塘江流域水环境共治共保联盟盟约、钱塘江流域水环境共治共保联盟宣言。杭州市、黄山市共同发布了《新安江流域水生态环境共同保护规划》。

2023 年 11 月 16 日，组织召开 2023 年瓯江流域河长制工作会议。会议听取了丽水市、温州市政府瓯江河长制工作推进情况，重点河段河长对瓯江流域水环境治理的工作情况及意见建议。浙江省住房和城乡建设厅、省水利厅、省自然资源厅、省生态环境厅、省农业农村厅等单位进行工作交流。

2023 年 11 月 29—30 日，浙江省政协副主席、飞云江流域省级总河长赴温州市文成县开展飞云江巡河工作，并主持召开 2023 年飞云江流域河长制工作会议。

（汪馥宇）

【重要文件】 2023 年 7 月 25 日，浙江省委书记、省长签发 1 号省级总河长令《关于推动全域建设幸福河湖的令》，正式发布《浙江省全域建设幸福河湖行动计划（2023—2027 年）》。

2023 年 8 月 15 日，浙江省人民政府办公厅印发《关于印发〈浙江省城镇污水管网提升改造行动方案（2023—2027 年）〉的通知》（浙政办发〔2023〕45 号）。

2023 年 9 月 28 日，浙江省生态环境厅等 17 部门印发《浙江省深入打好长江保护修复攻坚战工作方案》（浙环发〔2023〕41 号），提出到 2025 年实现全省总体水质保持优良，地表水省控以上断面Ⅰ～Ⅲ类水质比例达到 95%以上，全面消除Ⅴ类水目标。

（徐婧钧）

【地方政策法规】 2023 年 1 月 5 日，省美丽浙江建设领导小组河长制办公室、浙江省水利厅印发《关于开展河湖健康评价工作的通知》（浙河长办〔2023〕1 号）。

2023 年 3 月 4 日，浙江省农业农村厅发布《关于推介发布 2023 年农业主导品种和主推技术的通知》，其中包括《畜禽粪污资源化利用和无害化处理技术》《养殖场综合减臭技术》2 项技术。

2023 年 3 月 17 日，省美丽浙江建设领导小组河长制办公室印发《关于印发〈“护航亚运”河湖水域岸线保护专项行动方案〉的通知》（浙河长办〔2023〕8 号）。

2023 年 5 月 18 日，浙江省农业农村厅发布《关于印发〈2023 年浙江省化肥减量增效工作实施方案和“三新”试点工作实施方案〉的通知》（浙农专发〔2023〕15 号）。

2023 年 5 月 24 日，浙江省水利厅办公室印发《关于全面实行河道采砂许可电子证照的通知》（浙水办河湖〔2023〕3 号）。

2023 年 7 月 26 日，省美丽浙江建设领导小组河长制办公室印发《关于调整省级河长湖长的通知》（浙河长办〔2023〕14 号）。

2023 年 7 月 27 日，省美丽浙江建设领导小组河长制办公室印发《关于印发〈2023 年浙江省河湖长制工作要点〉的通知》（浙河长办〔2023〕14 号）。

2023 年 8 月 11 日，省美丽浙江建设领导小组河长制办公室、省美丽浙江建设领导小组“五水共治”办公室印发《关于印发〈浙江省全域建设幸福河湖行动计划 2023 年度工作要点〉的通知》（浙河长办〔2023〕17 号）。

2023 年 8 月 29 日，省美丽浙江建设领导小组河长制办公室印发《关于做好浙江省“一河（湖）一策”实施方案编制工作的通知》（浙河长办〔2023〕19 号）。

2023 年 9 月 5 日，省美丽浙江建设领导小组“五水共治”办公室、省美丽浙江建设领导小组河长制办公室、省生态环境厅、省住房和城乡建设厅印发《关于深入开展城市黑臭水体和返黑返臭风险点排查整治巩固提升黑臭水体整治环境保护工作成效的通知》(浙治水办发〔2023〕28号)。

2023年9月12日，浙江省生态环境厅、省水利厅、省美丽浙江建设领导小组“五水共治”办公室、省美丽浙江建设领导小组河长制办公室印发《关于做好入河入海排污口查测溯治和监督管理工作的通知》(浙环函〔2023〕223号)。

2023年10月25日，浙江省生态环境厅、省美丽浙江建设领导小组“五水共治”办公室印发《浙江省长江流域总磷污染控制方案》(浙环发〔2023〕43号)。

2023年11月7日，浙江省生态环境厅、省住房和城乡建设厅、省美丽浙江建设领导小组“五水共治”办公室、省美丽浙江建设领导小组河长制办公室印发《关于开展2023年度巩固提升城市黑臭水体整治环境保护行动的通知》(浙环函〔2023〕284号)。

2023年12月6日，省美丽浙江建设领导小组“五水共治”办公室印发《关于贯彻落实〈浙江省城镇污水管网提升改造行动方案(2023—2027年)〉的通知》(浙治水办发〔2023〕29号)。

2023年12月8日，浙江省生态环境厅、省经济和信息化厅、省美丽浙江建设领导小组“五水共治”办公室印发《浙江省星级工业园区“污水零直排区”建设评估指标体系及评估认定规程(试行)》(浙环发〔2023〕45号)。

2022年12月19日，浙江省农业农村厅发布《关于下达2023年省“三农九方”农业科技协作计划“揭榜挂帅”项目实施计划的通知》(浙农科发〔2022〕21号)，浙江省畜牧技术推广种畜禽监测总站与浙江大学、省农业科学院等单位围绕减臭技术开展联合攻关，组织实施省农业重大技术协同推广项目——规模猪场高效臭气处理关键技术研发与示范。 (袁闻)

【河湖长制体制机制建立运行情况】

1. *高位部署* 2023年7月6日，召开省级总河长会议，签发第1号省级总河长令，全面部署全域推进幸福河湖建设工作。各级党委政府对标对表，省、市、县三级联动，全年各地累计召开总河长会议165次、签发总河长令256份、召开联席会议226次。 (汪馥宇)

2. *协同治理* 2023年，全省建立各级联防联控机制178个，开展联合整治活动242次，进一步凝聚工作合力，协同治理保护跨界河流。认真履行太湖流域片河湖长制轮值省工作职责，举办太湖流域片省级河湖长联席会议，统筹推进“四省一市”水环境综合治理。 (汪馥宇)

3. *考核激励* 充分发挥考核“指挥棒”作用，2023年，将河湖长履职情况、河湖“清四乱”、河湖健康评价、推进全域建设幸福河湖工作等河湖长制指标纳入浙江省自然资源集约利用考核，组织开展全省河湖长制工作成绩突出集体和个人评选工作，2023年全省共评选成绩突出集体24个和成绩突出个人60名。 (汪馥宇)

4. *专项行动* 2023年，聚焦护航杭州亚(残)运会，紧扣水域岸线保护、排污口动态排查、采砂疏浚管理、涉河涉堤批后监管四个方面保障任务，组织开展“护航亚运”专项行动。各地以河长令高位部署开展四大专项行动，制定细化实施方案124个，发现并整改问题24 337个；排查梳理亚运核心水域368个，发现并处理场馆周边水环境等问题1 471个；现场检查排口142 250个，发现问题及时处理。 (汪馥宇)

5. *幸福河湖建设* 2023年，将全域幸福河湖建设作为全面深化河湖长制的牵引性抓手，通过省级1号总河长令《关于推动全域建设幸福河湖的令》发布五年行动计划，实施江河安澜达标提质、河湖生态保护提升、亲水宜居设施提升、滨水产业富民等行动。组织专业技术力量指导各地编制“一县一规划”，着力打造各具特色的县域幸福母亲河。2023年完成城乡亲水节点425个、滨水绿道732km，建成高品质水美乡村231个，城乡居民亲水圈覆盖率达81%。其中天台水系连通及水美乡村建设、灵山港幸福河湖建设国家试点通过水利部终期评估，平阳鳌江、婺城白沙溪入选国家水利风景区，安吉浒溪入选全国幸福河湖示范项目，德清下渚湖、杭州千岛湖等入选生态环境部美丽河湖优秀案例。 (汪馥宇)

灵山港状元堰(林昌海 拍摄)

浒溪灵溪公园
（湖州市安吉县河长制办公室　供图）

鳌江（李海帆　拍摄）

【河湖健康评价开展情况】　2023年，全面启动河湖健康评价建立河湖健康档案工作，制定《浙江省河湖健康评价（2023—2025年）实施方案》。河湖健康评价实行“过程控制、平台管理、质量评定、考核挂钩”的特色工作模式，通过全过程跟踪和质量等级评定，严格把控河湖健康评价质量。为实现评价全过程跟踪闭环管理，浙江省河长办开发了浙江省河湖健康评价平台，侧重基本信息、现场调查、监测过程、评价结论等内容过程管控；为实现更高效的河湖监管，在浙水美丽（河长在线）平台开发了河湖健康模块，从水安全、水环境、水空间、水管控、水共享5个维度11项指标构建了区域河湖健康评价指数，通过模型和监测感知数据关联，每月自动计算评价得分，为区域河湖进行健康体检，动态掌握河湖健康状况，平台实现了河湖健康评价考核“一键达”功能。8月，开展4场包括全省11个地市河长办负责人、委托单位负责人、调查人员以及技术骨干等250余人的培训会。10—11月，省河长办组织开展了河湖健康评价报告质量评定、复核工作，制定报告质量评定细则，严把评价报告质量关，质量等级评定优秀率64%。2023年，全省下达河湖健康评价任务100条，共完成评价288条（个），其中河流252条，湖泊36个，全部在水利部河湖健康平台进行填报，建立河湖健康档案。根据2023年河湖健康评价结果，非常健康141条，占49%；健康145条，占50.3%；亚健康2条，占0.7%，浙江省总体上处于健康～非常健康水平。

（李梅凤）

【“一河（湖）一策”编制和实施情况】　2023年，修订《浙江省“一河（湖）一策”实施方案编制指南》，省美丽浙江建设领导小组河长制办公室印发《关于做好“一河（湖）一策”实施方案编制工作的通知》（浙河长办〔2023〕19号），组织开展编制新一轮“一河（湖）一策”实施方案（2024—2025年）。截至2023年底，全省县级以上河（湖）全面启动“一河（湖）一策”（2024—2025年）实施方案编制。其中，浙江省河长办组织编制曹娥江、苕溪、运河、钱塘江、飞云江、瓯江、太湖（浙江段）等7条省级河湖方案。牵头协同安徽省河长办共同编制新安江水库“一湖一策”实施方案，并配合江苏省河长办共同编制太湖“一湖一策”实施方案。

（李梅凤　汪馥宇）

【水资源保护】

1. 水资源刚性约束　2023年，浙江省用水总量169.6亿m^3，万元GDP用水量较2020年降低13.0%，万元工业增加值用水量较2020年降低15.7%，城市公共供水管网漏损率5.13%，农田灌溉水有效利用系数提高到0.612。连续8年获得实行最严格水资源管理制度国家考核优秀等次。9月，省水资源管理和水土保持工作委员会办公室、省林长制办公室、省全面推行河湖长制工作联席会议办公室印发《浙江省自然资源集约利用考核办法》《浙江省2023年度自然资源集约利用考核实施方案》。12月，省水利厅、省林业局印发《关于做好2023年度自然资源集约利用考核自查工作的通知》（浙水资源〔2023〕27号），对各设区市自查自评工作进行部署，经综合考评并报省委、省政府同意后印发考核结果，绍兴市、温州市、丽水市、宁波市、湖州市等5个设区市，杭州市临安区等32个县（市、区）考核优秀。（沈仁英　朱征）

2. 节水行动　2023年4月8日，浙江省政府印发《关于浙江省水资源节约保护和利用总体规划的批复》（浙政函〔2023〕34号）。5月24日，省水利厅等12部门印发《浙江省2023年度节水行动计划》（浙水资〔2023〕14号），明确了年度节水行动重点目标任务，并将任务细化分解到省级有关部门和各设区市。10月6日，省水资源管理和水土保持工作委员会办公室印发《浙江省节水工作部门协调机制2023年度工作要点》（浙水委办〔2023〕5号），进一步明确部门职责分工和目标任务。10月26日，省水资源管理和水土保持工作委员会办公室组织召开联络员会议，讨论研究统筹优化用水总量和强度双控管理、开展合同节水管理、实施重点领域水效率提升行动计划等工作。结合2023年水资源管理和节约用水监督检查，开展重点任务实施情况专项督导，确保节水行动取得实效。2023年，会同其他厅局共同发力，以《浙江省节水行动实施方案》为统领，协同推进农业节水增效、工业节水减排、城乡节水降损和非常规水利用，不断完善政策制度、创新市场机制，各项年度目标任务圆满完成，水资源利用效率得到进一步提升。（沈仁英　朱征）

3. 生态流量监管　2023年4月，杭州市桐庐县等5个试点纳入国家生态流量核定与保障先行先试名录，浙江省水利厅印发《浙江省已建水利水电工程生态流量核定与保障先行先试工作实施方案》（浙水资〔2023〕11号），指导桐庐县等5个国家试点全面完成先行先试任务。11月，省水利厅印发《关于开展已建大中型水库生态流量核定与保障工作的通知》（浙水资〔2023〕22号），全面推进大中型水库生态流量保障。12月，省水利厅会同太湖流域管理局出台《关于进一步做好太湖流域及东南诸河河湖生态流量保障工作的指导意见》（太湖资管〔2023〕254号）。开展重点河湖生态流量监测评估，建立日评价及月度监测信息通报制度，评价成果在“浙里九龙联动治水”平台公布。全省33座大型水库生态流量控制要求纳入控运计划。（沈仁英　朱征）

4. 全国重要饮用水水源地安全达标保障评估　2023年3月，经地方自评、现场抽查、资料评审等环节，完成82个饮用水水源地安全保障达标年度评估工作，浙江省水利厅、省生态环境厅印发《关于公布2022年度县级以上集中式饮用水水源地安全保障达标评估结果的通知》（浙水资〔2023〕7号），其中67个水源地评估等级为优，15个水源地评估等级为良。11月，浙江省水利厅办公室印发《关于开展2023年度县级以上集中式饮用水水源地安全保障达标评估的通知》（浙水办资〔2023〕9号），开展2023年度县级以上集中式饮用水水源地安全保障达标评估工作。（沈仁英　朱征）

5. 水量分配　2023年2月，浙江省水利厅印发实施饶河浙江省水量分配方案，涉及浙江的6条跨省江河（太湖、新安江、交溪、建溪、信江、饶河）均完成省内水量分配方案印发。省水利厅印发《钱塘江流域2023年度水资源调度计划》（浙水资〔2023〕6号）和《瓯江流域2023年度水资源调度计划》（浙水资〔2023〕5号），明确流域用水总量控制指标，有关市、县严格落实水资源调度计划，保障了流域水资源合理高效利用。11月，省水利厅印发《浙东引水工程水资源调度方案》（浙水资〔2023〕19号），指导浙东引水工程的运行调度，推动水资源优化配置。按照水利部部署，配合太湖流域管理局完成太湖流域水资源调度方案编制，做好太湖流域、新安江等跨省河流水资源调度年度计划的制订和实施。（沈仁英　朱征）

【水域岸线管理保护】

1. 河湖管理范围划定　2023年，完成浙江省水域调查工作，建立了涵盖7类水域、50个图层、29万水域图斑、930万水域要素的水域空间数据库，联合省自然资源厅公布了全省水域调查成果，全省临水线水域面积6 921.12km²，水面率6.55%。核准更新856条水普名录河流、56座湖泊的空间信息及基础信息，压实山区性河道主体责任，加强山区河道管理，公布76个县（市、区）涉山区河道13万名责任人。推动水普外河湖管理范围划界成果复核工作，完成2万km河道划界复核。（周裕成）

2. 岸线保护与利用规划编制　2023年，完成钱塘江、瓯江、大运河（浙江段）、苕溪、飞云江、曹娥江重要河湖岸线保护与利用规划编制，提出河湖水域岸线空间管控和保护要求，结合全域幸福河湖建设，建立规划项目库，强化岸线用途管控和节约集约利用。（周裕成）

3. 采砂管理　2023年，组织编制《浙江省河湖库疏浚规划编制指南》，进一步规范河湖库疏浚规划编制及实施；开展河湖库采砂与疏浚管理专项行动，规范采砂与疏浚项目管理，全面摸排全省各县（市、区）年度计划实施的采砂与疏浚项目，发现各类问题82项，均已落实整改措施。推进河湖疏浚砂石资源综合利用，全省71个项目累计供应砂石916万t。（周裕成）

4. “四乱”整治　2023年，开展护航亚运河湖水域岸线保护专项行动，6个主办、协办城市落实水域保洁人员22.44万人次，出动保洁打捞船9.96万次，打捞水面垃圾、水草4.25万t，清理岸线垃圾0.53万t。常态化规范化推进河湖“清四乱”，清理整治河湖“四乱”问题 1.2 万余处，清理建筑和生活垃圾 6.5 万余 t、拆除违法建筑 4.8 万 m^2，实现问题动态清零。开展涉河涉堤批后监管专项行动，对全省各级 1 656 个涉河涉堤建设项目开展批后监管，共计发现问题 414 个，整改完成率达 95%。

（周裕成）

【水污染防治】

1. 排污口整治 2023 年，浙江省生态环境厅、省水利厅、省治水办、省河长办印发实施《关于做好入河入海排污口查测溯治和监督管理工作的通知》（浙环函〔2023〕223 号），进一步细化明确“查、测、溯、治、管”、落实建设项目“多评合一”、分级审批等相关工作要求。督促指导各市及时制定出台市级入河排污口监督管理实施方案。建立调度机制，每月调度入河排污口排查整治工作进展，纳入“五水共治”重点任务及项目进展情况通报。全面完成 44 条全国重点流域干支流、重点湖泊排查，完成率 100%，溯源率 98.7%，整治率 97.1%。

（蔡甫款）

2. 工矿企业污染防治 2023 年，深化“污水零直排区”建设，全面开展省级星级工业园区“污水零直排区”建设，浙江省生态环境厅、省治水办、省经济和信息化厅制定印发《实施星级工业园区建设评估指标体系和评估认定规程》，打造第一批 22 个星级工业园区“污水零直排区”。开展工业园区“污水零直排区”建设“回头看”，落实长江经济带工业园区水污染整治专项行动，推动化工园区专业配套污水处理设施建设。省生态环境厅、省住房和城乡建设厅联合开展《城镇污水处理厂主要水污染物排放标准》（DB 33/ 2169—2018）执行备案审查，逐一明确执行时间，加快推进清洁排放改造和排放标准实施。

（蔡甫款）

3. 城镇生活污染防治 2023 年，大力推进城镇污水收集处理设施建设改造，浙江省人民政府办公厅印发《关于印发〈浙江省城镇污水管网提升改造行动方案（2023—2027 年）〉的通知》（浙政办发〔2023〕45 号），省住房和城乡建设厅、省生态环境厅联合制定《浙江省城镇污水管网提升改造实施方案编制指南》《浙江省城镇污水管网提升改造工作评估验收办法》等配套文件，全面启动污水管网提升改造。2023 年，新增污水处理能力 42.9 万 t/d，建成城镇生活小区“污水零直排区”297 个，开展城镇市政污水管网隐患排查 5 682km，新建改造城镇污水管网 1 140km。

（李锦韦）

4. 畜禽养殖污染防治 加快推进畜禽粪污资源化利用，以杭州市临安区畜禽粪污资源化利用整区推进项目为抓手，梳理畜禽粪污资源化利用集成技术及配套设施装备现状需求，提炼推广 12 个技术模式和 8 个设施装备企业典型案例，举办全省畜禽粪污资源化利用与数字化应用技术培训班，制定《规模猪场综合减臭技术》省级地方标准 1 项，遴选《畜禽粪污资源化利用与无害化处理》等主推技术 3 项，强力推动畜禽粪污处理向资源化利用转变。2023 年，全省畜禽粪污资源利用和无害化处理率达 93%以上。

（郝贵杰）

5. 水产养殖污染防治 2023 年，养殖尾水治理模式辐射实施主体共计 1.3 万余家，治理面积近 108 万亩，全省规模以上养殖主体尾水生态化处理实现全覆盖，尾水零直排率达 100%。用药减量行动示范总面积 8 600 余亩，示范基地的渔药使用总量同比减少 18.5%，抗生素使用同比下降 45.5%。提炼水产绿色健康养殖模式典型案例 48 例，收集“推广服务好做法”“绿色发展好模式”29 项。

（郝贵杰）

6. 农业面源污染防治 深化“肥药两制”改革，源头控制再减量。截至 2023 年底，全省已完成取土测土 32 789 个；主要农作物推广应用配方肥和按方施肥 67.76 万 t（其中配方肥 54.21 万 t），有机肥推广 115.70 万 t，全省主要农作物测土配方施肥技术覆盖率达 91.0%，统防统治覆盖面积达 700 万余亩。印发农作物病虫害统防统治与绿色防控融合推进实施方案，发布年度主要作物科学施肥指导意见和主要经济作物肥料主推配方。加强科学施肥技术指导，完善定额制施肥闭环管理体系，确保化学农药减量施用。截至 2023 年底，全省建成施肥“三新”技术试点县 12 个、省级化肥减量增效（化肥定额制）示范方 175 个，建设省级农作物病虫害绿色防控示范区 171 个、经济作物病虫害绿色防控示范方 152 个。创新主要农作物配方肥推广数字化台账管理，实现农资购销记录抓取实时化、精准化，构建“来源可溯、去向可追、用量可控”的闭环管理体系。开发统防统治服务模块，实现统防统治服务在线签约、接单及作业全轨迹记录、规模主体统防统治组织指导环节数字化管理。加强农田氮磷生态拦截沟渠系统建设，组织对已建生态沟渠开展管护情况评估和水质抽测，确保工程长效运维。率先在嘉兴全域、湖州南浔等 10 个县（市、区）开展农田区域退水“零直排”试点建设。截至 2023 年底，全省已建成生态沟渠系统 100 条、总长度 122.65km、有效覆盖农田面积 7.97 万亩，农田退水“零直排”示范区完成验收 5 个、有效覆盖农田 6.1 万亩。

（郝贵杰）

7. 船舶港口污染防治　强化污染防治监督执法，对内河40家港口企业进行港口污染防治隐患排查和专家入企指导服务；将船舶防污染列为船舶安全监督检查必查项重点检查，2023年查纠船舶防污染缺陷1 323个，实施行政处罚152起。推广到港船舶“先交付（水污染物交岸），后作业（货物装卸）”模式，提升船舶水污染物“零直排”管理水平，2023年共交岸接收内河船舶水污染物约6.9万t，每万艘次进出港船舶水污染物交岸量同比增长26.5%。全面提升船舶防污染应急救援保障能力，持续完善污染防治应急物资储备管理，省管内河辖区7市全部具备应对一般等级溢油事故（一次性溢油10t以下）能力。推进港口船舶水污染物接收设施建设，实现港口船舶水污染物接收能力与到港船舶相匹配，内河主要港口船舶垃圾、生活污水、含油污水的转运处置率均超过95%以上，居长三角区域前列。按照《浙江省港口岸电奖补办法》要求，深入推进内河港口岸电建设使用，全省内河港口岸电使用275万kW·h、同比增长21.4%，减少燃油使用量（按柴油计算）约308t。（方延年）

【水环境治理】

1. 饮用水水源规范化建设　2023年，督促指导各市加快推进“千吨万人”和其他乡镇级饮用水水源保护区划定和电子围栏建设，实现饮用水源保护基础信息可视化、日常监管信息化、风险预警智慧化。依法依规研究推进饮用水水源地保护区调整工作。组织开展饮用水水源保护区生态环境问题排查，完善保护区基础信息。加强饮用水水源保护区规范化建设指标体系研究，完成饮用水水源保护区内污染状况、管理状况等基础情况整理，筛选规范化建设评价的主要指标，针对性开展指标体系的测算。浙江省水利厅、省生态环境厅印发《关于加快推进单村水站改造提升保障农村饮水安全的实施意见》，推进农村单村水站建设工作。（蔡甫款）

2. 黑臭水体治理　2023年，省生态环境厅、省建设厅、省治水办、省河长办印发实施《关于深入开展城市黑臭水体和返黑返臭风险点排查整治巩固提升黑臭水体整治环境保护工作成效的通知》，全面部署2023年城市黑臭水体整治工作，组织指导各地全面排查城市建成区水体，形成城市返黑返臭风险点清单，推动问题完成整改。省级4部门联合开展2023年度巩固提升城市黑臭水体整治环境保护行动的省级行动，建立并实施城市黑臭水体隐患排查、问题发现、追本溯源、整改治理、成效巩固等五大机制，强化工作部署、问题排查、部门协作、监督考核，建立健全问题清单动态管理机制，督促各地建立返黑返臭水体风险点清单库和“一点一策”整改方案，持续推动黑臭水体风险有效消除。（蔡甫款　李锦韦）

3. 农村水环境整治　2023年，稳步实施农村生活污水治理“强基增效双提标”行动，建立健全农村生活污水治理技术标准体系，印发《农村生活污水预处理技术应用导则》。紧扣年度目标任务持续推进农村生活污水处理设施新建改造及标准化运维，全年新改建农村生活污水处理设施3 462个，完成率为115.4%；完成处理设施标准化运维46 517个，完成率为116.29%。全省农村生活污水治理千项万亿项目累计完成投资77.52亿元，完成率为129.2%。全省农村生活污水治理行政村覆盖率93%，出水水质达标率90.69%。（李锦韦）

【水生态修复】

1. 生物多样性保护　制定全省水生态环境保护、八大水系和近岸海域生态修复与生物多样性保护2023年重点工作，加快推进生态缓冲带修复。举办“5·22”国际生物多样性日浙江主场活动暨全国生物多样性友好城市主题活动。完成《浙江省生物多样性保护战略与行动计划（2023—2035年）》修编，发布生物多样性友好指数。推动宁波、丽水等地开展综合观测站建设，金华上黄站、钱江源站、杭州湾河口站入选第一批国家生态质量综合监测站。组织开展全省水生生物资源全面摸底。截至2023年底，已开展调查100余（航）次，分析调查样品2 700余份（瓶）。深入实施“生态修复百亿放流”行动，不断强化水生生物多样性保护，2023年，全省放流各类水生生物苗种近50亿单位，其中海洋39.16亿单位，内陆10.76亿单位。（汪馥宇）

2. 生态补偿机制建立　2023年，延续执行新安江流域水环境第三轮生态补偿协议，根据考核结果拨付安徽省2亿元。配合浙江省发展改革委推动新安江—千岛湖生态环境共同保护合作区建设，创新开展人才和产业补偿。结合主题教育调研，推动建立13对跨市流域横向生态保护补偿机制，钱塘江、瓯江等八大水系实现补偿机制全流域覆盖。（陈梁）

3. 水土流失治理　2023年，浙江省完成水土流失治理面积452.35km²，水土流失面积减少80.12km²，中度及以上水土流失面积减少3.8%，水土保持率达93.10%，均超额完成目标任务。（王通簿）

4. 生态清洁型小流域建设　以山青、水净、村美、民富为目标，以水系、村庄和城镇周边为重点，大力推进生态清洁型小流域建设。2023年，浙江省实施了25个生态清洁型小流域治理，治理水土流失面积277km²，推动小流域治理与农业综合生产能力建设、乡村特色产业发展、农村人居环境改善等有机结合，提供更多优质水土保持生态产品。

（王通簿）

【执法监管】

1. 河湖日常监管　2023年，持续推进河湖“清四乱”常态化规范化，制定河湖“清四乱”暗访督查方案，打造“人防＋技防”体系，全省通过自查、暗访、卫星遥感、无人机航拍等方式，排查发现河湖“四乱”问题；实现水域监管“一件事”全省贯通，沟通基层四平台，实现水域监管的跨部门跨层级协同，推进基层履职效能最大化、负担最小化；开展水域动态监测，通过对全省卫星遥感影像进行解译、比对、识别，梳理水域变化图斑，全面掌握年度全省水域动态变化，开展水面率考核，充分发挥考核“指挥棒”作用。（周裕成）

2. 联合执法　2023年，浙江省水利厅、省高级人民法院、省人民检察院、省公安厅、省司法厅印发《浙江省河湖安全保护专项执法行动工作方案》（浙水法〔2023〕7号），组织开展河湖安全保护专项执法行动。全年完成379条涉水违法问题线索排查，立案查处案件282件，有效打击河湖违法行为。

（谢圣陶）

【水文化建设】

1. 浙东运河文化园　浙东运河是中国大运河重要组成部分，是大运河与海上丝绸之路联通的通道。绍兴段是浙东运河的最前身和核心段。2019年，绍兴市在原运河园的基础上，决策建设集文博、文创、文旅于一体的浙东运河文化园，由浙东运河博物馆、运河园及周边文商旅功能区等部分组成，规划用地22万m²，总建筑面积12.4万m²，总投资14.9亿元。其中浙东运河博物馆总建筑面积约3.4万m²，展陈面积9100m²，分一楼、二楼2个展区，整个展览分为序厅及“鱼米水乡溯河源”“千古名河济天下”“越风河韵铸人文”“因河筑梦兴浙东”4个主题展厅以及1个申遗专区。大运河文化是中国优秀传统文化的重要组成部分，要在保护、传承、利用上下功夫，让古老大运河焕发时代新风貌。（张寅）

2. 曹娥江“一江两岸”景观工程　绍兴市上虞区曹娥江“一江两岸”景观工程致力于将100年一遇标准防洪堤建设与岸线环境有机结合，通过河岸岸线切滩疏浚拓宽江面，建设湿地、绿化带、生态护岸、沿岸景观等，最大限度维持河道肌理，保留了原始岸线、浅滩、绿洲等江岸水土生态风貌，在曹娥江东岸建成亲水型绿色文化长廊，在西岸建成亲水型绿色运动长廊，一江两岸，一动一静，相互呼应，使城市滨水环境达到生态功能、防洪排涝和运动休闲三位一体的和谐状态。让水清岸绿的生态美景串点成线、连线成片，促进了产业发展，提升了城市品质，全面重塑人水和谐、城水相融、水清岸绿、亲水宜居的江南水乡新风貌。曹娥江城区段成为首批省级美丽河湖之一，网红地标“城市阳台”被评为2017年度中国钢结构工程大奖，并先后作为曹娥江国际马拉松和国际半程马拉松等赛事的起终点，还成为2018年全省美丽河湖现场会、2021年全省“五水共治”（河长制）工作现场会的主要参观点；2021年，上虞区曹娥江“一江两岸”景观带成功入选第一批浙江省“五水共治”实践窗口名单；2022年上虞曹娥江一江两岸特色产业风貌样板区获浙江省年度“新时代富春山居图样板区”；上虞区曹娥江城防水利风景区被水利部评为2023年度国家水利风景区高质量发展典型案例。（张寅）

曹娥江城区段（王子硕　拍摄）

浙东运河文化园外景（吴越　拍摄）

3. 嘉善水利陈列馆　地处长三角生态绿色一体化发展示范区嘉兴市嘉善县内，坐落于省级美丽河湖汾湖之畔，总面积达 12 万 m^2。该基地以汾湖为核心，融合了美丽河湖、水利工程开放共享、廉政教育、健康运动、休闲农旅、善水文化等多元要素，从点、线、面等全方位、立体式展现了江南独有的水文化，助力乡村振兴，始终秉持“生态优先、文化惠民”的发展理念，深度挖掘河湖文化，讲好“善水惠民”故事。展馆设有“水文展示区”“灌排演示区”“忧欢厅”“安澜厅”“四季清风长堤”等区域，通过丰富多样的涉水载体开展水情教育活动，具备宣传、展示、实践、教学、游览“五位一体”的水情教育功能。它不仅是嘉善展现水历史、水文化的重要场馆，更是嘉善高质量打造长三角生态绿色一体化发展示范区的重要水利展示窗口。该馆于 2020 年获嘉善县水情教育基地和社会科学普及基地称号；2022 年 1 月，入选浙江省第一批水工程与水文化有机融合典型案例；2023 年 9 月，加入全国水利博物馆联盟。

（梅艳侠）

嘉善陈列馆（嘉兴市嘉善县水利局　供图）

【数字孪生水利建设】

1. “水利一张图”　2023 年，完善河湖“一张图”，以水域调查成果的 7 类水域、50 个图层、29 万个水域图斑、930 万水域要素的水域空间数据库为基础，构建全水域要素水域本底，实现水域精准管控。开展水域动态调整工作，对依法依规实施的水域空间调整数据和属性进行更新，有效保障水域基础数据的时效性与准确性，为水域监管、美丽河湖、河湖库采砂疏浚、涉河涉堤建设项目等业务模块赋能。

（周裕成）

2. 河长 App　各级河湖长通过 App 开展日常巡河、待办处理、问题上报等河长履职相关工作，实现河湖巡查、问题发现等数据实时上传，问题处置闭环管理。2023 年，累计为 49 310 位河长提供服务，五级河长共计巡河 2 925 475 次，累计发现问题 372 806 个，解决问题 372 801 个，解决率达 99.99%。

（徐宽）

3. 数字孪生　2023 年，浙江省水利厅联合省经济和信息化厅印发《关于印发〈关于全面推进浙江省数字孪生水利建设的意见〉和〈浙江省数字孪生水利建设实施方案（2023—2027 年）〉（试行）的通知》（浙水科〔2023〕3 号），编制数字孪生流域、数字孪生水网、数字孪生工程建设实施方案和水利感知体系规划等专项规划，建立“专班＋专员＋专家”工作机制，构建“1＋3＋X”的数字孪生水利规划体系。全面推进 9 个水利部数字孪生先行先试任务，数字孪生浙东水网入选第一批省级数字孪生水网试点。数字孪生钱塘江在 2023 年护航亚运中发挥重要作用，运用河口动床洪水演进预报模型进行预演，科学调度新安江、湖南镇水库等工程，精准控制水位，有效保障水质，减轻了钱塘江大潮对赛事河道水位水质的影响。

（刘福瑶）

安徽省

【河湖概况】

1. 河湖数量　安徽省流域总面积 50km^2 以上河流 901 条，总长度 29 930km。安徽省分为淮河流域（含废黄河及以北复新河安徽段）、长江流域、新安江流域（含龙田河、分水江），其中淮河流域 67 288.49km^2（含淮河 66 623.4km^2、废黄河 365.4km^2、沂沭泗复兴河 299.69km^2），共 419 条河流，省内长度 14 555km；长江流域 66 699km^2（含直接入鄱阳湖、太湖），共 437 条河流，省内长度 13 757km；新安江流域 6 186.9km^2（含新安江 6 016.1km^2、龙田河 79.7km^2、分水江 91.1km^2），共 45 条河流，省内长度 1 618km。

（安徽省河长制办公室）

列入安徽省湖泊保护名录的湖泊有 489 个（常年水面面积 0.5km^2 及以上），其中天然湖泊 184 个（含部分塌陷区），正常蓄水位相应水面面积 0.5km^2 以上水库形成的人工湖泊 305 个。列入水普常年水面面积 1km^2 以上的天然湖泊 128 个，50km^2 以上 22 个，巢湖为安徽第一大、全国第五大湖泊。

（安徽省河长制办公室）

2. 水量　2023 年，安徽省水资源总量 692.81 亿 m^3，比 2022 年增加 27.0%，较多年平均值少 6.2%。其中地表水资源量为 614.28 亿 m^3，地下水资源量为 187.14 亿 m^3，地下水与地表水资源不重复量为 78.53 亿 m^3。人均水资源量为 1 131.86m^3。全省入境水量 6 753.50 亿 m^3，出境水量 7 160.88 亿 m^3，比 2022 年分别减少 950.34 亿 m^3、877.68 亿 m^3。

2023 年安徽省用水总量 273.71 亿 m^3，全省万元 GDP 用水量、万元工业增加值用水量分别为 58.2m^3、57.0m^3。扣除火电直流冷却水和河湖补水，全省万元 GDP 用水量、万元工业增加值用水量分别为 46.5m^3、20.5m^3（当年价）。

（安徽省河长制办公室）

3. 水质　2023 年，全省地表水国考断面水质优良比例为 90.7%，优于国家考核目标 8.7 个百分点，同比上升 3.6 个百分点；省考断面水质优良比例为 89.9%，同比上升 2.9 个百分点。水质优良比率分别为长江流域 94.8%、淮河 85.6%、新安江 100%，巢湖水质Ⅳ类。（安徽省河长制办公室）

4. 新开工水利工程　2023 年安徽省新开工的重点水利工程包括大中型水库除险加固、水系连通及农村水系综合整治、小型水库建设、新建大中型水库、中小河流治理、重大水利工程以及重点易涝区排涝泵站建设等方面，通过实施坝体加固、溢洪道改造、堤防加固、河道疏浚、护岸建设、桥梁重建、涵闸维护、泵站建设、水环境整治及自动化监控系统安装等措施，提升了安徽省的水利基础设施水平，增强了防洪减灾能力，改善了农村水环境，保障了水资源的可持续利用，并对促进农业生产和农村经济发展发挥重要作用。（安徽省河长制办公室）

【重大活动】　2023 年 3 月 31 日，安徽省委书记在阜阳市调研期间，专程赶往颍上县实地督导国家湿地公园生态保护和民生工作。

2023 年 4 月 12 日，安徽省人民政府网站发布省级总河长、副总河长和省级河湖长调整名单。

2023 年 4 月 14 日，2023 年淮河防总工作会议暨淮河流域省级河湖长联席会议全体会议在安徽省蚌埠市召开。淮河防总总指挥、淮河流域省级河湖长联席会议轮值召集人、安徽省省长，水利部副部长刘伟平出席会议并讲话。水利部淮河水利委员会负责同志作工作报告。河南、安徽、江苏、山东、湖北等省人民政府和淮河流域气象业务服务协调委员会有关负责同志作会议交流发言。

2023 年 4 月 16 日，全省水旱灾害防御专题研讨会在合肥市召开。安徽省委书记、省长分别作出批示，副省长出席会议并讲话。

2023 年 4 月 17 日，安徽省委书记、省级总河长赴合肥市实地调研巢湖保护治理工作。省领导陪同。

2023 年 5 月 9 日，安徽省级总河长第七次会议在合肥召开。安徽省委书记、省级总河长出席会议并讲话。省委副书记、省长、省级总河长主持会议并讲话。省领导出席会议。

2023 年 6 月 2 日，安徽省委书记主持召开省推动长江经济带发展领导小组全体会议暨省生态环境保护委员会 2023 年第一次全体会议。省委副书记、省长就长江（安徽）经济带突出生态环境问题作整改工作部署。省委副书记，省领导出席。

2023 年 6 月 15 日，安徽省副省长、高塘湖省级湖长赴淮南调研湖长制落实和大气污染防治工作，并前往高塘湖开展巡湖工作。

2023 年 6 月 25 日，安徽省委常委、副省长、枫沙湖省级湖长赴铜陵市实地督导检查防汛备汛情况，并调研枫沙湖湖长制落实情况。

2023 年 7 月 5 日，安徽省副省长、省级副总河长、菜子湖省级湖长赴安庆市督导防汛抗旱、河湖长制工作，实地调研安庆市宜秀区破罡湖闸站运行情况，检查防汛备汛工作；查看桐城市鲟鱼镇菜子湖入长江口，督导河湖长制落实推进工作。

2023 年 8 月 29 日，安徽省委、省政府在合肥召开全省生态环境保护大会。省委书记出席会议并讲话。省委副书记、省长主持会议并传达全国生态环境保护大会精神。

2023 年 8 月 30—31 日，安徽省委书记在位于滁州市南谯区腰铺镇腰铺社区的二陈大塘，采取“四不两直”方式督导生态环保工作，现场勘查群众反映强烈的黑臭水体情况。省领导参加。

2023 年 9 月 22 日，安徽省委书记在芜湖市镜湖区莲花湖水域，采取“四不两直”方式暗访督导生态环境保护工作。省领导参加。

2023 年 10 月 13 日，安徽省副省长、新安江省级河长赴黄山市实地检查新安江河湖长制落实情况，调研新安江航道综合整治提升、传统村落保护利用等工作。（安徽省河长制办公室）

【重要文件】　2023 年 1 月 1 日，安徽省河长办印发《转发水利部办公厅关于开展河湖健康评价建立河湖健康档案工作的通知》（皖河长办〔2023〕1 号）。

2023 年 1 月 5 日，安徽省河长办印发《关于安徽省 2022 年度全面推行河湖长制工作情况的报告》（皖河长办〔2023〕2 号）。

2023 年 1 月 16 日，安徽省水利厅印发《关于公布安徽省第二批节水型灌区的通知》（皖水节函〔2023〕18 号）。

2023年2月10日，安徽省河长办印发《关于做好涉河湖突出问题整改工作的通知》（皖河长办〔2023〕5号）。

2023年2月15日，安徽省农业农村厅印发《持续推进全省稻渔综合种养产业高质量发展的实施意见》（皖农渔函〔2023〕101号）。

2023年2月16日，安徽省河长办印发《关于印发〈安徽省开展河湖健康评价建立河湖健康档案工作方案〉的通知》（皖河长办〔2023〕7号）。

2023年2月28日，安徽省河长办印发《关于开展第二批河湖长制能效提级县建设的通知》（皖河长办函〔2023〕2号）。

2023年3月6日，安徽省农业农村厅印发《2023年长江禁渔系列专项执法行动计划》（皖长江禁捕退捕组办函〔2023〕12号）。

2023年3月13日，安徽省卫生健康委印发《关于印发〈2023年安徽省城乡饮用水水质监测工作方案等5个方案〉的通知》（皖卫传〔2023〕103号）。

2023年3月14日，安徽省农业农村厅印发《2023年安徽省水产绿色健康养殖技术推广“五大行动”实施方案》（皖农渔函〔2023〕195号）。

2023年3月22日，安徽省河长办印发《关于安徽省2022年度河湖长制考核工作情况的报告》（皖河长办〔2023〕8号）。

2023年4月12日，安徽省人民政府办公厅印发《关于印发〈长江入河排污口整治行动实施方案〉的通知》（皖政办秘〔2023〕16号）；安徽省河长办印发《关于调整省级总河长、副总河长、省级河长湖长的通知》（皖河长办〔2023〕10号）。

2023年4月27日，安徽省林业局、省自然资源厅、省生态环境厅印发《安徽省开展违规侵占湿地公园等自然保护地问题排查整治专项行动工作方案》（林湿〔2023〕50号）。

2023年5月17日，安徽省水利厅印发《关于印发〈水利工程白蚁等害堤动物应急整治工作方案〉的通知》（皖水运管函〔2023〕225号）。

2023年5月22日，安徽省农业农村厅印发《关于进一步加强水产种质资源保护区管理的通知》（皖农渔函〔2023〕426号）。

2023年5月29日，安徽省河长办印发《关于公布省级幸福河湖名单（第三批）的通知》（皖河长办〔2023〕13号）。

2023年7月17日，安徽省农业农村厅印发《2023年安徽省重点水域水生生物重要栖息地调查实施方案》（皖农渔函〔2023〕590号）。

2023年10月9日，安徽省河长办印发《关于印发〈安徽省河湖长制工作2023年度省级考核方案〉的通知》（皖河长办〔2023〕18号）。

2023年10月17日，安徽省河长办印发《关于开展淮河干流突出问题整改“回头看”专项行动的通知》（皖河长办〔2023〕19号）。

2023年12月14日，安徽省林业局印发《引江济淮输水干线湿地保护修复问题排查整治工作方案》（林湿函〔2023〕368号）。

2023年12月29日，安徽省河长办印发《关于安徽省2023年度全面推行河湖长制工作情况的报告》（皖河长办〔2023〕23号）。

（安徽省河长制办公室）

【地方政策法规】

1. 法规　2023年7月28日，安徽省十四届人大常委会第三次会议通过《安徽省长江船舶污染防治条例》。自2023年10月1日起施行。

2023年9月22日，安徽省十四届人大常委会第四次会议通过新修订的《安徽省市政设施管理条例》。自2023年12月1日起施行。

2. 标准　2023年3月1日，安徽省市场监督管理局发布《生活污水处理厂尾水人工湿地工程技术规范》（DB34/T 4384—2023）。自2023年4月1日起实施。

2023年7月31日，安徽省市场监督管理局发布《幸福河湖评价导则》（DB34/T 4493—2023）。自2023年8月31日起实施。

3. 政策性文件　2023年6月9日，安徽省生态环境厅印发《关于印发〈安徽省农业面源污染监测评估实施方案（2023—2025年）〉的通知》（皖环发〔2023〕26号）。

2023年8月1日，安徽省河长办印发《关于进一步完善引江济淮工程输水干线河湖长体系的通知》（皖河长办〔2023〕16号）。

2023年10月23日，安徽省水利厅印发《关于印发〈安徽省河道管理范围内建设项目管理办法〉的通知》（皖水河湖〔2023〕120号）。

2023年10月30日，安徽省水利厅印发《关于印发〈安徽省生产建设项目水土保持方案管理实施细则〉的通知》（皖水保函〔2023〕500号）。

2023年11月11日，安徽省河长办印发《关于建立完善省地联保协作机制强化省管河湖治理管护的指导意见》（皖河长办〔2023〕20号）；安徽省河长办印发《关于进一步健全河湖治理与管护协同机制的意见》（皖河长办〔2023〕21号）。

2023年11月14日，安徽省总河长令第4号发布《关于加强引江济淮输水干线水资源水环境水生态保护的令》；安徽省林业局印发《关于印发〈安徽省湿地保护规划（2022—2030年）〉的通知》（林湿〔2023〕131号）。

2023年12月8日，安徽省水利厅印发《关于进一步加强河道采砂管理工作的指导意见》（皖水河湖〔2023〕130号）。（安徽省河长制办公室）

【河湖长制体制机制建立运行情况】

1. 监督检查　2023年，安徽省推动印发省总河长令第4号《关于加强引江济淮输水干线水资源水环境水生态保护的令》，组织开展为期5个月的“清水北送”保护行动，清理整治河湖问题406个。开展淮河干流突出问题整治“回头看”专项行动，督促各地对已整改的87个问题逐一复核整改情况，巩固问题整治成果。印发《关于做好涉河湖突出问题整改工作的通知》（皖河长办〔2023〕5号）、《关于开展2023年河湖长制暗访工作的通知》，协同省级成员单位，采取“四不两直”方式，开展督查暗访，“一市一单”分办涉河湖问题70个，跟踪督办并全面完成整改。（安徽省河长制办公室）

2. 考核激励　开展省级河湖长制工作年度考核，完成16个市、19个省级河长会议成员单位、197名市级河湖长的年度考核。完成市、县、乡级12 470名河湖长，省、市、县级2 516个成员单位的考核，向水利部河长办报送考核结果。完成省政府目标管理绩效河湖长制工作年度考核。省政府对河湖长制工作成效突出的3市3县予以通报激励。

（安徽省河长制办公室）

3. 幸福河湖建设　2023年，滁州市明湖高分通过水利部幸福河湖建设成效复核评估，六安市裕安区淠河段等6条（个）被淮委命名为淮河流域幸福河湖，完成92条省级幸福河湖建设任务。截至2023年底，全省累计建成国家（示范）幸福河湖2条（个）、淮河流域幸福河湖11条（个）、省级幸福河湖214条（个）。（安徽省河长制办公室）

【河湖健康评价开展情况】　2023年，完成522个河（段）湖（片）健康评价。截至2023年底，全省累计完成1 515个河（段）湖（片）健康评价，同步建立健康档案。1 299个设立县级以上河湖长的河湖评价任务全部完成。水利部布置的列入第一次全国水利普查河湖名录的河湖健康评价任务，安徽省需完成998个，已完成879个。长江干流安徽段健康评价报告通过专家审查，评价结果为健康。全省设立省级河湖长的12个河湖全部完成评价，新安江干流评价结果为非常健康，巢湖评价结果为亚健康，其他10个河湖评价结果为健康。

（安徽省河长制办公室）

【“一河（湖）一策”编制和实施情况】　组织开展全省河湖长制基础工作抽查指导，抽查各市河湖“一河（湖）一档”信息完整准确情况、“一河（湖）一策”方案制定实施情况，分市建立问题清单，以问题整改推动质效提升。就“一河（湖）一策”方案编制等基础工作优化流程、简化内容，切实提升工作质效。持续加强全省河湖长制工作指导，推动第二轮1 428个省、市、县级“一河（湖）一策”任务落实。（安徽省河长制办公室）

【水资源保护】

1. 水资源刚性约束　2023年，安徽省贯彻落实水资源刚性约束制度，全面建立省、市、县三级水资源消耗总量和强度控制指标体系；制定印发《安徽省地下水管控指标》，明确地下水取用水量、地下水水位控制红线；制定印发长江干流、淮河、青弋江及水阳江流域水量分配方案，全省36条跨市、21条跨县江河湖泊实现流域水量分配全面覆盖。逐渐形成总量控制、指标到县、分区管理的配水格局，构建从地表到地下、区域到流域的水资源刚性约束指标体系。（安徽省河长制办公室）

2. 节水行动　完成10个县（市、区）节水型社会达标建设任务；配合水利部淮委完成2022年度22个县域节水型社会达标建设县复核，18个县（市、区）通过复核并获得水利部命名公布。截至2023年底，全省共有89个县（区）获水利部命名公布，县域节水型社会建设达标县建成率达85%。

审核公布了安徽省第九批节水型企业60家，57家企业开展了节水型企业建设并申请省级审核。推进省级节水型高校建设，审核公布了安徽省第三批节水型高校15所，24所高校完成节水型高校建设任务并申请省级审核。推进节水型工业园区建设工作，审核公布了安徽省第二批节水型工业园区15家，17家工业园区开展了节水型工业园区建设并申请省级审核。推进节水型灌区创建，审核公布了安徽省第二批节水型灌区13个。推进省级节水教育基地建设，公布第六批省级中小学节水教育社会实践基地7家。

组织参加“2023年‘节水中国 你我同行’联合行动”“第三届全国节约用水知识大赛”。举办2023年“世界水日”“中国水周”“安徽省水法宣传月”活动启动仪式暨节水宣传活动，制作节水短视频，在合肥12条公交线路投放LED节水灯箱广告；在安徽电视台《第一时间》栏目开展 10 期“节约用水 江淮行”专题系列宣传报道。

（安徽省河长制办公室）

3. 生态流量监管 2023 年，安徽省纳入考核的 24 个重点河湖生态流量均达到年度管控要求。全面完成佛子岭水库、响洪甸水库、横排头渠首枢纽、港口湾水库、扬溪源水库 5 个已建水利水电工程生态流量核定与保障先行先试工作。推进饮用水水源保护，省水利厅会同省生态环境厅印发《安徽省县级以上集中式饮用水水源地名录（2023 年度）》，完成全省 33 个重点饮用水水源地安全达标保障年度评估，评估等级均为优。（安徽省河长制办公室）

淠河新貌（郑进取 拍摄）

东淠河（董昌忠 拍摄）

4. 全国重要饮用水水源地安全达标保障评估 2023 年，安徽省生态环境厅组织对滁州市黄栗树水库等 17 个新建或调整的县级及以上水源保护区划分方案进行审查、报批。配合生态环境部长江流域生态环境监督管理局对池州等市饮用水水源地环境保护情况进行专项督导调研，持续推进水源保护区环境问题排查整治，加强水源保护区规范化建设。建成 209 个县级及以上集中式地表饮用水水源水质自动监测站，基本实现水源水质自动监测预警全覆盖。

5. 取水口专项整治 2023 年，共抽查 180 家取用水户取用水情况，完成 59 个县（区）的验收，公布首批示范县（3 个）、达标县（13 个）名单，全省水资源规范化管理水平进一步提升；强化取水口规范化管理，全省年许可取用地表水 5 万 m^3 以上、地下水 3 万 m^3 以上非农取水、5 万亩以上灌区渠首基本实现在线监控，7 520 个取水户、242 078 个取水口实行线上“一户一档”“一口一码”全周期规范化管理。

（安徽省河长制办公室）

6. 水量分配 2023 年，安徽省制定印发长江干流、淮河、青弋江及水阳江流域水量分配方案，全省 36 条跨市，21 条跨县江河湖泊实现流域水量分配全面覆盖。

（安徽省河长制办公室）

【水域岸线管理保护】

1. 河湖管理范围划定 2023 年，对列入第一次全国水利普查名录内 901 条河流、128 个湖泊基础信息、流域面积、干支流关系全面复核，全面完成了名录内河湖管理范围划定。组织对长江、巢湖自然岸线率调查统计工作，长江干流安徽段自然岸线率 86.36%，巢湖自然岸线率 93.59%。制定各市水域空间保有目标，强化水域占用管理，确保全省 2 400 万亩水域空间保有量不减少。

（安徽省河长制办公室）

2. 岸线保护与利用规划编制 2023 年，组织各地认真开展重要河湖的河湖岸线保护与利用规划编制工作，全面完成新安江、巢湖、高塘湖、石臼湖、龙感湖、菜子湖、枫沙湖、高邮湖、焦岗湖、天河湖等流域面积 1 000km^2 以上的河流、常年水面面积 1km^2 以上的湖泊的岸线保护与利用规划编制工作。组织编制 36 个重要河湖岸线保护与利用规划，科学划定岸线保护区、保留区、控制利用区、开发利用区，划定功能区总长 9 692km，保障了河湖水域岸线保护和节约集约利用。（安徽省河长制办公室）

3. 采砂管理 2023 年，安徽省整合沿江各地水利、渔政、公安、航道等 82 处视频监控资源，建设长江“智慧采砂管理系统”，利用高清红外视频开展 24h 线上巡查。组织开展 5 次打击河道非法采砂“蓝盾”“清江清河”专项执法行动，联合江西、湖北、江苏省分别开展长江、淮河采砂管理省际联合执法行动。强化“三无”采砂船源头治理，及时拆解取缔非法采砂船舶。2023 年全省共查获非法采砂船 56 艘、非法移动采砂船 24 艘、非法运输船 76 艘，拆解取缔“三无”采砂船 66 艘。印发《关于进一步加强河道采砂管理工作的指导意见》，指导各地有序开展河道采区开采和疏浚砂综合利用，2023 年全省河道采区砂石开采 912 万 t，疏浚砂综合利用 780 万 t。（安徽省河长制办公室）

4. “四乱”整治 2023 年，安徽省水利厅组织利用遥感数据对比和现场核查，对全省重点河湖管理进行动态监测，发现违法违规问题线索 154 个，督促各地常态化规范化开展河湖“清四乱”工作。完成水利部下发的 28 100 个疑似“四乱”遥感图斑

的复核工作，经复核确认的300个“四乱”问题全面完成整改。（安徽省河长制办公室）

【水污染防治】

1. 排污口整治　2023年，安徽省政府办公厅印发实施《安徽省长江入河排污口整治行动实施方案》，并将整治情况纳入省政府目标管理绩效考核。全省长江干流4 077个入河排污口完成整治3 958个，整治率达97%，超额完成考核任务要求70%的年度工作目标。开展长江一、二级支流入河排污口核定，推进“一口一策”整治方案编制和实施。

（安徽省河长制办公室）

2. 工矿企业污染防治　2023年，安徽省开展工业园区水污染整治专项行动，组织并督促园区管理机构按照“一园一策”整治方案开展问题整改，核查园区问题整改结果，省级以上工业园区全部自建或依托城镇污水集中处理设施，基本实现污水全收集全处理。开展化工行业环境问题排查整治专项行动，排查发现园区外29家化工企业存在的环境问题已全部完成整治。在全省38个化工园区开展“绿色提升行动”。（安徽省河长制办公室）

3. 城镇生活污染防治　2023年，安徽省住房和城乡建设厅聚焦城市市政污水管网修复改造，会同省发展改革委和省生态环境厅印发《安徽省城市污水管网整治攻坚行动方案（2023—2025年）》，着力补齐城市污水收集处理设施短板，全面提升城市污水处理效能和水平。截至2023年11月底，全省已完成市政污水管网改造约726km，新增城市生活污水日处理能力51万t，提前完成年度任务目标，城市生活污水收集处理效能逐年提升。

截至2023年底，全省投入运行生活垃圾焚烧处理设施53个、设计处理能力4.6万t/d；有15个市建成运行21座厨余垃圾处理设施，设计处理能力4 645t/d。建立“住户集中投放、服务企业收运、市、县统一处理”的农村生活垃圾收运处置体系。全省已基本实现全域“零填埋”，位居全国前列。

（安徽省河长制办公室）

4. 畜禽养殖污染防治　2023年度全省畜禽粪污综合利用率达到83%以上。推广商品有机肥30万t，解决畜禽粪污资源化利用“最后一公里”问题。举办畜禽养殖标准化示范技术培训班和全省“畜牧科技进万家”活动，印发《安徽省畜禽养殖废弃物资源化利用明白纸》，做好畜禽粪污资源化利用技术宣传和示范推广。充分利用2023安徽秸秆暨畜禽养殖废弃物综合利用产业博览会平台，签约畜禽粪污资源化项目56个，签约资金83.37亿元。

（安徽省河长制办公室）

5. 水产养殖污染防治　2023年，安徽省持续推进水产养殖尾水治理。印发《2023年安徽省水产绿色健康养殖技术推广“五大行动”实施方案》，创建国家级水产健康养殖和生态养殖示范区6个，总数已达16个。印发《持续推进全省稻渔综合种养产业高质量发展的实施意见》，规范发展稻渔综合种养，全年新增面积87万亩，稻渔综合种养面积达到720万亩。实施渔业绿色循环发展项目试点县5个（累计15个），辐射带动全省新增池塘改造和尾水治理面积6.5万亩，改造后池塘在水质调控、亩均产出等方面效果明显，示范作用突出。

（安徽省河长制办公室）

6. 农业面源污染防治　2023年安徽省推广测土配方施肥面积达到1.2亿亩次，主要农作物测土配方施肥技术覆盖率达到92%，化肥利用率超42%。在全省83个主要农业县（区）、近96%耕地面积落实化肥减量化工作。利用中央财政农业经营主体能力提升资金1.5亿元，继续在17个试点县开展绿色种养循环农业试点工作。全省已建立25个国家级绿色防控与统防统治融合示范点、6个国家级果菜茶全程绿色防控示范点和17个全国“绿色防控示范县”。建立7 066个病虫害专业化统防统治组织。推行化肥施用定额制和农药购买实名制。

2023年度全省农膜及农药包装废弃物回收率分别达到83%和80%以上。建立完善废旧农膜回收网络，构建市、县回收加工企业、乡镇回收站、村（基地）回收网点的三级回收处理体系，在全省16市82县（市、区）推广应用加厚高强度地膜170万亩和全生物降解地膜4万亩。全省农作物秸秆综合利用率达到93%以上。组织实施安徽省农作物秸秆综合利用和畜禽养殖废弃物资源化利用两个五年提升行动计划（2021—2025年），实施中央财政农作物秸秆综合利用试点。组织编写《安徽省秸秆综合利用典型技术和模式汇编》，筛选出秸秆五化利用技术23项，典型模式20种。（安徽省河长制办公室）

7. 船舶港口污染防治　2023年，全省累计接收船舶污染物8.6万t，同比增长4.3%。省交通运输厅会同省住房和城乡建设厅、省生态环境厅强化协调联动机制，协同推进船舶污染物转移电子单证全过程闭环管理。安庆洗舱站开展了84艘次洗舱作业，接收转运处置洗舱水2 233t。

加强船舶违法行为执法检查。开展“护航”系列行动，保障水路交通运输市场秩序持续规范、水路交通环境持续优化。2023 年，全省共检查进港船舶 7.27 万艘次，查处偷排超排船舶 90 艘次。

（安徽省河长制办公室）

【水环境治理】

1. 饮用水水源规范化建设　2023 年，安徽省完善乡镇及以上集中式饮用水水源保护区划定，完成阜阳市临泉县等饮用水水源保护区设立、调整技术报告审查工作，推进水源地规范化建设。组织各市开展新一轮饮用水水源地基础信息和环境问题排查整治工作，更新完善国家饮用水水源地全域安全遥感监管系统中水源地信息，新发现水源地环境问题 4 个。继续推进“清零行动”问题整治工作，截至 11 月底，完成整治 333 个问题中的 309 个。全省饮用水水源地环境风险管控“一张图”建设工作初步完成，“水源地执法系统” App 已投入使用。

（安徽省河长制办公室）

2. 黑臭水体治理　2023 年，不断巩固设区市建成区黑臭水体治理成效，加快推进县城建成区黑臭水体治理。经核查评估和各级督查检查，全省设区市建成区 231 条黑臭水体已进入常态化管护阶段，治理成效不断巩固；县城建成区 165 条黑臭水体已有 129 条通过“初见成效”复核，黑臭水体消除比例达到 78%，城市水环境质量持续改善。

2023 年，新增完成 373 个乡镇政府驻地生活污水处理设施提质增效任务，提质增效后污水收集覆盖率基本达到 75%；新增完成 909 个行政村农村生活污水治理，全省完成生活污水治理的行政村达到 4 688 个，农村生活污水治理率为 31.8%，同比提高 8.7 个百分点，提前 2 年完成“十四五”目标任务。开展省级农村黑臭水体治理试点，累计治理农村黑臭水体 2 071 个。（安徽省河长制办公室）

3. 农村水环境整治　安徽省生态环境厅制定《安徽省农村黑臭水体治理验收评估细则》，指导推动宿州、亳州、六安 3 市实施国家农村黑臭水体治理试点。出台《安徽省完成生活污水治理行政村认定办法（试行）》《农村生活污水处理设施水污染物排放标准》，截至 2023 年底，完成 340 个乡镇政府驻地生活污水处理设施提质增效和 730 个行政村生活污水治理。（安徽省河长制办公室）

【水生态修复】

1. 退田还湖还湿　2023 年，安徽省林业局、省自然资源厅、省生态环境厅印发《安徽省开展违规侵占湿地公园等自然保护地问题排查整治专项行动工作方案》，组织开展全省违规侵占湿地类自然保护地突出生态环境问题排查整治专项行动。落实安徽省总河长令第 4 号《关于加强引江济淮输水干线水资源水环境水生态保护的令》有关要求，印发《引江济淮输水干线湿地保护修复问题排查整治工作方案》，进一步强化引江济淮工程输水干线湿地保护修复。发挥“林长＋检察长”优势，会同省人民检察院发布 6 件湿地保护公益诉讼典型案例。

新汴河国家水利风景区（秦凤森　拍摄）

（安徽省河长制办公室）

2. 生物多样性保护　2023 年，安徽省政府发布《安徽省重点保护野生动物名录》和《关于加强陆生野生动物猎捕管理的通告》。开展全省水鸟及栖息地、迁徙通道调查监测评估和青头潜鸭调查工作。完成安徽长江、新安江流域越冬候鸟重点栖息地调查与监测，长三角地区越冬水鸟同步调查和鹤类调查工作。加强促进物种迁徙和基因交流的生态廊道建设，持续开展扬子鳄栖息地生态修复，流转土地 70 余亩开展生态修复，完成栖息地植被恢复和水系贯通 1 000 余亩。维护东方白鹳等候鸟迁徙通道。全面完成安徽省森林、草原、湿地生态系统外来入侵物种普查工作，并通过国家林业和草原局验收。联合相关部门开展“2023 清风行动”“网盾行动”，协同推进打击线上线下非法贸易工作，严厉打击破坏野生动植物资源违法犯罪活动。

（安徽省河长制办公室）

3. 生态补偿机制建立　2023 年，安徽省在升金湖国际重要湿地实施 2023 年度中央财政湿地保护修复补助资金项目，投资 2 200 万元实施湿地生态效益补偿。在 15 个省级重要湿地所在县（市、区）组织实施 2023 年度省财政湿地保护修复补助资金项目，投资 2 000 万元。（安徽省河长制办公室）

4. 水土流失治理　2023 年安徽省新增水土流失治理面积 672.41km^2，建成生态清洁小流域 21 条，根据水利部 2023 年水土流失动态监测初审成果计算，全省水土保持率达 91.76%。新增水土流失治理面积中，国家水土保持重点工程治理 171.66km^2（含以奖代补社会力量参与治理 31.69km^2），省级水土保持经费补助治理 457.54km²，自然资源、林业等部门治理 42.17km²，社会力量治理 1.04km²。国家水土保持重点工程投入 13 615 万元（含社会资本 1 179 万元）。完成霍山县、广德市小流域综合治理提质增效项目。省水利厅印发《各市、县（市、区）水土保持率目标》，要求各地强化水土保持率成果运用，指导本地区水土流失防治及水土保持工作。

（安徽省河长制办公室）

五里河（王洪林　拍摄）

【执法监管】

1. 河湖日常监管　2023 年，安徽省水利厅落实“府检联动”“府院联动”工作要求，联合省人民检察院印发《关于建立健全水行政执法与检察公益诉讼协作机制的实施办法》，进一步推动水利部门与检察机关良性互动，形成行政与检察保护合力，共同打击水事违法行为。

安徽省水利厅制定《安徽省河道管理范围内建设项目管理办法》，依法依规审批涉河建设项目，2023 年全省组织审查、审批涉河建设项目 702 个。

（安徽省河长制办公室）

2. 联合执法　2023 年，安徽省水利厅联合省高级人民法院、省人民检察院、省公安厅、省司法厅开展全省河湖安全保护专项执法行动，全年共查处水事违法案件 476 起，以“一市一单”方式向各地市及厅直单位下发问题清单，巩固和提升河湖安全保护专项执法行动成效。（安徽省河长制办公室）

【水文化建设】

1. 水利风景区　截至 2023 年底，安徽省有省级以上水利风景区 77 个，其中国家水利风景区 43 个，2 个水利风景区入选全国 50 个红色基因水利风景区名录。2023 年，安徽省水利厅按照水利部办公厅印发的《国家水利风景区复核工作方案》（办综合〔2022〕262 号）和水利部景区办印发的《关于做好 2023 年国家水利风景区复核工作的通知》（景区办函〔2023〕15 号）等文件要求，开展了安徽省阜阳市阜南县王家坝水利风景区、安徽六安市金寨县梅山水库水利风景区、安徽六安市佛子岭水库水利风景区等 8 个国家水利风景区的复核工作，结果为全部通过复核。持续加强监督管理，做好水利风景区所在河湖的“四乱”和妨碍河道行洪问题排查整治工作，切实保护河湖生态健康，进一步提高水利风景区管理机构的监督水平。（安徽省河长制办公室）

2. 河长制主题公园　2023 年，安徽省共建成河湖长制主题公园 49 处，总面积 936.9 万 m²。截至 2023 年底，全省累计建成河湖长制主题公园 144 处，总面积达 2 198 万 m²。（安徽省河长制办公室）

【数字孪生水利建设】

1. “水利一张图”　2023 年，安徽省水利厅组织开展缩小全省“水利一张图”页面图例、增加空间数据在线纠偏功能工作，在“一张图”图层管理功能中增加每个水利对象实时更新的数量，增强数据可观性，水利对象数据不定期变动更新。“一张图”页面上增加水普名录内外实时更新的河流数据图，将“一张图”图层管理页面按照最新需求进行重分类调整，提高使用合理性。

（安徽省河长制办公室）

2. 数字孪生　2023 年 8 月，安徽省水利厅召开全省数字孪生水利建设工作推进会议，部署重点工作。数字孪生淠河和数字孪生引江济淮（蜀山枢纽至淠河干渠段）先行先试在水利部组织的中期评估中获优秀等次，“数字孪生淠河-凤凰河小流域山洪灾害防御‘四预’”被评为优秀应用案例，完成水利部组织的数字孪生淠河和数字孪生引江济淮（蜀山枢纽至淠河干渠段）先行先试项目验收总结。编制完成《安徽省数字孪生水网建设工作方案》和《安徽省数字孪生水网建设先行先试（引江济淮—江淮沟通段）实施方案》，推进全省数字孪生水利建设。编制完成《安徽省水利数字孪生流域（工程）建设技术指南》，印发《安徽省数字孪生流域（工程）项目可行性研究报告编制大纲（试行）》《安徽省数字孪生流域（工程）项目初步设计报告编制大纲（试行）》。指导在滁河等主要支流治理项目中同步开展数字孪生流域建设。（安徽省河长制办公室）

3. 安徽省河长制决策支持系统　2023 年，全省各级河流（河段）38 524 条、湖泊（湖片）2 187 个、水库（水库片）7 603 座、河湖长 52 953 名（按人次计）全部纳入系统管理。据统计，系统使用用户（包括河湖长和从事河湖长制工作的人员）共 40 812 名，全年记录河湖长更新信息 9 067 条。

（安徽省河长制办公室）

福建省

【河湖概况】

1. 河湖数量　福建省河流纵横、水系密布、自成体系，除赛江发源于浙江省、汀江流入广东省外，其余河流都发源于福建省境内，独流入海，源短流急。福建省流域面积 50km² 以上河流共有 740 条，总长度为 24 629km；流域面积 100km² 及以上河流 389 条，总长度 18 051km；流域面积 1 000km² 及以上河流 41 条，总长度为 5 697km；流域面积 10 000km² 及以上河流 5 条，总长度为 1 719km。较大河流有闽江、九龙江、晋江、汀江、赛江和木兰溪等“五江一溪”，其中闽江长 562km，流域面积 6.1 万 km²，是东南沿海地区流域面积最大的河流，约占福建省总面积的 1/2；九龙江河长 285km，流域面积 1.47 万 km²；晋江河长 182km，流域面积 0.56 万 km²；汀江河长 285km，流域面积 0.9 万 km²；赛江河长 162km，流域面积 0.55 万 km²；木兰溪河长 105km，流域面积 0.17 万 km²。由于福建省独特的自然地理条件和湖泊成因等条件限制，导致福建省湖泊较少，常年水面面积 1.0km² 及以上湖泊仅 1 个，为泉州市龙湖，水面面积 1.53km²。

（福建省河长制办公室）

2. 水量　2023 年，福建省平均降水量 1 636.8mm，比 2022 年少 4.4%，比多年平均少 3.6%，属平水年。全省年降水量最大点为南平市建阳区黄坑镇坳头村的坳头站 2 830.5mm，年降水量最小点为莆田市秀屿区埭头镇邱山村的邱山站 810.5mm。全省地表水资源量 977.61 亿 m³，地下水资源量 259.47 亿 m³，地下水和地表水不重复量 1.80 亿 m³，水资源总量为 979.41 亿 m³，人均拥有水资源量 2 341m³；外省入境水量为 20.68 亿 m³，出境水量为 93.92 亿 m³。（福建省河长制办公室）

3. 水质　2023 年，全省主要流域Ⅰ～Ⅲ类水质比例 99.5%，同比提升 0.8 个百分点，其中国控断面优良水质比例 99%，同比提升 0.9 个百分点；小流域Ⅰ～Ⅲ类水质比例 96.8%，同比提升 1.3 个百分点；县级及以上集中式生活饮用水水源地水质达标率 100%，同比持平。南平市国控断面实现全域Ⅱ类，宁德市地表水国考断面水质状况排名连续 2 年进入全国前 30 名。（福建省河长制办公室）

4. 新开工水利工程　2023 年全省新开工重大项目 206 个，完成水利投资 574.7 亿元。“一闸三线”全线通水，霍口水库主体完工，泉州白濑水利枢纽、闽江干流防洪提升、木兰溪下游水生态修复与治理等工程年度投资计划完成或超额完成，金门供水水源保障工程提前开工建设。

（福建省河长制办公室）

【重大活动】

1. 全省河湖长制林长制工作会议　2023 年 6 月 21 日，全省河湖长制林长制工作会议在福州召开。福建省委书记、省总河湖长、总林长出席并讲话，省长、省总河湖长、总林长主持会议。

（福建省河长制办公室）

2. 福建省 2023 年幸福河湖评价报告发布暨合作交流仪式　2023 年 2 月 18 日，福建省 2023 年幸福河湖评价报告发布暨合作交流仪式在福州举行，中国工程院院士王浩视频出席仪式，近 160 位政府部门管理者、高校和研究机构的专家学者、企业负责人、社会组织和师生代表参加了活动。仪式上发布了福建省 10 个幸福河湖优秀案例，为河湖治理实践提供了科学参考，推动形成更多幸福河湖建设与管护的“福建新样本”。

（福建省河长制办公室）

3. 福建省第二届幸福河湖建设交流会　2023 年 8 月 25 日，由中国水利学会指导，福州市人民政府、福建省幸福河湖促进会联合主办的福建省第二届幸福河湖建设交流会在福州召开。福建省委常委、福州市委书记出席并致辞。省人大常委会原副主任出席会议。中国工程院院士、福建省幸福河湖促进会专家委名誉主任委员张建云作音频连线，水利部太湖流域管理局总工、福建省水利厅党组书记、福建省幸福河湖促进会会长分别致辞。福建省幸福河湖促进会监事长，福州市委常委、秘书长和福州市副市长出席会议。（福建省河长制办公室）

【重要文件】　2023 年 2 月 22 日，福建省水利厅、福建省财政厅印发《福建省河长制湖长制工作正向激励实施方案（试行）》，该方案作为全国首个出台的河长制正向激励实施方案，有力推动了河湖长制考核机制落实。

2023 年 11 月 27 日，福建省水利厅联合有关部门印发实施《福建省河湖“天地网”管理办法》，构建“天上看、地上查、网上管”工作机制，严格涉河建设项目许可和监管，有力整治侵占破坏河道问题。（福建省河长制办公室）

【地方政策法规】　2023 年 6 月 19 日，由福建省水利厅牵头、福建省幸福河湖促进会和莆田市水利局参与制定完成的福建省地方标准《幸福河湖评价导则》(DB35/T 2113—2023)经福建省市场监督管理局批准发布，于2023年9月19日正式实施，这是全国第一个出台《幸福河湖评价导则》的省级地方标准。

2023年11月29日，作为全国首个政协民主监督方面的省级地方标准，《“政协委员河长”民主监督规范》经福建省市场监管局批准发布，并于2024年2月29日起正式实施。该标准由省政协办公厅指导，三明市政协人口资源环境委员会、市水利局等单位联合制定。（福建省河长制办公室）

【河湖长制体制机制建立运行情况】

1. 监督检查　2023年，将“清四乱”纳入河湖长制重点工作，建立“查、认、改、销”问题闭环管理机制，做到一般问题即查即改，重点问题挂牌督办，历史问题区别对待，稳步清理。通过河湖“天地网”，加大卫星遥感技术应用，及时发现侵占破坏河道问题，构建“天上看、地上查、网上管”工作机制，强化源头预防、过程管控、问题整治。全省遥感图斑累计复核整改红灯预警243个、黄牌警示26个 、红牌警示8个。

（福建省河长制办公室）

2. 考核激励　2023年，福建省总河湖长主持召开全省河湖长制工作会议，部署河湖长制重点工作，审定河湖长制年度考核工作方案。出台《福建省河湖长制省级正向激励实施方案（试行）》，对2022年度工作推进力度大的6个设区市及10个县共奖励1 000万元。（福建省河长制办公室）

3. 幸福河湖建设　制定了《幸福河湖评价导则》，并于2023年9月19日正式实施，这是全国第一个出台《幸福河湖评价导则》的省级地方标准。规定了幸福河湖评价的总体原则、评价指标、评价方法和评价程序，构建了河湖幸福指数测算方法，包括安全河湖、健康河湖、生态河湖、美丽河湖、和谐河湖5个一级指标、10个二级指标和若干个三级指标。评价指标设置体现了普适性与区域的差异性，能表征河湖与人之间的关系，比较符合福建的省情、水情与河湖管理实际。

（福建省河长制办公室）

【河湖健康评价开展情况】

1.《2023年度福建省健康河湖评价报告》　评价结果显示，2023年福建省流域面积大于200km²的179条河流中，大于等于90分的非常健康河流有49条，占比27.4%，大于等于85分的健康河流共有98条，占比54.8%；评价结果为亚健康的河流有16条，占8.9%，其中龙岩市2条，宁德市3条，泉州市3条，厦门市2条，漳州市6条，主要分布在沿海地区。（福建省河长制办公室）

2.《河流健康蓝皮书》　连续4年发布《河流健康蓝皮书》，对全省流域面积200km²以上的179条河湖逐一进行幸福评价，其中三星级以上幸福河流有170条，占比95%，环武夷山国家公园保护发展带11条河流全部实现五星级幸福河湖创建。连续2年召开全省幸福河湖建设交流会，推行幸福码，对河湖幸福指数实时评价。高质量完成全国首批幸福河湖试点漳州九十九湾项目建设，建立省级幸福河湖建设项目库，示范带动各地打造一批百姓获得感强、社会认可度高的幸福河湖样板。

（福建省河长制办公室）

3. 河湖健康评价系统　2023年，依托福建省河湖长制综合管理平台，围绕河湖水量、河湖岸带、河湖生物、河湖水质和河湖感官5个河湖健康评价指标，建立河湖健康评价系统。通过持续优化河湖健康评价指标体系计算策略，实现省、市、县三级一体化精准评价赋分。通过微信公众号、闽政通、短信等多种信息发布渠道，将河湖健康评价结果推送给公众，让公众快速全面了解河湖健康真实状况，有力引导社会公众积极参与身边河湖监管，帮助河湖管理执行者及决策者实时掌握河湖健康态势。

（福建省河长制办公室）

【“一河（湖）一策”编制和实施情况】　2023年，以县为单元，编制“一河（湖）一档一策”，10个设区市（含平潭）、84个县（市、区）全部完成编制，摸清了河湖本底，建立了河湖档案，制定了治理方案并动态更新。（福建省河长制办公室）

【水资源保护】

1. 水资源刚性约束　2023年，省、市、县三级2025年、2030年用水总量指标全部完成分解；印发《福建省地下水管控指标报告》，地下水水量和水位指标直接分解至市、县两级以及各地质单元；全省10个设区市（含平潭）及59个有编制任务的县水资源配置规划全部编制完成。（福建省河长制办公室）

2. 节水行动　2023年，福建省节水办召开4次联席会议及多次专题会议，与省直相关单位研究协同推进节水相关问题。省节水办每年印发年度节水任务分解表，相关省直部门均按时保质完成年度节水工作任务。累计建成54个县域节水型社会达标建设项目，建成率63.5%，提前完成国家下达的到

2025年40%县域建成节水型社会目标；累计建成44所节水型高校，占全省高校总数的50%，福建理工大学等6个单位被评为省级公共机构水效领跑者；组织审定3 534家公共机构建成第一批节水型单位；建成节水型大中型灌区6个，茜安中型灌区获评国家级节水型灌区。持续推进厦门、平潭两地先行示范区创建；莆田湄洲岛再生水利用配置试点工作顺利通过国家中期评估；印发了《福州大学城片区节水型高校创建先行示范行动方案》，持续推进福州大学等高校开展“一校一策”多种模式的合同节水载体建设。2023年2月，龙岩市上杭县完成了全省首单水权交易，交易水量100万m^3，入选水利部盘活存量资产扩大有效投资典型案例，为全省进一步开拓水权市场提供了借鉴。此后各地市水权交易相继展开，全年全省共开展水权交易58笔，交易水量1 880万m^3。省水利厅等9部门联合出台《关于加快推行合同节水管理促进节水服务产业发展的实施意见》，立足推广市场化，积极应用合同节水管理模式，拓宽资金筹措渠道，全年累计实施合同节水管理项目38项。开展“青春相作伴 节水八闽行”青年志愿服务三年专项行动、“建设节水型社会红领巾在行动——节水教育进校园”等系列节水宣传活动；参加2023年“节水中国 你我同行”联合行动，省内多家单位获得全国优秀活动奖和最佳视频创意奖。省工业和信息化厅会同水利厅、发展改革委、市场监管局组织开展2023年重点用水企业水效领跑者遴选，共评选出3家企业，通过标杆引领作用，促进工业用水效率持续提升。（福建省河长制办公室）

3. 生态流量监管　福建省内15个已核定生态流量管控目标的流域断面全部建立生态流量监控设施，并实现在线监测，2023年15条重要河湖生态流量评估均为达标；完成建溪、尤溪、敖江已建水利水电工程生态流量复核，指导南平、宁德编制建溪、交溪生态流量监测预警调度方案。

（福建省河长制办公室）

4. 全国重要饮用水水源地安全达标保障评估　截至2023年底，福建省共有17个水源地列入国家重要饮用水水源地名录，实际供水量20亿m^3，水源地水质总体达标。达到了“水量保证、水质合格、监控完善、制度健全”目标，总体评估为优秀。

（福建省河长制办公室）

5. 水量分配　持续推进江河水量分配。2023年，福建省内5条跨省、4条跨地市、16条跨县流域的水量分配方案均已批复。

（福建省河长制办公室）

【水域岸线管理保护】

1. 河湖管理范围划界　2023年，高标准建立河湖管理行为规范，颁布《幸福河湖评价导则》《河湖（库）健康评价规范》《独流入海型河流生态建设指南》等一系列省级地方标准，强化岸线规划约束。

（福建省河长制办公室）

2. 岸线保护与利用规划编制　2023年，全面完成740条流域面积50km^2以上的河流及1个1km^2以上的湖泊管理范围划定与校核，同步推动50km^2以下河流管理范围划定，完成闽江干流、九龙江、敖江等10条河流岸线保护与利用规划编制。

（福建省河长制办公室）

3. 采砂管理　2023年，福建省不断规范河道采砂管理，严厉打击非法采砂等行为，严控采砂许可审批，四个责任人全面落实，全省河道采砂秩序持续向好。一是压实管理责任。逐级明确、及时更新公布重点河段、敏感水域采砂管理“四个责任人”，接受社会监督。2023年，全省各地公布32个重点河段、敏感水域采砂管理“四个责任人”共129人。二是规范许可审批。按时完成水利部关于推广应用河道采砂许可电子证照系统工作任务，进一步规范河道采砂审批许可流程。2023年全省河道采砂许可电子证照系统已开设省级账户1个、福州市级账户1个，仅福州市闽侯县发放采砂许可证2本，用于保障福州市长乐机场二期建设重点项目用砂。三是完善监管手段。印发实施《福建省河湖“天地网”管理办法》，深化卫星遥感技术应用，及时发现河道“乱采”问题；借助无人机等新技术，组织第三方单位开展河道采砂巡查复核工作；积极推行电子准运单、电子围栏等监管手段，实现了水上开采、运输河砂实时监控、全程监管。

（福建省河长制办公室）

4. “四乱”整治　2023年，福建省坚持以问题为导向，层层压实责任，逐级传导压力，扎实推进“四乱”问题排查整治，常态化规范化清理河湖“四乱”工作取得阶段性成效。一是组织开展水利部下发的28 773个卫星遥感图斑复核工作，已全部完成核查，共排查发现问题265个，已全部整改销号；二是注重预防监督，聘请第三方开展常态化暗访，将巡查范围从流域面积50km^2以上河流延伸到所有河流，共下发暗访问题3 724个，已全部整改销号；三是严格水域岸线管控，深化卫星遥感技术应用，出台《福建省河湖“天地网”管理办法》，建立“天上看、地上查、网上管”工作机制，共下发2批次遥感图斑894个，已全部完成核查，排查发现问题33个，已全部整改销号；四是落实监督检查及“回头看”工作，纵深推进河湖“四乱”问题清理整治，共下发督办问题376件，已全部整改销号。

（福建省河长制办公室）

【水污染防治】

1. 排污口整治　2023年，福建省生态环境厅会同省水利厅印发《关于进一步强化入河入海排污口监督管理工作的通知》（闽环保水〔2023〕2号），全面推进排污口“查、测、溯、治、管”，全省排查发现入河排污口9 556个，已基本完成溯源，整治率达90%。（福建省河长制办公室）

2. 工矿企业污染防治　指导40家省级以上工业园区按照“四全一明”的要求推进“污水零直排区”建设。（福建省河长制办公室）

3. 城镇生活污染防治　推进市、县污水管网建设和雨污分流改造，2023年新建改造市、县污水管网1 237km，新增污水处理能力51万t/d，生活污水收集处理能力持续提升，污水处理厂日处理水量较2022年增长7.1%，城市水体水质有效提升；新建改造乡镇污水管网1 506km，全省82个县全部完成以县域打捆打包乡镇生活污水治理市场化，提前实现市场化全覆盖。（福建省河长制办公室）

九龙江西溪（龙文段）开展“收笼”专项整治（仁清次仁　拍摄）

4. 畜禽养殖污染防治　2023年，持续推进畜禽粪污资源化利用工作。组织12个县（市、区）实施畜禽粪污资源化利用整县推进和提升工程项目，重点支持畜禽粪污收集、储存、加工处理、利用等环节的基础设施升级改造和设备更新换代，加大粪污还田利用设施装备配套，加快推进畜禽粪污资源化高质量利用。2023年，全省畜禽粪污综合利用率达到93%，规模养殖场粪污处理设施装备配套率达到100%。（福建省河长制办公室）

5. 水产养殖污染防治　推广养殖尾水治理模式，全省共建立了13个示范基地，集约化养殖尾水治理模式示范面积超6万m^2，推广面积超56万m^2，池塘养殖尾水治理模式示范面积超900亩。开展鳗鱼养殖污染防治，全省676家鳗鱼养殖主体已按要求设置尾水处理设施。加强渔港污染防控，全省17个中心、一级渔港已按环保要求，配齐配全环保设施。

（福建省河长制办公室）

6. 农业面源污染防治　持续推进农药减量行动。印发《福建省到2025年化学农药减量化行动实施方案》，在30个县开展病虫害绿色防控示范、52个县实施水稻病虫害专业化统防统治示范，抓好农作物重大病虫害监测预警，推广应用现代植保机械和高效低毒农药，推动农药减量控害。2023年全省农药使用量比2022年减少2%以上。持续推进化肥减量增效行动。深入实施耕地地力提升工程，大力推广测土配方施肥、有机肥替代化肥、绿肥种植、秸秆还田，组织32个县（市、区）示范推广化肥投入定额制，开展科学施肥技术培训指导服务，2023年全省化肥使用量比2022年减少2%以上。

（福建省河长制办公室）

7. 船舶港口污染防治　完善港口码头含油污水及垃圾的接收、转运和处理机制，推进100总t以上船舶废水的规范收集与处置。持续推进运行福州市白沙锚地与水口航运枢纽2处船舶污染物接收点、南平污染物接收船，2023年全省内河码头接收船舶垃圾55t、生活污水80t、含油污水4.5t。推动达到强制报废条件的运输船舶强制退出水路运输市场，全面推行国家第六阶段机动车污染物排放标准船用柴油。2023年共有9艘老旧内河船舶退出福建省运输市场，其中客船7艘、货船2艘。持续推进内河船舶大气污染物防治工作，2023年共开展内河运输船舶燃油检测302艘次，抽检结果全部符合国家第六阶段机动车污染物排放标准的船用柴油标准。加快船舶电动化升级，2023年新建内河电动船舶7艘，累计新建10艘。（福建省河长制办公室）

【水环境治理】

1. 饮用水水源规范化建设　2023年，以福州山仔水库、福清东张水库、莆田东圳水库等为重点，督促指导各地在藻类高发时节加密水质监测，密切关注藻类变化动态，有针对性地做好藻类拦截打捞和无害化处置。持续推进水源地环境保护专项行动，推进全省千人以下农村分散式饮用水水源地生态环境整治，保障农村水源安全。

（福建省河长制办公室）

2. 黑臭水体治理　2023年，继续开展城市黑臭水体整治环境保护专项行动，公布城市黑臭水体治理责任人名单，接受各方监督。各地将城市黑臭水体治理、排水防涝、海绵城市建设、污水处理提质增效等统筹实施，深入开展排水管网建设改造，进一步提高污水收集处理效能，持续巩固黑臭水体治理成效。设区城市建成区 87 条黑臭水体基本消除。2023 年完成消除 60％县级城市黑臭水体的年度目标。（福建省河长制办公室）

3. 农村水环境整治　2023 年，推进农村生活污水和黑臭水体整治，推动实施 531 个村庄生活污水治理为民办实事项目，完成 400 个村庄生活污水治理和 53 条较大面积农村黑臭水体治理。指导泉州成功申报国家农村黑臭水体治理试点，获中央资金支持 5 000 万元。印发《进一步深化畜禽养殖污染防治十条措施》，指导各地规范畜禽粪污资源化利用，推动畜禽养殖绿色转型。出台福建省水产养殖尾水排放标准，推进鳗鱼等养殖污染整治。

（福建省河长制办公室）

【水生态修复】

1. 退田还湖还湿　2023 年，持续推进造林绿化，编印《福建省国土绿化规划（2022—2030 年）》，开展重点区域林相改善行动，不断提高森林生态多样性、稳定性、持续性。加强武夷山国家公园、“五江一溪”、饮用水水源保护区、水库上游等重点区域火灾防范，实施天然林停止商业化采伐管护补助政策，开展水源地等重要生态区位商品林赎买。

（福建省河长制办公室）

2. 生物多样性保护　2023 年，制定方案，组织各地积极开展水生生物增殖放流活动，福建省海洋渔业局联合福州市政府、省政协人口资源环境委员会举办“6·6 八闽放鱼日”活动，全省利用各类资金在主要江河湖海累计放流日本对虾、长毛对虾、黑鲷、真鲷、大黄鱼、鲢、鳙、鲂、光倒刺鲃、扁圆吻鲴、光唇鱼等各类水生生物约 75.47 亿单位，进一步恢复和养护福建省重要渔业水域水生生物资源，持续改善水域环境。

（福建省河长制办公室）

3. 生态补偿机制建立　2023 年，坚持项目工作法，实施“十百千”碧水攻坚年度项目，在全省开展一批水环境治理、水生态保护修复、水土流失治理工程。编制《深化闽江流域生态环境综合治理工作措施》；筹措资金 16 亿元，用于重点流域生态保护补偿。开展新一轮福建、广东 2 省汀江—韩江跨省流域横向生态补偿，全力构建流域上下游地区共抓大保护、同治一江水的良好格局。加强美丽河湖保护与建设，指导三明金溪（将乐段）、厦门筼筜湖入选全国第二批美丽河湖优秀案例，福州敖江、莆田木兰溪等 11 个湖库（河段）入选全省首批美丽河湖优秀案例。（福建省河长制办公室）

三明市金溪流域大金湖上的三剑峰（支国权　拍摄）

4. 水土流失治理　2023 年，中共福建省委办公厅、福建省人民政府办公厅印发实施《关于加强新时代水土保持工作的若干措施》，明确了新时代福建水土保持工作的总体要求、推进措施和工作保障。2023 年，全省实施了 23 个国家水土保持重点工程、2 个小流域综合治理提质增效项目、36 个省级水土流失重点治理项目和 57 个水保生态村项目，2023 年，全省新增水土流失治理面积 183.51 万亩，建设生态清洁型小流域 20 条，水土保持率提升至 92.95％。在 2022 年全国水土保持规划实施情况评估中，获得优秀等次；在 2023 年全国水土保持工作会议、2023 年生态文明贵阳国际论坛作典型发言；第四届中国水土保持学术大会、全国水土保持工作局（处）长会议和全国水土保持高质量发展先行区建设工作会议均在福建省召开。

（福建省河长制办公室）

5. 生态清洁型小流域建设　2023 年，全省实施了 23 个国家水土保持重点工程、2 个小流域综合治理提质增效项目，建设生态清洁型小流域 20 条。

（福建省河长制办公室）

【执法监管】

1. 河湖日常监管　各市、县不断巩固河湖“清四乱”专项行动成效，深入开展自查自纠，健全立行立改机制，实行“发现一处、填报一处、整改一处、销号一处”闭环管理，累计排查整改问题 725 个，做到河湖“四乱”问题动态清零。畅通监督渠道，充分利用河长公示牌，发挥 96133 监督平台作用，引导市民关注并重视河湖治理，广泛动员社会力量参与其中，接受社会广泛监督，受理办结 12314 投诉、96133 投诉、信访及网上投诉共 400 件。

（福建省河长制办公室）

2. 联合执法　2023 年，全省各地不断加强日常巡查督导，加大对非法采砂巡查力度和频次，持续保持打击非法采砂高压态势。2023 年，全省共出动执法人员 6 万余人次，处置非法采砂案件 51 件，较 2020 年下降 76%，取缔非法采砂点 53 处、堆砂场 26 处，较 2020 年分别下降 82.8%、77.5%。

（福建省河长制办公室）

【水文化建设】

1. 水利风景区　福建省现有省级以上水利风景区 128 家（其中国家级 42 家、省级 86 家）。2023 年，长汀羊牯汀江水利风景区获评第二十一批国家水利风景区，晋江安平桥生态公园等 9 家景区评为第十三批省级水利风景区。德化岱仙湖、建阳考亭入选水利部“第三批水利风景区高质量发展”典型案例。（福建省河长制办公室）

2. 河长制主题公园　福建省共有河长制主题公园 296 个，其中福州 9 个、宁德 7 个、莆田 5 个、泉州 178 个、漳州 15 个、龙岩 19 个、三明 43 个、南平 12 个、厦门 6 个、平潭 2 个。（福建省河长制办公室）

3. 河湖文化博物馆　福建省共有河湖文化博物馆 10 个，其中龙岩 2 个、三明 1 个、宁德 3 个、泉州 4 个。（福建省河长制办公室）

【数字孪生水利建设】

1. “水利一张图”　福建省河湖长制综合管理平台包括：首页、河长“一张图”、事件清单、履职情况、资料文件、工作台等模块。其中河长“一张图”模块将重要的河湖管护基础信息（如流域河段责任划分信息、重要水功能区、水源地信息、入河湖排污口信息，采砂信息、水利工程信息、水域岸线管理信息、水质与水雨情信息通等）通过地理信息系统实现对全省 4 141 条河流河段、2 个湖泊、3 589 个水库的矢量展示；实现对 267 个水质监测点位、500 余个雨情站、1 200 余个水情站、900 余个实时视频等监测数据的接入，对全省河湖信息进行动态直观展示。将河湖数据矢量化，实现对河湖水系的 7 级划分，对河湖进行全方位动态监控，实现河湖信息管理的可视化。

（福建省河长制办公室）

2. 河长 App　为更好地辅助河长及相关人员开展巡河任务，对河长 App 进行了迭代升级，主要包括：巡河、河湖态势、河湖事件、河湖履职、河湖资料、工作台等功能，加强河湖长移动办公能力，实现问题上报、信息查看、巡河日志、轨迹记录、工单事件流转等，方便河长日常巡查工作，提升河长制督查督办工作信息化水平。同时新增了暗访工作台“四乱”图斑事件查看和县（区）复核功能，帮助县（区）级河长实现图斑的在线查看和定位，并将问题进行复核上报。2023 年，全省完成巡河 250 余万次，实现了完善的巡河事件处置流程，并把巡河完成率作为河湖长制工作考核的主要指标，有效推进河湖的管护质量。

（福建省河长制办公室）

3. 数字孪生　福建省选取溪源溪小流域和九龙江北溪为试点，以“数字化场景、智慧化模拟、精准化决策”为路径，以大力提升数字化、智能化、科学化为方向，围绕水库安全和流域防洪 2 块核心业务需求，充分运用物联网、数字映射、数字孪生等新一代信息技术，集成各级水利信息资源，采用水利专业模型，建成兼具智慧感知和“四预”防洪调度安全的业务应用系统，提高河湖管理工作效率和辅助决策能力。（福建省河长制办公室）

4. 流域信息融合　以福建省第一次水利普查成果为基础，进一步明确流域面积 $50km^2$ 以上河流及水面面积 $1km^2$ 以上湖泊的流域边界，梳理各级流域之间关系，完善河湖基础图层，与水文监测、河湖健康评价等数据进行融合分析，实现河湖流域基础信息动态演示。根据收集 $50km^2$ 以上河道管理范围线矢量数据，按照源数据质量检查、信息提取、数据结构规范化、图形处理、属性处理空间定位基准标准化的流程，完成空间化处理。

（福建省河长制办公室）

江西省

【河湖概况】

1. 河湖数量　江西省水系发达，河湖众多，根据《第一次全国水利普查成果报告》，流域面积 $10km^2$ 以上河流 3 771 条，$50km^2$ 以上的河流 967 条，$200km^2$ 以上的河流 245 条，3 $000km^2$ 以上的河流 22 条，10 $000km^2$ 以上的赣江、抚河、信江、饶河、修河五大水系均发源于与邻省接壤的边缘山区，从东、南、西 3 个方向汇入鄱阳湖，经鄱阳湖调蓄后由湖口汇入长江，形成完整的鄱阳湖水系。其控制站（湖口水文站）以上集水面积 16.2 万 km^2，其中属于江西省面积为 15.7 万 km^2，占全省面积的 94%；直接流入邻省和直接注入长江的河流流域面积为 10 $205km^2$，占全省面积的 6%。

江西省湖泊众多，主要分布于五河下游尾闾地区、鄱阳湖滨湖地区及长江沿岸低洼地区，包括青山湖、瑶湖、赛城湖、八里湖、赤湖等面积超过 $1km^2$ 的湖泊 86 个，以鄱阳湖为最大。鄱阳湖是中国第一大淡水湖，由众多的小湖泊组成，包括军山湖、青岚湖、金溪湖、蚌湖、珠湖、新妙湖等。鄱阳湖具有高水是湖，低水似河的特点。汛期湖水漫滩，湖面扩大，茫茫无际；枯季湖水落槽，湖滩显露，湖面缩小，蜿蜒一线，比降增大，流速加快。

（殷国强）

2. 水量　江西多年平均降水量 1 646mm，多年平均地表水资源量 1 553 亿 m^3，多年平均水资源总量 1 569 亿 m^3，水资源总量列全国第七位。2023 年全省平均年降水量 1 642mm，接近多年平均值。全省水资源总量 1 409.53 亿 m^3，比多年均值少 10.2%。全省水资源总量占降水总量的 51.44%，单位面积产水量 84.43 万 m^3/km^2。地表水资源量为 1 389.28 亿 m^3，比多年平均值少 10.5%。地下水资源量为 341.37 亿 m^3（其中地下水资源与地表水资源不重复计算量 20.25 亿 m^3），比多年平均值少 9.8%。全省供水总量为 240.65 亿 m^3，占全年水资源总量的 17.1%。

（殷国强）

3. 水质　2023 年，江西省地表水国考断面水质优良比例为 97%，同比上升 0.8 个百分点；Ⅰ～Ⅱ类水质比例为 87.1%，同比上升 0.7 个百分点；Ⅴ类和劣Ⅴ类水质比例均为 0，同比无变化。全省地表水监测断面水质优良比例为 95.1%，同比上升 1.5 个百分点；Ⅰ～Ⅱ类水质比例为 80.1%，同比无变化；Ⅴ类水质比例为 0.3%，同比无变化；劣Ⅴ类水质比例为 0，同比无变化。

（罗建丰）

4. 新开工水利工程　新建小型水库已全面完工 8 座，已开工 13 座，其中 2023 年新开工水库 3 座。41 座大中型病险水库全面完成政府验收。“十四五”期间全省 1 623 座小型病险水库全面完成竣工验收，顺利完成“五年任务三年完成”目标任务。四方井、花桥水利枢纽下闸蓄水验收。康山、珠湖、黄湖、方洲斜塘等 4 座国家级蓄滞洪区安全建设工程如期开工建设，平江灌区先导工程开工建设。加快编制全省农田灌溉发展规划，谋划新建一批大中型灌区，全面提升全省农田灌溉保障水平。加快建设 2022 年开工的大坳、梅江灌区。加快实施 5 个大型灌区和 20 个中型灌区的提升改造。

（郭诚乐）

【重大活动】

1. 2023 年河湖长制省级责任单位联席会议暨联络人会议　2023 年 3 月 10 日，江西省水利厅厅长、省河长办常务副主任主持召开河湖长制省级责任单位联席会暨联络人会议。会议书面审议了《2022 年度河湖长制工作情况汇报》，审议并原则通过了《2023 年度河湖长制工作要点和考核方案》以及 2022 年度河湖长制工作考核结果，决定提请省级总河湖长会议审定。

（邓香平）

2. 2023 年省级总河湖长会议　2023 年 5 月 25 日，江西省委书记、省级总河湖长主持召开 2023 年省级总河湖长会议。会议听取审议了 2022 年度河湖长制工作情况汇报和考核结果，审议通过了《2023 年度河湖长制工作要点和考核方案》。

（邓香平）

3. 第五届“江西省河湖保护活动周”　2023 年 3 月 22 日是第三十一届“世界水日”，3 月 22—28 日是第三十六届“中国水周”，也是第五届“江西省河湖保护活动周”。3 月 22 日 10 时，由江西省河长办公室、江西省水利厅，南昌市河长办公室、南昌市水利局联合主办的 2023 年“世界水日”“中国水周”“江西省河湖保护活动周”宣传活动启动仪式在南昌市新建区心怡广场举行。在展区，30 块展板呈现江西依法治水、河湖长制、水资源管理、项目建设、抗旱保供保灌、水土保持、水利科技等水利各项工作成效。其间，江西开展“百万网民学法律”水法规专场知识竞赛、“法治大家谈”主题文章和微视频征集、融媒体封面等宣传活动，引导群众广泛参与到“爱水、护水、惜水”活动中来，将节水爱水护水理念传播至千家万户。

2023 年 3 月 22 日，江西省人民政府副省长在《江西日报》发表署名文章《全面贯彻党的二十大精神　奋力谱写江西水利高质量发展新篇章》。

（邓香平）

【重要文件】　2023 年 4 月 15 日，江西省委书记、省级总河湖长签发 2023 年第 1 号总河（湖）长令，要求全省上下认真贯彻落实《关于纵深推进河湖“清四乱”常态化规范化的若干措施》。

2023 年 5 月 25 日，江西省级总河湖长会议审定通过了《2023 年度河湖长制工作要点和考核方案》。

2023 年 6 月 2 日，江西省河长办公室印发《2023 年度河湖长制工作要点和考核方案》，明确了江西省河湖长制工作年度重点任务、考核组织及时间安排、考核评分方法、考核结果运用和考核项目等。

2023 年 6 月 30 日，江西省河长办公室印发《2023 年河湖长制工作考核细则》。该细则对《2023 年度河湖长制工作要点和考核方案》中考核项目的考核评分进行了细化。

2023 年 7 月 10 日，江西省河长办公室印发《江西省2023年"清河行动"实施方案》。2023年清河行动包含强化工业污染集中整治、强化城乡生活污水整治、强化城乡生活垃圾整治、强化河湖水域整治、强化保护渔业资源整治、强化城市黑臭水体管理和治理、强化船舶港口污染防治、强化破坏湿地和野生动物资源整治、强化畜禽养殖污染治理、强化农药化肥减量增效、强化入河排污口整治、强化河湖水库生态渔业整治、强化饮用水水源保护、强化河湖水域治安整治工作等14个专项行动。（邓香平）

【河湖长制体制机制建立运行情况】

1. 河湖长制责任体系　坚持党政同责，完善区域和流域相结合的省、市、县、乡、村五级河湖长组织和责任体系，并动态调整明确各级河长湖长。2023年，各级河湖长累计巡河巡湖121万余人次，发现问题24 481个，解决问题23 321个。各责任单位依法履职，共同组织开展"清河行动"并分头负责，分流域、分部门摸排突出问题2 384个，完成整改2 381个。（周波）

2. 河湖长制工作机制　持续抓好江西省河长制湖长制省级会议、信息工作、督办、考核问责、督察、验收、表彰、履职评价等8项制度及《江西省实施河长制湖长制条例》、《河长制湖长制工作规范》(DB36/T 1219—2019) 贯彻落实。2023年召开省级总河湖长会议1次、省级联席会议1次。省、市、县三级河长办针对重点问题下发督办函597件，督促解决重点问题667个。强化流域区域协作，区域协同联动不断加强，落实长江、珠江、韩江流域河湖长制协作机制，持续深化与相邻省份跨省流域水污染事件联防联控。推动省内各市、县间联防联治，签订上下游河湖长制协作协议200余份，跨界河湖管理保护联动协作取得新成效。深化"河湖长＋警长""河湖长＋检察长"协作机制，各级河长办和检察院联合办案326件。（周波　谢睿）

3. 考核激励　2023年，开展各设区市、县(市、区)河湖长制工作情况考核，将各级河湖长履职情况作为领导干部年度考核述职的重要内容。将考核结果纳入市、县综合考核评价体系和生态补偿机制，将承担河湖长制工作重点任务的省直单位相关工作纳入年度绩效考核。（周波　谢睿）

4. 幸福河湖建设　2023年，加快推进全域幸福河湖建设，全省108条(段)幸福河湖建设项目全部开工，基本覆盖全省所有市、县。计划总投资667亿元，截至2023年底，完成投资约423亿元，建成生态廊道850km。被列入水利部第一批试点的宜黄县宜水幸福河湖全面完成建设任务并通过复核评估。南昌市长垵河建设项目被列为水利部2023年幸福河湖建设项目，并于2023年9月开工建设。（吴小毛）

袁河蜿蜒逶迤（郑群　拍摄）

北潦河（刘承春　拍摄）

【河湖健康评价开展情况】　截至2023年底，已完成河湖健康评价并建立健康档案的河流388条、湖泊52个，完成比例分别达到40%、68%。其中非常健康河流达73条、湖泊5个，占比分别为18.81%、9.61%；健康河流为300条、湖泊32个，占比分别为77.32%、61.54%；亚健康河流15条、湖泊15个，占比分别3.87%、28.85%；无不健康和劣态河湖。（吴小毛）

【"一河（湖）一策"编制和实施情况】　各市、县编制"一（河）湖一策"1 667条。（吴小毛）

【水资源保护】

1. 水资源刚性约束　国务院实行最严格水资源管理制度考核再获优秀。2023年，全省用水总量240.65亿m^3；农田灌溉水有效利用系数为0.538，年度控制指标为0.524；用水效率指标和非常规水源最低利用量均达到年度控制指标要求。科学制定2023年江西省最严格水资源考核，不断强化考核成果应用，落实政府主体责任，促进水资源管理水平持续提升。（陈芳）

2. 节水行动　2023年，江西省新增22个获得水利部县域节水型社会建设达标县称号的县（市、区），争取中央资金 3 149 万元。全省累计建成县域节水型社会建设达标县（区）62 个，建成率 62%，建成数量位居长江流域前列。全省共建成各类节水载体 1.4 万个。景德镇市率先建成国家级节水型城市，工业、城镇领域等国家级水效领跑者实现“零”突破。推荐 6 个公共机构参评国家级公共机构水效领跑者；新增 10 家公共机构获评省级公共机构水效领跑者、2 所高校获评省级高校水效领跑者。累计建成公共机构省级水效领跑者 30 家，省级节水型高校 65 所。180 家工业企业获评省级节水型企业，15 家工业企业获评省级节水型标杆企业，2 家工业企业获评省级水效领跑者，9 家工业园区获评省级节水标杆园区。江西省水利厅联合省文明办、省发展改革委等 11 部门印发《江西省加强节水宣传教育实施方案》；多个节水活动和节水视频获得水利部表扬。“江小惜的时光旅行”节水科普展首次亮相中国国际高新技术成果交易会，获优秀展示奖。持续常态化推进节水“五进”宣传活动。

（欧阳任娉）

3. 生态流量监管　对长江委通报的个别生态流量不达标的河湖断面进行现场调研，提出整改要求并督促抓好整改。2023 年 7 月，开始对全省已批复生态流量保障目标并具备监测条件的 64 个重点河湖控制断面达标情况按月度进行通报，对不达标的断面要求有关市、县查明原因，限期整改，进一步压实监管责任。推进已建水利水电工程生态流量核定与保障先行先试，编制完成昌江浯溪口水利枢纽、景德镇水利枢纽，章水油罗口水库、滩头水电站生态流量核定先行先试工作报告。（吴涛）

4. 全国重要饮用水水源地安全保障达标评估　2023 年，制定印发《江西省县级以上城市集中式饮用水水源地名录》，127 个水源地报水利部备案，推进饮用水水源地名录的分级管理。配合长江委完成对江西省全国及长江流域重要饮用水水源地达标建设年度评估现场调研，大坳水库水源地管理与保护工作被推荐为长江流域经验典型。印发《江西省水利厅办公室关于进一步建立和完善县级以上城市应急备用水源建设调度机制的通知》（赣水办资源函〔2023〕10 号），进一步明确和规范县级以上城市应急备用水源建设的统计调度要求。全省累计建成应急备用水源或具备双水源互为备用县级城市 48 个。（吴涛）

5. 取用水管理　完成 2023 年度获中央补助资金的 806 套取水在线监测计量设施建设任务目标；争取到中央资金 2 183 万元。充分利用取水许可电子证照系统，进一步完善用水统计调查基本单位名录信息及名录库建设任务，2023 年全省入库取用水单位达 5 342 个，较 2022 年名录增加约 50%。严把水资源论证审查关，强化建设项目取水许可管理。加强取用水事中事后监管，严肃查处违法违规取用水行为。严格核定并按时下达 41 家省管（含长江委发证）取用水单位 2023 年度用水计划。完成全省 106 所高校和 11 766 家年用水量 1 万 m^3 及以上工业和服务业单位计划用水全覆盖。更新、完善国家、省、市三级重点监控用水单位名录，持续加强重点用水单位的监督管理工作。开展 5 家省管取水单位“双随机、一公开”行政检查，并公示检查结果。开展省管取用水户取用水现场评估，确保一年一次全覆盖。按季度发布取水在线监测预警信息并将处置成效纳入“省考”。全年省级水资源费征收数额 2.9 亿元。继续开展电子证照数据治理，排查疑似存在问题的电子证照 4 006 套，涉及 4 大类 20 项具体问题，已于 2023 年 10 月底前全部完成电子证照数据治理，治理完成率 100%。（陈芳）

【水域岸线管理保护】

1. 河湖管理范围划定　持续做好名录内河湖管理范围划定成果的复核工作。截至 2023 年底，基本完成名录外河湖划界工作，委托省级技术服务支撑单位对成果进行初步核查。（谌祖安）

2. 岸线保护与利用规划编制　2023 年，加快推进抚河、修河、饶河及信江岸线保护与利用规划编制。收集整理岸线利用项目、涉河水生态敏感区等资料，开展岸线利用现状分析评估；收集河道水文资料及 1∶5 000 水下地形图，开展水文分析计算，划定岸线临水控制线；根据功能分区划分原则，对河道岸线功能区进行了划分，并编制了报告初稿。

（谌祖安）

3. 采砂管理　2023 年，进一步加强河道采砂管理，明确和公告 174 处河道采砂管理重点河段、敏感水域属地采砂管理河长、行政主管部门、现场监管和行政执法 4 个责任人，以及长江河道采砂管理省、市、县三级河长制、人民政府、主管部门、现场监管和行政执法 5 个责任人。组织编制《江西省赣江抚河信江饶河修河中下游干流河道和鄱阳湖采砂规划（2024—2028 年）》，印发实施《江西省河道疏浚砂石综合利用实施方案编制导则》。扎实开展河道非法采砂专项整治行动，指导开展“枯水季节鄱阳湖区涉砂突出问题集中整治行动”“元旦、春节和‘两会’期间全省河道采砂管理专项执法行动”“全省河道采砂综合整治行动”等非法采砂整治专项行动3次，2023年全省共发现非法采砂线索324条，查处采砂船舶（机具）99艘（台），移送涉砂刑事案件8起，报送涉黑涉恶问题线索4条。

（张立存　林皓）

4.“四乱”整治　贯彻落实《关于纵深推进河湖“清四乱”常态化规范化的若干措施》工作部署，制定出台《全省河湖“清四乱”三年攻坚行动方案》（赣水建管字〔2023〕13号），持续推进河湖“清四乱”常态化规范化。截至2023年底，全省共统计上报“四乱”问题3 364个，整改完成问题2 008个。

（谌祖安）

【水污染防治】

1. 排污口整治　2023年，研究制定《江西省加强入河排污口监督管理工作方案》，扎实推动入河排污口排查整治工作，对重点江河湖泊开展排查、溯源、整治。其中长江干流江西段、赣江干流共排查入河排污口3 448个，已整治完成2 971个，整治比例86%。持续强化入河排污口监督管理，压紧压实属地责任。对鄱阳湖入河排污口开展核查，巩固提升排查整治工作质量。九江市积极探索入河排污口和排污许可衔接新路径，以不突破江段纳污容量为宗旨，以排污许可证管理为核心，通过查源、论证、协商、变更的“四步法”，统一了入河排污口审批、环境影响评价审批及排污许可证核发手续，相关工作经验在全国工作交流会上作典型发言。

（罗建丰）

2. 矿山领域生态修复　2023年，持续开展矿山生态保护修复专项行动，推动矿山生态环境问题排查整改。完成2023年度矿山地质环境恢复治理与土地复垦义务履行情况“双随机”抽查，督促矿山企业履行生态修复义务，落实矿山生态修复基金制度。持续推进赣州市历史遗留废弃矿山生态修复示范工程，截至2023年底，示范工程已完成生态修复面积1.49万亩。协调、指导抚州市历史遗留废弃矿山生态修复示范工程项目通过国家竞争性评审，获得中央财政支持3亿元。开展《江西省矿山生态修复与利用条例》“十百千”宣传活动，全省11个设区市累计开展宣讲活动127场，参与人员6 690余人，涉及540余个基层单位、1 020余家矿山企业。加强典型示范，发布第二批《国土空间生态修复典型案例》，拍摄案例宣传片，通过公共新闻媒体、自媒体、网站等进行广泛宣传。寻乌废弃矿山综合治理、赣县崩岗生态修复和上饶望仙谷废弃矿山生态修复入选国家2023年发布的《国土空间生态修复典型案例集》。

（杨旺）

3. 城镇生活污染防治　截至2023年底，江西省累计建成城镇生活污水管网2.52万km、集中式生活污水处理规模574.25万t/d，分别较2022年新增1 200余km、19万余t/d；城市生活污水集中收集率60.22%、进水BOD平均浓度80.92mg/L，同比分别提高10.23个百分点和12.7%。深入推进城市黑臭水体治理，4个被列入国家监管平台的县级城市黑臭水体已完成整治3个，消除比例达75%，超额完成国家2023年消除比例达到60%目标任务。江西省本级开展污水处理提质增效示范建设和九江市推行“厂网一体”、黑臭水体治理等3条经验入选住房城乡建设部典型工作经验清单并在全国推广。持续城镇生活污水处理提质增效示范建设工作，对第一批7个示范城市工作进展情况开展绩效评价工作并进行通报；印发《关于开展第二批江西省城镇生活污水处理提质增效示范建设工作的通知》（赣建城〔2023〕16号），确定了第二批7个示范市、县（抚州市、萍乡市、鹰潭市，瑞昌市、定南县、峡江县、金溪县），将示范范围扩大到县一级。组织召开新版《城镇污水排入排水管网许可管理办法》解读培训会，指导各地实施分类管理，推进排水许可与接驳管理工作。举办“水流域环境保护—城市水环境综合治理”高级研修班。

（郝伟）

4. 畜禽养殖污染防治　2023年，以畜禽粪污资源化利用提质为抓手，推进畜禽养殖污染防治，加快畜牧产业转型升级、绿色发展步伐，构建种养结合、农牧循环新格局。实施畜禽养殖污染防治、低碳减排专项行动，因地制宜推广了“畜—沼—果”种养结合和第三方集中处理模式，引导粪肥还田从经济作物向大田作物拓展，系统总结了九江礼涞生态循环农业产业链、余江区沼液肥施用水稻田等新模式，促进粪污资源化利用提质增效。持续开展畜禽养殖标准化示范创建活动，2023年，新增部省级标准化示范场33家，累计创建示范场1 068家，建设国家级、省级设施畜牧业创新引领基地12家。全省畜禽粪污综合利用率保持在80%以上，规模养殖场粪污处理设施装备配套率保持在99%以上。

（夏建华）

5. 水产养殖污染防治　2023年，统筹资源保护与环境承载力的关系，以供给侧结构性改革为主线，以专项行动为抓手，通过严管控、夯基础、强治理等方式，加快推进水产养殖绿色健康发展。全面落实《江西省养殖水域滩涂规划（2020—2030年）》，严格水域滩涂养殖证发放管理制度，2023年，共发放水域滩涂养殖证23 867本，覆盖水域滩涂面积364.7万亩。持续实施百万亩高标准鱼塘改造项目，全年共安排1.92亿元，支持5.6万亩养殖池塘进行绿色标准化改造，完成改造鱼塘2万亩，打造高标准绿色水产养殖基地，创建6个国家级、10个省级水产健康养殖和生态养殖示范区。深入实施绿色健康养殖技术推广“五大行动”，打造“五大行动”骨干基地121家。依托渔业绿色发展项目，安排资金1 000万元，支持全省打造20个水产养殖尾水处理试点，引导和鼓励地方政府、养殖企业多方筹措资金，加大尾水治理建设力度。全省已建尾水治理试点350个，较2022年新增20个，实现全省涉渔县全覆盖。（夏建华）

6. 农业面源污染防治　2023年，持续开展化肥量化行动，制定印发《江西省到2025年化肥减量化行动实施方案》《2023年全省科学施肥指导意见》，试行水稻、油菜产区氮肥定额用量制度，深入实施测土配方施肥提升、“三新”集成配套落地、化肥多元替代推进、肥效监测评价、宣传到户等五大行动，推进化肥减量增效。2023年，全省推广测土配方施肥7 970.4万亩，推广“三新”配套技术202.08万亩，推广绿肥种植365.94万亩，推广有机肥764.45万亩，开展指导进村1万个以上，举办技术培训班1 000期以上，召开现场观摩会100场以上，化肥利用率达42.5%。大力实施化学农药减量化行动，制定印发了《江西省到2025年化学农药减量化行动实施方案》《2023年江西省“虫口夺粮”保丰收行动方案》和7个农作物重大病虫害防控技术方案，全面推进病虫监测预警能力提升、病虫害绿色防控提升、病虫害专业化防治推进、农药使用监测评估、安全用药推广普及、农药使用监督管理等六大行动，推进农药减量增效。2023年，全省绿色防控和统防统治覆盖率分别达到55.2%、50.4%，农作物农药使用量为31 586.1t，比2022年减少667.8t，减幅2.07%，农药利用率达43.3%。（夏建华）

7. 船舶和港口污染防治　全面推行船舶水污染物排放管路盲断工作。截至2023年底，全省共完成2 130艘运输船舶及176艘交通运输系统公务船盲断改造和检验签注工作，形成“船上存储、交岸处置”的治理模式，从源头上防止船舶污染物排放。进一步完善船舶污染物接收体系，强化船舶污染物接收转运处置环节监管，实现多部门整体联动、综合治理，做到船舶港口污染物接收转运处置数据共享、服务高效、全程可溯、监管联动。2023年，全省船舶垃圾接收量累计345t，生活污水接收量累计59 779m^3，含油污水接收量累计221m^3，各类船舶污染物基本实现“应收尽收、应处尽处”，获交通运输部肯定。持续推进港口岸电、船舶受电设施改造。自2021年起，江西省连续2年率先在长江经济带十一省（直辖市）中完成年度船舶受电设施改造任务，同步完成全省港口岸电设施建设任务。截至2023年底，全省累计完成183套岸电设施和740艘船舶受电设施的安装改造，千吨级以上泊位（油气化工码头除外）均具备岸电供应能力。2023年，全省港口岸电设施累计用电量526 463kW·h，通过岸电设施标准化建设和改造，显著减少柴油发电，推动港口绿色发展。深入开展船舶污染执法监督检查。全年共查处船舶防污染类违章行为93起，船舶污染违法违规行为得到进一步遏制。实行“月调度，月通报”制度，堵塞船舶污染防治工作中存在的盲区和漏洞，促使船舶污染防治工作落地见效。（黄文涛　吴昊）

【水环境治理】

1. 饮用水水源规范化建设　2023年，全省162个县级及以上集中式饮用水水源地完成规范化建设。积极推进饮用水水源保护区划定，进一步规范饮用水水源保护区建设。设立设置保护区标志牌和隔离防护设施，并加强各类标识、隔离防护设施的管理和维护工作。开展饮用水水源保护区排查整治。全面排查水源保护区存在影响水源水质的问题，定期调度、督促各地集中式饮用水水源地问题整治进展，截至2023年底，全省已批复的集中式饮用水水源保护区共排查问题217个，已整治完成209个，整治完成率96.3%。组织对县级及以上集中式饮用水水源保护区进行了交叉执法检查。（罗建丰）

2. 黑臭水体治理　全省设区城市黑臭水体33条、县级城市黑臭水体4条、县城黑臭水体13条。截至2023年，已完成整治48条，其中市级城市33条、县级城市3条、县城黑臭水体12条。开展省级黑臭水体联合检查和设区市交叉检查，对230余条城市水体开展调研，共出动1 544人次，检查水体688条，现场监测水质较差水体均未达到黑臭程度；发现并立行立改水质较差、水面垃圾、河岸有雨污混流口等问题24个，整改率100%。对已完成整治的33条城市黑臭水体和3条县级城市黑臭水体进行季度例行监测，并不定期开展整治成效监测，建立长治久清机制，巩固黑臭水体治理成效。对正在整治的景德镇市乐平市北内河（县级城市）和上饶市鄱阳县上中下士湖（县城）黑臭水体开展督导帮扶，每月调度整治进展并采取现场督导、通报、督办、约谈等方式督促加快整改，确保按期完成目标任务要求。（罗建丰）

3. 农村水环境整治　2023 年，江西省累计完成 1 020 个行政村环境整治任务，110 个黑臭水体治理任务，农村生活污水治理管控率达到 36.1%，同比增长 6 个百分点，农村人居环境持续改善。农村人居环境整治连续 5 年获得国务院督查激励，萍乡市上栗县桥头村“户用、村头、田间”三格式化粪池多级发酵治理农村生活污水案例入选《土壤污染防治工作简报》2023 年第 9 期，并受邀赴海南省交流经验。积极引导中央农村环境整治资金向五河干流两岸和鄱阳湖滨湖等重点区域倾斜，推动省政府召开鄱阳湖滨湖县区农业农村污染防治工作现场推进会，持续提升重点区域农村生活污水治理管控率。发布全省畜禽养殖污染防治规划编制，新余市渝水区建立畜禽粪污全收集全转运全利用体系的经验和做法多次在全国培训会上作典型发言，并入选《土壤污染防治工作简报》2023 年第 6 期。

（罗建丰）

【水生态修复】

1. 退田还湖还湿　2023 年，江西省已有 25 个项目通过江西省湿地资源运营中心解决湿地占补平衡困扰，实现湿地占补平衡指标交易 846 亩，交易额达 7 436 万元。完成《江西省湿地保护条例（修订稿）》起草，制定《建设项目占用湿地公园可行性报告编制指南》，印发《江西省开展违规侵占国家湿地公园等自然保护地问题排查整治专项行动实施方案》，对全省 2 个湿地类国家级自然保护区和 40 处国家湿地公园进行全面摸排，组织各地对省级排查发现的 273 个变化图斑以及国家林业和草原局下发的 65 个变化图斑进行现场核查，最终认定下发 2 批次共计 66 个违法违规占用、破坏湿地问题图斑。截至 2023 年底，已有 58 个问题图斑基本整改到位，其余 8 个问题图斑正按计划抓紧落实整改要求。印发《2023 年省级重要湿地保护、修复、利用“双随机、一公开”检查工作方案》，对景德镇玉田湖、玉山七一水库、柘林水库等 3 处省级重要湿地的保护修复利用情况进行了检查，有力督促管理机构进一步做好重要湿地监督管理工作。2023 年，全省通过实施湿地保护修复项目，共完成湿地恢复和综合治理 7.67 万亩、鄱阳湖区生态修复和环境治理 3.19 万亩，完成湿地生态效益补偿 12 万亩。湿地保护修复工作得到全国人大常委会湿地保护法执法检查组的高度肯定。

（漆泳宾）

2. 生物多样性保护　2023 年，成立生物多样性保护联席会议制度，组建生物多样性专家委员会，启动《江西省生物多样性保护条例》专题调研工作，正在研究编制《江西省生物多样性保护战略与行动计划（2023—2035 年）》，出台《江西省自然保护区生态环境问题整改销号实施细则》《江西省生态保护红线生态环境监督办法》等文件，与中国绿化基金签订鄱阳湖流域生态保护与修复合作协议，募资 2 亿元支持开展鄱阳湖流域生物多样性保护工作。多部门连续 7 年开展“绿盾”自然保护地强化监督工作，全省“绿盾”重点问题整改完成率为 98.81%。加强生态保护红线生态环境监督，创新开展交叉核查，29 个涉红线生态破坏问题均全部完成整改。开展典型湖库和流域水生生物多样性调查及评估工作，对鄱阳湖区、禾泸水、康山湖、渌水（湘东段）、新余孔目江流域的鱼类、底栖生物、浮游生物、水生植物类群开展周年科考调查研究。省直有关部门联合举办江西省 2023 年国际生物多样性日宣传活动，阅读转载和观看量达 300 万人次，营造了全民参与保护生物多样性的浓厚氛围。（罗建丰　漆泳宾）

3. 生态补偿机制建立

（1）省内流域补偿。根据《江西省健全省内流域上下游横向生态保护补偿机制实施方案（2022—2025 年）》，突出“三水统筹”的理念，突出鄱阳湖湖区水质提升，对协议断面水质升类等实施差异化奖补，实施了新一轮省内流域上下游横向生态保护补偿，截至 2023 年底，全省签订流域上下游补偿协议 126 份，覆盖全省所有存在上下游的县（市、区），省财政累计下达奖补资金 9.97 亿元。

（2）跨省流域补偿。2023 年，先后与湖南省、广东省分别签订了第二轮渌水流域补偿协议、第三轮东江流域补偿协议，萍乡市、赣州市分别累计获得流域补偿资金 2.82 亿元和 30 亿元，赣湘、赣粤两省交界考核断面水质达标并稳定改善；与湖北省签订首轮长江流域鄂赣段横向生态保护补偿协议；并积极推进与安徽省签订长江流域赣皖段横向生态保护补偿协议。

（罗建丰）

4. 水土流失治理　2023 年，印发了《江西省水利厅关于下达 2023 年水土保持生态建设任务指标的通知》（赣水水保字〔2023〕3 号），将水土流失综合治理面积任务及 42 条生态清洁型小流域建设任务指标分解下达。推动各级水利部门细化任务安排，协调当地政府和有关部门认真履行水土流失防治义务，加大资金投入，切实加快水土流失治理步伐，超额完成年度 1 090km^2 的目标任务。

（黄成杰）

5. 生态清洁型小流域建设　稳步推进国家水土保持重点工程建设。2023 年治理小流域项目 37 个，水土流失治理任务 268.2km^2，共安排资金

13 246 万元。开展 2024 年国家水土保持重点工程建设项目竞争立项工作。对市、县申报的 98 个项目，采取竞争立项方式，确定了最终实施项目 61 个，分解中央资金 11 822 万元，水土流失治理任务 370km²。做好国家水土保持重点工程项目信息化监管工作。全年对 2022 年完成验收的 45 条小流域验收情况、2023 年下达的 35 条在建小流域治理情况以及 2023 年完成验收或认定的 17 条生态清洁小流域开展信息化监管。开展小流域综合治理提质增效工作。采取竞争立项方式选取赣州市宁都县、抚州市宜黄县作为小流域综合治理提质增效项目县，分解中央资金 2 865 万元，配套省级资金 720 万元，水土流失治理任务 32.06km²。

（黄成杰）

【执法监管】

1. 河湖日常监管　2023 年，全面构建“网上巡、水面查、陆地堵、空中飞”的立体化、智能化水域防控网络，水域预警防范能力大为提升。开展突出违法犯罪打击整治系列行动，侦办涉渔、涉砂刑事案件 571 起，打掉团伙 118 个，抓获犯罪嫌疑人 1 094 人，破坏水域生态环境的涉渔、涉砂、涉鸟等突出问题得到有效遏制，河湖管理进一步规范有序。

（江西省河长办公室）

2. 联合执法　2023 年，深化“河湖长＋警长”“河湖长＋检察长”协作机制，各级河长办和检察院联合办案 326 件。进一步健全完善鄱阳湖联谊联防机制，压实属地管理和部门监管责任，并推动向“五河”流域延伸。江西省九江市与安徽省安庆市、池州市探索建立“一江两省三市四县”“河长＋检察长”协作机制，江西省九江市、湖北省黄冈市、安徽省安庆市三地公安局与长江航运公安局九江分局探索建立“一江三省四警”警务协作机制，严厉打击非法采砂、非法捕捞等违法行为。

（江西省河长办公室）

【水文化建设】

1. 水利风景区　2023 年，将水利风景区建设和传承红色基因水利风景区纳入河湖长制考核加分项，也作为水利工程标准化建设考核的奖励系数，对 2022 年获批国家和省级水利风景区的工程管理单位合计予以 130 万元的奖励。新增鄱阳湖水文生态科技园、潦河灌区 2 家国家水利风景区和赣州市南康区家居小镇水利风景区等 12 家省级水利风景区，全省水利风景区数量达到了 121 家，其中国家水利风景区 50 家、省级水利风景区 71 家。下发《江西省国家水利风景区复核工作方案》至各国家水利风景区管理单位，指导景区单位开展线下自查、编写自查报告书等前期工作，首次开展现场复核工作，按照各复核专家组的意见，下发整改通知单，督促各水利风景区报送整改方案并按时完成整改任务。江西省峡江水利枢纽水利风景区获评国家水利风景区高质量发展标杆景区，赴北京参加主题为“水美中国，景惠民生”的第二届国家水利风景区高质量发展典型案例媒体推介活动，并领取“国家水利风景区高质量发展十大典型案例”奖牌。基于智慧水利支撑平台构建了水利风景区建设管理服务平台，已正式运行。

（万云江）

2. 河长制主题公园　为大力推动流域自然资源、河湖文化与旅游相结合，深化河长制，写好“水文章”，进一步增强水文化传播力、感染力和影响力，江西省积极打造各具特色的河长制主题公园，让群众在公园游玩休憩时接受水情教育，不断提升知水、爱水、护水、惜水意识，共享水生态文明建设成果。2023 年已建成特色鲜明的河长制主题公园 153 个。

（邓香平）

宜春市靖安县河长制公园
（刘新宇　拍摄）

3. 水文化建设与推广　开展江西水文化走基层活动，2023 年开展 4 期水文化走基层活动，出版江西水文化走基层系列丛书第四部——《跨越》。指导赣州市成功召开全国水文化建设座谈会。推动中国首家世界灌溉工程遗产博物馆落户赣州市崇义县上堡梯田，为宣传传播世界灌溉工程遗产作出了突出贡献，受到中国国家灌溉排水委员会的高度肯定。推动红井苏区水利旧址成功入选第五批国家水情教育基地，九江市“城防堤九八抗洪复堤工程”入选水利部水工程与水文化有机融合案例。指导推动赣州“福寿沟”入选首批国家水利遗产候选名单，已通过专家委员会评审。谋划推动婺源石堨申报世界灌溉工程遗产。《江西省水利志 1991—2010》成功出版。

（魏珂）

九江市“城防堤九八抗洪复堤工程”教育基地
（江西省防汛信息中心　供图）

婺源石堨
（江西省防汛信息中心　供图）

【数字孪生水利建设】

1.“水利一张图”　2023年，深入推进水利数据资源整合，强化水利数据“一数一源”治理，编制水利数据资源目录，为省、市、县水利部门提供统一标准的数据服务支撑。按照数字孪生水利建设要求，更新发布全省范围亚米级DOM数据服务、高精度地形服务，矢量地图服务。为数字孪生峡江水利枢纽工程、数字孪生乐安河流域先行先试提供L2级地理空间数据服务，有力支撑数字孪生场景构建和具有“预报、预警、预演、预案”功能业务应用建设。全面支撑水利业务运行，“水利一张图”为全省各级水利部门水旱灾害防御、河湖管理等200余个业务应用提供服务支持，截至2023年底，累计访问量达800万余次，近一年访问量达130万余次。（彭余蕙）

2. 江西省河长制河湖管理地理信息平台　2023年，江西省河长制河湖管理地理信息平台新增河湖名录（复核）、河湖健康评价、河湖长履职评价、暂停巡查申报、2023年考核报表及考核评分报表功能，基于业务及政策需要，优化完善幸福河湖、生态鄱阳湖流域年度任务印发、河湖保洁、专项督查、掌上河湖App等功能，实现省、市、县、乡、村五级统一的河长制河湖管理信息化服务覆盖，满足各级河湖管理人员的日常监管需求，全面提升河湖管护工作效率，提高河湖信息化监管能力和水平。2023年，通过掌上河湖App传递河湖巡查数据121万余条。（周波）

3. 数字孪生　2023年，成立数字孪生水利建设领导小组，统筹数字孪生水利建设；印发《江西省数字孪生流域建设工作方案》，成立数字孪生流域建设工作专班，建立专家指导制度，统筹各方力量，形成数字孪生流域建设合力。在省级水利专项资金中设立智慧水利专项，重点保障数字孪生水利建设，2022年以来，累计统筹中央、省级专项资金达9 000万元用于开展数字孪生水利建设。2022年以来，已有6项工程被列入水利部数字孪生水利先行先试，2023年，数字孪生峡江水利枢纽工程、数字孪生乐安河流域先行先试顺利通过水利部终期考核，数字孪生峡江水利枢纽工程入选水利部数字孪生水利建设“十大样板”名单，2项案例入选数字孪生水利建设典型案例名录。数字孪生赣抚平原灌区、西坑灌区、黄泥埠灌区入选水利部数字孪生灌区先行先试，数字孪生赣抚平原灌区实现了非农取水口精准计量，非农供水年供应总量达4.3亿m^3。数字孪生潦河水网入选水利部数字孪生水网先行先试，正加快探索建立水网供需水预测模型，助力潦河水网水资源精细化管理和调配。（彭余蕙）

山东省

【河湖概况】

1. 河湖数量　山东省共有河流9 711条，其中流域面积50km^2及以上河流1 049条，总长度为3.22万km，其中跨省河流79条；流域面积100km^2及以上河流553条，总长度为2.34万km，其中跨省河流53条；流域面积1 000km^2及以上河流58条，总长度为0.726万km，其中跨省河流13条；流域面积10 000km^2及以上河流6条，总长度为0.182万km，其中跨省河流5条。列入《山东省湖泊保护名录》的湖泊共计有11个，总面积1 686.09km^2，跨省湖泊1个，为南四湖；常年水面面积1km^2及以上淡水湖泊7个，总面积1 049.11km^2，其中跨省湖泊1个；常年水面面积10km^2及以上湖泊2个（南四湖、东平湖），总面积1 629km^2，其中跨省湖泊1个；常年水面面积

1 000km² 及以上湖泊 1 个，总面积 1 003km²。

（吴慧　李传镇　曾圆梦　李长江）

2. 水量　2023 年，全省水资源总量 249.75 亿 m³，其中地表水资源量 157.59 亿 m³、地下水资源量 159.74 亿 m³、地下水资源与地表水资源不重复量 92.16 亿 m³。截至 2023 年底，全省大中型水库蓄水总量 48.30 亿 m³。

2023 年，全省总供水量 223.41 亿 m³，其中地表水源供水量 133.75 亿 m³、地下水源供水量 71.08 亿 m³、其他水源供水量 18.57 亿 m³。全省海水直接利用量 65.67 亿 m³。2023 年全省跨流域调水 62.58 亿 m³，其中黄河水 54.47 亿 m³、南水北调水 8.11 亿 m³。

（吴慧　李传镇　曾圆梦　李长江）

3. 水质　2023 年，山东省地表水国控断面优良水体比例达 83.7%，同比改善 0.7 个百分点，优于国家下达年度目标 15.1 个百分点；Ⅴ类及以下水体连续 3 年保持清零。黄河干流（山东段）连续 8 年保持Ⅱ类，主要支流优良水体比例达到 100%，入海断面总氮浓度连续 3 年优于邻省入境；南水北调干线 13 个国控断面、南四湖流域 36 个国控断面、省辖 39 条入湖河流优良水体比例首次均达到 100%。

（吴慧　李传镇　曾圆梦　李长江）

4. 新开工水利工程　2023 年，山东完成水利建设投资 682 亿元，其中新开工水利建设项目 289 项。完成中小河流治理 731km，50 座大中型病险水库水闸除险加固工程加快推进，小型病险水库除险加固实现动态清零。老岚水库完成主体工程，太平水库开工建设，官路水库、双堠水库、25 处大中型灌区现代化改造项目加快推进。

（吴慧　李传镇　曾圆梦　李长江）

【重大活动】　2023 年 4 月 7 日，山东省委书记、省总河长主持召开 2023 年度省总河长会议，深入贯彻落实习近平生态文明思想和习近平总书记关于治水的重要论述精神，听取关于全省河湖长制有关工作情况的汇报，审议《山东省 2023 年度河湖长制工作要点》《山东省总河长令（第 9 号）》《省级河湖长巡查河湖工作规则》，对河湖长制工作进行安排部署。省委副书记、省长、省总河长，省副总河长、省级河湖长参加会议。

经山东省总河长会议研究，山东省委常委会议审议通过，2023 年 4 月 25 日，山东省河长制办公室印发《山东省 2023 年度河湖长制工作要点》《省级河湖长巡查河湖工作规则》；4 月 28 日，山东省总河长联合签发山东省总河长令第 9 号《关于统筹推动河湖长制高质量发展的通知》，对年度河湖长制重点工作进行安排部署。

2023 年 5 月 15—18 日，在威海市委党校组织举办了全省河湖长制暨水旱灾害防御专题培训班，山东省副省长出席开班仪式并作动员讲话，省河长办常务副主任、省水利厅党组书记、厅长主持，新任分管市、县长及相关部门负责同志共 180 余人参加培训。通过采取专题讲座、现场教学、交流研讨等方式开展培训，主要学习传达习近平总书记关于生态文明建设、新时期治水方略、河湖管理保护、防灾减灾、水资源节约集约利用等方面的重要论述；邀请水利部河长办、水旱灾害防御司和有关省河长办、高校、科研院所等单位的专家授课，重点讲解全面实行河湖长制政策及全国推行河湖长制典型经验、河湖健康评价、幸福河湖建设、智慧数字河湖建设、河湖效益发挥、流域体系治理、水旱灾害防御、水工程调度等内容。

（张学忠　吴慧　李传镇）

【重要文件】　2023 年 2 月 5 日，山东省人民政府办公厅印发《关于印发〈山东省入河入海排污口监督管理工作方案〉的通知》（鲁政办字〔2023〕7 号）。

2023 年 3 月 17 日，山东省河长制办公室印发《关于做好 2023 年河湖管理重点工作的通知》（鲁河长办字〔2023〕1 号）。

2023 年 4 月 6 日，山东省河长制办公室印发《关于调整公布省级河湖长体系名单的通知》（鲁河长办字〔2023〕2 号）、《关于调整公布省河长制办公室组成人员名单的通知》（鲁河长办字〔2023〕3 号）。

2023 年 4 月 24 日，山东省畜牧兽医局、省生态环境厅印发《关于开展黄河流域畜禽粪污资源化利用和污染防治大排查大整治活动的通知》（鲁牧畜字〔2023〕1 号）。

2023 年 4 月 25 日，山东省河长制办公室印发《关于印发〈山东省 2023 年度河湖长制工作要点〉〈省级河湖长巡查河湖工作规则〉的通知》（鲁河长办字〔2023〕4 号）。

2023 年 4 月 28 日，山东省总河长签发山东省总河长令第 9 号《关于统筹推动河湖长制高质量发展的通知》。

2023 年 5 月 4 日，山东省河长制办公室印发《关于印发〈2023 年度省总河长会议纪要〉的通知》（鲁河长办字〔2023〕5 号）。

2023 年 5 月 6 日，山东省水利厅印发《关于印发〈各市 2023 年度水资源管理控制目标〉的通知》（鲁水资字〔2023〕1 号）。

2023 年 6 月 20 日，山东省水利厅、省住房和城乡建设厅印发《关于进一步严格计划用水管理工作的通知》(鲁水节字〔2023〕1号)。

2023年8月11日，山东省委办公厅、省政府办公厅印发《关于加强新时代水土保持工作的实施意见》(鲁办发〔2023〕8号)。

2023年8月30日，山东省生态环境厅、省住房和城乡建设厅、省农业农村厅印发《关于开展农村环境整治提升行动的通知》(鲁环字〔2023〕113号)。

2023年9月15日，山东省生态环境厅、省发展和改革委员会、省财政厅、省自然资源厅、省住房和城乡建设厅、省水利厅、省农业农村厅印发《关于印发〈山东省重点流域水生态环境保护规划〉的通知》(鲁环发〔2023〕21号)。

2023年10月13日，山东省人民政府印发《山东省人民政府关于加强地下水管理的意见》(鲁政字〔2023〕174号)。

2023年12月30日，山东省人民政府印发《山东省人民政府关于贯彻落实“四水四定”原则若干措施的通知》(鲁政字〔2023〕239号)。

(吴慧　曾圆梦　王悦　秦宜瑄　刘婷　刘媛媛　王东升)

【地方政策法规】　2023年3月16日，山东省水利厅印发《关于印发〈山东省水权交易管理办法实施细则（试行）〉的通知》(鲁水规字〔2023〕1号)。

2023年4月4日，山东省水利厅印发《山东省水利厅用水审计工作暂行办法》(鲁水规字〔2023〕2号)。

2023年11月27日，山东省水利厅、省交通运输厅印发《关于实施河道砂石采运管理单制度的通知》(鲁水规字〔2023〕9号)。　(陈永朝)

【河湖长制体系机制建立运行情况】

1. *监督检查*　印发《关于开展2023年度河湖长制落实情况监督检查工作的通知》，成立8个检查组于2023年9月下旬对山东省16市河湖长制落实情况进行了监督检查，工作组主要以暗访形式对部分县（市、区）河湖“清四乱”、河湖管理保护、水利部推送的河湖遥感图斑进行了抽查复核，同时对河湖长制落实情况的内业资料进行检查，发现问题130处，并督促各市进行整改。

2. *考核激励*　2018年以来，河湖长制工作连续6年纳入山东省委、省政府对各市高质量发展综合绩效考核，设置“生态河湖”扣分事项，对落实河湖长制不力、河湖长制重难点问题处置不及时、造成严重社会影响的予以扣分。严格落实河湖长制年度考核，全面覆盖省、市、县河长办成员单位和市、县、乡级河湖长，并根据考核对象不同，明确不同考核内容及考核目标，以考核督促各部门和河湖长知责明责、履责尽责。依据《山东省河湖长制年度工作综合评价管理办法》，制定印发年度综合评价指标，根据各市重点任务完成情况进行打分排名，并依据排名情况实施省级督查激励，奖补资金8 000万元。

2023年，山东省河长制办公室将河湖长制工作纳入各市高质量发展综合绩效考核和重点督查事项，印发《山东省河长制办公室关于报送2023年度河湖长制绩效评价工作情况的通知》(鲁河长办函字〔2024〕2号)、《山东省河长制办公室关于开展2023年度河湖长制工作总结的通知》(鲁河长办函字〔2023〕17号)，对河湖长制考核工作进行部署安排。

3. *幸福河湖建设*　推进美丽幸福河湖建设提质增效。一是大力开展美丽幸福河湖建设。每年下达省级补助资金1.7亿元，实施美丽幸福河湖建设三年行动，2023年建成省级美丽幸福示范河湖118条（个），河道长1 342km、湖泊面积52km^2，沿线群众满意度达到97%。二是启动效益河湖试点。加快挖掘已建成美丽幸福河湖社会效益和经济效益，把良好的河湖生态环境作为最大优势和强大竞争力，创新实施65个效益河湖建设试点，推动河湖治理与文化旅游、产业发展、乡村振兴等有机结合，打造主题公园226个，带动项目落地510个，惠及周边群众636万人。

4. *体系建设*　2023年4月6日，山东省河长制办公室印发《关于调整公布省级河湖长体系名单的通知》(鲁河长办字〔2023〕2号)，根据省领导工作变动情况，经报请省总河长批准，对省级河湖长体系进行了适当调整。由省委书记、省长共同担任省总河长；由省委副书记、常务副省长、分管水利工作的副省长共同担任省副总河长；省长、3位副总河长和其他6位省领导共同担任省级重要河湖省级河湖长。　(王喜臣　李传镇)

【河湖健康评价开展情况】　2023年，山东省对水普名录内河湖全面开展健康评价，将水利部部署的3年实施周期提前至2年内完成，并专门编制《山东省河湖健康评价技术细则》，全面完成设立省级河湖长河湖健康评价工作，全省完成水普名录内70%以上河湖的评价任务，超额完成年度计划目标。

(李传镇)

【"一河（湖）一策"编制和实施情况】 2023年，山东省按照第二轮省级重要河湖"一河（湖）一策"综合整治方案，坚持问题导向、效果导向，落实"四个清单"内容，有序推进河湖治理和管护，圆满完成年度阶段性目标任务。（王喜臣 李传镇）

【水资源保护】

1. 水资源刚性约束 2023年，落实最严格水资源管理制度，印发《山东省人民政府关于加强地下水管理的意见》（鲁政字〔2023〕174号）、《山东省人民政府关于贯彻落实"四水四定"原则若干措施的通知》（鲁政字〔2023〕239号），为严格水资源刚性约束提供了重要遵循。

2023年，印发《山东省水利厅关于印发各市2023年度水资源管理控制目标的通知》（鲁水资字〔2023〕1号），明确各市年度万元国内生产总量用水量下降率、万元工业增加值用水量下降率、农田灌溉水有效利用系数等控制目标。先后发布《工业园区规划水资源论证技术导则》（DB37/T 3386—2018）、《规划水资源论证技术导则》（DB37/T 4190—2020），会同省发展改革委等印发了《关于开展推进规划水资源论证工作的通知》（鲁水资字〔2015〕28号）、《关于规范园区面积和用地管理提升发展承载力的通知》（鲁发改外资〔2022〕1052号），高标准完成沿黄42个开发区（产业园）调区扩区规划水资源论证。

持续完善节水标准体系，开展了山东工业用水定额应用评估，于2023年5月5日与省市场监督管理局制定发布地方标准《服务业用水定额 第4部分：公共设施管理及社会工作》（鲁市监标字〔2023〕116号），组织修订化工、石化、医药、非金属等4个工业行业用水定额，省级现行有效用水定额地方标准31项。据统计，2023年全省有358个规划和建设项目开展节水评价。下达各市2023年度用水效率控制目标。督促指导各市将年用水量1万m^3及以上工业和服务业单位全部纳入计划用水管理，涉及全省用水户1.74万个，下达用水计划44.5亿m^3。下达年度非常规水最低利用量控制目标13.5亿m^3，推动各市将再生水等纳入水资源统一配置，初步统计，2023年全省非常规水源利用量18.57亿m^3，较2022年增长1.24亿m^3。同时开展省节水监督检查，抽查了部分重点取用水单位，进一步规范了节水管理。

（李成光 王潇 秦宜瑄 刘波 张立同）

2. 节水行动 2023年，通报了《山东省落实国家节水行动实施方案》落实情况，印发了2023年山东省节约用水工作联席会议工作要点和深度节水控水重点工作任务清单，协调各相关部门，推动农业节水增效、工业节水减排、城镇节水降损。据调度情况，2023年全省新建高标准农田187万亩、改造提升257万亩，同步发展高效节水灌溉面积76万亩，高耗水作物水稻播种面积较2022年减少8万亩。9家企业和1家园区入选国家"水效领跑者"，115家企业、118家单位、191个社区获评山东省节水型企业（单位）、居民小区。联合省发展改革委等部门遴选公布第二批山东省节水标杆单位80个。新培育国家级绿色工厂98家、绿色工业园区12家，省级绿色工厂105家、绿色工业园区29家。全省规模以上工业用水重复利用率93.8%。新建成海绵城市面积201.1km^2，累计建成2 601km^2。全省城市生活污水日处理能力超过1 700万t，49%的城市生活污水处理厂完成提标改造，公共供水管网漏损率降至7.91%。国家节水型城市累计25个，居全国第一位。水利部复核公布山东节水型社会建设达标县（区）13个，累计132个，覆盖率96.3%，总数全国第一。2023年，评估认定山东省节水型高校44所，累计创建120所，建成率71.2%，超额完成60%的年度目标。其中黄河流域建成节水型高校（校区）43所，建成率达到66.2%。全省84%的市级党政机关和63%的县级党政机关建成节水型单位。2023年，全省实施合同节水管理项目34项，鼓励引导金融机构和社会资本投入节水领域，截至2023年底，全省金融机构"节水贷"授信额度17.7亿元，发放贷款余额5.6亿元。组织开展节水宣传志愿服务活动812个，在全社会营造了爱水、护水、节水的浓厚氛围。省、市、县三级建成一批节水教育基地，新评估认定"山东省节水教育实践基地"14家，累计建成38家，成为面向全社会开展节水宣传教育的重要载体。

（李成光 王潇 秦宜瑄 刘波 张立同）

3. 生态流量监管 2023年，印发《山东省生态流量保障重点河湖名录暨工作方案》，明确2030年山东省重点河湖生态流量总体目标和工作要求。配合淮委完成沂河、沭河、南四湖等3条（个）重点河湖生态流量保障目标确定及保障方案印发工作；组织开展大汶河、大沽河、小清河、潍河、泗河、孝妇河、洸府河、城郭河8条省级重点河流生态流量保障目标确定，编制完成大汶河、大沽河、小清河、潍河、泗河、孝妇河6条省级重点河流生态流量保障方案。16个市制定市级生态流量保障重点河湖名录，并完成了跨县河湖生态流量保障目标确定和方案编制工作。

2023年，山东省强化重点河流水资源调度管理，对大汶河、沂河、沭河、小清河、大沽河、泗河、潍河、孝妇河 8 条重点河流开展水资源调度，编制实施年度水资源调度计划，落实水资源调度管理措施，实施调度的 8 条河流 37 处重点控制断面均实现了生态水量（流量）调度目标。其中大汶河戴村坝断面实现连续 2 年不断流，生态流量大于 1m/s 天数达到 365 天，优于《黄河水量调度条例实施细则（试行）》确定的 1m/s 和 80%保证率生态流量保障目标要求，重点河流水生态环境得到进一步改善。

（李成光　王潇　秦宜瑄　刘波　张立同）

4. 取水口专项整治　2023 年，通过开展全省取用水管理专项整治行动及“回头看”，共核查登记 86.9 万个取水口，规范提升 5.4 万个取水项目，建立了取水口动态更新制度和取用水监管机制等长效机制。（李成光　王潇　秦宜瑄　刘波　张立同）

5. 水量分配　2023 年，为落实《中华人民共和国水法》对用水实行总量控制制度的规定，山东省水利厅印发了《关于明确山东省主要跨设区的市河流及边界水库水量分配方案的通知》（鲁水办字〔2010〕3 号），对大汶河、小清河、沂河、沭河、北胶莱河、大沽河等 6 条主要河流和马河、陡山、墙夼等 3 座边界水库的水量在相关设区的市之间进行了分配。对省内沭河、潍河（含墙夼水库）水量指标进行优化调整，配合水利部完成南四湖跨省水量分配工作。截至 2023 年底，全省 16 市已全面实现“分水到县”。

（李成光　王潇　秦宜瑄　刘波　张立同）

【水域岸线管理保护】

1. 岸线保护与利用规划编制　2023 年，组织开展专项监督检查，开发涉河建设项目监管模块，推动实现涉河建设项目数字监管、线上监管。组织开展 101 个涉河项目现场检查，对 239 个问题以“一市一单”形式下发整改，坚决扛牢监管责任。

（张学忠　李传镇　吴慧）

2. 采砂管理　2023 年 9 月，山东省水利厅印发《山东省河道工程涉砂可行性论证报告编制指南（试行）》，补齐了工程涉砂管理的短板，明确了采砂现场监管的管理要求和技术标准，为河道砂石采运管理单制度的实施打下了坚实基础。11 月，印发《山东省水利厅 山东省交通运输厅关于实施河道砂石采运管理单制度的通知》（鲁水规字〔2023〕9 号），明确全省在 2024 年 1 月 1 日全面推行河道砂石采运管理单制度，提前 1 年完成水利部要求。

（张学忠　李传镇　吴慧）

3. “四乱”整治　2023 年，引进无人机定向巡河、视频监控智能行为分析相结合的水域岸线管控技术，实现河湖“四乱”监管差异化、精准化。组织开展三轮次暗访，抽查河道 9 185km，处置河湖“四乱”问题 889 处；完成 37 266 个卫星遥感疑似河湖问题图斑复核，确认问题 885 处，已改正到位 817 处（66 处延期、2 处正在改正），推动河湖“清四乱”常态化和规范化。

（张学忠　李传镇　吴慧）

【水污染防治】

1. 排污口整治　2023 年，印发《山东省入河入海排污口监督管理工作方案》，规范入河排污口“查、测、溯、治、管”工作，实现“受纳水体-排污口-排污通道-排污单位”全链条管理。按照生态环境部统一安排部署，开展全省黄河流域入河排污口排查专项行动。累计抽调全省 230 余名环保业务骨干，以跨市交叉互查的方式进行了全面核查，最终共认定排污口 887 个，基本摸清了山东省黄河流域入河排污口底数。2023 年，全省黄河流域入河排污口溯源、整治完成率分别达到 99.66%和 58.06%。

（刘婷　季树勇　高光洋　王昱
战汪涛　韩秀丽　王小川）

2. 工矿企业污染防治　2023 年，印发《山东省工业园区水污染整治工作方案》，指导各市、各园区管理机构从园区污水管网建设维护、园区污水集中处理设施运行、园区规范管理、化工园区初期雨水收集处理等 4 个方面开展工业园区水污染整治。

（刘婷　季树勇　高光洋　王昱
战汪涛　韩秀丽　王小川）

3. 城镇生活污染防治　2023 年，全省新增 67 个县（市、区）实现整县（市、区）制雨污合流管网清零，改造完成市政雨污合流管网 1 793.8km，城市黑臭水体保持动态清零，累计 49%的城市生活污水处理厂完成提标改造。

（刘婷　季树勇　高光洋　王昱
战汪涛　韩秀丽　王小川）

4. 畜禽养殖污染防治　2023 年 4 月 24 日，山东省畜牧兽医局、省生态环境厅印发《关于开展黄河流域畜禽粪污资源化利用和污染防治大排查大整治活动的通知》（鲁牧畜字〔2023〕1 号），畜禽养殖依法依规落实设施配建及运行管护情况、粪肥还田利用情况、养殖环境保护情况及执法监管情况。2023 年 10 月 18 日，山东省畜牧兽医局印发《关于公布山东省 2023 年畜禽粪肥还田种养结合样板基地名单的通知》（鲁牧畜字〔2023〕4 号），公布全省畜禽粪肥还田种养结合样板基地33个；2023第六届山东农牧循环经济高峰论坛在济南市举办，会议推介发布了山东省“绿色低碳”典型模式、集成技术、种养循环样板基地，解读了畜禽粪污资源化利用整县推进项目有关政策，探讨了“绿色低碳”现代畜牧业高质量发展及种养结合农牧循环模式，邀请了南京农业大学教授杨兴明进行授课。各市畜牧兽医主管部门、市畜牧站相关领导或技术负责人及项目实施县分管领导、养殖场户等300余人参加。

（刘婷　季树勇　高光洋　王昱
战汪涛　韩秀丽　王小川）

5. 水产养殖污染防治　2023年，深入实施“五大行动”技术推广工作，示范推广10项生态健康养殖模式，培育骨干基地110处，9家单位创建为国家级水产健康养殖和生态养殖示范区。

（刘婷　季树勇　高光洋　王昱
战汪涛　韩秀丽　王小川）

6. 农业面源污染防治　2023年，大力推广测土配方施肥、统防统治、绿色防控等减肥减药技术，2022年全省化肥、农药使用量比2020年分别减少4.9%、8.2%，分别连续10年、8年实现负增长。在26个县（市、区）开展国家秸秆综合利用重点县建设，引领推动全省秸秆综合利用率达到95%以上。实施畜禽养殖标准化示范创建，规模养殖场畜禽粪污处理设施配建率达到100%，全省畜禽粪污资源化利用率超过90%。开展农田地膜残留监测，农田地膜残留量连续4年实现负增长。

（刘婷　季树勇　高光洋　王昱
战汪涛　韩秀丽　王小川）

7. 船舶港口污染防治　2023年3月，山东省交通运输厅印发《关于开展内河运输船舶防污设备规范运行专项整治的通知》，在全省范围内开展船舶污染物处理专项整治，截至2023年底，全省7 501艘内河船舶防污设备规范运行率达100%，2023年度山东省内河港口共接收生活垃圾43.533t，含油污水78.815m^3，生活污水1 346.52m^3。

2023年6月，山东省人民政府办公厅印发《山东省加快内河航运高质量发展三年行动方案（2023—2025年）》，明确要求加强港航污染防治。巩固南四湖流域港口船舶污染综合整治工作成果，严格落实船舶污染物接收、转运和处置工作机制，加强污染物全流程、全链条电子联单管理，实现“船-港-城”全流程有效衔接，减少内河船舶污染物排放。持续完善内河船舶防污染全链条智慧监管机制，推进船舶排污治理规范化、常态化。

2023年8月，省交通运输厅协调江苏省共享蔺家坝船闸过闸船舶信息，实现山东境内在航、靠泊和作业船舶信息互通、监管联动，做到航经山东流域船舶防污监管全覆盖。

（刘婷　季树勇　高光洋　王昱
战汪涛　韩秀丽　王小川）

【水环境治理】

1. 饮用水水源规范化建设　按照《山东省饮用水水源保护区管理规定（试行）》要求，积极组织各地规范开展饮用水水源保护区划定、调整、撤销，并联合省有关部门对各地上报材料进行审核。按照《重点流域水生态环境保护规划》要求，部署开展乡镇级水源地树标立牌，截至2023年底，基本完成乡镇级水源地标志牌和隔离防护围网设置。按照国家部署要求，组织开展全省范围内县级及以上城市地表水型集中式饮用水水源地排查整治工作，排查饮用水水源保护区内是否存在排污口、违法建设项目、生活污水垃圾、农业种植养殖污染等环境问题，并对发现的环境违法问题按照相关法律法规依法查处到位。

（刘媛媛　王东升　高光洋）

2. 黑臭水体治理　截至2023年底，基本完成已排查出的1 398处农村黑臭水体治理任务。山东省住房和城乡建设厅会同省生态环境厅开展城市黑臭水体整治专项行动和水质监测，全省283条城市黑臭水体保持动态清零。（刘媛媛　王东升　高光洋）

【水生态修复】

1. 生态补偿机制建立　2021年4月，山东、河南两省签订《黄河流域（豫鲁段）横向生态保护补偿协议》，迈出了黄河流域省际横向生态保护补偿第一步。协议签署2年来，黄河干流入山东水质持续保持在Ⅱ类标准以上，主要污染物指标稳中向好。2023年12月，两省政府签署第二轮《黄河流域（豫鲁段）横向生态保护补偿协议（2023—2025年）》。2021年，全省133个县（市、区）301个跨县断面全部签订了生态补偿协议，兑付资金3.24亿元，在全国率先实现全覆盖全兑付。2023年，各县（市、区）完成了第二轮县际流域横向生态补偿协议（2023—2025年）续签工作，并按照协议约定，完成了2022年度县际流域横向生态补偿资金10.96亿元的兑付。（张金远　王悦）

2. 水土流失治理　2023年，山东省各级共批复水土保持方案5 874个（其中省级79个），涉及人为水土流失防治责任范围3 997.54km^2，验收报备生产建设项目4 783个（其中省级94个）。完成水利部遥感监管任务，复核扰动图斑 3 171 个，共查处违法违规项目 985 个；2023 年 9 月、12 月自主开展 2 次遥感监管，解译扰动图斑 3 423 个；省级征收水土保持补偿费 3.56 亿元。全省完成新增水土流失治理面积 1 310.17km^2，2023 年减少土壤流失 194 万 t，增产粮食 4 357 万 kg，增加收入 15 954 万元。

（张金远　王悦）

3. 生态清洁型小流域建设　2023 年，山东省全面推进生态清洁型小流域建设，年内认定建成生态清洁型小流域 26 条，流域内水土保持措施布置合理，村容村貌整洁卫生，水土资源得到有效保护和合理利用，符合生态清洁型小流域建设要求。2022 年在 21 个县（市、区）实施的 22 个国家水土保持重点工程小流域治理项目于 2023 年全部竣工验收。

（张金远　王悦）

【执法监管】　2023 年，山东省继续推进河湖清违清障常态化规范化。引进无人机定向巡河、视频监控智能行为分析技术，已建在建“机巢”51 套，视频监控 2 000 余个，创新建立河湖问题热力图，实现河湖“四乱”监管差异化、精准化。组织开展 3 轮次暗访，抽查河道 9 185km，处置河湖“四乱”问题 889 处，重点推动南四湖一线船闸、泰安市东平县奥祥养殖有限公司等问题整改，工作成效显著。

（王喜臣）

微山一线船闸机修房拆除前
（济宁市河长制办公室　供图）

微山一线船闸机修房拆除后
（济宁市河长制办公室　供图）

【水文化建设】

1. 水利风景区　山东省景区办按照水利部有关要求，在 2023 年继续组织开展国家水利风景区推荐申报工作，2023 年 8 月 15—18 日，水利部国家水利风景区评审委员会办公室派出专家组对景区开展现场考察评价并给予充分肯定。经水利部水利风景区建设与领导小组审议，2023 年 12 月 8 日，水利部印发《关于公布 2023 年国家水利风景区认定与复核结果的通知》，济宁市兖州区泗河水利风景区、临沂市沂南县双泉河水利风景区被批准为第二十一批国家水利风景区。

组织开展省级水利风景区申报命名工作。经山东省水利风景区评审委员会评审、公示和厅长办公会审议，水利厅印发《关于公布第十八批省级水利风景区及取消省级水利风景区命名的通知》，认定淄博市周村区白云湖水利风景区、安丘市辉渠镇凌河水利风景区、鱼台县惠河水利风景区、泰安市王家院水库水利风景区、宁阳县洸府河水利风景区、兰陵县兰溪湿地水利风景区、临沂高新区卧虎山田园水利风景区、临清市运河水利风景区为“省级水利风景区”；因水库功能发生变化等情况，根据滨州市城乡水务局意见，经现场复核，取消滨州市南海水利风景区、滨州市蒲湖水利风景区、无棣县明月湖水利风景区、惠民县孙武湖水利风景区“省级水利风景区”命名。

2023 年，山东省继续开展第三批国家水利风景区高质量发展典型案例征集遴选工作，2023 年 10 月 16—18 日，水利部专家组前往泰安天颐湖水利风景区进行现场复核并对水利特色、生态环境、文化氛围、发展动力等给予较高评价。12 月 5 日，水利部印发了《水利部办公厅关于公布第三批国家水利风景区高质量发展典型案例重点推介名单的通知》（办综函〔2023〕1186 号），泰安天颐湖水利风景区位列其中，成为全国第三批（10 家）国家水利风景区高质量发展典型案例重点推介景区之一。

为做好水利风景区监管工作，开展黄河流域水利风景区专项排查，对黄河流域全部 13 家国家水利风景区及多处省级水利风景区进行了现场检查。组

织开展国家水利风景区复核，完成济南市长清湖水利风景区等20家国家水利风景区复核任务。（吴红）

2. 黄河国家文化公园　印发实施《黄河国家文化公园（山东段）建设保护规划》，该规划是全国第一个印发实施的省级黄河国家文化公园建设保护规划，山东省形成了较为完善的长城、大运河、黄河国家文化公园建设规划体系，为全省国家文化公园建设提供了科学遵循。2023年11月14—17日，山东省文化和旅游厅举办2023山东省国家文化公园建设培训班，首次针对全省3个国家文化公园建设集中进行培训。

落实《文物保护利用“十大工程”实施方案》，统筹实施黄河流域文物保护利用工程。开展省级文物保护单位保护范围和建设控制地带勘定。实施“黄河文物保护行动”、黄河文物考古研究等工作。有序开展了城子崖遗址、焦家遗址等一批主动性考古发掘项目，实施曲阜“三孔”、泰山古建筑群、定陶汉墓等重大文物保护工程。系统开展山东黄河流域重要水利遗产调查统计和保护，实地调查梳理190余项古代水利工程遗产、红色水利遗产、黄河史志典籍。成功举办“河和之契：2023黄河流域非物质文化遗产交流展示周”。非遗专项资金补助黄河流域非遗项目43个、传承人331位，开展非遗传承实践活动600余场次。

设立黄河国家文化公园研究专题，推荐“黄河国家文化公园与沿线区域特色体育文化旅游带协同开发研究”等申报国家社科基金项目，“黄河国家文化公园（山东段）建设策略与路径研究”“‘生态+文旅’视角下的黄河国家文化公园（山东段）建设模式与路径研究”等研究项目获省社科规划课题立项。组织出版《黄河文化通览》《山东文化大典》等图书。东营市“坚持绿色优先、创新绿色体验”案例入选文化和旅游部《绿色旅游发展案例》，在《中国旅游报》头版头条刊发《黄河入海万物生息，绿色发展功在长远》。

省级安排资金7 214万元，支持围绕“黄河入海”主题创作文学作品、打造影视精品，讲好新时代“黄河故事”。深入实施“齐鲁文艺高峰计划”，创作推出一批优秀文艺作品。长篇报告文学《黄河传》《家住黄河滩》分别获“徐迟报告文学奖”和提名奖。沿黄9省（自治区）广播电视台联合制作、共同播出《黄河文化大会》，入选国家广播电视总局“中华文化广播电视传播工程”。聚焦黄河三角洲自然之美的《大河之洲》纪录片登陆央视，第一集《生灵》获中国新闻奖。《黄河守护者联盟》以动画形式弘扬黄河文化，以IP形式打响黄河文化产业。

对沿线620家A级以上旅游景区、23个省级以上全域旅游示范区、17个省级以上旅游度假区、83个省级以上乡村旅游重点村、404个景区化村庄、28个民宿集聚区培育单位实施提档升级工程，黄河沿线旅游景区、特色民宿、休闲乡村品质不断提升。淄博市高青县蓑衣樊村入选《2023世界旅游联盟——旅游助力乡村振兴案例》。加快沿黄文旅重点项目建设，沿线181个文旅项目列入省级重点项目库，滨州黄河文化保护利用建设等5个项目获中央预算内资金1.41亿元，“泰山日出”“黄河入海”等沉浸式文旅项目建设完成。打造黄河精品旅游线路，以“黄河入海”旅游品牌为引领，以沿黄重点旅游城市、旅游景区、文化遗产为支点，串珠成线，培育主题鲜明、布局合理的黄河精品旅游线路。泰安市“劝君多采撷”品秋之旅入选文化和旅游部乡村好时节主题线路。德州市“最美金秋　畅游黄河”之旅入选“橙黄橘绿　乡村盛景”2023全国乡村旅游精品线路。曲阜“三孔”、邹城“三孟”景区入选全国黄河主题十大旅游线路。

完善旅游交通网络，“黄河入海”主题廊道旅游公路已完成建设301km，推出12条黄河国家风景道（山东）典型段。威海千里山海自驾旅游公路入选文化和旅游部等6部门联合公布的第一批交通运输与旅游融合发展典型案例。完善文化旅游公共服务设施，黄河沿线网络地图标注的旅游厕所达到5 000余处。牵头成立黄河流域公共图书馆智库服务联盟，构建黄河流域公共图书馆智库服务体系。推出城乡书房、文化驿站400余个，涌现出海岱楼钟书阁等明星书房打卡地。东营市以黄河口生态旅游区提升为依托，新打造白鹭园、瞭望塔、新滩湿地等一批旅游景点，实现黄河南北旅游资源联用。杨庙·黄河里乡村微度假项目已成为网红打卡地标。德州市黄河大运河连通生态廊道建设工作登上央视《新闻联播》。

在中央电视台等主流媒体宣传推介“好客山东”“黄河入海”等文化旅游品牌，将省内沿黄5市宣传推介纳入央视品牌强国工程，黄河国家文化公园沿线城市、精品线路的知名度和美誉度不断提升。举办“沿着黄河遇见海”2023好客山东文旅新媒体创作者大会，搭建黄河流域合作交流平台。联合黄河沿线9省举办“沿着黄河遇见海”全球推广，开展“孔子家乡　好客山东”意大利文旅推广周暨“沿着黄河遇见海”山东书画图片展，讲好“沿着黄河遇见海”中国故事山东篇章。举办“故事里的黄河——山东黄河文化美术作品巡展”“汤汤大河　生生不息——山东地区黄河文明特展”以及黄河流域文化交流、第二届黄河流域戏曲演出季、“大地欢歌”——山东省黄河流

黄河德州齐河段
（德州市河长制办公室　供图）

域民间文化艺术之乡交流展示等活动。开展群众性小戏小剧创演，创作 30 多件黄河、运河和齐长城题材小戏小剧，全省巡演 2 000 多场次。举办 2 300 余场次乡村“村晚”活动，3 地村晚被纳入全国“村晚”示范点。“我家门前有条河”文旅品牌创新推广工程获第六届山东省文化创新奖。（吴红）

3. 大运河国家文化公园　加大对运河文化遗产本体及周边环境的保护力度，大运河台儿庄（月河）段驳岸修缮保护及安全防护栏抢险加固工程通过终期验收。实施大运河文化遗产保护利用工程，有序推进大运河沿线南旺枢纽国家考古遗址公园、河道总督署遗址展览馆、临清运河钞关等重点文物保护项目。一次性将沿线省级以上文物保护单位保护员全部纳入公益性岗位，常态化开展巡查看护工作。

在山东省文化和旅游研究课题指南中设立“大运河国家文化公园研究”专题。将大运河文化选题列入山东省“十四五”重点文艺创作选题，重点推动柳子戏《大河粮仓》、音乐剧《我家门前有条河》、京剧《大运河》等作品创作工作。积极开展群众性小戏小剧创演，创作运河题材小戏小剧 20 余件，纳入惠民公益演出。持续打磨和创作推出了《运河船调》等一批群众喜爱度高、具有浓郁地域特色的小戏小剧精品剧目。京剧《南旺闸》先后入选文化和旅游部历史题材创作扶持工程，国家艺术基金扶持计划。成功举办“河和之契：2023 黄河流域大运河沿线非物质文化遗产交流展示周”等活动。

沿线旅游景区、特色民宿、休闲乡村等旅游产品品质不断提升。以“鲁风运河”品牌为依托，建设鲁风运河休闲之旅、水浒运河探访之旅、微山湖乡村漫游之旅、古城古镇度假之旅、运河湿地休闲度假之旅等精品旅游产品体系。大运河枣庄段、济宁段、聊城段重点开发游船旅游项目，打造运河文化旅游精品项目。台儿庄唐庄村等 16 个大运河沿线村庄列入第三批山东省红色文化特色村，台儿庄区贺敬之文学馆等 7 个革命博物馆、革命旧址列入第二批山东省中华优秀传统文化、革命文化、社会主义先进文化专题实践教学基地。太白湖新区运河印巷文体商旅综合体等获评省级夜间文化和旅游消费集聚区、旅游休闲街区。大运河沿线济宁运河书屋金城古槐馆等入选“最美公共文化空间”。“枣庄市文旅产业融合发展案例”入选《2023 世界运河城市论坛创新案例集》。

加强沿线区域联动，积极开展革命文化主题线路推介活动，与河北、江苏省文物局共同推出 6 条“山东革命文物保护利用片区红色主题遗产线路”，打造集红色文化、休闲观光、研学体验于一体的文化旅游产品。高规格举办“儒风水韵豫见济宁”“儒风水韵沪动济宁”等推介会、“原真古貌·创新传承”大运河国家文化公园（德州）论坛，塑强大运河国家文化公园（山东段）品牌影响力。（吴红）

运河济宁市梁济城区段
（济宁市河长制办公室　供图）

【数字孪生水利建设】　2023 年，总结梳理数字河湖试点建设成果，修订完善数字河湖建设导则，结合重点水利工程推进数字河湖建设，共确定 202 个项目数字河湖建设任务。创新省级平台建设，研究探

数字河湖管理平台（山东黄河河务局　供图）

索精准巡河和精细管理，全面提取部、省、市、县四级清违成果和巡河情况，合理归类研究，开发热点敏感区域算法，形成河湖问题热力图，为河湖长巡河管理提供支撑和辅助；推进“二进制”工作法，推动无人机定向巡河和视频智能分析，已建在建“机巢”51套，视频监控 2 000 余个，“人巡”“技防”融合，推动河湖水域岸线空间管控由“管”向“预”转变。

（王喜臣　吴慧）

河南省

【河湖概况】

1. 河湖数量　河南省地处中原，跨海河、黄河、淮河、长江四大流域，全省流域面积 $50km^2$ 及以上的河道共 1 030 条，其中海河流域 108 条，黄河流域 213 条，淮河流域 527 条，长江流域 182 条。

（王洪涛　程明珠）

2. 水量　河南省多年平均降水量 771.1mm，其中 76.2%的降水量由植物吸收蒸腾、土壤入渗以及地表水体蒸发所消耗，另有 23.8%的降水量形成河川径流量。河南省多年平均河川径流量 302.67 亿 m^3，多年平均地下水资源量 196.00 亿 m^3，多年平均进境水量 413.64 亿 m^3，多年平均出境水量 630.22 亿 m^3。

（王洪涛　程明珠）

3. 水质　2023 年，国家考核河南省的 160 个地表水断面（实测断面 159 个、断流断面 1 个）中，按考核因子平均浓度计，Ⅰ～Ⅲ类水质断面 130 个，占比 81.8%，高于国家要求的 75%的目标；无劣Ⅴ类水质断面，低于国家要求的 0.6%的目标。国家考核的省辖市集中式饮用水水源地取水水质全部达到考核要求。南水北调中线工程水源地丹江口水库陶岔取水口及出境水质持续稳定达到Ⅱ类及以上。

（王洪涛　程明珠）

4. 新开水利工程　2023 年新开工建设大型水库项目 1 个，新建小水库项目 2 个，中小河流治理项目 48 个，主要支流治理项目 19 个。

（王洪涛　程明珠）

5. 建设成效　先后建成大型水库 28 座（含流域机构管理的水库），中型水库 125 座（含 3 座省界水库），小型水库 2 366 座，总库容 432 亿 m^3；5 级以上堤防超过 2 万 km；蓄滞洪区 14 处（含流域机构管理的蓄滞洪区），设计蓄滞洪量 38.06 亿 m^3。南水北调中线工程境内总长度 731km。中型（灌溉面积 $667km^2$ 以上）以上灌区 336 处，其中灌溉面积 2 万 km^2 以上大型灌区 38 处，有效灌溉面积 545.3 万 km^2。建成农村饮水安全工程 2 万余处，覆盖农村人口 7 900 万余。治理水土流失面积 391.3 万 km^2。建成小型水电站 534 座，装机容量 51 万 kW。

（王洪涛　程明珠）

【重大活动】　2023 年 3 月 8 日，河南省水利厅召开 2023 年全省河湖管理工作视频会议，总结 2022 年河湖管理工作，分析新形势下河湖管理工作新任务、新要求，安排部署 2023 年河湖管理重点工作。

2023 年 5 月 27 日，河南省副省长、唐白河省级河长赴南阳市巡河，检查指导防汛备汛工作。

2023 年 5 月 30 日，河南省委书记前往郑州市部分水库、雨水泵站、项目建设现场调研防汛备汛及防洪能力提升工作。

2023 年 6 月 11 日，河南省召开全面深化河长制暨黄河流域干支流妨碍河道行洪安全问题整改推进会议，河南省省长、省总河长主持会议并讲话。

2023 年 6 月 18 日，河南省副省长赴驻马店市调研防汛备汛与河长制工作，先后来到遂平县汝河平蓝桥险工工程、第二橡胶坝工程和魏家渠防洪闸等地，详细了解河道行洪能力、工程建设维护及防汛备汛情况。

2023 年 6 月 22 日，河南省省长、省总河长、黄河防汛抗旱指挥部总指挥赴洛阳、济源巡河，检查指导黄河防汛工作。

2023 年 7 月 21 日，河南省与中国南水北调集团有限公司召开第一次河湖长联席会议，认真学习贯彻习近平总书记在推进南水北调后续工程高质量发展座谈会上的重要讲话精神和有关重要指示批示精神，安排部署南水北调工程河湖长制重点工作，推动库区和沿线各级河湖长尽职尽责，确保“一泓清水永续北送”。

2023 年 8 月 16—18 日，南阳市河长办在南水北调河湖长学院举办南阳市首期河湖长培训班，南阳师范学院副校长，南阳市河长办副主任、市水利局党组书记、局长，中国南水北调集团中线有限公司渠首分公司副总经理等出席开班仪式并讲话，南阳市各级河湖长 200 余人参与培训。

2023 年 9 月 25—27 日，河南省河长制工作培训班在郑州市举办，河南省水利厅二级巡视员参加开班动员，会议邀请水利部、中国水利水电科学研究院、山东省河长办、四川省雅安市河长办及省人民检察院等 6 名专家，围绕河湖长制最新政策解读、建设幸福河湖、外省河长制先进经验、“河长＋检察长”机制等内容进行系统授课并现场解疑。

2023 年 11 月 26 日，河南省省长赴信阳市息县、罗山县督导检查生态环境保护工作。

2023 年 12 月 1 日，河南省美丽幸福河湖建设暨“五水综改”现场会在洛阳市举行。

2023 年 12 月 22 日，河南省政府召开河南省丹江口水库水源地保护工作会议，贯彻落实省委常委会会议精神，安排部署丹江口水库水源地保护工作。

（王洪涛　程明珠）

【重要文件】　2023 年 10 月 18 日，河南省水利厅、省生态环境厅印发《河南省美丽幸福黄河示范河段建设实施方案》（豫水河〔2023〕18 号）。经河南省政府同意，在黄河流域各市开展美丽幸福黄河示范河段建设工作。

2023 年 12 月 12 日，河南省河长制办公室印发修订《河南省河湖长制工作制度》（豫河办〔2023〕25 号），进一步修订完善河长制工作等各项内容。

（王洪涛　程明珠）

【地方政策法规】　2023 年 9 月 28 日，河南省第十四届人民代表大会常务委员会第五次会议通过了《河南省水利工程管理条例》，自 2024 年 1 月 1 日起施行。

2023 年 11 月 24 日，《河南省农村供水管理办法》经河南省政府第 20 次常务会议通过，于 2023 年 12 月 27 日发布，自 2024 年 3 月 1 日起施行。

《河南省水资源条例》《河南省河湖保护条例》立法前期研究工作取得重大进展。指导安阳、鹤壁、焦作、新乡、濮阳 5 市开展卫河保护协同立法，2023 年 11 月 30 日“四条例一决定”通过省十四届人大常委会审查批准，首开流域协同立法先河，在河南省地方立法史上具有里程碑意义。（杜波）

【河湖长制体制机制建立运行情况】　2023 年，抓好省审计反馈黄河干支流妨碍河道行洪 655 个问题整改。河南省河长办成立专班，省水利厅主要领导多次实地暗查暗访，落实“日报告、周调度、月督导”制。除鹤壁市 5 个临堤村庄已制定迁建方案需长期整改外，仅剩 1 个问题于 2023 年底可按计划整改到位。

启动美丽幸福黄河示范河段建设。联合省生态环境厅印发《河南省美丽幸福黄河示范河段建设实施方案》，计划在“十四五”期间建成 30 条（段）省级、100 条（段）市、县级美丽幸福黄河示范段，发挥示范引领作用。

2023 年，修订完善了河湖长巡河、成员单位对

省级幸福河湖——安阳市汤河湿地公园
（河南省河长制办公室　供图）

省级幸福河湖——永城市日月湖全景
（河南省河长制办公室　供图）

口协助、基层河湖长履职规范等 10 项工作制度，河湖长制工作体系更加健全。

创新探索出了河湖长制工作的“四化”模式。结合近年来河湖长制工作，探索出了河长履职清单化、专项整治规范化、河湖管护长效化、河湖治理系统化的“四化”新模式，先后在水利部河湖长制工作简报、河南省政府工作快报上刊登。

（王洪涛　程明珠）

【水资源保护】

1. 水资源刚性约束　2023 年，通过建立区域用水总量、江河水量分配方案、地下水取水总量、地下水水位、河湖生态流量等总量控制方面的指标，以及万元国内生产总值用水量、万元工业增加值用水量等用水效率方面的指标，严控用水总量，提高用水效率，倒逼各地区、各行业节约保护水资源。2023 年，经河南省政府同意，制定印发了 19 条跨省辖市河流的水量分配方案和《河南省地下水管控指标方案》，持续加强水资源刚性约束指标体系建设。

严格生态流量监管和地下水水位管控，严格水

资源论证和取水许可管理，严格取用水监测计量监管，强化监督检查考核。加快推进水资源超载问题治理，对7个地下水和2个地表水水资源超载地区暂停超载水源新增取水许可，压减超载水源开发利用，约束和抑制不合理用水需求。组织开展水资源管理保护常态化调研，对发现的疑似取用水问题采取“一市一单”形式印发各地督导整改，纠正了一批违规取水问题。推进19个县（市、区）地下水超采综合治理项目建设，预计压减地下水 3 035 万 m^3。对53个断面生态流量实行日通报制度，督导相关市、县及时处置不达标情况。

先后颁布实施了《河南省取水许可管理办法》《河南省节约用水条例》，联合省发展改革委印发了《关于加强规划水资源论证工作的意见》，推动各地根据水资源承载能力优化国土空间格局、产业结构规模、城市发展布局。（杨永生）

2. 节水行动　召开2023年度节约用水厅际协调机制会议，印发《黄河流域及供水区深度节水控水2023年度目标任务》《南水北调中线工程受水区全面节水2023年度任务清单》《全面加强水资源节约高效利用若干举措》等，全面加强和推进重点区域重点领域节水工作。《国家节水行动方案》提出的各项阶段性目标任务全面完成，河南省主要用水效率指标均完成国定、省定目标。加强典型地区再生水配置利用试点建设，焦作、济源两地试点建设顺利通过水利部中期评估。

2023年，水利部发布公告河南省洛阳市洛龙区、偃师区、浚县，南阳市卧龙区、桐柏县、柘城县，信阳市平桥区，周口市淮阳区等8个县（区）为第六批节水型社会建设达标县（区），新增16个县域通过省级审核，全省达标率达到85%；年度新增204个省级节水型载体，届满审核通过42个省级节水型载体；河南省累计建成节水型企业 1 055 个，其中2023年建成43个；河南省累计建成节水型高校78所，其中2023年度新增节水型高校28所。

组织焦作与开封、新乡与驻马店、鹤壁与商丘分别签订水权交易意向书，新增南水北调水权交易1.9亿 m^3。在公共机构、公共建筑、农业、工业、服务业、园林绿化等领域大力推广合同节水管理。2023年新增实施10个合同节水项目。4月，会同中国人民银行郑州中心支行，在河南省开展“节水贷”融资服务工作；8月，河南省首笔“节水贷”项目签约落地。

灵活多样开展节水宣传，大力营造全社会亲水、惜水、节水的良好氛围。建设人民胜利渠、南水北调受水区陶岔渠首、郑州翠屏苑等节水宣传园地，广泛组织节水宣传“六进”活动，积极营造节水浓厚氛围。抓住“世界水日”“中国水周”等重要节点，制作公共机构节水宣传视频，在全省党政机关滚动播放；制作家庭节水宣传视频，在郑州市近300个居民小区投放 2 800 余块多媒体屏幕循环播放；在郑州市主要交通路口、商圈附近、人流量集中的公交站点张贴节水宣传海报，宣传公民节水行为规范，引导全社会树立节水意识。对河南省机关事务管理系统开展节水宣讲，组织全省高校开展节水专题培训，进一步扩大节水宣传教育覆盖面。

（河南省节约用水办公室）

3. 生态流量监管　2023年，组织开展了29条主要河流生态流量调度保障工作，对53个断面生态流量实行通报制度，发现不达标情况及时督导当地处置。

编制完成了《河南省母亲河复苏行动“一河一策”方案》，选择长江流域的唐河、淮河流域的浉河、潢河、贾鲁河、史河、灌河、海河流域的淇河等7条确有修复必要且具备修复可行性的河流，启动了母亲河复苏行动。7条河流断流河段长164km，全部恢复有水状态，实现全线过流目标。

对已建大中型水利水电工程生态流量保障情况进行摸底调查，优先将浉河、涧河等2条河流纳入生态流量核定与保障先行先试试点。（李森）

4. 全国重要饮用水水源地安全达标保障评估　2023年，按照《河南省国家重要饮用水源地达标建设评估工作大纲》的要求，河南省对纳入《全国重要饮用水水源地名录（2016年）》的25个重要饮用水水源地进行调研，并核实变更情况，按照水利部“水量保证、水质合格、监控完备、制度健全”的总要求进行年度达标建设评估。（李森）

5. 水量分配　将河南省境内流域面积大于 1 000km^2 的54条主要河流水量分配到有关省辖市和县（市、区），其中跨省辖市的30条主要河流由省水利厅负责分配，其他非跨省辖市的河流由省辖市负责分配。截至2023年底，由河南省水利厅负责的跨省辖市河流水量分配工作中已批复24条河流水量分配方案。（杨永生）

【水域岸线管理保护】

1. 河湖管理范围划定　2023年，完成了河南省领导担任河长的河流岸线保护与利用规划批复工作，逐步推进规划实施，组织开展全省河湖名录复核工作，推进第一次全国水利普查名录外河湖划界工作。

（岳鹏展）

2. 岸线保护与利用规划编制　2023 年，持续推进河南省河湖岸线保护与利用规划编制批复工作，除双洎河（航空港区段）外，河南省流域面积 1 000km^2 以上的 64 条河流和常年水面面积 1km^2 以上的 6 个湖泊均完成岸线保护与利用规划报告编制工作。河南省级领导担任河长的 23 条河流的重要河段岸线保护与利用规划，已有 20 条河流完成规划编制并批复，尚有市水利局编制的 3 条河流规划报告正在履行批复程序；各地负责的 41 条区域性重要河流岸线保护与利用规划已批复 30%，其他正在抓紧履行批复程序。

（岳鹏展）

3. 采砂管理　将河道采砂管理作为贯彻落实习近平总书记重要批示指示的政治任务，开展整治河道采砂管理专项督察，严打非法采砂，2023 年共查处河道非法采砂行为 140 起。持续规范合法采砂，组织第三方对采砂规划执行情况进行评估，在执行河道采砂规划 70 个、许可证 136 个，许可采砂量 4 518 万 m^3，河道采砂管理秩序总体平稳可控。

（王洪涛　程明珠）

4. “四乱”整治　2023 年，河南省政府专题部署，省河长办印发方案，各地认真排查、科学认定、依法清理整治 1 070 个问题。在卫河滩地开展农作物种植结构调整 6.3 万余亩，将玉米等高秆作物调整为花生、大豆等低矮作物，年亩净收益提高至 3 000 元左右，探索了一条既保障河道行洪安全，又保障粮食安全、群众利益的新路子。

整治河道管理范围内“四乱”现场
（新乡市水利局　供图）

充分利用卫星遥感、无人机、人工巡查等手段，对河道管理范围内乱占、乱采、乱堆、乱建等问题进行拉网式排查，2023 年共排查整治河湖“四乱”问题 1 019 个。积极发挥“河长＋检察长”“河长＋警长”等机制优势，彻底清理整治了武陵大桥、右堤元村街商贸城等一大批重大河湖历史遗留问题。

（王洪涛　程明珠）

【水污染防治】

1. 排污口整治　2023 年，按照国务院办公厅印发的《关于加强入河入海排污口监督管理工作的实施意见》、生态环境部办公厅和水利部办公厅印发的《关于贯彻落实〈国务院办公厅关于加强入河入海排污口监督管理工作的实施意见〉的通知》（环办水体〔2023〕34 号）要求，研究起草《河南省加强入河排污口监督管理工作方案》，督促、指导省辖市制定并印发实施方案。根据生态环境部《关于做好黄河流域入河排污口排查整治工作的函》（环办执法函〔2021〕134 号），运用高科技手段，扎实推进黄河流域入河排污口排查整治工作；按照生态环境部的有关要求，高位推进丹江口水库及丹江入河（库）排污口排查。按要求组织开展 2023 年重点入河排污口监督性监测，将监测结果进行了通报，各省辖市、济源示范区生态环境局加强对存在超标情况入河排污口的监督管理，强化污染源管控。

（河南省生态环境厅）

2. 工矿企业污染防治　2023 年，结合水环境容量、地表水环境目标、排污许可证要求，对直排企业污水处理设施适时进行提标改造，推动企业绿色发展。以涉重金属、危险化学品、有毒有害等行业企业为重点，加强水环境风险日常监管，深入检查污染防治设施运行情况，在线监控设施安装运行情况，提标改造情况等，做到污染源头预防，风险全过程管控。紧盯沿黄 8 市 164 家黄河流域涉水重点排污单位检查进度，确保及早发现问题隐患，及时解决环境问题。按照生态环境部黄河流域“清废行动”部署，推进黄河流域一般工业固废、危险废物、废弃矿渣、建筑垃圾、生活垃圾、混合垃圾等固体废物倾倒排查整治工作。严厉打击在线监测和手工监测数据造假、超标排污、不正常运行污染治理设施等突出环境违法行为，坚持发现一起、严查一起，绝不让企业突破生态环境底线。

（河南省生态环境厅）

3. 城镇生活污染防治　2023 年，针对中央环保督察整改问题，制定了《河南省中央生态环保督察城镇污水处理设施问题整改工作专项方案》，督促当地市政府和主管部门查明问题原因，制定整改方案，压实整改责任，限期完成整改；对当地开展全面排查整治，建立问题台账，逐一整改销号。积极推进城镇污水处理提质增效，指导各地全面开展城市排水管网普查和检测，加快推进雨污混接错接改造，围绕问题污水处理厂开展“一厂一策”片区系统化整治，提升管网建设质量，提升污水收集处理效能。2023年河南省改造污水管网1 000余km，有效降低了管网漏损。（河南省住房和城乡建设厅）

4. 畜禽养殖污染防治　2023年，在河南省76个县组织实施了畜禽粪污资源化利用整县推进项目，新改扩建储粪场399.07万m^2、污水贮存池1 118.01万m^3，铺设还田施肥管网2 515.3km，购置粪污运输车辆、节水型饮水器等设施设备25.43万台（套）。督促畜禽规模养殖场加快完善粪污处理利用台账，依据畜禽粪便土地承载能力发展农牧结合的循环经济；督促规模以下养殖户规范养殖行为，提高粪便污水就近就地消纳利用能力。积极配合生态环境部门做好2个国家级、8个省级农业面源污染治理与监督指导试点县建设，指导60个畜牧大县于2023年底前完成畜禽养殖业污染防治规划编制。联合生态环境厅推广南阳市内乡县种养结合经验，并在生态环境部、农业农村部进行典型宣传。河南省畜禽规模养殖场粪污处理利用设施配套率达99.79%，提前完成国家“十四五”的计划目标。

（河南省农业农村厅）

5. 水产养殖污染防治　做好黄河、长江禁渔工作是实施流域生态保护的重要举措，河南省认真落实“中国渔政亮剑”系列专项行动等要求，以打击禁渔期、禁渔区无证捕捞和电毒炸等非法活动，惩治出售、收购国家重点保护水生野生动物及其制品违法犯罪行为。2023年，开展黄淮海重点河流禁渔等专项执法行动，水上巡查里程2.24万km，陆上巡查12.36万km，河南省公开拆解销毁“三无”渔船活动196场次，查获涉鱼“三无”船398艘，电毒炸鱼工具54台，整治违规网具4 983张。河南省查办违法违规案件311件，河南省级直接督办渔政案件100余件，移送司法机关28起，处理78人，行政处罚80万余元。对黄河、长江省境重点水域的1 500艘渔船加装了GPS定位器，实时掌握渔船动向。持续推进“中国渔政亮剑”等专项行动，建立3个水生生物保护区和55个监测点位。

（河南省农业农村厅）

6. 农业面源污染防治　2023年，狠抓病虫监测预警，大力推广病虫害绿色防控技术，强力推进专业化统防统治，粮食作物统防统治覆盖率达45.8%。不断巩固测土配方施肥工作基础，提升科学施肥技术服务能力，三大粮食肥料利用率达41.8%，较2022年提高0.8个百分点。争取中央财政秸秆综合利用项目资金2.68亿元，在32个县围绕秸秆沃土、秸秆养畜等进行创新实践，形成一批秸秆综合利用典型样板。2023年河南省秸秆综合利用率达到93%以上。争取畜禽粪污资源化利用整县推进和黄河流域农业面源污染防治资金2.54亿元，加快畜禽粪污资源化处理利用设施建设和大型规模养殖场氨气治理。河南省畜禽粪污资源化利用率达82.5%。废旧农膜综合回收率稳定在90%以上，回收农药包装废弃物1 041.6t。通过多年来开展的测土配方施肥示范推广，测土配方施肥技术覆盖率保持在90%以上，河南省测土配方施肥技术面积达6.8亿亩次，较习惯施肥亩均减少不合理用肥1.05kg（折纯，下同），大大降低了农业面源污染风险。通过化肥使用量零增长行动，集成推广施肥新技术、新产品、新机具“三新”配套技术模式80余项。据测算，截至2023年底，主要农作物化肥利用率40.54%，较2022年提高了5.3个百分点。河南省以推广测土配方施肥、绿色防控等为抓手，力争化肥农药减量常态化；以青贮饲料补贴和粪肥就近还田为抓手，促进“过腹还田、变肉换奶”；以废旧地膜和农药包装废弃物回收试点建设为抓手，降低农业面源污染程度。在沿黄8市25县和南水北调沿线8市24县打造农业生态保护和高质量发展示范带；在大别山、伏牛山、太行山区域打造特色产业优势区，全力构建“一区两带三山”农业高质量发展新格局。

（河南省农业农村厅）

7. 船舶港口污染防治　2023年，完成1 302艘省际运输船舶生活污水的收集和处理装置，周口港、信阳港、漯河港船舶污染物接收设施港口覆盖率达到100%。河南省港口码头实现岸电设施同步规划、同步建设、同步使用“三同时”，已在周口港、漯河港、信阳港等安装71套岸电设施。

根据《河南省船舶岸电设施改造项目实施方案》（豫交运管函〔2022〕38号）要求，积极推进船舶岸电设施改造工作。截至2023年底，周口、南阳、信阳共计完成265艘船舶受电设施改造，完成了改造293艘的目标任务。持续淘汰高污染、高耗能、“老、旧、小”船舶，鼓励使用清洁能源船舶，依法强制报废超过使用年限的船舶。在河南省湖库区引导纯电动船舶参与水上运输，积极推广应用新能源动力船、高效节能船，同步推进新能源和清洁能源船舶改造。2023年度更新报废老旧客船33艘。河南省共有新能源和清洁能源船舶237艘，全部为电瓶船。

（河南省交通运输厅）

【水环境治理】　2023年，深入学习贯彻全国“千万工程”现场会精神，坚持专班推进，实行季排名、现场观摩、年终考评等制度，采取常态化暗访检查、第三方评估、考核评比等方式，推动各项任务地。

全省 91%的县（市）实现城乡环卫一体化治理，农村生活垃圾收运处置体系覆盖所有行政村和 97%的自然村。农村生活污水治理率达到 40.6%，无害化卫生厕所普及率达 71%。建设“美丽小镇” 500 余个、“四美乡村” 1 万余个、“五美庭院” 183 万余个。（河南省农业农村厅）

【执法监管】 2023 年，河南省与中国南水北调集团有限公司第一次召开省级河湖长联席会议，建立企地协作机制，健全南水北调藻类防控长效机制，整治南水北调中线工程交叉河道防洪隐患问题 26 处。扎实抓好丹江口“守好一库碧水”专项整治行动后续问题整改，累计整治 574 处影响库区水质问题，库区生态环境得到极大改善。（王洪涛　张二飞）

【水文化建设】 2023 年，加强与河南大学、郑州大学、华北水利水电大学等高校水文化分院、学术中心的密切合作，定期开展水文化研讨工作，出版水文化期刊；指导诸多民间组织积极开展大禹文化、河洛文化研讨。立项“河南古代水利技术史”“河南水文化发展”课题，组织水利史、水文化专家座谈，深度发掘黄河流域水文化独特魅力，探讨古代水神崇拜、各地风土民俗形成原因，研究古代水利技术、历代治水人物进步性和局限性，丰富完善古人治水方略、哲学思想、价值理念，揭示人水和谐的水文化发展本质规律。通过挖掘整理，不断提升水文化资源的社会应用价值。

已分 5 批遴选设立并规范管理红旗渠、驻马店“75·8”防洪博物馆、淮源陈列馆、人民胜利渠暨嘉应观、河口村水库、南水北调干部学院等 34 个河南省水情教育基地，初步形成了布局合理、种类齐全、特色鲜明、规模适度的水情教育基地体系。2023 年 4 月 25 日，水利部公布第五批国家水情教育基地名单，河南省又有 2 家入选，至此，河南省内国家水情教育基地已达 8 家，占全国 84 家水情教育基地的近 1/10，河南省已成为全国设立水情教育基地最多的省份。持续推进水情教育基地遴选工作，新四沟、洛阳隋唐大运河文化博物馆、三门峡市槐扒黄河提水工程等 8 处省级水情教育基地已通过评审。

河南省委、省政府主要领导将审计中发现的黄河流域部分干支流妨碍河道行洪 655 个突出问题整治作为第一批学习贯彻习近平新时代中国特色社会主义思想主题教育重要整改事项，河南省政府召开专题推进会，沿黄各市、县总河长实地查看、现场办公、全力推进问题整改，截至 2023 年底，已全部整改到位，确保了黄河行洪通畅。打好黄河流域深度节水控水攻坚战，治理水土流失面积 278km^2，启动“一干四支”（黄河干流，伊河、洛河、沁河、金堤河）美丽幸福黄河示范段建设，完成黄河流域河南省防洪规划修编。（宋大春）

【数字孪生水利建设】 2023 年，河南省开发建设了河长制信息系统，支持桌面端、手机端、微信小程序等各种使用场景，支撑省、市、县、乡、村五级河长开展巡河、事件上报、考核监督等履职工作。建设了河南省河道采砂可视化应用，实现全省采砂规划、实施方案、采砂许可等信息的集中管理和展示。委托技术单位利用卫星遥感“天上”监测进行问题排查，复核认定问题 2 874 个问题。组织各市建立问题清单台账，明确整改措施、整改时限、责任河长及水行政部门责任人，加快问题整治。截至 2023 年底，已完成整治 2 865 个，整治率 99.5%。（河南省水利厅）

湖北省

【河湖概况】

1. 河湖数量　湖北省共有流域面积 50km^2 以上河流 1 232 条（其中省界和跨省界河流 116 条），总长度为 4 万 km；流域面积 100km^2 以上河流 623 条（其中省界和跨省界河流 95 条），总长度为 2.89 万 km；流域面积 1 000km^2 以上河流 61 条（其中省界和跨省界河流 26 条），总长度为 0.92 万 km；流域面积 10 000km^2 以上河流 10 条（其中省界和跨省界河流 8 条），总长度为 0.32 万 km。长度 5km 以上河流（不含长江、汉江）4 229 条，总长度 5.9 万 km。（张康）

湖北省列入省政府保护名录的湖泊 755 个，水面面积 2 706.9km^2。其中水面面积超过 100km^2 的大型湖泊有洪湖、长湖、梁子湖、斧头湖 4 个；1km^2 以上湖泊 231 个；1km^2 以下湖泊 524 个。城中湖 103 个、跨省湖泊 3 个，其中龙感湖跨安徽省，牛浪湖、黄盖湖跨湖南省。（周华艳）

2. 水量　截至 2023 年底，湖北省 13 个典型湖泊年末蓄水总量为 27.06 亿 m^3，较 2023 年初增加 2.34 亿 m^3，增加幅度为 9.5%。2023 年湖北省平均降水量为 1 278.7mm，折合降水总量为 2 377.03 亿 m^3，比 2022 年增加 29.5%，比多年平均值多 9.9%，属偏丰年份。地表水资源量为 1 071.32 亿 m^3，地下水资源量为 307.03 亿 m^3，水资源总量为 1 094.23 亿 m^3，比多年平均值多 8.2%。（徐雷诺）

3. 水质　2023 年全省国控断面水质优良比例为 93.2%，无劣Ⅴ类国控断面，达到国家目标考核要求。省控水库首次实现水质全优良，长江干流水质连续 5 年保持在Ⅱ类，丹江口水库水质保持在Ⅱ类以上。（雷鸣）

4. 新开工水利工程　2023 年，全省水利基础设施建设共落实投资 692.8 亿元，共完成投资 664.7 亿元，全年使用银行贷款、吸引社会资本投资 346.1 亿元。姚家平水利枢纽工程，太湖港灌区新建扩建工程等重大水利工程开工建设。（胡国毅）

【重大活动】

1. 湖泊综合治理专题会议　2023 年 7 月 26 日，湖北省委书记、省人大常委会主任主持召开省委专题会议，研究部署湖泊综合治理工作。省委副书记出席会议，副省长出席会议。（高明亚）

2. 省级河湖长联系部门联络员会议　2023 年 9 月 15 日，湖北省河湖长制办公室组织召开省级河湖长联系部门联络员会议，省河湖长办副主任、省水利厅党组成员、副厅长主持会议并作总结讲话。16 家省级河湖长联系部门联络员参加会议。

（高明亚）

【重要文件】　2023 年 3 月 13 日，湖北省河湖长制办公室印发《关于省委省政府领导担任河湖长的通知》（鄂河办发〔2023〕9 号）。

2023 年 3 月 15 日，湖北省人民政府办公厅印发《关于印发〈湖北省加强入河排污口监督管理工作实施方案〉的通知》（鄂政办电〔2023〕6 号）。

2023 年 4 月 11 日，湖北省水利厅印发《关于开展河湖遥感图斑核查有关工作的通知》（鄂水利函〔2023〕294 号）。

2023 年 5 月 12 日，湖北省公安厅、省河湖长制办公室印发《关于印发〈湖北省强化河湖警长制的实施意见〉的通知》（鄂公通〔2023〕23 号）。

2023 年 6 月 14 日，湖北省水利厅、省高级人民法院、省人民检察院、省公安厅、省司法厅印发《关于贯彻落实〈河湖安全保护专项执法行动工作方案〉的通知》（鄂水利发〔2023〕4 号）。

2023 年 7 月 11 日，湖北省河湖长制办公室印发《关于公布湖北省全面推行河湖长制 2022 年度“十大典型案例”的通知》（鄂河办发〔2023〕19 号）。

2023 年 7 月 13 日，湖北省交通运输厅印发《关于开展巩固船舶污染物接收转运处置专项行动的通知》（鄂交函〔2023〕102 号）；2023 年 7 月 13 日，中共湖北省委办公厅、湖北省政府办公厅印发《关于加强新时代湖北水土保持工作的实施意见》（鄂办发〔2023〕11 号）。

2023 年 7 月 14 日，湖北省河湖长制办公室印发《关于贯彻执行河湖管护标准　进一步规范河湖巡查履职的通知》（鄂河办发〔2023〕20 号）。

2023 年 8 月 11 日，湖北省河湖长制办公室印发《关于印发〈湖北省碧水保卫战“幸福河湖共同缔造行动”实施方案〉的通知》（鄂河办发〔2023〕24 号）。

2023 年 8 月 21 日，湖北省人民政府办公厅印发《关于切实抓好未成年人防溺水工作的紧急通知》（鄂政办电〔2023〕19 号）。

2023 年 9 月 15 日，湖北省船舶和港口污染防治攻坚提升行动指挥部印发《关于切实加强载运散装液体危险货物船舶洗舱工作的通知》（鄂交函〔2023〕156 号）。

2023 年 10 月 25 日，湖北省委办公厅、省政府办公厅印发《〈关于加强湖泊综合治理的指导意见〉的通知》（鄂办发〔2023〕18 号）。

2023 年 12 月 4 日，湖北省河湖长制办公室印发《关于印发〈湖北省幸福河湖评价指南（试行）〉的通知》（鄂河办发〔2023〕28 号）。

（高明亚　杨宇航　孔杰　徐香）

【地方政策法规】

1. 法规　2023 年 12 月 1 日，湖北省十四届人大常委会第六次会议表决批准了《荆州市长湖保护条例》《荆门市长湖保护条例》《咸宁市西凉湖保护条例》。（高明亚　杨宇航　杨昊岚　李强　徐香）

2. 标准　2023 年 3 月 28 日，湖北省市场监督管理局发布《河湖及水利工程划界技术导则》（DB42/T 1988—2023）。

2023 年 6 月 27 日，湖北省市场监督管理局发布《湖北省河湖管护工作指南　第 1 部分：河湖管护》（DB42/T 2061.1—2023）。

湖北省市场监督管理局发布《湖北省河湖管护工作指南　第 2 部分：河湖长及联系部门巡查》（DB42/T 2061.2—2023）。

（高明亚　杨宇航　杨昊岚　李强　徐香）

3. 政策性文件　2023 年 1 月 5 日，湖北省生态环境厅、省财政厅印发《关于印发〈深化流域上下游生态保护补偿机制建设 助推流域综合治理的指导意见〉的通知》（鄂环发〔2023〕1 号）。

2023 年 8 月 12 日，湖北省人民政府办公厅印发

《关于印发〈湖北省农村生活污水治理三年行动方案（2023—2025年）〉的通知》（鄂政办发〔2023〕25号）。

2023年10月14日，湖北省交通运输厅印发《关于印发〈湖北省船舶污染防治资金补助实施方案〉的通知》（鄂交发〔2023〕107号）。

2023年11月20日，湖北省人民政府办公厅印发《关于印发〈湖北省河道疏浚砂综合利用管理办法〉的通知》（鄂政办发〔2023〕35号）。

2023年12月26日，湖北省水利厅印发《关于修订印发湖北省生产建设项目水土保持监督管理办法的通知》（鄂水利规〔2023〕5号）。

（高明亚　杨宇航　杨昊岚　李强　徐香）

【河湖长制体制机制建立运行情况】

1. 工作机制　2023年，湖北省联合重庆市出台《渝鄂跨界河流联防联控机制工作方案》，构建更加有力有效的跨界河流管护机制。联合省公安厅印发《湖北省强化河湖警长制的实施意见》。联合省人民检察院召开"河湖长＋检察长"公益诉讼案例新闻发布会。全省"河湖长＋检察长""河湖长＋警长"协作机制获水利部肯定。印发《省河湖长制办公室关于进一步加强河湖管护规范河湖长巡查履职的通知》（鄂河办发〔2023〕20号），持续推进河湖管护、保洁、巡查等各项工作落实落地。（刘超　袁修猛）

2. 监督检查　2023年，组织召开省级河湖长联系部门联络员会议，督促省级联系部门加强巡河履职。定期通报重点河湖水质、市级河湖长和联系单位巡查河湖情况，督促相应部门及时解决河湖问题。组织开展河湖长制第三方评估，全面检查全省河湖长制及河湖治理保护落实情况，评估结果作为年度河湖长制考核的重要依据。（刘超　袁修猛）

3. 考核激励　2023年，首次将河湖长制纳入省委对各地的高质量发展综合绩效评价考核，强化河湖治理保护党政负责制。持续开展河湖长制专项激励，省级安排2 000万元专项激励资金，遴选2市（州）、5个县（区）作为激励对象。（刘超　袁修猛）

4. 幸福河湖建设　2023年，湖北省省长、省总河湖长签发第7号省河湖长令，在全省部署开展碧水保卫战"幸福河湖共同缔造"行动，印发"幸福河湖共同缔造"实施方案，围绕河湖流域规划共谋、河湖岸线空间共护、河湖水质提升共治、河湖和谐文化共创、河湖优美生境共享五大内容实施综合整治。全力推进幸福河湖试点建设，湖北省宜城市莺河被列为2023年度全国15个幸福河湖建设试点之一，项目全面开工建设。淮河流域浉河、游河、竹竿河等3条淮河流域幸福河湖试点完成建设，顺利通过验收。（刘超　袁修猛）

【河湖健康评价开展情况】　根据河湖健康档案填报系统显示，湖北省列入全国第一次水利普查名录的河湖中有416条河流、50个湖泊完成健康评价，其中评价结果为健康的河流281条、湖泊29个。2023年，湖北省在19个省级河湖健康评估的基础上，首次发布省级河湖健康评估白皮书。（高明亚）

【"一河（湖）一策"编制和实施情况】　湖北省19个省级河湖"一河（湖）一策"实施方案全部完成编制，并于2022年9月印发各地、各单位推进实施。2023年，各级相关河湖长、联系部门和相关职能部门以实施方案为抓手，紧盯河湖管护目标以及问题、措施和责任"三个清单"，序时推进河湖治理管护。（高明亚）

【水资源保护】

1. 水资源刚性约束　湖北省在2023年度实行最严格水资源管理制度考核中考核等级为优秀，连续2年在国家全面实行最严格水资源管理制度考核中获得优秀等次。2023年湖北省人均用水量为576m^3，农田灌溉亩均用水量为379m^3，万元GDP（当年价）用水量为57m^3，万元工业增加值（当年价，含火电）用水量为43m^3，城镇人均生活用水量为176L/d，农村人均生活用水量为104L/d。（徐雷诺）

制定《2023年省级节约用水监督检查计划》和《湖北省节约用水监督检查手册（2023年版）》。省水利厅联合省教育厅推进高校建立"一台账三清单"。加强重点监控用水单位管理，修订发布2023年度湖北省重点监控用水单位名录779家，建立国家级重点监控用水单位"一户一单"信息台账。推进湖北省年用水1万m^3及以上的工业和服务业单位用水计划全覆盖。

2. 节水行动　快速推进县域节水型社会达标建设。武汉市新洲区等7个县（区）被水利部公布为第六批节水型社会建设达标县（区），全省县域达标建成率超过30%。制定印发了《湖北省县域节水型社会达标建设工作实施方案（2023—2025年）》。加强节水载体创建工作。省水利厅会同省直相关部门审核公布2022年度513家省级公共机构节水型单位、22所节水型高校。公布2023年度公共机构节水型单位471家、节水型高校16所、节水型企业46家、节水型灌区9家。开展2023年度企业水效领跑者创建。加强节水科技推广。向水利部申报湖北省2

项节水成熟适用技术。省水利厅联合省经济和信息化厅开展湖北省2023年国家工业节水工艺、技术和装备征集工作。加大再生水利用配置试点城市建设力度。印发《省水利厅关于做好2023年度典型地区再生水利用配置试点工作的通知》（鄂水利函〔2023〕89号），3个国家级试点城市通过水利部等部委组织的中期评估，当阳市获优秀等次。（陈坤）

3. 生态流量监管

（1）强化重点河湖生态流量泄放监管。2023年，湖北省水利厅配合流域机构做好国考断面生态流量保障，强化省内重点河湖生态流量泄放监管，每月印发重要断面生态流量保障情况通报，加强断面上游水工程日常运行监管。建立948个水工程生态基流重点监管名录，印发《关于进一步强化水工程生态流量泄放监督管理的通知》（鄂水利函〔2023〕589号），开展日常监督检查，督促工程运行管理单位落实生态流量泄放责任。

（2）建立生态流量监测预警平台。2023年，湖北省水利厅配合流域机构推动生态流量监测预警机制建设，及时接收预警信息，上报处置结果。推动建立省级生态流量监控预警平台，确定生态流量预警等级和预警阈值，及时发布预警信息，并采取预警处置措施。

（3）健全生态流量考评体系。2023年，将生态流量保障情况考核结果纳入省对市（州）高质量发展、污染防治攻坚战、生态省建设、长江高水平保护十大攻坚提升行动等多项考核考评体系，推动各地进一步重视河湖生态流量保障工作，提高生态流量泄放监管水平。

4. 全国重要饮用水水源地安全达标保障评估　2023年，从水量保证、水质合格、监控完备、制度健全4个方面分25项指标对全省54个重要饮用水水源地安全保障达标建设情况开展自评估。评估结果显示，全省54个重要饮用水水源地安全保障达标总体情况为“优”，平均得分为97.98分。各水源地取水口供水设施完好，处于正常运行状态，取水和输水工程运行安全，供水保证率均达到95%以上，满足供水需求；水质基本情况较好，每月水质均达到或优于Ⅲ类标准，满足水源地水质要求；水源地标志设施建设规范、保护区整合治理成效明显、植被覆盖率较高；应急处置能力和规范化管理水平逐步提升。

5. 取水口专项整治　2023年，湖北省取用水专项整治行动各阶段发现问题已全部完成整改。全省核查对象42 376个，其中闸6 067座、泵站16 909处、坝6 361座、水电站1 553座、渠道1 740个、水井6 442眼、人工河道322条、虹吸管类92处、其他2 890个。全省填报取水项目21 338个，全省河道外取水口中安装计量设施的4 403个。

6. 水量分配　截至2023年底，湖北省配合水利部及流域管理机构累计完成汉江、乌江、沅江、富水、澧水、洞庭湖环湖区、淮河、浉河、竹竿河等10条跨省江河流域水量分配。组织完成汉江、清江、府澴河、汉北河、举水、沮漳河、富水、滠水、堵河、南河、北河、蛮河、香溪河、倒水、金水、内荆河、通顺河、浠水、淮河等20条省内跨市（州）重点江河流域水量分配。（徐雷诺）

【水域岸线管理保护】

1. 河湖管理范围划定　2023年，在开展全国第一次水利普查湖北境内河湖名录复核的基础上，巩固完善全省河湖划界成果，强化河湖划界成果应用，初步制作完成全省河湖及主要水利工程划界成果图册。

（高明亚　杨小琴）

2. 岸线保护与利用规划编制　2023年6月，湖北省水利厅印发全省河道岸线保护与利用规划编制工作计划，以流域面积1 000km^{2}以上河道为重点，拟用3年时间完成46条河道规划编制工作，系统推动湖北省、市、县级河道岸线规划编制。截至2023年底，已完成滠水等6条河道岸线规划的编制工作。

（张康）

3. 采砂管理　2023年，湖北省水利厅共办理采砂许可项目22个，许可采砂总量1 410万t；办理疏浚砂综合利用项目21个，批复综合利用总量1 291万t。推进河道采砂许可电子证照、河道采砂在线审批许可系统建设，提高政务服务水平，进一步优化营商环境。（靳威）

4. “四乱”整治　2023年，湖北省持续深入推进清理河湖“四乱”问题常态化规范化，严格河湖空间管控，组织完成水利部推送的约3.5万个河湖遥感图斑核查任务。全省各地自查自纠新排查河湖“四乱”问题273个，其中乱占44个、乱采3个、乱堆133个、乱建51个，其他问题42个，已全部清理整治销号，实现“四乱”问题年度动态清零。

（高明亚）

【水污染防治】

1. 排污口整治　湖北省人民政府办公厅印发《湖北省加强入河排污口监督管理实施方案》（鄂政办电〔2023〕6号），省生态环境厅制定《湖北省入河排污口设置审批范围划分方案（试行）》（鄂环办〔2023〕6号），明确排查重点、年度任务、规范审批范围要求和部门职责，建立沟通协调机制，加强排污口管理信息调度和信息报送。对全省 12 480 个长江入河排污口整治进展情况实行清单管理，2023 年先后联合省直部门开展 3 批次盯办帮扶，在宜昌市组织召开现场推进会，拍摄暗查暗访纪实片。印发《湖北省入河排污口整治验收销号指导意见》，督促地方巩固和提升整治实效，规范填报验收销号工作，全省累计完成排污口整治 10 742 个，占比 86.1%，湖北省先后在黄河入河排污口排查整治座谈会及长江入河排污口整治培训会上作交流发言，黄冈市排污口溯源执法典型案例被生态环境部转发推广。

（李强　魏红波）

2. 工矿企业污染防治　湖北省生态环境厅印发《关于开展全省汛期生态环境风险隐患排查整治的通知》(鄂环办〔2023〕8 号)、《关于进一步加强全省尾矿库环境污染隐患排查整治工作的通知》(鄂环函〔2023〕123 号)，持续组织开展尾矿库环境风险隐患排查整治，督促各地落实分级分类管理，压实尾矿库责任主体责任和属地监管责任，强化尾矿库环境风险隐患防控。2023 年，组织对全省 353 座尾矿库开展污染隐患排查整治及“回头看”，督促完成了发现环境问题的整改整治。围绕年度重点执法任务，统筹全省生态环境执法力量，部署开展了全省工业企业涉水排放专项执法任务，严厉打击了一批偷排偷放、污染治理设施不正常运行等环境违法犯罪行为，消除了重点行业领域环境隐患。2023 年，全省共立案 347 件，罚款金额 3 021 万元，移送公安机关 71 件。

（徐晓　魏红波）

3. 城镇生活污染防治

(1) 乡镇污水治理工作情况。湖北省于 2020 年底实现了建制乡镇建成区生活污水处理设施全覆盖，总处理能力达 149 万 t/d，建成污水收集主管网、支管网 11 750km，接户管网 61 928km，平均接户率达 92%。2023 年，全省乡镇生活污水厂平均负荷率达 72%，污水收集率达 89%，进水水质综合达标率 81%，出水水质综合达标率 94%，有效改善了全省城乡人居环境。

(2) 城市污水治理工作情况。一是污水收集效率持续提升。2023 年，全省 38 个设市城市已运行污水处理厂 110 座，总处理能力 936 万 t/d，其中进水 BOD 浓度 100mg/L 以上的城市生活污水处理厂 23 座，处理能力 277 万 t/d，规模占比约为 24.3%，较 2022 年同期增长约 10 个百分点。全省设市城市污水集中收集率为 68.22%，比 2022 年的 61.3%提高了 6.9 个百分点。二是加快补齐污水收集处理设施短板。组织各地结合城市污水收集管网排查检测成果，系统推进污水管网混错接改造及缺陷修复。全省已完成管网混错接点整改约 1.7 万个，已完成三级以上结构性、功能性缺陷整改 5.5 万个。加快污水收集处理设施补短板建设，2023 年，完成污水处理厂新建扩建工程 7 个，新增污水处理能力 44 万 t/d，总处理能力达到 1 101 万 t/d，完成新建改造城市污水管网约 1 600km。三是全面启动污水管网攻坚战。印发《湖北省城镇污水管网整治攻坚战行动方案（2023—2027 年)》(鄂政办发〔2023〕25 号)，组织各地深入实施污水管网整治攻坚战行动，推动落实政企合作新机制，开展污水管网价格机制改革，推行“按效付费”。进一步深化排水管网排查检测，形成污水收集系统“一张图”。持续推进污水管网错接混接整治，消除管网空白区和城市生活污水直排口，切实提升污水处理厂进水浓度。组织开展排水许可专项清理行动，对排水户实行清单化分级分类管理。

（湖北省住房和城乡建设厅）

4. 畜禽养殖污染防治　湖北省农业农村厅办公室、省农业发展中心办公室印发《关于做好畜禽粪污资源化利用监测信息管理的通知》(鄂农办函〔2023〕11 号)，全面加强畜禽粪污资源化利用信息数据采集和监测工作。印发《省农业农村厅办公室关于开展 2023 年畜禽养殖标准化示范创建活动的通知》(鄂农办函〔2023〕41 号)，新创建 8 个国家级标准化示范场，湖北省《蛋鸭笼养新模式　开启产业新篇章》《楼房养猪增效率 种养结合促发展》入选国家《现代设施畜牧养殖典型案例》，《提升标准化生产水平　打造联农致富的示范样板》入选国家《中小养殖户融入现代畜牧业典型案例》。支持黄冈市罗田县、石首市、恩施土家族苗族自治州来凤县、宜昌市五峰县和孝感市孝昌县、十堰市房县整县推进畜禽粪污资源化利用。组织各地参加畜禽粪资源化利用技术培训，总结畜禽粪污资源化利用典型模式，湖北钟祥猪场条垛式堆肥与黑膜池厌氧发酵入选全国畜禽粪污综合利用十大典型模式。截至 2023 年底，全省畜禽粪污综合利用率超过 79%、规模养殖场设施装备配套率达到 99.9%。

（湖北省农业农村厅）

5. 水产养殖污染防治

(1) 渔业绿色转型升级。持续开展水产绿色健康养殖“五大行动”，印发《2023 年湖北省水产绿色健康养殖技术推广“五大行动”实施方案》(鄂农办函〔2023〕37 号)，新增示范点 32 个。支持指导钟祥市、当阳市等 6 地成功创建国家级水产健康养殖和生态养殖示范区，重点支持荆门市沙洋县、钟祥市开展渔业绿色循环发展试点整县推进建设。打造 2 000 亩及以上集中连片示范点 19 个，全年项目支持改造治理池塘面积 30 万亩，累计改造治理池塘 166 万亩。

(2) 水生野生动物保护。坚定不移推进长江十年禁渔，持续巩固禁渔成果，开展常态化执法行动，严厉打击非法捕捞、违规垂钓等违法行为。每年开展水生野生动物保护科普宣传月活动，规范开展水生生物增殖放流，提高珍贵濒危物种放流比重，2023 年放流中华鲟、胭脂鱼、大鲵、多鳞白甲鱼等珍稀濒危水生野生动物约 65 万尾，其中中华鲟超 41.6 万尾。推进荆州中华鲟永久性保护基地建设，以保种为核心，打造中华鲟人工繁育、野外驯化、增殖放流、对外合作交流、科研及科普教育的示范基地。深入实施长江江豚拯救行动计划。2023 年开展“让长江江豚回家”放归活动，4 头从迁地保护区繁衍的长江江豚被分批放归长江，这是全国首次开展迁地保护长江江豚野化放归工作。

(湖北省农业农村厅)

6. *农业面源污染防治*

(1) 持续推进化肥减量增效。推进测土配方施肥，提高科学施肥水平，湖北省测土配方施肥技术覆盖率 92.1%。推进施肥方式转变，全省建立“三新”示范面积 961.6 万亩。依托绿色种养循环农业试点，在全省 16 个县（市、区）推进畜禽粪肥就近就地还田，以有机养分替代部分化肥。试点项目区通过粪肥还田替代化肥减量 15%以上。因地制宜发展绿肥，提升土壤有机质含量，减少化肥用量，提高耕地综合产出能力。加大秸秆粉碎还田、免耕覆盖还田等技术推广力度。加大科学施肥宣传力度，全面提升科学施肥技术要点覆盖范围。全省累计开展各类培训及现场观摩 2 446 场次、发放技术培训资料 270 万份、培训农户 16.3 万人次，提高了农民应用科学施肥能力。

(2) 持续推进农药减量增效。加强农药科学使用培训指导，融合推进绿色防控与统防统治，印发《2023 年湖北省农作物病虫害专业化统防统治工作方案》，开展主要农作物统防统治 13 660 万亩，其中三大粮食作物 10 568 万亩。2023 年全省三大粮食作物统防统治覆盖率达 45.98%，主要农作物绿色防控覆盖率达 56.03%。加密频次开展大田普查，并结合应用新型测报工具，准确掌握病虫发生动态，2023 年湖北省植保总站发布农作物病虫发生情报 9 期，全省各地发布预报 1 500 余期。制定《2023 年湖北省农作物病虫害绿色防控示范工作方案》，以地方优势作物为主线，建设 110 个省级农作物病虫绿色防控技术示范区，带动各市、县建立 2 000 多个绿色防控示范区，广泛示范应用绿色防控新技术新产品。制定《2023 年豇豆病虫害绿色防控技术方案》，全省各地共举办示范片 68 个，示范面积 1 699.3 亩。集成组装了小麦赤霉病全生育期综合防控、水稻全生育期绿色防控及草地贪夜蛾绿色防控新模式。2023 年，长阳磨市柑桔专业合作社等 4 家农业生产主体获批“第二批百个全国农作物病虫害绿色防控示范推广基地”。截至 2023 年底，湖北省已创建全国绿色防控示范县 15 个、绿色防控技术示范推广基地 9 家。强化政企合作，开展科学用药培训，2023 年全省累计举办各类培训 1 180 场次，培训人数达 8.92 万。

(湖北省农业农村厅)

(3) 持续做好监督指导。完成省级畜禽养殖污染防治专项规划初稿编制和专家评审。编制完成湖北省《水产养殖尾水污染物排放标准》，并经省人民政府同意立项。推进钟祥市全国首批农业面源污染防治监督与指导试点，完成农业面源负荷调查评估、污染源监测等，为后期工作开展提供数据基础。

(柯善龙)

7. *船舶港口污染防治* 湖北省已累计建成接收转运码头 41 个、专业化学品洗舱站 2 个，船舶污染物接收转运设施实现全省港口全类别全覆盖。湖北省现阶段船舶污染物综合年接收能力（生活垃圾超过 1 万 t、生活污水近 66 万 t、含油污水约 20 万 t）大于 2023 年全年船舶污染物接收量（船舶生活垃圾 5 118t、生活污水 39 万 t、含油污水 8 639t），能够满足当前和未来一段时期船舶污染物接收需求。长江经济带船舶水污染物联合监管与服务信息系统（船 e 行）已覆盖全省所有港口，到港营运船舶注册率达 100%。截至 2023 年底，全省船舶生活垃圾、生活污水转运处置率均已达到 99%（大于交通运输部要求的 90%），监管服务水平不断加强。2023 年船舶受电设施改造任务全面完成，原有 1 200 总 t 以上运输船舶受电设施改造达 100%。具备港口岸电泊位增长到 498 个，全年港口岸电用电量达 1 467 万 kW · h，同比增长 158%，其中货运码头用电量超 158 万 kW · h，同比增长 68%。2023 年武汉、宜昌 2 座化学品洗舱站共计洗舱 86 艘次，同比增长 53%。宜昌枝江、鄂州白浒山 2 座 LNG[1] 加注站共计加注 148 艘次，LNG 总计加注量 1 200t。2023 年，全省需安装防污染设施设备的 4 872 艘现有船舶和 305 艘新建船舶均已按要求配备防污染设施。

(叶莹)

[1] LNG，Liquefied Natural Gas，指液化天然气。

【水环境治理】

1. 饮用水水源规范化建设　湖北省围绕“划、立、治、测、管、防”，切实加强饮用水水源地生态环境保护和监管。县级及以上饮用水水源地水质达标率100%。

（1）全力做好丹江口水库保护。组织召开丹江口水库水生态环境保护工作座谈会和丹江口水库水生态环境质量专项监测。开展《湖北省南水北调中线工程水源地保护条例》立法调研。

（2）加强饮用水水源保护。依规开展水源保护区划定、调整和撤销，新增333个、调整2个、撤销18个。组织推动全省“百吨千人”级饮用水水源地保护区划定工作。组织开展2023年湖北省集中式饮用水水源地保护专项行动，已整改完成384个水源地环境问题。完成2023年度集中式饮用水水源环境状况评估和基础信息调查。组织对宜昌市、孝感市、鄂州市乡镇及以上饮用水水源保护区勘界定标进行现场复核，印发《湖北省重要饮用水水源地名录》。

（3）统筹处理发展和安全的关系。妥善开展武汉江南片区应急水源建设与武汉新城规划衔接。对涉及饮用水水源地的抽水蓄能项目提前介入，赴十堰市、随州市、荆门市等地现场踏勘。　（雷鸣）

2. 黑臭水体治理

（1）农村黑臭水体。2023年4月，湖北省生态环境厅、省水利厅、省农业农村厅印发《湖北省农村黑臭水体治理三年行动方案（2023—2025年）》（鄂环函〔2023〕64号），要求到“十四五”末全面完成纳入国家和省级监管的523条农村黑臭水体治理。截至2023年底，全省新增完成203条纳入监管清单的农村黑臭水体治理（其中102条为国家监管清单的农村黑臭水体，101条为省级监管清单的农村黑臭水体），全省累计完成治理监管清单农村黑臭水体332条（其中国家监管清单231条，省级监管清单101条）。孝感市、荆门市、黄冈市成功申报国家2022年、2023年农村黑臭水体治理试点，总计获得5亿元的中央专项资金支持，有效推动湖北省探索建立健全农村黑臭水体治理“投、建、管、运”一体化模式，3个市均按时序进度完成目标任务。

（2）城市黑臭水体。2023年4月，湖北省住房和城乡建设厅印发《关于进一步加强全省城市建成区黑臭水体治理工作的通知》，明确黑臭水体治理目标任务，建立每月定期调度机制。组织全省县城及以上城市开展建成区黑臭水体排查整治，并会同省生态环境厅加强核实和技术指导，全省共确认县级城市黑臭水体66个，全部纳入黑臭水体整治范围。定期召开视频调度会，逐个城市核定黑臭水体治理销号计划，组织有关专家赴治理任务较重和进展偏慢的城市开展现场督办指导。2023年11月，省住房和城乡建设厅分管领导约谈有关市（州）主管部门、县级市政府及主管部门负责人，进一步压实整改责任。截至2023年底，全省66个县级市建成区黑臭水体已完成治理41个，占总数的62.1%，达到年度考核60%的目标。　（湖北省住房和城乡建设厅）

3. 农村水环境整治　2023年7月，印发《湖北省农村生活污水治理三年行动方案（2023—2025年）》，提出“到2025年全省农村生活污水治理率提升至50%以上”的目标。成立湖北省农村生活污水治理工作专班，由省政府分管领导任组长，相关部门负责同志为成员，定期研究部署，按照“分区、分类、分级、分期”思路推进农村生活污水治理。通过按月调度各地工作进展、不定期开展视频培训和现场调研等方式，指导地方积极推进农村生活污水治理。将农村生活污水治理指标纳入污染防治攻坚战考核指标体系和乡村振兴、强县工程及巩固脱贫攻坚与乡村振兴衔接后评估等考核指标体系。截至2023年底，全省农村生活污水治理率已达到42%。　（柯善龙）

【水生态修复】

1. 生物多样性保护　2023年，组织召开“5·22国际生物多样性日”宣传活动，实施完成神农架林区、恩施土家族苗族自治州巴东县、丹江口市、宜昌市点军区、石首市、武汉市蔡甸区和黄冈市黄梅县等7个县（市、区）生物多样性本底调查观测评估试点。累计调查样线5 900条、样线总里程超3万km，共记录各类物种5 000余种；各类国家重点保护野生动植物150余种；发现昆虫新种4种，湖北省新记录物种数十种；监测到江豚、川金丝猴、麋鹿、青头潜鸭、黑鹳等珍稀濒危野生动物种群规模和分布范围进一步扩大。将生物多样性本底调查观测评估工作纳入湖北生态省建设重点任务考核事项清单，有效推动地方开展生物多样性调查工作。　（程婉芸）

湖北省林业局组织制定并公布《湖北省鸟类迁徙通道重点区域》。依据不同类型鸟类的迁徙规律，将湖北省主要鸟类迁徙通道划分为江汉湖群越冬及过境水禽迁徙通道、江汉湖群繁殖水禽迁徙通道、鄂东山地猛禽鸣禽迁徙通道、鄂中山地猛禽鸣禽迁徙通道、鄂西山地猛禽鸣禽迁徙通道、鄂西湿地水禽迁徙通道等6条迁徙通道，划定58个鸟类迁徙通道重点区域。　（袁启虎）

对列入湖北省129个同步调查监测主要栖息地名录的湿地进行同步调查监测，发现越冬水鸟种类达 88 种，种群数量达 983 298 只。国家重点保护鸟类 22 种，种群数量达 64 841 只，其中国家一级 8 种 1 565 只，国家二级 14 种 63 276 只。越冬水鸟主要为冬候鸟和旅鸟。各湿地中种群数量最大的是龙感湖，达 164 340 只；网湖越冬水鸟种类最多，达 55 种。（袁仁军）

2. 生态补偿机制建立

（1）纵向生态保护补偿。2023 年，省财政厅安排资金 55.53 亿元，支持全省重点生态功能区提高基本公共服务保障能力，安排南水北调中线工程汉江中下游生态建设与保护转移支付资金 23 亿元，支持汉江中下游地区生态保护建设工作。湖北省发展改革委积极争取中央预算内资金 3.45 亿元，重点支持丹江口库区及上游、洞庭湖流域、三峡库区等重点流域水环境综合治理。

（罗晓荆　湖北省发展和改革委员会）

（2）横向生态保护补偿。2023 年，先后与湖南省、江西省签订了《长江流域（鄂湘段）横向生态保护补偿协议》（2023 年—2025 年）、《长江流域（鄂赣段）横向生态保护补偿协议》（2023 年—2025 年），协同推进长江经济带高水平保护和高质量发展。

（3）推动制度建设落地。2023 年，湖北省生态环境厅、省财政厅印发《关于深化流域上下游生态保护补偿机制建设　助推流域综合治理的指导意见》（鄂环发〔2023〕1 号），督促加快建立跨市流域生态补偿机制，及时进行已签补偿协议结算和资金拨付。

（4）发挥财政资金引导。省财政设立省级流域横向生态补偿机制建设奖补资金，2023 年拨付奖补资金 1 亿元，按照“早建早补、多建多补”和“以水质改善为导向”的原则，对跨市流域横向生态保护补偿机制建设和水环境质量改善工作进行奖补。截至 2023 年底，全省 17 个市（州）均已建立流域横向生态补偿机制，围绕长江、清江、四湖流域等重点流域，已建立跨市补偿机制 11 个。

（朱荣　郭嫦娟）

（5）拓展市场化生态补偿机制，建立健全排污权交易制度体系。2023 年，开展排污权抵质押融资制度研究，出台《湖北省排污权抵质押融资操作指引》（暂行）。2023 年，全省 1 080 家单位完成排污权交易数 2 918 笔、成交金额 2.07 亿元（其中二级市场交易笔数 343 笔、成交金额 1 990 万元），均创历史新高，位居全国前列。

（6）大力推进生态环境损害赔偿改革，加强督导推动，开展案例实践。2023 年，配合组织开展全国第四批生态环境损害赔偿案件线索筛查并报送了初筛结果。生态环境部核定后交办湖北省共计 1 233 条线索，全省共办理生态环境损害赔偿案件 800 件，涉及金额约 1.5 亿元。鄂州市生态环境局办理的“某公司向湖北省鄂州市跨省非法倾倒危险废物生态环境损害赔偿案”被生态环境部评选为全国第三批生态环境损害赔偿磋商十大典型案例。（兰银松）

3. 水土流失治理　2023 年，湖北省统筹发展改革委、财政、水利、自然资源、生态环境、农业农村、林业等部门实施石漠化治理、全域国土整治、退耕还林、山水林田湖草沙一体化保护和修复等一批具有水土流失治理功能的工程建设，重点抓好水利行业水利发展资金水土保持项目实施，鼓励引导社会力量积极参与水土流失治理。全年共完成新增水土流失治理面积 1 632.18km^2，其中梯田 73.43km^2，种植水保林 177.14km^2、经济林 185.37km^2，种草 18.31km^2，封禁治理及其他 1 177.93km^2。

4. 生态清洁型小流域建设　2023 年，湖北省结合小流域综合治理、湖泊综合治理、乡村振兴等工作统筹开展生态清洁型小流域建设，围绕“山青、水净、村美、民富”的目标，以改善农村人居环境和农业生产条件为切入点，以水系环境、河岸整治为重点，通过山水林田路统一规划、合理配置水土保持措施，减少水土流失、控制面源污染、处理农村垃圾和污水。全年共建设 45 条生态清洁小流域，竹山县太和生态清洁小流域和远安县鹿苑河生态清洁小流域获评 2023 年国家水土保持示范工程。

（杨宇航）

【执法监管】

1. 河湖日常监管　持续开展丹江口库区“打非治违”行动。多次会同长江委赴丹江口库区开展综合执法检查，制定违法违规问题查处整改工作清单，督促库区涉水问题查处整改。持续建立跨区域、跨部门的库区执法沟通协调机制、联席会议制度、案件移送制度、联动协作机制，创新政企协同管理模式。（靳威　魏红波）

2. 河湖安全保护专项行动　2023 年 6 月，水利部办公厅、最高级人民法院办公厅、最高人民检察院办公厅、公安部办公厅、司法部办公厅印发《关于印发〈河湖安全保护专项执法行动工作方案〉的通知》（办政法〔2023〕159 号），湖北省水利厅、省高级人民法院、省人民检察院、省公安厅、省司法厅迅速组织落实，紧密配合，联动协作，紧扣防洪安全、水资源水生态水环境保护、河道采砂、重点水利工程安全保卫、蓄滞洪区等五大重点领域任务，持续推进各项工作落实。全省各级水利部门按照专项执法行动工作要求，与水行政效能提升行动相结合，以行刑衔接、检察公益诉讼协作、非诉强制执行、执法监督等为重点，建立健全水行政执法长效机制。加强执法巡查与日常监督管理，及时发现、处置各类涉水违法行为，推进案件查处，解决了一些长期以来难以解决的重难点问题和案件。

（靳威　魏红波）

3. 联合执法

（1）河道采砂管理联合执法行动。湖北省水利厅先后会同长江委、省高级人民法院、省人民检察院、省公安厅、省司法厅、省交通运输厅、省自然资源厅等8家单位，组织开展了一系列全省河道采砂管理联合执法行动，全省共查处非法采砂案件9起，移交相关部门线索及案件18起。

（2）生态环境执法行动。按照生态环境部、最高人民检察院和公安部专项行动要求，紧密结合湖北省实际，省生态环境厅会同省人民检察院、省公安厅，持续开展严厉打击危险废物环境违法犯罪和重点排污单位自动监测数据弄虚作假违法犯罪专项行动。通过联合部署、联合行动、联合指导、联合发布，严厉打击了一批危险废物环境违法犯罪和重点排污单位自动监测数据弄虚作假的违法犯罪行为，有力保证了环境安全，有效保障了人民群众身体健康和生命安全。2023年，全省共查处涉危废环境违法案件168件，罚款金额约 2 265万元，移送公安机关涉嫌犯罪案件46件；共查处涉在线造假违法案件103件，罚款金额624.9万元，移送公安机关涉嫌犯罪案件16件。

（靳威　魏红波）

【水文化建设】

1. 水利风景区　2023年，湖北省新增省级水利风景区3家，全省累计创建水利风景区91家，其中国家水利风景区29家，省级水利风景区62家。景区类型以水库型为主（61家），河湖型（22家）、灌区型（5家）、水土保持型（3家）等其他类型齐全，成为湖北省水文化宣传和幸福河湖打造的重要载体。

（陈龙）

2. 水情教育　2023年，荆江水文水情教育园和吴岭水库水情教育基地被评为第六批湖北省水情教育基地，湖北省省级水情教育基地达到21家。襄阳引丹渠、荆江防洪工程成功入选第五批国家水情教育基地，湖北省水利厅组织创建的国家级水情教育基地增至5家。襄阳长渠（白起渠）顺利通过水利部专家组对第三批国家水情教育基地的复核考评，考评结果为“良好”。2023年，《湖北水情教育读物》正式出版。鄂北地区水资源配置工程（一期）和国家级水情教育基地——荆江分洪工程入选水利部“人民治水·百年功绩”治水工程名单；省级水情教育基地——武汉江滩入选水利部第四届水工程和水文化有机融合案例。

（秦双）

【数字孪生水利建设】

1. “水利一张图”　2016年10月，湖北省水利厅依托“湖北水利数据资源整合与共享建设项目”启动了湖北“水利一张图”建设，项目于2018年11月通过验收。湖北“水利一张图”接入了水利部、天地图、地理信息系统（ArcGIS）在线等第三方公共服务，汇聚了20万余个、40余种类水利对象数据，发布了配套的符合开放地理空间信息联盟（OGC）标准的地图服务，形成了较为完备的“一张图”数据资源，已为多家单位提供了数据服务。通过融合地理信息、大数据等技术，湖北“水利一张图”为管理人员直观了解管理目标的位置分布和空间关系、快速掌握业务动态提供了信息化工具，具有专题切换、基础浏览、信息查询、空间量算、空间分析、时相对比、统计分析、应用集成等基础功能，并具备能看、能查、能算、能用等特点。2023年，湖北省水利厅遵循智慧水利建设新要求，以防汛会商应用场景为引领，推动湖北“水利一张图”提档升级。

（王湖波）

2. 数字孪生　数字孪生汉江兴隆水利枢纽工程入选部级数字孪生流域先行先试建设项目，于2023年12月6日通过水利部验收，后续将在防洪、水资源调度等方面发挥重要作用。数字孪生“荆楚安澜”现代水网（杜家台分蓄洪区域）入选部级数字孪生水网先行先试建设项目，于2023年12月1日完成招投标工作，2024年2月2日正式开工建设。

（杨昊岚）

3. 河湖长制管理信息系统及河湖长App　湖北省河湖长制管理信息系统项目作为湖北数字政府“8＋3”重大项目，截至2023年底，用户超7万人，范围覆盖省、市、县、乡、村五级，包含总河湖长、河湖长、河湖长办、联系部门、巡河保洁员等五类用户；巡查记录已超过107万次，问题在线流转数达14.58万条，有效推动全省共同管水、治水，形成河湖管护、管治常态化。系统以河湖库档案为基底，河湖长履职考核为核心，河湖精细化管护为重点，社会监督参与为辅助，河湖健康评价为支撑，辅助各类用户科学决策。通过Web端为河湖长提供业务协同和健康决策支撑；通过移动端为河湖长履职考核提供辅助工具；通过公众服务畅通公众监管渠道，全面提升河湖智能化管理水平，实现河湖管护尽在“掌”握，为打造健康河湖、幸福河湖提供有效保障。

（罗楠）

| 湖南省 |

【河湖概况】

1. 河湖数量 湖南省河流众多，河网密布，水系复杂。全省水系以洞庭湖为中心，湘、资、沅、澧四水为骨架，主要属长江流域洞庭湖水系。长江流域占全省面积的 97.6%，占珠江流域面积的 2.4%。河长 5km 以上的河流 5 341 条。流域面积 10～50km² 河流 4 766 条；流域面积 50km² 以上的河流 1 301 条；流域面积 100km² 以上的河流 660 条；流域面积 1 000km² 以上的河流 66 条；流域面积 10 000km² 以上的河流 9 条，包括湘、资、沅、澧四水和湘江支流潇水、耒水、洣水和沅江支流㵲水、酉水；常水面面积 1km² 以上的湖泊 156 个。

（呙少轩 伍梓威）

2. 水量 2023 年，湖南省平均降水量 1 267.3mm，折合水量 2 685 亿 m³，全省水资源总量 1 190 亿 m³，地表水资源量 1 183 亿 m³，地下水资源量 312.8 亿 m³（其中地下水非重复计算资源量 6.861 亿 m³）。全省入境总水量 553.6 亿 m³，出境总水量 1 460 亿 m³。全省供水总量 308.93 亿 m³，其中地表水占 96.4%，地下水占 1.9%，其他水源占 1.7%。全省用水总量 308.93 亿 m³，其中农业用水占 63.8%，工业用水占 16.6%，居民生活用水占 10.5%，城镇公共用水占 4.2%，生态环境用水占 4.9%。用水消耗量 146.19 亿 m³，耗水率为 47.3%。全省人均综合用水量 470.36m³；按当年价计算，万元地区生产总值用水量 61.77m³，万元工业增加值用水量 35.11m³，全省水资源利用率为 18.2%。

（呙少轩 伍梓威）

3. 水质 2023 年，湖南省 147 个国家地表水考核断面中，Ⅰ～Ⅲ类水质断面合计 145 个，占比 98.6%，其中张家界市和永州市的国家地表水考核断面水环境质量状况进入国家前 10 位；534 个省控断面地表水考核断面中，Ⅰ～Ⅲ类水质断面合计 505 个，占比 97.2%。14 个城市的 32 个在用地级以上城市集中式生活饮用水水源水质达标率为 100%。

（苏樑）

4. 新开工水利工程 2023 年，下达 88 个主要支流治理项目中央资金 17 亿元，完成治理河长 595km；下达 59 个中小河流治理项目中央资金 10.385 6 亿元，完成治理河长 586.2km。超美、长潭岗水库除险加固工程分别于 2023 年 9 月 16 日、11 月 9 日开工。大溪沟、九嶷、徐家岭水库新建工程分别于 2023 年 5 月 15 日、9 月 8 日、9 月 14 日开工。金塘冲水库临建工程于 2023 年 11 月 30 日开工。

（刘苏）

【重大活动】 2023 年 2 月，湖南省组织开展第 27 个“世界湿地日”宣传活动。全省新闻媒体报道 410 批次，悬挂宣传横幅标语 2 164 条，摆放展板 2 936 个，张贴海报 7.93 万张，发放宣传资料 49.21 万份，出动宣传车（船）1 064 台次。

2023 年 3 月，湖南省人大常委会开展全省湿地保护“一法一条例”执法检查，聚焦法律宣贯普及、配套法规制订、政府部门法定职责落实、湿地保护执法等 7 个方面。

2023 年 3 月 22 日，全国长江十年禁渔“三年强基础”现场推进会在湖南省益阳市召开；由湖南省水利厅牵头，在长沙市举行以“实施国家节水行动 建设美丽幸福湖南”为主题的“三湘节水总动员”主题宣传活动启动仪式。

2023 年 4 月 11 日，湖南省委常委、副省长、省河长办主任主持召开 2023 年省河长办主任会议，深入学习贯彻党的二十大精神及全国两会精神，总结 2022 年河湖长制工作情况，部署 2023 年河湖长制重点任务。

2023 年 4 月 14 日，湖南省长江十年禁渔工作电视电话会议召开，湖南省委常委、副省长、省河长办主任出席会议并讲话。

2023 年 4 月 26 日，湖南省河湖长制工作推进视频会在长沙市召开，会议贯彻落实水利部和湖南省委、省政府工作部署及 2023 年省河长办主任会议精神，调度一季度工作进展，对 2023 年度河湖长制工作进行再动员、再部署、再安排。省河长办副主任、省水利厅副厅长出席并讲话。

2023 年 5 月 18 日，湖南省委书记、省总河长主持召开 2023 年省总河长会议，深入学习贯彻习近平生态文明思想和党中央关于全面推进河湖长制的决策部署，听取 2022 年全省河湖长制工作落实情况、市级总河长述职汇报，研究部署下一阶段工作。

2023 年 6 月，澧水干流省级河长、副省长在澧水干流常德段召开省级河长巡河调研及省级河长会议，对河道保洁涉水污染防治等河长制工作落实情况现场督导，进行问题交办。

2023 年 7 月 4 日，湖南省水利工程运行管理工作会议在浏阳市召开，总结交流近年水利工程运行管理工作，分析面临形势，部署 2023 年重点工作任务。

2023 年 7 月 27 日，湖南省河湖长制工作推进会在株洲市召开，落实省总河长会议精神和第 9 号省总河长令精神，盘点 2023 年以来工作进展，统筹推进下半年重点工作，省河长办副主任、省水利厅副厅长出席会议并讲话。

2023 年 8 月 17 日，湖南省委常委、副省长主持召开省级水资源节约管理工作联席会议，总结近年来湖南省水资源节约集约利用工作成效，分析研判全省水资源节约管理工作面临的新形势，明确具体目标任务，全面部署推进国家节水行动走深走实。

2023 年 9 月 12 日，在北京市举办的第 18 届世界水资源大会上，湖南省水利厅联合郴州市人民政府举办以“水资源可持续利用与绿色发展的湖南实践”为主题的湖南专场会议，分享湖南在水资源节约集约高效利用与绿色发展方面的实践经验，推介郴州“八水共治”“水立方”模式。

2023 年 10 月 18 日，湖南省河湖长制工作推进会在怀化市溆浦县召开，省河长办副主任、副厅长出席。

（陈瀚祥　丁佳　郭慧　林海　戴国雄　呙少轩　伍梓威）

【重要文件】 2023 年 1 月 16 日，湖南省水利厅办公室印发《关于切实做好退出发电功能的保留工程设施监管工作的通知》（湘水办〔2023〕3 号）。

2023 年 2 月 8 日，国家发展和改革委员会印发《新时代洞庭湖生态经济区规划》（发改地区〔2023〕140 号）。

2023 年 2 月 23 日，湖南省河长制工作委员会办公室印发《关于印发〈湖南省开展河湖健康评价建立河湖健康档案工作方案〉的通知》（湘河委办〔2023〕2 号）。

2023 年 3 月 1 日，湖南省住房和城乡建设厅印发《关于印发〈城镇污水排入排水管网许可证格式文本和城镇污水排入排水管网许可证申请表、排水户书面承诺书推荐格式〉的通知》。

2023 年 3 月 6 日，湖南省生态环境厅、省发展和改革委员会等 17 部门印发《湖南省深入打好长江保护修复攻坚战实施方案》（湘环发〔2023〕16 号）。

2023 年 3 月 22 日，湖南省水利厅办公室印发《2023 年湖南省农村水利水电工作要点》（湘水办函〔2023〕52 号）。

2023 年 3 月 28 日，湖南省水利厅办公室印发《水电站生态流量监管提升专项行动方案》（湘水办〔2023〕12 号）。

2023 年 4 月 4 日，湖南省人民政府印发《湖南省现代水网建设规划（2021—2035 年）》（湘政函〔2023〕38 号），围绕复苏河湖生态环境等 4 项重点任务，实施水生态保护与修复等 4 个重大行动，推进洞庭湖生态修复（生态疏浚）等 20 个重大工程，全面提升水安全保障能力。

2023 年 4 月 21 日，湖南省河长制工作委员会印发《关于印发〈湖南省 2023 年实施河湖长制工作要点〉〈湖南省 2023 年河湖长制工作评价办法〉的通知》（湘河委〔2023〕1 号）。

2023 年 4 月 23 日，湖南省交通运输厅印发《关于印发〈2023 年湖南省船舶和港口污染防治工作实施方案〉的通知》（湘交函〔2023〕148 号）。

2023 年 5 月 6 日，湖南省河长制工作委员会办公室、省水利厅印发《关于开展河湖名录梳理复核工作的通知》（湘河委办〔2023〕3 号）。

2023 年 5 月 8 日，湖南省生态环境厅、省水利厅印发《湖南省入河（湖）排污口监督管理工作方案》（湘环发〔2023〕31 号）。

2023 年 5 月 12 日，湖南省林业局、省自然资源厅、省生态环境厅印发《湖南省违规侵占国家湿地公园等自然保护地问题排查整治专项行动工作方案》（湘林保〔2023〕11 号）。

2023 年 5 月 26 日，湖南省水利厅、中国工商银行湖南省分行印发《关于进一步做好金融支持水利工作的通知》（湘政发〔2023〕7 号）。

2023 年 5 月 31 日，湖南省生态环境保护委员会办公室（简称“湖南省生环委办”）印发《“洞庭碧水”总磷污染控制与削减重点攻坚工作方案》（湘生环委办〔2023〕11 号）；湖南省农业农村厅、省公安厅、省财政厅、省市场监督管理局印发《关于实施湖南省长江流域重点水域“十年禁渔”违法行为有奖举报制度的通告》（湘农联〔2023〕44 号）。

2023 年 6 月，湖南省农业农村厅办公室编制印发《湖南省水产养殖尾水处理技术推荐模式》；湖南省发展和改革委员会、湖南省农业农村厅印发《关于 2023 年绿色发展专项（农业面源污染治理与畜禽粪污资源化利用整县推进方向）实施方案的批复》（湘发改农〔2023〕589 号）；湖南省财政厅牵头制定《洞庭湖总磷污染控制与削减攻坚财政奖补政策（2023—2025 年）》；湖南省农业农村厅办公室印发《关于加强粪污资源化利用打好畜禽养殖污染防治攻坚战的通知》。

2023 年 6 月 2 日，湖南省水利厅修订印发《湖南省水利工程标准化管理评价办法及其评价标准》（湘水函〔2023〕224 号）。

2023年6月13日，湖南省河长制工作委员会办公室印发《关于印发〈湖南省2023年实施河湖长制重点工作任务表〉的通知》（湘河委办〔2023〕4号）。

2023年6月21日，湖南省水利厅、省发展和改革委员会、省财政厅印发《关于推进用水权改革工作的实施意见》（湘水发〔2023〕9号）；湖南省交通运输厅印发《关于开展船舶污染防治“夏季攻势”专项整治行动的通知》（湘交函〔2023〕224号），开启为期100天的船舶和港口污染防治专项整治行动。

2023年7月3日，湖南省水利厅办公室印发《关于加强农村抗旱机井分类管理工作的通知》（湘水办函〔2023〕143号）。

2023年7月11日，湖南省河长制工作委员会办公室印发《关于印发〈湖南省河湖健康评价技术指南（试行）〉的通知》（湘河委办〔2023〕5号）。

2023年7月12日，湖南省河长制工作委员会办公室印发《关于进一步明确河湖健康评价有关事项的通知》（湘河委办〔2023〕6号）。

2023年7月21日，湖南省人民政府出台《湖南省促进水运发展的政策措施》（湘政办发〔2023〕29号），对新建或改建液化天然气、液化天然气柴油双动力、电动、氢能等新能源客货船舶给予奖补。

2023年8月2日，湖南省水利厅、省高级人民法院、省人民检察院、省公安厅、省司法厅出台《湖南省河湖安全保护专项执法行动实施方案》。

2023年8月15日，湖南省水利厅、中国人民银行湖南省分行印发《关于加强湖南省水利基础设施建设投融资支持与服务工作的通知》（湘政发〔2023〕15号）。

2023年8月25日，湖南省河长制工作委员会办公室、共青团湖南省委、湖南省保护母亲河行动领导小组办公室印发《关于深化湖南河小青行动中心工作的通知》（湘河委办〔2023〕7号）。

2023年9月，湖南省农业农村厅办公室印发《关于开展2023年畜禽粪污资源化利用第三方评估工作的通知》；湖南省农业农村厅办公室印发《关于开展畜禽粪污资源化利用信息核实工作的通知》《关于开展规模以下养殖户畜禽粪污处理与资源化利用情况摸底排查的通知》《关于加强规模以下畜禽养殖粪污处理设施配套建设的通知》《关于扎实做好规模以下畜禽养殖污染问题整改销号工作的通知》。

2023年9月13日，湖南省住房和城乡建设厅、省生态环境厅印发《关于进一步加强城市黑臭水体排查整治和监督管理的通知》（湘建城函〔2023〕78号）。

2023年10月11日，湖南省生态环境厅、省发展和改革委员会等5部门印发《湖南省重点流域水生态环境保护规划》（湘环发〔2023〕68号）。

2023年11月，湖南省农业农村厅办公室印发《关于开展畜禽粪污资源化利用整县推进项目省级抽查工作的通知》。

2023年11月10日，湖南省农业农村厅印发《湖南省农业水效提升三年行动方案（2023—2025年）》（湘农发〔2023〕86号）。

2023年11月16日，湖南省工业和信息化厅、省直有关单位印发《湖南省工业水效提升三年行动方案（2023—2025年）》（湘工信节能〔2023〕493号）。

2023年11月28日，湖南省林业局修订出台《湖南省省级重要湿地认定管理办法》（湘林湿〔2023〕10号）。

2023年11月28日，湖南省水利厅、省发展和改革委员会、省财政厅、省工业和信息化厅、省人力资源和社会保障厅、省农业农村厅、中国人民银行湖南省分行、国家税务总局湖南省税务局印发《湖南省节约用水激励政策若干措施》（湘水发〔2023〕22号）。

2023年11月30日，湖南省水利厅、省发展和改革委员会、省财政厅、省科学技术厅、省工业和信息化厅、省住房和城乡建设厅、中国人民银行湖南省分行、省市场监督管理局、省机关事务管理局、国家税务总局湖南省税务局印发《湖南省关于推进合同节水管理实施方案》（湘水函〔2023〕535号）。

2023年11月30日，湖南省住房和城乡建设厅配合省人大出台《湖南省城镇污水管网建设运行管理若干规定》。

2023年12月，湖南省农业农村厅配合湖南省世界银行贷款长江经济带生态环境系统保护修复和绿色发展示范项目管理办公室制定《世行贷款长江经济带绿色发展项目湖南畜禽粪污治理核验方案》《关于做好2023年洞庭湖总磷污染控制与削减项目工作的函》。

2023年12月7日，湖南省水利厅办公室印发《湖南省构建现代化水库运行管理矩阵工作方案》（湘水办函〔2023〕245号）。

2023年12月13日，湖南省住房和城乡建设厅印发《关于开展县以上城镇排水单元管网排查改造管理工作的通知》（湘建城函〔2023〕101号）。

2023年12月26日，湖南省生环委办印发《关于全面开展入河排污口排查整治工作的通知》（湘生环委办〔2023〕43号）。

（曲娜　郭慧　林海　苏樑　袁再伟　王金辉　周亚宾　陈瀚祥　丁佳　邹云伏　呙少轩　伍梓威　林海　戴国雄　刘焱明）

【地方政策法规】 2023年7月21日，湖南省发展改革委、省财政厅、省自然资源厅等12部门印发《关于印发〈湖南省建立健全生态产品价值实现机制实施方案〉的通知》（湘发改长江〔2023〕549号），提出生态产品调查监测、价值评价、经营开发、保护补偿、价值实现保障和推进等"六大机制"，健全完善湖南省绿水青山转化为金山银山政策体系；湖南省发展改革委、省科学技术厅、省工业和信息化厅等6部门印发《关于印发〈关于促进洞庭湖区芦苇生态保护和科学利用的指导意见〉的通知》（湘发改长江规〔2023〕472号），从芦苇生态保护和科学利用两方面提出15项具体政策措施。

2023年9月27日，湖南省水利厅会同省市场监督管理局发布《湖南省小型水库工程标准化管理规程》《大坝安全监测数据通信规约》。

2023年11月3日，湖南省水利厅印发《湖南省取水许可管理实施细则》（湘水发〔2023〕19号）。

（曲娜　戴国雄　呙少轩　伍梓威）

【河湖长制体制机制建立运行情况】

1. 监督检查　2023年，压紧压实河湖长巡查管护责任，湖南省河湖长2023年巡查河湖近140万人次。常态化开展季度暗访检查4次。巩固深化省纪委监委"洞庭清波"常态化监督。（肖通）

2. 考核激励　2023年，加强督导激励，强化河湖长述职考核，动态调整河湖长1 247次；常态化开展年度考核1次；将河湖长制工作纳入省委绩效考核、省政府真抓实干督查激励、领导干部自然资源审计事项内容。（肖通）

3. 幸福河湖建设　2023年度，评选表彰省级"优秀河长湖长""幸福河湖""最美河湖卫士"各50个，充分调动基层积极性，助推湄江入选水利部幸福河湖建设项目，建成1 868个县乡幸福河湖。（肖通）

【河湖健康评价开展情况】 2023年，湖南省明确全省河湖健康评价相关工作要求和技术标准，并将河湖健康评价纳入了年度工作要点和工作评价细则，发布2023年度重点工作任务，确定需要开展健康评价的58条河湖。全省完成了50条河流的健康评价，总长度3 465.65km；8个湖泊的健康评价，水面面积126.54km²。（张恒恺）

【水资源保护】

1. 水资源刚性约束　落实最严格水资源管理制度。完成2023年度落实最严格水资源管理制度自查报告报送，全面完成年度考核目标要求，水资源支撑经济社会高质量发展能力不断提升。加强取水许可管理，截至2023年底，全省共保有16 984张取水许可证，河道外许可水量约275亿m³。加强取用水全过程规范化管理，完成取用水管理和节约用水"双随机、一公开"年度监督检查，规范取用水秩序。加强水资源统计调查评价。完成2023年度用水统计填报核算和名录更新工作，摸清水资源家底。强化地下水管理保护，加强全省抗旱机井取用水管理；持续开展地下水监测通报，地下水取用水量、水位埋深符合年度管控目标要求。提高水资源信息化监管能力，加快取水监测计量体系建设，截至2023年底，全省90%以上河道外许可水量实现在线计量；持续完善湖南省取用水管理政务服务平台功能模块，实现水资源管理主要业务功能在线办理。

（呙少轩　伍梓威）

2. 节水行动　持续推进国家节水行动，完善节约用水顶层设计。开展县域节水型社会和节水载体建设，湖南省2023年新增13个节水型社会达标县（区），建成35家省级公共机构节水型单位，12所节水型高校，34家省级节水型企业，6家节水型园区，20家省级水效领跑者，长沙市长沙县桐仁桥灌区入选2023中国节水十大经典案例，强化节水示范引领作用。加强计划用水管理，实现全省自备水源取水户和公共管网年用水量1万m³及以上工业和服务业单位计划用水管理全覆盖，动态建立全省高校计划用水管理"一台账三清单"，加强重点行业和取用水户管控。推进再生水利用配置，全省再生水年利用量达5.12亿m³，韶山市、洪江市、岳阳市岳阳县等3个县（市）再生水配置利用试点通过国家中期评估，其中韶山市获优秀等次；株洲市持续推进区域再生水循环利用试点，优化水资源配置格局。

（呙少轩　伍梓威）

3. 生态流量监管　2023年，完成春陵水欧阳海水库、溇水蟒塘溪水电站生态流量核定与保障先行先试年度工作任务，强化已建水利水电工程生态流量保障措施。湖南省主要河流44个控制断面生态流量全年稳定达标，国考断面水质优良率达98.6%。省级小水电站生态流量监管系统建成运行，全省应纳入生态流量评价的3 169座电站全部接入省级监管平台，实现在线监管全覆盖。在水利部组织开展的小水电站生态流量在线抽查中被评为优秀等级。

（呙少轩　伍梓威）

4. 全国重要饮用水水源地安全达标保障评估 2023 年，进一步规范饮用水水源地管理，开展县级以上城市集中式饮用水水源名录更新调整，完成年度重要饮用水水源地安全保障达标建设评估，48 处重要饮用水水源地水量、水质基本能得到有效保障，总体情况良好。（呙少轩 伍梓威）

5. 取水口专项整治 湖南省在前期工作基础上，进一步梳理专项整治行动成效经验，2023 年 12 月 4 日，向水利部水资源管理司报送《湖南省取用水管理专项整治行动总结报告》。（呙少轩 伍梓威）

6. 水量分配 2023 年，配合长江委完成长江流域跨省河流水量分配方案编制，涉及湖南省的 10 条跨省河流水量分配方案已全部正式印发。全面完成全省 10 个主要流域和 18 条流域面积大于 1 000km^2 的跨地市主要一级支流水量分配任务，实现跨市（州）河流水量应分尽分。推进跨县（市、区）河流水量分配工作，将跨县（市、区）河流水量分配列入年度水资源工作要点和河湖长制工作评价，全面完成跨县（市、区）河流水量分配工作。

（呙少轩 伍梓威）

7. 小水电生态流量监管 2023 年，湖南省持续将小水电生态流量监管纳入河湖长制、最严格水资源管理制度考核工作内容，强化考核评价。部署开展生态流量监管提升专项行动，指导各地全面复核生态流量，排查生态流量泄放和监测设备设施问题，加大监督检查和执法力度，切实保障水电站生态流量。建立完善小水电“线上+线下”一体监督机制，充分利用小水电生态流量监管系统，实时监控、动态分析生态流量监测数据。加强小水电生态流量现场监督检查，5—11 月委派专家组分赴 14 个市（州）全面开展生态流量核查。11 月，举办全省农村水电综合业务培训班，聚焦小水电生态流量监管、小水电绿色发展等重点工作，进行政策解读、案例分析和技术指导。（胡杰）

8. 水资源改革 2023 年 3 月，湖南省水利厅应用全国水权交易系统在省水利厅官网部署上线“湖南省水权交易大厅”。根据湖南省水权交易大厅统计，2023 年全省水权交易年成交水量达到 1 306.3 万 m^3，首次突破 1 000 万 m^3 大关，年成交金额达到 121.43 万元。其中长沙市长沙县桐仁桥灌区回购节余灌溉用水权 662.3 万 m^3，成交金额 57.03 万元；长沙市南托水厂向望城水厂转让节余取水权 644 万 m^3，成交金额 64.4 万元。郴州市宜章县和临武县完成莽山水库供水水权转让协议签署。（呙少轩 伍梓威）

【水域岸线管理保护】

1. 河湖管理范围划定 2023 年，推进水普名录外河湖划界，新编制水普名录外河湖划界方案 71 个。（郭慧）

2. 岸线保护与利用规划编制 2023 年，推进水普名录外河湖岸线规划 82 个，有力推动河湖岸线分区管控。（郭慧）

3. 采砂管理 2023 年，建成全省河道采砂综合监管系统；落实河道采砂管理责任人，规范实施一湖四水干流采砂规划；持续完善电子采运管理单制度；联合公安、交通运输等部门开展联合行动，全力打击非法采砂。（郭慧）

4. “四乱”整治 2023 年，持续开展河湖“清四乱”常态化规范化，排查发现 1 万余个河湖“四乱”问题，均在 2023 年底前完成整改。（郭慧）

【水污染防治】

1. 排污口整治 湖南省积极贯彻落实《国务院办公厅关于加强入河入海排污口监督管理工作的实施意见》，开展入河排污口排查整治与监督管理工作。2023 年，对全省排污口排查整治工作进行部署，明确分级审批权限划分方案。14 个地级市均已制定实施方案。截至 2023 年底，完成 16 个流域干流及重要支流（水体）、重点湖泊排查，共排查河湖岸线 9 721.4km（干流共约 5 183km），查出入河排污口 11 553 个，其中 11 553 个入河排污口完成溯源，纳入“一口一策”整治清单的共 3 563 个，已完成整治 2 218 个，尚未整治 1 345 个；其他 7 990 个入河排污口未纳入“一口一策”整治清单，属于排查期间已立行立改或无须整改。（刘焱明）

2. 工矿企业污染防治 2023 年，查处环境违法案件 4 929 宗，罚款 2.327 亿元，办理配套办法案件 516 宗，其中查封扣押 100 宗，限产停产 32 宗，移送拘留 291 宗，移送涉嫌污染犯罪 91 宗。（张江）

3. 城镇生活污染防治 推进县以上城市污水管网建设改造攻坚行动，2023 年计划新建改造 800km，截至 2023 年底，完成 868.6km，完成年度任务。2023 年，全省城市生活污水集中收集率达 69.93%，相比 2022 年提高 4.62 个百分点（目标为提高 2 个百分点）。（林海）

4. 畜禽养殖污染防治 2023 年，湖南省畜禽粪污综合利用率达 83%以上，规模场粪污处理设施装备配套率 99.6%，均居全国前列。（丁佳）

5. 水产养殖污染防治 2023 年，有序推进洞庭湖区水产养殖池塘升级改造，全面完成 6.3 万亩改造治理任务。（丁佳）

6. 农业面源污染防治　2023年，湖南省持续推进化肥减量增效，整治农业面源污染，按照“精、调、改、替、管”技术路径，在全省范围内开展化肥减量化行动。（吴远帆）

7. 船舶港口污染防治　全省推行船舶污染物免费接收政策，确保船舶水污染物“应收尽收”闭环管理，鼓励洗舱站与危化品运输企业建立长期合作机制，推动实现“应洗尽洗”，岳阳洗舱站2023年完成船舶洗舱49艘。岸电使用常态化加快推进，全年建成港口岸电设施43套，完成船舶受电设施改造247艘。（周亚宾）

【水环境治理】

1. 饮用水水源规范化建设　2023年，湖南省进一步推进饮用水源保护区“划、立、治”工作，完成1 000个农村千人以上水源保护区规范化建设，开展县级及以上水源保护区突出环境问题排查整治“回头看”，完成1 788处集中式饮用水水源保护区勘界定标。全省地级和县级市在用水源达标率为100%，水源水质持续向好。（周天贤　陈晓峰）

2. 黑臭水体治理　截至2023年底，湖南省全省排查出地级城市和县级城市建成区黑臭水体分别为193个、55个，分别整治184个、35个，消除比例分别达到95.3%、63.6%，达到国考目标要求。（林海）

3. 农村水环境整治　2023年，湖南省共实施2批水系连通及水美乡村建设试点县项目4个，分别是第三批的益阳市资阳区和郴州市北湖区、第四批的怀化市芷江县和株洲市醴陵市，其中第三批的项目已全面完成建设任务，第四批的项目已完成年度建设任务。4个试点县项目总投资14.8亿元，2023年完成投资7.17亿元，完成中央投资1.78亿元，地方配套资金5.39亿元，改造塘坝163处，治理农村河道81.05km，有效提升沿河、沿湖周边居民的宜居环境和幸福指数，促进农村水资源、水生态、水文化、水经济融合发展。

2023年，湖南省持续开展农药包装废弃物回收处理试点，建成农药包装废弃物回收站点27 285个，归集贮存站449个。（彭一航　李拥兵）

4. 水库除险加固　2022年实施的1 018座小型水库除险加固项目全面完成主体工程完工验收，竣工验收率达到99%。2023年实施的1 171座小型水库除险加固基本完成主体工程建设，投资完成率达90%以上。（戴国雄）

【水生态修复】

1. 生态补偿机制建立　2023年7月，湖南省人民政府办公厅发布《关于深化生态保护补偿制度改革的实施意见》（湘政办发〔2023〕24号）。提出建立占用补偿、损害赔偿与保护补偿协同推进的生态环境保护机制。推动土地、矿产等资源的占用补偿，强化耕地开垦费征收及占补平衡指标交易，建立占用耕地、林地、湿地、草原、河道、农用地等各类自然生态空间的占用补偿制度。（左双苗　苏樑）

2. 水土流失治理　2023年，湖南省加强水土流失预防保护，协同推进水土流失综合治理，全省新增水土流失治理面积1 844.49km²。按投资渠道分：水利部治理水土流失面积335.67km²，发展改革等国家部委治理水土流失面积1 331.10km²，地方各级政府治理水土流失面积46.60km²，社会力量治理水土流失面积131.12km²。（左双苗）

3. 生态清洁型小流域建设　2023年，湖南省新增生态清洁小流域23个，水土保持率提升至86.48%。（左双苗）

4. 流域治理　2023年，湖南省持续推进洞庭湖总磷攻“7+1”行动计划。结合污染防治攻坚战“夏季攻势”，以项目为载体，持续推进农业农村污染防治、城镇生活污水收集处理等7项重点任务和“禁磷限磷”专项行动，完成349个重点整治项目。加快实施重点攻坚方案，按照“一湖（河）一策”的要求，推动地方落实落细东洞庭湖、大通湖等14个重点水体总磷达标方案。根据监测，2023年，洞庭湖湖体总磷浓度为0.054mg/L（优于国家0.07mg/L的考核要求），西、南洞庭湖水质分别连续3年、2年达到Ⅲ类。（苏樑）

【执法监管】

1. 河湖日常监管　2023年，建立健全省级河长办协作机制和“河长办+部门”“河湖长+警长”“河湖长+检察长”等协作机制，完善基层“一办两员”（河长办、办事员、巡护河员）体系建设，强化河湖长述职考核制度。完善河湖视频动态监管系统，对重点河湖实行视频实时监测全覆盖。省、市、县各级全面配备无人机开展日常巡查，有效提升日常监管成效。（肖通）

2. 联合执法　2023年8月25日，湖南省水利厅组织开展长株潭湘江流域打击非法采砂跨区域联动执法实兵演练。10月16—18日，省水利厅举办了第二期全省水行政执法骨干培训班。11月7日，省水利厅联合省人民法院、省人民检察院、省公安厅、省司法厅5部门，召开全省河湖安全保护专项执法行动进展调度会，成立专班，及时调度进展，持续推进专项执法行动。全省共出动执法人员 73 599 人次，累计巡查河道长度 63.7 万余 km，累计搜集排查问题线索 571 条，查处河湖案件 331 件，同步办理生态损害赔偿案件 70 起，强力打击了各类涉河涉水违法行为，形成强大的打击震慑声势，有效捍卫河湖水事秩序，保护河湖安全。

2023 年，湖南省公安机关充分发挥职能作用，以“生态三湘 2023”专项行动为统领，以打开路、以打促防，重点打击非法采矿采砂、非法捕捞水产品犯罪，依法严厉打击整治长江流域各类突出违法犯罪活动，全年共侦破涉河湖案件 842 起，移送起诉 1 922 人，打掉犯罪团伙 54 个，收缴渔船 44 艘、渔获物 10 079kg、河砂 1.97 万 t；沅江市公安局侦办“郭某等人非法捕捞水产品案”入选公安部典型案例；出动警力 8 500 余人次，会同农业农村、水利等部门开展联合执法 1 937 次，召开联席会议 27 次。（袁再伟　谭力豪）

3. 涉码头船舶执法　2023 年 6 月，开展为期 100d 的专项整治行动，行动期间，湖南省共出动执法人员 9 586 人次，开展船舶防污染监督检查 10 894 艘次，查处船舶防污染类违法行为 35 起，有效防治偷排漏排等违法违规行为。（周亚宾）

4. 涉禁捕退捕执法　2023 年，湖南省农业农村部门持续开展渔政“亮剑”等系列执法行动，加强非法捕捞多发高发时段和洞庭湖、重要水生生物栖息地等重点区域管控，严厉打击“电毒炸”“绝户网”等各类非法捕捞行为，持续加强枯水季节渔业资源和长江江豚保护工作，全省禁渔秩序持续向好。全省共出动渔政执法人员 57 万余人次、执法车辆 12 万余辆次、执法船艇 4.6 万艘次，开展联合执法行动 6 108 次，取缔涉渔“三无”船舶 2 074 艘，查办违法违规案件 3 109 件。（丁佳）

【水文化建设】　湖南省全面完成 2023 年度 18 家水利风景区复核自查、抽查及现场核查等工作，下发问题整改清单，推进景区管理提质升级，撤销娄底市雷锋山—四方湖省级水利风景区；举办全省水利风景区建设与管理培训班，开展国家、省级水利风景区申报评审，新增株洲市醴陵市渌江瓷城省级水利风景区；长沙湘江水利风景区入选 2023 年度水利部 10 大标杆景区，省洞庭湖水利事务中心获水利部“水美中国”专题赛优秀组织奖。截至 2023 年底，湖南省已有 95 家水利风景区，包括 43 家国家水利风景区，52 家省级水利风景区。

醴陵市渌江瓷城水利风景区
（醴陵市水利局　供图）

2023 年，湖南省按照省委、省政府和水利部的要求，积极推动水文化建设。加强湖南省水文化研究会建设，完成 14 个市（州）代表处授牌并正式运行。开展首批湖南省水利工程遗产认定申报。开展澧县水文化资源调查试点，理清澧县水文化资源脉络，形成澧县水文化资源名录 2 218 项。开展城头山—鸡叫城史前水利工程遗址的发掘和考古研究。开展湖南三峡外迁移民发展研究、犬木塘工程文化价值研究。

2023 年 2 月 27 日，召开“湖南水文化建设”项目研究成果验收会。5—8 月，湖南省水文中心在主题教育调研阶段，确定“让湖南水文文化遗产活起来——湖南水文文化遗产现状典型调查及利用对策研究”的调研课题，以长沙水文站、“湘长 8201”公务船、郴州市苏仙区飞天镇凤形山水文崖刻等水文文化遗产为重点调研对象，形成调研成果。5 月 25 日，湖南省水文中心、长沙理工大学、湖南省郴州水文中心联合申报“凤形山水文崖刻利用研究”课题，挖掘凤形山水文崖刻水文科学价值，提出崖刻保护利用与对策建议。2022—2023 年开展全省水利遗产调查，形成《湖南水利遗产名录》，收录 1 002 个水利遗产基本信息。对“湘长 8201”公务船按修旧如旧的原则进行修复，2023 年，深入挖掘公务船所承载的文化内涵并展示。2023 年，长沙水文站获评水利部第一批百年水文站，深入挖掘其蕴藏的时代价值和文化精髓，并向社会展示。

（石佳　向往　李兰）

【数字孪生水利建设】

1. “水利一张图”　2023 年，湖南省加强涉水数据整理，整合水利基础、业务、风险隐患和外部共享数据，加快构建“一数一源”数据汇聚共享机制。持续完善“水利一张图”，完成河流、湖泊、采砂分区、“一江一湖四水”规划和河湖划界成果等上图展示，形成底图服务接口，为湖南省智慧河长平台等业务应用建设提供地图服务支撑，提升图层资源集约共享水平。基于湖南省智慧水利综合展示平台开发保护利用模块，充分整合河湖管理信息化建设成果，为河湖管理决策指挥提供有力支撑。（黄旺星）

2. 河长 App　2023 年，完成巡河 App 中巡河板块功能的研究开发，辅助各级河湖长开展河湖巡查 2023 年累计巡查 61 万余次，累积巡河里程达 316 万余 km，累计解决河湖问题 7 200 余个。（张恒悦）

3. 数字孪生　2023 年，湖南省积极推进数字孪生浏阳河和数字孪生欧阳海灌区水利工程先行先试建设。在数字孪生浏阳河建设中，深入推进雨水情监测预报“三道防线”建设，利用湘东暴雨区浏阳河、捞刀河流域建设的 3 部水利测雨雷达，耦合雷达测雨及气象部门降雨滚动预测成果和自然资源部门高精度遥感地理信息，形成逐小时 2.5km 网格降雨数据和多模式降雨数值预报对比成果，通过海量多源异构数据的科学解析、模型集成与多业务有机融合，实现了短历时、高强度中小河流洪水全过程在线推演和三维立体仿真展示。2023 年，在浏阳河支流圭塘河开展 3 次洪水预警应用，提高洪水预报精度 7 个百分点，延长预见期 1h，为山洪灾害和洪水预警到村到户到人的精准靶向服务提供有力支撑。在水利部组织的总结验收中，数字孪生浏阳河建设被评为全国数字孪生水利建设候选样板。（黄旺星）

4. 河湖长信息系统　2023 年，湖南省持续推进“智慧河长”平台建设研究，基本确定“1121”总体构架（全信息智慧河湖一张图、全要素河湖管理数据库、全链条河湖长制工作平台和全方位河湖长决策辅助支持平台、全时段河湖感知监测网），并进行基础测试开发。（张恒悦）

5. 卫星遥感　2023 年，省级统一安排资金，采用省、市、县协同模式，实现全省水普名录内河湖卫星遥感动态监测全覆盖，运用图斑快递系统，形成问题整改闭环运行工作机制，为日常监管工作提供动态、客观、准确的基础数据，大幅降低河湖日常巡查监管的压力，使巡查监管更具针对性。

（朱萌）

广东省

【河湖概况】

1. 河湖数量　广东省地处珠江流域下游，境内河流众多，主要有东江、西江、北江、韩江和鉴江等，共有河流 2.4 万条，总长度为 10.3 万 km。其中流域面积为 $50km^2$ 及以上的河流 1 233 条。全省共有湖泊 156 个，常年水面面积合计 $81.75km^2$。其中常年水面面积大于 $1km^2$ 的湖泊有 15 个，总面积 $61.6km^2$。（黄武平　徐靖　熊达易　李键铭）

2. 水量　2023 年，广东省地表水资源量 1 946.3 亿 m^3，较 2022 年减少 12.1%，较多年平均值偏多 6.1%；全省大、中型水库年末蓄水总量 198.5 亿 m^3，较年初增加 8.5 亿 m^3。

（黄武平　徐靖　熊达易　李键铭）

3. 水质　2023 年，广东省 149 个地表水国考断面的水质优良率达 91.9%，较 2022 年下降 0.7 个百分点；270 个省考断面的水质优良率达 91.4%，较 2022 年下降 0.8 个百分点。

（黄武平　徐靖　熊达易　李键铭）

4. 新开工水利工程　2023 年，广东省无新开工的省级水利工程，各市、县新开工项目共 1 108 个。截至 2023 年底，广东省共有 7 596 座水库，其中大型水库 41 座、中型水库 337 座、小型水库 7 218 座。

（黄武平　徐靖　熊达易　李键铭）

【重大活动】　2023 年 1 月 10 日，广东省全面推行河长制工作领导小组对部分省级河长进行调整，在省主要媒体上公布省级总河长、副总河长和五大河流（流域）、潼湖省、市、县级河长湖长名单。

2023 年 3 月 22 日，广东省全面推行河长制工作领导小组办公室（简称“广东省河长办”）、省水利厅、省总工会、省妇女联合会、共青团广东省委员会联合向社会公布“2022 年寻找广东最美河湖卫士”主题实践活动的结果，共寻找到 100 名“广东最美河湖卫士”，包括 10 名“广东十大最美河湖卫士”、90 名“广东最美河湖卫士”。

2023 年 3 月 31 日，广东省河长办正式启动广东万里碧道总体规划实施中期评估工作。

2023 年 4 月 4 日，广东省委书记、省第一总河长前往潮州调研，实地考察了广济桥、韩江一江两岸（碧道）及韩江流域综合治理情况。

2023 年 4 月 17 日，第四届“守护幸福河湖”短视频征集活动颁奖暨第五届启动仪式在四川省成都市举行，广东省河长办副主任、省水利厅副厅长代表广东作典型发言。

2023 年 4 月 21 日，汕头市莲阳河成功入选水利部第二批幸福河湖建设名单，成为继广州市南岗河以来广东省第 2 条入选全国幸福河湖建设项目的河流。

2023 年 4 月 25 日，水利部在广州市召开全国幸福河湖建设工作座谈会，交流幸福河湖建设工作经验，讨论幸福河湖建设成效评估指标体系，安排部署下一阶段幸福河湖建设工作。

2023 年 5 月 1 日，广东省河长办指导开展的首站“广东万里碧道铁人三项赛”系列赛事在佛山市三水区云东海举行，赛事充分发挥万里碧道综合效益，促进区域经济社会发展。

2023 年 5 月 16 日，经广东省水利厅认定，深圳市东江水源工程东江取水口、光明湖成为广东省首批省级水利风景区。

2023 年 5 月 28 日，广东省河长办指导开展的第二站“广东万里碧道铁人三项赛”系列赛事在东莞市同沙水库顺利举行。

2023 年 5 月 31 日，由广东省河长办指导，广东省水利水电科学研究院河湖长制研究院发布《广东河湖亲水指数指标体系研究报告》，并同步上线“粤亲水·粤爱水——广东省‘亲水指数’推广平台”，支撑亲水乐水载体建设，强化亲水乐水活动指引。

2023 年 6 月 1 日，广东省在广州市召开全省河湖长制林长制工作会议。会议总结广东省河湖长制林长制工作，研究部署当前和今后一个时期治水治林工作，明确提出要“以走在前列的标准要求深入推进治水治林工作，打造幸福河湖，建设绿美广东”，努力推动广东生态文明建设迈上新台阶。

2023 年 6 月 6 日，广东省河长办开展湛江市小水池数据普查培训和推动相关工作，累计采集到 1.8 万余条记录，小水池总容积超过 10 000 万 m^3。相关数据应用于雷州半岛百库千塘万池输水储水网络“一张图”，获得省委主要领导高度肯定和批示。

2023 年 6 月 14 日，广东省委书记、省第一总河长在书记专题会议上首次提出“碧带”这一概念，指出要以万里碧道建设带动实施水面整治、沿岸绿化、道路建设综合一体的碧带建设。

2023 年 6 月 29 日，经省河长制办公室主任会议研究审议通过，在全省部署开展“10＋2”水经济试点建设工作。

2023 年 6—7 月，水利部举办 2023 年度强化河湖长制网上专题班，广东省河长办副主任、省水利厅副厅长作为授课老师获邀为全国市、县级河湖长分享智慧河湖建设经验。

2023 年 8 月 7—9 日，广东省水利厅组织央媒、省媒前往广州、佛山、肇庆、江门、河源等市开展水经济试点媒体深度采访调研，聚焦水经济，做透“水文章”，营造推进水经济发展的良好社会氛围。

2023 年 8 月 18 日，经广东省第一总河长、省总河长审定，省全面推行河长制工作领导小组向各地级以上市党委、政府、各地级以上市河长湖长和各成员单位通报了 2022 年度全面推行河湖长制工作考核结果，并向全社会公布。

2023 年 9 月 13 日，广东省水利厅召开全省出海水道与河道水域非法洗砂洗泥问题整改工作推进视频会议，通报全省整改工作进展及下一步整改重点，广州、珠海、佛山、东莞、中山、江门等 6 市汇报整改工作进展情况。

2023 年 9 月 21 日，广东省河长办召开省出海水道与河道水域非法洗砂洗泥问题整改工作领导小组会议，部署推进整改工作。

2023 年 10 月 11 日，广东省委书记、省第一总河长到肇庆市广宁县调研“10＋2”省级水经济试点之一的“翡翠湾”绥江碧道文旅项目，实地考察了解江岸生态修复和碧道沿线旅游开发工作，并提出有关要求。

2023 年 10 月 17 日，广东省委书记主持召开省委常委会会议，首次明确提出利用冬春时节开展水塘河道清淤工作。

2023 年 10 月 19—20 日，水利部河长办对广州市南岗河幸福河湖建设成效开展复核评估工作。南岗河成为全国首个通过水利部幸福河湖建设成效评估的幸福河湖建设项目，为广东省幸福河湖建设树立了标杆，为全国幸福河湖建设提供了广东样板。

2023 年 11 月 1 日，广东省委书记、省第一总河长主持召开第 25 次书记专题会议，明确由省水利厅负责牵头推进河湖水岸绿化工作；广东智慧河长服务项目通过省政务服务和数据管理局验收前符合性审查，完成验收，并正式投入使用。

2023 年 11 月 12 日，广东省河长办指导开展的第三站“广东万里碧道铁人三项赛”系列赛事在肇庆市鼎湖区砚阳湖举行。

2023 年 11 月 17 日，广东省政府办公厅印发文件，部署利用冬春时节开展水塘河道清淤工作，提出清淤 6 条措施。

2023 年 11 月 21 日，广东省迎接 2023 年度国家实行最严格水资源管理制度考核以及冬春时节水塘河道清淤工作电视电话会议在广州市召开。会议听取了全省落实最严格水资源管理制度和节水行动进展有关情况的汇报，部署了 2023 年度广东省迎接国家实行最严格水资源管理制度考核以及冬春时节水塘河道清淤有关工作。

2023 年 11 月 22—23 日，广东省水经济暨水利风景区工作座谈会在佛山市顺德区召开。会议总结水经济试点及水利风景区工作经验成效，研究部署下一阶段重点工作任务，并邀请水利部河湖保护中心、国务院发展研究中心专家（线上参会）、各省直部门（单位负责同志）及 20 多家水经济相关国企、民企代表参会，畅谈水经济发展现状，为广东水经济发展建言献策。

2023 年 12 月 2—3 日，2023 中国桨板球公开赛在广州市白云湖国家水利风景区举办，比赛由国家体育总局主办，广东省河长办指导。

2023 年 12 月 5 日，广州市增城区增江画廊水利风景区入选 2023 年度国家水利风景区高质量发展典型案例名单。

2023 年 12 月 22 日，广东省河长办再次召开省出海水道与河道水域非法洗砂洗泥问题整改工作领导小组会议，部署加快推进整改工作。

截至 2023 年底，广东省累计建成碧道 6 278km，其中 2023 年度建成碧道 1 064km，超额 33% 完成 2023 年度碧道建设任务。　　（林冰莹　范泽璇）

【重要文件】　2023 年 2 月 20 日，广东省河长办印发《关于印发〈2023 年度万里碧道建设任务清单〉的通知》（粤河长办〔2023〕10 号）。

2023 年 3 月 22 日，广东省河长办、省水利厅、省总工会、省妇女联合会、共青团广东省委员会印发《关于“2022 年寻找广东最美河湖卫士”主题实践活动的通报》（粤河长办函〔2023〕18 号）。

2023 年 3 月 31 日，广东省河长办印发《关于开展广东万里碧道总体规划实施中期评估工作的通知》（粤河长办函〔2023〕20 号）。

2023 年 4 月 11 日，广东省河长办印发《广东省 2022 年度全面推行河长制湖长制工作和水土保持目标责任考核工作方案》（粤河长办〔2023〕20 号）。

2023 年 4 月 29 日，广东省河长办印发《广东省 2023 年实施河湖长制工作要点》（粤河长组〔2023〕3 号）。

2023 年 5 月 16 日，广东省水利厅印发《关于认定深圳市东江水源工程东江取水口、光明湖省级水利风景区的通知》（粤水河湖长函〔2023〕676 号）。

2023 年 5 月 22 日，广东省第一总河长、省总河长共同签发《关于印发〈广东省河湖长制监督检查办法〉的令》（广东省总河长令〔2023〕1 号）。

2023 年 5 月 29 日，广东省河长办印发《关于出海水道与河道水域非法洗砂洗泥问题整改工作情况的报告》（粤河长办〔2023〕35 号）。

2023 年 5 月 30 日，广东省河长办印发《广东省河湖长制监督检查发现问题分类标准》、《广东省河湖长制监督检查约谈和通报标准》（粤河长办〔2023〕36 号）。

2023 年 6 月 29 日，广东省河长办印发《广东省水经济试点建设工作方案》、《广东省水经济试点主要业态工作指引（试行）》（粤河长办〔2023〕37 号）。

2023 年 7 月 5 日，广东省水利厅印发《广东省汕头市莲阳河幸福河湖建设实施方案》（粤水河湖长〔2023〕1 号）。

2023 年 7 月 13 日，广东省水利厅印发《关于印发〈贯彻落实深入推进绿美广东生态建设工作方案〉的通知》（粤水河湖长〔2023〕2 号）。

2023 年 8 月 24 日，广东省全面推行河长制工作领导小组印发《关于 2022 年度全面推行河长制湖长制工作考核情况的通报》（粤河长组〔2023〕4 号）。

2023 年 9 月 18 日，广东省河长办印发《关于简化万里碧道省“十廊”项目合规性审查报告报批流程的通知》（粤河长办函〔2023〕66 号）。

2023 年 9 月 20 日，广东省水利厅印发《关于碧带建设工作思路及进展情况的报告》（粤水河湖长〔2023〕3 号）。

2023 年 11 月 15 日，广东省河长制办公室印发《关于推动开展志愿服务组织助管碧道模式的通知》（粤河长办函〔2023〕86 号）。

2023 年 11 月 17 日，广东省政府办公厅印发《广东省人民政府办公厅关于利用冬春时节开展水塘河道清淤工作的通知》（粤办函〔2023〕309 号）。

2023 年 11 月 23 日，广东省水利厅印发《关于落实开展水塘河道清淤工作有关事项的函》（粤水河湖长函〔2023〕1606 号）。

2023 年 12 月 30 日，广东省水利厅印发《关于报送〈广东万里碧道总体规划实施中期评估报告〉的报告》（粤水河湖长〔2023〕6 号）。

（林冰莹　范泽璇）

【地方政策法规】　2023 年 8 月 23 日，广东省水利水电行业协会发布《广东省河湖健康评价导则》（T/GDWHA 0013—2023）。

2023 年 11 月 9 日，广东省水利厅印发《广东省水利厅关于河道管理范围内涉及采砂特定活动的管理规定》（粤水规范字〔2023〕2 号）。

（黄锋华　严纬粤）

2023 年 12 月 20 日，广东省委办公厅、广东省政府办公厅修订出台党内规范性文件《广东省全面推行河湖长制工作考核方案》（粤办发〔2023〕30号）。

（黄锋华　严纬粤）

【河湖长制体制机制建立运行情况】

1. 监督检查　广东省河湖长制工作于2018—2022年度连续5年获得国务院督查激励，是全国获此殊荣的2个省份之一。

广东省委、省政府高规格召开全省河湖长制林长制工作会议，全面部署纵深推进河湖长制工作。将“建设幸福河湖”“打造绿色水经济新业态”写入广东省《政府工作报告》。省委书记专题会、省政府常务会议多次研究涉河湖管理问题。2023年，省级河湖长专门批示89次，省、市、县三级发出河长令41件，省、市、县、镇、村五级河湖长巡查河湖279万次，发现问题14.3万个，落实整改问题约14.2万个，整改率99.33%。

2023年，省级双总河长共同签发《关于印发〈广东省河湖长制监督检查办法〉的令》（广东省总河长令〔2023〕1号），全面建立“查、认、改、责”闭环管理的监督检查机制。广东省河长办开展“全覆盖”暗访检查，有效解决群众投诉问题。广东省委办公厅、省政府办公厅修订出台《广东省全面推行河湖长制工作考核方案》，进一步完善全省纵向到底、横向到边、责任到个人的河湖长制考核体系。顺利完成2022年度河湖长制工作考核，首次开展对地级以上市河湖长个人履职考核，考核结果在全省通报，作为党政领导干部和有关单位领导班子综合考评的重要依据。率先在珠江流域建立省级“水行政执法+检察公益诉讼”协作机制。广东省河长办出台河湖长公示牌规范设置指引，开展规范设置专项行动，推广应用“广东智慧河长”平台，以多种形式畅通监督渠道。

（林冰莹　陈婉莹　黄锋华　陈仲成）

2. 幸福河湖建设　广州市南岗河完成全国首批幸福河湖建设任务并顺利通过水利部复核评估，探索出高度城市化地区小流域打造幸福河湖的新路径。推动汕头市莲阳河成功入选全国第二批幸福河湖建设试点，截至2023年底，项目建设进度超过既定目标，中央资金对应的建设任务全部完成。谋划申报广州市派潭河、湛江市大水桥河、云浮市大南河纳入全国第三批幸福河湖建设储备项目。全国幸福河湖建设座谈会在南岗河成功举办。

（林冰莹　陈婉莹　黄锋华　陈仲成）

3. 碧道碧带建设　截至2023年底，广东省累计建成碧道6 278km，新增水质优于Ⅲ类（含Ⅲ类）河长579.7km，生态岸线2 216.7km，绿化面积约7.95万亩，慢行道5 639.2km，特色资源点数量2 439个，万里碧道已成为广东亮丽的水生态名片。其中2023年新增碧道建设1 064km，完成年度任务的133%。完成广东万里碧道总体规划实施中期评估工作，推动制定《碧道工程规划设计导则（地方标准）》。强化碧道运行管护，推动120余条碧道建立志愿服务组织助管模式。探索打造绿美碧带，编制《广东省碧带建设思路研究报告》，在全省部署开展绿美碧带建设。

（林冰莹　陈婉莹　黄锋华　陈仲成）

4. 绿色水经济发展　2023年，广东省河长办会同广东省政府办公厅开展水经济新业态发展专题调研，形成《推动水经济新业态发展调研报告》。广东省河长办印发《广东省水经济试点建设工作方案》《广东省水经济试点主要业态工作指引（试行）》，部署开展“10+2”省级水经济试点建设，推动水上运动、水系旅游、水文旅文创、滨水休闲康养、优质水开发利用等业态发展，项目总投资超100亿元。截至2023年底，完成投资22亿元。谋划新业态项目253个，总投资超500亿元，水经济呈现蓬勃发展的良好态势。广东省河长办在佛山市顺德区召开全省水经济暨水利风景区工作座谈会，交流好经验好做法。积极推动成立水经济促进会，开展水经济统计口径、水生态产品价值核算等研究，探索水生态产品价值实现机制。

（林冰莹　陈婉莹　黄锋华　陈仲成）

第一批国家级幸福河湖——广州市南岗河

（莫立强　拍摄）

5. 引导民众参与共治共享　2023年，广东省护河志愿者注册人数达104万人，提前2年实现百万计划目标。广东省河长办、省水利厅、省总工会、省妇联、团省委通报《广东百名最美河湖卫士名

第二批国家级幸福河湖——汕头市莲阳河（林灿维　拍摄）

单》。广东省河长办先后开展广东“益苗计划”护河类项目评选、绿色水经济融媒大直播等社会活动，举办佛山市云东海、东莞市同沙水库、肇庆市砚阳湖等3场高规格专业化“万里碧道铁人三项赛”系列赛事活动。引导各地积极开展“河小青”巡河护河志愿活动，在冬春时节广泛发动党员、团员、群众、企业参与河道水塘清淤工作；120多条碧道建立志愿服务助管模式；积极探索企业河长制度，云浮市建立企业认养河湖制度，制订“企业河湖长‘1+4’”文件。持续加大培训力度，茂名市创建4所“河湖长制”教育示范学校，河源市成立民间河长培训实践基地，培养河长式公民，培育爱河护河民间力量。（林冰莹　陈婉莹　黄锋华　陈仲成）

佛山市东平水道碧道（王澍　拍摄）

【河湖健康评价开展情况】 2023年，广东省河长办组织对2.4万个河湖名录和5551个河湖档案对象进行更新。组织编制了《广东省河湖健康评价技术指引（2023年修订版）》。2023年度广东省共开展105条河流的健康评价工作，其中市级河流8条，县级及以下河流97条。一类河湖（非常健康）1个，占比0.95%；二类河湖（健康）74个，占比70.48%；三类河湖（亚健康）28个，占比26.67%；四类河湖（不健康）2个，占比1.9%；五类河湖（劣态）0个。（黄武平）

【“一河（湖）一策”编制和实施情况】 2023年，广东省已完成581条河流对象（市级41条、县级540条）“一河一策”方案滚动编制工作，已完成85个湖泊对象（省级1个、市级5个、县级79个）“一湖一策”方案滚动编制工作。（黄锋华）

【水资源保护】 广东省全面落实最严格水资源管理制度，严格落实用水总量和强度双控，着力全力推进河湖生态环境复苏，以用水总量管控为抓手，全面落实“四水四定”，促进提升水资源集约节约利用能力和水平。2023年，广东省在保持经济社会持续高质量发展的同时，全面超额完成国家下达的水资源管理“三条红线”约束性指标任务，在2022年度国家考核中再获优秀等次，实现“十四五”两连优。

1. 水资源刚性约束　2023年，扎实有效管控“区域+流域”“地表+地下”水资源刚性约束指标，严格落实目标任务，组织深化实施14条跨市、40条跨县级江河水量分配，有效落实《广东省地下水管控指标方案》。2023年，在保持经济社会持续稳定发展的同时，广东省用水总量控制在400.4亿m^3，万元地区生产总值用水量、万元工业增加值用水量分别较2020年下降15%、21%，农田灌溉水有效利用系数提高至0.535，重要江河湖泊水功能区水质达标率达到87.8%。（韦艳莎　刘学明）

2. 节水行动　2023年，广东省全面推进节水型社会建设，水资源集约节约利用水平持续提升。广东省新增建成19个（累计62个）节水型社会达标县（区），提前完成国家“十四五”的任务要求；新增建成18所节水型高校、2个省级节水教育社会实践基地；新增建成25个节水型标杆企业、3个标杆园区；重点高耗水行业累计建成264个节水型企业。2023年，广东省开展节水优先战略与策略研究。签订首笔“节水贷”融资服务协议（首笔节水领域知识产权质押融资项目），走出一条用金融“活水”促进节水产业发展的新路子。引导和推动合同节水管理，全省新增合同节水管理项目15宗，吸引社会投资1147.13万元，合同期内预计节水量745.72万m^3，平均节水率14.35%，直接经济效益2182.47万元。连续两届举办节水产业创新发展大会。汇编推广100个节水行动优秀案例。打造全国首个节水体验实验室，开展“节水中国行，实践看广东”主题采访报道活动。“节水在身边”短视频大赛中，广东获奖作品数量连续两届居全国首位，广东省水利厅获评“节水中国 你我同行”优秀组织单位。

（韦艳莎 刘学明）

3. 生态流量监管 2023年，全面完成重点河湖生态流量目标确定工作任务，组织深化实施鉴江、榕江等13条省级重点河湖共计13个管控断面生态流量目标及保障实施方案，有效保障市、县两级共106条河湖190个管控断面的生态流量目标。完成已建水利水电工程生态流量核定与保障先行先试工作年度任务。广东省鉴江、潭江、榕江流域共26个已建大中型水利水电工程纳入先行先试名录。将生态流量目标纳入各流域年度水量调度计划，加强日常监督管理，充分利用信息化手段强化生态流量监测预警，建立生态流量监测月报机制，健全“调度-评估-反馈”的闭环管理机制。

（韦艳莎 刘学明）

4. 全国重要饮用水水源地安全达标保障评估 2023年，完成全国重要饮用水水源地安全达标保障评估，水源地安全保障水平不断提高。全省71个在用水源地在水量、水质、监控和管理方面均达到安全保障标准。积极创新合作机制和方式，推动县级以上水源保护区规范化建设在全国重要饮用水水源地管理中发挥积极作用。（韦艳莎 刘学明）

5. 取水口专项整治 2023年，强化和规范取水许可管理，印发实施《广东省取水许可管理实施细则》，在全国率先完成取水口标识版权登记，严查超许可取水等违法违规行为。严格水资源论证和取水许可管理，2023年全省共开展14项规划水资源论证，完成848宗建设项目水资源论证和12项水资源论证区域评估工作，核减不合理取水量1 719万m^3。持续推进取水监测计量体系建设，规模以上取水口基本实现取水在线监测，建立1.18万个取水计量动态台账，印发《广东省水利厅关于规范取水计量异常数据处理工作的通知》，完善取水计量数据质量管控机制。积极提升用水统计调查能力水平，建成超9 100户用水统计调查对象名录，建立全省取水量动态台账，编制印发小型灌区、潮排潮灌区用水量及鱼塘补水量推算技术指引，科学核算农业用水量。完成覆盖全省各地的水资源管理监督检查，抽查项目超过1.65万宗，并发布监管信息通报，形成“横向互通、上下齐动”的工作格局。深入落实水资源有偿使用制度，2023年全省共计征收水资源费35.89亿元，水资源费连续5年征收总额超30亿元，位居全国前列。（韦艳莎 刘学明）

【水域岸线管理保护】

1. 河道管理范围划定 2023年，在划定1 212条3.98万km流域面积50km^2以上河道管理范围的基础上，推动完成约5.5万km流域面积50km^2以下河道管理范围划定，基本实现全省16 738条9.45万km河道管理范围划定全覆盖。（凡士成）

2. 岸线保护与利用规划编制 推进50～1 000km^2河道水域岸线保护与利用规划编制，科学规划流域面积50km^2以上河道岸线功能区，严格分区管理和用途管制，强化岸线保护和节约集约利用，保障可持续发展。截至2023年底，已完成121条。2023年依法依规受理审批涉河建设项目138宗，对其中不符合规定的2宗项目方案，通过投入约2.4亿元采取补救措施完善方案。（凡士成）

3. 采砂管理 2023年，广东省在全国率先出台《广东省水利厅关于河道管理范围内涉及采砂特定活动的管理规定》，有效促进涉及采砂特定活动实施和管理的规范化、制度化。完成《广东省河道采砂管理条例》第二次修正。全面落实并公告134个重点河段、敏感水域采砂管理责任人。全面实施河道采砂许可电子证照，批准省主要河道2024年度计划采区2个、河砂开采量146.7万m^3。（凡士成）

4. “四乱”整治 持续使用、完善“广东智慧河长”信息化系统，应用卫星遥感技术，对2 654km的省主要河道岸线进行常态化监测，持续加强河湖监管能力。2023年发现“四乱”问题2 384个，完成整治2 327个。按期完成水利部下发的64 155个河湖疑似问题图斑复核，确认河湖“四乱”问题3 766个，全部按期整改销号。全省累计清理违规侵占河湖的建筑物面积约201万m^2，腾退被侵占的河湖管理范围面积约190万m^2，清理非法占用河湖岸线长度331km，清理河道乱堆垃圾废物等23.7万t。进一步遏制河湖“四乱”增量，强化河湖水域岸线保护。（凡士成）

【水污染防治】

1. 排污口整治 2023年，根据广东省人民政府印发的《广东省入河入海排污口排查整治工作方案》（粤办函〔2022〕327号），广东省全面推动入河排污口“查、测、溯、治、管”工作，推动各市启动入河排污口全面排查和4 015个问题排污口整治工作。截至2023年底，已完成整治3 958个，完成率98.6%。严格执行入河排污口设置审批，建立重点监管入河排污口名录，实行全省入河排污口信息化动态管理。（熊达易 周阳 胡朝华 李鹤高）

2. 工矿企业污染防治 2023年，广东省21个地级以上市和204个县（市、区、镇）生态环境部门全部实施污染源日常环境监管“双随机、一公开”。全省纳入随机抽查范围的排污单位共计55.4万家，建设项目15.6万个。截至2023年底，全省通过“双随机”共检查企业7.6万家次，发现问题企业4 000余家次。

积极部署重点排污单位安装联网工作，逐步扩大监控范围。截至2023年底，已安装联网至国发平台的重点单位5 343家，监控点8 834个，均已纳入生态环境部考核范围。加强国控重点污染源在线监控系统平台的运维工作，2023年全省重点排污单位在线监控数据即时有效传输有效率97.82%，补全有效传输率97.66%。严格落实“日预警”“周督办”“月通报”三级督办机制，2023年，累计有效督办企业688家，整改605家，处罚83家。

（熊达易　周阳　胡朝华　李鹤高）

3. 城镇生活污染防治　城市平均生活污水集中收集率、生活污水处理厂进水BOD浓度2项关键指标逐年上升。2023年，全省地级以上城市平均生活污水集中收集率达79.0%，比2020年（67.2%）提升了11.8个百分点；地级以上城市污水处理厂进水BOD浓度达93.6mg/L，比2020年（87.9mg/L）提升了6.4%。

持续补齐城市生活污水收集处理设施短板。2023年，全省城市（县城）新建污水管网超4 000km，新增污水处理能力120万t/d。截至2023年底，全省城市累计建成污水管网约8万km，建成运行污水处理设施445座，处理能力达3 289万t/d，管网长度及处理能力保持全国第一。

广东省积极推进再生水利用及污泥处理处置工作。截至2023年底，全省城市再生水利用率为42.9%，缺水型城市再生水利用率为47.2%，全省污泥无害化处理处置率由2020年底的91.52%提升到2023年底的99.8%，污泥无害化处置能力显著提高。

乡镇生活污水处理设施建设运维管理工作取得显著进展。全省1 123个乡镇实现生活污水处理设施全覆盖，截至2023年底，建有乡镇生活污水处理设施1 062座，总处理能力620.37万t/d，建有配套管网2.12万km。其中2023年新增处理能力15.46万t/d，新建配套管网2 735.88km。

（熊达易　周阳　胡朝华　李鹤高）

4. 水产养殖污染防治　2023年，推进水产绿色健康养殖。推进养殖池塘标准化改造及养殖尾水治理工作。制定《广东省2023年水产绿色健康养殖技术推广“五大行动”实施方案》，以提质量、上水平、强标准为着力点，以绿色高质量发展和渔业现代化建设为目标，结合本年度重点推广的水产养殖品种和技术，重点推进“五大行动”各项目标任务实施。全国水产技术推广总站审核认定2023年度广东省“五大行动”骨干基地78个。推进珠三角百万亩池塘升级改造，开展渔业绿色循环发展试点工作。通过加快养殖池塘标准化改造，推进水产养殖尾水处理，提高池塘养殖综合生产能力和可持续发展能力，推动渔业转型升级，实现水产养殖业绿色发展。开展水产健康养殖和生态养殖示范创建活动，截至2023年底，创建国家级水产健康养殖和生态养殖示范区14个，省级水产健康养殖和生态养殖示范区282个。通过开展示范创建活动，努力打造一批国家级、省级示范区，引导和带动地方全面推进水产绿色健康养殖。（熊达易　周阳　胡朝华　李鹤高）

5. 农业面源污染防治　2023年，持续推进农业投入品减量增效。一是积极推进化肥减量增效。大力推广施肥新技术、新产品、新机具“三新”配套，转变肥料利用方式，有效降低化肥施用强度，2023年已推广测土配方施肥技术面积6 160万亩次，打造“三新”示范面积95万亩次，示范区减少化肥用量3.4%，全省预计减少不合理施肥4.8万t。二是积极开展农药减量化行动。加强农作物病虫监测，大力推广绿色防控，全省农作物病虫害绿色防控面积3 826万亩，绿色防控覆盖率达53.63%。推进病虫害专业化统防统治，全省水稻病虫统防统治覆盖率达46%以上。2023年全省农业生产（种植业）农药使用总量4.91万t，比2022年减少1.21%，比过去三年平均值减少2.8%，实现负增长。三是积极推进农药包装废弃物回收。全省共有农药包装废弃物回收站（点）19 329个，截至2023年底，广东全省种植业农药使用总量预计为46 636.5t（制剂量），预计产生农药包装废弃物3 628.4t，共回收农药包装废弃物2 419.3t，总体回收率为66.7%。

持续推进农业废弃物资源化利用。一是推进畜禽粪污资源化利用。组织全省开展粪污资源化利用计划、台账管理和粪污处理设施装备配备等情况的检查评估工作。扎实推进23个中央预算内投资畜禽粪污资源化利用整县推进项目实施。开展畜禽废弃物污染治理技术，推广粪肥还田技术模式。根据直联直报信息系统统计数据，广东省畜禽粪污综合利用率达80%，超过全国畜禽粪污综合利用率水平（78%）。二是推进秸秆综合利用。大力发展秸秆直接还田，指导各地开展秸秆离田产业化利用及秸秆饲料化、能源化、肥料化、基料化、原料化等利用模式的探索推广。2023年秸秆综合利用量1 423.1

万 t，秸秆综合利用率 92.81%。

（熊达易　周阳　胡朝华　李鹤高）

6. 船舶港口污染防治　2023 年，全面推进港口船舶污染物接收设施的建设、使用，内河船舶水污染物“船上储存，上岸接收”初见成效。截至 2023 年底，广东省港口均已配置船舶生活垃圾设施，满足船舶生活垃圾上岸需求。全省共计 679 个码头，其中 253 个已接入市政生活污水管网，其余码头已建设生活污水处理设施或配套收集转运设施。全省 19 个地市建成船舶含油污水处理扩容设施，满足到港船舶含油污水本地化处理需求。全省 7 个地市（广州、珠海、惠州、东莞、江门、湛江、揭阳）共 53 个液体化工码头从事 X 类、Y 类物质等需要强制洗舱的货物作业，全部满足到港船舶化学品洗舱水本地化处理需求。2023 年，全省内河港口接收船舶含油污水 1 406m^3，生活污水 9 032m^3，生活垃圾 976m^3；沿海港口接收船舶含油污水 41.02 万 m^3，生活污水 2.43 万 m^3，生活垃圾 2.54 万 m^3，化学品洗舱水 834t，推动船舶水污染物上岸处置取得较好效果。广东省船舶水污染物监测平台正式上线运行，截至 2023 年底，已在监测平台注册船舶、码头、转运单位和后方处置单位比例超过 98%，已完成超过 11 966 条全过程电子联单。依托广东省船舶水污染物监测平台，逐步完善船岸交接登记制度，基本实现接收转运处置全链条闭环管理。坚持“联防、严控、精准打击”，保障船舶使用燃油不合格率持续低位。引导船舶 LNG 动力改造，推动船舶 LNG 加注站建设。2023 年实施船舶燃油抽样检查 6 562 艘次，查处燃油超标违法行为 191 宗。全年安全、高效保障 6 个临时 LNG 船舶移动撬装加注站和 1 个固定加注站完成加注作业 1 000 余艘次。

（熊达易　周阳　胡朝华　李鹤高）

【水环境治理】

1. 饮用水水源规范化建设　2023 年，坚持“保好水”与“治差水”并重，切实保障人民群众饮水安全，广东省主要河流干流和供水通道水质长期保持优良。建立饮用水水源保护区分级管理制度，按年度开展县级以上集中式水源地环境状况评估，完善水源保护信息化管理平台建设。扎实推进饮用水水源地规范化建设，积极提升饮用水水源水质达标率。巩固提升县级以上饮用水水源地规范化建设水平，持续推进农村饮用水水源地“划、立、治”工作。2023 年，全省县级以上集中式水源地水质达标率达 100%，农村“千吨万人”水源水质达标率达 94.8%。

（熊达易　胡朝华）

2. 黑臭水体治理　2023 年，广东省深入贯彻党中央、国务院关于深入打好城市黑臭水体治理攻坚战的决策部署，印发《关于进一步巩固城市黑臭水体治理成效的指导意见》（粤建城函〔2023〕210 号），持续巩固地级及以上城市黑臭水体治理成效，健全城市黑臭水体长制久清机制，深入推进县级城市黑臭水体治理。广东省住房和城乡建设厅持续加强检查督导、统筹调度及技术指导，召开全省城市黑臭水体治理及生活污水处理提质增效工作推进会议、城市黑臭水体治理约谈会，部署各地加快城市黑臭水体排查治理，召开全省城市黑臭水体治理工作培训会，联合开展 2023 年城市黑臭水体治理“督检考”检查，每季度组织城市黑臭水体明察暗访，压实各地城市黑臭水体治理主体责任，完善县级城市黑臭水体治理月报机制，每月调度治理进展情况。各地落实主体责任，完善工作机制，紧盯年度目标任务，系统制定整治计划，落实综合治理，城市水环境明显改善。2023 年，全省地级及以上城市黑臭水体治理成效持续巩固，县级城市黑臭水体治理向纵深推进。

（熊达易　胡朝华）

3. 农村水环境整治　2023 年，全力抓好落实农村生活污水治理民生实事办理和黑臭水体整治工作，1 217 个纳入年度民生实事的自然村完成生活污水治理，全省自然村生活污水治理率达 64.7%，新增完成 86 个省级以上农村黑臭水体整治，全省农村水环境整治水平不断提升。

召开全省农村生活污水治理经验交流会，印发实施《关于贯彻“百县千镇万村高质量发展工程”高水平推动农村生活污水治理的工作方案》（粤办函〔2023〕70 号）。分解下达各市 2023 年农村生活污水治理民生实事办理和农村黑臭水体整治任务，推动各地按照“一水体一方案”原则，制定农村黑臭水体整治方案。

广东省生态环境厅、省农业农村厅、省住房和城乡建设厅、省水利厅印发《广东省农村生活污水治理认定标准（试行）》（粤环函〔2023〕159 号）、《广东省农村生活污水资源化利用技术指南（试行）》（粤环函〔2023〕76 号）。常态化开展现场技术帮扶，2023 年组织开展市县培训指导 65 次，对 15 个地市共 105 个农村黑臭水体进行现场调研指导。

开展年度成效评估，完成 21 个地市共 3 640 个自然村生活污水治理成效抽查，及时通报抽查结果，督促地市开展自查和整改。开展 51 个已报完成整治农村黑臭水体“回头看”工作，针对监测不达标问题，督促各地核实整改。

（熊达易　胡朝华）

【水生态修复】

1. 自然保护地　2023 年，广东省已建立各种类型、不同级别的自然保护地共 1 361 个，是全国自然保护地数量最多的省份，批复总面积为 306.72 万 hm^2。其中全省 377 个自然保护区中，有 35 个是涉及河湖的水生生物自然保护区。

（罗华军　熊达易　周娟　张扬锷　寇磊）

2. 生态补偿机制建立　建立跨省流域生态补偿机制。2015 年以来，广东省分别与广西壮族自治区、江西省、福建省建立九洲江流域、东江流域、汀江—韩江流域上下游横向生态补偿机制，广东省财政厅为建立横向生态补偿机制的流域每年各安排 1 亿元。2021 年以来，广东省先后与广西壮族自治区、福建省、江西省签订第三轮跨省流域生态补偿协议。截至 2023 年底，广东省已累计拨付跨省流域生态补偿资金 21.45 亿元，各跨省流域考核断面水质稳中向好。

探索省内流域生态环境保护财政激励机制。广东省建立省内东江、北江流域上下游城市联防联治机制，切实保障水质稳定。截至 2023 年底，广东省财政厅已分别拨付东江、北江流域受偿地市省级激励资金 4 亿元、2 亿元。

（罗华军　熊达易　周娟　张扬锷　寇磊）

3. 水土流失治理　2023 年，全省完成新增水土流失治理面积 808.85km^2，包括封禁治理 425.54km^2，种植水土保持林 341.51km^2，种植经济林 22.30km^2，新修或改造梯田 4.43km^2，种草 5.83km^2，其他措施完成治理面积 9.24km^2。开展水土流失重点区域治理和重点工程建设，完成 5 宗国家水土保持重点工程和 2 宗小流域提质增效试点项目。2023 年，广东省水土保持率 90.56%，较 2022 年增加 0.14%。根据 2023 年度水土流失动态监测成果，全省水土流失面积较 2022 年减少 260.11km^2，中度及以上侵蚀强度占比下降至 15.31%，实现水土流失面积与强度“双下降”。

2023 年，全省深入推进绿美广东生态建设，启动实施森林质量精准提升等“六大行动”，着力改善林分提升林相，全年建设高质量水源涵养林 1 068km^2，超额完成目标任务。

（罗华军　熊达易　周娟　张扬锷　寇磊）

4. 生态清洁型小流域建设　2023 年，广东省完成全省小流域划分，共划分小流域 5 749 条，组织编制《广东省生态清洁小流域建设实施方案（2023—2030 年）》。积极推进生态清洁小流域建设，以小流域为单元，以山青、水净、村美、民富为目标，以水系、村庄和城镇周边为重点，统筹水土流失治理、面源污染防治、沟（河）道水系整治、农村人居环境改善、特色产业发展等，建成高标准生态清洁小流域 30 条。　（罗华军　熊达易　周娟　张扬锷　寇磊）

5. 创建绿色小水电　2023 年，基本完成第一阶段小水电分类整改任务，年度退出或关停 216 宗电站，累计完善各类手续 1.7 万余项，推动 8 500 余宗小水电站完成生态流量泄放设施改造任务，有效改善对河流生态环境的影响，社会风险得以有效管控。广东省水利厅印发《小水电站定期检验管理办法》，升级改造“广东省小水电综合应用平台”。创建 6 宗绿色小水电示范电站，完成肇庆市广宁县、广州市从化区 2 个小水电绿色发展示范区试点建设；广东省水利厅、省生态环境厅、省能源局印发《广东省小水电站生态流量监督管理办法（试行）》，规范小水电站生态流量监督管理；组织开展“万站护流”专项行动；广东省水利厅、省生态环境厅印发《广东省“万站护流”监督执法成效提升三年行动方案》，打击生态流量泄放中的违法违规行为。

（罗华军　熊达易　周娟　张扬锷　寇磊）

6. 开展水塘河道清淤　2023 年 10 月，广东省委、省政府作出利用冬春时节开展水塘河道清淤的工作部署，将其作为贯彻落实习近平总书记关于治水的重要论述精神、传承中华民族冬修水利优良传统的重要抓手。广东省人民政府召开全省动员会并印发《关于利用冬春时节开展水塘河道清淤工作的通知》（粤办函〔2023〕309 号），建立“政府引导、部门协作、社会支持”的工作模式，提出 6 条具体工作措施。广东省河长制办公室将清淤工作纳入河湖长制工作重要范畴，持续抓好落实。全省党员群众广泛参与。2023 年 10 月中旬至 12 月底，全省共清淤 1 240 万 m^3，出动机械近 10 万台班（次），投入人员超 14 万人，投入工日超 20 万天。

（罗华军　熊达易　周娟　张扬锷　寇磊）

鹤山市水利局组织志愿者和村民对共和镇里元村委会河涌和沟渠开展清淤整治行动（梁洁　拍摄）

【执法监管】

1. 联合执法

(1) 建立健全联合执法有关机制。2023 年，广东省水利厅、水利部珠江水利委员会、广东省公安厅印发《关于加强河湖安全保护工作的实施意见》，推动各地加强水行政执法机制建设，出台刑事司法衔接机制文件 13 件、检察公益诉讼协作机制文件 16 件、跨区域联动机制文件数量 12 件、跨部门联合机制文件 47 件。按照既定机制会同相关部门开展各种形式的联合执法，形成执法合力，执法成效明显。全省各级水行政主管部门累计开展跨区域、跨部门联合执法 1 994 次、联席会商 139 次。

(2) 非法洗砂洗泥问题整改工作。2023 年，在广东省河长办统筹下，广东省水利厅、省自然资源厅、省生态环境厅、省住房和城乡建设厅、广东海事局分别牵头，省公安厅、省交通运输厅、省市场监督管理局、省海洋综合执法总队、广东海事局、中国船级社广州分社等单位配合，出动人员 300 多人次、执法船舶 14 艘、执法车辆 30 余辆，对广州、东莞、佛山、珠海、江门、中山、肇庆 7 市境内重点河道进行水上巡查，检查了 30 余家陆地洗砂场。2023 年联合监管执法专项行动以来，各出海水道与河道水域未再发现非法洗砂洗泥现象，有力遏制非法洗砂洗泥活动多发势头，有效维护了河道生态环境。

(3) 水上联合执法。2023 年，广东省交通运输厅与广东海事局联合开展水上联合执法行动及相关督查检查行动，将“落实中央环保督察整改工作要求，查处非法洗砂洗泥，在航道和航道保护范围内倾倒砂石、泥土、垃圾以及其他废弃物等危害航道通航安全行为”作为执法行动整治重点，全省共计开展联合执法 600 次，出动执法人员 3 780 人次，检查船舶 1 846 艘、码头 571 个、水运企业 469 家，合计查处案件 171 宗。为确保整治效果，省交通运输厅会同广东海事局、省航道事务中心组成联合督导组，分别于 2023 年 8 月、11 月参加珠海、广州两地组织的“珠中江”“穗莞佛”跨区域、跨部门水上联合执法行动，行动期间未发现相关违法行为。

(邓桂林　黄武平　曹丽　熊达易　李鹤高)

2. 河湖日常监管　2023 年，共派出暗访检查组 24 批次、人员 160 人次，先后对全省各地级以上城市开展检查 49 次，涵盖广东省 142 个县（区）、331 个镇（街）及 752 个河湖现场点，共发现问题 319 宗。广东智慧河长平台投诉办理满意率达 98.33%。省、市、县三级河长办开展督导督查 3 149 次，发出督办函 2 047 件，问责河湖长 632 人次（其中县级 377 人次，镇级 73 人次）。

制定并印发《广东省河湖安全保护专项执法行动监督工作方案》，组织厅机关和广东省各流域管理局组成 8 个实地监督组，对全省 21 个地市开展全覆盖实地监督，共实地监督县（市、区）35 个，抽查复核水事违法案件 48 宗，现场复核违法行为发生地数量 16 个。

广东省生态环境厅印发《重点行业排污许可清单式执法合规性判定技术指南》（粤环办〔2023〕81 号），推动广东省基本形成了以排污许可制为核心的固定污染源执法监管体系。印发《广东省 2023 年排污许可清单式执法检查实施方案》（粤环办函〔2023〕16 号），组织各地对金属表面处理及热处理加工等 9 个行业进行清单式执法检查。

(邓桂林　黄武平　曹丽　熊达易　李鹤高)

3. 专项行动　2023 年 6—12 月，广东省水利厅、省高级人民法院、省人民检察院、省公安厅、省司法厅在全省联合组织开展了河湖安全保护专项执法行动，着力打击重点监管领域的水事违法犯罪行为。行动期间，全省共排查问题线索 1 485 条，立案查处 573 件，结案 316 件，罚款 972.2 万元。

2023 年，全省各级水行政主管部门认真落实执法监管责任，加大执法力度，严格执法，持续保持对水事违法行为的“零容忍”，全省共办理水事违法案件 2 229 宗（含 2022 年遗留案件 607 宗），已结案 1 596 宗，行政罚款 6 749 万元，广东省查处水事违法案件数量连续 5 年排名全国第二，案件处罚金额全国第一，水利规费征收及追缴金额全国第一。

全省各地交通运输部门重点加大对海砂运输船舶的检查，重点查验船舶证件和海砂来源证明，督促港口经营人拒绝安排无法提供海砂来源证明的船舶进靠作业。各地交通运输部门按照《非法洗砂洗泥日常监管责任清单》，加强日常监管，根据泡洗海砂监管执法机制相关要求，开展执法协作。加强对内河船舶超范围经营违法行为的打击力度。2023 年全省立案查处水路交通执法案件 289 宗，其中港口行政案件 112 宗，水路运政案件 41 宗，航道行政案件 136 宗。

开展“三无”船舶和闲置船舶清理整治联合执法行动。积极引导涉海休闲旅游公司化运营、规范化管理推动乡镇农自用船舶纳入规范管理，切实压实自用船安全管理责任。潮州海事局在韩江流域推动拆解闲置船舶 149 艘。

(邓桂林　黄武平　曹丽　熊达易　李鹤高)

丹山碧水·魅力锦江（飞龙　拍摄）

【水文化建设】

1. 河湖长制宣传　2023年，广东省河长办先后开展绿色水经济融媒大直播、媒体集中采访活动、“看最美河湖卫士　守护绿美广东”专题报道等宣传活动。首创发布《广东河湖亲水指数指标体系研究报告》，上线亲水指数推广平台。全国“守护幸福河湖”短视频大赛获一等奖，广东省河长办成为全国连续3届获得优秀组织奖最多的2个单位之一。《人民日报》、新华社等媒体广泛报道广东省河湖长制工作成效，省级及以上媒体报道超2万篇，宣传效果显著，营造了爱河护河的浓厚氛围。

（林冰莹　陈仲成　张家欣　杨磊　张一鸣　侯田鑫）

2. 水利风景区　2023年，广东省新增深圳市东江水源工程东江取水口、光明湖、茅洲河、大沙河及韶关市帽子峰林场凌江等5个省级水利风景区，推动编制广东省水利风景区总体规划、管理办法。增城增江画廊国家水利风景区入选第三批国家水利风景区高质量发展典型案例重点推介名单。

深圳市东江水源工程东江取水口省级水利风景区依托东江取水口工程、东江泵站、水情教育基地和景区管理服务中心等工程，由“一条线路、一个展厅、一堂课程、一个营地”有机融合而成。通过开展户外展示、室内科普及拓展教学等方式，将水文化传承、水科技普及与自然生态、人文景观紧密结合，全面展示深圳供水“生命线工程”的建设历史、水利科技的发展历程以及水利人的拓荒牛精神，大力开展饮水思源教育，有效促进水与城市、水与生活的紧密联系。

深圳市光明湖省级水利风景区依托深圳市公明水库建设而成。景区水利功能突出，生态景观本底优良，空间布局紧凑，历史文脉深厚，资源组合多元，整体形成“一环串两廊四轴多区”的空间结构，并联动光明科学城和华侨城欢乐田园光明小镇，以水为媒，联动生态之源、人文之源、产业之源，实现饮水安全、生态保育、资源互通、城市共享、联动发展等多重目标，契合水利风景区高质量发展要求。

深圳市茅洲河省级水利风景区位于深圳市光明区和宝安区，依托深圳市茅洲河而建，属于都市河湖型水利风景区。茅洲河实现了从污染治理到生态修复，再到美丽河湖的蜕变，成为展示深圳市乃至广东省治水成果的重要名片。景区内山、水、径、驿、景、城交相辉映，以“创新活力水韵茅洲”为品牌形象，以茅洲河为主体，依托两岸丰富资源，科学规划、合理布局游览体系，延展文旅空间，优化文旅体验，构建生态文明展示、历史文脉呈现、水文化传播和都市活力河畔等场景，通过共生、共享、共融、共创，高品质建设全域型水岸游憩空间。

深圳市大沙河省级水利风景区位于深圳市南山区，依托深圳大沙河生态长廊而建，属于都市河湖型水利风景区。景区以生态长廊和碧道为基础，囊括了水闸、泵站、汀步和湿地等景观。景区规划整体由“一廊、两道、三段、四区、五彩、九景”有机融合，将实现“岸水相依、人水相亲、城水相融”的水美画卷，满足人民群众宜居宜游的美好生活需求。

韶关市南雄市帽子峰林场凌江省级水利风景区依托自西向东贯穿帽子峰林场的凌江河而建，属于自然河湖型水利风景区。景区规划以“一带一道、七区联动、十景生花”为空间布局，以凌江风光带与帽子峰林场碧道为纽带，以银杏景观为核心，串联多个水文旅景观节点。核心景区完整保留国营林场街道和建筑群，滨水游径串联岭南小九寨、大小芳坪银杏林、红枫湖等景观节点，把生态优势转变为经济优势，把水文化转化为内核推力，推动镇域水经济高质量发展，形成醉美凌江风光带。

（林冰莹　陈仲成　张家欣　杨磊　张一鸣　侯田鑫）

3. 河湖长制主题公园　2023年，广东多地打造河湖长制主题公园，科普宣传河湖长制有关工作。东沙围河长制主题公园依托佛山市三水区东沙围“清四乱”复绿改造片区主体建设，利用拆迁腾退地进行升级改造，设置河长制文化展示区、生态复绿、休闲碧道、海绵花园、游览步道等设施，打造更加开放共享、安全舒适、实用和更有魅力的全龄友好型公园，进一步巩固河湖“四乱”问题整治效果，改善河段岸线水生态环境。惠州市仲恺高新区在梧村河、红岗新河等开展水文化及水情知识普及建设，通过河湖长制水文化展厅、沿河标识、文化墙绘等，在美化河湖岸线的同时，讲述河长制工作成效，普及水知识、讲述水历史、传播水文化，增强居民知水、爱水、护水、惜水意识。

（林冰莹　陈仲成　张家欣　杨磊　张一鸣　侯田鑫）

4. 碧道水文化建设　2023年，广东省以碧道为载体，牵引特色文化保护、串联特色文化资源节点及景观、公园等开敞空间，打响岭南水文化品牌，将碧道建设成为文化休闲漫道，助力文旅产业经济发展。广州荔枝湾涌以“一湾溪水绿，两岸荔枝红”的千年水脉，串联荔枝湾景区和泮塘五约、永庆坊、恩宁路历史文化街区，接续古荔枝湾“海山仙馆”“红云十里”的文脉，复兴西关文化，再现“荔湾渔唱”美景，打造了自然景观与人文景观交相辉映的“西关水客厅”。佛山市文海河碧道融入陈村历史悠久的龙舟文化习俗，打造龙舟文化广场，拓展、活化桥下空间用途，举办多次龙舟争霸赛等活动赛事，让龙舟文化愈加浑厚。江门英洲海碧道结合传统文化、历史遗址和名胜古迹的保护开发，将原有边界空间景观进行提升、增加新会文化历史宣传、水文化设计和完善导视系统，打造出综合旅游服务、生态观光、文化体验、农业休闲、亲子游玩等功能的5个核心公园，使侨乡记忆与生态美景通过碧道相交融，田园诗意可望可及。云浮宋桂河宋桂镇段碧道建设充分融合蚕桑文化、乡村特色等元素，山水、人文、生态之美得到更好的呈现，推动了乡村旅游的蓬勃发展。

（林冰莹　陈仲成　张家欣　杨磊　张一鸣　侯田鑫）

5. 水文化建设　2023年，广东省水利厅组织编制《广东省水文化建设规划纲要》和《广东省省级水利遗产管理办法（初稿）》，明确下一阶段全省水文化建设的总体要求、主要任务和保障措施，有利于开展水利遗产调查保护。省委宣传部、水利厅、教育厅、文化和旅游厅、共青团广东省委员会、省科学技术协会印发《广东省水情教育实施方案（2023—2025年）》。省水利厅、共青团广东省委员会、省科学技术协会印发《广东省水情教育基地认定及管理办法》，规范省级水情教育基地认定及管理工作。

加强水文化宣传阵地建设。紧紧围绕治水实践，开展水经济与水文化发展研究，加强水文化展示场馆规划建设，谋划建设治水兴水成就展厅，建成珠江三角洲水资源配置工程展览馆。启动2023—2024年省级水情教育基地申报认定工作。江门市所有县（市、区）均建设治水科普展馆，河湖管护及宣传教育成效突出。2023年，建设台山市水利科普馆，位于台城河河滨体育公园，打造了台山水利概况、发展历史、河长制湖长制实施情况、防灾减灾能力以及重要水利工程建设成果等种类丰富的水利展项，并设置灾害逃生VR游戏和河长制及水利知识数字闯关游戏，是一座集科普与体验于一体的水文化数字科普馆。

多形式打造水文化产品。广东省韩江流域管理局印发《加强韩江水文化建设三年行动计划（2023—2025年）》，编著发布大众类水文化绘本《韩江》，以手绘插画全景式展现，让读者在了解、领略韩江历史文化魅力的同时，潜移默化地感悟韩江之于民的依存共生关系和关爱韩江、保护韩江的重要性。深圳市发布“水文旅地图”及首批12条精品水文旅路线，开发智慧导览小程序，涵盖市民游前、游中、游后多样需求，并提供一键导航功能，为市民打造水文旅主题路线出行的“随身导游”。利用治水成果，开放水务设施、工程等，吸引市民游客前往游玩，有效促进滨水区域大众消费、拉动就业与产业发展。

（林冰莹　陈仲成　张家欣　杨磊　张一鸣　侯田鑫）

【数字孪生水利建设】

1. 数字孪生　2023年，广东省水利厅大力推进数字孪生水利建设，高质量完成数字孪生东江、北江、潭江流域建设先行先试工作，顺利通过水利部验收。2023年6月，广东省水利厅在全国数字孪生水利建设现场会作《科学应对极端水旱灾害事件以智慧化推进水利高质量发展》的交流发言，“潭江流域闸库群防洪潮联合调度”“北江流域防洪联合优化调度”先后入选《数字孪生水利建设典型案例名录》，“数字孪生北江”成功入选《数字孪生水利建设十大样板名单（2023年）》。全力推进数字孪生水网粤港澳大湾区先行先试建设，立足国家重大发展战略，以粤港澳大湾区东部4市为重点，贯通省级水网主骨架。围绕水资源配置、水安全管理、水生态治理目标为主线，打造具有“四预”功能的省级数字孪生水网样板，切实提升大湾区“三个安全”保障能力。锚定保障水利工程建设“质量、安全、长效”目标，坚持建设与运行相衔接，同步推进数字孪生珠三角通过数字孪生系统实时计算，超前充、排水预演，助力全线提前通水。（林晓敏　杨嘉俊）

2. 智慧化手段解决河湖管理难题　2023年，“广东智慧河长”平台按照“四服务、四提升”的建设思路完成项目建设并开展全省推广应用。运用5G、卫星遥感、人工智能识别等前沿技术，推进河湖问题发现、涉河项目审批、流域治理管理等业务智慧化，并实现了部分河湖和水利工程的三维实景展现。打造了集河湖管理与河湖长制工作于一体的智慧河长平台，为全面加强河湖管理保护、建设幸福河湖增添了智慧能力。全面规范了市县河长制信息系统建设标准，统一用户体系、河湖编码、服务门户以及数据接口，形成智慧河湖建设“全省一盘棋”。

（林晓敏　杨嘉俊）

广西壮族自治区

【河湖概况】

1. 河湖数量　全国水利普查成果中，广西壮族自治区（简称“广西”）流域面积 $50km^2$ 及以上的河流 1 350 条；其中流域面积 $100km^2$ 及以上的河流有 678 条；$200km^2$ 及以上的河流有 361 条；$500km^2$ 及以上的河流有 157 条；1 $000km^2$ 及以上的河流有 80 条；3 $000km^2$ 及以上的河流有 26 条；5 $000km^2$ 及以上的河流有 18 条；10 $000km^2$ 及以上的有 7 条。全国水利普查成果广西水面面积大于 $1km^2$ 的湖泊 1 个，为南宁市青秀区的南湖，水面面积为 $1.11km^2$。

2. 水量　2023 年，广西水资源总量为 1 520.2 亿 m^3，比多年平均值少 20.1%。

3. 水质　2023 年，广西 112 个国家地表水考核断面水质优良比例达 98.2%以上，劣Ⅴ类水体断面比例为 0，达到国家考核目标要求。全国地级及以上城市国家地表水考核断面水环境质量前 30 名排名榜中，广西有 9 个市进入榜单，上榜城市数量持续保持全国第一。

4. 新开工水利工程　环北部湾广西水资源配置工程初步设计批复概算总投资 278.39 亿元，总工期 72 个月，主要建设内容为布设 6 条干线、12 条支线；主要建筑物为提水泵站 7 座，总装机容量 73.838MW，进水口 10 座，隧洞 41 座，长度 173.18km，管道 302.85km，穿管隧洞 6 座，箱涵 13 座，倒虹吸 7 座，进出水池 8 座，分水闸 1 座。预计到 2035 年，多年平均总供水量达 8.05 亿 m^3；到 2050 年，总供水量达 11.0 亿 m^3，受水区包括南宁、北海、钦州、玉林 4 市 21 县（市、区），覆盖人口 1 400 余万人。

广西来宾市下六甲灌区工程是《“十四五”水安全保障规划》《珠江—西江经济带发展规划》《珠江流域综合规划（2012—2030 年）》等规划提出的重点灌区工程，被列入水利部 2023 年重点推进的重大水利工程清单，是国务院部署实施的 150 项重大水利工程之一，工程估算总投资 47.47 亿元。灌区范围涉及来宾市金秀瑶族自治县、象州县和武宣县的 17 个乡镇。设计灌溉面积 59.2 万亩，为大（2）型灌区，包含 4 个灌片，分别为罗柳灌片、运江东灌片、柳江西灌片、石祥河灌片。主要建设内容包括：拆除重建引水枢纽 9 座；新（改）建泵站 3 座；新建 2 处连通工程，总长为 16.94km；续建配套与节水改造输水骨干渠（管）道 104 条，总长 655.12km；新建灌区信息化管理工程 1 项。工程建成后，可新增和恢复灌溉面积 30.2 万亩，改善灌溉面积 9.0 万亩，灌区粮食作物增产约 16 万 t，糖料蔗增产约 50 万 t，年新增灌溉效益约 5.1 亿元。

（吴洁敏　黄露　蓝月存　何贞昊）

【重大活动】　2023 年 1 月 25 日，自治区党委书记、自治区人大常委会主任深入钦州市灵山县平陆运河马道枢纽建设现场，调研检查指导平陆运河建设进展情况。

2023 年 2 月 17 日，自治区党委书记、自治区人大常委会主任、环北部湾广西水资源配置工程建设工作领导小组组长主持召开领导小组第三次会议。

2023 年 3 月 7—8 日，自治区副主席赴南宁、北海调研；自治区党委常委、自治区常务副主席赴柳州市三江侗族自治县调研重大项目，考察洋溪水利枢纽，落实河长制开展巡河。

2023 年 4 月 9 日，国家防总副总指挥、应急管理部部长王祥喜率国家防总检查组到广西开展珠江流域防汛备汛检查。自治区党委书记、自治区人大常委会主任会见王祥喜一行。自治区党委副书记、自治区主席在南宁一同调研检查。

2023 年 4 月 14 日，珠江防总 2023 年工作视频会议召开。珠江防总总指挥、自治区主席在广西主会场出席会议并讲话。

2023 年 4 月 28 日，自治区党委书记、自治区人大常委会主任、环北部湾广西水资源配置工程建设工作领导小组组长主持召开领导小组第四次会议。

2023 年 7 月 5—7 日，自治区党委常委、自治区副主席在梧州调研防汛及水行政执法基地建设。

2023 年 7 月 29 日，自治区党委书记深入南宁横州市、钦州灵山县实地调研平陆运河项目建设情况。

2023 年 8 月 1 日，自治区党委书记、自治区人大常委会主任、环北部湾广西水资源配置工程建设工作领导小组组长主持召开领导小组第五次会议。

2023 年 8 月 6 日，自治区党委书记深入北海市合浦县调研检查环北部湾广西水资源配置工程建设和防汛工作。

2023 年 8 月 19 日，自治区党委常委、自治区副主席赴钦州市、玉林市、南宁市调研环北部湾广西水资源配置工程及建设动员大会筹备情况，同时检查水库防汛工作。

2023年8月28日，自治区党委书记、自治区人大常委会主任、环北部湾广西水资源配置工程建设工作领导小组组长主持召开领导小组第六次会议。

2023年9月1日，自治区党委书记到贵港市桂平市，调研大藤峡水利枢纽工程建设运行情况，详细了解工程建设运行、机组并网发电和防洪泄洪等情况。

2023年9月8日，自治区党委书记、自治区人大常委会主任、环北部湾广西水资源配置工程建设工作领导小组组长主持召开领导小组第七次会议。

2023年10月14日，自治区党委书记在桂林市漓江生态质量综合监测站实地考察了解漓江流域生态保护、水质监测等情况。

2023年10月16日，自治区党委书记在南宁市主持召开自治区党委、政府关于平陆运河建设优质工程检查专家组、绿色工程检查专家组、廉洁工程监督指导组成立暨工作动员会。

2023年11月18日，自治区党委书记深入钦州市实地考察平陆运河建设情况并主持召开平陆运河建设优质工程检查专家组、绿色工程检查专家组座谈会。

2023年11月24日，自治区党委书记到自治区水利厅就加快推进全自治区水网规划建设，进一步做好水利工作进行调研。

2023年12月17日，自治区党委书记、自治区人大常委会主任、环北部湾广西水资源配置工程建设工作领导小组组长主持召开领导小组第八次会议。

2023年，自治区党委书记、自治区人大常委会主任、自治区平陆运河项目建设工作领导小组组长，自治区党委副书记、自治区主席、领导小组组长深入钦州市灵山县实地考察平陆运河项目建设情况。

（黄露　吴洁敏　臧璇）

平陆运河—钦州青年枢纽建设工地全景

（周军　拍摄）

【重要文件】 2023年3月10日，广西壮族自治区人民检察院、水利部长江水利委员会、水利部珠江水利委员会、自治区水利厅印发《水行政执法与检察机关公益诉讼协作机制实施细则的通知》（桂检会〔2023〕2号）。

2023年5月9日，广西壮族自治区林业局、自治区自然资源厅、自治区生态环境厅、自治区水利厅、自治区农业农村厅印发《关于印发广西互花米草防治专项行动实施方案（2023—2025年）的通知》（桂林发〔2023〕7号）。

2023年7月12日，广西壮族自治区水利厅、自治区高级人民法院、自治区人民检察院、自治区司法厅印发《广西壮族自治区河湖安全保护专项行动方案》（桂水政监〔2023〕1号）。

2023年7月14日，广西壮族自治区水利厅印发《关于印发〈关于加快推进市、县级水网建设的指导意见〉的通知》（桂水规计〔2023〕35号）。

2023年7月26日，广西壮族自治区水利厅、水利部珠江水利委员会、自治区公安厅印发《加强河湖安全保护工作实施意见》（桂水政法〔2023〕3号）。

2023年8月18日，广西壮族自治区生态环境厅等9部门印发《关于印发〈广西海上环卫制度〉的通知》（桂环发〔2023〕25号）。

2023年9月12日，广西壮族自治区生态环境厅等8部门印发《关于印发〈广西壮族自治区2023年塑料污染治理督促检查联合专项行动方案〉的通知》（桂环函〔2023〕1365号）。

2023年11月6日，广西壮族自治区河长制办公室印发《深入推进河湖安全保护专项执法行动》（总河长令第7号）。

2023年12月28日，广西壮族自治区水利厅、自治区农业农村厅、自治区林业局印发《广西农林开发生产建设活动水土流失防治指南》（桂水水保〔2023〕18号）。

2023年12月30日，广西壮族自治区人民政府印发《广西水网先导区建设方案（2023—2027年）》（桂政务〔2023〕30号）。（吴洁敏　黄露）

【地方政策法规】 2023年7月28日，广西壮族自治区水利厅办公室印发《广西壮族自治区〈水行政执法操作手册〉的通知》（水办政法〔2023〕3号）。

2023年9月25日，广西壮族自治区水利厅印发《广西壮族自治区水行政执法（行政处罚和行政强制）事项指导目录（2023年版）的通知》（桂水政法〔2023〕4号）。

2023年12月19日，广西壮族自治区水利厅印发《广西壮族自治区水行政处罚裁量权基准（2023年版）》《广西水利领域轻微违法行为不予处罚事项清单》（桂水规范〔2023〕6号）。（袁宇杉）

【河湖长制体制机制建立运行情况】 2023年，广西全面完成了各地河湖长调整，落实河湖长动态调整和责任递补机制，全年动态调整更换河湖长6 967名。全自治区共落实各级总河长2 710余名，河湖长2.6万余名，自治区、14个设区市、111个县（市、区）全部设立有河湖长制办公室，932个乡镇设立河长制办公室。全自治区18 014条河流、19个湖泊、4 503座水库实现河湖长全覆盖。

（吴洁敏　黄露）

【河湖健康评价开展情况】 2023年，广西完成了590条流域面积$50km^2$以上河流的健康评价工作。

（杜广林）

【“一河（湖）一策”编制和实施情况】 2023年，完成西江、柳江、桂江、郁江等4条自治区河长河流第二周期“一河一策”方案实施情况评估，均达优秀等级。持续滚动编制实施河湖“一河（湖）一策”。

（杜广林）

【水资源保护】

1. 水资源刚性约束　2023年，广西用水总量258.51亿m^3，按考核口径折算为235.29亿m^3；万元地区生产总值用水量比2020年下降16.6%；万元工业增加值用水量比2020年下降32.4%；农田灌溉水有效利用系数0.525；重要江河水功能区水质达标率100%，水资源管理控制目标全部完成。

（谢升申　蓝月存）

2. 节水行动　2023年，自治区水利厅联合自治区住房和城乡建设厅印发《关于加强和规范计划用水管理工作的通知》，对用水量为1万m^3及以上的工业和服务业用水单位实行计划用水管理。完成工业行业主要产品用水定额和城镇生活用水定额广西地方标准第二轮修订并发布实施，新增定额超过100项。18个县级行政区通过了节水型社会达标建设自治区级复核，全自治区累计达标县域共75个，达标率为67.57%，居全国前列。其中钦州市、北海市、玉林市全部县（区）建成节水型社会。新增公共机构节水型单位1 073家，节水型高校12家，认定广西公共机构水效领跑者6家。南宁市、北海市再生水利用配置试点通过水利部中期评估并获良好等级，再生水利用率均达25%以上。推动节水产业发展，实施15个合同节水项目，吸引社会资本658.8万元，平均节水率达26.1%。（谢升申　蓝月存）

3. 生态流量监管　2023年，广西持续开展柳江、红水河等38条主要河流49个控制断面的最小下泄流量和西江、右江等34条重要河流46个考核断面的生态流量监测，对最小下泄流量和生态流量进行实时监测、短信通报、动态监管，将考核断面流量达标率列入对各市最严格水资源管理制度考核。完成桂江、左江先行先试工程的生态流量核定工作，确定川江水利枢纽等6个水利水电工程生态流量目标，明确生态流量调度管理措施、监测预警及监督管理机制，为全面推进已建水利水电工程生态流量管理提供支撑和保障。（谢升申　蓝月存）

4. 全国重要饮用水水源地安全达标保障评估　2023年，广西县级及以上集中式饮用水水源地水质达标率100%。开展2022年度地级以上城市集中式饮用水水源环境状况评估，评估水源地管理状况并识别存在问题，编制完成《广西壮族自治区2022年度地级以上城市集中式饮用水水源环境状况评估报告》。（谢升申　蓝月存）

5. 取水口专项整治　2023年，广西开展集中式饮用水水源地环境问题整治专项行动，完成32个环境问题整治。（谢升申　蓝月存）

6. 水量分配　2023年，广西确定重要调水工程名录，印发《广西调水工程标准化管理评价细则》，推进调水工程标准化管理，全年对7个调水工程开展水量调度，调水量4.8亿m^3以上，有力保证供水安全。完成西江等30条河流水资源调度方案技术审查，制定洛清江、清水河等2条重要河流水资源调度方案及年度调度计划并组织实施。

（谢升申　蓝月存）

【水域岸线管理保护】

1. 河湖管理范围划定　2023年，广西持续强化河湖水域岸线空间管控，依法依规动态调整所有河流划界成果，成果同步纳入国土空间规划“一张图”管理。（吴洁敏　黄露　杜广林）

2. 岸线保护与利用规划编制　2023年，全面完成流域面积$50km^2$以上河流名录复核和划界成果再复核，依法依规纠正发现的河湖划界问题，全面完成383条（段、个）重要河湖水域岸线保护与利用规划成果集中复核，成果衔接同级“三区三线”和国土空间规划，纳入同级国土空间规划“一张图”实施管理，夯实河湖管护法治基础。

（吴洁敏　黄露　杜广林）

3. 采砂管理　2023年，广西持续强化河道采砂监管，严格落实河道采砂管理责任制，全面应用河道采砂许可电子证照，有序推进信息化管理，强化河道采砂源头管控和“采、运、销”全链条监管，有力提升河道采砂管理现代化水平。

（吴洁敏　黄露　杜广林）

4. “四乱”整治　2023年，广西深入推进河湖“清四乱”常态化规范化，强化河湖重点问题整治，复核水利部下发5.5万余个河湖遥感图斑，整治河湖“四乱”问题2 905个，清理河湖岸线709km。

（吴洁敏　黄露　杜广林）

【水污染防治】

1. 排污口整治　2023年，推进全自治区重要江河湖库入河排污口“查、测、溯、治”，做到“有口皆查、有水必测、有口皆溯”，完成49条主要干支流（国家清单36条，自治区清单13条）共16 677.4km河湖岸线入河排污口排查，登记各类入河排污口11 736个，其中需整治的排污口2 056个，已完成整治970个，整治完成率47.2%，超额完成国家整治目标任务（30%）。

（吴洁敏　黄露　蓝月存　李莉　马财林）

2. 工矿企业污染防治　2023年，广西加强工业集聚区污水集中处理设施运行监管，创新建立工业集聚区和化工园区污水集中处理设施日超标预警机制，督促相关部门及时处置超标情况，确保尾水达标排放。（吴洁敏　黄露　蓝月存　李莉　马财林）

3. 城镇生活污染防治　2023年，广西加快城镇污水处理基础设施建设和更新改造，全自治区累计建成市、县污水处理厂129座，处理规模达594.35万t/d，年内共完成城镇生活污水管网建设改造721km，城市生活污水集中收集率突破60%，污水处理率达98.9%；全自治区累计建成722座镇级污水处理设施，平均负荷率达65.4%。

（吴洁敏　黄露　蓝月存　李莉　马财林）

4. 畜禽养殖污染防治　2023年，广西35个县（市、区）获得国家级畜禽粪污资源化利用整县推进项目，获得国家补助资金12.7亿元。广西畜禽粪污综合利用率89.37%，畜禽规模养殖场粪污处理利用设施装备配套率99.33%，粪肥还田计划制定率99.49%，粪污资源化利用台账建立率97.96%。

（吴洁敏　黄露　蓝月存　李莉　马财林）

5. 水产养殖污染防治　2023年，广西印发《2023年广西水产绿色健康养殖技术推广“五大行动”实施方案》（桂农厅办发〔2023〕53号），推动实施生态健康养殖模式、养殖尾水治理模式推广等五大行动，加快推进符合本地实际的先进生态健康养殖和养殖尾水净化治理技术模式创新集成和示范推广。开展示范点尾水监测，促进渔业绿色高质量发展。印发《2023年广西水产养殖尾水处理示范点监测方案》，在全自治区建立30个养殖尾水处理监测示范基地，定期对养殖尾水进行抽样检测。通过对示范点养殖尾水排放情况进行督查和监测，以点带面，推动全自治区养殖尾水达标排放或循环利用。

（吴洁敏　黄露　蓝月存　李莉　马财林）

6. 农业面源污染防治　2023年，广西落实化肥农药减量行动，印发《到2025年化肥和化学农药减量化行动实施方案》（桂农厅发〔2023〕9号）及2023年度工作方案。开展绿色防控技术及产品试验示范与推广项目和农作物病虫害绿色防控集成示范项目，在南宁市武鸣区、柳州市融安县、贵港市港南区等42个县（市、区）建设农作物病虫害绿色防控示范区57个，示范面积29.3万亩，据初步测算，示范区化学农药使用量减少20%以上，带动全自治区农作物病虫害绿色防控覆盖率达54.45%。加大科学施肥技术推广力度。组织指导测土配方施肥、绿肥种植、秸秆还田等科学施肥技术推广，推进有机肥替代化肥。全自治区测土配方施肥技术推广面积6 679.86万亩次，水肥一体化技术推广514.10万亩，“三新”技术示范推广面积41.1万亩，粮食作物病虫害绿色防控技术覆盖率56.39%。

（吴洁敏　黄露　蓝月存　李莉　马财林）

7. 船舶港口污染防治　2023年，广西持续推进港口船舶污染防治工作。通过对内河港口船舶污染物接收、转运、处置设施自查并初步整改完善，接收处置能力基本满足目前船舶污染物接收、转运、处置的需求。全年内河港完成船舶垃圾接收转运约218.4t，船舶生活污水接收9 604t，含油污水接收转运约52.8t。全面完成2 345艘400总t以下内河船舶水污染防治改造工作，全年改建造完成2 139艘船舶岸电系统船载装置，完成率100%。

（吴洁敏　黄露　蓝月存　李莉　马财林）

【水环境治理】

1. 饮用水水源规范化建设　2023年，广西围绕“划、立、治”，深入推进饮用水水源地规范化建设，严格审查县级及以上饮用水水源保护区调整划定方案，完成19个县级及以上饮用水水源保护区划定（调整、撤销）方案审查。　（蓝月存　潘广锡）

2. 黑臭水体治理　2023年，广西设区市共消除建成区黑臭水体85段，消除比例91.4%，达到国家要求；全自治区县级市黑臭水体共18段，总长度约

8.98km，已完成整治13段，全自治区县级市黑臭水体消除比例72.22%，达到国家要求。

（蓝月存　潘广锡）

3. 农村水环境整治　2023年，广西扎实有序推进农村生活污水治理，逐步扩大农村生活污水治理覆盖面，不断提升农村生活污水治理实效，全自治区农村生活污水治理率达到26.9%，较2022年提升9.8个百分点。（蓝月存　潘广锡）

美丽乡村鹭鹚洲（沈纪明　拍摄）

【水生态修复】

1. 生物多样性保护　2023年，广西印发《广西壮族自治区2023年内陆水域禁渔期制度实施方案》（桂农厅办发〔2023〕19号），加强内陆流域禁渔期管理。全年应禁渔渔船13 978艘，全部按时停泊禁渔。组织开展广西2023年全国“放鱼日”同步增殖放流活动，向西江梧州段国家级水产种质资源保护区水域投放鳙鱼20万尾。投入资金约1 431.96万元，开展淡水生物资源增殖放流活动，放流青鱼、倒刺鲃、光倒刺鲃等水生苗种约3 397.90万尾。（蓝月存　白靖慈）

2. 生态补偿机制建立　2023年，完成《九洲江流域上下游横向生态补偿协议（2021—2023年）》，推动南宁市、百色市及桂林市9个县（区）签订第二轮右江流域和漓江流域上下游横向生态补偿协议。2023年，九洲江山角断面水质持续改善，平均水质达到Ⅲ类，达到考核目标要求；漓江流域、右江流域国家地表水考核断面水质优良比例均达100%。（蓝月存　白靖慈）

3. 水土流失治理　2023年，广西完成水土流失治理面积1 972km^2，全自治区水土保持率达到84.46%。（蓝月存　白靖慈）

4. 生态清洁型小流域建设　2023年，广西以小流域为单元，引导社会力量广泛参与，注重治山、治水、治污协同推进，打造独具地方特色的水土保持产业综合体，全年共建成生态清洁小流域13条。

（蓝月存　白靖慈）

【执法监管】

1. 河湖日常监管　2023年，广西组织开展河湖安全保护专项执法行动，全自治区共排查梳理河湖违法线索问题2 018条，查处河湖水事违法案件623件，挂牌督办案件24件，建立四项机制155件；执法巡查80万人次，跨部门联合执法596次；与湖南、广东、贵州、云南等周边4省签订了《湘粤桂黔滇生态环境保护执法合作协议》，建立健全流域上下游跨区域环境联合交叉执法、跨界河流联防联控联治等机制。（吴洁敏　黄露　蓝月存）

2. 联合执法　2023年，广西全面落实“河湖长＋警长”“河湖长＋检察长”等工作机制，强化水行政执法与刑事司法衔接。全自治区公安机关破获涉水犯罪案件635起，抓获犯罪嫌疑人1 013人，检察机关起诉涉河湖犯罪案件370件535人，办理涉河湖公益诉讼案件751件，以法治思维和法治方式强力推进河湖问题整治。会同珠江委、自治区公安厅印发《关于加强河湖安全保护工作实施意见》，明确《广西壮族自治区水行政执法与刑事司法案件移送标准》，打通水行刑衔接“最后一公里”。会同长江委、珠江委、自治区人民检察院印发《水行政执法与检察机关公益诉讼协作机制实施细则》，加强水利领域国家利益和社会公共利益保护。修订《广西壮族自治区水利厅行政规范性文件制定管理办法》。

（吴洁敏　黄露　蓝月存）

【水文化建设】　2023年，永福三江六岸水利风景区成功申报第二十一批国家水利风景区，贵港市港南区郁江南岸水利风景区获批自治区水利风景区。至此，广西共建成省级以上水利风景区26家，其中国家水利风景区15家，自治区水利风景区11家。完成柳州市鹿寨县月岛湖水利风景区、北海市洪潮江水利风景区、靖西龙潭—鹅泉水利风景区和隆林万峰湖水利风景区等4家国家水利风景区的复核工作并印发复核报告书及整改通知单，坚持问题导向，持续跟进整改情况，促进自治区水利风景区高质量发展。桂林市灵渠水利风景区成功入围水利部第三批国家水利风景区高质量发展典型案例重点推介名单。完成《八桂大地水利景区美》宣传片摄制，对广西26家水利风景区和优质水利风景资源进行推介，加大水利风景区媒体宣传。

（吴洁敏　黄露　黎满山）

永福三江六岸水利风景区（桂林市永福县水利局　供图）

【数字孪生水利建设】　2023年，广西建成漓江流域L2级数据底板、流域模型平台、专业模型体系、水利知识平台，升级优化监测感知体系，建设算力和机房配套工程，构建山洪灾害防御、流域防洪调度和水资源调配“四预”平台，并在实际应用中取得显著成效。一是助力漓江防洪能力提升，对2022年6月漓江大洪水进行复盘，优化水库联合调度方案，进一步错峰滞洪，保障重点区域的防洪安全。二是助力漓江精确补水，开展水资源联合调配，在2023年中秋节、国庆节期间，以漓江精华段流量达到$60m^3/s$，日常生态补流量达到$45m^3/s$为目标，在减少补水流量$3\sim4m^3/s$的同时，有效保障了漓江干流精华段水位，改善了漓江沿岸生态环境，提升了漓江景观的欣赏质量，为桂林打造世界级旅游城市提供强有力基础支撑。开展数字孪生水网先行先试，以龙云灌区水网（蟠龙水库—云良水库段）工程为试点，建设具备“四预”功能的龙云灌区水网，强化水资源调配、防汛抗旱、水工程安全运行等灌区水网应用，提高管理效率，推动“智慧灌区水网”发展。　（张雪梅）

绿水青山清平湖（陈柳萍　拍摄）

海南省

【河湖概况】

1. 河湖数量　海南岛地势中高周低，较大的河流都发源于中部山区，并由中部山区或丘陵区向四周分流入海，构成放射状的水系。全岛河流3 526条，其中流域面积$50km^2$以上的河流197条；流域面积$100km^2$以上的河流95条；流域面积$500km^2$以上的河流18条；流域面积$1\ 000km^2$以上的河流8条；南渡江、昌化江、万泉河是海南岛三大江河，流域面积分别为$7\ 066km^2$、$4\ 990km^2$、$3\ 692km^2$。　（郝斐）

2. 水量　2023年海南省水资源总量326.1亿m^3。其中地表水资源量319.1亿m^3，地下水资源量88.7亿m^3，地表水与地下水资源不重复量7.0亿m^3，产水系数0.52。（郑果）

3. 水质　2023年，海南省地表水水质总体为优，193个省控监测断面（点位）的水质优良（Ⅰ～Ⅲ类）比例为95.9%；无劣Ⅴ类断面。省控河流水质为优，水质优良比例为96.5%，Ⅳ类比例为2.8%，Ⅴ类比例为0.7%，无劣Ⅴ类断面。其中南渡江、昌化江、万泉河流域和南部、西北部、南海各岛诸河水质为优，东北部诸河水质良好；省控湖库水质为优，优良湖库比例为92.7%，Ⅳ类比例为7.3%，无Ⅴ类、劣Ⅴ类湖库；轻度富营养的湖库6个。

（黄楚瑜）

4. 新开工水利工程　2023年，共有迈湾水利枢纽工程、天角潭水利枢纽工程、琼西北供水工程、南渡江龙塘大坝枢纽改造工程、三亚西水中调工程（一期）、白沙西部供水工程（一期）、牛路岭灌区工程、南渡江水系廊道生态保护修复工程、儋州市松涛东干渠改线工程等9个在建重大水利工程项目，完成年度投资29.76亿元。其中迈湾水利枢纽工程年度完成投资5.50亿元，累计完成投资59.74亿元，主坝挡水坝段浇筑至113m高程，溢流坝段浇筑至88.5m高程，完成4座副坝、发电厂房主体结构、升鱼机主体结构等施工；天角潭水利枢纽工程完成年度投资2.3亿元，完成下闸蓄水阶段验收。琼西北供水工程完成年度投资8.1亿元；南渡江龙塘大坝枢纽改造工程完成年度投资3.09亿元；三亚市西水中调工程（一期）项目完成年度投资1.73亿元；白沙西部供水工程（一期）完成年度投资1.05亿元；牛路岭灌区工程完成年度投资3.63亿元；南渡江水系廊道生态保护修复工程完成年度投资1.36亿元；儋州市松涛东干渠改线工程完成年度投资3亿元。（蔡黎明）

【重大活动】　2023年6月3日，海南省水务厅在海口市举办2023年海南省治水项目招商推介大会。围绕海南自贸港“六水共治”工作目标，与相关厅局、市、县及来自全国各地的218家金融机构、投资运营、设计、建筑企业代表共谋治水新路径。大会旨在面对面主动公开全省“六水共治”项目信息，搭建一个公开、公平、公正的合作平台，畅通政府部门和社会资本的合作通道，积极吸引金融和社会资本参与，构建治水领域多元化投融资机制。

2023年7月12日，海南省“六水共治”现场会在三亚市召开，对全省“六水共治”工作进行再部署、再推进。省委书记冯飞讲话，省长等省领导出席。与会人员现场观摩大茅水流域综合治理与开发利用项目、上塘村农村生活污水资源化利用试点项目、抱坡溪综合治理项目，听取2022年“六水共治”工作考核结果和投融资改革等情况通报；三亚市、五指山市、乐东黎族自治县、儋州市、琼海市的代表分别作交流发言，中国工程院院士徐祖信围绕农村生活污水资源化利用主题发言。会议以视频方式开到各市、县一级。

2023年9月4日，海南省政协主席、南渡江省级河长主持召开海南省南渡江河长会议，听取省河长办和南渡江流域内各市、县河长制工作落实情况汇报，对南渡江流域治理保护工作进行部署。

2023年11月20—24日，海南省委组织部、省治水工作领导小组办公室、省河长制办公室在省委党校联合举办海南省“六水共治”暨河湖长能力提升专题研讨班。邀请水利部及国内外专家学者就治水及河湖管理工作开展授课，设置专题讲座、案例分析、现场教学、分组讨论等学习形式。18个市、县治水领导小组常务副组长、治水办副主任，各市、县（区）、乡镇级河湖长代表，三沙市治水办负责人，省直相关部门处室负责人等共99人参加培训。

2023年12月26日，海南省总河湖长会议在海口市召开，会议总结2023年河湖长制工作情况，研究解决存在的突出问题，进一步提升河湖长制工作质效。省委书记、省总河湖长主持会议并讲话，省长、省总河湖长刘小明作工作部署，省政协主席、省委副书记等省领导出席。部分市、县代表作经验介绍和发言。会议以视频形式开到各市、县一级。

（杨向权）

【重要文件】　2023年4月10日，海南省河长制办公室印发《海南省2023年河湖长制工作要点》（琼河办〔2023〕16号）。

2023年5月20日，海南省河长制办公室印发总河湖长令《关于压实河湖长责任　加强城市（县城）黑臭水体治理和水库运行管理的通知》（总河湖长令第3号）。

2023年6月9日，海南省水务厅等14部门印发《海南省节水行动2023年实施计划》（琼水资源〔2023〕101号）。

2023年8月2日，海南省发展和改革委员会、省住房和城乡建设厅、省水务厅、省生态环境厅印发《海南省城镇生活污水垃圾处理设施建设三年行动方案》（琼发改环资〔2023〕606号）。

2023年8月18日，海南省水务厅、省高级人民法院、省人民检察院、省公安厅、省司法厅印发《海南省河湖安全保护专项执法行动实施方案》（琼水政监〔2023〕156 号）。

2023 年 9 月 1 日，海南省治水工作领导小组办公室、省河长制办公室印发《河流湖库水质督查工作机制》（琼治水办〔2023〕29 号）。

2023 年 9 月 18 日，海南省治水工作领导小组办公室印发《海南省“六水共治”实施方案（2023—2026 年）》（琼治水办〔2023〕31 号）。

2023 年 9 月 25 日，海南省治水工作领导小组办公室印发《2023 年度海南省“六水共治”找短板寻盲区查漏洞挖死角专项行动深化方案》（琼治水办〔2023〕34 号）。

2023 年 11 月 23 日，海南省河长制办公室印发《海南省 2023 年河湖长制工作考核实施方案》（琼河办〔2023〕56 号）。（李芳）

【地方政策法规】 2023 年，海南省财政厅会同海南省水务厅印发《海南省水利发展资金管理办法》（琼财农规〔2023〕12 号），规范资金使用范围，调整资金分配因素，进一步规范和加强水利发展资金管理省级出台的法规。（王云）

【河湖长制体制机制建立运行情况】

1. 领导重视 海南省委书记、省长每季度听取治水和河湖管理情况汇报，主持召开省委常委会会议、省政府常务会会议、专题会议等，多次对相关工作作出部署安排。聚焦城市（县城）黑臭水体、水库运行管理等问题，签发总河湖长令，在每条城市（县城）黑臭水体设立河湖长，由党政领导统筹推进治理工作。省、市、县、乡、村五级河湖长累计巡查河湖超 20.3 万人次，有效推动河湖水质提升、“四乱”问题整治等工作落实。省人大、省政协、省纪委监委紧盯治水重点问题，强化监督检查，持续协同发力。省委组织部将河湖长制及治水情况纳入市、县及省直单位领导班子和领导干部年度考核内容，作为市、县经济社会高质量发展、省级部门绩效考核的重要依据。2023 年培训河湖长 4 067 人次，约占河湖长数量的 70%。（杨向权）

2. 监督检查 海南省治水办开展每月一督查。省河长办、治水办建立《河流湖库水质督查工作机制》，联合职能部门每月对水质不达标水体进行研判，向河湖长发送提醒函、督办函、通报等 85 份，约谈 7 名市、县级河湖长。（杨向权）

3. 考核激励 根据《海南省 2023 年河湖长制工作考核实施方案》，海南省河长办于 2023 年 12 月 17—19 日，组织考核组对 18 个市、县（不含三沙市）河湖长制工作情况开展现场考核。从考核情况看，2023 年全省继续夯实河湖长制工作基础，将河湖长制与“六水共治”紧密结合，持续提高河湖管理工作水平。三亚市为优秀等次；文昌市、五指山市、海口市、保亭黎族苗族自治县、儋州市、东方市、陵水黎族自治县、定安县、乐东黎族自治县、万宁市、临高县、昌江黎族自治县为良好等次；澄迈县、琼海市、白沙黎族自治县、屯昌县、琼中黎族苗族自治县为合格等次。2023 年 6 月 16 日，海南

三亚河（卢俊毅 拍摄）

省财政厅印发《关于下达2023年水利发展资金（第二批）的通知》（琼治水办〔2023〕34号），对2022年河湖长制工作真抓实干、成效明显的五指山市、三亚市、海口市各激励资金200万元。（杨向权）

4. 幸福河湖建设　落实《海南省绿水行动之幸福河湖建设行动方案（2021—2023）》要求，推进幸福河湖建设。2023年建设幸福河湖82处，累计建成幸福河湖209处。松涛水库入选全国“人民治水·百年功绩”工程，海口市五源河入选全国第二批美丽河湖优秀案例。三亚市三亚河流域综合治理、文昌市珠溪河综合治理等多个项目入选全省治水典型案例。完成水土流失治理35km²，新增生态清洁小流域9条。（杨向权）

【河湖健康评价开展情况】　2023年，全省共开展河湖健康评价42条并全部完成。健康34条，分别为万泉河、珠碧江、定安河、文澜河、巡崖河、光吉河、美舍河、演丰河、五源河、南面沟、福创溪、半岭水、后河、徐浦水、排浦江、山鸡江、丰猛水、牙拉河、妙山河、南正水、太平河、水满河、茂信河、南港河、温村水、同仁溪、绿现河、花场河、波浪河、荣兔水、脚下河、合口河、武郎河、才地河；亚健康8条，分别为南洋河、南罗溪、海仔河、北沟、黑溪、北水溪、衙前溪、长塘河。（郝斐）

【“一河（湖）一策”编制和实施情况】　2023年，省、市、县级河湖应滚动编制“一河（湖）一策”513条，已滚动编制19条。（郝斐）

【水资源保护】

1. 水资源刚性约束　2023年，海南省积极完善水资源刚性约束制度。一是加强流域水资源统一调度。印发《海南省调水工程标准化评价细则及评价标准（试行）》《海南省水务厅关于公布开展水资源调度的跨地市江河流域及重大调水工程名录（第三批）的通知》，规范开展调水工程标准化管理评价工作，充分发挥调水工程效益，全面提高海南省调水工程运行管理水平。2023年1月，印发春江、文教河、北门江、文澜河、藤桥河、太阳河、望楼河等7条河流生态流量保障实施方案，明确生态流量保障工作责任人、保障措施、保障期限。二是严格取用水监管。严格落实用水总量和强度双控，加强取用水监管，将完成取用水管理专项整治行动整改提升工作列为省委巡视重点督办事项，大力督导推进，发现并完成2 556个取水问题整改，全省大中型灌区取水许可整改办证基本完成，规模以上无证取水问题、农村安全饮水工程和小型农业灌溉工程无证取水问题基本解决。出台《海南省取水许可与水资源费征收管理办法》，于2023年11月1日起正式实行，实施水资源有偿使用，加强地下水管理和重要饮用水水源地监管，强化水资源利用和保护。（郑杲）

2. 节水行动　2023年，海南省认真贯彻落实《国家节水行动方案》。一是持续推进国家节水行动。全省新增4个县域节水型社会达标建设，累计建成率44%，推进12个合同节水项目实施。积极推进再生水利用配置试点建设，儋州市、琼海市顺利通过水利部中期评估。三亚光大环保能源有限公司获评“海南省节水标杆企业”称号。海南大学获评水利部、教育部、国家机关事务管理局“节水型高校典型案例”，成为海南省高校领域节水的典范。二是水权改革取得新成效。推进多单水权交易落地，从单点突破到多点开花，实现“谁节水谁受益”良性态势。全省相继完成6宗再生水水权交易和1宗原水水权交易，交易水量45.9万m³，交易金额35.35万元，为全省深入开展水权交易树立了典型和标杆，水权改革工作迈出了实质性一步。（郑杲）

【水域岸线管理保护】

1. 河湖管理范围划定　海南省累计完成2 980条河流管理范围划定，占全岛3 526条河流的85%。2023年8月，启动南渡江等15条省级河流管理范围复核工作。（甘子乐）

2. 岸线保护与利用规划编制　全省共14个市、县完成流域面积50km²以上岸线保护与利用规划编制和审批，累计完成143条，完成率72.5%。经省政府授权，南渡江、昌化江、万泉河、定安河、新吴溪、陵水河、宁远河、珠碧江等8条流域面积1 000km²以上的河流岸线保护与利用规划于2024年3月5日由海南省水务厅印发实施。（甘子乐）

3. “四乱”整治　及时完成3 332个水利部推送遥感图斑问题核查工作，共确定1 044处图斑问题，并大力推进整改。2023年累计整改河湖“四乱”问题1 309个，除澄迈县外，其他17个市、县均全面完成（除省级桥梁问题）水利部推送问题整改销号，儋州、定安、保亭等3个市、县全面完成省自查发现问题整改销号。累计清除河道乱堆垃圾废物及水面漂浮物9.88万t、违法建（构）筑物16.21万m²，清理非法占用河湖岸线238km。全年立案查处涉及河湖安全保护专项的违法案件72件，侦办非法采砂类刑事案件45起。（甘子乐）

【水污染防治】

1. 排污口整治　制定实施《关于做好2023年入河排污口排查整治及监督管理工作的通知》，明确海南省及各市、县年度工作任务，对市、县入河排污口排查整治工作进展实施月调度、月通报，组织召开全省工作推进会，安排业务骨干赴市、县开展点对点帮扶指导。截至2023年底，已完成南渡江、松涛灌区干渠、昌化江、石碌河、万泉河、藤桥西河等6条国控水体入河排污口“查、测、溯”工作，发现的508个入河排污口全部完成溯源；建立城市黑臭水体入河排污口清单，督促各市、县以生活污水截污纳管工作为重点，推进城市黑臭水体入河排污口整治，累计完成345个排污口整治。（黄楚瑜）

2. 城镇生活污染防治　2023年，海南省新增污水处理能8.93万m^3/d，建设改造城镇污水收集管网662km；全省城市（县城）生活污水集中收集率为59.9%，比2022年提升4.2个百分点（具体以住房城乡建设部公布人口数据为准）。全省175个建制镇已完工生活污水处理设施163座，12座在建，覆盖率达到93%，已超额完成年度工作目标（76%）。（吴雨洁）

3. 畜禽养殖污染防治　2023年，实施畜禽粪污资源化利用整市（县）推进项目。坚持以项目带动引领，持续推动海南省儋州、海口琼山区、澄迈、屯昌4个市、县（区）畜禽粪污资源化利用整市（县）推进项目，有效带动全省畜禽粪污资源化水平再上新台阶。海南省继续坚持保供给与保环境并重，以创建畜禽养殖标准化示范场为契机，以畜禽粪污资源化利用整县推进项目为抓手，全面推进畜禽粪污资源化利用。组织各市、县开展畜禽养殖标准化示范场创建工作，引导养殖场改造升级设施装备条件，提高生物安全防控和畜禽粪污资源化利用水平。累计创建国家级、省级畜禽养殖标准化示范场179家，其中2023年创建省级、国家级畜禽养殖标准化示范场36家（含到期复验12家），以点带面发挥示范引领作用，带动中小型养殖场户向标准化、规模化、设施化转型发展。畜禽粪污综合利用率达88.4%，规模场粪污处理设施配套率达99%，大型规模养殖场粪污处理设施配套率达100%。（任爽）

4. 水产养殖污染防治　2023年，出台促进海南省渔业高质量发展若干措施和三年行动方案，推动水产养殖转型升级和绿色发展。出台《海南省水产养殖项目直接奖补资金管理实施细则》《海南省深远海养殖项目管理和奖补实施细则》，大力发展深远海养殖和工厂化养殖，建成投产大型桁架类网箱3个、重力式网箱52个，新增养殖水体30万m^3。文昌冯家湾现代渔业产业园核心区初步实现集中供水开展养殖，三亚水产苗种南繁生态产业园一期基本建成并开始试养，万宁工厂化养殖产业园项目（一期）、儋州金雨海洋智慧渔业产业园区等一批市、县渔业园区正积极推动建设。指导企业开展国家级水产健康养殖和生态养殖示范区，全省已累计创建7家。争取中央资金4 500万元，省级配套2 900万元，支持海口、文昌、东方、临高等市、县开展集中连片养殖区水产养殖绿色循环试点项目，探索集中治理模式。印发《关于推荐水产养殖尾水综合处理技术模式的通知》，推荐21种养殖尾水治理模式，指导市、县开展养殖尾水治理。加强《水产养殖尾水排放标准》宣贯工作，召开全省水产养殖业发展专题研讨会，邀请专家进行专题培训，印发25 000份《水产养殖尾水排放标准》宣传纸，宣传覆盖全省所有自然村。（孙人诚）

5. 农业面源污染防治　2023年，海南省重点针对化肥、农药、农膜及农药包装废弃物等污染物进行治理。贯彻落实海南省人民政府办公厅印发《海南省化学农药化肥减量实施总体方案（2021—2025年）》（琼府办〔2021〕74号）、海南省农业农村厅印发《2023年农药化肥减量补助项目实施方案》（琼农字〔2023〕78号）、《海南省2023年农膜回收工作方案的通知》（琼农字〔2023〕59号）；明确农药化肥减量年度任务目标和技术措施，重点推广病虫害统防统治、秸秆还田、增施有机肥、水肥一体化等技术；2023年海南省化学农药、化肥使用量分别为1.66万t、96.79万t，比2020年分别减少15.9%、12.1%，农药包装废弃物回收率80%以上，农膜回收率90.45%。（刘玉）

6. 船舶港口污染防治　2023年，强化船舶大气污染物排放监督管理。一是严格落实海南船舶大气污染物排放控制区各项要求，积极配合海南省2023年空气质量改善200天决战攻坚行动，做好船舶使用超低硫燃油监管。采取“快检—送检”相结合的方式，对到港船舶开展燃油质量检测监督。2023年，共开展船舶燃油检测2 606艘次，查处超标使用燃油违法行为33起，罚款99.9万元，有效遏制了船舶使用超标燃油的违法行为发生。二是依法对船舶燃油供应单位油品质量开展监督检查。定期对辖区30家船舶供油单位进行现场抽查，重点检查供油单证、燃油样品以及相关规章制度建立情况，对发现的违规行为及时作出处理。强化船舶水污染物转移处置监督管理。深入贯彻落实海南省“六水共治”工作要求，持续优化船舶水污染物接收转运处置联合监管机制，推动洋浦辖区“船舶污染物监管电子联单”系统和三亚辖区“游艇污染物接收报备”微信小程序取得实效，基本实现船舶水污染物来源可溯、去向可寻、动态可查。强化到港船舶水污染防治监督检查，全面开展船舶生活污水、含油污水、压载水抽检工作，严厉查处船舶水污染物偷排、漏排和超标准排放行为，查处船舶违法排放污染物行为23起，罚款71.1万元。（张向迎）

【水环境治理】

1. 饮用水水源规范化建设　2023年，推进水源地保护区环境问题整治攻坚，制定印发《关于进一步加强集中式饮用水水源地管理工作的通知》《关于做好2023年度集中式饮用水水源地保护有关工作的通知》，开展集中式饮用水水源地环境调查评估，安排业务骨干和行业专家赴重点市、县开展帮扶指导，2023年共完成51个集中式饮用水水源环境问题整治工作。2023年，海南省已划定保护区的乡（镇）村集中式饮用水水源水质达标率为79.7%，同比上升8.4个百分点，群众饮水安全保障程度稳步提升。（黄楚瑜）

2. 黑臭水体治理　截至2023年底，海南省累计发现19条城市黑臭水体，涉及10个市、县，其中地级市1条，县级市10条，县城8条，共计重度黑臭9条，轻度黑臭10条。截至2023年底，完成了19条城市黑臭水体的治理工作并销号。海南省水务厅与省生态环境厅、省住房和城乡建设厅共同组织开展全省城市黑臭水体整治环境保护行动，主动深入各市、县城市及县城建成区开展黑臭水体核查工作，开展治理效果评估，确保治理成效稳定，防止返黑返臭，做到“滚动发现，滚动治理”。（彭雨婷）

龙州河治理后（林琼珊　拍摄）

3. 农村水环境整治　2023年，印发《海南省农村生活污水治理“三大模式　六条路径”协同推进的技术指引》（琼水便函〔2023〕673号），科学、精准、经济、高效推进海南农村生活污水治理工作。2023年新增4 040个自然村，累计完成12 508个自然村生活污水治理，全省农村生活污水治理率达61.3%，且18个市、县的治理率均达到或超过55%的年度目标，提前2年完成国家下达的“十四五”末达到45%的目标任务。（张乘铭）

【水生态修复】

1. 退田还湖还湿　2023年，海南省造林绿化面积20.02万亩。被列入国家一级重点保护野生动物30种，被列入国家二级重点保护野生动物132种；被列入国家一级重点保护野生植物10种，被列入国家二级重点保护野生植物117种。2023年，海南省加大力度推进湿地、红树林及热带雨林国家公园的保护修复，编制了《海南热带雨林国家公园总体规划（2023—2030年）》，探索“政府主导、部门协作、社会参与”的湿地公园发展模式，建设一批各有特色的湿地公园。据海南省林业局统计，截至2023年底，全省已建设或在建国家级和省级湿地公园13个，湿地生态产品供给能力持续增强。（李地雄）

琼中湾岭镇白鹭湖（张俊　拍摄）

2. 生物多样性保护　开展水生生物及资源环境调查与监测。2023年，开展了“两江一河”水生生物多样性监测及琼东琼南主要河流水生生物本底调查；“两江一河”外来鱼类种类和时空分布格局专项调查。开展珍稀濒危鱼类人工繁育及增殖放流等，取得明显成效。加强松涛水库等大水面生态增殖放流以渔净水。设立了松涛水库水生生物及生态环境监测站，加强对松涛水库水生生物多样性及生态环境监测。（徐刚）

3. 生态补偿机制建立　2023年，纳入《海南省流域上下游横向生态保护补偿实施方案》的10条河流、4个湖库、18个断面水质总体保持优良，水质优良率100%，与2022年相比，各断面水质均无变化。赤田水库流域生态补偿工作取得了良好的生态、经济和社会效益。赤田水库流域生态环境质量稳定向好发展，赤田水库取水口断面水质类别由Ⅲ类提升至Ⅱ类，三道农场十五队断面由Ⅳ类提升至Ⅲ类。2023 年，流域上下游横向生态保护补偿省级财政奖补资金 2 493.01 万元，市、县之间补偿资金 858.24 万元，共计 3 351.25 万元。（黄楚瑜　王转）

4. 水土流失治理　2023 年，海南省共完成水土流失治理面积 81.56km²，包括水务部门实施的国家水土保持重点工程治理水土流失面积 35.14km² 和林业部门实施的造林绿化治理水土流失面积 46.42km²，减少土壤流失量 2.86 万 t，增加林草覆盖 46.42km²，减少农业面源污染约 26.13km²。水务部门实施的国家水土保持重点工程共投入 2 399.10 万元，涉及 6 个市、县，完成了 9 条小流域综合治理。根据 2023 年水土流失动态监测成果，全省水土流失面积为 1 623.55km²，水土保持率 95.28%，较 2022 年提高 0.08%。（张国强）

【执法监管】　2023 年，联合海南省高级人民法院、省人民检察院、省公安厅、省司法厅共同开展河湖安全保护专项执法行动，加强跨部门协作配合，把执法实践中的有益经验总结上升为体制机制，纵深推进河湖安全保护协同执法。全省共立案查处涉及河湖安全保护专项的违法案件 72 件，结案 30 件，结案率 41.67%，其中侵占河湖类案件 7 件，非法采砂类案件 38 件，非法取水类案件 21 件，人为造成水土流失类案件 6 件；简易程序办理 1 件，适用普通程序办理 71 件，共处罚款 136.1 万元，未发生行政复议或行政诉讼；全省无挂牌督办案件。（陈文俊）

【水文化建设】　2023 年，儋州松涛水库国家水利风景区举办松涛生态文明讲坛，邀请专家学者进行授课，为海南水利现代化建设提供生态指导；与海南大学环境保护学院合作设立松涛水库热带水资源与生态水文研究所，开展水资源管理、生态环境保护、水环境质量控制与修复、水源涵养林培育、水土保持等专题研究，为促进松涛水库生态环境保护提供科学依据。（李芳）

【数字孪生水利建设】

1. “水利一张图”　2023 年，海南省水网“一张图”整合了多个业务部门自有数据，将区域内河流、1 105 座水库、421 座水闸、88 座泵站、582 个视频监控、426 处图像监测站等要素数字化，结合测绘部门提供的 19 级影像地图，打造全省水务数字化“一张图”，并建成集水文、水务等于一体的综合监测站网，包括 639 个河道站、2 554 个雨量站、95 个地下水监测站、302 个取用水监测点等，实现重点领域全过程、全要素监管。基本实现了“一张网、一个平台、一个数据中心、一张图、一套标准、一个窗口”的功能，整合海南省水务行业 12 个原有的、孤立的信息系统，打通了海南水务行业数据壁垒，为未来业务建设提供一个智慧化的大平台，基本实现“一图观所有、一图管所有、一图知所有”的服务能力，用数据支撑预报、预警、运行调度、评估评价等智能应用，全面提升了海南水网的数字化服务能力。（贾志文）

2. 数字孪生　2023 年，海南省数字孪生应用成效以松涛水库为数字流域试点，融合 5G、无人机、倾斜摄影、虚拟现实、遥感影像分析、模型分析的技术，开展松涛水库天、空、地、水基仿真中心建设，以倾斜摄影建模构建松涛水库三维漫游模型、融入 360°全景相机，实现“模型＋实景＋数据监测＋智能分析”，融入业务实现从“小流域网格降雨化分析＋台风路径＋小流域产汇流分析＋水利安全运行分析＋水库调度模拟分析”为一体的松涛数字水库。可有效支撑水库巡查、水库安全运行、水库安全调度、水库水质安全等业务的现代化发展。6 月，完成构建水利信息基础设施、数据平台、模型平台，集成构建具有模型管理、场景配置、仿真设计等功能的数字孪生平台，管理和驱动各类模型协同高效运算，支撑“2＋N”智能业务应用，实现与水利部数字孪生平台、流域数字孪生平台的双向互动、共享调用。12 月，完成万泉河流域、松涛水库重点区域遥感识别、视频 AI 智能分析、利用机器学习、人工智能等技术，研发文字识别、语音识别、自然语言处理等智能算法搭建知识平台和网络安全体系；完成应用 BIM、GIS 和 VR 等技术，研发三维建模、实时渲染、空间计算、视觉特效、动态交互等仿真可视化模型，展现自然流域、动态流场、水利工程实时运行信息。（周劲松）

重庆市

【河湖概况】

1. 河流数量　重庆市境内有长江、嘉陵江、乌江、渠江、涪江、酉水、芙蓉江、綦江、阿蓬江、小江、任河、郁江、大宁河、琼江、御临河、龙溪河、濑溪河、磨刀溪等主要河流。流域面积 50km²

以上河流 510 条；流域面积 $100km^2$ 以上河流 275 条；流域面积 $200km^2$ 以上河流 149 条；流域面积 $500km^2$ 以上河流 74 条；流域面积 1 $000km^2$ 以上河流 42 条；流域面积 3 $000km^2$ 以上河流 19 条；流域面积 5 $000km^2$ 以上河流 11 条；流域面积 10 $000km^2$ 以上河流 7 条。水系均属长江流域，分为长江、嘉陵江、乌江、沱江、沅江、汉江六大水系。重庆市境内干流河段总长 16 849.6km，其中流域面积 50～1 $000km^2$ 河流长 12 012km，流域面积 1 $000km^2$ 以上河流长 4 837.6km。 （张艺凡）

长寿桃花溪（袁萍洋　拍摄）

2. 水量　2023 年，重庆市水资源总量为 698.4 亿 m^3，其中地表水资源量为 698.4 亿 m^3，地下水资源量为 171.7 亿 m^3，重复计算量为 171.7 亿 m^3。重庆市水资源空间分布不均，东部和东南部明显高于中西部地区。 （胡兴敏）

3. 水质　2023 年，长江干流重庆段水质保持Ⅱ类，74 个国控断面水质优良比例达 100%，城市集中式饮用水水源地水质达标比例为 100%。 （高军）

4. 新开水利工程　2023 年，重庆市新开工水利工程 39 个，其中水源工程 15 个、江河治理工程 21 个、水美乡村工程 2 个。 （叶懋）

【重大活动】　2023 年 2 月 17 日，由中央网信办指导，重庆市委网信办、四川省委网信办、中国经济网共同主办的“走进区域看发展·川渝奋楫谱新篇”网上主题宣传活动正式启动。重庆市“智慧河长”系统、川渝跨界河湖联防联控工作受到人民网、中国青年网等来自中央和川渝两地的多家媒体深入报道采访。

2023 年 2 月 23 日，川渝河长制工作座谈会在重庆市召开，重庆市水利局副局长、市河长办副主任，四川省河长制办公室副主任、省河湖保护和监管事务中心主任出席会议并讲话。川渝两地河长办就 2023 年川渝河长制联合推进重点工作进行了讨论，并安排部署下一步工作。

2023 年 2 月 28 日，重庆市河长办公室印发《重庆市 2023 年河长制工作要点》，明确将从水资源保护、水污染防治、水环境治理、水生态修复、水域岸线管控、河长履职提质增效、落实保障措施等方面持续推动河长制工作走深走实。

2023 年 3 月 16 日，重庆市委书记、市总河长赴广阳岛调研生态环境保护工作，并沿岸巡河查看长江水质等情况。

2023 年 3 月 22 日，由水利部和重庆市政府联合主办的第二届寻找“最美家乡河”活动揭晓仪式在重庆举办，水利部副部长田学斌出席揭晓仪式，并宣布第三届寻找“最美家乡河”活动启动，重庆市副市长出席揭晓仪式；重庆市水利局、市总工会、团市委、市妇联联合举办“最美河湖卫士”党的二十大精神宣讲活动，何登琼等 6 名“最美河湖卫士”组成宣讲团，围绕“悟二十大精神，讲护河故事，展江河新貌”进行主题宣讲。

2023 年 4 月 26 日，重庆市、贵州省两地河长办在南川区召开跨界河流联防联控联席会议，推进渝黔跨界河流联防联控联治，共同筑牢长江上游重要生态屏障。

2023 年 5 月 14 日，重庆发布第 5 号市级总河长令，决定在全市实施幸福河湖建设“百千行动”。第 5 号总河长令明确了幸福河湖建设的总体目标：到 2027 年全市建成 100 条、到 2035 年建成 1 000 条以上具有区域特点、流域特色、重庆辨识度的市级幸福河湖，全市构建起“一村一溪一风景、一镇一河一风情、一城一江一风光”的幸福河湖画卷。

2023 年 6 月 7 日，重庆市委书记、市总河长，市委副书记、市长、市总河长，市领导前往位于三峡库区腹地的巫山县、巫溪县、奉节县，围绕危岩地质灾害防治、推动库区高质量发展等工作进行调研，并乘船巡察长江巫山段，向水质监测人员了解长江水质变化趋势，考察长江生态保护修复。

2023 年 6 月 8 日，重庆市政府新闻办举行第 5 号市级总河长令新闻发布会，重庆市水利局局长、市河长办常务副主任介绍相关情况。

2023 年 8 月 16 日，美丽重庆建设大会暨 2023 年度市级总河长会议召开，重庆市委书记、市总河长出席会议并讲话。

2023 年 9 月 1 日，重庆市召开 2023 年河长制工作推进会，传达美丽重庆建设大会暨 2023 年市级总河长会议精神，分析河长制工作面临的新形势新要求，并安排部署下一步河长制重点工作。

2023年9月2—7日，重庆市河长办在福建省厦门市举办2023年全市河长制工作专题培训班，旨在深入学习贯彻党的二十大精神，认真落实党中央、国务院于全面强化河长制的决策部署，切实提高全市河长制工作人员的理论素养和履职能力，有力有效推进幸福河湖建设。重庆市河长制工作市级责任单位、各区县河长办相关负责人参加本次培训。

2023年10月10日，重庆市委书记、市总河长，市委副书记、市长、市总河长到中心城区调研城市污水治理管网建设运维工作，并查看长江一级支流溉澜溪生态环境改善成效。

2023年11月20—23日，川渝河（湖）长制培训班（第四期）在重庆市举行。本次培训旨在全面贯彻落实党中央关于推动成渝地区双城经济圈建设的重大战略部署，进一步加强川渝跨界河流联防联控联治，设置《深入学习贯彻习近平关于治水的重要论述》解读、河长制及基层河长履职解读、河湖治理与幸福河湖建设等课题。川渝毗邻地区主要市、县（区）河长制办公室负责人，跨界河流流经县（区）、乡镇级河长共100余人参加培训。

2023年11月15—17日，水利部副部长朱程清一行到城口、巫溪调研指导水利工作，并听取河长制工作情况汇报。水利部水土保持司、水利部农水水电司相关负责人，重庆市政府副秘书长，市水利局局长，副局长参加调研。

2023年11月21日，重庆市水利局局长一行赴长江委，与长江委主任进行座谈，双方就进一步推动重庆水利高质量发展进行深入交流。长江委副主任，重庆市水利局副局长参加座谈。

重庆市荣昌区荣峰河（张裕贵　拍摄）

2023年12月8日，重庆市河长办副主任、市水利局副局长接受重庆市“民呼我为”广播热线节目《周五面对面》专访，现场就幸福河湖建设有关问题进行了深入解答。

2023年12月14日，重庆市荣峰河作为第二届“最美家乡河”11条入选河流之一，参加水利部举办的“感悟最美家乡河 以学促干建新功”汇报展示活动，8名荣峰河流域群众代表现场讲述与母亲河的故事，荣昌区委书记、荣昌区总河长作为全国唯一基层河长代表发表河长感言。（张艺凡）

【重要文件】 2023年1月11日，重庆市河长办公室印发《关于开展河流健康评价建立河流健康档案工作的通知》（渝河长办〔2023〕1号）。

2023年2月25日，重庆市河长办公室印发《重庆市2023年河长制工作要点》（渝河长办〔2023〕5号）。

2023年3月2日，川渝河长制联合推进办公室印发《2023年度川渝河长制联合推进工作要点》（川渝河长办〔2023〕2号）。

2023年3月2日，重庆市水利局印发《重庆市2023年河道管理工作要点》（渝水河〔2023〕2号）。

2023年5月6日，重庆市人民检察院、市河长办公室印发《重庆市“河长＋检察长”协作机制2023年工作要点》（渝检会〔2023〕13号）。

2023年6月19日，重庆市河长办公室印发《重庆市幸福河湖建设百千行动工作方案》（渝河长办〔2023〕12号）。

2023年6月20日，重庆市水利局修订印发《重庆市河道采砂管理工作手册（试行）》（渝水河〔2023〕8号）。

2023年7月31日，重庆市河长办公室印发《关于做好全市2023年度市级幸福河湖建设有关工作的通知》（渝河长办〔2023〕14号）。

2023年8月29日，重庆市河长办公室印发《重庆市幸福河湖评价指标体系（试行）》（渝河长办〔2023〕16号）。

2023年9月22日，重庆市河长办公室印发《关于开展“一河一策”方案实施情况中期评估工作的通知》（渝河长办〔2023〕17号）。

2023年9月24日，重庆市河长办公室印发《关于做好河长制组织体系完善有关工作的通知》（渝河长办〔2023〕18号）。

2023年10月11日，重庆市河长办公室印发《2023年度重庆市级幸福河湖建设名单》（渝河长办〔2023〕20号）。

2023年11月14日，重庆市河长办公室印发《关于开展区县级河长年度考核工作的通知》（渝河长办〔2023〕22号）。

2023年11月24日，重庆市水利局印发《关于河道名录梳理复核工作情况的报告》(渝水〔2023〕74号)。
(张艺凡)

【地方政策法规】 2022年12月27日,重庆市第五届人民政府第197次常务会议审议通过《重庆市三峡水库消落区管理办法》,自2023年5月1日起施行。
(李云芸)

【河湖长制体制机制建立运行情况】

1. 监督检查 2023年,重庆市政府常务会议定期调度河长制重点工作。全市深化市、区县(自治县)、乡镇(街道)三级定期调度机制,采取暗访问题交办、现场巡河交办、召开专题会议、印发工作通报等多种方式,专题调度河流突出问题,并督促整改到位。市委督查办、市政府督查办、市河长办对涪陵区、梁平区等18个区县开展河长制进驻式督查,对长江、嘉陵江、乌江等河流开展2轮全覆盖暗访,智慧河长系统交办、督办一般问题570个,正式交办、督办区县政府问题115个,处置舆情问题84个,突出问题全部纳入市委党建统领“八张问题清单”督办。
(张艺凡)

2. 河长设置 2023年,重庆市委书记、市政府市长共同担任市级总河长,全面建立市、区县(自治县)、乡镇(街道)三级“双总河长”架构和市、区县(自治县)、乡镇(街道)、村(社区)四级河长体系。设市级河长22名、市级河流21条。全市分级分段设河长1.83万名。

3. 河长办公室设置 2023年,设立市、区县(自治县)、乡镇(街道)三级河长办公室,作为本级总河长、河长的办事机构,承担河长制具体工作。各级河长办公室主任由同级政府分管领导担任,并配备相应的工作人员,河长制责任单位和牵头单位负责人作为办公室成员。

4. 河长制责任单位及牵头单位设置 2023年,市、区县的发展改革、教育、经济和信息化、公安、财政、规划和自然资源、生态环境、住房和城乡建设、城市管理、交通运输、水利、农业农村、卫生健康、团委、林业、海事等部门作为本行政区域的河长制责任单位。市、区县(自治县)根据工作需要,确定相应河流的河长制牵头单位。

5. 河长述职机制 2023年,担任河长的领导干部在第二批主题教育专题民主生活会上对照检查河长履职情况,并对检查出的问题实行清单化整改、全过程管理,切实增强履职担当的使命感和责任感,提升河流管理保护质效。

6. 离任交接制度 2023年,按照《重庆市河长工作交接制度(试行)》要求,由各级河长办公室和河流河长制牵头单位统筹,采取签署《离任交接清单》的方式,交接河流基本情况、“一河一策”编制实施情况、河流巡查、群众反映的未整改销号问题等六大内容,确保河长在调整时,所负责河流河长制工作无缝对接,延续有序。将河长制工作作为重要考核指标,纳入市对区县和市级有关部门年度考核;公示区县级总河长个人履职情况,并纳入领导干部综合评价、自然资源资产离任审计内容,通报约谈各级河长、责任单位负责人558人次。
(王敏)

7. 幸福河湖建设 2023年5月14日,重庆市双总河长签发重庆市总河长令(第5号)《关于在全市实施幸福河湖建设“百千行动”的决定》,在全市实施幸福河湖建设“百千行动”,明确到2027年建成100条(座)、到2035年建成1 000条(座)以上市级幸福河湖。全市上下认真贯彻市总河长令,印发《重庆市幸福河湖建设“百千行动”工作方案》,制定《全市幸福河湖评价指标体系》,启动73条市级幸福河湖建设,推动临江河建成首批全国幸福河湖,桃花溪入选第二批全国幸福河湖建设试点。
(李大松)

【河湖健康评价开展情况】 2023年,全市共完成82条河流的健康评价和健康档案建立工作,超额完成2023年度河流健康评价任务,参与健康评价的河流得分区间为77.91～89.05,整体为健康状态,河流健康类别达到二类河流及以上。结合重庆市的河流自然地理、生态环境、社会经济状况和河长制工作的需要,市河长办编印《重庆市河流健康评价指南(试行)》,进一步明确和规范全市的河流健康评价工作。
(高鑫)

【“一河(湖)一策”编制和实施情况】 对照“一河一策”目标,完成长江、磨刀溪、大宁河、龙溪河等21条市级河流2023年度任务分解,截至2023年底,全市21条市级河流836项“一河一策”年度任务已全部完成,完成率达100%。按季度定期调度督促牵头河流沿线区县完成“一河一策”方案年度目标任务,并对市、区县级河流“一河一策”年度任务完成情况进行定期通报。全市694条区级河流年度任务共6 156项已全部完成。

全面开展“一河一策”方案中期评估工作,印发《关于开展“一河一策”方案实施情况中期评估工作的通知》,制定《重庆市“一河一策”方案中期评估技术大纲》,对每条河流目标任务完成情况、主要指标实现情况、管理保护问题及目标措施实施情

况进行全面评估。 （鞠佳伶）

【水资源保护】

1. 水资源刚性约束　严格执行取水许可、计划用水、用水统计等制度。2023 年，重庆市用水总量 70.80 亿 m^3（其中地下水用水总量 0.5 亿 m^3，非常规水利用量达 6.15 亿 m^3），万元国内生产总值用水量为 21.32m^3，较 2020 年下降 19.3%；万元工业增加值用水量为 12.72m^3，较 2020 年下降 35.2%；农田灌溉水有效利用系数 0.512 5，各项指标均优于国家年度控制指标。2022 年度第 6 次获得国务院实行最严格水资源管理制度考核优秀等次。 （尹晶）

2. 节水行动　2023 年，市、县（区）二级累计创建各类节水型载体 9 300 余个，其中节水型公共机构 6 690 余个、企业 950 余家、小区 1 680 余个，玖龙纸业（重庆）有限公司、重庆建峰化工股份有限公司、重庆巴南工业园区等 3 家企业（园区）获全国“水效领跑者企业（工业园区）称号”。水利、财政、税务、金融、发展改革等 11 个部门出台《重庆市支持节水产业发展及合同节水管理具体措施》，为节水产业发展提供政策保障。落实长江流域用水量 1 万 m^3 以上的工业服务业计划用水全覆盖工作部署，共向 6 815 家用水单位下达 55 亿 m^3 计划水量，如期实现全覆盖。开展典型地区再生水利用配置试点，璧山区、荣昌区等 4 个国家再生水利用配置试点区县如期完成中期评估，全部达到合格以上水平，其中璧山区获优秀等次。北碚区、巫溪县 2 个区县创建为国家第六批节水型社会建设达标县（区），累计 20 个区县创建成功，创建率 51.3%，超额完成节水行动方案规定目标。 （熊燃）

3. 生态流量监管　2023 年，实施生态流量监测预警，发出重庆市首张生态流量调度令，实施流域水利工程联合精准调度，控制断面生态流量满足要求，编制 7 条河流生态流量保障方案，完成重庆市生态流量监督管理办法编制。推进新峰河、九龙河母亲河复苏行动，开展已建水利水电工程生态流量核定保障先行先试。 （尹晶）

4. 全国重要饮用水水源地安全达标保障评估　2023 年，重庆开展国家级、长江流域和市级重要饮用水水源地安全达标评估，完成市级重要饮用水水源地名录优化调整。 （尹晶）

5. 水量分配　2023 年，印发阿蓬江、甘龙河、龙河、普子河、郁江、大洪河、芙蓉江、磨刀溪、琼江、藻渡河、长滩河等 11 条河流流域水量分配方案，累计完成全市 32 条 1 000km^2 以上河流水量分配工作，超额完成国家分配任务。 （尹晶）

【水域岸线管理保护】

1. 河湖管理范围划定　截至 2023 年底，完成流域面积 50km^2 以上 510 条河流的河道管理范围划定工作，划界岸线长度 3.41 万 km，设置界桩（界牌）62 836 处、公示牌（告示牌）5 302 处，其中流域面积 1 000km^2 及以上的河流 42 条，划界河段长 4 837.6km、岸线长 1.02 万 km，设置界桩（界牌）17 890 处、公示牌（告示牌）1 591 处。完成流域面积 50km^2 以下 155 段河流的河道管理范围划定工作，划界岸线长度 1 542km。 （张永东）

2. 岸线保护与利用规划编制　2022 年 10 月 10 日，重庆市水利局印发实施《重庆市重要河道岸线保护与利用规划》，规划范围为 39 条流域面积大于 1 000km^2 的河流（除长江、乌江、嘉陵江）及梁滩河；规划基准年为 2020 年，规划水平年为 2030 年；规划目标为岸线四大管控指标（自然岸线保有率、岸线利用率、岸线保护率、水域空间保有率）；主要规划内容为划定河道岸线两线四大功能区（外缘边界线、临水控制线，保护区、保留区、控制利用区、开发利用区）；规划岸线长度 9 093km，保护区和保留区比例达 76.97%。 （张永东）

3. 采砂管理　2023 年，累计核发长江河道采砂许可证 30 件，许可总量 774.8 万 t，其他河流发放采砂许可证 77 件，许可总量 482.4 万 t。实施长江采砂规划保留区调整转化为可采区工作，优化提升开采实施率 38.5%，增加许可开采量 343 万 t。推行河道砂石采运管理电子“四联单”制度，重庆市许可采区和长江疏浚砂综合利用项目实现砂石电子采运管理单，赋予每船砂石“身份识别”。通过区县政府统筹，国有平台公司统一开采经营管理的创新模式，进一步挤压黑恶势力滋生的土壤和生存空间，规范采砂管理秩序，达到规模化、集约化开采、国有资源由政府整合配置统筹调度的目的，既增加区县财政收入，又从源头上杜绝非法采砂行为。截至 2023 年底，全市长江干流及重要支流有采砂任务的区县全部采取这一模式，基本实现规范管理和经济效益“双赢”。持续深化“放管服”改革，全面实行河道采砂电子化许可，许可时限由 20 个工作日缩短至 5 个工作日。 （谭婧洋）

4.“四乱”整治　2023 年，持续推进河道“清四乱”常态化规范化，制定河道管理工作年度暗访巡查计划，组织专业技术人员分期分批开展巡查暗访，排查整改“四乱”问题 1 935 个，拆除违法建筑面积 73.7 万 m^2，清理建筑和生活垃圾 210.3 万 t，清理非法占用河道岸线长度 173.6km。 （陈骜）

5. 山区河道名录梳理　2023 年，梳理建立山区河道名录，重庆市涉及山区河道257条，共落实“四个责任人”3 896人次。其中流域面积50～200km² 山区河道103条，流域面积50km² 以下山区河道154条。（张永东）

6. 涉河建设项目审批监管　2023年，重庆市累计许可涉河建设项目494个。对涉河建设项目全过程闭环管理，开展现场日常监督检查和涉河事项现场复核，对批建不符、侵占行洪断面、侵占三峡库容等问题，及时督促整改。全市全年累计开展涉河建设项目现场监督检查1 674人次，完成113个市级（含）以上审批的涉河建设项目现场监督检查，开展涉河事项施工期监督复核71个，完工复核27个。（洪波）

7. 清淤疏浚砂综合利用　2023年，累计规范利用清淤疏浚砂石495万t；顺利推进三峡水库库区减淤及淤沙综合利用试点，选定涪陵、忠县作为试点区县；指导潼南、城口、巫山等区县科学制定清淤方案，依法实施河道清淤疏浚，全力保障行洪畅通。（何满）

【水污染防治】

1. 排污口整治　2023年，重庆市生态环境局制定出台《重庆市入河排污口整治指导技术标准（试行）》《重庆市入河排污口整治验收销号规则（试行）》，进一步明确各类排口整治要求及销号要求，确保排污口排查整治取得实效；印发《关于加强入河排污口排查整治及日常监督管理工作的通知》《重庆市入河排污口设置审批权限划分方案》等，进一步明确后期监测、监督执法、设置审批等管理要求。组织对“三江”（长江、嘉陵江、乌江）干流各区县修订后的排污口整治方案进行审查，并督促落实，组织开展现场检查。截至2023年底，全市境内“三江”干流4 012个入河排污整治验收销号3 225个，整治验收销号率80%，完成生态环境部下达的2023年长江入河排污口整治率70%的任务。（高军）

2. 工矿企业污染防治　2023年，组织开展工业园区水污染整治专项行动，累计排查发现环境问题66个，完成整改62个。着力推进2023年生态环境部第一阶段统筹强化监督抽查中发现的32个工业园区水污染防治问题整改，截至2023年底，已完成整改26个。（高军）

3. 城镇生活污染防治　2023年，重庆市完成新改扩建城市污水处理厂12座，新增污水处理规模40.05万t/d；新改扩建专业化生活污泥处理处置设施5座，新增污泥处理处置规模1 300t/d；新建城市排水管网951km，更新改造749km，新建乡镇排水管网463km。完成乡镇污水处理厂新（扩）建28座，其中提标改造9座，达标改造15座。截至2023年底，全市累计建成城市污水处理厂91座，总设计处理能力556.9万t/d；乡镇污水处理厂820座，总处理能力100.07万t/d。城市排水管网约2.9万km，乡镇污水管网约1.4万km。2023年，全市达标处理城市生活污水17.83亿t，无害化处置污泥92.07万t，削减COD 37.05万t，BOD 21万t；城市生活污水集中处理率、污泥无害化处置率均达99%以上。（许兰森）

4. 农业面源污染防治　以化肥农药单位面积用量较高的区域、作物、农户为重点推进化肥农药减量增效，在4个三峡库区区县打造“三新”配套技术示范县。2023年，化肥农药使用量持续下降。联合市生态环境局转发《畜禽养殖场（户）粪污处理设施建设技术指南》，指导畜禽养殖场（户）科学配套建设畜禽粪污处理设施。在垫江县、涪陵区、合川区开展畜禽养殖废弃物资源化利用培训，制作“异位发酵床运行的影响因素”“异位发酵床技术中微生物及垫料的使用”2期慕课，线上线下推广畜禽粪污资源化利用技术。2023年全市畜禽粪污综合利用率稳定在80%以上。全面完成10 770万t水产养殖尾水直排整改任务，“综合施策治理养殖尾水 推动渔业绿色高质量发展”入选市生态环境保护督察整改典型案例。全面参与《水产养殖尾水污染物排放标准》制订。组织实施2023年全市水产养殖尾水暗访暗拍，摄制重庆市水产养殖尾水治理督查情况汇报片4期。（余立）

5. 船舶港口污染防治　2023年，持续贯彻落实交通运输部等4部委《关于建立健全长江经济带船舶和港口污染防治长效机制的意见》，完成全市船舶生产生活污水的收集、处置、装置和改造工作，累计完成159座码头船舶污染物固定接收设施建设，占比达到全市码头总数80%以上。重庆市辖区船舶水污染物全面实现“船上储存、交岸处置”，船舶水污染物“零排放”模式入选2022年长江经济带生态警示片正面案例。船舶污染物监管信息平台备案企业达到600余家，累计通过电子联单累计处理船舶污染物47.2万单，处理垃圾9 673.8t、生活污水60.4万t、含油污水8 338.9t、洗舱废水17.4万t；全市具备标准化受电设施船舶2 391艘，600总t及以上船舶基本完成改造；具备标准化供电设施泊位240个，长江干线重点大型客运码头实现全覆盖，接电时间近41万h，港口岸电使用量994万余kW·h。将LNG加注站港口岸线纳入港口总体规划编修，建成投入使用的巴南麻柳LNG加注码头运行良好，全

年共加注船舶 20 艘次，加注约 188t。（刘原）

【水环境治理】

1. 饮用水水源规范化建设　2023 年，组织开展全市集中式饮用水水源地“回头看”专项行动，现场核查前期抽查、遥感监测等工作发现的 28 个新增问题整改情况；2022 年“回头看”专项行动排查的 423 个问题已整改完成 419 个；持续推进农村饮用水水源地基础信息数据系统填报和不达标饮用水水源地达标方案编制工作；编制 2022 年度重庆市城市集中式饮用水水源环境状况调查评估报告；2023 年度城市集中式饮用水水源地水质达标比例保持 100%，乡镇集中式饮用水水源地水质持续改善。（高军）

2. 黑臭水体治理　持续开展城市黑臭水体整治环境保护行动。2023 年，重庆市生态环境局、市住房和城乡建委员会分 2 批在 16 个区县开展年度城市黑臭水体整治环境保护行动，共现场排查水体 84 个，未发现新增黑臭水体和返黑返臭现象。

（高军　许兰森）

3. 农村水环境整治　2023 年，全域全面开展农村黑臭水体治理。14 个区县 54 条农村黑臭水体圆满完成国家试点任务。重庆市生态环境局联合 12 个市级部门印发实施《重庆市农村黑臭水体清零区县创建工作方案》，按照“以创促干、以奖促治、动态清零”工作思路，落实“5 项创建标准、7 项创建步骤、9 大行动、16 项评估指标”，计划到 2025 年全市实现“全面清零、全域创建、长制久清”总目标，方案被生态环境部转发全国学习借鉴，截至 2023 年底，重庆市共完成治理农村黑臭水体 114 个、面积 52 万余 m^2。全市完成 757 个农村环境整治村，新建 75 座农村生活污水处理设施及 140km 配套管网补短板建设；农村生活污水治理（管控）率达 61.8%。印发《农村生活污水资源化利用指南》，合川区“因情施策选取资源化利用技术治理农村生活污水”入选生态环境部 2023 年农村生活污水和黑臭水体治理示范案例。（高军）

【水生态修复】

1. 生物多样性保护　2023 年，重庆市农业农村委员会组织开展资源监测和重要栖息地调查，在市内 14 条重要河流的“三场一通道”布设站点 41 个，开展生物多样性监测评价。完成长江、嘉陵江、乌江干流 135 个产卵场调查。编制实施全市珍贵、濒危水生野生动物保护计划，严格保护物种及其制品经营利用行政审批，强化事中事后监管。依托市内海洋馆等展演场所，建成保护鱼类收容救护中心 4 个。加强与西南大学、中国水产科学研究院长江水产研究所的合作，开展长江鲟、圆口铜鱼、长鳍吻鮈等珍稀物种人工繁育研究，启动长江上游水产种质资源库建设。长江鲟、胭脂鱼、岩原鲤等珍贵濒危物种渔获比例增高。（张紫轩）

2. 生态补偿机制建立　2023 年，市域内流域面积 $500km^2$ 以上且跨区县的 19 条次级河流（涉及 33 个区县）实现横向生态补偿全覆盖，跨省域与湖南省建立酉水河横向生态保护补偿机制，与四川省建立长江、濑溪河横向生态保护补偿机制，成为全国首个在长江干流建立横向生态补偿制度的改革案例。

（高军）

3. 水土流失治理　2023 年，重庆市新增水土流失治理面积 2 $133km^2$，水土流失面积和强度连续下降。截至 2023 年底，水土流失面积 23 $874km^2$，较 2022 年减少 $517km^2$，水土保持率提升到 71.02%，区域和流域的水土保持和水源涵养生态功能持续增强。

4. 生态清洁型小流域建设　2023 年，坚持以小流域为单元，坚持水土流失治理与乡村振兴、农业产业发展、人居环境整治、美丽乡村建设有机结合，从生态系统整体性和流域系统性出发，有力有序推进生态清洁型小流域建设，2023 年建成生态清洁型小流域 18 条。（汪洋）

【执法监督】

1. 河湖日常监督　2023 年，22 名市级河长带头巡河查河 55 人次，带动全市 1.83 万名各级河长巡河 86.8 万人次，处置问题 4.2 万余个。（张艺凡）

2. 联合执法　2023 年，重庆市人民检察院与市河长办公室印发《重庆市“河长+检察长”协作机制 2023 年工作要点》，明确按照“信息共享、资源共用、案件共商、治理共推”的原则，持续落实完善“河长+检察长”依法治河新机制。2023 年，全市检察机关共立案办理生态环境领域公益诉讼案件 954 件，发出行政公益诉讼诉前检察建议 466 件，支持行政机关提起生态环境损害赔偿诉讼、启动磋商 91 件，提起公益诉讼 117 件。9 起案例入选 2023 年全国检察机关生态环境保护、“公益诉讼守护美好生活”专项监督活动多项典型案例。在全市开展河湖安全保护专项执法行动，“河长+检察长”联合巡河 374 次，联合召开联席会、协调会 24 次，联合发现问题线索 63 件，联合发布 2023 年度“河长+检察长”协作机制八大典型案例。市公安局严格落实全市河长制 2023 年度工作要点及相关任务分解，统筹结合第 1 号、第 2 号、第 3 号、第 4 号、第 5 号市级总河长令，以“三排”“三乱”“三率”突出问题为导向，依法履行严打涉水环境资源类犯罪主责主业，2023 年，全市环境资源类刑事立案 554 件，破案 553 件。

（王敏）

【水文化建设】

1. 河长制主题公园　2023 年，重庆市潼南区依托国家水利风景区（丛刊水库）和崇龛油菜花海核心景区，结合琼江幸福河湖建设，以河流为纽带，将河长制实体化、可视化，建设琼江主题公园。奉节县河长制公园项目在已修建的奉节长江北岸八号桥至五号桥段库岸生态修复工程的基础上，进行河长制文化植入，打造河长制主题文化宣教示范基地。

（李超　刘赐尧）

2. 水文化宣传　2023 年，重庆白鹤梁题刻列入首批国家水利遗产建议名单，重庆市水文化研究传播中心（重庆水利电力职业技术学院）获评国家水情教育基地；长寿狮子滩水电站入选水利部“人民治水　百年功绩”治水工程项目。依托水情教育基地，举办全市中小学生水科技发明比赛，开展“长江安澜”系列水情知识科普教育活动。在“世界水日”“中国水周”期间，重庆市各级水行政主管部门开展水情集中宣传活动。利用“巴渝水利与水文化”微信公众号平台，每年发布巴渝水文化相关材料，增强面向社会公众的水文化宣传展示。（丁坤勇）

【数字孪生水利建设】

1. 数字孪生　2023 年，渝西水资源配置工程从设计、建管、运维 3 个方面打造全生命周期数字孪生工程管理应用，永川区智慧临江河数字孪生平台入选 2023 年水利网信（数字孪生水利）十大事件，江津鹅公水库数字孪生工程通过水利部数字孪生流域建设先行先试验收。（钱镜伃）

2. 智慧河长系统　2023 年，建成市级统建、四级共用的重庆市智慧河长系统平台，构建“1（智慧中枢）+1（感知体系）+4（App、微信、电脑、平板四终端）+7（七大子系统）”的智慧河长系统，全覆盖信息化全市 5 300 余条河流基础数据、全覆盖矢量化流域面积 50km² 以上的 510 条河流，整合共享水文水质、工业企业、畜禽养殖等市级部门涉河涉污数据 100 余项，常态化开展问题定期调度、督办推进、销号管理和结果运用，识别漂浮物 1 240 次、疑似非法采砂 228 次，预警信息第一时间推送至区县、乡镇、村社三级问题受理中心处置。按照数字重庆要求，围绕“河长管河治河一件事”，迭代升级“政务·智慧河长”应用，构建河湖全景感知、智能研判分发、联动协同处置、管河治河评价 4 个多跨场景，建立横向部门协同、纵向四级贯通的“预警-研判-分发-叫应-处置-评价”河湖全过程闭环监管体系，实现河湖一图全览、问题分色预警、分发一键智达、处置四级协同、一河一码智评。

（任镜洁）

四川省

【河湖概况】

1. 河湖数量　四川省总面积 48.6 万 km²，其中长江流域面积 46.7 万 km²，黄河流域面积 1.9 万 km²，长江流域占全省面积的 96.16%，全省流域面积 50km² 及以上河流 2 816 条，常年水面面积 1km² 及以上湖泊 29 个，常年水面面积 1km² 以下湖泊 388 个，水库 8 109 座，重要渠道 5 002 条，是长江黄河上游重要的生态屏障和水源涵养地。

（四川省水利厅　四川省生态环境厅）

2. 水量　2023 年，全省降水量约 892.4mm，比多年平均量少 7.2%，比 2022 年少 11.2%；全省地表水资源量约 2 230.1 亿 m³，地下水资源量约 578.9 亿 m³，水资源总量 2 231.5 亿 m³。

（四川省水利厅　四川省生态环境厅）

3. 水质　2023 年，四川省 203 个国考断面均达到Ⅲ类及以上水质，优良断面占比 100%，同比上升 0.5 个百分点，优良率位居全国第一；142 个省考断面均达到Ⅲ类及以上水质，优良断面占比 100%，同比上升 0.7 个百分点。长江（金沙江）、雅砻江、安宁河、赤水河、岷江、沱江、大渡河、青衣江、琼江、嘉陵江、涪江、渠江、黄河 13 条流域国考水质优良断面占比均为 100%。

（四川省水利厅　四川省生态环境厅）

4. 新开工水利工程　2023 年，四川省新开工向家坝灌区北总干渠一期二步、三坝水库、米市水库等 3 处大型水利工程，攀枝花市二滩南部片区供水工程、凉山彝族自治州两岔河水库、广元市渔洞河水库 3 处中型水利工程，小型水库、防汛抗旱提升工程按计划有序推进，主要支流建成堤防（护岸）84.67km，完成中小河流综合治理河长 683.3km，纳入中央预算资金支持的大中型病险水库除险加固 14 个项目（“256”项目）全部开工建设，列入年度开工计划的 4 处大中型病险水库工程全部开工，主体基本完工 1 处。

（四川省水利厅　四川省生态环境厅）

【重大活动】 2023 年 2 月 16 日，四川省副省长、安宁河省级河长前往凉山彝族自治州西昌市开展巡河调研，实地查看安宁河流域东西海三河六岸生态治理情况。

2023 年 2 月 20 日，四川省副省长、省总河长办公室主任主持召开省总河长办公室主任第 17 次会议，传达学习党中央、国务院和省委、省政府相关会议文件精神和黄河保护法，听取 2022 年全省河湖长制工作情况等汇报，观看 2022 年河湖长制进驻式督查汇报片。

2023 年 3 月 7 日，四川省河长制办公室召开全省河湖管理保护工作推进会，总结 2022 年全省河湖管理保护工作。

2023 年 4 月 22—23 日，四川省委常委、政法委书记、泸沽湖省级湖长，云南省委常委、政法委书记、泸沽湖省级湖长共同组织开展泸沽湖联合巡湖，并在云南省丽江市宁蒗彝族自治县召开河湖长制联席会议。

2023 年 4 月 25 日，四川省人大常委会副主任、渠江省级河长赴达州市开展渠江流域河湖长制工作调研，详细了解渠江达州段河湖管理保护情况和基层河湖长巡河履职情况等。

2023 年 5 月 25—26 日，四川省政协副主席、沱江省级河长赴内江市、自贡市开展沱江流域巡河调研，并召开沱江流域治理座谈会。

2023 年 5 月 29—31 日，四川省人大常委会副主任、赤水河省级河长赴泸州市开展赤水河流域巡河调研。

2023 年 5 月 31 日，四川省人大常委会副主任、青衣江省级河长赴雅安市开展青衣江流域巡河调研。

2023 年 6 月 15 日，四川省政协副主席、大渡河省级河长赴雅安市开展大渡河流域巡河调研，并在雅安市汉源县主持召开大渡河河湖长制工作视频调度会。

2023 年 6 月 29 日，四川省政协副主席、琼江省级河长赴资阳市乐至县开展琼江流域巡河调研，并召开工作推进会议。

2023 年 7 月 12 日，第二次黄河流域省级河湖长联席会议在四川省召开。联席会议轮值召集人、四川省委副书记、省长在成都市主会场主持会议并讲话。四川省副省长、省总河长办公室主任代表四川作交流发言。

2023 年 7 月 19 日，四川省人大常委会副主任、青衣江省级河长赴眉山市洪雅县开展青衣江流域巡河调研。

2023 年 7 月 19—20 日，四川省人大常委会副主任、雅砻江省级河长赴凉山彝族自治州德昌县开展雅砻江流域巡河调研。

2023 年 8 月 22 日，2023 年长江流域省级河湖长联席会议在上海市召开。四川省副省长、省总河长办公室主任在四川分会场参加会议，并代表四川作交流发言。

2023 年 8 月 22—23 日，四川省政协副主席、黄河省级河长赴阿坝藏族羌族自治州开展黄河流域巡河调研。

2023 年 9 月 8 日，四川省政协副主席、大渡河省级河长赴乐山市沙湾区开展大渡河流域巡河调研；全国河湖水域岸线空间管控工作会在成都市召开。

2023 年 9 月 12 日，四川省人大常委会副主任、青衣江省级河长赴乐山市开展青衣江流域巡河调研。

2023 年 9 月 14 日，四川省水利厅厅长、省总河长办公室副主任主持召开省总河长办公室主任第 18 次会议。

2023 年 10 月 7 日，四川省委书记、省人大常委会主任、省总河长主持召开 2023 年省田长制林长制暨省总河长全体会议。四川省委副书记、省长、省总河长出席会议并讲话。

2023 年 10 月 23—25 日，四川省人大常委会副主任、赤水河省级河长率队赴泸州市合江县、叙永县、古蔺县开展赤水河巡河工作。

2023 年 10 月 24 日，四川省副省长主持召开 2023 年黄河流域（四川段）河湖长制工作推进视频会议。

2023 年 10 月 30—31 日，四川省人大常委会副主任、渠江省级河长赴达州市开展渠江流域巡河调研。

2023 年 11 月 14 日，四川省委常委、政法委书记、嘉陵江省级河长赴南充市南部县升钟水库开展嘉陵江流域巡河调研；省委常委、统战部部长、涪江省级河长赴遂宁市开展涪江流域巡河调研，并召开涪江流域河湖长制工作现场推进会。

2023 年 11 月 28 日，四川省政协主席、安宁河省级河长赴凉山彝族自治州西昌市开展安宁河流域巡河调研；省委常委、宣传部部长、大渡河省级河长赴甘孜藏族自治州开展大渡河流域巡河调研。

2023 年 12 月 5 日，四川省委常委、常务副省长赴宜宾市翠屏区开展长江（金沙江）流域巡河调研；省委常委、组织部部长赴巴中市调研渠江流域一级支流恩阳河流域河湖管护情况和南江县乡镇污水治理及运行情况。 （四川省河长制办公室）

【重要文件】 2023 年 2 月 14 日，四川省河长制办公室印发《关于开展河湖“四乱”疑似问题图斑复核工作的通知》（川河长制办发〔2023〕6号）。

2023年2月15日，四川省河长制办公室印发《关于〈2023年四川省加强基层河湖管护“解放模式”建设的指导意见〉的通知》（川河长制办发〔2023〕7号）。

2023年2月28日，四川省总河长办公室印发《关于〈四川省河湖长制工作提示通报约谈制度〉的通知》（川总河长办发〔2023〕1号）。

2023年3月1日，川渝河长制联合推进办公室印发《关于印发〈2023年度川渝河长制联合推进工作要点〉的通知》（川渝河长办〔2023〕2号）。

2023年3月6日，四川省发布第3号总河长令《2023年四川省全面强化河湖长制工作要点》；四川省总河长办公室印发《关于〈四川省省级河湖长制工作协调机制〉的通知》（川总河长办发〔2023〕2号）；四川省总河长办公室印发《关于2022年度河湖长制省级考核结果的通报》（川总河长办发〔2023〕3号），对21个市（州）和12个省级河长联络员单位2022年度河湖长制工作考核结果进行通报。

2023年4月6日，四川省总河长办公室印发《关于调整省级河湖长的通知》（川总河长办发〔2023〕4号），对省级河湖长进行调整。

2023年4月10日，四川省河长制办公室印发《关于开展水利部遥感图斑核查工作的通知》（川河长制办发〔2023〕14号）。

2023年7月25日，四川省河长制办公室印发《四川省河湖长制专家库管理办法（试行）的通知》（川河长制办发〔2023〕25号）。

2023年8月7日，四川省河长制办公室印发《关于2023年河湖长制激励的通报》（川河长制办发〔2023〕27号）。

2023年10月3日，四川省发布第4号总河长令《关于开展幸福河湖建设的令》。

2023年10月23日，四川省河长制办公室印发《关于加快推进河湖遥感图斑属实问题整改的通知》（川河长制办函〔2023〕76号）。

2023年12月12日，四川省河长制办公室、省人力资源和社会保障厅印发《关于表彰河湖长制工作先进集体和先进个人的决定》（川河长制办发〔2023〕35号）。（四川省河长制办公室）

【地方政策法规】 2023年，申报5个涉水地方性法规项目列入四川省人大常委会五年立法规划，《四川省大型灌区管理办法》列入2024年省政府立法项目。扎实开展《四川省大中型水利水电工程移民工作条例（修订）》等立法调研，完成《四川省〈中华人民共和国水文条例〉实施办法》废止工作。

（四川省水利厅）

【河湖长制体制机制建立运行情况】

1. 监督检查　2023年，开展省级河湖长制暗访和川渝联合暗访，发现并推动整改问题214个，选取15个典型问题制作专题警示片在省总河长办公室主任第18次会议播放，问题整改情况提交省总河长全体会议参阅；开展2023年度进驻式督查，公布典型案例6个，向地方移交突出问题200个和责任追究线索6条，实行问题整改“查、认、改、罚、回头看”闭环管理。（四川省河长制办公室）

2. 考核激励　组织2023年度省级考核工作，组建工作组开展现场复核，并将核查情况作为年度考核打分的重要依据。对2022年度考核综合排名靠后的市（州）进行约谈，统筹安排1 500万元省级水利发展资金对考核综合排名靠前和进步最大的市（州）进行激励，首次对河湖长制工作成绩突出的100个先进集体、200名先进个人进行表彰。

（四川省河长制办公室）

3. 幸福河湖建设　2023年，四川发布第4号省总河长令，全面启动幸福河湖建设；省委书记在水利部河长制湖长制工作简报发表署名文章《建设幸福河湖 筑牢生态屏障》，对四川省“十四五”幸福河湖建设进行整体部署。拟定《四川省幸福河湖建设总体工作方案》，从实施路径、建设任务、相关责任及建设程序等方面明确幸福河湖建设内容，构建“动员令＋指导文件”的建设指导体系，力争于2025年在全省建成100个幸福河湖。2023年11月17日，组织召开全省幸福河湖建设动员部署会，强力推进建设工作落实。

芙蓉溪为长江三级支流，河流全长93km，流域面积594.9km²，流经江油市、绵阳市游仙区共12个乡镇、街道，2023年4月，芙蓉溪入选全国幸福河湖建设试点，总投资16 640.42万元，其中获得中央资金6 682万元、地方配套资金9 958.42万元，实施水环境容量提升、亲水生态廊道建设、数字孪生芙蓉溪等16个项目，截至2023年底，芙蓉溪幸福河建设中央投资完成率100%。2023年，四川省向水利部申报凉山彝族自治州邛海、德阳市射水河、宜宾市古宋河、达州市清溪河为2024年国家幸福河湖建设储备项目。（四川省河长制办公室）

【河湖健康评价开展情况】 2023年，制定印发《四川省河流（湖库）健康评价指南》（修订版），全省共完成 1 257 条河流（段）湖库健康评价报告，健康率超过 90%，并建立电子健康档案。创新启动跨界评价，川渝启动跨界河流健康评价试点，组织毗邻市、县召开川渝跨界河流健康评价工作会议，确定塘河作为跨界河流评价试点；共同制定《塘河健康评价工作方案》，联合开展报告审查，创新跨界河流评价模式，形成首张川渝跨界河流“体检表”。信息化赋能评价管理，研发河湖健康评价系统，实现全省河湖健康评价工作从上报任务、进度调度、建立档案、综合分析、成果展示的全过程信息化管理。

（四川省河长制办公室）

【“一河（湖）一策”编制和实施情况】 2023 年，根据“一河（湖）一策”和河湖健康评价成果，编制实施年度工作清单滚动修编实施“一河（湖）一策”，印发沱江、岷江等 14 条省级河湖年度工作清单，设立目标 1 000 余个，查找问题 700 余项，明确工作任务 900 余条，制定措施 1 000 余条。

（四川省河长制办公室）

【水资源保护】

1. 水资源刚性约束 2023 年，四川省严格建设项目水资源论证审查，依法叫停不合理取水项目 210 宗。完成 23 个化工园区涉水论证，开展 88 家省级经开区规划水资源论证，推动“四水四定”率先在工业领域刚性落地。在全国首创水资源督察机制，遴选成都、遂宁、宜宾、达州、眉山等 5 个市作为先行试点。严格监督管理，移交水资源领域违法线索 261 宗，完成处罚 130 宗，做到“应处尽处、无一例外”。（四川省水利厅）

2. 节水行动 2023 年，严格节水考核，将节水指标纳入各级政府政务目标考核。全年完成 20 个县（市、区）省级节水型社会达标复核验收，累计达标 88 个县（市、区）；落实合同节水项目 47 个，实现社会投资 4 991.24 万元；创建节水型高校 22 所，累计创建 76 所节水型高校，建成率达 55.5%；创建节水型企业 30 家，累计创建节水型企业 573 家、省级节水标杆企业 4 家；累计建成节水型灌区 8 个。全面完成 40 万亩高效节水灌溉年度计划建设任务。成都市等 5 个缺水城市建成节水型城市。

（四川省水利厅）

3. 生态流量监管 2023 年，四川省深化江河流域水量分配、区域用水总量控制、重点河湖生态流量保障、地下水取用水总量和水位控制，优化整合 10 个水资源调度管控指标，叠加去重后重塑 251 个水资源调度管控断面指标，水资源调度管控指标体系不断建立完善。精准调度调配水资源，统筹用水、用电、蓄水、生态基流，克服极端天气不利影响，统配统调蓄水保供，严格保障生态最下泄用水。2023 年，国、省两级 251 个水资源调度管控断面下泄流量日均达标率 98%以上。（四川省水利厅）

4. 全国重要饮用水水源地安全达标保障评估 2023 年，对全省 69 个重要饮用水水源地开展水源地安全保障评估，得分为优（90 分及以上）的水源地有 68 个，占总数的 98.5%。（四川省水利厅）

5. 取水口专项整治 2023 年，巩固取水口专项整治行动，开展取水口电子证照治理，对核查出疑似问题 4 831 个电子证照，系统梳理、分类整改、全面完成治理工作，全省 2.8 万余个取水项目取水口信息、审批水量等基本信息全部纳入“水利一张图”。建立完善取水口动态更新机制和取用水监管机制，常态长效、动态监管取水口监测运行情况。

（四川省水利厅）

6. 水量分配 2023 年，适配全省“一主四片”水生产力布局和重大水利工程规划布局需要，综合考虑当前用水量、经济社会发展指标、各地区水资源承载力，深入开展各地区 2030 年用水“红线”调整研究，制定印发《四川省“十五五”用水总量优化调整方案》，积极稳妥、合理高效优化调整了各地区 2030 年用水总量“红线”指标体系，明确了未来用水总量边界红线。（四川省水利厅）

【水域岸线管理保护】

1. 河湖管理范围划定 2023 年，四川省河长制办公室指导各地结合日常河湖管护工作，动态调整完善河湖划界成果，并按程序开展成果公告及数据入库、上图。强化河湖岸线分区管控，完成 262 条河流、29 个湖泊岸线保护与利用规划编制，全省 3 万余 km 河湖岸线划定岸线保护区、岸线保留区、岸线控制利用区、岸线开发利用区 4 类功能区。梳理排查山区河道 827 条，建立管理名录并公布“四个责任人”10 360 名。组织各地梳理形成全省河湖名录，开展长江、赤水河、岷江、嘉陵江、沱江、雅砻江等 6 条河流水生态考核和自然岸线率指标评价工作。截至 2023 年底，全省累计完成 3 060 条河流、171 个湖泊管理范围划定。

（四川省河长制办公室）

2. 岸线保护与利用规划编制 2023 年，强化涉河建设监管，严把涉河审批关，强化事前事中事后全过程监管，制定印发《四川省河道管理范围内建设项目（活动）防洪影响风险评估工作指引（试行)》，联合市、县对25个省级许可的涉河建设项目(活动)开展“双随机”检查，2.6万个涉河建设项目及活动纳入河湖长制平台动态管理。开展河道管理范围内工棚、营地、砂石堆场及驻扎人员排查清退工作，对相关情况实行日调度，清理排查在建涉河建设项目 1 012 个，清退河道内居住人员 1.4 万人。 (四川省河长制办公室)

3. 采砂管理

(1) 河道采砂管理责任落实。2023 年，落实地方人民政府行政首长负责制；将河道采砂管理纳入河湖长制重点工作及年度考核。长江（含金沙江攀枝花以下）干流四川段落实省、市（州）、县（区）三级河道采砂管理“五个责任人”责任；其他 274 个重点河段、敏感水域明确河道采砂管理“四个责任人”责任，实现采砂管理责任全覆盖。落实河道采砂安全责任，与四川省交通运输厅印发《关于切实做好河道采砂安全管控工作的通知》，开展河道涉砂安全隐患大排查、大整治，全面强化河道采砂“人、船、砂”要素和“采、运”环节的安全管控。

(2) 河道采砂规划和许可管理。2023 年，落实河道采砂规划和许可制度，有采砂任务的河道按照国家最新法律法规及技术要求编制河道采砂规划，实现采砂规划全覆盖，按照河道管辖权限，组织审查省管河道采砂规划 9 个。前移河道采砂监管关口，实行规划、方案入库管理，严格落实砂石堆放（转运、加工）场规定，严格执行“两不两无”不许可要求（责任落实不到位、监管措施不到位，无可采区实施方案，无采区采后修复方案）。2023 年，备案河道采砂许可证 279 个，许可采砂量 3 350 万 m^3。规范疏浚砂综合利用管理，贯彻落实《四川省进一步规范河道砂石管理的意见》，组织编写疏浚砂综合利用实施方案编制大纲，全面强化全省河道采砂和疏浚砂综合利用管理。

(3) 开展采砂专项整治行动。2023 年，开展全省河道采砂管理交叉检查，组织 21 个市（州）分 6 组对全省河道采砂管理开展交叉检查，发现问题 48 个，建立工作台账、制定整改方案、并限时完成销号。积极推进中央环保督察反馈问题整改，督促各地开展全省河道违法采砂和侵占岸线问题排查整治专项行动，前期排查的河道违法采砂和侵占岸线 184 个问题已全面完成整改，其中整改销号 180 个，按期完成整改任务。会同生态环境厅等 5 个厅局开展四川省“绿盾 2022”行动，督导检查自然保护地、国家地质公园等涉生态环境问题；开展黄河流域河湖管理专项执法行动，依法对涉河湖内容执法检查。

(4) 涉砂信息化建设管理。2023 年，按照水利部推行河道采砂许可电子证照工作要求，开通省、市、县三级河道采砂许可账号 141 个，完成电子印章系统对接、账号测试和纸质版河道采砂许可证转换为电子证照等工作，全省全面启用河道采砂电子证照。贯彻落实《水利部 交通运输部关于推行河道砂石采运管理单制度的通知》（水河湖〔2023〕5 号）要求，会同交通运输厅印发《关于推行河道砂石采运管理单制度的通知》（川水函〔2023〕816 号），完善河道砂石采运管理单平台功能，安装砂石采运监控点 296 个，监测 227 个可采区，开单 52.5 万条，全省许可采区按要求全面使用采运管理信息平台，河道砂石开采、运输、堆存等过程监管有据可循。

(四川省河长制办公室)

4. “四乱”整治　2023 年，四川省水利厅印发《关于进一步规范河湖“四乱”问题认定及整改的通知》（CSBH〔2023〕414 号），修订完善四川省河湖“四乱”问题分类及整治标准，进一步提高“四乱”问题认定及处置的针对性和可操作性。推进河湖“清四乱”常态化规范化，以妨碍河道行洪问题排查整治为重点，指导各地深入开展自查自纠，2023 年排查整改妨碍河道行洪突出问题 11 个。开展水利部下发的 5.3 万个河湖遥感图斑复核，按照“评估登记一批、论证审查一批、拆除取缔一批、整改保留一批”原则完成 10 859 个属实问题整改工作。9 月 8 日，全国河湖水域岸线空间管控工作会在成都市召开，四川省作交流发言。 (四川省河长制办公室)

【水污染防治】

1. 排污口整治　截至 2023 年底，四川省合计排查核定排污口数量 30 795 个，其中工业排污口 2 478 个，城镇污水处理厂排污口 2 763 个，农业排污口 80 个，其他排污口 25 474 个。完成监测排污口 11 298 个，监测完成率 36.7%；完成溯源排污口 30 795 个，溯源完成率 100%；完成问题排污口整治 5 720 个，整治完成率 98.6%。

2. 工矿企业污染防治　2023 年，开展生态环境保护问题整改现场督导，对赤水河流域白酒产业开展暗查暗访工作，督促指导流域生态环境保护问题整改。其中对酱香型白酒原产地、主产区泸州市古蔺县重点开展酒类企业专项整治，关闭取缔安全环保问题突出的 204 家违法生产小作坊，对手续不齐备的 129 家小作坊实施整改，对 64 家小作坊实施转型升级为企业，实现科学分类、精准发力、规范发展。

加强水污染防治，组织工业领域水污染防治工作调研督导，会同四川省生态环境厅开展省级工业园区污水处理厂排查整治专项行动，全面排查省级工业园区污水处理设施建设、运行情况、管理情况。加快污水处理基础设施建设，完成永乐酒业集中发展区废水处理厂（一期）建设，处理规模 1 000m^3/d，新建污水管网 9km。

开展工业资源综合利用，协同推进工业固废综合利用水平，会同省发展改革委、省科学技术厅等 10 部门印发《四川省进一步推进工业资源综合利用工作方案（2023—2025）》，提升磷石膏、锂渣等工业固废综合利用水平。磷石膏实现全省范围连续 4 年、沱江流域连续 6 年产消平衡，居全国前列。

推动沿江化工企业绿色发展，流域内剩余城镇人口密集区危险化学品生产企业按照时间节点完成搬迁改造。按照《四川省化工园区认定管理办法》，积极稳妥推进化工园区认定及扩区调整。

组织开展 2023 年河湖长制工作进企业（古蔺站）宣传活动暨赤水河保护宣传周活动，围绕“生态优先　绿色发展”主题，组织省、市、县相关负责人联合开展巡河行动。组织赤水河流域企业代表 100 余人开展水污染防治专题培训讲座。

3. 城镇生活污染防治　打好城镇生活污水垃圾处理设施“三年推进方案”收官战，提升城镇生活污水垃圾治理能力。截至 2023 年底，全省累计完工 1 843 个项目，完成投资 957.8 亿元。城市（县城）污水处理能力达 1 273.8 万 t/d，全省城市（县城）生活污水处理率超过 96%。

以消除城市（县城）污水管网“空白区”、实施老旧管网更新改造为重点，实施城市生活污水管网精细化治理，截至 2023 年底，全省累计建成生活污水管网 3.2 万 km。

落实国家发展改革委、住房城乡建设部、生态环境部印发的《关于推进建制镇生活污水垃圾处理设施建设和管理的实施方案》（发改环资〔2022〕1932 号），因地制宜推进建制镇生活污水处理设施建设，强化设施运行管理。截至 2023 年底，全省具备污水处理能力的建制镇占比达 98%，高于全国平均水平。

实施生活垃圾分类工作提质增效三年行动方案，开展垃圾分类宣传发动、分类收运体系建设、垃圾资源化利用体系建设、监管能力提升四大提质增效行动。截至 2023 年底，全省正在运行的生活垃圾无害化处理设施 138 座、处理能力 6.39 万 t/d，其中焚烧处理设施 58 座、处理能力 4.8 万 t/d，完成生活垃圾分类收集点（站）升级改造 2.8 万余个。地级及以上城市生活垃圾回收利用率达 40%，资源化利用率达 78%，居民小区垃圾分类覆盖率超过 90%。

开展农村生活垃圾收运处置体系建设集中攻坚行动，累计新增集中收集设施点 3.7 万个、保洁和转运车辆 2 976 辆，农村生活垃圾收运处置体系行政村覆盖率超过 98%，建立生活垃圾收费制度的行政村占比超过 40%。开展高寒高海拔地区农村生活垃圾处理技术课题研究，推动解决小型化垃圾末端处置技术难题。

（四川省生态环境厅　四川省经济和信息化厅　四川省住房和城乡建设厅　四川省农业农村厅　四川省交通运输厅）

4. 畜禽养殖污染防治　2023 年，四川省印发《关于开展畜禽粪污资源化利用跟踪监测的通知》（S〔2023〕—345 号）、《关于开展畜禽粪污资源化利用信息核实工作的通知》（S〔2023〕—873 号）、《畜禽粪污资源化利用项目实施情况的通报》（N〔2023〕—2517 号）、《关于做好畜禽养殖场（户）液体粪污贮存设施安全生产相关工作的通知》（N〔2023〕—2518 号）、《畜牧安全生产重大事故隐患判定标准》等多个文件推进畜禽养殖废弃物资源化利用，继续支持绵阳市安州区、涪城区、自贡市沿滩区、雅安市汉源县 4 个县（区），新增支持乐山市峨边彝族自治县建设畜禽粪污资源化利用整县推进项目。四川省在 90 个县实施整县推进项目，累计投入中省资金近 31 亿元，覆盖全省养殖量超 80%，有力提升全省畜禽粪污资源化利用水平，2023 年全省畜禽粪污综合利用率达 78%以上。开展畜禽标准化养殖创建活动，新创建部级畜禽标准化养殖示范场 23 家、省级 331 家，全省累计创建部、省级畜禽标准化养殖场 2 586 个。

（四川省生态环境厅　四川省经济和信息化厅　四川省住房和城乡建设厅　四川省农业农村厅　四川省交通运输厅）

5. 水产养殖污染防治　2023 年，四川省持续推进水产养殖业绿色发展。推进养殖尾水治理，投入资金 1.54 亿元，实施渔业绿色循环发展试点，支持 4.75 万亩养殖池塘开展标准化改造和尾水达标治理；召开全省水产养殖池塘标准化改造及尾水治理现场观摩会，交流学习“养殖尾水排放申报制”“塘长制”，现场参观养殖尾水集中治理、“三池两坝”尾水处理等好做法、好模式，增强水产养殖行业的环保意识。推进水产绿色健康养殖“五大行动”，发展稻渔综合种养、设施渔业养殖、大水面生态健康养殖模式；全省 63 家养殖企业被全国水产技术推广总站认定为“五大行动”骨干基地，示范面积 16.64 万亩。推进健康养殖示范创建，择优推荐隆昌市、资阳市安岳县等 4 个主体申报 2023 年国家级水产健康养殖和生态养殖示范区，全省国家级水产健康养殖和生态养殖示范区数量达到 10 个；推进标准化生产，配合生态环境部门出台《四川省水产养殖业水污染物排放标准》（DB51/ 3061—2023），明确了水污染物排放分级及限值，于 2023 年 10 月 1 日起正式实施，为全省水产养殖尾水治理及达标排放提供依据。通过邀请四川省生态环境科学研究院专家对标准进行宣讲培训，指导各地按照最新排放标准，加强养殖尾水监测，促进养殖尾水资源化利用或达标排放。

（四川省生态环境厅　四川省经济和信息化厅　四川省住房和城乡建设厅　四川省农业农村厅　四川省交通运输厅）

6. 农业面源污染防治　2023 年，在化肥减量化方面，四川省全覆盖推进化肥减量增效基础工作，开展农户施肥情况调查、田间试验，推广应用智能化推荐施肥专家系统。在 42 个县开展化肥减量增效示范，集成推广施肥新技术、新产品、新机具 231 万亩次，在 24 个县开展绿色种养循环农业试点，打造绿色种养循环示范区 240 万亩，辐射带动全省推广使用有机肥 5 390 万亩。印发《开展“科学施肥进万家”主题宣传培训活动工作方案》（N〔2023〕—908 号），制定《四川省主要粮经作物氮肥定额施用指导意见（试行）》（川耕肥〔2023〕5 号），全省开展“专家包片联县”科学施肥指导 607 场次，宣传培训 2 749 期次，推进科学施肥技术进村入户，全省测土配方施肥技术覆盖率稳定在 90%以上。

农药减量化方面，全链条加强农药生产经营使用管理。成立四川省农药生产许可审查小组，把牢农药生产准入关。持续规范农药经营行为，累计建设四川省农药标准化经营门店 329 家，严格核发农药经营许可证，注销限制性使用农药经营门店 79 家；抽检农药产品 1 102 批次，合格率高于全国平均水平。省、市、县三级联动组织开展四川省“百县千乡万户”科学安全用药培训 2 175 场次，培训指导 53.8 万人次，发放科学安全用药资料 167 万余份。开展农作物病虫害绿色防控新技术和高效低毒农药试验示范 25 项，将 11 项农作物病虫害绿色防控技术作为 2023 年四川省农业主推技术推介发布。以中央农业生产救灾资金为牵引，带动大面积开展农作物病虫害统防统治和绿色防控，2023 年四川省主要农作物病虫害统防统治覆盖率达 54.1%、绿色防控覆盖率达 55.9%。

（四川省生态环境厅　四川省经济和信息化厅　四川省住房和城乡建设厅　四川省农业农村厅　四川省交通运输厅）

7. 船舶港口污染防治　2023 年，四川省以“绿水绿航绿色发展”专项行动为抓手，持续推进船舶港口污染防治工作。推动船舶受电设施改造，全省具备受电设施船舶达到 299 艘。结合新能源船舶试点、“平安渡运”等专项工作，鼓励开展新能源船舶试点，全省累计投入运行新能源船舶 50 艘。实施港口岸电设施标准化改造，全省具备岸电供应能力泊位达到 155 个。督促具备受电设施船舶靠泊港口超过 2h 应使用岸电，2023 年累计使用岸电 8 698 艘次，接电时间 132 571h，累计用电量 397 982kW·h。与生态环境、住房和城乡建设等部门积极协作，强化对船舶污染物接收、转运、处置全流程监管，推广应用船舶水污染物联合监管与服务信息系统，2023 年，全省船舶交付垃圾 165.4t，生活污水 25 499.4m^3，含油污水 86.8m^3，船舶垃圾、生活污水、含油污水年度转运处置率分别维持在 98%、98%和 93%以上。

（四川省生态环境厅　四川省经济和信息化厅　四川省住房和城乡建设厅　四川省农业农村厅　四川省交通运输厅）

【水环境治理】

1. 饮用水水源规范化建设　2023 年，四川省出台《四川省饮用水水源保护区管理规定（试行）》，全面建立集中式饮用水水源保护区划的管理制度体系，成为全国首个健全“地方性法规＋配套制度”保护饮用水水源地的省份；发布全国首个《四川省集中式饮用水水源保护区勘界定标技术指南》（DB51/T 3163—2023），为科学、精准划定饮用水水源保护区提供技术指引。截至 2023 年底，全省集中式饮用水水源地共计 2 543 个，地级及以上 57 个，县级 242 个，村级 2 244 个。全省集中式饮用水水源地保护区划定率达到 100%，开展监测的 285 个县级及以上集中式饮用水水源水质达标率 100%，在用的城市集中式饮用水水源地规范化建设完成率 100%；农村集中式饮用水水源水质达标率 97.8%，农村集中式饮用水水源地规范化建设完成率 99.7%。全省 183 个单一水源供水城市已有 153 个建设应急或备用水源。

（四川省生态环境厅　四川省住房和城乡建设厅）

2. 黑臭水体治理　2023 年，全面开展县级及以上城市建成区黑臭水体排查，标本施策实施治理。截至 2023 年底，四川省纳入“全国城市黑臭水体整治监管平台”的 105 条地级及以上城市建成区黑臭水体已全部消除，19 个县级市城市建成区黑臭水体基本消除。

（四川省生态环境厅　四川省住房和城乡建设厅）

3. 农村水环境整治　2023年，印发《2023年推进乡村振兴战略工作方案》，细化重点任务，差异化设置各地治理目标，完成1 040个农村生活污水治理“千村示范工程”建设任务。发布《四川省水产养殖业水污染物排放标准》（DB51/ 3061—2023），修订《四川省农村生活污水处理设施运行维护管理办法》，开展农村生活污水处理设施排查整改专项行动。巴中市以用为主的农村生活污水治理模式入选全国农村生活污水治理典型案例，推荐德阳市、达州市成功入选2023年农村黑臭水体治理试点。截至2023年底，全省69.86%的行政村（含涉农社区）生活污水得到有效治理，累计完成136个纳入国家监管清单的农村黑臭水体整治。

（四川省生态环境厅　四川省住房和城乡建设厅）

【水生态修复】

1. 生物多样性保护　2023年，实施好长江十年禁渔计划。将长江禁捕退捕纳入市（州）政府政务目标考核、河湖长制工作考核和乡村振兴战略实绩考核体系，持续完善禁捕水域网格化管理体系，压紧压实地方政府主体责任；印发《关于加快全省长江十年禁渔“三年强基础”补短板强弱项的通知》，指导各地着力“补短板、强弱项”，持续巩固提升“政府统筹协调、部门协同配合、运转高效顺畅”的工作格局。

加强保护区管理。2023年12月，四川省农业农村厅印发《四川省水产种质资源保护区管理实施细则》（川农规〔2023〕4号），对申报省级水产种质资源保护区及建设工程对水产种质资源保护区影响采取补救措施等管理作了明确规定。保护珍稀濒危物种，加强国家重点保护水生野生动物的管理和保护，强化珍贵濒危水生野生动物的专项救护。2023年4月，在宜宾市江安县长江鲟野化繁殖试验驻地开展长江鲟野外繁殖试验，取得初步成功。2023年8月，农业农村部长江上游珍稀特有鱼类保护基地和农业农村部宜宾长江鲟人工繁育基地在宜宾市长宁县正式揭牌成立。

构建资源监测体系。2023年，继续在全省重点水域设置132个站位，覆盖全省60%以上的水生生物关键栖息地。四川省监测工作被农业农村部通报表扬。

规范开展增殖放流。2023年6月6日，全国“放鱼日”增殖放流活动主会场设在宜宾市三江口。全年利用中央资金增殖放流经济物种及濒危物种1 500万余尾。12月，在雅安市召开2023年全国水生野生动物保护科普宣传月全国主会场启动仪式，开展水生野生动物保护科普宣传，提高全社会水生野生动物保护意识。

（四川省农业农村厅　四川省生态环境厅　四川省水利厅）

2. 生态补偿机制建立　2021—2023年，与重庆市签订《长江流域川渝横向生态保护补偿协议》；与云南省、贵州省签订《第二轮赤水河流域横向生态保护补偿协议》；与甘肃省签订《第二轮黄河流域（四川—甘肃段）横向生态保护补偿协议》；组织流域相关市（州）签订沱江、岷江、嘉陵江第二轮协议与实施方案。全省累计安排流域横向生态保护补偿奖励资金38.75亿元，其中2021年安排资金12.91亿元，2022年安排资金13.04亿元，2023年安排资金12.8亿元，用于支持推动长江、黄河、赤水河、沱江、岷江、嘉陵江和安宁河流域建立运行流域横向生态保护补偿机制，增加流域水环境保护资金规模。

3. 水土流失治理　2023年，四川省新增水土流失治理面积5 291.78km²，其中国家水土保持重点工程治理面积937.67km²，自然资源、生态环境、农业农村等国家相关部委协同治理面积3 746.51km²，地方各级政府治理面积372.30km²，社会力量参与治理面积235.30km²。全省现有水土流失面积10.39万km²，较2022年减少0.22万km²，减幅2.11%；水土流失面积和强度持续实现“双下降”。

（四川省农业农村厅　四川省生态环境厅　四川省水利厅）

4. 生态清洁型小流域建设　2023年，四川省建成生态清洁型小流域8条，其中2条被命名为全国水土保持示范工程。

（四川省农业农村厅　四川省生态环境厅　四川省水利厅）

【执法监管】　2023年，开展河湖安全保护综合执法行动，联合公检法司等部门在全省范围内开展河湖安全保护综合执法行动。全省共收集问题线索406条，立案查处案件235件，结案138件；开展区域联合执法168次，联合会商105次，立案15件；部门联合执法791次，联席会商336次，立案45件；出台水行政执法“四项机制”相关文件170件，其中省级13件，市级43件，县级114件。2023年10—11月，联合公检法司机关组成7个督导组，通过查看现场、调阅资料、座谈交流与“四不两直”暗访督导相结合的方式，对全省21个市（州）及部分县（市、区）河湖安全保护综合执法行动开展情况进行督导检查；开展黄河流域河湖管理和水资源保护专项执法行动。成立水资源保护专项行动领导小组，组织黄河流域水利部门开展河湖管理和水资源保护专项执法行动。在河湖管理专项执法行动期间，累计出动执法人员 1 512 人次、车辆 544 台次，巡查河道 6 528km、水域面积 $7.28km^2$，检查监管对象 159 个，现场制止水事违法行为 11 个，查处黄河流域涉水违法案件 8 件，案件所涉河流不属于黄河主要支流，其中涉河未批先建案件 2 件，非法采砂案 6 件，所有案件均已办结。（四川省水利厅）

【水文化建设】

1. 水利风景区　2023 年，德阳市旌阳区邻姑泉水利风景区评定为第二十一批国家水利风景区，凉山彝族自治州会理市仙人湖水利风景区入选 2023 年度国家水利风景区高质量发展典型案例，绵阳市仙海水利风景区入选第三批国家水利风景区高质量发展典型案例重点推介名单，新认定省级水利风景区 3 家，河湖公园 3 家。截至 2023 年底，全省累计建成省级水利风景区 106 个，河湖公园 20 个，成功申报国家水利风景区 49 个。

2. 河长制主题公园

（1）乐山市金口河区河长制主题公园位于大瓦山脚下的顺河村，于 2023 年结合基层河湖管护“解放模式”推广建设而成，并配套建有亲水栈道。顺河村深入践行“绿水青山就是金山银山”的理念，积极探索基层治水创新举措。河湖长制主题公园内设有农家书屋，实现了把水的文化从“书本”引入“现实”，创新推出“党支部＋积分制”“网格化＋积分制”“家庭户＋积分制”的“3＋1”水墨顺河·积分管理模式，将乡村河湖治理各项事务转化为数量指标，对村民日常管护行为进行评价，形成积分。不断创新河湖管理理念，完善管理办法，宣传水文化、增进民众惜水、护水、美化环境意识，构建起全民参与共建共治共享美好水环境的良好格局。

（2）绵阳河长制文化公园位于涪江绵阳中心城区段三江闸坝桥头公园，占地 196.4 亩。文化公园建设以习近平生态文明思想为指导，依托绵阳的母亲河——涪江为本底，以大禹精神、“两山”理念和人与自然和谐共生为公园之魂，以“山水海绵城市”为设计理念，共设绿水青山就是金山银山、大禹精神、河长制简介、涪江渊源、流域文化、逐梦幸福河、基层河长工作站七大板块，整合了自然、生态、历史、人文四大核心要素，集科普宣传、文化熏陶、休闲娱乐、护河“前哨”等功能于一体，综合打造的山水相融、人水和谐、寓教于乐的河湖文化主题公园。2022 年 6 月建成并向市民开放，2023 年以来，先后充实幸福河湖建设，新增基层河长工作站建设版块内容，成为涪江流域科普河湖长制，弘扬流域文化，讲好河湖故事的靓丽名片，引领辖区梓潼县潼江河谷河湖公园、三台县鲁班湖洞湾村河湖文化广场、盐亭县文同丝竹河湖文化公园等一大批水文化宣传阵地陆续建成开放，辖区全民共建共享幸福河湖氛围日渐浓厚。

绵阳河长制文化公园——大禹精神
（郭超英　拍摄）

（3）潼江河谷河湖公园位于绵阳市梓潼县文昌镇红排村，总规划面积 $5.5km^2$，其中水域面积 $1.4km^2$。依托水文化厚重的古堰——宏仁堰中型水利工程而建，是一个集农业灌溉、防洪排涝、水利科普、生态保护、游览观光、水文化体验等多功能于一体的河湖文化公园。2023 年获评为省级河湖公园。

梓潼潼江河谷宏仁堰水文化广场一角——宏仁堰赋（李丽莉　拍摄）

（4）绵阳三台县鲁班镇洞湾村河长制文化广场位于鲁班湖畔，于 2023 年洞湾村结合基层河湖管护“解放模式”推广建设创建，由村委会旁闲置小广场改建而成，配套建有亲水栈道。主题广场以

"绿水青山就是金山银山"为建设理念，以科普河湖长制、护水兴村和共建共享幸福河湖为核心，成为融合宣传、普法、教育、娱乐功能于一体的村民亲水休闲广场。

（四川省农村水利中心　乐山市河长制办公室　绵阳市河长制办公室）

三台县鲁班镇洞湾村河湖文化广场亲水栈道
（王江龙　拍摄）

【数字孪生水利建设】

1. 河湖长制专家库　2023年7月，印发《四川省河湖长制专家库管理办法（试行）》（川河长制办发〔2023〕25号），明确专家库的职责分工、聘任入库、监督及考核、权利和义务。通过四川日报、川观新闻、微信公众号、微博等多种形式公开全省组建全省河湖长制专家库的通知，将更多企（事）业单位、大专院校、科研院所、行业协会、企业组织的高层次专家人才吸纳入专家库。10月，首批586名水利、生态环境、自然资源等领域专家入选。建立专家库信息系统，对专家信息的录入、修改、查询和专家使用的监督、评价、考核等方面进行数字化、智能化管理，为全省河湖长制及河湖管理工作提供有力保障。

（四川省河长制办公室）

2. "水利一张图"　2023年，开展四川省河湖保护和监管能力提升项目建设，投入资金4 604万元，包含河湖基础数据调查、河湖专题数据调查、河湖长制管理信息生产、"5+9"重点工作基础信息调查、河湖水域岸线保护利用调查与规划、河流水系专题图集图册制作与更新等6项任务。项目共完成数据生产记录2 943万余条，制作图件1 128幅，编撰河流特性图表集14本、相关报告25本和其他文档41本，形成一套统一、标准、统计信息完全闭合的基础数据体系，为四川水利高质量发展建立河湖"数字底座"，项目获2023年四川省优秀测绘地理信息工程奖金奖。

（四川省河长制办公室）

3. 河长App　研发全省"蜀水智巡"App，2023年11月17日，组织开展全省应用培训，自10月上线以来，已有1.56万名用户、8 600余名河长累计巡河11万余次，为各级河湖长巡河提供了精准的信息支撑，大幅提高了巡河查河治河效能。

（四川省河长制办公室）

4. 数字孪生　2023年，开展数字孪生青衣江（雅安段）先行先试项目建设，投入资金1 131万元，全面建立数据底板、模型平台、知识平台、业务应用、标准规范、共建共享等河湖监管新体系，项目投入应用后，在青衣江流域防洪、水资源调配、河湖长制、小水电生态流量监管等方面发挥作用。尤其聚焦河湖精细化管护，利用村级数据支撑村级河长日常工作，打通河湖管护的"最后一公里"。

（四川省河长制办公室）

贵州省

【河湖概况】

1. 河湖数量　流经贵州省且流域面积在50km²及以上的河流有1 059条，总长度为33 829km；流域面积在100km²及以上的河流有547条，总长度为25 386km；流域面积在1 000km²及以上的河流有71条，总长度为10 261km；流域面积在10 000km²及以上的河流有10条，总长度为3 176km。河网密度达到17.1km/100km²。全省水域面积1 941.3km²，占全省总面积的1.1%。其中河流水域面积1 167.6km²，占总水域面积的60.1%；水库和天然湖泊水域面积773.7km²，占总水域面积的39.9%。全省天然湖泊多分布在贵州西部和黔西南地区。其中水面面积1km²以下的天然湖泊有41个，水面面积在1km²以上的湖泊1个，即威宁草海。威宁草海常年水域面积为20.96km²，平均水深1.08m，最大水深3.66m。

（贵州省水利厅）

2. 水量　贵州省水资源比较丰富，全省水资源多年平均总量为1 041.8亿m³（长江流域665.6亿m³、珠江流域376.2亿m³），其中地下水资源量为249.7亿m³；全省可利用水资源总量为229.6亿m³，占全省水资源总量的22.04%，其中长江流域可利用量为157.8亿m³，珠江流域可利用量为71.8亿m³。

黔南州荔波县樟江优良的水生态环境
（杨良强　拍摄）

2023年，全省降水量和水资源总量比多年平均值偏少，大中型水库蓄水总体稳定，用水总量比2020年有所增加。全省年平均降水量1 000.7mm，折合年降水总量1 762.8亿m^3，比多年平均降水量1 159.2mm少13.7%。全省水资源总量647.14亿m^3，比多年平均水资源总量（1956—2016年）1 041.8亿m^3少37.9%，地表水资源量647.14亿m^3，地下水资源量240.12亿m^3。入境水量20.1亿m^3，出境水量584.17亿m^3，其中直接出境水量467.85亿m^3，入省际界河水量116.32亿m^3。全省总供水量93.20亿m^3，较2020年增加3.09亿m^3。其中地表水源供水量90.80亿m^3，地下水源供水量1.00亿m^3，其他水源供水量1.40亿m^3。全省用水量与供水量持平，其中生活用水20.80亿m^3（含居民生活用水、城镇公共用水）、生产用水71.21亿m^3（含农田灌溉用水、林牧渔畜用水、工业用水），人工生态环境用水量1.21亿m^3，总耗水量51.96亿m^3。全省人均综合用水量为241m^3，万元地区生产总值（当年价）用水量44.60m^3，农田灌溉水有效利用系数为0.498，万元工业增加值（当年价）用水量为19.30m^3，城镇人均生活用水量（含公共用水）201L/d，农村居民人均生活用水量为89.1L/d，按可比价计算，万元地区生产总值用水量和万元工业增加值用水量分别比2020年下降19%（考核口径）和50.8%。（贵州省水利厅）

3. 水质　2023年贵州省水环境质量总体优良。全省119个国控断面水质优良率99.2%，无劣Ⅴ类断面，23个出境断面水质优良率持续保持100%，县级及以上集中式饮用水水源地水质达标率持续保持100%。247个省控断面水质优良率98.0%，无劣Ⅴ类断面。（贵州省生态环境厅）

4. 2023年新开工水利工程　2023年，贵州省新开工水利工程148个，其中农村规模化供水工程127个，山洪沟治理工程11个，水网连通工程10个，水库0座。（贵州省河湖长制办公室）

【重大活动】

1. 重要会议　2023年4月12日，贵州省副省长、省副总河湖长主持召开省级河湖长制部门联席会议，听取河湖长制情况汇报，部署河湖长制工作。

2023年6月21日，贵州省委副书记、省长主持召开省政府常务会议，听取河湖长制情况汇报，研究部署全省推动长江经济带高质量发展、推进生态文明建设工作。

2023年6月29日，贵州省委书记、省人大常委会主任主持召开省委常委会，听取生态文明建设先行区推进工作情况及河湖长制等工作情况汇报，研究部署生态文明建设工作。

2023年9月12日，贵州省委副书记、省长主持召开省政府常务会议，研究部署赤水河流域综合保护和产业发展规划，要求统筹推进赤水河流域生态环境综合保护。

2023年9月28日，2023年珠江流域省级河湖长联席会议在贵阳市召开。贵州省委副书记、省长，水利部副部长朱程清出席会议并讲话，共商流域高水平保护，共促流域高质量发展。

2023年11月30日，全省生态环境保护大会在贵阳召开，省委书记、省人大常委会主任出席并讲话。

2. 重大活动　2023年6月，举办2023年“贵州生态日”“保护母亲河河长大巡河”活动，2位省总河湖长带头开展巡河（湖）。6月18日，贵州省委书记、省总河湖长带队到南明河开展巡河活动；6月19日，贵州省省长、省总河湖长到独木河开展巡河活动。全省2.2万余名五级河湖长积极履职，分别到各自责任河湖巡河，带动超过7万人参与活动。各地结合主题教育、乡村振兴等，开展“河长＋检察长”巡河、“河长＋警长”巡河、清岸清水、增殖放流等活动。

2023年9月4日，贵州省河湖长制办公室印发《关于开展2023年河湖长制督导和河湖联合执法监督工作方案》（黔河湖长办〔2023〕10号），由贵州省河湖长制办公室统筹，省发展改革委、省财政厅、省自然资源厅、省生态环境厅、省住房和城乡建设厅、省交通运输厅、省水利厅、省农业农村厅、省林业局牵头，其余24家责任单位参与，组成9个督导组，于9—10月对全省9个市（州）及其辖区不少于1/3的县（市、区）开展河湖长制督导和河湖联合执法监督。（贵州省河湖长制办公室）

【重要文件】　2023年1月28日，贵州省河湖长制办公室印发《关于开展重点河湖岸线利用现状调查评估等有关事宜的通知》(黔河湖长办〔2023〕1号)。

2023年2月15日，贵州省水利厅印发《关于进一步推进计划用水管理覆盖工作的通知》(黔水节〔2023〕2号)。

2023年2月21日，贵州省农业农村厅办公室印发《贵州省2023年珠江流域春季禁渔管理工作方案》(黔农办发〔2023〕2号)。

2023年3月1日，贵州省河湖长制办公室印发《贵州省河湖健康评价及河湖健康档案建立工作方案》(黔河湖长办〔2023〕2号)。

2023年3月22日，贵州省河湖长制办公室印发《贵州省省级河湖长名录》(黔河湖长办〔2023〕3号)。

2023年3月28日，贵州省河湖长制办公室印发《贵州省河湖长制2023年度工作实施方案》(黔河湖长办〔2023〕4号)；贵州省农业农村厅办公室印发《贵州省"中国渔政亮剑2023"系列专项执法行动方案》。

2023年4月18日，贵州省农业农村厅办公室印发《2023年贵州省水产绿色健康养殖技术推广"五大行动"实施方案》(黔农办发〔2023〕9号)。

2023年4月23日，贵州省农业农村厅印发《贵州省2023年主要农作物科学施肥指导意见》。

2023年5月12日，贵州省农业农村厅、贵州省市场监督管理局、贵州省工业和信息化厅、贵州省生态环境厅印发《贵州省打击非标地膜"百日攻坚专项行动方案"》。

2023年5月31日，贵州省水利厅、贵州省住房和城乡建设厅印发《关于加强高校计划用水管理工作的通知》(黔水节〔2023〕9号)。

2023年6月11日，贵州省河湖长制办公室印发《2023年"贵州生态日""保护母亲河河长大巡河"活动总体方案》(黔河湖长办〔2023〕7号)。

2023年6月30日，贵州省水利厅、省高级人民法院、省人民检察院、省公安厅、省司法厅印发《贵州省河湖安全保护专项执法行动工作方案》(黔水政法〔2023〕4号)；贵州省水利厅印发《贵州省推行取水许可告知承诺制实施方案（试行)》(黔水资〔2023〕14号)。

2023年7月11日，水利部长江委、珠江委、贵州省水利厅、省公安厅印发《关于加强河湖安全保护工作的实施意见》(长政监〔2023〕353号)。

2023年8月14日，贵州省发布省第六号总河湖长令《关于建设美丽幸福河湖的令》。

2023年9月4日，贵州省河湖长制办公室印发《关于开展2023年河湖长制督导和河湖联合执法监督工作的通知》(黔河湖长办〔2023〕10号)。

2023年9月7日，贵州省河湖长制办公室印发《贵州省美丽幸福河湖建设行动实施方案》(黔河湖长办〔2023〕11号)。

2023年9月13日，贵州省水利厅印发《贵州省省级生产建设项目水土保持方案技术评审单位管理办法》。

2023年10月18日，贵州省水利厅印发《贵州省水资源调度管理实施细则》(黔水资〔2023〕19号)。

2023年11月3日，中共贵州省委办公厅、贵州省人民政府办公厅印发《关于加强新时代水土保持工作的实施意见》(黔党办发〔2023〕11号)。

2023年12月15日，贵州省河湖长制办公室印发《2023年贵州省河湖长制考核工作方案》(黔河湖长办〔2023〕14号)。

2023年12月21日，贵州省水利厅、省公共资源交易中心印发《贵州省用水权交易规则（试行)》(黔水资〔2023〕25号)。

2023年12月26日，贵州省人民政府公布《贵州省重点保护野生动物名录》(黔府发〔2023〕20号)。

2023年12月28日，贵州省河湖长制办公室印发《关于移交红辣河等30条跨市州河流健康评价成果的通知》(黔河湖长办〔2023〕15号)。

2023年12月29日，贵州省水土保持委员会办公室印发《贵州省坡耕地水土流失综合治理工程规划（2024—2035年)》。（贵州省河湖长制办公室）

【地方政策法规】 2023年11月10日，贵州省水利厅印发《贵州省生产建设项目水土保持管理办法（修订)》。

2023年11月29日，贵州省第十四届人民代表大会常务委员会第六次会议通过修订《贵州省湿地保护条例》，自2024年1月1日起施行。

2023年12月29日，贵州省人民政府办公厅印发《贵州省赤水河等八大流域横向生态保护补偿办法》(黔府办发〔2023〕23号)。

（贵州省河湖长制办公室）

【河湖长制体制机制建立运行情况】 贵州省委、省政府主要负责同志担任省总河湖长，每年召开省总河湖长会议和省级河湖长制联席会议，专题听取河湖管护和河湖长制工作情况汇报，研究部署相关工作。其他33名省级河湖长切实履行职责，带队赴责任河湖开展巡查调研，研究解决河湖突出问题，推动河湖长制工作不断走深走实。

严格落实长江、珠江流域省级河湖长联席会议机制，进一步深化流域区域协同和责任落实，2023年承办珠江流域省级河湖长联席会议。每年结合各级领导干部调整，及时组织完善各级河湖长名录，加强培训管理，确保河湖长制工作衔接不间断、责任链条不放松。充实基层河湖管护力量，推动1.6万余名河湖保洁巡查员、1.1万余名民间河湖义务监督员履职尽责。

将河湖长制落实情况纳入高质量发展考核内容，组织33家省级河湖长制责任单位开展常态化、全覆盖督导检查和联合执法，及时反馈问题并督促抓好整改。分级完成年度河湖长制考核，及时通报考核结果并送同级党委组织部门，发挥监督考核评价指挥棒作用，提升河湖长制工作质效。

（贵州省河湖长制办公室）

【河湖健康评价开展情况】 2023年，组织梳理境内第一次全国水利普查河湖名录内1 059条河流和草海健康评价工作开展情况，针对剩余未开展健康评价的810条河流明确了评价时限及评价主体。制定印发《贵州省河湖健康评价及河湖健康档案建立工作方案》（黔河湖长办〔2023〕2号），有序推进河湖健康评价工作。截至2023年底，省级完成30条跨市（州）河流健康评价，评价结果均在健康及以上；全省完成219条河流健康评价，评价结果均在健康及以上。

（贵州省河湖长制办公室）

【“一河（湖）一策”编制和实施情况】 2023年，严格落实水利部对“一河（湖）一策”方案内容及编制周期要求，组织编制第三轮设省级河长河流“一河一策”及草海“一湖一策”方案，制定相应“五个”清单，明确分年度实施目标和任务，按程序报请对应的省领导审定。“一河（湖）一策”方案年度任务目标落实情况纳入河湖长制监督检查、“一河一考”重要内容。

（贵州省河湖长制办公室）

【水资源保护】

1. 水资源刚性约束　2023年，贵州省用水总量控制在117亿m^3，万元地区生产总值用水量、万元工业增加值用水量较2020年分别降低19%（考核口径）、50.8%，农田灌溉水有效利用系数提高到0.498。

（贵州省水利厅）

2. 节水行动　2023年，贵州省完成规划和建设项目节水评价148个，其中规划项目1个，建设项目147个，累计核减水量2 479万m^3。将用水定额作为落实节水优先、强化节水监管的重要标尺和手段。制定印发《关于进一步推进计划用水管理覆盖工作的通知》（黔水节〔2023〕2号）、《关于加强高校计划用水管理工作的通知》（黔水节〔2023〕9号）等文件，做好管网内、外取用水户计划用水管理。

安顺市西秀区革寨水库全景图（杨良强　拍摄）

2023年，创建省级各类载体165家（含复检），其中节水型公共机构78家，节水型企业42家，节水型学校22所，节水型小区16个，节水型灌区2家，节水型示范园区1家，节水型高校4所。创建节水型标杆企业8家，节水型标杆公共机构1家。全省共有220家重点监控用水单位，其中高耗水行业用水单位53家，重点监控高耗水行业节水型企业创建率达到100%。新增9个县（区）通过省级审核并报水利部备案，累计建成55个县域节水型社会达标县，其中46个县级行政区已获得水利部公告。

联合中国人民银行贵州省分行制定印发《关于在全省范围内开展“节水贷”融资服务工作的通知》（黔水节〔2023〕20号），推动节水产业发展。新增合同节水项目12项（其中续签1项），吸引社会资本3 813万元，合同期内预计节水量1 212万m^3，平均节水率26.9%。

大力开展节水宣传，借助“世界水日”“中国水周”等重要时间节点，开展节水宣传进机关、进校园、进社区、进企业、进农村活动1 000余项，在省级及以上媒体发布节水宣传报道108篇。发挥节水教育宣传作用，新建节水教育基地3家。

（贵州省节约用水办公室）

3. 生态流量监管　2023年，完成清水江、清水河及16个工程生态流量先行先试保障方案编制，印发《第一批省管河流生态流量保障目标的函》《贵州省第二批重点河湖生态流量保障目标的函》，全省32条重点河湖生态流量目标确定完成率达100%。

（贵州省水利厅）

4. 全国重要饮用水水源地安全达标保障评估 2023年，完成列入《长江流域重要饮用水水源地名录》（水资管〔2022〕364号）、《全国重要饮用水水源地名录（2016年）》（水资管〔2016〕383号）中的20个国家重要饮用水水源地安全保障达标建设评估。总体评估结果如下：水源地年度供水保证率均达到95%以上，取水口水质全年达到Ⅲ类及以上标准的次数占比达到100%；水源地均定期开展水源水质监测工作，按规定报送水质监测信息，建立水源保护巡查制度、突发事件应急处置机制，饮用水源管理单位均按规定配备在线取水计量设施；饮用水水源一级保护区均按规定实行全封闭管理，界标、警示标示以及隔离防护设施完善。编制完成《2023年度贵州省重要饮用水水源地安全保障达标建设评估情况报告》，各重要饮用水水源地均达到安全达标保障评估要求。（贵州省水利厅）

黔西市红林彝族苗族乡附廓水库西溪河水源提水补水应急工程（周训超 拍摄）

5. 取水口专项整治 开展贵州省取用水专项整治情况“回头看”，对标对表、查缺补漏，对整改不彻底、管理不规范的情况进行全面梳理排查，依法规范整改，切实提高水资源管理能力和水平。截至2023年底，纳入专项整治行动的101个退出类项目和2 061个整改类项目全部完成整改提升工作，整改完成率达100%。（贵州省水利厅）

6. 水量分配 2023年，印发《贵州省省管河流水量分配方案》（黔水资〔2020〕21号），完成乌江、赤水河、都柳江等14条省管河流水量分配工作、水利部已批复或确认的10条江河和省级批复的14个江河共计24条江河水量分配方案全部分配到各地。开展年度水资源调度监督检查工作，完成116个水利水电工程水资源调度监督检查工作。开展2023年度河湖生态流量保障情况月度和季度评估复核工作，纳入评估的137个生态流量控制断面全部满足国家管控要求。（贵州省水利厅）

【水域岸线管理保护】

1. 河湖名录梳理复核 2023年，完成贵州省水普名录内河流长度、干支流关系、流域面积等基础数据梳理复核，因河流源头调整不再单独成河，删除原水普名录内桐子溪、小桥河、中寨河、拉鲁河等4条河流，确认本次水普名录内复核成果为1 055条。（贵州省水利厅）

2. 岸线保护与利用规划编制 2023年，对34条设省级河湖长的河湖岸线利用现状开展调查评估。修编并印发实施㵲阳河、清水河、清水江等3条省管河流岸线保护与利用规划。（贵州省水利厅）

3. 采砂管理 2023年，持续开展河道非法采砂整治，严格落实采砂“四个责任人”责任，规范河道采砂审批许可和监管，有力保障河道行洪安全、保护河湖岸线生态功能。（贵州省水利厅）

4. “四乱”整治 2023年，按照《水利部办公厅关于开展河湖遥感图斑核查有关工作的通知》（办河湖〔2023〕71号）要求，常态化规范化推进河湖“清四乱”，以水法、防洪法、行政许可法等法律法规颁布及施行日期为时间节点，坚持无许可即违法的问题认定事实依据，严格开展河湖遥感图斑复核，认定并分时分类整改河湖“四乱”问题1.5万余个。（贵州省水利厅）

拆除黔南布依族苗族自治州三都水族自治县中和镇水维村涉河违建民房（彭露连 拍摄）

5. 病险水库治理 2023年，规划治理病险水库81座，其中小（1）型14座、小（2）型67座。累计下达资金2.16亿元，项目已全部开工建设，待全部实施完成后，将恢复或改善灌溉面积9万亩，恢复城镇年供水量523万 m^3，保护人口4.6万人，保

护耕地 3.6 万亩。（贵州省水利厅）

【水污染防治】

1. 排污口整治　2023 年，贵州省共排查出入河排污口 5 538 个，其中乌江、赤水河干流 1 499 个，纳入整治的 195 个已完成整治 180 个；六大水系及乌江、赤水河支流排查出 4 039 个，全省 9 个市（州）已制定重要河流“一口一策”整治方案，正在开展全流域排查。（贵州省生态环境厅）

2. 工矿企业污染防治　2023 年，深入打好磷污染防治攻坚战。印发《贵州省主要工业固体废物综合利用工作（2024—2026）行动方案》，深入推进贵州省主要工业固体废物综合利用。推进磷石膏资源综合利用工作，推动建成磷化集团 30 万 t/a 磷石膏制高温无水石膏综合利用项目、140 万 t/a 磷石膏分解制硫酸联产水泥项目等磷石膏资源综合利用项目。2023 年，全省磷石膏综合利用能力突破 1 460 万 t/a，全年综合利用磷石膏 1 112.74 万 t，综合利用率 91.83%，处于全国领先水平。

重点督导磷化集团建成清水江流域发财洞含磷废水治理提质扩能工程、烂木桥污水处理能力提升工程。着力推进福泉市牛场工业园区磷污染深度治理。

（贵州省工业和信息化厅　贵州省生态环境厅）

3. 城镇生活污染防治　贵州省各地加快补齐生活污水垃圾收集处理设施短板，持续深入开展管网排查治理，加快推进管网建设，提高污水收集效能。2023 年，全省新增城市（县城）污水处理能力 15.40 万 t/d，新建改造污水管网 1 818.20km，新增生活垃圾焚烧处理能力 900t/d；全省 1 145 个乡镇中有 1 023 个乡镇具备生活污水处理能力，30 户以上自然村寨生活垃圾收运设施覆盖率达 70%。

（贵州省住房和城乡建设厅）

贵阳国家经济技术开发区小黄河水污染治理后建成美丽幸福河流（陈邦　拍摄）

4. 畜禽养殖污染防治　持续推进畜牧业绿色发展。2023 年，开展畜禽粪污治理雷霆行动，累计出动执法人员 15 622 人次，与环保部门联合执法 1 564 次，检查养殖场 26 286 个，立案 74 起，移交环保部门 70 起。设立粪污治理举报热线，组织拍摄生态环保（畜禽粪污）警示片，印发《贵州省规模以下畜禽养殖粪污处理设施建设技术指南（试行）》。2018 年以来，15 个县实施畜禽粪污资源化利用整县推进项目，投入中央及省级畜禽粪污资源化利用 8.3 亿元支持部分畜禽养殖场配套建设畜禽粪污处理设施，推动粪肥就地消纳、就近还田，推进 100 个种养结合循环生态示范点建设。全省畜禽粪污资源化利用率稳定在 80%以上。

推进水产绿色健康养殖。印发《2023 年贵州省水产绿色健康养殖技术推广“五大行动”实施方案》，组织开展生态健康养殖模式推广行动、养殖尾水治理模式推广行动、水产养殖用药减量行动、水产种业提升行动、配合饲料替代幼杂鱼行动。指导黔东南苗族侗族自治州剑河县、贵州黔方有渔水产科技有限公司成功创建国家级水产健康养殖和生态养殖示范区。（贵州省农业农村厅）

5. 农业面源污染防治　推进化肥农药减量化行动。2023 年，印发《贵州省 2023 年耕地质量保护提升与化肥减量化工作方案》《贵州省 2023 年主要农作物科学施肥指导意见》，下达中央及省级资金 2 620 万元，重点聚焦赤水河、乌江等流域区域，在赤水市、毕节市大方县等 15 个县（区）统筹安排测土配方施肥、“三新”配套、多元替代等技术示范 5.6 万亩，在遵义市桐梓县、毕节市金沙县等 16 个县（市、区）安排开展化肥减量增效“三新”集成配套示范 64 万亩，全省水稻、玉米化肥利用率达到 42%。印发《2023 年贵州省农药监管及化学农药减量增效工作方案》，下达中央及省级财政资金 5 860 万元，建立病虫害绿色防控示范区（点）92 个，推进绿色防控、统防统治等新技术示范推广应用，全省主要农作物病虫害绿色防控覆盖率达 55.1%，主要粮食作物统防统治覆盖率达 46.7%。

推进农作物秸秆综合利用。印发《贵州省 2023 年农作物秸秆综合利用实施方案》，成立由唐华俊、宋宝安等院士团队组成的专家顾问组，以“五料化”利用为方向，分区域、分品种、分用途制定 11 种综合利用技术模式，赴 9 个市（州）开展综合利用技术培训，召开 7 次全省性会议部署秸秆利用工作。印发《关于进一步强化农作物秸秆综合利用和防止露天焚烧工作的函》，组建联合工作组开展实地暗访检查，组织专家团队对各市（州）技术培训进行全覆盖。统筹中央、省级财政资金 4 575 万元，开展农作物秸秆综合利用重点县和牛羊产业秸秆饲料化试点建设。2023 年农作物秸秆综合利用率稳定在 86%以上。

做好农膜科学使用回收。组织召开 2023 年农膜回收利用工作推进会，部署 2023 年全省农膜回收利用重点工作。印发《关于加强 2023 年度废旧农膜回收利用工作的通知》《贵州省打击非标地膜“百日攻坚”专项行动方案》《关于做好秋收和秋冬种期间农膜科学使用回收工作的通知》，在全省范围内有序推进农膜回收利用体系建设，启动打击非标地膜“百日攻坚”专项行动，查办了一批具有指导意义的执法典型案例，通报 6 起贵州省农膜回收执法监管典型案例。研究制定《2023 年贵州省地膜科学使用回收试点实施方案》，科学稳妥推广加厚高强度地膜和全生物降解地膜应用。建立地膜残留国家级监测点 10 个、省级监测点 100 个，2023 年全省农膜回收率持续稳定在 85%以上。 （贵州省农业农村厅）

6. 船舶港口污染防治　持续推进绿色基础设施建设，加装船舶防污染设备和新建岸电设施 43 套。严厉打击偷排漏排行为，全省检查进港船舶 8 169 艘，未发现偷排漏排行为。强化船舶污染物转运处置，船舶各类污染物转运处置率保持在 90%以上。

（贵州省交通运输厅）

【水环境治理】

1. 饮用水水源规范化建设　组织开展水源地环境综合整治“回头看”，排查发现的 99 个生态环境问题已完成整治 78 个。2023 年，安排中央资金 2.25 亿元支持地方开展集中式饮用水水源地环境综合整治和规范化建设。 （贵州省生态环境厅）

2. 黑臭水体治理　持续巩固地级城市建成区黑臭水体治理成效，开展城市黑臭水体治理动态排查整治工作。2023 年 5 月，贵州省建立的“城市黑臭水体治理成效动态评估制度”被住房城乡建设部纳入“城市黑臭水体治理及生活污水提质增效长效机制建设工作经验”。截至 2023 年底，全省 30 处县级城市黑臭水体已完成治理 23 处。

（贵州省住房和城乡建设厅）

3. 农村水环境整治　2023 年，争取中央农村环境整治资金和省级农村生活污水治理资金 38 879 万元，支持各地开展农村环境整治和农村生活污水治理。通过建立农村生活污水治理工作台账，明确责任单位和完成时限，压实责任，确保工作落细落实。2023 年完成 492 个农村环境整治，19 条国家监管的农村黑臭水体整治，农村生活污水治理率达 21.5%。

推进农村厕所革命。印发《2023 年农村厕所革命工作要点》《贵州省农村改厕“提质年”重点工作实施方案》，紧紧围绕“保数量、提质量”的工作要求，完善工作机制，强化对市、县指导，常态化暗访调研，持续压紧压实地方责任，提升改厕质量。全省累计完成新建、改建农村户用卫生厕所 15 万户。 （贵州省农业农村厅）

着力提升水质保障水平。安排 2 120 万元用于 27 个县的农村千人以下水源地保护，通过设立地理界标、警示标志、隔离围栏等设施，对保护措施不完善的农村千人以下水源地完成保护范围划定及整治。委托专业机构对水质偏低的 30 个县开展水质抽检，会同卫生健康部门对小水窖水质保障情况开展监测。 （贵州省生态环境厅　贵州省水利厅）

【水生态修复】

1. 生物多样性保护　贵州省农业农村厅会同中国科学院水生生物研究所、贵州省水产研究所分别在赤水河、乌江、沅江等流域开展水生生物资源监测调查。据《长江流域水生生物资源及生境状况公报（2022 年）》显示，长江流域水生生物资源量呈恢复态势，水生生物多样性水平有所提升。赤水河水生生物完整性指数评价等级为“良”。2023 年，投入增殖放流资金 761 万元、投放鱼种 2 248 万尾，组织开展增殖放流效果评估。 （贵州省农业农村厅）

2. 生态补偿机制建立　2023 年 1 月，云南、贵州、四川 3 省签订赤水河流域横向生态补偿新协议，协议约定：一是贵州省、四川省主动提高补偿云南省金额，由 2 000 万元提高至 3 000 万元，3 省总金额由 2 亿元提高至 3 亿元，贵州省出资从 1 亿元提高至 1.5 亿元；二是积极延长补偿年限，由 3 年提高至 5 年。按照约定，2019—2023 年贵州共拨付云南省赤水河流域横向生态补偿资金 1.2 亿元。通过新一轮协议签订，进一步深化流域保护协作，加强赤水河流域生态保护，促进流域生态环境持续改善。

2023 年 12 月 29 日，贵州省人民政府办公厅印发《贵州省赤水河等八大流域横向生态保护补偿办法》（黔府办发〔2023〕23 号），进一步完善省内流域生态补偿机制，加快推进生态文明制度体系建设，持续巩固和提升流域水生态环境质量。

（贵州省财政厅）

3. 水土流失治理　有序推进全省石漠化治理。坚持分类施策，依托重点区域生态保护和修复专项中央预算内投资支持贵州省实施了 29 个项目，2023 年完成石漠化综合治理 744km^2。

全面推进全省国土绿化。2023 年完成营造林

321 万亩，全省森林覆盖林达 63%；完成村庄绿化建设 7 565 亩，河湖沿岸绿化 1 989 亩。

持续推进武陵山区山水林田湖草沙一体化保护和修复工程。截至 2023 年底，工程累计完成投资 46.87 亿元，累计完成矿山生态修复面积 842.62hm²、水土流失治理面积 7 903.45hm²、湿地修复面积 82.72hm²、水源涵养区生态修复面积 4 695.75hm²、投放原生水生物 500.46hm²、土地石漠化治理面积 165.3hm²、土地整治面积 16 453.87hm²、河道综合治理长度 299.41km，岸堤修复长度 443.75km 等。

全力推进历史遗留废弃矿山生态修复。苗岭山脉历史遗留废弃矿山生态修复工程累计完成治理面积 1 065.47hm²；完成 2023 年度省级历史遗留矿山生态修复面积 118.62hm²。

（贵州省发展和改革委员会　贵州省自然资源厅）

4. 水土保持工作　2023 年，出台《关于加强新时代水土保持工作的实施意见》，印发《贵州省生产建设项目水土保持管理办法（修订）》等规范性文件，编制坡耕地水土流失综合治理和生态清洁小流域治理专项规划。开展水土流失图斑落地，解译图斑 130 万余个，现场复核图斑近 4 万个，找准水土流失地块，明确水土流失原因，拟定全省水土流失分类治理的策略。新增治理水土流失面积 3 267.37km²，目标完成率 109.64%。水利部门投入财政资金 2.4 亿元，治理水土流失面积 489.74km²。下达中央和省级资金 4.07 亿元，选择 55 个项目实施县实施 2024 年国家水土保持重点工程。审批水土保持方案 2 577 个，接受验收报备 6 190 余个，较 2022 年增加 77%，完成验收核查 2 500 余次，约谈有关单位 309 家，立案查处水土保持违法行为 165 起。高质量完成 2 267 个手续不全的矿山的水保手续的整改销号。针对长江经济带生态环境警示片披露的黔东南苗族侗族自治州麻江县鸡冠岭重晶石矿水土保持问题，督促指导建设单位完成了水土保持方案变更、现场生态修复及水土保持设施验收报备等工作。开展 2023 年全省水土流失动态监测及消长分析评价，编制并印发《贵州省水土保持公报（2022 年）》。公布了贵州省水土保持科技研究课题清单，开展水土保持固碳减排增汇效能评估研究，获贵州省委重大问题调研课题优秀成果三等奖。铜仁市江口县、遵义市湄潭县获国家水土保持示范县称号。

（贵州省水利厅）

5. 生态清洁型小流域建设　2023 年，全省以河流两岸及湖库周边、少数民族特色村寨、传统村落和历史文化名村名镇周边为重点，建成生态清洁型小流域 8 条。实施经济（果）林种植 1.48km²，水土保持林 1.49km²，封禁治理 112.96km²，河道综合整治 15.84km，机耕道 7.34km，生产便道 10.87km，污水管 8.02km，污水收集站（座）2 处，撒播绿肥 98.6hm²，保土耕作 1 098.66hm²。

（贵州省水利厅）

毕节市织金县小流域综合治理提质增效示范建设项目——双堰街道桂花村乌蒙利民茶厂
（贵州省水利厅　供图）

【执法监管】

1. 水行政执法监管　建立健全水行政执法“四项机制”。2023 年，印发《关于加强河湖安全保护工作的实施意见》（长政监〔2023〕353 号），建立健全联席会议制度和行刑衔接机制。联合检察机关对水事违法案件进行督办，联合珠江委、省人民检察院对万峰湖水事违法行为进行联合督导。

开展河湖安全保护专项执法行动。印发《贵州省河湖安全保护专项执法行动工作方案》（黔水政法〔2023〕4 号）并制定分工方案，2023 年累计组织开展专项执法监督检查、联合调研督导、联合督办等行动 11 次，全面完成各项任务。

（贵州省水利厅）

2. 打击破坏渔业资源行为　严格落实长江十年禁渔。2023 年 2 月 21 日，召开全省长江十年禁渔工作视频推进会；12 月 9 日，召开长江十年禁渔“三年强基础”视频推进会，对长江十年禁渔工作进行安排部署。强化日常监管，高频次、高强度开展水陆巡查，累计核查中国渔政执法举报受理平台交办的问题线索 30 余条；在乌江渡库区、赤水河 3 省交界水域开展联合执法行动，加强对交界水域、码头、涉渔餐馆等场所的监督管理，震慑各类涉渔违法违规行为。每季度对长江流域涉渔违法案件查处情况进行分析，全面掌握案件分布情况、案件高发类型等基本信息，指导基层精准开展执法监管；组建暗访组对贵阳市息烽县、清镇市、遵义市湄潭县、播州区、黔南布依族苗族自治州瓮安县等 59 个县（市、区）开展暗查暗访。2023 年查办案件 796 件、行政罚款 64.69 万元，同比分别下降 10.66%、10.22%。2023 年争取长江生物多样性保护工程项目资金 1 854 万元、中央油补资金 1 325 万元用于长江流域渔政执法装备建设，新增执法船艇 14 艘、视频监控点位 57 个、无人机 4 架。加大宣传力度，通过《贵州新闻联播》栏目播放《川黔两地联合开展禁渔执法》《贵州省召开长江十年禁渔工作视频推进会》《贵州省农业农村厅到息烽开展长江十年禁渔检查》等多篇禁捕信息被媒体刊载，通报 15 起典型案例，全面营造“不敢捕、不能捕、不想捕”的社会舆论氛围。（贵州省农业农村厅）

3. 强化水生态环境检察　2023 年，通过加强协作配合，形成共同推进长江上游生态安全保护强大合力。贵州省人民检察院部署开展赤水河流域保护专项工作，针对赤水河开展“全流域、全领域、全行业”检察监督。2023 年 6 月，黔西市、清镇市、贵阳市修文县、毕节市织金县四地人民检察院共同签署《关于开展乌江流域（洪家渡至六广河段）生态环境保护检察工作协作意见》，共同就接壤界河河段生态环境保护形成有效联动，进一步提升河段保护和治理合力。

全省检察机关受理审查逮捕非法捕捞水产品犯罪案件 197 件 342 人，逮捕 21 件 33 人；受理审查起诉 693 件 1 172 人，提起公诉 159 件 295 人；监督公安机关立案 61 件 76 人。受理审查逮捕污染水环境犯罪案件 2 件 2 人，批准逮捕 1 件 1 人；审查审理起诉 3 件 7 人，提起公诉 1 件 2 人。共立案办理水生态环境公益诉讼案件 627 件，其中行政公益诉讼案件 538 件，发出诉前检察建议 329 件，民事公益诉讼案件 89 件；提起公益诉讼 72 件。主要案件类型为非法捕捞水产品、侵占、破坏河道、向河道倾倒废弃物、生活垃圾，向河道排放污水等。通过督促治理，恢复被污染的水域 1 100 余亩，整治生活垃圾等固体废物 600 余 t，清理河道 70 余 km，促成增殖放流 100 万余尾。（贵州省人民检察院）

4. 河湖日常监管　开展水源地执法监管。2023 年，对全省 173 个县级及以上城市地表水型集中式饮用水水源地开展现场排查。

开展地下水执法监管。积极推进地下水污染防治国家试点及项目建设，对福泉市化工园区地下水污染详细调查开展现场督导。对毕节市大方县、金沙县、黔东南苗族侗族自治州镇远县、台江县等 8 个垃圾填埋场进行现场检查。

开展风险管控。编制 17 条重点河流突发水污染事件“一河一图一策”应急响应方案，强化跨省流域上下游突发水污染事件联防联控机制建设，与重庆、云南、四川、广西等相邻省（自治区）开展联合执法、联合隐患排查、联合会商等工作。

严厉打击水事违法行为。加大执法力度，督导市、县严肃查处水事违法行为，2023 年全省查处水行政处罚案件 324 件，责令停止违法行为 157 起，责令补办手续 76 起，责令限期拆除 48 起，罚款 538 万元。（贵州省生态环境厅　贵州省水利厅）

【水文化建设】

1. 水利风景区　2023 年，黔东南苗族侗族自治州天柱县清水江百里画廊水利风景区被评为第二十一批国家水利风景区。锦屏县三江水利风景区入选第三批国家水利风景区高质量发展典型案例，系贵州首例。全省累计创建国家水利风景区 35 处，省级水利风景区 71 处。（贵州省水利厅）

2. 河长制主题公园　2023 年，贵州省共建成 3 个河长制主题公园，分布在遵义市、黔东南苗族侗族自治州等地，创建情况如下：9 月，遵义市道真仡佬族苗族自治县建成 1 个河长制主题公园，位于尹珍街道办玉龙谷湿地公园；10 月，建成遵义市红花岗区河长制主题公园，位于红花岗区迎红街道；12 月，建成黔东南苗族侗族自治州凯里市清水江河长制主题公园，位于凯里市星悦湾小区至龙头河风雨桥河段。（贵州省河湖长制办公室）

【数字孪生水利建设】

1. “水利一张图”　2023 年，贵州省水利厅积极推动贵州水利数字化和智慧化进程，并基于“水利一张图”地图底图，汇聚水旱灾害防御、水文水资源、水土保持和河湖管理四大板块数据，为管理者提供跨系统、跨业务、跨架构的数据展示融合、分析服务融合的驾驶舱平台，直观生动地为水利管理决策分析提供保障。（贵州省水利厅）

2. 贵州河湖大数据管理信息系统　2023 年，结合工作实际需要，对贵州河湖大数据管理信息系统网页端功能进行新增与优化服务，具体为七个方面：一是优化系统整体 UI 设计并完成更新；二是优化“水利一张图”综合展示，具体为河湖专题（包括流域、水系、省管河流、设省级河长河流、1 000km^2 以上河流、500～1 000km^2 河流、200～500km^2 河流、100～200km^2 河流、50～100km^2 河流、水普河流、水普湖泊、河段）、划界专题（包括划界范围线、界桩、界牌、公告牌、岸线功能区）、要素专题（包括水库点、水电站、排污口、取水口）、专项专题［包括（2021）“四乱”图斑、（2022）“四乱”图斑、（2022）岸线利用、山洪灾害］；三是新增“河流复核”矢量上传、编辑、统计等功能；四是“河长复核”新增河段对应的河长基础信息新增、编辑等功能；五是“岸线利用”新增岸线利用图斑数据的地图展示、列表展示（包括岸线利用图斑数据的核查、审核、Excel 批量导出）、复核统计等功能；六是“违规整治”新增岸线利用违法违规图斑数据的填报、文件上传等功能；七是“‘四乱’督察”新增“清四乱”数据的地图展示、列表展示（包括具体“四乱”数据的问题查看、流程处理、Excel 批量导出）等功能。（贵州省水利厅）

3. 数字孪生 2023 年，数字孪生夹岩水利枢纽及黔西北供水工程、数字孪生贵州清水江干流（都匀市茶园水库至施洞水文站河段）试点建设任务通过水利部验收。

夹岩水利枢纽数字孪生平台已上线试运行，2023 年度共编制水资源调度年报 1 期、月报 10 期，实现了“零弃水”目标。通过编制生态调度方案，多次成功制造持续 80h 的洪水涨落过程，为运管单位水资源调度决策赋能。2023 年汛期，共编制 306 期洪水预报调度分析报告，多次成功预测洪峰，为夹岩水库防汛调度提供科技支撑。融入复用已建监测传感器，建立异常识别模型，为夹岩水库大坝安全保驾护航。

数字孪生贵州清水江干流（都匀市茶园水库—施洞水文站河段）先行先试项目围绕防洪“四预”及水资源管理与调配，在整个清水江流域范围内实现了共计 6 039km² 高尺度要素数字孪生，建设完成水利专业模型 10 项（套）、地理空间数据仿真模型 1 套，可实现相应流域和工程的历史数据及事件重现、实时同步仿真运行，以及模型算法预测结果的模拟。建立一套统一、通用、标准的平台集成接口模式，形成分流域建设、各流域平台向省级平台集成的建设模式。（贵州省水利厅）

云南省

【河湖概况】

1. 河湖概况 云南省境内河流众多，集水面积 100km² 以上的河流有 1 002 条，分属长江、珠江、红河、澜沧江、怒江和伊洛瓦底江六大水系。全省水面面积大于 1km² 的湖泊有 30 个，滇池、洱海、抚仙湖、星云湖、程海、泸沽湖、异龙湖、杞麓湖、阳宗海等是云南著名的“九大高原湖泊”。

（李学辉　郑娟　申瑞华　李谨妤）

2. 水量 云南省水资源总量 2 141 亿 m³，居全国第三位，人均水资源量 4 535m³。2023 年全省年平均降水量 1 050.3mm，较常年少 16.8%，属枯水年；地表水资源量 1 502 亿 m³，折合径流深 392.2mm，较常年少 29.8%，为 1956 年以来最少年份；地下水资源量 533.1 亿 m³，较常年少 24.1%；全省水资源总量 1 502 亿 m³。全省入境水量 1 036 亿 m³，出境水量 2 381 亿 m³。

（李学辉　郑娟　申瑞华　李谨妤）

3. 水质 2023 年，全省国控断面优良水体比例 94.1%，同比提高 2.5 个百分点，为历史最好；劣Ⅴ类水质断面比例 1%，同比减少 0.5 个百分点，为历史最少。六大水系出境跨界断面水质 100%达标。

2023 年，红河水系、伊洛瓦底江水系、怒江水系、澜沧江水系、长江水系国省控断面优良比例分别为 100%、100%、96.8%、96.6%、89.1%，无劣Ⅴ类水体；珠江水系国省控断面优良比例为 81.8%，劣Ⅴ类水体比例为 9.1%。红河水系、澜沧江水系、怒江水系、伊洛瓦底江水系水质优；长江水系、珠江水系水质良好。九大高原湖泊水质总体稳定，2023 年全湖累计均值评价结果为泸沽湖Ⅰ类，抚仙湖、阳宗海Ⅱ类，水质优；洱海Ⅲ类，水质良好；滇池草海、程海（不含氟化物）Ⅳ类，水质轻度污染；滇池外海、星云湖Ⅴ类，水质中度污染；杞麓湖、异龙湖劣Ⅴ类，水质重度污染。

（李学辉　郑娟　申瑞华　李谨妤）

4. 新开工水利工程

（1）重大水利工程。滇中引水工程建设总体进展顺利，2023 年完成投资 100.07 亿元，累计完成投资 655.56 亿元。滇中引水二期配套工程于 2022 年 9 月开工建设，2023 年完成投资 40.73 亿元，累计完成投资 100.4 亿元。黑滩河水库各项建设工作有序开展，2023 年完成投资 4.98 亿元，累计完成投资 9.46 亿元。弥泸灌区工程，2023 年完成投资 6.14 亿元，累计完成投资 18.4 亿元。耿马灌区工程各项工作有序开展，2023 年完成投资 6 亿元，项目累计完成投资 13.98 亿元。石屏灌区工程，2023 年完成投资 6 亿元，累计完成投资 11.34 亿元。保山坝灌区工程项目，三坝水库和扁东河水库导流输水隧洞已贯通，新建管道和隧洞工程推进顺利，累计完成投资 15.02 亿元。桃园水库（试验段）导流输水放空隧洞于 4 月开工建设，2023 年完成投资 0.55 亿元。腾冲灌区项目于 2023 年 10 月开工建设，各项工作有序开展，已完成投资 1.16 亿元。

德厚水库下游俯瞰图（杨桂林　拍摄）

（2）中小水利工程。云南省共有 90 件在建中型水库工程，概算总投资 474.52 亿元，累计完成投资 282.81 亿元；在建小（1）型水库工程 266 件，概算总投资 515.00 亿元，累计完成投资 210.34 亿元。2023 年实施主要支流治理项目 24 件，累计完成投资 12.69 亿元；实施中小河流治理项目 56 件，完成治理河长 520.6km，累计完成投资 11.96 亿元。

（李学辉　郑娟　申瑞华　李谨妤）

【重大活动】　2023 年 1 月 6 日，云南省委书记主持召开第十一届省委常委会第 58 次（扩大）会议，审议《云南省大理白族自治州洱海保护管理条例（修订草案）》《云南省红河哈尼族彝族自治州异龙湖保护管理条例（修订草案）》。

2023 年 2 月 24 日，云南省委书记主持召开玉溪“三湖”保护治理工作专题会议，研究部署九大高原湖泊保护治理工作。

2023 年 4 月 20 日，云南省人民政府省长主持召开第十四届省人民政府第 7 次常务会议，研究《云南省 2023 年度立法工作计划（草案）》，会议要求加快推进《云南省九大高原湖泊入湖河道保护条例（草案）》立法进程。

2023 年 7 月 11 日，云南省委书记主持召开 2023 年省河（湖）长制领导小组暨省总河长会议，总结 2022 年河湖长制工作，全面部署 2023 年全省河湖长制重点工作。

2023 年 9 月 6 日，云南省委书记主持召开第十一届省委常委会第 84 次会议，审议《云南省滇池保护管理条例（修订草案）》等七个湖泊保护条例。

2023 年 9 月 23 日，云南省委书记、省人大常委会主任召开省十四届人大常委会第五次会议表决通过了星云湖、杞麓湖、程海、泸沽湖保护条例和关于批准洱海、异龙湖保护管理条例的决议。

2023 年 11 月 30 日，云南省委书记、省人大常委会主任主持召开省第十四届人民代表大会常务委员会第六次会议，会议通过了抚仙湖、滇池、阳宗海保护条例。

（周禹辰）

【重要文件】

1. 省级总河长签发文件　2023 年 1 月 8 日，云南省委书记、省总河长签发《云南省加强河流管理保护工作的实施意见》（省总河长令第 9 号），明确了加强河流管理保护工作的基本原则，提出“河畅、水清、岸绿、景美”及组织保障 5 个方面 50 条措施。

2. 省委、省政府印发文件　2023 年 4 月 18 日，中共云南省委办公厅、云南省人民政府办公厅印发《关于加强新时代水土保持工作的实施方案》（云办通〔2023〕18 号）。

3. 省级有关单位重要文件　2023 年 2 月 2 日，云南省水利厅、省公安厅印发《关于印发〈云南省非法采砂专项整治行动实施方案〉的通知》（采砂云水防御〔2023〕4号)。

2023年3月30日，云南省林长制办公室、省自然资源厅、省生态环境厅、省住房和城乡建设厅、省农业农村厅、省水利厅、省林业和草原局印发《云南省九大高原湖泊“三区”湿地建设管理指导意见》(云林长办发〔2023〕2号)。

2023年4月28日，云南省河（湖）长制领导小组印发《2023年云南省全面推行河（湖）长制工作要点》，统筹水资源、水环境、水生态治理，明确10方面重点工作48条具体措施。

2023年5月19日，云南省住房和城乡建设厅、省生态环境厅、省发展和改革委员会、省水利厅印发《关于加快推进城市黑臭水体治理攻坚战各项任务实施》(云建城〔2023〕69号)。

2023年5月24日，云南省水利厅印发《关于印发〈云南省地下水管控指标方案〉的函》(云水资源〔2023〕25号)。

2023年7月6日，云南省水利厅印发《云南省全面加强水资源节约工作实施意见的通知》(云水资源〔2023〕31号)。

2023年7月24日，云南省水利厅、省公安厅、省交通运输厅印发《关于建立全省河道采砂管理合作机制并印发2023年度工作要点的通知》(云水河长〔2023〕7号)。

2023年9月11日，云南省河长制办公室、省水利厅印发《云南省绿美河湖建设技术要点（试行)》(云河长办发〔2023〕71号)。

2023年11月13日，云南省财政厅、省生态环境厅、省水利厅印发《云南省珠江流域省内跨州(市）横向生态保护补偿实施方案》（云财资环〔2023〕145号)。

2023年11月29日，云南省水利厅、省生态环境厅印发《关于印发〈云南省“十四五”九大高原湖泊保护治理规划中期评估报告〉的通知》(云水发〔2023〕90号)。

2023年12月15日，云南省水利厅、省农业农村厅、省林业和草原局、省乡村振兴局印发《云南省推进生态清洁小流域建设工作方案（2024—2028年)》。 （李谨妤）

【地方政策法规】 2023年3月24日，云南省第十四届人民代表大会常务委员会第二次会议批准《云南省文山壮族苗族自治州普者黑景区保护管理条例》《云南省迪庆藏族自治州水资源保护管理条例（修订)》《云南省维西傈僳族自治县水资源管理条例》。

2023年5月31日，云南省第十四届人民代表大会常务委员会第三次会议批准《云南省楚雄彝族自治州龙川江保护条例》。

2023年9月23日，云南省第十四届人民代表大会常务委员会第五次会议审议通过《云南省大理白族自治州洱海保护管理条例》《云南省程海保护条例》《云南省泸沽湖保护条例》《云南省杞麓湖保护条例》《云南省红河哈尼族彝族自治州异龙湖保护管理条例》《云南省星云湖保护条例》。

2023年11月20日，第十四届省人民政府第22次常务会议审议通过《云南省地下水管理办法》。

2023年11月30日，云南省第十四届人民代表大会常务委员会第六次会议审议通过《云南省抚仙湖保护条例》《云南省滇池保护条例》《云南省阳宗海保护条例》《玉溪市集中式饮用水水源地保护条例》《保山市集中式饮用水水源地保护条例》。

（李凌）

【河湖长制体制机制建立运行情况】

1. 监督检查 2023年，云南省委、省政府先后11次召开省委常委会会议、省总河长会议、省委专题会议、省人民政府常务会议、省人民政府专题会议等，专题研究部署河湖长制和河湖保护治理工作。以总河长令印发《云南省加强河流管理保护工作的实施意见》，出台河流保护50条措施。印发《2023年云南省全面推行河湖长制工作要点》，安排部署年度重点工作。将河湖长制实施情况列入巡视巡察的重要内容。省人大常委会每年对九大高原湖泊开展河湖长制督察及监督，2023年共开展督察、监督11次。省政协每年对六大水系及牛栏江、赤水河、黑惠江开展河湖长制督察9次。 （李谨妤 周禹辰）

2. 工作体系 云南省18名省级河湖长以上率下、率先垂范，各级河湖长带头履职，实现河湖长制责任化、巡河护河常态化、监督检查具体化。2023年全省33 882名河湖长巡河、巡湖119万余次，其中省级河湖长巡河、巡湖47次。统筹推动金沙江、珠江、赤水河、泸沽湖等跨省河湖省际合作，健全信息共享、会商调度、联合巡查机制。强化部门联动，持续开展“河湖长＋校长”爱河护河行动，深化“河湖长＋检察长” “河湖长＋警长”协作机制。

（李谨妤 周禹辰）

【河湖健康评价开展情况】 2023年，云南省印发《云南省河湖健康评价、河湖健康档案建立工作方案》，根据《云南省河湖库渠健康评价指南（试行)》，全面推进云南省第一次全国水利普查河湖名录内1 986条河流（共有2 095条，109条暂不具备条件开展，主要原因是河流处于偏远山区、人员稀少或交通特别不便等）和 30 个湖泊健康评价工作。

以云南省级美丽河湖评定为抓手，推进河湖健康评价工作，把健康评价工作纳入 2023 年度云南省级美丽河湖评定指标体系，将健康评价工作开展情况作为美丽河湖建设省级奖补资金倾斜的重要依据。开展 2023 年度省级美丽河湖评定工作时，优先考虑已开展河湖健康评价的申报对象，结合年度评定结果，优先向全面开展河湖健康评价工作的州（市）倾斜美丽河湖建设省级奖补资金。组织 2022 年度获得省级美丽河湖奖补资金 2 500 万元的昆明市、丽江市、曲靖市以及获得奖补资金 1 250 万元的德宏傣族景颇族自治州、临沧市开展全域河湖健康评价。截至 2023 年底，云南省已完成第一次全国水利普查名录内 1 341 条河流、28 个湖泊健康评价工作，其中 72.39%的河湖处于健康状态以上。（曹言　姜秀娟）

【“一河（湖）一策”编制和实施情况】　2023 年，云南省印发实施了《云南省黑惠江“一河一策”方案（2024—2025 年）》，围绕黑惠江流域源头治理、自然恢复、“三生”融合、长治长效的目标，重点实施既有利于经济社会发展，又有利于黑惠江保护“一举多得”的项目，共 25 个项目，总投资 18.22 亿元。持续推进云南省六大水系、牛栏江及赤水河“一河一策”方案（2021—2023 年）中的重点任务和项目，并完成自评估总结，为下一轮“一河一策”修编提供数据支撑。（曹言　姜秀娟）

【水资源保护】

1. 水资源刚性约束　2023 年，从严开展规划水资源论证和取水许可审批，富源某煤矿等 5 个项目因不符合用水指标管控被叫停。完成《云南省地下水管理办法》修订工作（全国第三家）。联合省自然资源厅开展全省地下水无序开采清理整治专项行动，取缔关停 1.71 万口非法地下水井。印发实施《云南省推进用水权改革实施意见》，建立与全国统一的水权交易平台、交易规则，在中国水权交易平台实现首单水权交易。印发《云南省取水许可宣传手册》。联合省市场监督管理局开展取水计量设施排查整治行动，更换失效和重新校准取水计量设施 3 723 套。办理水资源违法案件 55 起。完成用水统计调度工作，1 468 个取水口取水在线计量数据接入全国取用水管理平台。全省取水许可电子证照系统证照达 10 261 张。完成 2023 年取水许可电子证照数据治理工作。全省全年征收水资源费 30.73 亿元，居全国第二（仅次于广东 34 亿元），较常年 25 亿元增加了 5.7 亿元、增长 22.8%；金安桥等 8 家长期恶意拖欠水资源费及滞纳金全部缴清，全省水资源费征收全面实现票据电子化。（张雷　李谨妤）

2. 节水行动　2023 年，印发《云南省全面加强水资源节约工作实施意见》，顺利完成《云南省“十四五”节水型社会建设规划》中期评估工作。在水利行业全面开展规划和建设项目节水评价制度，累计评价 425 个项目。完成 5 项合同节水工作。顺利完成 17 个县域节水型社会达标建设现场省级评估验收，县域节水型社会达标率 60%，提前完成了国家“十四五”规划的目标任务。顺利推进昆明等 3 个再生水利用试点，昆明市在水利部典型地区再生水配置利用试点中被评为优秀，昆明市节水经验在南方城市领先。合力推进农业节水增效、工业节水减排、生活节水降损，全省用水总量、万元 GDP 用水和工业增加值用水量、农田灌溉水利用系数均达到国家考核要求。全省 89 所高校和年用水量 1 万 m^3 以上工业、服务业用水户实行计划用水管理全覆盖，完成 50 所节水型高校建设。持续广泛组织节水宣传“五进”宣传活动，在全国节水办主办的第四届“节水在身边”短视频征集活动中获优秀奖。（张雷　李谨妤）

3. 生态流量监管　2023 年，完成漾弓江、甸溪河已建水利水电工程生态流量核定与保障先行先试报告并上报水利部备案。加强监测预警，每月发布重要河湖断面生态流量预警月报、水质月报，小水电生态流量达标率达到 99.63%。县级以上城市重要饮用水水源地安全保障达标建设评估工作中，全省 168 个县级以上城市水源地评估结果全部为优良以上，其中 19 个列入全国重点城市水源地名录的评估结果全部为优秀。（张雷　李谨妤）

4. 取水口专项整治　2023 年，云南省水利厅印发《关于印发〈云南省取用水管理专项整治行动实施方案〉的通知》（云水资源〔2020〕40 号）、《关于印发〈取用水管理专项整治行动整改提升工作实施方案〉的通知》（云水资源〔2021〕41 号），全面部署核查登记、整改提升阶段的全省取用水管理专项整治行动。全省共核查登记取水口 19 985 个，基本摸清了全省取水口现状。通过整改提升，共计 9 276 个存在问题的取水项目得到整改。取缔关停地下水井 1.7 万口，罚款 300 万元，加收水资源费 1 000 万元。录入水利部取水许可电子证照系统证照保有量突破 1 万个（10 086 个），完成推进 2023 年取水许可电子证照数据治理工作。（张雷　李谨妤）

5. 水量分配　2023 年，完善用水管控指标体系，印发《云南省地下水管控指标方案》，编制完成牛栏江等16条重点江河水量分配方案和水量调度方案。

（张雷　李谨好）

【水域岸线管理保护】

1. 河湖管理范围划定　2023年，完成第一次全国水利普查名录内2 085条河流及30个高原湖泊河湖管理范围划界成果上图，并已埋设实体界桩1.78万个，累计划定长度14.18万km；已完成名录外1 939条河流及20个湖泊的河湖管理范围划定，累计划定长度1.55万km。

（李蔚　罗秋　郗永胜　梁明松　王融　李晋豫）

2. 岸线保护与利用规划编制　2023年，共完成3 185条河流、44个湖泊管理范围划定，累计划定长度15.56万km。完成九大高原湖泊湖滨生态红线、湖泊生态黄线“两线”划定，从严管控湖泊生态保护核心区、生态保护缓冲区、绿色发展区“三区”。印发实施《云南省六大水系干流和九大高原湖泊岸线保护与利用规划（2020—2030年）》，各州（市）、县（市、区）编制的规模以上河湖岸线保护与利用规划已同步实施。制定出台《云南省九大高原湖泊入湖河道综合治理规划》。

（李蔚　罗秋　郗永胜　梁明松　王融　李晋豫）

3. 采砂管理　2023年，编制印发《云南省水利厅关于进一步加强河道采砂管理工作的通知》（云水河管〔2023〕1号）、《云南省水利厅关于加强疏浚砂综合利用管理工作的指导意见》（〔2023〕—2595）等一系列制度文件，全面重构河道采砂管理制度体系，填补了疏浚砂综合利用管理空白。云南省水利厅与省公安厅、省交通运输厅建立河道采砂管理合作机制并印发2023年度工作要点，联合省公安厅、省高级人民法院、省人民检察院等7部门开展长江河道非法采砂专项打击整治行动。积极推进采砂信息化监管，研发云南省河道采砂管理系统。12月，开具首张砂石采运电子管理单。

（李蔚　罗秋　郗永胜　梁明松　王融　李晋豫）

4. “四乱”整治　2023年，组织全省16个州（市）完成40 460个疑似问题图斑现场核查认定，结合自查认定“四乱”问题6 168个。通过与交通运输厅、住房和建设厅、农业农村厅等多部门联合调度，各级水行政主管部门主动进行技术指导，指导各级有关单位落实整改工作，截至2023年底，6 168个“四乱”问题全部完成整改销号。

（李蔚　罗秋　郗永胜　梁明松　王融　李晋豫）

【水污染防治】

1. 排污口整治　2023年，全面完成国家重点水体排查整治年度任务，云南金沙江、牛栏江、横江等16条重点河流及滇池、抚仙湖、洱海3个重点湖泊（共19个重点水体）纳入国家重点关注排查整治任务水体。截至2023年底，19个重点水体全部完成排查，共排查河湖岸线1.16万km，排查排污口7 142个，溯源率100%；纳入整治排污口770个，完成整治431个，整治率55.97%，达到排查率100%、溯源率80%、整治率30%的年度目标要求。有序推进省级目标水体排查整治，2023年度除生态环境部重点关注水体外，按照突出重点区域、稳定推进的工作思路，将六大水系、九大高原湖泊共380余条水体、劣Ⅴ类断面所在水体、129个县（市、区）建成区水体等纳入省级排查目标，推进水体排查整治。截至2023年底，省级重点关注水体已完成排查，累计排查河湖岸线3万余km，共排查排污口2.87万个，溯源率约94%，纳入需要整治的排污口2 608个，完成整治1 404个，整治率53.83%。

（郑娟　刘夏冬　孟兴安　黄磊）

2. 工矿企业污染防治　2023年，培育创建12户云南省清洁生产合格企业，组织开展清洁生产审核员培训，共591人获得清洁生产审核员培训合格证书。大力推进工业节水，印发《关于进一步做好工业节水工作的通知》（资源〔2023〕118号），梳理钢铁、纺织、造纸、石油化工行业企业名单，年用水量15万m^3以上企业名单和九大高原湖泊企业名单，督促列入名单企业开展节水能力提升建设。2023年，全省完成节水能力提升建设企业51户，其中钢铁、纺织、造纸、石油化工等重点行业14户，涉及九大高原湖泊流域企业16户。云南水富云天化有限公司制水厂尾水资源化利用工艺系统被工业和信息化部、水利部列入2023年国家鼓励的工业节水工艺、技术和装备（产业化示范类）目录。全面推进绿色制造体系建设，按照《云南省绿色制造体系建设实施方案》，积极构建绿色制造体系，支持企业开发绿色设计产品，创建绿色工厂，建设绿色园区，打造绿色供应链。发布云南2023年度国家级、省级绿色制造名单，省级以上绿色工厂33家（其中国家级31家）、绿色园区1家（国家级）、绿色供应链管理企业1家（省级）。

（郑娟　刘夏冬　孟兴安　黄磊）

3. 城镇生活污染防治　按照“谋划一批、生成一批、实施一批、储备一批”的工作梯度推动机制，以九大高原湖泊和六大水系治理为重点，全省合力推动城市黑臭水体治理、污水处理提质增效、雨污分流改造、垃圾处理设施工程实施。2023年，全省城市燃气、供排水管网新建改造6 757km；开工建设污水处理厂 32 座，改造庭院小区 3 551 个，消除混错接点 9 905 个，污水处理厂平均进水 BOD_5 浓度、城市排水防涝能力显著提升；开工建设生活垃圾焚烧发电厂 11 座；建成镇区污水处理设施（厂、站、一体化设施、生态湿地等）762 座，处理能力 45.6 万 t/d，全省乡镇镇区生活污水处理设施覆盖率为 64.75%；建成乡镇村庄生活垃圾处理设施 736 座，全省乡镇（非城关镇）和村庄生活垃圾处理设施覆盖率分别为 91.77%和 80.82%。

（郑娟　刘夏冬　孟兴安　黄磊）

4. 畜禽养殖污染防治　2023 年，在 10 个县实施畜禽粪污资源化利用整县推进项目，支持建设规模养殖场粪污处理设施装备 529 个，制定印发畜禽粪污资源化利用技术规范、技术问答、技术规范等，组织专家层层开展技术培训。全省畜禽粪污综合利用率、规模养殖场设施装备配套率分别稳定在 82%、97%，其中九大高原湖泊分别达 88%、100%。

（郑娟　刘夏冬　孟兴安　黄磊）

5. 水产养殖污染防治　2023 年，推进水产养殖绿色发展，创建国家级水产健康养殖和生态养殖示范区 6 个，推广稻渔综合种养 150 万亩，累计完成养殖池塘改造和尾水治理面积 833.48hm^2。扎实推进长江十年禁渔，退捕渔民稳定上岸，非法捕捞行为动态清零，长江水生生物完整性指数提升 2 个等次。（郑娟　刘夏冬　孟兴安　黄磊）

6. 农业面源污染防治　2023 年，推进化肥农药减量，建立大豆玉米带状复合种植、旱地优质稻、“烤烟+”等粮经协同发展模式试点 122.1 万亩，扩种油菜 47.04 万亩，不断扩大生态保育型和环境友好型作物种植规模。实施绿色种养循环农业试点 110 万亩、绿色高质高效示范 3.1 万亩，推广水肥一体化 524.3 万亩、有机肥替代化肥 4 049.7 万亩、保持绿色防控 5 862.4 万亩，全省和九大高原湖泊化肥农药使用量均实现零增长。

（郑娟　刘夏冬　孟兴安　黄磊）

7. 船舶港口污染防治　2023 年，常态化推进船舶和港口污染治理，督导重点州（市）围绕船舶污染物转运处置、机制建立、监管责任落实等方面开展常态化问题排查整改。2023 年度船舶垃圾转运及处置占接收比例达到 99.22%；生活污水转运及处置占接收比例为 99.45%；含油污水转运及处置占接收比例为 100%；残油废油转运及处置占接收比例均为 100%。抓好航道巡查和养护管理工作，严格执行航道养护计划，开展澜沧江对外开放水域重点航段航道巡查 66 次共计 8 497km，及时开展清障清漂、航道整治、建筑物养护等工作，保障枯水期航道安全畅通。澜沧江对外开放水域，维护航标 129 210 座天，航标维护正常率达 95%以上，重点航段航道通航保证率达 95%以上。

（郑娟　刘夏冬　孟兴安　黄磊）

在洱海中航行的第一艘新能源客船
——“风花雪月”号
（大理白族自治州地方海事局　供图）

【水环境治理】

1. 饮用水水源规范化建设　2023 年，持续开展未划定或划定不符合法律法规要求的县级以上集中式饮用水水源保护区划定方案省级技术审查；有序推进乡镇级以下集中式饮用水水源保护区划定工作；强化水源水质监测分析，按月统计分析水质监测数据，按季度对全省县级以上饮用水水源监测数据进行分析汇总，对存在未达到饮用水水源水质目标要求或部分水质指标出现异常的及时发送预警函，要求地方排查水源存在的潜在风险因素，开展预警监控；加大资金支持力度，从 2023 年中央水污染防治资金中共安排 4.355 7 亿元用以支持各州（市）开展集中式饮用水水源规范化建设。

（郑娟　刘夏冬　孟兴安　黄磊　李谨好）

2. 黑臭水体治理　2023 年，印发《云南省住房和城乡建设厅 云南省生态环境厅 云南省发展和改革委员会 云南省水利厅关于加快推进城市黑臭水体治理攻坚战各项任务实施的通知》（云建城〔2023〕69 号），严格落实 34 条黑臭水体各级河长巡河督导责任。对已完成治理的黑臭水体及时开展评估，持续开展水质监测，跟踪水体水质变化。全省 34 条城市黑臭水体治理完成投资 25.4 亿元，2023 年完成 32 条城市黑臭水体治理，公众评议满意、水质检测合格、工程措施完工，省级联合开展评估达到初见成效，水体逐步实现“水清岸绿，鱼翔浅底”。

（郑娟　刘夏冬　孟兴安　黄磊　李谨好）

3. 农村水环境整治　2023 年，召开全省农村生活污水现场会，省政府分管领导出席会议并全面部署推进农村生活污水治理。成立了省生态环境厅主要领导任组长的工作领导小组，组建农村生活污水治理工作专班，明确综合协调组、技术保障组、监测评估组和督导检查组等组成人员和工作职责。建立月调度、季通报、年考核机制，把考核结果作为农村人居环境整治提升和乡村振兴战略实绩考核的重要依据。持续升级完善云南省农村生态环境监管信息系统，组织完成了第4轮农村生活污水治理现状排查，建立农村生活污水现状底数清单、治理任务清单、问题设施清单“三项清单”。印发《云南省农村生活污水治理攻坚三年行动方案（2023—2025年）》，将九大高原湖泊和赤水河流域、“千万工程”示范村等村庄作为优先治理区域，全力推进治理攻坚行动。印发《农村生活污水治理技术指南》《云南省农村生活污水资源化利用指南（试行）》《云南省农村生活污水治理工程典型案例汇编（第一批、第二批）》《云南省农村生活污水治理整县推进试点“以奖代补”实施方案》，研究制定《农村生活污水处理设施建设技术指南（初稿）》《农村生活污水治理设施运行维护技术指南（初稿）》，进一步规范处理设施建设和治理设施运行维护。截至2023年底，全省行政村生活污水治理率达50%，其中九大高原湖泊行政村生活污水治理率为97%。

（郑娟　刘夏冬　孟兴安　黄磊　李谨妤）

4. 九大高原湖泊保护治理　按照治污水、治农业面源污染、治垃圾、改善湖泊水生态“三治一改善”工作思路，聚焦减少入湖污染负荷这一关键，实施九大高原湖泊“三治一改善”三年行动，涉及224个项目，总投资398.80亿元，2023年已完成投资204.84亿元。完成九大高原湖泊湖滨生态红线、湖泊生态黄线“两线”物理标识落地，坚持“一湖一策”，从严制定各湖泊生态保护核心区、生态保护缓冲区、绿色发展区“三区”管控实施细则。分类甄别梳理九大高原湖泊生态保护核心区内保留事项、退出事项、需逐步退出的历史遗留事项以及生态保护缓冲区内逐步退出事项等4个事项清单共1 612项，分类处置、从严管控、动态监管。结合“两线”划定成果和湖泊保护新要求，由省人大常委会牵头，全面完成九大高原湖泊保护条例新一轮修订，加快推进九大高原湖泊入湖河道保护条例，着力构建“9+1”法律体系。统筹推进山水林田湖草沙系统治理，深入实施“退、减、调、治、管”综合治理措施。截至2023年底，九大高原湖泊流域生态保护核心区内已累计退出人口73 585人，退塘、退田4 200hm^2，退房309.1万m^2，生态补水56.6亿m^3，恢复湿地3 733.3hm^2。流域内流转土地3.9万hm^2，休耕轮作2.4万hm^2，实施农业高效节水工程2.1万hm^2，建成城镇污水处理厂88个，建成城镇污水管网1.2万km，改造城镇雨污分流管网1 033.8km。

（郑娟　刘夏冬　孟兴安　黄磊　李谨妤）

【水生态修复】

1. 湿地保护与修复　2023年，新增会泽念湖国际重要湿地，成功申报大理白族自治州大理市洱海、剑川县剑湖、迪庆藏族自治州香格里拉市千湖山等3处国家重要湿地，认定大理罗时江为省级重要湿地并列入省级重要湿地名录。截至2023年底，全省有国际重要湿地5处、国家重要湿地3处、省级重要湿地29处。2023年，共争取中央财政湿地项目资金1 516亿元，用于支持拉市海、纳帕海等国际重要湿地开展退化湿地修复、栖息地恢复、科研监测、科普宣教等工作，积极提升湿地生态系统质量。

（徐倩　郑娟　刘夏冬　吴云飞　曹越）

2. 生物多样性保护　推进涉河湖自然保护地建设和管理。2023年，累计安排中央资金2 354万元用于支持苍山洱海、会泽黑颈鹤、长江上游珍稀特有鱼类国家级自然保护区实施管护及监测基础设施建设、生物多样性监测等工作。出台《关于规范整合优化过渡期内地方级自然保护地调整与总体规划报批有关工作的通知》等文件，进一步完善自然保护地管理政策措施，持续发挥自然保护地在保护生物多样性方面的重要作用。扎实推进长江十年禁渔，巩固长江十年禁渔成果，建成长江禁捕智能监控系统，构建起“专管+群管”工作机制，查办违法违规案件247件，开展水生生物资源监测、增殖放流，累计增殖放流1 123万尾。

2023年5月22日，在昆明市成功举办国际生物多样性日全球主场活动，云南再次成为全球生物多样性保护关键进程的活动主场，活动发布了《中国生物多样性红色名录——高等植物卷（2020）》《中国生物多样性红色名录——脊椎动物卷（2020）》，启动了“从协议到协力：复元生物多样性”中国行动和云南生物多样性与社区多样化协同发展示范项目。全面推进《关于进一步加强生物多样性保护的实施意见》落实，持续推动实施生物多样性保护重大工程。开展生物多样性本底调查、相关传统知识、国家重点保护植物、热带雨林生态系统调查与评估、生物多样性和社区多样化协同发展等试点示范。发布《云南大型真菌图志》。

（徐倩　郑娟　刘夏冬　吴云飞　曹越）

3. 生态补偿机制建立　继续推动赤水河流域跨省生态保护补偿机制。2023年1月11日，云南、贵州、四川3省签订《第二轮赤水河流域横向生态保护补偿协议（2021—2025年）》，规定在"十四五"期间，3省每年共同出资3亿元，设立赤水河流域水环境横向补偿资金，每年按1∶5∶4比例出资，按3∶4∶3比例分配资金。推动建立珠江流域横向生态补偿机制。11月，省财政厅、省生态环境厅和省水利厅印发《云南省珠江流域省内跨州（市）横向生态保护补偿实施方案》（云财资环〔2023〕145号），省级财政和珠江流域的昆明、曲靖、玉溪、红河和文山5个州（市）人民政府每年共同筹资1亿元（省级资金0.5亿元）用于珠江流域省内跨州（市）横向生态保护补偿，推动形成"成本共担、效益共享、责任共负、合作共治"的流域保护和治理长效机制。（徐倩　郑娟　刘夏冬　吴云飞　曹越）

4. 水土流失治理　2023年，云南省共实施国家水土保持重点工程28项，下达中央水利发展资金17 649万元、水土流失治理任务$347km^2$，共完成中央投资17 649万元，完成率100%，治理水土流失面积$371.95km^2$，完成率107.19%。2022年的44项国家水土保持重点工程完成竣工验收，验收率95.65%。编印《云南省2024—2025年国家水土保持重点工程实施方案》，储备小流域提质增效项目76个，坡耕地水土流失综合治理工程36个。以实施绿美河湖三年行动为抓手，实施绿美湖泊（水库、河流）工程、水利风景区绿美提升工程，着力打造滨水绿色生态空间。全省已建成绿美河湖对象513个，完成投资25.06亿元，完成绿化面积8.56万亩，增加绿化河湖长度2 388.39km，新增植树量844.53万株，有力提高绿地覆盖率、森林覆盖率，着力提升河湖生态系统水土保持功能和碳汇能力。

（徐倩　郑娟　刘夏冬　吴云飞　曹越）

5. 生态清洁型小流域建设　"十三五"以来，云南省利用中央水利发展资金和水土保持补偿费返还资金实施生态清洁小流域29个，治理水土流失面积$428.8km^2$，完成投资21 999.99万元（含整合资金），其中中央投资13 501万元、地方投资8 498.99万元。昆明铁冲、大理古生、腾冲和顺3个生态清洁小流域成功创建国家水土保持示范工程。省水利厅、省农业农村厅、省林业和草原局、省乡村振兴局联合制定印发《云南省推进生态清洁小流域建设工作方案（2024—2028年）》，筛选出71个重点县（市、区）79个小流域重点打造生态清洁小流域。2023年，9项生态清洁小流域项目完成竣工验收，其中水源保护型7项、和谐宜居型2项。

（徐倩　郑娟　刘夏冬　吴云飞　曹越）

【执法监管】

1. 专项执法行动　联合云南省高级人民法院、省人民检察院、省公安厅、省司法厅开展全省河湖安全保护专项执法行动，全面夯实水安全保障。截至2023年底，全省共排查河湖管理、水资源、水土保持、水文等领域问题线索340件，立案查处各类案件120件。（李凌）

2. 协作机制　截至2023年底，云南省各州（市）、县（市、区）共建立4项机制119个，其中刑事司法衔接机制12个、检察公益诉讼协作机制30个、跨区域联动机制11个、跨部门联合机制66个。移交公安部门案件线索5件，公安部门移交线索立案1件；移交检察机关线索3件，提起检察公益诉讼28件；跨区域联合执法26次，跨部门联合执法300次。（李凌）

【水文化建设】

1. 水文化保护传承体系　印发《关于加快推进水文化建设的实施方案》，明确水文化保护、水文化传承、水文化弘扬、水文化利用4方面35条措施，建立完整的水文化保护传承体系。拓宽宣传渠道，创作元阳梯田、珠江源、松华坝等系列短视频，多种形式传播云南优秀水文化。搭建交流平台，成立云南省水文化研究会，广泛吸收社会力量参与水文化建设。制作《传承水文化　弘扬水精神》《自然的馈赠　人类的杰作——元阳梯田》《饮松华"一碗水"　忆赛典赤·瞻思丁》《从滇池走向世界的郑和》《玉龙雪的轮回》《中国最早的泥石流防治工程——庆安堤》等云南水文化科普系列视频获2023年度长江科学技术奖科学普及奖。

（曹言　姜秀娟　李谨妤）

2. 水利风景区　2023年，红河弥勒甸溪河水利风景区入选第二十一批国家水利风景区，云南省共有35个水利风景区，其中24个国家水利风景区，11个省级水利风景区，涉及5个湖泊，7个河流，23个水库，覆盖全省13个州（市）、27个县（市、区）。云南省印发《云南省水利厅关于做好2023年度省级水利风景区申报工作的通知》，昭通市洒渔河水利风景区、楚雄彝族自治州南华县龙川江凤山湖水利风景区、临沧市凤庆县诗礼乡古墨村水利风景区已通过专家评审。云南省开展各级水利风景区自检自查工作，全面梳理全省国家水利风景区建设情况，将曲靖市珠江源风景区、楚雄彝族自治州青山湖水利风景区、普洱市思茅区梅子湖水利风景区、大理白族自治州洱源县茈碧湖水利风景区、临沧冰岛水利风景区列入2024年国家水利风景区复核计

红河弥勒甸溪河（夏魁　拍摄）

划，并报备水利部水利风景区建设与管理领导小组办公室。（曹言　姜秀娟　李谨妤）

【数字孪生水利建设】

1. 河湖长制平台　进一步对省级河湖长制平台优化建设，建成“3个一”的公共基础部分，即一套数据底板、一个支撑平台和一套安全保障体系。基于平台完成六大水系、牛栏江、赤水河和黑惠江的水系督察管理功能研发，实现以水系为线索的突出问题督办、整改、处置闭环管理；完成云南省河道砂石采运电子管理单系统研发，并于2023年12月开始在全省范围内正式使用；完成2023年度554个省级美丽河湖申报工作。（李学辉　李谨妤）

2. 数字孪生　云南省持续推进怒江干流、怒江南汀河、长江盘龙江和龙川江水文数字孪生试点建设，工作取得阶段性成效。2023年6月15日，《中国水利报》报道了云南水文打造数字孪生流域示范样本。构建“算据”基础，完成了117处国家基本站河道地形测量任务，开发了“水文数字孪生地理数据底板管理系统”。提升“算力”水平，完成专网水文私有云支撑平台建设。初步完成云南省水文私有云建设，实现计算、存储、虚拟化资源统一监控和管理，为数字孪生项目建设提供“算力”支撑。开发“四预”平台，初步完成怒江、盘龙江、南汀河、龙川江数字孪生系统，流域预警预报能力和防洪调度水平显著提升。（李学辉　李谨妤）

西藏自治区

【河湖概况】

1. 河湖数量　西藏自治区（简称“西藏”）地处中国西南边陲，水资源丰富，境内江河纵横，湖泊密布，是全国重要的江河源和生态源，是南亚及东南亚众多大江大河源头。特殊的地理位置、重要的生态功能使西藏成为国家重要的生态安全屏障，在全国生态文明建设中具有特殊地位。境内流域面积50km^{2}以上的河流有6 418条，总长度17.73万km，长度约占全国1/7；湖泊常年水面面积大于1km^{2}以上的有808个，总面积达2.89万km^2，约占全国湖泊面积的1/3。

（次旦卓嘎　柳林　徐小松）

2. 水量　西藏地表水资源量4 394亿m^3，约占全国河流径流量的16.5%，水资源总量、人均拥有量居全国之首。（次旦卓嘎　柳林　徐小松）

3. 水质　2023 年，西藏主要江河、湖泊水质整体保持优良，达到国家规定相应水域的环境质量标准。全自治区 48 个地表水国家考核断面水质优良（达到或优于Ⅲ类）断面比例保持 100%。无劣Ⅴ类水体和城市建成区黑臭水体。

（次旦卓嘎　柳林　徐小松）

4. 新开工水利工程　2023 年，新开工 191 个水利建设项目。（次旦卓嘎　柳林　徐小松）

纳木错（吕志祥　拍摄）

【重大活动】　2023 年 9 月 10 日，林芝市举办首届“南迦巴瓦——西藏创建国家生态文明高地论坛”。

2023 年 9 月 21 日，那曲市举办“亚洲水塔 · 江河源保护”分论坛和首届“江河源”保护论坛，论坛旨在深化区域合作，共商保护新路径，共建保护新机制，共谋保护新举措，共享保护新成果。

（张煜　周博文　刘洪志）

【重要文件】　2023 年 2 月 3 日，西藏自治区总河长办公室印发《关于开展 2023 年度健康美丽幸福河湖建设的通知》（藏河办〔2023〕4 号）。

2023 年 5 月 9 日，西藏自治区水利厅、发展改革委、财政厅印发《关于推进用水权改革的实施意见》（藏水资〔2023〕12 号）进一步推进西藏自治区用水权改革，加快用水权初始分配和明晰，推进用水权市场化交易。

2023 年 5 月 12 日，西藏自治区水利厅、西藏自治区旅游发展厅印发实施《关于倡导文明旅游进一步加强河湖景区管护工作的通知》，推动西藏文明旅游发展，倡导文明旅游新理念、新风尚，针对性推进西藏景区河湖“清四乱”常态化规范化，持续改善河湖面貌，维护河湖健康生命。

2023 年 9 月 27 日，修订印发《西藏自治区河道管理范围内建设项目管理暂行办法》（藏水河〔2023〕12 号），进一步明确划分了各级水利部门审查权限，推进西藏自治区河道管理范围内建设项目管理规范化进程。

2023 年 12 月 27 日，印发《西藏自治区河道采砂管理办法》（藏水河〔2023〕14 号），明确了规划许可制度，推进西藏自治区河道采砂管理规范化进程。

（次旦卓嘎　柳林　徐小松　达瓦次仁　付新峰）

【地方政策法规】　2023 年 5 月 12 日，自治区双总河长共同签发第 3 号总河长令《西藏自治区 2023 年河湖长制工作要点》，从 23 个方面部署 2023 年全自治区河湖长制重点工作和目标任务，明确了各项工作任务责任单位。

（次旦卓嘎　柳林　徐小松　张煜）

【河湖长制体制机制建立运行情况】　2023 年 2 月 3 日，西藏自治区总河长办公室印发《关于开展 2023 年度健康美丽幸福河湖建设的通知》（藏河办〔2023〕4 号），明确建设要求和建设标准，2023 年共建成雅鲁藏布江（桑珠孜区段）等 33 个自治区级幸福河湖。组织指导阿里地区中曲河申报水利部 2023 年幸福河湖建设项目，获批后跟踪指导项目建设工作，完成水利部试点阿里地区中曲幸福河湖建设。

2023 年 9—10 月，自治区总河长办组织开展全自治区河湖长制工作推进情况专项督导检查，对发现的 57 个问题及时召开问题整改动员会议，通报督导工作情况，明确整改目标任务、具体措施、完成时限。建立定期通报和调度制度，发送《致河湖长的一封信》、印发“一市一单”，督促各地（市）完成整改工作。对侵占水域岸线久拖未改和虚假整改问题在全自治区通报并挂牌督办，对问题较为严重的地（市）河长办负责人进行约谈；对虚假整改问题责成地（市）启动问责程序。

2023年12月4日，印发《西藏自治区2023年度河湖长制工作考核方案》（藏河办〔2023〕30号），自治区总河长办公室结合日常监督检查，对7地（市）2023年度河湖长制工作情况进行了考核，将工作考核结果报西藏自治区党委、政府。

（巴旦　格桑德庆　吕志祥）

【河湖健康评价开展情况】　2023年2月28日，西藏自治区总河长办公室印发《关于开展河湖健康评价建立河湖健康档案工作的通知》（藏河办〔2023〕6号），明确工作任务和工作要求，全面启动河湖健康评价工作，逐步建立河湖健康档案。2023年开展河湖健康评价230个，健康率达100%。

（次旦卓嘎　柳林　徐小松）

【“一河（湖）一策”编制和实施情况】　2023年，完成长江源、怒江源、易贡藏布、然乌湖等4个自治区级河湖“一河（湖）一策”、“一河（湖）一档”、健康评价报告、河湖管理范围划定报告、岸线保护与利用规划等基础资料，以及《“一河（湖）一策”方案编制规程》省级技术标准技术审查和项目验收，进一步完善河湖管护技术基础。

（次旦卓嘎　柳林　徐小松）

【水资源保护】

1. 水资源刚性约束　2023年，全自治区用水总量为32.16亿m^3（目标值37.1亿m^3），区域非常规水源利用量0.23亿m^3（目标值0.11亿m^3）；万元国内生产总值用水量比2020年下降15.4%（目标值12.0%）；万元工业增加值用水量比2020年下降31.1%（目标值10%）；农田灌溉水有效利用系数为0.460（目标值0.458）；重要江河湖泊水功能区水质达标率100%（目标值89.4%）。

（达瓦次仁　付新峰　鄢波）

2. 节水行动　2023年，积极落实国家节水行动方案，大力推进农业节水增效、工业节水减排、城镇节水降损。建成拉萨市达孜区、日喀则市谢通门县、林芝市工布江达县等8个县域节水型社会达标县。水利行业节水型单位、节水型企业、节水型灌区、节水型高校、县域节水型社会建设深入推进。合同节水管理工作实现新进展。全自治区首例水权交易在山南市贡嘎县完成。计划用水管理和节约用水监督检查持续加强。

（达瓦次仁　付新峰　鄢波）

3. 生态流量监管　2023年，国家、省、市三级重点用水单位实现常态化监控管理。拉萨河、年楚河水利水电工程生态流量核定与保障先行先试取得良好成果，51座小水电站全部足额完成生态流量泄放。年楚河、拉萨河、雅砻河、尼洋河6个控制断面生态流量稳定，均满足生态流量不低于90%保证率的要求。

（达瓦次仁　付新峰　鄢波）

4. 全国重要饮用水水源地安全达标保障评估　2023年，西藏自治区5个全国重要饮用水水源地均达到“水量保证、水质合格、监控完善、制度健全”要求。

（达瓦次仁　付新峰　鄢波）

5. 取水口专项整治　2023年，完成年度取水许可电子证照数据治理，建立电子证照数据质量核查机制，取用水管理实行“双随机、一公开”监管。逐步完善西藏自治区取用水监测计量体系建设，积极健全用水统计调查制度。

（达瓦次仁　付新峰　鄢波）

6. 水量分配　依法足额征缴2022年度各类水资源费0.737亿元。2023年，开展拉萨河、年楚河水资源调度工作，有力落实水量分配工作。

（达瓦次仁　付新峰　鄢波）

【水域岸线管理保护】

1. 河湖管理范围划定　2023年，开展各地市河湖管理范围和岸线功能分区及其附属图层的规范化处理，形成统一空间基准、统一基础语义的规范化数据；完成规范化处理后数据的集成工作，发布标准OGC地图服务，将全自治区管理范围划定成果和岸线保护与利用规划成果录入水利部和长江水利委员会“水利一张图”。

2. 岸线保护与利用规划编制　2023年，新增划定102个河湖管理范围、编制24个河湖岸线保护与利用规划。完成3 700条河流、535个湖泊名录复核，梳理1 056条山区河道并建立河道名录，公布“四个责任人”4 854名。

3. 采砂管理　2023年，西藏自治区全面推广应用河道采砂电子证照，全自治区7地（市）均已完成水利部系统录入工作，共计录入138条采砂证信息。强化规划引领和规划约束，全自治区有采砂管理任务的河道采砂规划全覆盖，逐级逐段落实采砂管理河长责任人、行政主管部门责任人、现场监管责任人和行政执法责任人并进行公示。有效发挥“河湖长+检察长+警长”协作机制平台作用，打击河道非法采砂行为。

4. “四乱”整治　2023年，共自查自纠“四乱”问题17个，已全部整改销号。

（次旦卓嘎　柳林　徐小松）

羊卓雍错（吕志祥　拍摄）

【水污染防治】

1. 排污口整治　进一步加强源头管控，持续推进入河排污口治理，印发《关于进一步加强入河排污口监督管理工作的通知》（藏环发〔2023〕63号），明确入河排污口整治总体目标，对入河排污口进行深入排查，全面摸清排污口的分布及数量、污水排放特征及取向、排污单位基本信息等。2023年，完成长江（干流）、西南诸河、西北诸河以及尼洋河、帕隆藏布、察隅河、雅砻河、拉萨河、年楚河、怒江、澜沧江、那曲河、狮泉河等河湖入河排污口的摸底排查工作。截至2023年底，共完成590个入河排污口的整治工作，完成率为90%。

2. 城镇生活污染防治　2023年，落实排水设施专项资金1.79亿元，实施山南市泽当镇城区雨污分流一期改造工程等3个城市排水项目和曲水7个县城排水管网建设项目，新建（改造）排水管网120km。同时，落实城镇燃气、排水等老旧管网改造资金4.98亿元，实施日喀则市主城区排水整治二期和措美等6个县城排水管网改造项目，改造污水管网163km。全自治区排水管网总长度达到2 529km，县城及以上城镇建成区排水管网密度达到5.17km/km^2。全自治区城市、县城及以上城镇污水处理率分别达到96.57%、86.55%。

（西藏自治区住房和城乡建设厅
西藏自治区生态环境厅）

【水环境治理】

1. 饮用水水源规范化建设　2023年，落实资金8.6亿元，实施农村供水工程524处，维修养护工程616处，受益人口达36.13万人。广泛推广供水管网末端“入房、入厨、入缸”，实施农村供水水质提升三年专项行动，全自治区农村自来水普及率达到66.8%，提高了0.71个百分点，牢牢守住农村饮水安全底线。有序开展农村集中供水工程水费收缴工作，收缴率达到97%以上。落实年度水质检测资金2 154.19万元，开展农村供水工程水质检测5 282处，水质合格率达到97.92%。落实水质提升资金4 246.17万元。排查并全部完成整改各类饮水问题638处。农村供水工程运行管护保障水平和水质保障能力稳步提升。

2. 黑臭水体治理　2023年，西藏推进黑臭水体排查工作。自治区生态环境厅、水利厅、发展改革委印发《西藏自治区深入打好城市黑臭水体治理攻坚战实施方案》，明确黑臭水体排查治理工作的目标和主要任务。组织地市开展了黑臭水体排查工作，在2022年的基础上，将排查范围扩大至74个县（区），重点排查城乡接合部、集镇及污水处理厂周边区域水体。西藏自治区74个县（区）建成区范围内无黑臭水体，实现“零黑臭”目标。

3. 农村水环境整治　2023年，开展农牧区人居环境整治提升工作。制定印发《西藏自治区2023年农牧区人居环境整治提升工作举措》（藏农环组发〔2023〕1号），全面安排部署农牧区“厕所革命”、农村生活污水治理、农村生活垃圾治理、村容村貌整体提升、长效管护机制建立、广泛发动农牧民参与等工作任务。落实中央预算内投资4 000万元，安排实施林芝市墨脱县、山南市浪卡子县农村人居环境整治提升中央预算内投资项目。积极发挥自治区农村人居环境整治领导小组办公室作用，协同推进农牧区户用卫生厕所改造工作。制定印发《西藏自治区农村改厕“提质年”工作实施方案》《西藏自治区新改户厕质量“大比武”活动方案》，有序推进农村改厕“提质年”各项工作。分解下达2023年度农村户用卫生厕所改造任务，落实中央财政“厕所革命”补奖资金7 956万元，计划改造农村户用卫生厕所3.97万座。截至2023年10月30日，年内完成农村户用卫生厕所改造3.86万座，完成率达到97%。

（达瓦次仁　付新峰　黄妮妮
西藏自治区农业农村厅　西藏自治区住房和城乡建设厅）

【水生态修复】

1. 生物多样性保护　2023年，印发《西藏自治区“中国渔政亮剑2023”系列专项执法行动实施方案》《关于进一步做好准业监督执法工作的通知》，要求各地（市）加强渔业监管执法检查，严厉打击各类违法捕捞行为。

2023年8月25日，举办全自治区渔业资源养护培训班，各地（市）、县（区）农业农村部门渔业负责人90余人参加，围绕水生生物资源养护、渔业行政监管执法、特有鱼类基础知识和外来鱼类鉴别与危害、增殖放流与生态补偿实践操作等方面开展培训，切实提高基层执法人员综合能力。

开展2023年国家产地水产品兽药残留监控抽检工作，抽检水产养殖企业9家，抽样16批次，经检测禁（停）用药全部合格，合格率为100%。

协助自治区农牧科学院、中国科学院、第二次青藏高原综合科学考察队等科研院所开展鱼类繁育及栖息地监测、渔业资源与环境等生物多样性调查、外来鱼类普查等。

开展渔业增殖放流活动。印发《西藏鱼类“科学放生”手册》和宣传海报各1 000册（张），印制渔业相关法律汇编手册，渔业增殖放流宣传单、宣传册、宣传海报、宣传笔、帆布袋、宣传盆、手机支架等4.2万册（份、个），发放各地（市）农业农村部门，广泛开展宣传工作。制定并印发《2023年西藏自治区渔业资源增殖放流项目实施方案》《西藏自治区科学规范水生生物放生活动管理办法（暂行）》，2023年共计放流拉萨裸裂尻鱼、尖裸鲤、拉萨裂腹鱼、异齿裂腹鱼、双须叶须鱼、巨须裂腹鱼、前腹裸裂尻鱼、亚东鲑鱼等土著鱼类875.5万尾，超额完成841万尾的年度放流任务。

（西藏自治区水利厅　西藏自治区农业农村厅）

2. 水土流失治理　2023年，西藏自治区严把水土保持方案审批。共对32个生产建设项目下达水土保持方案准予行政许可决定，3个项目下达了不予许可决定，对56个水土保持方案报告表落实了承诺制。开展“护土2023”生产建设项目水土保持排查整治工作，对37个生产建设项目开展了现场检查，并形成检查意见，对后续整改不力的将采取集中约谈，真正把监督执纪抓牢抓实。2023年，落实水土流失治理工程投资15 223.08万元（含2022年中央预算内西藏专项结转资金），实施项目13个（包括续建8个、新建5个）。

（西藏自治区水利厅　西藏自治区农业农村厅）

【执法监管】

1. 河湖日常监管　2023年，全自治区1.47万名河湖长全年巡河湖47.5万人次，比2022年增加8.4万人次，安排5.9万名巡河员开展河湖日常巡查管护，形成了一级抓一级、层层抓落实的良好工作格局。

（次旦卓嘎　柳林　徐小松）

2. 联合执法　根据自治区总河长的指示，2023年9月22—28日，由自治区总河长办牵头，组织有关成员单位组成7个督导组，深入全自治区7个地（市）、37个县（区）、88个乡（镇）、110个河（段）湖（片），对河湖长制工作及河湖管理保护现状进行了督导。共发现问题57个，下发问题清单，分类分步督促整改。

（次旦卓嘎　柳林　徐小松）

【水文化建设】　2023年，结合幸福河湖建设工作，在神山圣湖文化馆内增设中曲水文化馆，布置中曲流域水系沙盘模型，全景展示中曲流域水文化要素的分布。制作展板系统展示中曲流域历史文化、名人古迹、地质文化、传说故事等，以及中曲流域民族团结、人水和谐、欣欣向荣的幸福河湖建设过程。配置智慧显示屏，播放中曲宣传视频。将中曲文化馆打造成为宣传中曲水文化的地标，提升中曲整体形象和知名度。

（平措德旦　武强）

【数字孪生水利建设】

1. 河长App　2023年，继续在全自治区推广使用西藏河长制App，将App巡河记录作为河湖长履职考核依据，新增河道采砂监管平台，平台功能逐步完善。构建拉洛水利枢纽及灌区数据底板，搭建大坝、电站及灌区的三维可视化模型，建设工程安全监测业务规则库、电站运行监视知识库和电站机电设备运行报警规则库。

建立大坝安全监测、水雨情监测、视频监控、水质监测、灌区总干水位流量监测及鱼道监测的监测感知网络体系，搭建覆盖日喀则德罗电站、拉洛电站、灌区总干、现场营地、变电站以及拉萨调控中心的光纤网络，建成拉萨数据中心机房和拉萨远程调控中心。

部署工程运行管理信息化平台，实现各类监测数据的实时查看、查询、分析管理，结合三维视窗，支撑汛期防洪综合分析决策；建设灌区（总干）闸门远控系统，实现四大灌区水资源优化管理和水量远程调配；构建远程集中监控系统和智慧办公系统，提升电站管理和控制能力。（西藏自治区水利厅）

2. 数字孪生　2023 年，在网络安全方面，认真落实网络安全等级保护制度，已在自治区公安厅完成等保 2.0 三级系统备案。先行先试任务承担单位按照《数字孪生拉洛水利枢纽及灌区先行先试实施方案》，完成了部分先行先试任务。

（西藏自治区水利厅）

陕西省

【河湖概况】

1. 河湖数量　陕西省流域面积 $10km^2$ 及以上河流 4 296 条；流域面积 $50km^2$ 及以上河流 1 097 条，其中黄河流域 687 条，长江流域 410 条。陕西省水域面积 $1km^2$ 以上天然湖泊 5 处，分别是榆林市定边县莲花池、花马池、苟池、明水湖，神木市红碱淖。其中红碱淖是陕西省最大的湖泊，水面面积 $33.2km^2$，其中省境内面积 $27.3km^2$。

（王怡婷　李超　刘任杰　汪璐　张建华）

2. 水量　2023 年，全省平均降水量 786.0mm，折合降水总量 1 616.34 亿 m^3，比多年平均（1956—2016 年）降水总量 1 350.11 亿 m^3 增加 19.7%，比 2022 年降水量 1 379.99 亿 m^3 增加 17.1%。其中黄河流域平均降水量 610.3mm，比多年平均增加 15.4%；长江流域平均降水量 1 107.5mm，比多年平均增加 24.5%。

2023 年，陕西省水资源总量 546.28 亿 m^3（其中地表水资源量 508.69 亿 m^3，地下水资源量 167.22 亿 m^3，地下水资源与地表水资源重复计算量 129.63 亿 m^3），比 2022 年水资源总量 365.75 亿 m^3 增加 49.36%，比多年平均（1956—2016 年）水资源总量 419.67 亿 m^3 增加 30.2%。其中黄河流域水资源总量 154.83 亿 m^3，比多年平均增加 32.04%，长江流域水资源总量 391.45 亿 m^3，比多年平均增加 29.44%。

（王怡婷　李超　刘任杰　汪璐　张建华）

3. 水质　2023 年，全省河流总体水质优。111 个国控断面（点位）中，Ⅰ～Ⅲ类水质断面 108 个，占 97.3%；Ⅳ～Ⅴ类水质断面 3 个，占 2.7%；无劣Ⅴ类断面。与 2022 年同期相比，Ⅰ～Ⅲ类水质断面比例上升 0.9 个百分点；Ⅳ～Ⅴ类下降 0.9 个百分点。黄河中游陕西段干流、渭河、延河、无定河、汉江、丹江、嘉陵江水质优。

（王怡婷　李超　刘任杰　汪璐　张建华）

4. 新开工水利工程　2023 年，陕西省按照省委、省政府高质量项目推进年有关要求，充分利用省重大水利工程建设项目推进工作专班机制，加强部门联动，定期调度会商，全面加快水利基础设施建设。延安市王瑶水库扩容工程、泾惠渠西郊水库除险加固工程、王圪堵水库—靖边引水工程、陕甘宁盐环定扬黄定边供水提升改建牛宋王泵站工程、安康市平利县水系连通及水美乡村建设试点等 7 项重要水利工程开工建设。

（王怡婷　李超　刘任杰　汪璐　张建华）

【重大活动】　2023 年 4 月 10 日，陕西省河长办召开全省非法采砂专项整治行动动员部署会议，贯彻落实国务院和省委、省政府领导批示精神，安排部署非法采砂专项整治行动，坚决整治打击非法采砂行为。

2023 年 5 月 23 日，陕西省河长制办公室召开全省非法采砂专项整治行动调度会议，落实中省领导对非法采砂整治工作批示精神，坚决打击非法采砂行为，确保全省非法采砂专项整治行动取得实效。

2023 年 6 月 2 日，全省河湖长制林长制工作会议在西安市召开。陕西省委书记出席会议并讲话，省长主持会议，省委常委、省人大常委会副主任、省政协副主席、西安市代市长出席会议。副省长通报 2022 年工作情况并安排 2023 年重点任务。

2023 年 7 月 4 日，由陕西省河长制办公室指导，陕西省水利厅河湖运行处、省水利信息宣传教育中心、省水利电力勘测设计研究院联合主办的陕西省首届“守护幸福河湖”短视频大赛在西安市启动。

2023 年 7 月 12 日，黄河流域省级河湖长联席会议办公室召开第二届联席会议，四川省成都市设主会场，黄河水利委员会和黄河流域其他 8 省（自治区）设分会场。副省长在陕西分会场出席会议并代表陕西省人民政府发言。

2023 年 8 月 22 日，2023 年长江流域省级河湖长联席会议召开，主会场设在上海市，长江流域其他相关 14 省（自治区、直辖市）设分会场。副省长在陕西分会场出席会议并代表陕西省人民政府发言。

2023 年 9 月 6—7 日，陕甘川三省河湖长制工作联席会议在汉中市宁强县召开。

2023年11月2日，“陕西省幸福河湖”命名暨创建工作推进会在安康市汉阴县召开。

2023年11月30日至12月1日，陕西省河长制湖长制履职能力提升培训班在西安市举办。

（罗娜　景长春）

【重要文件】　2023年2月17日，陕西省河长制办公室印发《关于开展河湖健康评价建立河湖健康档案工作的通知》（陕河湖长发〔2023〕2号）。

2023年2月21日，陕西省河长制办公室印发《关于开展渭河非法采砂专项整治行动的通知》（陕河湖长发〔2023〕3号）。

2023年3月29日，陕西省河长制办公室印发《关于加快开展河湖遥感图斑核查及清理整治工作的通知》（陕河湖长发〔2023〕5号）。

2023年4月13日，陕西省河长制办公室会同相关成员单位开展全省非法采砂专项整治行动，印发《关于开展全省非法采砂专项整治行动的通知》（陕河湖长发〔2023〕8号）。

2023年4月20日，陕西省水利厅、省交通运输厅印发《关于推行河道砂石采运管理单制度的通知》（陕水发〔2023〕7号）。

2023年4月22日，陕西省水利厅、省公安厅、黄河上中游管理局印发《关于印发〈渭河干流下游打击非法采砂协调工作机制的意见〉的通知》（陕水发〔2023〕8号）。

2023年5月19日，中共陕西省委教育工作委员会办公室、陕西省水利厅办公室联合发文《关于进一步做好预防中小学生溺水工作的通知》（陕教工稳办〔2023〕21号）。

2023年5月29日，陕西省河长制办公室印发《关于2022年度全省河湖长制工作考核情况的通报》（陕河湖长发〔2023〕9号）。

2023年5月31日，陕西省河长制办公室印发《关于召开全省河湖长制林长制工作会议的通知》（陕河湖长发〔2023〕10号）。

2023年6月21日，陕西省河长制办公室印发《关于贯彻落实全省河湖长制林长制工作会议精神强化河湖长制工作的通知》（陕河湖长发〔2023〕11号）。

2023年7月6日，陕西省水利厅印发《关于进一步加强河湖库渠安全防范工作的通知》（陕河湖长发〔2023〕13号）；陕西省水利厅、省高级人民法院、省人民检察院、省公安厅、省司法厅印发《关于印发〈陕西省河湖安全保护专项执法行动工作方案〉的通知》（陕水发〔2023〕13号）。

2023年7月12日，陕西省公安厅、省水利厅等7个单位印发《〈陕西省长江河道非法采砂专项打击整治行动实施方案〉的通知》（陕公治〔2023〕98号）。

2023年7月14日，陕西省河长制办公室印发《关于建立陕西省丹江口水库水质保障工作联席会议机制的通知》（陕河湖长发〔2023〕14号）。

2023年8月2日，陕西省水利厅印发《关于加强主汛期河湖库渠安全防范工作的紧急通知》（陕河湖长明电1号）。

2023年8月15日，陕西省河长制办公室印发《关于征求〈关于进一步规范全省河道清淤疏浚管理工作的通知〉（征求意见稿）意见的函》。

2023年8月25日，陕西省河长制办公室印发《关于加强全省河湖安全防护管理工作的通知》（陕河湖长函〔2023〕68号）；陕西省河长制办公室印发《关于在全省范围内严厉打击“蚂蚁搬家”式非法采砂行为的通知》（陕河湖长函〔2023〕69号）。

2023年8月29日，陕西省河长制办公室印发《关于召开陕甘川三省河湖长制工作联席会议的通知》（陕河湖长发〔2023〕19号）。

2023年10月17日，陕西省河长制办公室印发《关于印发〈陕西省河湖长制村级河湖管护体系工作方案（试行）〉的通知》（陕河湖长发〔2023〕22号）。

2023年12月19日，陕西省水利厅印发《关于印发〈渭河等七河一湖岸线保护与利用规划〉的通知》（陕水发〔2023〕19号）；陕西省水利厅印发《关于印发〈陕西省渭河干流耿镇桥以上河道采砂规划（2023—2025年）〉的通知》（陕水发〔2023〕20号）。

（罗娜　杨艳　王怡婷）

【地方政策法规】

1. 法规　2023年，完成《陕西省实施〈中华人民共和国水法〉办法》修正。《陕西省渭河保护条例》于2022年12月1日经陕西省第十三届人民代表大会常务委员会第三十七次会议修订通过，自2023年4月1日起施行。（李超然）

2. 政策性文件　2023年，制定并印发《陕西省水利工程标准化管理评价办法（试行）》《陕西省省属重大水利工程资金监督管理办法》《陕西省水资源调度管理办法（试行）》等行政规范性文件。

（李超然）

【河湖长制体制机制建立运行情况】

1. 监督检查　2023年，陕西省委书记，省长，省双总河湖长带动省、市、县、乡、村五级1.97万名河湖长巡河湖调研61万余人次，解决突出问题1

万余个。省委、省政府召开全省河湖长制林长制工作会议，发布省总河湖长令，播放河湖“四乱”暗访短片，督促有关地方整改落实。

陕西省河长制办公室组织2批次覆盖全省的河湖“清四乱”暗访督查。省水利厅与省公安厅、自然资源厅、林业局等联合开展非法采砂专项整治行动。陕西省河长制办公室主办陕甘川三省河湖长制工作联席会，发布“汉中宣言”、开展联合巡河；协调处置榆林、延安2市跨界河流八里庄河堰塞湖问题，消除防汛安全隐患；指导榆林市与内蒙古自治区鄂尔多斯市完成年度向红碱淖补水100万 m^3；探索建立省河长办成员单位包联市区机制，启动村级河湖管护体系试点工作。商洛市“把考核重心压到基层，促河长履职来到一线”入选水利部2023年河湖长制典型案例，安康市“健全河湖长制＋志愿者机制，共护汉江一泓清水”做法被水利部河长办简报刊发推广。（罗娜　王怡婷　赵永红）

汉江白河县出境断面河警巡河

（陕西省水利信息宣传教育中心　供图）

2. 考核激励　2023年，陕西省河长制办公室组织开展全省10个设区市及杨凌示范区、韩城市河湖长制工作、109名市级河湖长和21个省河长办成员单位进行考核。5月29日，陕西省河长制办公室下发关于2022年度全省河湖长制工作考核情况的通报，汉中、延安、安康、渭南、商洛等市被评为优秀等次。（罗娜　王怡婷　赵永红）

3. 幸福河湖建设　2023年，按照水利部推进幸福河湖建设部署安排，宝鸡市金陵河入选全国幸福河湖建设项目试点，通过实施系统治理和综合治理，以防洪保安全、优质水资源、健康水生态、宜居水环境、先进水文化、科学水管理、绿色水产业为目标，围绕河湖系统治理、管护能力提升、助力流域区域发展。（罗娜　王怡婷　赵永红）

根据水利部《关于开展2023年幸福河湖建设的通知》（办河湖〔2023〕128号）、《水利部河长办关

宝鸡市渭滨区清姜河

（陕西省水利信息宣传教育中心　供图）

于印发〈幸福河湖建设成效评估工作方案（试行）〉的通知》（办河湖〔2023〕119号），按照陕西省总河湖长令（2023年第1号）要求，修订完善陕西省幸福河湖创建验收标准，制定幸福河湖建设常态化创建实施方案，推进全省幸福河湖创建。2023年11月2日，“陕西省幸福河湖”命名暨创建工作推进会在安康市汉阴县召开，会议深入贯彻习近平生态文明思想和关于治水的重要论述，深化实施河湖长制，表彰先进，示范引领，积极推动建设造福人民的幸福河。（罗娜　王怡婷　赵永红）

【河湖健康评价开展情况】　截至2023年底，共完成118条河流健康评价，其中流域面积大于1 000km² 的10条，流域面积大于50km² 且小于1 000km² 的108条，长度共8 415km。在全国河湖长制管理信息系统中完成58条河流健康档案，其中评价结果为非常健康河流3条、健康河流39条、亚健康河流11条。（王怡婷）

【“一河（湖）一策”编制和实施情况】　2023年，陕西省完成省级领导担任河湖长的渭河、汉江、丹江、泾河、延河、北洛河、黄河及红碱淖“一河（湖）一策”（2023—2025年）编制及技术审查工作。（王怡婷）

【水资源保护】

1. 水资源刚性约束　圆满完成2022年度水资源管理考核。详细测算“国考”指标，精心准备自查报告、技术报告，汇总举证材料670件，按时报送国务院和水利部，2022年度最严格水资源管理“国考”陕西达良好等次，实现提档进位。认真组织开展“省考”评估，对照赋分细则对67项考核内容逐一核查资料、逐项打分，形成考核结果，报请省政府审定后反馈各市（区）政府。抓好考核反馈问题

整改。组织制定2022年度“国考”反馈问题整改方案，持续跟进问题整改，按期完成年度整改任务。“省考”问题清单报请省政府审定后，以“一市一单”反馈各市（区）政府，持续跟进问题整改，促进最严格水资源管理落地落实。周密安排2023年度考核工作。认真落实厅党组要求，多次赴水利部汇报，组织召开对标对表抓落实座谈会、省级部门考核工作部署会，梳理重点推进工作清单，及时印发“省考”方案，扎实做好迎考工作。2023年用水总量、用水效率、水功能区限制纳污目标均优于国家考核指标。（杨倩　周瑶　李超　陈博）

2. 节水行动　2023年，按照《陕西省实施国家节水行动方案》及《陕西省“十四五”节水型社会建设规划》要求，经征求各联席成员单位意见，制定印发《陕西省实施国家节水行动及黄河流域深度节水控水行动2023年工作方案》，提出年度节水工作目标，明确实施农业增效、工业节水减排、城镇节水降损、非常规水源利用重点工作，逐一落实责任部门。促进联席机制作用更好发挥，建立节水联席会议机制《联席会议制度》《信息共享制度》《督导落实制度》等三项制度，以纵向到市的方式召开联席会议，省发展改革委、工业和信息化、农业农村、住房和城乡建设等5个厅局分别安排本领域年度工作，形成节水工作合力，对地市节水工作开展督导调研，逐步建立“政府主导、水利牵头、部门负责、属地落实”的节水工作格局。2023年，以高校节水现场推进会，公共机构节水型单位创建工作推进会等专题会议、专项文件、项目支持、节水贷金融等多种手段，全面推进国家节水行动及黄河流域深度节水控水行动走深走实。2023年，西安市雁塔区等11个县（区）通过省级县域节水型社会达标初验，截至2023年底，共有6批75个县（区）创建获得水利部通报命名。年度创建节水型高校16所，公共机构节水型单位130家，节水型中小学校56家。（杨倩　周瑶　李超　陈博）

3. 生态流量监管　2023年，将生态流量管控纳入最严格水资源管理制度考核和河湖长制考核，强化监督考核。陕西水资源调度和生态流量保障工作先后在《中国水利报》《陕西日报》等主流媒体宣传报道。印发《陕西省江河水资源调度管理办法（试行）》、《关于进一步加强河湖生态流量保障工作的通知》（陕水资函〔2023〕125号），公布了第一批重点河湖生态流量保障责任清单、开展水资源调度的跨市江河及水利水电工程名录（第二批），完善了制度体系；组织开展了秃尾河、褒河已建水利工程生态流量核定与保障先行先试，探索已建水工程生态流量指标合理确定的方法；制定并印发渭河、北洛河、汉江生态流量保障实施方案，实现了3条江河生态流量保障工作有章可循；强化河湖生态流量预警与督查，2023年实时发布5条河流断面生态流量预警调度指令82次，通报月达标情况11次，发送手机短信5.2万人次。国控14条河流17个断面最小下泄流量均满足流域水量统一调度要求。省控5条河流11个断面和15处水工程最小下泄流量均满足水量统一调度要求。持续深化陕西省、内蒙古自治区合作红碱淖跨省区补水100万m^3。（杨倩　周瑶　李超　陈博）

4. 全国重要饮用水水源地安全达标保障评估　2023年，陕西省水利厅按根据《水利部办公厅关于进一步明确全国重要饮用水水源地安全保障达标建设年度评估工作有关要求的通知》（办资源函〔2018〕204号）要求，对《水利部关于印发〈全国重要饮用水水源地名录（2016年）〉的通知》（水资源函〔2016〕383号）公布的陕西省18个全国重要饮用水水源地，按照水利部达标建设评估要求的“水量保证、水质合格、监控完备、制度健全”四大方面共25项指标组织开展了2023年度安全保障达标建设自评估工作。自评结果显示，黑河金盆水库水源地、石砭峪水库水源地、李家河水库水源地、浐灞河水源地、沣皂河水源地、渭滨水源地、石头河水库水源地、冯家山水库水源地、咸阳市自来水公司水源地、瑶镇水库水源地、榆林市自来水公司红石峡水源地、安康市汉江马坡岭水源地等12个重要饮用水水源地自评结果均为优，桃曲坡水库水源地、沈河水库水源地、涧峪水库水源地、王瑶水库水源地、商洛市自来水公司水源地等5个重要饮用水水源地自评结果均为良，汉中市国中自来水公司东郊水源地由于本年度内已停用，故不再参与年度自评估。向水利部上报《陕西省2023年度全国重要饮用水水源地安全保障达标建设评估报告》（陕水资函〔2024〕1号）。（杨倩　周瑶　李超　陈博）

5. 严格取用水监管　认真落实“四水四定”，推进水资源配置工程刚性约束论证，从严审查规划和建设项目水资源论证，严把超载地区新增取水许可。2023年，省级开展20个规划水资源论证和9个水资源配置工程刚性约束审查。严格执行黄河流域地下水超载县（区）暂停新增取水许可政策，全年省级审批3个，不予受理1个，严把取水许可审批关口。3.25万个取水许可电子证照数据治理率达100%。（杨倩　周瑶　李超　陈博）

6. 水量分配　依据《关于加强和推进水量分配工作的通知》（陕水资〔2022〕17号），落实水利部印发的窟野河流域水量分配方案。根据 2023 年度水量分配计划，陕西省涉及跨省河流为窟野河。完成了窟野河流域在省内的水量分配任务，并印发窟野河水量分配方案，全面完成水利部要求的 26 条跨市河流水量分配任务。指导西安、渭南、榆林、延安市开展 10 条跨县（市、区）河流水量分配工作。为建立全省取用水总量控制指标体系和水资源刚性约束指标体系奠定了基础。

（杨倩　周瑶　李超　陈博）

【水域岸线管理保护】

1. 河湖管理范围划定　2023 年，组织对河湖划界成果进行抽查复核，对不符合要求的及时督促整改。明确第一次水利普查外有管理任务的河湖名录，加快推进水普外河湖管理范围划界及上图。

（王怡婷　杨艳　王嘉威）

2. 岸线保护与利用规划编制　2023 年，经省政府同意，陕西省水利厅编制印发了渭河、汉江、丹江、泾河、北洛河、延河、嘉陵江和红碱淖岸线保护与利用规划，为维护河湖岸线保护与利用提供规划支撑。截至 2023 年底，陕西省共编制完成岸线保护与利用规划 167 个。（王怡婷　杨艳　王嘉威）

3. 采砂管理　2023 年，陕西省水利厅制定印发《关于在全省范围内严厉打击“蚂蚁搬家”式非法采砂行为的通知》（陕河湖长函〔2023〕69 号）、《关于进一步规范全省河道清淤疏浚管理工作的通知》，组织指导各市编制采砂规划 40 个，实现有采砂管理任务的河道全覆盖。编制的《陕西省渭河干流耿镇桥以上河道采砂规划（2023—2025 年）》通过省政府批准印发。（王怡婷　杨艳　王嘉威）

4. “四乱”整治　2023 年，纵深推进河湖“清四乱”常态化规范化。完成水利部反馈 1.31 万个河湖遥感图斑核查复核，建立问题台账 115 个，已完成清理整改 110 个，5 个经省政府同意延期至 2024 年 6 月底前完成整改。组织 2 批次覆盖全省的河湖“清四乱”暗访督查，完成清理整改“四乱”问题 185 个。指导各地自查自纠河湖“四乱”问题 453 个。强力推进水利部河湖长制落实情况监督检查反馈 8 个问题清理整改，已全部整改到位并及时销号。完成中央环保督察韩城龙门侵占河道问题省级验收、黄河流域生态环境警示片涝河问题现场验收、宝鸡市眉县汤峪河水岸商业街侵占河道问题建筑物拆除等工作。（王怡婷　杨艳　王嘉威）

【水污染防治】

1. 排污口整治　2023 年，印发《关于规范全省入河排污口设置审批工作的通知》（陕环发〔2023〕22 号），明确规定省级入河排污口设置审批办理流程，并在微信公众号上向社会公开发布“企业如何申请入河排污口设置审批手续”的政策图解。印发《关于进一步加强入河排污口监督管理工作的通知》（陕环函〔2023〕40 号）、《关于调度入河排污口排查整治及监督管理工作进展情况的函》、《关于调度全省入河排污口排查整治及监督管理工作进展情况的通知》，联合省住房和城乡建设厅、省水利厅赴咸阳市、延安市、榆林市开展入河排污口监督管理现场核查，并将发现问题反馈相关地市，规范排污口排查整治。在杨凌农业高新技术产业示范区举办入河排污口监督管理工作培训会，邀请部、省专家开展培训，参会人员共计 330 人。每季度会同各市（区）在生态环境部入河入海排污口监督管理信息化平台填报排污口排查整治信息。加快推进陕西省 23 条重要河流排查整治工作，共排查入河排污口 4 204 个，其中 4 192 个已完成溯源，溯源比例 99.94%；无须整治 2 176 个，完成整治 749 个，整治比例 69.6%。

（刘任杰　马浩　李倩）

2. 工矿企业污染防治　2023 年，按照生态环境部《关于做好重点单位自动监控安装联网相关工作的通知》（环办执法函〔2021〕484 号）、陕西省生态环境厅《关于印发〈陕西省 2023 年度环境监管重点单位名录〉的通知》（陕环综合函〔2023〕42 号）等相关要求，将全省 1 524 家重点排污单位纳入自动监控，其中涉水 714 家，涉气 917 家，水气重复 107 家。加强自动监测数据异常（超标）电子督办，截至 2023 年底，自动监测数据有效传输率为 95.16%，达到生态环境部要求。（刘任杰　马浩　李倩）

3. 城镇生活污染防治　2023 年，强化污水收集处理运行监管。按季度对黄河流域各市（区）污水垃圾处理情况进行通报，发现问题，及时预警。组织开展污水处理工作摸底排查，制定“一城一策”方案。建立垃圾处理信息月报机制，开展县级地区生活垃圾处理现状摸底评估。

（刘任杰　马浩　李倩）

4. 畜禽养殖污染防治　2023 年，印发《加快推进全省畜牧业高质量发展意见》（陕政办函〔2020〕75 号）、《“十四五”畜禽养殖污染防治规划》（陕环发〔2023〕35 号）等，将畜牧业生态绿色发展作为畜牧业高质量发展重中之重，召开专题会议，开展专项督导，全面安排部署。按照《陕西省畜禽粪污资源化利用技术指导意见》（陕农办发〔2019〕38 号）等技术规范，针对不同区域、不同畜种、不同规模的养殖场户畜禽粪污资源化利用，提出技术模式和指导意见。积极开展畜禽养殖标准化示范创建工作，累计创建部级畜禽养殖标准化示范场 16 个，示范带动一大批养殖场户走上规模化、标准化的发展道路。在渭南市临渭区等县（区）实施畜禽粪污资源化利用整县推进，支持养殖场户和集中处理中心改造提升畜禽粪污设施装备。全省畜禽粪污综合利用率和规模场粪污处理设施装备配套率分别稳定在 90%和 99%以上。（刘任杰　马浩　李倩）

5. 水产养殖污染防治　2023 年，制定《陕西省池塘养殖尾水治理专项建设规划（2021—2035 年）》（陕农便函〔2022〕338 号），出台《关于加快推进全省池塘养殖尾水专项治理的实施意见》（陕农函〔2022〕775 号），推动渔业绿色转型和高质量发展的顶层设计、政策体系不断完善。积极开展绿色养殖模式示范集成，不断提升养殖设施和装备水平，大力推广“三池两坝”“生态沟渠+自然湿地”等养殖尾水治理模式，完成 1.8 万亩养殖尾水治理任务，逐步解决制约水产养殖业绿色发展的技术难题。加大支持稻渔综合种养产业发展，全力推行生态健康养殖模式，形成稻虾、稻鳖、稻蟹、稻蛙、稻鳅、稻鱼等 10 余种适合陕西省种养环境的技术模式。

（刘任杰　马浩　李倩）

6. 船舶港口污染防治　基于 2022 年全省 400 总 t 以下在册船舶水防污染设施改造成果，省交通厅印发《关于深入开展船舶港口污染防治工作的通知》，部署开展船舶防污染设施设备改造回头望、船舶证书文书及记录检查和日常巡航检查等工作，严格船舶防污染设施设备检验规程规范，督促安康市 7 艘污染物回收趸船高效运行。（刘任杰　马浩　李倩）

【水环境治理】

1. 饮用水水源规范化建设　2023 年，持续推进城乡供水饮用水水源规范化建设。一是认真落实 2023 年总河湖长 1 号令，加强集中式饮用水水源地保护，加快推进乡镇级饮用水水源保护区划定，开展水源地规范化建设，截至 2023 年底，已划定饮用水水源保护区（保护范围）6 988 处，已采取水源保护措施的工程 26 889 处。二是印发《关于加快推动农村供水高质量发展的指导意见》，加快标准化水源工程建设，优先利用已建水库、引调水等骨干水源工程作为农村供水工程水源。做好水源保护，抓好源头防护，强化对新建、改造农村供水设施的水源论证，守住水质保障的第一道防线。三是做好小型工程水源地安全防范，杜绝水源污染事件。会同生态环境主管部门，全面落实供水工程建设、水源保护、水质监测评价“三同时”工作制度。配合水利部精神文明建设指导委员会在西安市鄠邑区开展了“关爱山川河流、保障饮水安全”志愿活动，营造全社会关心供水、关注供水、支持供水的浓厚志愿氛围。四是加快供水工程建设步伐，全年落实农村供水建设资金 26.84 亿元，完成建设投资 22.47 亿元，建成供水工程 988 处，改善提升受益人口 221.8 万人，全省农村自来水普及率达到 96.5%；规模化供水工程覆盖农村人口比例达到 34%以上。

（朱会中　马浩　刘任杰）

2. 黑臭水体治理　2023 年，扎实推进城市黑臭水体排查治理，制定“一市一策”“一河一策”，会同生态环境部门开展专项行动，强化督导检查力度，对每个县级市逐一开展督导，确保黑臭水体治理长治久清。26 处地级及以上城市黑臭水体经过治理已全部达到长治久清标准。（朱会中　马浩　刘任杰）

3. 农村水环境整治　2023 年，坚持区域（流域）统筹治理，综合考虑村庄区位条件、地理特征、经济发展水平、污水特性、村民习惯等因素，因地制宜选择农村生活污水治理模式，大力实施农村生活污水治理“整县推进”试点行动，第一批遴选了宝鸡市麟游县、咸阳市泾阳县、三原县、渭南市富平县、汉中市留坝县、安康市平利县实施农村生活污水治理“整县推进”试点。截至 2023 年底，陕西省累计完成 6 404 个行政村农村生活污水治理，治理率达到 36.8%。（朱会中　马浩　刘任杰）

【水生态修复】

1. 退田还湖还湿　2023 年，陕西省林业局持续推进国家公园、自然保护区、自然公园等保护空间标准化、规范化建设，实现对全省珍稀濒危野生动植物资源及其生境的高水平保护。

截至 2023 年底，陕西省共有各类自然保护地 250 处，总面积 1.92 万 km^2。其中国家公园 1 处，面积 0.98 万 hm^2；自然保护区（点）60 处，面积 112.28 万 hm^2，其中国家级 25 处，省级 28 处，市级 4 处，县级 3 处；自然公园 189 处，面积 78.74 万 hm^2，其中风景名胜区 35 处，面积 24.21 万 hm^2，国家级 6 处，省级 29 处；森林公园 90 处，面积 39.05 万 hm^2，其中国家级 37 处，省级 53 处；地质公园 19 处，面积 8.68 万 hm^2，其中国家级 10 处，省级 9 处；湿地公园 43 处，面积 5.78 万 hm^2，全部为国家级；沙漠公园 2 处，面积 1.02 万 hm^2，全部为国家级。

经国家自然保护地整合优化联审专班对《陕西省自然保护地整合优化预案》审查后，及时补正和完善相关资料，经省政府审核同意后，按规定程序和规范要求报送国家林业和草原局。陕西省参与整合优化的 247 处自然保护地被整合优化为 213 处，形成了具有陕西特色的自然保护地分级分类体系。

严格规划管控，督促指导各有关单位加快编制自然保护地规划。《陕西省风景名胜区现状调查报告》《陕西省风景名胜区保护发展规划》已通过专家评审，《陕西化龙山国家级自然保护区总体规划(2023—2032 年)》取得国家林业和草原局批复，宝鸡市天台山风景区总体规划经省政府审核同意后，已报送国家林业和草原局审查，完成白河五龙尖地质遗迹申报省级地质公园批复相关工作。

不断完善自然保护地管理制度，会同陕西省自然资源厅、省生态环境厅印发陕西省《关于加强生态保护红线管理的通知》，起草《陕西省自然公园管理办法》，积极参与《自然保护区条例》《风景名胜区条例》修订工作。扎实推进陕西省自然保护地监测管理平台建设，开展全省自然保护地云平台建设对接培训，提升从业人员的综合素质及业务能力。配合国家林业和草原局完成牛背梁世界生物圈保护区第一个十年评估工作，促进中国与其他世界生物圈保护区的交流合作。认真做好人类活动遥感监测问题核实查处整改工作，2023 年全国自然保护地监督检查管理平台下发陕西省国家级自然保护地问题点位 116 个，已全部审核通过并提交至国家林业和草原局。（巨炎武　蒲保利　李宝忠　熊狮）

2. 生物多样性保护　2023 年，修订公布《陕西省实施〈中华人民共和国野生动物保护法〉办法》，印发《陕西省候鸟迁徙通道重点区域范围（第一批）的通知》，编制《陕西省野生动物及其栖息地保护规划（2021—2035 年）》《陕西朱鹮野化放飞工程总体规划》，为野生动植物保护提供制度保障。

完成了长江、黄河流域野生植物资源和森林草原湿地生态系统外来入侵物种普查，组织开展豹类、麝类、迁徙鸟类资源专项调查。

2023 年，成功繁育大熊猫 4 胎 7 仔，存栏 49 只。在秦岭北麓野化放飞朱鹮 30 只，在宝鸡市凤县野化放归林麝 10 只。秦岭大熊猫野外种群由“三调”273 只增加到“四调”345 只，野外遇见率、数量增幅和种群密度均居全国之首。全省朱鹮种群 7 600 余只，金丝猴种群近 6 000 只，秦岭羚牛种群 5 000 余头，林麝存栏近 5 万只，陕西省豹、朱鹮、林麝、云豹、白冠长尾雉、丹顶鹤、大鸨、猎隼、中华秋沙鸭等濒危野生动植物得到不断保护，种群数量不断增长，栖息地及生境质量得到有效改善。组织开展秦岭冷杉、红豆杉等珍稀濒危野生植物资源调查、就地保护、人工繁育等工作，回归秦岭石蝴蝶 6 000 余株。

联合省委、政法委等部门开展“清风”等专项打击行动，与甘肃、四川、湖北等省开展跨省联合执法行动，配合省邮政、农业农村和市场监督管理等单位，开展“陕西省平安寄递专项行动”“十年禁渔”“网络市场监管促发展保安全”等专项行动，常态化开展打击整治破坏野生动植物资源违法犯罪专项行动，取得了显著成效。全省有陆生野生动物 792 种，其中国家一级保护动物 35 种，包括大熊猫、川金丝猴、朱鹮、羚牛、林麝、豹、云豹、遗鸥、大鸨、中华秋沙鸭、黑鹳等；国家二级重点保护动物 121 种，包括猕猴、黑熊、中华鬣羚、中华斑羚、血雉、红腹角雉、红腹锦鸡等；省级保护动物 55 种，包括重要生态、科学、社会价值的陆生野生动物 474 种。全省分布种子植物 4 600 余种，其中，国家一级 8 种，包括红豆杉、南方红豆杉、华山新麦草、珙桐、曲茎石斛、象鼻兰、紫斑牡丹、太白山紫斑牡丹；国家二级 95 种，包括巴山榧树、秦岭冷杉、秦岭石蝴蝶等；省重点保护野生植物 211 种，包括杜松、铁坚杉、秦岭红杉以及兰科中未纳入国家级保护的其余所有种，形成了“种族兴旺”的发展态势。（巨炎武　蒲保利　李宝忠　熊狮）

3. 生态补偿机制建立　2023 年度，累计征收水土保持补偿费 42.44 亿元。全年落实中省预算内投资 16.15 亿元，综合治理小流域 149 条、新建淤地坝 72 座、拦沙工程 255 座、坡耕地综合治理工程 8.04 万亩，病险淤地坝除险加固 371 座。

（巨炎武　蒲保利　李宝忠　熊狮）

4. 水土流失治理　2023 年，陕西省完成新增水土流失治理面积 4 200km^2，水土保持率达到 70.15%。

积极推进水土保持项目前期工作，针对全省淤地坝、拦沙坝数量多、变化大等情况，前后 4 次下发文件，采取集中办公、座谈会、发函等方式，督促采取有力措施，抢抓时间，合力攻坚，确保 2023 年中省水土保持项目投资计划按时分解下达。

注重在建项目安全管理，严格落实全省 11 519 座中型以上淤地坝“三个责任人”，将淤地坝工程防汛责任纳入地方防汛责任体系。第一时间召开专题会研究水利部淤地（拦沙）坝项目稽察发现问题整改工作，建立台账、制定方案、逐一销号，闭环管理。扎实开展淤地坝工程质量专项检查行动，及时做好黄委淤地坝主汛期明察暗访发现问题整改工作。2023 年累计完成各类问题整改 16 次。

坚持“周调度、周通报、周排名”，抢抓秋季水土保持工程建设黄金期，加快推进全省水土保持重点项目实施。累计召开调度会5次，赴项目市、县（区）督导帮扶4次，多措并举推进工程进度。全面梳理全省水土保持项目竣工验收现状，形成专题报告分类实施。改变过去中央预算内项目“一个项目一委托”形式，由省水利厅牵头组成省级验收组，全力推进。

组织开展中央预算内水土保持项目“十四五”实施方案中期调整工作，组织80余名技术骨干成立14个工作组，对8市35县（区）的1 527座拦沙工程、335座淤地坝和33.2万亩坡耕地项目进行现场踏勘调查，建立地理信息数据库。组织现场督导，召开推进会、初步成果反馈和调整方案审查会等，解决具体问题，顺利推进中期调整工作，确保入库项目真实准确、实施性强。《陕西省黄河流域淤地坝建设和坡耕地水土流失综合治理“十四五”中期调整实施方案》作为2024—2025年“三合一”项目的审查审批依据，确保了中央下达陕西省“十四五”规划投资任务和建设任务如期完成。

组织相关地市完成老旧淤地坝名录复核工作，为新一期中型以上病险淤地坝除险加固和老旧淤地坝提升改造工程夯实基础。推动小流域划分工作，确保“用的开”“用的上”“用的准”，筑牢水土保持规划编制、项目选址、工程建设精细化管理、水土流失动态监测、智慧水土保持建设等方面数据支撑根基，提升全省水土保持高质量发展能力。

（巨炎武　蒲保利　李宝忠　熊狮）

5. 生态清洁型小流域建设　2023年，根据水利部印发的《关于2023年重点推进小流域综合治理提质增效工作的通知》（办水保〔2023〕109号），通过竞争立项方式择优选定宝塔区、略阳县2个重点推进县2条流域申报部级小流域提质增效，全力打造小流域一体化治理示范样板，全面提升水土保持功能和生态产品供给能力，助力乡村振兴和美丽中国建设。（巨炎武　蒲保利　李宝忠　熊狮）

【执法监管】

1. 河湖日常监管　2023年，公布重点河段、敏感水域河道采砂管理“四个责任人”，对黄委直管河段渭河增加“两个责任人”，及时派出督导组核查群众举报、媒体反映的西安市、宝鸡市、汉中市等地乱采问题，督促整改。推行河道采砂许可电子证照和砂石采运管理单制度，强化“采、运、销”全链条管理。牵头组织全省非法采砂专项整治行动，定期调度通报，曝光负面典型，派出省级工作组持续暗访督导，严厉打击规模化非法采砂和“蚂蚁搬家”式盗采，2023年查处河道非法采砂行为251起，没收非法采砂量2.99万t，行政处罚225人，罚款302.47万元。

（杨艳　李超然）

2. 联合执法　2023年，陕西省水利厅、省高级人民法院、省人民检察院、省公安厅、省司法厅等5部门联合开展全省河湖安全保护专项执法行动。省水利厅与省人民检察院联合开展黄河流域水资源保护专项行动。印发《关于开展全省黄河流域河湖管理水行政执法专项行动的通知》（陕水政发〔2023〕6号）、《关于核查认定河湖管理水行政执法专项行动疑似问题图斑的通知》（陕河湖长函〔2023〕36号），2023年7月，联合省高级人民法院、省人民检察院、省公安厅、省司法厅印发《陕西省河湖安全保护专项执法行动工作方案》（陕水发〔2023〕13号），与陕西省黄河流域河湖管理水行政执法专项行动共同推进、组织实施。5月，联合省人民检察院印发《关于开展黄河流域水资源保护专项行动方案》，成立以分管厅长、分管检察长为组长的专项行动工作组，联合召开全省黄河流域水资源保护专项行动推进会，推动专项行动深入开展。在陕西省水利厅门户网站公布水行政执法监督举报平台，持续扩大问题线索来源。宝鸡峡等灌区单位结合实际开展针对占用水库、渠道的整治清理行动，10个地市积极联合地方公检法司开展行动。

2023年4月10日至10月15日，陕西省河长制办公室会同有关成员单位在全省范围内开展非法采砂专项整治行动，将专项整治成效纳入河湖长制管理体系和考核指标，建立河湖长牵头、部门分工协作、分级负责、齐抓共管的工作体系，对各类河道非法采砂行为严肃查处、坚决打击。在行动期间，省级派出11个督导组分赴各地暗访明察，省、市、县三级共出动人员10.2万余人次、巡查河道60万余km，累计在采砂敏感区域和重要点位新增安装监控摄像设备187套，出动无人机飞检1 200余架次，航拍530余h，查处非法采砂案件149起，没收非法采砂2.56万t，行政处罚135人，罚款247.52万元。

（杨艳　李超然）

【水文化建设】

1. 水利风景区　全面落实《陕西省水利风景区管理办法》。2023年，召开陕西省景区建设与管理工作会议和省景区工作领导小组会议，传达落实部省会议精神，总结交流全省景区建设与管理工作成效。举办全省水利风景区建设管理培训班。出版《水美三秦·陕西省水利风景区集锦》画册。组织开展陕西省水利风景区工作中的突出矛盾和高质量

陕西水利博物馆（曹雅杰　拍摄）

发展要求调研。完成黄河流域水利风景区专项排查工作。对全省 61 家黄河流域水利风景区侵占河湖岸线问题进行摸排，督促景区自查并在平台填报，指导各市（区）进行排查，形成专项排查报告。利用各种媒体平台加大水利风景区宣传，反响强烈。白云山水利风景区入选第二十一批国家水利风景区，原灞柳生态综合开发园国家水利风景区更名为奥体灞河国家水利风景区。认定安康市汉滨区京康农业园、龙须沟、平利县石牛河、岚皋县杨家院子水利风景区为省级水利风景区。西安市护城河水利风景区入选第三批国家水利风景区高质量发展典型案例重点推介名单。推动水利风景区资金项目入库。水利风景区设施设备维修养护列入《2024 年中央和省级水利发展资金项目申报指南》。征集并发布陕西水利风景区徽标。《大美黄河壶口》《太白山国家水利风景区》《瀛湖水利风景区》3 部作品从专题赛的 1 228 部作品中脱颖而出，获优秀奖，陕西省水利厅获优秀组织奖。（刘家琛）

2. 水利博物馆　2023 年，陕西省水利厅启动陕西水利博物馆李仪祉生平展厅提升改造。积极支持陕西黄河文化博物馆建设，组织全省水利系统提供资料、实物。陕西水利博物馆完成了提升改造，陕西黄河文化博物馆、延安水土保持科普体验馆、陕西东雷抽黄工程展览馆、龙首渠世界灌溉工程遗产展示馆等博物馆群建设陆续落地。（刘家琛）

【数字孪生水利建设】

1. “水利一张图”　2023 年，持续开展陕西省河长制湖长制信息系统平台建设，完善河湖巡查板块分时间段和分区域查找功能，与河湖巡查板块河流信息搜索功能等。（刘彬侠　郝珈萱）

2. 河长 App　2023 年，河长 App 移动应用平台运行正常，河道巡查、事件上报、位置上报、核实反馈、日常管理等日常工作满足河长河道网格化管理日常工作。（刘彬侠　郝珈萱）

3. 数字孪生　2023 年，《陕西省智慧水利项目总体规划》《陕西智慧水利一期项目实施方案》先后通过省发展改革委、省政务大数据局审查批复。规划“十四五”期间智慧水利建设按三期分步实施，依托陕西省政务云，通过建设数字孪生流域、水利智能业务应用体系、水利标准规范、安全、运维三大保障体系，建成陕西省主要河流数字孪生流域，推进水利工程智能化管理，在重点防洪地区实现“四预”，在重点河湖基本实现水资源管理与调配“四预”，N 项业务应用水平明显提升，建成陕西省智慧水利体系。省发展改革委下达《关于陕西省智慧水利一期项目实施方案的批复》（陕发改高技〔2023〕1223 号），主要建设内容包括：建设全省水利业务数据底板、水利模型库、水利统一门户、“水利一张图”、数字孪生渭河先行先试试点应用、水利建设监督管理系统，初步实现“政令一键到达、执行一贯到底、服务一网通办、监督一屏掌控”的发展目标。智慧水利一期项目正在实施，智慧水利二期项目实施方案已报送省政务大数据局待批。（刘彬侠　郝珈萱）

甘肃省

【河湖概况】

1. 河湖数量　甘肃省地处黄土高原、内蒙古高原和青藏高原交会地带，地域辽阔，地势高亢，降水量小，蒸发量大，气象、地理、地形、水源补给条件区间不同，流域分布、水系发育差异明显。全省总面积 42.58 万 km^2，分属长江、黄河、内陆河 3 大流域和嘉陵江、汉江、黄河干流、洮河、湟水、渭河、泾河、北洛河、石羊河、黑河、疏勒河、苏干湖等 12 个水系。

2. 水量　甘肃省河流长度多数小于 1 000km，流域面积多数小于 20 000km^2。流域面积 50km^2 及以上河流 1 590 条，河流总长度 70 665km（其中省内河长 55 773km）；流域面积 100km^2 及以上河流 841 条，河流总长度 56 353km（其中省内河长 41 932km）；流域面积 1 000km^2 及以上河流 132 条；流域面积 10 000km^2 及以上河流 21 条。年径流量 1 亿 m^3 以上的河流 71 条；年径流量 3 亿 m^3 以上的河流 28 条；年径流量 10 亿 m^3 以上的河流 12 条，见表 1。

表 1　　2023 年甘肃省主要河流基本情况

序号	河名	省内流经市（州）	省内河流长度/km	省内流域面积/km^2	多年平均径流量/亿 m^3
1	疏勒河	酒泉市	460	68 500	10.4（昌马堡） 3.59（党城湾）
2	讨赖河	张掖市、嘉峪关市、酒泉市	240	13 439	6.27（嘉峪关）
3	黑河	张掖市、酒泉市	394	56 000	16.7（莺落峡）
4	石羊河	张掖市、武威市、金昌市	268	41 800	3.20（九条岭）
5	黄河干流	甘南藏族自治州、临夏回族自治州、兰州市、白银市	913	56 700	303（兰州）
6	庄浪河	武威市、兰州市	188	4 000	1.99（红崖子）
7	湟水（含大通河）	兰州市、临夏回族自治州、武威市	71（102）	3 800（2 500）	15.9（民和） 29.7（享堂）
8	洮河	甘南藏族自治州、定西市、临夏回族自治州	574	24 000	46.2（红旗）
9	渭河	定西市、天水市、平凉市	360	26 000	13.1（北道）
10	泾河	平凉市、庆阳市	177	31 200	7.16（杨家坪） 4.39（雨落坪）
11	嘉陵江（含白龙江）	陇南市、甘南藏族自治州	70（465）	38 100（18 100）	80.2（碧口） 13.1（谈家庄）

甘肃省常年水面面积 1km^2 及以上湖泊 7 处（苏干湖、小苏干湖、干海子、德勒诺尔、河西新湖、尕海、震湖），其中淡水湖 3 处，咸水湖 4 处（含 1 处盐湖），特殊湖泊 2 处（敦煌月牙泉、民勤青土湖），湖泊水域总面积 150km^2，10km^2 以上湖泊 3 处，水面总面积 136.5km^2；100km^2 以上湖泊 1 个，水面面积 104km^2，见表 2。　（张德栋　朱朝霞）

3. 水质　“十四五”期间，甘肃省黄河、长江、内陆河三大流域共涉及 74 个地表水国控断面。2023 年，全省 74 个地表水国控断面中，71 个断面平均水质达到优良（达到或优于Ⅲ类），优良水体断面比例为 95.9%，高出全国平均水平 6.5 个百分点，无劣Ⅴ类水体。

（甘肃省生态环境厅）

表 2　　2023 年甘肃省主要湖泊基本情况

序号	流域	水系	湖泊名称	湖泊面积/km^2	湖泊类型	备注
1	内流区诸河	柴达木内流区水系	苏干湖	104	盐湖	平均水深 2.84m
2	内流区诸河	柴达木内流区水系	小苏干湖	12	咸水湖	
3	内流区诸河	河西走廊、阿拉善河内流区水系	干海子	1.23	淡水湖	

续表

序号	流域	水系	湖泊名称	湖泊面积/km²	湖泊类型	备注
4	内流区诸河	河西走廊、阿拉善河内流区水系	德勒诺尔	1	咸水湖	
5	内流区诸河	河西走廊、阿拉善河内流区水系	河西新湖	9.64	咸水湖	
6	黄河流域	洮河水系	尕海	20.5	淡水湖	
7	黄河流域	渭河水系	震湖	1.65	淡水湖	
8	内流区诸河	河西走廊、阿拉善河内流区水系	月牙泉	—		特殊湖泊
9	内流区诸河	河西走廊、阿拉善河内流区水系	青土湖	—		特殊湖泊
10	长江流域	白龙江	文县天池	0.88	淡水湖	

4. 新开水利工程　甘肃省2023年新开工建设小型水库9座，总投资13.7573亿元，完成投资2.0686亿元。项目建成后可新增年供水量3492.8万m^3，解决水源不稳定人口7.53万人，发展灌溉面积2.41万km^2，改善灌溉面积2.30万km^2。2023年新开工建设流域面积200～3000km^2中小河流治理工程46项，总投资17.66亿元，综合治理河长576km，新建（加固）堤防305km，新建（加固）护岸153km，项目建成后可保护24.62万人和2.07万km^2耕地。 （祁文珺）

【重大活动】　2023年2月14日，甘肃省委书记、省总河长实地了解了黄河兰州城关段生态保护治理情况。

2023年3月31日，甘肃省委副书记、省长、省总河长在定西市漳县遮阳山西溪、陇南市武都区“三江一水”治理点，认真听取了生态环境治理和河湖长制落实情况，并开展巡河检查。

2023年4月12日，甘肃省副省长、黄河干流（含庄浪河）省级河长、刘家峡水库省级湖长巡查调研刘家峡水库河湖长制工作和水库大坝运行情况，现场检查河湖“清四乱”专项行动问题整改落实情况。

2023年4月22—28日，甘肃省落实河湖长制加强河湖治理专题培训班在湖南大学举办。全省各市（州）级河长、河长办主任、部分省级河湖长制成员单位分管领导和县（区）级河长60余人参加培训。

2023年5月22—24日，甘肃省定西市渭河渭源段通过美丽幸福河湖创建省级验收。

2023年6月2日，甘肃省人民政府办公厅印发《关于对我省获得2022年国务院激励的地方和组织实施牵头部门予以表扬的通报》（甘政办发〔2023〕41号）。

2023年6月5日，甘肃省委常委、副省长、渭河省级河长在渭河麦积区河段开展巡河工作。

2023年6月6—7日，甘肃省张掖市梨园河临泽段通过美丽幸福河湖创建省级验收。

2023年6月15日，甘肃省委书记、省总河长调研了解敦煌市湿地保护和盐碱地治理、党河水库运行管理、湿地保护等情况。

2023年6月16日，甘肃省2023年河湖长制工作会议在兰州市召开，甘肃省委书记、省总河长出席会议并讲话。甘肃省省长、省总河长主持会议，省领导及省政府秘书长出席会议。甘肃省副省长通报2022年全省河湖长制工作落实情况及考核结果。甘肃省人民检察院、省河长办、酒泉市、武威市天祝藏族自治县作交流发言。

2023年6月19日，甘肃省副省长、泾河省级河长在白银市景泰县调研黄河流域生态保护和高质量发展工作，实地查看智慧砂厂运行、河道生态修复治理、矿山违规开采问题整改、易地占补平衡土地开发整理项目、污水处理厂运行、黄河流域景泰断面水质监测等工作。

2023年6月30日，甘肃省委书记、省人大常委会主任在省水利厅调研指导工作。

2023年7月5日，甘肃省水利厅、省高级人民法院、省人民检察院、省公安厅、省司法厅联合召开全省河湖安全保护专项执法行动暨河湖管理水行政专项执法、黄河流域水资源保护专项行动视频推进会，甘肃省水利厅党组书记、厅长出席会议并讲话。

2023年7月7—8日，甘肃省水利厅党组成员、副厅长带领工作组在陇南市礼县就水利部暗访检查反馈的河湖“四乱”问题进行督查，并召开专题会议，研究整改措施，督促抓好落实。

2023年7月10日，甘肃省委常委、湟水—大通河省级河长、兰州市委书记来到兰州市城关区南滨河东路望河亭，认真听取黄河流域兰州段生态保护综合治理、防洪工程建设等情况介绍。

2023年7月9—12日，甘肃省庆阳市境内的蒲河西峰段、平凉市境内的汭河崇信县城段美丽幸福河湖创建通过省级验收。

2023年7月17—18日，甘肃省委副书记、省长、省总河长在青土湖调研，实地察看防沙治沙、生态调水、湖面恢复、地下水位回升等情况。

2023年7月20—22日，甘肃省水利厅党组成员、副厅长带领第三检查组督导张掖市、金昌市、武威市河道洪沟碍洪执法检查行动开展情况，并实地调研水电站整改、河湖管护、美丽幸福河湖及河长制相关工作。

2023年8月3—4日，甘肃省副省长、省公安厅厅长、洮河省级河长深入洮河定西市临洮县辛店至红旗段，实地察看了生态廊道及水环境整治工程建设情况。

2023年8月22日，甘肃省委常委、常务副省长、白龙江省级河长在白龙江舟曲县段开展巡河调研。

2023年9月7日，陕甘川三省河湖长制工作联席会议在陕西省汉中市宁强县召开。

2023年9月18—19日，甘肃省水利厅、省高级人民法院、省人民检察院、省公安厅、省司法厅在甘肃省平凉市联合召开全省河湖安全保护专项执法行动、河湖管理水行政专项执法行动、黄河流域水资源保护专项行动等“三大专项行动”视频调度推进会暨第二批水行政执法示范单位现场授牌总结会。

2023年9月25—27日，以“携手共治一江水、同心共建幸福河”为主题的甘宁两省（自治区）跨界河流联防联控联治2023年联席会议在庆阳市镇原县召开。

2023年10月9—10日，甘肃省全省河湖视频监控建设现场推进会议在定西市临洮县召开。

2023年10月23—24日，以“提高联防联控能力、推动黑河共治共管”为主题的甘蒙两省区跨省界河流联防联控联治2023年联席会议在酒泉市金塔县召开。

2023年10月24日，甘肃省副省长、疏勒河省级河长在酒泉市调研河湖长制工作落实情况，履行省级河湖长职责。

2023年11月8日，甘青两省跨省界河流联防联控水质应急监测演练在甘肃省临夏回族自治州积石山县联合开展。

（冯媛）

【重要文件】 2023年1月19日，中共甘肃省委、甘肃省人民政府印发《关于2022年河湖长制工作情况的报告》（甘委〔2023〕13号）。

2023年5月21日，甘肃省总河长签发《甘肃省2023年河湖长制工作要点》（甘肃省第8号总河长令）、《贯彻落实〈中华人民共和国黄河保护法〉全面强化河湖管理2023年行动方案》（甘肃省第9号总河长令）。

2023年8月22日，甘肃省水利厅印发《关于进一步加强和规范河道采砂管理工作的通知》（甘水河湖发〔2023〕407号）。

2023年5月31日，甘肃省第十四届人民代表大会常务委员会第三次会议修订通过《甘肃省石羊河流域水资源管理条例》，于2023年8月1日起正式施行。

2023年9月27日，甘肃省第十四届人民代表大会常务委员会第五次会议修订通过《甘肃省水土保持条例》，于2023年12月1日起正式施行。

2023年7月27日，甘肃省第十四届人民代表大会常务委员会第四次会议审议通过《甘肃省黄河流域生态保护和高质量发展条例》，于2023年10月1日起正式施行。

（张函　刘焕民）

【地方政策法规】 2023年2月25日，甘肃省人民政府印发《关于印发〈甘肃省行业用水定额（2023版）〉的通知》。

2023年7月7日，中共甘肃省委办公厅、甘肃省人民政府办公厅印发《关于加强新时代水土保持工作的实施方案》的通知。

2023年8月22日，甘肃省水利厅印发《甘肃省水利厅关于进一步加强和规范河道采砂管理工作的通知》。

2023年9月6日，甘肃省水利厅印发《甘肃省水利工程质量检测管理实施细则》。

2023年9月12日，甘肃省水利厅办公室印发《甘肃省水行政执法（行政处罚和行政强制）事项指导目录》《甘肃省水行政处罚自由裁量权实施办法》《甘肃省水行政处罚自由裁量基准》。

（刘焕民）

【河湖长制体制机制建立运行情况】 2023年，甘肃省委、省政府专门召开省委第十四届委员会第三次全体会议，审议通过《关于进一步加强生态文明建设的决定》。

省际协作方面，联合宁夏回族自治区、内蒙古自治区共同召开甘宁、甘蒙跨界河流联席会议，组织开展甘青跨省界河流水质应急监测演练和川陕甘毗邻地区突发环境事件隐患联合排查整治，加强与周边省（自治区）水情信息互通，有效预防和应对跨界流域突发水污染事件。省内协作方面，专门印发《关于加快建立和完善省内流域横向生态补偿的意见》，持续推进跨界流域生态环境治理，更好地构筑流域统筹、区域协同、部门联动的河湖管理保护格局。

省总河长、各省级河湖长先后25次赴责任河湖检查调研，引领带动市、县、乡、村河湖长累计巡河160万人次，有效解决 5 561个涉河湖问题。坚持运用系统观念推进河湖长制落地落实，注重加强区域间治水协作和任务协同，实现河湖长责任从“知责定责”向“善作善为”转变、河湖治理从“单打独斗”向“齐抓共管”转变，推动贯彻落实河湖长制走深走实。 （张函　冯媛）

【河湖健康评价开展情况】 2023年，甘肃省充分考虑了西北河流特点，组织编制了甘肃省《河流健康评价技术规范》（DB62/T 4681—2023），准确识别河流变化问题，精准把脉西部河流健康状况。全面启动河湖健康评价、河湖健康档案建立工作，依据第一次全国水利普查成果、第三次甘肃省水资源调查评价结果，反复与各市（州）对接梳理，确定甘肃省满足河湖健康评价条件的河湖名录。截至2023年底，“十四五”期间河湖健康工作任务完成率达66.6%，对制定“一河一策”方案、实施河流生态保护和水环境治理打下坚实的科学依据和技术支撑。

甘肃省白银市武川水库水源地（卫芸　拍摄）

全省完成健康评价河流309条、湖泊3个，均在水利门户网站建立健康档案。已完成健康评价的309条河流中，确定健康等级河流303条，暂不评级河流6条。根据健康档案指标看，非常健康及健康等级河流占河流总数的54.1%；亚健康及以下河流占河流总数的45.9%。已完成评价2个湖泊为非常健康状态，1个湖泊为亚健康状态。 （张英　卫芸）

【“一河（湖）一策”编制和实施情况】 2023年5月，各省级河长以省级河长令的形式陆续审核签发实施。该方案因河施策，对每条河流管理保护的现状和存在的问题进行了梳理，按照“防洪保安全、优质水资源、健康水生态、宜居水环境、先进水文化”的要求，提出了管理保护的目标、任务和措施，为每条河流的建设成为美丽幸福河湖指明了方向。

（张函）

【水资源保护】

1. 水资源刚性约束　2023年，省级受理取水许可（延续、变更）申请40件，审查水资源论证36件，批复取水许可（延续、变更）45件，现场核验29家取水单位。推进全省取水监测计量体系建设，截至2023年底，全省规模以上农业取水口实现在线计量全覆盖。建立用水统计数据质量抽查检查机制，对全省49个灌区、50家公共供水户、48家工业企业、32家服务业取水单位的取水水源情况、取用水计量情况、用水台账数据、监控监管情况、填报流程等进行抽查，对酒泉市金塔县、天水市麦积区进行现场检查。启用省级水资源费智慧征缴平台，征收省级水资源费2.7亿元。 （陈建同）

2. 节水行动　2023年，印发《甘肃省节约用水工作联席会议2023年工作要点》，确定2023年节水目标任务清单，协调推进任务落实。印发《2023年全省水利系统节约用水工作要点》，细化分解任务。12个县（区）被水利部命名为县域节水型社会达标县，完成并通过8个县（区）省级审核；评定省级节水型高校11所、省级节水型企业6家；完成18个规划和428个建设项目节水评价；签约合同节水管理项目13项，吸引社会资本 4 631万元。完成《甘肃省行业用水定额（2023版）》编制，并经省政府颁布实施。印发《甘肃省非常规水资源开发利用规划》《甘肃省非常规水源开发利用管理办法》《甘肃省关于推进合同节水管理实施方案》《全面加强水资源节约高效利用工作的实施方案》。累计组织开展节水宣传活动599项，在省级媒体播放和刊登节约用水公益广告15条，在省级及以上媒体发布节水宣传报道 205 篇，其中在中央媒体发布 32 篇。组织开展“节水在身边”校园短视频活动，联合 11 家联席会议成员单位举办“节水护水短视频挑战赛”，3 个视频获“节水中国 你我同行”联合行动最佳创意奖。甘肃省水利厅获“节水中国 你我同行”活动、“世界水日”“中国水周”系列普法宣传活动、第三届全国节约用水知识大赛优秀组织单位和第四届全国水利协会“节水在身边”短视频征集活动三等奖，营造了全民节水、爱水、惜水、护水的浓厚氛围。

（张静淑）

3. 生态流量监管　生态流量（水量）管理实行“目标确定＋全方位监管”模式，2023 年制定印发冶木河、祖厉河、广通河生态流量保障实施方案，以广通河和牙塘水库、西汉水和观音峡水电站为试点，组织开展已建水利水电工程生态流量核定与保障先行先试工作。（陈建同）

4. 全省重要饮用水水源地安全达标保障评估　2023 年，甘肃省 11 个全国重要饮用水水源地安全保障达标建设自评级别均为优。

各地州（市）政府、水源地管理单位结合本地实际情况制定和完善了饮用水源地保护的相关管理办法，建立了水源地安全保障部门联动机制，编制水源地监测及突发事件应急预案，每年至少开展 1 次应急演练，并建立人员、物资储备机制。各水源地管理单位对供水设施进行定期保养维护，取水和输水工程运行正常，各水源地供水保证率均达到 95%以上。各水源地依法划定饮用水水源保护区，一级保护区内取水口实现全封闭管理，进入保护区之前设立明显的警示标志，界标、警示牌以及隔离防护设施完善。在线视频监控基本实现全覆盖，同时配合保护区巡查，保障水源地各方面的安全。由水源地所在的环境监测部门及时公布达标情况，各水源地取水口水质类别全年均在Ⅱ～Ⅲ类，达标率 100%。建成兰州市黄河鱼口水源地、庆阳市巴家咀水库水源地、白银市武川水库水源地、临夏回族自治州槐树关水库水源地、武威市杂木河渠首城市饮用水水源地、金昌金川峡水库水源地共 6 个水源地水质自动监测站，实现 24h 自动监控，保障水源地水质安全。饮用水水源一、二级保护区内无排污口，对已设置的排污口已由地方人民政府责令限期拆除，并继续加强水土流失治理，防治农业面源污染，禁止破坏水源涵养林，推进水生态系统保护和修复，一级保护区内陆域植被覆盖率均在 80%以上。

（张英　卫芸）

5. 取水口专项整治　截至 2023 年底，累计整治甘肃省违法违规取水项目 2.56 万个，其中 66 个取水项目依法退出，556 个无证取水项目依法办理取水许可证，4 766 个取水监测计量不规范问题得到整改，20 735 个未按规定条件取水问题和 1 049 个其他违反取水许可监督管理规定的取水问题得到整治。

（陈建同）

6. 水量分配　2023 年，全面建立了省、市、县三级用水总量指标控制体系，初步确定了地下水管控指标。配合黄委推进大通河水量分配，完成西汉水水量分配方案，石羊河、讨赖河、庄浪河等跨市（州）河流水量分配工作有序推进。（陈建同）

【水域岸线管理保护】

1. 河湖管理范围划定　2023 年，完成了甘肃省规模以上 118 条和规模以下 1 191 条河湖管理范围划定与公告，对 1 309 条河流管理范围划定成果质量进行了动态复核，完成黄河干流（含庄浪河）、洮河、湟水（含大通河）、渭河、泾河、石羊河（西营河）、黑河、嘉陵江（含白龙江）等 8 条河流及刘家峡水库、九甸峡水库等 2 个湖库 25 873 根管理范围线混凝土界桩埋设。进一步明晰了河湖管理界线，为河湖管护奠定了基础。（张函）

2. 岸线保护与利用规划编制　2023 年，编制完成 16 条重点河流岸线保护与利用规划，不断强化岸线规划约束，加强河湖水域岸线空间管控，依据岸线保护与利用规划落实岸线“两线四区”管控要求，按照保护优先、节约集约利用原则，严格开展河湖岸线开发利用项目合规性复核。市、县级完成 117 条河流、3 个湖泊的岸线保护与利用规划编制。

（王广文）

3. 采砂管理　组织甘肃省有采砂任务的地区核实更新 2023 年河道采砂重点河段、敏感水域 98 处，明确了河道采砂管理河长、水行政主管部门、现场监管和行政执法 4 个责任人，逐步形成河道采砂“集约化、规模化、绿色化、智能化”生产经营和监管格局。以采砂规划为刚性约束，坚持依法审批、规范许可，自 2023 年 7 月起全面实行河道采砂电子许可证，河道采砂许可证办理正式步入“无纸化”“零跑腿”阶段，全省共申领河道采砂许可证 164 套（含电子证照 30 套）。依据河道重要性和保护的迫切性，分级管理，提级审批，明确河道采砂编制审查权限，从制度层面入手，进一步加强采砂规划的指导约束作用，印发《关于进一步加强和规范河道采砂管理工作的通知》，保证河道采砂规范有序。积极推行河道砂石采运管理单制度，试点建立信息化监管平台，印发《关于推行河道砂石采运管理单制度的通知》，努力实现运用智能化、信息化等技术手

段，对河道砂石开采、加工、计量、装运等方面实施全过程监管，提高河道采砂日常监督管理能力和效率。 （赵扬）

4. “四乱”整治 甘肃省深入推进河湖“清四乱”常态化规范化，核查水利部反馈甘肃省疑似问题图斑 7 758 个，确认问题 4 422 个，截至 2023 年底，省级审核工作已全面完成，图斑问题整改任务完成 3 586 个。2023 年整改各类监督检查“四乱”问题 503 个，清除河道乱堆垃圾废物及水面漂浮物 47.55 万 t，清除违法违规建、构筑物 23.46 万 m^2，清除围堤、生产堤 9.86km，清理非法占用河湖岸线长度 145.96km。 （祁瀚梅）

【水污染防治】

1. 排污口整治 2023 年，生态环境部交办的黄河流域 5 607 个排污口已完成整治 3 996 个。白银市、临夏回族自治州黄河流域入河排污口整治成效明显。持续推进国家入河排污口管理系统填报，排查 9 809 个，溯源 8 276 个，整治 7 597 个，工作进展排名全国第二。 （甘肃省生态环境厅）

2. 城镇生活污染防治 2023 年，围绕新增污水管网、老旧管网、合流制管网，加快污水处理管网建设改造，2023 年建设改造城市、县城污水管网 673.36km，86 座城市、县城污水处理厂完成一级 A 提标改造。 （孙千军）

3. 畜禽养殖污染防治 2023 年，甘肃省畜禽养殖粪污产生量 1.05 亿 t，资源化利用总量 8 512 万 t，其中粪污肥料化利用 7 578 万 t，能源化利用 761 万 t，垫料化、饲料化和燃料化等方式利用 173 万 t，畜禽粪污综合利用率达到 81%。依托项目建设，分类指导养殖场（户）通过堆沤发酵等工艺处理粪污，以就地就近还田利用为主利用粪肥，推广厌氧发酵罐、膜式堆肥机、好氧一体发酵机等新工艺。完成了全省 88 个区域畜禽粪便土地承载力测算工作，开发了土地承载力测算小程序，借助信息化、数字化手段指导粪肥科学还田。广泛开展技术模式推广和安全生产宣传，编印下发《畜禽养殖废弃物资源化利用明白纸》《畜禽粪污贮存池、沼气设施安全标志标准图册》等资料，发放各地重点推介，提高了基层人员管理水平和技术创新能力。2023 年 8 月 3 日，在天水市秦州区举办全省畜禽养殖废弃物资源化利用技术培训班，共 130 余人参加，进一步提升了各地主管部门业务素质，夯实了监管责任，明确了工作重点。“张掖市甘州区畜禽粪便与秸秆联合厌氧发酵集成技术”等 9 个典型案例入选《黄河流域畜禽粪污资源化利用集成技术及典型案例》。

（甘肃省农业农村厅）

4. 农业面源污染防治 2023 年，大力推广测土配方施肥、水肥一体化、机械施肥等技术和新型肥料应用，完成 113 个化肥利用率田间试验。推动畜禽粪污资源化利用，畜禽养殖粪污资源化综合利用率达 81%。 （孙千军）

5. 船舶港口污染防治 2023 年，甘肃省交通运输厅围绕船舶码头污染防治、船舶大气污染排放、码头环境卫生综合治理等，组织开展了甘肃省水路运输领域生态环境问题排查整治。督促兰州、白银、临夏和陇南市（州）常态化运行《船舶污染物接收转运处置监管联单及联合监管制度》《甘肃省水路交通全域环境卫生整治行动实施方案》《甘肃省交通运输厅水路交通突发事件应急预案》等制度。2023 年，兰州、白银、临夏和陇南市（州）码头和船舶污染物接收、转运及处置设施运转良好。积极对接当地卫生、环保等部门，扎实做好港口码头、船舶检验起泊设施油污、污水及生活垃圾等污染物接收及转运、处置。2023 年，兰州、白银、临夏和陇南市（州）共收集处置生活垃圾 232.73t，油污 0.97t，污水 308.7t。2023 年，甘肃省各级船舶检验机构在船舶法定检验过程中严格执行和落实船舶污染物排放标准和船舶检验规则有关要求，对船舶防治污染设施设备不满足条件的船舶坚决不予签发船舶检验证书。全年共检验合格船舶 766 艘，其中建造检验 61 艘，定期检验 705 艘。新建船舶按要求同步配置岸电受电设施。继续推动靠港船舶使用岸电，鼓励新能源和清洁船舶应用，各地都在进行新能源船舶改造方案编制的前期准备工作，积极推进节能新技术和新产品的推广应用，引导船主使用技术先进、高效低耗的新型船舶，使船舶向节能减噪化方向发展。

（甘肃省交通运输厅）

【水环境治理】

1. 饮用水水源规范化建设 2023 年，印发实施《甘肃省“十四五”打好饮用水安全保障保卫战实施方案》，持续推进水源保护区调整划分报批、重大公共基础设施建设项目穿越审批工作。协调推动兰州市、临夏回族自治州政府签订《刘家峡饮用水水源地环境保护联席会议制度》。持续开展集中式饮用水水源地环境问题排查整治，县级及以上城市集中式饮用水水源地水质达标率 100%。

（甘肃省生态环境厅）

2. 黑臭水体治理 2023 年，组织开展城市黑臭水体整治专项行动，鼓励县（区）积极探索开展县城黑臭水体整治工作，甘肃省城市建成区黑臭水体基本消除。组织开展农村生活污水处理设施及农村黑臭水体专项排查整治，2023 年共治理农村黑臭水体 26 条。 （孙千军）

3. 农村水环境整治　2023 年，印发实施年度工作方案，积极推进农村环境整治，着力改善农村人居环境。对 2022 年农村环境整治成效进行评估，抽取 7 个市（州）21 个县（区）共 38 个行政村，对 24 座农村生活污水处理设施、9 条农村黑臭水体进行现场评估，巩固扩大整治成效。将集中式农村生活污水处理设施纳入年度全省生态环境监测方案，设施运行管理单位组织开展自行监测。

（甘肃省生态环境厅）

【水生态修复】

1. 退田还湖还湿　2023 年，加快推进《甘肃省实施〈中华人民共和国湿地保护法〉办法》立法进程，出台《甘肃省湿地保护规划（2022—2030 年）》，敦煌西湖湿地成功申报为甘肃省第 5 个国际重要湿地，发布首批省级重要湿地 9 处。争取中央财政湿地保护恢复、湿地生态效益补偿项目，加强黄河首曲、尕海则岔、张掖黑河等国际重要湿地的保护修复力度，恢复退化湿地面积，提高湿地生态系统功能和质量。2023 年，全省湿地生态状况明显改善，生物多样性持续向好，湿地面积稳定在 118.56 万 hm^2。 （赏雄飞）

2. 生物多样性保护　2023 年，加快构建以国家公园为主体的自然保护地体系建设，开展自然保护地整合优化，强化野生动植物资源及其栖息地保护，逐步建立野生动物及其栖息地和鸟类迁徙路线监测评估体系。开展珍稀濒危野生动植物种拯救性保护工程，实施大熊猫、雪豹、华北豹、野骆驼、赛加羚羊等极度濒危野生动物及其栖息地抢救性保护，推进朱鹮“回家”工程。提升野生动植物救护繁育能力，支持珍稀濒危野生动物种源繁育基地建设，开展大熊猫、普氏野马、野骆驼等濒危野生动植物放（回）归自然。建立健全省级打击野生动植物非法贸易联席会议制度，督促各地同步建立联席会议制度。 （赏雄飞）

3. 生态补偿机制建立　2023 年，甘肃省财政厅、省生态环境厅印发实施《关于加快建立和完善省内流域横向生态补偿的意见》，进一步完善政策支撑，畅通合作渠道，创新监管模式，充分发挥财政资金撬动作用，推动探索健全完善“保护责任共担、流域环境共治、生态效益共享”的横向生态补偿机制。 （甘肃省生态环境厅）

4. 水土流失治理　2023 年，甘肃省组织实施了中央预算内投资坡耕地水土流失综合治理和新建淤地坝工程、中央水利发展资金国家水土保持小流域综合治理和黄土高原塬面保护等四类项目，下达中央资金 134 295 万元，全年共完成小流域综合治理与保护面积 1 264.69km^2，新修梯田 34.65 万亩，新建淤地坝 106 座。 （赵志斌）

2023 年通渭县坡耕地水土流失综合治理工程（张程鹏　拍摄）

5. 生态清洁型小流域建设　2023 年，甘肃省在兰州、陇南、定西、平凉 4 市的永登、成县、文县、徽县、康县、两当、安定、陇西、崆峒 9 县（区）开展 9 条生态清洁小流域建设，涉及中央投资 3 436 万元，治理水土流失面积 79.07km^2。

甘肃省白银市会宁县、平凉市庄浪县被评定为国家水土保持示范县；酒泉至额济纳铁路酒泉至东风段升级改造工程被评定为国家水土保持示范工程。甘肃省兰州市小青山水土保持科技示范园被评定为第七批“全国水土保持科普教育基地”。 （赵志斌）

【执法监管】

1. 河湖日常监管　按照《甘肃省水利厅关于持续做好 2023 年河湖包抓工作的通知》（甘水河湖发〔2023〕135 号）要求，2023 年，河湖包抓组共计巡河 238 次，全年参与河湖包抓 519 人次，共计巡查河长 28 195km，全年共计发现河湖各类问题 232 个，其中“乱占”问题 19 个，“乱采”问题 8 个，“乱堆”问题 165 个，“乱建”问题 21 个，其他河湖问题 19 个。

2023 年，甘肃省各级执法队伍累计巡查河道 31 万 km，巡查水域面积 1.42 万 km^2，出动执法人员 3.5 万人次，巡查监管对象 8 220 个，现场制止违法行为 556 个。各级立案查办各类水事违法案件 256 起，结案 223 起。 （戴秀雯　石晓）

2. 联合执法　2023 年，以甘肃省河湖管理水行政执法行动、黄河流域水资源保护专项行动、河湖安全保护专项执法行动等“三大专项行动”为牵引，对全省重点市（州）、县（市、区）开展联合执法检查。河湖管理水行政执法行动累计整治问题线索130个，其中黄委反馈疑似图斑问题75个，自行摸排55个（含立案线索），立案9起，办结8起；黄河流域水资源保护专项行动摸排整治违法违规问题81个，整改完成70个，立案19起，办结16起；河湖安全保护专项执法行动摸排问题线索395个（含立案线索），整改完成374个，立案172起，办结151起。

（刘焕民）

【水文化建设】 以省水利风景区建设与管理领导小组为主体，出台《甘肃省水利风景区建设与管理办法》《甘肃省水利风景区评价办法》，利用河长制湖长制平台，把水资源节约保护、水生态环境建设、河湖水域岸线综合利用等作为重点，推动水利风景区融合发展。截至2023年底，全省共建成赤金峡水库水利风景区、甘肃省景电水利风景区、庆阳市庆阳湖水利风景区、敦煌市党河风情线水利风景区、泾川县田家沟水土保持生态风景区等国家水利风景区28处，引大水利风景区、景泰西部民俗文化生态谷省级水利风景区、庆阳市西峰区蒲河水利风景区、定西市陇西县桦林水利风景区等省级水利风景区11处，其中水库型14处，灌区型3处，人工河湖型5处，自然河湖型11处，水土保持型6处。

2023年，刘家峡水电站、甘肃景泰川电力提灌工程、引洮供水工程、石羊河流域重点治理工程入选“人民治水·百年功绩”治水工程项目名单。刘家峡黄河文化博物馆、景电博物馆、嘉峪关市水利博物馆、临泽水文化展览馆等一批水文化研究展示场馆建成投运。

（孙千军）

【数字孪生水利建设】

1.“水利一张图” 2023年，“2＋N”水利智能业务应用体系持续完善，建成全省统一的取用水监测计量系统；智慧白龙江（重要河段）系统纳入“10天风险预警，3天预报预警，实时监测预警”洪涝灾害防御体系；甘肃省水利工程建设管理服务系统投入使用；全省水利建设项目前期工作专家库实现规范化标准化管理；智慧“水利一张图”业务功能更加成熟，河湖导航应用划界成果助力河湖日常管理；甘肃省水库移民项目资金综合监管系统实现同水利部全国大中型水库移民管理信息系统的数据对接。甘肃智慧水利项目之一的舟曲电子防洪沙盘入选中国信息协会发布的“2023年数字城市创新成果”，综合安全监管平台入选2023年中国网络空间安全协会发布的“数据安全与个人信息保护创新实践案例”，甘肃智慧水利建设相关项目获得“2023年中国地理信息产业优秀工程金奖”。

（李效宁）

2. 河长App 2023年，平台以问题为导向，通过对境内河湖网格化、属地化的管理思路，致力于改进河湖长制传统工作模式，为各级河湖长和河长制成员单位提供工作平台。截至2023年底，平台共注册用户31 652人，甘肃河湖长制App下载安装54.89万次。利用全省河湖长制数据采集，共收录河长20 718人、湖长906人、巡河员3 968人、河流（含沟渠洪道）4 630条、河段18 921段、湖库444个（座）、电子公示牌13 086个，以及14项其他数据。2023年通过甘肃河湖长制App实地巡河167.4万人次。

（李效宁）

3. 数字孪生 2023年，数字孪生疏勒河、数字孪生引洮供水工程建设先行先试项目通过水利部验收。

数字孪生疏勒河建设先行先试。完成全流域地理三维数据底板、智慧水利业务应用模型平台以及知识平台搭建；对流域各项工作进行数字映射，构建了流域防洪、水资源管理与调配、工程运行管控、数字灌区管理、水利公共服务等水利业务应用。建成500亩数字孪生疏勒河灌区核心示范区，示范区管理机构可通过闸门自动控制系统、田间自动灌溉系统和农田微型气象站、土壤墒情仪、视频监控等监测感知设施，结合灌区百亩实测灌溉定额，实现核心示范区内作物的精准灌溉。

数字孪生引洮供水工程建设先行先试。建成引洮供水工程总干渠全线数字孪生场景，构建以供水调度为核心的模型平台和知识平台，完善信息基础设施，实现水资源智能调度系统、工程安全运行系统、综合决策系统等多项业务应用。数字孪生引洮供水工程入选2023年度数字孪生水利建设典型案例名录。

（夏天）

青海省

【河湖概况】

1. 河湖数量 青海省流域面积50km²及以上河流3 518条，总长度11.41万km；流域面积100km²及以上河流1 791条，总长度8.2万km；流域面积1 000km²及以上河流200条，总长度

2.81 万 km；流域面积 10 000km^2 及以上河流 27 条，总长度 0.99 万 km。河流长度 100km 及以上的河流总数为 128 条，其中黄河流域 28 条，长江流域 28 条，西南诸河 6 条，西北诸河 66 条。

青海省湖泊主要分布于青南高原外流区、柴达木盆地和羌塘高原区。水面面积 1km^2 及以上湖泊 242 个（不包括 3 个特殊湖泊），省内水面总面积 12 825.8km^2，其中淡水湖 104 个、咸水湖 125 个、盐水湖 8 个、未确定属性湖泊 5 个；水面面积 10km^2 及以上湖泊 88 个，省内水面面积 12 344.9km^2；水面面积 100km^2 及以上湖泊 22 个，省内水面面积 10 025.7km^2；水面面积 500km^2 及以上湖泊 5 个，省内水面面积 6 586.7km^2；水面面积 1 000km^2 及以上湖泊 1 个，即青海湖，2023 年水面面积为 4 528.7km^2；另外，水面面积不足 1km^2 特殊湖泊 3 个。（青海省河湖长制办公室）

2. 水量　2023 年，青海省降水量 370.5mm，折合降水总量 2 581.2 亿 m^3，地表水资源量 837.94 亿 m^3，地下水资源量 361.65 亿 m^3，地下水资源与地表水资源不重复量 17.44 亿 m^3，水资源总量 855.38 亿 m^3，其中黄河流域水资源总量 252.62 亿 m^3，长江流域水资源总量 284.66 亿 m^3，西南西北诸河水资源总量 318.10 亿 m^3。全省出境水量 732.40 亿 m^3，其中黄河流域出境水量 263.88 亿 m^3，长江流域出境水量 285.91 亿 m^3，西南西北诸河出境水量 182.61 亿 m^3。全省 37 座大中型水库年末总蓄水量 281.40 亿 m^3，比年初增加了 34.50 亿 m^3。青海湖年平均水位 3 196.60m，较 2022 年年平均水位上升 0.03m；年初水位 3 196.59m，年末水位 3 196.52m，年内水位下降了 0.07m，年初蓄水量 904.2 亿 m^3，年末蓄水量 901.1 亿 m^3，全年蓄水量减少了 3.1 亿 m^3。扎陵湖年末水位 4 291.11m，较年初上升了 0.33m，全年蓄水量增加了 1.74 亿 m^3；鄂陵湖年末水位 4 270.41m，较年初上升了 0.31m，全年蓄水量增加了 1.80 亿 m^3。（青海省河湖长制办公室）

3. 水质　2023 年，青海省 35 个地表水国考断面优良水体比例为 100%。长江、黄河干流、澜沧江、黑河、柴达木内陆河、青海湖入湖河流国考断面水质达到Ⅱ类及以上。湟水流域国省控监测断面Ⅰ～Ⅲ类水质占比 100%，青海湖等重点湖库水体优良。地表水水质整体优。48 个在用县级及以上城市（镇）集中式生活饮用水水源地（地下水型饮用水水源地 30 个，地表水型饮用水水源地 18 个）水质状况保持稳定。（青海省河湖长制办公室）

4. 新开工水利工程

（1）中小型水库工程。2023 年，青海省新开工建设 2 座小型水库工程，分别为西宁市湟中区小马鸡沟水库和海北藏族自治州海晏县包忽图水库。其中小马鸡沟水库为小（2）型水库，总库容 92.9 万 m^3，批复总投资 24 715.66 万元；包忽图水库为小（1）型水库，总库容 301 万 m^3，批复总投资 35 199.1 万元。工程建成后，可进一步提高受益区城乡供水和农田灌溉保障水平。

（2）中小河流治理。2023 年，青海省持续推进 200～3 000km^2 中小河流系统治理，新开工建设中小河流治理项目 12 项，治理河长 170km。通过新建堤防（护岸）、清淤疏浚等工程措施，治理河段防洪能力进一步提升，有效保护河流沿岸人民群众生命财产安全和重要城镇、耕地和基础设施安全。

（3）农村牧区供水保障。2023 年，青海省各地共争取落实农村牧区供水保障工程投资 5.24 亿元（其中乡村振兴衔接资金 4.36 亿元，地方配套等其他资金 0.88 亿元），新改建 100 处工程，受益人数 64.35 万人。

（4）中型灌区续建配套与现代化改造。2023 年，实施西宁市湟中区拦隆口灌区、湟源县南山渠灌区（分 2 年实施）、海东市民和回族土族自治县积石峡灌区、海西蒙古族藏族自治州乌兰县都兰河水库灌区等 4 处灌区续建配套与现代化改造项目，年内完成投资 1.44 亿元，新增恢复灌溉面积 1.04 万亩，改善灌溉面积 16 万亩。（青海省河湖长制办公室）

【重大活动】　2023 年 2 月 3 日，青海省河湖长制办公室组织召开推进争取河湖长制国家督察激励工作座谈会，通报各地河湖长制创优工作进展，分析研判工作形势，就各地有关责任部门协同争取河湖长制国家督查激励进行再安排再部署。

2023 年 5 月 9 日，青海省全面推行河湖长制工作领导小组会议暨厅际联席会议在西宁市召开。会议深入学习贯彻党的二十大精神，全面落实党中央、国务院关于强化河湖长制的决策部署，坚持问题导向、目标导向、结果导向，研究青海省河湖长制及河湖管理重点事项，安排青海省幸福河湖建设工作，部署下一阶段重点工作。青海省委书记、领导小组组长主持会议并讲话，省长、领导小组组长讲话。

2023 年 7 月 1 日，青海省河湖长制办公室组织召开河湖长制重点工作调度会议，通报相关工作进展情况，安排部署下半年重点工作，调度推进工作落实，聚焦重点领域工作开展技术培训。

2023 年 7 月 7 日，青海省副省长、湟水省级责任河湖长主持召开湟水流域水生态环境治理暨河湖长工作会议，听取湟水流域河湖长制、水生态环境保护情况汇报，安排部署下一步重点工作。

2023年7月12日，第二次黄河流域省级河湖长联席会议以视频会议方式召开，青海省委常委、副省长参加会议并作交流发言。会议审议通过《黄河流域贯彻实施黄河保护法指导意见》《黄河流域村级河湖管护体系建设指导意见》。

2023年8月7日，青海省委书记、甘肃省委书记就黄河上游生态保护工作，共同赴黄河流域青甘界青海省海东市民和回族土族自治县禹王峡、国家地表水自动监测网黄河海东大河家站和甘肃省临夏回族自治州积石山县临大高速公路项目、大墩峡等地调研。

2023年8月22日，2023年长江流域省级河湖长联席会议在上海市召开。青海省副省长参加会议并作交流发言，会议按照全面推行河湖长制工作部际联席会议要求，总结交流工作成效和经验，部署2023年长江流域河湖管理保护工作。

2023年12月11日，青海省副省长、湟水省级责任河长主持召开湟水流域小水电站问题整改暨河湖长工作会议，听取湟水流域小水电站典型案例问题整改情况汇报，安排部署下一步重点工作。

（青海省河湖长制办公室）

【重要文件】 2023年3月11日，青海省河湖长制办公室印发《2023年河湖长制及河湖管理工作要点》（青河湖办〔2023〕2号）。

2023年4月6日，青海省水利厅印发《全省河湖管理水行政执法专项行动工作方案的通知》（青水河湖〔2023〕126号）。

2023年4月13日，青海省河湖长制办公室印发《青海省省级责任河湖“一河（湖、库）一策”实施方案（2021—2025年）的通知》（青河湖办〔2023〕5号）。

2023年4月24日，青海省省级总河湖长签发总河湖长令《关于持续强化河湖长制 推进幸福河湖建设的决定》（2023年第〔1〕号）。

2023年5月26日，青海省河湖长制办公室印发《全省河湖长制问题整治工作方案》的通知（青河湖办〔2023〕9号）。

2023年6月8日，青海省水利厅印发《青海省水利厅水旱灾害防御汛期调度指挥工作制度》（青水防〔2023〕53号）。

2023年6月21日，青海省河湖长制办公室印发《青海省幸福河湖建设工作方案》（青河湖办〔2023〕11号）。

2023年7月6日，青海省生态环境厅、省住房和城乡建设厅印发《关于组织开展2023年城市黑臭水体整治环境保护行动的通知》（青生发〔2023〕223号）。

2023年7月10日，青海省湟水省级责任河长签发湟水河长令《湟水流域水环境综合治理保护专项行动工作方案》（2023年第〔1〕号）。

2023年7月12日，青海省河湖长制办公室、省林长制办公室印发《青海省“河湖长制”“林（草）长制”联动机制工作方案》（青林长办〔2023〕45号）。

2023年8月1日，青海省水利厅、省生态环境厅印发《关于青海湖管理范围的通告》（青水河湖〔2023〕51号）。

2023年8月5日，青海省水利厅印发《青海省水利工程责任单位责任人质量终身责任追究管理办法》（青水建〔2023〕53号）。

2023年8月27日，青海省河湖长制办公室印发《关于进一步明确河湖健康评价有关事项的通知》（青河湖办〔2023〕12号）。

2023年8月30日，青海省河湖长制办公室印发《关于持续强化村级河湖管护体系建设的通知》（青河湖办〔2023〕13号）、《青海省幸福河湖建设成效评估工作方案（试行）的通知》（青河湖办〔2023〕14号）。

2023年9月27日，青海省河湖长制办公室印发《2023年深化落实河湖长制督导工作方案的通知》（青河湖办〔2023〕16号）。

2023年10月2日，青海省水利厅、省交通运输厅印发《关于推进河道砂石采运管理单制度的通知》（青水河湖〔2023〕67号）。

2023年11月14日，青海省河湖长制办公室印发《关于在全省范围开展河道采砂问题排查整改的通知》（青河湖办〔2023〕19号）。

2023年11月15日，青海省河湖长制办公室印发《关于常态化规范化做好河湖长体系动态管理工作的通知》（青河湖办〔2023〕20号）。

2023年12月11日，青海省湟水省级责任河长签发湟水河长令《关于进一步推进湟水流域小水电清理整改工作的决定》（2023年第〔2〕号）。

2023年12月21日，青海省河湖长制办公室印发《黄河青海流域持续强化河湖长制深入贯彻黄河保护法实施方案的通知》（青河湖办〔2023〕23号）。

（青海省河湖长制办公室）

【地方政策法规】

1. 规范　2023年2月1日，青海省市场监督管理局发布《水利水电工程堆砂混凝土坝施工质量检验与评定规范》(DB63/T 2174—2023)；青海省市场监督管理局发布《蒸发量观测 全自动水面蒸发器比测规程》(DB63/T 2105—2023)；青海省市场监督管理局发布《流量测验 雷达波测流系统流量系数率定规程》(DB63/T 2106—2023)；青海省市场监督管理局发布《水位观测 自记水位计比测规程》(DB63/T 2107—2023)；青海省市场监督管理局发布《水生态监测规范》(DB63/T 2108—2023)。

2023 年 3 月 2 日，青海省生态环境厅、省市场监督管理局发布《水质 乙醛、丙烯醛、丙烯腈的测定 吹扫捕集/气相色谱—质谱法》(DB63/T 2118—2023)。

2023 年 11 月 20 日，青海省市场监督管理局发布《水情预警等级》(DB63/T 2174—2023)。

2023 年 12 月 27 日，青海省市场监督管理局发布《水文设施工程标识牌》(DB63/T 2214—2023)。

(青海省河湖长制办公室)

2. 政策性文件 2023 年 2 月 20 日，青海省人民政府办公厅印发《青海省关于进一步加强水资源管理工作的实施意见》(青政办〔2023〕17 号)。

2023 年 3 月 27 日，青海省人民政府办公厅印发《青海省耕地占补平衡指标交易办法》(青政办〔2023〕31 号)。

2023 年 6 月 8 日，青海省生态环境厅等 23 个省级部门印发《关于印发〈深入打好长江青海流域保护修复攻坚战工作方案〉的通知》(青生发〔2023〕183 号)。

2023 年 7 月 11 日，青海省生态环境厅等 24 个省级部门印发《关于印发〈黄河青海流域生态保护治理攻坚战行动方案〉的通知》(青生发〔2023〕234 号)。

2023 年 7 月 12 日，青海省人民政府办公厅印发《关于加强青海省新时代水土保持工作的实施意见》(青政办〔2023〕51 号)。

2023 年 9 月 16 日，青海省人民政府办公厅印发《关于进一步加强地质灾害防治工作的意见》(青政办〔2023〕68 号)。

2023 年 12 月 6 日，青海省省长签发《青海省取水许可和水资源费征收管理办法》(省政府令〔第 139〕号)。

(青海省河湖长制办公室)

【河湖长制体制机制建立运行情况】 2023 年，青海省委、省政府高度重视，大力支持，主要领导带头履责，主持召开领导小组会议，听取市（州）总河湖长述职、调度推进工作落实，签发总河湖长令，推进幸福河湖建设，赴长江、黄河、澜沧江、湟水、青海湖等一线巡查、协调解决瓶颈问题。省委主要领导与甘肃省委主要领导一起巡查黄河青甘共界段，推动黄河上游生态保护。省政府主要领导专题调研河湖长制及水利工作，3 位副省长靠前指挥、现场办公，协调督促责任河湖治理保护措施落地见效。五级河湖长务实履责，签发总河湖长令及责任河湖长令 51 份、专题会议研究部署 83 次、巡查河湖 15.2 万人次。省河湖长制办公室印发全省河湖长制问题整治工作方案，督导推进体制机制、水污染防治、区域垃圾治理、水资源配置、防洪减灾、基础工作等 6 大类 280 余项突出问题全面整改；组织省直 20 个责任部门分片包干对全省 8 个市（州）、45 个县（市、区）开展全覆盖督导，推动《青海省实施河长制湖长制条例》有效实施。派员赴各地培训县、乡、村三级河湖长、河湖管护员 1 000 余人次，特别对玉树藏族自治州等地“点对点”下沉督帮。一些地区长期存在的人员、资金等要素保障不到位、基层河湖长职责不明晰等问题基本解决。

省河湖长制办公室制定印发《关于 2023 年度河湖长制工作考核指标的通知》(青河湖办〔2023〕17 号)、《关于开展 2023 年河湖长制考核工作的通知》(青河湖办〔2023〕21 号)，有序组织开展考核工作。按照考核结果与考核过程中发现的问题，梳理形成问题清单，专报省政府同意后，将考核结果及问题清单下发各市（州）人民政府，督促问题整改。将考核结果作为党政领导干部综合评价的重要依据，并依据《青海省对河长制湖长制工作真抓实干成效明显地区激励支持实施方案》有关规定，落实激励支持措施。

达玉湖水系连通项目（刘国斌 拍摄）

提请省委书记、省长签发省总河湖长令《关于持续强化河湖长制 推进幸福河湖建设的决定》(2023 年第〔1〕号)，明确分年实施，到 2025 年全省建设 100 条（个）幸福河湖的总目标。坚持建设幸福河湖必须先开展健康评价的原则，印发实施《青海省“十四五”期间河湖健康评价名录及分年实施计划》《青海省河湖健康评价指标体系（试行）》

《青海省幸福河湖建设工作方案》《青海省幸福河湖建设成效评估工作方案》，指导各地同步推进河湖健康评价、幸福河湖建设。截至2023年底，全省已开展117条（段、个）河、湖、库健康评价，积极推进2023年17条（个）幸福河湖建设，完成县级自评估、市（州）复核评估、省级复核评估工作。衔接水利部申报储备2个幸福河湖建设项目。组织开展群众满意度调查，全省各族群众对河湖综合治理保护满意度超过90%。（青海省河湖长制办公室）

果洛藏族自治州开展水资源和节水管理督导检查（刘国斌 拍摄）

【河湖健康评价开展情况】 2023年，青海省河湖长制办公室印发《青海省河长制湖长制办公室关于进一步做好河湖健康评价和建立河湖健康档案工作的通知》（青河湖办〔2023〕8号）、《青海省河长制湖长制办公室关于进一步明确河湖健康评价有关事项的通知》（青河湖办〔2023〕12号），要求各市（州）、县（市、区）按计划开展河湖健康评价，建立河湖健康档案工作。完成《青海省河湖健康评价指标体系（试行）》修订，为规范全省河湖健康评价、提高工作质量效率奠定基础。按照《青海省“十四五”期间河湖健康评价（2021—2025年）名录及分年实施计划》，明确了青海省河湖健康评价目标任务，为指导各地落实年度工作任务提供政策依据。推进省管6条河流健康评价，均已通过技术审查，健康档案指标得分已上传水利部信息系统；开展2024年度省管5河2湖健康评价任务书编制，对8个市（州）河湖健康评价工作进行技术指导，开展河湖健康档案建设和系统填报等技术组织，已完成73条河流、2个湖泊健康档案系统录入工作。

（青海省河湖长制办公室）

【“一河（湖）一策”编制和实施情况】 2023年，完成省管12河、4湖、11库“一河（湖）一策”（2021—2025年）实施方案滚动修编，经省级责任河湖长批准印发实施。进一步强化水资源保护、水域岸线管控、水污染防治、水环境治理、水生态修复、执法监管、智慧河湖建设等河湖管护七大任务。

（青海省河湖长制办公室）

【水资源保护】

1. 水资源刚性约束 全面落实最严格水资源管理制度。严格用水总量和强度双控，组织完成实行最严格水资源管理制度考核工作。2023年全省用水总量24.85亿m^3，万元GDP用水量69.5m^3、万元工业增加值用水量30.4m^3，农田灌溉水有效利用系数0.509，水资源管理“三条红线”指标连续11年完成国家控制年度目标，水资源刚性约束作用进一步加强。水资源管理长效机制不断完善。坚持“四水四定”，报请省政府办公厅印发《关于进一步加强水资源管理工作的实施意见》，明确到2025年工作目标，从严格总量控制、强化节水管理、严格水资源保护等方面安排部署水资源管理重点工作任务。组织完成《青海省取水许可和水资源费征收管理办法》（省政府令第139号）修订工作，实现了自2006年制定公布以来的首次修订，细化明确省、市、县三级取水许可审批权限。地下水管理举措有序推进。省政府组织召开西宁市城市供水地下水源置换工作专题会议，统筹推进引大济湟工程受益区范围内西宁市城市供水地下水源置换。部署推进地下水取水工程登记造册工作。（青海省河湖长制办公室）

2. 节水行动 2023年，落实《青海省节水行动实施方案》（青水节〔2019〕156号）要求，推进用水总量强度双控、农业节水增效、工业节水减排、城镇节水降损、节水开源并进、科技创新引领等重点工作，深化节水体制机制改革、协同推动节水工作。全省用水总量控制在29.6亿m^3目标之内，非常规水源利用量1.01亿m^3，超额完成0.72亿m^3控制目标。全省万元GDP用水量69.5m^3，万元工业增加值用水量30.4m^3，较2020年下降14.2%和10.6%，农田灌溉水有效利用系数为0.509，用水效率和效益不断提高。

充分发挥联席会议办公室作用。调整青海省节水管理联席会议成员，协调省政府召开2023年度联席会议，印发《青海省2023年度节约用水工作省级联席会议纪要》、《青海省节水管理联席会议2023年度工作要点》（青节水联办〔2023〕33号）。持续发挥牵头抓总作用，形成工作合力，完成《青海省落实〈国家节水行动方案〉情况报告》（青水节〔2023〕25号）。

稳步推进县域节水达标建设。配合水利部完成7个县域节水型社会建设达标复核，其中5个县（区）

获得水利部命名。完成海南藏族自治州兴海县等6个县域节水型社会达标建设省级验收。24个县（区）被水利部命名为县域节水型社会建设达标县，占全省县级行政区53.3%。提前并超额完成《“十四五”节水型社会建设规划》中到2025年建成40%的目标任务。

持续推动节水载体建设。创建公布拦隆口、云谷川、宝库渠、石山泵站、湟海渠等5个节水型灌区；西宁市创建国家级节水型城市；创建青海大学、青海交通职业技术学院、青海警官职业技术学院、青海农牧科技职业学院4所节水型高校，全省节水型高校建成率75%，黄河流域建成率82%；创建节水型园区1个、节水型企业25个、节水标杆企业2个、节水型单位364个、节水型居民小区93个。

强化节水监督检查。完善公布19个国家级、33个省级、39个市（州）级重点监控用水单位名录，年用水量50万m^3及以上应纳入名录的用水单位全部纳入重点监控用水单位名录。指导地方水行政主管部门严格节水评价审查，规范节水评价台账，全省完成210项水资源论证报告节水评价专章审查（暂缓9项），坚决抑制不合理用水需求。

持续加强节水宣传教育。以“世界水日”“中国水周”为契机，动员各机关事业单位、高校、企业开展“节水中国 你我同行”及节水“六进”主题宣传活动，广泛动员社会公众参与第三届全国节约用水知识大赛竞答活动。青海省水利厅获2023年“节水中国 你我同行”联合行动优秀组织单位、第三届全国节约用水知识大赛优秀组织单位；青海省水利厅联合海南藏族自治州政府、果洛藏族自治州甘德县政府组织的活动，获2023年“节水中国 你我同行”联合行动优秀活动。组织制作青海省节约用水宣传片，通过节水文化公园（广场）建设、节水实践活动、科普讲座、节水志愿授旗等方式不断丰富节水内涵，引导全社会形成节约用水的自觉行动和良好风尚。

2023年，落实中央和省级农田建设补助资金3.38亿元，共实施高标准农田建设项目31个，新建高标准农田17.97万亩，改造提升高标准农田4.08万亩，发展高效节水灌溉1.24万亩。全年累计实施土地平整面积6.08万亩，土壤改良6.06万亩，整修田间道路187.72km，衬砌灌溉渠道及埋设管道515.52km，配套输电线路3.02km，新增和改善农田灌溉面积10.25万亩，年节约水量828.92万m^3。高标准农田建成后，耕地质量平均等级达到6.37等，粮食综合生产能力明显提高，节水、节肥、节药效果显著，助推青海省粮食总产量稳定在100万t以上。（青海省河湖长制办公室）

3. 生态流量监管　严格生态流量管控，湟水、格尔木河、大通河重点生态流量控制断面达标率100%。制定印发《青海省隆务河生态流量保障实施方案》，完善生态流量监测预警调度机制。组织编制《青海省北川河、格尔木河流域已建水利水电工程生态流量核定与保障先行先试报告》，核定北川河、格尔木河8个水利水电工程的生态流量，明确开展水量调度与管理、完善生态流量泄放设施、加强监测预警和监督管理等保障措施。全面推进小水电站生态流量保障，印发《小水电站影响河流生态系统健康突出问题排查整治工作方案》，省、市（州）、县三级联动，县级自查率100%、州级抽查率80%、省级复核率50%，将省级复核发现问题反馈各地，督促落实整改。

（青海省河湖长制办公室）

4. 全国饮用水水源地安全达标保障评估　2023年，会同青海省生态环境厅印发《青海省县级以上集中式饮用水水源地名录》，并报送水利部备案。组织完成2022年度7个国家重要饮用水水源地安全保障达标建设评估工作，经评估，7个水源地均达标，6个水源地评估为优。（青海省河湖长制办公室）

5. 取水口专项整治　全面完成取用水管理专项整治行动整改提升任务，列入整改类的2 749个取水项目全部完成整改。有序推进取水监测计量体系建设工作，2023年下达投资2 516万元，其中中央投资1 816万元，涉及20县（区），完成监测计量设备安装950项，投资完成率100%。积极衔接汇报水利部争取2024年建设补助中央资金4 474万元。组织开展黄河青海流域水资源保护专项行动，行政立案24起，结案24起，行政处罚51.3万元，追缴水资源费44.1万元。（青海省河湖长制办公室）

6. 水量分配　印发2023年青海省调水管理工作要点，安排部署年度各项重点工作。积极配合流域管理机构开展黄河、洮河、岷江、金沙江水量调度，2022—2023调度年青海省黄河干流和湟水（大通河）耗水量共计7.975亿m^3，洮河、岷江、金沙江流域用水总量分别为141万m^3、585万m^3、2万m^3，均未超出年度分配指标。开展湟水和引大济湟工程水资源调度，组织完成《青海省湟水流域水量调度方案》《引大济湟工程水量调度方案》编制。

（青海省河湖长制办公室）

【水域岸线管理保护】

1. 河湖管理范围划定　截至2023年底，青海省河湖管理范围划定3 822条（名录内3 518条、名录外 304 条），湖泊 245 个（名录内 242 个、名录外 3 个）。合计划定总长度约 12.92 万 km。埋设实物界桩 8 万余根。（青海省河湖长制办公室）

2. 岸线保护与利用规划编制　截至 2023 年底，省、市、县三级共编制批复 781 条河湖岸线保护利用规划。（青海省河湖长制办公室）

3. 采砂管理　2023 年，落实河道采砂管理“四个责任人”740 名，按照河道管理权限向社会公告，接受社会监督。年内各级水行政主管部门完成 8 项河道采砂许可证电子证照转换。加强河道采砂管理，会同省公安厅、省人民检察院等部门联合开展长江河道非法采砂问题专项整治，2023 年全省累计排查整治非法采砂行为 23 起，确保河道采砂规范有序。联合省交通运输厅制定推行河道砂石采运管理单制度，强化砂石开采、运输、销售全链条监管。

（青海省河湖长制办公室）

4. “四乱”整治　以河湖“清四乱”常态化规范化、河湖安全保护专项执法、黄河青海流域水资源保护、黄河流域河湖管理水行政执法等专项行动为抓手，全方位排查整治问题。2023 年累计排查整治河湖“四乱”问题 155 项，拆除涉河湖违规建筑物 1.12 万 m^2，腾退非法占用河道岸线 2.13km，清运建筑生活垃圾 7.57 万 t。全省河湖“清四乱”工作成效得到进一步巩固，新增涉河湖违建等问题得到有效遏制，行洪蓄洪通道得到有效恢复，河湖面貌明显改善。（青海省河湖长制办公室）

【水污染防治】

1. 排污口整治　2023 年，青海省生态环境厅、省水利厅印发《关于加强入河排污口监督管理工作的通知》（青生发〔2023〕76 号），进一步明确全省排污口排查范围、目标任务、完成时间以及河湖清单。青海省生态环境厅印发《青海省入河（湖）排污口设置审批权限划分方案（试行）》（青生发〔2023〕393 号），围绕排污口规范设置审批、加强规范化建设、严格监督管理，明确排污口设置审批部门事中事后监管重点，并将国家和省级排污口审批河段“落图落表”。全力推进入河排污口“查、测、溯、治”任务，各市（州）根据交办的重点流域入河（湖）排污口清单，全面完成国家和省级确定的重点流域入河（湖）排污口排查、溯源、整治年度任务，湟水河干支流排污口排查实现全覆盖。

（青海省河湖长制办公室）

2. 城镇生活污染防治　2023 年，省级以“四不两直”方式暗访督察西宁市、海东市城镇污水处理厂运行情况，并对企业违法行为直查直办。污染源在线自动监控平台发挥“千里眼、顺风耳”作用，对纳入监管平台的城镇污水处理厂实施远程连续监控。对 5 家城镇污水处理厂开展“双随机、一公开”抽查和问题指导帮扶。在青海省生态环境厅、省住房和城乡建设厅全力推动下，西宁市第三污水处理厂扩建、第六污水处理厂提质等重点减排工程建成运行，污水收集处理效能不断提升。

（青海省河湖长制办公室）

3. 畜禽养殖污染防治　2023 年，青海省农业农村厅、省生态环境厅印发《关于做好畜禽粪污资源化利用计划和台账管理的通知》（青生发〔2023〕335 号）、《青海省畜禽粪污资源化利用工作考评方案（试行）》（青农牧〔2023〕208 号）等指导性文件，开展畜禽养殖粪污利用大排查，全省 560 家备案规模养殖场中不存在禁养区范围内建设情况，畜禽粪污综合利用率达 83%，规模以上养殖场粪污处理设施配套率达 97%。开展畜禽规模养殖场大排查、全省畜禽粪污资源化利用考评等工作，禁养区不得建设畜禽规模养殖场政策得到有效落实。在西宁市大通回族土族自治县海东市乐都区推进实施畜禽粪污资源化利用整县推进项目，促进了畜禽粪污的减量化、无害化和资源化利用，有效减少了污染物排放。

（青海省河湖长制办公室）

4. 水产养殖污染防治　2023 年，继续实施水产养殖减量用药、健康养殖示范推广、无规定疫病苗种场评估和水产苗种检疫等工作，建立省级水产品兽药残留抽检体系，110 个抽检样品全部合格。大型网箱鲑鳟鱼养殖鱼粪收集处理技术取得初步实效，督导沿黄网箱养殖场安装网箱粪污回收收集装置，通过在高密度聚乙烯（HDPE）圆形大网箱底部安装粪污残饵收集装备，收集鱼粪残饵 3 000 余 t，鱼粪收集面积约 22 万 m^2，全省圆形网箱鱼粪收集推广面积达 90%以上，有效提升了水产绿色健康养殖技术和节能减排水平。开展网箱养殖水体环境常态化监测，养殖水域国控和省控断面的定期监测和随机抽查结果符合渔业水质和地表水Ⅱ类标准，沿黄水库整体水质状况良好。稳步推进陆基渔业循环水养殖尾水处理技术模式，实现养殖用水循环利用、养殖尾水达标排放。对 20 家重点陆基养殖场跟进开展技术指导服务，做好养殖尾水处理和水质监测，引导陆基渔业健康良性发展，推动青海冷水鱼养殖提质增效、转型升级。（青海省河湖长制办公室）

5. 农业面源污染

（1）农药化肥减量增效持续推进。2023 年，持续推进全省 8 市（州）32 个县（市、区、行委）、2 个国有农牧集团公司、2 个农场开展化肥农药减量增效行动，实施面积 20 万 hm^2，实现化肥和农药使用量较行动前分别减少 20%以上，实现了农业绿色发展和保护环境相统一。

(2) 秸秆综合利用巩固提升。2023 年，安排资金 1 231 万元，在海东市民和回族土族自治县、循化撒拉族自治县，海南藏族自治州贵德县，海北藏族自治州门源回族自治县，西宁市湟中区等 5 个县（市、区）开展农作物秸秆重点县建设项目，积极探索各类农作物秸秆肥料化、饲料化、原料化、能源化等综合利用途径，全省秸秆综合利用率达到 90.66%。

(3) 农药包装废弃物回收处置得到完善。建立“多元化统一回收、专业化定期归集、无害化集中处置”回收处置机制，2023 年累计回收处置各类农药包装废弃物 732.62 万余个，无害化处置 46.85t，全面完成全省回收处置任务，各农业县（市、区）农药包装废弃物回收率均达到 80%以上。探索建立“市场主体回收、专业机构处置、公共财政扶持”的农药包装废弃物回收处置体系，设立 338 个基层回收点，定期回收、集中处置，年回收各类农兽药包装废弃物、过期疫苗、实验室废弃耗材等 732 万个 694.05 万瓶（盒、袋、只）167t，无害化处置率达 100%。

(4) 农田残膜回收不断强化。2023 年，有效治理“白色污染”，持续在西宁市大通回族土族自治县、湟中区等 10 县（市、区）开展农田残膜回收处置，通过使用标准农用地膜、示范推广生物降解膜、机械化捡拾、强化回收处置等措施，多渠道多形式统筹推进农田残膜回收工作，示范推广全生物降解膜 6 万亩，推广应用农田地膜 94 万亩，累计回收农田残膜 621 万余 kg，回收率达 90%以上，有效保护了耕地生态环境。

(5)“十年禁渔”工作成效不断巩固。2023 年，先后召开全省长江禁捕青海湖封湖育鱼工作领导小组暨黄河禁渔工作专题会议、青海湖封湖育鱼工作专题会议、青海湖裸鲤资源保护行动动员部署会，分析研判禁捕形势，研究部署执法任务。组织开展“青海渔政亮剑 2023”、“网盾行动”、中秋节、国庆节“两节”水生生物保护等专项执法行动，123 处重点水域渔业渔政监测系统建成使用，定期召开部门联席会议，开展重点水域督导检查，始终对涉渔违法保持严打高压态势。查办行政案件 57 起，查获违法人员 29 名，渔获物 2 159.73kg，清理违规网具 1 238 张（顶）。（青海省河湖长制办公室）

6. 船舶港口污染防治　2023 年，紧密结合青海省通航水域船舶码头污染防治工作实际，印发《青海省地方海事局关于做好 2023 年船舶、码头污染防治及塑料污染治理工作的通知》（青海事〔2023〕10 号），要求各地做好船舶、码头污染防治及塑料污染治理全方位的监管工作，船舶和码头设计、建造、检验、营运、维修等各环节严格按照法律法规执行；加强船舶和码头污染物收集、储存、转运和接收各环节监管，进一步提升船舶、码头污染防治治理水平。

深入基层对海事管理人员及航运企业从业人员进行污染防治法律法规、标准等知识进行培训 2 次，宣讲宣传 6 次，形成了共抓大保护的社会氛围，提升社会大众对绿色交通的认知度。

对船舶码头污染物处置工作采取严格的监管措施，明确要求严禁向水域内排放油污水、舱底水及生活污水，严禁向水域内抛投生活垃圾，所有污染物一律打包上岸，定期进行回收、转运和处置，并对全过程进行记录，实施跟踪管理。督促各级交通运输主管部门和航运企业在船舶码头按照规定配备警示提醒标志、垃圾告示牌、垃圾桶等设施设备，规范记录垃圾记录簿、油类记录簿等法定文书，并存档备查。2023 年共产生生活垃圾 15 859kg、生活污水 66 000L、油污水 290L，均由专业公司回收、转运和处置。

全面加强污染防治监督检查。结合船舶检验、船舶安全监督、日常检查等工作对船舶码头污染防治设施设备、标志标识、文书资料及各项记录等进行全面督查。开展监督检查 5 次，对设施设备配备不足、标志标识未张贴等问题，下发整改通知书 4 份，均已整改完成。（青海省河湖长制办公室）

【水环境治理】

1. 饮用水水源规范化建设　2023 年，青海省生态环境厅、省水利厅印发《青海省县级以上集中式饮用水水源地名录》，将全省向建制市和县城供水并已划定保护区的 57 个集中式饮用水水源地（包含备用水源地）纳入管理。持续推进水源保护区“划、立、治”工作。西宁市、海东市、海西蒙古族藏族自治州、海南藏族自治州、果洛藏族自治州完成多处地市、县（区）及村镇集中式饮用水水源保护区依法划定和调整工作。实施海南藏族自治州兴海县龙曲沟饮用水水源地规范化建设提升与生态环境保护修复项目。（青海省河湖长制办公室）

2. 黑臭水体治理　2023 年，青海省生态环境厅、省住房和城乡建设厅组织市（州）及辖区（市）相关部门，对城市建成区开展排查，西宁市“十三五”期间完成整治的 26 处水体中，20 处无水、6 处有水水体水质达标，未发现黑臭问题反弹及新增。青海省生态环境厅加大农村黑臭水体整治力度，对全省农村黑臭水体治理工作进行指导帮扶，综合采取截污控源、生态修复、清淤疏浚、水体净化等措施，累计完成全省25条列入国家监管清单的农村黑臭水体治理，稳步消除农村黑臭水体。

（青海省河湖长制办公室）

3. 农村水环境整治　2023年，印发《青海省农村生活污水治理项目管理技术要点》、《青海省农村生活污水治理成效评估技术要点》、《青海省农村生活污水处理设施运行维护技术要点》、《农牧区生活污水处理技术指南》（青生办〔2023〕31号），加强农村生活污水治理项目规范化管理。安排专项资金在西宁市湟源县开展农村分散式生活污水治理关键技术应用和本地化技术研发试点示范，为精准科学推进农村生活污水治理提供支撑。

（青海省河湖长制办公室）

【水生态修复】

1. 退田还湖还湿　2023年，制定实施林（草）长21条草原工作责任清单和《青海省草原违法违规问题整改销号工作办法（试行）》（青林草〔2023〕184号）。与省人民检察院印发了《关于建立湿地保护领域行政执法与公益司法协作机制的意见》（青检会〔2023〕7号），建立省级层面湿地保护和公益司法协作机制。与18个省级相关单位联合建立了省级湿地保护联席会议制度，西宁、海东等相关市（州）、县建立联席会议制度。

不断完善林（草）长制责任、制度、工作、督查考核和保障体系，建立“林草长＋警长＋检查长＋法院院长”“林草长＋河湖长”联动机制，推进乡镇和村级林（草）长建设，强化林草资源保护。与省自然资源厅、省生态环境厅联合成立“排查整治专项行动”领导小组，开展违规侵占国家湿地公园等自然保护地问题排查整治专项行动，强化林草湿资源监管力度。

（青海省河湖长制办公室）

2. 生物多样性保护　2023年，加大生物多样性保护，成立青藏高原雪豹保护联盟，发布重点保护野生植物名录。省林业和草原局联合省农业农村厅、省委政法委等多部门开展“2023清风行动”“网盾行动”和“鸟类保护专项治理行动”等，有效打击了破坏野生动植物违法犯罪行为。青海省农业农村厅先后完成长江流域青海段、黄河青海段、泽曲河、洮河、黑河、玛可河、省内国家级水产种质资源保护区渔业资源与水体环境监测调查任务。监测结果，显示长江、黄河青海段整体水质状况良好，发现长江流域青海段疑似新种1个，未记录物种2个，发现“消失”近30年的黄石爬鮡和中华鮡，澜沧江流域首次发现青海省特有珍稀鱼类——细尾鮡。首次在黄河尖扎段、羊曲段监测到易危物种——黄河雅罗鱼和刺鮈。2023年，增殖放流各类鱼类 2 485万尾，其中青海湖裸鲤 2 050万尾，花斑裸鲤75万尾，重口裂腹鱼10万尾，民间放流350万尾。完成玛可河川陕哲罗鲑救护中心基础设施改造，继续实施川陕哲罗鲑环境DNA监测，共采集到川陕哲罗鲑DNA样本330份，水质、浮游动植物、底栖动物样本各7份及30余组生境资料。与农业农村部长江流域渔政监督管理办公室和四川省渔业主管部门就川陕哲罗鲑引进、人工驯养繁育、资源监测达成一致，确保川陕哲罗鲑这一珍稀物种“引进来、存活住、繁育成”。

（青海省河湖长制办公室）

3. 生态补偿机制建立　2023年，全力推进重点流域生态补偿工作。为支持青海省重点流域水环境综合整治，推动流域“共同抓好大保护，协同推进大治理”，青海省财政厅联合省生态环境厅等部门印发《青海省重点流域生态保护补偿办法（试行）》（青财资环字〔2023〕264号），按照“责任共担”原则，建立省、县（市、区）共同事权和财政支出责任协同推进重点流域生态补偿工作机制，依据相关部门提供的2022年度国控省控断面水质达标情况、最严格水资源管理制度考核情况以及各县（市、区）湿地、森林、草原面积情况3个考核因素，对黄河、长江及澜沧江流域40个县（市、区）生态补偿资金分配额度进行测算。2023年，共安排下达资金2.97亿元，首次用于支持开展全省重点流域生态保护工作。

积极落实新一轮草原生态补奖政策。根据财政部、农业农村部、国家林业和草原局《关于印发第三轮草原生态保护补助奖励政策实施指导意见》要求，制定印发《青海省第三轮草原生态保护补助奖励政策实施方案（2021—2025年）》，在第二轮政策实施基础上，确保第二轮政策收益不降低的同时，综合考虑各地区新增草原面积、草原生产力水平、禁牧面积、人口数量等因素，合理安排增量资金，避免出现区域性补贴额度过高或过低。2023年，共安排资金28.95亿元用于落实草原生态保护补奖政策，支持加快传统畜牧业向生态畜牧业转型升级，推动生态、生活、生产“三生”共赢。

（青海省河湖长制办公室）

4. 水土流失治理　2023年，共实施水土保持项目33项，投资3.24亿元，治理水土流失面积579.84km^2。其中小流域30项，投资2.8亿元，完成治理水土流失面积565.18km^2；坡改梯3项，投资 4 400 万元，完成治理水土流失面积 14.66km²。据测算，治理效益完全发挥后，可减少土壤流失量 114.6 万 t，蓄水 728.3 万 t，增产粮食 0.25 万 t，为助力乡村振兴战略提供重要支撑保障。

（青海省河湖长制办公室）

5. 生态清洁型小流域建设　2023 年，共安排 1 项生态清洁型小流域，投资 4 499 万元，治理水土流失面积 50km²。据测算，此次工程能够减少土壤流失量 7.43 万 t、蓄水 44.37 万 t，可有效改善区域生态和水环境、增强水源涵养能力、减少面源污染、提高土地生产力、促进农业产业结构调整，助力休闲观光农业和乡村旅游业、助推乡村振兴和社会经济发展，切实增强人民群众幸福感、安全感、满足感。

（青海省河湖长制办公室）

湟水北干渠扶贫灌溉一期工程（互助东山片区）
（青海省水文水资源勘测中心　供图）

海西蒙古族自治州都兰县香日德灌区
（青海省水文水资源勘测中心　供图）

【执法监管】

1. 河湖日常监管　2023 年，聚焦河湖“四乱”、非法采砂、妨碍河道行洪突出问题，与统筹督查、汛前检查、“双随机、一公开”执法检查结合起来，开展河湖管理督导检查。对发现的重点问题建立台账，逐项明确责任、整改措施和完成时限，督促问题整改，核查图斑 9 585 项，整改问题 172 项。市（州）、县、乡、村河湖长和河湖管护员常态化开展巡查管护，实现河湖监管全覆盖、无死角。

（青海省河湖长制办公室）

2. 联合执法　2023 年，依法强化河湖长制，结合统筹监督、汛前检查、“双随机、一公开”监督检查工作，严厉打击涉河湖违法违规行为。省全面推行河湖长制工作领导小组各成员单位担当履职、密切配合，相互支持，协调解决河湖管理保护中的重点难点问题，加强对地方全面推行河湖长制工作的指导和督查力度。（青海省河湖长制办公室）

【水文化建设】　2023 年，落实水利部关于国家水利风景区复核及黄河流域水利风景区专项排查工作安排部署，组织青海省现有 13 家国家水利风景区深入开展自查，并对西宁市长岭沟水利风景区、黑泉水库水利风景区、互助北山水利风景区等 3 家国家级水利风景区深入开展复核，建立问题台账，印发《国家水利风景区复核整改通知单》，形成《国家水利风景区复核报告书》，组织青海省黄河流域 11 家水利风景区深入开展专项排查，准确填写黄河流域专项排查一览表，9 家国家水利风景区通过“水利风景区综合服务平台”报送黄河流域专项排查一览表。

（青海省河湖长制办公室）

【数字孪生水利建设】

1.“水利一张图”　青海“水利一张图”融合地理信息、大数据、网络通信等技术，整合河流湖泊、水库、水电站、泵站、堤防、水闸、灌区、引调水工程、取水口等 30 余类空间信息资源，集成了东大滩水库等 20 座水库的全景信息和 8 座水库视频信息，链接展示 2 700 余处水文、山洪等监测站点和 311 个取用水监测点的取水量监测数据，融合了河湖水系、水利工程、涉水管理对象的空间信息、业务信息、监测信息，基本形成综合管理、防汛抗旱、河湖管理、水资源管理、农村牧区饮水、水工程运行等 6 大专题，初步构建了共建共享服务体系，为水行政管理工作提供了信息化支撑手段，在数字孪生流域建设、智慧水利建设积累宝贵经验。（青海省河湖长制办公室）

2. 河长 App　2023 年，持续优化完善青海省河长制湖长制综合管理信息平台，实现河湖综合管理信息展示、巡河日志和影像资料、工作数据上传、手机巡河 App 巡河等功能，为统筹协调全省河湖管理保护工作提供了数据支撑。

（青海省河湖长制办公室）

3. 数字孪生　2023 年，青海省水利厅通过“水利一张图”、山洪灾害省级平台、水库运行管理信息化建设、智慧河湖等信息化建设，初步形成了信息化采集、传输、存储、处理、资源整合共享、业务应用体系，有力推进湟水数字孪生流域建设。2023年汛期，通过山洪灾害省级平台，联合气象部门发布24h山洪灾害风险预警26期、短临风险预警4期，发布预警信息2.4万余次，发送预警短信118万余条，涉及40个县、240个乡镇、1 024个村，关联防汛责任人1.5万余人。海东市乐都区湟水河智慧河湖管理系统通过建设智能感知体系、智慧云服务中心、智慧业务应用系统和智慧水利保障体系，进一步提升综合监测、业务办理、综合决策、政务管理、公众服务等方面的基础能力，初步实现监测感知化、管理高效化、决策智能化、政务协同化、服务泛在化，有效提升日常工作的业务能力、响应速度、执行效率和过程质量。通过国家水资源监控能力建设青海省项目，将水利业务“四预”智慧化要求贯彻在水资源管理工作中，对全省河道外取水许可量的80%以上以及总用水量的50%以上实现取用水量在线监测。2023年，国控一、二期共计建设335个监测点、7个水源地水质在线监测站。

（青海省河湖长制办公室）

宁夏回族自治区

【河湖概况】

1. 河湖数量　宁夏回族自治区（简称“宁夏”）境内有黄河、清水河、典农河、茹河、泾河、渝河、葫芦河、苦水河、红柳沟、水洞沟等主要河流，流域面积50km^{2}及以上河流（含排水沟）406条（全国第一次水普数据），总长度10 120km；流域面积100km^{2}及以上河流165条，总长度6 482km；流域面积1 000km^{2}及以上河流22条，总长度2 226km；流域面积10 000km^{2}及以上河流2条，黄河长度397km，清水河长度319km。宁夏境内湖泊湿地主要分布在黄河、清水河流域，常年水面面积1km^{2}及以上的湖泊有23个，总面积109km^2；1km^{2}以下湖泊有200余个。全自治区纳入河湖长制管理的河流、湖泊、沟道共997个。（王学明）

2. 水量　2023年，黄河干流宁夏段入境实测年径流量279.4亿m^3，出境实测年径流量237.8亿m^3，进出境水量差41.6亿m^3。全自治区黄河干流主要取水口取水量56.53亿m^3。向湖泊湿地生态补黄河水1.95亿m^3，其中典农河生态补水0.82亿m^3，沙湖生态补水0.43亿m^3。（郑晓波）

3. 水质　2023年，全自治区20个地表水国控断面Ⅲ类及以上水质优良比例为80.0%；黄河干流宁夏段连续7年实现水质Ⅱ类进、Ⅱ类出；宁夏区域实现水体水质劣Ⅴ类动态清零；16个城市集中式饮用水水源地水质达到或优于Ⅲ类的比例为78.6%，均达到国家考核目标任务；全自治区22条主要入黄排水沟水质达到或优于地表水Ⅳ类标准的比例为97.1%。

（李淑娟）

4. 新开工水利工程　2023年，全自治区累计开复工水利项目534项，落实水利投资77.3亿元，完成投资73.8亿元，完成率达95.5%。黄河主要支流清水河、苦水河治理项目新建工程6项，年度下达资金17 444万元，年度完成投资14 545万元，投资完成率83.4%；计划治理河长44.9km，完成治理长度37.9km，治理长度完成率84.4%。2023年黄河主要支流清水河、苦水河治理项目续建工程1项，年度下达投资544万元，完成投资500万元，计划治理河长3.62km，已全部完成。实施银川市高家闸沟、石嘴山市大峰沟、银川市贺兰县沙井子沟、惠农区王泉沟、青铜峡市滑石沟等5个中小河流治理项目，完成投资1.47亿元，治理河流长度55.5km。

（吴丙坤　李锐）

【重大活动】　2023年3月17日，自治区政府副主席、自治区河湖长制工作联席会议召集人主持召开2023年自治区河湖长制工作第1次联席会议，自治区河长制责任部门主要负责同志参加。

2023年3月20日，自治区党委书记、人大常委会主任、自治区总河长在吴忠市、银川市黄河沿线实地调研黄河流域生态保护治理工作。

2023年3月22日，宁夏回族自治区“守护母亲河　共建绿色家园”志愿服务活动启动仪式在吴忠市利通区古城镇滨河运动场举行，现场向群众介绍推行河长制以来全自治区工作成效，开展水情教育和河道普法、河湖保护知识盲盒有奖竞答、青少年书写水环境保护心愿卡等活动，引导全社会积极参与到守护母亲河工作中来。

2023年4月14—16日，自治区党委书记、人大常委会主任、自治区总河长在黄河银川至石嘴山段，专题调研实施生态优先战略和加强黄河流域生态保护治理工作，推动全自治区用好黄河资源、讲好黄河故事、做好生态保护和高质量发展融合，助力宁夏先行区建设。

2023年4月29—30日，自治区党委书记、人大常委会主任、自治区总河长在固原市、中卫市和吴忠市开展调查研究，从清水河发源地到入黄口，由南向北实地了解清水河流域生态保护治理和文旅岸线建设情况，推动清水河流域进行综合治理、系统治理、源头治理。

2023年5月13日，自治区党委书记、总河长主持召开自治区总河长第七次会议，听取2022年全自治区河湖长制工作及考核情况汇报、市级总河长工作述职，审议《2023年自治区河湖长制工作要点》等有关文件，安排部署2023年河湖长制重点任务。自治区主席、副总河长，自治区政协主席出席会议。

2023年5月22日，自治区党委副书记、自治区主席、自治区副总河长到中卫市调研，沿黄河黑山峡河段考察河道治理、开发保护等，对推进重大水利工程建设和做好防汛抗旱工作作出指示，听取中卫市“四水四定”工作汇报，对推进乡村振兴、落实“四水四定”、加快先行区建设提出要求。

2023年5月27—28日，自治区党委书记、人大常委会主任、自治区总河长到中卫市调研黄河流域生态保护和高质量发展先行区建设情况，到黑山峡河段考察黄河水情、河道治理、生态保护等情况，到沙坡头防沙治沙区了解沙漠治理新模式新成效和生态环境保护整改情况。自治区领导参加调研。

2023年9月25—27日，宁夏、甘肃2省（自治区）对跨界河流进行了联合巡查调研，在甘肃庆阳市镇原县召开了以“携手共治一江水、同心建设幸福河”为主题的跨省界河流联防联控联治2023年联席会议。会议宣读了《协同保护水生态 齐心共创幸福河——甘宁共护母亲河倡议书》。固原、吴忠、平凉、庆阳4市河长制办公室分别就泾河流域河长制及已开展的联防联控联治工作交流发言。

2023年10月5日，自治区党委书记、人大常委会主任、自治区总河长深入吴忠市盐池县调研荒漠化综合防治、水土流失综合治理和中央生态环保督察反馈问题整改情况，了解了盐池县哈巴湖保护区防沙治沙成果和水土保持及生态水系建设、再生水综合利用情况，对盐池县与北京林业大学开展校地合作、科技支撑生态保护水土保持的做法给予肯定，实地察看了中央第四生态环保督察组通报问题整改完成情况。（禹红红）

【重要文件】 2023年3月1日，自治区河长办印发《自治区集体巡河护河志愿服务活动方案的通知》（宁河长办发〔2023〕3号）。

2023年3月14日，自治区水利厅印发《2023年全自治区水量调度方案》（宁水资发〔2023〕5号）。

2023年5月18日，自治区河长办印发《2023年自治区河湖长制工作要点的通知》（宁河长办发〔2023〕9号）。

2023年5月23日，自治区河长办印发《2022年度河湖长制工作考核结果的通报》（宁河长办发〔2023〕11号）。

2023年5月24日，自治区河长办印发《宁夏回族自治区河湖长制工作考核办法的通知》（宁河长办发〔2023〕10号）。

2023年6月6日，自治区河长办印发《关于调整自治区级河长的通知》（河长办情况通报〔2023〕5号）。

2023年7月7日，自治区工业和信息化厅印发《工业水效三年提升计划（2023—2025）》（宁工信函〔2023〕5号）。

2023年11月22日，自治区河长办印发《关于做好全面推行河湖长制2023年度督察考核工作的通知》（宁河长办发〔2023〕13号）。

2023年12月7日，自治区河长办印发《2023年河湖长制督查工作情况的通报》（宁河长办发〔2023〕14号）。（禹红红）

【地方政策法规】 2023年3月28日，自治区水利厅印发《宁夏黄河流域河湖管理水行政执法专项行动实施方案》（宁水法发〔2023〕2号）。

2023年4月20日，自治区水利厅、自治区公安厅印发《关于加强河湖及水资源安全保护工作的实施意见》（宁水法发〔2023〕3号）。

2023年5月9日，自治区水利厅、自治区人民检察院印发《黄河宁夏段水资源保护专项行动实施方案》（宁水法发〔2023〕5号）。

2023年6月25日，自治区水利厅、自治区高级人民法院、自治区人民检察院、自治区公安厅、自治区司法厅印发《宁夏回族自治区河湖安全保护专项执法行动实施方案》（宁水法发〔2023〕7号）。

2023年10月2日，自治区党委办公厅、自治区人民政府办公厅印发《关于消除重污染天气的工作方案》等14个生态文明建设领域环境整治类专项文件（宁党办〔2023〕61号），《关于推进荒漠化综合防治 打好“三北”工程攻坚战的实施方案》等9个生态文明建设领域生态修复类专项文件（宁党办〔2023〕62号），《关于优化国土空间开发保护格局的实施意见》等7个生态文明建设领域绿色发展类专项文件（宁党办〔2023〕63号），《各级党委和政府及自治区有关部门（单位）生态环境保护责任办法》等8个生态文明建设领域组织保障类专项文件（宁党办〔2023〕64号）。

2023年10月8日，自治区水利厅印发《关于印发〈自治区水行政执法评议考核制度〉〈自治区水行政执法案卷评查规定〉〈自治区水行政执法人员管理制度〉的通知》（宁水法发〔2023〕10号）。

（张邦林　李淑娟）

【河湖长制体制机制建立运行情况】　2023年3月17日，召开2023年自治区河湖长制工作第一次联席会议，自治区河长制责任部门共同研究推动河湖长制重点任务。5月14日，召开自治区总河长第七次会议，研究部署年度河湖长制、河湖管理工作，坚持高位推动落实河湖长制工作。落实“河长办＋部门”工作机制，自治区河长办联合自治区发展改革委、住房和城乡建设厅、自然资源厅、生态环境厅等责任部门开展河湖突出问题验收督导，共同推动问题整改。落实“三长”机制，自治区河长办联合人民检察院、公安厅等开展河湖安全保护专项执法行动144次，发现问题线索121个，移送检察机关27条，合力推动河湖管理保护年度任务落实落地。各市、县（区）河长办主动对接检察、公安部门，常态化开展“三长”联合巡查巡河，运用法律手段解决河道管理范围内乱占、乱堆、私搭乱建养殖圈棚等历史“老大难”问题。结合“1＋N”监督检查机制及安全检查发现反馈地方整改问题39个。自治区河长办印发了《宁夏回族自治区河湖长制工作考核办法的通知》（宁河长办发〔2023〕10号），明确了对河湖长制、河湖长、责任部门考核的要求。组织编制了《宁夏河湖长巡河手册》，并完成了征求意见。

（禹红红）

【河湖健康评价开展情况】　自治区水利厅印发《自治区水利厅关于开展全自治区河湖健康评价及河湖健康档案工作的通知》，并制定了2023—2025年河湖健康评价工作计划。2023年，完成苦水河、葫芦河、第二排水沟、水洞沟、阅海湖等24条河湖健康评价，并按照水利部要求将相关信息填报至水利部河湖健康档案管理平台。

（刘晓龙）

【“一河（湖）一策”编制和实施情况】　根据河湖长制工作进展和任务变化，对已实施“一河（湖）一策”进行阶段性后评估，并对方案目标进行阶段性验收，及时发现和协调处理实施过程中的问题。按照“一河（湖）一策”方案实施周期，动态开展新一轮“一河（湖）一策”方案修编工作。2023年，自治区级完成苦水河、红柳沟“一河一策”实施方案修编工作；各市、县（区）累计编制“一河（湖）一策”452条，部分市、县（区）开始启动“一河一策”修编工作。

（杜倩）

【水资源保护】

1. 水资源刚性约束　2023年10月2日，自治区党委、政府印发《关于加强水资源节约保护的实施意见》（宁党办〔2023〕63号），全面加强水资源节约保护，支撑黄河流域生态保护和高质量发展先行区建设。自治区水利厅围绕全方位贯彻“四水四定”原则，印发《宁夏“四水四定”实施方案》，明确22项关键指标、25项重点任务、49重大项目，制定任务清单，建立工作进展季度报备机制，压实各地各部门主体责任，协同推进重点任务和重大项目实施。修订《宁夏实行最严格水资源管理制度考核办法》。制定全自治区年度水量分配及调度计划和水量调度方案，落实非常规水配额制，明确非常规水利用目标任务，下达各市、县（区）年度非常规水指标1亿m^3、年度取水量指标69.5亿m^3。2023年全自治区黄河主要取水口取水量56.191亿m^3，控制在分配指标范围以内。推进超载区治理，督导中卫市沙坡头区、中卫市中宁县落实治理措施，加大工业、农业节水力度，压减高耗水作物规模，严格年度用水计划管理，严控无效生态补水，暂停黄河取水许可审批，2个县（区）取用黄河水量持续控制在分配指标以内，按照要求制定超载治理自评估报告并报黄委。开展清水河复苏行动及4座水库生态流量核定，完成沙湖复苏行动“一湖一策”方案编制。

（暴路敏　张博荣　郑晓波）

2. 节水行动　2023年，印发《关于加强新时代宁夏水资源节约保护宣传教育工作的实施意见》、《宁夏回族自治区加强非常规水源配置利用的实施意见》、《工业水效三年提升计划（2023—2025）》（宁工信函〔2023〕179号）。组织22个厅局召开了宁夏节约用水行动厅际联席会议，总结部署深度节水控水工作，协调推进水资源节约集约利用。会同发展改革委制定印发《2023年全自治区节约用水工作要点》，会同自治区工业信息化、教育厅、机关事务管理局等部门共同推进节水型载体达标建设，截至2023年底，累计64%的县（区）建成全国节水型社会建设达标县（区）；自治区重点用水行业规模以上节水型企业达到90.4%，公共机构节水型单位达到93.3%，节水型高校达到60%。遏制低效粗放新增用水项目，出台《节水评价技术导则》地方标准。会同自治区文明办等11个部门启动2023年“节水中国 你我同行”宁夏联合行动，面向全自治区举办“黄河岸边家乡美 节水护水你我行”主题知识大赛、水利厅主题教育节水知识大赛、第四届高校节水护水知识大赛，开展“节约用水 让家更美”千家社区万家小区节水家庭评选特色活动，公布100个节水家庭，带动全社会节约用水。2023年全自治区取水总量64.78亿m^3，控制在国家下达指标以内，分别比2020年下降22.2%、14.5%，以有限水资源保障了高质量发展水安全。2023年新建和改造高标准农田99万亩，发展高效节水农业74万亩，改造利用盐碱地10万亩，资金投入、建设规模为历年之最，高标准农田累计突破千万亩。

（暴路敏　张博荣　郑晓波）

3. 生态流量监管　2023年，印发清水河、沙湖“一河（湖）一策”方案，落实“十四五”复苏河湖生态环境实施方案，清水河、苦水河生态流量保障程度达到100%。印发《2023年全自治区水量调度方案》，将河湖生态补水和生态流量纳入全自治区调度方案，统筹生态水量分配。编制印发《宁夏水资源监控总体实施方案（2021—2025年）》（宁水资发〔2023〕2号），将加密生态流量监测站网，设置清水河、苦水河县界控制断面纳入其中，实施生态流量监控。认真落实清水河、苦水河等重点河湖生态流量管控方案，每季度发布宁夏水资源监管季报，对重点河湖生态流量达标情况进行通报，对重点河流进行生态流量预警。（暴路敏　张博荣　郑晓波）

4. 全国重要饮用水水源地安全达标保障评估　2023年，宁夏持续强化饮用水水源地监管保护力度，自治区水利厅对银川市北郊、东郊水源地、石嘴山市第二、第三水源地、固原市贺家湾水库水源地等5个重要饮用水水源地组织开展了安全保障达标建设自评估工作，依据全国重要饮用水水源地安全保障评估指标体系，2023年5个重要饮用水水源地供水量均在允许开采范围以内，全部达标。取水口水质评估结果均在Ⅲ类及以上，全部达标。5个水源地均建立了较为完善的视频监控及在线监测设施，对饮用水水源地取水口及重要供水工程设施实现了24h自动监控，水源井均实现了水量在线监测信息采集和水位在线监测信息采集。5个水源地自评均达标。

（暴路敏　张博荣　郑晓波）

5. 取水口专项整治　2023年，自治区水利厅在基本完成取用水管理专项整治行动的基础上，对取水口现状进一步梳理和规范，督办相关县（区）加快完成未销号问题整改，完成整改取水项目10 977项，涉及取水工程（设施）20 062个，取用水管理专项整治行动整改任务全面完成，取用水行为更加依法规范，水资源管理责任得到进一步压实，不合理用水需求进一步遏制，强化了水资源刚性约束管理。

（暴路敏　张博荣　郑晓波）

6. 水量分配　2023年，为落实黄河流域生态保护和高质量发展先行区建设部署要求，宁夏水利厅根据《水利部关于批准下达2022年7月至2023年6月黄河可供耗水量分配及非汛期水量调度计划的通知》（水调管〔2022〕408号），结合《宁夏“十四五”用水权管控指标方案》，编制了《2023年宁夏水量分配及调度计划》，确定2023年全自治区取水总量控制在69.484亿m^3，其中黄河干流地表水60.069亿m^3，山区当地地表水1.420亿m^3，地下水6.995亿m^3，非常规水1.0亿m^3。

（暴路敏　张博荣　郑晓波）

【水域岸线管理保护】

1. 河湖管理范围划定　2023年，对水普名录以外纳入自治区河湖长制管理名录的622条河湖开展了河湖管理范围划定成果复核，复核河湖长度3 591km。划界复核成果上传至宁夏河湖长制信息平台“一张图”。各市、县（区）按照《宁夏河湖界桩制作与安装标准》对河湖管理范围线进行界桩埋设，切实明晰了河湖管理边界。全自治区纳入河湖长制管理的997条河湖管理范围线及界桩点埋设数据已上传至宁夏河湖长制综合管理信息平台“一张图”，提高了河湖管理保护规范化、可视化、信息化水平。编制河湖岸线保护与利用规划21条，累计完成209条，推进成果数据上传至宁夏河湖长制综合管理信息平台“一张图”，提高成果可视化水平。开展涉河项目审批督导工作，牵头办理涉河项目审批3项，各市、县（区）完成涉河项目审批35项。

（刘晓龙　徐浩）

2. 岸线保护与利用规划编制　2023年，累计完成209条河湖岸线保护与利用规划编制工作；完成水普内406条河流、15个湖泊基础数据复核任务；完成山区河道名录梳理，建立山区河道名录88条，明确河长责任人、防汛抗洪人民政府行政首长责任人、主管部门责任人和巡查管护责任人等4个责任人722名。（刘晓龙　徐浩）

3. 采砂管理　2023年，累计完成65条河道的采砂规划编制工作。按照水利部要求，对河道采砂电子证照审批系统应用进行推广，督促各市、县（区）完成电子证照试运行及系统测试工作，固原市西吉县率先颁发第一本采砂电子证照；对重点河段、敏感水域，明确了河长、行政主管部门、现场监管、行政执法4个责任人。持续深入开展非法采砂专项整治，明确要求自治区范围内有采砂需求的河道必须编制采砂规划，采砂规划编制完成后必须报请本级人民政府批复实施，批复后的规划范围矢量数据必须上传至宁夏河湖长制综合管理信息平台“一张图”。

（刘晓龙　徐浩）

4.“四乱”整治　2023年，常态化纠治河湖“四乱”问题。纵深推进“清四乱”向中小河流、农村河湖延伸，建立健全长效机制，举一反三，自查自纠，坚决遏增量、清存量，依法整治各类妨碍河道行洪突出问题。对水利部反馈的2 699个河湖遥感图斑逐一复核认定，确认问题122个并同步进行整改。核查确认水利部反馈河湖疑似“四乱”问题遥感图斑，确认问题42个；自行开展遥感影像智能解译出河湖7 000余个图斑，建立合法地物图斑本底数据库；全自治区自查摸排河湖“四乱”问题297个，已全部完成整改；河湖清漂行动圆满完成，清理垃圾4 500余t；完成2022年排查的49个妨碍河道行洪突出问题整改销号；汛前检查发现的10个问题全部完成整改。（刘晓龙　徐浩）

【水污染防治】

1.排污口整治　2023年，印发《宁夏回族自治区加强入河（湖、沟）排污口监督管理工作方案》（宁政办发〔2022〕72号）、《宁夏入河（湖、沟）排污口设置审批权限划分方案》（宁环规发〔2023〕6号）等文件，组织召开全自治区入河排污口监督管理动员部署及业务培训会议，开展现场检查，在生态环境部排查出自治区2 084个入河排污口基础上，延伸排污口排查监管范围，按照“谁污染、谁治理”和政府兜底的原则，明确排污口责任主体，建立责任主体清单，制定整改实施方案，进行分类整治。截至2023年底，对黄河流域宁夏段1 848个入河排污口全部完成溯源，完成整治1 170个，整治完成率为63.3%，完成国家30%的整治任务。（白耀文）

2.工矿企业污染防治　2023年，宁夏回族自治区各级生态环境部门通过“双随机、一公开”、排污许可“一证式”执法及非现场监管等执法监管模式，不断强化工业企业执法监管，检查涉水工业企业及园区污水处理厂672家（次），对30家企业环境违法行为进行立案查处，罚款869万元。（白耀文）

3.城镇生活污染防治　2023年，深入贯彻落实全国生态环境保护大会和自治区党委十三届五次全会精神，印发《全自治区城镇生活污水处理及资源化利用实施方案》［宁建（城）发〔2023〕65号］，指导全自治区城镇生活污水处理工作有序开展，推进随路管网建设，实现市政道路建成、污水管网配套到位，城市建成区管网空白区基本消除。针对管网混接错接、老旧破损等问题，开展“一厂一策”系统化整治，推进管网更新改造、渗漏修复、雨污分流改造等工作，实现“污水入厂、清水入河”，建成区市政污水管网覆盖区域的建筑、餐饮、洗浴、洗车等单位生活污水基本全部依法接入污水管网，城镇生活污水直排口基本消除，城镇生活污水处理厂稳定实现一级A排放，城镇生活污水处理率达99%，城市生活污水收集率达76.5%，位居全国第八。

（白耀文）

4.畜禽养殖污染防治　2023年10月2日，自治区党委、政府印发《关于推进农村畜禽粪污治理的工作方案》（宁党办〔2023〕61号），加强全自治区农村畜禽粪污治理，改善农业农村环境质量。自治区农业农村厅深入贯彻落实党中央、自治区关于加快推进畜禽养殖废弃物资源化利用部署要求，制定《关于推进农村畜禽粪污治理的工作方案》《关于开展畜禽粪污资源化利用设施装备配套运行问题专项整治行动》等文件，推进畜禽粪污资源化利用。投资2 000万元支持全自治区8个县（区）新建、改（扩）建粪污集中收集处理中心，支持第三方企业建设粪污处理厂，收集处理养殖场（户）畜禽粪污，生产加工有机肥，推广应用畜禽粪污处理新工艺、新技术、新模式，促进中小型养殖户粪污集中收集、统一处理；累计创建国家和自治区级畜禽养殖标准化示范场102个，大力推广营养调控、精准饲喂、清洁养殖等绿色健康养殖技术30余项，有效降低养殖污染物排放；按照“一场一策一方案”进行指导服务，规模养殖场全部建立了粪污利用台账。截至2023年底，宁夏畜禽粪污综合利用率达到90%以上，规模养殖场粪污处理设施装备配套率达到95%以上，大型规模养殖场粪污处理设施装备配套率达到100%。（李淑娟　康进喜　白耀文）

5.水产养殖污染防治　2023年，全自治区水产品产量和产值同比分别增长2.7%和2.2%；优化养殖空间布局，实施集中连片池塘标准化改造和养殖尾水治理7 000亩，创建国家级水产健康养殖和生态养殖示范区4个。积极利用稻田、盐碱地、温棚等宜渔资源，稳定和拓展养殖空间；持续实施鱼类资源增殖放流，落实黄河禁渔期制度，在黄河宁夏段及其附属水域开展禁渔，结合专项执法行动，严厉打击电毒炸鱼及使用违规渔具等非法捕捞行为。推进水产生态健康养殖，因地制宜推广池塘底排污、“三池两坝”、人工潜流湿地等尾水治理技术，综合治理水产养殖尾水。加快推进生态渔业发展，合理开发利用宜渔资源，发展大水面生态养殖，因地制宜推广陆基设施养殖＋稻渔综合种养，示范推广鱼菜生态种养，实现养殖全程不换水、不施药、尾水零排放和“一地双收、一水两用”。

（李淑娟　康进喜　白耀文）

6. 农业面源污染防治　2023 年 10 月 2 日，自治区党委、政府印发《关于推进农业面源污染治理的工作方案》（宁党办〔2023〕61 号），切实加强自治区农业面源污染治理，改善农业农村环境质量。自治区农业农村厅研究制定了《关于推进农业面源污染治理的实施方案》、《关于推进农村畜禽粪污治理的工作方案》、《关于印发 2023 年全自治区农业面源污染治理项目实施方案的通知》、《关于进一步加强农用薄膜监管执法工作的通知》［宁农（科）发〔2023〕4 号］、《关于印发 2023 年农作物秸秆综合利用重点县项目和地膜科学使用回收项目实施方案的通知》［宁农（科）发〔2023〕6 号］等指导性文件，统筹做好顶层设计和技术指导。推广现代农业高效节水技术，组织实施化肥农药零增长、畜禽粪污、秸秆和残膜综合利用 5 项行动，扎实推进农业面源污染防治工作。2023 年，全自治区化肥、农药利用率分别为 41.5%、41.8%，农作物秸秆、畜禽粪污综合利用率均达到 90%以上，规模养殖场粪污处理设施装备配套率达到 95%以上，农用残膜回收利用率达到 88%，农药包装废弃物回收率达到 85%以上，安全处置率达到 100%；渔业尾水实现达标排放或零排放循环利用。宁夏在国家农业绿色发展先行区整省域创建中期评估中排名第二。

（李淑娟　康进喜　白耀文）

【水环境治理】

1. 饮用水水源规范化建设　2023 年，持续开展集中式饮用水水源地环境保护专项行动，在全自治区城市集中式饮用水水源地和农村“千吨万人”水源地保护区划定的基础上，依法清理整治保护区内存在的环境突出违法问题。累计投入中央、自治区水污染专项资金 9 000 万余元，支持各地实施水源地保护区规范化建设。推进新增饮用水水源地保护区划定和规范化建设工作。开展县级及以上城市集中式饮用水水源环境状况评估，规范制作全自治区各级饮用水水源地保护区矢量图，构建全自治区饮用水水源保护区“一张图”。2023 年，国家考核的 16 个城市集中式饮用水源地水质达到或优于Ⅲ类的比例为 68.8%（不达标饮用水源地主要受地质本底因素影响），达到国家考核目标。（李淑娟　白耀文）

2. 黑臭水体治理　2023 年 10 月 2 日，自治区党委、政府印发《关于推进城乡黑臭水体整治的工作方案》，坚决打好污染防治攻坚战，坚持精准治污、科学治污、依法治污。自治区住房和城乡建设厅与生态环境厅会同相关厅局共同召开全自治区城乡黑臭水体整治工作视频推进会，全面启动县城黑臭水体排查工作。经各县排查并公示，12 个县城（含红寺堡区）建成区没有发现黑臭水体。印发《2023 年度全自治区城市黑臭水体整治环境保护行动方案》，对全自治区地级城市建成区黑臭水体治理完成情况和县级城市建成区黑臭水体排查认定情况开展专项检查，针对容易返黑返臭的水体增加检查频次，确保实现长治久清。截至 2023 年底，7 个设市城市建成区未发现新增黑臭水体或返黑返臭水体。联合自治区河长办，强化巡河监督工作，实行通报制度，将城市黑臭水体整治情况纳入河长制重点工作月通报内容。加强社会舆论监督，向广大群众宣传城乡黑臭水体治理成效，引导群众自觉维护治理成果。“十四五”期间，对已完成整治的 14 条黑臭水体全部开展现场评估，完成率 100%。2023 年度 7 条国控农村黑臭水体整治任务全部按期完成。

（李淑娟　白耀文）

3. 农村水环境整治　2023 年，自治区农业农村厅召开全自治区农村生活污水治理现场观摩推进会，现场观摩中卫市中宁县污水治理项目，为“最美污水处理站”授牌，出台《宁夏农村生活污水处理设施运行维护管理办法（试行）》等系列文件，指导市、县（区）因地制宜开展治理。全自治区农村生活污水治理率达到 35.65%。2023 年农村生活污水治理项目入库 44 个，环保总投资 94 596 万元。下达 2023 年项目“以奖代补”资金 21 978 万元，支持治理项目 29 个。组织开展全自治区污水处理设施运行排查整治，印发排查整治专项行动工作方案，完成专项排查并建立问题清单，启动清单内 130 个设施整改任务。（李淑娟　白耀文）

4. 农村生活垃圾处理　2023 年，持续坚持因村施策，健全完善生活垃圾收运处置体系，推动农村垃圾分类治理工作，制定垃圾治理设施设备配备规范和建设计划。截至 2023 年底，银川市、石嘴山市、吴忠市、固原市、中卫市等 5 市周边覆盖乡村的市级焚烧发电厂全部建成，全面推进乡镇垃圾填埋场规范管理，保证每个乡（镇）垃圾转运环节不断线，建立起较为完善的垃圾基础治理体系。根据《宁夏农村生活垃圾分类和资源化利用示范县乡村年度复检复评与升级创建工作方案》，明确县、乡、村三级生活垃圾得到治理与示范类别标准，创建自治区一、二、三级示范县 18 个，示范乡镇 66 个，示范村 719 个，下达奖补资金 500 万元，农村生活垃圾得到治理村庄达到 95%以上，垃圾分类和资源化利用覆盖面达到 30%。按照“先建机制、后建工程”

要求。全自治区22个县（区）中，21个县（区）实现市场化收运，占比95.45%。出台《农村生活垃圾分类处理技术标准》（DB64/T 1871—2023），持续开展农村生活垃圾分类和资源化利用示范与升级创建工作，成立专家委员会，建立常态化月调度、年复评和暗访监督、问题销号等制度，保障垃圾治理工作平稳健康发展，长效管护机制基本建立。

（李淑娟　白耀文）

【水生态修复】

1. 湿地保护修复　2023年10月2日，自治区党委、政府印发《关于推进河湖湿地生态保护修复的实施方案》（宁党办〔2023〕62号），加强河湖湿地生态保护修复工作，全面提升河湖湿地生态系统功能，努力打造水清、岸绿、河畅、景美、人和的宜居宜业生态环境。自治区林业和草原局进一步加强湿地保护修复和管理，申报认定发布国家重要湿地名录1处。截至2023年底，全自治区共有国家重要湿地7处，自治区重要湿地32处。积极争取中央和自治区财政湿地补助资金，对全自治区7处国家重要湿地、32处自治区重要湿地持续开展保护修复，对哈巴湖国家级自然保护区、青铜峡库区湿地自然保护区周边因保护野生动物而受损的1.29万 hm^2 耕地进行生态效益补偿，认真开展林草生态综合监测和湿地年度动态监测工作，完成湿地样地293个、样方846个的调查监测任务。

按照第三次国土调查变更调查数据，全自治区现有湿地面积18.14万 hm^2，其中一级地类湿地2.49万 hm^2，二级地类河流水面3.18万 hm^2、湖泊水面1.17万 hm^2、水库水面0.94万 hm^2、坑塘水面2.10万 hm^2（不含养殖坑塘）、沟渠8.26万 hm^2。湿地内共有维管束植物57科143属222种，有脊椎动物6纲19目33科139种。

（马国东　张虎威　康进喜　李淑娟）

2. 生物多样性保护　2023年，宁夏采取划定水生生物资源保护地、黄河禁渔、增殖放流、调查研究等方式，确保水生生物多样性。自治区生态环境厅建立《关于进一步加强生物多样性保护工作的实施意见》任务落实台账，定期调度各地各部门落实情况。推进《新时期宁夏生物多样性保护战略与行动计划（2023—2035年）》《宁夏生物多样性保护重大工程规划》编制工作。联合固原市人民政府组织“5·22国际生物多样性日”主场宣传活动。

2023年，自治区农业农村厅开展增殖放流，共向黄河放流黄河鲶、黄河甲鱼等水生生物苗种850万尾，黄河土著鱼类种质资源持续恢复。加强5个国家级水产种质资源保护区建设，核心区全部纳入生态保护红线管控范围，基本实现黄河干流、重点天然渔业水域和重要鱼类保护全覆盖。新建国家级黄河重点保护经济鱼类水产种质资源场1个，黄河重点保护经济鱼类保种能力达10万kg。建成黄河特有鱼类种质库 2 080 m^2，保存标本、组织、DNA、精子等样本 2 000余份。持续推进黄河土著鱼类人

沙湖水生态（马少君　拍摄）

工繁育。选育的黄河鲶F5代新品系生长速度提高了16.3%，取得了国内鲶鱼基因育种革命性成果，开启了宁夏鱼类生物育种新里程碑，正在申报具有自主知识产权的“宁夏黄河鲶”新品种，力争破局黄河中上游没有黄河鱼类新品种诞生的历史困境。国家二级保护动物大鼻吻鮈人工孵化技术研发取得历史性突破，成功孵化鱼苗2 000余尾，为实现迁地保护与人工批量繁育和大规格苗种培育奠定了坚实基础。

自治区林业和草原局对全自治区自然保护地整合优化方案进一步完善，将全自治区4处风景名胜区纳入整合优化范围，着力建立分类科学、布局合理、保护有力、管理有效的以国家公园为主体、自然保护区为基础、各类自然公园为补充的全自治区自然保护地体系，优化后的《宁夏自然保护地整合优化方案》已于2023年5月报送国家林业和草原局。加强各自然保护区、湿地公园、森林公园等自然保护地内各类自然资源、野生动植物及其栖息地和觅食场所的保护管理，加强野生动物监测调查和外来物种入侵普查工作。监测调查表明，近年来监测到遗鸥、玉带海雕、东方白鹳、卷尾鹈鹕等宁夏新记录鸟类12种，连续8年在宁东南湖监测到国家一级保护鸟类遗鸥，连续2年监测到世界极危物种国家一级保护鸟类青头潜鸭，黄河沿岸大鸨、黑鹳、白尾海雕等国家一级保护鸟类种群数量逐年增多，冬春季在黄河沿岸栖息、停留的国家二级保护鸟类灰鹤单个种群数量达到近万只，国家二级保护鸟类大天鹅、小天鹅在自治区多地停留时间长达1个多月，种群数量也逐年增多，湿地保护成效显著。

（马国东　张虎威　康进喜　李淑娟）

鸣翠湖生态补水（郑晓波　拍摄）

3. 生态补偿机制建立　2023年，宁夏共争取各类生态环保专项资金40.73亿元，较2022年增长10.1%。其中中央生态环境资金17.97亿元，中央预算内投资13.02亿元，自治区生态环境资金9.74亿元，超额完成全年争取资金任务。自2023年开始，自治区农村生活污水治理以奖代补资金比例提高至40%。重大竞争性评审项目引领带动作用明显，贺兰山东麓矿山生态修复项目被生态环境部等部委列为山水工程首批典型案例并向全国公布推广，黄河流域六盘山生态功能区（宁夏段）山水林田湖草沙一体化保护和修复工程项目纳入国家第三批山水林田湖草沙一体化保护和修复工程项目公示名单，总投资54.97亿元，3年内可获得20亿元中央专项资金支持。安排生态环境科研经费548万元，支持宁夏自然保护区保护成效评估项目、宁东基地高矿化度矿井水处置与资源化利用途径等11项科研项目。继续实施财政投入与环境质量和污染物排放总量挂钩政策，完善纵横结合生态保护补偿机制。安排财政投入与环境质量和污染物排放总量挂钩政策奖补资金2亿元，纵向生态补偿资金1.38亿元，横向生态补偿资金2亿元。构建跨省流域生态保护补偿机制，自治区人民政府分别与甘肃省、内蒙古自治区人民政府正式签署《黄河流域横向生态补偿协议》，宁夏成为沿黄9省（自治区）中首个与上下游建立横向补偿机制的省份。

（马国东　张虎威　康进喜　李淑娟）

4. 水土流失治理　2023年10月2日，自治区党委、政府印发《关于推进水土保持工作的实施方案》（宁党办〔2023〕62号），持续强化预防保护和监督管理，科学推进水土流失综合治理，全面提升水土保持功能和生态产品供给能力，全力推进自治区新时代水土保持高质量发展。2023年，宁夏新增治理水土流失面积964.04km^2，超额完成4%，其中水利部门440.86km^2，自然资源、林业和草原、农业农村等相关部门519.65km^2，社会力量3.53km^2。按水土保持措施类型统计：旱作梯田39 059.81hm^2，水土保持林24 336.40hm^2，经济林303.80hm^2，种草3 511.33hm^2，封禁治理28 066.95hm^2，其他措施1 125.51hm^2。2023年，水利部门组织实施小流域综合治理项目22个，治理水土流失面积348.83km^2；坡耕地水土流失综合治理项目17个，治理水土流失面积92.03km^2；新建淤地坝4座。按水土保持措施类型统计：旱作梯田12 395.19hm^2，水土保持林2 771.87hm^2，经济林81.99hm^2，种草769.99hm^2，封禁治理28 066.95hm^2。根据《中国水土保持公报（2023年）》数据，全自治区水土流失面积15 073km^2，其中水力侵蚀面积10 278km^2，风力侵蚀面积4 795km^2，水土保持率77.3%，较2022年增长0.42%。（马国东　张虎威　康进喜　李淑娟）

5. 生态清洁型小流域建设　2023年，全自治区以水系、村庄和城镇周边为重点，实施固原市原州区开城镇大马庄、原州区张易镇田堡、彭阳县红堡3条生态清洁型小流域。实施自然生态修复、河流沟道生态恢复治理、沟渠防护及污水处理等措施，将水土流失综合治理与美丽乡村建设有机结合，促进乡村生态环境改善。通过实施3条生态清洁型小流域，新增治理水土流失面积46.4km²，其中旱作梯田386.91hm²，水土保持林441.65hm²，地埂植物带11.07hm²，生产道路及田间道路20.21km，封禁治理3 811.75hm²，排灌沟渠1.07km，沟渠防护工程1处，水窖9个，小型污水处理池10个，隔污栅10处，太阳能路灯100个，桥（涵）21座，宣传碑牌9个。中卫市海原县关桥乡方堡生态清洁小流域成功创建国家水土保持示范工程，是全自治区首个创建示范工程的生态清洁小流域，为其他县（区）提供了可复制、可推广的典型经验。

6. 幸福河湖建设　以问题为导向，结合宁夏实际，从“河湖水安全、河湖水资源、河湖水环境、河湖生态、河湖水文化、河湖管理”六大方面提出宁夏幸福河湖建设建议，编制《宁夏幸福河湖建设指南》，进一步指导市、县（区）幸福河湖建设工作。2023年，典农河金凤区段、宝湖、罗家河、清水沟被评定为自治区级幸福河湖。

（马国东　张虎威　康进喜　李淑娟）

【执法监管】

1. 河湖日常监管　2023年，自治区河长办深化“河长＋检察长＋警长”协作机制和“1＋N”督导机制，289名河湖检察长、344名河湖警长到岗协助河湖长履行职责，检察、公安、自然资源、生态环境等部门开展河湖长制联合督导，全自治区“三长”联合巡河巡查144次，发现问题线索121个，移送检察机关27条，合力推动河湖管理保护年度任务落实落地。建立“六查”联动机制，约谈履职不到位的河湖长157人，有力推动河湖长制责任落实。

（徐浩）

2. 联合执法　2023年，举办《中华人民共和国黄河保护法》《水行政处罚实施办法》《中华人民共和国民法典》《水行政执法权暨安全生产》等专题讲座和水政执法能力提升培训班，组织开展水行政执法人员法律知识考试，有效提升水行政执法人员业务能力。印发《自治区水行政执法评议考核制度》《自治区水行政执法案卷评查规定》《自治区水行政执法人员管理制度》，规范水行政执法评议和案卷考核。联合自治区公安厅出台《关于加强河湖及水资源安全保护工作的实施意见》，明确涉嫌河湖及水资源安全违法犯罪情形和涉水领域刑事案件立案追诉标准。联合自治区人民检察院、高级人民法院、公安厅、司法厅制定《宁夏回族自治区河湖安全保护专项执法行动实施方案》《黄河宁夏段水资源保护专项行动实施方案》《宁夏黄河流域河湖管理水行政执法专项行动实施方案》，安排部署河湖安全保护、水资源保护和河湖管理专项执法行动。2023年，宁夏各级水行政主管部门共查处水事违法案件55件。

（徐浩　张邦林）

【水文化建设】

1. 水利风景区　截至2023年底，全自治区共建设水利风景区13个，其中国家级水利风景区12个，自治区级水利风景区1个。2023年完成了银川市典农河、中卫市沙坡头水利枢纽、青铜峡唐徕闸3个国家级水利风景区的复核工作。坚持全民共管共护、共治共享，将水利风景区宣传纳入水利宣传工作中，以“世界水日”“中国水周”等活动为载体，营造主题化、集中化宣传声势。沙湖、鸣翠湖、渝河等水利风景区通过微信公众号、小红书、微博、抖音、快手、今日头条等平台发布品牌宣传文章及视频，沙湖美景频上央视《大美中国》《新闻直播间》等栏目。亚运冠军何杰重访沙湖、沙湖鸿雁伴飞等专题报道得到诸多媒体的转发，进一步深化“旅游＋文化＋体育”融合发展的新局面。

（刘晓龙　杜倩）

2. 宁夏引黄古灌区世界灌溉工程遗产展示中心　宁夏引黄古灌区世界灌溉工程遗产展示中心（简称“遗产展示中心”）位于银川市贺兰县习岗镇丰庆路以北、唐徕渠以东，总建筑面积9 901m²，是黄河（宁夏段）国家文化公园的标志性建筑。项目建设分

宁夏引黄古灌区世界灌溉工程遗产展示中心第三展厅（王飞　拍摄）

为土建工程和展陈布展工程2部分。土建工程于2021年8月10日开工，2023年11月底基本完工。展陈布展工程于2023年2月22日开工，2023年12月底基本完工。展厅分上、下2层，展陈面积约6 000m²，紧紧围绕感恩黄河、颂扬黄河以及天下黄河富宁夏的主题和保护、传承、弘扬宁夏特色黄河文化的定位，倾力讲好“黄河故事”。展馆共设8个主题展厅，具体为序厅（阳光中庭）、第一展厅（黄河母亲）、第二展厅（灌区千秋）、第三展厅（盛世华章）、第四展厅（临展厅）、第五展厅（水利科普）、第六展厅（水利文化）、第七展厅（临展厅）。展陈相关文物122件，仿制文物26件。收集展陈羚羊寺泵站离心泵、渠首明代石狮子等各类展品实物220余件。（王飞）

【数字孪生水利建设】

1.“水利一张图” 2023年，宁夏制定了《水利地图共享服务平台办理指南（试行）》，明确水利地图服务管理机构、职责，规范水利地图服务办理流程、文档。截至2023年底，水利地图共享服务平台共计197项服务资源，累计新增地图服务54项、数据服务21项。加强对水利地图平台的日常监管和维护，输出水利地图服务台账12次、水利空间数据资源目录12次，提交月度运维报告12次、季度报告4次。（王学明 程渝倩）

2. 河长App 2023年，组织开展了宁夏河湖长制及河湖管理数字孪生建设调研，探索“数字化、网络化、智能化”的河湖长制及河湖管理数字孪生建设路径和思路。深入应用遥感智能解译技术，对全自治区河湖管理范围内建（构）筑物等设施进行全部解译，完成河湖长制信息平台“遥感图斑复核”“查、认、改、销”流程、地物图斑库等模块配套改造；加强“宁夏河长”微信公众号推广宣传力度，提升公众参与度；搭建了SVN代码管理仓库，管理和保存信息平台源代码和项目相关文档，同步管理源代码，降低容错；进行信息平台与水利部系统互联互通接口改造，推送行政区划、河湖分级分段分片空间矢量数据以及工作方案、制度、“一河一策”、巡河记录等数据到水利部河湖长制系统，确保数据互联互通；打通了信息平台及河长通App与水慧通的单点登录的双向对接；组织梳理河湖长制业务数据并录入信息平台，实现业务数据可视化；持续进行管理范围线、岸线利用规划、“四乱”问题图斑等矢量数据上宁夏河湖长制综合管理信息平台“一张图”；全面推广河长通App打卡巡河，全自治区纳入河湖长制管理的河湖打卡点应设尽设，进一步提升河湖长履职效能；将各县（区）未接入的视频监控点接入水利数据中心和河湖长制信息平台。（王学明 程渝倩）

3. 数字孪生 2023年，按照水利部数字孪生水利建设部署，结合自治区数字政府建设顶层设计要求，着重致力于数字孪生水利共性平台支撑能力建设，基本总结形成了“全域一体、需求统筹、共性复用、双云驱动”的宁夏省级数字孪生流域建设模式，初步形成了云资源、电子政务外网、平台支撑服务、空间地理信息、视频监控信息、网络安全基础服务、物联网采集等8个支撑能力。《宁夏数字孪生水网建设方案》通过水利部审查，被确定为第二批省级水网先导区。国家重点水利项目贺兰山东麓防洪治理开工建设，银川都市圈城乡东、中线供水，清水河流域城乡供水等区域重大引调水工程建成通水。争取国债资金项目65个50.5亿元，构建了自治区水网骨架。编制完成3个数字孪生灌区试点实施方案。贺兰山东麓防洪应用系统投入试运行，宁夏“互联网＋城乡供水”管理服务平台在7个县（区）运行。国家数字孪生水利算力宁夏枢纽节点暨黄河云上线揭牌，具备存储计算服务能力，已与水利部信息中心、中国水科院等单位开展了相关模型和算力的远程对接测试。完成52处监测站点北斗卫星通道建设和23处国家基本水文站北斗卫星信道建设。水联网全渠道算法模型在宁夏秦汉渠灌域实现百万亩级应用示范，并纳入水利部数字孪生水利建设典型案例。建设完成水利网络安全态势感知平台，全部上云信息系统纳入一体化安全防护。（王学明 程渝倩）

新疆维吾尔自治区

【河湖概况】

1. 河湖数量 根据全国第一次水利普查统计，新疆维吾尔自治区（简称“新疆”）流域面积50km²以上河流3 484条、水面面积1km²以上湖泊116个。以出山口统计共有河流570条，其中多年平均径流量大于10亿m³的河流18条，多年平均径流量1亿～10亿m³的河流75条，多年平均径流量小于1亿m³的河流477条。（李克宏）

2. 水量 根据实行最严格水资源管理制度考核口径，全自治区经济社会供水总量560.61亿m³，地表水源430.34亿m³（未包括13.60亿m³外调水量、28.33亿m³洪水资源化利用量和21.44亿m³具有生态功能防护林用水量)，地下水源 125.57 亿 m^3，其他水源 4.70 亿 m^3（未包括非常规水源指标之外的 9.34 亿 m^3 水量）。（李绅）

3. 水质　全自治区河湖国控断面水质达标率 97.3%，河湖区控断面水质达标率 97.1%。（吕任生）

4. 新开工水利工程　2023 年累计完成投资 301.2 亿元，全自治区水利固定资产投资首次迈上 300 亿元台阶，增速达 18%，全自治区控制性枢纽项目、引调水项目、大中小型灌区续建配套节水改造骨干项目、内陆河治理项目、中小河流治理项目、病险水库（水闸）项目及其他水利项目均顺利完成，新开工水利项目数量、投资规模、融资规模均为历年最高。实施建设项目 480 项，吸纳就业人数 9.28 万人。

截至 2023 年底，库尔干水利枢纽、玉龙喀什水利枢纽、大石峡水利枢等 9 项国家节水供水重大工程按计划有序推进。其中 4 项重大蓄水工程建设全面提速，完成年度投资任务 31.12 亿元；5 项重大引调水工程进入关键节点，完成年度投资任务 60.71 亿元。加快推进 32 个中小型水库按计划实施建设，完成年度投资任务 36.75 亿元，金沟河红山水库实现截流，尼雅水库、莫莫克水利枢纽建成蓄水，新增库容 1.3 亿 m^3，其他水库将在 2026 年前建成蓄水，区域水库调蓄能力将大幅提升。（张晓龙）

【重大活动】　2023 年 4 月 25 日，新疆维吾尔自治区党委水资源管理委员会第一次会议在乌鲁木齐召开，自治区党委书记、自治区党委水资源管理委员会主任、自治区总河（湖）长主持会议并讲话。

2023 年 3 月 15 日，新疆水资源可持续利用院士专家座谈会在乌鲁木齐召开，自治区党委书记、自治区党委水资源管理委员会主任、自治区总河（湖）长出席会议并讲话。

2023 年 10 月 8 日，新疆维吾尔自治区党委水资源管理委员会第二次会议在乌鲁木齐召开，自治区党委书记、自治区党委水资源管理委员会主任、自治区总河（湖）长主持会议并讲话。

2023 年 8 月 10—11 日，新疆维吾尔自治区党委水资源管理委员会专家委员会第一次会议在北京召开，自治区人民政府副主席、自治区党委水资源管理委员会副主任、副总河（湖）长出席会议并讲话。（赵娟）

【重要文件】

1. 政策性文件　2023 年 1 月 29 日，新疆维吾尔自治区河湖长制办公室印发《关于开展 2022 年度河湖长及河湖长制相关部门履职尽责情况评议工作的通知》（新河长办〔2023〕1 号）。

2023 年 3 月 1 日，新疆维吾尔自治区河湖长制领导小组印发《关于调整自治区副总河（湖）长及自治区级河流河长、湖泊湖长的通知》［新河（湖）领发〔2023〕1 号］。

2023 年 4 月 27 日，新疆维吾尔自治区人民检察院、水利厅印发《关于印发〈关于建立健全自治区水行政执法与检察公益诉讼协作机制的实施细则〉的通知》（新检会〔2023〕2 号）。

2023 年 5 月 4 日，新疆维吾尔自治区河湖长制办公室印发《关于开展河湖遥感图斑核查有关工作的通知》（新河长办〔2023〕3 号）。

2023 年 9 月 28 日，新疆维吾尔自治区河湖长制办公室印发《关于开展自治区河湖健康评价工作的通知》（新河长办〔2023〕4 号）。

2023 年 11 月 9 日，自治区党委、自治区人民政府印发《创新水资源管理体制机制 推进新时代新疆水利高质量发展的意见》（新党办发〔2023〕18 号）；自治区党委办公厅、自治区人民政府办公厅印发《创新预防体制机制 推动新时代水土保持工作高质量发展的实施意见》（新党办发〔2023〕25 号）。

2023 年 12 月 1 日，新疆维吾尔自治区水利厅、新疆生产建设兵团水利局印发《关于印发〔新疆维吾尔自治区跨区域水行政联合执法工作机制〕的通知》（新水厅〔2023〕289 号）；新疆维吾尔自治区水利厅、高级人民法院、人民检察院、公安厅、司法厅印发《关于印发〔新疆维吾尔自治区水行政执法与刑事司法衔接工作机制〕的通知》（新水厅〔2023〕288 号）。（沙尼娅·沙力克）

2. 规划　2023 年 11 月 22 日，新疆维吾尔自治区生态环境厅、发展和改革委员会、财政厅、水利厅、林业和草原局印发《新疆维吾尔自治区重点流域水生态环境保护规划》（新环水发〔2023〕132 号）。

2023 年 12 月 15 日，自治区人民政府印发《新疆维吾尔自治区人民政府关于〈新疆水网建设规划〉的批复》（新政函〔2023〕209 号），《新疆水网建设规划》批复实施。（那尔克孜　李萌）

【地方政策法规】　2023 年 3 月 29 日，自治区第十四届人民代表大会常务委员会第一次会议通过《新疆维吾尔自治区实施〈中华人民共和国水污染防治法〉办法》。

2023 年 8 月 18 日，新疆维吾尔自治区水利厅印发《自治区级水利风景区申报及评审办法》（新水规〔2023〕6 号）。（那尔克孜　沙尼娅·沙力克）

【河湖长制体制机制建立运行情况】 2023年，印发年度河湖管理工作要点，明确年度13项重点工作任务，压实河湖管理保护工作职责。健全河湖长动态调整和责任递补机制，及时调整充实自治区各级全面推行河（湖）长制领导小组组成人员、河长湖长。召开自治区党委专题会议、自治区党委水资源管理委员会，高位推动、科学谋划河湖长制重点工作。深入落实《自治区河湖长巡查制度》，全自治区1.5万余名各级河长湖长共开展河湖巡查21万人次，持续推进河湖管理保护工作走深走实。新疆维吾尔自治区河湖长制办公室被评为“跟着河长去巡河”专题赛优秀组织奖。

（熊雪宇）

阿勒泰地区布尔津县使用巡逻快艇开展河湖巡查（若扎　拍摄）

【河湖健康评价开展情况】 2023年，制定《新疆维吾尔自治区河湖健康评价工作方案》，确定“十四五”期间对109条河流和8个湖泊开展健康评价工作，其中2024年底前完成规模以上87条河流、8个湖泊的健康评价工作，2025年完成规模以下22条河流的健康评价工作。印发《关于开展自治区河湖健康评价工作的通知》（新河长办〔2023〕4号），研究制定《新疆河湖健康评价技术指南（试行）》，明确健康评价目标任务、评价主体、评价对象、评价指标、工作流程、评价报告审查和结果公布、健康档案建立等相关要求，对全自治区河湖健康评价工作进行部署。

（李克宏）

【“一河（湖）一策”编制和实施情况】 2023年，自治区指导督促各级河湖长制办公室滚动编制了1 752条河流、湖泊的“一河（湖）一策”方案，调整河湖整治任务，各级河湖长严格落实“一河（湖）一策”方案，常态化开展巡河巡湖，加强组织领导，压实工作责任，精准施策、靶向治理，积极推动解决水资源管理、水环境治理、水域岸线空间管控、水污染防治等河湖突出问题，河湖面貌得到进一步改善。

（熊雪宇）

【水资源保护】

1. 水资源刚性约束 2023年，成立自治区党委水资源管理委员会和专家委员会，实现对流域区域、兵团地方、地表地下水资源的集中统一管理。全面完成用水总量、用水效率、水功能区限制纳污等控制性目标，水资源节约集约利用水平不断提升。精准施策，完成实行水资源刚性约束制度主要目标：全自治区2023年用水总量560.61亿m^3，符合最严格水资源管理制度考核目标要求；万元国内生产总值用水量343.16m^3，比2020年下降13.90%，高于12.5%的目标值；万元工业增加值用水量23.75m^3，比2020年下降25.12%，高于7.4%的目标值；农田灌溉水有效利用系数为0.579，达到目标值。开展水资源集约节约利用专项审计，持续强化水资源高效利用。加强地下水超采区治理，新建地下水监测井（站）100口，地下水位降幅超过1m的严重下降地区由5个减少为1个，重点区域地下水位下降趋势初步得到遏制。

（张建军）

2. 节水行动 贯彻落实水利部关于实施国家节水行动的安排部署，聚焦《新疆维吾尔自治区节水行动实施方案》（新政办发〔2019〕125号）确定的目标任务，在贯彻落实全面节约战略、实施节水型社会建设规划、健全用水定额标准体系、建立节水评价台账、强化节水监管考核、持续节水载体建设、推动节水产业发展等七个方面开展节水行动，以农业节水增效、工业节水减排、城镇节水降损为重点，全面推进新疆节水工作。2023年，33个县（市、区）通过县域节水型社会达标创建复核，达标数量居全国第一；指导、帮助、组织审查14个县（区）的县域节水型社会建设；开展火力发电行业用水数据的收集、分析，建立地方节水标准13项；推动各级对9个规划和156个建设项目开展节水评价审查，累计核减水量118.23万m^3；开展用水定额执行情况调研，完成全自治区水资源和节约用水监督检查并督促整改；推动建成14所节水型高校，81个节水型企业；开展并挖掘6项合同节水项目，合同期内预计节水量7 462.64万m^3；对生产过程节水、废水处置及资源化利用和节水服务项目发放“节水贷”32.36亿元。

（张娴曦）

3. 生态流量监管 2023年，研究制定15条主要河流、5个重点湖泊的生态基本水量和湖泊最低水位保障方案。确定3条典型河流已建水利水电工程生态流量核定与保障先行先试工程38座。持续向塔里木河、额尔齐斯河、艾比湖等重点湖泊生态补水，补水区植被覆盖度增加 4.3%，生态输水的科学性、精准性和靶向性不断增强，河湖生态持续向好。

（吴旭）

4. 全国饮用水水源地安全达标保障评估　2023 年，开展重要饮用水水源地达标建设自评估，形成《2023 年度新疆重要饮用水水源地安全保障达标建设评估报告》，自评估 98.6 分。参照全国重要饮用水名录建立《新疆重要饮用水水源地名录》，对分布在 14 个地（州、市）的 16 个水源地（含 5 个全国重要饮用水水源地）开展重要饮用水源地自评估工作，各水源地自评分均在 87 分及以上，安全保障达标建设情况良好。

（雅里坤江・雅克夫）

5. 取水口专项整治　2023 年，制定《新疆维吾尔自治区取用水管理专项整治行动实施方案》《新疆维吾尔自治区取用水管理专项整治行动整改提升工作实施方案》《关于开展取用水管理专项整治行动“回头看”强化水资源监督管理工作的通知》，分解任务、落实责任，推动取用水管理专项整治行动按期保质保量完成。建立健全工作组织机构，将专项整治工作纳入年度实行最严格水资源管理制度考核。结合取水许可台账、水利普查成果、农村饮水安全工程名录、灌区名录及水利部推送的企业名录等成果，认真开展核查登记复核工作，全自治区核查登记取水口 112 085 个。针对取用水管理专项整治行动核查登记反映的取用水方面的问题，实现分类施策推进整改，截至 2023 年底，自治区退出类取水项目、整改类取水项目全部完成整改提升工作，整改率达 100.0%。

（张建军）

6. 水量分配　2023 年，全自治区经济社会供水总量 560.61 亿 m^3，农业用水量 510.71 亿 m^3，工业用水量 11.02 亿 m^3，生活用水量 19.43 亿 m^3，人工生态用水量 19.45 亿 m^3。

（李绅）

【水域岸线管理保护】

1. 河湖管理范围划定　2023 年，推进水利普查名录外有管理任务的河湖管理范围划界工作。贯彻落实《水利部关于加强河湖水域岸线空间管控的指导意见》（水河湖〔2022〕216 号），强化岸线分区分类管控，严格依法审批涉河建设项目和活动，加强涉河建设项目和有关活动监管。启动自治区重点河湖遥感监测系统平台建设，完成河湖管理范围划定矢量、岸线保护与利用规划功能分区矢量等成果上图和图斑解译工作，通过完善涉河建设项目相关建设基础数据和审批情况，建立涉河建设项目本底数据库，为在建涉河建设项目的事中事后监管提供依据。

（李克宏）

吐鲁番市托克逊县克尔碱沟界桩

（王岚　拍摄）

2. 采砂管理　进一步规范河道采砂管理。科学编制采砂规划，2023 年，自治区人民政府批复阿克苏河、黄水沟 2 条河流河道采砂规划，依法依规开展河道采砂许可，完成自治区河道采砂许可审批系统与水利部电子证照系统对接，河道采砂许可证照实现电子化，指导各地审批河道采砂许可电子证照。向社会公示 105 处重点河段敏感水域采砂管理“四个责任人”。

2023 年度许可采区累计开采河道砂石 672.92 万 t，河道整治项目累计利用河道砂石 67.6 万 t，河道疏浚项目累计利用河道砂石 53.6 万 t。

（赵娟）

3. “四乱”整治　2023 年，组织各地持续开展河湖“清四乱”排查整治，巩固河湖“清四乱”成效。扎实推进遥感图斑核查，印发《关于开展河湖遥感图斑核查有关工作的通知》（新河长办〔2023〕3 号），确定责任主体、细化图斑分类、明确核查标准，全面核查遥感图斑，合理认定图斑问题，完成 1 349 个图斑核查，完成率 100%。组织开展河湖“四乱”问题排查整治，2023 年各地累计排查列入台账的 222 处“四乱”问题全部完成清理整治，实现了“四乱”问题当年动态清零，河湖面貌进一步改善。

（赵娟）

【水污染防治】

1. 排污口整治　2023年，有序推进自治区入河（湖）排污口现场核查工作，印发实施《关于进一步做好自治区2023年度入河（湖）排污口排查整治工作的通知》（新环办水〔2023〕5号），从查、测、溯、治等方面明确了入河（湖）排污口排查、监测、溯源、整治工作要求。按照“查、测、溯、治”工作原则，以临近居民区、工矿企业集中分布区临近河（湖）段为重点，在各地（州、市）排查基础上，采用无人机航空遥感、现场实地排查、专家研判等方式，对列入国家和自治区入河（湖）排污口排查方案中的21条河流和5个湖泊及各地（州、市）其他主要河流开展核查，总体掌握入河（湖）排污口情况。指导相关地（州、市）做好入河（湖）排污口设置论证报告报审，2023年2月，印发《关于明确自治区入河（湖）排污口设置审核范围的通知》（新环水发〔2023〕18号），按照文件要求针对2023年初步排查发现的疑似入河（湖）排污口，提前与相关单位对接，指导做好入河（湖）排污口设置论证报告报审工作。

通过开展入河（湖）排污口排查，基本掌握了全自治区入河（湖）排污口分布和监管情况，为强化入河（湖）排污口设置事前指导、事中、事后监督管理，实现保护水生态环境、保障防洪和工程设施安全、促进水资源的可持续利用、加强入河（湖）排污口监督管理积累了经验，提供了依据，各地（州、市）水生态环境保护意识整体提高，入河（湖）排污口管理趋于规范化。　（那尔克孜）

2. 工矿企业污染防治　2023年，积极引导废水排放量大、改造条件相对成熟、示范带动作用明显的钢铁、石化化工、纺织、有色金属等重点行业，推进废水循环利用改造升级，提升水重复利用率。经工业和信息化部评审，新疆华泰重化工有限责任公司入选“区域产城模式”领域的废水循环利用试点企业，并作为全国优秀废水循环利用示范企业在全国工业废水循环利用现场交流会中作经验分享。

（森巴提）

3. 城镇生活污染防治　2023年，会同相关部门稳步推进“无废城市”建设示范工作。成立自治区生活垃圾分类工作领导小组，开展垃圾分类三年行动，召开垃圾分类系列工作会议、培训4次，举办生活垃圾分类宣传周活动，组织开展考核评价（调研）及设施等级评定工作。自治区级试点城市居民小区垃圾分类平均覆盖率达92.5%，焚烧处理能力占比52%，资源化利用水平实现较大提升。开展自治区农村生活垃圾治理工作业务培训会，为各地开展农村生活垃圾治理提供技术服务。印发《关于进一步加强自治区农村生活垃圾收运处置体系建设管理的通知》（新建村〔2022〕15号），同步建立6个部门《农村生活垃圾收运处置体系建设管理协调会商工作制度》（新建村〔2023〕3号），服务各地持续加快垃圾收集、转运、处置设施建设。会同自治区生态环境厅、水利厅和农业农村厅印发《自治区非正规垃圾堆放点及生活垃圾乱堆乱放点排查整治工作方案》（新建村〔2023〕11号），制作并发布自治区农村生活垃圾治理和农村非正规垃圾堆放点治理宣传片，进一步巩固自治区非正规垃圾堆放点及生活垃圾乱堆乱放点排查整治工作成效。全自治区农村生活垃圾治理率达88.36%。

（樊明帅）

4. 畜禽养殖污染防治　2023年，依托粪污治理项目，持续实施墨玉县、喀什市、阿克苏地区库车市、新和县、伊犁哈萨克自治州霍城县5个畜禽粪污资源化利用续建整县推进项目建设，建立健全畜禽污染治理和畜禽养殖废弃物资源化利用长效工作机制，将畜禽粪肥还田作为促进耕地地力提升和农业绿色发展的重要举措，纳入耕地地力提升、化肥减量行动等项目补助内容，提高补贴额度，引导农民增施畜禽有机肥。2023年，备案规模养殖场畜禽粪污治理设施设备配套率99%，全自治区畜禽粪污资源化利用率达到国家要求的75%以上。

（新疆维吾尔自治区农业农村厅）

5. 水产养殖污染防治　2023年，积极争取项目资金，支持自治区阿勒泰地区福海县等地开展7 700亩池塘标准化改造与尾水治理，因地制宜实施复合人工湿地尾水治理、养殖池塘底排污等水产养殖尾水处理模式，推动实现养殖尾水资源化利用或达标排放，改善养殖生产条件，保护养殖水域生态环境。

（新疆维吾尔自治区农业农村厅）

6. 农业面源污染防治　持续推广应用加厚高强度地膜和全生物降解地膜试点工作，2023年召开自治区棉田地膜高效机械化回收示范应用先导区残膜回收机选型会，组织遴选了一批作业效率高、可靠性好、残膜回收率高、回收残膜含杂率低的残膜回收机产品。会同相关科研单位制定《废旧地膜分类分级规范》（DB 65/T 3834—2023），指导各地科学做好废旧地膜分类分级，推进提高废旧地膜利用效率，农田残膜治理取得明显成效。新修订的《新疆维吾尔自治区农田地膜管理条例》已经自治区第十四届人民代表大会常务委员会第九次会议通过，于2024年5月1日起施行。明确了政府和行业主管部门的监管责任，细化了生产、销售、使用、回收、再利用各环节的责任和义务，依法推动农田废旧地膜回收利用工作。

（新疆维吾尔自治区农业农村厅）

【水环境治理】

1. 饮用水水源规范化建设　2023 年，持续推进集中式饮用水水源保护区规范化建设，组织开展集中式饮用水水源保护区标志设置与污染源分布情况现场核查，核实各水源保护区环境状况，规范水源界碑、交通警示牌和宣传牌等标识。加强各县（市、区）水源地环境监测能力建设，完善水质监测硬件配置，培养专业监测技术人员，提高水源地水质监测能力。完善水源地环境风险管理与应急防范体系。积极推进单一水源供水城市的备用（应急）水源建设，加强应急能力建设，强化应急预案的有效性。完善现有水源地水质信息公开制度，逐步建立举报和信息反馈机制，充分利用广播电视、报纸杂志及网络等新闻媒体向公众普及有关知识。

2023 年，全国地级城市饮用水水源地共计 31 个，其中 26 个完成了规范化建设，完成率为 83.87%，比 2022 年度的 81.25%有所提高；县级城市的 105 个水源地，其中 77 个完成了规范化建设，完成率为 73.33%，比 2022 年度的 69%提高了 4.33%。（那尔克孜）

2. 黑臭水体治理　按照生态环境部、水利部、农业农村部《关于推进农村黑臭水体治理工作的指导意见》（环办土壤〔2023〕24 号）、生态环境部《关于印发〈农村黑臭水体治理工作指南〉的通知》（环办土壤〔2023〕23 号）相关要求，2023 年 4 月、10 月组织开展全自治区农村黑臭水体排查，建立排查台账，2023 年共排查出 5 处黑臭水体，对排查出的 5 处黑臭水体纳入了国家监管系统，并要求相关地（州、市）立即制定整改方案，明确治理时限，截至 2023 年底，5 处黑臭水体已全部完成治理。

（那尔克孜）

3. 农村水环境整治　2023 年，推进农村生活垃圾分类处理，处理率达 88.36%。深入推进农业面源污染治理，加强化肥农药减量化、畜禽废弃物利用及池塘尾水治理等，推广测土配方施肥技术 9 228 万亩次，配套验收规模养殖场达 2 469 个，畜禽粪污综合利用率稳定在 75%以上，开展 3 310 亩池塘标准化改造与尾水治理。

（新疆维吾尔自治区农业农村厅）

【水生态修复】

1. 湿地保护　2023 年，全面启动《自治区实施〈湿地保护法〉办法》立法工作。严格审核占用国家湿地公园事项，审批各类占用国家湿地公建设项目 52 个，助力自治区经济高质量发展。加快湿地生态综合监测，2023 年完成湿地样地监测 298 个、湿地图斑监测 747 个，完成率 100%。落实 2023 年中央财政林草生态保护恢复资金 3 374 万元，安排湿地保护恢复项目 13 个，修复退化湿地面积 9 036 亩。推进湿地分级管理，积极申报 1 处国际重要湿地，发布 9 处自治区重要湿地名录。完成玛纳斯湿地公园环保督查整改工作。配合完成了《湿地保护法》执法检查，开展国家湿地公园等自然保护地问题排查整治专项行动。（严蓓蓓）

2. 生物多样性保护　2023 年，开展《新疆维吾尔自治区实施〈野生动物保护法〉办法》修订及相关配套文件修订工作。推动新疆维吾尔自治区陆生野生动物造成人身财产损害补偿指导意见出台。制定 2023 年普法宣传工作方案，印发《关于做好〈野生动物保护法〉贯彻实施有关工作的通知》（新林护字〔2023〕31 号），指导各地做好新修定野生动物保护法的贯彻落实工作。2023 年实施野生动植物资源调查、疫源疫病监测防控及收容救护等项目，累计下拨资金 2 249 万元。（严蓓蓓）

3. 水土流失治理　2023 年，制定印发《关于创新预防体制机制推动新时代水土保持工作高质量发展的实施意见》（新党办发〔2023〕25 号），进一步明确新时代水土保持工作总体要求、主要目标、重点任务和保障措施，水土保持工作基础更加坚实。2023 年自治区水土保持率达到 49.26%，水利部门实施水土流失综合治理项目 11 个，完成治理面积 152km^2。（李雪梅）

4. 生态清洁型小流域建设　2023 年，实施生态清洁小流域 6 个。（李雪梅）

博尔塔拉蒙古自治州博尔塔拉河水生态修复成效

（王珊　拍摄）

【执法监管】 2023年，建立水行政执法跨区域联动、跨部门联合、与刑事司法衔接、与检察公益诉讼协作等4项机制，推行“河湖长＋检察长”协作机制，执法协作制度机制进一步夯实。水利部门联合公检法司开展河湖安全保护专项执法行动，查处水事违法案件701件，收缴罚款 1 139.41万元，没收违法所得49.17万元。召开跨区域、跨部门联合执法联席会75次，开展跨区域、跨部门联合执法133次。开展“绿盾2023”自然保护地强化监督专项行动，持续加强“中国渔政亮剑”系列执法行动，切实维护河湖管理秩序。 （王胜虎）

【水文化建设】

1. 水利宣传 2023年4月，新疆伽师县江巴孜乡水厂获第五批国家级水情教育基地称号。积极组织开展“世界水日”“中国水周”水利宣传活动，到农村、社区、校园、机关、公园等场所发放宣传画、宣传品，迅速营造深厚活动氛围。积极参与2023年“节水中国 你我同行”联合行动和“第三届全国节约用水知识大赛”，新疆维吾尔自治区水利厅被评为“第三届全国节约用水知识大赛优秀组织单位”，节水科普进校园活动被评为2023年“节水中国 你我同行”联合行动优秀活动。赛里木湖入选全国第二批美丽河湖优秀案例。乌鲁瓦提水利枢纽工程、塔里木河流域近期综合治理工程、阿尔塔什水利枢纽工程、叶尔羌河防洪治理工程等4项工程入选水利部“人民治水·百年功绩”治水工程项目名单。 （易雪）

2. 水利风景区 2023年，印发《自治区级水利风景区申报及评审办法》（新水规〔2023〕6号），规范水利风景区申报及评审工作，推进全自治区水利风景区建设与管理。印发《关于开展水利重大事故隐患排查整治专项行动的通知》（新水办〔2023〕175号），组织各地（州、市）以水库、河道、水电站、水利风景区等为重点，开展“五一”假期水利设施公共安全检查，确保水利风景区安全稳定。组织对天山天池等3家国家水利风景区进行现场复核。印发《关于组织开展“水美中国、精彩瞬间”水利风景区摄影作品征集活动的通知》，组织各地开展水利风景区摄影作品征集活动。 （沙尼娅·沙力克）

【数字孪生水利建设】

1. “水利一张图” 2023年，持续完善“水利一张图”数据内容，提升了“水利一张图”业务支撑能力。一是更新新疆2m精度高清卫星影像，利用高分辨率卫星遥感影像，修正、完善了新疆679条河流的河湖基础地理空间数据及其信息，并将河湖岸线保护与利用规划、采砂管理规划等基础数据上图。二是建设重点河湖遥感监测系统，实现全疆已划界河湖管理范围上图，开展涉河建设项目遥感监测，以奎屯河、和田河为试点，基于遥感监测成果，建立“四乱”监管台账，推动“四乱”监管常态化、规范化，规范涉河建设项目管理。三是在自治区“水利一张图”标准和框架下建设了“一张图”移动应用App，涵盖水利重点工作有关的“用水量监管”“水库监管”“灌区监管”三大业务。可实现在移动设备上的在线和离线运行，具查周边、备测距、测面积、图层组合控制、快速定位等地图操作功能。 （李克宏）

2. 数字孪生 2023年，“数字孪生头屯河流域”和“数字孪生乌鲁瓦提水利枢纽”作为全国第一批数字孪生流域先行先试建设任务，以安全实用为原则，急用先行，分步实施数字孪生流域（工程）建设。2023年9月，水利厅成立数字孪生水利建设领导小组，2个试点单位也相应成立数字孪生流域（工程）建设工作领导小组，由主要领导任组长，一把手亲自抓数字孪生建设，形成高位推动。12月底，通过近一年半的项目建设和实施，2个数字孪生流域先行先试项目取得数字孪生水利建设的阶段性成果，并通过水利部组织的统一验收工作，总结了可复制的建设成果和经验，为全自治区数字孪生水利建设提供支撑和借鉴。 （彭佳）

3. 河长App 2023年，新疆维吾尔自治区河湖长制综合管理平台增加了巡河问题处理的时间限制，巡河中发现的问题在规定时间内必须整改完成；完善后台系统管理功能、村级河段名录、模块关联功能，并对河长通App同步进行优化，提升性能，解决在偏远地区没有移动信号覆盖情况、巡河数据无法上传及用户使用误操作的问题。各级河湖长通过手机移动端接收巡河湖任务，依托先进的智能语音识别与分析技术，开展智能巡河湖工作，上传巡河湖照片和路线，随时向上级部门上报每条河湖发现的问题并及时解决，上级部门可在手机移动端对巡河湖问题进行反馈处理。2023年通过河长通App巡河共计21万余人次，累计巡河长度140万km。 （李彤彤）

新疆生产建设兵团

【河湖概况】

1. 河湖数量 流经新疆生产建设兵团（简称

"兵团"）辖区内的主要河流有塔里木河、阿克苏河、喀什噶尔河、和田河、玛纳斯河、奎屯河、伊犁河、额尔齐斯河等，共有河流（段）233 条，其中独立管辖河流 34 条，完成划界公告总长度 6 513km；辖区内有湖泊 5 个。

（新疆生产建设兵团河长制办公室）

鸟瞰塔河源

（第一师 16 团文体广电服务中心　供图）

2. 水质　2023 年，抽取兵团独立管辖的 8 条河段或河流、7 处国家级饮用水水源地、5 座"千吨万人"饮用水水厂（农村人饮水供水工程），按照《地表水环境质量标准》（GB 3838—2002）及《生活饮用水卫生标准》（GB 5749—2022）进行水质监测。对兵团监测辖区内所有城市和 13 个师市开展了饮用水水质监测工作，应设 1 201 个饮用水监测点（城市水 636 个、农村水 565 个），各监测点于枯水期和丰水期各检测 1 次，共监测 2 402 份水样。通过监测系统上报水样信息 2 440 份，枯水期监测水样 1 220 份，丰水期监测水样为 1 220 份；城市水 1 205 份，农村水 1 235 份；监测水样完成率达 101%。（王洪迪）

3. 新开工水利工程　2023 年，落实水利建设投资 72.7 亿元，较 2022 年增加 12.64 亿元，增幅 21%，完成年度计划的 117.3%。其中落实中央投资 38.62 亿元，占总投资的 53.12%。落实特别国债 17.7 亿元用于保障防洪治理项目、灌区建设改造等项目建设。建立健全工作机制加快推进投资计划执行，全年新建、续建水利项目 192 项，完成水利建设投资 76.2 亿元、较 2022 年增长 24%，奎屯河引水工程等重点项目建设均按要求完成年度建设任务，利用各类债券、银行贷款的规模均高于往年，充分发挥了水利稳投资、扩内需、促就业作用。

（艾力卡木·阿不力米提）

【重要文件】　2023 年 3 月 17 日，兵团全面推行河（湖）长制领导小组办公室印发《关于调整兵团总河（湖）长、副总河（湖）长的通知》［兵河（湖）领发〔2023〕1 号］。

2023 年 3 月 18 日，兵团党委办公厅、兵团办公厅印发《关于调整兵团全面推行河（湖）长制领导小组组成人员的通知》（新兵党厅字〔2023〕31 号）；兵团全面推行河（湖）长制领导小组办公室印发《关于调整兵团全面推行河（湖）长制领导小组办公室成员的通知》［兵河（湖）领办发〔2023〕3 号］。

（新疆生产建设兵团河长制办公室）

【河湖长制体制机制建立运行情况】

1. 监督检查　2023 年，按照水利部办公厅、最高人民法院办公厅、最高人民检察院办公厅、公安部办公厅、司法部办公厅《河湖安全保护专项执法行动工作方案》要求，联合兵团法院、检察院、公安局、司法局印发《兵团河湖安全保护专项执法行动工作方案》，组织各师市开展为期半年的兵团河湖安全保护专项执法行动，深化跨区域联动、跨部门联合、与刑事司法衔接、与检察公益诉讼协作等行政执法四项机制。

2. 考核激励　2023 年，完善"高位推动、部门联动、上下互动"的考核机制，细化《2023 年度兵团全面推行河湖长制考核指标》，动员督促各相关部门组织各方面力量开展年终重点考核，按照自评、初评、核查汇总、审议审定等程序，将各项考核内容工作落到实处。

（新疆生产建设兵团河长制办公室）

【河湖健康评价开展情况】　2023 年，按照"兵地一盘棋"的原则，根据《新疆维吾尔自治区河湖健康评价工作方案》，兵团全面启动新疆河湖健康评价工作，确定"十四五"期间对 9 条河流开展健康评价工作，其中独立管辖河流 5 条（喀拉米兰河、莫勒切河、霍尔果斯河、奎屯河、庙尔沟河），兵地共管河流 4 条（喀拉玉尔滚河、阿沙勒阿乌孜河、额敏河、白杨河），2023 年已初步完成庙尔沟河健康评价工作。

（新疆生产建设兵团办公室）

【"一河（湖）一策"编制和实施情况】　2023 年，各师市依据工作实际，对塔里木河、阿克苏河、和田河、叶尔羌河、喀什噶尔河、博尔塔拉河、精河等重点河流"一河（湖）一策"进行修编。实施"一河（湖）一策"的过程中，紧紧围绕河湖治理保护来开展工作，通过建立完善保护制度和加强监管，开展河湖"清四乱"、"清河行动"、河道行洪突出问题清理整治等专项行动，清理整治河道管理范围内乱占、乱采、乱堆、乱建、水面漂浮物及河道淤塞等问题，河湖环境得到了明显改善，实现治水工作常态化和长效性。

（新疆生产建设兵团河长制办公室）

【水资源保护】

1. 水资源刚性约束 2023年，建立覆盖年用水1万m^3以上工业和服务业用水单位867家，重点监控用水单位141家；按照“提级管理、系统调配、每周调度”工作机制，实施精准调度，持续强化计划用水管理，计划用水管理步入精细化。有序推进地下水超采治理，严格落实年度地下水开采量控制在26.64亿m^3以内的目标要求，将年度地下水指标分解到团、计划到月，持续强化地下水位变化通报机制，对29 202眼机井取用地下水开采情况执行旬调度，制定机井上线率低或推送到兵团平台数据误差大的及时通报，并纳入最严格水资源考核，截至2023年12月底，已开采地下水量26.95亿m^3，未超年度开采计划26.64亿m^3（咸水8 800万m^3），第七师《构建智慧地下水管理系统》入选水利部地下水管理典型案例。针对第六师五家渠市芳新两湖农场地下水开采突出问题，制定地下水突出问题集中整治方案，强化以巡促改、以巡促建、以巡促治，通过严查与破解问题为突破口，兵团地下水年度开采量实现可控，打赢地下水超采阻击战。

2. 节水行动 2023年，兵团县域节水型社会创建破零，创建节水型载体150个，其中工业14个，服务业51个，居民小区29个，农业灌溉56个；第二师节水型社会创建完成待验收。节水宣传报道首次突破100篇，全国节水办官方发布突破2位数。

3. 生态流量监管 2023年，加强小水电生态流量监管和分类整改。根据兵团《关于加强小水电生态流量监管工作的通知》（兵水水电〔2022〕51号）要求，督促指导师市落实生态流量监控监测设施建设，检测数据已接入兵团监管平台。督促师市加快推进小水电分类整改评估工作，师市已完成分类整改评估报告，兵团建立了分类整改台账，有序推进小水电分类整改工作。

4. 全国重要饮用水水源地安全达标保障评估 2023年，对兵团辖区内的10个全国重要饮用水水源地名录中的水源地安全保障达标建设进行评估，依据《全国重要饮用水水源地安全保障评估指南（试行）》综合评估等级，兵团辖区内10个全国重要饮用水水源地经综合评估等级均达到了良及以上的标准。

5. 取水口专项整治 开展无证取水问题清零行动，截至2023年底，兵团已办理取水许可水量112余亿m^3，占需要整改的无证取水水量106.45亿m^3的105.2%，由2018年无证取水占比69%下降到5%，取水许可办理由2022年的不足3%达到了95%。

6. 水量分配 2023年，切实把地表水充分利用、水库水优化配置、地下水合理开采的要求贯穿用水全过程，积极探索“总量控制+弹性配置”的水资源利用模式。2023年落实弹性水量6.773 9亿m^3，占分配弹性水量4.28亿m^3的158.3%，占2022年弹性水量4.04亿m^3的167.6%，保障了152.01万亩（占计划新增面积117.05万亩的129.88%）新增耕种面积用水，其中复垦18.97万亩，新开51.03万亩，复播82.01万亩，为兵团保障国家粮食安全贡献了水利力量。通过精准分析摸清了13个师总面积4.42万km^2平原区地下水可采量情况，与新疆维吾尔自治区多方沟通协调，在《2023年新疆地下水合理开发利用实施方案》中明确了2023年地下水管控水量26.64亿m^3，为兵团经济社会发展提供了水利支撑，特别是为粮食产能提升提供了充足的水量保障。地表水置换地下水配置工程得到自治区大力支持。

（李灵波 王洪迪）

【水域岸线管理保护】

1. 河湖管理范围划定 2023年，依法加强涉河建设项目和有关活动审批，保障水利、水库项目新增建设用地269.8hm^2，加强事中事后监管，防止未批先建、越权审批、批建不符。组织开展包括河流、湖泊等水流自然资源在内的自然资源统一确权登记，2023年以来，开展69座水库、42条河流（段）等水流自然资源统一确权登记工作。配合新疆维吾尔自治区开展额尔齐斯河、塔里木河、叶尔羌河等水流自然资源统一确权登记工作。

2. 采砂管理 2023年，组织各师市落实辖区内有采砂管理任务河流湖泊的河长责任人、水行政主管部门责任人、现场监管责任人和行政执法责任人。督促各师市将重点河段、敏感水域采砂管理责任人名单向社会公示。落实河道采砂许可制度，推广河道采砂电子证照，实现了兵团一体化政务服务平台与水利部电子证照系统的互联互通。

3. “四乱”整治 常态化规范化开展河湖“四乱”问题清理整治，2023年，各师市复核销号妨碍河道行洪问题图斑55个，清理整治“四乱”问题19个。利用“遥感+地理信息”技术，以第八师玛纳斯河段为试点，对河湖“四乱”问题进行监测分析，为提升河湖“四乱”监管效率与技术水平提供切实可行的支撑。

（庞伟博　赵倩）

【水污染防治】

1. 排污口整治　2023年，按照“有口皆查、应查尽查”要求，聚焦工业园区和企业废水、生活污水、养殖废水、农田灌溉退水，全面开展入河（湖、库）排污口排查、溯源和整治，建立排污口台账清单，依法取缔违法排污口，严控污水入河入湖。印发《关于加强入河（湖）排污口设置审核和管理有关事项的通知》（兵环发〔2023〕4号），对已排查出且确需保留的排污口，逐步规范排污口设置审批。

2. 城镇生活污染防治　持续推进城镇污水处理提质增效，2023年启动实施第一师、第三师、第十四师等3个南疆师市中央预算内投资污水处理及资源化利用项目建设，进一步提升兵团师市城镇承载能力，落实年度中央预算内投资1.71亿元，创近几年新高。将城镇（园区）污水处理环境监管纳入《2023年兵团生态环境保护综合行政执法工作要点》，加强纳管企业和城镇（园区）污水处理设施监督检查，严厉查处超标排放、偷排偷放、伪造或篡改监测数据、使用违规药剂或干扰剂、不正常使用污水处理设施等环境违法行为。

3. 畜禽养殖污染防治　2023年，印发《兵团病死畜禽及病害畜禽产品无害化处理工作实施方案（2021—2025年）（试行）》和《2023年兵团农作物秸秆综合利用工作实施方案》。组织开展畜禽养殖标准化示范创建活动，规范加强粪污资源化利用，确定新疆中盛天康畜牧科技有限公司、新疆泰裕种猪有限公司为国家级畜禽养殖标准化示范场，将除生猪外的牛、羊、禽等畜禽全部纳入无害化处理补贴范围。建设重点团场和秸秆综合利用展示基地，逐步健全秸秆收储运体系。截至2023年底，兵团规模养猪场粪污处理设施配套率达到98.89%以上，粪污资源化利用率达到89.55%以上，农作物秸秆综合利用达98.2%。

4. 水产养殖污染防治　2023年，印发《2023年兵团水产绿色健康养殖技术推广“五大行动”实施方案》，提出集中池塘养殖尾水处理技术模式、人工湿地技术模式和池塘底排污技术模式等3种养殖尾水治理模式，已在第一、第四、第六、第八等师市试点推进。兵团辖区阿拉尔市长鑫渔业有限责任公司、五家渠市青湖渔业有限责任公司和阜康市冰湖鲟龙水产养殖有限公司3个企业被农业农村部认定为“2023年度国家级水产绿色健康养殖技术推广‘五大行动’骨干基地”。

5. 农业面源污染防治　2023年，制定印发《兵团化肥减量化行动方案和化学农药减量化行动方案》，明确目标任务、技术路径和措施。积极开展小麦、玉米、水稻、棉花等作物绿色防控示范区建设，建立主要作物绿色防控示范区6个，核心示范区面积超过10万亩，辐射带动面积100万亩以上。示范区绿色防控覆盖率达到60%以上，绿色防控效果达到80%以上，农药用量均较对照区减少5%～30%，病虫危害损失率控制在5%以下。充分利用兵团现有的病虫害测报网络体系，及时发布病虫预警信息256期，指导职工及时做好防控准备，确保病虫害不大发生，从源头上降低农药的使用量。在11个师市开展加厚高强度地膜和全生物降解地膜试点。布设20个监测点开展农田残膜监测。共推广加厚高强度地膜557.12万亩，当季残膜机械回收达到90%以上。

（新疆生产建设兵团生态环境局　新疆生产建设兵团发展和改革委员会
新疆生产建设兵团农业农村局）

【水环境治理】

1. 饮用水水源规范化建设　2023年，兵团生态环境局会同水利、自然资源、住房和城乡建设、卫生健康部门，依法依规做好师市和团场集中式饮用水水源保护区划定，完成第十师182团、185团和第四师可克达拉市水源保护区划分。加强集中式饮用水水源地规范化建设，开展城市集中式饮用水水源地环境状况调查评估，定期监测和评估饮用水水源水质状况并做好信息公开，保障群众饮水安全。

（新疆生产建设兵团发展和改革委员会）

2. 黑臭水体治理　巩固城市黑臭水体排查整治成效，兵团生态环境局、住房和城乡建设局联合开展2023年黑臭水体整治环境保护行动，经排查未发现黑臭水体。组织对不具备生活污水处理能力的团场情况进行摸底调查，形成2023年建制镇生活污水收集处理建设任务清单。各师团启动团镇污水处理设施提标改造项目11个，总处理规模2.26万m^3/d；第二师27团、223团污水处理设施完成提标改造，达到一级A排放标准，新增处理规模2 800m^3/d；第三师图木舒克市加快推进2万m^3/d规模污水处理厂扩建工程。组织第一师阿拉尔市和第八师石河子市申报国家再生水循环利用试点城市，2个城市入围国家试点城市公示名单。

（新疆生产建设兵团发展和改革委员会）

3. 农村水环境整治　持续推进人居环境整治，对照《新疆生产建设兵团连队人居环境整治提升五年行动方案（2021—2025年）》，聚焦连队生活污水、垃圾处理设施，一体化谋划推进中央预算内投资连队人居环境整治项目，2023年落实中央预算内投资6 000万元，其中2 000万元为国家奖励资金。因地制宜推进连队生活污水治理，88.31%的连队生活污水得到有效管控，完成2023年污水有效管控率力争达到80%的目标。研究制定兵团生活垃圾分类指导意见，持续推进城市生活垃圾分类。积极开展首届“生活垃圾分类宣传周”活动，第一师阿拉尔市生活垃圾分类体验馆入选住房城乡建设部2023年“生活垃圾分类宣传教育基地”名单。围绕提升改厕质量，组织南北疆师市交叉检查，开展连队户厕质量大比武活动，新建户厕7 999户。持续组织开展连队清洁行动春季、夏季、秋冬季战役，公布第一、第二、第三季度“红黑榜”，第三师51团、第十师186团、第七师128团获“全国村庄清洁行动先进县”。

（新疆生产建设兵团发展和改革委员会
新疆生产建设兵团农业农村局）

特克斯河第四师77团段（张伟　拍摄）

【水生态修复】

1．退田还湖还湿　2023年，开展兵团湿地资源本底调查，按程序推进兵团重要湿地名录发布工作，依法对湿地实行分类分级管理，165.2万亩重要典型湿地纳入生态保护红线，湿地生态功能不断提升。统筹森林植被恢复费427.24万元，用于第三师叶尔羌河中下游、第六师青格达湖、第八师玛纳斯河中上游三个湿地自然保护区开展围栏等基础设施建设和草原生态修复治理、幼林抚育等湿地退化修复工作。（李平）

2．生物多样性保护　2023年，在塔里木河放流叶尔羌高原鳅50万尾，分别在伊犁河分别放流伊犁裂腹鱼、新疆斑重唇鱼、裸重唇鱼20万尾、50万尾、10万尾，在额尔齐斯河分别放流河鲈、贝加尔雅罗鱼各10万尾。开展水生野生动物保护科普宣传活动5次，发放宣传手册300份，宣传纪念品50份。据资源调查，兵团辖区天然水域本地特有水生生物资源量已得到显著提升。（李平）

3．水土流失治理　2023年，印发实施《兵团关于加强新时代水土保持工作的实施方案》，明确新时代兵团水土保持工作的目标、任务。印发《兵团生产建设项目水土保持监督管理办法》《兵团水土保持补偿费征收管理办法》，全面落实依法行政要求，进一步规范监督检查和水土保持补偿费征收使用管理的程序、内容、职责要求等，加强对生产建设项目水土保持监管、水土保持补偿费征收的监管。全面落实《生产建设项目水土保持方案管理办法》（水利部令第53号），严格水土保持方案审查审批，全年审批1 861项生产建设项目水土保持方案，其中兵团本级审批51项，各师市水利局审批1 810项。结合兵团实际情况，以团场为单位继续开展了本辖区内14个师，169个团场水土流失动态监测全覆盖监测，全面掌握了2023年度兵团水土流失现状值、动态变化等数据。根据动态监测成果，全兵团轻度及以上水土流失面积27 956.69km²，占全兵团土地总面积的44.20%。组织师市全面梳理生产建设项目水土保持方案台账，并依托全国水土保持信息管理系统逐项完善形成一项目一台账，动态管理。（李平）

第八师石河子市肯斯瓦特水库（赵倩　拍摄）

【执法监管】

1．河湖日常监管　不断加大水事违法查处力度，2023年累计查处水事违法案件162件，其中河湖案83件（54件已结案），未发生水事矛盾纠纷。各师市水利局积极开展日常巡查监督工作，累计巡查河道48 769km，巡查水域面积9 034km²，出动执法力量 6 258 人次，2 126 车次，现场制止违法行为 258 次，切实维护了河湖管理秩序。2023 年组织开展 2 期兵团水利系统依法行政培训班，累计培训 700 余人次，不断提升河湖执法监管能力水平。

（新疆生产建设兵团河长制办公室）

2. 联合执法　2023 年，按照水利部办公厅、最高人民法院办公厅、最高人民检察院办公厅、公安部办公厅、司法部办公厅《河湖安全保护专项执法行动工作方案》要求，联合兵团法院、检察院、公安局、司法局印发《兵团河湖安全保护专项执法行动工作方案》，组织各师市开展为期半年的兵团河湖安全保护专项执法行动，深化跨区域联动、跨部门联合、与刑事司法衔接、与检察公益诉讼协作等行政执法四项机制。

（新疆生产建设兵团河长制办公室）

【水文化建设】　2023 年，连续多年在青格达湖风景区举办郁金香文化旅游节，郁金香花海以微地形设计呈现，让游客置身于花的海洋，吸引各地游客游玩打卡。（新疆生产建设兵团河长制办公室）

【数字孪生水利建设】

1. “水利一张图”　2023 年，兵团“水利一张图”以位置为主线条汇聚了第一次水利普查、山洪、中小河流、国控水资源地下水、水改“四清”等方面的非空间数据和空间数据，完成了包括行政区划、河流、湖泊、灌区、水库、骨干渠道、监测站点等 22 类水利对象的 21 万条空间数据的入库和处理，涉及监测记录 3 600 万余条，形成 33 个图层并发布了配套的 64 个地图服务，提供各种查询、统计和空间分析工具。兵团“水利一张图”建成了“一数一源”中心数据库和基于“一张图＋”的水利业务服务共享平台，统一了数据模型、地图服务和通用工具，实现兵团水利信息化建设由“分建专用”向“集约共享”的变革，促进跨部门业务协同与资源共享，进一步提升了信息化对兵团水利工作的支撑作用。

（董艳　赵倩）

2. 河长 App　2023 年，优化调整了河长通 App 各级河湖长巡河次数、巡河周期、巡河时长、巡河有效千米数等限制，增加了巡河提醒、未配置或配置错误河湖长提醒等功能。各级河湖长通过手机移动端接收巡河湖任务，开展巡河湖工作，上传巡河湖照片和路线，随时向上级部门上报每条河流发现的情况，及时解决发现的河湖问题。全年通过河长通 App 巡河共计 31 490 人次，累计巡河长度达 21 万 km。

（董艳　赵倩）

3. 数字孪生　2023 年，全力推进数字孪生建设，落实水利部办公厅关于数字孪生工程和数字孪生灌区先行先试的安排部署。2023 年 5 月，组织推进第六师数字孪生猛进水库先行先试建设项目，2023 年 11 月完成合同验收，进入试运行阶段，等待水利部开展竣工验收工作。第六师数字孪生猛进水库建设项目将“三河（乌鲁木齐河、头屯河、老龙河）”“三库（猛进水库、八一水库、沙山子水库）”“三渠（八一干渠、猛进干渠、沙山子进库渠）”等骨干工程及下游 4 个（101 团、102 团、103 团、共青团农场）灌区纳入数字孪生体系，实现全要素数字化映射和同步仿真运行，以模型库、知识库为支撑，打造了猛进水库及骨干工程“引、蓄、泄、输、排”全过程的数字化场景，构建出以“第六师孪生‘水利一张图’、水资源管理与调配、水利工程安全与运行管理”为一体化的数字孪生业务系统，成为可复制、可推广的兵团注入式水库数字孪生样板。2023 年 5 月，兵团水利局组织审查第一师 4 团、第十二师 221 团数字孪生试点灌区实施方案并报送水利部农水司备案。

（董艳　赵倩）

十一、大事记

Major Events

2023年中国河湖大事记

序号	时　间	事　　件
1	1月8日	水利部、交通运输部印发《关于推行河道砂石采运管理单制度的通知》
2	2月20日	水利部召开河湖管理工作会议
3	2月14日	水利部办公厅印发《关于2023年河湖管理工作要点的通知》
4	3月17日	水利部印发《母亲河复苏行动河湖名单》
5	3月22日	水利部组织开展“贯彻实施黄河保护法 携手共护母亲河”主题活动
6	3月22日	第二届寻找“最美家乡河”活动结果揭晓仪式在渝举办，第三届寻找“最美家乡河”活动同步启动
7	4月1日	《中华人民共和国黄河保护法》施行
8	4月12日	水利部最高人民检察院启动黄河流域水资源保护专项行动
9	4月14日	2023年淮河防总工作会议暨淮河流域省级河湖长联席会议全体会议召开
10	4月19日	水利部召开水利风景区建设与管理工作会议
11	4月25日	水利部召开幸福河湖建设工作座谈会
12	4月28日	水利部办公厅印发《关于加强山区河道管理的通知》
13	5月4日	水利部、公安部、交通运输部召开长江河道采砂管理合作机制领导小组会议
14	6月9日	水利部联合最高人民法院、最高人民检察院、公安部、司法部启动河湖安全保护专项执法行动
15	7月12日	第二次黄河流域省级河湖长联席会议召开
16	7月17日	全国生态环境保护大会在北京召开
17	7月18日	《深入学习贯彻习近平关于治水的重要论述》出版发行
18	7月20日	《长江河道采砂管理条例》修订出台
19	7月20日	水利部公布黄河干支流目录
20	8月10日	2023年太湖流域片省级河湖长联席会议全体会议召开
21	8月15日	国家发展改革委联合中央宣传部、自然资源部、生态环境部等部门和浙江省人民政府在浙江省湖州市共同举办首个全国生态日，主题为“绿水青山就是金山银山”
22	8月22日	2023年长江流域省级河湖长联席会议召开
23	9月8日	水利部召开全国河湖水域岸线空间管控工作会
24	9月11日	第18届世界水资源大会在北京开幕，李国英出席开幕式并作主旨报告
25	9月18日	水利部召开推进黄河流域生态保护和高质量发展工作领导小组会议
26	9月21日	第二届河湖长制与河湖保护高峰论坛在苏州举办
27	9月25日	2023年松花江、辽河流域省级河湖长联席会议召开
28	9月28日	2023年珠江流域省级河湖长联席会议召开

续表

序号	时　间	事　　件
29	10月12日	习近平主持召开进一步推动长江经济带高质量发展座谈会
30	10月13日	水利部党组学习贯彻进一步推动长江经济带高质量发展座谈会精神
31	11月14日	2023年海河流域省级河湖长联席会议召开
32	12月4日	水利部召开深入推动流域治理管理高质量发展座谈会
33	12月14日	“感悟最美家乡河　以学促干建新功”汇报展示活动在京举办
34	12月26日	水利部　最高人民法院　最高人民检察院　公安部　司法部联合开展河湖安全保护专项行动圆满收官

十二、附录

Appendix

| 2023 年省级河长湖长名录 |

序号	省级行政区	省级河湖长姓名	行政职务	所负责河湖	备注
1	北京	尹　力	市委书记	总河长	
		殷　勇	市委副书记、市长	总河长	
		游　钧	市委常委、教育工委书记	大清河流域	
		孙梅君	市委常委、组织部部长	蓟运河（泃河）流域	
		莫高义	市委常委、宣传部部长	清河流域	
		夏林茂	市委常委、常务副市长	永定河流域	
		杨晋柏	市委常委、统战部部长	城市河湖流域	
		靳　伟	市委常委、副市长	凤河（凤港减河）流域	
		孙军民	市委常委、政法委书记	潮白河流域	
		亓延军	副市长、公安局局长	官厅水库流域	
		于英杰	副市长	凉水河流域	
		谈绪祥	副市长	北运河流域	
		刘宇辉	副市长	京密引水（含怀柔水库）流域	
		司马红	副市长	十三陵水库流域	
2	天津	陈敏尔	市委书记	总河湖长	
		张　工	市委副书记、市长	总河湖长	
		李树起	副市长	北三河、永定河、大清河、子牙河、漳卫南运河水系河道，北大港湿地（水库）、团泊湿地（水库）	1—2 月
		杨　兵	副市长	海河干流水系河道、城市排水河道、供水河道，大黄堡湿地、七里海湿地，北塘水库、王庆坨水库、尔王庄水库、于桥水库	1—2 月
		谢　元	副市长	北三河、永定河、大清河、子牙河、漳卫南运河水系河道，北大港湿地（水库）、团泊湿地（水库）	3—12 月
		范少军	副市长	海河干流水系河道、城市排水河道、供水河道，大黄堡湿地、七里海湿地，北塘水库、王庆坨水库、尔王庄水库、于桥水库	3—12 月
3	河北	倪岳峰	省委书记、省人大常委会主任	总河湖长	
		王正谱	省委副书记、省长	总河湖长	
		张国华	省委常委、雄安新区党工委书记、管委会主任	潴龙河、赵王新河、白洋淀	
		严鹏程	省委常委、省委秘书长	永定河	

续表

序号	省级行政区	省级河湖长姓名	行政职务	所负责河湖	备注
3	河北	时清霜	副省长	南水北调中线工程干线、滏东排河、衡水湖	
		胡启生	副省长	滹沱河、子牙新河	
		金　晖	副省长	潮白河、北运河	
		王立彤	副省长	南运河、卫运河	
		董兆伟	副省长	滦河	
4	山西	蓝佛安	省委书记	总河长	1—9月（10—12月为唐登杰）
		吴　伟	省委常委、常务副省长	副总河长，文峪河	
		卢东亮	省委常委、大同市委书记	副总河长，桑干河（御河）	
		韦　韬	省委常委、太原市委书记	副总河长，潇河（含太榆退水渠）	
		杨勤荣	副省长	副总河长（总湖长），黄河山西段	
		熊继军	副省长	漳河	
		李成林	副省长	滹沱河	
		汤志平	副省长	沁河	
		赵红严	副省长	唐河、沙河	
5	内蒙古	孙绍骋	自治区党委书记、人大常委会主任	第一总河湖长	
		王莉霞	自治区党委副书记、自治区主席	总河湖长	
		代　钦	自治区副主席	副总河湖长	
		黄志强	自治区党委常委、自治区常务副主席	呼伦湖、额尔古纳河	
		奇巴图	自治区副主席	嫩江内蒙古段	
		包献华	自治区副主席	黑河内蒙古段、居延海	
		么永波	自治区副主席	岱海	
		代　钦	自治区副主席	黄河内蒙古段、乌梁素海	
		白清元	自治区副主席	西辽河	
6	辽宁	郝　鹏	省委书记、省人大常委会主任	总河长	
		李乐成	省委副书记、省长	总河长	
		王　健	省委常委、副省长	副总河长，浑河水系	
		张立林	省委常委、副省长	绕阳河水系	

续表

序号	省级行政区	省级河湖长姓名	行政职务	所负责河湖	备注
6	辽宁	姜有为	副省长	辽河水系	1—9月
		王利波	副省长	辽河水系	10—12月
		高　涛	副省长	小凌河及辽西沿海诸河水系	
		郑　艺	副省长	太子河水系	
		霍步刚	副省长	副总河长，鸭绿江水系	
		靳国卫	副省长	副总河长，大凌河水系	
		郭彩云	副省长	辽东南沿海诸河水系	
7	吉林	景俊海	省委书记	总河长	
		韩　俊	省长	总河长	
		吴海英	省委副书记	副总河长，松花江	
		韩福春	副省长	副总河长，东辽河、查干湖	
		蔡　东	省委常委、常务副省长	饮马河	
		曹路宝	省委常委、宣传部部长	浑江	
		胡家福	省委常委、延边朝鲜族自治州书记	图们江	
		王秋实	省委常委、组织部部长	鸭绿江	
		张恩惠	省委常委、长春市委书记	伊通河	
		贺志亮	副省长、公安厅厅长	拉林河	
		刘　凯	副省长	辉发河	
8	黑龙江	许　勤	省委书记	总河湖长	
		梁惠玲	省长	总河湖长	
		王志军	省委副书记	黑龙江	1—6月
		徐向国	副省长	黑龙江	8—12月
		张　巍	省纪委书记、监委主任	呼兰河	1—4月
		王　岚	副省长	呼兰河	4—12月
		王秋实	副省长	挠力河	4—8月
		徐向国	副省长	挠力河	8—12月
		徐建国	统战部部长	拉林河	
		杨　博	组织部部长	汤旺河	
		刘　惠	政法委书记	倭肯河	
		何良军	宣传部部长	乌苏里江	

续表

序号	省级行政区	省级河湖长姓名	行政职务	所负责河湖	备注
8	黑龙江	何良军	宣传部部长	兴凯湖	
		于洪涛	省委秘书长	牡丹江	
		张　巍	省纪委书记、监委主任	嫩江	4—12月
		王　刚	副省长	松花江	1—4月
		王秋实	副省长	松花江	4—7月
		徐向国	副省长	松花江	8—9月
		王合生	副省长	松花江	9—12月
		余　建	副省长	穆棱河	
		赵　忠	省军区少将政治委员	五大连池	4—12月
		韩圣健	副省长	讷谟尔河	
		李　毅	副省长、公安厅厅长	通肯河	
9	上海	陈吉宁	市委书记	总河长	
		龚　正	市委副书记、市长	总河长	
		张小宏	副市长	副总河长，长江口（上海段）、黄浦江、吴淞江（上海段）—苏州河、淀山湖（上海部分）、太浦河（上海段）	
		王为人	市政府副秘书长	拦路港—泖河—斜塘、红旗塘（上海段）—大蒸塘—园泄泾、胥浦塘—掘石港—大泖港、元荡（上海部分）	
10	江苏	邓修明	省委副书记	长江干流江苏段	
		沈　莹	省委常委、组织部部长	京杭大运河苏北段（含不牢河）、微山湖	
		张爱军	省委常委、宣传部部长	淮河入海水道、苏北灌溉总渠	
		韩立明	省委常委、南京市委书记	秦淮河（含秦淮新河、外秦淮河）	
		惠建林	省委常委、统战部部长	沂河、新沂河、分淮入沂	
		曹路宝	省委常委、苏州市委书记	太浦河、吴淞江、淀山湖	
		刘建洋	省委常委、政法委书记	淮河入江水道（含金宝航道）、邵伯湖、高邮湖、宝应湖、白马湖	
		储永宏	省委常委、省委秘书长	里下河地区湖泊群（含三阳河、潼河）	
		马　欣	省委常委、常务副省长	苏南运河	

续表

序号	省级行政区	省级河湖长姓名	行政职务	所负责河湖	备注
10	江苏	胡广杰	副省长	淮河干流江苏段、洪泽湖	
		夏心旻	副省长	石臼湖、固城湖	
		方　伟	副省长	沭河、新沭河	
		李耀光	副省长	骆马湖、徐洪河	
		徐　缨	副省长	通榆河、泰州引江河、新通扬运河	
		王　晖	副省长	太湖、滆湖、长荡湖，望虞河、新孟河、新沟河	
11	浙江	易炼红	省委书记	总河长	
		王　浩	省长	总河长	
		黄建发	省委副书记	曹娥江	1—3月
		李　锐（代管）	省水利厅厅长		4—12月
		卢　山	副省长	钱塘江、新安江水库	1月
		胡　伟	副省长		2—12月
		李学忠	省人大常委会副主任	苕溪	1月
		高兴夫	省人大常委会副主任		2—12月
		史济锡	省人大常委会副主任	运河	1月
		刘　忻	省人大常委会副主任		2—12月
		陈小平	省政协副主席	飞云江	
		周国辉	省政协副主席	瓯江	1月
		陈擎苍	省政协副主席		2—12月
		徐文光	副省长	太湖	1月
		李岩益	副省长		2—12月
12	安徽	韩　俊	省委书记	总河长，长江干流安徽段	
		王清宪	省长	总河长，淮河干流安徽段	
		费高云	省委常委、常务副省长	副总河长	
		虞爱华	省委常委、合肥市委书记	巢湖	
		张红文	省委常委、副省长	枫沙湖	
		张曙光	副省长	副总河长，菜子湖、焦岗湖	
		钱三雄	副省长	龙感湖	
		任清华	副省长	石臼湖、高邮湖	
		单向前	副省长	新安江干流、天河湖	
		孙　勇	副省长	高塘湖	
13	福建	周祖翼	省委书记	总河湖长	
		赵　龙	省委副书记、省长	总河湖长	

续表

序号	省级行政区	省级河湖长姓名	行政职务	所负责河湖	备注
14	江西	尹　弘	省委书记、省人大常委会主任	总河湖长	
		叶建春	省委副书记、省长	副总河湖长	
		吴忠琼	省委副书记、赣州市委书记	赣江流域	
		卢小青	副省长	鄱阳湖	
		陈　敏	副省长	饶河流域	
		张小平	省人大常委会副主任	抚河流域	
		朱　斌	省人大常委会副主任	信江流域	
		尹建业	省政协副主席	长江江西段	
		于秀明	省政协副主席	修河流域	
15	山东	林　武	省委书记、省人大常委会主任	总河长	
		周乃翔	省委副书记、省长	总河长，黄河、东平湖	
		陆治原	省委副书记、青岛市委书记	副总河长，胶东调水输水干线、大沽河、产芝水库	
		曾赞荣	省委常委、副省长	副总河长，小清河、南水北调工程山东段输水干线（济平干渠、济南市区段、济东明渠段）、马踏湖	
		范　波	副省长	漳卫南运河、南水北调工程山东段输水干线（小运河、七一河、六五河段）、芽庄湖	
		宋军继	副省长、省政府秘书长	东鱼河、洙赵新河、泗河、贺庄水库	
		周立伟	副省长	沂河、沭河、跋山水库、沙沟水库	
		陈　平	副省长	副总河长，梁济运河、韩庄运河、南四湖	
		李　伟	副省长、公安厅厅长	潍河、峡山水库、墙夼水库、青峰岭水库	
		邓云锋	副省长	徒骇河、马颊河、德惠新河、田庄水库	
		王桂英	副省长	大汶河、南水北调工程山东段输水干线（柳长河段）、雪野水库	

续表

序号	省级行政区	省级河湖长姓名	行政职务	所负责河湖	备注
16	河南	楼阳生	省委书记	第一总河长	
		王　凯	省委副书记、省长	黄河干流花园口以下段	
		孙梅君	省委副书记	黄河干流花园口以上段	
		孙守刚	省委常委、常务副省长	涡惠河	
		江　凌	省委常委、洛阳市委书记	伊洛河	
		张　巍	省委常委、省纪委书记、监委主任	沁河	
		王战营	省委常委、宣传部部长	颍河	
		陈　星	省委常委、省委秘书长	史灌河	
		安　伟	省委常委、郑州市委书记	贾鲁河	
		赵　钧	省委常委、省军区少将司令员	金堤河	
		王　刚	省委常委、组织部部长	淇河	
		张雷明	省委常委、统战部部长	漳河	
		刘玉江	副省长	沙河	
		宋争辉	副省长	洪汝河	
		孙运锋	副省长	唐白河（含丹江）	
		张　敏	副省长	沙颍河	
		郑海洋	副省长	沱河	
		刘尚进	副省长	卫河	
		李　酌	副省长	淮河、南水北调水源区及干线工程	
17	湖北	王蒙徽	省委书记、省人大常委会主任	总河湖长	
		王忠林	省委副书记、省长	总河湖长，长江	
		诸葛宇杰	省委副书记	副总河湖长，汉江	
		郭元强	省委常委、武汉市委书记	府澴河	
		张文兵	省委常委、组织部部长	陆水、黄盖湖	
		肖菊华	省委常委、政法委书记	沮漳河	
		宁　咏	省委常委、统战部部长	东荆河、通顺河	
		王祺扬	省委常委、襄阳市委书记	南河	
		琚朝晖	省委常委、宣传部部长	洪湖	
		邵新宇	省委常委、常务副省长	清江	
		吴海涛	省委常委、省委秘书长	梁子湖	
		徐文海	副省长	龙感湖	
		盛阅春	副省长	举水	
		张文彤	副省长	长湖	

续表

序号	省级行政区	省级河湖长姓名	行政职务	所负责河湖	备注
17	湖北	陈　平	副省长	斧头湖	
		彭　勇	省政府党组成员	常务副总河湖长、汉北河、汈汊湖	
		蔚盛斌	副省长、省政府秘书长	富水	
18	湖南	张庆伟	省委书记	总河长	1—3月
		沈晓明	省委书记	总河长	3—12月
		毛伟明	省委副书记、省长	总河长	
		李殿勋	省委副书记	副总河长、沅水干流	9—12月
		王双全	省委常委、省纪委书记	省河湖长制落实情况的监督检查	
		李殿勋	常务副省长	湘江干流	1—10月
		张迎春	常务副省长	湘江干流	11—12月
		张迎春	副省长	省河长办主任、洞庭湖	
		汪一光	省委常委、组织部部长	潕水	
		吴桂英	省委常委、长沙市委书记	浏阳河	
		隋忠诚	省委常委、统战部部长	渌水	
		谢卫江	省委常委、省委秘书长	涟水	
		魏建锋	省委常委、政法委书记	黄盖湖	
		杨浩东	省委常委、宣传部部长	耒水	
		周海兵	副省长	资水干流	
		李建中	副省长	长江湖南段	
		王一鸥	副省长、公安厅厅长	酉水	
		蒋涤非	副省长	澧水干流	
		秦国文	副省长、衡阳市委书记	舂陵水	
19	广东	黄坤明	省委书记	第一总河长	
		王伟中	省委副书记、省长	总河长	
		孟凡利	省委副书记	副总河长	
		张　虎	省委常委、常务副省长	副总河长，西江流域	
		王瑞军	省委常委	副总河长，北江流域	1—4月
		吕玉印	副省长	副总河长，北江流域	4—6月
		林　涛	副省长	副总河长，北江流域	9—12月
		王　曦	省委常委、副省长、副总河长	韩江流域	
		陈良贤	副省长	副总河长，东江流域、潼湖	1—4月
				东江流域、潼湖	4—12月
		张少康	副省长	副总河长，北江流域（代管）	7—8月
				鉴江流域（代管）	12月

续表

序号	省级行政区	省级河湖长姓名	行政职务	所负责河湖	备注
19	广东	孙志洋	副省长	副总河长，鉴江流域	1—11月
		王志忠	副省长	公安厅厅长，副总河长	1—9月
20	广西	刘　宁	自治区党委书记	总河长	
		蓝天立	自治区党委副书记、自治区主席	总河长	
		刘小明	自治区党委副书记	西江干流自治区河长	
		蔡丽新	自治区党委常委、自治区常务副主席	柳江干流自治区河长	
		眭国华	自治区副主席	桂江干流自治区河长	
		许显辉	自治区副主席	郁江干流自治区河长	
21	海南	李荣灿	省政协主席、党组书记	南渡江	
		沈丹阳	省委副书记	万泉河	
		冯忠华	省委常委、组织部部长	昌化江	
		王　斌	省委常委、宣传部部长	文澜河 光吉河	
		苗延红	省委常委、统战部部长	石碌河	
		巴特尔	省委常委、常务副省长	塔洋河	
		倪　强	省委常委、省委秘书长	定安河	
		李　军	省人大常委会党组书记、副主任	宁远河	
		谢　京	副省长	新吴溪	
		陈怀宇	副省长	陵水河	
		蔡朝晖	副省长、公安厅厅长	岭后河	
		顾　刚	副省长	巡崖河	
		顾　刚（代管）	副省长	南洋河、珠碧江	
		肖莺子	省政协副主席、党组副书记	大塘河	
		李国梁	省政协副主席、党组副书记	藤桥河	
22	重庆	袁家军	市委书记	总河长，长江	
		胡衡华	市委副书记、市长	总河长，嘉陵江	
		王　炯	市人大常委会主任	梁滩河	4—12月
				璧南河	1—3月

续表

序号	省级行政区	省级河湖长姓名	行政职务	所负责河湖	备注
22	重庆	唐方裕	市政协主席	璧南河	4—12 月
		李明清	市委副书记	常务副总河长，乌江	
		陆克华	市委常委、市委政法委书记	涪江	
				濑溪河	1—4 月
		宋依佳	市委常委，市纪委书记、市监委主任	大溪河	
		姜　辉	市委常委、宣传部部长	龙河	
		蔡允革	市委常委、组织部部长	芙蓉江	
		陈鸣波	市委常委、常务副市长	副总河长，濑溪河	5—12 月
				副总河长，小安溪	1—4 月
				副总河长，御临河	5—6 月
		于会文	市委常委、万州区委书记	磨刀溪	
		卢　红	市委常委、统战部部长	龙溪河	
		罗　蔺	市委常委、两江新区党工委书记	御临河	7—12 月
		刘士胥	市委常委、重庆警备区政委	渠江	
		胡明朗	市政府副市长，公安局党委书记、局长	梅溪河	
		郑向东	副市长	副总河长，大宁河、郁江	1—5 月
		但彦铮	副市长	小江	
		江敦涛	副市长	小安溪	5—12 月
		商　奎	副市长	琼江	6—12 月
		张安疆	市政府副市长、西部科学城重庆高新区党工委书记	綦江	5—12 月
		张国智	副市长	郁江	6—12 月
23	四川	王晓晖	省委书记、省人大常委会主任	总河长	
		黄　强	省委副书记、省长	总河长	
		普布顿珠	省委常委、副省长	沱江	
		刘旭光	省政协副主席	沱江	
		廖建宇	省委常委、省纪委书记、省监委主任	岷江	
		陈　炜	省委常委、省委秘书长	岷江	
		罗　强	省人大常委会副主任	雅砻江	
		郑　备	副省长	雅砻江	

续表

序号	省级行政区	省级河湖长姓名	行政职务	所负责河湖	备注
23	四川	田向利	省政协主席	安宁河	
		杨兴平	副省长	安宁河	
		董卫民	省委常委、常务副省长	长江（金沙江）	
		左永祥	副省长	长江（金沙江）	
		郑　莉	省委常委、宣传部部长	大渡河	
		尧斯丹	省政协副主席	大渡河	
		靳　磊	省委常委、政法委书记	泸沽湖、嘉陵江	
		叶寒冰	副省长	泸沽湖、嘉陵江	
		赵俊民	省委常委、统战部部长	涪江	
		田庆盈	副省长	涪江	
		于立军	省委常委、组织部部长	渠江	
		何　礼	省人大常委会副主任	渠江	
		祝春秀	省人大常委会副主任	青衣江	
		胡　云	副省长	黄河	
		谢商华	省政协副主席	黄河	
		朱家德	省人大常委会副主任	赤水河	
		杜和平	省政协副主席	琼江	
24	贵州	徐　麟	省委书记、省人大常委会主任	总河湖长，乌江干流	
		李炳军	省委副书记、省长	总河湖长，乌江干流	
		赵永清	省政协党组书记、主席	赤水河	
		时光辉	省委副书记、政法委书记	草海	
		卢雍政	省委常委、宣传部部长	芙蓉江	
		吴　强	省委常委、副省长	重安江	
		胡忠雄	省委常委、贵阳市委书记	猫跳河	
		郭　强	省委常委、统战部部长	马别河	
		吴胜华	省委常委、毕节市委书记	白甫河	
		李　睿	省委常委、遵义市委书记	湘江	
		时玉宝	省委常委、组织部部长	清水江	
		陈少波	省委常委、省委秘书长	黄泥河	
		王　雷	省委常委、省军区少将司令员	水城河	
		陶长海	省人大常委会党组书记、副主任	南盘江	
		王世杰	省人大常委会副主任	六冲河	
		郭瑞民	省人大常委会党组副书记、副主任	瓮安河	
		桑维亮	省人大常委会副主任、省总工会主席	都柳江	

续表

序号	省级行政区	省级河湖长姓名	行政职务	所负责河湖	备注
24	贵州	王　忠	省人大常委会副主任	桐梓河	
		杨永英	省人大常委会副主任	红水河	
		李豫贵	省人大常委会副主任	习水河	
		董家禄	副省长	松桃河	
		蔡朝林	副省长	偏岩河	
		郭锡文	副省长	涟江	
		贾利军	副省长、公安厅厅长	北盘江	
		张敬平	副省长	三岔河	
		罗　强	副省长	副总河湖长，清水河	
		杨同光	副省长	副总河湖长，㵲阳河	
		赵德明	省政协副主席	巴拉河	
		李汉宇	省政协副主席、省工商联主席	麻沙河	
		孙诚谊	省政协副主席	打邦河	
		张光奇	省政协副主席	乌都河	
		唐德智	省政协副主席、黔南布依族苗族自治州委书记	樟江（含打狗河）	
		李　建	省政协副主席、黔东南苗族侗族自治州委书记	锦江	
		冉　霞	省政协副主席	野纪河	
25	云南	王　宁	省委书记、省人大常委会主任	洱海	
		王予波	省委副书记、省长	抚仙湖	
		曾　艳	省委常委、宣传部部长	程海	
		杨亚林	省委常委、政法委书记	泸沽湖（云南部分）	
		杨　宁	省委常委、统战部部长	杞麓湖	
		邱　江	省委常委、省委秘书长	星云湖	
		石玉钢	省委副书记	异龙湖	
		纳云德	副省长	长江（云南段）	
		刘　非	省委常委、常务副省长	珠江（云南段）	1—11月
		杨　洋	副省长	红河（云南段）	
		王　浩	副省长	澜沧江（云南段）	
		王显刚	省人民政府党组副书记	怒江（云南段）	
		张治礼	副省长	伊洛瓦底江（云南段）	
		杨　斌	副省长	牛栏江（云南段）	1—11月
		郭大进	副省长	赤水河（云南段）	

续表

序号	省级行政区	省级河湖长姓名	行政职务	所负责河湖	备注
25	云南	岳修虎	副省长	黑惠江	
		刘洪建	省委常委、昆明市委书记	滇池	
26	西藏	王君正	自治区党委书记、西藏军区党委第一书记	总河长	
		严金海	自治区党委副书记，自治区人民政府党组书记、主席	总河长	
		庄　严	自治区党委常务副书记	雅鲁藏布江	
		陈永奇	自治区党委副书记，自治区人民政府党组副书记、常务副主席	纳木错	
		刘　江	自治区党委副书记、政法委书记	朋曲	
		汪海洲	自治区党委常委、宣传部部长	色林错	
		赖　蛟	自治区党委常委、组织部部长	然乌湖	
		任　维	自治区党委常委，自治区政府党组副书记、常务副主席	扎日南木错	
		普布顿珠	自治区党委常委、拉萨市委书记	拉萨河	
		嘎玛泽登	自治区党委常委、统战部部长，自治区政协党组副书记、副主席	狮泉河	
		肖友才	自治区党委常委、自治区人民政府副主席	玛旁雍错	
		达娃次仁	自治区党委常委、秘书长	金沙江（西藏段）	
		江　白	自治区人大常委会党组成员、副主任	尼洋河	
		甲热·洛桑丹增	自治区人民政府副主席	羊卓雍错	
		罗　梅	自治区人民政府副主席	帕隆藏布	
		张洪波	自治区人民政府副主席	孔雀河	
		郎福宽	自治区人民政府副主席	班公错	
		斯郎尼玛	自治区人民政府副主席、日喀则市委书记	年楚河	
		韦秀长	自治区人民政府副主席	察隅曲	
		徐志涛	自治区人民政府副主席	易贡藏布	
		龚会才	自治区人民政府副主席，昌都市委书记	澜沧江	
		旦　巴	自治区人民政府副主席	长江源（西藏段）	

续表

序号	省级行政区	省级河湖长姓名	行政职务	所负责河湖	备注
26	西藏	次仁平措	自治区人民政府副主席	怒江	
26	西藏	白玛旺堆	自治区政协党组成员、副主席	西巴霞曲	
27	陕西	赵一德	省委书记	总河湖长，渭河	
27	陕西	赵　刚	省委副书记、省长	总河湖长，汉江	
27	陕西	王　晓	省委常委、常务副省长	丹江	
27	陕西	方红卫	省委常委、西安市委书记	渭河西安段、昆明池	
27	陕西	蒿慧杰	省委常委、延安市委书记	延河	
27	陕西	钟洪江	副省长	黄河陕西段兼红碱淖	1—9月
27	陕西	窦敬丽	副省长	黄河陕西段兼泾河、红碱淖	10—12月
27	陕西	王海鹏	副省长、省政府秘书长	北洛河	12月
28	甘肃	胡昌升	省委书记、省人大常委会主任	总河长	
28	甘肃	任振鹤	省委副书记、省长	总河长	
28	甘肃	石谋军	省委副书记	黑河—甘肃段	
28	甘肃	张晓强	省委常委、兰州市委书记	湟水（含大通河）—甘肃段	
28	甘肃	程晓波	副省长	嘉陵江（含白龙江）—甘肃段	
28	甘肃	张锦刚	省委常委、副省长	渭河—甘肃段	
28	甘肃	李　刚	省委常委、副省长、组织部部长	黄河干流（含庄浪河）—甘肃段、刘家峡水库	
28	甘肃	雷思维	副省长	泾河	
28	甘肃	黄瑞雪	副省长、公安厅厅长	洮河—甘肃段、九甸峡水库	
28	甘肃	陈得信	副省长	疏勒河—甘肃段、大苏干湖	
29	青海	陈　刚	省委书记、省人大常委会主任	总河湖长	
29	青海	吴晓军	省委副书记、省长	总河湖长	
29	青海	王林虎	省委常委、常务副省长	黄河，扎陵湖、鄂陵湖，班多水库、莫多水库、龙羊峡水库、拉西瓦水库、李家峡水库、公伯峡水库、积石峡水库	6月
29	青海	才让太	省委常委、副省长	布哈河、格尔木河、那棱格勒河、巴音河、柴达木河（香日德河），青海湖、苏干湖、温泉水库	
29	青海	刘　涛	副省长	湟水、隆务河、大通河、黑河、长江、澜沧江，黑泉水库、纳子峡水库、石头峡水库	

续表

序号	省级行政区	省级河湖长姓名	行政职务	所负责河湖	备注
30	宁夏	梁言顺	自治区党委书记、自治区人大常委会主任	总河湖长	
		张雨浦	自治区党委副书记、自治区人民政府主席	副总河湖长	
		赵旭辉	自治区党委常委、银川市委书记	典农河	
		刘　军	自治区政府副主席	清水河	5—12月
		买彦州	自治区政府副主席	黄河	5—12月
31	新疆	马兴瑞	自治区党委书记、新疆军区党委第一书记、新疆生产建设兵团党委第一书记、第一政委	总河（湖）长	
		艾尔肯·吐尼亚孜	自治区党委副书记、自治区主席	副总河（湖）长	3—12月［1—2月为自治区总河（湖）长］
		李邑飞	自治区党委副书记，新疆生产建设兵团党委书记、政委	副总河（湖）长	
		张春林	自治区党委副书记，教育工委书记	副总河（湖）长，伊犁河	
		何忠友	自治区党委副书记	副总河（湖）长，塔里木河流域	
		张　柱	自治区党委常委、组织部部长	副总河（湖）长，额尔齐斯河	3—12月（1—2月为陈伟俊）
		田湘利	自治区党委常委、纪委书记、监委主任	副总河（湖）长，喀什噶尔河流域	
		陈伟俊	自治区党委常委、自治区常务副主席	副总河（湖）长，玛纳斯河、玛纳斯湖	3—12月（1—2月为张柱）
		王明山	自治区党委常委、政法委书记	副总河（湖）长	
		王建新	自治区党委常委、宣传部部长	副总河（湖）长、艾比湖	3—12月（1—2月为伊力扎提·艾合买提江）
		玉苏甫江·麦麦提	自治区党委常委，自治区副主席	副总河（湖）长，金沟河	
		伊力扎提·艾合买提江	自治区党委常委、统战部部长，自治区政协党组副书记	副总河（湖）长，白杨河	3—12月（1—2月为祖木热提·吾布力）

续表

序号	省级行政区	省级河湖长姓名	行政职务	所负责河湖	备注
31	新疆	哈丹·卡宾	自治区党委常委、秘书长、办公厅主任、直属机关工委书记	副总河（湖）长，奎屯河	
		薛　斌	自治区人民政府副主席，新疆生产建设兵团党委副书记、司令员	副总河（湖）长，塔里木河流域副河长	
		麦尔丹·木盖提	自治区副主席	副总河（湖）长，博斯腾湖	3—12月（1—2月为孙红梅）
		木合亚提·加尔木哈买提	自治区人大常委会党组成员、副主任	副河长，伊犁河	
		刘见明	自治区政协副主席、新疆生产建设兵团党委副书记、副政委、宣传部部长	副河长，伊犁河	3—12月
		托乎提·亚克夫	自治区人大常委会党组成员、副主任	副河长，塔里木河流域	
		迪力夏提·柯德尔汗	自治区人大常委会党组成员、副主任	副河长，额尔齐斯河	3—12月（1—2月为董新光）
		穆坦里甫·买提托合提	新疆生产建设兵团党委常委、副政委、统战部部长	副河长，额尔齐斯河	3—12月（1—2月为孔星隆）
		孔星隆	自治区政协党组成员、副主席	副河长，喀什噶尔河	3—12月（1—2月为伊力哈木·沙比尔）
		李永红	生产建设兵团党委常委、副司令员	副河长，喀什噶尔河	3—12月（1—2月为邵峰）
		哈增友	生产建设兵团党委常委、副司令员	副河长，玛纳斯河	3—12月
		李　旭	生产建设兵团党委常委、副司令员，兵团党委、兵团秘书长，兵团党委直属机关工委书记	副河长，头屯河	3—12月（1—2月为李萍）
		姜新军	生产建设兵团党委常委、副政委、纪委书记、监委主任	副河长，金沟河	3—12月（1—2月为张勇）
		刘新建	生产建设兵团党委常委、副政委	副河长，白杨河	3—12月（1—2月为李冀东）
		努热木·斯玛依汗	自治区政协副主席	副河长，奎屯河	

续表

序号	省级行政区	省级河湖长姓名	行政职务	所负责河湖	备注
31	新疆	张文胜	生产建设兵团党委常委、副政委、组织部部长，兵团党委党校（行政学院）校（院）长	副河长，奎屯河	3—12月（1—2月为刘见明）
		孙红梅	自治区副主席	赛里木湖	3—12月（1—2月为芒力克·斯依提）
		刘苏社	自治区副主席，自治区党委教育工委副书记	乌伦古湖	

十三、索引

Index

索　　引

说　　明

1. 本索引采用内容分析法编制，年鉴中有实质检索意义的内容均予以标引，以便检索使用。

2. 本索引基本上按汉语拼音音序排列。具体排列方法为：以数字开头的，排在最前面；汉字款目按首字的汉语拼音字母（同音字按声调）顺序排列，同音同调按第二个字的字母音序排列，依此类推。

3. 本索引款目后的数字表示内容所在正文页的页码，数字后的字母 a、b 分别表示该页左栏的上、下部分，字母 c、d 分别表示该页右栏的上、下部分。

4. 为便于读者查阅，出现频率特别高的款目仅索引至条目及条目下的标题，不再进行逐一检索。

0～9

A

D

E

F

G

H

J

K

L

M

N

R

S

T

W

X

Y

幸福河湖风采展示

建设幸福河湖是响应习近平总书记伟大号召、贯彻落实党的二十大的具体行动，是全面强化河长制湖长制、创新河湖管理保护机制的有益探索，是满足人民群众对高质量发展、高品质生活需求的内在要求，是巩固河湖整治成果、系统治理河湖的重要举措。

水利部会同各地各有关部门坚决贯彻习近平总书记建设造福人民的幸福河的伟大号令，全面部署，高位推动，试点先行，共同推进幸福河湖建设取得了积极成效，形成了一批治水效果明显、管护机制完善、推动区域发展有力的典型经验，树立了一批幸福河湖的“标杆”和示范样板。

如皋市石庄镇赵庄桥（吴树镇　拍摄）

幸福焦港上的焦港水利枢纽管理所（焦港水利枢纽管理所　供图）

海安市胡集街道儿童桥（海安市水利局　供图）

海安市曲塘镇船行碧波（海安市水利局　供图）

浙江

灵山港

ZHEJIANG LINGSHANGANG

灵山港（白畈村段）（张洲越　拍摄）

灵山港官潭村春季风貌（郑金修　拍摄）

灵山港与衢江交汇口（周秋生　拍摄）

重建后的灵山港大南门（周秋生　拍摄）

闽南水乡岸边小镇（郑玉莲　拍摄）

夜色中的湘桥湖（张爱洁　拍摄）

水清岸绿湘桥湖（庄宏　拍摄）

有福湘桥（李杰　拍摄）

江西宜水

JIANGXI YISHUI

抚州市宜黄县凤冈湿地公园（抚州市宜黄县河长制办公室　供图）

抚州市宜黄县圳口乡下南水库生态长廊（抚州市宜黄县河长制办公室　供图）

抚州市宜黄县圳口乡圳口村十里风光带（抚州市宜黄县河长制办公室　供图）

抚州市宜黄县神岗乡罗坊村生态护岸
（抚州市宜黄县河长制办公室　供图）

抚州市宜黄县神岗乡罗坊村一河两岸
（抚州市宜黄县河长制办公室　供图）

广东
GUANGDONG
NANGANGHE
南岗河

改造后的南岗河（长平驿站段）（广州市黄埔区河长制办公室　供图）

南岗河活水湿地公园
（广州市黄埔区河长制办公室　供图）

南岗河下游南岗水闸
（广州市黄埔区河长制办公室　供图）

南岗河文教园区（广州市黄埔区河长制办公室　供图）

雨后的南岗河文教园区（广州市黄埔区河长制办公室　供图）

重庆临江河

CHONGQING LINJIANGHE

永川区临江河临江广场鱼鳞堰
（重庆市永川区水利局　供图）

永川区临江河幸福河水文化展示馆
（重庆市永川区水利局　供图）

永川区水城交融兴龙湖（重庆市永川区水利局　供图）

永川区临江河三河交汇处（重庆市永川区水利局　供图）

永川区水天一色兴龙湖（重庆市永川区水利局　供图）